Lesebuch
Vom Barock bis zur Gegenwart

Lehrerband

Bearbeiter:
Hanns Frericks · Arthur Haug
Ulrich Müller · Volker Nowack
Klaus Schmidt · Dietrich Steinbach
Rosemarie Tietz · Dietmar Wenzelburger

Ernst Klett Schulbuchverlag

Geschichte der deutschen Literatur

Lesebuch. Vom Barock bis zur Gegenwart

Lehrerband

Bearbeiter:
Hanns Frericks	Kap. 2: I, III; Kap. 3: II, IV (55), VII; Kap. 7: I, II (159–160, 163–164), III; Kap. 8: A III, IV (189, 191)
Arthur Haug	Kap. 2: II, IV, V; Kap. 3: V
Ulrich Müller	Kap. 1; Kap. 6
Volker Nowack	Kap. 5; Kap. 8: A II (180–182), IV (190)
Klaus Schmidt	Kap. 8: C
Dietrich Steinbach	Kap. 3: I, III, IV (53, 54), VI; Kap. 7: II (161–162, 165–167), IV
Rosemarie Tietz	Kap. 4
Dietmar Wenzelburger	Kap. 8: A I, II (174–179); B

ISBN 3-12-347530-1

1. Auflage   1 5 4 3 2 | 1991

Die letzte Zahl bezeichnet das Jahr dieses Druckes.
© Ernst Klett Verlage GmbH u. Co. KG, Stuttgart 1987. Alle Rechte vorbehalten.
Umschlag: Manfred Muraro, Ludwigsburg
Satz: SCS Schwarz Computersatz, Stuttgart
Druck: Druckhaus Dörr, Ludwigsburg

Vorwort

Das literaturgeschichtliche Lesebuch ist als einführende oder ergänzende Textsammlung zur Werklektüre gedacht. Textausschnitte haben im Zusammenhang des Kapitels eine bestimmte Funktion, der sie auch ohne Kenntnisnahme des ganzen Textes dienen können. Textausschnitte aus Dramen sind deshalb selten vertreten. Eine Lyrikanthologie bietet der Verlag parallel zu diesem Lesebuch an: Gedichte. Von den Anfängen bis zur Gegenwart [...]. Bearbeiter: Ursula Heise, Rudolf Nikolaus Maier, Dietrich Steinbach.

Demnach enthält das Lesebuch neben wenigen Gedichten und Dramen- oder Hörspielausschnitten vor allem Beispiele erzählender Prosa sowie dokumentarische und theoretische, kritische oder essayistische Texte. Für das jeweilige zeitgenössische literarische und öffentliche Leben sind dabei nicht nur „hohe" Dichtungen aufschlußreich, sondern auch populäre oder journalistische Formen. Mit Rücksicht auf einen handlichen Umfang des Buches konnte den Beziehungen der Literatur zu anderen Künsten nur geringer Raum gewährt werden. Ebenso schien eine Beschränkung auf die Literaturgeschichte seit dem 17. Jahrhundert angebracht. Die Literatur seit dem Mittelalter wird im Unterricht selten ausführlich behandelt, eine Textsammlung aus diesen Jahrhunderten müßte aber recht umfangreich sein. Statt dessen wurde darauf geachtet, daß in den Texten des 17. Jahrhunderts wichtige ältere Traditionen, die im Barock noch nachwirken, angedeutet sind, und das Lehrerhandbuch weist auf diese Traditionen ausdrücklich hin. Ein Vorteil dieser Beschränkung auf die neuhochdeutsche Literatur besteht darin, daß deren geschichtliche Entwicklung bis in die Gegenwart in den Kapiteln kontinuierlich belegt werden konnte, desgleichen die Gegenwartsliteratur für beide politische Bereiche Deutschlands bis etwa 1980.

Bei der Auswahl wurde darauf geachtet, daß möglichst viele Texte den Schülern neben literaturgeschichtlichen Einsichten auch weitere Anregungen geben können, sei es, daß das Thema eigene, auf die Gegenwartserfahrung oder die eigene Person gerichtete Überlegungen auslösen kann, sei es, daß darin Probleme auch zeitloser Bedeutung angesprochen sind, sei es, daß die Darstellungsweise oder der Stil des Textes Material für Übungen in der Textuntersuchung oder gar für Schreibversuche der Schüler bieten.

Das Lesebuch stellt eine nach Epochen gegliederte Anthologie mit vielfältigen Möglichkeiten der Auswahl und der Kombination dar. Die thematische Gliederung der einzelnen Kapitel ist mit den Abschnittstiteln ausgewiesen. Sie ist jeweils so konzipiert, daß Lehrer sowohl einzelne Texte herausgreifen, einzelne Abschnitte unter einem leitenden Gesichtspunkt behandeln oder auch der Reihenfolge des ganzen Kapitels im Unterricht folgen, sie freilich oft auch umstellen können.

Über die Anlage der Kapitel sowie über den Stellenwert der einzelnen Texte im Zusammenhang des Lesebuches gibt das Lehrerhandbuch Auskunft. Die Kommentare sind dann ausführlicher, wenn es sich um Texte handelt, über die vermutlich viele Lehrer sich in ihrer Handbibliothek nicht ohne weiteres informieren können oder die im Unterricht bisher nicht oft behandelt wurden. Methodisch-didaktische Anmerkungen weisen auf Querverbindungen im Lesebuch hin und geben Anregungen zur Unterrichtsplanung.

Um die Kommentare übersichtlich zu gestalten, wurden sie einheitlich gegliedert:
1. Bemerkungen zum Text, zu seiner Entstehung und ihren Voraussetzungen, gegebenenfalls auch zum Kontext, zur Textart oder zum Autor, dienen der Orientierung über wichtige Hintergründe der Textstelle.
2. Bemerkungen zur Interpretation sollen die eigene Sachanalyse erleichtern.
3. Hinweise zur Behandlung im Unterricht und zu Querverbindungen im Kapitel, manchmal auch in anderen Kapiteln, sind als methodische Anregungen gedacht, die auf Erfahrungen im Unterricht beruhen, aber selbstverständlich den Unterricht anderer nicht programmieren sollen.

In den Kommentaren wird in der Regel alles, was im Lesebuch steht, vorausgesetzt: Dazu gehören die dort abgedruckten Vorbemerkungen und Fußnoten sowie die biographischen und bibliographischen Angaben des Registers. Jedes Lesebuchkapitel ist unter etwas anderen, epochentypischen Gesichtspunkten angelegt, und die Verfasser der Kommentare mußten jeweils ihr Verständnis der Texte, ihre Auffassung der Zusammenhänge und ihre Einschätzungen unterrichtlicher Möglichkeiten voraussetzen. Damit erklären sich Unterschiede der Perspektiven und der Schreibweise in den Teilen des Handbuches. Bei einheitlicher Gliederung wurden Varianten der Ausführung im einzelnen nicht unterdrückt. Die Kommentare wurden im Kreise der Bearbeiter besprochen, aber über ihre endgültige Fassung entschied der einzelne Verfasser. Wir wünschen uns, daß auch die Lehrer sie ähnlich aufnehmen: als Beiträge zum Gespräch unter Kollegen und als Anregung zu weiterer Beschäftigung.

Erstes Kapitel: Barock

Einleitung

Das Lesebuch beginnt mit der Literatur des 17. Jahrhunderts. Damit wird angezeigt, daß im Bewußtsein heutiger Leser die zusammenhängende Geschichte der neueren deutschen Literatur vom 17. bis zum 20. Jahrhundert reicht; für die meisten beginnt sie sogar erst mit dem 18. Jahrhundert, mit Aufklärung, Sturm und Drang und Klassik, besser gesagt: mit den 'Klassikern' Lessing, Goethe und Schiller. Diese Epochen, deren Nachwirkungen bis in die Gegenwart spürbar sind, haben aber auf der Vorarbeit des 17. Jahrhunderts aufgebaut – bei aller Kritik daran –: Ohne diese Vorarbeit hätten sie keine einigermaßen einheitliche und entwickelte deutsche Schriftsprache, keine deutsche Nationalliteratur und keine deutsche Dichtungslehre vorgefunden. Daß Barockliteratur dem heutigen Leser schwer zugänglich ist, hat u. a. seinen Grund darin, daß sie inhaltlich und formal mit einem jahrhundertealten Erbe befrachtet ist, das sich von der Antike über Mittelalter, Humanismus, Renaissance, Reformation und Gegenreformation tradiert und angesammelt hat. Wer Barockliteratur liest, erfährt indirekt vieles von der gesamteuropäischen Geistes-, Kultur- und Literaturgeschichte seit der Antike.

„Barock" wird etwa seit dem Anfang des 20. Jahrhunderts diese Literatur genannt – eine Namensübertragung von der bildenden Kunst. Tatsächlich aber hat der Barockstil der Architektur und Malerei sich nur in Italien schon seit Anfang des 17. Jahrhunderts entfaltet; 1607 bis 1614 baut Carlo Maderno das Langhaus und die Fassade von St. Peter in Rom. In Frankreich beginnt Louis de Veau den Bau des Versailler Schlosses erst 1661. Und im deutschen Sprachraum entstehen die großen barocken Schlösser und Kirchen erst am Ende des Jahrhunderts und nach 1700: Schloß Schönbrunn in Wien (Fischer von Erlach) seit 1696, das königliche Schloß in Berlin (Schlüter) seit 1698. Das meiste, was wir heute als Barockkunst in Deutschland bewundern, steht erst seit 1700; was davor erbaut wurde, war noch weitgehend der Renaissance verpflichtet (z. B. das Rathaus in Augsburg von Elias Holl, 1615–20). Im deutschen Sprachraum entwickelten sich die Epochenstile also später als im südlichen und westlichen Europa, und sie sind, bei aller späteren Eigenart, vom Vorbild des Auslands beeinflußt.

Was wir Barockliteratur nennen, ist eigentlich eine verspätete Renaissance- und Humanismus-Dichtung, die dann allerdings in die Kultur des Barock und der beginnenden Aufklärung einmündet. Den humanistischen Ursprung bestätigt schon eine einfache Buchstatistik. Von den mehr als 100 000 Buchtiteln, die für die Zeit von 1601 bis 1700 ermittelt wurden, sind 58% lateinische, nur 38% deutsche Titel. Unter den neulateinisch geschriebenen Büchern gehört die Mehrzahl zur gelehrten Literatur; es gab aber auch bedeutende neulateinische, also humanistische Dichter des 17. Jahrhunderts wie die Jesuiten Jakob Bidermann (1578–1639) und Jakob Balde (1604–1668). Im 18. Jahrhundert betrug die Zahl der lateinischen Bücher 28%, die der deutschen 72%: Das Deutsche setzte sich als Literatursprache durch. Diese Arbeit hat das 17. Jahrhundert geleistet.

Dabei war das Jahrhundert real- und geistesgeschichtlich eher konservativ. Gewiß haben einzelne Gelehrte neue Ideen ihrer Zeit schon gekannt, aber in der schönen Literatur fanden sie kaum einen Niederschlag, in der gelehrten nur langsam. 1620 veröffentlichte Francis Bacon seine Grundlegung des Empirismus (‚Novum Organum'), 1637 und 1644 Descartes seine Prinzipien des Rationalismus (‚Discours de la méthode', ‚Principia philosophiae'), aber die deutschen Schriftsteller des 17. Jahrhunderts nahmen vor Leibniz und Thomasius davon kaum Kenntnis. Akademische Lehre und akademische Bildung waren bestimmt von lutherischer Orthodoxie, katholischer Scholastik, von Aristotelismus, Rhetorik und den Verhaltensidealen der „prudentia civilis" aus dem 16. Jahrhundert. In den naturwissenschaftlichen Lehrfächern breiteten neue Ideen sich nur langsam aus.

Auch Staat, Gesellschaft und Wirtschaft gaben nicht viele Impulse zur geistigen Modernisierung, am ehesten noch auf den Sektoren der Verwaltung. Wirtschafts- und Bevölkerungsentwicklung wurden nicht nur durch den Dreißigjährigen Krieg gehemmt und geschädigt, sondern auch durch andere Kriege, durch Mißernten, Seuchen, Hungersnöte usw. Die „Vergänglichkeit" war tatsächlich eine häufige Erfahrung, Pessimismus beherrschte das Menschenbild, Trost in einer anderen, einer religiösen oder wenigstens geistigen Welt war ein weitverbreitetes Bedürfnis. Die Landbevölkerung verarmte, der kleine Landadel geriet in wirtschaftliche Schwierigkeiten, nur große Städte behaupteten sich, allerdings nicht ohne Einbußen an Reichtum und Einfluß. Im äußeren Leben also brachte das Jahrhundert im Vergleich mit dem vorigen

Erstes Kapitel: Einleitung

eher Rückschritte. Trotzdem wuchs die Zahl gebildeter Bürgersöhne, und sie suchten Betätigungsfelder, fanden davon aber im bürgerlichen Bereich nicht genug.

Fortschritte machten allerdings die Fürstenstaaten, und zwar auf den Absolutismus zu. Sie bauten ihre zentralen Verwaltungen aus und suchten in der Wirtschaft neue Finanzquellen. Spannungen zwischen Fürstenmacht, altem Adel und alten Ständeordnungen charakterisierten die Gesellschaft. Der wachsende Bedarf der Fürsten an qualifizierten Beamten bot unselbständigen Adeligen und Bürgersöhnen Stellungen bei Hofe, wenn sie sie nicht in der Kirche suchten. Das Hofleben mit seinem Repräsentationsbedarf gab unter anderem auch Raum für kulturelle Betätigungen. Hier vor allem wurde Kultur gefördert, daneben noch in den großen Städten, im katholischen Bereich in den Einrichtungen und Veranstaltungen der Gegenreformation.

Vielseitige Bildung war also nicht nur ein Traditionsgut, sondern auch eine Voraussetzung für sozialen Erfolg, vor allem für Bürger. Allerdings konnte man von Bildung und Literatur allein nicht leben. Mit Büchern verdiente man in der Regel kein Geld, denn die Auflagen waren niedrig, die Herstellungskosten hoch; von den umfangreichen Romanen des Spätbarock hat man Exemplare fast nur in Bibliotheken von Fürsten und reichen Adeligen gefunden. Allein der volkstümlichere Markt bot seinen Autoren einen stärkeren Umsatz, z. B. für Kalender oder die ‚Simplicianischen Schriften', wie Grimmelshausen sie schrieb, oder für Predigt- und Erbauungsliteratur. Im übrigen war der Normalfall eines Autors der Akademiker in fürstenstaatlicher oder kirchlicher Stellung oder im Dienst eines Adeligen, einer Stadt oder einer Ständeversammlung, der nebenbei Literatur produzierte; selbst Grimmelshausen lebte von seinem Einkommen als Verwalter eines Adeligen. Literatur war Nebentätigkeit, diente aber nur selten dem Privatvergnügen; vielmehr wurde der größte Teil schöner Literatur – wenn auch nicht der beste – als Kasual- oder Gelegenheitsdichtung verfaßt, sei es bei Hofe als Fürstenhuldigung oder zur gehobenen Unterhaltung, sei es auch sonst auf Bestellung, z. B. für Hochzeiten, Taufen, Beerdigungen wohlhabender Bürger. Ein Autor, der seine Opera nicht einer hochgestellten Persönlichkeit dezidierte und dafür womöglich zum „Poeta laureatus" gekrönt, mit einem niederen Adelstitel ausgezeichnet oder in eine der Sprach- und Literaturgesellschaften aufgenommen wurde, fand selten Aufmerksamkeit.

Daß trotzdem die Belletristik in deutscher Sprache aufblühte, war vor allem das Verdienst der Autoren und Poetiker selbst. Höfe und Sprachgesellschaften unterstützten zwar das sprachkulturelle Leben, aber es fehlte an dem zündenden Impetus, der den Dichtern das Gefühl gab, an einer wichtigen, aber nicht bestellten Sache mitzuwirken – diesen Impetus gab Opitz mit seinem ‚Buch von der Deutschen Poeterey' (1624). Seither entfaltete sich in erstaunlichem Maße eine weltliche Poesie. Daneben, teilweise auch in Personalunion mit dem weltlichen Dichter, leisteten fromme Protestanten, Jesuiten und Mystiker, später Pietisten eine fruchtbare Sprach- und Literaturarbeit im Dienste des Glaubens. Sprachgelehrte folgten jetzt dem Vorbild der Humanisten und Bibeltheologen und wollten nun auch die deutsche Sprache erfassen und als Kultursprache rechtfertigen und pflegen. Poetiker erörterten immer wieder die Probleme der Gattungen, des Stils und der Verse. In Übersetzungen und Nachahmungen, in Sprachexperimenten und Formspielen, in Dramen und Romanen, in ernstem Pathos, „witzigen" Sprüchen, heiteren Galanterien, in Satiren und Parodien erforschte und erprobte man die Ausdrucksmöglichkeiten der hochdeutschen Sprache; von den Gattungen brachte man vor allem Sonett und Epigramm zu einer zeitgemäßen Vollendung. Eigenwillige Dichterpersönlichkeiten wie Fleming, Gryphius, Logau und Grimmelshausen schufen Werke, die bis heute wirken, einige weltliche und zahlreiche geistliche Lieder blieben bis ins 20. Jahrhundert bekannt.

Die Wiederentdeckung der Barockdichtung durch die Literaturwissenschaft im 20. Jahrhundert hat dazu beigetragen, das einseitige Bild von Dichtung, das seit der Klassik vorherrschte, zu erweitern, was z. T. bis heute der Einschätzung avantgardistischer und sprachexperimentierender Literatur zugute kam. Gerade weil Barockliteratur so anders ist, als sich der breite Publikumsgeschmack schöne Literatur meistens vorstellt, ist sie für den Literaturunterricht und die literarische Bildung wichtig. Und gerade das strenge und konventionelle Formbewußtsein der Barockliteratur, die Auffassung, daß Kunst gekonnt sein will, das geringe Interesse am völlig Neuen und das ständige Bemühen, das Bewährte und Gültige zu variieren – all dies macht die Texte der Epoche geeignet, in das Verständnis literarischer Gattungen und Formen einzuführen, auch in ihrem funktionalen Bezug zu den gesellschaftlichen Voraussetzungen und den Inhalten, die im 17. Jahrhundert noch einem verhältnismäßig geschlossenen und gemeinsamen Ideenkosmos angehören.

Das Kapitel ist so angelegt, daß es mit der Einführung in die Epoche zugleich Material für eine Einführung in die Literaturkunde allgemein und in die literaturgeschichtliche Betrachtung im besonderen anbietet.

Im *Abschnitt 1* ist mit der Emblematik nicht nur ein unentbehrlicher Schlüssel für die Bildlichkeit barocker Dichtung vorgestellt, sondern ein Grundmuster für Sinnbildlichkeit überhaupt, die Allegorik. Mit den

Erstes Kapitel: Einleitung

Inhalten der Embleme wird auf weltanschauliche Leitgedanken der Epoche und ihre geschichtliche Herkunft verwiesen, mit der Form auf den Zusammenhang der Künste, der im Barock enger geschlossen war als in jeder späteren Epoche. Mit den Stichwörtern „Sinnbild, Weltbild, Menschenbild" wird für das Lesebuch insgesamt eine Perspektive eröffnet, die wohl gerade für den Literaturunterricht, also literaturpädagogisch wesentlich ist.

Die *folgenden Abschnitte* stellen nur wenig Lyrik und andere dichterische Werke vor. Das entspricht nicht nur der vorrangigen Funktion dieses Lesebuchs, der Lektüre von Dichtung im Unterricht ergänzende, die Epochencharakteristika erschließende und dokumentierende Texte anzubieten. Vielmehr entspricht es auch der Vielfalt der Textsorten und Themen des 17. Jahrhunderts, die mehr publizistische und volkstümliche sowie die gelehrte Literatur nicht ausgenommen. Gerade in diesem Kapitel wurde – auch mit den Kommentaren – Wert darauf gelegt, Gattungen und ihre Funktionen oder Traditionen vor Augen zu führen. Selbst mit einer kleinen Auswahl wie dieser kann die Vielfalt der Gattungen und Formen vergegenwärtigt werden: Flugblatt, Zeitung, Predigt, Denkschrift, gelehrter oder erbaulicher Essay, Emblem, Spruch und Epigramm, politisches Agitationsgedicht, Sonett, Knittelvers und metrischer Vers, Beispielgeschichte und erbauliche Reflexion als Teile des Romans, „Gesprächsspiel" und verschiedene Formen der Satire.

Die vier thematischen Schwerpunkte des Kapitels dürften sowohl epochentypisch als auch den Schülern zugänglich sein. Wollte man z. B. in die christlich-stoische Ethik der Barocktragödien, in die politische Ethik der großen Staatsromane oder in die Kunstwirklichkeit der Schäferekologen einführen, müßten dazu umfangreiche und schwierige Texte gelesen werden. Die Themen „Krieg und Soldaten", „Fürsten, Adel, Bürger, Bauern", „Poetik und Sprachkritik", „Religion und Glaube" dagegen lassen sich mit kürzeren und verständlichen Textstellen dokumentieren und erfassen wenn auch nicht alle, so doch wesentliche Aspekte der Epoche. Die Texte zum Dreißigjährigen Krieg *(Abschnitt II)* führen anschaulich vor, wie eine bestimmte zeitgenössische Realität sich inhaltlich und funktional in der Literatur niedergeschlagen hat – ein Beispiel für den zeitgeschichtlichen Bezug der Literatur. Die Texte zeigen aber auch, daß Literatur die Realgeschichte nicht einfach abbildet, sondern deutet und gestaltet, im 17. Jahrhundert vorwiegend ethisch und religiös sowie mit traditionellen und meist sinnbildlichen Darstellungsmustern.

Im Unterricht sollte jedoch nicht der Eindruck erweckt werden, als sei Barockliteratur nichts weiter als Literatur des Dreißigjährigen Krieges. Dem können die folgenden Abschnitte vorbeugen.

Der *Abschnitt III* soll grundlegende gesellschaftliche Strukturen des 17. Jahrhunderts in literarischer Gestaltung erschließen, sei sie nun affirmativ (Text 6), sei sie kritisch (Text 7 und 8), und damit das festgefügte System der Stände, aber auch die Spannungen zwischen ihnen. Im *Abschnitt IV* wird die Bedeutung der Poetik und Sprachpflege für die Epoche dokumentiert, wiederum teilweise in Verbindung mit sozialgeschichtlichen Voraussetzungen (vgl. Text 11 und 13). *Abschnitt V* behandelt das für die Epoche zentrale Thema der Religion in unterschiedlicher Sicht: als Kritik am Glaubensstreit (Text 14) und an kirchlichen Praktiken (Text 15), in der auch weltliche Literatur durchziehenden pessimistisch-weltflüchtigen Vanitas-Thematik (Text 16) und mit zwei unterschiedlichen Beispielen des religiös-erbaulichen Natur- und Weltbildes (Text 17, 18). In allen fünf Themen des Kapitels bieten sich Vergleichsmöglichkeiten mit anderen Epochen und der Gegenwart an. Bezüge zu früheren Epochen einerseits, zur Aufklärung andererseits werden in den Kommentaren angedeutet. Die Textstellen wurden u. a. auch unter dem Gesichtspunkt ausgewählt, ob sich ihnen Anregungen zu gegenwarts- und schülerbezogenen Überlegungen entnehmen lassen (vgl. die Hinweise in den Kommentaren).

Zur Behandlung im Unterricht

Das Kapitel kann in seiner Reihenfolge zur Einführung in die Epoche behandelt werden, aber je nach Unterrichtszusammenhang können auch einzelne Textgruppen und Texte herausgelöst oder umgestellt werden. Jedoch dürften die Abschnitte I und II besonders geeignet für einen ersten Zugang zur Epoche sein, Abschnitt V für die meisten Schüler am schwierigsten (v. a. mit den Texten 16 bis 18). Zumindest bei den ersten im Unterricht gelesenen Texten muß das Verständnis des Wortlauts genau erarbeitet werden, ggf. mit Paraphrasierungen in heutiger Ausdrucksweise. Überhaupt zwingen die Texte zu intensivem Lesen, die Fußnoten sollen dabei helfen. Für eine ausführliche Behandlung der gesamten Epoche empfiehlt es sich, die Schüler zuerst mit kleinen, verständlichen und ansprechenden Texten (z. B. Gedichten) zu konfrontieren und von den sich ergebenden Verständnisfragen schrittweise zu historischen Informationen, Dokumenten und im Wechsel damit zu weiteren Dichtungen überzugehen. Bildmaterial aller Art, auch über Kleidung, Kunst, Architektur, Parks, den Krieg, erleichtert es den Schülern, sich in die ihnen fremde Zeit einzufühlen.

Erstes Kapitel: Zu Text 1, S. 10f.

Literatur: Ulrich Müller: Barocklyrik – Geschichtlichkeit und Tradition. In: Gedichte in ihrer Epoche. Anregungen für den Literaturunterricht, hrsg. von Dietrich Steinbach. Ernst Klett Verlag, Stuttgart 1985, S. 6ff.
Für eine eingehendere Beschäftigung mit den historischen Zusammenhängen der Epoche empfiehlt sich die Aufsatzsammlung mit einigen sehr ergiebigen Beiträgen: Deutsche Literatur. Eine Sozialgeschichte, hrsg. von Horst Albert Glaser. Band 3: Zwischen Gegenreformation und Frühaufklärung: Späthumanismus, Barock. 1572–1740, hrsg. von Harald Steinhagen. rororo 6252. Rowohlt Taschenbuch Verlag, Reinbek bei Hamburg 1985.

I. Sinnbild, Weltbild, Menschenbild (S. 10f.)

Gabriel Rollenhagen und Crispin de Passe: [Sinnbilder] (S. 10f.)   1

Emblematik und der ‚Nucleus Emblematum'
Die eigenartige Wort-Bild-Kunst der Embleme entstand im 16. Jahrhundert, beruht aber auf älteren Überlieferungen, sowohl in ihren Motiven als auch in ihrer Zugehörigkeit zur Allegorik, zum Sprechen in Sinnbildern. Wichtige Vorläufer sind die Deutungsversuche altägyptischer Hieroglyphen (im ‚Horus Apollo', einer spätantiken Hieroglyphensammlung) durch Gelehrte seit dem 15. Jahrhundert. Dabei entwickelte man die Kunst, abstrakte Begriffe in Bildern darzustellen, systematisch weiter, die schon seit der Spätantike und im Mittelalter eine umfangreiche Ikonologie hervorgebracht hatte (vgl. bildende Kunst und Heraldik). Ein anderer Vorläufer war die „Imprese" (ital.), der Wahlspruch (Devise, Motto) einer Persönlichkeit, die mit einem Bild verbunden und oft verrätselt (Concetto) wurde. Sogenannte Hieroglyphen und Impresen wurden nach Erfindung des Buchdrucks in Büchern verbreitet und mit ihnen ein Motivrepertoire, dessen sich Gelehrte, bildende Künstler und Dichter gern bedienten und in denen erst antike und mittelalterliche Gedanken und Figuren tradiert waren.
1531 erschien in Augsburg das ‚Emblematum liber' (Buch der Embleme) des Mailänders Andrea Alciat, in dem Übertragungen griechischer Epigramme mit einem Motto (Überschrift) und einer Pictura (Bild) kombiniert wurden; damit war das dreiteilige Emblem geschaffen, das seine publizistische Blütezeit vom 16. bis zum 18. Jahrhundert hatte. „Man kennt heute aus diesen rund 250 Jahren etwa 1000 Titel in ca. 2200 Ausgaben mit einer Gesamtauflage von wenigstens einer Million Exemplaren" (Warncke, s. u.). Im Emblem (urspr. bildliche Intarsia) wird also Begriff und Bild eine Auslegung hinzugefügt, die das Bild als Allegorie oder Metapher des Begriffs interpretiert. Da Bildmotive gedanklich selten ganz eindeutig sind (z. B. kann ein Buch für Gottes Wort, für Wahrheit oder für Gelehrsamkeit stehen), legt die Interpretation der Subscriptio die Bedeutung genauer fest, und zwar meistens als geistliche oder moralische Lehre. Darin kann die Emblematik als exemplarisch für alle Künste des 17. Jahrhunderts gelten; selbst die Dichtkunst ist bis spät ins 17. Jh. vorwiegend sinnbildlich, auslegend und didaktisch. Zugleich sind alle Künste wie die Emblematik Vermittler zwischen tradiertem Wissen und neuzeitlichem Denken, denn das Ideen- und Bildererbe der europäischen Geistesgeschichte wird rational erklärt und bald mehr, bald weniger mit zeitgenössischem Wissen verknüpft.
Bildmaterial und Programm des ‚Nucleus Emblematum' gingen wahrscheinlich auf den niederländischen Kupferstecher Crispin de Passe d. Ä. (1564–1637) zurück, der den Plan dazu während seines Wirkens in Köln (1595–1612) faßte. Auch einige Sprüche wie der zu Emblem (2) stammen wohl von ihm. Verglichen mit früheren Emblemsammlungen zeichnet die Stiche de Passes die Vielfalt des Bildinhalts sowie die Qualität der graphischen Ausführung aus. Crispin bezieht mehrere allegorische Bildelemente aufeinander, oft eine zentrale Allegorie und eine gewöhnlich im Hintergrund dargestellte Szene, meist eine biblische Geschichte (vgl. „In manu domini..."). Damit ist die religiös-moralische Auslegung des in der Allegorie aufgezeigten Gedankens schon im Bild angelegt (Interpretation s. u.).
Mit Gabriel Rollenhagen (1583– um 1621) gewann de Passe für die große Mehrzahl der Subscriptiones einen gelehrten deutschen Dichter, der während eines Studienaufenthaltes in Leiden 1605 bedeutende Vertreter des Späthumanismus kennenlernte, so den Juristen Hugo de Groot, den neulateinischen Dichter Daniel Heinsius und den Philologen Joseph Justus Scaliger; dieser war der Sohn Julius Caesar Scaligers (1484–1558), der mit seiner Poetik (‚Poetices libri septem', 1561) großen Einfluß auf die europäische Literatur und Dichtungslehre hatte, auf der die deutsche Barockpoetik aufbaute. Rollenhagen, selbst Sohn

Erstes Kapitel: Zu Text 1, S. 10f.

eines Geistlichen und Dichters, verkörpert den für das 17. Jahrhundert so wichtigen Typ des gelehrten Bürgers, der, humanistisch gebildet, vor allem die lateinische Sprache, antike Literatur und Rhetorik beherrscht, ein höheres Amt bekleiden kann (Rollenhagen war Jurist) und als bevorzugte Demonstration seines geistigen Ranges dichtet. Rollenhagen wie de Passe sind also Vertreter des europäischen christlichen Humanismus des oberen Bildungsbürgertums, auf dem die literarische Barockepoche in Deutschland beruht. Er dichtet noch vorwiegend lateinisch, erst mit Weckherlin und Opitz wird dann das Neuhochdeutsche anerkannte Literatursprache. In den Epigrammen des ‚Nucleus Emblematum' faßt Rollenhagen den „Kompositionsmechanismus innerbildlicher Erörterung" (Warncke, s. u.) explizit und pointiert zusammen, nicht ohne dem literarischen Kenner seine klassische Bildung und die Eleganz seines Lateins vorzuführen. Sein und de Passes Ehrgeiz war es, alle wesentlichen bisher bekannten Embleme zusammenzufassen („nucleus" = Nußkern, der wesentliche Inhalt) und besonders kunstvoll auszuführen. Das ist ihnen gelungen; das Werk wurde seinerzeit in zwei niederländischen, einer französischen und später einer überarbeiteten englischen Ausgabe publiziert.

Literatur: Carsten-Peter Warncke: Vorwort und Nachwort zu: Gabriel Rollenhagen, Sinnbilder. Ein Tugendspiegel. Bearbeitet... und herausgegeben von C.-P. Warncke. Die bibliophilen Taschenbücher Nr. 378. Harenberg Kommunikation, Dortmund 1983.
Im Lesebuch sind die Embleme auf 70–80% der Originalgröße verkleinert.

Zur Interpretation
Die drei Embleme sind für die Gedankenwelt des 17. Jahrhunderts beispielhaft, insofern sie drei der höchsten Werte – Geist, Tugend und Gottvertrauen – thematisieren, zweimal in den Zusammenhang des dualistischen und einmal in den des universalen theologischen Weltbildes stellen. Historisch belegen sie die geistesgeschichtlichen Grundlagen der Epoche: die humanistische und die naturforschende Gelehrsamkeit des 16. Jahrhunderts (1), die Verschmelzung (Synkretismus) antiker und christlich-mittelalterlicher Überlieferung (2) und die Theologie des Alten und Neuen Testaments (3).

(1) „Vivitur ingenio..."
Am Anfang der Emblemsammlung steht der Appell zur Geistigkeit, zur Bildung und Gelehrsamkeit. Er dokumentiert auch das intellektuelle Selbstbewußtsein des Bildungsbürgertums ohne politische Macht. Seine Rechtfertigung bezieht er aus der Gegenüberstellung der Unvergänglichkeit des Geistes mit der Vergänglichkeit irdischer Pracht und Macht – Bild und Text sind antithetisch formuliert. In der Pictura wird der Gegensatz durch den das Bild teilenden Baum hervorgehoben: Rechts abgestorben, verweist er auf den Tod, der zudem figürlich personifiziert ist; die Personifizierung ist ein wichtiges Mittel der Allegorie. Die Gestalt des Todes, die wohl auf einem Sarg sitzt (Kreuz!), hantiert mit irdischen Schätzen aus Edelmetallen und Juwelen(?) oder Münzen(?). Diese Dingsymbole verweisen auf ganz bestimmte Erfahrungsbereiche: auf Reichtum, Luxus (Pokal und Krug), Pracht (Kette, Schmuckkästchen?), hohen Stand (Adelswappen), Herrschaft (Krone, Zepter). Man erkennt also einen vielfältigen innerbildlichen Verweisungszusammenhang, der typische Lebenserfahrungen und auch Gesellschaftliches einbezieht. Der weltlichen Pracht entgegengesetzt ist der Geist (ingenium) in Gestalt eines Gelehrten. Er stützt sich mit einer Hand auf das Buch, eine der beiden Hauptquellen des Wissens, nämlich das Studium der Schriften (eruditio); die andere Hand hält einen Globus oder ein Astrolabium vor seinen forschenden Blick – das ist die andere Wissensquelle, die Naturforschung (scientia). Strenggenommen, ist Wissen nicht unvergänglich (das wäre unchristlich), aber es ist dauerhaft lebendig und produktiv; das zeigen der Baum, der auf dieser Seite grünt und nach ihr seine Laubkrone wendet, sowie die blühenden Pflanzen, die den Gelehrten umgeben. Ewig ist theologisch allerdings die göttliche Wahrheit, der der Mensch im Wissen näherkommt; vielleicht deutet das der erhobene Blick des Mannes an. Während er sich auf den Gegenstand der Forschung konzentriert, starrt der Tod den Bildbetrachter mahnend an – ein „memento mori" (Denke daran, daß auch du sterben mußt).
Die Motti sind im ‚Nucleus Emblematum' als Inschrift um das Bildmedaillon gelegt, nicht als Begriffswort, sondern als sentenzartiges Zitat aus der Subscriptio: Der Gedanke umrahmt das Bild; zentrale Begriffe des Spruchs sind hier schon wahrzunehmen.

(2) „Nescio..."
Das zweite Emblem ähnelt dem ersten in der dualistisch-antithetischen Komposition; wieder sind weltliche, aber trügerische Verlockung und Geistigkeit einander entgegengesetzt. Die Seite der trügerischen Vergänglichkeit (vanitas) ist mit Symbolen der Lebensfreude gekennzeichnet (Musikinstrument, Prunkvase, nackter

Frauenkörper); ihre Verderblichkeit wird zweifach angezeigt: mit Teufelskopf und -flügel und mit dem Totenschädel. Sehr klar ist das Trügerische der Vanitas gezeigt mit der glatten (= schönen) Maske, die der Teufel sich vors Gesicht hält. Gegenüber sitzt wieder ein Gelehrter oder Philosoph mit den Attributen Buch und Äskulapstab. Die Mittelachse nimmt diesmal eine voranschreitende Person ein, „Hercules". Er bedeutet nicht nur einen Gegensatz, sondern das Dilemma der moralischen Entscheidung, die Herakles am Scheidewege (nach einer Erzählung des Sophisten Prodikos) zwischen einem Leben des Glücks und Lasters oder einem Leben der Entbehrung und den Göttern wohlgefälligen Tugend zu treffen hatte: „πότερον" (welchen Weg?). Seine Gesten mögen die Abweisung des Lasterweges und den Hinweis auf Gott im Himmel andeuten. Jedoch ist der Gedanke der Tugend durch den der Gelehrsamkeit ersetzt, vielmehr: Weisheit wird mit Tugend gleichgesetzt; die Entbehrung wird durch eine Distel symbolisiert.

Das Emblem betont gegenüber dem ersten noch stärker die ethische Komponente des barocken Menschenbildes. Christliche und aus der Antike entlehnten Motive sind gemischt (Synkretismus). Das entspricht der im 17. Jahrhundert hochgeschätzten Ethik des christlichen Stoizismus, dem Beständigkeit, tugendhaftes Leben und Erkenntnis eine untrennbare Trias waren (vgl. den Einsiedel in Grimmelshausens ‚Simplizissimus').

(3) „In manu domini..."
Das dritte Bild hebt die von Gottes Hand gehaltene Weltkugel (mit Erdteilen und Sternen!) in einer naiven Perspektive ins Blickfeld, der die astronomischen Erkenntnisse eines Kopernikus noch nichts gelten (‚De revolutionibus orbium coelestium', 1543). Obwohl im ersten Emblem die Naturforschung hervorgehoben wurde, wird sie im 16. und 17. Jahrhundert nur vorwiegend auf theologisch unverdächtigen Gebieten wie Tier- und Pflanzenkunde vorangetrieben; die das Weltbild der Kirche in Frage stellenden Lehren Tycho Brahes und Galileis werden noch im 17. Jh. von der Geistlichkeit bekämpft (1616 steht Galilei erstmals vor der Inquisition, 1633 schwört er der Kopernikanischen Lehre ab), und auch in die Literatur sind sie kaum eingedrungen. Trotzdem setzt die Subscriptio des Emblems voraus, daß die Erde sich um eine Achse dreht. Hier überlagern sich zwei Epochen in einem Kunstwerk.

Die zentrale These und Allegorie des Emblems aber ist theologisch. Daß alles in Gottes Hand liegt, wird durch die Hintergrundszene ausgelegt und spezifiziert: Ein Engel übergibt Johannes das Buch der Geheimen Offenbarung (eine Höhle im Berg mag den Seher als Eremiten charakterisieren); der Engel steht in den letzten Wassern der Sintflut, die das Tal einer menschenleeren Urlandschaft noch füllen, die aber der Regenbogen des Alten Bundes überspannt. Johannes synchron mit Noah: das Bild verknüpft nach mittelalterlicher Exegese Altes und Neues Testament in der irdisch geschichtslosen Wahrheit der Heilsgeschichte. Damit erhält die allgemeine These eine weiterführende Deutung: Die Welt ist Gottes, und Gott offenbarte sich im Alten Bund mit dem Regen als Zeichen des Versprechens, daß keine zweite Sintflut folgen werde (1. Mose 9, 11; vgl. Ezechiel 1, 28) und wiederum im Neuen Bund durch die Evangelisten (Offenbarung 1, 1 f.). Die Offenbarung ist dreifach: in der Schöpfung überhaupt, im Handeln Gottes in der Natur und in der Bibel. Daraus ergibt sich als religiöse und moralische Botschaft an die Betrachter, daß sie Gott vertrauen sollen.

Zur Behandlung im Unterricht
Für das Verständnis der Barockliteratur und ihrer Texte ist es unerläßlich, deren tendenziell allegorisierende Sprechweise zu verstehen und sich auf ihre Sinnbildlichkeit einzustellen – dazu sind emblematische Bilder und ihre Betrachtung eine große Hilfe. Mit dem Inhalten dieser drei Embleme können verhältnismäßig leicht wesentliche Grundgedanken der Epoche und ihre Herkunft aus der europäischen Tradition seit der Antike bewußtgemacht werden. Geschichtliche Daten sind für diesen Abschnitt nicht so wichtig. Dagegen wäre eine Zusammenarbeit mit dem Kunstunterricht wünschenswert.
Damit die Schüler die Embleme nicht nur belächeln, sollte man ihnen zuvor den Blick für die Sinnbildlichkeit christlicher Kunst in vorbarocker Zeit öffnen (z. B. mit Hieronymus Bosch: ‚Johannes der Evangelist auf Patmos', um 1500; Albrecht Dürer: ‚Ritter, Tod und Teufel', 1513; ‚Melencholia', 1514). Eine Einführung in die Emblematik und Informationen über die Herkunft und Bedeutung einzelner Bildelemente sind unentbehrlich (Lehrervortrag, Schülerreferate, Nachschlagewerke; z. B. Heraklessage, Symbol-Lexikon). Aber soweit möglich, sollten die Schüler selbst vieles beschreibend entdecken; wenn z. B. Emblem (2) mit Lehrerhilfe erklärt worden ist, kann man durch genaue Betrachtung Emblem (1) weitgehend selbst aufschlüsseln.
Interessant ist der Gegenwartsbezug: „Embleme" als Symbolzeichen (ohne Erklärung) oder auch als bloße Abzeichen sind in der zeitgenössischen Zivilisation zahlreich (Markenzeichen, Abzeichen, Plakatkunst usw.). Man kann darüber nachdenken, wie sehr auch die moderne Gesellschaft für die Kommunikation sich

Erstes Kapitel: Zu Abschnitt II, S. 12 ff.

der Bilder und Sinnbilder bedient, oft ohne sie kritisch zu bedenken (Funktion der Auslegung!). Die schwierigen Symbolbegriffe seit der Goethezeit sollte man nicht zu früh einführen; vielmehr erschließen sich diese später leichter, wenn die Schüler klare Vorstellungen von Allegorik haben.

Bewährt hat es sich, interessierte Schüler nach der Besprechung einiger Embleme selbst emblematische Bilder zeichnen oder verbal entwerfen und mit Kommentaren versehen zu lassen, über Themen, die ihnen naheliegen (z. B. Zeichen des Friedens; geteiltes Deutschland; Gefahren der Technik; persönlicher und einfacher: was ich liebe/was ich verachte ...).

Thematische Bezüge im Kapitel
Deß gwesten Pfaltzgrafen Glück ... (2): Emblematik im politischen Flugblatt; Vanitas in den Motiven Fortuna, Hoch und Nieder, Hoffahrt; im Text 'Emblematik' der Metapher (z. B. Krone – Hemd).
Zeitungsmeldungen ... (3); Gloger (4): Verwendung des anekdotischen Sinnbilds in der Politik (Kuh, Jungfrau); moralische Deutung der Politik.
Opitz (9): Funktionen der Dichtung, der Weisheit, der antiken und humanistischen Poetik, der christlichen Auslegung antiker Stoffe und 'Namen'.
Anhalt-Köthen (11): Emblematik im Dienste der Literatur- und Sprachpflege.
Sacer (12): Spott über das Übermaß allegorischer Topoi in der modischen Rhetorik.
Leibniz (13): Wörter als 'Zeichen' für Dinge, Begriffe und Gedanken.
Grimmelshausen (16), Arndt (17), Böhme (18): Varianten des theologischen Welt- und Menschenbildes.
In fast allen anderen Texten des Kapitels begegnen einzelne der angeführten Gedanken und Motive sowie das allegorische Sprechen in Metaphern und Sinnbildern.
Von dichtungstheoretischen Texten aller späteren Epochen kann man – kontrastiv – auf das Barockkapitel zurückgreifen.

II. Krieg und Soldaten (S. 12 ff.)

Das 17. Jahrhundert wird manchmal als Epoche des Dreißigjährigen Krieges charakterisiert. Das ist historisch nicht ganz richtig, denn nicht alle Teile Mitteleuropas waren oft oder schwer vom Krieg betroffen. Statt dessen wurden in der zweiten Hälfte des Jahrhunderts manche von den französischen Rheinkriegen verheert oder von den Türken bedroht, und die literarische und künstlerische Entwicklung hatten teilweise mit den Kriegsereignissen gar nichts zu tun. Andererseits hatten die Erfahrungen des großen Krieges erhebliche Wirkungen, z. B. auch auf einzelne Autoren wie Gryphius und Grimmelshausen. Sie wurden aber verhältnismäßig wenig politisch reflektiert; vielmehr schienen sie tradierte Gedanken – wie Vanitas, Memento mori oder die launische Fortuna – zu bestätigen. Im Deutschunterricht sollte man die Spiegelungen der Kriegserfahrung zeigen, aber vermeiden, die Barockliteratur insgesamt als Kriegsliteratur zu interpretieren.

Im Lesebuch wird nach den Sinnbildern zuerst der Krieg thematisiert, weil sich an diesem Thema den Schülern exemplarisch und verhältnismäßig leicht der Zusammenhang zwischen Realgeschichte und Literatur erschließen und so die Epoche vorstellbar nahebringen läßt. Das Thema Krieg wird in der Textauswahl ferner dazu benutzt, epochentypische Literaturgattungen vorzustellen, die sehr verbreitet waren (quantitativ viel verbreiteter als die 'hohe' Literatur), die aber im Schulkanon vernachlässigt werden: Flugblatt, Zeitung, politische Propaganda und Polemik auch im Gedicht, dazu die Erzählprosa, in der Anekdote, Schwank und lehrhaft-allegorisches Beispiel verschmelzen; aus solchen 'Stücklein' setzen sich auch Grimmelshausens Romane zusammen.

Sodann sollen hier epochentypische Gedanken, Denkmuster und Motive vorgestellt werden, und zwar als weltanschauliche Kategorien und Topoi, mit denen die zeitgeschichtliche Wirklichkeitserfahrung, die oft sehr realistisch registriert ist, gedeutet werden; die Spannung zwischen einem Realismus, der bei manchen Autoren geradezu zynisch wird (nach Grimmelshausen z. B. bei Johann Beer), und einer hochkonventionellen Kunst feststehender Ideen und Formen ist ein wesentliches Merkmal der Epoche. Diese Zusammenhänge zeigen sich authentisch als Epochenmerkmale gerade in den dokumentarischen und volkstümlichen Texten und sind Grundlage auch der kunstvollen Literatur.

Der Mensch im Zeichen des Krieges: Das ist hier der Mächtige ebenso wie der kleine Soldat und das wehrlose Volk. Hier zeichnen sich sozialgeschichtliche Voraussetzungen der Epoche ab. Die Hierarchie der ständischen Gesellschaft hat eine Parallele in der Hierarchie des Militärs. So ist der Soldat – als berühmter

Erstes Kapitel: Zu Text 2, S. 12

General, als Söldner oder als notleidender und plündernder 'Marodebruder' (Grimmelshausen) eine Leitfigur der Geschichtserfahrung im Dreißigjährigen Krieg, die dem Hofadel, dem Bürgertum und den Bauern gegenüberzustellen ist (vgl. Abschnitt III).

Zur Behandlung im Unterricht
Hat man die Emblematik zuvor eingeführt, kann man die Texte des Abschnitts in der Reihenfolge des Buches behandeln, die auch eine chronologische Reihe der Ereignisse und der Texte ist (1618/1621; 1631; 1634/1670). Zum Einlesen in die Epoche geeigneter wäre eine Reihenfolge, die mit dem geschichtlich Konkreten beginnt und die Denkformen und Denkinhalte erst nach und nach erschließt. Dazu kann man etwas mit den Zeitungsmeldungen anfangen, von deren Informationen auf die Frage der Parteilichkeit (politisch und religiös) zu sprechen kommen, in der zweiten Zeitungsmeldung die Verwendung volkstümlicher Allegorik erschließen und von da aus auch die Emblematik leichter verstehen (Text 1 und 2). Grimmelshausens Schlachtbild kann man sowohl zuerst besprechen, um die zugleich realistische und kritische Sicht dessen, der den Krieg tatsächlich als Soldat, also 'von unten' erlebt hat, zu vergegenwärtigen und erst dann zu den mehr oder weniger allegorisierenden Darstellungen überzugehen. Man kann aber auch abschließend diese Sicht, die hier ja aus der um Jahre späteren Retrospektive formuliert ist, der anderen entgegensetzen.
Vor allem wenn mit diesen Texten begonnen wird, müssen alle Texte mit den Worterklärungen genau gelesen werden. Die von den Schülern sicherlich empfundene Fremdartigkeit des Stils kann ihnen bewußtmachen, daß historisches Verstehen genaues Lesen erfordert. Am besten läßt man die Schüler einzelne Texte geradezu in moderne Sprache übersetzen (z. B. die Texte 3 und 5) oder in einer Inhaltsangabe resümieren. Damit kann das primäre Textverständnis gesichert werden. Zudem begreifen sie den historischen Abstand der Sprache in deren Andersartigkeit (umständlicher Satzbau, andere Idiomatik, bildliche und formelhafte Ausdrücke). Einzelne Beobachtungen können sprachgeschichtlich ausgewertet werden, indem man Unterschiede des Wortschatzes, der Formen und der Orthographie gegenüber dem heutigen Deutsch festhält. Dies sollte man auch tun, wenn man aus Zeitmangel nur einen Text des Abschnitts besprechen kann; als verhältnismäßig leicht zu verstehende Texte sind dazu geeignet die Zeitungsmeldungen und der Ausschnitt aus Grimmelshausens Roman.
Zu den historischen Daten und Fakten können Schüler aus Nachschlagewerken Informationen beschaffen. Das ganze Unterkapitel kann unter bestimmte Leitfragen gestellt werden, z. B.:
– Was haben die Menschen im Dreißigjährigen Krieg erlebt? Was ist ihnen aufgefallen? (Vgl.: Schicksale der Mächtigen; Schlachten, Belagerungen, Eroberungen; Plünderung; große Verluste der Bevölkerung; das Söldnerwesen und -unwesen usw.)
– Wie hat man in der öffentlichen Kommunikation die Kriegsereignisse gedeutet? (Z. B.: vorwiegend weltanschaulich-moralisch; parteilich; kritisch.)
– Wie kann man sich die öffentliche Kommunikation vorstellen? (Vgl. die Gattungen und die Kommentare zu den einzelnen Texten.)
– Welcher Darstellungsmethoden und Stilmittel hat sie sich bedient? (Vgl. die Einzelkommentare; wichtig: Emblematik, Allegorik, Polemik und Satire; in bestimmten Fällen aber auch genaue Berichterstattung und realistische Schilderung.)
– Welche gesellschaftlichen Gruppen und Ordnungen sind erkennbar? (Reich, Monarchie, Fürsten und Adelige; Militär; Volk.)

Deß gweßten Pfaltzgrafen Glück vnd Vnglück (S. 12)   2

Zur Flugblattliteratur
Flugblätter wurden im 17. Jahrhundert und vor allem während des Dreißigjährigen Krieges in großer Zahl verfaßt, gedruckt und verbreitet, nicht selten mit Auflagen zu mehreren tausend Stück. Nach der Schlacht von Nördlingen z. B. (1634, vgl. Text 5) verkündeten über 50 verschiedene Flugblätter und Schriften in mehreren Sprachen den Sieg der Kaiserlichen in ganz Europa. Die meist anonymen Autoren waren wohl Studenten, Lehrer, Prediger und Schreiber, also die untere und oft depravierte Intelligenzschicht. Verbreitet wurden sie vorwiegend von reisenden Händlern, „Zeitungsingern", Boten und allerlei Vaganten. Flugblätter sind also Produkte volksnaher Gebildeter und spiegeln verbreitete Denkweisen und Stimmungen.
„Welche Themen machten die fliegenden Blätter und Schriften so zugkräftig? Neben dem vertrauten Bibelinhalt und Religionsfragen, moralisierenden Warnungen, Prophezeiungen, Mahnungen zu Buße und

11

Erstes Kapitel: Zu Text 2, S. 12

Einkehr, zu gottgefälligem Leben in Bescheidenheit, war es eine dem weltlichen Erlebnisbereich entspringende Themenfülle, die jene Wirkung ausmachte: Tod und Verderben, Gewalt, Macht, Völlerei, Geiz, Münz- und Gewichtsbetrug, Prozeßsucht, Verbrechen, Wunder, Zanksucht der Frauen, ärgerlicher Ehestand, soziales Unrecht, Armut und Reichtum, Glück und Unglück, die Modetorheiten, Sitten- und Sprachverderbnis, Staatsereignisse – vor allem aber die Personen, Parteien, Begebenheiten und Wechselfälle des Krieges wie Schuldige und Opfer, wahre und vermeintliche Urheber, Nachrichten (Relationen) von Kriegsschauplätzen, Verhandlungen und Verträgen." (Hortus Bellicus. Der Dreißigjährige Krieg. Eine Kulturgeschichte von Herbert Langer. Prisma Verlag, Gütersloh. Lizenzausgabe der Edition Leipzig. Verlag für Kunst und Wissenschaft, 1978. 3. überarbeitete Auflage 1982, S. 235 f.)
Die Texte sind oft in Versen abgefaßt und mit einem Bild versehen, denn: „Was Gelehrte durch die Schrift verstahn, das lehrt das Gemähl den gemeinen Mann", heißt es in einer Flugschrift. Zeitungsnachricht, Propaganda, Satire oder moralisch-religiöse Ermahnung sind in der Regel die Inhalte.
Zu Beginn des Krieges war der „Winterkönig" Friedrich eines der beliebtesten Flugblatt-Themen. Er erscheint auf den Stichen als König ohne Land mit seiner Familie am Bettelstabe oder als schlafender böhmischer Löwe. „Wieder andere lassen ihn fronen für seine Gastgeber, die steinreichen Generalstaaten, die ihm gestatten, einen Miniaturhof im Haag zu halten. Man sieht ihn ein Haus auf Sand bauen, Käse wiegen und verkaufen, eine Grube graben für sich selbst u. a. m." (Herbert Langer, s. o., S. 237).
Später waren u. a. Mansfeld, Tilly und Wallenstein beliebte Titelfiguren. Flugblätter gehörten also einerseits zur verbreiteten Literatur der Lehr- und Schmähschriften, andererseits scheint sich in ihnen oft die Not und der Unmut der Armen und Entrechteten Luft zu machen.

Zur Interpretation
Obwohl dieses Zeitungslied nicht sehr kunstvoll ist, zeigt es, wie wichtig der Epoche auch in populären Publikationen die Formen und Methoden der poetischen oder rhetorischen Darstellung waren. Das Gedicht ist in paarweise gereimten Knittelversen verfaßt, einer schon vor dem 17. Jahrhundert volkstümlichen Versform, von der sich bis etwa 1624 (Opitz: ‚Das Buch von der Deutschen Poeterey') eigentlich nur die gepflegtere Prosodie der lateinisch schreibenden Dichter und einiger Madrigaldichter abhob; nach Opitz wird auch der Vers deutschsprachiger Gedichte kunstvoller.
In seinem Aufbau und Stil läßt das Gedicht die Prinzipien der traditionellen Schulrhetorik erkennen:
Als Einführung, die die Aufmerksamkeit auf das Flugblatt lenken soll (exordium, prooemium), dienen die Schlagzeile und das Bild.
Das eigentliche Gedicht beginnt mit der Vorstellung (propositio) des Themas, der Aussage, die des weiteren bewiesen werden soll, formuliert als Appell an das Publikum: Es geht um das Thema „Glück und Unglück" und um das Beispiel des Pfalzgrafen. Hier ist schon ganz deutlich die Verallgemeinerung des historischen Falles zum Beispiel einer allgemeinen Wahrheit oder Weisheit angezeigt, ferner die Vorliebe der Zeit für antithetische oder dualistische Denkmuster. Die Textfunktion des Beispiels wird auch später wiederholt erwähnt: „Hie sicht man ..." (V. 20), „wie ein Spiegel ..." (V. 44–46).
Da das Beispiel ein tatsächliches Geschehen betrifft (factum), folgt dessen Erzählung (narratio), die jedoch mehrmals durch Kommentare im Hinblick auf das Thema (argumentatio) unterbrochen wird. Demnach gliedert sich das Gedicht in mehrere Abschnitte:
1. Erzählteil (V. 3–16) mit Zusammenfassung („in Summ...", V. 17 f.): das Glück des Pfalzgrafen vor seinem Sturz.
Kommentar: über Ehrgeiz (19–22), Anwendung auf das Beispiel (23–26).
2. Erzählteil (27–42): Wie die Hoffahrt den Pfalzgrafen zu Fall bringt, bis zur Flucht nach Holland.
Kommentar: Die Lehre, man aus dem Beispiel ziehen soll (43–46).
3. Erzählteil: des Pfalzgrafen und seiner Räte vergebliche Versuche, sich wieder aus dem Unglück „auf[zu]schwingen" (47–58).
Kommentar: Zusammenfassung und Fazit des Ganzen (conclusio): der Gegensatz zwischen (einstigem) Glück und (jetzigem) Unglück. (Damit angedeutet Topoi der Zeit: Unzuverlässigkeit des Glücks, Vergeblichkeit und Gefahr des Strebens, Vanitas.)
Statt mit einer sonst oft abschließenden Schlußermahnung (adhortatio) endet das Gedicht mit einem frommen, aber skeptischen Wunsch für den Pfalzgrafen: „Helff Gott...".
Sogar eine quantitative Komposition ist anscheinend angestrebt, wenn auch nicht ganz gelungen: Deutlich abgesetzt sind die Zweizeiler am Anfang und Ende. Die restlichen 60 Verse ergäben, dreigeteilt, Abschnitte von je 20 Versen; das ist aber nur im Mittelteil ausgeführt. Konsequent sind den Kommentaren jedoch jeweils 4 (einmal 8) Verse zugeteilt.

Erstes Kapitel: Zu Text 2, S. 12

Der Inhalt weist ständig auf das Exemplarische hin, nicht nur in den Kommentaren. Im 1. Erzählteil werden z. B. typische Glücksgüter aufgezählt: hoher Stand, Macht, kluge Regierung, standesmäßig gute Ehe, Kinder, Zierde des Staates, allgemein: Ehre. Daran schließt sich die moralische Warnung vor Ehrgeiz und Hoffahrt, die Laster, die den Menschen zu Fall bringen, damit die Ermahnung zur Tugend der Genügsamkeit. Hier ist wieder die antithetische Denkstruktur zu erkennen, die schon im Titel angezeigt und in der Conclusio (59–62) epigrammatisch veranschaulicht ist. Schlüssig wird danach der tiefe Fall des Fürsten als Folge seines Strebens nach Höherem geschildert; sein Griff nach „frembdem Land" wird als Unrecht und Verstoß gegen die Genügsamkeit getadelt. Abgeschwächt wird der Vorwurf jedoch dadurch, daß die Mitschuld der Minister oder Räte betont wird. In Flugblättern über den Kaiser wurde ähnlich verfahren: Vom Kaiser wurde rücksichtsvoll gesprochen, aber er wurde vor schlechten „Räten" gewarnt. Daran ist zu erkennen, daß das monarchische System im 17. Jahrhundert fast nie grundsätzlich in Frage gestellt wurde; Fürsten wurden nur, und oft höflich oder verschleiert, ermahnt, richtig zu regieren. Noch Lessings ‚Emilia Galotti' endet mit einer ähnlichen Abschwächung der Fürstenkritik.

Eine Anspielung auf den König ohne Land benutzt der Verfasser zu einer etwas spitzfindigen Anleihe beim Neuen Testament: „Sein Reich war nicht von dieser Welt" (vgl. Joh. 18, 36). Sie ist aber hier anders, im Sinne der „Vanitas" zu verstehen: Dieses Reich war ein Trug und deshalb nicht von Bestand. Die Flucht Friedrichs nach Holland, ans Meer, gibt dem Verfasser Gelegenheit zu allerlei bildlich-allegorischen Veranschaulichungen (das tiefe Meer, der gefangene Fisch, das Schauessen), die z. T. auf das Bild zu beziehen sind. Sie leiten über zum „Spiegel"-Kommentar: Der Spott der Welt ist nur die Zur-Schau-Stellung des Exempels, aus der jeder etwas für sich selbst lernen soll. Entsprechend dem 2. Erzählteil wird im dritten die Vergeblichkeit aller Versuche, sich aus dem Unglück wieder aufzurichten, dargestellt.

Ob die Illustration zum Gedicht oder das Gedicht zur Illustration angefertigt wurde, ist nicht sicher zu entscheiden; jedenfalls sind beide, dazu die Überschrift, nach den Regeln der Emblematik aufeinander bezogen (vgl. Kommentar zu Text 1). Das zentrale Emblem im Bild ist alt: das Rad der Fortuna, das aber hier die Räte Abraham Scultetus und Ludwig Camerarius mit einem Schwunghebel an der Nabe drehen – eine Kritik an den kurpfälzischen Calvinisten. Friedrich ist simultan in drei Situationen am Rad zu sehen: als aufsteigender und ehrgeizig aufblickender Pfalzgraf, als lächelnder König im Zenit und als herabstürzender Friedrich ohne Titel. Beim Sturz verliert er die Königsinsignien, dazu den englischen Hosenbandorden, das heißt: die Unterstützung Englands. Als Hintergrund dient die Meeresküste Hollands; aus dem „tieffen Möhr" wird Friedrich gerade herausgefischt, seine Haltung ist demütig flehend. Man kann sich vorstellen, wie ein Zeitungsinger das Flugblatt vors Publikum hält und, während er das Lied vorträgt, die Einzelheiten auf dem Bilde zeigt. Dem demonstrativen Charakter des Ganzen entspricht die Verflechtung emblematisch-allegorischer und rhetorischer Darstellungsmittel.

Zur Behandlung im Unterricht
Nach Vorgabe historischer Informationen kann man zuerst das Bild betrachten und seinen Sinn versuchsweise erraten lassen. Jedoch verstehen die Schüler es wohl erst ganz, wenn sie das Gedicht verstanden haben. Dieses sollte, wenn überhaupt, genau interpretiert werden. Ging eine Besprechung anderer Barockwerke schon voraus, können Schüler die wichtigsten Motive selbst herauslesen. Da unsere Textauswahl sonst die Methoden der Rhetorik nicht ausführlich dokumentiert, können sie hier hinsichtlich des Aufbaus und der Gedankenführung (dispositio) erarbeitet werden; ihre Kenntnis ist auch für Gedichtinterpretationen nützlich.

Interessant wäre eine etwas ausführlichere Beschäftigung mit Flugblattliteratur u. ä. Die Schüler können wenigstens über Funktionen, Anwendungen und Formen solcher Arten öffentlicher Kommunikation in unserer Zeit aus eigener Beobachtung nachdenken und das barocke Flugblatt damit vergleichen.

Besteht daran Interesse, kann auf die Kulturgeschichte des Glücksradsymbols hingewiesen werden: in der Antike Attribut der Glücksgöttin Fortuna; im Mittelalter Varianten als Welt-Allegorie und Sinnbild des menschlichen Lebens (Lebensrad). Beispiele der bildenden Kunst: San Zeno in Verona (um 1200); Baseler Münster, Querschiff, 12. Jh.; Kathedralen in Trient, Amiens, Lausanne u. a. m. Auf einem Holzschnitt in Sebastian Brants ‚Narrenschiff' (1494) ist das Glücksrad satirisch mit drei Eseln besetzt, den Hebel zum Drehen bewegt eine große Hand aus dem Himmel.

Thematische Bezüge im Kapitel
Gloger (4): Verlust des Kriegsglücks.
Grimmelshausen (5): Glück ohne Verdienst, Unglück trotz Verdienst.
Logau (8): Herrschertugenden. Grimmelshausen (16): eitles Weltstreben und Reue.

Erstes Kapitel: Zu Text 3, S. 13 f.

3 [Zeitungsmeldungen über den Fall Magdeburgs] (S. 13 f.)

Zur Zeitung im 17. Jahrhundert

Abgesehen von den Flugschriften bezogen viele Leute ihre Informationen über das Zeitgeschehen aus Kalendern (jährlich) und ‚Relationes semestrales' (halbjährig). Der immer regere diplomatische und kaufmännische Verkehr in ganz Europa erforderte aber eine schnellere Nachrichtenverbreitung. Ihr dienten die im 17. Jahrhundert sich rasch vermehrenden Wochenzeitungen, die vor allem neuen Bedürfnissen des Bürgertums entsprachen und mit dem gleichzeitig aufblühenden Postwesen leicht zu verbreiten waren. Poststationen und Postboten waren ohnehin wichtige Nachrichtenvermittler. Außerdem wurden Zeitungen in großen Städten, auf Messen und Jahrmärkten sowie von berufsmäßigen „Zeitungskrämern" oder „Zeitungsingern" vertrieben.

Die erste nachgewiesene Wochenzeitung erschien 1609 in Straßburg, das erste Tageblatt 1660 in Leipzig. Äußerlich unterschieden sich die Zeitungen darin, ob sie mehr dem Layout der Flugblätter oder dem Buchdruck glichen. Die deutschen Zeitungen enthielten sich meistens, aber nicht immer, der politischen Polemik und reihten, oft ungeordnet, Nachricht an Nachricht. Die Nachrichten stammten aus allen möglichen Quellen; es gab aber auch regelmäßig liefernde Korrespondenten oder Kuriere und fest angestellte Nachrichtensortierer. Von der Aktualität der Zeitungsnachrichten kann man sich eine Vorstellung bei unserem ersten Beispiel machen: Die Meldung über das Ereignis am 20. Mai konnte im 450 km (Luftlinie!) entfernten München am 23. Mai gedruckt werden. Dazu muß man bedenken, daß Pferd und Kutsche die schnellsten Verkehrsmittel waren, und zwar auf ungepflasterten Straßen, und ein Kurier von Magdeburg bis München schätzungsweise 10 bis 12 Territorialgrenzen überqueren mußte. Die zweite Meldung, die erst fünf Tage später erschien, läßt denn auch erkennen, daß die Nachricht nun gar nicht mehr ganz neu war. Erste Gerüchte von der Eroberung Magdeburgs waren womöglich schon vor dem 23. Mai in München, denn im ersten Text heißt es, die Nachricht werde nunmehr „confirmiert" (bestätigt).

Zur Interpretation

Die beiden Münchener Zeitungsartikel unserer Auswahl sind darin interessant, daß sie dasselbe Ereignis, die Eroberung der schwedisch besetzten und protestantischen Stadt Magdeburg durch kaiserlich-katholische Truppen unter General Tilly am 20. Mai 1631 sehr unterschiedlich darstellen.

Die ‚**Wochentliche Ordinari Zeitung**' berichtet aus zwei Quellen: „durch aigne Currier..." und „durch den Fürsten von Anhalt" (oder sein Gefolge). Sie teilt Fakten und Zahlen mit, recht sachlich, wenngleich vorwiegend aus der Sicht der Magdeburger (Z. 6 ff.). Wie in heutigen Zeitungsmeldungen steht die Zusammenfassung des Hauptereignisses am Anfang. Es folgen Einzelheiten, zunächst über die Vorgänge vom Vortage bis zur Eroberung. Wir erfahren, daß offenbar Bürger und reguläre Truppen sich in die Verteidigung teilten und mit einem unmittelbar bevorstehenden Angriff nicht rechneten; Magdeburg war schon 1629 von Wallenstein vergeblich belagert worden – auch wegen der starken Befestigungsanlagen –, und Tilly lag mit seinen Truppen schon länger vor der Stadt und beschoß sie. Ferner erfahren wir einiges über Kriegstechniken (Wachen, Wälle und Mauern, Türme, Sturmleitern, Brandstiftung, Feuerwaffen – Pulver –, aber in der Not auch das „stainwerffen"). Danach werden die Zerstörungen, Verluste und Grausamkeiten genannt, für die Magdeburg noch lange ein berüchtigtes Beispiel blieb. Die Ursache des verheerenden Brandes ist bis heute nicht aufgeklärt, trotz einem sehr genauen Bericht des Magdeburger Bürgers, Ingenieurs und Baumeisters Otto von Guericke (u. a. abgedruckt in: Der 30jährige Krieg in Augenzeugenberichten, hrsg. von Hans Jessen. dtv 2704. München 1972). Die angeführten Schäden und Zahlen stimmen in etwa, nur der Dom, ein Kloster und etwa 100 kleine Häuser überstanden die Zerstörung. Deutlich ist, daß die Zivilbevölkerung dem Kriegsgeschehen nicht ausweichen konnte und auch nicht geschont wurde. Die kaiserlichen Truppen und sogar Offiziere plünderten und verschacherten Hausrat und Dirnen, vergewaltigten und töteten. Dies alles wird ziemlich sachlich, wenn auch nicht ganz ohne Teilnahme berichtet, jedenfalls ohne Polemik.

Anders **der spätere Artikel,** der keine neue Nachricht mehr ist, sondern ein nachträgliches Stimmungsbild, diesmal aus der Sicht der Kaiserlichen. Hier wird handfeste Propaganda für die katholische Kriegspartei und ihren General gemacht: Tilly ist fromm, handelt „wol und fleissig", der Sieg ist Gottes Gnade zu danken. Das Gemetzel an schwedischen Kriegsgefangenen, die sich ergeben hatten, wird mit der merkwürdigen Behauptung gerechtfertigt, ihre Kugeln „und alles" sei vergiftet gewesen. Zur volkstümlichen Berichterstattung gehört auch die Anekdote von der Magdeburger Kuh sowie das Wortspiel Magdeburg (Mädchenburg) / unbesiegliche Jungfrau, mit dem die Protestanten geprahlt hatten; darauf nimmt dann Gloger in seinem Gedicht Bezug (Text 4).

Erstes Kapitel: Zu Text 4, S. 14

Abgesehen von den Realinformationen und der Propaganda läßt sich an den Texten zeigen, wie zeitgenössisches Geschehen in der öffentlichen Kommunikation sich mit Religion, Anekdote und populärem Wortspiel verbindet.

Zur Behandlung im Unterricht
Leichter als die Texte (1) und (2) können die Schüler die Zeitungsmeldungen weitgehend selbständig auswerten. Außer einer vergleichenden Betrachtung und Informationen über das Zeitungswesen (s. o.) bietet sich ein Vergleich mit Text (4) an. Weitere Dokumente könnten herangezogen werden (s. o.).
Nützlich sind ferner zeitgenössische Illustrationen zum Kriegsgeschehen im 17. Jahrhundert. Künstlerisch und dokumentarisch hervorragend sind z. B. die Kupferstiche von Jacques Callot: ‚Les misères et mal-heurs de la guerre‘, die zwar nicht den Dreißigjährigen Krieg in Deutschland, aber ganz ähnliche gleichzeitige Greuel in den Niederlanden festhalten.
Die beiden Textproben können auch herausgenommen und in einer Unterrichtseinheit über öffentliche Medien, Zeitung, Berichterstattung o. ä. verwendet werden.

Thematische Bezüge im Kapitel
Gloger (4)
Grimmelshausen (5): Krieg aus der Sicht des kleinen Soldaten.

Georg Gloger: Generals Tylli drey Tugenden in Laster verkehret (S. 14)   4

Zur politischen Lyrik im 17. Jahrhundert
Von der politischen Lyrik des 17. Jahrhunderts steht wenig in den Lesebüchern, obwohl sie einen beträchtlichen Teil barocker Lyrikproduktion ausmachte. (Vgl. Volker Meid: Im Zeitalter des Barock. In: Geschichte der politischen Lyrik in Deutschland, hrsg. von Walter Hinderer. Reclam, Stuttgart 1978, S. 90 ff.) Abgesehen von den meist anonymen Gedichten der Flugschriften gliedert sie sich hauptsächlich in Hof- und Huldigungslyrik sowie Agitationslyrik, und sie läßt jeweils erkennen, in wessen Diensten der Autor stand oder wessen Partei er ergriff. Selten von großer poetischer Qualität, ist diese Lyrik doch wichtig, um zu erkennen, wie intensiv die Literatur des 17. Jahrhunderts in gesellschaftlichen und politischen Verwendungszusammenhängen stand.
Georg Gloger (1603–1631) aus Habelschwerdt in Schlesien war keiner der großen Dichter. Er gehörte dem Freundeskreis um Martin Opitz an, dichtete aber selbst vorwiegend auf Latein. Das Gedicht erschien 1631 mit neun anderen von Gloger in lateinischer und deutscher Fassung.

Zur Interpretation
Interessant ist das Gedicht im Vergleich mit den Zeitungsmeldungen (3), sozusagen als protestantische Erwiderung auf die Verehrung Tillys. Aktuellen Anlaß dazu gab die Niederlage Tillys bei Breitenfeld 1631, also kurz nach der Eroberung Magdeburgs; seither schien der Siegeszug Gustav Adolfs unaufhaltsam. Hatte Tilly zur Genugtuung der Kaiserlichen die angebliche Unbesiegbarkeit Magdeburgs widerlegt, so widerlegte, meint Gloger, seine Niederlage den Ruf seiner Unbesiegbarkeit. Damit schien er auch für die Schändung Magdeburgs bestraft zu sein. So bedient Gloger sich der allegorisch-moralischen Topoi, mit denen der Fall Magdeburgs kommentiert wurde: Kriegsstärke sei die Folge von Tugend. Offenbar kann Gloger sich auf Preisungen der Tugenden Tillys berufen (Z. 16–22). Er deutet diese Preisungen in Schmähungen um, mit der Begründung, Tilly habe die Tugenden bei Magdeburg in Laster „verkehrt", was ihn seine Kriegskraft gekostet habe (Z. 29 ff.). Damit kann er den General im letzten Vers mit drei handfesten Schlagwörtern beschimpfen.
Formal ist das Gedicht ein Beispiel gedanklich argumentierender Lyrik, die sich rhetorischer Methoden bedient, wie der ausgeklügelte Aufbau zeigt:
Vers 1–6: Einführung des Themas als Wiedergabe einer allgemeinen Meinung: der Ruhm von Tillys Tugenden.
Vers 7–12: Probatio (Beweisführung): Der allgemeinen Wahrheit in dieser Meinung stimmt der Dichter zu, und er begründet dies.
Vers 13–18: Refutatio (Zurückweisung der Argumentation des Gegners): Die allgemeine Wahrheit wird gegen die Person und den Ruhm Tillys gerichtet.
Vers 19–20: Conclusio (Schlußfolgerung): Zusammenfassung über die Verächtlichkeit Tillys.

Erstes Kapitel: Zu Text 5, S. 15f.

Zur Behandlung im Unterricht
Der Aufbau nach rhetorischen Argumentationsregeln kann erarbeitet werden. Ergiebig ist eine Besprechung v. a. in größerem Zusammenhang, sei es im Vergleich mit den Texten (3), sei es im Hinblick auf realgeschichtliche Bezüge der Barockliteratur oder auf die Funktionen der Literatur in der Gesellschaft (hier am Beispiel der politischen Agitation).

5 Hans Jakob Christoph von Grimmelshausen: Wie heroisch sich Springinsfeld in der Schlacht vor Nördlingen gehalten (S. 15f.)

Zum Text
Die Biographie und das Œuvre Grimmelshausens können hier nicht kommentiert werden. ‚Der seltzame Springinsfeld...‘ erschien 1670 als eine der zehn Schriften, mit denen Grimmelshausen den Erfolg des ‚Simplizissimus‘-Romans (1669) ausmünzte und dort eingeführte Begebenheiten und Nebenfiguren weiter entfaltete (‚Simplicianische Schriften‘). Springinsfeld erschien im ‚Simplizissimus‘-Roman als Regimentskamerad des Titelhelden in Soest (Drittes Buch), der im Krieg sein Glück macht (Kap. VIII). In der Erzählung von 1670 ist aus dem „weiland frischen, wolversuchten und tapffern Soldaten" ein „ausgemergelter, abgelebter doch dabey recht verschlagener Landstörtzer und Bettler" geworden (Titel): Das wechselnde Kriegsglück hat zum endgültigen Elend geführt (vgl. Text 2). In einem Wirtshaus trifft er Simplizissimus und einen Schreiber, der selbst früher Simplizissimus, Springinsfeld und der Courage begegnet ist. In dieser Gesprächsrunde erzählt nun Springinfeld sein Leben, und am Ende beauftragt Simplizissimus den Schreiber, die Erzählung aufzuschreiben – eben dieses Buch. Springinsfelds Lebensgeschichte ähnelt der von Simplizissimus mit ihrem Auf und Ab, ist aber mehr als diese ins Verrohte, ja Verbrecherische abgeglitten, bis der Kriegsveteran und Invalide sein Dasein ärmlich als Krüppel und Bettler fristet. Simplizissimus nimmt ihn auf seinen Gutshof, wo Springinsfeld den Lebensabend verbringen darf und auf den „christlichen Weg eines gottseligen Lebens" zurückfinden soll.
Noch radikaler als im ‚Simplizissimus‘-Roman enthüllt Grimmelshausen hier das Elend der verkommenen Soldaten und heimatlosen Herumtreiber („Landstörtzer"). Diese bittere Kritik der Wirklichkeit, insbesondere der sozialen und moralischen, wird durch unterhaltsames Erzählen und astrologische Mystifikationen teilweise verschleiert, bricht aber in desillusionierenden Passagen erschreckend durch.

Zur Interpretation
Die hier abgedruckte Episode (im Kap. XV) kann als Parallelstück zur eindrucksvollen Schilderung der Schlacht bei Wittstock im ‚Simplizissimus‘ betrachtet werden (2. Buch, Kap. XXVII). Dort ist das Kriegsgeschehen mit dem scheinbar naiven, aber das Entsetzliche entlarvenden Blick des Toren gesehen. Die Realität erscheint zugleich in unverblümter Schärfe und mit der Hintergründigkeit eines Sinnbilds: Der welterfahrene Simplicius erlebt die Reiterschlacht als absurdes Chaos der Gewalt, der Angst und des Sterbens, in dem selbst der Unterschied zwischen Mensch und Tier verschwindet. Ähnlich vielschichtig ist das Bild der Schlacht bei Nördlingen (1634). Es ist von einem Sachkenner verfaßt, der die strategischen Zusammenhänge und den Krieg überhaupt aus eigener Erfahrung kennt. Wir erfahren Einzelheiten über die Art der Kriegführung (vgl. das Hin und Her der Reiterattacken), über die liegenbleibenden Verwundeten und Toten, über Waffen und Ausrüstung der Landsknechte, vor allem aber über Situation und Verhalten der minderen Soldaten, die unzureichend besoldet und versorgt werden und sich deshalb am Rande des Kriegsgeschehens selbst versorgen, indem sie Beute machen und dabei auch vor Gewalt nicht zurückschrekken (S. 15, Z. 36).
Zu ihnen gehört der Ich-Erzähler Springinsfeld, und er vermittelt ihre Sicht des Krieges, zugleich beteiligt und distanziert. Nicht so naiv wie der junge Simplizissimus, durchschaut er Unrecht und Unsinn des Kriegsgeschehens (vgl. S. 15, Z. 31f., 36ff.; S. 16, Z. 10ff., 14ff.), als daran beteiligter Soldat aber benutzt er es zur Selbsterhaltung. Der Zwiespalt zwischen Einsicht und Handeln ist offenkundig. Die Landsermentalität ist vom Zweck des Überlebens beherrscht, auch wenn das Gewissen schlägt. Um zu überleben, hält Springinsfeld sich möglichst aus den Gefahrenzonen heraus und kann gerade so die Kehrseiten des Krieges wahrnehmen: Ihm ist es gleichgültig, wer siegt (S. 15, Z. 16); er hält sich möglichst abseits oder kämpft gar nicht mit (S. 15, Z. 11, 17f.); er geht in Deckung oder stellt sich gar tot (S. 15, Z. 23f.); und er betätigt sich als Leichenfledderer, wenn das Schlachtfeld von der kämpfenden Truppe verlassen ist (S. 15, Z. 24ff.). In dieser Sicht von unten sind die Kriegszwecke der Parteien, Staaten, Regenten oder Konfessionen ausgeblen-

Erstes Kapitel: Zu Abschnitt III, S. 16 ff.

det, übrig bleibt die unmittelbare Kriegserfahrung des kleinen Mannes, die zum allgemeingültigen Exempel wird: „ein vast armer Schelm" (S. 15, Z. 10) ist Springinsfeld im ganzen Buch, und er steht damit exemplarisch für die Mehrzahl der Soldaten, ja in einem tieferen Sinne der Menschen überhaupt. Das Kriegsglück erscheint wie die „Waag[e]" des Glücks (S. 15, Z. 18). Der Herumtreiber und Leichenfledderer ist in Gefahr sogar gezwungen, sich „denjenigen gleichzustellen / die ich zu berauben im Sinn hatte" (S. 15, Z. 24): Die Rollen sind austauschbar, selbst der Unterschied zwischen Toten und Lebenden wird undeutlich.

Die Austauschbarkeit der Lebensrollen fällt wiederholt auf (S. 15, Z. 31 ff.; S. 16, Z. 10 ff.). Sie ist ein krasser Widerspruch zum sozialen Denken und Verhalten der Zeit, dem soziale Rollen geradezu als Stabilisatoren der Gesellschaft galten, ja als Ausdruck der Weltordnung. Im Bild des Krieges erscheint damit die Weltordnung aufgehoben: Die neuen Feuerwaffen widerlegen die traditionelle Hierarchie der Aristokraten und Gemeinen, damit aber auch die traditionellen Tugenden wie die der Tapferkeit (S. 15, Z. 36 bis S. 16, Z. 2; S. 16, Z. 10 ff.); die Besitzrechte der höheren Stände werden umverteilt im Beutemachen (S. 16, Z. 2 ff.). Die Umwertung der moralischen Werte deutet Grimmelshausen ironisch schon in der Überschrift des Kapitels an. Die „Zaichen der erhaltenen Victori" bestehen nur noch darin, „todt zuschlagen / gefangen zunemmen und Beuthen zu machen" (S. 16, Z. 15 f.). Wer gar nicht den Sieg miterkämpft hat, macht sich ihn dennoch zunutze (S. 16, Z. 16 f.) und erlangt womöglich mehr als die tapferen Kämpfer (S. 16, Z. 19 f.).

Ähnliche Gedanken finden sich bei Grimmelshausen immer wieder, auch im ‚Simplizissimus' (vgl. u. a. den Traum vom Ständebaum des Militärs, Erstes Buch, Kap. XV und XVI). Der „Bärenhäuter", das heißt der durch die Kriegsfolgen verwilderte Mensch, und der „vast arme Schelm" sind das, was, außer den Toten, übrigbleibt vom Menschen, wenn alle Ordnung zusammenbricht. Daß weltliche Ordnung sich auflösen kann, ja daß gerade die Mächtigen, die diese Ordnung erhalten und ihre Nutznießer sind, sie im Kampf um die Macht zerstören, ist eine Grunderfahrung Grimmelshausens. Sie erschüttert auch das Vertrauen in die Sittlichkeit und bestätigt den religiösen Gedanken der Vanitas (vgl. Text 16). Das Besondere an Grimmelshausens Darstellung, gerade auch im vorliegenden Textausschnitt, ist, daß er nicht von der höheren Warte der Weisen und Frommen her spricht (wie etwa Gryphius), auch nicht bloß darüber lamentiert, sondern in der Sicht derjenigen, die selber damit und davon leben (vgl. S. 15, Z. 14–16). Das kann man als zynisch empfinden, gemeint ist es aber wohl als die unbestochene Kritik, aus der der Kritiker sich selbst nicht ausschließt.

Zur Behandlung im Unterricht
Wird Grimmelhausens ‚Simplizissimus' (in Auszügen) im Unterricht gelesen, sind dergleichen Gedanken an verschiedenen Stellen zu erarbeiten; der Ständebaum der Soldaten und die Schlacht bei Wittstock sollten dabei nicht fehlen. Der vorliegende Text kann dann zum Vergleich herangezogen werden. Ohne diese Lektüre gehört Text (5) des Lesebuchs unbedingt zu einer Einführung in die Epoche, gerade auch wegen der Verbindung real- und sozialgeschichtlicher Informationen mit dem Menschenbild, der realistischen Schilderung mit der Reflexion und exemplarischen Sinnbildlichkeit. Die Textstelle kann aber auch für sich oder in einer Unterrichtseinheit zum Thema „Krieg" verwendet werden (vgl. die Texte 51, 95, 117, 159, 155 [z. T.], 171–173, 175, 210 [2. Abschnitt], 212).

Thematische Bezüge im Kapitel (abgesehen von allgemeinen Ideenbezügen wie Vanitas, Dualismus, Moral usw.):
Flugblatt (2): sozialer hoher Stand, Machtstreben und Sturz.
Zeitungsmeldungen (3): grausame Wirklichkeit und ideologische Verklärung des Krieges.
J. Rist (6): Gegenüberstellung mit Vorstellungen der gesellschaftlichen Friedensordnung.
Abraham a Sancta Clara (7): Kritik der Sozialordnung.
Grimmelshausen (16): religiöse Dimension der desillusionierenden Welterfahrung.

III. Fürsten, Adel, Bürger, Bauern (S. 16 ff.)

Durch alle Erschütterungen der Kriege im 17. Jahrhundert hindurch hat sich im wesentlichen die weltliche Ordnung der Fürstenstaaten sowie der Adels- und Ständegesellschaft behauptet. Das kaufmännische und akademisch gebildete Bürgertum erlangt zwar – trotz einzelnen Rückschlägen – eine gewisse Geltung im

Erstes Kapitel: Zu Text 6, S. 16ff.

öffentlichen Leben, aber an eine soziale Emanzipation wird es erst im 18. Jahrhundert denken. Grundlage des gesellschaftlichen Lebens ist immer noch die alte Ständehierarchie. In einigen Gegenden Deutschlands – z. B. in Schlesien – behalten die Land- und Stadtstände noch etliche Rechte und Privilegien, in den freien Reichs- und Hansestädten regiert das Patriziat. Aber der entscheidende historische Prozeß ist die allmähliche Durchsetzung des Absolutismus, der sich zeitweise gegen den landbesitzenden Adel auf die Beamtenschaft stützt und damit gebildeten Bürgern Wirkungsmöglichkeiten bietet, allerdings fast nie den wirklichen Aufstieg in die Aristokratie. Am schlimmsten trafen die Unsicherheiten und Verheerungen des Jahrhunderts – neben einigen Städten – die Bauern, die zudem weithin dem Adel und den Fürsten ausgeliefert waren. Der Bauer figuriert deshalb in der Literatur als der Arme schlechthin, obwohl andererseits das „Landleben" in bukolischer Tradition als besonders natürlich, tugendhaft und glückselig dargestellt wird, freilich nur in der Sicht der wohlhabenden Gutsbesitzer oder in der Stilisierung der „Hirten"- und „Schäfer"-Rollen.

Kunst und Literatur der Epoche sind ganz auf die gesellschaftlichen Ordnungen bezogen, prinzipiell keine Privatsache, auch wenn in der Regel das Dichten neben dem Beruf als Mußetätigkeit betrieben wird. Man versteht Barockliteratur nicht, wenn man sie nicht als normiertes und öffentliches Sprechen versteht, denn dessen Stil nehmen auch persönlich motivierte Dichtungen an. Deshalb gehört zum Verständnis der Literaturepoche eine Vorstellung der Gesellschaft, in der und für die sie Literatur produzierte. Das Lesebuch soll freilich keine sozialgeschichtliche Quellensammlung sein. Deshalb sind wieder Texte ausgewählt, in denen der faktische gesellschaftliche Bezug sich mit typischen Textsorten und Motiven verbindet. Exemplarisch für die unterschiedlichen Arten gesellschaftlicher Kultur werden aus Rists Gesprächsbuch die des Hoflebens und der großen Städte vorgestellt, zugleich damit eine epochentypische Gattung didaktisch-moralischer und unterhaltender Literatur. Das Bauernelend läßt sich mit der Lektüre des ‚Simplizissimus' vergegenwärtigen. Abraham a Sancta Claras Predigt-Anekdote stellt es der Fürsten- und Adelspracht entgegen und vertritt eine Hauptgattung der Epoche, die Predigt, und zwar in ihrer volkstümlichen Form; zugleich damit die weitverbreitete Gattungsgruppe der Predigtmärlein, Stücklein, Exempelgeschichten und Kalendergeschichten. Logau repräsentiert hier eine dritte wichtige Gattung zeitkritischer Literatur, das Epigramm, mit Beispielen der Fürsten- und Adelskritik, die es ja neben den Huldigungsdichtungen durchaus gab.

6 Johann Rist: Das AllerEdelste Leben der gantzen Welt (S. 16 ff.)

Zum Autor

Johann Rist aus Ottensen in der Grafschaft Pinneberg (1607–1667) war zu seiner Zeit als bedeutender, wenn auch nicht unumstrittener Dichter Norddeutschlands angesehen – mit Wirkungen nach Skandinavien –, der u. a. die poetologischen Prinzipien Opitzens verbreitete. Nach dem Besuch angesehener Gymnasien in Hamburg und Bremen studierte er in Rostock neben der Theologie orientalische Sprachen, Medizin, Chemie und Mathematik. Er zählte also – wie z. B. auch Gryphius – zu den universal gebildeten bürgerlichen Akademikern, die die traditionelle humanistische Bildung durch die damals moderne naturwissenschaftlich-mathematische Gelehrsamkeit und durch Sprachenkenntnisse ergänzten. Von Beruf Pastor, widmete er viel Zeit lyrischen, dramatischen und gelehrt-prosaischen Schriften, auch als Auftragsarbeiten und für Geld. Von seinen zahlreichen geistlichen Liedern stehen noch heute etliche im evangelischen Kirchengesangbuch Westdeutschlands. Wiederholt äußerte er sich als beredter Kriegsgegner. 1646 verlieh ihm Kaiser Ferdinand III. den poetischen Lorbeer („Poeta laureatus") und dazu ein Adelsdiplom, 1654 ernannte er ihn zum Hofpfalzgrafen, was allerdings nur ein Ehrentitel, kein Amt war. Mit alldem ist Rist ein Beispiel dafür, wie ein bürgerlicher Intellektueller in der monarchisch-feudalen Gesellschaft des 17. Jahrhunderts zu Ansehen gelangen konnte. Dazu gehört auch, daß Rist 1647 in die ‚Fruchtbringende Gesellschaft' aufgenommen wurde (vgl. Text 11). Diese von einem Fürsten geleitete und vom Adel beherrschte Sprach- und Literaturgesellschaft kennzeichnet die Bedeutung der Aristokratie für die Kultur des Jahrhunderts. Rist nutzte aber auch die soziale Stärke der Hansestadt Hamburg, als er selbst dort seit 1658 die Sprachgesellschaft ‚Elbschwanenorden' gründete und leitete, die allerdings nach seinem Tode rasch verfiel. So ist Rist ein Beispiel für die kulturtragenden sozialen Formationen des 17. Jahrhunderts: Fürsten und Adel, Kirche, gelehrtes und stadtpatrizisches Bürgertum.

Rist hebt idealisierend die sozialgeschichtliche Bedeutung der Städte hervor, die tatsächlich im 17. Jahrhundert zurückging. Das ist verständlich, weil gerade seine Heimatstadt Hamburg vom Niedergang mancher anderen Städte noch kaum betroffen war. (Vgl. Michael Erbe: Epoche – Sozialgeschichtlicher Abriß. In: Deutsche Literatur. Eine Sozialgeschichte, hrsg. von Horst Albert Glaser. Band 3: Zwischen

Gegenreformation und Frühaufklärung: Späthumanismus, Barock, hrsg. von Harald Steinhagen. rowohlt Taschenbuch Verlag, Reinbek bei Hamburg 1985, S. 18ff.)

Zur Gattung und zum Text

Das Buch, aus dem die Textausschnitte stammen, stützt sich auf zwei literarische Traditionen: das Gesprächsbuch oder den literarischen Dialog und die moralphilosophische Belehrung und Erbauung.
Der literarische, philosophische oder theologische Dialog hat eine europäische Vorgeschichte, die in der Antike – u. a. mit Platon, Cicero und Seneca – beginnt. Im Mittelalter diente er oft als katechismusähnliches Lehrbuch, aber auch als mehr volkstümliche Streitschrift, als welche er vor allem in der Reformationszeit benutzt wurde. In der Aufklärung erlebte er seine letzte große Blüte (Wieland, Lessing, Mendelssohn, Herder). Danach scheinen ihn einerseits der Roman, andererseits authentische Gesprächstagebücher (man denke nur an die verschiedenen „Gespräche mit Goethe") zurückgedrängt zu haben.
Im 17. Jahrhundert wird die Variante der 'Gesprächsspiele' geschätzt, die in Italien und Frankreich schon länger bekannt war. In ihnen wird die gelehrte Didaktik aufgelockert zur Konversation und zum Austausch von Meinungen; Weltwissen und Lebenserfahrung breiten sich aus auf Kosten der Dialektik und Dogmatik. In den 'Gesprächsspielen' oder 'Frauenzimmer-Gesprächsspielen' (1641–49) von Georg Philipp Harsdörffer (1607–1658) unterhalten sich drei adelige Frauen und drei Männer, darunter ein Bürgerlicher, während geselliger Treffen und Ausflüge über alle möglichen Ereignisse und die Natur, über Berufe, Wissenschaften, Künste, aber auch Geschichten, Theaterstücke und sonstige Literatur. Beziehungen zwischen den Gesprächspartnern deuten sogar einen Handlungsrahmen der Gespräche an. Die Bücher zeigen, daß diese Literatur – trotz den niedrigen Auflagen – sich nicht an einen gelehrten Rezipientenkreis wandte, sondern an ein adeliges oder bildungsbürgerliches Publikum, das selbst die kluge, weltläufige Konversation schätzt und zu dem auch Frauen gehören. Deshalb sind die Gesprächsbücher ergiebigere Quellen für die gehobene Kultur der Zeit als ein großer Teil der stilisierten Gedichte, Dramen und Romane.
Rists Buch ist nicht ganz so locker komponiert wie die Gesprächsspiele Harsdörffers. Vielmehr halten die vier Gesprächsteilnehmer mit den keinen Stand verratenden Phantasienamen meist längere zusammenhängende Reden, und der didaktische Zweck ist deutlich spürbar. Rist breitet darin sein umfassendes Wissen aus, und zugleich sind mit den Vorzügen der vier Lebensarten auch die Werte dargestellt, nach denen es zu streben gilt. Die Huldigung dient – wie auch sonst oft in der Huldigungsliteratur des 17. Jahrhunderts – der höflichen, aber ernsthaften Ermahnung. So kann Rist in seinem Buch sogar das Kriegs- und Soldatenleben rühmen lassen, obwohl er einer der engagiertesten Pazifisten seiner Zeit war. Gegen Mißfallen an seiner Kritik des Militärs verwahrte er sich an anderer Stelle damit, er habe nicht diejenigen getadelt, „welche von Gott vnd der ehrbaren Welt für Christliche / ehrliche und rechtschaffene Soldaten und Kriegsleute gehalten werden". – Der Sieg im Streitgespräch wird am Ende dem Landleben zugesprochen, weil es am besten ein tugendhaftes und glückseliges Leben ermögliche. In diesem Sinne wurde der Rückzug aufs Landgut ja schon im antiken Rom gewertet, und noch Lessing stellt in ‚Emilia Galotti' dem moralisch bedenklichen Hofleben den Grafen Appiani gegenüber, der seine individuelle Rechtschaffenheit nur im Landleben gewährleistet sieht.
Rists Buch steht andererseits in der moralphilosophischen Tradition der „prudentia politica" oder „prudentia civilis" (Weltklugheit des politischen, öffentlichen und gesellschaftlichen Lebens). Sie lehrten seit dem ‚Libro del cortegiano' (Buch über den Hofmann, 1528) von Graf Baldassare Castiglione (1478–1529) zahlreiche Publikationen in Italien und Frankreich, die seit dem Ende des 16. Jahrhunderts auch in Deutschland vielfach übersetzt oder nachgeahmt wurden. Hier ist deutlich zu erkennen, daß die deutsche Barockliteratur in Wahrheit weitgehend eine verspätete Renaissanceliteratur war. In den Verhaltenslehrbüchern der Aristokratie seit dem 16. Jahrhundert wird das Renaissanceideal des allseits gebildeten und ausgeglichenen Menschen dargestellt, wie es sich eben nur in der Welt der Aristokratie verwirklichen ließ. Wichtig an diesem Ideal ist, daß es geistliche Ethik und weltliche Lebenskunst verbindet oder gar jene durch diese ersetzt, daß sie Bildung des Geistes auf lebenspraktische Maximen bezieht und beides als öffentlich-gesellschaftliche Ethik meint. Das ist auch grundlegend für die gesamte Barockkultur: Sie ist nicht individualistisch, sondern sieht die Einzelperson im vorgegebenen Rahmen der Gesellschaft und ihrer Normen. Das schließt Kritik an der Gesellschaft und selbst an den Höfen und Fürsten nicht aus (vgl. die Texte 2, 7 und 8), stützt diese jedoch wieder auf die anerkannten Normen; sie ist keine Systemkritik, sondern Ermahnung zum rechten Handeln in der vorgegebenen Gesellschaft. Die schärfste Kritik am Hofleben kam von religiöser Seite, und ihr großes Vorbild bis ins 17. Jahrhundert war der spanische Geistliche und Hofmann Antonio de Guevara (1480–1545; vgl. Kommentar zu Text 16), der in einer seiner Schriften übrigens auch Hof- und Landleben einander gegenübergestellt hat („Mensprecio de la corte', 1539).

Erstes Kapitel: Zu Text 6, S. 16ff.

Die Textausschnitte stellen aristokratisches Hofleben und bürgerliches Stadtleben einander gegenüber, weil diese beiden Sozialbereiche für Kultur und Literatur der Epoche wesentlich waren. Aus den umfangreichen Laudationes wurden bevorzugt Abschnitte ausgewählt, in denen die Bereiche der Bildung, Moral, Beredsamkeit und öffentlichen Kommunikation – einschließlich der Künste – hervorgehoben sind. Im Original stehen die Ausführungen über das Stadtleben *vor* denen über das Hofleben. Wir haben sie umgestellt, weil – gerade auch im Unterschied zur Renaissancetradition der Verhaltensbücher – im 17. Jahrhundert der Geltungsanspruch der Stadtbürger sozusagen historisch der modernere war, wenngleich er sich inhaltlich noch weitgehend am Vorbild des Hoflebens orientierte.

Zur Interpretation
Beide Redeauszüge handeln von Bildung, Weltwissen und Öffentlichkeit; das Lob der Kunstpflege in den Städten konnte aus Umfangsgründen nicht aufgenommen werden. In beiden Reden verbinden sich pragmatische und ideelle Argumentation, jeweils in etwas anderer gesellschaftlicher Sicht. Dadurch kommen Gemeinsamkeiten und Unterschiede zwischen aristokratischer und bürgerlicher Sicht sowohl realgeschichtlich als auch bewußtseinsgeschichtlich zum Ausdruck. Das Lob der Stadt darf freilich nicht allgemein für das Bürgertum des 17. Jahrhunderts verstanden werden, sondern nur für das quasiaristokratische Patriziat der großen Reichs- und Handelsstädte, die Herr Kallorin nennt und denen noch weitere hinzuzufügen wären, vor allem Frankfurt, Leipzig und Nürnberg. In Nürnberg war das literarisch-künstlerische Leben besonders rege, allerdings mit Unterstützung Adeliger; Frankfurt und Leipzig rivalisierten mit wechselndem Erfolg als Zentren des Buchhandels.

[Das Hofleben]
In Herrn Concords Rede sind zwei Methoden des Fürsten- und Residenzenlobs aufschlußreich: Der Hof wird als Modell der Welt überhaupt interpretiert, zuerst im Vergleich mit der „Göttlichen Hofhaltung", also religiös (S. 16, Z. 34–S. 17, Z. 2; S. 17, Z. 20f.), dann als „ein kleiner Inbegriff oder Zusammenfassung diser gantzen Welt" (S. 18, Z. 1ff.), also als Konzentrat der irdischen Wirklichkeit. Damit verbunden wird der Anspruch, daß man nur am Hofe ein gantzer Mensch sein könne (S. 18, Z. 3). Das darf man nicht vorschnell als bloße Lobhudelei auffassen. Fürstenstaat und Adels- bzw. Ständegesellschaft sind die Realität, in der Rist und seine Zeitgenossen sich orientieren; auf die Tradition dieser Gedanken wurde schon hingewiesen.
Von diesen Voraussetzungen her ist Rists Idealbild des Hoflebens moraldidaktisch zu verstehen. Es beruht auf der Vorstellung, daß Hofleute und Diplomaten die unentbehrlichen (!) „Diener" und „Boten" der Hofhaltung und Regierung sind (S. 17, Z. 3ff.). Zur Wahrnehmung ihrer Funktionen bedürfen sie grundlegender Fähigkeiten und Kenntnisse – Bildung ist also nicht Selbstzweck! – (S. 17, Z. 8ff.), aber auch einer moralischen Erziehung, nämlich der zur „Höflichkeit" (S. 17, Z. 34ff.). Der kulturelle und repräsentative Aufwand der Höfe schließlich gehört als äußerer Rahmen dazu, und zwar in der Funktion der Selbstdarstellung des Fürsten und des Hofes, aber auch für die „Glückseligkeit"(S. 18, Z. 20); denn die „prudentia publica" entspricht nicht nur der Staatsraison, sondern auch der das Individuum einbeziehenden, seit der Antike (z. B. bei Seneca) gelehrten Ethik des vernünftigen Glücksstrebens (S. 17, Z. 40ff.; S. 18, Z. 4ff.).
Von den Fähigkeiten des Höflings wird zuerst die Beredsamkeit hervorgehoben (S. 17, Z. 7ff.). In ihr ist der Zusammenhang zwischen Bildung und öffentlicher Funktion besonders deutlich (S. 17, Z. 12ff.). Mit der für so wichtig gehaltenen praktischen Rhetorik konnte zudem die „prudentia publica" gegen die religiöse Ethik und gegen die bloße Buchgelehrsamkeit abgesetzt werden. Kritiker des Hoflebens warfen andererseits der „Politik" ihr opportunistisches Gerede vor, so z. B. Logau in seinem berühmten Epigramm ‚Heutige Welt':

> „ANders seyn / und anders scheinen:
> Anders reden / anders meinen:
> Alles loben / alles tragen /
> Allen heucheln / stets behagen /
> Allem Winde Segel geben:
> Bös- und Guten dienstbar leben:
> Alles Thun und alles Tichten
> Bloß auf eignen Nutzen richten;
> Wer sich dessen wil befleissen
> Kan Politisch[!] heuer heissen."

Dieselbe Kritik klingt in der Predigterzählung von Abraham a Sancta Clara an (Text 7, S. 21, Z. 20ff.). In der positiven Wertung höfischer Ethik allerdings ist die Beredsamkeit als wohltätige Kunst des Umgangs mit

Erstes Kapitel: Zu Text 6, S. 16ff.

anderen gemeint, nicht als geschäftige und heuchlerische Zungenfertigkeit. Und sie soll sich auf vielseitiges Wissen stützen, insbesondere in der Jurisprudenz, Geschichte, über „andere Wissenschaften" und „allerhand freie Künste" (Z. 23 ff.), das heißt, der Höfling und Diplomat soll umfassend gebildet sein. Das Wissen wiederum wird funktional auf das Verhalten bezogen, mit Hilfe einer Bibelstelle, indem es ein moralisches Urteilsvermögen einschließt (S. 17, Z. 31 ff.). „Höflichkeit" (S. 17, Z. 34 ff.) ist in diesem Zusammenhang als die Tugend zu verstehen, die sich im Umgang mit anderen und im angemessenen Verhalten in der (Hof-)Gesellschaft beweist. Wie im idealen Rittertum der Stauferzeit entfaltet sich diese Tugend in den repräsentativen Zeremonien und Festen der Höfe (S. 17, Z. 38 ff.). Wie verschwenderisch die Hofhaltung mit ihren Festen und Feiern war, war kein Geheimnis (S. 18, Z. 8 f., 14). Während Rist dies hier wegen der „Ergetzlichkeit", auch für das Volk, verteidigt, haben andere Zeitgenossen es heftig kritisiert (vgl. eine Andeutung in Text 7, S. 21, Z. 7 f.). Für die Literaturgeschichte wichtig ist, daß zu den Lustbarkeiten der Höfe neben Turnieren, Feuerwerken, Balletten und Maskeraden auch die „Comoedien und Tragoedien" gehörten (S. 18, Z. 15); Opern, Musik, Malerei und Architektur – des Schlosses wie des Parks – wären hinzuzufügen, ebenso allegorische und Huldigungsgedichte usw. Kunst und Literatur sind also Bestandteile des Hoflebens, gerade von ihm besonders gefördert, und das erklärt teilweise ihre Rhetorik, Emblematik und Förmlichkeit: Selbst im Gedicht, erst recht in anderen Künsten, ist die dominierende Funktion, daß sie öffentlich das Kluge, Nützliche, Moralische und zugleich Beglückende in der Gesellschaft darstellen, also Ausdruck der „prudentia publica" sind.

[Das Leben in den großen Städten]
Herr Kallorin kann ein eindrucksvoll vielfältiges Bild vom Leben in einer so großen und unabhängigen Stadt wie Hamburg zeichnen; was im Textausschnitt weggelassen ist, deutet die Vorbemerkung (S. 18) an. Kein Wunder, daß er gelegentlich stolz die Leistungen der Stadt über die der Höfe stellt (S. 19, Z. 3 f., 31 f.). Trotzdem zielt seine Argumentation auf dieselben Werte wie die Höflingserziehung: die Weltklugheit im Gegensatz zur Buchgelehrsamkeit (S. 19, Z. 28 ff.), den ganzen Menschen (S. 20, Z. 5) und „die wahre Politica oder Weltweißheit" (S. 20, Z. 8). Das Bürgertum entwickelt sein Selbstbewußtsein also nach dem Vorbild der Hofethik. Der Redner ist bemüht, zu beweisen, daß dieselben Ideale wie die der Aristokratie in den großen Städten besser verwirklicht werden können als an den Höfen.
Dazu zählt er außer Bauten und kulturellen Einrichtungen die Bildungsanstalten auf (S. 18, Z. 27 ff.): Das Bürgertum sucht sein Ansehen in der Gelehrsamkeit, einschließlich der Rhetorik. Vor allem aber hebt er die „Regiments-Sachen" hervor (S. 18, Z. 41 ff.); auf diesem Gebiet ist es einerseits am schwierigsten, den Residenzen etwas Gleichwertiges entgegenzusetzen, andererseits vermögen dies am ehesten die sich selbst regierenden Städte. Herr Kallorin argumentiert geschickt, wenn man bedenkt, was er verschweigt: Zwar haben die Städte keine Potentaten, aber in ihnen verkehren zahlreiche Diplomaten, so daß es an weltklugen und informativen „Diskursen" nicht fehlt. Ferner haben sie zwar keine Hofleute, aber „hochvernünftige" bürgerliche Regenten, Juristen und Beamte – ein Hinweis auf die hochentwickelte und ämterreiche Selbstverwaltung (S. 19, Z. 11 ff.). Sodann kann er auf Einrichtungen verweisen, die nicht einmal die Höfe haben, die aber zum Handels- und Gewerbeleben der Stadtbürger gehören: die Gilden und Handelsgesellschaften mit ihren lokalen und internationalen Beziehungen (S. 19, Z. 17 ff.) sowie in Hamburg die Börse (S. 19, Z. 34 ff.); andere Großstädte könnten sich ihrer Messen rühmen. Hier ist sozialgeschichtlich interessant, daß der Redner betont, wie man in diesen Einrichtungen „hohen und niederen Standes Personen" treffen und sprechen kann, also nicht nur einen Stand (S. 19, Z. 23 f.). Mit alldem hebt Kallorin die Fülle der Informationen hervor, die in Städten ausgetauscht werden, gerade auch durch Zeitungen, Korrespondenzen und Post (S. 19, Z. 37 ff.). Das bestätigt, daß diese Formen weitreichender öffentlicher Kommunikation besonders durch das Handelsbürgertum gefördert wurden (vgl. Kommentar zu Text 3). Von hier aus kann der Redner sein schlagkräftigstes Argument ausspielen: Der „prudentia politica" bietet das vielfältige Stadtleben einen weiteren und realistischeren Weltbegriff, als es die meisten Höfe können (S. 20, Z. 7 ff.).
So spiegelt der Textauszug nicht nur die Vielseitigkeit und Regsamkeit des Stadtbürgertums, sondern auch dessen weltoffenes Selbstbewußtsein.

Zur Behandlung im Unterricht
Beide Redeausschnitte erfordern genaues Lesen. Sie sind sehr ergiebig zum Verständnis der sozial- und kulturgeschichtlichen Realität der Epoche. Dazu können die Schüler textimmanent viele Informationen selbst erarbeiten, was dann mehr Spaß macht, wenn sie diese im einzelnen mit gegenwärtigen Verhältnissen vergleichen (Welt der großen Politik – Leben in den Städten). Man kann auch auf die Schüler Sekundanten-

Erstes Kapitel: Zu Text 7, S. 20f.

rollen verteilen und sie so die Entsprechungen der beiden Plädoyers oder Argumente und Gegenargumente finden lassen. Mit Hilfe der Kommentare oder weiterer Nachschlagewerke läßt sich der Horizont beträchtlich erweitern, auch geschichtlich (s. o.). Zu empfehlen ist eine Gegenüberstellung dieser Bilder einer geordneten Friedensgesellschaft mit der Auflösung der sozialen und ethischen Ordnungen im Kriege (vgl. Text 5).

Historisch können die sozialen und ethischen Inhalte denen späterer Epochen gegenübergestellt werden. Dabei sind v. a. Texte des 18. Jahrhunderts interessant, in denen Gedanken, die im Grunde schon seit der Antike tradiert wurden, in der Sicht des nach Emanzipation strebenden Bürgertums und des damit entstehenden neuen Persönlichkeits- und Menschenrechtsbegriffs verändert werden, z. B.:

Kant (20), Herder (46): Entfaltung der Menschlichkeit in Gesellschaft und Geschichte.
Goethe (32), Lavater (33), Goethe (34): Ablösung des gesellschaftlichen Bildungs- und Persönlichkeitsbegriffs durch einen individualistischen („Genie").
Knigge (36), Leisewitz (37), Schubart (41), Bürger (42): Fürstenkritik im 18. Jahrhundert.

Im Hinblick auf Rhetorik und Erörterung kann die Argumentation in Teilschritten (nicht im Ganzen) untersucht werden (Thesen, Schlüsselbegriffe, Argumente und Beispiele; Gedankenverknüpfung, Vergleich und Bild, berichtende und wertende Aussagen usw.). Bei entsprechender Bereitschaft der Schüler könnte man die Aufgabe stellen, für ihnen vertraute Lebensbereiche wie Stadt, Land, Schule, Freizeit, Sport usw. ähnliche Plädoyers entwerfen, schreiben oder in einer Podiumsdiskussion austauschen zu lassen.

Thematische Bezüge im Kapitel
Rollenhagen/de Passe (1), Anhalt-Köthen (11): Bildung und Tugenden.
Flugblatt (2), Logau (8): Moral- und Fürstenkritik.
Grimmelshausen (5), Sancta Clara (7): Fürsten- oder Adelskritik in Gegenüberstellung mit den Armen.
Zeitungsmeldungen (3): Zeitungen und öffentliche Kommunikation.
Leibniz (13): Beitrag des Bürgertums und der Arbeitswelt zur Ausbildung der deutschen Sprache.

7 Abraham a Sancta Clara: [Der Herzog im Bauernkittel] (S. 20f.)

Zu Autor und Text
Abraham a Sancta Clara, eigentlich Johann Ulrich Megerle, wurde 1644 in einem Dorf bei Meßkirch nahe der oberen Donau geboren. Seit 1662 Augustiner-Barfüßer-Mönch, wirkte er abwechselnd bei Augsburg, in Wien und Graz, hauptsächlich aber in Wien, wo er 1677 Hofprediger wurde und 1709 starb. Seine Herkunft vom Lande, seine theologische Ausbildung, seine zeitweilige Stellung als Prior und Ordensprovinzial und sein Wirken in der kaiserlichen Residenzstadt Wien und am Hofe machten ihn mit fast allen sozialen Gruppen der Zeit bekannt; das gibt seinen Predigten und Moralbüchern die große Spannweite von akademischer Gelehrsamkeit über Kenntnis der Politik bis hin zum Wissen um das Alltagsleben des Volkes. In diesen Predigten und Schriften, die er z. T. selbst veröffentlicht hat, betätigt er mit originellem Sprachgefühl alle Register barocker Rhetorik und Stilistik, mit Vorliebe allerdings das „genus humile", den mittleren und niederen Stil, gemischt aus Gelehrsamkeit, Fabulierlust, Metaphernflut, Wortspielen, Pathos und Witz. Gleichzeitig spiegeln seine Werke und ihre zahlreichen Exempel die Real- und Sittengeschichte der Zeit, denn Abraham predigte ausgesprochen lebensnah, ja aktuell. Im Pestjahr 1679 z. B. las er den Wienern die Leviten wegen ihrer Sittenlosigkeit in der Predigtsammlung ‚Merck's Wien!', und angesichts der Türkengefahr 1683 verfaßte er die Durchhaltepredigt ‚Auff, auff ihr Christen!', die Schiller für seine Kapuzinerpredigt in ‚Wallensteins Lager' benutzt hat. Predigten und Moralbücher Abrahams stehen in der Tradition volkstümlicher Lehrschriften und Satiren seit Johann Fischart (1546–1590) und dem Prediger Geiler von Kaysersberg (1445–1510).

Als Abrahams Hauptwerk gilt die satirisch-moraltheologische Exempelsammlung ‚Judas der Ertzschelm', die in vier Bänden von 1686 bis 1695 erschien. In ihr – wie in Grimmelshausens ‚Simplicianischen Schriften' – ist eine wuchernde Fülle frommer, belehrender, satirischer und unterhaltender Prosa – nebst gelegentlichen Versen – vereint, die einen großen Teil der volkstümlichen Literatur im 16. und 17. Jahrhundert ausmacht. Der vorliegende Textausschnitt steht für die anekdotische Exempelgeschichte, die hier allerdings nicht religiös oder alltagsmoralisch, sondern sozialkritisch belehrt.

Erstes Kapitel: Zu Text 7, S. 20f.

Zur Interpretation
Inhalt und Lehrabsicht der Anekdote sind leicht zu verstehen. Erzählkern ist die Wanderparabel orientalischen Ursprungs vom Fürsten, der sich unerkannt unters Volk mischt und so die Wahrheit über sich, seinen Hof, die Mächtigen usw. hört. Die Variante, den österreichischen Herzog geradezu als Knecht bei Bauern arbeiten und leben zu lassen, dürfte Aufsehen erregt haben. Sie gibt Abraham Gelegenheit, den Gegensatz der Standeswelten an Kleidung, Händen, Hantierungen und Reden anschaulich vor Augen zu führen (S. 20, Z. 26 ff.). Die Kritik am Fürsten ist zunächst abgeschwächt und teilweise auf die Edelleute und Beamten abgewälzt; letztere nennt Abraham ironisch „Apostel" (S. 20, Z. 38; vgl. die „Engel" bei Rist, Text 6, S. 17, Z. 20). Sie vor allem schinden den Bauern, was Abraham mit allerlei krausen, aber für sein Publikum vermutlich eindrücklichen Bildern ausmalt (S. 21, Z. 1 ff.). Am Herzog selbst wird kritisiert, daß er die „Apostel" gewähren läßt, dann, daß er im Hofleben zu verschwenderisch, mit den Steuern der Untertanen aber unerbittlich sei (S. 21, Z. 7 ff.). Das ist eine direkte Kritik an der fürstlichen Großzügigkeit im Hofleben, die im Fürstenlob als Herrschertugend gerühmt wird (vgl. Text 6, S. 18, Z. 1 ff.). Moralisch gestützt wird die Fürstenkritik dadurch, daß ausgerechnet „Sailtantzer" und die „Nestel-Krammerin" als Beispiele der Verschwendung angeführt werden, also Berufe des Luxus und der Eitelkeit, die einem Bauern besonders unnütz erscheinen müssen. Das Bild vom Edelmann, der, wie ein zweiter Atlas, zwar nicht die ganze Welt, aber Kleider im Wert mehrerer Dörfer trägt, ist ein typisches Gleichnis, in dem Gelehrsamkeit und volkstümliche Anschaulichkeit gemischt sind (S. 21, Z. 13 ff.).
An einer Stelle ist die Sozialkritik noch grundsätzlicher, jedoch in den Schutzmantel der Bibel gehüllt: Im Alten Testament saßen „gemeine Leuth" auf derselben Bank wie die Edelleute – vor Gott also sind die Menschen unterschiedlicher Stände gleichwertig (S. 21, Z. 4 ff.). Nach der Konfrontation des Fürsten mit den Bauern wendet sich die Perspektive: Nun kritisiert der Fürst selbst die Höflinge; am Hofe bekomme er die Wahrheit nicht zu hören (S. 21, Z. 18 ff.). Das ist wieder die bis ins 18. Jahrhundert wirksame Abschwächung der Fürstenkritik, daß die Mißstände nicht direkt seine Schuld seien, sondern die der Hofschranzen und des Hoflebens (vgl. Text 2 – die „Räte"; aber auch die Rolle Marinellis in Lessings ‚Emilia Galotti'). Daß der Hauptstoß der Kritik weniger auf die Fürsten als auf den Adel zielt, mag nicht nur Vorsicht sein. Vielmehr bemühten sich viele Fürsten im 17. Jahrhundert um eine zentrale, geordnete und das Wohl des Landes fördernde Staatsverwaltung und suchten dazu den Einfluß des Adels zurückzudrängen. Das Reden in der Rolle des Herzogs gibt Abraham Gelegenheit, Gelehrsamkeit vorzuführen (in dem lateinischen Zitat) und gleichzeitig unverblümt die Höflinge im Grobianus-Stil mit Schimpfwörtern zu belegen, in denen sich seine Vorliebe für die Worthäufung und das Wortspiel gütlich tut. Er nutzt also alle möglichen Erzähltricks und Stilmittel, um kräftig und dennoch unangreifbar seine Hof- und Adelskritik vorzutragen.

Zur Behandlung im Unterricht
Der Wortlaut des Textes bedarf einiger Erklärungen, aber den Inhalt können die Schüler leicht erfassen; auf Stilmittel und Erzählkniffe sollte man sie aufmerksam machen. Die sozialgeschichtlichen und ethischen Bezüge werden deutlicher, wenn noch andere Texte des Kapitels besprochen werden. Da die vielfältige Literatur volkstümlicher Belehrung und Zeitkritik vom Mittelalter bis ins 17. Jahrhundert viel zuwenig bekannt ist, sollte man wenigstens Abraham a Sancta Clara den Schülern etwas näher bekannt machen; sehr interessante Texte stehen z. B. in ‚Merck's Wien!' In einer Unterrichtseinheit über Aufklärung und Sturm und Drang kann Text 7 zum Vergleich herangezogen werden (vgl. die Texte 36, 37, 41, 42). Schreibfreudige Schüler kann es reizen, nach dem Muster des inkognito die Stimme des Volkes hörenden Herrschers selbst kleine Satiren zu schreiben.

Thematische Bezüge im Kapitel
Flugblatt (2), Logau (8): moralische Fürsten- bzw. Adelskritik.
Grimmelshausen (5): verarmte Soldaten, hoher und niederer Stand.
Rist (6): positives Gegenbild des Hoflebens.

Erstes Kapitel: Zu Text 8, S. 21 f.

8 Friedrich von Logau: [Politische Epigramme] (S. 21 f.)

Zur Gattung Epigramm
Die Geschichte des Epigramms seit der Antike kann hier nicht rekapituliert werden. Im 17. Jahrhundert ist die Gattung sehr geschätzt, sie wird auch Sinngedicht, Reimspruch, Überschrift oder Beischrift genannt. Auf ihre Verbindung mit der Emblematik wurde im Kommentar zu Text (1) hingewiesen. Ihre didaktische, oft auch satirische Funktion war den Dichtern und Poetikern des 17. Jahrhunderts bewußt, ebenso die Merkmale ihrer Form: Kürze, „Spitzfindigkeit" (Opitz) und Pointe. Manchmal vertraten sie die Auffassung, das Sonett sei dem Epigramm verwandt, und setzten damit die konzisen Versgattungen den weitläufigeren entgegen. Die Beliebtheit der Gattung erweist sich an den umfangreichen Produktionen der Czepko, Gryphius, Hofmannswaldau, Logau, Scheffler u. a. m. Sie bestätigt die Vorliebe der Epoche für rationale und kunstvoll-künstliche sowie für rhetorische Dichtung. Das Epigramm entspricht dem Ideal des „Witzes" (des geistreichen Scharfsinns), aber auch der Praxis der Gelegenheitsdichtung (Kasualdichtung), die zu aktuellen Anlässen und Themen entsteht und nicht unbedingt auf die Buchpublikation angewiesen ist, sondern im Gespräch, in der Rede und im Brief, im Flugblatt und Kalender veröffentlicht werden kann; ein gelungenes Epigramm wird auch mündlich weitergegeben. Didaktik, „Witz", Kritik und Aktualität haben das Epigramm den Aufklärern beliebt gemacht, so daß sich gerade an dieser Gattung eine Verbindung zwischen dem 17. und dem 18. Jahrhundert erkennen läßt. Inhaltlich kann man für die Barockzeit vor allem folgende Epigrammtypen unterscheiden: das religiöse, das sogar für mystische Gedanken verwendet wird (Czepko, Scheffler), das alltagsmoralische, das gesellschaftlich-politische, das literatur- und sprachkritische und das galante Epigramm; in letzterem wird – wie in der galanten Lyrik überhaupt – mit erotischen Vorstellungen und Frivolitäten gespielt. Logau hat alle diese Themen beherrscht.

Zum Autor und zu seinem Werk
Friedrich von Logau (1604–1655) stammte aus dem schlesischen Landadel. Durch die krisenhaften Veränderungen im Verhältnis zwischen Fürstenmacht, Adel und Landständen gerieten die kleineren Gutsbesitzer zwischen die sozialen Fronten und oft in wirtschaftliche Schwierigkeiten. Logau z. B. sah sich aus finanziellen Gründen gezwungen, in die Dienste der Herzöge von Brieg zu treten, wozu ihn ein Jurastudium qualifizierte. Viele seiner Epigramme hat er wohl zuerst an der Hoftafel vorgetragen; andere Dichtungen sind von ihm nicht bekannt, außer „gestreckten" Epigrammen, also etwas längeren Gedichten im Epigrammstil, in denen manchmal je zwei Verse eine Teileinheit bilden. Diese Kasuallyrik hat Logau erst relativ spät veröffentlicht. 1638 erschienen unter Pseudonym ‚Zweyhundert Teutscher Reimen=Sprüche Salomons von Golaw'; ihretwegen wurde er 1648 zusammen mit seinem Herrn, Herzog Ludwig, in die ‚Fruchtbringende Gesellschaft' (vgl. Text 11) aufgenommen. Erst kurz vor seinem Tode erschien 1654 die große Gesamtausgabe ‚Salomons' von Golaw Deutscher Sinn=Getichte Drey Tausend'. Vielleicht wegen der spärlichen Publizität fand Logau bei den Zeitgenossen zu Lebzeiten wenig Resonanz. Erst die Neuausgabe seines Werks durch Lessing und Ramler 1759, also hundert Jahre später, machte Logau berühmt. Das verrät eine gewisse innere Verwandtschaft zwischen Logau und der Aufklärung. Abgesehen von seiner Meisterschaft im epigrammatischen Stil beruht sie vermutlich auf zwei Besonderheiten. Er schrieb zwar teilweise im reichen Rhetorikstil des Barock, mit Bildern und Metaphern, Antithesen, Parallelen, Reihen und Anaphern, Wort- und Klangspielen usw., aber vielfach auch im schlichten Stil, den die Aufklärer schätzten. Zum anderen vertrat er inhaltlich immer wieder eine vernünftige Lebensbetrachtung, die moralisch, realistisch und aufrichtig wirkt. Pathos, Bombast und das „Alamode"-Wesen (vgl. Text 10) verachtete er, ebenso den Streit der Konfessionen (vgl. Text 14). Obwohl er ein Dichter am Fürstenhof war, übte er scharfe Fürsten- und Adelskritik, in der sich auch die Enttäuschung über den Niedergang des schlichten, volksnahen, aber im 16. Jahrhundert oft relativ unabhängig lebenden kleineren Landadels geäußert haben mag. Andererseits zeigen seine politischen Epigramme auch, daß an manchen Höfen eine gewisse Toleranz geherrscht haben muß.

Zur Interpretation
Die drei Epigramme sind nicht schwer zu verstehen. Sie stehen für drei Themen politischer Kritik im 17. Jahrhundert: die in das Fürstenlob eingekleidete Ermahnung (S. 21), die Kritik des schlechten Hofadels (S. 22, Z. 5 ff.) und die allgemeine moralische Kritik an den „Herren" (S. 22, Z. 1 ff.). Letztere ist schon mit dem Titel **„Herren-Gewissen"** mit verstecktem Dualismus angedeutet und wird mit der Entgegensetzung von „Gewalt" und „Gewissen" pointiert ausformuliert. Wir spüren hier Logaus Skepsis gegen Macht überhaupt. Das Epigramm läßt formal die Nähe der Gattung zur Emblematik (vgl. Text 1)

erkennen, mit ihrer Trias: Überschrift (Lemma, Motto, Inscriptio), Bild („Ochsen", „Faden") und erklärender Sentenz (Subscriptio).

„Eines Fürsten Amt" zeichnet mit einer Reihe von Zweizeilern im deutschen Alexandriner das Bild des gerechten und tugendhaften Fürsten, wie es seit dem Mittelalter tradiert war und im aufgeklärten Absolutismus wieder aufgegriffen wurde (vgl. Friedrich II.: „Ich bin der erste Diener meines Staates"). Es ist vernunftethisch, im Unterschied zum Bilde des Fürsten als Stellvertreter oder Abbild Gottes (vgl. Text 1, S. 16f.) oder als Sonne des Staates (vgl. Louis XIV). Logau benutzt das Wortspiel mit „Herr" und „Knecht" gar dazu, das „Amt" des Fürsten – das von seiner Person zu unterscheiden ist – als harte Arbeit darzustellen: Der Fürst hat für das Volk zu sorgen. Diese Vorstellung mit ihren Bildelementen eines Haushalts (schwitzt, das Volk kann ruhig schlafen, der „Nagel", an den das Volk seine Sorgen hängt) ähnelt der frühaufklärerischen „Hausvater"-Ethik, die eher dem bürgerlichen als dem aristokratischen Lebensstil entspricht. Bis zum vorletzten Vers ist das Gedicht dennoch eigentlich ein Fürstenlob. Erst im letzten Vers klingt die Kritik an, denn dem Fürsten, der „herrscht recht" (Z. 30), wird der Hinweis gegenübergestellt, daß es auch den gibt, „ders anders meint". Die Kritik am „Herren"-Begriff wird aber schon vorher angedeutet, und zwar im ersten Verspaar, das zusammen mit den letzten beiden schon ohne die Beispiele dazwischen ein Epigramm ergäbe: mit dem Wortspiel „Herr"–„Knecht"; im ersten Verspaar wird mit dem Gegensatz und dem Wörtchen „zwar" (nach dem ein ‚aber' zu denken ist) schon darauf angespielt, daß ein bloßer Geltungsanspruch der Herren nicht ihrem Auftrag entspricht. Das greift der vorletzte Vers auf, wenn er dem Herrn zwar „Ehren" zubilligt, aber von ihm die „Treuen" eines Knechts fordert. Diese subtilen Gedanken sind nach Regeln vernünftiger, ja „witziger" Argumentation (s. o.) ausformuliert und nach Regeln der Rhetorik komponiert: Das Gedicht beginnt mit der „propositio", der Thema-These (Z. 30f.), entfaltet dann die „probatio" (positive Beweisführung) in der anaphorischen Reihe von „Er"-Sätzen mit ihren Anwendungen, Bildern und Metaphern und endet in der „conclusio" (zusammenfassende Schlußfolgerung, Z. 38f.) mit ihrem antithetischen Parallelismus. Dieser Schluß kann sowohl als „adhortatio" (Ermahnung, Aufforderung) und als „refutatio" (Zurückweisung der Gegenmeinung) aufgefaßt werden. Die logischen Schritte werden im Gedicht wiederholt syntaktisch ausformuliert: „zwar..., im Fall..., so..., daß..., damit..." Das Gedicht läßt also eine kunstvolle Kombination vieler kompositorischer, logisch-semantischer, rhetorischer und sprachlicher Mittel erkennen.

Auch die Kunst, mit dem Alexandriner umzugehen, wird vorgeführt. Als langer Vers, in den ein ganzer Satz paßt, ist der Alexandriner geeignet für ein oder zwei Verse füllende Sentenzen (z. B. Z. 31, 38f.). Die Mittelzäsur, die Logau immer beachtet, gibt Kurzsätzen, die nur einen Halbvers füllen, Nachdruck (z. B. Z. 30 und 38). Das Versmaß kann zudem flexibel gefüllt werden, wenn nur die Fugen in der Mitte und am Ende der Zeile syntaktisch nicht völlig verwischt werden (vgl. die zusätzlichen Zäsuren in Z. 34, 37, 39 und die das Versende überspannenden Satzkonstruktionen in Z. 30/31, 32/33, 36/37). Logau zerbricht Einzelvers und Verspaar nie ganz, spielt die Möglichkeiten, im Alexandriner ruhig, wirksam und mit syntaktischer und logischer Differenzierung und Gewichtung zu sprechen, voll aus und nutzt auch die Eignung der Alexandriner zur rhetorisch wirksamen Satzreihe (Z. 32–37). Aber er vermeidet die Monotonie und Steifheit schlechter Alexandriner mit den Varianten. Die Endreime klingen rein, die relativ starre Verwendung stumpfer (männlicher) Endreime wird durch die Syntax aufgelockert; der im Epigramm des 17. Jahrhunderts bevorzugte Paarreim wird, wie wir sahen, kompositorisch genutzt. Im Vergleich zu früher Barocklyrik stimmen Metrum und natürliche Betonung und Satzform gut überein; etwas schwerfällig sind nur die zwei „daß"-Sätze (Z. 32f.) und die im 17. Jahrhundert nicht seltene Kontraktion der zwei Adjektive in Z. 33. Daß Logau diese in den Poetiken seit Opitz (1624) erörterten Mittel der Prosodie beherrscht, weist ihn als Meister der zeitgenössischen Verskunst aus, zeigt aber auch, daß diese seit Opitz erhebliche Fortschritte gemacht hat.

„Nobiles bullati" hat mit den beiden anderen Epigrammen den moralischen Aspekt gemeinsam; in allen drei Gedichten kommt es Logau auf die Gesinnung an („Treuen", „Gewissen", „Edel"), der gegenüber äußere Ehre und Privilegien zurücktreten. Adelstitel und -urkunde machen nicht wirklich „edel" – man ist es oder ist es nicht, ob mit oder ohne Titel. (Hier bietet Logau übrigens ein Beispiel für die im 17. Jahrhundert nicht selten zu beobachtende ‚motivierte' Rechtschreibung: Weil das Adjektiv „edel" so wichtig ist, gibt er ihm den großen Anfangsbuchstaben.) In diesem Epigramm steht – entgegen dem emblematischen Prinzip – der Gedanke am Anfang, das Bild zu seiner Bekräftigung am Schluß. Das Bild der Maus ist – wie das des Ochsen – sicherlich satirisch. Die Kritik am Adel ist deutlicher als die am Fürsten im ersten Epigramm (vgl. Text 7) und zielt auf die allerdings im 17. Jahrhundert sich ausbreitende Inflation von Adelsernennungen, von denen offenbar nicht wenige „auffgekaufft" waren.

Erstes Kapitel: Zu Abschnitt IV, S. 22 ff.

Zur Behandlung im Unterricht
Außer dem Gehalt kann am ersten Epigramm die rhetorisch-epigrammatische Komposition und Argumentation erarbeitet werden, die beiden anderen sind vorwiegend inhaltlich interessant. Alle drei Texte kann man in unterschiedlichen Zusammenhängen verwenden: im Rahmen der Thematik des Unterkapitels (Sozialgeschichte und Sozialkritik), in Verbindung mit Emblematik und Poetik (Abschnitt I und IV) oder überhaupt bei der Einführung in die Interpretation von Barockgedichten; vom Epigramm her lassen sich nämlich die Gattung Sonett und allgemein die Prinzipien der Barocklyrik gut erschließen. Auf inhaltliche und historische Verbindungen barocker Adels- und Fürstenkritik wurde schon hingewiesen (vgl. die Texte 36, 37, 41, 42).

Thematische Bezüge im Kapitel
Vgl. die Hinweise im Kommentar und zu den anderen Texten.

IV. Poetik und Sprachkritik (S. 22 ff.)

Seit der Aufklärung, erst recht seit dem Sturm und Drang wurden die Regelpoetiken des 17. Jahrhunderts kritisiert und für überholt erklärt zugunsten einer Literatur der Vernunft, der Empfindung und der Genies (vgl. die Texte 23–27, 33, 34). Das war gewiß notwendig, um die Literatur aus starrer Konventionalität zu befreien und einem neuen Lebensgefühl, einer neuen Welterfahrung, schließlich einem neuen Anspruch der bürgerlichen Intelligenz auf Autorität in der Gesellschaft Raum zu schaffen. Jedoch lieferte das 17. Jahrhundert selbst zu diesem Fortschritt zwei wichtige Voraussetzungen: Es hat eine deutsche Nationalliteratur mit einheitlichen Grundsätzen im Anschluß an das europäische Ausland überhaupt erst geschaffen. Zudem haben Dichter, Poetiker, Sprachgesellschaften und Sprachgelehrte des 17. Jahrhunderts die frühneuhochdeutschen Ansätze zu einer nationalen Standardisierung der unterschiedlichen Dialekte und Kanzleisprachen im Reich zu einer weitgehend einheitlichen hochdeutschen Schriftsprache weiterentwickelt.
Den Anfang setzten vor allem Opitz und die 'Fruchtbringende Gesellschaft'. Auf das ‚Buch von der Deutschen Poeterey' (1624) folgten zahlreiche Poetiken, die von Opitz ausgingen, ihn weitgehend bestätigten, teilweise ergänzten und korrigierten. Von den Teilnehmern an diesem nie aufhörenden Fachgespräch der Literaten seien als wichtigere genannt: Philipp von Zesen (‚Deutscher Helicon', 1640), Johann Klaj (‚Lobrede der Teutschen Poeterey', 1645), Philipp Harsdörffer (‚Poetischer Trichter', 1647–53), August Buchner (‚Anleitung zur Deutschen Poeterey', 1665) und Christian Weise (‚Curiöse Gedancken von Deutschen Versen', 1692). Auf ihrer Vorarbeit beruht noch der ‚Versuch einer Critischen Dichtkunst vor die Deutschen' (1. Aufl. 1730) von Johann Christoph Gottsched, der zur Literaturdiskussion der Aufklärung und danach überleitete (vgl. Text 22). Nach der ‚Fruchtbringenden Gesellschaft' (1617–1680) entstanden zahlreiche, z. T. kleine und kurzlebige Literatenvereinigungen; am wirkungsvollsten war, nächst der ‚Fruchtbringenden Gesellschaft', der ‚Pegnesische Blumenorden' in Nürnberg, gegründet von Harsdörffer und Klaj (1644, besteht bis heute). Die Nachfolger der Sprachgesellschaften im 18. Jahrhundert waren eher lockere Freundschaftsbünde, daneben aber die Sprachvereine. Von den Sprachgelehrten des 17. Jahrhunderts erzielte die stärkste Wirkung bis ins 18. Jahrhundert Justus Georg Schottel (1612–1776); die bedeutenden Gedanken des Philosophen Leibniz wirkten sich erst später aus.
Im europäischen Ausland waren Nationalsprachen und Nationalliteraturen etwa seit dem 14. Jahrhundert längst entwickelt. Insofern ist es verständlich, daß man in Deutschland zunächst einmal diesen Vorsprung aufholen wollte und sich am Ausland orientierte, v. a. an Italien und Frankreich, dann auch an Holland und England. Jedoch wurde von Anfang an das „Deutsche" betont und gesucht, besonders in der Sprache und in der Verslehre. Damit artikulierte sich ein Anspruch auf Gleichberechtigung der deutschen Kultur gegenüber anderen, aber auch der Anspruch der schreibenden Intellektuellen auf einen Wirkungs- und Geltungsbereich jenseits regionaler und sozialer Schranken. Die Kulturarbeit war zunächst nur im Rahmen der Fürstenhöfe und des Beamtenadels, teilweise auch der größeren Städte mit ihrem Patriziat wirksam. Die großen dichterischen, dichtungstheoretischen und sprachgelehrten Arbeiten waren Werke einzelner, die aber ihre soziale Sicherung in einer dieser Ordnungen finden mußten. Auch im religiösen und kirchlichen Bereich wurden deutsche Sprache und Literatur weiterentwickelt, aber eher neben den Kirchen, vor allem in mystischer und später pietistischer Spracharbeit, nicht in systematischen Werken der Sprach- und Literaturtheorie. Diese erwuchsen vielmehr aus humanistischer Gelehrtentradition und beriefen sich auf sie und ihre antiken Quellen. Damit war das zukunftsweisende Reformwerk inhaltlich zunächst konservativ, traditions-

gebunden, denn es übernahm die Prinzipien, die im 16. Jahrhundert Geltung hatten und weitgehend aus der Antike tradiert waren, in der Poetik vor allem seit Horaz.
Dennoch bahnten sich Innovationen an, die im 18. Jahrhundert weiterwirkten, z. B. eine Prosodie, die dem natürlichen deutschen Sprachrhythmus entspricht; ein Ausgleich zwischen gelehrter, kunstvoller und allgemeiner, ja volksnaher Sprache; eine beträchtliche Erweiterung des hochdeutschen Wortschatzes; schließlich eine Dichtungslehre, die sich am Ende des Jahrhunderts (Weise) mehr an allgemein menschlicher Vernunft als an tradierten Normen orientierte. Den Gegensatz zwischen barocker Förmlichkeit und nach- oder antibarocker Natürlichkeit in Kunst und Literatur können wir heute anders beurteilen als das 18. Jahrhundert. Die Überzeugungen, daß Dichtung und Dichter autonom seien, daß der große Dichter zugleich große Persönlichkeit und seine Werke mehr oder weniger Erlebnis- oder Erfahrungsdichtung seien – diese bis zur Klassik durchgesetzten Überzeugungen müssen nicht als allgemeingültig gelten. Die Literatur des 17. Jahrhunderts ist ein Beispiel dafür, daß jahrhundertelang Literatur mehr an Gesellschaft, Öffentlichkeit, Tradition und Normen orientiert war als am kreativen Individuum.
Die Textauswahl des Kapitels kann nur einige exemplarische Phänomene und Gedanken dieser Literatur- und Sprachauffassung dokumentieren, vorwiegend mit Ausschnitten. Sie soll das Neben- und Ineinander literarischer, sprachpflegerischer und gesellschaftlich-moralischer Aspekte sichtbar machen. Es ist in der grundlegenden Poetik von Opitz erkennbar (Text 9), aber auch im vereinten Kampf gegen die Fremdwörtersucht und das Alamodewesen (Text 10) und in der Selbstdarstellung der ‚Fruchtbringenden Gesellschaft' (Text 11). Schon die Zeitgenossen erkannten und kritisierten Auswüchse der Barockliteratur, bei aller Anerkennung ihrer Prinzipien (Text 12). Mit Leibniz (Text 13) wird ein wichtiges Dokument der Sprachtheorie und neuer sprachwissenschaftlicher und sprachpflegerischer Ansätze vorgelegt. An Gattungen begegnen die poetologische Abhandlung (Text 9), die gelehrte Denkschrift (Text 13), Emblem und Sonett (Text 11) sowie die Satire in Vers (Text 10) und in Prosa (Text 12).
Für eine gründliche Behandlung der Epoche sind fast alle Beispiele wichtig, vor allem aber die Texte 9, 11, 13. Alle Texte können auch in anderem Zusammenhang gelesen werden, z. B. – im Vergleich mit anderen Epochen – zu Fragen der Dichtungstheorie, der Sprachgeschichte und der Sprachpflege.

Martin Opitz: Buch von der Deutschen Poeterey (S. 22 ff.)   9

Zum Autor und zu seinem Werk
Martin Opitz (1597–1639) war nicht der große Dichter, aber der für die Durchsetzung einer nationalsprachlichen deutschen Literatur maßgebliche Literat und Anreger im 17. Jahrhundert. Fleming, Logau, Hofmannswaldau, Gryphius, Lohenstein u. a. m. haben ihn als solchen gewürdigt. Noch Gottsched hat ihm eine rühmende Gedenkrede gehalten und in seiner ‚Critischen Dichtkunst' an die Poetik von Opitz angeknüpft (vgl. Text 22).
Opitzens bewegter Lebenslauf gibt viele Aufschlüsse über die Epoche. Als Sohn eines schlesischen Metzgermeisters erwarb er die humanistische Bildung, die ihn zu Höherem befähigte, hatte aber nicht das Geld und den sozialen Rückhalt für eine selbständige Karriere. Bildungsaufenthalte in Heidelberg (1619), Leiden und Dänemark (1620) sowie spätere Reisen nach Sachsen, Straßburg und Paris (1630) machten ihn mit Gelehrten und Literaten bekannt. Der Versuch, im Lehrberuf Fuß zu fassen, scheiterte (1622/23 in Siebenbürgen). Wechselnde Bemühungen um ein Amt im Staats- und Fürstendienst – bei Kurfürst Friedrich V. von der Pfalz; bei dem ungarischen Fürsten Bethlen Gabor; bei den schlesischen Ständen und Kaiser Ferdinand II.; beim habsburgischen Kammerpräsidenten in Schlesien, Burggraf von Dohna; bei den protestantischen Piastenherzögen – spiegeln die wechselnden politischen und konfessionellen Konstellationen in der Zeit des Dreißigjährigen Krieges und trugen Opitz den Vorwurf der Gesinnungslosigkeit ein. Zuletzt fand er Aufnahme beim polnischen König und starb als dessen Hofgeschichtsschreiber in Danzig an der Pest.
Beachtlich ist die Vielseitigkeit von Opitz und sein Gespür für das, was literarisch und allgemein kulturell 'in der Luft lag'. Mit zwanzig Jahren veröffentlichte er eine Verteidigung der deutschen Sprache – in Latein! (‚Aristarchus sive de contemptu linguae Teutonicae', 1617.) Sieben Jahre später erschien sein ‚Buch von der Deutschen Poeterey' (1624), von dem fast alle Poetiken des 17. Jahrhunderts ausgehen. Bei seinem Aufenthalt in Holland hatte er erkannt, wie holländische Literaten (z. B. Heinsius) ihre Sprache, die ja eigentlich ein Dialekt des Deutschen war, literaturfähig machten. Unter anderem gaben sie, dem natürlichen Sprachrhythmus angepaßt, die französische Silbenzählerei in den Versen auf zugunsten des regelmäßigen Wechsels zwischen Hebungen und Senkungen im Alexandriner oder Fünftakter. Das übernahm Opitz

Erstes Kapitel: Zu Text 9, S. 22ff.

sogleich in seine Poetik und setzte so gegenüber dem Knittelvers, den silbenzählenden, aber holperig klingenden Versen, wie sie vorher noch Weckherlin meistens schrieb, und den strengen Formen der lateinischen Poesie einen leicht zu sprechenden deutschen Vers durch, dem später Zesen und andere noch den Daktylus als Alternative hinzufügten. Opitz war nicht der erste, der das versuchte, aber der erste, der es in Regeln brachte und gleichzeitig mit eigenen Gedichten demonstrierte (,Teutsche Poemata', 1624/25).

Mindestens ebenso wirksam war, daß er mit seiner Poetik eine Richtschnur und Ermunterung zum Schreiben anspruchsvoller Dichtung in deutscher Sprache gab, eine Art Verfassung der neuen Literatur. Dies, obwohl die Poetik nicht viel Neues enthielt, denn das meiste stammte aus italienischen oder französischen Poetikern (wie Scaliger) oder Dichtern (wie Ronsard). Neu war der Anspruch, daß nach diesen Mustern auch eine deutsche Nationalliteratur und Literatursprache mit Niveau geschaffen werden könne. Sein Erfolg wurde dadurch unterstützt, daß Opitz die Theorie mit vielfältigen Textproduktionen belegte. Seine Gedichte sind nicht groß, aber 'manierlich'. Beachtlich waren seine Übersetzungen oder freien Übertragungen aus dem Griechischen, Lateinischen, Italienischen und Französischen. Auch versuchte er sich außer mit Lyrik in allerlei alten und neuen Gattungen, z. B. im Drama (Übersetzungen von Sophokles und Seneca), im Opernlibretto (,Dafne', nach dem Italienischen, vertont von Heinrich Schütz), in der Schäferekloge und im Roman (Übersetzung aus dem Englischen). Sogar philologisch-germanistisch war er produktiv mit einer Neuausgabe des mittelhochdeutschen Anno-Liedes.

Die anregende, beispielgebende und normensetzende Wirkung Opitzens für die Literatur des 17. Jahrhunderts kann gar nicht hoch genug eingeschätzt werden.

Zur Interpretation
Im Lesebuch abgedruckt sind nur einige Bruchstücke aus den ersten drei Kapiteln. Im folgenden werden auch die fehlenden Zusammenhänge kurz skizziert; wo nicht anders vermerkt, enthält das Original in den gestrichenen Stellen der Kapitel I bis III nur Belege mit Beispielen und Zitaten.

Den eigentlichen Ausführungen vorangestellt ist eine Widmung an den Bürgermeister von Bunzlau, in der Opitz mit rhetorischer Bescheidenheit die Absicht kundtut, „wie nicht ich allein durch das Vaterland / sondern auch das Vaterland durch mich bekandter werde". „Vaterland" ist hier nicht das Deutsche Reich, sondern die engere Heimat; in provinziellem Maßstab bekennt sich der Literat zum öffentlichen Engagement, Dichtung hat öffentlichen Charakter.

Die Kapitel V bis VIII sind eine Fundgrube stilistischer, prosodischer und gattungstheoretischer Definitionen, Regeln und Textbeispiele, die, im Widerspruch zu des Autors Erklärung im I. Kapitel, Grundlage der normativen Regelpoetiken und ihrer Befolgung im 17. Jahrhundert geworden sind. Sie sind damit auch Interpretationshilfen für barocke Lyrik. In der Perspektive allgemeiner Literatur erscheinen die grundsätzlichen Erklärungen der ersten Kapitel aufschlußreicher.

Im I. Kapitel koppelt Opitz sogleich die Förderung der Literatur an die Förderung der Sprache (vgl. die Texte 10–13). Sehr vernünftig, aber auch geschickt grenzt er Dichtung und Poetik gegeneinander ab: Dichter sei man aus Inspiration oder Begabung, nicht weil man Regeln lernt; Poetiken fassen nur nachträglich zusammen, was große Dichtungen kennzeichnet. Dieser Vorbehalt hat nicht verhindert, daß Opitzens Regeln und Muster als Normen und Rezept benutzt wurden. Daß Opitz selbst auch normativ denkt, erkennt man hier schon daran, daß er ganz humanistisch mit Vorliebe große Vorbilder der Antike und Renaissance als Autoritäten für seine Gedanken anführt und damit auch seine Belesenheit demonstriert.

Im II. Kapitel stehen grundlegende Sätze über Funktion und Legitimation der Dichtung: Ihr Ursprung sei die Religion gewesen, weltlichen Zeiten sei sie Vorstufe und Vorbild der „Philosophie" und eine „erzieherin". In den gestrichenen Textstellen verweist Opitz auf alte Mythen und Kosmogonien, in denen Dichter das göttliche Geheimnis umschrieben hätten, sowie auf die moralische Erziehung der Menschheit durch Dichtungen. So wie die Dichter alter Zeiten „Seher" waren, seien die Dichter immer zumindest „Weise" (dafür einige gelehrte Beispiele).

Im sehr ausführlichen III. Kapitel widerlegt Opitz einige Vorurteile gegen Poesie und Poeten und betont demgegenüber deren Dignität, obwohl er einräumt, daß es zu viele unfähige Dichter gebe. Interessant sind im ersten, nicht abgedruckten Abschnitt zwei Argumente. Erstens wendet sich Opitz gegen die Meinung, „die Poeterey bestehe bloß in ihr selber, die doch alle anderen künste und wissenschafften in sich helt"; zweitens gegen die Meinung, daß Verse nur Worte seien, „wiewohl das so wenig möglich ist / als das der Cörper ohne die Seele bestehen könne". Damit erhebt Opitz einen hohen Anspruch an den Gehalt der Dichtung, streift aber zwei Probleme nur, die erst später ausgiebig diskutiert worden sind (das Verhältnis der Poesie zu anderen Künsten und das Form-Inhalt-Problem), denn hier will er nur Dignität und Anspruch der Poesie begründen (S. 23, Z. 19–22).

Erstes Kapitel: Zu Text 9, S. 22ff.

Die Schuld an schlechter Poesie schiebt Opitz auf die übermäßige Beanspruchung der Dichter durch bestellte Gebrauchs- und Kasualdichtungen, die er anschaulich und ironisch, aber, wie wir wissen, auch sehr zutreffend schildert (S. 23, Z. 22–33). Diesem Mißbrauch stellt er wieder die Inspiration als Bedingung großer Dichtung gegenüber (S. 23, Z. 33–35).
Dem Vorwurf der Unwahrheit begegnet Opitz mit zwei interessanten Gedanken: Den alten Mimesis-Begriff, wonach Kunst und Literatur die „Natur" (Wirklichkeit) „nachäffen" (= nachahmen), also in anderer Form nachgestalten, modifiziert er mit den Argumenten der Imagination und Idealisierung (S. 24, Z. 3 f.), ferner mit dem Argument der Lesererwartung bzw. Leserbefriedigung (S. 24, Z. 4–6). Freilich befriedige die Leser auch das Schreckliche, das sie im Leben abschreckt. Diesen Widerspruch löst Opitz mit der Generalformel über die Funktionen der Literatur, die er bei der Poetik-Tradition von Horaz bis Scaliger entlehnt hat: Dichtung diene dem Vergnügen („ergetzung"), der Belehrung („unterricht") und der appellativen Erschütterung oder Gemütsbewegung („uberzeugung"). Das sind seit der Antike die Kriterien: delectare (erfreuen), prodesse (nützen) oder erudire (belehren) und movere (bewegen). Diese Kriterien sind in der Tat für das Verständnis barocker Dichtung wichtig, denn sie erklären, was moderne Leser oft befremdet, nämlich die Kombination der Formkunst, dem Schönen, mit gedanklichem, ja belehrendem oder ermahnendem Ernst und mit einem starken Pathos als Ausdruck einer Bewegtheit, die sich auf die Leser oder Hörer übertragen soll.
Den Vorwurf, daß christliche Dichter heidnische Mythologeme benutzen (vgl. Text 12), entkräftet Opitz mit der Erklärung, diese Mythologeme seien bloße Allegorien für abstrakte Gedanken, was auf Renaissance und Barock auch zutrifft (S. 24, Z. 11–21). Dem letzten, moralischen Vorwurf, daß Dichter in ihrer Lebensführung oft „etwas auß der art schlagen" (S. 24, Z. 22 f.), hält er selbstbewußt entgegen, daß „Poetische gemüter" eben über den Konventionen und Vorurteilen „des Volkes" stehen – eine elitäre Haltung. In der nicht abgedruckten Fortsetzung zitiert Opitz Horaz mit der Meinung, man könne nicht gut dichten, wenn man statt Wein Wasser trinke! Und daß so vieles Leichtfertige über Liebe gedichtet werde, sei kein Grund, die Dichter zu fürchten (!), weil sie das eben nur schreiben und „weil die liebe gleichsam der wetzstein ist an dem si jhren subtilen Verstand scherffen"! Das kennzeichnet sehr treffend den großen Abstand barocker Lyrik von der „Erlebnisdichtung" seit dem Sturm und Drang und Goethe. Barocklyrik ist nur selten unmittelbarer Gefühlsausdruck, meist nur Kunst, und das ganz besonders in der galanten Lyrik.
Der Schlußsatz des Kapitels faßt die Intention des ganzen Buches zusammen: die deutsche Nationalliteratur den anderen ebenbürtig zu machen. Diesen Gedanken entfaltet Opitz im hier nicht abgedruckten IV. Kapitel: Die deutsche Literatur könne von den antiken und ausländischen lernen, habe aber auch ihre eigene Vorgeschichte, nämlich bei den Germanen und im Mittelalter – und hier zitiert Opitz ein Gedicht Walters von der Vogelweide!

Zur Behandlung im Unterricht
Die Grundgedanken der Opitzschen Poetik sind für eine Einführung in die Literaturepoche unentbehrlich. Die sprachlichen Aspekte und einige grundlegende Informationen zu den sozialen Voraussetzungen des literarischen Lebens wären mit den Texten 10 bis 13 oder einer Auswahl davon zu ergänzen. Ob man zuerst in die Poetik einführen und dann Gedichte lesen soll oder umgekehrt, muß der Lehrer entscheiden. Bewährt hat sich eine erste unmittelbare Begegnung mit ein oder zwei nicht zu schwierigen Barockgedichten; wenn dann die Schüler ihren Eindruck oder ihr Befremden erklärt haben, kann ihnen die Poetik helfen, das Fremde zu verstehen, und dieses Verständnis erleichtert dann den Zugang zu weiteren Gedichten.
Die Textausschnitte müssen wohl Abschnitt für Abschnitt gelesen und besprochen werden; ggf. mit Leitfragen wie:
1. Welche Absicht verfolgt Opitz mit seiner Poetik? (III. Cap., letzter Absatz, S. 24)
2. Wie bestimmt er das Verhältnis zwischen Dichtung und Poetik? (I. Cap.)
3. Worin sieht er den tieferen Sinn und die Würde der Dichtung begründet? (II. Cap.)
4. Was erwidert Opitz auf die Vorurteile:
– Dichter seien nur Sprachkünstler,
– Dichter würden oft nur Unbedeutendes schreiben,
– Dichter nähmen es mit der Wahrheit nicht genau,
– christliche Dichter sollten nicht sich heidnische Götternamen benutzen,
– Dichter würden im Leben oft „etwas auß der art schlagen"?
5. Warum wohl erwähnt Opitz selbst so oft griechische, lateinische oder andere ausländische Autoren? (Alle Cap., vgl. nochmals letzten Absatz von Cap. III!)
Etwas modifiziert kann man einige dieser Fragen im Hinblick auf heutiges Literaturverständnis erörtern.

Erstes Kapitel: Zu Text 10, S. 25

In der Gegenüberstellung der Barockpoetik mit Aussagen über Literatur in anderen Epochen, zumal in der Aufklärung, im Sturm und Drang und in der Klassik, kann man epochentypische Unterschiede verdeutlichen.

Thematische Bezüge im Kapitel
Die Texte des Unterkapitels IV ergänzen sich insgesamt gegenseitig; dazu Text 1 (Emblematik). An die anderen Texte des Kapitels kann man ggf. einzelne Gedanken der Opitzschen Poetik herantragen, jedoch bezieht diese sich ja ausschließlich auf Versdichtung.

10 Unbekannter Verfasser: [Reverirte Dame] (S. 25)

Zum Text und zu seinem geschichtlichen Umfeld
Das Gedicht erschien 1647 in einer Publikation der ‚Fruchtbringenden Gesellschaft' (vgl. Register des Lesebuches) und dokumentiert somit ein wichtiges Anliegen der Sprachgesellschaften und Poetiker: die Reinigung der deutschen Sprache von übermäßigem Fremdwortgebrauch (vgl. Text 11). Seit dem 16. Jahrhundert hatte vor allem der französische Spracheinfluß (der seit der Stauferzeit nie aufhörte) den im 16. Jahrhundert noch starken Einfluß des Spanischen und Italienischen allmählich überflügelt. Im 17. Jahrhundert wuchs er rapide, drängte schließlich sogar das Latein als Gelehrtensprache zurück und erreichte seinen Höhepunkt im 18. Jahrhundert, z. B. am Hof des Preußenkönigs Friedrich II. Die Ursachen waren primär politischer Natur. Das Beispiel Karls V. und des französischen Hofes sowie der politische Einfluß Frankreichs, insbesondere unter der Herrschaft Ludwigs XIV., bewirkten, daß nicht nur in der Diplomatie und im internationalen Verkehr, sondern auch an den deutschen Höfen als gehobene Verkehrssprache Französisch das Deutsche mehr oder weniger verdrängte; Sprachlehrer und Bildungsreisen nach Frankreich vermittelten den sozial Höhergestellten die französischen Sprachkenntnisse. Hugenottische Einwanderer und französische Truppen trugen französische Wörter selbst unters Volk. Professor Christian Thomasius, der 1687 in Leipzig damit auffiel, daß er Vorlesungen auf Deutsch statt auf Latein ankündigte, verfaßte 1687 einen ‚Discours Welcher Gestalt man denen Frantzosen in gemeinem Leben und Wandel nachahmen solle', in dem er nicht die Nachahmung überhaupt, nur deren gedankenloses Übermaß kritisierte. U. a. stellte er fest:
„Bey uns Teutschen ist die französische Sprache so gemein geworden, daß an vielen Orten bereits Schuster und Schneider, Kinder und Gesinde dieselbige gut genug reden; solche eingerissene Gewohnheit auszutilgen, stehet bey keiner privat-Person, kommet auch derselben im geringsten nicht zu." (Zitiert bei: Peter von Polenz: Geschichte der deutschen Sprache [...]. Sammlung Göschen 2206. Walter de Gruyter, Berlin/New York 1978, S. 108. – Hier im IV. Kapitel weitere Informationen.)
Die Schrift von Thomasius weist mit ihrem Titel darauf hin, daß es nicht nur um die sprachliche, sondern um eine allgemeine Nachahmung der Franzosen ging, vor allem in Kleidung und gesellschaftlichen Umgangsformen: das sogenannte „Alamode"-Wesen, das besonders bei höheren Standespersonen oder denen, die als solche erscheinen wollten, um sich griff. Das Gedicht läßt diesen Zusammenhang parodistisch in der Konversation mit einer „Dame" erkennen, damit zugleich die Verbindung mit der „galanten" Dichtung und ihrem manierierten Stil, die vor allem in der zweiten Hälfte des Jahrhunderts blühte (z. B. bei den Autoren der sog. Zweiten Schlesischen Schule). Der Kampf gegen das Alamodewesen und die Fremdwörtersucht wandte sich aber nicht eigentlich gegen die Aristokratie, sondern wurde – etwa in den Sprachgesellschaften – von Adeligen wie von avancierten Bürgern geführt; er war nicht politisch, sondern sittenkritisch und ethisch gemeint. Unter den bekannteren Dichtern geißelten das Alamodewesen u. a. Logau in seinen Epigrammen (vgl. Text 8) und der Elsässer Johann Michael Moscherosch (1601–1669) in etlichen Passagen seines kritisch-satirischen Prosabuches ‚Gesichte Philanders von Sittewald' (1640–43).

Zur Interpretation und zur Behandlung im Unterricht
Der Text selbst bedarf eigentlich nur der Kenntnisnahme und Worterklärung. Das Vokabular zeigt, daß nicht alle Fremdwörter ursprünglich aus dem Französischen stammten, aber die meisten französisch überformt sind (z. B. die Verben mit „-iren"), manche davon allerdings orthographisch eingedeutscht (z. B. Substantive auf „-entz"). Der Parodist hat nicht nur häufige Fremdwörter zitiert, sondern um der Übertreibung willen gerade auch ausgefallene. Häufige Fremd- und Lehnwörter aus dem Französischen, die vorwiegend im 17./18. Jahrhundert übernommen und bis heute beibehalten wurden, sind z. B.:
„amüsieren, Balkon, charmant, Etage, Fourage, Gage, galant, Galerie, Hotel, interessant, Kabinett, kares-

sieren, Kavalier, Kontribution, logieren, Maitresse, maskieren, Möbel, (à la) Mode, nett, nobel, Palais, Plaisir, parlieren, Parvenu, Pöbel, Salon, Service, Sofa, spendieren, Stuck, Terrasse" (vgl. Polenz, s. o., S. 106 ff.).
Die Hoffnungen der Gegner fremdsprachlicher Einflüsse und ihre ethische Komponente kann ein Epigramm von Logau belegen:
„Die deutsche Sprache
Deutsche mühen sich jetzt hoch, deutsch zu reden fein und rein: Wer von Herzen redet deutsch, wird der beste Deutsche sein."
Der Zusammenhang zwischen Sprachkritik und Alamode-Kritik (s. o.) ist leicht zu erkennen. Für die Beziehung zur galanten Dichtung müßte man eine Anthologie heranziehen und könnte dabei galante, manieristische und schlichte Liebesgedichte unterscheiden (vgl. Barock-Lyrik, mit Materialien, Auswahl von Peter Reichartz. Editionen für den Literaturunterricht, hrsg. von Dietrich Steinbach. Ernst Klett Verlag, Stuttgart 1984).
In einer sprachkritischen Unterrichtseinheit kann das Problem fremdsprachlicher Einflüsse bis in die Gegenwart verfolgt werden (vgl. Polenz, s. o.; für Schüler reizvolle Materialien in: Peter Wehle: Sprechen Sie Ausländisch? Was Sie schon immer über Fremdwörter wissen wollten. dtv 10381. Deutscher Taschenbuch Verlag, München 1985. Erstausgabe: Verlag Carl Überreuter, Wien/Heidelberg 1982, unter dem Titel ‚Sprechen Sie Ausländisch? Von Amor bis Zores'). Dabei sollte man auf die soziokulturellen Hintergründe eingehen und auch auf die Auswüchse des Sprachpurismus, vor allem des nationalistischen (vgl. Polenz, s. o.; ferner: Hermann Bausinger: Deutsch für Deutsche. Dialekte, Sprachbarrieren, Sondersprachen. Fischer Taschenbuch 6145. Frankfurt a. M. 1972, S. 89 ff.).

Thematische Bezüge im Kapitel
Rollenhagen/de Passe (1): Gegenüberstellung des Lateinischen (unter humanistisch-gelehrtem Einfluß) mit dem Französischen (unter politisch-gesellschaftlichem Einfluß) als Konkurrenzsprachen des Deutschen.
Opitz (9): Bemühen um eine Nationalliteratur in hochdeutscher Sprache.
Anhalt-Köthen (11): Sprachpflege der Sprachgesellschaften.
Sacer (12): Kritik am Manierismus des rhetorischen Stils.
Leibniz (13): Charakterisierung der deutschen Sprache.
Böhme (18): Bemühen um deutsche Wörter, z. T. als Neuprägungen, für religiöse Inhalte und theologische Begriffe.
(Bei fast allen Texten des Kapitels können zeittypische Fremdwörter identifiziert werden.)

Fürst Ludwig von Anhalt-Köthen: Alles zu Nutzen / Die Fruchtbringende Gesellschaft (S. 26 f.) 11

Sprachgesellschaften und Sprachpflege im 17. Jahrhundert
Zur Bedeutung der Sprachgesellschaften allgemein vergleiche das Vorwort des Kapitels und des Unterkapitels; im einzelnen: Karl F. Otto: Die Sprachgesellschaften des 17. Jahrhunderts. Sammlung Metzler, Band 109, Stuttgart 1972.
So, wie Opitzens Poetik den Anstoß zur gesamten poetologischen Arbeit des 17. Jahrhunderts gab, war die älteste deutsche Sprachgesellschaft, die ‚Fruchtbringende' (gegründet 1617), Anreger und Vorbild für alle anderen. Sie bestand bis 1680, hatte in ihrer Blütezeit etwa 800 Mitglieder, verkümmerte aber nach dem Tode des Gründers, Fürst Ludwig, seit 1650 zu einer bloßen Adelsvereinigung. Von ihren Mitgliedern – darunter Birken, Buchner, Gryphius, Harsdörffer, Logau, Moscherosch, Opitz, Schottel, Stieler, Rist und Zesen – war die Mehrzahl adelig oder neu geadelt. Obwohl Fürst Ludwig die Standesschranken äußerlich zurückstellte, beweist seine Gesellschaft doch, wie abhängig bürgerliche Schriftsteller ohne Vermögen von aristokratischer oder fürstlicher Anerkennung waren. Anerkennung, Anregung und gelehrt-literarischen Austausch, das boten die Sprachgesellschaften; größere Werke, außer den Sammelbänden der Gesellschaft, blieben die Leistung der einzelnen Autoren.
Zentrales Anliegen der Sprachgesellschaften waren die Sprachpflege und Sprachreinigung, motiviert als Beitrag zur Pflege der Sitten und der Kultur allgemein. Die im Spätmittelalter niedergegangene Wertschätzung der deutschen Sprache als Schrift- und Literatursprache hatte durch Luther neuen Auftrieb erhalten

Erstes Kapitel: Zu Text 11, S. 26f.

(Bibelübersetzungen 1522, 1534; ‚Sendbrief vom Dolmetschen', 1530; Denkschriften, theologische Schriften und geistliche Lieder in deutscher Sprache). Der Humanismus förderte das philologische Interesse allgemein, das sich im 17. Jahrhundert zunehmend der deutschen Sprache annahm und von da an bis in die Gegenwart die Sprachkultur begleitet und mehr oder weniger glücklich beeinflußt hat (vgl. Peter von Polenz: Geschichte der deutschen Sprache. Sammlung Göschen, Band 2206. Walter de Gruyter, Berlin/ New York 1978, S. 108ff.). Den Zusammenhang zwischen Sprachpflege, Erziehung, Politik, Sittlichkeit und Religion, wie er (unter Aussparung der Religion) auch die ‚Fruchtbringende Gesellschaft' bestimmte, hatte fünf Jahre vor der Gründung der ‚Fruchtbringenden Gesellschaft' der Pädagoge Wolfgang Ratke (Ratichius, 1571–1635) in einer Denkschrift an den Reichstag in Frankfurt formuliert, die allerdings kaum Beachtung fand. Ratke machte Vorschläge:
„[...] zu Dienst und Wohlfahrt der ganzen Christenheit Anleitung zu geben,
1. wie die Sprachen in ganz kurzer Zeit zu erlernen und fortzupflanzen seien,
2. wie auch in deutscher Sprache eine Schule eingerichtet werden könne, darin alle Künste und Fakultäten ausgebildet werden,
3. wie im ganzen Reiche eine einträchtige Sprache, Regierung und Religion eingeführt und friedlich erhalten werden könne".
(Wolfgang Ratke: Memorial welches zu Frankfurt auf den Wahltag Ao. 1612 den 7. Mai dem deutschen Reich übergeben.)
Die Sprachgesellschaften dachten allerdings nicht an das allgemeine Schulwesen und das ganze Reich, sondern an eine elitäre höfische oder stadtpatrizische Kultur. Die ‚Fruchtbringende Gesellschaft' zeichnete sich dadurch aus, daß ihr bedeutende Sprachgelehrte angehörten. Zwei davon sind besonders produktiv und wirksam gewesen. Christian Gueintz/Queintz (1592–1650) erwies sich in seinen beiden Büchern, ‚Deutscher Sprachlehre Entwurf' (1641) und ‚Deutsche Rechtschreibung' (1645), zwar als Pedant, trug aber einiges zur Spracharbeit bei, darunter die bis heute gebräuchlichen Eindeutschungen grammatikalischer Termini: „Zeitwort", „Geschlecht", „Mit- und „Selbstlaut", „Doppellaut", „Endung". Justus Georg Schottel(ius) (1613–1676), Erzieher und Beamter am Hof zu Wolfenbüttel, veröffentlichte mehrere wichtige Werke, darunter ‚Teutsche Sprachkunst' (1641), ‚Teutsche Vers- oder Reim-Kunst' (1645) und das bedeutendste sprachwissenschaftliche Werk des 17. Jahrhunderts, die ‚Ausführliche Arbeit von der Teutschen HaubtSprache...' (1663). Schottel führte unter anderem die deutschen Fachausdrücke „Mundart", „Wurzel", „abwandeln", „Ableitung", „Beistrich" ein. Die Eindeutschung von Fremdwörtern oder die Neuprägung deutscher Wörter waren besondere Anliegen der Sprachgesellschaften. So stammen z. B. von Philipp von Zesen die Wörter „Blutzeuge", „Bücherei", „Gesichtskreis", „Schaubühne", „Sinngedicht", „Vollmacht".
Nach den Sprachgesellschaften, den Dichtern und den Mystikern nahmen sich um die Jahrhundertwende v. a. die Pietisten der deutschen Sprache an, so in Halle August Hermann Francke (1663–1727) und Christian Thomasius (1655–1728). Auf den Vorarbeiten des 17. Jahrhunderts beruhten dann im 18. Jahrhundert die sehr wirksamen Arbeiten von Johann Christoph Gottsched: ‚Deutsche Redekunst' (1728) und ‚Deutsche Sprachkunst' (1748), sowie von Johann Christoph Adelung (1732–1806), v. a. sein ‚Versuch eines vollständigen grammatisch-kritischen Wörterbuchs der hochdeutschen Mundart' (1774–81).
Das Sprachinteresse der Sprachgesellschaften war aber nicht rein philologisch, sondern stand im Zusammenhang mit Bildung, Kultur und Sittlichkeit allgemein. Das ist aus dem Sammelband der ‚Fruchtbringenden Gesellschaft', ‚Alles zu Nutzen...', deutlich zu erkennen.

Zur Interpretation
Das Bild (ein Stich von Merian) und das Gedicht am Anfang des Buches haben programmatische Bedeutung. Formal entsprechen sie der Emblematik (vgl. Text 1): „Alles zu Nutzen" als Motto und der Name der Gesellschaft haben den Charakter der Inscriptio, das Gedicht die Funktion der Subscriptio. Ausdrücklich erklärt das Gedicht die Einzelheiten des Bildes in der anspruchsvollen, wenngleich nicht sehr kunstvoll gehandhabten Form des Sonetts. Im Gedicht sind Fremdwörter vermieden (außer „formirt", Vers 10), selbst der Gattungsname Sonett ist eingedeutscht in „Kling-Gedicht". Dieses Gedicht vereint also mehrere Funktionen in sich: Es gibt eine Probe deutscher Verskunst; es legt das emblematische Bild vernünftig-moralisch (nicht religiös!) aus und damit zugleich die vernünftig-moralische Devise der Gesellschaft; es ist damit ein Lobgedicht auf die Gesellschaft und eine Ermahnung ihrer Mitglieder (Vers 1–4).
Der Name und das zentrale Motiv des Palmbaums verraten, daß die ‚Fruchtbringende Gesellschaft' Distanz zu Religion und Kirchen hielt; nur zwei ihrer Mitglieder waren Geistliche! Ferner, daß die Sprachgesellschaften teilweise angeregt waren durch naturforschende Vereinigungen und das wachsende Interesse an

Erstes Kapitel: Zu Text 12, S. 28f.

Naturwissen. Die Palme verdient Interesse als exotisches Gewächs und Nutzpflanze fremder Kulturen. Sie hat zwar auch von der Bibel her eine gewisse Dignität, die aber hier nicht angesprochen wird. Vielmehr wird der Baum ganz sachkundig behandelt, im Bild als Bestandteil einer Landschaft – einzeln und als Wäldchen – gezeigt, nebst den Produkten, die menschliche Geschicklichkeit zum „Nutzen" der Menschen aus Holz, Rinde, Blättern, Fruchtschalen, Fruchtmilch und Fruchtfleisch macht. Der fürstliche Dichter hält es dabei nicht für unter seiner Würde oder der Würde der Poesie, die gewöhnlichen, volkssprachlichen Wörter für ganz alltägliche Gegenstände (sogar die umgangssprachliche Form „Keeß'"!) kumulativ in seinen Versen aufzureihen. Von den im Gedicht genannten Gegenständen kann man nur Nähnadeln und Dachschindeln im Bild nicht direkt erkennen. Dafür enthält das Bild Gegenstände, die im Gedicht nicht erwähnt sind, z. B. Hütten, geflochtene Hängematten, Ruder, eine Art Papier, Sonnenschirm, geflochtener Hut (und einen Anker?). Die moralische Lehre ist deutlich ausformuliert. Auffällig ist der nüchterne Pragmatismus der Devise und ihrer Auslegung. Ohne ihn von einer zeitgenössischen Philosophie ableiten zu wollen, kann man doch feststellen, daß er hier etwa zeitgleich mit den philosophischen Vorläufern des aufklärerischen Utilismus auftritt (vgl. Thomas Hobbes 1588–1679, John Locke 1632–1704).

Zur Behandlung im Unterricht
Informationen über die Sprachgesellschaften und die Sprachpflege im 17. Jahrhundert gehören zu einem eingehenderen Verständnis der Epoche. Die sozialen Bedingungen und die soziale Konventionalität barocker Literatur werden in den Bräuchen und Formen, mit denen die ‚Fruchtbringende Gesellschaft' sich selbst formiert und darstellt, besonders anschaulich.
Die Interpretationen des Bildes und des Gedichts sollten in Verbindung mit der Emblematik einerseits, mit der Auffassung einer gesellschaftlich-moralisch orientierten Kunst und Literatur andererseits gebracht werden. Die Schüler können Bild und Gedicht selbständig vergleichen. Das etwas betulich kommentierte „Alles zu Nutzen" sollte man nicht voreilig belächeln; vielmehr kann man daraus eine ergiebige Aussprache darüber ableiten, ob Literatur und Bildung keinen „Nutzen" außer sich selbst oder welchen Nutzen sie haben sollen.

Thematische Bezüge im Kapitel
Rollenhagen/de Passe (1): Emblematik, Moral.
Rist (6): Bildung und allgemeine Nützlichkeit in den Lebensformen der Gesellschaft.
Opitz (9): Funktionen und Legitimation der Literatur; Pflege der deutschen Sprache (dieser Gedanke auch in den Texten 10–12).
Leibniz (13): Sprache und Wortschatz der Lebenspraxis und gewerblichen Arbeit.

Gottfried Wilhelm Sacer: [Eine feine Zier mit der Elocution] (S. 28f.)   12
Zu Autor und Text
Sacer (1635–1699), ein Bürgermeisterssohn aus Naumburg, studierte Jura und war Hofbeamter und Advokat am kulturbeflissenen Hof der Herzöge zu Braunschweig und Lüneburg, vorwiegend in Wolfenbüttel. Er verfaßte Gelegenheitsdichtungen, geistliche Lieder und eine Poetik: ‚Nützliche Erinnerungen wegen der Deutschen Poeterey' (1661), in der er u. a. gegen den Fremdwörtergebrauch wandte (§ 45). Er wurde in den ‚Elbschwanenorden' (vgl. Kommentar zu Text 6) aufgenommen und zum Poeta laureatus gekrönt. Geradezu sprichwörtlich geworden ist der Titel seiner Satire ‚Reime dich, oder ich fresse dich ...' (1673), aus der die abgedruckte Textstelle stammt. Darin geißelt Sacer in der Figur des Hanswursts die Reimemacher, die sich nicht an ästhetische Regeln und Muster halten, vor allem alles, was er für Übertreibung hält, also die Manieristen und galanten Dichter sowie die Schäferpoesie und die Klangspiele der Nürnberger (v. a. Klaj).
Im Textausschnitt kritisiert Sacer Auswüchse des Stils, die auf der gelehrten Rhetorik- und Dichtungstradition beruhen. Sacer war aber nicht grundsätzlich gegen Rhetorik und Gelehrsamkeit in der Literatur, vielmehr beruft er sich in seiner Poetik wiederholt darauf! Seine Kritik gilt eigentlich dem zu wenig gebildeten Reimschmied, der gelehrt tut, es aber nicht ist; Sacer will das literarische Niveau hochhalten. Damit dokumentiert die Textstelle gleichzeitig typische Stilmerkmale und deren Entartung. Sacers Stilideal war der Ausgleich von Künstlichkeit und Natürlichkeit. Darin stimmten ihm bis in die Aufklärung viele Autoren zu, der Schwulst wurde zunehmend abgelehnt. Noch entschiedener als Sacer trat z. B. für einen schlichten Stil Christian Weise (1642–1708) ein, u. a. mit Satiren und in seinen ‚Curiöse[n] Gedancken Von Deutschen Versen' (1692/97).

Erstes Kapitel: Zu Text 12, S. 28f.

Zur Interpretation
Da Sacer den Stil, den er kritisiert, zugleich parodiert, ist der Wortlaut schwerer zu verstehen als der Inhalt. Der Leser des Textausschnitts lernt zunächst dessen Thema und den fiktiven Adressaten Hanswurst kennen. Das Thema erinnert mit der „Elocution" an die Methoden der Rhetorik, mit „eine feine Zier" an die Poetik von Opitz (vgl. Text 9), deren 6. Kapitel über den Stil den Titel trägt: „Von der zuebereitung und ziehr der worte". 'Zier' ist das deutsche Wort für lateinisch 'decor' oder 'decorum'; dieser humanistische Begriff bezeichnet primär das Angemessene, Schickliche (in jedem Verhalten), erst sekundär auch das Schöne und Schmückende. Dem entspricht im ersten Satz, der ernst gemeint ist, die Wendung von den „schönen deutlichen Worten..." (S. 28, Z. 9). Die Kritik beginnt erst, nachdem der schläfrige Hanswurst angerufen ist, mit der Schilderung „eine[r] lächerliche[n] Gewohnheit" (S. 28, Z. 12). Sie betrifft zunächst den voluminösen Stil, der Tiefsinn verspricht, aber kaum verständlich ist (S. 28, Z. 12–16). Sacers Verben kennzeichnen der Zeit vertraute Merkmale: „ausschnitzelt" (künstlich), „außbildert" (mit Metaphern und Gleichnissen), „verblühmet" ('blumiger' Stil, ausgeschmückt), „vermythologisiert" (mit mythologischen Anspielungen). Für letztere bringt Sacer nachher selbst Beispiele (S. 28, Z. 30ff.). Für den künstlich ausschmückenden Stil sei hier ein parodistisches Beispiel von Weise zitiert, der Anfang eines Liebesbriefes: „Schönste Gebieterin, Glückselig ist der Tag, welcher durch das glutbeflammte Carfunckel Rad der hellen Sonnen mich mit tausend süßen Strahlen begossen hat, als ich in dem tiefen Meere meiner Unwürdigkeit die köstliche Perle ihrer Tugend in der Muschel ihrer Bekanntschaft gefunden habe."
(Zitiert bei Peter von Polenz: Geschichte der deutschen Sprache. Sammlung Göschen, Band 2206. Walter de Gruyter, Berlin/New York 1978, S. 118.)
Sacer tadelt sodann die Autoren, die nur auffallen und den Anschein der Gelehrsamkeit erwecken wollen (S. 28, Z. 19). Ihnen wirft er vor, daß sie ihre Texte mit Zitaten spicken, die sie selbst meist nur aus Spruchsammlungen und Lehrbüchern abgeschrieben haben (S. 28, Z. 20–29). Die echte Belesenheit und das echte Argumentieren mit Zitaten und Beispielgeschichten kritisiert er also nicht! Nach Beispielen für den stereotypen Gebrauch mythologischer Namen und Attribute (S. 28, Z. 30ff.) faßt er seine Kritik der Oberflächlichkeit und des „Mischmasch" zusammen (S. 29, Z. 2ff.), parodiert noch einmal den Kraut- und-Rüben-Stil und verweist abschließend auf die Vanitas, womit die Stilfrage in einen allgemeinen menschlich-weltanschaulichen Zusammenhang gerückt wird.
Den satirischen Charakter unterstreicht der pompöse Barocktitel des Buches (vgl. Register des Lesebuchs) mit dem pseudogriechisch-lateinischen Wortungetüm im Untertitel und weiteren Hinweisen. Den Böotiern wurde seit der Antike ein ungebildetes, bäurisches und plumpes Wesen nachgesagt, obwohl aus ihrer Landschaft Hesiod, Pindar und Plutarch stammten. Die Anspielung verrät Sacers elitäre Intention. Der Titel belegt auch, daß Sacer der „edlen Poesie", „unsrer lieblichen Muttersprache" und den „rechtschaffenen, gelehrten[!] Poeten" dienen wollte. Das Titel-Zitat heißt: Geneigter Leser, schiebe dein Urteil auf, bis du ausführlicher kennen wirst, was ich bringe.

Zur Behandlung im Unterricht
Die Schüler müssen zunächst den Wortlaut verstehen, dann können sie die Hauptgedanken erarbeiten und – hoffentlich – auch die satirische Parodie genießen. Zu unterscheiden ist zwischen der Kritik am gedankenlosen Mißbrauch und den anerkannten Merkmalen guten Stils. Bezüge zu anderen Texten des Unterkapitels sollten angesprochen werden.
Da Sacers Beispiele zeitgebunden sind, die grundsätzliche Kritik aber verallgemeinert werden kann, sollten die Schüler darüber sprechen, welche vergleichbaren Stilunarten ihnen aus heutiger Zeit und ihrer eigenen Lese- und Schreiberfahrung bekannt sind. Reizvoll ist die Aufgabe, eine moderne Nachahmung der Sacer-Stelle oder des o. a. Weise-Zitats zu verfassen, etwa nach dem Motto: Große Worte, kleine Gedanken. Wegen des heutigen Stilpluralismus müßten die Verfasser sich dabei allerdings auf eine bestimmte Stillage festlegen (z. B. Bildungsjargon, Amtsdeutsch, Sportjargon, Jugendjargon u. a. m.).

Thematische Bezüge im Kapitel
Rollenhagen / de Passe (1): Mythologie und Religion als Arsenale der Sinnbilder.
Logau („Nobiles bullati", 8): Zusammenhänge zwischen Logaus Adelskritik und Sacers Stilkritik.
Opitz (9): Gelehrsamkeit in der Literatur (I. u. II. Cap.); Rechtfertigung mythologischer Bilder (III. Cap.); schädliche Wirkungen einer Konjunktur der Gelegenheitsdichtung (III. Cap.).
Anonymus (10): Zusammenhang zwischen Fremdwörter- und Stilkritik.
Anhalt-Köthen (Gedicht, 11): funktionale und lebensnahe Verwendung der Bilder.
Grimmelshausen (12): Verbindung eines antiken Zitats mit lebensnaher Auslegung.

Erstes Kapitel: Zu Text 13, S. 29 ff.

Gottfried Wilhelm von Leibniz: Unvorgreiffliche Gedancken, betreffend die Ausübung und Verbesserung der Teutschen Sprache (S. 29 ff.) — 13

Zu Autor und Text

Die Abhandlung, die vermutlich um 1680 entstanden ist, hat Leibniz selbst nicht veröffentlicht, vielleicht, weil er sich noch keine Wirkung seiner Vorschläge versprach. Wichtig für ihr Verständnis ist zunächst, daß Sprachprobleme für Leibniz sowohl theoretische als auch praktische Bedeutung hatten und im Rahmen seiner vielfältigen anderen Interessen und Tätigkeiten zu sehen sind. Friedrich II. soll von Leibniz gesagt haben: „Er stellte für sich eine ganze Akademie dar." Tatsächlich befaßte Leibniz sich – z. T. höchst erfolgreich – mit Mathematik, Physik und Mechanik, Geologie und Mineralogie, Jurisprudenz und Nationalökonomie, Sprachwissenschaft und Geschichtsschreibung, Theologie und Philosophie. Darüber hinaus beschäftigte er sich mit zukunftsweisenden technischen Erfindungen (z. B. Rechenmaschine und Unterseeboot), war jahrelang diplomatisch tätig und verfaßte zahlreiche politische und juristische Gutachten zu aktuellen Anlässen. Er war also nicht nur der Universalgelehrte des 17. Jahrhunderts, sondern der „uomo universale" des geistigen, praktischen und öffentlichen Lebens.

An großen systematischen Werken hat Leibniz nur eins veröffentlicht, die ‚Theodizee' (1710), die, vereinfacht und vermittelt durch Christian Wolff (1679–1754), die Philosophie der deutschen Aufklärung beeinflußt hat. Äußerst umfangreich war jedoch die Produktion von Entwürfen, kurzen Abhandlungen und ausgiebigen Briefen, und hier zeigt sich, wie wichtig für Leibniz die gelehrte und politische Kommunikation mit anderen war. Er beherrschte mehrere Sprachen, schrieb selbst auf Lateinisch, Französisch und Deutsch, konnte also auch Sprachen vergleichen. Seiner Philosophie, die immer wieder die Welt als Ganzheit des Vielfältigen erklärte, entsprach sein Bestreben um einen Weltfrieden, in dem die Vielfalt der Nationen koexistieren konnte. Dazu sollten u. a. die Wissenschaften beitragen, organisatorisch in der Form von Akademien, deren Gründung Leibniz in mehreren Ländern empfahl, aber nur in Berlin auch durchsetzte (1700). Der Geist sollte also die Einheit und Ordnung der Kulturwelt bewirken, und dazu bedurfte er des internationalen Diskurses, der sprachlichen Kommunikation.

Sprachtheoretisch baut Leibniz auf Traditionen seit der Antike auf. Wichtige Bezüge zu seiner Philosophie bestehen hinsichtlich des Zeichenbegriffs; sie sind aber in der Fachwelt umstritten und können hier nicht erörtert werden, insbesondere nicht die ontologischen und erkenntnistheoretischen Probleme des „Nominalismus", die seit dem Mittelalter im „Universalienstreit" diskutiert wurden. Ihretwegen wohl konzentriert Leibniz sich hauptsächlich auf die Wörter als semantische Einheiten, ja als Zeichen für Begriffe. Im Unterschied zu manchen anderen meinte Leibniz zwar, daß das Denken auch ohne Sprache möglich sei, aber er räumte ein, daß die Sprache zum Entwickeln von Gedanken nützlich und für den Austausch von Gedanken mit anderen notwendig sei. Außer den ‚Unvorgreifflichen Gedancken...' und einigen kleineren Abhandlungen ist eine ausgiebige sprachtheoretische Arbeit das 3. Buch ‚Des Mots' (Von den Worten) in den ‚Nouveaux Essais sur l'entendement humain' (Neue Abhandlungen über den menschlichen Verstand, entstanden 1704, veröffentlicht postum 1765).

Die hier abgedruckten Auszüge aus den ‚Unvorgreifflichen Gedancken...' dokumentieren einige Hauptgedanken dieser Schrift zum Sprachbegriff (§ 1–7) und zur Charakterisierung der deutschen Sprache (§ 9–15), die sich in Beziehung setzen lassen zu anderen sprachpflegerischen Bemühungen der Zeit (vgl. die Texte 9–12). In der nicht abgedruckten Fortsetzung behandelt Leibniz den Einfluß des Französischen in Deutschland (vgl. Kommentar zu Text 10) und wendet sich dabei gegen einen blinden Sprachpurismus (vgl. S. 31, Z. 7 f.). Ab § 30 macht Leibniz ausführliche Vorschläge zur wissenschaftlichen Förderung der deutschen Sprache; Schwerpunkte sind die Erarbeitung von Wörterbüchern als Sammlungen und Sichtungen des deutschen Wortschatzes und die systematische Erfassung der deutschen Grammatik. Die Empfehlungen erscheinen – auch heute noch – sehr umsichtig. Z. B. solle man sich nicht auf den Wortschatz des Hochdeutschen oder gar der Dichtung beschränken, sondern alle Dialekte, auch ältere Sprachstufen, den Sprachgebrauch der Stadt- und Landbevölkerung, Sachliteratur sowie sprachverwandte Fremdsprachen (Skandinavisch, Englisch) auswerten – überall finde man bedeutungsvolle und nützliche Wörter. Alle diese Empfehlungen entsprechen dem in der Abhandlung anfangs eingeführten Gedanken, daß Wörter in zweifacher Hinsicht nützlich sind: für das Denken und für die Lebenspraxis.

Erstes Kapitel: Zu Text 13, S. 29ff.

Zur Interpretation
In den Auszügen ist folgende Anordnung der Hauptgedanken festzustellen:
1. Sprache allgemein: die Funktion sprachlicher Zeichen (hier: der Wörter) für das Denken (§§ 1, 5, 7);
2. die Eignung der bisherigen deutschen Sprache für vorwiegend praktische Zwecke und in bestimmten Gewerben (§ 9);
3. Mängel der deutschen Sprache im Bereich des abstrakten Wortschatzes, damit für die Wissenschaften und den psychologisch-gesellschaftlichen Bereich (§§ 10, 15).

Den Primat der kognitiven Funktion der Sprache – „die Sprach ein Spiegel des Verstandes" (S. 29, Z. 23) – sieht Leibniz darin bestätigt, daß die leistungsfähigsten Nationalsprachen diejenigen intellektuell besonders hoch entwickelter Kulturen sind (§ 1). Dieser wichtigsten Funktion gemäß definiert Leibniz Wörter als Zeichen für Gedanken und (gemeinte) Dinge, also z. B. nicht als Signale, die bei anderen ein bestimmtes Verhalten auslösen (§ 5). Sie haben zweifachen Nutzen: im Gedankenaustausch mit anderen und im Denkvorgang des einzelnen selbst, der als „Selbstgespräch" dem Gedankenaustausch im Gespräch vergleichbar sei (S. 30, Z. 1–4). Für beides, dialogischen Gedankenaustausch und monologische Gedankenentwicklung, brauche man die Wörter als Stellvertreter der gedanklichen Inhalte, also der Begriffe und Vorstellungen (vgl. „Sache" und „Bildnis"). Dies veranschaulicht Leibniz mit dem Bild des Geldes, der Schuldscheine usw., dann auch – wie es beim Geldverkehr ja üblich ist – mit den mathematischen „Zifern" (§ 7). In diesen Bildern sind zwei Kriterien sprachlicher Zeichen gut wiederzuerkennen: Repräsentation und Kommunikation (Austausch). Auf den Vorteil, daß Sprachzeichen Gedankenaustausch und Gedankenentwicklung vereinfachen, weist Leibniz ausdrücklich hin (§ 5). Dazu müssen die Wörter vor allem in zweifacher Hinsicht tauglich sein: erstens in ihrer semantischen Genauigkeit („wohl gefasset, wohl unterschieden, zulänglich"), zweitens in ihrer Verwendbarkeit („häuffig, leichtfliessend und angenehm", S. 30, Z. 9).

Dies läßt sich nun auf verschiedene Sprachen und Lebensbereiche mit ihrem jeweiligen Wortschatz anwenden. Leibniz lobt die deutsche Sprache für ihren konkreten („so mit den fünff Sinnen zu begreiffen"), im Volk verbreiteten und gewerblichen Fachwortschatz der „gemeinen Lebens-Arten und Professionen" (§ 9) – also den Wortschatz des praktischen Lebens. Er habe sich im Leben selbst gleichsam natürlich entfaltet, da sich die Gelehrten nicht um ihn kümmerten (S. 30, Z. 13 ff.). Dagegen sei das Deutsche im abstrakten Wortschatz unterentwickelt, vor allem im Wortschatz für Psychisches, Ethisch-Gesellschaftliches, für Wissenschaft und Philosophie (§ 10). Dies nicht etwa, weil die Deutschen nicht intelligent genug wären, sondern weil „der Gelehrte und Hofmann" sich vorwiegend der Fremdsprachen bedienten (vgl. Kommentar zu Text 10). Dieser Mangel erschwere das Übersetzen aus fremden Sprachen, den Briefwechsel und sogar den „täglichen Umgang". Zu den sprachpflegerischen Empfehlungen, die sich an die Wissenschaft wenden (s. o.), leitet Leibniz über, indem er die wichtigsten Aufgaben in der Wortschatzarbeit schon andeutet: Man müsse für fehlende Wörter neue schaffen („Ersetzung"), vergessene ältere Wörter wieder einführen oder auch geeignete Fremdwörter verwenden oder eindeutschen (S. 31, Z. 5 ff.).

Leibnizens Empfehlungen an die Sprachwissenschaftler entsprechen teilweise den sprachpflegerischen Bemühungen seines Jahrhunderts (vgl. Text 11), wurden aber so umfassend erst später verwirklicht. Das größte Wörterbuch-Unternehmen, ‚Deutsches Wörterbuch' von Jakob und Wilhelm Grimm, begann 1845 zu erscheinen; es wurde aber erst nach dem Zweiten Weltkrieg vollendet (letzter Lexikonband 1956, Quellenverzeichnis 1971). Heute werden allgemeine Wörterbücher durch vielfältige Spezialwörterbücher ergänzt; die elektronische Datenverarbeitung erleichtert das Sammeln und Sortieren. Die Schwierigkeit der Aufgaben, die Leibniz stellte, beruht darauf, daß sowohl der Wortschatz als auch die wissenschaftlichen Methoden sich während der langen Arbeit daran weiterentwickeln. Dem Konzept des 17. Jahrhunderts fehlte noch das volle Bewußtsein von der Dynamik des Sprachwandels, der sich allerdings seither auch beschleunigt hat.

Leibnizens Blick für die Vielfalt der Sprachvarietäten (historisch, regional, sozial, funktional) ist schon sehr modern, insbesondere frei von der Verachtung der Volkssprache, auch wenn für Leibniz die Sprache der Gedanken die höchste Funktion hatte. Seine Einschätzung des Deutschen im 17. Jahrhundert ist wohl grundsätzlich zutreffend, mit der Einschränkung, daß auch die Volks- und Alltagssprache nach heutiger Erkenntnis Abstraktes, Psychisches oder Gesellschaftliches formulieren konnte und kann, allerdings nicht mit der systematischen, expliziten und allgemeingültigen Begrifflichkeit der Fach- und Wissenschaftssprachen, an der Leibnizens Semantik orientiert ist. Was Leibniz offenbar noch nicht sah, war, daß zu seiner Zeit die Literatur, darunter gerade auch die mystische (vgl. Text 18), daran war, den Begriffswortschatz für Abstraktes auszubauen. Leibniz verfügte noch nicht über die differenzierte Semantik der modernen Sprachwissenschaft. Ihm sind „Wörter" (und „Redensarten") fast die einzigen und dazu feststehenden

Erstes Kapitel: Zu Abschnitt V, S. 31ff.

Bedeutungseinheiten, die rational zu definieren sind. Sein durch philosophische Tradition und übrigens auch durch die Mathematik bestimmter Zeichenbegriff ist nach heutiger Auffassung zu starr; er erfaßt zu wenig die syntaktischen, intonatorischen und parasprachlichen Ausdrucksmittel, die Kontextbezüge, Konnotationen, Bedeutungsvarianten usw. Dennoch geht auch die heutige Zeichentheorie noch von dem Repräsentationskriterium aus. Leibnizens sprachtheoretische Gedanken lassen Zusammenhänge der Sprachtheorie und Sprachwissenschaft im 17. Jahrhundert (und ihren älteren Grundlagen) mit der Folgezeit bis heute erkennen.

Zur Behandlung im Unterricht
Die Besprechung der §§ 9, 10, 15 dürfte den Schülern leichter fallen als die der §§ 1, 5, 7. Deshalb kann der Textinhalt auch in folgender Anordnung erarbeitet werden:
1. Wie schätzt Leibniz die Leistungsfähigkeit der deutschen Sprache zu seiner Zeit ein?
2. Welche allgemeine Auffassung von der Sprache steht hinter dieser Einschätzung?

Die Beantwortung der zweiten dieser Fragen bedarf einiger Lehrerhilfen; die Empfehlungen zur Sprachförderung sollten referierend ergänzt werden. Das Bild des Geldes könnten die Schüler im Hinblick auf den Zeichenbegriff genauer auslegen.
Je nach Unterrichtszusammenhang ergeben sich verschiedene Möglichkeiten, den Textausschnitt zu lesen, z. B.:
— Im Rahmen einer Epochenbehandlung dokumentiert er den hohen Bewußtseinsstand zur Sprachreflexion und Sprachpflege im 17. Jahrhundert und ist auf die Texte 9 bis 12 zu beziehen. Andere Texte (auch Text 18) können dahin gehend untersucht werden, inwieweit sie Leibnizens Diagnose bestätigen. Einer Annäherung an den philosophischen Zeichenbegriff dienlich ist es, wenn man sich fragt, ob die Stellvertreter- und „Spiegel"-Theorie des Zeichens sich auf die Emblematik übertragen läßt (vgl. Kommentar zu Text 1).
— Im Rahmen einer sprachgeschichtlichen Betrachtung bieten sich zwei Themen an: Proben aus verschiedenen Wörterbüchern (seit dem 17. Jh.) sowie ergänzende Texte und Informationen könnten Einblicke in die Entwicklung des Wortschatzes und seiner Erfassung erschließen. Das Thema 'Sprachpflege' läßt sich bis in die Gegenwart hinein verfolgen. (Vgl. Sprachbücher für die gymnasiale Oberstufe, Sprachgeschichten, sprachwissenschaftliche Nachschlagewerke.)
— Empfehlenswert ist der Textausschnitt für allgemeine sprachtheoretische Unterrichtsthemen wie: Was ist Sprache? Was sind sprachliche Zeichen? Wie kann man Wortbedeutungen bestimmen? usw.
In einfacher Weise kann die Thematik des Textausschnitts auch intuitiv und mit eigenen Erfahrungen der Schüler weitergeführt werden. Sie können z. B. überlegen, inwieweit ihnen Denken und Verständigung auf Wörter oder nur auf Wörter angewiesen zu sein scheint. Bei entsprechenden Vorkenntnissen könnten sie darüber nachdenken, welche Lebens- und Erfahrungsbereiche in unterschiedlichen Varietäten des Deutschen (Dialekte, Gruppensprachen, Sonder- und Fachsprachen, Standard- und Umgangssprache) vom Wortschatz gut oder weniger gut erfaßt werden, wie klar in den Varianten des Wortschatzes sich Bedeutungen bestimmen und abgrenzen lassen. Oder sie können versuchen, nach Leibniz Beispielwörter für „Kunst- und Handwercks-Sachen", für „Gemüths-Bewegungen", „Sitten-Lehr", „gemeinlichen Wandel", „Regierungssachen und allerhand bürgerliche Lebens- und Staats-Geschäffte" zu sammeln, und sich über ihre Beobachtungen unterhalten. Mit Bezug auf ihr eigenes Sprechen und Schreiben (Aufsatz!) können sie besprechen, welche Bereiche des Wortschatzes ihnen vertraut sind und welche nicht.
Auf jeden Fall sollten Gelegenheiten genutzt werden, vom Text oder vom Literaturunterricht her über Sprache und Spracherfahrungen nachzudenken.

Thematische Bezüge im Kapitel
Vgl. die Hinweise im Kommentar.

V. Religion und Glaube (S. 31 ff.)

Religiosität allgemein, der Streit der Konfessionen und Theologen im besonderen sind wesentliche Grundlagen des politischen, sozialen und geistigen Lebens im 17. Jahrhundert, und zwar als Folgen der reformatorischen und gegenreformatorischen Bewegungen seit dem 16. Jahrhundert. Auch einen großen Teil der poetischen Literatur versteht man nur, wenn man sich wenigstens exemplarisch den theologischen Charakter des Zeitalters bewußtmacht. Dabei sind die Verästelungen und Kontroversen der offiziellen und gelehrten Theologie – soviel Gedrucktes sie auch hervorgebracht haben – kaum eine Hilfe, um so weniger, als sich gerade in den bedeutenderen Dichtungen zwar oft christlicher Glaube, aber selten theologische oder konfessionelle Parteinahme äußert, eher noch die Verteidigung des Glaubens an sich gegen den Streit der Kirchen (vgl. Text 14). Kirchenspaltung und religiöse Zersplitterung sind also – im Zusammenhang mit den politischen Spannungen – zur Kenntnis zu nehmen, aber eine erste Einführung in die Barockliteratur kann Zeugnissen der grundsätzlichen Frömmigkeit den Vorzug geben vor solchen für die Unterschiede der Konfessionen.

Damit, daß die zunächst innerkirchlich gemeinte „Reformation" seit Luther zur Kirchenspaltung führte, waren auch die Einheit des Reiches und die Einheit seines Rechtssystems in Frage gestellt; denn Staats- und Rechtsordnung legitimierten sich theologisch, nämlich als irdische Verwirklichung des göttlichen Heilswillens und der göttlichen Weltordnung (vgl. Text 6, Anfang). In den Verträgen der streitenden Parteien bis zum Westfälischen Frieden wurden politische und juristische Regelungen des Nebeneinanderlebens unterschiedlicher Konfessionen getroffen. Die religiösen Auseinandersetzungen aber wurden darin nicht entschieden und deshalb weiterhin theologisch und publizistisch ausgetragen.

Schon vor dem Krieg, erst recht danach erwiesen sich die katholischen Gegenreformatoren, insbesondere der Jesuitenorden, als besonders klug und erfolgreich. Sie gewannen Selbstvertrauen und öffentliche Achtung durch tiefgreifende innerkirchliche Reformen, mit denen sie oft genug der Kritik ihrer Gegner folgten, und durch eine intensive Seelsorge und Kulturarbeit im Volk. Demgegenüber schien das Luthertum eher defensiv zu erstarren, in seiner unduldsamen „Orthodoxie" nach innen und außen. Die Calvinisten, die im Rechtssystem des Reiches keine Anerkennung fanden, konnten sich deshalb hier nicht formieren, drangen aber mit ihrer Theologie und Ethik teilweise in lutherische Gemeinden ein. Dadurch sah sich die lutherische Theologie in einer schwierigen Lage: intern zur Genüge mit zahlreichen Problemen, die Luther ungeklärt hinterlassen hatte (z. B. in der Bibelauslegung), beschäftigt, nach außen nicht nur mit dem katholischen Hauptgegner konfrontiert, sondern auch mit calvinistischen und anderen „Häresien".

Die Politik des „cuius regio eius religio" bestimmte die politischen Lebensbedingungen, der Konfessionenstreit spielte sich teils in gelehrten Schriften, teils in Flugblättern, Predigten und katechetischer Literatur ab, innerhalb der Kirchen wirkte er sich als Abgrenzungsargumentation aus. Für sehr viele Menschen bedeutsamer war die Erbauungsliteratur einer mehr volkstümlichen Art. Geistlicher Trost wurde ehrlich verlangt in einer Zeit der Katastrophen und der Unsicherheit. Nicht nur der Krieg war schrecklich, sondern auch Mißernten, Wirtschaftskrisen, soziale Ausplünderung bestimmter Schichten, Armut und Hunger suchten weite Kreise heim.

Trotz konfessioneller Unterschiede war die Erbauungsliteratur der unterschiedlichen Kirchen und Gruppen in vielem ähnlich. Sie wandte sich vorwiegend an das Gefühl, die Lebenserfahrung und das Vorstellungsvermögen, tendierte deshalb zu einer Sprache persönlicher Frömmigkeit und unterstützte so Glaubenstendenzen, die sich weniger an der etablierten Kirche und Theologie orientierten als am individuellen Glaubenserlebnis. In diesem Sinne entfaltete sich mystische Frömmigkeit in Kreisen, die sozial verunsichert und sowohl dem Staat wie auch den Kirchen gegenüber mißtrauisch oder sogar oppositionell eingestellt waren. Die mystische Tradition gewann aber gleichzeitig in den Kirchen an Boden, in volkstümlicher wie in anspruchsvoller Dichtung der Katholiken und Lutheraner. Laien und auch Schriftsteller, die keine Kleriker waren, nahmen am religiösen Leben lebhaften Anteil. Geistliche Lyrik und religiöse Motive in weltlicher Dichtung begegnen allenthalben, Kritik an den Klerikern und am Konfessionsstreit in ernsthafter und satirischer Literatur. Darüber hinaus haben viele Barockautoren Erbauungsschriften verfaßt, z. B. Weckherlin, Opitz, Schottel, Gryphius, Harsdörffer, Birken, Rist, Zesen und Catharina von Greiffenberg. Diese Literatur fand bei der offiziellen Theologie selten Anerkennung. Dem Lutheraner Johannes Scheffler (Angelus Silesius) verweigerten die Kirchenoberen das Druckrecht, bis er zur katholischen Kirche konvertierte, die ihn publizieren ließ.

Die Kritik der Kirchen an geistlicher Laienliteratur zielte u. a. auf die Verwendung rhetorischer Stilmittel darin (außer in Predigten); Erbauung sollte im „genus humile", im schlichten Stil gehalten sein. Aus dieser Kritik spricht ein Gegensatz zwischen den Intentionen der Kirchen und der humanistischen Bildung der meisten weltlichen Autoren. Ihm entsprach ein inhaltlicher Konflikt; denn seit dem 16. Jahrhundert zeichneten sich viele Humanisten durch ihre „irenische" (friedliebende) Haltung aus, also eine Art Toleranz, und diese Ireniker waren den konfessionellen Dogmatikern verdächtig. Schon Philipp Melanchthon, dem prominenten Humanisten der Reformation (1497–1560), und seinen Anhängern, den „Philippisten", wurde bis ins 17. Jahrhundert von strengen Lutheranern diese Toleranz vorgeworfen. Wenn Opitz seine Dienste protestantischen wie katholischen Fürsten anbot (vgl. Kommentar zu Text 9), so tat er dies sicherlich z. T. aus finanzieller Not, aber wohl auch in jener Distanz des humanistisch Gebildeten gegenüber dem Streit der Konfessionen. Auffällig ist, daß ein so ernster und religiöser Lutheraner wie Gryphius nie gegen die Katholiken vom Leder zog, sondern u. a. sogar anläßlich einer Romreise begeistert diese Hauptstadt der Kirchen, Päpste und Märtyrer pries (vgl. sein Sonett ‚Als er auß Rom geschieden', 1650).

Gerade an der Laienliteratur der Zeit kann man also eine Unterscheidung zwischen konfessioneller „Religion" und eigentlichem „Glauben" konstatieren, wie es der Titel des Lesebuchabschnittes andeutet. Die dem letzteren eigentümliche Haltung persönlicher, oft auch duldsamer Frömmigkeit ist zwar nicht schon als Vorstufe religiöser Aufklärung und Empfindsamkeit im 18. Jahrhundert zu bewerten, dürfte aber nicht ohne Nachwirkung auf diese gewesen sein.

Die Auswahl des Lesebuchs kann und soll die Vielfalt theologischer Aspekte und religiösen Schrifttums im 17. Jahrhundert nicht vorführen. Prominente Vertreter unterschiedlicher Konfessionen werden zwar vorgestellt, aber mit Textstellen, die eher das Verbindende ihrer und anderer Religiosität dokumentieren: Die Kritik des Jesuiten Spee am Aberglauben und an den Hexenprozessen richtet sich gegen Angehörige der eigenen Kirche, nicht aus Vernunftgründen, sondern gerade aus einer tiefen, menschlichen Frömmigkeit. Der Lutheraner Arndt verkündet eine Gottesschau in der Natur, die wir ganz ähnlich bei Jesuiten und Mystikern finden und die deshalb mit der des ausgeprägten Mystikers Böhme korrespondiert.

Die Reihenfolge der Texte ist nicht chronologisch, sondern führt vom konkret-historischen Bezug zu den religiösen Inhalten. Text 14 (Logau) verweist – mit der Gattung des geistlichen Epigramms – auf die historischen Voraussetzungen, den Konfessionsstreit und die zeitgenössische Kritik daran. Text 15 (Spee), ein Beispiel für die Gattung Denkschrift, konfrontiert den heutigen Leser mit grausamen Inquisitionspraktiken der Epoche, zugleich aber mit einem bedeutenden Dokument vernünftiger und humaner Kritik an institutioneller Gewalt. Text 16 (Grimmelshausen) führt in die religiöse Vanitas-Thematik ein, der die Schüler in barocker Literatur immer wieder begegnen. Er ist ein Beispiel für den Anteil religiöser Reflexion in der weltlichen Literatur, hier im deutschen Schelmenroman. Während dieser Text vor allem mit dem religiösen Menschenbild vertraut macht, geben die Texte 17 (Arndt) und 18 (Böhme) einen ersten Eindruck vom religiösen Weltbild der Epoche. Dabei kommt es nicht auf die konfessionellen Unterschiede an, wohl aber kann man die Mystik Böhmes von der theologisch und philosophisch geschulten Rationalität des lutherischen Theologen Arndt unterscheiden.

Der Gebrauch, den man von den Texten des Kapitels macht, hängt vom Kontext des Unterrichts ab. Man kann sie durchaus einzeln verwenden, z. B. die Texte 14 und 15 bei einer allgemeinen Einführung in die Epoche, die anderen in Verbindung mit Dichtungen zum besseren Verständnis des Menschen- und Weltbildes darin.

Friedrich von Logau: Glauben (S. 31)   14

Vgl. den Kommentar zu Text 8 (S. 24 ff.) und die Einleitung zu diesem Unterkapitel (S. 37 ff.).

Friedrich Spee von Langenfeld: Cautio Criminalis [Über Hexenprozesse] (S. 31 ff.)   15

Zum Autor

Friedrich Spee von Langenfeld (1591–1635) vertritt als Person und mit seinem Leben in diesem Kapitel die gegenreformatorische und jesuitische Position. Wie es in seinem Orden üblich war, wurde er in verschiedenen Kollegien und Universitäten (Köln, Trier und Würzburg) ausgebildet, die Stützpunkte des Ordens und der Gegenreformation waren, und dann als Lehrer, Prediger und Seelsorger ebenfalls an wechselnden Orten, vorwiegend des Rheinlands, eingesetzt. Seine Tätigkeiten sind typische Beispiele jesuitischer Missionsarbeit. Zunächst wirkte er als Lehrer in Jesuitenkollegien, dann u. a. als Prediger der Rekatholisierung in und um Peine. Er war aber nicht nur als Kaderausbilder und Propagandist der Gegenreformation tätig, sondern auch in karitativer Arbeit, nämlich als Krankenseelsorger und Betreuer der Angeklagten und Verurteilten in Hexenprozessen, und er starb an einer Seuche, die er sich bei anstrengender Fürsorgearbeit in einem Trierer Lazarett zugezogen hatte.

Der Jesuitenorden hat in weiten Teilen Süddeutschlands die Barockkultur geprägt. Er war u. a. so wirksam, weil er nach den Grundsätzen seines Gründers, des Spaniers Ignatius von Loyola (1491 ?–1556), unbedingte Romtreue und Askese mit geistiger und tätiger Weltoffenheit verband, dementsprechend nicht nur theologisch, sondern auch politisch, karitativ und kulturell ungemein aktiv war. Literarisch begnügten sich die Jesuiten nicht mit theologischen Abhandlungen, Predigten und Polemiken, sondern sie missionierten auch mit den eigentlich poetischen Gattungen der Lyrik (geistliches Lied und lateinische Poesie) und des Dramas (Schul- und Volkstheater). Sie dichteten lateinisch und deutsch, im hohen Stil für die Gebildeten und volkstümlich für die Gemeinden. Immer geht es dabei um den christlich-katholischen Glauben und seine Moral, aber ihnen dienen auch die Pracht der Kunst, die Freude an der schönen Natur und die „lieblichen" Gefühle.

In diesem Sinne verfaßte Spee 1627–32 sein Erbauungswerk ‚Güldenes Tugendbuch...', das erst 1649 postum veröffentlicht wurde. Es sollte dem „exercitium morale" dienen, der Einübung in den Tugenden Glaube, Hoffnung, Liebe, bediente sich dazu aber großer Sprachkraft und Phantasie, um den Adressaten das Elend der Leidenden und die Freuden des Glaubens eindringlich vor Augen zu führen; denn für Spee ist „Fantasey" die Kraft, die die Seelen bewegt. So stehen in dem Erbauungsbuch auch Spees Gedichte, die dann separat in der Sammlung ‚Trutznachtigall' (1649) erschienen; hier entfaltet sich gefühlvoll die Christusliebe in emblematischen Bildern der Natur und des Schäferlebens.

Zum Text und zu seinem Thema
Die ‚Cautio Criminalis' dagegen ist eine mahnende Denkschrift an die Behörden und Richter, den Exzessen der Hexenprozesse zu wehren – ein eindrucksvolles Dokument frommer und vernünftiger Humanität.

Der noch aus den Zeiten der Christianisierung Europas stammende Hexenglaube steigerte sich seit dem 15. Jahrhundert zum „Hexenwahn", der eine Flut von Hexenprozessen auslöste, wie sie aus dem Mittelalter nur vereinzelt belegt sind. Ein wirksames Signal für den Beginn dieser Entwicklung setzten die päpstlichen Inquisitoren Heinrich Institoris und Jakob Sprenger mit ihrer Schrift mit dem Namen ‚Malleus Maleficorum' (Sünder- oder Hexenhammer, 1489). Der Hexenwahn konnte sich im Volk aus vielfältigem Aberglauben nähren; angeheizt und gesteuert wurde er von den religiösen Auseinandersetzungen, insbesondere von der Inquisition mit ihren Folterungen. Der grundsätzlichen Einheit von Staat und Kirche entsprechend, dienten die Hexenprozesse aber auch der monarchischen Autorität, und zwar bis in den beginnenden Absolutismus hinein. Sozialgeschichtlich gesehen, hatten Hexendenunziationen oft sozioökonomische Ursachen: Die Hexen dienten als Sündenböcke für Seuchen, Mißernten, Teuerungen oder Unfälle, ja oft als Opfer sozialer Rivalität. In den Hexenverfolgungen äußerte sich schließlich die Ratlosigkeit des Volkes gegenüber der unverstandenen Natur, vor allem bei Naturkatastrophen und in der „Verteufelung" der Sexualität, mit der freilich auch eigenwillige, kluge oder willensstarke Frauen in einer vorwiegend männerbeherrschten Gesellschaft unterdrückt werden konnten.

Die Übereinstimmung zwischen Kirche, Staat und Volk machte es schwierig und gefährlich, an den Hexenverfolgungen Kritik zu üben. Deshalb war solche öffentliche Kritik selten; erst seit der Frühaufklärung im 18. Jahrhundert zeigte sie Wirkung (Christian Thomasius: ‚De crimine magiae', 1701; Johann Moriz Schwager: ‚Versuch einer Geschichte der Hexenprozesse', 1784). Die letzte Hexenverbrennung im deutschen Sprachraum fand 1782 in Glarus/Schweiz statt.

Spees Traktat erschien deshalb verständlicherweise 1631 anonym (und lateinisch); erst nach seinem Tode gab Hermannus Schmidt eine deutsche Fassung heraus, nannte sich aber im Titel nur mit den Buchstaben H. S. S. Auf Vorsicht ist vielleicht auch zurückzuführen, daß Spee vorwiegend die Praktiken der Hexenprozesse kritisiert, nicht aber ausdrücklich diese selbst, wiewohl zwischen den Zeilen seine grundsätzlichen Zweifel aufzuspüren sind. – In dem abgedruckten Ausschnitt ist der Text um einiges gekürzt, und zwar teils um weitere Einzelheiten, die keine neuen Aspekte einführen, teils um juristische und religiöse Ergänzungen. Die Auswahl läßt aber wesentliche Beobachtungen und Gedanken Spees erkennen.

Zur Interpretation
Der lange Titel der deutschen Ausgabe kennzeichnet ausdrücklich als Verfasser „einen vnbenahmpten Römisch:Catholischen" und als Adressaten der Denkschrift die maßgeblichen weltlichen Autoritäten, nämlich die kaiserlichen und reichsfürstlichen Regierungen und Beamten, die Inquisitoren und Kirchenbeamten, die Juristen und die Geistlichen allgemein (vgl. Register des Lesebuchs). Das bestätigt die oben erwähnte gemeinsame Verantwortung weltlicher und geistlicher Obrigkeit in Sachen Hexenprozeß.

Einleitend erklärt Spee, daß er das Problem nicht theoretisch diskutieren, sondern die übliche Prozeßpraxis beschreiben wolle (S. 31, Z. 21 f.). Desungeachtet beginnt er „zum Eingang" mit den Voraussetzungen, die Hexenprozesse hervorrufen (§ 1–3), nämlich „Aberglaub" (Z. 25) und „Vnvernunfft" (Z. 34) – also eigentlich doch grundsätzlich! In den folgenden Paragraphen beschreibt er typische Abläufe eines Hexenprozesses. Im abschließenden „Nota Bene" (Merke wohl, beachte! – Formel für eine Anmerkung mit Gewicht) entschuldigt sich Spee mit einer Captatio benevolentiae (Wendung, die um das Wohlwollen oder die Nachsicht der Angeredeten wirbt) für seinen Eifer, nimmt aber nichts zurück, sondern unterstreicht damit nur seine Ermahnung der Verantwortlichen, die eindrucksvoll mit dem Hinweis auf Gottes Willen und das Jüngste Gericht schließt.

Der Mißbrauch der Prozeßpraktiken ist deutlich genug dargestellt: Denunziationen einer Frau als Hexe erfolgen oft aus irregeleitetem Verdacht, der aber eigentlich die Beschuldigung schon festschreibt (§ 9). Der Prozeß selbst dient nicht der Wahrheitsfindung, sondern dem äußeren Schein der Gerechtigkeit (§ 10). Zu diesem Zweck werden Indizien „per dilemma" (S. 32, Z. 16) konstruiert, die, genau besehen, „Fallstrick[e]" (Z. 10) sind: Welches Verhalten die Angeklagte auch zeigt, es wird ihr immer als Schuldbeweis ausgelegt (§§ 10, 11, 25, 26), oder von ihren Aussagen werden nur die Schuldbekenntnisse für wahr erklärt (§ 21). Wenn Verhöre und Folterungen tatsächlich einmal nichts zutage bringen, gibt es keinen Freispruch, sondern Haft und Prozeß werden so lange fortgesetzt, „bis sie mürbe werde" (§ 30). Der ganze Prozeß zielt also weder auf Wahrheit noch auf Gerechtigkeit, sondern nur auf den Schuldspruch, „dann bey diesem Process gilt / was nur dem Commissario [Ankläger] geliebt" (S. 32, Z. 37 f.). Kenntnisreich malt Spee die absurde Rabulistik (Wortverdreherei) der Gerichte aus; wie verzweifelt die Lage der Angeklagten war, kann man sich lebhaft vorstellen. Verschärft wurde sie durch brutale Zwangsmaßnahmen: qualvolle Haft (§§ 11, 30), Folterungen (§§ 14, 21, 25, 26) und Feuertod (§ 26). Spee weist nicht nur auf die körperlichen Qualen hin, sondern auch auf die entwürdigenden Leibesvisitationen, die der „Hencker" ohne Zeugen vornahm (§ 19). Seine Kritik ist nicht nur vom Mitleid bestimmt, sondern auch von moralischem und religiösem Abscheu. Einem jesuitischen Seelsorger, dem es gerade bei den einfachen Leuten vor allem auf „ein frommes gottseliges Leben" ankam (S. 32, Z. 10), mußte es abwertig erscheinen, wenn ausgerechnet ein solches als bloße Hexenlist ausgelegt wurde (§ 9, vgl. gutes und böses Gewissen in § 11); ebenso, wenn ein „nachdencklich[er]" Richter keine Schuld fand, damit aber den Prozeß nur verlängerte (§ 30). Da jesuitischer Theologie das Natürliche nicht an sich schon verdächtig war, erkennt Spee ferner, daß die „Geberden" der Gaja, die ihr als Zeichen der Buhlerei mit dem Teufel ausgelegt werden, nichts als Reaktionen körperlichen Schmerzes und der Erschöpfung sind (§ 26). Spee deutet sogar an, daß Äußerungen „wahnwitziger" Menschen oder auch bloße Lügen eine Frau als Hexe verdächtigen konnten (§ 9). Mit dem zweiten Hinweis bedient er sich des Arguments einer allgemeinen Lügenhaftigkeit, das in den politischen und konfessionellen Auseinandersetzungen oft gebraucht wurde. Diese Wahrnehmungen verweisen auf die grundsätzlichen Vorwürfe der Unvernunft und des Aberglaubens, denn im Hexenprozeß „muß weder Gott oder die Natur mehr etwas gelten" (S. 31, Z. 31 f.).

Den Aberglauben (§ 1) stellt Spee scharfsinnig zusammen mit Verhaltensweisen sozialer Mißgunst (S. 31, Z. 25 ff.), auf der „der erste verdacht der Zauberey" meistens beruhe (Z. 29 f.). Diesen Vorwurf macht er ausdrücklich den Deutschen und den Katholiken; Obrigkeit und Kirche zusätzlich den, dem Mißbrauch nicht zu wehren. Daran knüpft die energische Ermahnung des Schlußabschnitts an: Die Obrigkeiten haben um ihrer „Seeligkeit" willen die Pflicht, ihr gottgegebenes Amt als Verantwortung für „sich vnd jhre Herde" wahrzunehmen, und das fordere von ihnen „fleissige Auffsicht bey diesem Handel". Nach allem Vorhergehenden kann dies nur heißen: Praktiken, Aberglaube und Unvernunft der Hexenverfolgung seien streng zu untersuchen und abzustellen, weil sie gegen Gottes Willen sind. Bei aller Vorsicht der Formulierung direkter Vorwürfe ist die prinzipielle Kritik nicht zu überhören.

Zur Behandlung im Unterricht

Das Wort- und Satzverständnis bedarf einiger Hilfen; danach ist der Inhalt nicht schwer zu verstehen. Vor allem die Beispiele der Prozeßführung können Schüler selbständig erfassen und in ihrer Ungerechtigkeit erklären. Auf die gedanklichen Zusammenhänge sollte der Lehrer gegebenenfalls hinführen, z. B. mit Leitgedanken wie:
– Kritik unter den Gesichtspunkten des Mitleids, der Gerechtigkeit, der Vernunft, des christlichen Glaubens;
– Spees Adressaten und ihre Verantwortung.
– Kritisiert Spee nur die Verfahrensweisen oder die Hexenprozesse als solche?
Ergänzende Informationen über Hexenverfolgungen (bis ins 18. Jh.), über Jesuiten und den Dichter Spee sind wünschenswert. Innerhalb der Epoche kann man den Text nach zwei Richtungen thematisch zuordnen:
– zur Religiosität der Epoche (Text 14 bis 18),
– zu den politischen und sozialen Aspekten der Epoche (in den Teilen II und III).
Spees Kritik an Aberglauben und Unvernunft sowie sein Verständnis für das natürliche Verhalten der Angeklagten weisen auf Zusammenhänge zwischen dem 17. und 18. Jahrhundert hin.

Erstes Kapitel: Zu Text 16, S. 33 f.

Auch wenn die Barockepoche oder Literaturgeschichte allgemein nicht das Thema des Unterrichts ist, ist die ‚Cautio Criminalis' ein pädagogisch wichtiger Text. Denunziation, ungerechte oder unaufrichtige Justiz, Terror mittels Verhörs und Folter, Aberglaube in Verbindung mit Unduldsamkeit usw. sind Themen, die sich auf andere Zeiten bis in die Gegenwart übertragen lassen. Das Beispiel des aufrechten Jesuitenpaters gibt viele ernste Denkanstöße.

Thematische Bezüge im Kapitel
Abraham a Sancta Clara (7), Logau (8, S. 21): direkte und indirekte Kritik an weltlicher Obrigkeit.
Logau (14): Gegenüberstellung der etablierten Kirchen mit dem „Christentum".

16 Hans Jakob Christoph von Grimmelshausen: [Dein Leben ist kein Leben gewesen, sondern ein Tod] (S. 33 f.)

Zum Text
Der Textausschnitt stammt aus dem vorletzten Kapitel (V, 23) des ‚Simplizissimus'-Romans (die Continuatio nicht gerechnet), ist also ein Fazit des Romanhelden und Ich-Erzählers aus seinen Lebensabenteuern. Im letzten Kapitel folgt ein seitenlanges Zitat aus einer ins Deutsche übersetzten Schrift des spanischen Franziskaners, Hofklerikers und Bischofs Antonio de Guevara (um 1480–1545), mit dem Leitgedanken: „Adjeu Welt!", zuletzt der Beschluß des Simplizissimus, sich aus der Welt als Einsiedler zurückzuziehen. Dieser Schluß spricht für die öfter vertretene Auffassung, der ‚Simplizissimus' sei im Gewande des Schelmenromans und der zeitkritischen Satire eigentlich eine moralisch-religiöse Erbauungsschrift. Denn dieser Schluß entspricht nicht nur vielen Passagen davor, insbesondere denen über Simplicii Vater, den Einsiedel, sondern gerade auch dem Romananfang mit seiner allerdings nur angedeuteten Endzeitperspektive: „... in dieser unserer Zeit (von welcher man glaubt, daß es die letzte seie) ..."
Der hier abgedruckte Textausschnitt jedenfalls gehört in diesen religiösen Zusammenhang.

Zur Interpretation
Die Textstelle dokumentiert die pessimistische, weltverachtende und asketische Komponente barocker Religiosität, das Vanitas-Thema, im Unterschied zur „lieblichen" Frömmigkeitslyrik (vgl. Kommentar zu Text 15, Spee), zur ekstatischen Mystik (vgl. Böhme, Text 18) und zum erbaulichen Gotteslob (vgl. Arndt, Text 17).
Formal läßt sie in ihrem Hauptteil den reihenden, häufenden, variierenden und antithetischen Stil vieler Predigten, Erbauungsschriften und auch der weltlichen Rhetorik, ja sogar vieler Gedichte des 16. und 17. Jahrhunderts erkennen. Die Fülle der Varianten, mit denen der Sprecher seine negative Lebensbilanz umschreibt und die als einzelne nicht schwer zu verstehen sind, macht den Abschnitt zu einer Art Stichwortsammlung des Vanitas-Themas, die weniger logisch als formal gegliedert ist:
Im Erzählrahmen, der den Zusammenhang mit dem Roman anzeigt, motiviert der Ich-Erzähler zunächst seine Selbstprüfung als „Rechnung über mein geführtes Leben" (S. 33, Z. 36 f.), und zwar mit einer Reminiszenz humanistischer Bildung, dem „Nosce te ipsum". Er bezieht sich damit auf eine wichtige Devise des christlichen Stoizismus, die theologisch in die Bußlehre übernommen wurde; es geht also um ein Erlebnis reuevoller Einsicht. Dem entspricht der Schluß des Abschnitts, der – wie viele Erbauungsschriften – die Selbstprüfung als persönliches Gefühlserlebnis darstellt: „Mit solchen Gedanken quälte ich mich täglich ..."
Die eigentliche Reflexion entfaltet den Leitgedanken von der Nichtigkeit des Menschenlebens in mehreren Anläufen; sie sind keine Denkschritte im strengen Sinne, sondern Variationen des Leitgedankens in einprägsamen Sentenzen, deren jede dann mit einem bestimmten Satz- und Denkmuster entfaltet wird:
– Zuerst wird der Leitgedanke antithetisch, ja paradox formuliert: *„dein Leben ist kein Leben gewesen / sondern ein Todt"*, dem eine Reihe analoger Prädikativsätze folgt, die ihn meistens bildlich umschreiben (S. 33, Z. 37 ff.).
– Nach einer Zwischenbemerkung über des Erzählers Kriegserfahrungen folgt die Barockformel über den Wechsel von *„Glück und Unglück"*, sinngemäß entfaltet in einer Reihe von „bald ..., bald ..."-Antithesen (S. 34, Z. 4 ff.). Das Muster des Auf und Ab im Glück (vgl. Text 2) läßt sich mit der ‚Simplizissimus'-Handlung gut belegen.
– Es folgt die metaphorische Frage: *„Aber nun O du mein arme Seel was hastu von dieser gantzen Räiß zu*

Erstes Kapitel: Zu Text 17, S. 34f.

wegen gebracht?" Sie leitet eine Aufzählung der Verluste ein, die der Sprecher während seines Lebens „gewonnen" hat (Z. 7ff.). Das Sinnbild der Lebensreise, Schiffsreise oder Pilgerfahrt ist seit dem Mittelalter sehr beliebt und paßt auch gut zu den vielen Reisen des Simplizissimus. Gryphius hat es in ganz ähnlicher Bedeutung wie hier mit seinem Sonett ‚An die Welt' gestaltet.
- Der letzte Satz der vorigen Reihe – *„über diß alles / bin ich mir selber feind"* – wird anschließend in zwei Aufzählungsreihen erklärt: Als guter Mensch ist der Sprecher auf die Welt gekommen, aber darin ist er schlecht geworden, zum Feind seiner ursprünglichen, gottgewollten Menschlichkeit (Z. 13/14ff.).
- Diesen Gedanken setzt eine Reihe antithetischer Sätze fort, in denen der Sprecher bekennt, wie er zwischen Wert und Unwert jeweils die falsche Wahl getroffen habe (vgl. Text 1, Emblem 2; Text 2): „... *nicht.../...sondern...*" (Z. 18ff.).
- Und dieses Muster erweitert der abschließende Bekenntnissatz, der gegenwärtigen und künftigen Nutzen gegenüberstellt, beide aber auf die Ewigkeit bezieht: „... *daß ich dermaleins vor Gottes Angesicht müste Rechenschafft geben!"* (Z. 22ff.).

Die Nichtigkeit des irdischen Lebens führt in diesen Reihen also doch mit einer gewissen gedanklichen Konsequenz zu ihrer Antithese, die sie zugleich aufhebt: der Ewigkeit. Nichtigkeit als Vanitas wird mit den Bildern unbeständiger Scheinwirklichkeit zu Beginn eingeführt: „Schatten – Traum – Phantasey – Alchimisten Schatz" (dazu: Sünden), in den Topoi vom unbeständigen Glück und von der nichts „gewinnenden", aber vieles verlierenden Reise weitergeführt, dann moralisch ausgelegt und endgültig erst am Schluß religiös gedeutet.

Zur Behandlung im Unterricht
Eine genaue Interpretation der Textstelle ist sehr ergiebig, aber für die Schüler auch etwas abstrakt und ermüdend. Mit Kernsätzen oder konstitutiven Motiven kann man sie ihnen transparent machen (s. o.). Von da aus kann der Lehrer fragen, womit der Autor die Leitformeln, die für sich nicht unmittelbar verständlich sind, erklärt hat. Antworten darauf sind leichter zu finden, wenn die Schüler schon entweder den ‚Simplizissimus' oder andere Barocktexte kennen, denn dann kann der Lehrer auch fragen: Erinnern Sie diese Gedanken an Erlebnisse des Simplizissimus oder an Motive in anderen Barocktexten? Selbständigere Schüler kann man mit der konkretisierenden Frage an den Text heranführen: Was hat ein Mensch wie dieser Sprecher eigentlich in seinem Leben erfahren? Sollten interessierte Schüler das Lebensbild zu negativ finden, kann man sie anregen, ein Gegenbild aus ihrer Sicht zu zeichnen (ohne formale Festlegung).

Thematische Bezüge im Kapitel
Rollenhagen / de Passe (1): Dualismus, Vanitas und Ewigkeit.
Flugblatt (2): Glück und Unglück in Verbindung mit „Ehrgeiz" und „Hoffahrt".
Grimmelshausen (5): Vanitas-Motive im konkreten Bild des Krieges.
Opitz (6): moralische und religiöse Funktionen der Literatur.

Johann Arndt: [Himmel ist das subtileste Corpus] (S. 34f.) 17

Zu Autor und Werk
Johann Arndt (1555–1621) war ein prominenter lutherischer Geistlicher und Theologe, der gelegentlich auch im Streit der Konfessionen Stellung genommen hat, und zwar gegen die Calvinisten. Bedeutsamer war seine integrierende Wirkung. Ursprünglich geschult durch die lutherische Orthodoxie, lernte er doch schon in seinem Studium der Theologie und Medizin den Späthumanismus und die spekulative Naturphilosophie nach Paracelsus (1493?–1541) kennen. Als Theologe und Kirchenmann nahm er ebenso die Unfruchtbarkeit gelehrter Dogmenstreitigkeiten wahr wie die Leere eines nur äußerlichen Kirchenlebens. Das bewog ihn, für die Verinnerlichung des Glaubens und die praktische Ausübung des Christentums im Sinne der Nachfolge Christi zu wirken, auch als Schriftsteller. Sein Hauptwerk in dieser Richtung waren die ‚Vier Bycher vom wahren Christenthumb' (1605–1609, später erweitert), mit denen er wohl das wirksamste aller protestantischen Erbauungsbücher in Deutschland schuf. Bis 1740 erfuhr es 123 Auflagen mit im Durchschnitt wohl jeweils 1000 Exemplaren!
Arndts Einfluß auf die geistliche und weltliche Literatur ist bis ins 18. Jahrhundert festzustellen. Dank seiner Kenntnis der Mystiker seit dem Mittelalter – er edierte u. a. Neuausgaben von Tauler und Thomas a Kempis – erschloß er die mystische Tradition dem Protestantismus und wirkte auch damit auf den Pietismus. Von den Schwerpunktthemen des „wahren Christentums", der Nachfolge Christi, der Vereinigung der Seele mit

Erstes Kapitel: Zu Text 17, S. 34f.

Gott und der Gotteserkenntnis bei Betrachtung der Natur, belegt der hier abgedruckte Textausschnitt das letzte. Von ihm führt wirkungsgeschichtlich eine Traditionslinie bis zur frommen Naturbetrachtung in der Frühaufklärung, z. B. in der Gedichtsammlung ‚Irdisches Vergnügen in Gott‘ (1741–48) von Barthold Hinrich Brockes (1680–1747).

Zur Interpretation
Im ‚Vierdte[n] Buch vom wahren Christenthumb‘ heißt das zweite Kapitel ‚Vom andern Tagewerk Gottes / dem Himmel‘. Es handelt sich dabei also um eine Schrift nach Art der erbaulichen „Postillen": „urspr. volkstümliche Erklärung von Bibelstellen, deren Wortlaut abschnittsweise vorangestellt war und an die sich eine für Hausandachten oder kirchlichen Gottesdienst bestimmte Predigt oder Meditation anschloß, daher ‚post illa‘ (verba textus) = nach jenen Worten des Textes; allg. Predigtsammlung". (Gero von Wilpert: Sachwörterbuch der Literatur. Alfred Kröner Verlag, Stuttgart ²1959.)
Der Verfasser will nämlich nicht die Natur beschreiben oder erklären, sondern den Schöpfungsbericht der Bibel auslegen. Der Unterabschnitt, aus dem der Textausschnitt stammt (etwa ein Drittel des Unterabschnitts), trägt die Überschrift: ‚Wie der Himmel ein Zeuge Gottes ist / vnd der schönen Wohnung der Seligen‘. Damit werden die beiden Leitgedanken angekündigt: Die Betrachtung des Himmels als Schöpfung thematisiert Gott und das ewige Leben, letzteres auch im Blick auf die Gläubigen als Adressaten des Textes. Daß der Bereich des ewigen Lebens „schön" dargestellt werden soll, gibt einen Hinweis auf die Wirkungsabsicht der Erbauungsschrift: Sie soll nicht streng belehren, sondern geistliches Wohlgefallen hervorrufen, erfreuen.
Dies alles wird vom ausführlichen Untertitel des ganzen Buches bestätigt (vgl. Register des Lesebuches):
– Es geht Arndt um eine „christliche Auslegung" der Natur.
– In dieser theologischen Sicht ist die Natur „das große Weltbuch", also nicht Gegenstand objektiver Forschung, sondern analog zur Bibel, dem Buch an sich, ein Offenbarungstext.
– Diesem „Weltbuch" Natur spricht der Theologe zwei Funktionen zu, nämlich daß es „von Gott zeuget", also über Gott belehrt (vgl. S. 35, Z. 6–11), und daß es „zu Gott führt", also den Glauben und das Streben der Menschen auf Gott richtet (vgl. S. 35, Z. 20f.).
– Als Wirkung der Naturbetrachtung erwartet Arndt nicht so sehr rationale Erkenntnis wie das anschauende und emotionale Erlebnis, denn er will zeigen, wie das Beispiel der „Creaturen" (Geschöpfe, Schöpfungswerke) alle Menschen dazu „reitzet", „Gott zu lieben", und wie dabei die Menschen „durch jhr eigen Hertz vberzeuget werden". Im Original sind am Rand die Kernthesen und Hinweise auf Bibelstellen vermerkt.
Gemäß dem Verfahren der Postillen beginnt der Abschnitt mit Zitaten aus Genesis 1 und den Psalmen 104 und 19. Und die Auslegung beginnt mit der Abgrenzung:
„OB wol viel disputieren ist vnter den Theologis vnd Philosophis von der materia vnnd Substantz deß Himmels: So wollen wir vns doch daran begnügen lassen / das GOtt der HErr spricht:..."
Darauf folgen aus den Bibelstellen abgeleitete Feststellungen über die Eigenschaften des Schöpfungshimmels: „Der Himmel auß Wasser gemacht", reiner und beständiger als alle anderen Elemente und rund, das heißt: nach allen Seiten ausgedehnt. Daran knüpft die hier abgedruckte Textstelle an, mit der „christlichen Auslegung" (s. o.), die sich an die Leser oder Hörer wendet. Sie wird mit weiteren Gedanken bis hin zu dem, daß der Himmel eine „Feste" sei, fortgesetzt, um dann zu den Konsequenzen für den Glauben überzuleiten.
In diesem Kontext wird verständlich, wie und warum Arndt in den Ausführungen der Textstelle Rationalität und Irrationalität miteinander verflicht. Rational ist die gedankliche Ordnung: Das „wesen des Himmels" (S. 34, Z. 34) wird schrittweise durch den Vergleich mit anderen Weltstoffen herausgearbeitet (1. Absatz). So veraltet uns heute diese Elementenlehre erscheint, ist sie doch seit der Antike ältestes und anerkanntes System der Naturdeutung, und die Eigenschaften der Elemente werden mit zutreffenden Naturbeobachtungen beschrieben (vgl. den Gedanken der Durchsichtigkeit). Rational ist zunächst auch die Methode, mit der Arndt seine These, die Natur bzw. der Himmel sei „Zeuge Gottes" (S. 35, Z. 7), argumentativ untermauert: mit Aufforderungen zur Beobachtung und Wahrnehmung (z. B. „so sehet an...", S. 34, Z. 34) sowie zu Vergleichen und Schlußfolgerungen (z. B. „Itzt bedencke...", S. 35, Z. 1), die er dann z. T. selbst ausführt (z. B. S. 35, Z. 12–15).
Der moderne Leser wird daran Anstoß nehmen, daß die verwendeten Beobachtungen empirisch ungenau sind – z. B. haben Wasser und Luft keine konstante Durchsichtigkeit – und daß Arndt die kategorialen Unterschiede zwischen Stoff („corpus"), Geist („spiritualisch") und Energie („krafft") verwischt (S. 35, Z. 3 ff.). Aber Arndt geht es nicht um das wissenschaftliche „disputieren" (s. o.), sondern um eine unmittelbare Vermittlung von der Naturanschauung, wie sie jedem möglich ist, zu den Glaubensinhalten, nach dem

Erstes Kapitel: Zu Text 17, S. 34f.

Motto „per visibilia ad invisibilia" (Vom Sichtbaren zum Unsichtbaren). Diesem Prinzip traditioneller theologischer Exegese entspricht, daß die Denkschritte der Überlegung auf dem Prinzip der Analogie beruhen: Nicht *weil*, sondern *wie* der natürliche Himmel eine so „subtile", fast körperlose Substanz ist, *so* kann in ihm eine Eigenschaft Gottes, sein „wesen", dem Gläubigen anschaulich werden (1. Absatz); wenn wir wahrnehmen, wie herrlich die Natur ist, können wir uns eher die Größe Gottes vorstellen (3. Absatz); und ebenso vermitteln uns die „Höhe und Weite des Himmels" eine Vorstellung von der „grosse[n] Gewalt und Weißheit Gottes" (4. Absatz), die „grosse Cirkelrunde" von der „Ewigkeit Gottes" (5. Absatz).
Arndt weiß sehr wohl, daß die Glaubensinhalte, von denen er eigentlich sprechen will, weder empirisch noch rational faßbar sind, denn sein Thema ist ja ein „vnerforschliches, vnaußdenkliches, unaußsprechliches Göttliches wesen" (S. 35, Z. 14f.). Deshalb ist ihm die Natur kein Beweismittel, sondern ein „Spiegel" (S. 35, Z. 8/10), in dem das Unschaubare anschaulich wird.
Das Prinzip der Analogie von der Anschauung zur ideellen Bedeutung liegt weithin dem Denken bis ins 17. Jahrhundert zugrunde, etwa in der Emblematik und Allegorik (vgl. Text 1). Ihm ist die rein rationale Belehrung (erudire) kein Selbstzweck, sondern unlösbar verknüpft mit dem Appell an das Gefühl (movere) und der Belebung des Gefühls (delectare); in den Worten Opitzens: „vberredung vnd vnnterricht auch ergetzung der Leute" (,Buch von der Deutschen Poeterey', Das III. Capitel, vgl. Text 9). Dementsprechend durchsetzt Arndt in seinem Erbauungstext die Argumentation fortwährend mit appellativen Anreden, nicht nur in den Imperativen, sondern auch mit den rhetorischen Fragen (S. 35, Z. 6ff., 12ff.) oder dem „wir", das Übereinstimmung zwischen Sprecher und Angesprochenen evoziert (S. 35, Z. 11, 18ff.). Der gläubige Adressat soll also die Natur anschauen oder sich vorstellen, darüber nachdenken, vor allem aber in seinem Gefühl bewegt werden.
Alles, was sich der Erfahrung, dem Denken und dem Gefühl so präsentiert, ist Zeugnis des Glaubens, „Zeuge Gottes": die Natur, der Erbauungstext selbst, vor allem aber das Wort Gottes in der Bibel, das in der Naturbetrachtung nur veranschaulicht wird. Deshalb steht er in der „Postille" immer am Anfang (s. o.). Da, wo Arndt auf die Menschen zu sprechen kommt, zitiert er im vorliegenden Abschnitt dann nicht mehr das Alte Testament, sondern das Neue (z. B. zu S. 35, Z. 18ff.: 2. Korinther 4), vor allem in der Fortsetzung nach diesem Textausschnitt. Hier geht es vollends darum, die Gemüter zum Glauben zu ermutigen. Dazu spricht Arndt, den natürlichen Himmel allegorisierend, von drei anderen „Himmeln", auf die der „vergengliche eusserliche Himmel" die Gläubigen verweist; er nennt sie:
– den „verborgenen Himmel" der Präsenz Gottes,
– den innerlichen Himmel: „dein eigen Hertz und Seele" – Himmel, weil auch hier Gott wohnen kann,
– den „Newen Himmel": die am Ende der Zeiten verheißene ewige Seligkeit.
Damit ist der eigentliche Zweck der Erbauungsschrift deutlich: Sie soll zu Gott „führen" (vgl. den Titel des Buches), und zwar nicht dogmatisch oder mit Warnung und Ermahnung, sondern mit der Verheißung, daß die Menschen das, wonach sie sich im Innersten sehnen, auch erwarten können (S. 35, Z. 20f.). Trost und Ermutigung braucht der Mensch – gerade auch im 17. Jahrhundert –, weil er weiß, daß sein „Irrdisch Hauß" früher oder später „zubrochen" wird: Die sterblichen Kreaturen sehnen sich nach dem unsterblichen Leben (S. 35, Z. 15ff.).
Das Bild dieser Welt, das der Erbauungsschriftsteller zeichnet, ist eigentlich das Sinnbild einer anderen, der ewigen Welt Gottes.

Zur Behandlung im Unterricht

Die aus dem Zusammenhang gelöste Textstelle bedarf zum rechten Verständnis ergänzender Informationen über den Kontext, die deshalb hier für die Lehrer resümiert wurden. Ohne sie besteht die Gefahr, daß die Schüler Arndts Ausführungen als naive Naturbetrachtung mißverstehen. Wesentliche Züge des theologisch-allegorischen Naturbildes können aber am Textausschnitt erarbeitet und belegt werden, am besten, nachdem der im Register des Lesebuchs abgedruckte vollständige Buchtitel verstanden worden ist. Die Gedanken Arndts können abschnittsweise nachvollzogen und erklärt werden, jedoch erschließt sich der Zusammenhang leichter, wenn man die Abschnitte anders ordnet:
– 1., 4. und 5. Absatz: Beispiele für das biblisch begründete Naturbild und die Analogiemethode seiner Auslegung;
– 2. Absatz: Erklärung der Analogiemethode und ihrer Funktion („Spiegel");
– 3. Absatz: Gegenüberstellung des für die Gotteserfahrung untauglichen Verstandes mit der Sehnsucht der Sterblichen und dem Trost in der Offenbarung, der Vergänglichkeit mit der Unvergänglichkeit.
Um diese Gesichtspunkte zu vertiefen und nicht die religiösen Absichten hinter den Analogiebeispielen zu übersehen, kann man wieder Informationen über den Kontext heranziehen (s. o.).

Erstes Kapitel: Zu Text 18, S. 35f.

Den befremdenden Abstand der Denkungsart in diesem Text von der heutigen überbrücken die Schüler leichter, wenn sie zuvor mit dem allegorisch-emblematischen Denken der Epoche bekannt geworden sind. Vertiefend kann man ihn auch mit Denkanstößen wie den folgenden allgemeiner thematisieren:
– Was erleben, denken und fühlen wir heute beim Anblick schöner oder großartiger Natur?
– Stellen wir einander gegenüber, was ein mäßig gebildeter Mensch des 17. Jahrhunderts wohl von der die Erde umgebenden Natur des Weltraums wahrnehmen und wissen konnte und was ein entsprechender Mensch heute.
– Welche Kenntnisse, Wahrnehmungen und Erfahrungen können heute das Vertrauen in die Natur als Ganzes verunsichern?
– Wie ist es zu erklären, daß gerade religiöse und kirchliche Gruppen heute für Natur- und Umweltschutz eintreten?

Thematische Bezüge im Kapitel
Rollenhagen/de Passe (1): Weltbild in den Emblemen, allegorische Anschauung der Natur.
Opitz (9): theologische und philosophische Grundlagen der Literatur; Funktionen der Literatur.
Anhalt-Köthen (11): das Naturbild als Sinnbild.
Grimmelshausen (16): Vanitas des Menschenlebens im Vergleich mit dem Motiv der sterblichen Kreaturen bei Arndt.
Böhme (18): Vergleich mit Arndt, sowohl hinsichtlich leitender Gedanken als hinsichtlich einzelner Motive; Unterschied zwischen der noch rationalen und der mystischen Theologie.
(Vgl. auch den Kommentar zu Text 18.)

18 Jakob Böhme: [Die Schöpfung] (S. 35f.)

Zum Autor und zur schlesischen Mystik
Die Kreise im schlesisch-lausitzischen Gebiet, die Böhme prägten, hatten eine besondere religiöse und soziale Vorgeschichte. Schlesien war konfessionell extrem zersplittert: Die Piastenherzöge reformiert, ein Großteil des Adels und der Bevölkerung lutherisch, aber die Katholiken von Habsburg gestützt; von Böhmen wirkten noch andere Einflüsse herüber, z. B. in der Nachfolge der Hussiten. Es ist begreiflich, daß gerade hier gläubige Menschen sich von den etablierten Kirchen distanzierten und in die Abgeschlossenheit kleiner Zirkel zurückzogen (z. B. Wiedertäufer, Sozianer, Rosenkreuzer u. a. m.). Zugleich sammelten sich in solchen Zirkeln Angehörige sozialer Schichten, die durch wirtschaftliche und soziale Veränderungen ins unsichere Abseits gerieten, darunter v. a. der ländliche Kleinadel und die geringeren Gewerbetreibenden, zu denen Böhme gehörte. Mit Recht argwöhnten geistliche wie weltliche Obrigkeiten in diesen Zirkeln den Geist der Unbotmäßigkeit.
Jakob Böhme lebte und schrieb vorwiegend im Zentrum dieser sozial und religiös unruhigen Gegend, in Görlitz. Als Schuhmacher fand er anscheinend kein genügendes Auskommen, denn jahrelang versuchte er sich im ebenso mühsamen Gewerbe des Händlers mit Garn- und Schuhmachereiartikeln. Wovon er in den letzten Jahren lebte, in denen er hauptsächlich schrieb, ist unklar. Von seinen Werken wurde ein einziges gedruckt (,Weg zu Christo', 1624), die anderen wurden nur handschriftlich kopiert und verbreitet; dies allerdings mit weitreichender Rezeption, v. a. nach Holland und England. Von da aus zurück wirkte sein Einfluß bis ins 18. Jahrhundert auf die geistliche Lyrik des Hochbarock, auf Pietisten und sogar noch auf die Romantik; der barocke Schwärmer Kuhlmann berief sich ausdrücklich auf Böhme. Dessen Schriften wurden zu seinen Lebzeiten auch der Obrigkeit bekannt, eines seiner Hauptwerke, ,Aurora oder Morgenröte im Aufgang' (1612/13), wurde beschlagnahmt, er selbst erhielt Schreibverbot, dem er sich aber seit 1618 nicht mehr beugte. ,De signatura rerum', geschrieben 1621/22, wurde erst 1635 veröffentlicht.
Mystische Religiosität ist in Kürze nicht zu erklären; deshalb seien hier nur ein paar Lesehilfen skizziert: Der Mystiker verneint, daß der Verstand Gott erfassen kann, er bejaht aber die innere Gewißheit, die Intuition, den Sinn des Suchens und die Überzeugungskraft der Sprache, wenn sie aus dem Glauben kommt. Insofern gibt es mystische Erkenntnis, die sich aussprechen läßt. Darin erfährt der Mystiker den Geist Gottes als Paradoxon: einerseits als absolutes Geheimnis, andererseits als Evidenz der Offenbarung, als Erlebnis „Ja, so ist es!", und zwar nicht nur in Gottes Wort, sondern auch in den Erscheinungen der äußeren Wirklichkeit und vor allem in sich selbst. Immer wieder beschäftigen Mystiker sich deshalb mit dem Heiligen Geist, von dem die Bibel nirgends genau sagt, was er ist, aber wiederholt, daß er in allem Gottgewollten wirkt, und im Anschluß an die Pfingstgeschichte beschwören sie seine bewegende und

verwandelnde Gewalt. Das Streben des Mystikers zielt auf das Erlebnis dieses Geistes, das ihn mit Gott und Welt vereint. Davon – und von Gott dem Schöpfer und dem Sohn – sprechen die Mystiker in zahllosen Begriffen, Bildern, Beschreibungen und Erklärungen, auf die im einzelnen hier nicht eingegangen werden kann. Aber in diesem Sprechen geht es viel weniger um den einzelnen Satz und seinen begrifflichen Gehalt, schon gar nicht um das Ergebnis einer rationalen Deduktion, sondern um den Vorgang des Meditierens und Verkündens. Mystik ist kein System, sondern eine innere Bewegung kreisender Annäherung an das Geheimnis Gottes, an die Vereinigung des Vielfältigen und Widersprüchlichen in der „unio mystica" und an die Erlösung und geistliche Selbstfindung der Seele.
Jakob Böhmes Mystik ist besonders schwierig. Er verbindet mystische, reformatorische und pansophisch-alchimistische Ideen mit der missionarischen Überzeugung, daß die Glaubenswahrheiten noch längst nicht zu Ende gesagt seien. Fasziniert hat ihn offenbar die Idee der höheren Einheit aller Widersprüche in Gott, die er geradezu dialektisch zu deuten versucht, wenn er Gut und Böse als polare Kräfte in allem Leben und Werden sieht, deren Streit aber auf den Bezug des Irdischen zum Ewigen, das sie aufhebt, verweise. (Diesen Gedanken deutet der zweite Teil der Abschnittsüberschrift an, der nach dem Textauszug ausgeführt wird.) In umgekehrter Perspektive reflektiert Böhme unermüdlich das Problem, wie das eigentlich allumfassende und ursprunglose Wesen Gottes sich in der Trinität und in der Schöpfung „gebiert" und „offenbart" (vgl. den Textauszug).
Böhmes schwer verständliche Sprache ist selbst Ausdruck seiner religiösen Denkweise. Denn wie ihm aus dem Zerfall des ursprünglichen Glaubens in den Konfessionen der wahre Glaube erst wieder hervorzuschürfen war, so suchte er die Ursprache (lingua adamica), die Adam durch den Sündenfall und das Gottesvolk in der babylonischen Sprachverwirrung verloren haben, mit der aber Gott seit der Schöpfung und der Heilige Geist u. a. im Pfingstfest zur Welt gesprochen haben. Ihrer wollte Böhme sich mit einer „sensualischen" (sinnlichen) oder Natursprache wieder vergewissern. Dieses alte Anliegen der Mystiker gewann seit dem späten 16. Jahrhundert auch sonst Auftrieb. Humanistische Sprachgelehrte wie Dalberg und Celtis hatten z. B. für das Deutsche wegen seiner Ähnlichkeiten mit dem Griechischen in Anspruch genommen, der adamitischen Ursprache verwandt zu sein. Der Wille, in der deutschen Nationalsprache das Große und Bedeutende zu sagen, bestimmte – nach dem Vorbild anderer europäischer Kulturen – auch die weltlichen Dichter und die Sprachgesellschaften des 17. Jahrhunderts (vgl. die Texte 9 und 10). Mystiker wie Böhme und Kuhlmann trugen zur neuen Ausdrucksfähigkeit des Deutschen erheblich bei, vor allem mit ihren unerschöpflichen Umschreibungen abstrakter Inhalte, wofür nach Leibniz die bisherige deutsche Sprache wenig geeignet war (vgl. Text 13). Insbesondere der Wortschatz der Mystiker – mit vielen Neuprägungen – förderte die Sprache der deutschen Wissenschaft und Philosophie – letzterer hat er sogar bis Heidegger beeinflußt.
Böhme erfand immer neue Wortkombinationen und Wortanalogien, um das Geheimnis des Geistes mit „sensualischer" Veranschaulichung zu vermitteln (vgl. im Textausschnitt „Gebährung, Frewdenspiel, außgesprochener und sprechender Hall" usw.). Syntaktisch geht immer wieder aus einem Satz ein neuer hervor, und diese Syntax spiegelt den unaufhörlichen Denkvorgang.

Zur Interpretation

„Signatura rerum" ist, nach dem Untertitel des Buches (vgl. Register des Lesebuches), „Bezeichnung aller dingen, wie das Innere vom Eusseren bezeichnet wird". Das heißt für Böhme: Wesen und Erscheinung der Dinge sind nur 'Bezeichnungen' ihres spirituellen Wesens, in dem der göttliche Geist wirkt.
Das 21. Kapitel beginnt mit dem hier abgedruckten Abschnitt, der die in der ersten Hälfte der Kapitelüberschrift angedeuteten Gedanken einführt. Darin umschreibt Böhme die Selbstoffenbarung Gottes in der Schöpfung als einen Vorgang, der Gott und seiner Vollkommenheit selbst nichts hinzugefügt hat, was nicht schon in Gottes Wesen vorhanden war (wie der Apfel im Baum, S. 36, Z. 6 ff.). Gott hat keinen Zweck als sich selbst, zugleich aber ist er, aus dem alles entsteht, wirksam. Dieses Paradoxon fängt Böhme mit den Begriffen der „grossen frewde und herrligkeit" auf, als Kennzeichnungen einer zweckfreien Intentionalität (Z. 14 f.). Dementsprechend umschreibt er die keinem Zweck dienende Wirksamkeit als „ein Göttlich spiel mit sich selber" und den Schöpfungsakt als „dasselbe spiel außer sich selber" (Z. 14 f.). In der Schöpfung hat Gott sich zu seiner eigenen „Freude und Herrlichkeit" geäußert.
Der Begriff des Spiels läßt sich nun auf das Geschaffene übertragen, und zwar in einer „sensualischen" (sinnlichen, s. o.) Assoziation mit der Musik als „vielerley Lautenspiel" (Z. 16). Damit kommen zwei weitere Assoziationen und Gedanken in die Überlegung: das Musikinstrument und die Harmonie. Das „Instrument" (Z. 25) wird als „Model oder Werckzeug des Geistes" bezeichnet (Z. 15), mit anderen Worten: Die Dinge der Schöpfung (res) sind Körper, Formen, Geräte, in und mit denen der Geist Gottes zweckfrei

Erstes Kapitel: Zu Text 18, S. 35f.

wirksam wird. Die „Harmoney" (Z. 16) ist der Zusammenklang der vielen Musikinstrumente, das heißt: Die Vielfalt der Welt hat ihre Einheit darin, daß der *eine* Geist in der Vielfalt der Erscheinungen wirksam ist, in denen er sich äußert (vgl. „Wort, Hall, Stimme", Z. 17ff.). Dieser Gedanke wird im Bild eines anderen Musikinstruments, der Orgel, verdeutlicht (Z. 22ff.) und schließlich in der Definition des Geistes als „Offenbahrer aller Werke Gottes" zusammengefaßt (Z. 26ff.).

Böhmes Vorstellung von der Harmonie der Weltvielfalt beruht auf einer alten Tradition seit dem philosophischen Modell der Sphärenharmonie bei den Pythagoräern. In christlicher Zeit befaßten sich schon die Kirchenväter viel mit der Symbolik der Musik. Die heilige Cäcilie als Patronin der Musik wird seit dem Mittelalter mit verschiedenen Instrumenten als Attributen dargestellt, am häufigsten mit kleinen Orgeln, gelegentlich mit der Laute. Musik als Gotteslob, Freude und Spiel als Ausdruck des Erfülltseins von Gott – das alles wiederholt sich oft in der geistlichen Lyrik des Barock.

In der Fortsetzung des Kapitels wendet Böhme diese Gedanken auf irdische Regierungen und die Gestirne an, v. a. aber auf die Engel. Dabei kommt er, mit dem Beispiel des gefallenen Engels Luzifer, auf das Verhältnis zwischen finsteren und hellen Engeln, zwischen Gut und Böse zu sprechen. Auch das Böse hat seine zugemessene Stimme im Konzert der Weltstimmen, allerdings nicht in „concordantz" (Übereinstimmung) mit den anderen. Einerseits ist es Dissonanz, es trotzt der reinen universalen Harmonie, deshalb wird es in seinen Eigenbereich, Hölle und Sterblichkeit, verbannt; andererseits ist es als „gestaltnuß" des Gotteszorns in der großen Alleinheit Gottes aufgehoben. Ganz ähnlich heißt es in einem mystischen Sinngedicht von Johann Scheffler (Angelus Silesius):

„Die Stimme Gottes
Die Kreaturen sind des ewgen Wortes Stimme:
Es singt und klingt sich selbst in Anmut und im Grimme."

Das Kapitel schließt mit einer Ermahnung an den Leser: Er soll sich in diesen Gedanken selbst erkennen – „Er sey gut oder böß" –, jedoch nicht mit spitzfindigem Verstand, denn „mit glossiren und eygener Witze sols keiner in seinem eygenen Grunde ergreiffen". Nur dem „Sucher" werde sich die Wahrheit erschließen: „Wer da suchet, der findet / AMEN."

Versuch einer behutsamen, teilweise paraphrasierenden Modernisierung

Die Erschaffung alles Geschaffenen ist nichts anderes als eine Selbstoffenbarung des alles seienden und unergründlichen Gottes. Alles, was Gott in seiner ewigen Selbsthervorbringung ohne Anfang und in seiner Allmacht ist, daran haben auch die Geschöpfe Anteil, allerdings mit einer Ausnahme: (Sie haben keinen Anteil) an Gottes Allmacht und (Schöpfer-)Kraft. (Es verhält sich vielmehr mit den Geschöpfen so:) Wie ein Apfel, der auf dem Baum wächst, nicht der Baum selbst ist, sondern aus der Kraft des Baumes wächst, ebenso sind alle Dinge aus einem göttlichen Trieb hervorgegangen. Sie wurden zu einer Seinsweise erschaffen, wie sie am Anfang nicht gab; sondern es gab nur jenes Geheimnis der ewigen Selbsthervorbringung Gottes, in der eine ewige Vollkommenheit war. Denn Gott hat nicht die Schöpfung hervorgebracht, um dadurch vollkommen zu werden, sondern (lediglich) zu seiner Selbstoffenbarung und damit zu ewiger Freude und Herrlichkeit. Freilich ist es nicht so, daß eine solche Freude erst mit der Schöpfung angefangen habe. Nein, sie ist von Ewigkeit an im großen Geheimnis (Gottes) gewesen, aber nur in seiner Art Spiel des göttlichen Geistes mit sich selber.

In der Schöpfung nun tritt dieses Spiel aus sich heraus (in die Erscheinungen der Welt). Sie ist eine Form (ein Modell?) und (damit) ein Werkzeug des ewigen Geistes, womit er spielt. Sie ist vergleichbar einer großen Harmonie in vielen Lautenspielen (Musikinstrumenten), die alle einheitlich gestimmt sind. Das ewige Wort, der „Hall" Gottes, der nur geistig ist, hat sich mit der Selbstoffenbarung des großen Geheimnisses (Gottes) in ein ausgesprochenes Wort oder hörbaren „Hall" geformt.

Einerseits geschieht das Freudenspiel der ewigen Selbsthervorbringung im Geiste, also bei sich (dem göttlichen Geist) selbst. Andererseits existiert auch das Werkzeug (die Schöpfung) als geäußerte Form bei sich selbst (in einem eigenen Bereich). Aber der lebendige „Hall" führt dieses Instrument und schlägt die Saiten mit seinem ewigen Willen und Geist, so daß es klingt und (seinerseits) „hallt". So ist es auch bei einer Orgel, deren viele Stimmen von einem einzigen Gebläse betrieben werden, so daß eine jede Stimme, ja eine jede Pfeife ihren (eigenen) Ton gibt. Dabei ist aber nur eine einzige Luft in allen Stimmen, die in jeder Stimme erklingt, je nachdem, wie das Instrument oder die Orgel gemacht ist.

Ebenso ist ewig im ganzen Werk der göttlichen Offenbarung nur ein einziger Geist. Er wirkt als Offenbarer im ausgesprochenen „Hall" (der Schöpfung) wie im sprechenden „Hall" Gottes. Gott ist beides zugleich: das (selbstgenugsame) Leben des großen Gottes-Geheimnisses und das Leben alles dessen, was daraus hervorgegangen ist. Der Geist ist der Offenbarer aller Wirkungen Gottes. [...]

Erstes Kapitel: Zu Text 18, S. 35f.

(„Hall" ist nicht paraphrasiert. Dessen Bedeutung changiert zwischen Spirituellem und Sinnlichem. Gemeint ist alles Vernehmbare, sei es, daß der Mensch Gott vernimmt, sei es, daß Gott sich selber vernimmt.)

Zur Behandlung im Unterricht
Der Text ist schwierig und spricht sicherlich viele Schüler nicht unmittelbar an. Andererseits ist die Geschichte der Mystik, ist im besonderen Böhme wichtig für das Verständnis irrationaler Strömungen in der Geschichte der deutschen Kultur, auch in ihren sozialen und politischen Bezügen. Eine Besprechung sollte deshalb sowohl methodische Hilfen zum Verständnis geben als auch den Schülern interessante Gesichtspunkte allgemeiner, auch weltanschaulicher Art erschließen.
Es empfiehlt sich deshalb, den Text nicht isoliert, sondern in erhellenden Zusammenhängen zu lesen. Die Schüler verstehen ihn leichter, wenn sie vorher mit anderen religiösen Texten des 17. Jahrhunderts bekannt geworden sind, vielleicht auch, wenn sie aus Berichten und Dokumenten etwas über die historische Lebenssituation erfahren haben, in der Schwärmer oder Mystiker wie Böhme lebten. Eine andere Möglichkeit ist die, dieses Zeugnis der Mystik (und vielleicht auch andere) in eine Reihe mit anderen weltanschaulichen Äußerungen zu stellen (auch Gedichten). Im Lesebuch könnte man es z. B. mit folgenden Belegen einer religiösen oder irrationalen Haltung vergleichen:
Hamann (25), Moritz (53), Hölderlin (61), Novalis (62), Wackenroder (71), Stifter (104), Rilke (132), Edschmid (136), Flake (145),
oder mit denen einer ganz anderen konfrontieren, z. B.:
Kant (19), Herder (46), Heine (83), Schopenhauer (98), Hofmannsthal (130), Ball (135), Kafka (152), ferner mit modernen Reflexionen des Sinnverlusts oder Ablehnungen der Religiosität.
Eine intensive Auswertung der Textstelle mit Schülern steht zunächst vor der Schwierigkeit des unmittelbaren Wortlautverständnisses. Man wird nicht vermeiden können, den Text zu 'übersetzen', also, so gut es geht, in unserer Sprache zu paraphrasieren, wozu der Lehrer einzelne Ausdrücke erklären muß. Da Böhme willkürlich interpunktiert, sollte man Sätze, die sich als Aussageeinheiten isolieren lassen, mit Punkten voneinander trennen; die Satzverknüpfungen (Relativsätze, „dann" [= denn] u. a. m.) kann man teilweise zunächst unbeachtet lassen.
Sodann empfiehlt es sich, die verständlichsten zentralen Aussagen herauszulösen, schwierige Ergänzungen dann erst zu bedenken, z. B. so:
„Die Schöpffung der gantzen Creation ist anders nichts als eine offenbahrung deß allwesenden vnergründlichen Gottes. [...] Gott hat nicht die Creation erbohren, daß er dadurch vollkommen würde, sondern zu seiner selbst offenbahrung, als zur grossen frewde vnd herrligkeit. [...] Die Creation oder Schöpffung [...] ist eben als [= wie] ein große Harmoney [sc. von] vielerley Lautenspiel[en], welche alle in eine Harmoney gerichtet seyn [...], gleich wie eine Orgel von vielen Stimmen mit einem einigen [= einzigen] Lufft getrieben wird, daß eine jede Stimme, ja eine jede Pfeiffe jhren Thon gibt, vnd ist doch nur einerley Lufft in allen Stimmen, welche in jeder Stimme hallet nach deme das Instrument oder Orgel gemacht ist."
Mit aufgeschlossenen Schülern kann man auch intuitiv beginnen: Sie äußern zunächst einmal, was sie sich unter Harmonie alles vorstellen. Dann liest der Lehrer den Text langsam vor und läßt die Schüler anschließend darüber sprechen, was sich ihnen eingeprägt hat, was sie verstanden zu haben glauben und was nicht usw., und ermuntert sie, die aufgefangenen Gedanken- und Vorstellungssplitter selbst weiterzuentwickeln. Es kommt dabei nicht darauf an, ob alle Textteile erklärt werden; entsteht ein „suchendes" Gespräch, so entspricht das durchaus dem Charakter des Textes.
Bei diesen Gesprächen sollten die Schüler veranlaßt werden, zwischen den Begriffen und Gedanken, die ihnen zu spekulativ erscheinen, und denen, mit denen sie „etwas anfangen" können, zu unterscheiden.
Vor allem sollten Anstöße zum Weiterdenken gegeben werden, je nach Vermögen und Einstellung der Schüler z. B.:
– Gibt es hier Gedanken oder Vorstellungen, die sich auch mit dem modernen naturwissenschaftlichen Weltbild vergleichen lassen? (Z. B. Harmonie – Gleichgewicht der Naturkräfte.)
– Können Sie sich die natürliche Welt als eine große Einheit vorstellen?
– Empfinden Sie die Natur als etwas „Sinnvolles"?
– Kennen Sie Menschen oder Gruppen, die die Wirklichkeit irrational oder als Ausdruck eines höheren, vielleicht religiösen Sinns deuten? Was wissen Sie von ihnen? Wie stehen Sie dazu?
(Vgl. auch die Hinweise zu Text 17.)

Thematische Bezüge im Kapitel: Vgl. die Angaben zu Text 17.

Zweites Kapitel: Einleitung. Zu Abschnitt I, S. 37 ff.

Zweites Kapitel: Aufklärung/Sturm und Drang

Einleitung

In der neueren literatur- und epochengeschichtlichen Forschung zum 18. Jahrhundert spielt das Verhältnis der Sturm-und-Drang-Bewegung zur Aufklärung eine wichtige Rolle. Dabei hat sich zweierlei ergeben: Die lange Zeit vorherrschende einseitige Auffassung ist widerlegt worden, daß der Sturm und Drang eine radikale Gegenbewegung zur Aufklärung darstelle, daß er einen Traditionsbruch bewirkt habe, der gegenüber der europäischen Aufklärung nunmehr die 'deutsche Wende' und die 'deutsche Bewegung' (Sturm und Drang, Klassik, Romantik) heraufführte. Mehr und mehr hat sich die literaturgeschichtliche Konzeption einer epochalen Einheit der Zeit Gottscheds bis zu Goethes Tod durchgesetzt. Und in diesem historischen Zusammenhang ist die Kontinuität von Aufklärung und Sturm und Drang zu sehen.
Allerdings hat die Konzeption der epochalen Einheit nunmehr eine andere Einseitigkeit gebracht: Sie hat dazu geführt, daß die Gegensätze und qualitativen Sprünge in der literarischen Entwicklung von der Aufklärung zum Sturm und Drang nicht mehr erkannt worden sind. Daher wird in letzter Zeit wieder stärker die Dialektik von Kontinuität und Diskontinuität betont. Es ist zu zeigen, daß im Neben- und Nacheinander auch ein Gegeneinander wirkt: Die epochale Einheit ist eine Einheit von Gegensätzen.
Diese doppelte Perspektive versucht das Kapitel „Aufklärung/Sturm und Drang" aufzuzeigen.
Die epochenerhellenden Aspekte, unter denen der literarische Prozeß der damaligen Zeit betrachtet wird, können freilich nicht alle Momente der vielgestaltigen Entwicklung sichtbar machen. Sie sind indes so bestimmt, daß die wesentlichen epochentypischen Züge und Tendenzen erscheinen und daß zugleich in der Epocheneinheit Kontinuität und Diskontinuität erkennbar werden. So lassen sich im Nacheinander und Gegeneinander der einzelnen Abschnitte Traditionslinien und Traditionsbrüche ausmachen.

I. Zur Epoche: Aufklärung und Geschichte (S. 37 ff.)

Stärker als andere Epochen hat die 'Aufklärung' in Deutschland sehr unterschiedliche Bewertungen erfahren: Während in Frankreich und England diese Phase durchgehend in hohem Ansehen stand, wurde sie in Deutschland sehr bald abschätzig und negativ beurteilt. Dies begann schon mit den Stürmern und Drängern und setzte sich in der Romantik fort. Nietzsche spricht 1881 von der „Feindschaft der Deutschen gegen die Aufklärung"; über die erste Hälfte seines Jahrhunderts schreibt er: „Der ganze große Hang der Deutschen ging gegen die Aufklärung und gegen die Revolution der Gesellschaft, welche mit grobem Mißverständnis als deren Folge galt: Die Pietät gegen alles noch Bestehende suchte sich in Pietät gegen alles, was bestanden hat, umzusetzen, nur damit Herz und Geist wieder einmal voll würden und keinen Raum mehr für zukünftige und neuernde Ziele hätten" (Morgenröte, 197. Karl Schlechta [Hrsg.]: Friedrich Nietzsche. Werke in 3 Bänden. Hanser, München 1954. Band 3, S. 1144f.). Diese „Feindschaft" hat lange Zeit eine angemessene Wertung der Epoche verhindert: Noch heute taucht bisweilen das Gerede von der „flachen" oder „seichten" Aufklärung auf, der es an einer „wahrhafter Tiefe des Geistes" fehle. Die tieferen Gründe für diese Vorurteile hat man ideologiekritisch zu entlarven versucht: Die demokratisch revolutionäre Tendenz der Aufklärung galt es vor wie nach der Französischen Revolution von 1798 wie 1830 abzuwehren, nicht minder im Vormärz und nach der verunglückten 48er Revolution in Deutschland; die historisch erfolgreiche feudale und bourgeoise Reaktion war kontinuierlich bemüht, die Aufklärung abzuwerten zugunsten der darauf folgenden, weniger kritischen Klartext dokumentierenden Epochen.
Inzwischen ist eine Wende eingetreten, verknüpft mit Namen wie Georg Lukács, Karl Jaspers, Max Horkheimer und Theodor W. Adorno, Herbert Marcuse. Seither gilt die Aufklärung als die zentrale Phase bürgerlicher Emanzipation, in vielerlei Hinsicht auch für das gegenwärtige Selbstverständnis bestimmend:
– Die Emanzipation des Subjekts, des Ichs, des Individuums dokumentiert sich theoretisch in der Entwicklung der Wissenschaften, ökonomisch in der Entfaltung der Industriegesellschaften, politisch in der Anerkennung personaler Freiheit.
– Die Überzeugung der Selbstmächtigkeit und Selbstverantwortlichkeit des Menschen in der Geschichte, verbunden mit dem Ideal von Humanität und dem Fortschrittsgedanken, verstanden als Entfaltung der

Zweites Kapitel: Zu Abschnitt I, S. 37ff.

menschlichen Anlagen und Fähigkeiten in ethischer, politischer, technischer und ökonomischer Hinsicht – in ihrer Naivität und ihrem Optimismus ist diese Überzeugung wesentlich geprägt und formuliert in der Aufklärung.
– Vor allem unser ethisches Selbstverständnis ist nach wie vor das der Aufklärung, bestimmt durch Begriffe wie Menschenwürde, Menschenrechte, den Gleichheitsgedanken, soziale Gerechtigkeit, die Verantwortlichkeit des einzelnen für sein Tun und Lassen; bis in den Bereich der sozialen Werte und Normen hinein sind wir der Aufklärung verpflichtet: Die bürgerlichen, sekundären Tugenden entstanden zwar nicht in der Aufklärung, wurden hier aber sehr bewußt im Kontext bürgerlichen Selbstbewußtseins gegen feudale Dekadenz und Unmoral formuliert.

Die Traditionslinie vom 18. Jahrhundert bis in die Gegenwart ist allerdings nicht ungebrochen: Wir verstehen Aufklärung im Zusammenhang mit der unvollendeten Entfaltung von Humanität und Freiheit differenzierter und skeptischer, als man dies im 18. Jahrhundert tat. Aufklärung gilt heute „nicht mehr als ein monokausal erklärbarer, sondern als ein in seiner Entstehung und in seinem Verlauf durch sehr komplexe Faktoren und Motive bestimmter Zusammenhang: nicht mehr europazentriert, sondern wirklich im Blick auf alle Menschen und alle Völker dieser Erde; nicht mehr allein von der abendländischen Überlieferung, sondern von einer Vielzahl historisch-sozialer Kultursysteme aus, die in ihrer Entwicklung ungleichzeitig und in ihrer Bedeutung für die Gegenwart und für die zukünftige Weltgesellschaft sehr unterschiedlich sind. Die Aporie der Aufklärung besteht darüber hinaus in den Industriegesellschaften des Westens und des Ostens vor allem darin, daß die Begriffe Freiheit und Autonomie, Mündigkeit und Humanität, Fortschritt und Emanzipation, Totalität und Versöhnung, die bisher zur Umschreibung der Zielvorstellung der Aufklärung dienten, wegen ihres schwindenden ‚historischen Laderaums' (Bloch) immer unbestimmter werden. Angesichts des Faschismus und Stalinismus, der mit dem Fortschritt der Natur- und Sozialtechnik bisher auch verbundenen Zerstörung der Umwelt sowie der in dem methodischen Ansatz vieler Wissenschaften und Wissenschaftstheorien vollzogenen Eliminierung des kritischen Subjekts und der Geschichte scheint es ein Hohn zu sein, die Gegenwart im Verhältnis zur Vergangenheit schlechthin als Fortschritt oder auch nur als Zeitalter der Aufklärung zu bezeichnen. „Die Aufklärung scheint heute endgültig als Illusion der Frühphase der industriell-bürgerlichen Gesellschaft in Westeuropa durchschaut zu sein" (Willi Oelmüller: Aufklärung. In: Krings/Baumgartner/Wild [Hrsg.]: Handbuch philosophischer Grundbegriffe. Kösel, München 1973. Band 1, S. 142). Diese Skepsis wurde nachdrücklich erstmals formuliert in Horkheimers/Adornos ‚Dialektik der Aufklärung' (1947), neuerlich hoffnungsloser ausgesprochen unter dem Eindruck der massiven Bedrohung durch neue Rüstungstechnologien und die Probleme, wie sie mit der Kernenergie und der weltweit ungerechten Verteilung materieller Güter und Lebenschancen gegeben sind. Vom Ende der Aufklärung wird gegenwärtig gesprochen, Literaten wie Max Frisch, Günter Kunert oder Günter Grass, Philosophen wie Günther Anders oder E. M. Cioran beziehen nachdrücklich diese Position – der Aufklärung auch noch in der Negation verhaftet, wenn diese überhaupt noch eine Funktion haben soll. Jürgen Habermas vor allem versucht festzuhalten, daß jede Kritik der Aufklärung und der Vernunft auf Aufklärung und Vernunft bezogen bleibt.

Die Textauswahl konzentriert sich auf zwei zentrale Themen der Epoche Aufklärung:
– Eine große Rolle im Selbstverständnis der Zeit hat der Begriff 'Aufklärung' gespielt: Um die Mitte des 18. Jahrhunderts beginnt das möglicherweise von Gottsched geprägte Wort sich einzubürgern. Horizont ist einmal sein adjektivischer und verbaler Gebrauch: Leibniz verwendet noch „éclairer", in Miltons ‚Paradise lost' taucht „to enlighten" auf, das Adjektiv „aufgeklärt" begegnet erstmalig 1727 bei Brockes in metaphorischer Funktion. Für die Diktion des ganzen 18. Jahrhunderts charakteristisch ist zum anderen die Lichtmetaphorik, die auch diesen Begriff prägt: So spricht Christoph Martin Wieland davon, daß man die „Wirkung des Lichts von einem Jahrzehnt zum andern immer deutlicher sieht", daß die „Jahrhunderte der Barbarei und Verfinsterung" zurückbleiben, und entwirft als Zukunftsperspektive den Horizont der „goldenen Zeit der Humanisierung, Aufklärung und Verschönerung des bürgerlichen und gesellschaftlichen Lebens" (Christoph Martin Wieland: Kurze Darstellung der innerlichen Verfassung und äußerlichen Lage von Athen [1974]. Werke, hrsg. von Hempel. Band 39, S. 47). Im Zusammenhang mit dieser Lichtmetaphorik sind die Entsprechungen „enlightenment" und „les lumières" zu sehen, auch sie Epochenbegriffe im Selbstverständnis der Zeit. Kants Bestimmung der Epoche ist der klassische Text in Deutschland.
– Aufklärerisches Denken ist auf die Geschichte bezogen, ist geschichtsphilosophisches Denken: Die Dimension Zukunft als Zielhorizont der Entwicklung ist es, die die Beurteilung der Gegenwart ermöglicht, ihr zum Maßstab wird, die überhaupt Sinn vermittelt. Im Bemühen, den postulierten Entwicklungs-

Zweites Kapitel: Zu Text 19, S. 37f.

gang abzusichern oder zu überprüfen, kommt die Vergangenheit in den Blick, kritisch systematisch in der Frage nach den Bedingungen, die die Entwicklung der Vernunft ermöglichen und in Gang setzen, bei Kant (1724–1804), eher phänomenologisch bei Herder (1744–1803). Mit Kant und Herder sind nach Lessings ‚Erziehung des Menschengeschlechts' (1780) als dem Versuch der Vermittlung zwischen theologischer und emanzipatorischer Betrachtung der Geschichte die beiden wichtigsten geschichtsphilosophischen Entwürfe der deutschen Aufklärung in Auszügen dokumentiert, beide nach Lessings Entwurf entstanden – 1784 und 1787 – und über ihn hinausführend, insofern der theologische Aspekt nur mehr am Rande (Herder) oder nicht mehr (Kant) thematisiert wird.

19 Immanuel Kant: Was ist Aufklärung? (S. 37f.)

Zur Entstehung des Textes

In der Dezember-Nummer der ‚Berlinischen Monatsschrift' von 1784 erschien Kants Aufsatz. In dieser Zeitschrift wurden alle kleinen Schriften Kants über Geschichte, Recht und Moral veröffentlicht. Die ‚Berlinische Monatsschrift' wurde von 1783 bis 1796 von dem Berliner Bibliothekar Johann Erich Diester und dem Gymnasialdirektor Friedrich Gedicke herausgegeben. „Eifer für die Wahrheit" und „Liebe zur Verbreitung nützlicher Aufklärung und zur Verbannung verderblicher Irrtümer", verknüpft mit „höchster Mannigfaltigkeit" auf der Grundlage von „angenehmer Belehrung und nützlicher Unterhaltung", galten den Herausgebern als Ideal und Zielrichtung. Die Zeitschrift fand weite Beachtung, von Gegnern schon nach kurzer Zeit mit der „Berlinischen Aufklärungsbande" gleichgesetzt (Zitate nach: Ehrhard Bahr [Hrsg.]: Was ist Aufklärung? Thesen und Definitionen. RUB 9714. Stuttgart 1974, S. 72).

Was die Aufklärungsschrift angeht, kommt noch ein spezifischer Hintergrund hinzu: In der Dezember-Nummer von 1783 hatte der Berliner Pfarrer Johann Friedrich Zöllner (1753–1804) einen Artikel gegen die Zivilehe veröffentlicht. Zöllner verteidigte die kirchliche Eheschließung und polemisierte gegen die Verwirrung, die „unter dem Namen der Aufklärung" gestiftet wurde. Dem Begriff „Aufklärung" fügte er eine Anmerkung hinzu, mit folgender Frage: „Was ist Aufklärung? Diese Frage, die beinahe so wichtig ist, als: Was ist Wahrheit, sollte doch wohl beantwortet werden, ehe man aufzuklären anfinge! Und doch habe ich sie nirgends beantwortet gefunden!" (zitiert nach: Was ist Aufklärung?, s. o., S. 3). In der September-Nummer der ‚Berlinischen Monatsschrift' von 1784 veröffentlichte Moses Mendelssohn (1729–1786) seinen Aufsatz ‚Über die Frage: was heißt aufklären?' Im Dezember erschien unabhängig davon Kants Aufsatz.

Zur Interpretation

Gedanklicher Aufbau
Kant setzt ein mit einer axiomatischen Definition (Z. 5f.). Ihre Hauptbegriffe werden erklärt (S. 37, Z. 6–9). Mit dem Horaz-Zitat (Z. 9f.) als Schlußfolgerung und ethischem Appell schließt der erste Abschnitt. Das Horaz-Zitat (Episteln I, 2,40: Habe Mut zu wissen! Oder: Entschließe dich zur Einsicht!) war bereits vor Kant als Motto der Aufklärung bekannt: „Die Aletophilen, eine Gesellschaft der Wahrheitsfreunde, gegründet 1736 zur Verbreitung der Leibnizschen und Wolffschen Philosophie, verwendeten das Horaz-Zitat im gleichen Sinne" (Ehrhard Bahr [Hrsg.]: Was ist Aufklärung?, s. o., S. 57).
Im zweiten Abschnitt folgen, orientiert am Bild des Vormunds und seines Mündels, Beispiele für die definitorisch vorausgesetzte Unmündigkeit. Die Ursachen für die Unmündigkeit beginnt Kant zu erläutern:
– Angst und Feigheit, mangelnde Zivilcourage (Z. 11),
– Bequemlichkeit, Trägheit (vor dem anthropologischen Hintergrund des elementaren Bedürfnisses nach Sicherheit, Orientierungssicherheit auch des erwachsenen Menschen, der „von Natur aus Volljährigen" = naturaliter maiorennes, Z. 12f.) (Z. 11, Z. 28f.),
– Vertreter der Obrigkeit, z. B. Erziehungsinstitutionen, Kirche, Behörden, Polizei (Z. 21),
– Unsicherheit und mangelnde Erfahrung infolge gegenläufiger Sozialisation und Normvorgaben (Z. 30–33),
– politisch initiierte ideologische Auffassungen, Vorurteile (S. 38, Z. 5).
Der dritte und vierte Abschnitt unterscheidet zwischen der Aufklärung des einzelnen (Z. 28ff.) und der Gesamtöffentlichkeit (Z. 38ff.): Bedingung der Aufklärung ist Freiheit (Z. 39), näher bestimmt und eingegrenzt im nächsten Abschnitt als Meinungsfreiheit, das Recht der freien Meinungsäußerung in Wort und Schrift (S. 38, Z. 12–14). Unter dieser Voraussetzung erscheint Kant die Aufklärung der Öffentlichkeit (= Publicum, S. 37, Z. 38) „beinahe unausbleiblich" (Z. 39); die entscheidende Rolle erhält dabei die

Zweites Kapitel: Zu Text 19, S. 37f.

Minderheit der „Selbstdenkenden" (Z. 39): die bürgerliche oder kritische Intelligenz als Avantgarde der Gesellschaft. Seit dem Humanismus, seit dem 16. Jahrhundert also läßt sich dieses Rollenverständnis beobachten, vielfältig auch reflektiert. Modifiziert wurde dieses Selbstverständnis der Intelligenz zwar später und partiell durch die Vorstellung der kommunistischen Partei als Avantgarde des Proletariats, aber zumindest die formale Struktur des Modells blieb erhalten. (Vgl. Karl Markus Michel: Die sprachlose Intelligenz. es 270. Frankfurt a. M. 1968; vor allem das erste Kapitel: 1789, 1917.)
Eine Revolution lehnt Kant in diesem Zusammenhang entschieden ab (S. 38, Z. 6–11), er setzt vielmehr auf die Reform als geplante und gezielte Veränderung von oben her: „Eine Veränderung der (fehlerhaften) Staatsverfassung, die wohl bisweilen nötig sein mag – kann [...] nur vom Souverän selbst durch Reform, aber nicht vom Volk, mithin durch Revolution verrichtet werden" (‚Die Metaphysik der Sitten' [1797], A 179f.). Andererseits findet sich noch 1798 folgende klare Aussage zur Französischen Revolution: „Die Revolution eines geistreichen Volkes, die wir in unseren Tagen haben vor sich gehen sehen, mag gelingen oder scheitern; sie mag mit Elend und Greueltaten dermaßen angefüllt sein, daß ein wohldenkender Mensch sie, wenn er sie, zum zweitenmale unternehmend, glücklich auszuführen hoffen könnte, doch das Experiment auf solche Kosten zu machen nie beschließen würde – diese Revolution, sage ich, findet doch in den Gemütern aller Zuschauer (die nicht selbst in diesem Spiele mit verwickelt sind) eine Teilnehmung dem Wunsche nach, die nahe an Enthusiasm grenzt, und deren Äußerung selbst mit Gefahr verbunden war, die also keine andere, als eine moralische Anlage im Menschengeschlecht zur Ursache haben kann" (‚Der Streit der Fakultäten', A 143f.).

Der Begriff der Aufklärung
Die verhinderte Aufklärung – als Unmündigkeit – ist selbst verschuldet: Diese These setzt einen Begriff von Aufklärung bereits voraus. In seinem Aufsatz ‚Was heißt: sich im Denken orientieren?' – im Oktober 1786 in der ‚Berlinischen Monatsschrift' – faßt Kant zusammen: „Freunde des Menschengeschlechts und dessen, was ihm am heiligsten ist! Nehmt an, was euch nach sorgfältiger und aufrichtiger Prüfung am glaubwürdigsten scheint, es mögen nun Facta, es mögen Vernunftgründe sein; nur streitet der Vernunft nicht das, was sie zum höchsten Gut auf Erden macht, nämlich das Vorrecht ab, der letzte Probierstein der Wahrheit zu sein. Widrigenfalls werdet ihr, dieser Freiheit unwürdig, sie auch sicherlich einbüßen." Die Wendung „Vernunft" als „letzter Probierstein der Wahrheit" erhält eine Fußnote: „Selbstdenken heißt den obersten Probierstein der Wahrheit in sich selbst (d. i. in seiner eigenen Vernunft) suchen; und die Maxime, jederzeit selbst zu denken, ist die Aufklärung. [...] Sich seiner eigenen Vernunft bedienen will nichts weiter sagen, als bei allem dem, was man annehmen soll, sich selbst fragen, ob man es wohl tunlich finde, den Grund, warum man etwas annimmt, oder auch die Regel, die aus dem, was man annimmt, folgt, zum allgemeinen Grundsatz seines Vernunftgebrauchs zu machen? Diese Probe kann ein jeder mit sich selbst anstellen; und er wird Aberglauben und Schwärmerei bei dieser Prüfung alsbald verschwinden sehen, wenn er gleich bei weitem die Kenntnisse nicht hat, beide aus objektiven Gründen zu widerlegen. Denn er bedient sich bloß der Maxime der Selbsterhaltung der Vernunft. Aufklärung in einzelnen Subjekten durch Erziehung zu gründen, ist also gar leicht; man muß nur früh anfangen, die jungen Köpfe zu dieser Reflexion zu gewöhnen. Ein Zeitalter aber aufklären, ist sehr langwierig; denn es finden sich viel äußere Hindernisse, welche jene Erziehungsart teils verbieten, teils erschweren" (‚Was heißt: sich im Denken orientieren?' A 329).
Aufklärung, derart verstanden als Selbstdenken, umfaßt drei Momente:
Das erste ist der Begriff der Autonomie, der subjektiven Autonomie, verbürgt durch die Vernunft. Das meint zunächst, sich selbst als Subjekt des Denkens zu begreifen: Die Entdeckung des Ichs als eines wesentlichen Kennzeichens bürgerlichen Selbstverständnisses hat sich auf exemplarische Weise seit dem 17. Jahrhundert mehrfach artikuliert, von Descartes' „cogito ergo sum" zu Bernardin de Saint-Pierres „je sens; donc j'existe" und Herders „ich fühle mich! Ich bin!" Bei Kant erfährt dieser Gedanke seine transzendentalphilosophische Vertiefung: „Das ‚ich denke' muß alle meine Vorstellungen begleiten können", und zwar so, daß dieses Ich die Bedingung der Möglichkeit von Erkenntnis überhaupt garantiert – Kants „kopernikanische Wende" im Ansatz erkenntnistheoretischer Reflexion: „Bisher nahm man an, alle unsere Erkenntnis müsse sich nach den Gegenständen richten; aber alle Versuche über sie a priori etwas durch Begriffe auszumachen, wodurch unsere Erkenntnis erweitert würde, gingen unter dieser Voraussetzung zunichte. Man versuche es daher einmal, ob wir nicht in den Aufgaben der Metaphysik damit besser fortkommen, daß wir annehmen, die Gegenstände müssen sich nach unserem Erkenntnis richten" (‚Kritik der reinen Vernunft', B XVI). Das Resultat dieses Ansatzes ist die Einsicht in die kategorialen Strukturen des Verstandes und die Anschauungsformen Raum und Zeit, in ihre Anwendungs- und Vermittlungsmechanismen als die überhaupt Erkenntnis ermöglichenden Leistungen jenes Ichs.

Zweites Kapitel: Zu Text 19, S. 37f.

Die Autonomie der Vernunft erweist sich nicht nur (erkenntnis)theoretisch, sondern ebenso ethisch als Autonomie der praktischen Vernunft: Der kategorische Imperativ – in seiner Grundform: „Handle nur nach derjenigen Maxime, durch die du zugleich wollen kannst, daß sie ein allgemeines Gesetz werde!" – als Beweis der Freiheit des Willens verbürgt zugleich die Möglichkeit von Ethik vernünftigen Handelns. Die Autonomie der Vernunft erweist sich schließlich auch ästhetisch: Kants Bestimmung des Schönen als Gegenstand eines interesselosen, allgemeinen Wohlgefallens im freien Spiel der Vorstellungskräfte oder als Form der Zweckmäßigkeit eines Gegenstandes, die ohne Vorstellung eines Zweckes an ihm wahrgenommen wird, bricht mit der mimetischen Tradition der Ästhetik, löst die Kunst derart aus ihrer Bindung an darzustellende Wirklichkeit in die freie Darstellung ästhetischer Ideen, definiert als eine Vorstellung, „die viel zu denken veranlaßt, ohne daß ihr doch irgend ein bestimmter Gedanke, d. i. Begriff adäquat sein kann, die folglich keine Sprache völlig erreicht und verständlich machen kann" (,Kritik der Urteilskraft', B 192f.). In dreifacher Hinsicht also – erkenntnistheoretisch, ethisch und ästhetisch – wird von Kant der Gedanke der Autonomie entfaltet (vgl. hierzu auch Text 55).

Im Begriff der Autonomie enthalten ist der Begriff der Kritik, das zweite Moment von Aufklärung als Selbstdenken: ‚Kritik der reinen Vernunft', ‚Kritik der praktischen Vernunft', ‚Kritik der Urteilskraft'. Kritik meint zunächst, „bei allem dem, was man annehmen soll" (,Was heißt: sich im Denken orientieren', A 330), sich selbst zu fragen, ob dies denn auch vernünftig sei: kritische Überprüfung der Aussagen „jener Vormünder" (Z. 20f.), „Satzungen und Formeln" als „Fußschellen einer immerwährenden Unmündigkeit" (Z. 31, 33), Kritik also an Autoritäten wie Staat, Kirche, Institutionen, Traditionen. Darüber hinaus meint Kritik kritische Selbstbegrenzung: Die Vernunft setzt sich ihre eigenen Grenzen. Die ‚Kritik der reinen Vernunft' zeigt z. B. auf, daß die Existenz Gottes zwar nicht bewiesen werden kann, macht zugleich aber auch klar, daß diese Frage den Beurteilungsbereich theoretischer Reflexion übersteigt, daß die Vernunft darüber also nicht befinden kann. Die ‚Kritik der praktischen Vernunft' beweist zwar die Freiheit menschlichen Wollens, macht zugleich aber klar, daß es sich hier nicht um eine Beliebigkeit der Entscheidung handelt, sondern um das unbedingt und allgemein geltende Gebot des kategorischen Imperativs, dem kein Mensch sich entziehen kann. Die ‚Kritik der Urteilskraft' legitimiert zwar die Kategorie der Zweckmäßigkeit in der Beurteilung von Gegenständen, macht zugleich aber auch klar, daß diese Kategorie dem beurteilenden Subjekt, nicht aber den Objekten selbst entstammt, zur Erkenntnis eines Gegenstandes also nichts beiträgt.

Das dritte Moment in Kants Begriff von Aufklärung wird in der Aufklärungsschrift deutlich formuliert in der Unterscheidung zwischen „Zeitalter der Aufklärung" und „aufgeklärtem Zeitalter" (S. 38, Z. 17; vgl. auch die Erläuterungen zu Text 20): Aufklärung ist der universale Lernprozeß im Gang der Geschichte, die Entwicklung der Vernunft als grundsätzlich unabgeschlossener Prozeß, das aufgeklärte Zeitalter ist der Zielhorizont dieser Entwicklung als utopische Idee. Der „Probierstein" des Selbstdenkens wird nicht überflüssig, solange die Vernunft zu realisieren sich bemüht, was sie ist: Freiheit. Das „aufgeklärte Zeitalter" bleibt daher immer eine Idee, realisiert werden kann immer nur ein Zeitalter der Aufklärung. Dieses Moment der Prozeßhaftigkeit hat Konsequenzen auch für den einzelnen: „Die Maxime, jederzeit selbst zu denken, ist die Aufklärung. Dazu gehört nun eben so viel nicht, als sich diejenigen einbilden, welche die Aufklärung in Kenntnisse setzen; da sie vielmehr ein negativer Grundsatz im Gebrauche seines Erkenntnisvermögens ist, und öfter der, so an Kenntnissen überaus reich ist, im Gebrauche derselben am wenigsten aufgeklärt ist" (,Was heißt: sich im Denken orientieren?' A 330). Nicht also das positiv Gewußte garantiert ein aufgeklärtes Selbst- und Weltverständnis; das Prinzip des Selbstdenkens vielmehr ist Kant wichtig; impliziert ist hier Dynamik, Veränderung, Offenheit, vor allem aber aktiver Eigenvollzug, das Ich, die Identität unmittelbar betreffend. Es ist ein „negativer Grundsatz" gegenüber der Positivität des Wissens: Alles, was sich der Maxime des Selbstdenkens entzieht, kann keinen Anspruch auf Vernunft erheben.

Bedingung und Grund der Aufklärung

Als Voraussetzung und Bedingung der Aufklärung fordert Kant Freiheit, beschränkt auf das Recht der freien Meinungsäußerung in Wort und Schrift (S. 38, Z. 12–14), reduziert noch einmal auf den „öffentlichen Gebrauch" der Vernunft: Kant unterscheidet den „Privatgebrauch der Vernunft" von ihrem „öffentlichen Gebrauch" (S. 38, Z. 15f.). Den Begriff des Privatgebrauchs der Vernunft hat Kant originär geprägt: Er meint damit den Vernunftgebrauch, den jemand in seiner Berufsrolle ausübt, als Inhaber z. B. eines öffentlichen Amtes, wie der Offizier, der Beamte, der Geistliche, der Lehrer. Dieser Vernunftgebrauch ist, meint Kant, nicht frei: Im Regelfall ist ein Befehl vor Ort nicht zu diskutieren, sondern auszuführen; die Überzeugung von der minderen Qualität eines Lehrplans wird im Unterricht nicht thematisiert, der Lehrplan wird vielmehr umgesetzt. Der „öffentliche Gebrauch" der Vernunft ist dagegen der Gebrauch, den

Zweites Kapitel: Zu Text 19, S. 37f.

jemand als Privatmann ausübt; Kant spricht von der Rolle des Gelehrten vor seinem Publikum: Der Offizier z. B. ist zwar zum Gehorsam verpflichtet, um die Ordnung und Sicherheit des Staates und seiner Institutionen zu gewährleisten, aber als Gelehrter, als Autor einer Fach- oder Publikumszeitschrift hat er das Recht zur Kritik. „Öffentlich" meint also das, was sich gezielt an alle richtet: die gerade entstehende, durch Zeitschriften und Bücher vermittelte bürgerliche Öffentlichkeit als Ort der Diskussion, die Entscheidungen vorbereitet. Kants Unterscheidung hat Tradition und Parallelen: Als Gegensatz von Person und Amt läßt sie sich bis zu Luther zurückverfolgen (vgl. Herbert Marcuse: Studie über Autorität und Familie. In: H. M.: Ideen zu einer kritischen Theorie der Gesellschaft. es 300. Frankfurt a. M. 1969, S. 55–156); eine Parallele findet sich in Rousseaus Unterscheidung von „homme" (der Mensch im Naturzustand) und „citoyen" (der Bürger nach dem Gesellschaftsvertrag, orientiert nur am gesellschaftlichen Gesamtinteresse, dem er sich direkt unterordnet). Kritisch erörterte Herbert Marcuse diese Unterscheidung unter dem Begriff der „repressiven Toleranz": Selbst radikalen Gegnern wird uneingeschränkte Redefreiheit gewährt, sofern sie nicht vom Reden zum Handeln übergehen – insoweit, meinte Marcuse, als Toleranz nur mehr eine Alibifunktion übernimmt, vermag sie repressiv zu wirken (Herbert Marcuse: Repressive Toleranz. In: Wolff/Moore/Marcuse: Kritik der reinen Toleranz. es 181. Frankfurt a. M. 1967, S. 91–127). Kant formuliert in seiner Aufklärungsschrift als Anspielung auf Friedrich II. von Preußen (1740–1786): „Nun höre ich aber von allen Seiten rufen: räsoniert nicht! Der Offizier sagt: räsoniert nicht, sondern exerziert! Der Finanzrat: räsoniert nicht, sondern bezahlt! Der Geistliche: räsoniert nicht, sondern glaubt! (Nur ein einziger Herr in der Welt sagt: räsoniert, soviel ihr wollt und worüber ihr wollt; aber gehorcht!)"

Die Unterscheidung von öffentlichem und privatem Gebrauch der Vernunft scheint derart der Unterscheidung von Theorie und Praxis zu entsprechen: Räsoniert, soviel ihr wollt, aber gehorcht! Man hat Kants Unterscheidung denn auch häufig als sehr fragwürdig, zumindest als ambivalent kritisiert. Schon Johann Georg Hamann hat in seiner Kritik an Kants Aufsatz auf diesen Punkt hingewiesen (Johann Georg Hamann: Brief an Christian Jacob Kraus vom 17. 12. 1784. Abgedruckt in: Ehrhard Bahr [Hrsg.]: Was ist Aufklärung?, s. o., S. 17–22). Dieser Eindruck bedarf jedoch einer Korrektur oder Differenzierung:

— „Der Freiheit zu denken ist [...] der bürgerliche Zwang entgegengesetzt. Zwar sagt man: die Freiheit zu sprechen, oder zu schreiben, könne uns zwar durch obere Gewalt, aber die Freiheit zu denken durch sie gar nicht genommen werden. Allein, wie viel und mit welcher Richtigkeit würden wir wohl denken, wenn wir nicht gleichsam in Gemeinschaft mit andern, denen wir unsere und die uns ihre Gedanken mitteilen, dächten! Also kann man wohl sagen, daß diejenige äußere Gewalt, welche die Freiheit, seine Gedanken öffentlich mitzuteilen, den Menschen entreißt, ihnen auch die Freiheit zu denken nehme: das einzige Kleinod, das uns bei allen bürgerlichen Lasten noch übrig bleibt, und wodurch allein wider alle Übel dieses Zustandes noch Rat geschafft werden kann" (‚Was heißt: sich im Denken orientieren?' A 326). Selbstdenken heißt also, auf dem öffentlichen Gebrauch der Vernunft insistieren. Das vernünftige Denken vollzieht sich nicht monologisch, es ist vielmehr wesenhaft kommunikativ; das allgemeine Moment der Vernunft realisiert sich im kommunikativen Austausch der Subjekte, wenn die Autonomie des einzelnen nicht zur individuellen Differenz, zur Verabsolutierung der individuellen Besonderheit, zum Subjektivismus verkommen soll.

— Auf der Basis der Teilhabe und Fähigkeit aller Menschen zu vernünftigem Denken und Handeln vertraut Kant in der Tat wohl darauf, daß die Sicherung jener öffentlichen Meinungsfreiheit als der „unschädlichsten" unter allen Freiheiten (S. 38, Z. 12f.) am Ende auch die Vertreter der Obrigkeit und die Regenten zur Einsicht, zu Reformen, zur Gewährung größerer Freiheiten führt.

— Wie Kant in seiner Schrift ‚Idee zu einer allgemeinen Geschichte in weltbürgerlicher Absicht' ausführt, vertraut er darüber hinaus auf einen anderen Mechanismus, der die Vernunftfähigkeit genetisch erklärt und ihre historische Entfaltung sichert: Die anthropologisch gegebene „ungesellige Geselligkeit der Menschen" (S. 39, Z. 42) läßt gleichsam keine andere Wahl als ein in wachsendem Maß vernünftiges Umgehen miteinander. Sie ist die natürliche Grundlage, der letzte Erklärungsgrund der Aufklärung als einer nicht zufälligen, sondern – auf dieser Basis – notwendigen Phase der Geschichte der Menschheit (vgl. die Hinweise zu Text 20).

Zur Behandlung im Unterricht
— Der Text läßt sich abschnittsweise durchgehen: Rekonstruktion des Gedankengangs im Unterrichtsgespräch, Ergänzung und Vertiefung im Lehrervortrag.
— Die Schüler erarbeiten den Text selbständig, von Leitfragen oder leitenden Aspekten ausgehend: Kants Begriff von Aufklärung, Ursachen der Unmündigkeit, Bedingung der Aufklärung. Die Resultate bedür-

Zweites Kapitel: Zu Text 20, S. 38ff.

fen der Ergänzung und Vertiefung im Lehrervortrag, medial unterstützt (wichtige Begriffe und Unterscheidungen). Diskutieren lassen sich folgende Fragen:
— — „Unmündigkeit ist selbstverschuldet!" Hat Kant mit dieser These recht? Welche Ursachen für die Unmündigkeit nennt er? Kennen wir ähnliche Erscheinungen?
— — Der kritischen Intelligenz kommt im Prozeß der Aufklärung eine besondere Rolle zu: Stimmt das auch heute? Wer gehört zu einer kritischen Intelligenz? Wem würden wir heute die Rolle oder Funktion einer Avantgarde zusprechen?
— — Kant unterscheidet zwischen öffentlichem und privatem Gebrauch der Vernunft: Leuchtet diese Unterscheidung ein? Gilt sie auch heute noch?
— — Kant hat, was den weiteren Gang der Geschichte angeht, ein eher optimistisches Bild: Woher stammt dieser Optimismus? Wie wird er begründet? Teilen wir diese Einschätzung? Diese Fragen führen zu den Folgetexten.

20 Immanuel Kant: Idee zu einer allgemeinen Geschichte in weltbürgerlicher Absicht (S. 38ff.)

Zur Entstehung des Textes
Der Aufsatz erschien 1784 in der November-Nummer der ‚Berlinischen Monatsschrift' (vgl. hierzu die einleitende Kommentierung zu Text 19), entstanden war er im Frühjahr 1784 – unabhängig von Herders ‚Ideen zur Philosophie der Geschichte der Menschheit', deren erster Teil im Mai 1784 erschienen war: Herder beschuldigte seinen Lehrer Kant des Plagiats.
Der Aufsatz legt lapidar die Grundlagen von Kants Geschichtsphilosophie dar. Die Veröffentlichung war sehr erfolgreich, zu Lebzeiten des Philosophen wurde sie noch mehrfach aufgelegt; durch diesen Aufsatz wurde Schiller mit der Philosophie Kants bekannt.

Zur Interpretation
Problemstellung und Ansatz
„Alles Interesse meiner Vernunft vereinigt sich in folgenden drei Fragen: 1. Was kann ich wissen? 2. Was soll ich tun? 3. Was darf ich hoffen?" (‚Kritik der reinen Vernunft', A 804f.). Die dritte Grundfrage zielt auf die Dimension der Zukunft, der Geschichte, der Sinngebung menschlichen Daseins. Dieser Bereich enthält strukturell zwei Aspekte, diesseitige und jenseitige Hoffnung, den Bereich der äußeren Freiheit und den Bereich der inneren Freiheit, den Bereich des rechtlich geregelten Umgangs miteinander und den Bereich der Moralität, reflektiert in der Geschichtsphilosophie und der Religionsphilosophie als zwei komplementären Modellen der Sinngebung. Die Frage nach der Zukunft setzt die nach dem sittlich Geforderten fort: „Die dritte Frage will wissen, ob das Gesollte auch einmal Wirklichkeit sein wird. So stellt sich vom Gesichtspunkt der Praxis die Aufgabe, zwischen Natur ('Wirklichkeit') und Moral ('das Gesollte') zu vermitteln" (Otfried Höffe: Immanuel Kant. BSR 506. München 1983, S. 240).
Die ersten beiden Abschnitte greifen ein gängiges Problem des 18. Jahrhunderts auf: Läßt sich das gesellschaftliche Leben so fassen wie die Natur? Haben Naturgesetze im gesellschaftlichen Leben eine Auswirkung? Läßt sich eine Gesetzmäßigkeit in der Entwicklung der menschlichen Gesellschaft feststellen? Läßt sich die Freiheit des Menschen mit einer geschichtlichen Gesetzmäßigkeit vermitteln? Hat die Geschichte ein Entwicklungsziel?
Die Grundidee der Aufklärung ist die des Fortschritts: Angesichts einer Vielzahl geographischer Entdeckungen (z. B. Vasco da Gama, Kolumbus, Cook), mathematisch-naturwissenschaftlicher Entwicklungen, neuer Beobachtungs- und Meßinstrumente, technischer Verfahren und Geräte (Galilei, Kepler, Newton, Linné z. B.) schloß man auf eine nahezu grenzenlose Leistungsfähigkeit der menschlichen Vernunft, eine ständige Verbesserung der Lebensverhältnisse und eine nicht minder fortschreitende Moralität und Humanität im Umgang miteinander. Kant hält überschießende Fortschrittshoffnungen für naiv, hält das Verständnis der Geschichte als säkularisierter Heilsgeschichte für falsch, gleichwohl ist auch Kants Geschichtsphilosophie der Entwurf einer Geschichte fortschreitender Vernunft und Freiheit, konzeptionell beschränkt auf die „Idee einer Weltgeschichte, die gewissermaßen einen Leitfaden a priori hat" (S. 41, Z. 17f.). Inhaltlich wird jener „Leitfaden a priori", der Gedanke des Fortschritts, reduziert auf die politische Gerechtigkeit, abgesichert durch Rechtsverhältnisse im nationalen und internationalen Bereich.
Wie setzt Kant an? Wie Kant in der ‚Kritik der reinen Vernunft' bewiesen hatte, läßt sich „Freiheit als

Zweites Kapitel: Zu Text 20, S. 38 ff.

Eigenschaft eines Wesens, dem ich Wirkungen in der Sinnenwelt zuschreibe", nicht erkennen; gleichwohl aber „kann ich mir doch die Freiheit denken, d. i. die Vorstellung davon enthält wenigstens keinen Widerspruch in sich, wenn unsere kritische Unterscheidung beider (der sinnlichen und intellektuellen) Vorstellungsarten und die davon herrührende Einschränkung der reinen Verstandesbegriffe [...] Statt hat" (,Kritik der reinen Vernunft', B XXVIII). Das heißt: Willensfreiheit ist empirisch nicht positiv beweisbar; selbst wenn alle humanwissenschaftlichen Erklärungsansätze eines bestimmten Tuns oder Lassens falsifiziert worden wären, was ohnehin schon kaum eindeutig möglich erscheint, so wären damit lediglich die angebotenen Erklärungen abgewiesen, nicht aber die grundsätzliche Möglichkeit, dieses Tun oder Lassen kausal, also „naturgesetzlich" in Kants Sprache, erklären oder ableiten zu können. Umgekehrt gilt ähnliches: Die Annahme grundsätzlicher Unfreiheit des Menschen ist ebenso nicht beweisfähig: Immer nur die Determination einzelner bestimmter Verhaltensweisen wäre allenfalls beweisbar, nicht aber die Verallgemeinerung dieser hier einmal als theoretisch möglich zugestandenen Einzelanalysen. Determinsten und Indeterministen liegen gleichsam in einem strukturellen Patt: Beide Seiten können ihre Grundsatzthesen nicht positiv beweisen.

Kant hält an der Idee der Freiheit fest: Seine Unterscheidung von Erscheinungsebene als Bereich der Erfahrung, der Erkenntnis und von intelligibler Ebene als Bereich des Denkens, der Ideen, der Metaphysik (S. 38, Z. 22), als der Reflexion von Fragen und Themen jenseits aller empirischen und wissenschaftlichen Erfahrung (Willensfreiheit, Existenz Gottes, Unsterblichkeit der Seele z. B.) ermöglicht es, unterschiedliche Einschätzungen widerspruchslos parallel zu führen. Die ethische Annahme menschlicher Freiheit (z. B. auch in der Perspektive subjektiver, praktischer Selbsterfahrung, der Alltagspraxis) und der möglicherweise erfolgreiche wissenschaftliche Nachweis weitgehender Determination bestimmter Handlungen in der Außenperspektive müssen sich nicht widersprechen. Der erste Satz der Abhandlung Kants setzt diesen Hintergrund voraus, faßt das Resultat zusammen (Z. 22–25).

Was bedeutet das nun für die Theorie menschlicher Geschichte? Als Geschichte fortschreitender Freiheit und Moralität ist sie empirisch, wissenschaftlich, theoretisch nicht beweisbar: „Der Fälle, die eine Vorhersagung enthalten können, sind drei. Das menschliche Geschlecht ist entweder im kontinuierlichen Rückgang zum Ärgeren, oder im beständigen Fortgang zum Besseren in seiner moralischen Bestimmung, oder im ewigen Stillstand auf der jetzigen Stufe seines sittlichen Werts" (,Der Streit der Fakultäten', A 134f.). Zwischen diesen drei Möglichkeiten vermag weder die Erfahrung noch die theoretische Vernunft zu entscheiden. „Denn wir haben es mit frei handelnden Wesen zu tun, denen sich zwar vorher diktieren läßt, was sie tun sollen, aber nicht vorhersagen läßt, was sie tun werden [...]. Wenn man dem Menschen einen angeborenen und unveränderlich-guten, obzwar eingeschränkten Willen beilegen könnte, so würde er dieses Fortschreiten seiner Gattung zum Besseren mit Sicherheit vorhersagen können [...]. Bei der Mischung des Bösen aber mit dem Guten in der Anlage, deren Maß er nicht kennt, weiß er selbst nicht, welcher Wirkung er sich davon gewärtigen könne" (,Der Streit der Fakultäten', A 139–141).

Die Argumentation ist komplex:
– Freiheit ist nicht beweisbar, also ist Geschichte als Fortschritt von Vernunft und Freiheit nicht beweisbar: Dies impliziert der erste Satz der ,Idee zu einer allgemeinen Geschichte'.
– Wenn wir die menschliche Freiheit voraussetzen, so läßt sich eine Geschichtstheorie im Sinn einer Makroprognose noch viel weniger formulieren: S. 38, Z. 31–34.
– Nur wenn wir die Annahme der Willensfreiheit fallenlassen und beispielsweise einen „unveränderlich-guten Willen" als angeboren annehmen könnten, dann wäre eine prognostische Theorie möglich – eine solche Annahme hält Kant allerdings für unrealistisch. Diese Argumentation klingt im vorliegenden Text an späterer Stelle an: S. 39, Z. 1–4. Eine Makroprognose ist möglich bei Tieren: Instinktgesteuertes Verhalten ist vorhersagbar; sie wäre möglich wiederum bei Wesen, die sich ganz und gar und mit Sicherheit vernünftig verhielten, „vernünftigen Weltbürgern" (Z. 2), die Geschichte zu planen imstande wären. Menschliches Verhalten liegt dazwischen: Mehrfach versucht Kant in seinem Aufsatz, dieses Zwischen auszuloten.

Zunächst muß eine Ebene der Problemlösung gefunden werden: Wenn ein theoretisches Wissen von der Geschichte als ganzer nicht möglich ist, so bleibt – und hier wird Kants systematischer Ausgangspunkt wirksam – nur ein praktisches Wissen von der Geschichte: „Der Rechtsfortschritt hat keine theoretische, sondern eine praktische Notwendigkeit; er ist eine regulative Idee der rechtlich-praktischen Vernunft. Die Auffassung der Geschichte als eines Rechtsfortschrittes wehrt den Gedanken der Sinnlosigkeit ab. Sie begründet das Vertrauen, den Vernunftglauben, daß die Aufgabe der Menschen, nach vernünftigen Prinzipien zusammenzuleben, nicht schlechthin unerfüllbar, daß die Vernunft zu ihrer rechtlich-praktischen Realität nicht schlechthin ohnmächtig ist" (Höffe, s. o., S. 245). Im vorliegenden Text spricht Kant im ersten

Zweites Kapitel: Zu Text 20, S. 38 ff.

Abschnitt vom „Spiel der Freiheit des menschlichen Willens im Großen [...] als einer stetig fortgehenden, obgleich langsamen Entwicklung der ursprünglichen Anlagen" des Menschen, sichtbar „an der ganzen Gattung" (S. 38, Z. 27–31).
Auf der Gattungsebene gelingt die Vermittlung von individueller Willensfreiheit (Z. 33) und gleichsam naturgesetzlicher Prognostik (Z. 35 f.) in exemplarischer Hinsicht: Kant wählt als Beispiel die Bevölkerungsentwicklung, zurückzuführen auf die Eheschließungen der Individuen (Z. 31 f., 34 f.). Wenn dieses Beispiel für die Geschichte insgesamt, verstanden als Vernunftfortschritt oder – eingeschränkt – als Rechtsfortschritt, tragfähig sein soll, stellt sich die Frage nach dem Medium oder der Instanz, das diesen Fortschritt realisiert: Instinkt wie Planung scheiden aus (S. 39, Z. 1–4). Kant sieht diesen Fortschritt durch die „Natur", „Naturabsicht" (Z. 41; S. 39, Z. 12, 14) besorgt. Die Wortwahl schon weist auf den Hintergrund Säkularisierung: „Naturabsicht", „Plan der Natur" – dahinter steht der Schöpfungsplan Gottes, den Lessing auch noch explizit im Hintergrund halten konnte; die vorkantische Philosophie sprach meist von „Vorsehung", Hegel wird vom „Weltgeist" oder von der „List der Vernunft" sprechen und genau jene Struktur damit meinen, die Kant jetzt – wie Herder zeitgleich mit ihm – entwirft: Diese Naturabsicht muß sich, dies folgt aus den bisherigen Denkschritten oder Prämissen, über oder hinter den Köpfen der Geschichte lebenden Menschen umsetzen, durch sie, aber von ihnen in der Verfolgung ihrer Einzelinteressen und Egoismen unbemerkt (Z. 39–44) – oft durchaus auch gegen diese Einzelinteressen, die insgesamt nicht durch „Weisheit", sondern durch „Thorheit, kindische Eitelkeit, kindische Bosheit und Zerstörungssucht" (S. 39, Z. 6–8) gekennzeichnet sind. Kant betont und verschärft diesen Aspekt in der Wiederholung: Sein Menschenbild ist eher skeptisch; dies wird in den folgenden Passagen noch deutlicher.

Entfaltung und Darstellung der Problemlösung
In neun Sätzen, Thesen mit jeweils knapper Erläuterung, entwickelt Kant seine „Idee", den „Leitfaden" einer Weltgeschichte a priori, den „Plan der Natur" als (Re-)Konstruktion einer Teleologie: „Die Natur hat gewollt", „bestimmt ist", „was Menschen sollten sich", „das Mittel, dessen sich die Natur bedient zur Entwicklung aller ihrer Anlagen", „das größte Problem für die Menschengattung, zu dessen Auflösung die Natur ihn zwingt" – Kant hält deutlich seinen Ansatz durch: Träger und Subjekt der Geschichte ist die Natur, die Menschen selbst sind ihr Material, mittels dessen die Natur sich selbst realisiert, im achten Satz von Kant noch einmal explizit festgehalten (S. 41, Z. 1–5). Kant formuliert in diesen Sätzen sehr klar, lediglich in drei Hinsichten erscheint eine Erläuterung notwendig: Es sind dies Kants Auffassung von der Natur des Menschen (zweiter bis vierter Satz), das Ziel der Geschichte (fünfter bis siebter Satz), der Stellenwert dieses geschichtsphilosophischen Entwurfs insgesamt (neunter Satz).
Im zweiten Satz bestimmt Kant den Menschen traditionell aristotelisch (zôon lógon échon, animal rationale) als das „einzige vernünftige Geschöpf auf Erden" (S. 39, Z. 24) und begründet, warum sich die ihm spezifischen, ihm wesentlichen „Naturanlagen, die auf den Gebrauch seiner Vernunft abgezielt sind, nur in der Gattung [...] vollständig entwickeln" (Z. 25 f.) können. Im dritten Satz verschärft Kant seine anthropologische Aussage: Dynamik, Produktivität, Offenheit des Selbstdenkens (vgl. die Erläuterung zu Kants Begriff von Aufklärung [Text 19], S. 53 ff.). Geschichtlichkeit des Menschen, das meint hier die Geschichte als der Horizont, der erst die Verwirklichung, die Entfaltung menschlichen Seins ermöglicht; Zukunftsoffenheit: Der Mensch ist das nicht festgestellte Wesen, ist das, was er aus sich macht (Sartre); die biologische Voraussetzung: Instinktreduktion und organische Mängelhaftigkeit (Herder, Arnold Gehlen; vgl. Arnold Gehlen: Der Mensch. Seine Natur und seine Stellung in der Welt. Athenäum, Frankfurt a. M. 1962, vor allem Seite 9–100. Ders.: Anthropologische und sozialpsychologische Untersuchungen. rororo 424. Reinbek 1986). Ein vertiefendes und aktualisierendes anthropologisches Verstehen des dritten Satzes ist in vieler Hinsicht offenbar möglich. Daneben bleibt noch einmal festzuhalten: Die Aussagen des zweiten und des dritten Satzes entsprechen der antiken Tradition, sie widerspiegeln vor allem den Optimismus der Aufklärung, von Rousseaus Überzeugung einer dem Menschen angeborenen moralischen Natur (vgl. die Erläuterungen zu Text 35, S. 89 f.) nicht weit entfernt, so scheint es.
Ungleich skeptischer, geradezu konträr wirken die Ausführungen des vierten Satzes zur gleichen Frage nach der Natur des Menschen. Kant bezieht sich hier auf eine Diskussion im Kontext der aristotelischen Tradition (zôon politikón, animal sociale), die im 17. Jahrhundert aufgebrochen war: Nach Thomas Hobbes (1588–1679) liegt der Urtrieb allen Handelns im Egoismus als dem natürlichen, prinzipiell grenzenlosen, hemmungslosen Streben, möglichst lange und möglichst angenehm zu leben, die eigenen Bedürfnisse vielfältigster Art befriedigen zu können. Richard Cumberland (1631–1718) behauptete im Gegensatz zu Hobbes, die von Gott verliehene Neigung zu tätigem Wohlwollen, zum gesellschaftlichen Miteinander, zur Geselligkeit sei die Triebfeder menschlichen Handelns; Samuel Pufendorf (1632–1694) und John Locke

Zweites Kapitel: Zu Text 20, S. 38 ff.

(1632–1704) vertraten in abgeschwächter Form dieselbe Position. Kant hält beide Aussagen für richtig und vermittelt: Der Antagonismus der ungeselligen Geselligkeit ist die Triebfeder menschlichen Verhaltens. Dieser Antagonismus ist der Motor aller Zivilisation, aller Kultur, aller Moral (S. 40, Z. 11–17).

Die Vermittlung Kants erfolgt gegen Rousseau, gegen allen Optimismus, was die Natur des Menschen angeht; Kant orientiert sich offensichtlich eher an dem Skeptiker Hobbes. Genetisch erklärt wird auf diese Weise die Entwicklung der Gesellschaft: der Kultur, des Staates, der Moralität. Die Entwicklung der Vernunft selbst wird damit eingebunden, zurückgeführt auf den Erklärungsansatz der ungeselligen Geselligkeit. Dieser Begriff widerspiegelt die Stellung des Individuums in der bürgerlichen Gesellschaft, zumal in ökonomischer Hinsicht: entwickelte Arbeitsteilung und Privateigentum, Konkurrenz und wechselseitige Abhängigkeit, der Markt als zentrale Vermittlungs- und Austauschinstanz; von Thomas Hobbes über Adam Smith (1723–1790) bis zu Kant finden sich im Kontext der Genese der bürgerlichen Gesellschaft Aussagen über die Natur des Menschen, die möglicherweise als ideologischer Reflex einer bestimmten historischen Situation besser, richtiger zu verstehen sind. Auf andere Weise zeigt sich dies auch in der Zielbestimmung Kants.

„Höchste Aufgabe" (S. 40, Z. 29) der Menschheit ist nach Kant die rechtliche Absicherung des Maßes an individueller Freiheit, wie sie eine bürgerliche Gesellschaft in idealer Weise gewähren kann, durch „eine vollkommen gerechte bürgerliche Verfassung" (Z. 28 f.) – geschrieben in Preußen 1784(!). In seiner Argumentation, was die Realisierungschancen dieses historischen Ziels angeht, folgt Kant eng der Konzeption von Hobbes. Im sechsten Satz unterstreicht Kant die Schwierigkeit dieser Aufgabe: Denn – skeptischer jetzt noch als Hobbes – „der Mensch ist ein Tier, das, wenn es unter andern seiner Gattung lebt, einen Herrn nötig hat. Denn er mißbraucht gewiß seine Freiheit in Ansehung anderer seinesgleichen; und, ob er gleich als vernünftiges Geschöpf, ein Gesetz wünscht, welches der Freiheit aller Schranken setze: so verleitet ihn doch seine selbstsüchtige tierische Neigung, wo er darf, sich selbst auszunehmen. Er bedarf also einen Herrn, der ihm den eigenen Willen breche, und ihn nötige, einem allgemein-gültigen Willen, dabei jeder frei sein kann, zu gehorchen. Wo nimmt er aber diesen Herrn her? Nirgend anders als aus der Menschengattung. Aber dieser ist eben so wohl ein Tier, das einen Herrn nötig hat." Dieses Problem, meint Kant, stellt sich in der Monarchie nicht minder als bei der Teilung und Verteilung der staatlichen Gewalt auf unterschiedliche Repräsentanten in der Demokratie. „Diese Aufgabe ist daher die schwerste unter allen; ja ihre vollkommene Auflösung ist unmöglich: aus so krummem Holze, als woraus der Mensch gemacht ist, kann nichts ganz Gerades gezimmert werden. Nur die Annäherung zu dieser Idee ist uns von der Natur auferlegt" (‚Idee zu einer allgemeinen Geschichte in weltbürgerlicher Absicht', sechster Satz, A 396 f.; vgl. auch S. 41, Z. 9–12).

Die Zielsetzung des geschichtsphilosophischen Entwurfs wird im siebten Satz um die internationale Dimension erweitert; Kant betont die strukturelle Verflechtung der nationalen wie der internationalen Dimension – aktuelle Beispiele sind auch fast 200 Jahre später gegeben: „Das Problem der Errichtung einer vollkommenen bürgerlichen Verfassung ist von dem Problem eines gesetzmäßigen äußeren Staatsverhältnisses abhängig, und kann ohne das letztere nicht aufgelöset werden" (A 398). Ziel ist die Schaffung einer vernünftigen, alle Staaten umfassenden Weltrepublik, Resultat der Einsicht, daß Kriege – ihrerseits bedingt durch den Antagonismus der Einzelstaaten – nicht im langfristigen Interesse der Staaten liegen; der ewige Friede der Menschheit ist der ideale Zielhorizont der Geschichte. Er ist zugleich nicht Selbstzweck, sondern die ideale Voraussetzung für die Vollendung der Sittlichkeit, für die Verwirklichung der praktischen Vernunft. Vgl. auch S. 41, Z. 13–16.

Insgesamt überwiegt – bei einem relativ reduzierten Zielhorizont – eine optimistische Perspektive, bedingt durch den Ansatz, die anthropologischen Annahmen und die Begeisterung der Weltöffentlichkeit für die Französische Revolution, eine derart allgemeine – wiewohl für den einzelnen nicht ungefährliche – und uneigennützige Begeisterung, daß sie nach Kant „die moralische Tendenz des Menschengeschlechts beweiset[!]" (‚Der Streit der Fakultäten', A 142).

Der Stellenwert der „Idee" wird in der Überschrift schon deutlich signalisiert: „Idee [...] in weltbürgerlicher Absicht" – kein theoretisch erkenntnisorientierter Diskurs, geschrieben vielmehr in praktischer Absicht, das impliziert pädagogische, politische, moralische Intentionen, die Dimension des bewußten Handelns. Im neunten Satz führt Kant noch einmal deutlich aus: „Ein philosophischer Versuch, die allgemeine Weltgeschichte nach einem Plane der Natur, der auf die vollkommene bürgerliche Vereinigung in der Menschengattung abziele, zu bearbeiten, muß als möglich, und selbst für diese Naturabsicht beförderlich angesehen werden. Es ist zwar ein befremdlicher und, dem Anscheine nach, ungereimter Anschlag, nach einer Idee, wie der Weltlauf gehen müßte, wenn er gewissen vernünftigen Zwecken angemessen sein sollte, eine Geschichte abfassen zu wollen; es scheint, in einer solchen Absicht könne nur ein Roman zu Stande kommen. Wenn man indessen annehmen darf: daß die Natur, selbst im Spiele der

Zweites Kapitel: Zu Text 21, S. 41f.

menschlichen Freiheit, nicht ohne Plan und Endabsicht verfahre, so könnte diese Idee doch wohl brauchbar werden; und, ob wir gleich zu kurzsichtig sind, den geheimen Mechanism ihrer Veranstaltung durchzuschauen, so dürfte diese Idee uns doch zum Leitfaden dienen, ein sonst planloses Aggregat menschlicher Handlungen, wenigstens im großen, als ein System darzustellen. [...] Denn was hilft's, die Herrlichkeit und Weisheit der Schöpfung im vernunftlosen Naturreiche zu preisen und der Betrachtung zu empfehlen: wenn der Teil des großen Schauplatzes der obersten Weisheit, der vor allem diesen Zweck enthält, – die Geschichte des menschlichen Geschlechts – ein unaufhörlicher Einwurf dagegen bleiben soll, dessen Anblick uns nötigt, unsere Augen von ihm mit Unwillen wegzuwenden, und, indem wir verzweifeln, jemals darin eine vollendete vernünftige Absicht anzutreffen, uns dahin bringt, sie nur in einer anderen Welt zu hoffen?" (A 407–410).

Zur Behandlung im Unterricht
Die komplexen Überlegungen zum Ansatz und zur Problemstellung Kants bedürfen einer deutlichen didaktischen Reduktion. Folgender Vorschlag zur Rekonstruktion von Kants Ansatz, wie er in den beiden ersten Abschnitten (S. 38f.) dargestellt ist, erscheint praktikabel:
– Ausgangspunkt ist das Problem einer auf eine sinnvolle Gesamtaussage zielenden Geschichtsbetrachtung, z. B.: Wie ist eine Aussage über den Sinn oder die Zielrichtung der Geschichte möglich angesichts der Freiheit des Menschen?
– Wissenschaftlich ist Freiheit nicht beweisbar, Wissenschaft zielt immer auf kausale Erklärung (= erster Satz, S. 38, Z. 22–25). Was bedeutet das für die Betrachtung der Geschichte?
– Kants Beispiel der Bevölkerungsstatistik und -prognostik (S. 38, Z. 31–39) als tragfähig vorausgesetzt: Wer käme als Subjekt oder Organisator oder Steuerungsinstanz der Geschichte in Betracht? Läßt sich eine Steuerung, Planung oder gezielte Entwicklung überhaupt als möglich denken? Wenn wir weder eine Instinktsteuerung noch eine bewußte gemeinsame Planung der Menschen annehmen können (S. 39, Z. 1–4), was kommt in Frage – ohne daß wir die Annahme menschlicher Freiheit unversehens revidieren?
Methodisch ist denkbar die Darstellung des Ansatzes im Lehrervortrag oder, in stärkerem Maß erarbeitend, die Lektüre der ersten beiden Abschnitte, die Klärung von Begriffen und Verständnisfragen, der Versuch einer gedanklichen Rekonstruktion im Unterrichtsgespräch oder durch die Schüler selbst, als letzter Vertiefungs- oder Klärungsschritt erfolgt u. U. dann erst die Darstellung des Ansatzes in der skizzierten Weise.
Die Erarbeitung der folgenden Textauszüge wird den Schülern leichter fallen. Die einzelnen Thesen lassen sich am Text überprüfen: Nennt Kant plausible Argumente? Die Überprüfung ist auch möglich durch transferierende oder aktualisierende Schritte: Der erste Satz legt den Kontext der Evolution als Gesamttheorie nahe, der dritte Satz anthropologische Thesen oder Theoreme.
Lohnend erscheint es, zwei oder drei Schwerpunkte zu setzen: Kants Menschenbild, seine Zielvorstellung und – abschließend – der Stellenwert, die Funktion dieser Art von theoretischem Entwurf (Läßt sich ohne vorgängige Hypothese eine historische Gesamtbetrachtung überhaupt formulieren? Was ist hier die Funktion von Geschichtsphilosophie, was kann sie überhaupt leisten?) scheinen eine vertiefende Analyse und Erörterung im Gespräch wert.

21 Johann Gottfried Herder: Weitere Ideen zur Philosophie der Menschengeschichte (S. 41f.)

Zur Entstehung des Textes
1774 hatte Herder mit 30 Jahren seinen Entwurf ‚Auch eine Philosophie der Geschichte zur Bildung der Menschheit' veröffentlicht und damit gezielt das Thema aufgegriffen, das ihn zeit seines Lebens beschäftigte: Natur, Geschichte, Bildung. 1784 erschienen der erste Teil der ‚Ideen zur Philosophie der Geschichte der Menschheit', 1784, 1787 und 1791 die drei weiteren Teile, ursprünglich geplant war noch ein fünfter Teil, der sich mit den Staatsverfassungen des 18. Jahrhunderts beschäftigen sollte.
Für Herder selbst waren die ‚Ideen' das Hauptwerk seines Lebens: Die Universalgeschichte der Bildung der Welt sollte hier dargestellt werden. In diesen Horizont münden alle Themen, die Herder aufgreift: aus den Bereichen Geschichte, Erziehung, Sprache, Philosophie, Biologie, Theologie, Staatswissenschaft, Archäologie, Kunst und Literatur. Eine universale, auf die Ganzheit der Natur gerichtete Betrachtungsweise versucht Herder in den ‚Ideen' mit einer individualistischen, die jeweilige Eigenart einer Lebensform

Zweites Kapitel: Zu Text 21, S. 41f.

charakterisierenden Betrachtung zu verschmelzen: Entwicklung wie jeweilige Abgeschlossenheit einer Lebensform strukturieren den Bereich der Natur wie den der Geschichte gleichermaßen; die Naturgeschichte mündet mit der Menschwerdung in die Geschichte, beide Bereiche sind nicht zu trennen, eingebunden beide in den Bereich der Schöpfung.
Die Aufnahme des Werks durch die Zeitgenossen war positiv – bis auf die beiden Rezensionen Kants in der Jenaer ‚Allgemeinen Literatur-Zeitung' (1785: Nr. 4 und 271), die eine Antirezension in dem von Wieland herausgegebenen ‚Teutschen Merkur' und eine über Jahre dauernde Polemik Herders gegen Kant zur Folge hatten. Die Kritik Kants hat zwar auch inhaltliche Gründe – das Eigenrecht jeder Individualität, Selbstverwirklichung und Glückseligkeit als höchstes Ziel, ihre Vermittlung mit Humanität, all das hielt Kant für falsch. Die vermutlich entscheidende Differenz indes liegt in der Schreibweise Herders, ihrerseits wieder nur vom Ansatz her verständlich.

Herders Geschichtsphilosophie: Ansatz und Konzeption
Die folgende knappe Skizze unterscheidet drei Aspekte:
– biologische und anthropologische Annahmen: Natur, Mensch, Geschichte,
– den Begriff der Humanität,
– Geschichte als Entwicklung und Bildung.
Die Natur betrachtet Herder in verschiedenen Stufen strukturiert, in der Geschichte der Natur aufeinander aufbauend: Jede Stufe ist in sich vollkommen und zugleich Voraussetzung für die Entstehung einer höheren Stufe. Die oberste Stufe ist der Mensch, biologisch folgendermaßen bestimmt: Er ist organisch unspezialisiert, ein Mängelwesen, daher aber weltoffen und universal anpassungsfähig, in höchstem Maß lernfähig, nämlich vernunftbegabt; mittels Vernunft vermag er seine biologischen Mängel zu kompensieren. Die derart gegebene Notwendigkeit zur Entwicklung der Vernunftfähigkeit hat zur Folge zugleich die historische Orientierung des Menschen; als der „erste Freigelassene der Schöpfung" vermittelt er zwischen Naturgeschichte und Geschichte, die Herder grundsätzlich als Einheit sieht: Historische Phänomene oder Tendenzen werden z. B. in Bildern der Entwicklung organischen Lebens beschrieben, Gesellschaften als organische Ganzheiten; in einer Sprache, die gekennzeichnet ist durch Analogien, Bilder und Metaphern, zeigt sich Herders Überzeugung von der durchgehend einheitlichen Struktur der Wirklichkeit und ihrer Entwicklung, nur ein Denken in Analogien und Symbolen vermag – meint er – den vielfältigen Spiegelungs- und Verweisungszusammenhängen der Wirklichkeit gerecht zu werden. „Die Welt ist dem Menschen von Gott vorgegeben, er ist in sie hineingestellt als ein Lebewesen, das sich nach einem inneren Baugesetz in Analogie zum Ganzen entfaltet" (Benno von Wiese: Der Philosoph auf dem Schiffe – Johann Gottfried Herder. In: ders.: Zwischen Utopie und Wirklichkeit. Bagel, Düsseldorf 1963, S. 47) und dieses Ganze nur als Analogon und Symbolzusammenhang zu fassen vermag.
Die Schnitt- und Mittlerposition des Menschen zwischen Natur und Geschichte hat zur Folge, daß die wesentlichen anthropologischen Kategorien zu historischen Kategorien werden. Sie sind in dem Maße wahr, in dem sie die Geschichte der Menschwerdung beschreiben, z. B. Vernunft, Sprache, Freiheit. Zusammengefaßt werden sie im Begriff der Humanität, als Naturanlage und Zielpunkt gleichermaßen zu verstehen, Ziel der Naturgeschichte wie der Geschichte. Biologisch bedingt – aufrechter Gang, Sublimation der höheren Sinne – ist Humanität Naturanlage des Menschen, seine innere Kraft (enérgeia), die zu entwickeln ihm als sein natürlicher Zweck aufgegeben ist, Ziel (télos) insoweit auch der Geschichte. Sprache, Vernunft, Freiheit sind sowohl Ausdruck wie Mittel der Ausbildung von Humanität gleichermaßen.
Das bedeutet für das Verständnis von Geschichte: Sie ist der umfassende Entwicklungs- oder Bildungsprozeß der Humanität. Der Mensch verwirklicht sich insoweit nur als Gattungswesen. Zugleich aber sind jedes Individuum wie auch jede historische Epoche und jedes Volk als Selbstzweck zu betrachten, sie verwirklichen sich selbst und damit auch Humanität in der jeweils möglichen Weise, konkret nur zu beschreiben, an sich selbst nur zu messen und zu beurteilen, eigenständig und nicht nur etwa als Stationen oder Vorstufen zu anderen, höher entwickelten Formen. Jeder Mensch, jede Epoche, jede Kultur und jedes Volk tragen den Mittelpunkt ihrer Glückseligkeit in sich selbst. „In gewissem Betracht ist also jede Menschliche Vollkommenheit National, Säkular und am genauesten betrachtet, Individuell. Man bildet nichts aus, als wozu Zeit, Klima, Bedürfnis, Welt, Schicksal Anlaß gibt" (J. G. Herder: Sämtliche Werke. Hrsg. von Bernhard Suphan. Berlin 1877–1899. Band 5, S. 505). Völker und Kulturen an ihrer eigenen Wirklichkeit zu messen, sie morphologisch als lebendige, individuelle Ganzheiten – wie Organismen – zu verstehen, das ist die spezifisch neue Sichtweise Herders.
Der Prozeß insgesamt ist der Bildungsprozeß der Humanität; er bleibt grundsätzlich unabgeschlossen, der Selbstverwirklichung der Natur ist keine Grenze, kein Ende gesetzt. Diese Entwicklung in der Dimension

Zweites Kapitel: Zu Text 21, S. 41f.

der Geschichte erfolgt in Freiheit: Gesellschaften oder Staaten ist auch die Wahl von Inhumanität möglich. Ähnlich wie Kant und später Hegel sieht Herder hier wie auch in der Zerstörung von Kulturen letztlich ein Mittel der weiteren Entwicklung, eine „List der Vernunft" (Hegel) oder eine Dialektik von Freiheit und Gesamtentwicklung. Geschichte wird derart weder als Ablauf eines göttlichen Heilsplans begriffen noch als ein Chaos von Fakten, sondern als die Dimension, in der der Mensch sein Wesen in oft widersprüchlicher Weise entfaltet und damit zugleich die Natur insgesamt.

Denkweise und Sprache
Kant warf Herder in seiner Rezension metaphysische Willkür vor, er fand in dem Buch nur geist- und phantasiereiche Ähnlichkeiten, aber keine Beweise. Die Schreibweise Herders erschien ihm emotionsgeladen, ohne jegliche Klarheit und Beweiskraft. Er spricht von „einer in Auffindung von Analogien fertigen Sagazität [Scharfsinnigkeit], im Gebrauche derselben aber kühnen Einbildungskraft, verbunden mit der Geschicklichkeit, für seinen immer in dunkeler Ferne gehaltenen Gegenstand durch Gefühle und Empfindungen einzunehmen" (Rezension zu Johann Gottfried Herders Ideen, A 17). Statt präziser Begriffe findet er „Winke", statt „beobachteter Gesetze" nur „gemutmaßte", geleitet nicht „durch eine im Entwurfe ausgebreitete, aber in der Ausübung behutsame Vernunft", sondern von „einer, es sei durch Metaphysik oder durch Gefühle beflügelten Einbildungskraft" (A 308). Diese Kritik begegnet in der Rezeptionsgeschichte Herders mehrfach: Unfähigkeit zur systematischen Form, Ungenauigkeit des begrifflichen Denkens und gefühlsbetonte Unklarheit der Gehalte sind die Vorwürfe.
Was hier indes kritisch bemängelt wird, hat seinen Grund in einem erheblichen Maß im Denkansatz Herders: Die Ganzheit des Lebens, um die es ihm geht, entzieht sich, so meint er, jeglicher begrifflichen Systematik; intendiert ist statt einer abstrakt präzisen Begrifflichkeit eine Aussageform, die sich auf die konkrete Individualität der Phänomene und Gegenstände einzustellen, sie zum Ausdruck zu bringen versucht. Der gefühlsbetonten Unklarheit geht voraus die Überzeugung der Begrenztheit der rational klaren Formulierung. Gegen die begriffliche Abstraktion setzt Herder die Überzeugung, daß wir das Allgemeine, auf das unsere Erkenntnis gerichtet ist, immer nur auf konkrete, individualisierende Weise ergreifen können. In der Auseinandersetzung mit bestimmten Erscheinungsformen der Aufklärung – der Tendenz zur Abstraktion, zur naturwissenschaftlichen Gesetzmäßigkeit, zur Uniformität – greift Herder auf das Lebendige, konkret Gegebene zurück, zum Allgemeinen vermittelt nicht durch Subsumption oder in der Analyse seiner Einzelelemente, sondern wie das einzelne in einem organischen Ganzen oder auf symbolische Weise. An die Stelle einer Philosophie der Vernunft tritt eine Philosophie des Lebens, die die Einmaligkeit jeder Gestalt und den durchgehenden Entwicklungszusammenhang gleichermaßen betont, ausgedrückt in einer bildhaften, auf Analogien und symbolische Beziehungen zielenden Sprache, bisweilen dunkel und die Emotionalität als Wahrnehmungs- wie Ausdrucksvermögen bewußt einbeziehend.

Zur Interpretation
Die Andersartigkeit zu Kant im Ansatz wie in der Sprache Herders verdeutlicht der vorliegende Textausschnitt:
Der erste Abschnitt (S. 41, Z. 23–39) formuliert das „Hauptgesetz" (Z. 26) der Geschichte: die Ausprägung von „Individualität" (Z. 37), einmaliger Besonderheit, bedingt durch regionale Faktoren (Z. 28, 30, 36), zeitliche Konstellation (Z. 28 f., 31, 36) und die spezifischen Eigenarten einer Gesellschaft in ihrer Geschichte (Herder spricht von dem „angebohrnen oder sich erzeugenden Charakter der Völker", Z. 29 f.; von „lebendigen Menschenkräften", Z. 30; von „National-Charakteren", Z. 36). Dieses Hauptgesetz wird dreimal formuliert (Z. 27–30, 30–32, 36–38), emotional emphatisch (Imperative: Z. 30 f., 38 f.). Begründet wird es durch ein Beispiel (Z. 33–36), dem eine Reihe anderer exemplarischer Betrachtungen allerdings vorausging (Z. 23–25), und – nur knapp angedeutet – durch die Analogie zum Bereich der Natur (Z. 38).
Das „Hauptgesetz" wird in den folgenden Abschnitten wiederholt, erläutert, vertieft in bestimmten Aspekten: Dies betrifft den Begriff des Nationalcharakters in Punkt 1, das Zusammenstimmen aller Faktoren in Punkt 2 und – neu in diesem Zusammenhang – den Entwicklungsgedanken in Punkt 3:
Den Nationalcharakter als geschichtliches Resultat führt Herder vor allem zurück auf den Ursprung der Entstehung einer Gesellschaft, eines Volkes, auf die für die ersten Generationen und ihre Eigenarten (Z. 41 f.: Geschlecht, genetisch = auf das erste Geschlecht, auf den Ursprung zurückweisend) gegebenen Umständen und Erfahrungen (S. 42, Z. 1–3). Sprachlich fällt zum einen auf das etymologisch orientierte Ausschöpfen der Wörter (Z. 42: genetisch) in argumentativer Funktion (Z. 42: „Daher...."): In der Sprache, zumal in ihrer Ursprünglichkeit, in ihren alten Formen, werden wir uns der Welt bewußt auf nahezu mystische Weise: „Göttlich ist sie, diese innere Bildungs- und Vorstellungskraft, in uns der Saame

Gottes. Ohne sie ist alles von Außen Tod und Oede; in ihr liegt Weltall, die unsichtbare, ewige Kraft des Schöpfers [...]. Kraft aus seiner Kraft!" (Herder: Erläuterungen zum Neuen Testament [1775]. In: Sämtliche Werke, s. o., Band 7, S. 356). Zweitens fällt auf die ausführliche Analogie zum Naturbereich (Z. 44ff.), ebenfalls argumentativ verwendet.

Die Hauptaussage in Punkt 2 ist in der einleitenden allgemeinen Aussage (S. 42, Z. 4–7) nur angedeutet; sie ergibt sich konkret aus der exemplarischen Gegenüberstellung (Z. 7–11): Die verschiedenen, einen Staat in einer bestimmten Raum-Zeit-Konstellation konstituierenden Faktoren und Umstände müssen zusammenstimmen, nur zufällig entstandene Konstellationen sind nicht tragfähig. Von besonderer Bedeutung ist dabei die „Bildung der Sitten durch die Erziehung" (Z. 13f.), in älteren Gesellschaften vor allem durch die Religion (Z. 17). Erziehung, Bildung der Sitten: Die gesellschaftliche Wert- und Normorientierung, ihre Akzeptanz im Selbstverständnis der Mitglieder einer Gesellschaft sind gemeint als Basis der inneren Stabilität eines gesellschaftlichen Systems. Deutlich ist in der Argumentation auch hier wieder die Analogie oder Bildhaftigkeit: Das Bild der Kindheit einer Gesellschaft oder einer Kultur wird zur Erklärung der theokratischen Herrschaftsorganisation herangezogen: Z. 15–18.

Der Entwicklungsgedanke in Punkt 3 wird in mehreren Schritten eingeführt:
– Die Vergänglichkeit alles Irdischen ist der weite Rahmen (Z. 19f. allgemein, Z. 21–25 in exemplarischer Konkretion, Beispiele aus der Natur und Geschichte).
– Innerhalb dieses Rahmens schon wird der Akzent auf die Erstarrung von gesellschaftlichen Institutionen gelegt (Z. 20): ein zwangsläufiger Prozeß im Kontext historischen Wandels. Ernst Bloch spricht von der „Gleichzeitigkeit des Ungleichzeitigen", in der Soziologie hat sich eingebürgert der Begriff des „cultural lag": Gemeint ist die Tatsache, daß der gesellschaftliche Wandel sich in den verschiedenen Lebensbereichen nicht parallel und gleichzeitig vollzieht, daß z. B. der Bereich des kodifizierten Rechts dem Wandlungsprozeß von Normen immer nur folgt: Erst wenn ein Normwandel sich schon vollzogen hat, kann er juristisch kodifiziert werden. Gesellschaftliche Institutionen sind – in unterschiedlichem Maße – wandlungsfähig und tendenziell immer schon veraltet. Diesen Gedanken greift Herder im letzten Abschnitt deutlicher auf (Z. 26–30).
– Dabei findet Eingang der Aspekt der Entstehung von etwas Neuem, der Entwicklung in die Zukunft hinein: Tradition als Beharrung, Erstarrung, Fesselung des „Fortgangs der Menschenvernunft und Verbesserung nach neuen Umständen und Zeiten" (Z. 28f.). Veränderung kommt hier nicht neutral in den Blick, Veränderung ist für die Aufklärung wesentlich schon mehr: Fortschritt, Verbesserung, Entwicklung der Vernunft. Hier stimmt Herder mit Kant überein.

Zur Behandlung im Unterricht

Die Schwierigkeit liegt darin, den vorliegenden Textauszug mit Herders Gesamtkonzeption zu vermitteln. Folgendermaßen läßt sich verfahren:
– Vor dem Hintergrund Kants (Text 20) beginnt die Lektüre: Inhaltlich fällt auf die Betonung der konkreten Individualität, sprachlich der emotionale Ton (in der Erläuterung des ersten Abschnitts verdeutlicht; dazu kommen die Fragen S. 42, Z. 23–25), verknüpft damit Wertungen (S. 41, Z. 38f.; S. 42, Z. 2f.; Z. 10–12; Z. 15f.; Z. 29f.), auffallend auch die Analogien Herders.
– Die im Vergleich mit Kant gewonnenen Textbeobachtungen können vertieft werden: Der Darstellung von Herders Ansatz und Konzeption im Lehrervortrag folgen im Unterrichtsgespräch der Vergleich beider Konzeptionen und der Versuch einer Bewertung.

Eine weitere Vertiefungsmöglichkeit bietet Text 46: Herders Humanitätsbegriff. Der sprachliche Aspekt läßt sich weiterverfolgen in Text 25: Hamann; denkbar ist von hier aus auch die Thematisierung der Empfindsamkeit und/oder des Sturm und Drang (Sprache, Geniebegriff).

II. Von der Poesie und vom Theater (S. 42 ff.)

Dieser Abschnitt vereinigt ausschließlich dichtungstheoretische Texte, die für das Literaturverständnis der Epoche von grundlegender Bedeutung sind. Die Auswahl und Anordnung ist so erfolgt, daß vor dem Hintergrund von Gottscheds Dichtungslehre (Text 22), in der er eine dem Rationalismus verpflichtete lehrhaft-moralisierende Nachahmungsästhetik vertritt, die Entwicklung hin zu einem zunehmenden literarischen Subjektivismus und zu einer mehr und mehr das Schöpferische betonenden Ausdrucksästhetik deutlich wird (Breitinger, Klopstock, Hamann). Ein wesentlicher Aspekt dieser Entwicklung ist die – bereits

Zweites Kapitel: Zu Text 22, S. 42f.

bei Breitinger in aller Deutlichkeit vollzogene – Absage an die einseitige Verstandeskultur der Frühaufklärung und die Neubewertung des Gefühls bzw. der 'Affekte'. Auf dieser Basis hat Lessing seine Tragödientheorie ausgearbeitet (Text 26 und 27) und damit einer Wirkungsästhetik Bahn gebrochen, deren wesentliche Kategorien für lange Zeit, z. T. bis heute das Theater bestimmen.

22 Johann Christoph Gottsched: Vom guten Geschmacke eines Poeten (S. 42 f.)

Zu Gottscheds Regelwerk
Gottscheds Regelwerk für Dichtung und Dichter erschien erstmals 1730 unter dem Titel ‚Versuch einer Critischen Dichtkunst vor die Deutschen; Darinnen erstlich die allgemeinen Regeln der Poesie, hernach alle besondere Gattungen der Gedichte, abgehandelt und mit Exempeln erläutert werden: Überall aber gezeigt wird Daß das innere Wesen der Poesie in einer Nachahmung der Natur bestehe. Anstatt einer Einleitung ist Horatii Dichtkunst in deutsche Verße übersetzt, und mit Anmerckungen erläutert von M. Joh. Christoph Gottsched. Leipzig 1730 Verlegts Bernhard Christoph Breitkopf.'
Das Werk erlebte bis 1751 vier Auflagen. Streng logisch ist sein Aufbau: In einem „ersten allgemeinen Teil" handelt der Autor in zwölf Kapiteln vom Ursprung und Wachstum der Poesie, vom Charakter eines Poeten, vom guten Geschmack, von den drei Gattungen der poetischen Nachahmung, vom Wunderbaren und vom Wahrscheinlichen sowie von verschiedenen rhetorischen Mitteln, von Versmaßen und von der Reimtechnik. Im „anderen besonderen Teil" behandelt Gottsched sodann die verschiedenen dichterischen Gattungsformen von der Ode bis zur Oper. Eine ausführlich kommentierte Übersetzung der ‚Ars poetica' des Horaz eröffnet die Abhandlung.
Obwohl sich Gottsched in außerordentlicher Weise um die deutsche Literatur und die deutsche Sprache verdient gemacht hat, war sein eigentliches Anliegen kein dichterisches, sondern ein philosophisches oder, besser, ein moralisches. Ihm, dem typischen Vertreter der rationalistischen Aufklärung, ging es primär darum, die neu errungene Wahrheit von der besten aller möglichen Welten und von der Vernünftigkeit moralischen Handelns auch unter die nicht akademisch Gebildeten zu bringen. Die Beförderung von Vernunft und Tugend war sein Programm, und zu seiner Erfüllung bediente er sich u. a. (!) der Dichtkunst. In der Dichtung nämlich sah er ein besonders wirksames Mittel, Nützliches auf angenehme Weise zu verbreiten. Schon „die ältesten Weltweisen" – so legt er dar – „bedienten sich der Poesie, das rohe Volk dadurch zu zähmen".
Das dichterische Schaffen stellt sich Gottsched so vor: „Zu allererst wähle man sich einen lehrreichen moralischen Satz [...]. Hierzu ersinne man sich eine ganz allgemeine Begebenheit, worinn eine Handlung vorkömmt, daran dieser erwählte Lehrsatz sehr augenscheinlich in die Sinne fällt [...]. Nunmehro kömmt es auf mich an, wozu ich diese Erfindung brauchen will; ob ich Lust habe, eine äsopische, comische, tragische oder epische Fabel daraus zu machen. Alles beruht hierbey auf der Benennung der Personen, die darinn vorkommen sollen. Äsopus wird ihnen thierische Namen geben [...]. Wäre ich willens, eine comische Fabel daraus zu machen, so müßte ich sehen, daß ich das Laster der Ungerechtigkeit als ein lächerliches Laster vorstellen könnte [...]. Die Personen müßten hier entweder bürgerlich, oder zum höchsten adelich seyn, denn Helden und Prinzen gehören in die Tragödie [...]. Die Tragödie ist von der Comödie nur in der besondern Absicht unterschieden, daß sie an statt des Gelächters, die Verwunderung, das Schrecken und Mitleiden zu erwecken suchet. Daher pflegt sie sich lauter vornehmer Leute zu bedienen, die durch ihren Stand, Namen und Aufzug mehr in die Augen fallen, und durch große Laster und traurige Unglücksfälle solche heftige Gemütsbewegungen erwecken können [...]. Endlich folgt die epische Fabel, die sich für alle Heldengedichte und Staatsromane schicket [...]. Ein Dichter wählt dabey in allen Stücken das beste, was er in seinem Vorrate hat, ein so großes Werk damit auszuschmücken. Die Handlung muß wichtig seyn, das ist, nicht einzelne Personen, Häuser oder Städte; sondern ganze Länder und Völker betreffen. Die Personen müssen die ansehnlichsten von der Welt, nämlich Könige und Helden und große Staatsleute seyn" (‚Critische Dichtkunst', Teil 1, Kap. 4, §§ 21–26).
Sind diese Bedingungen erfüllt, so sind für die Güte eines Dichtwerks noch maßgebend die lichtvolle Ordnung im Ganzen, die Stimmigkeit in der einzelnen Wendung, Klarheit und Treffsicherheit der Bilder, die Durchsichtigkeit der Diktion insgesamt und die Reinheit der Prosodie. Das Wunderbare ist zugunsten des Wahrscheinlichen nach Möglichkeit aus dem Kunstwerk zu verbannen: Zur Welterklärung und zur Sinndeutung menschlichen Daseins bedarf es weder der Teufel und Hexen und Zauberer in der Poesie noch des In-sich-Versinkens oder des Außer-sich-Seins des Dichters.
Die alte Frage, ob dichterisches Vermögen auf Phantasie und Begeisterung (ingenium) beruht oder auf

Können und geduldigem Feilen (ars), entscheidet Gottsched mit Horaz dahin gehend, daß Talent ohne die Zucht des Verstandes nur der sinnlichen Belustigung dienen oder allenfalls verfehlte Karikaturen und verspottenswerte Monstrositäten („Pickelheringspossen und andere phantastische Erfindungen", Kap. 2, § 12) hervorbringen kann. – Dichterisches Genie ist für Gottsched in erster Linie Fleiß. Denn Dichtung ist – ganz im traditionellen Sinne – Nachahmung der Natur. Um ein geschickter Nachahmer aller natürlichen Dinge zu sein, muß der Poet zweifellos schon von seiner Veranlagung her eine starke Einbildungskraft, viel Scharfsinnigkeit und lebhaften Witz besitzen. Natur ist aber nicht einfach nur Natur, sondern das vernünftig Geordnete. Um sie nachahmen zu wollen, bedarf es also auch der Kenntnis ihrer unwandelbaren Gesetze. Solche Kenntnis erwirbt sich der Dichter durch unablässiges Bemühen um Wissen, Bildung, Lebens- und Menschenkenntnis. Daß der Dichter darüber hinaus ein ehrliches und tugendliebendes Gemüt haben muß, versteht sich von selbst.
Alle diese Qualitäten sind für den Dichter unabdingbar. Wie aber steht es nun mit seinen Kenntnissen der unwandelbaren Gesetze der Ästhetik? Muß der Dichter gar auch noch in höchsteigener Person ein „Criticus" sein, d. i. ein „Gelehrter, der von freien Künsten philosophieren oder Grund anzeigen kann" (Kap. 2, § 3)? Bei dieser Frage kommt der „gute Geschmack des Poeten" ins Spiel!

Zur Interpretation
Es handelt sich bei der im Lesebuch abgedruckten Textstelle um einen Ausschnitt aus dem dritten Kapitel des ersten Teils der ‚Critischen Dichtkunst': „Vom guten Geschmacke eines Poeten".
Gottsched geht in diesem Kapitel aus vom alltäglichen Gebrauch des Wortes „Geschmack" und definiert ihn als die Seelenkraft (das psychische Vermögen) des Menschen, womit die unterschiedlichen Eindrücke (Empfindungen) der Zunge vorgestellt und nach ihren Unterschieden beurteilt werden können. Diese Vorstellungen und Unterscheidungen sind „klar" (wir können in gesunden Tagen „klar" unterscheiden zwischen süß, sauer, herb usw.), aber sie sind nicht „deutlich" (wir können nicht sagen, „worinnen der saure Geschmack vom bittern, dieser vom herben, scharfen u. s. f. unterschieden sey, und woran wir einen vor dem andern erkennen? Dieses zeiget, daß unsere Vorstellungen davon verwirrt und eben so undeutlich sind, als die Begriffe von der rothen, blauen, grünen oder gelben Farbe").
Die metaphorische Bedeutung des Geschmackes – so fährt Gottsched fort – ist ebenso verknüpft mit zwar „klaren", aber nicht ganz „deutlichen" Dingen, Dingen, die man nach der bloßen Empfindung, nicht aber nach feststehenden Regeln und nach Einsicht beurteilt. Insofern sind Geschmacksfragen solcher – metaphorischer – Art fast nur bei den sog. „freyen Künsten (und in etlichen andern sinnlichen Dingen)" gestellt, nicht aber z. B. in der Arithmetik und Geometrie oder in anderen Wissenschaften.
Fast will es scheinen, daß Gottsched damit die freien Künste aus der Systematik des Regelhaften, nämlich „Deutlichen" entläßt und sie dem willkürlichen Urteil des Geschmacks überantwortet. Dem ist nicht so. Auch in den freien Künsten gibt es Regeln, und bei diesen Regeln kommt es nicht auf den bloßen Eigensinn der Menschen an; „sondern sie haben ihren Grund in der unveränderlichen Natur der Dinge selbst; in der Übereinstimmung des Mannigfaltigen, in der Ordnung und Harmonie. Diese Gesetze nun, die durch langwierige Erfahrung und vieles Nachsinnen untersuchet, entdecket und bestätiget worden, bleiben unverbrüchlich und feste stehen: wenn gleich zuweilen jemand, nach seinem Geschmacke, demjenigen Werke den Vorzug zugestünde, welches mehr oder weniger dawider verstoßen hätte" (§ 8).
Es geht also bei der Frage nach dem Geschmack in künstlerischen Dingen letztendlich um folgendes: Wann läßt sich von einem guten, wann von einem schlechten Geschmack sprechen? Die Antwort lautet: Der gute Geschmack ist „der von der Schönheit eines Dinges nach der bloßen Empfindung richtig urtheilende Verstand, in Sachen, davon man kein deutliches und gründliches Erkenntnis hat", der schlechte Geschmack ist ebenfalls der nach der bloßen Empfindung von undeutlich erkannten Sachen urteilende Verstand, jedoch der falsch urteilende (§ 9).
Die abgedruckte Textstelle faßt diese vorausgehenden Gedanken im ersten Abschnitt (§ 10) zunächst zusammen, indem die wichtigsten Elemente noch einmal ausdrücklich hervorgehoben werden:
1. Der Geschmack im übertragenen Sinne ist das psychische Vermögen, aufgrund von Empfindungen (nicht Einsichten) Urteile zu fällen (S. 43, Z. 3ff.).
2. Die Empfindungen haben als realen oder vorgestellten Inhalt Schönheit zum Gegenstand; die Kriterien des Geschmacksurteils sind Gefallen oder Nichtgefallen (S. 42/43, Z. 36–3).
3. Geschmacksurteile können richtig oder falsch sein (Z. 8ff.).
4. Das Kriterium für ‚richtig' oder ‚falsch' sind die durch Einsicht und Vernunft (von einer Minderheit) gewonnenen Regeln (Z. 13ff.).
Der Lehrsatz am Ende des Abschnitts stellt die Summe des bisher Erörterten dar.

Zweites Kapitel: Zu Text 22, S. 42f.

Der folgende Abschnitt (§ 11) bringt die Anwendung auf den Dichter bzw. Leser eines poetischen Werkes: Sie verfügen über den guten Geschmack, wenn sie allein aufgrund der Empfindung von Wohlgefallen oder Nichtgefallen zu einem den Regeln der Vollkommenheit eines dichterischen Werkes entsprechenden Urteil gelangen, sei es, daß sie die Regeln nicht kennen, sei es, daß sie sie zwar kennen, aber im speziellen Fall bzw. für den Augenblick nicht heranziehen wollen.

Im weiteren Verlauf des Kapitels vom guten Geschmack eines Poeten geht Gottsched insbesondere zwei Fragen nach: wie es komme, daß der üble Geschmack so weit verbreitet ist, und was zu tun sei, um den guten Geschmack zu fördern. Für die Beantwortung beider Fragen ist entscheidend: Weder der gute noch der üble Geschmack sind angeboren, der Mensch besitzt anlagemäßig lediglich die Fähigkeit, Geschmack in der einen oder anderen Richtung zu entwickeln. Entscheidend sind die Vorbilder, denen er in seiner Kindheit und Jugend ausgesetzt ist. Damit kommt der Erziehungsauftrag der Poesie wieder ins Blickfeld. Am Muster der alten und neuen Meister schult der angehende Poet wenn nicht seine Einsichtsfähigkeit in die Regeln, so doch seinen Geschmack. Durch sein vom guten Geschmack geleitetes dichterisches Schaffen wirkt er in die Breite der bürgerlichen Gesellschaft hinein und trägt so zu ihrer allmählichen Vervollkommnung (und damit letztlich zu ihrer Emanzipation) bei.

Durch das Konstrukt vom guten Geschmack wird die Poesie hinfort aus den Fesseln des Herrschaftswissens von wenigen Privilegierten befreit und der Teilhabe breiterer Schichten anheimgestellt. Ohne dieses Konstrukt würde die Dichtkunst, da sie den Regeln der Vernunft unterworfen ist, zu einer exklusiven Veranstaltung der philosophisch Gebildeten. So aber wird sowohl für die Produzenten wie auch für die Rezipienten von dichterischen Werken ein Zugang offengehalten, der zwar nicht auf Vernunft und Einsicht in die überdauernde Regelhaftigkeit von Kunstwerken beruht, diesen Grundsätzen jedoch auch nicht widerspricht.

Es sollte freilich auch die andere Seite der Lehre vom guten Geschmack gesehen werden, die Gottsched in der Folgezeit viel Häme eingebracht hat. Der sog. gute Geschmack kann zweifellos auf Vorbildliches gerichtet sein und insofern im positiven Sinn erzieherisch wirken. Häufig aber begleitet den guten Geschmack ein Zwang zur Uniformierung und Anpassung. In seinem Namen werden nur zu gern Opfer für herkömmliche Konventionen verlangt. In diesem Sinne wirkt der gute Geschmack lediglich nivellierend; denn alles, was von den üblichen Normen abweicht, was spontan und kreativ ist, gilt – wenn die nötige Toleranz fehlt – als abnormal oder gar als krank. Das führt dazu, daß man nicht selten im Gefolge des guten Geschmacks viel unnatürlich Geziertes findet: In der Regel gelten die Standards einer bestimmten gesellschaftlichen Gruppe, die nicht für jedermanns Lebensumstände passen, denen sich aber jedermann anpassen soll. Auch in Gottscheds Konzept ist dies so: Die Kriterien für guten Geschmack besitzt tatsächlich nur die Minderheit der philosophisch Gebildeten. Nicht zuletzt diese Konsequenzen der Lehre vom guten Geschmack führten zu der radikalen Ablehnung Gottscheds durch Teile der nachwachsenden Generation, für die er nur mehr eine Spottfigur war.

Zur Behandlung im Unterricht

Der Stellenwert des „guten Geschmacks eines Poeten" in Gottscheds rationalistischer Auffassung vom Wesen und von der Wirkung der Poesie ist aus dem Text allein nicht unmittelbar erschließbar. Es wird daher nötig sein, daß der Lehrer in Grundzügen Gottscheds Gesamtkonzept verdeutlicht. Hinweise dafür enthält der oben gegebene Kommentar.

Leichter wird es sein, die negativen Konsequenzen der Forderung nach dem guten Geschmack des Poeten zu erarbeiten. Die Schüler werden die wesentlichen Punkte selbst herausfinden, wenn man sie anregt, das heutige Verständnis des Wortes „Geschmack" einschließlich der Attribute „gut" und „schlecht" zu erörtern.

Die Ablehnung, auf die Gottscheds Poetik, namentlich auch die Lehre vom guten Geschmack, später gestoßen ist, dokumentiert in hervorragender Weise Goethes Rede ‚Zum Shakespeares-Tag' (Text 34). Hier findet sich u. a. der bemerkenswerte Satz: „Auf, meine Herren! trompeten Sie mir alle edle Seelen aus dem Elysium des sogenannten guten Geschmacks, wo sie schlaftrunken in langweiliger Dämmerung halb sind, halb nicht sind, Leidenschaften im Herzen und kein Mark in den Knochen haben und ... ihr Schattenleben zwischen Myrten und Lorbeergebüschen verschlendern und vergähnen" (S. 60, Z. 19ff.). Auch die meisten anderen Texte in diesem Kapitel des Lesebuchs, besonders die Texte in den Abschnitten II, IV und V, machen – mehr oder weniger explizit – den Widerspruch der Jüngeren gegen Gottscheds rationalistische Position deutlich. Am Beginn dieser Auseinandersetzung stehen die Schweizer Bodmer und Breitinger (Text 23, Breitinger). Ein Höhepunkt ist die Abrechnung Lessings mit Gottscheds Theaterreform im siebzehnten Literaturbrief (Text 26, Lessing).

Johann Jacob Breitinger: Von der hertzrührenden Schreibart (S. 43 f.) 23

Voraussetzungen des Textes
Gottsched beherrschte von Leipzig aus, wo er lebte und lehrte, seit dem erstmaligen Erscheinen seiner ‚Critischen Dichtkunst' zehn Jahre lang unbestritten die literarische Diskussion im deutschsprachigen Raum. Dann freilich machte sich entschiedener Widerspruch gegen ihn breit. Erste Wortführer der neuen Richtung waren die Schweizer Professoren Bodmer und Breitinger. Neben Leipzig wurde Zürich zu einem Zentrum des Literaturbetriebs. Kleine und größere Geister mischten sich in den Streit zwischen Gottsched und den Schweizern ein, und bald entwickelte sich eine erbitterte Literaturfehde beispiellosen Ausmaßes, in der die Gegner auch vor persönlichen Verunglimpfungen nicht zurückscheuten.
Der tiefere Grund des Streites lag in der grundsätzlich verschiedenen Auffassung von den psychischen Kräften des Menschen. Gottsched, der Vertreter der rationalistischen Aufklärung, betrachtete die Affekte als mehr oder weniger unkoordinierte Triebregungen, die vor allem das seelische Gleichgewicht, die reine vernunftgemäße Vorstellung zu stören vermögen. Bodmer und Breitinger dagegen sahen Gefühle eher als positive Antriebskräfte des Menschen an. Die wenigsten Dinge, die dem Menschen zu Bewußtsein gelangen, sind rein gegenständlicher Natur, also gewissermaßen affektneutral; in der Regel ist es etwas, über das er sich freut oder das ihn beunruhigt oder das sonstige Gefühle in ihm wachruft. Gerade um der Tugend zur Ausbreitung zu verhelfen – das ist das Anliegen der Schweizer ebensosehr wie das Gottscheds –, muß die Poesie sich solcher Gefühle bedienen. Aufgabe des Dichters ist es also, nicht nur den Verstand zu aktivieren, sondern auch das Herz zu rühren. Neben das 'docēre' tritt – wie das schon die antike Rhetorik gelehrt hatte – das 'movēre', ja das 'Rühren' gewinnt sogar das Übergewicht vor dem 'Belehren': „Alleine die Sachen, die nicht weiter bequem sind, als unsern Vorwitz zu stillen, ziehen uns nicht so sehr an sich, als die Sachen, die vermögend sind uns das Hertz zu rühren. Wenn es erlaubt ist so zu reden, so ist der Verstand in seinem Umgang schwieriger als das Herz" (Breitinger: Critische Dichtkunst, I, 6).
Das hat Weiterungen, zunächst in stofflicher Hinsicht: Wenn die Rührung des Gemüts ein legitimes Anliegen von Dichtung sein darf, so gilt es für den Dichter, nach Quellen der Rührung zu suchen. Er findet sie vor allem im Neuigkeitsgehalt seines Stoffes, und zwar auch und gerade in der Form des Wunderbaren. – Für Gottsched ist ein entscheidendes Kriterium für die Qualität einer Dichtung die empirisch nachvollziehbare Wahrscheinlichkeit des inneren und äußeren Geschehens: „Was nicht bey der gesunden Vernunft die Probe oder den Strich hält, das kann nicht für vollgültig genommen werden" (‚Über das Wahrscheinliche'). Nachahmung der Natur bedeutet ihm Nachahmung der empirisch faßbaren Realität. – Auch für Bodmer und Breitinger ist nun zwar das Aristotelische Prinzip der Nachahmung der Natur Ausgangspunkt aller Überlegungen, aber der Begriff der Natur umfaßt für sie auch das Mögliche. In deutlicher Anlehnung an Leibniz' Lehre von der besten aller *möglichen* Welten formuliert Breitinger gegenüber Gottsched: „Denn was ist Dichten anders, als sich in der Phantasie neue Begriffe und Vorstellungen formieren, deren Originale nicht in der gegenwärtigen Welt der würcklichen Dinge, sondern in irgend einem andern möglichen Welt-Gebäude zu suchen sind. Ein jedes wohlerfundenes Gedicht ist darum nicht anderst anzusehen, als eine Historie aus einer andern möglichen Welt. Und in dieser Absicht kömmt auch dem Dichter allein der Name ποιητοῦ, eines Schöpfers, zu." (I, 3; ποιητοῦ ist Genitiv von ποιητής = Schöpfer, Urheber, Dichter.)
– Die logische Konsequenz dieser Auffassung ist die Unterscheidung zwischen philosophischer und poetischer Wahrheit: „Man muß also das Wahre des Verstandes und das Wahre der Einbildung wohl unterscheiden... Das Wahre des Verstandes gehört für die wirkliche Weltweißheit [d. i. die Philosophie, A. H.], hingegen eignet sich der Poet das Wahre der Einbildung zu" (I, 6).
Aber nicht nur stofflicher Natur sind die Anforderungen an den Dichter, sondern auch in stilistischer Hinsicht gelten neue Ansprüche. Diesem Aspekt gilt der im Lesebuch abgedruckte Text. Dabei handelt es sich um einen Abschnitt aus dem Kapitel ‚Von der hertzrührenden Schreibart' aus der ‚Critischen Dichtkunst' des Johann Jacob Breitinger. Dieses Werk erschien 1740 in zwei Bänden mit jeweils 13 bzw. 10 Kapiteln (die so bezeichnende Überschriften haben wie ‚Von der Wahl der Materie', ‚Von dem Neuen', ‚Von dem Wunderbaren und dem Wahrscheinlichen', ‚Von der Verwandlung des Würcklichen ins Mögliche', ‚Von der Kunst gemeinen Dingen das Ansehen der Neuheit beyzulegen', ‚Von den Machtwörtern', ‚Von den gleichgültigen Wörtern und Redensarten', ‚Von der Würde der Wörter' u. a.).

Zur Interpretation
Der Gedankengang läßt sich folgendermaßen gliedern: Am Beginn steht die Definition der beweglichen (= bewegenden) und herzrührenden Schreibart: Sie ist eine ungezwungene Nachahmung der Sprache, welche die Natur einem von einer Leidenschaft Bewegten in den Mund legt (S. 43, Z. 40–43). – Es folgen die

Zweites Kapitel: Zu Text 24, S. 45 ff.

Implikationen dieser Definition: 1. Es handelt sich um eine Sprache eigener Art. 2. Ihre Besonderheit besteht nicht in einer speziellen Begrifflichkeit, sondern in dem „Schwung ihrer erhizten und phantastischen Vorstellungen" (S. 43/44, Z. 44–1). – Der zweite Punkt wird näher ausgeführt: a) Die Besonderheit liegt nicht auf der lexikalischen oder semantischen Ebene; das würde nur ihr Verstehen erschweren (Z. 1–5); b) sie ist zu suchen auf der syntaktischen und stilistischen Ebene; es sind die besondere Anordnung, Verbindung und Zusammensetzung der einzelnen Elemente sowie die Einrichtung der Sätze, die den besonderen Schwung einer Gemütsleidenschaft vermitteln (Z. 5–13). – Eine weitere Implikation (3.) schließt sich an: Da die Leidenschaften zur Natur des Menschen gehören, also anthropologisch begründet sind, ist auch ihr sprachlicher Ausdruck allgemeinen Gesetzen unterworfen und nicht etwa den Gesetzen einer bestimmten Sprachgemeinschaft. Die Sprache der Leidenschaften muß daher auch nicht eigentlich gelernt werden (wie die Nationalsprachen, d. s. die „andern Sprachen"), sondern sie ist eine Gabe der Natur und damit eine allgemein menschliche Sprache (Z. 13–26). – Das Beispiel von den „unstudierte[n] Leute[n]" erläutert diesen Gedanken (Z. 26–33), die Autorität des antiken Theoretikers Quintilian stützt ihn vollends ab (Z. 33–36). Der Schluß des Abschnitts bringt in Anlehnung an die Definition vom Anfang die Nutzanwendung der voraufgegangenen Ausführungen für den angehenden Dichter: Wer Leidenschaften wirkungsvoll darstellen will, muß sie selbst empfinden. Die Natur, sein Herz wird ihn leiten (Z. 36 ff.).

Zur Behandlung im Unterricht
Drei wichtige Erkenntnisse können am Text erarbeitet werden:
1. Neben den Nationalsprachen gibt es eine „natürliche Sprache", die zwar aufbaut auf den Elementen der jeweils besonderen Sprache, indem sie deren isolierbare Elemente (Worte, Begriffe, Ausdrücke) benutzt, die aber doch übergreifender Art ist, insofern sie sich allgemein menschlicher Ausdrucksmöglichkeiten bedient. Diese Sprache ist weder an Sprachgrenzen noch an Standesgrenzen gebunden.
2. Die Kontrollinstanz dieser Sprache ist nicht der Verstand, sondern das Herz, der Sitz der Leidenschaften.
3. Leidenschaften (Gefühle) gehören nicht nur zum Wesen der menschlichen Natur, sondern sie machen das „Centrum gravitatis" aus, „nach welchem sich der Mensch in dem angewiesenen Rang unter den göttlichen Geschöpfen erhält" (Z. 13–16). Sie sind m. a. W. Ausgangs- und Zielpunkt menschlichen Verhaltens zugleich.
Darüber hinaus liegt es nahe, den Text zusammen mit Nr. 22 (Gottsched) in einem weitergehenden Zusammenhang zu behandeln. Der Vergleich ergibt, daß die Schweizer Theoretiker gegenüber Gottsched die Möglichkeiten der Poesie sowohl hinsichtlich ihrer Gegenstände und Darstellungsmittel als auch hinsichtlich ihrer Wirkungen auf den Kreis der Rezipienten beträchtlich erweitert haben. Schon Gottsched hatte durch das Konstrukt vom guten Geschmack die Poesie aus den Fesseln des Herrschaftswissens der wenigen Kunstsachverständigen (der „Critici") zu befreien versucht, wenngleich er von ihrer vernunftgebundenen überdauernden Regelhaftigkeit überzeugt blieb. Hier nun sind im Konzept einer gewissermaßen primären natürlichen (Ausdrucks-)Sprache nicht nur Nationengrenzen und Standesschranken aufgehoben, durch die Legitimierung der Gemütskräfte neben denen des Verstandes und der Vernunft wird auch der Subjektivität im schöpferischen Akt der Weg gebahnt. Mit der Ausweitung des Begriffs der Wahrheit über das Wirkliche hinaus auf das Mögliche (s. o.) und der neuen „hertzrührenden Schreibart" stoßen die Schweizer Ästhetiker die Tür zur Zukunft auf. Bereits der im Lesebuch folgende Text (Nr. 24, Klopstock) legt dafür Zeugnis ab.

24 Friedrich Gottlieb Klopstock: Von der heiligen Poesie (S. 45 ff.)

Zum Text
Die kleine Schrift ‚Von der heiligen Poesie' erschien erstmals als Vorrede zum ersten Band der Kopenhagener Ausgabe des ‚Messias' (1755). Das Wort von der heiligen Poesie bedeutet also nicht, daß der Poesie schlechthin das Attribut heilig zukommen würde – ein Verständnis, das die später geläufige Metapher vom Dichter als einem gottgleichen Schöpfer nahelegen könnte –, sondern meint einen speziellen inhaltlichen Aspekt der Poesie: „heilig" sind poetische Werke mit religiösem Inhalt – wie ‚Der Messias'.
Klopstock stellt sich in dieser Abhandlung zunächst die Frage, „ob es erlaubt sei, den Inhalt zu Gedichten aus der Religion zu nehmen". Da er dies positiv beantworten zu können glaubt, geht er im weiteren der Frage nach, „unter welchen Bedingungen man von Materien der Religion dichten dürfe". Hier, so meint Klopstock, müsse man unterscheiden zwischen Bedingungen, die allein vom Genie und Geschmack des Poeten abhängen, also ästhetischen und moralischen Kriterien unterworfen sind, und Bedingungen, die

Zweites Kapitel: Zu Text 24, S. 45 ff.

„vor den Richterstuhl der Religion [gehören]". Bevor von den letzteren die Rede sein kann, müssen die ersteren geklärt sein: die Bedingungen also der „höheren" Poesie, die sich im Unterschied zu „andern Arten der Poesie" (vgl. S. 45, Z. 17) – niederen Arten – zwar mit hohen und erhabenen Gegenständen beschäftigt, aber eben im Unterschied zur „heiligen" Poesie nicht mit den höchsten und erhabensten, nämlich religiösen.
Der im Lesebuch abgedruckte Text handelt also, anders als die Überschrift wiederum suggerieren könnte, ausdrücklich nicht, jedenfalls in seinen Hauptteilen nicht, von der „heiligen" Poesie, jetzt im inhaltlichen Sinne, sondern von der „höheren" Poesie als deren Voraussetzung.

Zur Interpretation
Typisch für Gottsched und Breitinger war ihr Bemühen um eine streng logische Entwicklung des Gedankengangs. Klopstocks Ausführungen sind dagegen hinsichtlich der Verknüpfung der Gedanken eher assoziativ fortschreitend, im ersten Teil des Textausschnitts geradezu aphoristisch aneinanderreihend. Genau dies bedeutet einen wichtigen Schritt in der Entwicklung von der Frühaufklärung zur Hochaufklärung, beschreibbar als Loslösung aus einem für objektiv gehaltenen Systemdenken hin zu einer wachsenden Freiheit des Geistes und zu einem zunehmenden Subjektivismus.
Eben dies auch macht es freilich auch schwierig, die Gedanken des Textes gewissermaßen auf den Punkt zu bringen. Voraussetzung dazu ist eine sorgfältige Gliederung. Wir schlagen folgende Einteilung vor:
1. S. 45, Z. 3–38: Annäherungsversuche in eher aphoristischer Form an Wesen und Bedingungen der „höheren" Poesie;
2. S. 45/46, Z. 39–24: psychologische Voraussetzungen für die Wirkung der „höheren" Poesie;
3. S. 46/47, Z. 25–7: Exkurs über den „Grundriß im Ganzen" bei einem Werk der „höheren" Poesie;
4. S. 47, Z. 8–26: Wirkungen des Erhabenen in der „höheren" Poesie unter Berücksichtigung der psychischen Funktionen;
5. S. 47, Z. 27 ff.: Ausblick auf das Religiöse in der „heiligen"Poesie.
Im Kern sind alle Gedanken, die in den späteren Abschnitten ausgebreitet werden, schon im *ersten Abschnitt* in Form zugespitzter Sentenzen enthalten. Die wichtigste Stelle ist hier zweifellos diese: „Der Poet, den wir meinen, muß uns über unsre kurzsichtige Art zu denken erheben, und uns dem Strome entreißen, mit dem wir fortgezogen werden. Es muß uns mächtig daran erinnern, daß wir unsterblich sind, und auch schon in diesem Leben, viel glückseliger sein könnten" (Z. 27–30). – Daher ist der Witz (Scharfsinn, der sich vorzüglich an den Verstand wendet) kein wesentliches Merkmal eines Genies; das Genie bedarf vor allem der Kräfte des Herzens. Daher müssen die Werke des Genies – die „höhere" Poesie – die *ganze* Seele des Lesers/Zuhörers bewegen, und zwar nicht leicht, sondern „in allen ihren mächtigsten Kräften" (Z. 10/11). Daher bedarf es des „Schauplatzes des Erhabenen" (Z. 9); denn nur so ist „moralische Schönheit" (Z. 26) zu erreichen. Und so wie die höchste Stufe der Moral in der christlichen Offenbarung repräsentiert ist, so ist die höchste Stufe „moralischer Schönheit" eben nur in dichterischen Werken zu finden, deren Gegenstände religiöser Art sind. (Dies ist der Punkt, an dem die „höhere" Poesie in die „heilige" Poesie übergeht.)
In den folgenden Abschnitten bemüht sich Klopstock, die wichtigsten Gedanken näher auszuführen.
Der *zweite Abschnitt* nimmt den Gedanken wieder auf, daß das Werk des Genies die ganze Seele bewegt. Die These wird psychologisch untermauert: Der wahre Poet versteht es, die drei Seelenkräfte – Einbildungskraft, Verstand und Wille (Herz) – gleichzeitig zu aktivieren: „er bringt uns mit schneller Gewalt dahin, daß wir ausrufen, uns laut freuen; tiefsinnig stehnbleiben, denken, schweigen; oder blaß werden, zittern, weinen" (S. 46, Z. 14/15). Worauf diese Wirkung im einzelnen beruht, worin das Ineinanderspiel der psychischen Funktionen besteht, läßt sich freilich nicht präzise ausmachen: Der Poet weiß es ganz einfach, kennt sich gleichsam a priori in dem verschlungenen „Labyrinth" (Z. 22) der menschlichen Seele aus. – Besonders bemerkenswert ist hier der eindrücklich erhobene Anspruch Klopstocks auf das Recht auf dichterische Inspiration.
Im *vierten Abschnitt* wird das Zusammenspiel der Seelenkräfte noch einmal beschworen: Sei es, daß der Dichter sich mehr an die Einbildungskraft des Lesers/Zuhörers wendet (S. 47, Z. 14/15), sei es, daß er vordringlich den Verstand anspricht (Z. 17) oder das Herz angreift (Z. 20) – der wahre Poet wird gleichwohl die ganze Seele, also auch die je zwei anderen psychischen Funktionen, in Bewegung setzen. Freilich – und dieser Gedanke ist neu – verspricht das Vorgehen, womit der Dichter mitten ins Herz zielt, besondere Wirkung (Z. 21–26; man beachte den enthusiastischen Stil). Hier behauptet Klopstock die Dominanz der Affekte vor den Verstandeskräften, d. h., hier ist nicht nur die Ablösung von der einseitig intellektuellen Wirkungsästhetik Gottscheds mit Entschiedenheit formuliert, sondern der Schritt zu einer überwiegend emotionalen getan. Schon die Schweizer Ästhetiker Bodmer und Breitinger haben – in Anlehnung an den

Zweites Kapitel: Zu Text 24, S. 45 ff.

Franzosen Dubos – betont, daß „der Verstand in seinem Umgang schwieriger [sei] als das Herz" (s. o.), aber sie taten dies im Rahmen ihres rationalen Systemdenkens. Hier finden wir den Gedanken nicht nur durch den Kontext, sondern auch durch die sprachliche Form in neuer, originaler Weise begründet. Freilich: Klopstock redet hier nicht einer subjektiven Dichtung in dem Sinne das Wort, daß das individuell einmalige Erlebnis Gegenstand der Bewegung der Gefühle sein sollte; ihm geht es um die großen Gefühle, und sie können sich nur an großen, erhabenen Gegenständen entzünden. Das erste Wort dieses Abschnitts handelt nicht umsonst vom „Erhabenen" (S. 47, Z. 8).
Der *fünfte Abschnitt* führt diesen Gedanken weiter: Höchste Stufe des Erhabenen und der Erhebung bedeutet es, wenn der Dichter – wie Klopstock selber es getan hat und noch tut – sich religiösen Inhalten zuwendet. Vornehmste Aufgabe der Poesie ist es, die Worte der Offenbarung, des christlichen Glaubens, zu vermitteln. Was in den „Lehrbüchern" durch die Wendung an den Verstand allein zu einem bloßen „Gerippe" (Z. 34) verwest ist, kann der Dichter, der sich den Bedingungen der „höheren" Poesie verpflichtet weiß und sich nun zusätzlich den Bedingungen der Religion unterwirft, im Sinne der „heiligen" Poesie zum „gesunden männlichen Körper" wiedererstehen lassen.
Eine gewisse Sonderstellung nimmt der *dritte Abschnitt* ein: Er mutet zunächst an wie ein – unvermittelter – Exkurs über dichterisches Planen. Bei genauerem Hinsehen ist das assoziative Denken nachvollziehbar: Gegen Ende des 2. Abschnitts hat Klopstock mit bemerkenswerter Entschiedenheit auf die (subjektive) Intuition des schöpferischen Individuums hinsichtlich der Berechnung der Wirkungen von Poesie auf die Seelenkräfte des Lesers/Zuhörers verwiesen und vor allen Versuchen gewarnt, diese „Feinheit" gründlich erforschen und damit lehrbar machen zu wollen. Mit dem letzten Satz in diesem Zusammenhang („Doch etwas läßt sich davon sagen") nimmt er sich selber ein Stück weit wieder zurück. Der in Frage stehende Abschnitt ist gekennzeichnet vom Bemühen um rationale Begründung des dichterischen Entwurfs. Bemerkenswert sind Äußerungen wie diese: Kunst (im Sinne von bewußt planendem Vorgehen) ist unentbehrlich, soll die Seele im ganzen bewegt werden, aber sie muß in ihrem geheimsten Hinterhalt verdeckt sein und wirkt desto mächtiger, je verborgener sie ist (vgl. S. 46, Z. 34/35). Der Poet verfährt zwar rational planend, aber „unvermerkt" (Z. 41). – Dieser Abschnitt zeigt deutlich, daß die neue Empfindsamkeit noch auf dem Boden der frührationalistischen Aufklärung beruht.

Zur Behandlung im Unterricht
Grundlegende Einsichten über Klopstocks Auffassung vom Wesen der Poesie erschließen sich bereits aus dem ersten Abschnitt des Textes (entsprechend der oben gegebenen Gliederung). Besonders fruchtbar erscheint dabei eine Analyse der sprachlichen Form und der Gedankenführung (Stichwort: Aphorismus).
Die folgenden Abschnitte können je nach der Intention des Lehrgangs entweder (u. U. in Auswahl) abschnittweise vertieft behandelt oder aber nur kursorisch gelesen werden. Beim einen wie beim anderen Verfahren sollte der Zusammenhang mit den Gedanken des ersten Abschnitts hergestellt werden.
Leitende Gesichtspunkte für die Gesamtinterpretation des Textes können sein:
– Klopstocks Psychologie und seine Folgerungen bezüglich der Wirkung der Poesie auf den ganzen Menschen;
– die Verankerung des Klopstockschen Moralbegriffs in der christlichen Offenbarung und die sich daraus ergebende Auffassung des Erhabenen;
– Klopstocks Geniebegriff.
Es liegt nahe, die von Klopstock hier entwickelten Gedanken über „höhere Poesie" auf eines seiner in dieser Stilart geschriebenen Gedichte anzuwenden (vgl. z. B. ‚Gedichte von den Anfängen bis zur Gegenwart', Ernst Klett Verlag, Stuttgart 1985, S. 17: ‚Dem Unendlichen', S. 72: ‚Die Frühlingsfeier'; vgl. auch ebd. S. 75 und 77).
Der Text kann darüber hinaus auch zum Anlaß genommen werden, im Unterricht – und zwar unter Einbeziehung diesbezüglicher Erfahrungen der Schüler – die Frage zu erörtern, ob wir heute noch von Literatur und Kunst das „Erhabene" / „Höhere" erwarten, oder was sonst an seiner Stelle.
Unter literaturhistorischem Blickwinkel läßt sich leicht die große Nähe der Klopstockschen Auffassung vom Wesen der „höheren" und der „heiligen" Poesie zu der Poetik Bodmers und Breitingers aufzeigen. Klopstock selbst weist in einem Brief vom 10. August 1748 an Bodmer auf diese Verbindung hin: ‚Ich war ein junger Mensch, der seinen Homer und Virgil las und sich schon über die kritischen Schriften der Sachsen [d. s. Gottsched und seine Anhänger, A. H.] im stillen ärgerte, als mir Ihre und Breitingers in die Hände fielen. Ich las, oder vielmehr ich verschlang sie; und wenn mir zur Rechten Homer und Virgil lag, so hatt' ich jene zur Linken, um sie immer nachschlagen zu können. O wie wünscht' ich damals Ihre versprochene Schrift: ‚Vom Erhabenen' schon zu besitzen, und wie wünsch' ich es jetzt noch! Und als Milton, den ich

Zweites Kapitel: Zu Text 25, S. 47f.

vielleicht ohne Ihre Übersetzung allzuspät zu sehen bekommen hätte, mir in die Hände fiel, loderte das Feuer, das Homer in mir entzündet hatte, zur Flamme auf und hob meine Seele, um die Himmel und die Religion zu singen..."

Johann Georg Hamann: [Poesie ist die Muttersprache des menschlichen Geschlechts] 25 (S. 47f.)

Zu Autor und Werk
Das Zentrum des Hamannschen Denkens – auch seiner ästhetischen Überlegungen – bilden seine religiösen Grundüberzeugungen, zu denen er in einem persönlichen Bekehrungserlebnis gelangt ist und die ihn in scharfen Widerspruch zu den rationalistischen Strömungen seiner Zeit, insbesondere auch zur rationalistischen Bibelexegese, treten ließen. Für Hamann (1730–1788) ist – nur soviel sei hier angedeutet – Ziel aller Erkenntnisbemühungen die Erkenntnis vom Walten und Wirken des einen, persönlichen, in Christus fleischgewordenen Gottes. Drei Quellen der Erkenntnis eröffnen sich vornehmlich: die Bibel, die Natur und die Geschichte; denn sie sind alle drei Anreden Gottes an den Menschen, Offenbarung seines Wesens in mehr oder weniger verhüllter Form. Für die Deutung dieser Phänomene genügt nicht die verstandesmäßige Aneignung der Gesetze in der Natur und in der Geschichte und eine philologisch orientierte Bibelkritik, vielmehr bedarf es der Kräfte des Gefühls und der Empfindung, der Sinne und der Anschauung. Der Poesie kommt in diesem Deutungsprozeß ein besonderer Rang zu: Sie ist in Bilder gefaßt, unmittelbar zu den Sinnen und Leidenschaften sprechende Wiedergabe der Natur und damit eine Wiedergabe des in der Natur sich offenbarenden Gottes selbst. Damit bekommt die Poesie bei Hamann in einem umfassenderen Sinne als bei Klopstock die Qualität des 'Heiligen'. Bei Klopstock war Poesie „heilig", sofern sie sich der erhabenen Gegenstände der Religion bemächtigte, bei Hamann hat Poesie die Qualität des 'Heiligen' in dem Sinne, daß sie sich zum Sprachrohr Gottes selbst macht. Der Dichter ist Dolmetscher des sich offenbarenden Gottes, ist dessen Prophet oder Priester.
Die kleine Schrift ‚Aesthetica in nuce', der die Lesebuchausschnitte entstammen, gehört zu einer Reihe von Aufsätzen, die Hamann 1762 unter dem Titel ‚Kreuzzüge des Philologen' veröffentlichte.

Zur Interpretation
Hamann bezeichnet seine Schrift zur Ästhetik im Untertitel als eine „Rhapsodie in kabbalistischer Prose" und deutet damit selbst das Bruchstückhaft-Fragmentarische und Geheimnisvolle seiner Ausführungen an. In der Tat bietet er alles andere als eine logisch-systematische Entwicklung seines Anliegens in einer klar verständlichen sprachlichen Form. Vielfach erschöpft er sich in Andeutungen, die mehr ein dunkel ahnungsvolles Gefühl dessen, was gemeint sein kann, evozieren als klare Vorstellungen. Es sei hier dahingestellt, ob es sich dabei – wie die ältere Hamann-Forschung meinte – um ein Überwältigtwerden des Autors, der übrigens Stotterer war, durch den irrationalen Andrang von nur halbbewußten Inspirationen handelt oder – wie man neuerdings glaubt – um eine bewußt verhüllende Art des Sprechens. Zweifelsfrei ist, daß Hamann, der 'Magus des Nordens' – er verbrachte die meiste Zeit seines Lebens in Königsberg –, ein äußerstes Maß an Subjektivität sowohl in der Form der einzelnen sprachlichen Äußerung als auch in der Verknüpfung der z. T. rätselhaften, allenfalls dem Ich des Autors verständlichen Assoziationen und Gedankensplitter walten läßt. Auch die vielen Zitate aus der Bibel und aus sonstiger Literatur (in den wiedergegebenen Partien z. B. aus Bacon, Erasmus, Horaz, Ausonius, Wachter) sind nicht Zeichen eines Bemühens um Objektivität; vielfach erweisen sich solche Anspielungen als kühne subjektive Umdeutungen durch den Verfasser.
Versucht man, trotz des schwierigen Zugangs den Sinngehalt des Textes zu enträtseln, so schälen sich – bei Tolerierung mancher widersprüchlicher Deutungen im einzelnen – folgende Grundgedanken heraus: Vor aller Vernunfterkenntnis steht die Erkenntnis durch die Sinne und Leidenschaften. Voraussetzung solcher Erkenntnisart ist Anschauung, „Licht"; Ausdruck dieser Erkenntnis sind Bilder oder m. a. W. die symbolhafte, sinnliche Sprache der Poesie (S. 48, Z. 3/4). Die Schöpfung selbst ist sinnlich-anschauliche Offenbarung des Schöpfers (S. 48, Z. 4–7), Rede Gottes an die Kreatur durch die Kreatur (S. 48, Z. 11–14), im eigentlichen und tiefsten Sinne also selbst Poesie (griechisch 'poesis' heißt ursprünglich 'Schöpfung'). Der Mensch als Teil der Schöpfung und Ebenbild des Schöpfers ist die höchste Form sinnlich faßbarer Offenbarung (S. 48, Z. 8–10). Früher verstanden die Menschen die Sprache des göttlichen Poeten, sie hatten daran teil, sprachen selbst diese Sprache (S. 47/48, Z. 41–2). Die Menschen der Gegenwart haben diese

Zweites Kapitel: Zu Text 26, S. 48f.

Fähigkeit verloren. Wie Schüler, die die Aufgabe haben, aus den zerstückelten und durcheinandergeworfenen Versen einer Dichtung (Turbatverse, S. 48, Z. 15; disiecti[!] membra poetae, S. 48, Z. 15/16; vgl. Horaz, Sat. I 4, 62) dieselbe wiederherzustellen, stehen sie vor einer nur mehr bruchstückhaft erfahrbaren Natur (S. 48, Z. 14–16). Die Gelehrten und die Philosophen bemühen sich in ihrer Weise um die Einzelteile, nur dem Poeten ist es gegeben, die Natur in ihrer Ganzheit wiederherzustellen, sichtbar zu machen, „in Geschick zu bringen" (S. 48, Z. 16–18). – Wie die Schöpfung selbst eine Rede Gottes ist, so ist menschliches Reden Übersetzung aus einer Engelsprache in Worte, Namen, Zeichen. Dabei lassen sich analog zur Entwicklung der Schrift (nach Joh. Georg Wachter, 1752: kyriologisches, hieroglyphisches und charakteristisches Stadium, d. h., am Anfang besteht die Schrift in den Bildern der Dinge, dann wird durch Bilder auch Unbildliches ausgedrückt, schließlich stehen nur mehr willkürliche Zeichen für die Dinge der natürlichen und geistigen Welt) drei Stadien in der Entwicklung des menschlichen Geistes festmachen: das poetische Zeitalter, das historische und das philosophische (S. 48, Z. 19–22). Letzteres – so fährt Hamann im Anschluß an den Lesebuchausschnitt fort – bleibt in seinen Bemühungen um ein Übersetzen aus der Engelsprache am weitesten hinter dem wahren Sinn der Schöpfung zurück: „Diese Art Übersetzung [...] kommt mehr, als irgend eine andere, mit der verkehrten Seite von Tapeten überein, [...] oder mit einer Sonnenfinsternis, die in einem Gefäße voll Wassers in Augenschein genommen wird." Das poetische Zeitalter dagegen stand noch im Einklang mit der göttlichen Poesis. Daher ist Poesie die Muttersprache des menschlichen Geschlechts (S. 47, Z. 41 ff.).

Zur Behandlung im Unterricht
Bei der Behandlung des Textes im Unterricht wird von seiten – zumindest eines Teils – der Schüler mit deutlichen Widerständen, wenn nicht gar mit Ablehnung, zu rechnen sein. Man sollte solche Widerstände sich artikulieren lassen. Aus der Reflexion der ablehnenden Haltung können in einem zweiten Schritt wesentliche Strukturmerkmale des Textes erarbeitet werden, zunächst auf der formalen Ebene, dann auch auf der inhaltlichen. Wenn auch nicht erwartet werden kann, daß die Schüler die Gedankenwelt Hamanns, soweit sie in den Textausschnitten sichtbar wird, in ihrer ganzen Tiefe, insbesondere auch in ihren theologischen Implikationen, erfassen, so wird ihnen doch nachdrücklich deutlich werden, daß hier die Dichtkunst aus allen früheren und gegenwärtigen Regelzwängen, sogar aus den Zwängen einer überlieferten sprachlichen Konvention, befreit wird und daß ihr ein wesentlich anderer Rang zukommt als etwa bei Gottsched und Breitinger, aber auch bei Klopstock oder bei Lessing.

Thematische Bezüge zu anderen Texten
Hamann hat nicht nur mächtig eingewirkt auf die Generation der Stürmer und Dränger, seine Wirkung erstreckt sich bis auf die Romantik und darüber hinaus. Man vergleiche etwa Text 71, Wackenroder.

26 Gotthold Ephraim Lessing: Briefe, die neueste Litteratur betreffend (S. 48 f.)

Zum Text
Die Literaturbriefe sind ein Gemeinschaftswerk Lessings und seiner Berliner Freunde, darunter Mendelssohn und Nicolai. Sie erschienen, und zwar jeweils mehrere gleichzeitig, zwischen 1759 und 1765 in wöchentlichen Lieferungen im Umfang eines Druckbogens.
Der fiktive Empfänger, ein preußischer Offizier, der fern der Hauptstadt auf dem Lande eine Verwundung auskurierte, sollte durch seine Freunde über die neuesten Entwicklungen auf dem Gebiet der Literatur auf dem laufenden gehalten werden. 55 der Briefe schrieb Lessing selbst, die meisten zu Beginn des Unternehmens in den Jahren 1759 und 1760. Einer der berühmtesten ist der siebzehnte Literaturbrief vom 16. Februar 1759: Lessings bahnbrechender Versuch, dem Theater seiner Zeit eine neue Bestimmung aufzuzeigen.

Zur Interpretation
Der Kerngedanke des Textes läßt sich so fassen: Gottsched hat dem deutschen Theater eine falsche Spur gezeigt. Um tatsächliche Verbesserungen einzuleiten, hätte er, sich orientierend an der deutschen Denkungsart, nicht das französische Theater des 17. Jahrhunderts zum Vorbild erklären müssen, sondern das englische, genauer: das Theater Shakespeares. Dieses kommt dem Wesen der Tragödie, wie sie musterhaft die Griechen entwickelt haben, näher als das französische.
Über die Hälfte des Textes (S. 48, Z. 25–S. 49, Z. 16) nimmt die Auseinandersetzung mit Gottsched ein. Bekanntlich hatte dieser versucht, in Verbindung mit der Schauspieltruppe der Friederike Caroline

Zweites Kapitel: Zu Text 26, S. 48f.

Neuberin (1697–1760) das damalige Theater in Deutschland von den verwilderten Auswüchsen der üblichen Haupt- und Staatsaktionen mit ihrem Stegreifspiel und eingestreuten derben Hanswurstpossen zu befreien. Gottsched hielt sich dabei an das Muster des französischen Theaters des 17. Jahrhunderts. In sechs Bänden ‚Die deutsche Schaubühne nach den Regeln und Exempeln der Alten' (1740–1745) veröffentlichte er neben Übersetzungen von Werken Corneilles, Racines, Voltaires, Molières und anderer eigene an diesen Mustern orientierte dramatische Versuche und solche seiner Schüler und Freunde. Alle diese Stücke sind mehr oder weniger gekennzeichnet durch ein trockenes, rationalistisches Kalkül und durch eine mechanisch-oberflächliche Einhaltung der Regel von den drei Einheiten (der Handlung, des Ortes und der Zeit). An diese dem literarisch gebildeten Publikum bekannten Tatsachen knüpft Lessing an. Die Stücke, auf die er anspielt (S. 49, Z. 1/2), waren in Gottscheds ‚Schaubühne' veröffentlicht, der „Schweitzerische Kunstrichter" (S. 48, Z. 41) war Bodmer, die „größte Harlequinade" war die symbolische Vertreibung des Hanswursts von der Bühne durch die Neubersche Schauspielertruppe.
In überaus pointierter Form eröffnen These und Antithese zu Gottscheds Wirken diesen Teil des Textes. Lessing will damit die Aufmerksamkeit des Lesers für die folgenden Ausführungen sicherstellen: Was hat Gottsched seinerzeit auf den deutschen Bühnen vorgefunden (S. 48, Z. 31–36), wie hat er darauf reagiert (S. 48, Z. 38–S. 49, Z. 8), was hätte er tun müssen (S. 49, Z. 9–16)?
In der Analyse des Vorgefundenen geht Lessing mit Gottsched konform, aber er vermag keine Leistung darin zu sehen. Der Ton ist polemisch und sarkastisch (vgl. Z. 36–38). Das setzt sich fort in den Ausführungen zu Gottscheds Gegenmaßnahmen. Der Hauptvorwurf, den Lessing in diesem Zusammenhang Gottsched gegenüber erhebt, ist der: Gottsched hat nicht untersucht, „ob dieses französirende Theater", das er sich zum Vorbild genommen hat, „der deutschen Denkungsart angemessen sey, oder nicht" (S. 49, Z. 7/8). Hätte er das getan, so hätte er leicht bemerken können, daß die Deutschen „mehr in den Geschmack der Engländer als der Franzosen einschlagen" (Z. 10/11). Leicht faßbare, wenngleich recht unverbindliche Reizworte, vorgebracht in Form antithetischer Begriffe, sollen das Gesagte verdeutlichen. Der Satz: „Er hätte also auf dieser Spur bleiben sollen, und sie würde ihn gerade Weges auf das englische Theater geführt haben" (Z. 15 f.), bildet den Abschluß dieser rückwärtsgewandten Polemik gegen Gottsched. Im folgenden spricht Lessing nicht mehr von Gottsched; das unpersönliche Fürwort „man" tritt an die Stelle des persönlichen „er".
Schon vorher (etwa ab S. 49, Z. 7, jedenfalls ab Z. 9) hat sich der Tonfall geändert. Lessing wird ernst. Im Grunde genommen geht es ihm nämlich gar nicht um Gottsched. Dessen Autorität war 1759 längst entschieden in Frage gestellt. Wenn er sagt, was Gottsched hätte tun müssen (ab Z. 9), dann ist das sein eigenes Programm, geschickt verhüllt unter dem Mantel der Kritik in der verallgemeinernden Form des Irrealis der Vergangenheit. Shakespeare gegen Corneille und Racine heißt die neue Losung, das Genie gegen den mechanischen Nachahmer. Das Volk, der Repräsentant der deutschen Denkungsart, wird zum Schiedsrichter aufgerufen.
Aus der Kritik an Gottsched heraus hat Lessing unmerklich seine eigene Position entwickelt. Jetzt bedarf es nur noch einer unerschütterlichen Autorität, um sie genügend abzusichern. Die „Alten" werden zu Kronzeugen Shakespeares (Z. 26 ff.): Der „Zweck der Tragödie", wie er sich aus den Mustern der Antike ergibt, ist es, „Gewalt über unsere Leidenschaften" zu haben. Shakespeares Dramen erfüllen diesen Zweck in höchster Vollendung, die Franzosen sind mehr (Corneille) oder weniger (Voltaire) davon entfernt. Lessing trifft die bedeutende Unterscheidung zwischen dem „Wesentlichen" und dem „Mechanischen" und eröffnet nicht zuletzt durch diese Unterscheidung einen Zugang zu seinem Geniebegriff: Shakespeare ist nicht deshalb ein Genie, weil er sich über die Muster der Antike hinweggesetzt, sondern weil er seine Dramen nach denselben Regeln schafft wie die Griechen, ohne diese Regeln zu kennen. Das Genie erfaßt intuitiv die – auch von Lessing für unabänderlich gültig gehaltenen – Gesetze der Kunst, es scheint „alles bloß der Natur zu danken zu haben" (Z. 23).

Zur Behandlung im Unterricht
Am Text können folgende Gesichtspunkte erarbeitet werden:
– Gottscheds erschütterte Autorität in Theaterfragen in den 50er Jahren des 18. Jahrhunderts; Lessings Beitrag zu dieser Demontage;
– Lessings zukunftweisendes Eintreten für Shakespeare als Vorbild für die neue Dichtergeneration in Deutschland;
– Lessings Versuch, das Wesen der Tragödie zu erfassen, und seine Unterscheidung zwischen dem „Wesentlichen" und dem „Mechanischen";
– Lessings Geniebegriff.

Zweites Kapitel: Zu Text 27, S. 49ff.

Darüber hinaus können am Text auch Stilmittel und Redestrategien persuasiver Textsorten exemplarisch untersucht werden.

Thematische Bezüge im Kapitel
Sie ergeben sich in vielfältiger Weise; hervorgehoben sei der Bezug zu Goethe (34) und Lenz (38). Den Versuch, in das Wesen der Tragödie einzudringen, setzt Lessing selbst fort in Text 27.

27 Gotthold Ephraim Lessing: Hamburgische Dramaturgie (S. 49 ff.)

Zum Text
1767 gründeten engagierte Hamburger Bürger ein städtisches Nationaltheater. Als Dramaturg und Berater wurde Lessing gewonnen. Er sollte den Spielplan des Theaters durch zweimal wöchentlich erscheinende Besprechungen begleiten. Bald stellten sich Schwierigkeiten ein, die Lessing eine fortlaufende Spielberichterstattung unmöglich machten. Er gab daher dieses Prinzip auf zugunsten grundsätzlicher Erörterungen dramaturgischer Fragen am Beispiel einzelner Stücke. Auch die geplante Erscheinungsweise konnte nicht durchgehalten werden; gleichwohl hielt Lessing in der Buchausgabe, die 1769 erschien, für die 104 Stücke des ersten Jahres an der Fiktion des zweimaligen wöchentlichen Erscheinens fest.

Zur Interpretation

46. Stück, den 6ten October 1767
Das 46. Stück der ‚Hamburgischen Dramaturgie', dem der im Lesebuch abgedruckte Ausschnitt entstammt, steht im Zusammenhang mit der ausführlichen Besprechung von Voltaires in der Antike spielendem Trauerstück ‚Mérope'. Ein Hauptgegenstand der vom 36. bis zum 50. Stück reichenden Besprechung stellt die Erörterung über die Funktion der drei Einheiten im Drama dar.
Schon im 17. Literaturbrief hat Lessing Corneille, dem herausragenden Vertreter der klassizistischen Tragödie des 17. Jahrhunderts in Frankreich, den Vorwurf gemacht, den „Alten", d. s. die Griechen, nur in der mechanischen Einrichtung, nicht aber in dem Wesentlichen nahezukommen (vgl. Kommentar zu Text 26). Dieser Vorwurf wird von ihm hier wiederaufgenommen. Das 46. Stück bildet dabei die Zusammenfassung und den Abschluß einer ausführlichen Erörterung der Einheit der Handlung (38. Stück), des Ortes (44. Stück) und der Zeit (45. Stück).
Die ersten beiden Zeilen (S. 49, Z. 41/42) knüpfen an die vorausgegangenen Erörterungen an und ziehen ein Fazit: Die Franzosen finden sich mit den Regeln ab; nur die Alten haben sie wirklich verstanden. Das wird im folgenden noch einmal abschließend zu begründen versucht: das rechte Verständnis der Regel von den drei Einheiten bei den Griechen (S. 49, Z. 43–S. 50, Z. 14) und die Verfälschung bei den Franzosen (S. 50, Z. 15–32). Der letzte Abschnitt (S. 50, Z. 33 ff.) setzt den Schlußpunkt unter die weit ausgreifende Polemik.
Zum rechten Verständnis der drei Einheiten bei den Griechen hat Lessing bereits in den voraufgegangenen Teilen die Auffassung vertreten, wonach die Einheit der Handlung den Primat vor den Einheiten des Ortes und der Zeit haben müsse. Dabei hat er sich auf Aristoteles selbst gestützt: „Nichts empfiehlt Aristoteles dem tragischen Dichter mehr, als die gute Abfassung der Fabel..." (38. Stück). Bemerkenswert und neu sind hier die Ableitung dieses Primats aus der Tatsache des Chors in der antiken Tragödie und die Folgerungen, die Lessing bezüglich der Simplizität der Handlung in der antiken Tragödie zieht. Dies ist eine genetische Betrachtungsweise. Sie ist zukunftweisend, und Herder wird später den gleichen Weg einschlagen.
Was die Verfälschung des Prinzips der drei Einheiten bei den Franzosen angeht, so vermißt Lessing eben diese genetische Betrachtungsweise: Sie haben nicht begriffen, daß die Einheit der Zeit und des Ortes Folgen sind, die sich notwendigerweise aus den speziellen Bedingungen der attischen Tragödie des 5. Jahrhunderts v. Chr. ergeben mußten, und eben nicht absolute Prinzipien darstellen. Was Lessing in diesem Zusammenhang besonders erzürnt, ist dies: Die Franzosen halten trotz der gänzlich anderen historischen Umstände (S. 50, Z. 15–21) an den Einheiten des Ortes und der Zeit unerbittlich fest, wenn es darum geht, die dramatischen Stücke anderer Nationen (z. B. der Engländer, vgl. S. 50, Z. 38) zu tadeln; selbst aber mogeln sie sich darum herum (S. 50, Z. 24–32).
Zum Verständnis des Schlußsatzes (Z. 40/41) ist eine Bemerkung aus dem 44. Stück der ‚Hamburgischen Dramaturgie' hilfreich: „Es kostet mir Überwindung, ein Werk des Genies aus diesem Gesichtspunkt

Zweites Kapitel: Zu Text 27, S. 49ff.

[nämlich nach dem Grad der Befolgung der Regel von den drei Einheiten, A. H.] zu betrachten; doch da es, bei der gemeinen Klasse von Kunstrichtern, noch so sehr Mode ist, es fast aus keinem andern, als aus diesem, zu betrachten; da es der ist, aus welchem die Bewunderer des französischen Theaters das lauteste Geschrei erheben: so will ich doch erst genauer hinsehen, ehe ich in ihr Geschrei mit einstimme." – Der Ekel, den Lessing empfindet, gilt nicht den Franzosen – so weit geht die Polemik denn doch nicht –, sondern der Diskussion einer seines Erachtens für das Wesen der Tragödie nicht relevanten Sache.
Daß Lessing gleichwohl die Einheiten der Zeit und des Ortes nicht für obsolet hält – wie es Teile der jüngeren Generation später gewollt haben –, zeigt eine Wendung wie diese: „[...] so wie die Güte eines jeden Ganzen auf der Güte seiner einzeln Teile und deren Verbindung beruhet, so auch die tragische Handlung mehr oder weniger vollkommen, [je] nach dem die Begebenheiten, aus welchen sie besteht, jede für sich und alle zusammen, den Absichten der Tragödie mehr oder weniger entsprechen" (vgl. 38. Stück). – Lessing behauptet den Primat der Einheit der Handlung; mit den anderen zwei Einheiten gilt es in ehrlicher – das heißt: die Gesetze der Wahrscheinlichkeit nicht verletzender – Weise umzugehen. Nicht Regellosigkeit ist Lessings Programm, sondern sinnvolle Erfüllung der Regeln.

Zur Behandlung im Unterricht

Die Erschließung des – sonst leicht verständlichen – Textes erfolgt am besten aus der von Lessing an den Anfang des 46. Stücks der ‚Hamburgischen Dramaturgie' gesetzten Antithese. Auf ihr beruht das Gliederungsprinzip der folgenden Ausführungen. Hilfreich kann dabei die Einordnung des Textausschnitts in den größeren Zusammenhang sein.
Zur Verdeutlichung der von Lessing angewandten Methode der genetischen Betrachtungsweise empfiehlt sich der Blick zu einem griechischen Drama.
Der literaturgeschichtliche Stellenwert des Textes erschließt sich am ehesten im Rückgriff auf Gottscheds Reformbemühungen im Anschluß an das klassizistische französische Drama und im Vorgriff auf die vorherrschenden Tendenzen bei der Formgebung im Sturm-und-Drang-Drama, wobei allerdings festzuhalten ist, daß Lessing nicht einer Auflösung der nicht zuletzt in den drei Einheiten begründeten traditionellen Form des Bühnenstücks das Wort redet.
Soll nicht nur über Äußerlichkeiten – so kennzeichnend sie auch sein mögen – diskutiert werden, muß über das 46. Stück der ‚Hamburgischen Dramaturgie' hinaus das ebenfalls im Lesebuch abgedruckte 75. Stück herangezogen werden.

75. Stück, den 19. Januar 1768

Die Form des Wochenblatts hat Lessing schon früher durchbrochen zugunsten der Erörterung längerer, in sich abgeschlossener Grundsatzfragen. In diesem Sinne bildet auch der Teil der ‚Hamburgischen Dramaturgie' vom 74. bis zum 83. Stück eine Einheit. Lessing klärt hier endgültig sein Verständnis von Wesen und Wirkung des Tragischen. Eine herausragende Bedeutung kommt in diesem Zusammenhang dem 75. Stück zu: Es stellt Lessings Versuch dar, die tragischen Leidenschaften näher zu bestimmen.
Aristoteles hat in seiner ‚Poetik' die Wirkung des tragischen Spiels als Reinigung, Katharsis, von Leidenschaften beschrieben und dabei ausdrücklich die Elementaraffekte 'éleos' und 'phóbos' genannt, die den Zuschauer angesichts des tragischen Geschehens auf der Bühne erfassen. Die gewöhnliche Übersetzung dieser Begriffe, wie sie Lessing vorfand, war Mitleid für 'éleos' und Schrecken (terreur) für 'phóbos'. Hier knüpft er an.
'Phóbos' – so Lessing – meint nicht Schrecken, sondern Furcht, und zwar nicht Furcht für den auf der Bühne Leidenden, sondern Furcht der Zuschauer für sich selbst: „es ist die Furcht, daß wir der bemitleidete Gegenstand selbst werden können. Mit einem Wort: diese Furcht ist das auf uns selbst bezogene Mitleid" (S. 50/51, Z. 44-7).
Das Verblüffende an dieser Deutung – so fährt Lessing fort – ist die Tatsache, daß sie eigentlich schon längst hätte gefunden werden können, wenn nur die Kommentatoren (z. B. Dacier, der 1692 eine Übersetzung der ‚Poetik' des Aristoteles mit Kommentar herausgebracht hatte) den Aristoteles genau genug gelesen hätten, insbesondere die Bücher der ‚Rhetorik und Moral' (S. 51, Z. 8-29).
Was vielleicht auf den ersten Anschein wie ein spitzfindig-philologischer Streit um Worte aussieht, führt, wie die folgenden Abschnitte zeigen, tatsächlich zur Begründung des bürgerlich-humanitären Trauerspiels. Denn – so Lessing – vom richtig verstandenen 'phóbos'-Begriff erfährt auch der Begriff 'Mitleid' erst seine volle Sinnhaltigkeit. Es gibt überhaupt kein Mitleid ohne eben diese Furcht. Leiden auf der Bühne erregt nur dann Mitleiden im Zuschauer, wenn er das Leiden auf sich selbst beziehen, d. h., wenn er das Unglück des leidenden Helden auf der Bühne für sich selbst befürchten kann. Das aber schließt die Konsequenz mit ein,

Zweites Kapitel: Zu Text 27, S. 49ff.

daß die Helden auf der Bühne nicht wie im klassizistischen Hoftheater „Helden" von Geblüt und besonderem gesellschaftlichem Rang sind, da angeblich nur sie des tragischen Geschehens würdig und fähig seien, sondern Menschen „von gleichem Schrot und Korne" (S. 52, Z. 6) wie wir. Der Zweck der Tragödie, die Erregung der komplementär aufeinander bezogenen Leidenschaften Furcht und Mitleid, setzt Identifikationsmöglichkeiten des Zuschauers mit den Bühnengestalten voraus. Dies ist aber nur möglich, wenn die Umstände der Bühnenwirklichkeit den Umständen der Wirklichkeit, in der der Zuschauer lebt, entsprechen. – Aristoteles mit seiner Lehre von den tragischen Leidenschaften 'éleos' und 'phóbos' und vom gemischten Charakter wird so in Lessings genialer Umdeutung zum Kronzeugen des bürgerlichen Trauerspiels gegen das höfische des Absolutismus (S. 51/52, Z. 30–17). Daß Lessing tatsächlich in diese Richtung zielt, zeigt die sich anschließende Auseinandersetzung mit dem bedeutendsten Vertreter des französischen klassizistischen Dramas, Corneille: Von der falschen Annahme ausgehend, daß es nach Aristoteles genüge, Furcht (im Sinne von Schrecken) oder Mitleid durch die Tragödie zu bewirken, bringt Corneille Heilige und abscheuliche Ungeheuer auf die Bühne und verfehlt genau dadurch den Zweck des tragischen Spiels. Weder hält er sich an das aristotelische Prinzip des gemischten Charakters, noch erreicht er die Erregung der untrennbaren tragischen Leidenschaften Mitleid und Furcht im Sinne des auf uns selbst bezogenen Mitleids, sondern allenfalls kalten Schrecken und distanzierte Bewunderung (S. 52, Z. 18–37).

Zur Behandlung im Unterricht
Anknüpfungspunkt kann die Bestimmung des Zwecks der Tragödie sein, die Lessing im 17. Literaturbrief vorgenommen hat: Gewalt über unsere Leidenschaften haben (vgl. S. 49, Z. 29–33). Was dort noch unspezifisch bleibt, wird hier genauer ausgeführt.
Das wichtigste Ziel bei der Behandlung des Textes selbst ist, daß die Schüler die Hauptgedanken von Lessings Ausführungen begreifen: die Definition der Begriffe 'Furcht' und 'Mitleid' als sich wechselseitig bedingende Affekte, die Identifikation zwischen Zuschauer und tragischer Person als Voraussetzung der Erregung dieser Leidenschaften und schließlich die Konsequenz für den neuen bürgerlichen Dramentyp. In diesem Zusammenhang könnte u. U. auch erörtert werden, wie sich bei Lessing die Theorie in seinem eigenen dramatischen Schaffen niedergeschlagen hat, z. B. in ‚Emilia Galotti'.
Offen läßt der Text die Frage, worin der Endzweck der Erregung von Furcht und Mitleid durch die Tragödie besteht. Diese Frage, die aufmerksame Schüler stellen werden, findet im 78. Stück der ‚Hamburgischen Dramaturgie' ihre Auflösung. Hier führt Lessing aus, daß die Erregung der Affekte Furcht und Mitleid – recht verstanden – eine sittlich reinigende Wirkung auf den Menschen ausübt. Ganz entschieden weist er die Meinung zurück, daß die reinigende Wirkung der Tragödie, die von Aristoteles behauptete Katharsis, in einer Reinigung im Sinne einer Befreiung des Menschen von – irgendwelchen – Leidenschaften (wie Neugier, Eifersucht, Rachegefühle u. a.) besteht. Reinigung bedeutet vielmehr Verbesserung der Affekte Furcht und Mitleid selbst und damit Veredelung des Menschen insgesamt. Das mit Furcht für sich selbst verknüpfte Mitleiden mit dem Unglück des tragischen Helden erweckt im Menschen tugendhafte Fertigkeiten, insbesondere die Kräfte der Hilfsbereitschaft und Nächstenliebe, und bildet sie zu dauernden Handlungsbereitschaften aus. Nicht in der Überwindung der Affekte sieht Lessing den Weg zu tugendhaftem Verhalten, sondern in der Aktivierung speziell der Elementargefühle Furcht und Mitleid.
Man denke hier noch einmal zurück an Gottsched, der tugendhaftes Handeln ausschließlich als Resultat vernünftiger Überlegung angesehen hat, die durch die anschauliche Darstellung eines moralischen Lehrsatzes in der Tragödie (oder Komödie) angestoßen werden kann. Auf dem Boden der Empfindsamkeit, d. h. einer völlig anderen Bewertung der Gefühlskräfte des Menschen hinsichtlich seines manifesten Verhaltens, überwindet Lessing in seiner Dramentheorie diese einseitig rationalistische Position der Aufklärung, ohne den Anspruch des Prinzips der Moralität der Literatur aufzugeben. So wird er nicht nur zum Begründer des bürgerlichen, sondern des bürgerlich-humanitären Trauerspiels.
Nicht selten fragen Schüler auch danach, ob Lessing mit seiner Auslegung des Aristoteles recht gehabt habe. – Genau besehen, hat Lessing seine eigene Auffassung von Wesen und Wirkung der Tragödie der des antiken Kronzeugen untergelegt. Neueren Erkenntnissen zufolge sieht Aristoteles die attische Tragödie als ein Spiel an, das Schrecken und Jammer erregende Begebenheiten zum Inhalt der Nachahmung macht. Einem Wort Wolfgang Schadewaldts zufolge hat sie es tatsächlich auf „Gänsehäute" und „nasse Taschentücher" abgesehen. Vor allem aber dürfte Aristoteles das Prinzip der moralisch bessernden Wirkung völlig fremd gewesen sein. Er hat den Begriff der Katharsis offensichtlich aus dem Bereich der Medizin ins Psychologische übertragen. Katharsis bedeutet in diesem Sinne Purgation, Ausscheidung, und das ist ein Vorgang, der „den Organismus (oder auch die Seele) von beschwerlichen und störenden Stoffen und Erregungen befreit und mit dieser Befreiung zugleich ein elementares Wohlgefühl, nämlich die Empfindung

einer lustvollen Erleichterung hervorruft [...]". Die „spezifische Lustform des tragischen Spiels beruht nun eben auf jener kathartisch purgativen unschädlichen Freude der Befreiung und Erleichterung nach dem Durchjagtsein durch die Urempfindungen des Schauders und des Jammers, des Schreckens und der Rührung" (Wolfgang Schadewaldt: Furcht und Mitleid? Zu Lessings Deutung des Aristotelischen Tragödienansatzes. In: Gotthold Ephraim Lessing, hrsg. von G. und S. Bauer. Wissenschaftliche Buchgesellschaft, Darmstadt 1968, S. 339. Wege der Forschung, Band CCXI).
In anderem Zusammenhang führt Schadewaldt zu dem in Frage stehenden Problem aus: „Für Aristoteles gehört [...] zur Tragödie,
– daß sie Darstellung (Mimesis) einer Handlung,
– und zwar einer ernsten sei,
– daß sie eine gewisse Größe (Ausdehnung) besitzt,
– daß sie sich in anmutender, metrischer Redeweise darstellt
– und voneinander klar geschiedene Teile hat,
– daß sie von Spielern gespielt und nicht von einem Rhapsoden vorgetragen wird
– und daß schließlich ihr Vermögen und ihre Wirkung darin bestehen, daß sie eine spezifische Lustform im Zuschauer auslöst: die Lustform, die entsteht, wenn die Tragödie durch die Elementarempfindungen von Schauder und Jammer hindurch im Endeffekt die mit Lust verbundene Empfindung der Ausscheidung dieser und verwandter Affekte herbeiführt."
Der den Streit auslösende Satz bei Aristoteles lautet übrigens folgendermaßen: „[Die Tragödie ist die]
– Nachahmung einer edlen und abgeschlossenen Handlung
– in gewählter Rede,
– derart, daß jede Form solcher Rede in gesonderten Teilen erscheint und daß gehandelt und nicht berichtet wird
– und daß mit Hilfe von Mitleid (Eleos) und Furcht (Phobos) eine Reinigung (Katharsis) von eben derartigen Affekten (Pathemata) bewerkstelligt wird." (Übersetzung von Olof Gigon; vgl. Wolfgang Schadewaldt: Antike und Gegenwart. Über die Tragödie. München 1966, S. 49 und 54.)
Man sollte im Zusammenhang mit der Erörterung des hier beschriebenen Problems den Schülern Gelegenheit geben, ihre eigenen Erwartungen an und Erfahrungen mit Theater und Film darzustellen.

III. Empfindsamkeit (S. 53f.)

Die literarische Strömung der 'Empfindsamkeit' hatte ihren Höhepunkt in den 70er Jahren des 18. Jahrhunderts; während dieser Jahre beginnt sich auch der Begriff durchzusetzen: Nicht der erste, aber in der Forschung sehr bekannt gewordene Beleg ist 1768 Lessings Übersetzungsvorschlag „empfindsam" für Laurence Sternes Reiseroman ‚Sentimental Journey'. Zu Beginn der 40er Jahre datiert man die ersten Zeugnisse einer empfindsamen Dichtung. Mit Goethes ‚Werther' (1774) ist ein gewisser Höhepunkt erreicht, danach setzt deutlich eine Kritik an der Bewegung ein: „Empfindelei", „Schwärmerei", „Enthusiasterei" sind die Termini für jene rührselige Weinerlichkeit, zu der die empfindsame Literatur in den 80er Jahren trivial verflachte, in diesem Bereich massenwirksam bis weit in das 19. Jahrhundert und bis in die Gegenwart hinein: Schicksalsromane, Arztromane, Lore-Romane.
Die Strömung der Empfindsamkeit steht für eine bestimmte Stufe im bürgerlichen Emanzipationsprozeß: Die Individualität soll in der Gesamtheit von Rationalität und Emotionalität entfaltet werden, die Aufklärung sollte mit einer „éducation sentimentale", einer „Bildung des Herzens" verbunden, die Unterdrückung der Gefühls- und Triebsphäre in der Programmatik der Frühaufklärung soll aufgehoben werden. Im Hintergrund stehen entsprechende Entwicklungen in Frankreich (Rousseau) und England (Richardson) einerseits, die Tendenz zur Selbstbeobachtung und -reflexion im Pietismus und die ersten Ansätze einer empirischen Psychologie in Deutschland andererseits.
Die Kehrseite dieser emanzipatorischen Entdeckung und Entfaltung der Welt des Gefühls ist der Rückzug auf die Innerlichkeit: Als autonom vermag sich das bürgerliche Individuum nur emotional, fiktional oder in idealistischer Reflexion zu spiegeln. Die Wirklichkeit des Absolutismus in Deutschland entwickelte gerade in dieser Zeit Extreme an Fremdbestimmung des einzelnen Bürgers: 1753 schloß der Herzog von Württemberg mit Frankreich einen Vertrag über die Lieferung von 6000 Untertanen als Soldaten. Am Soldatenverkauf beteiligten sich vor allem die Kleinstaaten, z. B. Waldeck, Hessen-Hanau, Ansbach, Braunschweig. Unter den verkauften Menschen befand sich auch der dem Göttinger Hain nahestehende Johann Gottfried

Zweites Kapitel: Zu Text 28/29, S. 53

Seume (1763–1810). Schubart, Schiller, Seume und Görres griffen das Thema Soldatenhandel literarisch auf.
Die Textauswahl trägt dieser Ambivalenz Rechnung: Zwei Gedichten Klopstocks, die sich als typisch für die empfindsame Strömung bestimmen lassen, folgt ein Brief des Hainbundes an Klopstock, in dem die politische Seite der Empfindsamkeit anklingt; den Abschluß bildet mit Lichtenbergs Attacke ein Dokument zur zeitgenössischen Kritik.

28/29 Friedrich Gottlieb Klopstock: Das Rosenband; Die frühen Gräber (S. 53)

Lyrik der Empfindsamkeit: Freundschaftszirkel und neue Sprache
Kennzeichnend für die empfindsame Lyrik ist das Erlebnis der Freundschaft: Meist junge Autoren mit wenig Zukunftsaussichten in der ständisch absolutistischen Gesellschaft schließen sich zusammen: „Im Freundeskreis konnte man die glanzlose Lebenswirklichkeit im poetischen Lied überspielen, sich moralisch über die Mächtigen erhaben fühlen, das eigene bescheidene Glück gegen den Reichtum der Unglücklichen ausspielen" (Christoph Siegrist: Phasen der Aufklärung von der Didaktik bis zur Gefühlskultur. In: Viktor Zmegac [Hrsg.]: Geschichte der deutschen Literatur vom 18. Jh. bis zur Gegenwart. Band. I/1. Athenäum, Königstein i. Ts. 1979, S. 94). Diese Kommunikations- und Sozialisationsform widerspiegelt sich auch thematisch: Die Freundschaft und der Freundschaftsbund werden als Ideal von wahrer Menschlichkeit und Tugend gefeiert.
Die Freunde wirken an der lyrischen Produktion mit, als Adressaten und Kritiker bis zur Organisation gemeinsamer Veröffentlichungen und regelmäßig erscheinender Almanache. In den Freundschaftszirkeln werden die Gedichte vorgetragen, der private Charakter wird betont: Authentizität der Gefühlsaussage gegen Künstlichkeit und Routine, gesteigertes Gefühl gegen die Oberflächlichkeit antiker Nachahmung in der Anakreontik, gerichtet an den privaten Kreis Gleichgestimmter und Gleichgesinnter. So zirkulierten die frühen Gedichte Klopstocks, des gefeierten Vorbilds, jahrelang nur handschriftlich in den Freundeskreisen. 1771 erst, 24 Jahre nach der Entstehung der ersten Oden, entschloß sich Klopstock zu einer Ausgabe, weil die handschriftliche Verbreitung Ungenauigkeiten und Fremdtexte zur Folge hatte.
Die höchste Aufgabe des Dichters bestand nach Klopstock darin, „das Herz ganz zu rühren", „die ganze Seele zu bewegen" (,Von der heiligen Poesie'. In: Friedrich Gottlieb Klopstock: Ausgewählte Werke. Wissenschaftliche Buchgesellschaft, Darmstadt 1962, S. 1009, 1000); Voraussetzung war die persönliche Betroffenheit und emotionale Gestimmtheit. Nicht der Gegenstand soll dargestellt werden, sondern seine Wirkung auf den Leser. Klopstock spricht von „Darstellung" als „Täuschung" des Lesers (,Von der Darstellung', 1779): Auf der Grundlage der im Dichter durch den Gegenstand authentisch ausgelösten Leidenschaft und Empfindung ist das Ziel die rhythmisch und sprachlich adäquate Reproduktion des inneren Erlebnisses, das das Objekt ausgelöst hat, nicht aber die konkrete Bestimmung des Gegenstandes selbst. Zum höchsten poetischen Gesetz wird der „völlig wahre Ausdruck der Leidenschaft" erhoben (Brief an den Freund Johann Arnold Ebert [1723–1795] vom 19.10.1757). Wirkungsabsicht ist – in Verlängerung der thematischen Intention – die Aktivierung des ganzen Menschen, der Gefühle und der Reflexion des Lesers. Um die Gleichberechtigung von Emotionalität und Rationalität geht es, um bewußtgemachte, reflektierte Gefühle und gefühltes Denken gleichermaßen. Sprachlich umgesetzt werden soll das
- durch „Machtwörter", das sind Komposita und Neuschöpfungen komplexer Konnotation, z. B. „Frühlingsschatten" (S. 53, Z. 4), „Rosenband", „Gedankenfreund" (Z. 20); durch Archaismen in gleicher Funktion;
- durch Verbkomposita, Präsenspartizipien, Komparative zur Dynamisierung, Emotionalisierung und Steigerung der Sprache: „Ihr Edleren" (Z. 26);
- durch syntaktische Umstellungen zur Intensivierung des Gefühls (Z. 25, 28 f.);
- inhaltlich durch den Versuch, Abwesendes – Vergangenes oder Zukünftiges – suggestiv und pathetisch zu vergegenwärtigen (Text 29); Liebe (Text 28) und Freundschaft (Text 29) waren die Hauptthemen der frühen Oden Klopstocks.
- Formale Konsequenz ist die Abwendung vom Regelsystem, die Genieästhetik beginnt: „Laß du dich kein Regulbuch irren, wie dick es auch sei, und was die Vorred auch davon bemelde, daß ohne solchen Wegweiser keiner, der da dichtet, könne auch nur einen sichern Schritt tun. Frag du den Geist, der in dir ist, und die Dinge, die du um dich siehst und hörst, und die Beschaffenheit des, wovon du vorhast zu dichten; und was sie dir antworten, dem folge" (Die deutsche Gelehrtenrepublik: Aus dem goldenen ABC der Dichter. In: Friedrich Gottlieb Klopstock: Ausgewählte Werke, s. o., S. 904).

Um 1750 war das eine neue Qualität lyrischen Sprechens, die Wirkung Klopstocks war außerordentlich: „Man hat mich mit Tränen belohnt" (zitiert nach: Christoph Siegrist: Phasen der Aufklärung von der Didaktik bis zur Gefühlskultur. In: Viktor Zmegac [Hrsg.]: Geschichte der deutschen Literatur vom 18. Jh. bis zur Gegenwart. Band I/1. Athenäum, Königstein i. Ts. 1979, S. 100), konnte er schon 1750 aus Zürich schreiben. In den ‚Leiden des jungen Werthers' scheint der Name Klopstock als Chiffre für das Selbstverständnis und die Aufbruchsstimmung einer ganzen Generation zu stehen: „Es donnerte abseitwärts, und der herrliche Regen säuselte auf das Land, und der erquickendste Wohlgeruch stieg in aller Fülle einer warmen Luft zu uns auf. Sie stand auf ihren Ellenbogen gestützt, ihr Blick durchdrang die Gegend; sie sah gen Himmel und auf mich, ich sah ihr Auge tränenvoll, sie legte ihre Hand auf die meinige und sagte: ‚Klopstock!' – Ich erinnerte mich sogleich der herrlichen Ode, die ihr in Gedanken lag, und versank in dem Strome von Empfindungen, den sie in dieser Losung über mich ausgoß. Ich ertrug's nicht, neigte mich auf ihre Hand und küßte sie unter den wonnevollsten Tränen. Und sah nach ihrem Auge wieder – Edler! hättest du deine Vergötterung in diesem Blicke gesehen!" (Werthers Brief vom 16. Junius). Noch in ‚Dichtung und Wahrheit' spricht Goethe vom „unglaublichen Einfluß" der ersten Werke Klopstocks (‚Dichtung und Wahrheit', 2, 10): „Nun aber sollte die Zeit kommen, wo das Dichtergenie sich selbst gewahr würde, sich seine eignen Verhältnisse selbst schüfe und den Grund zu einer unabhängigen Würde zu legen verstünde. Alles traf in Klopstock zusammen, um eine solche Epoche zu begründen."

Friedrich Gottlieb Klopstock: Das Rosenband (S. 53) — 28

Zur Entstehung des Textes
1751 lernte Klopstock Meta Moller in Hamburg kennen, die er 1754 heiratete. Im Kontext dieser Beziehung zu „Cidli" entstanden einige Oden, unter ihnen 1753 ‚Das Rosenband', durch ein Versehen des Druckers nicht 1771 in der Hamburger Ausgabe der Oden aufgenommen, darauf erst 1775 unter dem Titel ‚Cidli' veröffentlicht. Der Name „Cidli" ist von Klopstock geprägt: Die Cidli-Episoden in Klopstocks ‚Messias' (IV, 674 ff.) greifen zurück auf Markus 5,38–43; sie fanden beim empfindsamen Publikum der Zeit großen Anklang.

Zur Interpretation
Das Motiv von der Entdeckung der schlafenden Geliebten durch den Dichter ist eines der traditionellen anakreontischen Motive, dazu paßt auch der vierhebige Trochäus als sogenannter anakreontischer Vers, von Gleim, Goetz und Utz ebenfalls reimlos verwendet – ungewöhnlich, da die Anakreontik in der Regel das gereimte Lied pflegte. Eine leichte Spannung zwischen dem Ich und dem Du der Liebesbeziehung klingt in den ersten beiden Strophen an, in der dritten beginnt sie sich zu lösen bis hin zur paradiesischen Harmonie der letzten Strophe: eine klare Zweiteilung der vier Strophen also im Gesamtaufbau. Sie wird genauer akzentuiert und differenziert durch die formal auffallende innere Struktur jeder Strophe: Schon ihre Dreizeiligkeit sprengt den liedhaften, anakreontischen Rahmen; die dritte Zeile jeweils erhält ein stärkeres Gewicht dadurch, daß in den ersten beiden Strophen die Schlußzeilen in leichter Antithese zum Vorhergehenden stehen. Der Liebende findet die Geliebte und bindet sie – aber sie fühlt es nicht: leise Fremdheit, unvermittelte Entfernung zwischen Ich und Du: Z. 6. Er blickt sie an – aber zugleich doch nicht im vollen, klaren Bewußtsein der Bedeutung dieses Blicks und der eigenen Empfindung, Spannung zwischen Sein und Bewußtsein, Wirklichkeit und Reflexion: Z. 9. Die vertraulich intime, noch nicht sprachlich artikulierte Zuwendung löst aus das Erwachen der Geliebten – die Spannung beginnt sich aufzulösen: Z. 12. Die Geliebte blickt den Liebenden an, in der sprachlichen Fügung identisch mit der zweiten Strophe (Z. 7f.–Z. 12f.), ganz und gar sich einlassend auf den anderen, lebensbedeutend; bleibt dieses Blicken im ersten Teil der Ode noch unerwidert, so wird es jetzt erwidert, Brücke zur endgültigen Verbindung beider: „Dem Rosenband entspricht nun das Band des zwischen den Liebenden hin und her gehenden Blicks, aus Ich und Du wird ein Wir. Die seelische Kraft des Blickwechsels verwandelt auch das Außen, verklärt es ins Paradiesische" (Gerhard Kaiser: Klopstock. Religion und Dichtung. Scriptor, Kronberg i. Ts. 1975, S. 306): Z. 15, die Synthese aller vorhergehenden antithetischen Momente. Die gedankliche Betonung jeweils der dritten Zeile in allen Strophen wird rhythmisch und syntaktisch unterstrichen: Der Wechsel von männlicher und weiblicher Kadenz hat in den Schlußzeilen jeweils eine deutliche Akzentuierung in männlicher Kadenz zur Folge; syntaktisch bilden die vorhergehenden Zeilen jeweils eine gewisse Einheit, die Schlußzeilen sind deutlich abgesetzt.
Insgesamt fallen auf die relativ schlichte Sprache und die natürliche Füllung des Versmaßes: Eine neue

Zweites Kapitel: Zu Text 29, S. 53

Natürlichkeit des Sprechens ist hier gefunden, die den Vergleich mit der galanten Lyrik des Rokoko nahelegt. Dieser neue Ton ist wirkungsgeschichtlich bedeutsam geworden: Vor allem Goethe greift die Natürlichkeit des Sprechens auf und entwickelt sie weiter.

Zur Behandlung im Unterricht
Folgende Ansätze erscheinen sinnvoll:
– „Empfindsamkeit" – was ist das? In der Vermittlung von Darstellung und erarbeitender Konkretion läßt sich das Gedicht exemplarisch heranziehen: Wie erfolgt die Aussage des Gefühls? Warum? Was ist hier „echt", was ist traditionelles Motiv? Lohnend erscheint es, zum Vergleich ein Rokoko-Gedicht heranzuziehen.
– Interpretationstraining: Wie sind hier Form und Inhalt miteinander vermittelt?
– Liebeslyrik: s. Gedichte von den Anfängen bis zur Gegenwart. Ernst Klett Verlag, Stuttgart 1985, S. 327 (Nachweis der Liebeslyrik in diesem Band).

29 Friedrich Gottlieb Klopstock: Die frühen Gräber (S. 53)

Zur Entstehung des Gedichts
Die Ode entstand 1764: 1756 war Klopstocks Vater gestorben, 1758 seine Frau Meta Klopstock (Cidli) an den Folgen einer Geburt. Die biographischen Bezüge des Themas sind deutlich.

Zur Interpretation
Das gemeinsame Erleben der Natur wird wehmütig erinnernd nachempfunden. Auffallend ist einmal der thematische Wechsel von Sommernacht zur Frühlingsstimmung: reflexive Emotionalität, nicht Erlebnislyrik; auffallend ist weiter die Spannung von Tod und Frühling, die Evokation des Frühlingsbildes als bemühtes Gegengewicht.
Der Titel läßt das Thema – Tod von nahestehenden Menschen, Freunden – nur anklingen. Eindringlich und stimmungsvoll entsteht das Bild der Mondnacht, obwohl nur zwei Attribute benannt werden (Mond, Gewölk). Genauer dargestellt ist vielmehr die Reaktion des lyrischen Ichs: emotionale Erhebung und Ansprache, klanglich sinnfällig im Wechsel von „i" und „o" (Z. 18). Es folgt eine ruhigere Betrachtung, klanglich ausgewogen (Z. 19); dann wieder Wechsel von emotionaler Dynamisierung und Beruhigung (Z. 20 f.); die personale Benennung („Gefährte", „Gedankenfreund") verdeutlicht die Empfindung eines Gleichklangs, emotionaler Übereinstimmung; die Einsamkeit wird überbrückt im Dialog, ebenso emotional wie reflexiv („Gedanken-Freund").
In einem Satz wird der erwachende Frühlingsmorgen als Erinnerungsbild präsentiert (Z. 22–25): Kontrapunkt und Steigerung, unvermittelt gefügt (der verbindende Komparativ ist nachgestellt: Z. 23). Emotionaler Höhepunkt zwischen der Besinnlichkeit der ersten und der Wehmut der dritten Strophe.
Unvermittelt wieder erfolgt der Themenwechsel (Freundschaft) durch die Anrede am Beginn der dritten Strophe. Die Interjektionen „ach" (Z. 26) und „O" (Z. 28) markieren zum einen die wehmütige Erinnerung an die zu früh Gestorbenen und andererseits die schöne Erinnerung an das gemeinsam erlebte Glück im Genuß der Natur: den Beginn des Tages (Strophe 2) und die Nacht (Strophe 1). Die kontrastiven Themen der vorhergehenden Strophen werden derart aufgenommen und zusammengeführt.
Formal liegt hier eine der von Klopstock neu entwickelten Strophenformen vor:

x x́ x x x́ x x́
x́ x x́ x x x́ x
x x x́ | x x x́ | x́ x x x x́
x́ x x x́ x x́ | x́ x x x

Die Hebungen und Senkungen sind in den drei Strophen nicht ganz einheitlich realisiert (dritte Zeile). Die Form selbst ist schon variantenreicher als die klassisch antiken Oden; hinzu kommt jene leicht modifizierte Realisierung – beides ist charakteristisch für Klopstock.

Zweites Kapitel: Zu Text 30, S. 53 f.

Zur Behandlung im Unterricht
Mögliche Untersuchungs- oder Orientierungsaspekte:
- Empfindsamkeit: Welche Stimmungen und Empfindungen werden dargestellt oder vermittelt? Wodurch werden hier Gefühle thematisiert?
- Emotion und Reflexion: Wie ist beides verteilt und verbunden?
- Naturlyrik – Reflexionslyrik – Erlebnislyrik: Eignen sich diese Rasterbegriffe für die Kennzeichnung dieses Gedichts?
- In welchem Maß läßt sich der Text auf Klopstocks Poetologie beziehen (Text 24)?
- Metrisch formale Analyse und Versuch einer funktionalen Interpretation.

Göttinger Hain: [Der Bund an Klopstock] (S. 53 f.)   30
Zum Göttinger Hainbund
Der „Göttinger Hain" war ein Freundschaftsbund junger Autoren, meist Studenten der Universität Göttingen. Der Bund wurde 1772 gegründet, er nannte sich nach Klopstocks Ode ‚Der Hügel und der Hain'. Mitglieder waren Johann Heinrich Voß (1751–1826), Heinrich Christian Boie (1744–1806), Ludwig Heinrich Christoph Hölty (1748–1776), Johann Martin Miller (1750–1814), Johann Friedrich Hahn (1753–1779), Karl Friedrich Cramer (1752–1807), der erste Klopstock-Biograph, später Leopold (1750–1819) und Christian (1748–1821) Graf zu Stolberg, Johann Anton Leisewitz (1752–1806), nahestehend auch Gottfried August Bürger (1747–1794), Matthias Claudius (1740–1815) und Christian Friedrich Daniel Schubart (1739–1791). In organisatorisch enger Form bestand der Bund nur vier Jahre – die Studienzeit seiner Mitglieder.
Ein ‚Bundesjournal' berichtete über die wöchentlichen Zusammenkünfte, ein ‚Bundesbuch' sammelte alle auf den Zusammenkünften erörterten Dichtungen; zusätzlich stand der von Boie 1770 mitbegründete ‚Göttinger Musenalmanach' für Veröffentlichungen zur Verfügung. Ziele waren die Befreiung der Literatur von rationalistischen Verengungen, die Distanzierung vom ständisch orientierten Umgang miteinander – Natürlichkeit, Sinnlichkeit, Selbstverwirklichung als Protest gegen ständische Konventionen und Determinationen – und die Distanzierung vom Vorbild der französischen Literatur, wie man es in Wieland vertreten sah; der Traum von Freiheit als Basis eines unmittelbaren menschlichen Umgangs, Freundschaft und Tugend, Tyrannenhaß und Nationalismus im Kontext verschwommener patriotischer, religiöser und sittlicher Idealvorstellungen waren die Antriebsmotive der Mitglieder des Bundes. Es hatte dies einen genauen gesellschaftlichen Bezug: „Glauben wir bitte nicht, der sprichwörtliche Tränenüberschuß der sentimentalen Epoche wäre quasimodo aus heiterem Himmel gekommen, die ins rührselige gesteigerte Sensibilität eine literargeschichtliche Jungfrauengeburt. Alle Eigenschaften, die man der Literaturepoche zwischen Aufklärung und Sturm und Drang gemeinhin nachsagt, – ihr Emotionalismus sowohl wie ihre Grabeslust, ihr Freundschaftskult wie ihre Tränenkultur, ihr getrübter Blick für die sie umgebenden Verhältnisse und ihr geschärfter für bessere, vergangene, ihre Elitevorstellungen wie ihr intimer Umgang mit dem subjektiven Seelenleben – sind sehr getreue Übersetzungen zeitbedingter Standesansprüche und Standesfrustrationen in ästhetisch-moralische Kategorien und als geistiges Sozialprodukt nur die poetische Überkronung einer gesellschaftlichen Miserabilität" (Peter Rühmkorf: Walther von der Vogelweide, Klopstock und ich. dnb 65. Rowohlt, Reinbek 1975, S. 84): Klopstocks Beziehung zu seiner Cousine Maria Sophia Schmidt (der „Fanny" seiner Oden) scheiterte an seinem zu geringen Stand, seinen Gastaufenthalt beim Markgrafen von Baden (1774/75) brach er der ihm unerträglichen Etikette wegen unvermittelt ab.
Klopstock, das schwärmerisch verehrte Vorbild des Bundes, hatte in seiner Ode ‚Der Hügel und der Hain' dem antiken Parnaß den Hain germanischer Barden als Symbol für eine vaterländische Dichtung gegenübergestellt: Der antifeudalistische, antiabsolutistische Protest wurde in das deutschtümelnde Zeremoniell der zeitgenössischen Bardenmode übersetzt (die Mitglieder erhielten Bardennamen); nordische Mythologie, die Bardenthematik, Tyrannen- und Franzosenhaß, Freiheitssehnsucht und die Feier „deutscher" Tugenden wie Freundschaft, Treue, Biederkeit, Rechtschaffenheit bildeten den Inhalt der Oden und Hymnen; hinzu kamen Lieder, verstanden als Ausdruck von Volkstümlichkeit und Unmittelbarkeit.

Zur Entstehung des Textes
Höhepunkte im Selbstverständnis des Hains waren Klopstocks Geburtstagsfeier am 2. 7. 1773 und sein Besuch im Bund 1774: Im Jahre 1770 war Klopstock von Kopenhagen nach Hamburg übergesiedelt. 1774 folgte er einer Einladung des Markgrafen Karl Friedrich von Baden; auf dieser Reise besuchte er den Göttinger Hain – und Goethe in Frankfurt.

31 Georg Christoph Lichtenberg: [Unsere empfindsamen Enthusiasten] (S. 54)

Zum literarhistorischen Hintergrund
1774 erschien Goethes ‚Werther' – von den Zeitgenossen als Höhepunkt der Empfindsamkeit gefeiert; eingeleitet wurde damit zugleich eine Modewelle der Sentimentalität, ihrerseits wieder scharf kritisiert: Von der ‚Werther'-Rezeption einmal ganz abgesehen, erschienen bis in die frühen 90er Jahre über 80 Titel mit dem Schlagwort „empfindsam". Die Breite wie die Form der Kritik auf der anderen Seite waren weit: Friedrich Nicolai veröffentlichte 1775 seine Spottschrift ‚Die Freuden des jungen Werthers', 1779 ließ Lessing durch Nathan die „Schwärmerei" deutlich rügen (V. 127 ff.). Anton Reiser, die Titelfigur des 1790 erschienenen psychologischen Romans von Karl Philipp Moritz, hat den Plan, seine Schriftstellerei mit einer Satire auf die „affektive Empfindsamkeit" zu beginnen. In diesem Kontext steht Lichtenbergs Auseinandersetzung mit seinen enthusiastischen, schwärmerischen oder empfindsamen Zeitgenossen.

Biographische Hintergründe
Lichtenberg war der Sohn eines protestantischen Landgeistlichen; er studierte Mathematik und Physik, unternahm mehrere Reisen nach England (1770, 1774) und wurde Professor für Mathematik und Physik in Göttingen. Literarisch wurde er seinen Zeitgenossen vor allem bekannt durch die Herausgabe des ‚Göttinger Taschenkalenders' (1777–1798).
Seine kritische Auseinandersetzung mit der christlichen Orthodoxie (Goeze) oder neuen, emotionalen Formen des Christentums (Lavater), mit der empfindsamen Bewegung und dem Geniekult war offensichtlich bestimmt auch durch die Erfahrungen in England; die Industrialisierung, die Anfänge liberalistischer Nationalökonomie, der Sinn für alles Praktische und Nützliche, die bürgerliche Öffentlichkeit, die weltpolitische Wirklichkeit, die gesellschaftskritische oder bürgerlich realistische Literatur – dies widerspiegelte sich in vielen Äußerungen. An einen deutschen Poeten gewandt, schrieb er: „Du mußt nicht glauben, daß Deine Kunst wichtiger sei als die Arbeit des Mannes, der Kaffeetische in Birmingham lackiert" (zitiert nach: Aufklärung. Erläuterungen zur deutschen Literatur. Volk und Wissen, Berlin [Ost] 1971, S. 658). Oder: „Ich wollte zwei Messiaden für einen kleinen Teil des ‚Robinson Crusoe' hingeben. Unsere meisten Dichter haben, ich will nicht sagen, nicht Genie genug, sondern nicht Verstand genug, einen ‚Robinson Crusoe' zu schreiben" (F 69. In: Georg Christoph Lichtenberg: Aphorismen. RUB 7812. Reclam, Stuttgart 1984, S. 89).
Erst nach dem Tod Lichtenbergs wurden seine seit 1764 geführten ‚Sudelbücher' entdeckt: Merkbücher, in denen Lichtenberg Beobachtungen, Reflexionen, Kommentare zum Leben seiner Zeit notierte, ungleich schärfer, kritischer als in seinen Veröffentlichungen, da hier von keiner Zensur bedroht. Die Notizen umfassen Aphorismen, essayistische Skizzen, satirische Entwürfe, wissenschaftliche Exzerpte, private Tagebuchaufzeichnungen – insgesamt ein Experimentierfeld einer essayistischen Denkform, kritisch, hypothetisch, fragend, zweifelnd. Lichtenbergs Wahrnehmungsfähigkeit schlägt sich sprachlich wieder: prägnante Wortzusammensetzungen („Engelraffaelische Prosa", Z. 13 f.), Sprachwitz als Denkprinzip, das meint: die Verknüpfung von überraschenden Einfällen und Sichtweisen mit kritisch überprüfender Reflexion. Dieses Denkprinzip herrsche auch in den Naturwissenschaften, in der menschlichen Erkenntnis allgemein: „Ohne Witz wäre eigentlich der Mensch gar nichts, denn Ähnlichkeit in den Umständen ist ja alles, was uns zur wissenschaftlichen Erkenntnis bringt, wir können ja bloß nach Ähnlichkeiten ordnen und behalten." „Der Witz hascht näher oder ferner vom Ende eine Ähnlichkeit, und der Verstand prüft sie und findet sie richtig, das ist Erfindung. So war Sir Isaac Newton" (Georg Christoph Lichtenberg: Aphorismen. J. 936. F 1186. RUB 7812. Stuttgart 1984, S. 88, 94).
Lichtenbergs Ablehnung der Empfindsamkeit ist vor diesem Hintergrund einmal mehr verständlich; eine Vielzahl von Äußerungen gegen diese literarische Bewegung – deren Zentrum mit dem Hainbund für einige Zeit ja gleichsam vor der eigenen Haustür Lichtenbergs zu beobachten war – findet sich in den ‚Sudelbüchern'. Lichtenberg attackiert nicht allein die empfindsame Sprache wie im vorliegenden Text, sondern auch die thematische Verengung: „Empfindsam schreiben heißen die Herren immer von Zärtlichkeit, Freundschaft und Menschenliebe reden. Ihr Schöpse, hätte ich bald gesagt, das ist nur ein Ästchen des Baumes. Ihr sollt den Menschen überhaupt zeigen, den zärtlichen Mann und den zärtlichen Gecken, den Narren und den Spitzbuben, den Bauer, den Soldaten, den Postillon, alle, wie sie sind, das heiß ich empfindsam schreiben. Was ihr schreibt, ist uns nicht sowohl verhaßt als euer ewiges Fiddeln auf einer und derselben Saite" (Georg Christoph Lichtenberg: Aphorismen. F 335. RUB 7812. Stuttgart 1984, S. 72).

Zur Behandlung der Texte 30 und 31 im Unterricht
- Die Schüler lesen beide Texte hintereinander und nehmen Stellung – Lichtenberg zustimmend vermutlich. Sie versuchen ihr Urteil zu begründen. Zum Problem wird die Möglichkeit der Erklärung jenes emotionalen Überschwangs im Brief an Klopstock: Der literarhistorische Hintergrund läßt sich hilfreich heranziehen.
- Bis heute gilt es unter Umständen als unschicklich, Empfindungen und Gefühle offen und spontan zu äußern: wieso? Die Empfindsamkeit durchbrach programmatisch diese Norm, sie entdeckte gleichsam die Emotionalität des Ichs, zumindest ihre sprachliche Artikulation: Wie werden im Brief des Hainbundes Gefühle artikuliert? Woran nimmt Lichtenberg Anstoß? Hat er recht? Wie gehen wir mit unseren Gefühlen um? Welche Probleme treten auf, wenn wir sie zur Sprache zu bringen versuchen?
- Rauschende Eichen, zitternde Herzen, strahlender Mond und ein Bund für Gott, Freiheit und Vaterland (Text 30, Z. 32f.): Wie paßt das zusammen? Wie läßt es sich verstehen oder erklären? Die sozialhistorischen Hintergründe sollten zur Klärung herangezogen werden (kleinstaatliche Zersplitterung, Absolutismus nach französischem Vorbild, scharf betonte Standesunterschiede, strenge Etikette im gesellschaftlichen Umgang, Zensur, Beginn einer ökonomischen Umstrukturierung vom Agrar- zum Handels- und Bankkapital als zentralem Wirtschaftsfaktor).

IV. Genie (S. 54 ff.)

In diesem Abschnitt des Kapitels soll einem wesentlichen Aspekt des Sturm und Drang Rechnung getragen werden: dem Geniekult und der Genieästhetik der 70er Jahre. Die Texte zeigen völlig neue Erlebnisqualitäten in der Literatur dieser Zeit und einen Autonomieanspruch des schöpferischen Individuums, der weit über die Ansätze dazu etwa bei Breitinger (Text 23), Klopstock (Text 24), Hamann (Text 25) und Lessing (Text 26) hinausgeht. Die zeitkritischen Äußerungen Goethes in seiner Shakespeare-Rede verweisen bereits auf das Thema des nächsten Abschnitts in diesem Kapitel.

Johann Wolfgang von Goethe: Prometheus (S. 54 f.)   32

Zum Text
Prometheus galt in der griechischen Mythologie als Titanensohn, der aus Ton Menschen formte und sie belebte. Er schenkte ihnen das Feuer, das er gegen den Willen der Götter vom Olymp entwendete. Zur Strafe dafür wurde er an den Kaukasus geschmiedet, später jedoch von Herakles befreit und von Zeus in den Rat der Götter aufgenommen.
Schon zu Beginn des Jahrhunderts hatte der englische Philosoph Shaftesbury (1671–1713) das dichterische Tun mit dem des Prometheus verglichen und vom Dichter gesagt, er sei „ein zweiter Schöpfer, ein wahrer Prometheus". Herder hat diesen Gedanken an Goethe vermittelt, und dieser hat ihn schon 1771 in seiner Rede ‚Zum Shakespeares-Tag' auf den englischen Dramatiker angewendet: „Er wetteiferte mit dem Prometheus, bildete ihm Zug vor Zug seine Menschen nach [...] und dann belebte er sie alle mit dem Hauch seines Geistes [...]" (vgl. Text 34, S. 60, Z. 2–4). – In der Folge, besonders bei den Stürmern und Drängern, wird die Prometheus-Gestalt zu einer beliebten Metapher für freies schöpferisches Schaffen.
Ausführlich beschäftigte sich Goethe 1773 mit dem Prometheus-Mythos in der Absicht, darüber ein Drama zu schreiben. Das Vorhaben wurde jedoch über die ersten zwei Akte hinaus nicht fortgesetzt. Im Zusammenhang damit ist als in sich selbständiges Werk auch die Prometheus-Hymne entstanden. Goethe selbst hat sie erst 1789 veröffentlicht, nachdem sie – sehr zu seinem Ärger – unbefugt von Fr. Nicolai in seiner Abhandlung ‚Über die Lehren des Spinoza' als Zeugnis der pantheistischen Gottesauffassung eines anonymen Autors schon 1785 einer breiteren Öffentlichkeit bekanntgemacht worden war.

Zur Interpretation
Der Zusammenhang mit dem Dramenfragment ist noch deutlich sichtbar: Die Hymne hat die Form eines dramatischen Monologs; die Sprechsituation wird als bekannt vorausgesetzt; das (gedachte) Gegenüber ist Zeus; der (vorgestellte) Zeitpunkt ist der bei der Erschaffung der ersten Menschen; der Vorgang der Menschenbildung ist zwar noch nicht abgeschlossen; das Feuer freilich ist schon in Besitz genommen, die erste Hütte (seit Rousseau eine Metapher für den Begriff des Eigentums) ist gebaut.

Zweites Kapitel: Zu Text 32, S. 54f.

Drei große Bewegungen bestimmen das Gedicht. Unmittelbar aus der Situation heraus, angesichts des schon Geschaffenen, erwachsen aus ungebändigtem Stolz höhnischer Spott und tiefe Verachtung als äußerste Form trotziger Auflehnung gegen die Autorität des Göttervaters (Z. 1–21). – Unvermittelt bricht die Erinnerung an die Vergangenheit, an die Tage der Kindheit, durch, die erfüllt war von Verzweiflung und ungestillter Sehnsucht nach Schutz und Geborgenheit (Z. 22–42). – Die Ratlosigkeit des Suchenden und Fragenden findet schließlich Halt in der Besinnung auf die Fähigkeit zur Selbstbehauptung trotz aller Enttäuschungen und führt zurück zur Selbstversicherung und zur Gewißheit der eigenen Identität in der Gegenwart. Das Gedicht endet mit dem Wort: „ich"!
Die Zeitgenossen Goethes lasen das Gedicht vorwiegend unter dem Aspekt der darin enthaltenen religiösen Problematik, kann die Hymne doch geradezu als ein 'Antigebet' verstanden werden. Sind es deistische oder pantheistische oder gar atheistische Vorstellungen, die hier im Kampf gegen die Orthodoxie in dichterisches Pathos gefaßt sind? Nicht zuletzt diese Problematik war es, die Goethe so lange davon abhielt, von sich aus das Gedicht zu veröffentlichen.
Neuere Deutungsversuche setzen an der Kunstauffassung des Sturm und Drang an und sehen in der Hymne eine großartige Metapher für die Geniebewegung in der damaligen jungen Generation: Prometheus wäre so der sich von jeder Autorität befreiende, auf sich selbst gestellte und aus sich heraus schöpferisch tätige Künstler. Wie oben schon gezeigt wurde, hat Goethe die Prometheus-Metapher in diesem Sinne auch an anderer Stelle verwendet. Die Form des Gedichts kann als unmittelbarer Ausdruck einer Regeln nicht beachtenden Künstlergesinnung verstanden werden.
Freilich erschöpft sich der Sinngehalt des Gedichts darin noch nicht. Das künstlerische Genie ist gewissermaßen nur die vollendete Erscheinungsform eines allgemeinen, in der Natur des Menschen angelegten Strebens nach Autonomie und subjektiver Gewißheit. Unter diesem Aspekt kann das Gedicht verstanden werden als Zeugnis eines existentiellen Selbstfindungsprozesses des Menschen, geradezu als Aufdeckung einer entwicklungspsychologischen Grundtatsache: Das gläubige Sich-Anvertrauen an fremde Autoritäten in der Kindheit wird allmählich aufgegeben in einer Ablösung von den ehemals für unfehlbar gehaltenen Vorbildern; zweifelndes Irren und verzweifeltes Suchen sind die Folge, bis schließlich der Weg aus der Orientierungslosigkeit hin zu einer eigenen und selbstverantworteten geistigen und materiellen Existenz gefunden wird.
Man kann noch einen Schritt weiter gehen:
Die individuelle, existentiell aufgegebene Suche nach Identität wiederum kann als Spiegelung eines umfassenderen historisch-gesellschaftlichen Emanzipationsprozesses aufgefaßt werden. So gesehen, vollzieht sich im Gedicht die Aufkündigung des Gehorsams gegenüber der feudal-absolutistischen Obrigkeit durch ein sich selbst bewußt werdendes und mehr und mehr frei und selbständig handelndes Bürgertum, das im letzten Drittel des 18. Jahrhunderts den nachdrücklichen Anspruch auf gesellschaftliche und politische Gestaltungsmöglichkeiten erhebt.
Daß auch damit das Sinnangebot des Textes noch nicht erschöpft ist, zeigt ein wichtiger Deutungshinweis, den Goethe selbst gegeben hat: Schon in der Ausgabe von 1789 hat er unmittelbar auf die ‚Prometheus'-Hymne das ‚Ganymed'-Gedicht folgen lassen und an dieser Zusammenstellung danach immer wieder festgehalten. Dadurch, so scheint es, wollte er die beiden Gedichte in einen Deutungsrahmen gestellt sehen, der die religiösen Implikationen in den Vordergrund rückt. In ‚Dichtung und Wahrheit' (Zweiter Teil, Ende des 8. Buches) erklärt Goethe das Wesen der Schöpfung als „ein Abfallen und Zurückkehren zum Ursprünglichen"; es ist geradezu die Pflicht von uns Menschen, „uns zu erheben und die Absichten der Gottheit dadurch zu erfüllen, daß wir, indem wir von einer Seite uns zu verselbsten genötigt sind, von der andern in regelmäßigen Pulsen uns zu entselbstigen nicht versäumen". Das ‚Prometheus'-Gedicht zeigt in diesem Sinne die eine Seite dieses göttlichen Programms, die Tendenz zur Verselbstung, das ‚Ganymed'-Gedicht die andere, die Tendenz zur Entselbstung. In Goethes späterer Begrifflichkeit handelt es sich um die zwei komplementären Prinzipien der Systole und der Diastole.

Zur Behandlung im Unterricht
Selten spricht ein Gedicht – zumal ein rund zweihundert Jahre altes – so stark und unmittelbar das Lebensgefühl der heutigen Generation an. Es liegt nahe, an dieser existentiellen Betroffenheit im Unterricht anzuknüpfen, sei es, daß der religiöse Sinngehalt, sei es, daß das individualpsychologische Motiv der Suche nach Autonomie und Identität zunächst in den Vordergrund gerückt wird. Die anschließende Analyse des Gedichts auf der formalen Ebene (freie Rhythmen, Aufgeben der Strophenform zugunsten sinnentsprechender Versgruppen, der von logisch-grammatikalischen Regeln zugunsten impliziter Expression befreite Satzbau, die ungewöhnliche Verknüpfung semantischer Einheiten zu neuen spezifischen, gefühlsgeladenen

Sinngehalten u. a.) wird sensibilisieren für die im Gedicht zum Ausdruck kommende Künstlerproblematik. Über die Gleichung Zeus = Fürst ist schließlich auch die gesellschaftspolitische Dimension des Gedichts leicht zu erschließen. – Auf jeden Fall sollten die Schüler die Vielfalt sich ergänzender Interpretationsansätze kennenlernen. Ein wichtiges Lernziel des Deutschunterrichts ist ja nicht zuletzt die Fähigkeit, Mehrdeutigkeit literarischer Texte zu akzeptieren und auszuhalten.

Johann Caspar Lavater: Genie (S. 55 ff.) 33

Zu Autor und Werk

Johann Caspar Lavaters (1741–1801) ‚Physiognomische Fragmente zur Beförderung der Menschenkenntnis und Menschenliebe' erschienen in vier Bänden zwischen 1775 und 1778. Schon der erste Band fand starken Beifall bei der jungen Generation. Weniger die theologischen Voraussetzungen begeisterten die Stürmer und Dränger für Lavaters neue Lehre als vielmehr das Ernstnehmen der Leiblichkeit des Menschen und die Auffassung von der Ganzheit des Leib-Seelischen überhaupt.

In seinen Grundgedanken knüpft der Schweizer Theologe an Hamann (vgl. Text 25) an: Die Natur ist ihm, ebenso wie Hamann, die sinnliche Offenbarung Gottes, der Mensch als Teil der Natur die Krone, Christus als fleischgewordener Gottessohn die Summe dieser Offenbarung. „Gott schuf den Menschen sich zum Bilde" (1. Mos. 1, 27), so lautet das Motto, das Lavater dem ersten Band voranstellt. Der Weg zur Gotteserkenntnis führt also über die Menschenkenntnis, die Liebe zu den Menschen ist Liebe zu Gott. Den Schlüssel zur Menschenerkenntnis und zur Erkenntnis seiner Würde als Geschöpf Gottes liefert die Physiognomik: Im Sinne der Leibnizschen Lehre von der ‘prästabilierten Harmonie' sieht Lavater das Äußere des Menschen als Spiegel seiner individuellen geistig-seelischen Struktur. In immer neuen Anläufen versucht er, aus den Formen des Körpers, insbesondere aus den Proportionen des Gesichts, aber auch aus dem Gang des Menschen, seiner Sprache und seiner Handschrift, seine seelischen Züge zu erkennen.

Daß Lavater dabei höchst subjektiv zu Werke geht und in die ausgewählten Kupferstiche und sonstigen Abbildungen eigentlich nur das hineinträgt, was er zuvor erfühlend über den Charakter des jeweiligen Typs gedacht hat, bedarf keiner besonderen Betonung. Hervorzuheben hingegen ist, mit welch gefährlichem Selbstbewußtsein er sich nicht selten dazu versteigt, Menschen mit bestimmten physiognomischen Zügen nach seinem zurechtgelegten Bild Charaktereigenschaften zuzuschreiben oder abzusprechen: Ein Dichter hat nun einmal bestimmte physiognomische Züge aufzuweisen, sonst kann er kein Dichter sein. Wen nimmt es wunder, daß der seinerzeit in Deutschland viel gescholtene Voltaire den Ansprüchen Lavaters nicht genügen konnte? (Vgl. Schluß des neunten Abschnitts, erstes Fragment, allgemeine Betrachtungen.) – Der theologischen Implikationen Lavaters entkleidet, wird die Physiognomik zu einer der unheilvollsten Waffen gegen alles Andersartige. Auch im Alltagsleben und Alltagshandeln erweist sie sich als Nährboden für Vorurteile.

Zur Interpretation

Die Schlußzeilen des im Lesebuch abgedruckten Textausschnitts – es handelt sich um das 10. Fragment im ersten Abschnitt des vierten Versuchs – zeigen die Funktion der vorangehenden Betrachtungen: Es geht um den Versuch, die Leser einzustimmen in die sich anschließende spezifische Fragestellung nach den äußeren Kennzeichen des Genies bzw. der verschiedenen Hauptklassen von Genies (vgl. S. 57, Z. 38 ff.). Bevor die Leser sich auf die physiognomische Betrachtungsweise einlassen, sollen sie sich in innerer Schau ein Bild vom Wesen des Genies machen. Bezeichnend hierfür ist die Anrede des Lesers in der zweiten Person Singular.
Drei Hauptteile lassen sich u. E. voneinander abheben:
– der Versuch einer Unterscheidung zwischen Genie-Sein und Genie-Haben (S. 55, Z. 3–19);
– der Versuch einer Wesensbestimmung des Genies (S. 55–57, Z. 20–8);
– die Feststellung mehrerer Klassen von Genies; das sie alle Verbindende; Überleitung zur physiognomischen Betrachtungsweise (S. 57, Z. 9 ff.).

Man wird sich bei einer derartigen Gliederung freilich bewußt sein müssen, daß Lavater sich keine logisch-fortschreitende Abhandlung vorgenommen hat. Seine Betrachtungen sind genaugenommen Ergießungen aus einem ahndungsvollen Herzen, nicht Ergebnis eines systematischen Denkprozesses. Denn der Gegenstand der Betrachtung selbst entzieht sich dem unmittelbaren Zugriff: Genie, das ist „das allererkennbarste und unbeschreiblichste Ding, fühlbar, wo es ist, und unaussprechlich wie die Liebe" (S. 55, Z. 21–22). Es bleibt demnach – will man nicht verstummen – nur eine Möglichkeit, des Gegenstandes Herr zu werden: eine sukzessive Approximation in immer neuen Anläufen.

Zweites Kapitel: Zu Text 34, S. 58ff.

Das wird besonders deutlich auf stilistischer Ebene, wo z. B. die geradezu wuchernde Häufung von Wörtern, die immer wieder das gleiche einzufangen suchen, die sich übersteigern und damit auch sich entwerten, das – letztlich – Vergebliche des Bemühens, Unsagbares sagbar zu machen, zeigt. Die vielen Fragen und Ausrufe sind nicht nur Zeichen von Gefühlsgeladenheit, sondern ebenso von einer gewissen Hilflosigkeit. Metaphern und Vergleiche umschreiben, was sich nicht auf einen präzisen Begriff bringen läßt. Vollends ins Beliebige wird das Bemühen um Begrifflichkeit durch den Satz gestellt: „Oder nenn es, beschreib es, wie du willst!" (S. 56, Z. 7), der nach einem durch die Anapher „nenn's ... nenn's ..." über 30 Stationen hinweg geführten Begriffsangebot nur leicht abgewandelt wiederholt wird. Durch diese und andere sprachliche Mittel signalisiert Hamann dem Leser die Unzulänglichkeit menschlicher Sprache angesichts eines Gegenstands, der ins Übermenschliche, ja ins Göttliche hineinreicht.
Die inhaltliche Analyse muß das Überschwellende zurechtstutzen und auf die wichtigsten Gedanken reduzieren. Folgt man dem oben gegebenen Gliederungsversuch, so kristallisiert sich für den ersten Teil der Geniusgedanke heraus. Lavater assoziiert die römische Auffassung, wonach bei der Erzeugung und Geburt des Menschen ein persönlicher Genius (= der „Leben Erzeugende") wirkt, der den Menschen hernach als sein Schutzgeist durchs Leben begleitet, sein Schicksal bestimmt, Freude und Leid mit ihm teilt und auch nach dem Tod noch schützend fortwirkt (vgl. Georges: Kleines lateinisch-deutsches Handwörterbuch, Stichwort „genius"). Der letztlich nicht ganz klar faßbare Gedanke rückt jedenfalls das Genie in die Nähe des Göttlichen, Genie ist Genius, ist ein Wesen höherer Art (S. 55, Z. 11 und 15). Dieser Gedanke vom höheren Wesen findet sich variiert auch in den folgenden Teilen immer wieder: Die Apparition (= das Erscheinen) des Genies ist vergleichbar der Engelserscheinung (S. 56, Z. 1–5); Genie ist ein 'propior deus' (= ein näherer Gott; S. 56, Z. 6); Werk und Wirkung des Genies ist wie Werk und Wirkung Gottes (S. 57, Z. 3/4); aller Genien Wesen und Natur ist „Übernatur, Überkunst, Übergelehrsamkeit, Übertalent, Selbstleben" (S. 57, Z. 17/18); Genies sind „Ebenbilder der Gottheit" (S. 57, Z. 31) und „Menschengötter" (S. 57, Z. 33).
Neu hinzu kommt im zweiten Teil insbesondere der Gedanke der Originalität, des nicht Lernbaren, des Unnachahmlichen und der Unsterblichkeit in der Wirkung (vgl. besonders S. 56, Z. 28 ff.). Auch dieser Gedanke wird im weiteren mehrfach wieder angesprochen. Lavater nimmt hier einen Gedanken auf, der in der Diskussion um das Wesen des Genies seit den 60er Jahren eine große Rolle gespielt hat und letztlich durch Edward Youngs ‚Conjectures on Original Composition' (1759, bereits 1760 ins Deutsche übersetzt) angestoßen worden war.
Der dritte Teil des Textes schließlich führt über das schon Gesagte den Leser zu einem Gedanken, der sich erstmals bei Hamann (vgl. Text 25) angedeutet findet und die spezifisch christlich-theologische Dimension der Genieauffassung auch Lavaters deutlich macht: der Gedanke, daß das Genie letztlich ein Instrument der Offenbarung im göttlichen Heilsplan ist (vgl. besonders S. 57, Z. 33 ff.).
Die Herkunft der zitierten Verse S. 57, Z. 26/27 und 43/44 ist nicht zu ermitteln.

Zur Behandlung im Unterricht
Ausgehend von einem ersten Leseeindruck, liegt es nahe, die Eingangsfrage des Textes selber aufzugreifen: „Was ist Genie?" Die sich zunächst einstellende Ratlosigkeit zwingt zu einem erneuten Überprüfen des Textes. Eine Schlüsselstelle für die anschließende Interpretation stellt der Satz dar: „Genie, das allererkennbarste und unbeschreiblichste Ding, fühlbar, wo es ist, und unaussprechlich wie die Liebe" (S. 55, Z. 21/22). Ob zunächst eine Analyse auf stilistischer Ebene erfolgen soll oder der Versuch, die wichtigsten Gedanken herauszuarbeiten, wird von Erkenntniswillen der Schüler abhängen.
Falls auf Lavaters physiognomisches Konzept näher eingegangen wird, sollte auch die Gefahr der Vorurteilsbildung durch die Wahrnehmung körperlicher Merkmale angesprochen werden.

34 Johann Wolfgang von Goethe: Zum Shakespeares-Tag (S. 58 ff.)

Zum Shakespearebild
Wie Prometheus für die Stürmer und Dränger zum Inbegriff genialischen Schöpfertums im griechischen Mythos geworden war, so galt ihnen Shakespeare als Prototyp des frei aus sich heraus schaffenden dichterischen Genies in der Geschichte. Eine bedeutsame Umformung des Shakespearebildes hatte sich vollzogen. Für Lessing war Shakespeare ein Genie, weil er, ohne die griechischen Vorbilder zu kennen, ihnen „in dem Wesentlichen" nahekommt und also die überzeitlich gültigen Regeln des dramatischen Kunstwerks nur bestätigt (vgl. Text 26, S. 49, Z. 26 ff.). Für die Stürmer und Dränger ist Shakespeare ein

Zweites Kapitel: Zu Text 34, S. 58 ff.

Genie, weil er sich angeblich um Regeln, welcher Art auch, gar nicht kümmert, sondern aus der Kraft seiner Individualität der Natur gleich neue Formen hervorbringt. Nicht in der Erfüllung der poetischen Gesetze vollendet sich das Genie, sondern in der Einmaligkeit des poetischen Schaffensvorgangs, der nicht rational begriffen, sondern nur kongenial erfühlt werden kann. Shakespeare gilt den Stürmern und Drängern als Originalgenie schlechthin. Einen nicht unbeträchtlichen Anteil an dieser Umwertung des Shakespearebildes wie überhaupt an dem neuen Geniebegriff hatten Edward Youngs ‚Conjectures on Original Composition' (vgl. Erläuterungen zu Text 33).
Goethe hatte das neue Bild von Shakespeare während seiner Straßburger Zeit kennengelernt und begierig aufgegriffen. Sein ‚Götz von Berlichingen', dessen erste Niederschrift kurz nach seiner Heimkehr nach Frankfurt erfolgte, ist lebendiges Zeugnis dafür. Noch unmittelbarer freilich ist Goethes Shakespeare-Enthusiasmus in seiner Rede ‚Zum Shakespeares-Tag' zu fassen: Am 14. Oktober 1771, dem Namenstag für Wilhelm, veranstaltete er im Haus seines Vaters ein Fest zu Ehren des englischen Dramatikers. Vorgesehen war die Verlesung von Herders Shakespeare-Aufsatz. Da dieser nicht rechtzeitig eingetroffen war, kam Goethes eigener Versuch über Shakespeare zum Einsatz. Die Wendungen: „Erwarten Sie nicht, daß ich viel und ordentlich schreibe..." (S. 58, Z. 30), und: „Ich will abbrechen, meine Herren, und morgen weiterschreiben..." (S. 59, Z. 29), deuten die Fiktion eines Sendschreibens an.

Zur Interpretation
Goethe selbst charakterisiert seine Jugendschriften zur Literatur 1824 (Sicherung meines literarischen Nachlasses. Weitere Nachrichten davon. Über Kunst und Altertum IV, 3) so: „Wild, aufgeregt und flüchtig hingeworfen wie sie sind, möchte ich sie lieber Ergießungen meines jugendlichen Gemüts nennen als eigentliche Rezensionen. Es ist auch in ihnen so wenig ein Eingehen in die Gegenstände als ein gegebener, in der Literatur begründeter Standpunkt, von wo aus diese wären zu betrachten gewesen, sondern alles beruhet durchaus auf persönlichen Ansichten und Gefühlen..." Goethe dürfte bei dieser Äußerung kaum speziell an die Shakespeare-Rede von 1771 gedacht haben, gerade sie aber kann nicht treffender gekennzeichnet werden, als es hier geschieht.
Unvermittelt setzt Goethe ein mit dem drängenden Gedanken an die allzu kurze Lebensdauer und die Hoffnung auf Nachruhm. Das Leben wird als Wanderung begriffen, die Menschen als mehr oder weniger tüchtige Wanderer. Alle verdienen sie freundschaftliche Gefühle, einige wenige aber, diejenigen mit den Siebenmeilenstiefeln und den gigantischen Schritten, Bewunderung und Verehrung (S. 58, Z. 10–25).
Der größte Wanderer ist Shakespeare. Seine Größe ergibt sich zunächst aus seiner Wirkung, die freilich nur geahnt und empfunden werden kann (S. 58, Z. 27–38). Klar und deutlich ist nur die Konsequenz dieser Wirkung: der Kampf gegen das regelmäßige Theater der Franzosen, die sich anmaßen, die viel zu große griechische Rüstung zu tragen (S. 58/59, Z. 39–19).
Was die Größe des Shakespeareschen Theaters eigentlich ausmacht, kann nur in Andeutungen und nur in gleichzeitiger Auseinandersetzung mit den unverständigen Kritikern gesagt werden. Stichworte sind: das Theater als schöner Raritätencharakter, in dem die Geschichte der Welt vor Augen geführt wird; die scheinbare Planlosigkeit der Stücke; der geheime Punkt, in dem das Eigentümliche unsres Ichs, die individuelle Freiheit, mit dem notwendigen Gang des Ganzen zusammenstößt; die Rückkehr zur Natur in der Gestaltung der Menschen, zu denen das Böse sowohl wie das Gute gehört; kurz: Shakespeares Schaffen ist ein Wetteifern mit Prometheus (S. 59/60, Z. 31–18).
Nur wenige sind berufen, Shakespeares wahre Größe erfühlend zu erkennen, um so lauter haben sie sich vernehmlich zu machen (S. 60, Z. 19–23).
Das ist in dürren Worten, was Goethe seinen Zuhörern inhaltlich zu sagen hat. Nicht, daß nicht etwas ausgesagt wäre! Aber die Inhaltsebene ist nicht das Entscheidende, wichtig ist die Mitteilung der Gefühle. Und diese Gefühle sind zu überwältigend, als daß sie in eine wohlgeordnete Form gebracht werden könnten. Freilich ist das auch gar nicht notwendig: Wer's nicht fühlt, der wird es nie begreifen. Die Zuhörer sollen nicht rational überzeugt werden von der Größe des englischen Dramatikers. Die Ich-Botschaften, die ausgesendet werden, sollen die Zuhörer mitreißen in der Bewunderung für Shakespeare – und für die eigene Person. Denn ein fremdes Genie zu erfühlen und anzuerkennen bedeutet, selbst Genie zu sein (vgl. bes. S. 58, Z. 26–28). Die Hymne auf das Genie Shakespeare wird zu einem Dokument der Begegnung des Genies Goethe mit seinem Vorbild.

Zur Behandlung im Unterricht
Der Text erschließt sich wohl am ehesten über den hymnisch-ekstatischen Gesamteindruck, den eine erste Lektüre hinterläßt. Der Versuch, die Gedanken zu ordnen, wird zu der Einsicht führen, daß Goethes

Zweites Kapitel: Zu Text 35, S. 60 f.

Wirkungsabsicht nicht im rationalen Vermitteln von Erkenntnissen über Shakespeare zu suchen ist, sondern im gefühlsmäßigen Teilhabenlassen der Zuhörer an der vom Sprecher erlebten gefühlsmäßigen Identifikation mit dem Vorbild. Eine sinnvolle Aufgabe ist in diesem Zusammenhang das Beobachten und Sammeln der Ich-Botschaften, die der Text enthält. Die Schüler können daran erkennen, was aus der „Natursprache", wie sie Breitinger anläßlich seiner Forderung nach einer „hertzrührenden Schreibart" konzipiert hatte, bei den Stürmern und Drängern bzw. beim jungen Goethe geworden ist.

Bei der anschließenden inhaltlichen Analyse sollte man sich auf wenige thematisch geordnete Gesichtspunkte konzentrieren. In den Mittelpunkt der Betrachtung kann man z. B. stellen:
- die (subjektiv empfundene) Wirkung Shakespeares auf den jungen Goethe (die bei der Beschreibung verwendeten Bilder des Blindgeborenen, des in die freie Luft Springenden usw.);
- die (gleichsam objektive) Würdigung des Shakespeareschen Theaters, insbesondere die Charakterisierung der Shakespeareschen Menschen als Natur und Shakespeares selbst als Prometheus (vgl. dazu die Erläuterungen zu Text 32); im Zusammenhang damit:
- die Genieauffassung des jungen Goethe (hier wäre wieder die formale Struktur des Textes heranzuziehen);
- Goethes Auseinandersetzung mit seinem Zeitalter und mit den Kritikern Shakespeares, die Form dieser Auseinandersetzung.

Ein Hinweis auf den 17. Literaturbrief Lessings (Text 26, bes. S. 49, Z. 21–24) kann die Behandlung des Textes abrunden.

Thematische Bezüge im Kapitel

Besonders enge Berührungspunkte ergeben sich mit Text 38, Lenz. Im Kommentar zu Lenz wird näher eingegangen auf das Lebensgefühl der jungen Generation. Was dort gesagt ist über die Wirkung Rousseaus, läßt sich nahtlos übertragen auf Goethes Shakespeare-Hymne.

V. Gesellschaft (S. 60 ff.)

Kennzeichnend für die Literatur des Sturm und Drang ist u. a. ein starkes sozialkritisches Engagement, sei es in Form einer umfassenden Gesellschaftskritik, sei es in der spezifischen Form der Adelskritik bzw. der Kritik an feudal-absolutistischen Herrschaftsstrukturen. Besonders in der dramatischen, z. T. auch in der lyrischen Gattung findet diese Tendenz der Zeit ihren Ausdruck.

Die Auswahl und Anordnung der Texte erfolgte unter diesen Gesichtspunkten: Als Einführung in die Naturrechtsdiskussion der Zeit stehen am Anfang des Abschnittes ein ausgesprochen programmatischer Text (Rousseau) und ein eher proklamatorischer (v. Knigge). Die Einzelszene ‚Die Pfandung' von Leisewitz zeigt die Umsetzung dieser Gedanken in der dramatischen Gattung. Es folgen drei Texte zum Theater (Lenz, Wagner, Schiller), in denen – bei allen Unterschieden im einzelnen – zum einen die Protesthaltung gegen den Zeitgeist Ausdruck findet und zum andern die neuen dramaturgischen Ansprüche und Forderungen deutlich werden. Stellvertretend für die politische Lyrik des Sturm und Drang stehen sodann zwei Gedichte von Schubart und Bürger. Der folgende Textausschnitt aus Bürgers Vorrede zu den Gedichten zeigt die Bedeutung des Volkstümlichen in den ästhetischen Anschauungen des Sturm und Drang. Den Abschnitt beschließt die Auseinandersetzung Schillers mit Bürger: Der Text bringt in prägnantester Form bereits das klassische Kunstprogramm ins Blickfeld und bildet so den Übergang zum nächsten Kapitel.

35 Jean-Jacques Rousseau: Der gesellschaftliche Vertrag (S. 60 f.)

Zu Autor und Werk

Rousseaus Wirkung auf die zweite Hälfte des 18. Jahrhunderts und weit darüber hinaus ist kaum zu überschätzen. Er ist nicht nur der Vater der modernen Pädagogik und wirkt mit seiner Lehre vom 'natürlichen Wachsenlassen' noch nachhaltig in der Diskussion um die richtige Erziehung in unserer Zeit. Rousseau war der erste Philosoph der Neuzeit überhaupt, der – mitten im Zeitalter der Aufklärung – radikal die Errungenschaften der modernen Kultur und Zivilisation in Frage gestellt hat. Wie umfassend seine Kritik angelegt war, zeigt ein Satz wie dieser: „Tout est bien sortant des mains de l'Auteur des choses, tout dégénère entre les mains de l'homme." (Alles ist gut, wie es aus den Händen des Schöpfers der Dinge

Zweites Kapitel: Zu Text 35, S. 60f.

hervorgeht, alles verdirbt unter den Händen des Menschen; Beginn des ‚Émile'.) Ziel seines Kampfes gegen eine in einer einseitigen und oberflächlichen Verstandeskultur gefangene Gesellschaft war die Wiederherstellung des ‚natürlichen Menschen' und natürlicher Lebensbedingungen. In dieses umfassende Programm lassen sich auch seine staatsphilosophischen und gesellschaftstheoretischen Reflexionen einordnen. Mit ihnen wurde Rousseau (1712–1778) zu einem der wichtigsten Wegbereiter der Französischen Revolution.

Zur Interpretation
Der ‚Contrat social' stellt Rousseaus politisches Glaubensbekenntnis dar. In streng logischer Entfaltung entwirft er hier in vier Büchern seine Auffassung von der Beschaffenheit des idealen Staates. Das erste Buch handelt vom Wesen und Ursprung des Staates. Die weiteren Bücher gelten den Fragen der Souveränität und der Gesetzgebung, den Regierungsformen und schließlich speziellen Einrichtungen des Staates. Der Textausschnitt entstammt dem sechsten Kapitel des ersten Buches.
Wie für andere Staatstheoretiker der Neuzeit vor ihm (Jean Bodin, 1530–1596; Hugo Grotius, 1583–1645; Thomas Hobbes, 1588–1679; Samuel Pufendorf, 1632–1694; John Locke, 1632–1704; Montesquieu, 1689–1755) beruht auch für Rousseau der Staat nicht auf der Natur (Gewalt des Stärkeren; Erweiterung aus der Familie) oder auf Gott (Theokratie), sondern auf Vertrag, d. h., die Legitimierung der Herrschaft geschieht durch die Beherrschten selbst (Vertragstheorie). Dem liegt die Auffassung zugrunde, daß der Mensch von einem bestimmten Zeitpunkt an in der Geschichte an, um sich selbst zu erhalten und Leben und Besitz zu sichern, auf seine natürliche Ungebundenheit verzichtet und sich mit anderen zu einer Rechtsgemeinschaft (= Staat) zusammenschließt (Situationsanalyse, S. 60, Z. 27–35).
Da nun für Rousseau das eigentliche Wesensmerkmal des Menschen die Freiheit ist und der Verlust der Freiheit Verlust der Menschlichkeit bedeutet, kann es sich bei diesem Vertrag nicht um einen Unterwerfungsvertrag handeln – so u. a. Hobbes und Pufendorf –, weil dann ja gerade die Freiheit des einzelnen zugunsten der Herrschaftsgewalt eines anderen aufgegeben wäre. Das Problem ist also dieses: Wie können freiheitliche Wesen zusammenleben, wo doch Zusammenleben in der Wirklichkeit immer Beschränkung der Freiheit bedeutet? Mit anderen Worten: Es gilt eine Form des gesellschaftlichen Zusammenschlusses zu finden, bei dem der einzelne, nachdem er sich mit den anderen zusammengetan hat, so frei ist wie zuvor (Problemanalyse).
Die Lösung des Problems – dafür ist ergänzend eine nicht abgedruckte Passage aufschlußreich, s. u. – liegt nach Rousseau darin, daß jedes etwaige Mitglied der sich (zum Staat) formierenden Gesellschaft sich in völliger Entäußerung (aliénation totale) mit allen seinen Rechten an das Gemeinwesen als Ganzes hingibt:
„Die Bestimmungen (des Vertrages) lassen sich bei richtigem Verständnis sämtlich auf eine einzige zurückführen, nämlich die völlige Entäußerung jedes Mitglieds mit allen seinen Rechten an das Gemeinwesen als Ganzes" (Lösung).
(Die an Seite 61, Z. 6 anschließende Passage lautet:
„Die Bedingungen sind bey diesem Vertrage durch die Natur der Handlung solchergestalt bestimmt, daß die mindeste Einschränkung sie vergeblich und unkräftig machen würde. Daher sind sie auch, wenn sie sich schon vieleicht nirgends also verfasset, und wirklich ausgedrucket finden mögte, allenthalben die nehmlichen, stillschweigend dafür erkannt, und zugelassen, so lange bis der gesellschaftliche Vergleich übertreten wird, da ein jeder in seine vorige Rechte und Freyheit zurück tritt, und diejenige verlieret die er in dem Vergleich erhalten, als um welcher willen er jener entsaget hat.
Es ist hierbey wohl zu merken, *daß sich diese Bedingungen hauptsächlich darauf beziehen, daß sich ein jeder von der Gesellschaft derselben gänzlich mit allen seinen Rechten überläst; und da dieses von einem jeglichen geschiehet* [Hervorhebungen von uns]: so sind sie hiermit einander alle gleich, und keiner hat Ursache, die übrigen mehr einzuschränken, und zu belästigen.")

In drei Schritten folgt die (z. T. sehr dialektische) Begründung: „Denn erstens ist die Ausgangslage, da jeder sich voll und ganz gibt, für alle die gleiche, und da sie für alle gleich ist, hat keiner ein Interesse daran, sie für den anderen beschwerlich zu machen." Zweitens entfallen alle Eigeninteressen („Hierzu kommt noch dieses, daß ..."; S. 61, Z. 7–14). Drittens gewinnt man den Gegenwert für alles, was man aufgibt („Es folgt endlich daraus, daß ..."; S. 61, Z. 14–18). (Begründung.)
Das Ganze faßt Rousseau – Höhepunkt des Kapitels – in einem fiktiven Vertragstext zusammen: „Ein jeglicher unter uns unterwirft seine Person und alle seine Gewalt der höchsten Verfügung eines allgemeinen Willens; und wir nehmen ein jegliches Mitglied in unsre Gemeinschaft als einen unzertrennlichen Theil des ganzen Cörpers" (S. 61, Z. 20–23). Der zentrale Begriff ist der des ‚allgemeinen Willens' (la volonté général).
Er ist Vernunft und Tugend in einem, ist als moralisches Prinzip unteilbar und unfehlbar (auch wenn ihm in

Zweites Kapitel: Zu Text 35, S. 60f.

der konkreten Situation nicht der Wille aller – la volonté de tous – entspricht) und bezweckt stets das Wohl des Ganzen. Indem sich der einzelne – notfalls auch unter Zwang – ihm unterordnet, gehorcht er letztlich sich selbst und ist damit frei. An die Stelle der vereinzelten Individuen mit ihrem je unterschiedlichen Eigenwillen und ihren selbstzerstörerischen Eigeninteressen tritt ein neuer „moralischer Cörper", in dem jedes (Mit-)Glied dem anderen gegenüber gleichberechtigt ist (Zusammenfassung).

Es folgen Begriffsbestimmungen. Eine moderne Übersetzung vermag zu klären: „Diese öffentliche Person, die so aus dem Zusammenschluß aller zustande kommt, trug früher den Namen *Polis*, heute trägt sie den der *Republik* oder der staatlichen Körperschaft, die von ihren Gliedern *Staat* genannt wird, wenn sie passiv, *Souverän*, wenn sie aktiv ist, und *Macht* im Vergleich mit ihresgleichen. Was die Mitglieder betrifft, so tragen sie als Gesamtheit den Namen *Volk*, als einzelne nennen sie sich *Bürger*, sofern sie Teilhaber an der Souveränität, und *Untertanen*, sofern sie den Gesetzen des Staates unterworfen sind."

Wichtig wird diese Begriffsunterscheidung für die Folgerungen, die Rousseau im weiteren Verlauf seiner Abhandlung aus seinem Vertragsentwurf zieht. Die entscheidenden Punkte sind:

1. Das Volk, d. i. die Gesamtheit der Mitglieder der neu entstandenen Gesellschaft, ist der ausschließliche und unteilbare Souverän des Staates.
2. Der Inhalt der Souveränität besteht in der Befugnis, Gesetze zu erlassen, zu ändern und rückgängig zu machen. Damit kann die *Staats*form nur die einer Republik sein.
3. Da die Aussprüche des allgemeinen Willens (die in der Volksversammlung entstandenen Beschlüsse/Gesetze) allgemeinen Charakter haben und die Anwendung auf bestimmte Fälle davon verschieden ist, bedarf es eines Organs der Vermittlung (der Exekutive): das ist die Regierung. Sie ist Funktionär des Staates, und unabhängig davon, in welcher Form sie durch das Volk eingesetzt ist – Monarchie, Aristokratie, Demokratie oder Mischformen –, ist sie jederzeit abberufbar. Der *Staat* lebt souverän aus sich, die *Regierung* ist demgegenüber nur eine abgeleitete Größe. Die Volksversammlungen „sollen immer durch zwei Anträge eröffnet werden, die niemals weggelassen werden dürfen und die getrennt zur Abstimmung kommen. Erstens: Gefällt es dem Souverän, die gegenwärtige *Regierungs*form beizubehalten? Zweitens: Gefällt es dem Volk, die Verwaltung denen zu belassen, die gegenwärtig damit beauftragt sind?" (Buch 3, Kap. 18.)
4. Der einzelne ist Bürger (= Teilhaber an der Souveränität) und Untertan (= den Aussprüchen des allgemeinen Willens Unterworfener) in einer Person. Mit anderen Worten: Seine Rechte und seine Pflichten sind untrennbar. Die Erfüllung seiner Pflichten ist die Garantie seiner Rechte. Die Wahrnehmung seiner Rechte ist die Garantie seiner (bürgerlichen) Freiheit.

Zur Behandlung im Unterricht

Der im Lesebuch abgedruckte Ausschnitt aus Rousseaus ‚Contrat social' ist Schlüsseltext für den Abschnitt „Gesellschaft" im Kapitel Aufklärung/Sturm und Drang. Der abstrakt-kühle, sachlich-logisch sich entwickelnde, auf punktgenaue Definitionen abzielende Gedankengang stellt eine klare Absage an die absolutistisch-feudale Gesellschaftsordnung mit ihren Ständeunterschieden und den Privilegien des Adels und der Geistlichkeit dar. Die Textstelle liefert die Begründung der Prinzipien der Freiheit und Gleichheit aller und der Volkssouveränität und stellt somit eine zentrale Stelle der gesamten Abhandlung dar. Die Ausstrahlung dieser Rousseauschen Gedanken auf die Literatur im deutschen Sprachraum wird unmittelbar deutlich in den Texten Leisewitz (37), Schubart (41), Bürger (42, 43). Die Rezeption Rousseaus erfolgte freilich nicht nur im Zusammenhang mit der Kritik an politischen Ordnungsstrukturen. Auch bei den anderen Texten dieses Abschnitts wird immer wieder auf den Einfluß seines Denkens zu verweisen sein.

Die Qualität und Eigenart des Textes läßt sich am besten erarbeiten im Vergleich mit Text 36 (Adolph von Knigge).

(Die in moderner Übersetzung zitierten Stellen sind entnommen aus: Jean-Jacques Rousseau: Vom Gesellschaftsvertrag. In Zusammenarbeit mit Eva Pietzcker neu übersetzt und hrsg. von Hans Brockard. UB 1769. Reclam, Stuttgart 1979.)

Adolph von Knigge [Naturrechte wider Fürstenwillkür] (S. 61 ff.)   36

Zum Autor

Adolph von Knigge (1752–1796) ist heute außerhalb der Literaturgeschichtsschreibung insbesondere durch sein wieder und wieder aufgelegtes Lehrbuch ‚Über den Umgang mit Menschen' (1788) bekant. Das uns antiquiert und eher lächerlich erscheinende Benimmbuch muß aus seiner Zeit heraus als wichtiger Beitrag zur Emanzipation des Bürgertums und seines von höfischer Etikette unterschiedenen Lebensstils verstanden werden.

Der Freiherr, Sproß eines verarmten Adelsgeschlechts und entschiedner Anhänger radikaldemokratischer Auffassungen, war darüber hinaus auch Verfasser moralphilosophischer und politischer Schriften (‚Predigten', ‚Über Eigennutz und Undank'; ‚Benjamin Noldmanns Geschichte der Aufklärung in Abyssinien') sowie satirischer Romane (‚Roman meines Lebens', ‚Die Geschichte Peter Clausens', ‚Die Reise nach Braunschweig'). Der vorliegende Textausschnitt entstammt der politischen Streitschrift ‚Josephs von Wurmbrand . . . politisches Glaubensbekenntniß' aus dem Jahre 1792.

In der Rolle des kaiserlichen Notars in Bopfingen und abyssinischen Exministers Wurmbrand handelt Knigge in acht Abschnitten die Frage ab: „ob und in welchen Fällen den europäischen Staaten, bey der jezzigen, durch zunehmende Denk- und Preß-Freiheit bewürkten Stimmung des Zeitalters, eine Staats-Umwälzung bevorzustehn scheinen mögte?" („Und da wohl ohne Zweifel die französische Revolution jezt den größten Einfluß auf diese Stimmung hat, indem sie so manche Feder und Zunge in Bewegung sezt, so will ich meine Frage also einkleiden: Welche Folgen haben wir von der französischen Revolution zu fürchten, oder zu hoffen?" S. 12.)

Knigge alias Wurmbrand versucht nun nachzuweisen, daß die Französische Revolution gewissermaßen eine historische Notwendigkeit gewesen ist, ein aus der Vernunft begründeter Akt der Wiederherstellung der Menschenrechte, daß Revolutionen in Deutschland aber vermieden werden können, wenn die Staatsverfassung so beschaffen ist, daß die Regierung

„1) nie Gehorsam im Namen Einzelner, sondern nur auf Autorität des Ganzen fordre;
2) keine Haupt-Veränderungen in der Regierungsform vornehme, als mit Beystimmung der größern Anzahl, der sie auch von jedem Schritt Rechenschaft schuldig ist;
3) von dieser größern Anzahl keine Abgaben, Einschränkungen, Dienste oder Aufopferungen und keinen Gehorsam fordre, welche bloß der kleinern Anzahl Vortheile gewähren, ohne das Wohl des Ganzen zu befördern, oder welche die natürliche Freiheit über Gebühr einschränken;
4) keine solche Mittel, sich Gehorsam zu verschaffen, wähle, die in verkehrtem Verhältnisse mit dem Grade der Cultur und der Stimmung des Zeitalters und der Nation stehen.
Handelt eine Regierung nach diesen Grundsäzzen, so wird sie schwerlich eine Revolution, eine Umkehrung, zu befürchten haben" (S. 94/95).

Der achte Abschnitt („Wie allen gewaltsamen Revolutionen vorgebeugt werden könne") ist ein förmlicher Aufruf an die deutschen Fürsten, diese Grundsätze zu achten und für die Herstellung der Menschenrechte (Recht auf Freiheit, Recht auf Gleichheit, Recht auf Eigentum) zu sorgen.

Zur Interpretation

Der im Lesebuch abgedruckte Textausschnitt entstammt dem sechsten Abschnitt („Ob unsere heutigen Staats-Verfassungen auf ächten Grundsäzzen beruhen und der Stimmung des Zeitalters angemessen sind"). Die normativen Prinzipien der richtigen Gesellschaftsordnung, wie sie Rousseau im ‚Contrat social' (Text 35) zu begründen versucht hat, werden hier als nicht hinterfragbares Naturrecht – d. h. als nur aus der vernunftbegabten Natur des Menschen begründbares, von Ort und Zeit und menschlicher Setzung unabhängiges Recht – zum Maßstab genommen, an dem die Wirklichkeit bewertet werden kann.

Und diese Wirklichkeit zeichnet sich dadurch aus, daß anstelle eines auf Gegenseitigkeit beruhenden Verhältnisses mit Freiheit und Gleichheit aller Mitglieder ein einseitiges Gewaltverhältnis herrscht. Die Regierungen („Oberherrschaften") in Europa haben sich verabsolutiert, indem sie sich als autonom und über dem Willen des Volkes stehend betrachten: „Sie setzen sich und ihre Nachkommen auf ewige Zeiten an die Stelle derer, durch deren Übereinkunft sie die Oberherrschaft besitzen, ja! Einige von ihnen scheinen ganz zu vergessen, daß alle Oberherrschaft ursprünglich von freiwilliger Übertragung herrührt und alle Gewalt vom Volke abstammt, dessen Stellvertreter sie sind" (S. 62, Z. 2–6).

Nicht Klärung und Begründung der ‚Naturrechte' sind das Anliegen des Textes, sondern wertende Beschreibung der Wirklichkeit zum Zwecke, diese Wirklichkeit zu verändern. Der eben zitierte Satz bleibt nicht als abstrakte These stehen, sondern wird drastisch illustriert: „Sie vertauschen und verkaufen . . . ; sie

Zweites Kapitel: Zu Text 37, S. 63f.

fordern...; sie bestreiten..." (S. 62, Z. 7ff.). Die Überfülle der despotischen Übergriffe wird suggestiv durch die asyndetische Reihung der Beispiele zum Ausdruck gebracht; formal unterstützt wird diese Anklage durch den Gleichlauf der (Aussage-)Sätze, durch Anaphern und durch die Häufung von Verben, inhaltlich durch das immer stärkere Gewicht der aufgezählten Tatsachen. Einen – freilich nur vorläufigen – Abschluß bringt die rhetorische Frage: „Wem schaudert nicht die Haut..." (Z. 17). Die Nennung des Namens von Ludwig XI. in diesem Zusammenhang, die Genauigkeit in der Angabe „zwei Prinzen von Armagnac" verleiht den zuvor nur pauschal vorgebrachten Vorwürfen im nachhinein entsprechende Glaubwürdigkeit. Ein Atemholen stellt der Satz dar: „Man antworte hierauf nicht, daß..." (Z. 21ff.). Aber auch diese Pause wird geschickt genutzt: Ein mögliches Gegenargument wird ausgesprochen, jedoch nur, um es sofort entkräften, ja für die eigene Position nutzbar machen zu können. – Im folgenden wechseln in schneller Folge generalisierende Aussagen mit entsprechender Illustration. Behauptung: „Sie glauben sich über die Gesetze erhaben, bestrafen Verbrechen, die sie täglich selbst begehen"; Illustration: „an der Seite einer vor den Augen des Volks unterhaltenen, geehrten, im Glanze des Reichtums und der Hoheit lebenden Maitresse unterschreiben sie Verdammungs-Urteile gegen Hurer und Ehebrecher"; Behauptung: „sie privilegieren..."; Illustration: „gefällt dem Fürsten ein Schmeichler..."; usw. Die Antithese ist hier das herausragende Stilmittel: „[sie] bestrafen Verbrechen, die sie täglich selbst begehen"; die in Reichtum und Hoheit lebende Mätresse / der verurteilte Ehebrecher; das größere Verdienst / die Gunst eines einzelnen; die unnützesten Bürger sind die vornehmsten und reichsten (und vice versa); „wer „am mehrsten leisten und zahlen muß, darf am wenigsten dazu sagen"; ganze Nationen / einzelne Personen; usw. – Alle diese Darstellungsmittel – Stilelemente der persuasiven Rede – dienen der Kundgabe des Abscheus vor den despotischen Regimes der absolutistisch regierten Staaten Europas. Gipfel der Anklage stellt schließlich die Tatsache der unterdrückten Meinungsfreiheit dar.

Zur Behandlung im Unterricht
Es liegt nahe, den Text zu behandeln im Zusammenhang mit Text 35. Deutlich wird: Die Zeit des Ringens um eine theoretische Grundlegung der richtigen Gesellschaftsordnung und der Legitimierung von Herrschaft im Sinne von Staatsgewalt, wie es in Rousseaus „Gesellschaftsvertrag" in jedem Wort zu spüren ist, ist 30 Jahre später vorbei. 1789 ist in Frankreich das Unglaubliche geschehen: Die auf Gott zurückgeführte Herrschergewalt des absolutistischen Regenten wurde durch das Volk gebrochen. Die Idee der natürlichen Freiheit und Gleichheit (und Brüderlichkeit) der Bürger eines Staates war europaweit bekannt. Nicht um ihre Begründung in der Einsamkeit der Gelehrtenstube ging es nun, sondern um ihre agitatorische Durchsetzung auf dem Markt. Der Stil – die beiden Textausschnitte sind in dieser Hinsicht durchaus repräsentativ für die jeweilige Ganzschrift – macht den Unterschied augenfällig.
Wie die Interpretation zeigt, können an diesem Text auch Argumentationsmethoden und Stilmittel der persuasiven Rede untersucht und exemplarisch vorgeführt werden.

Thematische Bezüge im Kapitel
In diesen Zusammenhang gehören auch die Texte Leisewitz (Nr. 37), Schubart (Nr. 41), Bürger (Nr. 42). Das Zeitgefühl, das Knigge in seiner politischen Streitschrift vermittelt, wird dort in dichterischen Bildern gefaßt.
(Die über den Lesebuchtext hinausgehenden Zitate entstammen: Adolph Freiherr Knigge: Sämtliche Werke, Band 15. KTO Press Nendeln/Liechtenstein o. J.)

37 Johann Anton Leisewitz: Die Pfandung (S. 63f.)

Zu Autor und Werk
J. A. Leisewitz (1752–1806), der zeitweilig dem Göttinger Hainbund nahestand, ging in die Literaturgeschichte vor allem durch sein 1776 erschienenes Trauerspiel ‚Julius von Tarent' ein. Wie gleichzeitig Klinger in den ‚Zwillingen' und später Schiller in den ‚Räubern' greift er in diesem Stück das Thema des Bruderzwistes auf. Im Mittelpunkt des Dramas stehen die Fürstensöhne Julius und Guido. Beide erstreben die Hand Blancas, Julius aus echter – auch erwiderter – Liebe, Guido aus falscher Ehrsucht. Um dem daraus entstehenden Zwist vorzubeugen, ist Blanca vom Vater der beiden, dem Fürsten von Tarent, ins Kloster gegeben worden. Als Julius die Entführung Blancas ins Werk setzt, wird er von Guido erstochen. Der Vater selbst hält Gericht über den Brudermörder, indem er ihn erdolcht.
Das Drama zeigt, daß direkte politische Kritik wie in der Szene ‚Die Pfandung' nicht die einzige Art

zeitkritischer Stellungnahmen dieser Generation war; es dokumentiert insbesondere die Aufnahme und Weitergabe Rousseauschen Gedankenguts in popularisierter Form im Kreis der Stürmer und Dränger. Julius, zum Thronfolger bestimmt, setzt sein subjektives Empfinden über alle äußeren Bindungen. Ein sanftmütiger Träumer in der Einsamkeit seines Herzens, dessen Triebfeder die Liebe zu Blanca ist, ist er nicht gewillt, sein privates Glück der Staatsraison zu opfern: „Ach geben Sie mir ein Feld für mein Fürstentum und einen rauschenden Bach für mein jauchzendes Volk! – Einen Pflug für mich und einen Ball für meine Kinder!" (II, 5). – Hier wird das „Zurück zur Natur", das Rousseau in dieser Form übrigens nie gefordert hat, zu einem schwärmerisch-melancholischen Rückzug aus der Gesellschaft. Dem Freund, der ihn an seine Pflichten als Thronfolger dem Volk von Tarent gegenüber erinnert, antwortet Julius: „Und mußte denn das ganze menschliche Geschlecht, um glücklich zu sein, durchaus in Staaten eingesperrt werden, wo jeder ein Knecht des andern und keiner frei ist. [...] Narren können nur streiten, ob die Gesellschaft die Menschheit vergifte!" (Ebd.) In grandioser Naivität stellt Julius den Forderungen der Gesellschaft an ihn seine selbstgenügsame Lebensdevise entgegen: „Wer liebt, will lieben und weiter nichts." – Julius von Tarent hat Züge eines ins 15. Jahrhundert zurückversetzten Werther. Ein dramatischer Held ist er nicht.

Zur Interpretation
‚Die Pfandung', eine dramatische Einzelszene, erschien 1775 im ‚Göttinger Musenalmanach', dem zeitweiligen gemeinsamen Sprachrohr des Hainbundes und der Stürmer und Dränger. In der Szene wird die trostlose Lage der geknechteten Landbevölkerung in ihrer Abhängigkeit von fürstlicher Willkür dramatisch gestaltet, die reale Situation der Ausbeutung der Ärmsten der Armen wird zum Thema eines Dialogs zwischen dem Bauern und seiner Frau: Das Bett der Bauersleute, Symbol des intimsten Ortes familiären Zusammenlebens, letzter Rückzugspunkt in einem rechtlosen und ökonomisch unerträglichen Raum, soll als Ausgleich für nicht leistbare Abgaben gepfändet werden. Die Rechnung: zwei unglückliche Menschen auf der einen Seite, ein Trunk für den prassenden Fürsten auf der anderen. Der Gedanke an eine Gegenrechnung ergibt sich von selbst. Aber was zum Fanal eines Aufstandes werden könnte, wird – die Frau ist hier typischerweise die hemmende Kraft – nur als Prüfung verstanden für das Vertrauen auf göttliche Gerechtigkeit. Die Anklage wird zwar in aller Deutlichkeit formuliert, aber der Tag des Gerichts und der Abrechnung ist noch nicht gekommen.
Die soziale Lage, die rechtliche wie die ökonomische Situation des vierten Standes – das war die überwiegende Mehrzahl der Bevölkerung damals – tritt ins Bewußtsein der Zeit und wird in gesellschaftskritischer Absicht zum Thema der Dichtung gemacht. Der Bauer wird zum dramatischen Helden, seine Schlafkammer zum Ort der – gesprächsweise vorweggenommenen – Abrechnung mit der Obrigkeit. Die realitätsferne Zeichnung des Landlebens in arkadischer Entrückung in den überkommenen Formen der Dichtung, besonders in den Idyllen, erhält hier ein Gegengewicht. So resignativ noch die Anlage des Textes in seiner Ausrichtung auf jenseitige Gerechtigkeit ist, so ist doch dem Anspruch des feudal-absolutistischen Fürsten auf sein Gottesgnadentum mit aller Deutlichkeit widersprochen. Eine zentrale Stelle in diesem Sinne ist der Satz des Mannes: „Aber wahrhaftig, wenn auch in dem Kirchenlied das kommt: (Gott schütze auch) ‚Unsern durchlauchtigen Landesherrn und sein hohes Haus', so kann ich nicht mitbeten. Das hieße Gott spotten, und er läßt sich nicht spotten" (S. 63, Z. 24ff.).

Zur Behandlung im Unterricht
Wie die Interpretation zeigt, ist die dramatische Einzelszene ‚Die Pfandung' unmittelbarer Niederschlag der sich an Rousseaus Gedankengut ausrichtenden Naturrechtsdiskussion in der Dichtung der Zeit.
Es bietet sich an, den Text in diesem Sinne im Zusammenhang mit der Erörterung der Texte Rousseau (35) und Knigge (36) im Unterricht zu behandeln, sei es als Einstieg dazu, sei es im Anschluß an diese andersgearteten Textsorten. Ein direkter Zusammenhang ergibt sich auch zu Schubart (41) und Bürger (42). Was sich hier im dramatischen Gewande ereignet, findet sich dort wieder auf dem Gebiet der Lyrik: die Auflehnung gegen den feudal-absolutistischen Obrigkeitsstaat.

38 Jakob Michael Reinhold Lenz: Anmerkungen übers Theater (S. 64)

Zur Entstehung und zum Inhalt der ‚Anmerkungen'

Die ‚Anmerkungen übers Theater' sind zwischen 1772 und 1774 entstanden. Sie waren bestimmt für die Straßburger ‚Société de philosophie et des belles lettres'. Lenz hat die einzelnen Teile mehrfach überarbeitet; gleichwohl ist das Endprodukt nicht aus einem Guß. Er selbst nennt es in einer Vorbemerkung ein „erstes ungehemmtes Räsonnement eines unparteiischen Dilettanten", den Stil charakterisiert er als „rhapsodienweis". Tatsächlich bricht er immer wieder mitten im Satz ab, gelegentlich auch mitten im Wort, deutet häufig nur an und überläßt es dem Leser bzw. Zuhörer, den angefangenen Gedanken zu Ende zu führen.

Wichtig für das Verständnis der im Lesebuch abgedruckten Textstelle sind folgende Gedanken: Lenz definiert das Wesen der Poesie – darin Aristoteles folgend – als Nachahmung der Natur aus der Kenntnis ihrer Wirklichkeit. Das Vermögen nachzuahmen ist freilich nicht 'Mechanik' oder 'Echo', sondern schöpferische Parteinahme des dichterischen Genies für die 'wahre' und gegen die 'verfehlte' Natur. – Bei der Tragödie, so fährt Lenz fort, ist die Hauptfrage die: Ist der Mensch der Hauptgegenstand der Nachahmung, oder ist es die Handlung? Seine Auseinandersetzung mit Aristoteles ergibt: Für die antike Tragödie mußte der Hauptgegenstand der Nachahmung die Handlung sein, da die Griechen an das Schicksal glaubten, das die Handlungen der Menschen regiert: „Das Theater der Griechen entstand aus dem Gottesdienste; daher sind alle ihre Schauspiele sehr religiös ... Da nun [das] Fatum bei ihnen alles war, so glaubten sie, eine Ruchlosigkeit zu begehen, wenn sie Begebenheiten [= eine Handlung; A. H.] aus den Charakteren berechneten [...]. Die Hauptempfindung, welche erregt werden sollte, war nicht Hochachtung für den Helden, sondern blinde und knechtische Furcht vor den Göttern" (S. 350). Logische Konsequenz war die nachdrückliche Betonung der Einheitlichkeit der Handlung. „Wie konnte Aristoteles also anders: Secundum autem sunt mores." (Sekundär ist der Charakter.)

Der Mensch der Neuzeit hingegen sieht sich als selbständiges und frei handelndes Wesen mit freiem Willen. Deshalb muß der Hauptgegenstand der Nachahmung in der modernen Tragödie der Mensch sein bzw. der Charakter des Helden, der sich die Begebenheiten schafft. Die Fabel ist eine Einheit, wenn sie sich um eine Person dreht. („Fabula est una, si circa unum est", S. 338.) „Denn der Held allein ist der Schlüssel zu seinen Schicksalen" (S. 353). Aus der Einheitlichkeit bzw. inneren Wahrheit des Charakters des Helden ergibt sich die Einheit der Handlungen(!). „Bei den alten Griechen war's die Handlung, die sich das Volk zu sehen versammelte. Bei uns ist's die Reihe von Handlungen, die wie Donnerschläge aufeinanderfolgen, eine die andere stützen und heben, in ein großes Ganzes zusammenfließen müssen, das hernach nichts mehr und nichts minder ausmacht als die Hauptperson, wie sie in der ganzen Gruppe ihrer Mithändler hervorsticht" (S. 338).

Ein Schöpfer solcher Tragödien war der 'Landsmann' Shakespeare, dessen Genie darin bestand, daß er mit dem „Blick der Gottheit" in die Welt gesehen hat und daher der Regel von den drei Einheiten nicht bedurfte, wo es doch nur um die eine Einheit des Charakters geht, aus der sich die Einheit des Ganzen ergibt. Die Franzosen hingegen haben keine Charaktere auf der Szene, sondern allenfalls abgeschmackte, von Tag zu Tag uninteressanter werdende Intrigen. Anstatt sich an ihnen zu orientieren, „müssen [wir ...] den Volksgeschmack der Vorzeit und unseres Vaterlandes zu Rate ziehen, der noch heutzutage Volksgeschmack bleibt und bleiben wird. Und da finde ich, daß er, beim Trauerspiele oder Staatsaktion, ist gleichviel, immer drauf losstürmt (die Ästhetiker mögens hören wollen oder nicht). Das ist ein Kerl! Das sind Kerls!" (S. 351).

Zur Interpretation

Der Teil über die drei Einheiten gehört zu den am frühesten fertiggestellten Partien der Abhandlung; er fällt noch in die Zeit vor Erscheinen von Herders Shakespeare-Aufsatz und des ‚Götz von Berlichingen', in dem Goethe gewissermaßen das Muster für eine neue Dramaturgie lieferte.

Mit einem für Lenz' Stil und Denken in dieser Schrift typischen Anakoluth wird die Auseinandersetzung um die 'Regeln' unter Berufung auf das Genie des Dichters eröffnet. Der Lehre des Aristoteles von den drei Einheiten (der Handlung, der Zeit und des Ortes) wird die Forderung nach der einen Einheit gegenübergestellt, der Einheit, „die uns den Gesichtspunkt gibt, aus dem wir das Ganze umfangen und übersehen können" (S. 64, Z. 14f.). Sich in die Einheit des Ortes und der Zeit (éin Haus, éin Tag) einzuschränken bedeutet eine einseitige Perspektive und damit Verlust des Ganzen, der Welt, heißt „Familienstücke" und „Miniaturgemälde" (Z. 18). Anstelle des Ausschnitts fordert Lenz – das Beispiel der Schlacht soll das deutlich machen – die Totale. Dazu gilt es freilich, den „Ruhepunkt des Archimeds" (Z. 20) aufzusuchen, von dem aus der Zuschauer, läßt er sich nur dorthin führen, das Ganze übersieht und von dem aus das Genie des Dichters das Ganze gestaltet. – Die eine Einheit, die hundert Einheiten umfaßt, ist überzeitlich gültiges

Prinzip dramatischen Schaffens. Der Dichter, der sie fühlt – denn klassifizieren läßt sie sich nicht –, ist in seinem Schaffen Gott ähnlich: Er läßt nachahmend Welt entstehen, große oder kleine, aber immer eine ganze. Das Publikum erfaßt in seinem Werk das Ganze der dichterischen Existenz, wie es im Werk der Schöpfung Gott zu erfühlen vermag.

Der Text enthält also zunächst Aussagen zu ästhetischen Fragen, und es zeigt sich deutlich, daß Lenz mit seiner Forderung nach Totalität anstelle der drei Einheiten und mit seiner Geniekonzeption ein typischer Vertreter der Generation der Stürmer und Dränger ist. Die inhaltlichen und formalen Anklänge z. B. an Goethes Shakespeare-Rede (vgl. Text 34) liegen auf der Hand.

Aber noch eine andere Seite zeigt der Text: Der Kampf gegen die Regeln ist nicht nur ein Kampf gegen ein überkommenes ästhetisches Konzept, das dem schöpferischen Individuum Fesseln anlegt, sondern auch ein Kampf gegen eine gesellschaftliche Realität, die sich auszeichnet durch ein Spießertum, das auf der schieren Angst beruht, eine behagliche Bequemlichkeit zu verlieren, wenn in die überkommenen Denkschemata Bewegung gerät. Immer wieder schlägt der emphatische Ton der Verkündigung einer neuen Kunstkonzeption um in ironisch-sarkastische Bemerkungen über den herrschenden Publikumsgeschmack: „Ist es den Herren beliebig, sich in dem Verhältnis eines Hauses und eines Tages einzuschränken, in Gottes Namen, behalten Sie Ihre Familienstücke, Miniaturgemälde, und lassen uns unsere Welt" (Z. 16–18). Das spöttische Mitleid mit den „lieben Herren" (Z. 25), deren „Gemütsruhe und Behagen" (Z. 24) es angeblich zu bewahren gilt, ist der Gipfel des vernichtenden Urteils über eine Gesellschaft, die „aus kindischer Furcht den Hals zu brechen" (Z. 28) noch nicht einmal im Theater die Welt in ihrer Wirklichkeit erkennen will. – Wieder ist eine deutliche Parallele zur Shakespeare-Rede Goethes zu erkennen. Auch dort wird der Kampf gegen die überkommenen ästhetischen Regeln zugleich als Kampf gegen eine verdorbte Gesellschaft geführt: „Und was will sich unser Jahrhundert unterstehen, von Natur zu urteilen? Wo sollten wir sie her kennen, die wir von Jugend auf alles geschnürt und geziert an uns fühlen und an andern sehen" (Text 34, S. 60, Z. 6–8). Goethe spricht im gleichen Atemzug von „verzärtelten, unerfahrenen Menschen" (ebd., Z. 17), Schiller wird wenig später durch den Mund Karl Moors das Jahrhundert als „tintenklecksendes Säkulum" und die Mehrzahl seiner Zeitgenossen als „Kastraten" charakterisieren (‚Die Räuber', I, 2).

Hier wird die gesellschaftskritische Dimension des Textes sichtbar. Es ist bemerkenswert, daß es dabei nicht wie in den vorausgegangenen Texten in diesem dem Thema Gesellschaft gewidmeten Abschnitt um politische Strukturen, um Adelskritik und Kritik an der Obrigkeit geht, sondern um eine umfassende Kritik an den in der zeitgenössischen Gesellschaft herrschenden Werten und Normen. Die Auseinandersetzung mit den konventionellen Regeln des Theaters ist zugleich eine Auseinandersetzung mit den auf dem sog. guten Geschmack beruhenden Konventionen einer in den Fesseln einer einseitigen Verstandeskultur gefangenen Gesellschaft. – Auch darin zeigt sich die Wirkung Rousseaus auf das Denken und Fühlen der jungen Generation; es ist freilich weniger der Rousseau des ‚Gesellschaftsvertrags' als der Rousseau des ‚Ersten Diskurses', der ‚Nouvelle Héloïse' und des ‚Émile', der hier rezipiert ist.

Zur Behandlung im Unterricht

Die Eigenart des Textes im Sinne der oben gegebenen Interpretation läßt sich am ehesten im Kontrast zu Lessings Ausführungen zum Thema der drei Einheiten im 46. Stück der ‚Hamburgischen Dramaturgie' (Text 27) und in Parallele zu Goethes Shakespeare-Rede (Text 34) herausarbeiten. Hat sich Lessing rational argumentierend mit der Regel von den drei Einheiten auseinandergesetzt, geraten Sprachduktus und Gedankenführung bei Lenz und Goethe im Zeichen einer neuen Geniekonzeption zum Ausdruck einer emphatischen Verkündigung der neuen Forderung nach Totalität. Nicht Klassifizieren, sondern Fühlen heißt jetzt die Losung. Die Texte von Goethe und Lenz zeigen darüber hinaus dieselbe gesellschaftskritische Haltung: Die drei Einheiten werden als Fesseln des schöpferischen Individuums verstanden, der Kampf gegen sie ist zugleich ein Kampf gegen erstarrte gesellschaftliche Verhältnisse. Unter dem letztgenannten Aspekt ergeben sich auch Anknüpfungspunkte zu den beiden im Lesebuch folgenden Texten Wagner (39) und Schiller (40).

Je nach der Intention des Lehrgangs kann im Zusammenhang mit der Erörterung des Textes auch auf Lenz' dramatisches Schaffen eingegangen werden, z. B. unter der Fragestellung, inwieweit es Lenz gelungen ist, seine hier entwickelten Vorstellungen im eigenen Werk zu verwirklichen.

(Die über den Lesebuchtext hinausgehenden Zitate entstammen: Hans Mayer: Meisterwerke deutscher Literaturkritik. Aufklärung, Klassik, Romantik. Goverts Neue Bibliothek der Weltliteratur. Stuttgart 1962.)

Zweites Kapitel: Zu Text 39, S. 65; Text 40, S. 65 ff.

39 Heinrich Leopold Wagner: Etwas über ‚Evchen Humbrecht' (S. 65)

Zum Text
H. L. Wagner (1747–1779) gehörte sowohl in Straßburg als auch später in Frankfurt zum engeren Freundeskreis um Goethe. Neben Lenz war er der wohl am stärksten unmittelbar zeitkritisch engagierte Goethefreund in diesen Jahren. In seinem Trauerspiel ‚Die Kindermörderin' greift er ein Modethema der Zeit auf, das Thema nämlich des durch einen Adeligen verführten Mädchens aus dem niederen Volk: Die Metzgerstochter Evchen Humbrecht wird von einem Garnisonsoffizier verführt, während ihre ehrgeizige und geschmeichelte Mutter durch einen Schlaftrunk betäubt ist. Der nach der Tat reuige Verführer verspricht Evchen die Ehe. Eine Intrige seiner auf die Konvention der Standesschranken bedachten adeligen Freunde und die sture Haltung des auf seiner Bürgermoral beharrenden Vaters Humbrecht (sowie der mehr äußere Umstand, daß der reuige Verführer wegen einer Krankheit nicht rechtzeitig zur Einlösung seines Versprechens erscheinen kann) treiben Evchen zum Mord an ihrem Kind. Ob Evchen der – damals bei Kindestötung drohenden – Todesstrafe entgehen wird, läßt der Jurist Wagner am Schluß des Stückes offen. Der adelige Verführer will sich in Versailles an die „gesetzgebende Macht" wenden, um bei Würdigung der „Umstände" Gnade für Evchen zu erwirken. – Bezeichnenderweise hat Goethe Wagner beschuldigt, Gedanken aus der Gretchentragödie des Faust verwendet zu haben, die er Wagner gesprächsweise anvertraut habe.
Das bürgerliche Trauerspiel in sechs (!) Akten, voll von z. T. derb realistischen Szenen, erschien 1776 anonym. Wegen Schwierigkeiten mit der Zensur arbeitete Wagner das Stück um. Als merkwürdige Mischung aus rührender Posse und tragischem Konflikt wurde es 1779 unter dem Titel ‚Evchen Humbrecht oder ihr Mütter merkt's euch' veröffentlicht. Dieser überarbeiteten Fassung stellte Wagner als Vorrede ‚Etwas über 'Evchen Humbrecht'' voran.

Zur Interpretation
Thema des Textausschnittes im Lesebuch ist die alte Frage, inwieweit die Schaubühne eine „Schule der Sitten" (S. 65, Z. 14) sein kann. Die Antwort Wagners, der ja die ethisch-erzieherische Aufgabe des Theaters in seiner ‚Kindermörderin' selber zum Programm gemacht hatte, ist die des von den Umständen Enttäuschten (vgl. bes. Z. 9), der aber die Hoffnung dennoch nicht aufgeben will (vgl. bes. Z. 16). Aus dieser zwiespältigen Haltung erwächst eine radikale und ironisch aggressive Kritik an „unsern gleißnerischen Tagen, wo alles Komödiant ist" (Z. 12/13; vgl. bes. Z. 18 ff.). Der Einfluß von Rousseaus Gesellschaftskritik ist gewissermaßen mit Händen zu greifen und bis in den Wortlaut hinein zu verfolgen in Wagners Forderung, daß „wir erst dem Stande der unverdorbenen Natur wieder näher rücken [müssen], von dem wir weltenweit entfernt sind" (Z. 15/16), ehe die sittlich veredelnde Kraft des Theaters wirksam werden kann.

Zur Behandlung im Unterricht
Abgesehen davon, daß der Text besonders deutlich die Wirkung Rousseaus auf das Denken und Fühlen der Stürmer und Dränger zum Ausdruck bringt, vermittelt er in eindringlicher Weise einerseits das besondere sozialkritische Engagement der jungen Dichtergeneration; andererseits wird auch das Scheitern an der selbstgestellten Aufgabe sichtbar und die daraus resultierende Enttäuschung. Anknüpfungspunkte innerhalb des Abschnitts „Gesellschaft" ergeben sich zu Lenz (38) und insbesondere zu Schillers ‚Vorrede' zu den ‚Räubern' (40), in der erneut und indessen jede Resignation dem Theater die Aufgabe zugewiesen wird, „das Laster zu stürzen und Religion, Moral und bürgerliche Gesetze an ihren Feinden zu rächen" (S. 66, Z. 6/7). Darüber hinaus ergeben sich Verbindungen zu Gottsched und Lessing, ist doch der Gedanke der sittlich erzieherischen Wirkung der Schaubühne für das Zeitalter der Aufklärung überhaupt kennzeichnend.

40 Friedrich Schiller: Die Räuber. Vorrede [zur ersten Buchausgabe] (S. 65 ff.)

Voraussetzungen des Textes
Als Schiller gegen Ende März 1781 die ersten sieben Textbogen (1. und 2. Akt) der ‚Räuber' vorlagen, die er auf eigene Kosten drucken ließ, schickte er sie an den Mannheimer Verleger Schwan mit der Anfrage, ob dieser das Werk verlegen wolle. Schwan lehnte ab. Die Probe enthielt für seinen Geschmack zu viele drastische Wendungen und Szenen, die er „dem ehrsamen und gesitteten Publikum verkäuflich anzubieten für unschicklich hielt". Gleichwohl regte Schwan bei dem Intendanten der Mannheimer Bühne, von

Zweites Kapitel: Zu Text 39, S. 65; Text 40, S. 65ff.

Dalberg, mit Erfolg eine Aufführung des Stückes an, machte Schiller aber klar, daß es dazu einer reinigenden und bühnenwirksameren Überarbeitung des Stückes bedürfte (daß es „vom Schmutze gereinigt" und „einigen Veränderungen, die das Theater-Costüm nothwendig machte" unterzogen werde). Schiller kam in der Folgezeit dieser Aufforderung nach. Am 13. Januar 1782 wurden die ‚Räuber' in der überarbeiteten Fassung (zeitlich in die Ritterzeit zurückversetzt) im Mannheimer Theater mit ungeheurem Erfolg aufgeführt.

Schiller betrieb jedoch zwischenzeitlich den Druck der ursprünglichen Fassung weiter. Ganz offensichtlich aber hatten die Verlegerbedenken Schwans und die Forderungen nach mehr Bühnenwirksamkeit den Verfasser der ‚Räuber' bewogen, etwaigen Mißverständnissen, wie er ihnen hier begegnet war, vorzubeugen. Er tat dies in Form einer Vorrede. Als jedoch diese Vorrede bereits gedruckt war, müssen Schiller – vielleicht durch freundschaftliche Empfehlungen angeregt – Bedenken gekommen sein, möglicherweise derart, daß er sein Anliegen nicht deutlich genug formuliert habe, möglicherweise aber auch derart, er möchte sich wegen der in dieser Vorrede enthaltenen sarkastischen Angriffe auf das zeitgenössische Theaterpublikum dessen Gunst noch vor der in Aussicht stehenden Aufführung des Stückes verscherzen. Im letzten Augenblick wechselte Schiller diese Vorrede aus durch eine neue. Dergestalt erschien die Erstausgabe der ‚Räuber' im Juni 1781 anonym im Selbstverlag unter dem Titel: ‚Die Räuber. Ein Schauspiel. Frankfurt und Leipzig, 1781'.

Zur Interpretation
Mißverständnissen vorzubeugen, die das Stück auslösen könnte, ist der Zweck beider Vorreden. Beide zeigen demgemäß einen stark apologetischen Charakter. Während aber die ‚Unterdrückte Vorrede' vorwiegend ästhetischen Gesichtspunkten Rechnung trägt, liegt das Hauptgewicht in der zweiten Vorrede deutlich auf der moralischen Rechtfertigung des Stückes.

So hat Schiller z. B. in der „unterdrückten" Fassung der Gattungsfrage noch breiten Raum gegeben. Hier verzichtet er auf solche Plänkeleien. Er beläßt es bei der Feststellung, daß die „Fülle ineinander gedrungener Realitäten" unmöglich „in die allzu engen Palisaden des Aristoteles und Batteux" eingekeilt werden konnte. Schiller versucht hier nicht, Aristoteles zu widerlegen: Aristoteles gilt als widerlegt. Eine fast nebensächliche Bemerkung zur 'Einheit der Zeit' („vierundzwanzig Stunden") genügt, die Irrelevanz solcher Bedingungen für den dramatischen Dichter zu zeigen (1. Abschnitt, S.65, Z. 28–38).

Nicht die Sprengung der drei Einheiten, die formale Seite, ist also ein Argument gegen das Stück (und evtl. gegen seine Aufführbarkeit). Der Inhalt des Stückes steht in Frage: „Die Ökonomie desselben machte es nothwendig, daß mancher Charakter auftreten mußte, der das feinere Gefühl der Tugend beleidigt und die Zärtlichkeit unserer Sitten empört" (S. 65/66, Z. 40–2). – Das ist einer der wenigen Sätze, die Schiller wörtlich aus seiner ersten Fassung übernommen hat. In der ‚Unterdrückten Vorrede' verweist Schiller bezüglich seiner 'unmoralischen Gestalten' schlicht auf die wirkliche Welt und bezüglich der gemischten Charaktere auf den Moralphilosophen Garve. Das erste Argument behält er bei; das zweite stellt er vorläufig zurück; dafür breitet er ein neues aus: „Wer sich den Zweck vorgezeichnet hat, das Laster zu stürzen und Religion, Moral und bürgerliche Gesetze an ihren Feinden zu rächen, ein solcher muß das Laster in seiner nackten Abscheulichkeit enthüllen und in seiner kolossalischen Größe vor das Auge der Menschheit stellen [...]" (2. Abschnitt, S. 66, Z. 6–9).

Hier ist in aller Klarheit der Hauptgedanken des Textes faßbar. Schiller hat für sich ein Thema entdeckt, ein Thema mit Tradition, das ihn noch lange beschäftigen wird: das Drama als Mittel zur geistigen und moralischen Verbesserung des Menschen und zur Veränderung gesellschaftlich und politisch unbefriedigender Zustände. Vielleicht sind es nicht getilgte Spuren aus dem Argumentationszusammenhang in der ersten Vorrede, vielleicht ist der Gedanke noch nicht zu seiner vollen Klarheit gereift: Schiller ist hier im Gesamtzusammenhang seiner Argumentation noch zu dem Zugeständnis bereit, diese Erwartung an das Drama im speziellen Fall der ‚Räuber' dem *Lese*drama (der „dramatischen Geschichte", S. 65, Z. 28) zuzuschreiben. Drei Jahre später hält Schiller vor der Kurfürstlich Deutschen Gesellschaft in Mannheim einen Vortrag mit dem Titel ‚Was kann eine gute stehende Schaubühne eigentlich wirken?' (1802 mit Veränderungen unter dem Titel ‚Die Schaubühne als eine moralische Anstalt betrachtet' neu aufgelegt). Hier führt er den in dieser Vorrede erstmals geäußerten Gedanken weiter ausgreifend und differenzierter aus und knüpft die diesbezüglichen Erwartungen mit aller Entschiedenheit an die *Theaterbühne*.

Zu den drei folgenden Abschnitten: Schon in der ersten Fassung seiner Vorrede hat Schiller – noch in allgemeiner Form und ohne Namensnennung – die Größe seiner Helden, besonders die des Karl Moor, hervorgehoben. In der neuen Vorrede geschieht dies wesentlich extensiver. In je einem Abschnitt analysiert er zuerst die Figur von Franz, dann die von Karl, schließlich die „Person meiner schändlichsten Räuber"

Zweites Kapitel: Zu Text 39, S. 65; Text 40, S. 65ff.

(S. 67, Z. 1). (Die Gliederung entspricht der Wendung im ersten Abschnitt, wo Schiller von „drei[!] außerordentlichen Menschen" (S. 65, Z. 33) spricht; vermutlich ist mit dem dritten Spiegelberg gemeint, der in Schillers Vorstellung also gewissermaßen Stellvertreterfunktion für die übrigen Räuber hätte.)
Auch hier behält Schiller seine moralische Argumentation bei. Fast aufdringlich deutlich verweist er im letzten dieser drei Abschnitte auf diesen Zusammenhang: „Ich kann hoffen, daß ich der *Religion* und der wahren Moral keine gemeine Rache verschafft habe, wenn ich diese mutwillige Schriftverächter in der Person meiner schändlichsten Räuber dem Abscheu der Welt überliefere" (S. 66/67, Z. 42–2).
Schon der Abschnitt über Franz, erst recht der über Karl, will jedoch nicht recht passen zu dieser Argumentationsstrategie. In gewisser Weise quer zu ihr verlaufend, kommt die unverhohlene Bewunderung für seine Helden zum Ausdruck. Zweifellos zeugen die Sätze auch vom psychologischen Interesse des Mediziners Schiller an der Zergliederung der Seelenstruktur von Verbrechern (vgl. besonders den Abschnitt über Franz). Darüber hinaus aber ist Schiller im vollen Sinn des Wortes fasziniert von der 'Größe' und 'Kraft' seiner Figuren auch im Irren (Karl), von ihrer Unbedingtheit auch im Laster (Franz) und von der Tiefe ihres Leidens. Abscheu und Liebe, Bewunderung und Bedauern sollen seine Helden erregen. (In der ersten Fassung wählte Schiller – bezogen auf Karl – eine noch deutlichere Wendung: [Man] „wird meinen Mordbrenner bewundern, ja, fast sogar gebieten. Niemand wird ihn verabscheuen, jeder darf ihn bedauern.")
Nicht in der Erfüllung moralischer Gebote sieht Schiller menschliche Größe begründet, sondern in der Auseinandersetzung mit ihnen.
Wir fassen hier einen zweiten Grundzug von Schillers Dramatik: die Dialektik von Tugend und Verbrechen. „Nicht daß Schiller den Unterschied zwischen Verbrechern und Idealisten, der für ihn nicht in der Anlage des Gemüts, sondern in der Idee des Handelns liegt, verwischte – aber er läßt den Übergang zwischen beiden zu, der denkmöglich und sogar leicht zu denken wird, sobald wir an Stelle des naturgegebenen Seins den Entschluß setzen, so oder so zu sein. Was einer ist, hängt von ihm ab, und ist beweglich bis zur Verwandlung in das Gegenteil, je nach dem Gebrauch, den er von seiner Selbstbestimmung macht. Es gibt also strenggenommen für Schiller keinen Charakter, er ist der Dramatiker ohne Charakter. Genauer: Im Verlauf seiner Dramen erschafft sich jeweils ein Charakter, verhängt er, bis dahin noch unentschieden, in einem freien Moment über sich, was er sein will, und danach sein muß" (Max Kommerell: Schiller als Psychologe. In ders.: Geist und Buchstabe der Dichtung. Frankfurt a. M. 1956, S. 184). In diesem Sinne ist Karl für Schiller „ein merkwürdiger, wichtiger Mensch, ausgestattet mit aller Kraft, nach der Richtung, die diese bekömmt, notwendig entweder ein Brutus oder ein Catilina zu werden. Unglückliche Konjunkturen [Schicksalsverkettungen, A. H.] entscheiden für das zweite, und erst im Ende einer ungeheuren Verirrung gelangt er zu dem ersten [...]" (S. 66, Z. 26ff.). (Dieser Grundzug besonders der früheren und dann wieder der späten Werke ist fest in Schillers Selbsterfahrung verankert. Über den Philosophen Reinhold in Jena etwa bemerkt Schiller vielsagend: „Er wird sich nie zu kühnen Tugenden oder Verbrechen, weder im Ideal noch in der Wirklichkeit, erheben, und das ist schlimm. Ich kann keines Menschen Freund sein, der nicht Fähigkeit zu einem dieser beiden oder zu beiden hat." (Schiller am 29. 8. 1787 an Reinwald.)
Der letzte Abschnitt des im Lesebuch abgedruckten Textausschnitts bringt die Verknüpfung der beiden Hauptgedanken der Vorrede: des Gedankens von der moralischen Wirkung des Stückes und des Gedankens von der Dialektik von Tugend und Verbrechen. In der nichtveröffentlichten Fassung begründete Schiller die Tatsache, daß „diese unmoralischen Charaktere [...] von gewissen Seiten glänzen mußten" (S. 67, Z. 3/4), aus der Psychologie Garves und aus der Natur (vgl. oben). Ohne Garve zu nennen, behält Schiller diese Begründung hier bei, erweitert sie aber nun durch den moralischen Aspekt der Sache: „und vielleicht hat der große Bösewicht keinen so weiten Weg zum großen Rechtschaffenen als der kleine; denn die Moralität hält gleichen Gang mit den Kräften, und je weiter die Fähigkeit, desto weiter und ungeheurer ihre Verirrung, desto imputabler ihre Verfälschung" (S. 67, Z. 7–10).
Die folgenden – hier nicht abgedruckten – Ausführungen Schillers gelten wie in der ersten Fassung der Vorrede der Verfassung des zeitgenössischen Publikums. In abgeschwächter Form bringt er die Befürchtung zum Ausdruck, das Publikum in seinem größeren Teil sei zu „kurzsichtig", zu „kleingeistisch" und gar zu „boshaft", sein „Ganzes", sein „Großes" und sein „Gutes" zu begreifen. – Die moralische Grundrichtung dieser zweiten Vorrede zu den ‚Räubern' wird noch einmal besonders deutlich in den Schlußworten: „Ich darf meiner Schrift, zufolge ihrer merkwürdigen Katastrophe, mit Recht einen Platz unter den moralischen Büchern versprechen; das Laster nimmt den Ausgang, der seiner würdig ist. Der Verirrte tritt wieder in das Geleise der Gesetze. Die Tugend geht siegend davon. Wer nur so billig gegen mich handelt, mich ganz zu lesen, mich verstehen zu wollen, von dem kann ich erwarten, daß er – nicht den Dichter bewundere, aber den rechtschaffenen Mann in mir hochschätze."

Zweites Kapitel: Zu Text 41, S. 67 ff.

Zur Behandlung im Unterricht
Der Text ist allein schon als Dokument für die Entwicklung von Schillers dramaturgischem Verständnis interessant. Im Zusammenhang mit den anderen im Abschnitt „Gesellschaft" vorgestellten Texten ist besonders der Gedanke der moralischen und gesellschaftspolitischen Funktion des Theaters (bzw. des Lesedramas) hervorzuheben. Hier ergibt sich ein direkter Bezug zu Wagner (39). – Es liegt im übrigen nahe, bei der Erörterung dieser Vorrede zu den ‚Räubern' – je nach Intention des Lehrgangs in mehr oder weniger ausführlicher Form – auf das Drama selbst einzugehen. Um die auch in diesem Text implizit vorhandene Gesellschaftskritik zu verdeutlichen, wäre z. B. der Anfang der Szene I, 2 heranzuziehen.
Die Erschließung der Hauptgedanken des Textes erfolgt am ehesten über eine sorgfältige Gliederung. Ein Vergleich mit der ‚Unterdrückten Vorrede' kann anregend sein.

Christian Friedrich Daniel Schubart: Die Fürstengruft (S. 67 ff.)   41

Zum Autor
Chr. F. D. Schubarts (1739–1791) Schicksal galt schon seinen Zeitgenossen als exemplarisch für Fürstenwillkür und Despotismus (und wirkt auf uns wie eine Illustration zu den Vorwürfen Knigges an die europäischen Fürstenhöfe): Aus der Freien Reichsstadt Ulm auf württembergisches Gebiet gelockt und festgenommen, verbrachte der Verfasser und Herausgeber der ‚Deutschen Chronik' – einer Zeitschrift für Politik, Gesellschaft und Kultur – zehn Jahre seines Lebens im Zuchthaus auf dem Hohenasperg bei Ludwigsburg (1777–1787), ohne Anklage und ohne Gerichtsurteil, allein weil der Herzog von Württemberg, Karl Eugen, Anstoß genommen hatte an „seiner schlechten und ärgerlichen Aufführung" und „seiner sehr bösen und sogar Gotteslästerlichen Schreibart" (David Friedrich Strauß [Hrsg.]: Christian Friedrich Daniel Schubart's Leben in seinen Briefen. Band 1, S. 369f.; zitiert nach: Chr. F. D. Schubart: Gedichte. Deutsche Chronik. Hrsg. von U. Karthaus. RUB 1821. Reclam, Stuttgart 1978, S. 174).
Wohl nicht zu Unrecht hat man nachweisen zu können geglaubt, daß der Herzog lediglich ein pädagogisches Experiment veranstalten, aus Schubart einen besseren Menschen machen wollte. Auch das hat es im Absolutismus gegeben: Kerkerhaft aus landesväterlicher Fürsorge.

Zur Interpretation
Die ‚Fürstengruft' ist direkter Ausfluß aus Schubarts Schicksal. Ludwig Schubart, der Sohn, berichtet über die Entstehung: „Die Fürstengruft trug er seit seinem Aufenthalte zu München stets in der Seele, wo ein Requiem in der Gruft die erste Idee in ihm entzündet hatte; wollte sie mehrmalen zu Ulm schon ausführen, zürnte sie aber erst im dritten Jahre seiner Gefangenschaft nieder, als ihm Herzog Karl auf einen gewissen Termin hin ausdrücklich seine Freiheit versprochen hatte, und dieser Termin ohne Erfüllung vorübergegangen war [...]. Es machte gleich nach seiner Erscheinung so viel Aufsehn, daß dem Herzoge etwas davon zu Ohren kam und Seine Durchlaucht einen ihrer Günstlinge in den unangenehmen Fall setzten, Ihnen das Gedicht laut vorlesen zu müssen. Dieser Umstand hat, wie ich gewiß weiß, vieles zu Verlängerung seines Arrests beigetragen" (Schubarts Charakter, 1798; zitiert nach: Deutsche Dichtung im 18. Jahrhundert, hrsg. von Adalbert Elschenbroich. Wissenschaftliche Buchgesellschaft, Darmstadt 1960, S. 717). – Die Schlußbemerkung ist glaubhaft, waren doch für den Herzog die Anspielungen auf ihn selbst trotz der bewußt allgemein gehaltenen Situation leicht zu erkennen.
26 Strophen umfaßt das breit ausladende Gedicht. Zur inhaltlichen Gliederung schlagen wir vor: Str. 1–6: Die Gruft; die Stimmung in der Gruft; 7–17: Vergänglichkeit und einstige Macht; 18–26: Aussicht auf das Jüngste Gericht. – Schon diese Übersicht zeigt, daß das Gedicht in seinem Entwurf primär religiös motiviert ist. Politische Verhältnisse – vom Autor im persönlichen Schicksal unmittelbar erfahren – werden in bewußter Distanz und in Anlehnung an Denkformen des 17. Jahrhunderts *sub specie aeternitatis* bewertet. Beherrschend ist der Gegensatz von einstigem Glanz und einstiger Macht und jetziger Verfallenheit und künftiger Verdammnis. Viele Einzelstrophen sind antithetisch aufgebaut. Dramatische Bewegung bekommt das Gedicht auch dadurch, daß betrachtende Partien unterbrochen sind durch Ansprechen eines gedachten Gegenüber (der Höflinge, Str. 11/12; der gequälten Untertanen, Str. 18–21; der „bessren" Fürsten, Str. 23–26). – Der Grundton ist zornig und höhnisch, in dem Teil über die bessern Fürsten hymnisch preisend.
Die Sprache ist hochpathetisch. Rhetorisch eindringlich sind der über weite Strecken (durch Anaphern in seiner Wirkung gesteigerte) parallele Satzbau (vgl. bes. Str. 7–10 und 13–17) und die Metaphorik der Vergänglichkeit.
Das Gedicht ist ein wichtiges Zeugnis politischer Lyrik in der damaligen Zeit. Das persönliche Schicksal des

Zweites Kapitel: Zu Text 42, S. 69

Verfassers zeigt die Brisanz solcher Verse. Ob es darüber hinaus ein gutes Gedicht ist, steht dahin. Die Wendung, die das Gedicht ab Strophe 23 nimmt – diese Wendung kündigt sich übrigens in der fünften Strophe bereits an –, ist kaum motiviert durch den Grundton des übrigen. Auch in Schubarts sonstigem dichterischem und journalistischem Schaffen finden sich solche Brüche, die nicht zuletzt ihren Grund in den Umständen haben, in denen er leben mußte.

Im Vergleich mit Leisewitz' ‚Pfändung' (37) und Bürgers ‚Bauer an seinen Fürsten' (42) fällt auf, daß die Anklage gegen Fürstenwillkür im Gedicht Schubarts nicht aus einem aktuell dramatischen Anlaß hervorgeht, sondern aus einer eher epischen Situation: Schaudernd tritt der einsame Wanderer in die ‚dunkle Verwesungsgruft'; beim Anblick der ‚alten Särge' fällt er in ein Sinnen über das Treiben fürstlicher Willkür und gerät darüber in apokalyptische Visionen. Der Entwurf des Gedichts weist damit starke barock-religiöse Züge auf. Typisch in diesem Sinne sind auch die durchgängige Antithetik, der rhetorisch-pathetische Sprachduktus und die eindringlichen Bilder der Vergänglichkeit. Schubart, so ist man zu sagen versucht, bedient sich eines im literaturgeschichtlichen Sinne überkommenen Inventars, um seine zutiefst persönlich motivierte und in der Haft religiös geläuterte Anklage gegen den Despotismus der absolutistisch regierenden Fürsten vorzubringen.

Zur Behandlung im Unterricht
Zweifellos ist die Biographie Schubarts der Schlüssel zum Verständnis des Gedichts. Demgemäß sollte sie – wie auch in der oben gegebenen Interpretation – am Anfang und am Ende der Besprechung stehen. Inwieweit im Unterricht auf Einzelheiten des Gedichts, z. B. Gliederung, Metaphorik, barocke Züge, eingegangen werden soll, hängt von den Intentionen des Lehrgangs ab. Der Zusammenhang mit den Texten Rousseau (35), Knigge (36), Leisewitz (37) und Bürger (42) ist ersichtlich und z. T. bereits angesprochen.

42 Gottfried August Bürger: Der Bauer an seinen Fürsten (S. 69)

Zum Autor
Den Durchbruch zu seinem – heute verblaßten – literarischen Ruhm schaffte Bürger (1747–1794) mit seiner berühmten, 1773 geschaffenen Ballade ‚Lenore'. Wegen des volkstümlichen Tons, des dramatischen Inhalts und der rebellischen Gesinnung wurde sie wie Goethes kurz zuvor erschienener ‚Götz von Berlichingen' enthusiastisch aufgenommen. Goethe selbst schrieb an Bürger: „Ist das Leben nicht kurz und öde genug? Sollen die sich nicht anfassen, deren Weg miteinander geht? Ich tue mir was drauf zugute, daß ich's bin, der die papierne Scheidewand zwischen uns einschlägt. Unsre Stimmen sind sich oft begegnet und unsre Herzen auch [...] – Wenn Sie was arbeiten, schicken Sie mir's. Ich will's auch tun. Das gibt Mut."
Bürger ließ, angespornt durch dieses Lob, weitere Balladen folgen; noch heute bekannt sind: ‚Der wilde Jäger', ‚Des Pfarrers Tochter von Taubenhain' – hier greift Bürger das Thema des von einem Adeligen verführten Mädchens auf, das zur Kindsmörderin wird –, ‚Die Weiber von Weinsberg' u. a. Aber auch andere lyrische Arten pflegte er (u. a. auch das Sonett). Besonders hervorzuheben sind seine Liebesgedichte, in denen er seiner Sinnenhaftigkeit in einer für die damalige Zeit erstaunlichen Offenheit Ausdruck verleiht. Die Doppelehe mit seiner Frau und deren Schwester – eine Art gelebter sexueller Revolution gegen bürgerliche Konventionen – bildet häufig den Hintergrund in diesen Gedichten. Auch seine politische Lyrik ist – im Gegensatz zu den abstrakt-unverbindlichen Vaterlandsliedern seiner Freunde vom Göttinger Hain – Ausdruck konkreter Erfahrungen. Zeitweilig Amtmann (Richter) in einem Bezirk nahe bei Göttingen, sah sich Bürger oft genug verstrickt in die Auseinandersetzungen zwischen den Bauern der Gegend und der feudalen Grundherrschaft.
Wie alle seine Dichterkollegen aus dem Sturm und Drang stark von Herders frühen Schriften beeinflußt, übersetzte Bürger auch aus dem ‚Ossian', dem ‚Macbeth' und aus der ‚Ilias'. – 1786 gab Bürger eine Neufassung des ein Jahr zuvor in England erschienenen ‚Münchhausen' heraus; mehr als ein Drittel der Geschichten sind von ihm selbst geschrieben.
Bürgers vielfältiges Schaffen ist bestimmt von seinem Bemühen um Volkstümlichkeit. Dabei scheut er auch vor Vulgarismen und Derbheiten nicht zurück: Da darf z. B. auch einmal „ins Bett gepißt" werden, und da kommen Verse vor wie diese: „Hier tat mit seiner Schöne / der Herr sich trefflich bene." Nicht zuletzt solche Züge in Bürgers Lyrik haben Schiller zu seiner vernichtenden Rezension von 1791 veranlaßt.

Zweites Kapitel: Zu Text 43, S. 70

Zur Interpretation
Dieses Antityrannengedicht entstand kurz nach der ‚Lenore'. Schon in der scheinbar unpolitischen Ballade zeigt sich in der Anklage des Mädchens aus dem Volk gegen die von einem grausamen Gott gesetzte feudale Ordnung eine aktuelle Gesellschaftskritik. Nicht umsonst war der ‚Göttinger Musenalmanach' von 1774, in dem die ‚Lenore' erschien, in Österreich wegen angeblich ketzerischer Äußerungen verboten worden.
In der Ausgabe von 1789 heißt der Titel des Gedichts: ‚Der Bauer. An seinen durchlauchtigsten Fürsten'. In besonders aggressiver Form ist damit die in der Ballade nur mittelbar durchscheinende antifeudale Tendenz zum Thema gemacht. In direkter Anrede und unverblümt wendet sich das Ich des Bauern an seinen Fürsten und bringt die Anklage vor. Drei Fragesätze führen mitten hinein in die Situation der fürstlichen Jagd durch Feld und Flur und Forst. Von Mal zu Mal nehmen die Bilder, die in reimlosen, jambischen Versen vor Augen gestellt werden, an Stärke zu: In der dritten Strophe schließlich wird der Bauer selbst zum gejagten Wild. Die dreimalige Anapher „Wer bist du?" (S. 69, Z. 31, 34, 37) und der Parallelismus im syntaktischen Gefüge steigern die Intensität der Anklage ins Unerhörte. – Der Ungeheuerlichkeit fürstlicher Willkür wird in den zwei folgenden Strophen der eigene Anspruch entgegengestellt: „Das Brot, du Fürst, ist mein!" (Z. 33), leicht variiert und durch die Geminatio an Wirkung noch gesteigert: „Mein, mein ist Fleiß und Brot!" (Z. 36). Den Attributen fürstlicher Willkür – Wagen, Roß, Jagdhund – werden die Attribute bäuerlichen Fleißes – Egge, Pflug und Schweiß – gegenübergestellt. Eindringlich, aber gleichwohl unaufdringlich wird der harte, aber gerechte biblische Auftrag an den Menschen assoziiert („Im Schweiße deines Angesichts sollst du dein Brot essen [...]"). Damit ist die letzte Strophe vorbereitet: Mit zweimaliger ausdrücklicher Berufung auf Gott wird die unwiderrufliche Absage an das angemaßte Gottesgnadentum der feudal-absolutistischen Ordnung formuliert. In knappster Form wird Bilanz gezogen: Ausruf, rhetorische Frage, Antithese, Fazit in eindringlicher Ellipse: „Du nicht von Gott! Tyrann!" (Z. 39).
Das Gedicht ist ebenso wie Schubarts ‚Fürstengruft' als Beleg zu nehmen für den Niederschlag der Rousseauschen Gedanken von der Volkssouveränität und den daraus sich ergebenden Rechten des Menschen auch in der Lyrik des Sturm und Drang. Dazu kommt: Wie bei Leisewitz' ‚Pfandung' wird speziell die bedrückte Lage der Bauern thematisiert, ja der Bauer selbst in seiner historischen Situation – nicht in der Verniedlichung idyllischen Landlebens – ist Subjekt der Dichtung. Gegenüber dem Gedicht Schubarts und der dramatischen Szene von Leisewitz besteht freilich insofern ein gewaltiger Unterschied, als diese Gerechtigkeit für ein Leben nach dem Tode er*hoffen,* Bürger seinen Bauern aber Gerechtigkeit hier und jetzt mit allem Nachdruck *fordern* läßt. Der rebellische Gehalt des Gedichts ist damit ungleich stärker und wirkungsvoller.

Zur Behandlung im Unterricht
Das Gedicht ist ein hervorragendes Dokument für mutige Auseinandersetzung mit Adelsherrschaft und Fürstenwillkür. Als solches ist es im Zusammenhang mit den anderen Texten des Abschnitts „Gesellschaft" zu würdigen. Auf die enge Beziehung zu den Texten 35, 36, 37 und 41 wurde mehrfach verwiesen.

Gottfried August Bürger: Vorrede zu den Gedichten (S. 70) 43

Voraussetzungen des Textes
Bürger bemühte sich auch um eine theoretische Klärung seiner dichterischen Prinzipien. 1776 erschien sein ‚Herzensausguß über Volkspoesie', 1784 ein Aufsatz ‚Von der Popularität der Poesie'. Auch in den Vorreden zu den Ausgaben seiner Gedichte (1778 und 1789) versucht er, sein dichterisches Schaffen durch theoretische Darlegung über Wesen und Funktion der Poesie zu ergänzen.
Schon früh lernte Bürger die Sammlung ‚Reliques of ancient English poetry' des Dichters und Volkskundlers Thomas Percy kennen. Dann fand er in Herder seinen großen Anreger. Als er mitten in der Arbeit an der ‚Lenore' 1773 dessen 1771 entstandenen ‚Auszug aus einem Briefwechsel über Ossian und die Lieder alter Völker' gelesen hatte, schrieb er an seinen Freund Boie: „[...] welche Wonne! als ich fand, daß ein Mann wie Herder eben das von der Lyrik des Volkes und mithin der Natur deutlicher und bestimmter lehrte, was ich dunkel davon schon längst gedacht und empfunden hatte. Ich denke, ‚Lenore' soll Herders Lehre einigermaßen entsprechen."
Herder hat in diesem ‚Briefwechsel' (erschienen 1773 in ‚Von deutscher Art und Kunst') seine Auffassung von der Poesie als Ausfluß der Natur dargelegt. Wahre Poesie ist nicht in der verkünstelten und verderbten Gesellschaftsdichtung der Gegenwart zu finden, sondern in ihren im Volk noch lebendig sprudelnden Quellen. Sie gilt es aufzusuchen. Der wahre Dichter weiß aus ihnen zu schöpfen und wird so zum Erneuerer

Zweites Kapitel: Zu Text 43, S. 70

in Sprache und Denken seines Volkes. Bekanntlich ist Goethe dem in diesem Zusammenhang ergangenen Aufruf gefolgt und hat im Elsaß Volkslieder von den Lippen der „ältesten Müttergens" gesammelt.

Bürger hielt sich vor allem an Herders Begriff der Volksdichtung. Volkstümlichkeit ist die oberste Forderung an das Genie. Die dichterische Botschaft soll für alle dasein, nicht nur für eine elitäre Minderheit. Daraus ergibt sich konsequent der Auftrag des Dichters: „Deutsche sind wir! Deutsche, die nicht griechische, nicht römische, nicht Allerweltsgeschichte in deutscher Zunge, sondern in deutscher Zunge deutsche Gedichte, verdaulich und nährend fürs ganze Volk, machen sollen. Ihr Dichter, die ihr ein solches nicht geleistet habt und daher wenig oder gar nicht gelesen werdet, klaget nicht ein kaltes und träges Publikum, sondern euch selbst an! [...] Steiget herab von den Gipfeln eurer wolkigen Hochgelahrtheit und verlanget nicht, daß wir vielen, die wir auf Erden wohnen, zu euch wenigen hinaufklimmen sollen" (aus: ‚Daniel Wunderlichs Buch', Abschnitt ‚Herzensausguß über Volkspoesie', 1776).

Zur Interpretation

Auf diesen Gedanken beruht auch seine Vorrede zur 1778 erschienenen ersten Ausgabe seiner Gedichtsammlung, die übrigens ebenso begeistert aufgenommen wurde wie seine ‚Lenore'. Neben einer Rechtfertigung seiner Rechtschreibung handelt er über literarische Vorlagen zu einzelnen seiner Gedichte, über mögliche Vorwürfe seiner Kritiker und – eben in dem im Lesebuch abgedruckten Ausschnitt – über das Grundprinzip seines dichterischen Schaffens: Sein Ziel ist es, den „Mehrsten aus allen Klassen anschaulich und behaglich" zu sein. Denn das „[ist] die Axe, woherum meine ganze Poetik sich drehet: Alle darstellende Bildnerei kan und sol volksmässig seyn. Denn das ist das Siegel ihrer Vollkommenheit" (S. 70, Z. 10–12), das ist – auf dichterisches Schaffen übertragen – Volkspoesie.

Bürger macht sich nicht die Mühe, das im einzelnen auszuführen: „[...] so bleibt es mir auf ein andres mal bevor, zu zeigen, wie eigentlich Volkspoesie [...] beschaffen und möglich sey" (Z. 16–18). Wichtiger ist ihm die politische Dimension seiner Aussagen. Das wird deutlich in den vier Versen, die den Textausschnitt Versen, die den Textausschnitt beenden: Die Kritik an den an der Schulpoetik ausgerichteten Machwerken seiner Zeitgenossen ist zugleich Kritik an dem durch nichts haltbaren Machwerk einer wider die Natur des Menschen gerichteten Gesellschaftsordnung. Wie bei Leisewitz, Lenz, Wagner und auch beim jungen Schiller ist der Kampf für die neue Poesie zugleich Kampf für eine neue Gesellschaftsordnung.

„Man kann in gewissem Sinne sagen, daß sich im deutschen Sturm und Drang die bürgerliche Befreiungsbewegung zur allgemein plebejischen Emanzipation erweitert, wobei der Begriff Volk immer mehr an die Stelle des Begriffs Bürger tritt" (Hans Mayer [Hrsg.]: Meisterwerke deutscher Literaturkritik. Aufklärung, Klassik, Romantik. Goverts Neue Bibliothek der Weltliteratur. Stuttgart 1962, S. 28).

Das hat unmittelbar mit Rousseau zu tun. Er hat im ‚Gesellschaftsvertrag' (Text 35) dargelegt, daß Gesetze nicht gottgewollt oder natürlich sind, sondern (jederzeit veränderbare) Produkte der menschlichen Gesellschaft, die ihren Ursprung im Volk bzw. im 'allgemeinen Willen' haben. Die Stürmer und Dränger griffen das auf: Wenn hinter allen gesetzlichen Ordnungen der Allgemeinwille des Volkes steht, so muß das Volk auch Gesetzgeber sein im Bereich der Ästhetik. – Hans Mayer spricht in diesem Zusammenhang von der „plebejischen Ästhetik der Stürmer und Dränger": „Bis zu Lessing gelten die Gesetze der Antike; nunmehr wird die konkrete Gesetzlichkeit im Volk gesucht und damit in der Gegenwart. Der schöpferische Künstler soll danach streben, in seinem Schaffen dem Volk zu dienen, er soll sich um Volkstümlichkeit bemühen, während der Kunst- und Literaturkritiker zu prüfen hat, ob dieses Bemühen ernsthaft war – und ob es im einzelnen Fall Erfolg hat" (Mayer, s. o., S. 31).

Gerade Bürgers Schaffen ist in Theorie und Praxis Ausdruck dieses Bemühens.

Zur Behandlung im Unterricht

Der Text zeigt – für sich genommen – beispielhaft die für den Sturm und Drang typische Hinwendung zu einer tatsächlichen, in mancher Hinsicht auch nur vermeintlichen oder spekulativ forcierten Volkskultur. Wie die Interpretation erwiesen hat, steht Rousseau auch diesem Text Pate. In Ergänzung zu den zitierten Sätzen von Hans Mayer ist zu erinnern an Rousseaus Naturevangelium. Die aus der Idee der Volkssouveränität abgeleitete Forderung nach der Schiedsrichterrolle des Volkes findet ihre Fortsetzung in der Feststellung, daß Poesie nicht Sache der Bildung oder des „guten Geschmacks" (Gottsched) ist, sondern Ausfluß einer dem sogenannten natürlichen Empfinden entsprechenden Haltung.

Seinen besonderen Stellenwert erhält Bürgers Vorrede zu seinen Gedichten allerdings erst durch die Gegenüberstellung mit dem im Lesebuch folgenden Text: Schillers Rezension von Bürgers Gedichten (vgl. Text 44). In dieser Konstellation wird der Text zur Folie einer im Zeichen der beginnenden Klassik stattfindenden grundsätzlichen Umorientierung in der Auffassung vom Wesen der Dichtung und vom Auftrag des Dichters.

Zweites Kapitel: Zu Text 44, S. 70f.

Friedrich Schiller: Über Bürgers Gedichte (S. 70f.) 44

Zur Entstehung des Textes

1789 schickte Bürger die soeben erschienene zweite Ausgabe seiner Gedichte an Schiller: „Die Beilage biete ich Schillern, dem Manne, der meiner Seele neue Flügel und einen kühnen Taumel schafft, zum Zeichen meines Dankes und meiner unbegrenzten Hoffnungen von Ihm, mit der wärmsten Hochachtung an." – Kurz zuvor hatte Schiller Bürger in Jena kennengelernt. An Körner schreibt er über die Begegnung u. a.: „Sein Äußeres verspricht wenig – es ist plan und fast gemein; *dieser* Charakter seiner Schriften ist in seinem Wesen angegeben." Und an Lotte von Lengefeld: „Der Charakter von Popularität, der in seinen Gedichten herrscht, verleugnet sich auch nicht in seinem persönlichen Umgang, und hier wie dort verliert er sich zuweilen in das Platte." (Vgl. Schiller NA, 22, 410f.) – Im Januar 1791 erschien in der Jenaer Allgemeinen Literaturzeitung Schillers Rezension ‚Über Bürgers Gedichte'.

Man hat oft behauptet, diese Rezension habe Bürgers literarische Existenz vernichtet, so wie die unglückliche Ehe mit Elise Hahn seine physische und psychische Gesundheit ruiniert habe. Das eine wie das andere ist gewiß nicht richtig. Gleichwohl bleibt bemerkenswert, wie erbarmungslos Schiller mit seinem Dichterkollegen ins Gericht gegangen ist. Zu wichtig waren ihm seine neu gewonnenen Anschauungen über das Wesen der Dichtung und die Aufgabe des Dichters, als daß er hätte Rücksicht nehmen wollen oder können. Die Bedeutung der Rezension liegt denn auch weniger in einer gültigen Würdigung der Lyrik Bürgers (obwohl Schiller mit großem Einfühlungsvermögen und scharfem Verstand objektiv vorhandene Schwächen bloßlegt) als in der Programmatik der Schrift für Schillers eigene Entwicklung. Bürgers Gedichte waren ihm die ideale Folie, auf deren Hintergrund er diese Entwicklung deutlich machen konnte. Schiller hat seine Sturm-und-Drang-Phase überwunden und befindet sich am Übergang zur Klassik, Bürger, der elf Jahre Ältere, dichtet noch in der Manier der 70er Jahre.

Zur Interpretation

Drei Problemkreise lassen sich voneinander abheben, mit denen Schiller sich explizit auseinandersetzt: die Funktion der Dichtung, die sich daraus ergebende Aufgabe des Dichters und das Wesen wahrer Popularität. Die im Lesebuch abgedruckten Abschnitte geben Schillers Auffassung zu den Punkten 1 (erster Abschnitt) und 2 (zweiter Abschnitt) wieder. In Hinblick auf Bürgers ‚Vorrede' (Text 43) werden wir auch auf das Problem der Popularität eingehen.

Die Funktion der Dichtung: Schiller konstatiert einen Verfall der Dichtkunst in der Gegenwart, besonders einen Verfall der lyrischen Dichtkunst, und eine daraus resultierende Gleichgültigkeit ihr gegenüber (S. 70, Z. 27–33). Da es damit kein Bewenden haben kann (Z. 33–36), gilt es, wie für die Dichtkunst insgesamt, so besonders für die lyrische eine neue Bestimmung zu finden (Z. 36–38). Diese neue Bestimmung der Dichtkunst liegt in ihrer Möglichkeit, „in uns den *ganzen Menschen* wieder herzustellen" (Z. 38ff.).

Zu der neuen Funktionsbestimmung der Dichtung kommt Schiller über eine Analyse der Gegenwartskultur und ihrer Konsequenzen für den modernen Menschen: Das „philosophierende Zeitalter" (Z. 27) – wir würden heute sagen: das Zeitalter der Aufklärung – bedeutet Fortschritt und Einbuße zugleich. Im Bilde des organischen Wachsens bezeichnet Schiller die „reifere Kultur" (Z. 35) der Gegenwart mit ihrem „erweiterten Kreis des Wissens" (Z. 41) und ihren „höhern Geistesbeschäftigungen" (Z. 39) unzweideutig als „Fruchtzeit" (Z. 35) (in der Entwicklung der Menschheit). Gleichzeitig konstatiert er aber eine mit dieser reiferen Kultur einhergehende Verarmung des Menschen: Er spricht von der „Vereinzelung und getrennten Wirksamkeit unserer Geisteskräfte" (Z. 40/41) und (als Folge der arbeitsteiligen Produktionsweise) von der „Absonderung der Berufsgeschäfte" (Z. 41/42) und diagnostiziert – ohne es so zu nennen – lange vor Hegel und Marx das Phänomen der Entfremdung. (Beinahe) allein die Dichtung ist imstande, „die getrennten Kräfte der Seele wieder in Vereinigung [zu bringen]" (Z. 43), „Kopf und Herz, Scharfsinn und Witz, Vernunft und Einbildungskraft in harmonischem Bunde [zu beschäftigen]" (S. 70/71, Z. 43–2), kurz: „den *ganzen Menschen* in uns wieder [herzustellen]" (Z. 2). – Schiller formuliert damit den (pädagogischen) Auftrag der Kunst zur ganzheitlichen Erziehung des Menschen. – Noch erhebt er nicht expressis verbis den Anspruch der Ästhetik als eines autonomen Bereichs, wie er es in den Briefen an den Prinzen von Augustenburg und ausführlicher begründend in den ‚Briefen über die ästhetische Erziehung des Menschen' tut. Der Weg dahin jedoch ist vorgezeichnet.

Der Auftrag des Dichters: Soll die Poesie ihrer Bestimmung gerecht werden, muß sie – wie Schiller noch vor der abgedruckten Textstelle ausführt – „die Sitten, den Charakter, die ganze Weisheit ihrer Zeit, geläutert und veredelt, in ihrem Spiegel sammeln und mit idealisierender Kunst aus dem Jahrhundert selbst ein Muster für das Jahrhundert erschaffen". Daher ist „eine der ersten Erfodernisse des Dichters Idealisierung,

103

Zweites Kapitel: Zu Text 44, S. 70f.

Veredlung" (S. 71, Z. 3). Dem Dichter „kommt es zu, das Vortreffliche seines Gegenstandes [...] von gröbern, wenigstens fremdartigen Beimischungen zu befreien" (Z. 4–6). Er muß das Typische – in Schillers Terminologie: das Notwendige – seines Gegenstands freilegen, ihn auf sein Urbild zurückführen. Der Gegenstand in der Wirklichkeit ist nur Abglanz seines Ideals, daher gilt es, die in der Vielfalt seiner Erscheinungsformen „zerstreuten Strahlen von Vollkommenheit" (Z. 7) zu bündeln, die ‚störenden Züge' in seiner realen Existenz zugunsten der „Harmonie des Ganzen" (Z. 8) in seinem idealen Sein zu unterdrücken, „das Individuelle und Lokale zum Allgemeinen zu erheben" (Z. 6–9). Denn – wie Schiller in anderem Zusammenhang ausführt (in der Rezension über Matthissons Gedichte, 1794) – „alle Wirklichkeit ist mehr oder weniger Beschränkung jener allgemeinen Naturwahrheit. Jeder individuelle Mensch ist gerade um so viel weniger Mensch, als er individuell ist; jede Empfindungsweise ist gerade um so viel weniger notwendig und rein menschlich, als sie einem bestimmten Subjekt eigentümlich ist. Nur in Wegwerfung des Zufälligen und in dem reinen Ausdruck des Notwendigen liegt der *große Stil*."

Wirklichkeit und Wahrheit (oder – wie Schiller auch sagt –: beliebte Natürlichkeit, wirkliche oder historische Natur, historische oder materielle Wahrheit einerseits und Kunstwahrheit, wahre Natur, innere oder fremde Wahrheit andererseits) sind nicht identisch. Der Dichter aber hat der Wahrheit zu dienen, nicht der Wirklichkeit. Idealisierung ist also seine unabdingbare Aufgabe.

Was aber bedeutet diese Aufgabe für den Dichter als Menschen? „Alle Ideale, die er auf diese Art im einzelnen [Kunstwerk] bildet, sind gleichsam nur Ausflüsse eines innern Ideals von Vollkommenheit, das in der Seele des Dichters wohnt. Zu je größerer Reinheit und Fülle er dieses innere allgemeine Ideal ausgebildet hat; desto mehr werden auch jene einzelnen sich der höchsten Vollkommenheit nähern" (S. 71, Z. 9–13). Noch deutlicher formuliert Schiller an früherer Stelle dieser Rezension: „Alles, was der Dichter uns geben kann, ist seine *Individualität*. Diese muß es also wert sein, vor Welt und Nachwelt ausgestellt zu werden. Diese seine Individualität so sehr als möglich zu veredeln, zur reinsten, herrlichsten Menschheit hinaufzuläutern, ist sein erstes und wichtigstes Geschäft [...]." Voraussetzung für das Gelingen der Idealisierung ist, daß der Künstler Abstand gewinnt zu sich selbst und seinen Affekten. „Nur die heitre, die ruhige Seele gebiert das Vollkommene." Künstlertum gilt Schiller als Vollendung von Menschentum.

Wahre und falsche Popularität: Schiller stimmt – im weiteren Verlauf seiner Rezension – Bürgers Forderung nach Popularität vorbehaltlos zu; er zitiert sogar Bürgers Satz, wonach Popularität eines Kunstwerks das Siegel der Vollkommenheit sei (vgl. Text 43, S. 70, Z. 11/12). Allerdings – so Schiller – ist Popularität etwas anderes, als Bürger meint. Bürger fordert die Dichter auf, „von den Gipfeln ihrer wolkigen Hochgelahrtheit herabzusteigen und nicht zu verlangen, daß die vielen, die auf Erden wohnen, zu den wenigen hinaufklimmen sollen". Dem setzt Schiller ein – im Grunde aristokratisches – Verständnis von Volkstümlichkeit entgegen.

Schiller konstatiert eine Kluft zwischen der Elite *(„Auswahl")* einer Nation und der *Masse* derselben sowohl in kultureller als auch in habitueller Hinsicht. Die Aufgabe des Volksdichters besteht nun nicht darin, sich ausschließlich „der Fassungskraft des großen Haufens zu bequemen und auf den Beifall der gebildeten Klasse Verzicht zu tun", sondern darin, „den ungeheuren Abstand, der zwischen beiden sich befindet, durch die Größe seiner Kunst aufzuheben und beide Zwecke vereinigt zu befolgen". Der wahre Volksdichter wählt deshalb seinen Stoff nur aus den Bereichen menschlicher Grundsituationen und Empfindungen, die dem Menschen als Gattungswesen eigen sind. Durch seine Idealisierungskunst wird er „in stillschweigendem Einverständnis mit den Vortrefflichsten seiner Zeit [...] die Herzen des Volks an ihrer weichsten und bildsamsten Seite fassen, durch das geübte Schönheitsgefühl den sittlichen Trieben eine Nachhülfe geben und das Leidenschaftsbedürfnis, das der Alltagspoet so geistlos und oft so schädlich befriedigt, für die Reinigung der Leidenschaft nutzen. Als der aufgeklärte, verfeinerte *Wortführer der Volksgefühle* würde er dem hervorströmenden, Sprache suchenden Affekt der Liebe, der Freude, der Andacht, der Traurigkeit, der Hoffnung u. a. m. einen reinern und geistreichern Text unterlegen; er würde, indem er ihnen den Ausdruck lieh, sich zum Herrn dieser Affekte machen und ihren rohen, gestaltlosen, oft tierischen Ausbruch noch auf den Lippen des Volks veredeln [...]. Ein Vorläufer der hellen Erkenntnis, brächte er die gewagtesten Vernunftwahrheiten, in reizender und verdachtsloser Hülle, lange vorher unter das Volk, ehe der Philosoph und Gesetzgeber sich erkühnen dürfen, sie in ihrem vollem Glanze heraufzuführen. Ehe sie ein Eigentum der Überzeugung geworden, hätten sie durch ihn schon ihre stille Macht an den Herzen bewiesen, und ein ungeduldiges, einstimmiges Verlangen würde sie endlich von selbst der Vernunft abfodern." – Der wahre Volksdichter also zieht das Volk zu sich herauf und steigt nicht zu ihm herab. Auch in der Frage der Popularität von Dichtung denkt Schiller konsequent pädagogisch, und zwar im Sinne eines aktiven Emporbildens des Volkes im Medium der Kunst zu der ihm wesensmäßig bestimmten Humanität.

Zweites Kapitel: Zu Text 44, S. 70f.

Für die Lyrik des Sturm und Drang – für dessen Kunstauffassung überhaupt – waren die kennzeichnenden Prinzipien Subjektivität und Individualität als Inbegriffe der Originalität sowie Volkstümlichkeit einschließlich des darin enthaltenen Elements der Sozialkritik. Zu allem dem stellt sich Schiller hier in strikten Gegensatz, sowohl zum Kunstschaffen als auch zur Kunstauffassung. Der Text zeigt Schiller auf dem Weg zur Klassik.
Gleichwohl sollte man nicht nur den Bruch sehen, den Schiller hier auch mit der eigenen Vergangenheit vollzieht. Auf einer höheren Ebene nämlich vollendet sich in dem neuen – hier im Ansatz sichtbar werdenden – Programm ein Grundgedanke, der die Poetik der Aufklärung und des Sturm und Drang von Gottsched bis Lenz und Wagner bestimmte: der Gedanke von der erzieherischen Funktion der Dichtung, der Gedanke der ästhetischen Erziehung des Menschen.
Es ist ja nicht so, daß Schiller den Bezug zur Realität verloren hätte und nun ins Reich der Ideale entschwebt. Aufgrund seiner politischen Erfahrungen, nicht zuletzt auch bestimmt durch den unglücklichen Verlauf der Französischen Revolution, mußte Schiller die Vorstellung eines auf Moral und Vernunft beruhenden Staatswesens in der unmittelbaren Gegenwart aufgeben. Schiller aber resigniert nun nicht etwa (wie beispielsweise Wagner, vgl. Text 39), sondern konzentriert seinen Willen auf die neue Idee einer Befreiung des Menschen im Reich der Kunst und des schönen Scheins als einer Vorstufe für politische Freiheit. Das Anliegen Schillers bleibt – wenn auch in einer vermittelten Weise – ein gesellschaftliches.

Zur Behandlung im Unterricht
Der Zugang zum Text eröffnet sich am ehesten über eine Gliederung nach den Hauptgedanken im Sinne der oben gegebenen Interpretation. Es bietet sich an, ist aber nicht unbedingtes Erfordernis, den Text im Zusammenhang mit Bürgers ‚Vorrede zu den Gedichten' (Text 43) zu behandeln. Im Kontrast wird hier wie dort manches deutlicher faßbar, als wenn es für sich alleine wahrgenommen wird. Anknüpfungspunkte nach vorn ergeben sich besonders zum Abschnitt „Der Auftrag des Dichters" im Kapitel „Klassik", namentlich zu Text 49 (Schiller).
Im übrigen beschließt der Text – Vorklang schon der beginnenden Klassik – das Kapitel „Aufklärung/ Sturm und Drang". Es lohnt sich, hier im Rückblick noch einmal auf die bestimmenden Ideen dieser Literaturepoche einzugehen. Die Interpretation enthält Hinweise dafür. In diesem Zusammenhang könnte – soweit bei anderen Texten dieses Kapitels noch nicht geschehen – Anlaß genommen werden, das grundsätzliche Problem einer ethisch-erzieherischen Funktion der Künste inklusive der Literatur und des Theaters zu erörtern oder z. B. der Frage nachzugehen, inwieweit wir heute Kunst und Literatur eher als Kommunikationsform des Gefühls oder des Verstandes anzusehen geneigt sind.

Drittes Kapitel: Klassik

Einleitung

Soll die Epoche der klassischen deutschen Literatur betrachtet werden, so sind vor allen Dingen die historischen Bedingungen der Weimarer Klassik zu bedenken. Sie lassen sich in einigen zusammenfassenden Gesichtspunkten andeuten:
1. Weimar als geschichtlicher Ort: Die Literatur der Klassik entsteht in einer einmaligen geschichtlichen Konstellation: Der ideale Modellfall Weimar bildet die Voraussetzung, unter der sie allererst möglich wird.
2. Der bürgerlich-höfische Kompromiß zwischen den in Weimar lebenden Künstlern und einem reformbereiten Hof.
3. Das literaturpolitische Bündnis zwischen Schiller und Goethe: Es kommt ihnen darauf an, ihr Kunstprogramm und ihre Literatur, die sie selbstbewußt als Ausnahme und Opposition verstehen, wirksam zu fördern und durchzusetzen. In hochgesinnter Weise betrachten sie den Auftrag des Dichters durchaus als historischen Auftrag in ihrer Zeit und für ihre Zeit. Die Bedeutung des Bündnisses und der gemeinsamen Literaturpolitik Schillers und Goethes für die klassische deutsche Literatur erklärt die zeitliche Begrenzung der Weimarer Epoche: auf das „klassische Jahrzehnt" zwischen 1794, der Begegnung Schillers und Goethes in Jena, und Schillers Tod im Jahre 1805.
4. Die Autonomie der Kunst als historisch bestimmte Antwort auf die politische Situation der Zeit.
Für Weimar ist das Zusammenwirken von Adeligen und bürgerlichen Künstlern charakteristisch, der in dieser Form wohl einzigartige bürgerlich-höfische Kompromiß, der im historischen Zug der Zeit, dem Aufstieg des Bürgertums und dem Prozeß der bürgerlichen Umgestaltung, sich hier wohl stärker als in anderen absolutistischen Staaten ausbildet und auswirkt. Seine Träger sind die bürgerlich-aufgeklärte Intelligenz und ein reformbereiter Hof. So darf Goethes Entscheidung, nach Weimar zu gehen, „als epochal deswegen verstanden werden, weil hier in der individuellen Lebensform die Tendenz eines resignativen Teils des deutschen Bürgertums beispielhaft zur Erscheinung kommt: die Tendenz, den historischen Fortschritt von einem aufgeklärten Absolutismus zu erhoffen" (Christa Bürger: Der Ursprung der bürgerlichen Institution. Kunst im höfischen Weimar. Suhrkamp, Frankfurt a. M. 1977, S. 51).
Im Zusammenhang mit dieser Entwicklung kommt es in Weimar zur Entstehung eines weitreichenden literarischen Markts, der für den damals sich herausbildenden freien Schriftsteller lebenswichtig ist, und zur Institutionalisierung der bürgerlichen Kunst: ein Prozeß, der begleitet und begünstigt wird durch den Strukturwandel des Mäzenats, wie er in Weimar vom Herzog vollzogen worden ist. An die Stelle der vordem repräsentativen tritt mehr und mehr eine bürgerliche Öffentlichkeit.
Ein weiterer Vorzug Weimars gegenüber anderen Höfen besteht nachgerade in einem seiner 'Nachteile': In räumlicher Enge, einem Kleinstaat von politischer Bedeutungslosigkeit, war um so mehr einem Kreis von Intellektuellen, Künstlern und Gelehrten – aller sachlichen und persönlichen Differenzen, aller Cliquenbildung und Zerwürfnisse unerachtet – der literarische und kulturpolitische Diskurs möglich. In dieser Hinsicht wird auch der 'Widerspruch Weimar' deutlich (Weimar ist „klassische Provinz"), wie ihn Goethe in seinem Gedicht ‚Auf Miedings Tod' als Verschwisterung zweier Extreme (groß und klein, Geist und Albernheit) stellvertretend ausgedrückt und gepriesen hat. Als Verbindung von „Kosmopolitismus und Provinzialität" hat Thomas Mann diese Paradoxie, die eigentlich dialektisch zu bestimmen ist, begriffen (‚Deutschland und die Deutschen'). Weiterhin entscheidend sind Schillers Partnerschaft und sein literaturpolitisches Bündnis mit Goethe: die gemeinsame Ausarbeitung eines Kunstprogramms.
Es gibt damals, in einem entscheidenden historischen Augenblick des Übergangs, einer Zeit des Umbruchs, den einzigartigen – im weitesten Sinne kulturellen – 'Wirkungszusammenhang Weimar'. Man mag ihn als ein geschichtliches 'Modell' in doppelter Hinsicht verstehen: kulturpolitisch und ästhetisch. Goethe und Schiller schließen den Kompromiß gewissermaßen mit einem „nach außen gerichteten kulturpolitisch diplomatisierenden Willen" (Thomas Mann: Versuch über Schiller. S. Fischer, Berlin und Frankfurt a. M. 1955, S. 17), und zwar in der Erkenntnis, daß nur auf diese Weise unter den gegebenen historischen Bedingungen eine klassische Nationalliteratur und öffentliche Wirksamkeit möglich sind.
Damit geht die von Goethe und Schiller programmatisch gestiftete Autonomie der Kunst einher: Sie vor allem macht die entscheidende Dimension der Literatur der Weimarer Klassik aus. Die Autonomiesetzung der Kunst stellt eine der damals möglichen Antworten auf die Zeitverhältnisse und die politische Lage dar.

Sie hat unter anderem eine doppelte Perspektive: Sie kann einmal verstanden werden als Ausdruck der zeitbedingten Haltung eines Teils der durchaus selbstbewußten bürgerlichen Intelligenz, die angesichts der realen Verhältnisse auf einen Kompromiß mit dem aufgeklärten Absolutismus, von dem sie sich die entsprechenden Wirkungsmöglichkeiten erhofft, ausgeht. Zum anderen gründet sie in der Erfahrung der Entfremdung (ein Begriff, den Schiller und Goethe in diesem Zusammenhang gebrauchen): in der Erfahrung der Zersplitterung und Trennung der Lebensbereiche, zu denen auch das künstlerische Schaffen gehört. Von daher wird die bewußte Autonomiestiftung der Kunst, d. h. ihre Herauslösung aus allen lebenspraktischen Bindungen, zugleich zur Kritik an eben den realen Verhältnissen.
Die entschiedene Trennung von Kunst und Lebenspraxis ebenso wie von Kunst und Politik folgt daraus: „Ich habe mein politisches und gesellschaftliches Leben ganz von meinem moralischen und poetischen getrennt", schreibt Goethe an Knebel (12. November 1782). Die Ausschließung der Politik aus der Kunst fordert Schiller unter anderem in seiner Ankündigung der ‚Horen'.

I. Weimar als geschichtlicher Ort (S. 72 ff.)

Germaine de Staël: Weimar (S. 72 f.)   **45**

Zur Autorin und zur Entstehung des Buchs ‚De l'Allemagne'

Das Buch ‚De l'Allemagne' von Germaine de Staël (1766–1817) hat Epoche gemacht: Es ist die erste umfassende französische Darstellung des geistigen und kulturellen Lebens in Deutschland um die Jahrhundertwende, die das Deutschlandbild vieler Intellektueller und Künstler in Frankreich nachdrücklich prägt und stark auf die französische Romantik wirkt. Madame de Staëls Sicht ist allerdings sehr subjektiv und einseitig: Sie entspringt einer bewundernden Haltung gegenüber der deutschen Kunst und Literatur, die für sie damals vor allem in Weimar lebendig sind. So kommt es in ihrem Buch manchmal zu bedenklichen Bewertungen, zu Ungenauigkeiten und Verzeichnungen. Die entscheidenden gesellschaftlichen und politischen Zustände, die den Hintergrund, ja meist den Beweggrund des damaligen geistigen Lebens in Deutschland bilden, werden kaum erkundet. Und dennoch ist Germaine de Staëls Buch erhellend. Es enthüllt, geschrieben von einer Zeitgenossin, deren einfühlsamer und zugleich fremder Blick scharfsichtig sein kann, charakteristische Züge des literarischen Lebens in Deutschland.
Zwei Deutschlandreisen der von Napoleon aus Paris verbannten, freiheitlich gesinnten Schriftstellerin, die zu den frühen Kritikern des neuen Regimes gehört, bilden die empirische Grundlage des Buchs ‚De l'Allemagne'. Die erste Reise (1803/04) führt Madame de Staël nach Weimar und Berlin. Wichtig und beglückend ist für sie vor allen Dingen der drei Monate währende Aufenthalt in Weimar, wo sie Gespräche mit den „bedeutendsten Schriftstellern" Deutschlands, die damals in Weimar leben, führt. Mit klarem Blick erkennt sie Weimar als die „literarische Hauptstadt" Deutschlands. Ziel der zweiten Reise (1807/08) sind Süddeutschland, wo Madame de Staël in München verweilt, und Wien. Gleich nach ihrer Rückkehr beginnt sie auf Schloß Coppet in der Schweiz die Arbeit am Deutschlandbuch. Das Manuskript ist 1810 abgeschlossen. Doch abermals, wie in früheren Fällen, greift die napoleonische Zensur ein, so daß ‚De l'Allemagne' erst 1813, und zwar in London, erscheinen kann.

Zur Interpretation

Der Text „Weimar" aus dem ersten Teil des Deutschlandbuchs, der den Titel trägt „Über Deutschland und die Sitten der Deutschen", belegt einige der in der Einleitung entwickelten Gedanken zur Weimarer Klassik. Er eröffnet das Kapitel 'Klassik'. Dafür gibt es triftige Gründe.
Das „Weimar"-Kapitel ist eine engagierte, von persönlichen Eindrücken und Erfahrungen geprägte Schilderung, in der Weimar und seine literarische Kultur Anschaulichkeit und – in der subjektiven Sicht der Augenzeugin – verbürgtes Leben gewinnen.
So wird von vornherein einsichtig, daß die klassische Literatur durchaus nicht zeitenthoben, vielmehr geschichtlich ist.
Es gibt – und Madame de Staëls Schilderung macht dies sinnfällig – konkrete historische Bedingungen der Klassik: einen bestimmten geschichtlichen Augenblick und einen bestimmten geschichtlichen Ort, eben Weimar, die das einmalige Phänomen der klassischen deutschen Literatur allererst möglich machen.
Einige dieser Bedingungen werden in den literarischen und gesellschaftlichen Ereignissen, deren Madame de Staël in Weimar ansichtig wird, erkannt und andeutend sichtbar gemacht. Dabei ist allerdings zu

Drittes Kapitel: Zu Abschnitt II, S. 73 ff.

bedenken, daß im bewundernden Einverständnis das damalige literarische Leben und die literarische Geselligkeit idealisiert werden: Die heftigen literarischen Fehden und menschlichen Konflikte gewahrt Madame de Staël offensichtlich nicht. Auch bleiben ihr die bewegenden geschichtlichen Vorgänge und Probleme verschlossen.

Immerhin sind in ihrer Darstellung drei wesentliche Bedingungen der Weimarer Klassik angedeutet:
– Die Vorzüge eines kleinen Landes und einer kleinen Stadt, ein „Mittelding zwischen Hofstadt und Dorf" hat Herder Weimar genannt, die von einem aufgeklärten und reformbereiten Herzog regiert werden. Sie ermöglichen, in der politischen Situation der nationalen Zersplitterung und Misere, den philosophischen und literarischen Diskurs und den programmatischen Entwurf einer autonomen Nationalliteratur. Mit Recht erwähnt Madame de Staël die Dialektik zwischen gesellschaftlicher Enge und spekulativer Weite: die Ausdehnung des Gedankens gerade in den engen Grenzen der bestehenden Verhältnisse.
– Weimar als die damalige „literarische Hauptstadt" Deutschlands, wo die „bedeutendsten Schriftsteller" leben und literaturpolitische Bündnisse stiften.
– Der höfisch-bürgerliche Kompromiß, der eine der Grundbedingungen der Klassik in Weimar darstellt.

Zur Behandlung im Unterricht
Es liegt nahe, das „Weimar"-Kapitel der Madame de Staël an den Anfang einer Unterrichtseinheit über die Weimarer Klassik zu stellen. Das ist im vorher Gesagten begründet. Außerdem gibt es enge Verknüpfungen mit dem Abschnitt über den „Auftrag des Dichters" in der Weimarer Klassik.

II. Die Utopie der Humanität (S. 73 ff.)

Der Begriff der Humanität ist nicht nur für die Weimarer Klassik zentral, er ist bis heute eine der wichtigsten ethischen Kategorien für menschliches Selbstverständnis: Würde des Menschen, die Menschenrechte, Begriffe wie Toleranz, Mitmenschlichkeit, Gerechtigkeit, Wahrhaftigkeit im Umgang miteinander liegen im Horizont des Humanitätsbegriffs. Im folgenden wird dieser Begriff in einer im Blick auf die Texte 46 und 47 begrenzten historischen Perspektive erhellt: Im 18. Jahrhundert hat sich sowohl die utopisch idealistische wie die konservativ skeptische Variante des Begriffs historisch entwickelt, maßgeblich bis heute – Orientierungshorizont für das Verständnis der Texte, ihre Vertiefung und mögliche Problematisierung im Unterricht. (Vgl. dazu Hans Erich Bödeker: Menschheit, Humanität, Humanismus. In: Brunner/Conze/Koselek [Hrsg.]: Geschichtliche Grundbegriffe. Historisches Lexikon zur politischen und sozialen Sprache in Deutschland. Band 3. Klett, Stuttgart 1982, S. 1063–1128.)

Humanität – zum Gebrauch des Begriffs im 18. Jahrhundert
Im Prozeß der Aneignung der humanistischen Bildung durch die höfische Aristokratie entwickelt sich eine Synthese ritterlicher und humanistischer Erziehung, vornehm kultivierter Geselligkeit und umfassend ästhetischer Bildung. Die ideale höfische Identität des 17. und 18. Jahrhunderts ist durch die Begriffe „honnêteté", „civilité", „courteoisie" und „humanité" gekennzeichnet. Dies ist einer der Gründe, weshalb Herder z. B. den Humanitätsbegriff erst relativ spät als positiven Orientierungsbegriff verwendet.
Gegen Ende des 17. Jahrhunderts beginnt sich „humanité" aus seiner höfisch-aristokratischen Einbindung zu lösen. Für die europäische Frühaufklärung ist in der Distanzierung vom traditionell christlich geprägten Orientierungssystem auffallend die Verdrängung von „caritas" durch „humanitas"; auf die „natürliche" menschliche Liebe und Güte soll der Akzent gelegt sein: Die christliche Nächstenliebe wird abgelöst von der Moral menschlicher Solidarität. Der Begriffsumfang greift indes weit über den ethischen Aspekt hinaus: „Humanity", „humanité" und – mit einer Phasenverschiebung – „Menschheit" werden umfassende Kristallisationsbegriffe bürgerlicher Emanzipation: Menschheit, verstanden zunächst als Natur des Menschen, erscheint konstituiert aus den Trieben zum Dasein, zur Freiheit, zur Tätigkeit, zum Genuß, zur Sicherheit, zum Besitz, zur Vervollkommnung; die traditionelle theologische Dimension wie das Element der Schwäche und Angst fehlen. Auf Selbstbestimmung, Selbständigkeit und Besitz sei der Mensch dynamisch ausgelegt: Menschheit nicht als Zustand, in der Mensch hineingeboren wird, sondern als Aufgabe, die die bewußte Entwicklung der Fähigkeiten des einzelnen jeweils erfordert. So unterscheidet z. B. Kant deutlich zwischen dem Menschen als Gegenstand der Erfahrung und der Idee der Menschheit als Zielbegriff: Selbstkonstituierung des sich selbst wollenden Menschen, gebunden an vernünftige Selbstbestimmung, Autonomie der praktischen Vernunft. Als Subjekt der praktischen Vernunft oder des morali-

schen Gesetzes ist der Mensch zugleich frei und Zweck an sich selbst. Neben die Vernunftautonomie tritt die Gefühlsautonomie: In der Vernunft, in Gefühl und Zärtlichkeit gleichermaßen zeigt sich die Natur des Menschen als Selbstbestimmungsfähigkeit. Sie setzt sich um in Selbstgestaltung als freie und vernünftige Selbsttätigkeit: Die Arbeit wird als kennzeichnend für alle Menschen betrachtet und verstanden als Tätigkeit, die zur Selbstverwirklichung führt – gegen die ständische Fixierung der Arbeit gerichtet. Auf dieser Basis wiederum korreliert Tätigkeit mit Bildung: Arbeit ohne menschenbildenden Zweck ist z. B. für Pestalozzi nicht Menschenbestimmung. Der Aspekt der Bildung im Begriffsfeld „Menschheit" verdeutlicht noch einmal das Moment konstitutioneller Offenheit und Unabgeschlossenheit, meist teleologisch formuliert: „Menschheit", „Bildung" und „Kultur" werden im Blick auf den Entwicklungsgang und Zielhorizont positiv verknüpft.

„Menschheit" und „Humanität" werden im deutschsprachigen Raum im letzten Drittel des 18. Jahrhunderts zunehmend gleichgesetzt, obwohl auf der lexikalischen Ebene der aristokratisch-höfische und der sozialethisch karitative Aspekt von „Humanität" (Gutmütigkeit, Milde, Hilfsbereitschaft) noch bis zur Jahrhundertwende erhalten bleiben. Die gleiche Entwicklung läßt sich für den Begriff „Menschenwürde" beobachten: Um die Mitte des 18. Jahrhunderts wird die Vorstellung der im Gnadenerweis Gottes gründenden Menschenwürde abgelöst durch die allen Menschen als vernünftigen Naturwesen zukommende Würde, verstanden als Selbstzweckhaftigkeit, Selbstbestimmung, Selbstgestaltung. Dahinter steht die bürgerlich konzipierte Subjektivität, der Leistungs- und Besitzanspruch des einzelnen als freies Subjekt auf dem Markt als der Austausch- und Konkurrenzinstitution. „Industry, knowledge, and humanity, are linked together by an indissouble chain" (David Hume: Of the Refinement in the Arts [1741]. In: Works. 1882. Band 3, S. 302). Die bürgerliche Emanzipation richtet sich gegen den Adel und den absolutistischen Staat. Gedacht wird sie nicht als bürgerliches, sondern als allgemeines Interesse, als Emanzipation des Menschen als solchen, und gewinnt derart ihre Durchschlagskraft.

Die kritische Funktion des Menschheits- oder Humanitätsbegriffs hat konkrete Implikationen. Der Mensch als solcher in seiner Würde: Das Individuum wird isoliert betrachtet, herausgenommen aus der vorgegebenen Ordnung des Staates, der Gesellschaft, der Tradition, des Rechts, in Freiheit gesetzt gegenüber staatlichen oder sozialen Ansprüchen. Zu dieser den einzelnen isolierenden Betrachtung – nur der Markt ist die reale ökonomische Basis – gehört auf der anderen Seite die rationale Konstruktion des Staates: „Die soziale Ordnung verliert den Charakter ihrer Unveränderlichkeit, sie wird statt dessen den Subjekten zu ihrer Disposition gestellt. Politische Herrschaft rechtfertigt sich [...] nicht mehr zeitlos aus sich selbst als natürliche Vorgegebenheit menschlicher Existenz, sondern erscheint als eine von 'Menschheit' abgeleitete, sekundäre Größe" (Bödeker, s. o., S. 1084). Im Vertragsmodell von Hobbes bis zu Rousseau wird das deutlich formuliert. Die Konsequenz sind „Menschenrechte" – von Rechten, die dem Individuum als natürlichem Vernunftwesen, dem „homo" im Naturzustand, zugeordnet sind, zu Rechten des Individuums, des „civis", gegenüber dem Staat weiter gedacht, als Postulate nachdrücklich betont. Basis ist der Gedanke des Schutzes und der Anerkennung der unverfügbaren Würde der Person, die für alle Menschen in gleicher Weise zu gelten hat. In der Auseinandersetzung mit dem Absolutheitsanspruch des feudalen Souveräns entsteht die Allgemeingültigkeit der Menschenrechte in ihrer Konkretion: gegen ständische Rechtsabstufungen, gegen die Einengungen der ständischen Gesellschaft, die Bevormundung durch den Staat, die persönliche Herrschaft des Fürsten. Sicherheit, Freiheit, Gleichheit und politische Partizipation entwickeln sich zu den konstitutiven Elementen der Menschenrechte.

Hinzu kommt die kollektive Komponente des Menschheitsbegriffs: Auf der Basis des Kolonialismus entwickelt sich einerseits das Bewußtsein wachsender Interdependenz und der Einheit der Menschheit, einer einheitlichen Weltgeschichte, das Ideal einer allgemeinen Weltbürgerschaft. Zugleich aber wird andererseits mit dem Fortschrittsgedanken betont die Sonderstellung Europas zum übrigen Menschengeschlecht; das menschheitliche Denken ist europazentriert – bis heute.

Im Zusammenhang mit der Französischen Revolution wird zugleich ein gegenaufklärerischer Menschheitsbegriff entwickelt mit gleichem universalem Geltungsanspruch, ein Begriff, „der eine grundsätzlich unvollkommene, ungleiche, konstant gedachte menschliche Natur unterstellt" (Bödeker, s. o., S. 1102). Vorgeworfen wird den Aufklärern ein falscher Ansatz, da sie die Menschen unter „Hinweglassung aller spezifischen und individuellen Verschiedenheiten" nur in ihrer „generischen Natur" ihrer Gattungsnatur, betrachteten; diese aber sei „ein bloßes Gedankending [...], welches in dem Verstande zwar abgesondert gedacht werden kann, aber in der Wirklichkeit nicht abgesondert vorhanden" ist, derart, „daß also auch die generischen Menschen bloß ideelle Menschen und nicht wirkliche sind" (Georg Niklas Brehm: Über die natürliche Gleichheit des Menschen. Leipzig 1794, S. 54). Die gegen den als Abstraktion falschen Gattungsbegriff gesetzte Vorstellung der spezifischen oder individuellen Natur des Menschen betont die Schwäche und

Drittes Kapitel: Zu Abschnitt II, S. 73 ff.

Bedürftigkeit des einzelnen unter Rückgriff auf die traditionell christliche Annahme der Schuld- und Sündhaftigkeit des Menschen, dem Mythos des Sündenfalls und der Erbsünde entsprechend. Erste Konsequenz ist die Auffassung, daß der Mensch grundsätzlich nicht entwicklungsfähig sei und ihm eine Selbstzweckhaftigkeit nicht zukomme. Eine weitere Konsequenz dieses traditionell religiös fundierten, zweifellos aber auch säkular formulierbaren anthropologischen Pessimismus betrifft den Freiheitsbegriff: Freiheit ist „mehr die moralische Chance, sich willentlich der Autorität unterzuordnen, als Berechtigung zu bürgerlicher Partizipation, [...] mehr das Recht auf Sicherheit als Recht auf aktive Selbstgestaltung der Gesellschaft" (Bödeker, s. o., S. 1103). Der Romantiker Adam Heinrich Müller formuliert 1812: „Freiheit, Selbstherrschaft, Menschenwürde" können sich nur in „edler Abhängigkeit, großmütiger Dienstfreiheit und freier Demütigung offenbaren" (Adam Heinrich Müller: Agronomische Briefe [1812]. In: Jakob Baxa [Hrsg.]: Ausgewählte Abhandlungen. Jena 1931, S. 140). Die anthropologisch fixierte Ungleichheit hat zur Folge die Rechtfertigung historisch gegebener gesellschaftlicher und politischer Ungleichheit, die Rechtfertigung der ständischen Gesellschaft, des absolutistischen Staates, die Apologie des Adels. Novalis schreibt: „Die absolute Gleichheit ist das höchste Kunststück – das Ideal – aber nicht natürlich. Von Natur sind die Menschen relativ gleich – welches die alte Ungleichheit ist – der Stärkere hat auch ein stärkeres Recht" (Novalis: Fragmente I. In: Ewald Wasmuth [Hrsg.]: Werke, Band 2. Heidelberg 1957, S. 415). Kritisiert werden die Autonomiethese, die Idee der menschlichen Perfektibilität und der Fortschrittsgedanke. Zurückgegriffen wird statt dessen auf die Tradition, auf die geschichtlich gesellschaftlichen Institutionen, um der grundsätzlich unvollkommenen, sicherer Orientierung bedürftiger menschlichen Natur Halt und Stabilität zu vermitteln: Der menschlichen Natur angemessen, so wird behauptet, sind die ständische Gesellschaft, der absolutistische Staat und das agrarisch-statische ökonomische Bedürfnissystem.

In der Struktur identisch stellt sich 150 Jahre später der anthropologisch oder philosophisch fundierte Konservativismus dar: Das instinktentbundene Mängelwesen Mensch sei in seiner Vernunftfähigkeit als einer kompensatorischen Orientierungs- und Steuerungsinstanz völlig überfordert, also angewiesen auf die Orientierungssicherheit, die die Anerkennung der gegebenen gesellschaftlichen Institutionen vermittelt (Arnold Gehlen; vor allem formuliert in: Urmensch und Spätkultur. Athenäum, Frankfurt a. M. 1964, S. 7–116). Auch die Grundmuster konservativer Kulturkritik werden im ausgehenden 18. Jahrhundert entwickelt: „Vor dem Hintergrund der vormodernen Lebensform als Muster einer humanen Lebensform erkennen die Konservativen die Widersprüche der kritisierten bürgerlich-liberalen Wirtschaftsgesellschaft" (Bödeker, s. o., S. 1105). Der vormoderne Antikapitalismus sieht sehr scharf die Kehrseite der theoretischen Freisetzung des Individuums in der Praxis. August Wilhelm Rehberg z. B., Beamter des Königs von Hannover und Kritiker der Französischen Revolution, diagnostiziert den Konkurrenzegoismus, Tendenzen der Entfremdung und Verelendung als praktisches Resultat oder als Kehrseite der Ablösung der „Standesehre" durch die „Menschenwürde": „Und so ist es offenbar, der grobe Eigennutz [...] wird die alleinige Triebfeder aller Handlungen werden, sobald die Ehre aller abgesonderten Stände in die allgemeine Menschenwürde verschmolzen wird" (August Wilhelm Rehberg: Untersuchungen über die Französische Revolution. Band 1 [1793], S. 255, 25).

Zum Humanitätsbegriff der Klassik: Herder – Schiller – Goethe – Humboldt
Seit den 80er Jahren wird „Humanität" für Herder zum Schlüsselbegriff seines Denkens. Noch 1794 erklärt er, sich von der nur sozialethischen wie von der aristokratischen Verwendungsweise des Begriffs distanzierend: „Humanität ist weder das weiche Mitgefühl [...], das wir gewöhnlicherweise Menschlichkeit nennen", noch ist es bloß „jene leichte Geselligkeit, ein sanftes Zuvorkommen im Umgang" (Johann Gottfried Herder: Briefe zur Beförderung der Humanität. Dritte Sammlung [1794]. In: Bernhard Suphan [Hrsg.]: Sämtliche Werke, Band 17. Berlin 1881, S. 152). „Humanität" wird von Herder als umfassendes Ideal gebraucht: „Ich wünschte, daß ich in das Wort Humanität alles fassen könnte, was ich bisher über des Menschen edle Bildung zur Vernunft und Freiheit, zu feinern Sinnen und Trieben, zur zartesten und stärksten Gesundheit, zur Erfüllung und Beherrschung der Erde gesagt habe: denn der Mensch hat kein edleres Wort für seine Bestimmung als er selbst ist, in dem das Bild des Schöpfers abgedruckt lebet" (Herder: Ideen zur Philosophie der Geschichte der Menschheit [1784], s. o., Band 13. Berlin 1887, S. 154). Teilaspekte des Begriffs sind gleichermaßen „Vernunft", „Freiheit", „Billigkeit", „Tugend", „Toleranz", „Glückseligkeit", „Religion", „Bildung", „Kultur", „Wahrheit", „Schönheit", „Menschheit", „Menschlichkeit", „Menschenrechte", „Menschenliebe", „Menschenpflichten", „Menschenwürde". Anthropologisch gesehen, markiert „Humanität" alle Qualitäten, die den Menschen vom Tier unterscheiden, historisch zugleich in hohem Maß variabel (vgl. in diesem Zusammenhang die Ausführungen zu Text 21): individuell wie kulturell relativ, relativ zugleich auf die Geschichte als Entwicklung und Entfaltung der Humanität.

Drittes Kapitel: Zu Abschnitt II, S. 73 ff.

Humanität ist das, was die Gattung Mensch von der Angelität einerseits und der Tierheit, der Brutalität, andererseits unterscheidet. Zugleich wird dieses Gattungsmerkmal von Herder als unerschöpfliche Potentialität und als Zielbegriff der menschlichen Entwicklung verstanden, die Entfaltung oder besser die Bildung des Individuums wie der Gattung betreffend; Bildung impliziert Aufgabe: Jedes Individuum hat die Aufgabe, die ihm spezifischen Anlagen seiner Humanität auszubilden: „Jeder einzelne Mensch trägt also wie in der Gestalt seines Körpers, so auch in den Anlagen seiner Seele das Element, zu welchem er gebildet ist und sich selbst ausbilden soll, in sich. Vom Anfange des Lebens an scheint unsere Seele nur in einem Werk zu haben, inwendige Gestalt, Form der Humanität zu gewinnen" (Herder: Ideen zur Philosophie der Geschichte. In: Sämtliche Werke, s. o., Band 13. Berlin 1887, S. 187). Humanität als Bildung ist individuell entelechische Selbstverwirklichung und teleologische Aufgabe gleichermaßen. Das gilt auf der Ebene des Individuums wie auf der der Gattung im Kontext einer in den Bereich der Natur – der Mensch vermittelt die Naturgeschichte mit der Geschichte der Seele, des Geistes, der Kultur – eingefügten Menschheitsgeschichte: Humanität wird von Herder als Inhalt „der Menschengeschichte in jeder Form unter jedem Klima" (Ideen zur Philosophie der Geschichte. In: Sämtliche Werke, s. o., Band 14. Berlin 1887, S. 161) gedeutet. „Die ganze Geschichte der Völker wird uns in diesem Betracht eine Schule des Wettlaufs zur Erreichung des schönsten Kranzes der Humanität und Menschenwürde." Menschen anderer Epochen und Kulturen „waren Menschen wie wir; ihr Beruf zur besten Gestalt der Humanität ist der unsrige, nach unsern Zeitumständen, nach unserm Gewissen, nach unsern Pflichten" (Ideen zur Philosophie der Geschichte, s. o., S. 212 f.). Im Humanitätsbegriff vermittelt Herder eine individualisierende, die spezifische Eigenart jeder Kultur anerkennende, und eine universale, auf das Ziel der historischen Entwicklung insgesamt orientierte Geschichtsbetrachtung. Das Endziel ist die Gottesebenbildlichkeit als Bestimmung des Menschen: „Der Mensch ist auf gewisse Weise sein eigener Gott auf der Erde, er ist humanisierter Gott der Erde" (Herder: Fragmente zu einer Archäologie des Morgenlandes [1769]. In: Sämtliche Werke, s. o., Band 6. Berlin 1883, S. 64). Die mittelalterliche Trias „Tierheit" – „Menschheit" – „Gottheit" wird umgedeutet: Diente sie traditionell der definitiven Abgrenzung des Menschen vom Göttlichen, so fällt in Herders Reihe „Brutalität" – „Humanität" – „Angelität" zum einen auf die Dynamisierung der Humanität als Entwicklungsbegriff und zum anderen das Ziel dieser Entwicklung: die Bildung zur Humanität als das Göttliche in uns (S. 74, Z. 26 f.), Gottesebenbildlichkeit als Ziel.

Schiller legt in seinem Verständnis von „Menschheit" und „Humanität" den Akzent auf die harmonische Ganzheit des Menschen; er richtet sich damit vor allem gegen Kants Zweiteilung des Menschen in ein Sinnenwesen und ein intelligibles Wesen. Es geht ihm um die Harmonie von „Vernunft" und „Natur", von „Würde" und „Anmut", von „Person" und „Zustand", von „Formtrieb" und „Stofftrieb", wie Schiller die Dichotomien einer bis zur Moderne kennzeichnenden Zerrissenheit menschlicher Selbsterfahrung zusammenfaßt als Tätigkeit und Empfangen, formaler Einheit des Ichs und Mannigfaltigkeit der Realitätserfahrung, Vernunft und Sinnlichkeit. „Humanität" ist das Ziel der Übereinstimmung dieser beiden Seiten der menschlichen Natur in einem harmonierenden Ganzen. Schiller findet sie realisiert in der ästhetischen Dimension, im Umgang mit dem „Schönen", im Zustand des „Spiels"; er definiert das Spiel als Aufhebung der Zeit (dem Formtrieb entsprechend) in der Zeit (dem auf Veränderung in der Zeit zielenden Stofftrieb entsprechend), Aufhebung der Nötigung durch den moralischen Selbstzwang (Formtrieb) wie der äußeren Nötigung durch die Natur (Stofftrieb) in harmonische Freiheit, Vermittlung des „Lebens", d. h. alles dessen, was in den Sinnen unmittelbar gegeben ist (Stofftrieb), und der „Gestalt", d. h. der Einheit der Person (Formtrieb), so daß sich in der Anschauung die Vielfalt der Empfindungen von sich aus zur Einheit bildet, als harmonische Verbindung von Anschauung und Denken, von Sinnlichkeit und Intellektualität. Diese Vermittlung leistet der „Spieltrieb", sein Gegenstand ist die „Schönheit", von Schiller als „lebende Gestalt" bestimmt. Einen Gegenstand beurteilen wir als schön, wenn seine Vorstellung unsere Gemütskräfte in ein freies „Spiel" gelangen läßt: Dies ist der Fall, wenn wir dem Gegenstand nur hinsichtlich der Art zugewendet sind, wie er uns erscheint, und diese Erscheinung in uns die Vorstellung einer Idee weckt: Das Schöne ist das Symbol einer Idee. Der Bezug auf Kant, insbesondere auch auf Kants Ästhetik in der ‚Kritik der Urteilskraft' ist deutlich gegeben (vgl. die Erläuterungen zu Text 19). Schiller verschärft das Vermittlungsproblem des bei Kant angelegten Dualismus von Sinnlichkeit und Geistigkeit, Rezeptivität und Spontaneität, Naturgesetzlichkeit und Freiheit, Triebhaftigkeit und Vernunft zum Problem der Antithese von Stofftrieb und Formtrieb. Im Ideal der Schönheit wird die Vermittlung geleistet und damit Humanität als Ideal der Menschheit realisiert. Die Kunst wird damit zum Bereich wesentlichen Menschseins: „Der Mensch spielt nur, wo er in voller Bedeutung des Wortes Mensch ist, und er ist nur da ganz Mensch, wo er spielt" (Über die ästhetische Erziehung des Menschen, 15. Brief). Diese Konzeption von Humanität versteht Schiller auf individueller wie historischer Ebene; im Entwurf einer „ästhetischen Erziehung" verknüpft er

Drittes Kapitel: Zu Abschnitt II, S. 73 ff.

damit zugleich eine emanzipatorisch politische Handlungsperspektive, versteht die im Ideal der Schönheit erreichte Humanität zugleich als Mittel und Antizipation der politischen Humanität. (Vgl. dazu die Texte 49/50 und ihre Kommentierung.)

Die Vorstellung der individuellen Harmonie wird von Goethe weniger theoretisch als konkret entwickelt und problematisiert, vor allem im ‚Wilhelm Meister': Unter der Obhut der Turmgesellschaft treten für Wilhelm Theater, Poesie, Kunst ganz in den Hintergrund des „tätigen Lebens"; das ästhetische Totalitätsideal wird abgelöst durch die Beschränkung, die bürgerliche Spezialisierung: „Der Sinn erweitert, aber lähmt; die Tat belebt, aber beschränkt", heißt es in Wilhelms „Lehrbrief", und Jarno formuliert im Gespräch mit Wilhelm: „Lassen Sie uns nur immer recht deutlich sehen und festhalten, was an *uns* ist, und was wir an *uns* ausbilden können [...]. Der Mensch ist nicht eher glücklich, als bis sein unbedingtes Streben sich selbst seine Begrenzung bestimmt." Nicht mehr der einzelne Mensch, sondern nur der Mensch als Gattungswesen kann das Ideal der Totalität, der umfassenden Bildung und Ausbildung aller Kräfte und Seiten menschlicher Existenz erfüllen. „Nur alle Menschen machen die Menschheit aus, nur alle Kräfte zusammengenommen die Welt", heißt es wiederum im „Lehrbrief" Wilhelms. „Von dem geringsten tierischen Handwerkstriebe bis zur höchsten Ausübung der geistigsten Kunst, vom Lallen und Jauchzen des Kindes bis zur trefflichsten Äußerung des Redners und Sängers, [...] alles das und weit mehr liegt im Menschen und muß ausgebildet werden: aber nicht in einem, sondern in vielen. Jede Anlage ist wichtig, und sie muß entwickelt werden. Wenn einer nur das Schöne, der andere nur das Nützliche befördert, so machen beide zusammen erst einen Menschen aus" (sämtliche Zitate stammen aus dem fünften Kapitel des achten Buchs der ‚Lehrjahre'). Trotz der vielfältigen ironischen Brechungen, die den Roman kennzeichnen, lassen sich diese Äußerungen wohl doch als exemplarisch für Goethes eigene Position lesen: „Man sagt mit Recht", äußert Goethe am 20.4.1825 im Gespräch mit Eckermann, „daß die gemeinsame Ausbildung menschlicher Kräfte zu wünschen und auch das Vorzüglichste sei. Der Mensch aber ist dazu nicht geboren, jeder muß sich eigentlich als ein besonderes Wesen bilden, aber den Begriff zu erlangen suchen, was alle zusammen sind." Die Differenz zu Schiller ist deutlich. Zwar formuliert auch Schiller: „Gerne will ich [...] eingestehen, daß sowenig es auch den Individuen bei dieser Zerstückelung ihres Wesens wohl werden kann, doch die Gattung auf keine andere Art hätte Fortschritte machen können. Die Erscheinung der griechischen Menschheit war unstreitig ein Maximum, das auf dieser Stufe weder verharren noch höher steigen konnte. [...] Die Griechen hatten diesen Grad erreicht, und wenn sie zu einer höheren Anstrengung fortschreiten wollten, so mußten sie, wie wir, die Totalität ihres Wesens aufgeben, und die Wahrheit auf getrennten Bahnen verfolgen. Die mannigfaltigen Anlagen im Menschen zu entwickeln, war kein anderes Mittel, als sie einander entgegenzusetzen." Zugleich hält Schiller aber an dem Ideal der individuellen Totalität fest, begründet in der Dialektik der Geschichte von der ursprünglichen Einheit des Menschen mit sich und der Natur über die Entzweiung, den Antagonismus, wieder zur Herstellung dieser Einheit als Totalität auf entwickelter Stufe. „Dieser Antagonismus der Kräfte", heißt es unmittelbar im Anschluß an das obige Zitat im sechsten Brief ‚Über die ästhetische Erziehung des Menschen', „ist das große Instrument der Kultur, aber auch nur das Instrument; denn solange derselbe dauert, ist man erst auf dem Wege zu dieser. [...] Wieviel also auch für das Ganze der Welt durch diese getrennte Ausbildung der menschlichen Kräfte gewonnen werden mag, so ist nicht zu leugnen, daß die Individuen, welche sie trifft, unter dem Fluch dieses Weltzweckes leiden. [...] Es muß also falsch sein, daß die Ausbildung der einzelnen Kräfte das Opfer ihrer Totalität notwendig macht"; bei uns muß es stehen, „diese Totalität in unserer Natur [...] wiederherzustellen". Die Wiederherstellung der individuellen Totalität ist das eigentliche Ziel der ästhetischen Erziehung.

Das Ideal der harmonischen Totalität des Menschen findet die Klassik als quasihistorisches Paradigma bei den Griechen. Von Wieland über Winckelmann bis Humboldt steigt die griechische Antike auf zum Sinnbild menschlicher Existenz schlechthin als „richtiges Verhältnis zwischen Empfänglichkeit und Selbsttätigkeit; innige Verschmelzung des Sinnlichen und Geistigen, Bewahren des Gleichgewichts und Ebenmaßes in der Summe aller Bestrebungen [...] sind gleichsam die formalen Bestandteile der menschlichen Bestimmung, und diese finden sich in dem griechischen Charakter [...] gezeichnet" (Wilhelm von Humboldt: Über den Charakter der Griechen, die idealische und historische Ansicht desselben [1807]. In: Gesammelte Schriften, hrsg. von der Preußischen Akademie der Wissenschaften. Band 7/2. Berlin 1908, S. 613). Die Griechen werden zum Modell der mit sich selbst versöhnten menschlichen Existenz in ethischer, ästhetischer und politischer Vollkommenheit. Die Modellhaftigkeit dieses Paradigmas entwickelt sich zugleich mit der Einsicht der Unwiederholbarkeit der geschichtlichen Grundlage: Voraussetzung der Idealisierung zum Modell ist die dialektische geschichtsphilosophische, idealtypisch modellhafte Konstruktion der geschichtlichen Entwicklung von der unreflektierten Natürlichkeit der Antike über die fruchtbare, moderne Einseitigkeit zu einer neuen, umfassenden Totalität als utopischem Zielhorizont.

Drittes Kapitel: Zu Text 46, S. 73 f.

Humanität ist das Ziel der historischen Entwicklung wie das Erziehungsziel des einzelnen: Im Begriff der Bildung werden beide Ebenen zusammengedacht als Entfaltung der dem Menschen eigenen Möglichkeiten. „Sich in sich zu bilden" ist für Humboldt „der Zweck des Menschen im Menschen" (Wilhelm von Humboldt: Ideen zu einem Versuch, die Gränzen der Wirksamkeit des Staates zu bestimmen [1792]. In: Akademieausgabe, Band 1. Berlin 1903, S. 76). Die in diesem Zusammenhang entwickelte klassisch-idealistische Bildungskonzeption steht zunächst im Gegensatz zu „der ‚bürgerlichen' Standes- und Berufserziehung, wie sie die utilitaristische Staatspädagogik des aufgeklärten Absolutismus vorsieht" (Bödeker, s. o., S. 1098). „Menschenbildung" und „Berufsbildung", „Vollkommenheit" und „Brauchbarkeit" sind die begrifflichen Gegensätze, die das Bildungsbürgertum formuliert. „Verstand", „Sinnenhaftigkeit", „Streben nach Ertrag", „Nützlichkeitsdenken" einerseits und „Menschenwürde", „Vernunft", „Streben nach Wahrheit", „Freiheit" und „Vollkommenheit" werden z. B. gegenübergestellt. Die Rangfolge ist eindeutig: Pestalozzi ordnet die „Berufs- und Standesbildung" dem allgemeinen „Zweck der Menschenbildung" unter; das bedeutet für die Zeitfolge: „Das Gymnasium soll erst Menschen, dann Bürger bilden" (Johann Wilhelm Süvern. In: Wilhelm Süvern: Johann Wilhelm Süvern, Preußens Schulreformer nach dem Tilsiter Frieden. Leipzig 1929, S. 35).

Johann Gottfried Herder: Briefe zur Beförderung der Humanität (27. Brief) (S. 73 f.)   46

Zur Entstehung des Textes

Wie die Bruchstücke der ersten, im Kontext der Französischen Revolution geplanten Niederschrift der „Humanistischen Briefe" zeigen, wollte Herder dem Adel verdeutlichen, wie sehr die Kriegführung gegen die Französische Republik gegen den Gang der Geschichte und die Pflichten dem eigenen Volk gegenüber verstoße. Als die Schrift dann 1793 unter dem Titel ‚Briefe zur Beförderung der Humanität' zu erscheinen begann – insgesamt bis 1797 zehn Sammlungen von fiktiven Briefen eines für die Verbreitung der Humanität begeisterten Freundesbundes –, war die Begeisterung für die Französische Revolution von einer deutlichen Zurückhaltung abgelöst. Die Schrift erhielt ein ganz anderes Aussehen: Herder trug aus einer Vielzahl von Bereichen und Werken Lesefrüchte zusammen zum Thema Förderung der Humanität. Franklin und Shaftesbury, Marc Anton und Friedrich der Große, Klopstock und Lessing, Lukrez und Swift zählten zu den Autoren, von denen Herder sich hier anregen ließ.

Zur Interpretation

Vor dem Hintergrund der von Herder lange festgehaltenen Vorbehalte gegen den Begriff (s. o., S. 110 ff.) diskutiert er zunächst begriffliche Alternativen (S. 73, Z. 38–S. 74, Z. 19); er weist sie ab, weil sie entweder abwertende oder umgekehrt nur ideal oder normativ und nicht zugleich auch deskriptiv orientierte Assoziationen nahelegen, einerseits z. B. „Menschlichkeit" (S. 74, Z. 2), auf der anderen Seite „Menschenwürde" (Z. 13–16). Das Hauptargument ist, daß alle diese Begriffe nur Teilaspekte des Begriffs Humanität enthalten (Z. 18 f.); „Humanität" schließt extensional alle diese Begriffe ein.
Dann erst erfolgt die zentrale inhaltliche Bestimmung des Begriffs: Z. 21–24, 30–32. Im gleichen Abschnitt wird der Orientierungsrahmen verdeutlicht: „Humanität" als Gottesebenbildlichkeit (Z. 26 f.) zwischen „Brutalität" (Z. 33) und „Angelität" (Z. 25).

Zur Behandlung im Unterricht

Vor der Textlektüre erscheint es sinnvoll, assoziativ und/oder diskursiv (mit Hilfe lexikalischer Materialien) den Begriff zu bestimmen. „Humanität heute" ist der Problemhorizont.
Die Textlektüre bietet sich an in zwei Schritten: Extensionale Aspekte oder Bedeutungsmomente des Herderschen Humanitätsbegriffs vermitteln die ersten Abschnitte (S. 73, Z. 38–S. 74, Z. 19). Die wesentliche inhaltliche oder die intensionale Bestimmung läßt sich aus dem folgenden Abschnitt erarbeiten.
Die Textlektüre läßt sich historisch vertiefen:
– Vorbereitend oder auch im Anschluß an die Textarbeit können Informationen zum Sprachgebrauch und zur Entwicklung des Humanitätsbegriffs im 18. Jahrhundert vermittelt werden;
– der Humanitätsbegriff Herders sollte über den Text hinaus vertiefend dargestellt werden;
– die Bedeutung des Humanitätsbegriffs für die Klassik läßt sich ergänzend vermitteln. Der Problemhorizont ist hier folgender: Ist das Konzept der „individuellen Totalität" heute noch brauchbar? Was verstehen wir unter „Bildung"?

Drittes Kapitel: Zu Text 47, S. 74ff.

Eine Problematisierung kann unter Umständen auf den Einstieg zurückgreifen. Hilfreich für das Unterrichtsgespräch sind hier – u. U. thesenartig oder zu provokativen Fragen verschärft und um den historischen Kontext und die ideologische Funktion zunächst bewußt verkürzt – die Informationen über die gegenaufklärerischen Versuche der Revision und Umdeutung des Humanitätsbegriffs.
Wie verstehen wir heute den Begriff Humanität? Welche Bedeutung hat dieser Begriff für uns? Diese beiden Fragen können abschließend noch einmal aufgegriffen werden – mit möglicherweise anderem Gesprächsresultat als zu Beginn der Unterrichtssequenz.

47 Friedrich Hölderlin: Hyperion an Bellarmin [So kam ich unter die Deutschen] (S. 74ff.)

Zur Entstehung des Textes

1792 entsteht der Plan zum ‚Hyperion' noch im Tübinger Stift, ein Jahr später liest Hölderlin Freunden Teile einer ersten Fassung vor. Das Projekt beschäftigt ihn über mehrere Jahre, die endgültige Fassung entsteht in der Frankfurter Zeit, 1796–1798. Im April 1797 erscheint der erste Band des Romans, im Oktober 1799 folgt der zweite Band als Fragment.
Der junge Grieche Hyperion kehrt nach längerem Aufenthalt in Deutschland nach Griechenland zurück und schreibt von da an seinen deutschen Freund Bellarmin; er erinnert Teile seiner Biographie, u. a. den gescheiterten griechischen Freiheitskampf von 1770 gegen die Türkei im Russisch-Türkischen Krieg (1768–1774), an dem Hyperion teilgenommen hatte und in dem er schwer verwundet wurde. Während seiner Genesung starb seine Geliebte, Diotima. Hyperion verläßt die Heimat und kommt nach Deutschland. Dies ist die Situation, die der vorliegende Brief reflektiert.

Zur Interpretation

Hintergrund dieser bitteren Klage und Anklage ist u. a. Hölderlins Hoffnung und Position im Blick auf die Französische Revolution, „Hölderlins Ideal und Evangelium der Freiheit, der Gleichheit, der Brüderlichkeit" (Pierre Bertaux: Hölderlin und die Französische Revolution. es 344. Suhrkamp, Frankfurt a. M. 1969, S. 62). An seinen Bruder Karl schreibt er 1793: „Meine Liebe ist das Menschengeschlecht, freilich nicht das verdorbene, knechtische, träge, wie wir es nur zu oft finden, auch in der eingeschränktesten Erfahrung. Aber ich liebe die große, schöne Anlage auch in verdorbenen Menschen. Ich liebe das Geschlecht der kommenden Jahrhunderte. Denn dies ist meine seeligste Hoffnung, der Glaube, der mich stark erhält und tätig, unsere Enkel werden besser sein, als wir, die Freiheit muß einmal kommen, und die Tugend wird besser gedeihen in der Freiheit heiligen erwärmenden Lichte, als unter der eiskalten Zone des Despotismus. Wir leben in einer Zeitperiode, wo alles hinarbeitet auf bessere Tage. Diese Keime von Aufklärung, diese stillen Wünsche und Bestrebungen Einzelner zur Bildung des Menschengeschlechts werden sich ausbreiten und verstärken, und herrliche Früchte tragen. Sieh! lieber Karl! dies ists, woran nun mein Herz hängt. Dies ist das heilige Ziel meiner Wünsche, und meiner Tätigkeit – dies, daß ich in unserem Zeitalter die Keime wecke, die in einem künftigen reifen werden" (Hölderlin: Sämtliche Werke. Kleine Stuttgarter Ausgabe, hrsg. von Friedrich Beissner. Band 6. W. Kohlhammer, Stuttgart 1959, S. 101 f.).
Im Zusammenhang mit seinem geschichtsphilosophischen Denken – das an Herder erinnert in der Synthese von Naturphilosophie, Geschichtsphilosophie und Theologie, an Schiller, was das Modell historischer Dialektik und die Bedeutung der Kunst und des Schönen angeht – ändert sich die Einschätzung der deutschen Gegenwart: Der deutschen Kultur fällt gerade die Aufgabe zu, zwischen dem östlichen Griechenland und dem westlichen Frankreich zu vermitteln als Vollendung der Humanitätsutopie der Moderne; der geschichtsphilosophische, dialektische Begründungsansatz wird hier von Hölderlin mit einer geographischen Spekulation (Landschaften, Bergzüge, Flüsse: Rhein und Donau) gestützt (vgl. hierzu auch die Erläuterungen zu den Texten 60 und 61). Weniger spekulativ dokumentiert die veränderte Sichtweise folgender Briefauszug: „Ich glaube an eine künftige Revolution der Gesinnungen und Vorstellungsarten, die alles bisherige schamrot machen wird. Und dazu kann Deutschland vielleicht sehr viel beitragen. Je stiller ein Staat aufwächst, um so herrlicher wird er, wenn er zur Reife kömmt. Deutschland ist still, bescheiden, es wird viel gedacht, viel gearbeitet, und große Bewegungen sind in den Herzen der Jugend, ohne daß sie in Phrasen übergehen wie sonstwo. Viel Bildung, und noch unendlich mehr! bildsamer Stoff! – Gutmütigkeit und Fleiß, Kindheit des Herzens und Männlichkeit des Geistes sind die Elemente, woraus ein vortreffliches Volk sich bildet. Wo findet man das mehr, als unter den Deutschen?" (10. 1. 1797 an Johann Gottfried Ebel. Kleine Stuttgarter Ausgabe. Band 6, s. o., S. 247.)

Drittes Kapitel: Zu Text 47, S. 74ff.

Im gedanklichen Aufbau lassen sich vier thematische Aspekte unterscheiden:
- die summative Darstellung der Inhumanität der Deutschen (S. 75, Z. 1–41),
- insbesondere ihre Vernachlässigung „des Göttlichen", d. h. hier der Natur (S. 75, Z. 42–S. 76, Z. 9), vorbereitet schon durch das Frühlingsthema (S. 75, Z. 36–41),
- insbesondere zweitens ihre Vernachlässigung „des Genius", der Dichter, der Bewahrer und Künder des Göttlichen in Natur und Geschichte (S. 76, Z. 10–30);
- abschließend erfolgt eine Zusammenfassung in antithetischer Gegenüberstellung der Humanität eines Volkes, das die Natur und die Kunst liebt, und der Inhumanität des Volkes, das beides nicht achtet (Z. 31–45).

Im folgenden werden nur mehr einige Begriffe kommentiert:
- Zerrissenheit (S. 75, Z. 7ff.): Im Hintergrund steht das Ideal der individuellen, harmonischen Totalität („heiliger Zusammenklang": Z. 28) und die Sicht der Moderne in ihrer Arbeitsteiligkeit und Rollendifferenzierung, wie sie vor allem von Schiller in den ‚Briefen über die ästhetische Erziehung' entwickelt wurde. Der Aspekt der Beschränkung in der Entfaltung der individuellen Besonderheit, wie sie von Goethe stärker betont wurde, klingt an in der Forderung, mit Liebe das zu sein, was man ist (S. 75, Z. 11–17).
- Der kindliche Geist der Antike (S. 75, Z. 24): Seit Lessings ‚Erziehung des Menschengeschlechts' und seit Herder (vgl. die Erläuterung zu Text 21) ist die Metapher der Erziehung oder der individuellen Lebensstufen in der Betrachtung der Geschichte als Entwicklung oder Bildung eingeführt: Erst die sprachanalytische Kritik des 20. Jahrhunderts hat diese Betrachtungsweise desavouiert.
- Frühling (S. 75, Z. 36–41): Innerhalb der natur- und geschichtsphilosophischen Spekulation Hölderlins ist der Frühling als Symbol zu verstehen: für den Beginn einer harmonischen Zeit, im Zyklus der Natur wie in der historischen Entwicklung, erstes An-Zeichen kommender Erfüllung, Symbol auch für die Harmonie von Mensch und Natur.
- „Die Versöhnungszeit der Welt" (S. 75, Z. 36) deutet auf die Integration auch christlich eschatologischen Denkens in den spekulativen Ansatz Hölderlins: Christliche Motive werden zumal in Hölderlins Lyrik thematisiert und in die geschichtsphilosophische Betrachtung aufgehoben.
- Die „heilige Natur" (S. 75, Z. 42–S. 76, Z. 9): Wie schon bei Kant (vgl. die Kommentierung zu Text 20), stärker noch bei Herder (Text 21 und 46) ist die Natur das metaphysische Subjekt auch der Geschichte, von daher „göttlich" (S. 75, Z. 44; S. 76, Z. 24). Die damit evozierte religiöse Dimension ermöglicht dann wieder die Integration christlicher Motive (s. o.). Die religiöse Dimension gehört für Hölderlin ebenso in den Horizont des Humanen wie die Natur, die Geschichte und das Ideal der individuellen Harmonie und Totalität als utopischer Zielhorizont selbst.
- Die „Dichter", „Künstler", der „Genius" (S. 76, Z. 10–37): In Anlehnung an Schiller entfaltet sich auch in Hölderlins Sicht das Ideal umfassender harmonischer Totalität des Menschen vollendet in der ästhetischen Dimension durch den Künstler, vor allem den Dichter, der es mit der Kunst der Sprache zu tun hat. Für Hölderlin konvergieren unter diesem Aspekt „Humanität", „Schönheit" und „Religion": Die Humanität vollendet sich in der Religion der Schönheit. „Ich hab es Einmal gesehn, das meine Seele suchte, und die Vollendung, die wir über die Sterne hinauf entfernen, die wir hinausschieben bis ans Ende der Zeit, die hab ich gegenwärtig gefühlt. Es war da, das Höchste, in diesem Kreise der Menschennatur und der Dinge war es da! [...] Wißt ihr seinen Namen? den Namen des, das Eins ist und Alles? Sein Name ist Schönheit" (Hyperion. Erster Band. Zweites Buch. In: Kleine Stuttgarter Ausgabe, s. o., Band 3, S. 54 f.). Die Rede ist metaphorisch von Diotima. Ein wenig später heißt es ausdrücklich und unmittelbar, nicht personalisiert: „Der Mensch ist aber ein Gott, so bald er Mensch ist. Und ist er ein Gott, so ist er schön. [...] So war der Athener ein Mensch, [...] so mußt er es werden. Schön kam er aus den Händen der Natur, schön, an Leib und Seele [...]. Das erste Kind der menschlichen, der göttlichen Schönheit ist die Kunst. In ihr verjüngt und wiederholt der göttliche Mensch sich selbst. Er will sich selber fühlen, darum stellt er seine Schönheit gegenüber sich. So gab der Mensch sich seine Götter. Denn im Anfang war der Mensch und seine Götter Eins, da, sich selber unbekannt, die ewige Schönheit war. [...] Das erste Kind der göttlichen Schönheit ist die Kunst. So war es bei den Athenern. Der Schönheit zweite Tochter ist Religion. Religion ist Liebe der Schönheit. [...] Daß aber dies wirklich der Fall war bei den Griechen und besonders den Athenern, daß ihre Kunst und ihre Religion die echten Kinder ewiger Schönheit – vollendeter Menschennatur sind, und nur hervorgehn konnten aus vollendeter Menschennatur, das zeigt sich deutlich, wenn man nur die Gegenstände ihrer heiligen Kunst, und die Religion mit unbefangenem Auge sehn will." Schönheit ist „die Einigkeit des ganzen Menschen" (Hyperion. Erster Band. Zweites Buch, s. o., S. 83, 86). Entwickelt wird dieses Ideal am Modell der Antike im Kontext einer historischen

Drittes Kapitel: Zu Text 48, S. 77ff.

Dialektik, deren utopische Erfüllung in der Gegenwart beschworen wird: „Du frägst nach Menschen, Natur? Du klagst, wie ein Saitenspiel, worauf des Zufalls Bruder, der Wind, nur spielt, weil der Künstler, der es ordnete, gestorben ist? Sie werden kommen, deine Menschen, Natur! Ein verjüngtes Volk wird dich auch wieder verjüngen, und du wirst werden, wie seine Braut und der alte Bund der Geister wird sich erneuern mit dir. Es wird nur Eine Schönheit sein; und Menschheit und Natur wird sich vereinen in Eine allumfassende Gottheit" (Hyperion. Erster Band. Zweites Buch, s. o., S. 94). Künder, Mittler dieser Utopie und sie zugleich schon antizipatorisch beschwörend, künstlerisch gestaltend realisierend sind die Dichter kraft ihres Genies (vgl. hierzu auch die Erläuterungen zu den Texten 32–34, 53–58, 60/61).

Zur Behandlung im Unterricht
Nach einer ersten Orientierung durch Klärung des gedanklichen Aufbaus lassen sich zwei Fragen verfolgen:
– Durch welche Merkmale ist „Barbarei", Inhumanität, im Text gekennzeichnet?
– Wie kennzeichnet Hölderlin dadurch indirekt und z. T. explizit den Begriff der Humanität?
Die Vertiefung einzelner Begriffe erscheint zum Verstehen unerläßlich; die Vermittlung mit dem Kontext „Humanität in der Klassik", eine Klärung der Schärfe und Bitterkeit in dieser Anklage der Realität des ausgehenden 18. Jahrhunderts (vgl. dazu auch die Erläuterungen zu Text 19/20) bieten sich an. Möglich und sinnvoll ist es, von hier aus die beiden weiteren Hölderlin-Texte (60/61) aufzugreifen.

III. Der Auftrag des Dichters (S. 77 ff.)

Im „Auftrag des Dichters" kommt zweierlei zur Geltung:
– das Kunstprogramm der Weimarer Klassik, von Schiller und Goethe als ästhetische Antwort auf die politischen Bedingungen und Herausforderungen ihrer Zeit verstanden;
– das literaturpolitische Bündnis zwischen Schiller und Goethe: In dieser einmaligen historischen Konstellation – von 1794 an, der Begegnung der beiden in Jena, bis zu Schillers Tod – gewinnt die klassische Literatur ihre epochale Gestalt und Wirkung.
Den Auftrag des Dichters verstehen Schiller und Goethe durchaus und emphatisch als geschichtlichen Auftrag, den sie als „Zeitbürger", wie Schiller in einem seiner Briefe an den Herzog von Augustenburg sagt, in ihrer Zeit und für ihre Zeit zu erfüllen versuchen. Selbstbewußt und herausfordernd betrachten sie ihr Schaffen, gestützt von der gemeinsamen Literaturpolitik und „unserem Commercium", wie Schiller die Zusammenarbeit nennt, als Ausnahme und ästhetische Opposition. Deren Ziel ist eine einmalige und unveräußerliche nationale Kulturleistung, die ihren dauerhaften Grund und ihre widersacherische Individualität ebenso wie ihre geschichtliche Bestimmung in der Autonomie der Kunst findet. Es mag überraschen, daß Schiller im Bündnis der beiden und in der literaturpolitischen Auseinandersetzung mit den Gegenkräften der entschiedenere, politischere und programmatischere Kopf ist, der auf keine Kompromisse einzugehen gedenkt und den eher zögerlichen Goethe manchmal in die kämpferische und polemische Gangart der literarischen Fehden hineinzieht. (Das zeigt sich beispielsweise im ‚Xenien'-Streit.)

48 Johann Wolfgang von Goethe: Literarischer Sansculottismus (S. 77 ff.)

Zur Interpretation
Den Auftakt des Kapitels über den „Auftrag des Dichters" bildet Goethes Aufsatz ‚Literarischer Sansculottismus', der eine der zentralen literaturpolitischen Äußerungen Goethes darstellt. Sie ist, 1795 entstanden, aus der Strategie des Bündnisses zu verstehen, indem sie, schroff gegen unmündige Kritiker sich währen, ein Plädoyer für die zeitgenössische deutsche Literatur formuliert und dabei die objektiven historischen Bedingungen bedenkt, unter denen diese Literatur entsteht.
Drei Gesichtspunkte treten in Goethes Argumentation hervor:
1. Die Frage nach dem klassischen Autor und dem klassischen Werk und die Darlegung der objektiven Bedingungen, unter denen ein klassischer Nationalschriftsteller und eine klassische Nationalliteratur allein zu entstehen vermögen. Da es diese Bedingungen in Deutschland jedoch nicht gibt, wären revolutionäre politische Umwälzungen nötig, die Goethe indes, im Blick auf Frankreich, nicht wünscht.
2. Die Darstellung der deutschen politischen Realität, die der Entwicklung einer klassischen Nationalliteratur im Wege steht.

3. Ein Plädoyer für die aus der Tradition der Aufklärung lebende zeitgenössische deutsche Literatur. Es ist keine Frage, daß dies auch ein Plädoyer ist für die Werke Schillers und Goethes.

Friedrich Schiller: An Prinz Friedrich Christian von Augustenburg (S. 79 ff.) — 49

Zur Interpretation

Die Briefe an den Prinzen von Augustenburg bilden die Keimzelle und die Vorstufe der ‚Briefe über die ästhetische Erziehung'. Sie sind in ihren ästhetischen und politischen Aussagen und in der Darstellung des klassischen Kunstprogramms pointierter und radikaler als die spätere literarische Formung. Die hier vorliegenden Ausschnitte lassen Schillers Gedankengang klar erkennen:

1. Zunächst wird das Thema angeschlagen: die Frage nach dem Verhältnis der *Kunst* zu ihrer *Zeit* und zum Zeitgeschehen. Sie wird gestellt vom Sachwalter der Kunst und vom „Zeitbürger" (S. 79, Z. 32) Schiller, der seiner Zeit nicht entflieht, sich vielmehr nach dem Bedürfnis des Zeitalters zu richten gewillt ist und als Dichter handelnd in seine Zeit einzugreifen versucht.

2. Es besteht ein tiefer Widerspruch zwischen der „unidealischen Wirklichkeit" (S. 80, Z. 4), der Unfreiheit der Menschen, und der im „Idealischen" (Z. 5) bewahrten und behaupteten Freiheit der Kunst, die einen Gegenentwurf zur Wirklichkeit darstellt und dergestalt, sich kühn über die Gegenwart erhebend, in Opposition zur Zeit steht. Die Aufhebung des Widerspruchs, die Veränderung und Verbesserung der unidealischen Wirklichkeit, ist daher das entscheidende Bedürfnis des Zeitalters. Doch wie gelangt man dazu?

3. Die Lehre der Französischen Revolution: Es hat sich gezeigt, daß die revolutionäre politische und gesellschaftliche Umwälzung, so dringlich sie auch sein mag, den Zustand der Menschheit offensichtlich nicht zu verbessern vermag. Daher muß der politischen und bürgerlichen Freiheit, die immer das höchste Ziel bleibt, die menschliche Freiheit vorausgehen. Voraussetzung der menschlichen Freiheit aber ist die Verbesserung des menschlichen Charakters.

4. Zweierlei wirkt auf den menschlichen Charakter: Aufklärung des Verstandes und Veredelung der Gefühle. Aus ihnen vor allem entspringt menschliches Handeln. Da im Zeitalter der Aufklärung schon viel für die „Gesundheit des Kopfes" und die Erhellung des Verstandes geschehen ist, kommt es heute um so mehr auf die „Veredlung der Gefühle" (S. 81, Z. 10) an: Darin besteht das „dringendere Bedürfnis" (Z. 10) der Zeit. Das wirksamste Mittel zur Reinigung der Gefühle und damit „das wirksamste Instrument der Charakterbildung" (Z. 15) aber sind – und hier erreicht Schiller den Zielpunkt seines Gedankengangs – die „ästhetische Kultur" (Z. 3) und die ästhetische Erziehung des Menschen. Sie verbürgen, angeleitet von der Autonomie der Kunst, seine eigene menschliche Freiheit und ermächtigen ihn hernach zur Verbesserung des gesellschaftlichen Zustandes, deren höchstes Ziel die politische und bürgerliche Freiheit ist.

Friedrich Schiller: Ankündigung. Die Horen... (S. 81 f.) — 50

Zum Text und zur Interpretation

Zweierlei ist an der Gründung der Zeitschrift ‚Die Horen' von besonderer Bedeutung:

1. Sie folgt auf die Begegnung Schillers und Goethes 1794 in Jena, mit der die Freundschaft und das literaturpolitische Bündnis beginnen. So wird die Zeitschrift, für deren Herausgeber Schiller es vor allem auf die intensive Mitarbeit Goethes ankommt, nicht nur zu einem Zeugnis des Zusammenwirkens, sondern durchaus auch zu einem Instrument der gemeinsamen Literaturpolitik. Unter anderem hoffen sie mit der Zeitschrift – entschieden geht Schillers Zielsetzung darauf aus – ihr oppositionelles klassisches Kunstprogramm wirksam zu fördern und durchzusetzen.

2. Gleichzeitig ist die Zeitschrift – das läßt die von Schiller verfaßte „Ankündigung" deutlich erkennen – ein konkretes, in die Öffentlichkeit wirkendes Fazit der in den Briefen an den Prinzen von Augustenburg konzipierten Anschauungen. Von daher stellt sie eine Art praktischer Folgerung aus der in den Briefen entwickelten Theorie dar. Die Opposition gegenüber der Zeit und dem Zeitgeist soll vor allen Dingen darin wirksam werden, daß aus der Zeitschrift, eingedenk der Autonomie der Kunst, alle Politik und alles Tagesgeschehen ebenso verbannt sein werden wie der im jetzigen „politischen Tumult" (S. 82, Z. 4) herrschende „Parteigeist" (Z. 5 f.). Doch diese radikale Absage an die Politik ist durchaus nicht Flucht aus der Zeit und der Geschichte. Vielmehr umgekehrt: Sie hat ihren Grund, als Antwort auf die politischen

Drittes Kapitel: Zu Text 51, S. 83; Text 52, S. 84ff.

Bedingungen der Zeit, in historischer Erkenntnis. Sie entspringt nämlich der Überzeugung, die bereits in den Briefen an den Prinzen von Augustenburg ausgesprochen ist, daß der „Verbesserung des gesellschaftlichen Zustandes" (Z. 12), die immer das höchste Ziel bleibt, die menschliche Freiheit vorausgehen muß. Und ihre Voraussetzung ist – abermals im Sinne der Briefe an den Prinzen – die menschliche Charakterbildung, deren wirksamstes Instrument die ästhetische Kultur und die ästhetische Erziehung sind. Dieser Idee und diesem Ziel weiß sich die Zeitschrift verpflichtet.

Ein weiteres Merkmal der Zeitschrift, das sich der Konzeption der ästhetischen Erziehung anschließt, wird darin bestehen, daß die Scheidewand zwischen schöner und gelehrter Welt, zwischen Kunst und Wissenschaft aufgehoben ist.

51 Schiller: Der Antritt des neuen Jahrhunderts (S. 83)

Das Gedicht von 1801, entstanden als Reaktion auf den Frieden von Lunéville (9. 2. 1801), drückt Schillers politische Resignation aus. Um so mehr stellen die Autonomie der Kunst und der Traum der Freiheit den idealischen Gegenentwurf dar, der für den Künstler Schiller die einzig mögliche Antwort auf die politische Situation der Zeit ist. Er ist am Ende die Antwort auch auf die eingangs gestellte Frage, wo sich heute der Frieden und der Freiheit noch ein Zufluchtsort eröffne. (Die Interpretation geht am besten von dieser Frage aus.) Daher ist die letzte Strophe der Zielpunkt des ganzen Gedichts: Sie stellt in scharfer Opposition und Antithese der unidealistischen Wirklichkeit, die in den vorangehenden Strophen dargestellt wird, die in der Kunst bewahrte Freiheit und Humanität entgegen.

Eine ähnliche Bedeutung gibt Schiller der Kunst bereits in dem 1788/89 entstandenen großen Gedicht ‚Die Künstler', das der systematischen Entwicklung der kunstphilosophischen und ästhetischen Fragen vorangeht. In begeistertem Ton ruft Schiller den Künstlern zu: „Erhebet euch mit kühnem Flügel / Hoch über euren Zeitenlauf; / Fern dämmre schon in eurem Spiegel / Das kommende Jahrhundert auf."

In den Briefen an den Prinzen von Augustenburg wird es heißen: „Diese [die Kunst] muß die Wirklichkeit verlassen und sich mit einer gewissen Kühnheit über das Bedürfnis der Gegenwart erheben, denn die Kunst ist eine Tochter der Freiheit."

Gegenüber dem später entstandenen, von Resignation bestimmten Gedicht ‚Der Antritt des neuen Jahrhunderts' ist im „Künstler"-Gedicht die Kunst indes nicht nur „Zufluchtsort", sie nimmt vielmehr die neue Zeit vorweg: In ihrem Spiegel und Vor-Schein dämmert das kommende Jahrhundert auf.

Ähnlich wie im Gedicht ‚Der Antritt des neuen Jahrhunderts' sieht Schiller in einem ungefähr gleichzeitig entstandenen, nicht mehr ausgeführten Gedichtentwurf den „Siegerschritt" Englands und Frankreichs. In dem Entwurf von 1797 oder 1801 (die Datierung ist ungewiß) stehen abwechselnd unabgeschlossene Prosa- und Versfassungen nebeneinander: „Darf der Deutsche in diesem Augenblicke, wo er ruhmlos aus seinem tränenvollen Kriege geht, wo zwei übermütige Völker ihren Fuß auf seinen Nacken setzen und der Sieger sein Geschick bestimmt – darf er sich fühlen?" – „Wo der Franke, wo der Brite / mit dem stolzen Siegerschritte / herrschend sein Geschick bestimmt? / Über seinen Nacken tritt!"

52 Johann Wolfgang von Goethe / Friedrich Schiller: Aus dem Briefwechsel von 1794 (S. 84ff.)

Der Briefwechsel steht am Ende des Kapitels über den „Auftrag des Dichters", weil er die Freundschaft und das Bündnis zwischen Schiller und Goethe bezeugt. Abermals geht die Initiative von Schiller aus, der kurz nach der Begegnung in Jena im ersten Brief Goethes künstlerische Existenz in einmaliger Weise charakterisiert und damit zugleich, im Gegenspiegel, seine eigene geistige Individualität darstellt. Offensichtlich kommt es beiden darauf an, die Perspektive des Zusammenwirkens und der gemeinsamen oppositionellen Literaturpolitik zu eröffnen und gleichzeitig die widerspruchsvolle Einheit der künstlerischen Individualitäten und Gegensätze zu betonen.

Zur Behandlung im Unterricht: Der Auftrag des Dichters

„Der Auftrag des Dichters" bildet einen geschlossenen Zusammenhang, der die in der Einführung erwähnten historischen Bedingungen der Weimarer Klassik Punkt für Punkt zu erhellen vermag.

Als Kern empfehlen sich Goethes Aufsatz, Schillers Mitteilungen an den Prinzen von Augustenburg und der Briefwechsel zwischen Schiller und Goethe.

Je nachdem, wie die Unterrichtseinheit zur Epoche angelegt wird – entweder von den Werken oder den historischen Bedingungen auszugehen –, kann der „Auftrag des Dichters" den Auftakt bilden oder am Ende die Geschichtlichkeit der klassischen Literatur verdeutlichen.

IV. Das Wesen der Kunst (S. 87 ff.)

Karl Philipp Moritz: Die Signatur des Schönen (S. 87 f.)   53

Johann Wolfgang von Goethe: Stil (S. 88 ff.)   54

Zu den Texten und ihrer Interpretation
Die beiden Aussagen über das Wesen des Schönen und der Kunst stehen nicht nur in einem ästhetischen, sondern ebensosehr in einem biographischen Zusammenhang. Die Abhandlung ‚Einfache Nachahmung der Natur, Manier, Stil' ist eine Zusammenfassung der kunsttheoretischen Einsichten, die Goethe während seiner ersten italienischen Reise gewonnen hat. Sie ist in ihrer ästhetischen Konzeption, die Goethes neue klassische Kunstauffassung bezeugt, unverkennbar mit der „Signatur des Schönen" von Karl Philipp Moritz verwandt. Der biographische Zusammenhang besteht darin, daß Goethe in Rom mit Karl Philipp Moritz zusammengetroffen ist; zwischen beiden hat sich bald eine freundschaftliche Beziehung entwickelt. Goethe hat den kranken Moritz häufig besucht, auch gepflegt und lange Gespräche mit ihm geführt.
Zwei Gedanken der klassischen Ästhetik und einer bestimmten Auffassung der Autonomie der Kunst werden von *Moritz* formuliert:
1. Das in sich selbst ruhende und sich selbst erklärende, allein seinen eigenen Gesetzen gehorchende Kunstwerk existiert, durchaus unabhängig vom Betrachter, ganz aus sich selbst.
2. Die äußere Form enthüllt das innere Wesen: Das entscheidende Merkmal des Kunstwerks ist daher seine organische Ganzheit, in der die einzelnen Teile allein in ihrer Bedeutung für das Ganze bestehen. Die Wirkung geht immer nur vom Ganzen aus. Eine zergliedernde Betrachtung und Beschreibung des Kunstwerks ist deshalb unangemessen: Sie verfehlt allemal das Wesen des Schönen.
Die Nähe der ästhetischen Konzeption Goethes zu der von Karl Philipp Moritz springt an einer entscheidenden Stelle der Abhandlung ins Auge: an der zentralen Bestimmung des Stils, die fast wörtlich mit der Definition des Schönen bei Moritz übereinstimmt: das Wesen der Dinge in sichtbaren und greiflichen Gestalten erkennen (Goethe) – das innere Wesen der Dinge in ihren äußren Formen und Gestalten lesen (Moritz).
Von dieser entscheidenden Stelle aus (S. 89, Z. 2/3) treten in Goethes Gedankengang zwei Punkte hervor:
1. Die genauere Bestimmung des Stils, der unter den drei miteinander verwandten „Arten, Kunstwerke hervorzubringen" (Z. 9/10), den höchsten Grad der Kunst bezeichnet, zum Beispiel „richtige Darstellung der Eigenschaften" (Z. 35/36), des Charakteristischen der Gegenstände und Dinge, eben ihres Wesens.
2. Die Darlegung des Verhältnisses, das zwischen diesen drei künstlerischen Darstellungsarten besteht.

Zur Behandlung im Unterricht
Es ist deutlich geworden, daß die beiden Texte zusammengehören. Sie sollten daher auch im Unterricht vereinigt bleiben.
Da in ihnen eine bestimmte klassische Vorstellung von der Autonomie der Kunst entwickelt wird, die sich mit der von Schiller betonten Wirkung der autonomen Kunst vergleichen läßt (vgl. Text 49), könnte für den Unterricht hier der Anknüpfungspunkt liegen. Da Goethes „Palermo"-Erfahrungen in seinem „Stil"-Begriff ihre kunsttheoretische Ausprägung erhalten, ist von hier aus eine Verbindung mit dem nächsten Abschnitt möglich.

Drittes Kapitel: Zu Text 55, S. 90ff.

55 Johann Wolfgang von Goethe: Maximen und Reflexionen (S. 90ff.)

Zur Entstehung der Texte
Etwa 1400 Aphorismen, Notizen, Sentenzen und Reflexionen hat Goethe in den letzten 30 Jahren seines Lebens festgehalten – auf Theaterzetteln, Papierfetzen, losen Blättern. Einen Teil davon – 800 – hat er selbst veröffentlicht: 1809 in den ‚Wahlverwandtschaften', 1810 im zweiten Band der ‚Farbenlehre', 1818–1827 in der von ihm gegründeten Zeitschrift ‚Über Kunst und Altertum', vor allem aber 1829 im zweiten und dritten Buch der ‚Wanderjahre'. Ein großer Teil wurde jedoch von Eckermann und Riemer erst aus dem Nachlaß herausgegeben. Die Auswahl in Text 55 hat folgende Quellen: Den Jahrgängen der Zeitschrift ‚Über Kunst und Altertum' entstammen die Maximen 719/720, 751, 754 und 984. Aus dem Nachlaß überliefert sind 721, 736, 742/743, 749/750, 795, 812, 921, 977/978, 980. Aus ‚Wilhelm Meisters Wanderjahren' stammen die Maximen 731, 756, 783 und 1028.
Als ‚Maximen und Reflexionen' hat Goethe 1822 eine Reihe von Sprüchen und Betrachtungen gekennzeichnet: Danach wurde das ganze Spruchwerk von Max Hecker 1907 in einer Ausgabe benannt, der Titel ist seither üblich geworden. Goethe selbst spricht auch von „Einzelheiten" und „Bemerkungen", „Betrachtungen" und „Merkwürdigkeiten", „Aphorismen", „Spänen", „Sentenzen", „Abstraktionen", „Sprüchen": Eine Fülle von Formen findet sich, von der gelegentlichen, fragmentarischen Notiz bis zur durchdachten, auch sprachlich durchgefeilten Betrachtung: pointierte, paradoxe Definitionen und Aphorismen, Sprichwörter, Gleichnisse, anekdotische Erfahrungssätze, Postulate und Imperative, historische Anmerkungen, esoterische Lebensweisheiten und hintergründige Rätselsprüche.
Hans Joachim Schrimpf betont in der ‚Hamburger Ausgabe' die Gemeinsamkeit dieser Vielfalt: „Alle kreisen um die wenigen ersten Grundsätze des Lebens und der Welt, [...] die [...] Urphänomene, welche allen Erscheinungen zugrunde liegen" (Goethes Werke. Hamburger Ausgabe, Band 12. Christian Wegner, Hamburg 1953, S. 700). Das Entdecken eines solchen Grundsatzes nennt Goethe ein „Aperçu: ein Gewahrwerden dessen, was eigentlich den Erscheinungen zum Grunde liegt" (ebd.).
Schrimpf zufolge schlagen sich zwei Grunderfahrungen in den ‚Maximen' nieder: einmal das „Hervortreten des Objekts", das es sein zu lassen und rein zu vernehmen gilt (deutlich z. B. in 719, 720, 794), und die Bestimmung des Menschen als „Dasein in der Welt". Beides hängt eng zusammen: „Der Mensch kennt nur sich selbst, insofern er die Welt kennt, die er nur in sich und sich nur in ihr gewahr wird. Jeder neue Gegenstand, wohl beschaut, schließt ein neues Organ in uns auf" (Goethe, ebd., S. 701). Diese Vermittlung des Menschen mit seiner Welt ist das Thema der ‚Maximen', Vermittlung in den verschiedenen Lebensbereichen: Die „Hamburger Ausgabe" unterscheidet Gott und Natur, Religion und Christentum, Gesellschaft und Geschichte, Denken und Tun, Erkenntnis und Wissenschaft, Kunst und Künstler, Literatur und Sprache, Erfahrung und Leben.
Das zweite große Thema ist die Wiedererinnerung und Neuformulierung des „alten Wahren": Zitate, z. T. modifiziert und erweitert, aus der philosophischen und religiösen Tradition, aus Gesprächen und Schriften von Zeitgenossen, aus volkstümlicher Sprichwortweisheit. Zugrunde liegt dem die Erfahrung und Überzeugung der Geschichtlichkeit: Wir begegnen der Welt nicht unvermittelt, sondern als einer bereits ausgelegten (deutlich z. B. in 921, 977). Kunst, Wissenschaft, Geschichte und Gesellschaft weisen letztlich symbolisch immer auf das gleiche, objektiv Wahre, das sich vielfältig manifestiert; der objektive Symbolcharakter der Welt einerseits und – die Folge – die subjektiven Versuche ihrer Deutung hängen zusammen, derart, daß Goethe mit zunehmendem Alter der Objektseite den uneingeschränkten Vorrang zuspricht.
Der dialektische Bezug von Subjekt und Objekt bleibt dabei immer gewahrt: Die Objektseite wird nicht als vom Subjekt ablösbar betrachtet, beide Seiten sind vielmehr wechselseitig konstitutiv zu verstehen. In der Einleitung zur ‚Farbenlehre' formuliert Goethe seine Position exemplarisch: „Wär' nicht das Auge sonnenhaft, wie könnten wir das Licht erblicken?" Goethe vertieft: „Das Auge hat sein Dasein dem Licht zu danken. Aus gleichgültigen tierischen Hülfsorganen ruft sich das Licht ein Organ hervor, das seinesgleichen werde; und so bildet sich das Auge am Lichte fürs Licht, damit das innere Licht dem äußeren entgegentrete" (Gesamtausgabe Cotta, Band 21. Stuttgart 1959, S. 26f.). Der Mensch als Produkt der Natur ist in genauer Entsprechung und Anpassung darauf eingestellt, die Natur wahrzunehmen als das, was sie ist: als Geheimnis, als Symbolzusammenhang (vgl. zu dieser Subjekt-Objekt-Dialektik auch: Maximen und Reflexionen, 511–516).
Die Subjekt-Objekt-Dialektik ihrerseits ist eingebettet in Goethes Gedanken der „Polarität" – dies ist eine dritte Grunderfahrung, die sich in den Maximen niederschlägt: „Polarität" als die innere Einheit des Gegensätzlichen, dynamisch gedacht als Naturgesetz von Trennung und Vereinigung. Einer der von Goethe exemplarisch genannten Gegensätze ist gerade der von Subjekt und Objekt, Ich und Welt. Bezogen auf die in

Drittes Kapitel: Zu Text 55, S. 90ff.

der Textauswahl vorliegenden Maximen finden sich folgende Polaritäten: Natur – Kunst (719/720), Vernunft – Sinne (731), Idee – Erscheinung (749/750), das Besondere – das Allgemeine (751, 783), Stoff – Gehalt (754), Stoff – Form (754, 756), Inneres – Äußeres (1028).

Zur Interpretation
Schönheit, Kunst und Dichtung sind die thematischen Horizonte der vorliegenden Auswahl: grundsätzliche Aussagen über Schönheit und Kunst (719–749), unterschiedliche Ansatzpunkte und Möglichkeiten künstlerischer Gestaltung in Symbol und Allegorie (749–751), Fragen und Probleme der Rezeption (754–783), Kritik an der zeitgenössischen Kunstproduktion (795–1028), darunter: die „alte Wahrheit" und ihre subjektive Geschichtlichkeit (921–980), Probleme dichterischer Produktion (984, 1028); ein breites Spektrum also ästhetischer Fragen wird thematisiert.

719–721
Deutlich ist hier der objektive Schönheitsbegriff Goethes. Hans Joachim Schrimpf kommentiert: „Goethes Anliegen ist es [...], Wesen und Erscheinung, lebendiges Dasein und aufschließende Erkenntnis als konkretes Sein in der ‚Welt, in der wir leben, weben und sind' (§ 739 der Farbenlehre), zusammenzuhalten. Darum entspricht der scharfe Angriff auf die Newtonsche Physik, die ‚die Experimente gleichsam vom Menschen abgesondert hat' (Maximen und Reflexionen, Nr. 664)", in ihrer Abstraktion von der vorgegebenen menschlichen Daseinswirklichkeit und der Reduktion der Realität auf Meßbarkeit und formale Berechenbarkeit „genau dem Kampf gegen die Romantik, die umgekehrt das Ideelle als subjektives Gefühl von der gegenständlichen Welt löst (vgl. 1028). Für Newton ist der Regenbogen objektives Spektrum (Wellenschwingungen), für die Romantiker subjektive Stimmung (Empfindungsqualitäten). Goethe hingegen will das objektiv Schöne im objektiv Wahren erkennen und damit die Moderne in im Zusammenhang der abendländischen Tradition des unum, verum, pulchrum halten" (Goethe: Hamburger Ausgabe, S. 716).
Im Schönen manifestieren sich „geheime Naturgesetze": Schrimpf versteht diesen Begriff als gleichbedeutend mit den „Urphänomenen", das in den Erscheinungen anschaulich wahrnehmbare Wesen der Dinge, gegen die platonische Tradition der Unterscheidung von phainomenon und noumenon gerichtet. Urpflanze, Metamorphose, Polarität und Steigerung, die schöpferische Produktivität, die Liebe sind Urphänomene physischer oder sittlicher Art. Zugänglich werden die Urphänomene dem sich in das Objekt versenkenden Schauen; Erstaunen oder auch Irritation angesichts des im Urphänomen offenbar werdenden Unvertrauten ist die Folge. Es geht Goethe nicht um ein „Erkennen" in einem rationalistischen Sinn; „Erkennen" meint vielmehr eine ganzheitliche, lebendige Erfahrung in einem intuitiven Inne-Werden: sinnlich, anschaulich, emotional, ethisch, rational gleichermaßen. Deshalb ist diese Erkenntnis nie endgültig begrifflich zu fassen, nie abgeschlossen. Die höchste Erfahrung von Wirklichkeit bleibt zugleich immer ein Geheimnis: „Offenbares Geheimnis" (720) ist ein immer wiederkehrender Grundbegriff Goethes. Als „Geheimnis" läßt sich die Wirklichkeit nicht rational abfertigen, „offenbar" ist es, insofern es ein Innewerden der Wahrheit erschließt. Im Begriff des Symbols versucht Goethe dieses offenbare Geheimnis zu strukturieren (vgl. 749).
Schönheit und Kunst haben das Wesen der Dinge zum Gegenstand, die Ebene der Naturphänomene oder – noch darüber hinaus – der „Idee": das Absolute, die göttliche Substanz, die sich in den Urphänomenen vielfältig offenbart, der letzte Grund des Ganzen der verschiedenen Lebensbereiche. Hans Joachim Schrimpf bezieht den Begriff „das Schöne" in 719 auf die Ebene der einen Idee des Ganzen der Wirklichkeit. Zeigt sich hier deutlich das objektive Moment von Goethes Schönheitsbegriff, so weist 721 auf die subjektive Spiegelung des Schönen in der Rezeption: die harmonische Zusammenstimmung der Erkenntnisvermögen „Einbildungskraft" und „Verstand" als „interesseloses Wohlgefallen", wie Kant formuliert (vgl. die Erläuterungen zu Text 19), als Vereinigung von Freiheit und Gesetz, als „Spiel", wie Schiller sich ausdrückt (vgl. die einleitenden Erläuterungen zu den Texten 46/47): Goethe, Kant und Schiller vertreten in dieser Hinsicht eine weitgehend gemeinsame Position.

731
Deutlich wird hier das kulturpolitische oder auch pädagogische Selbstverständnis der Klassik: Die Bildung auch des ästhetischen Geschmacks wird gefordert; der Humanitätsbegriff ist der Horizont von Goethes Kritikertätigkeit (vgl. die einleitenden Erläuterungen zu den Texten 46/47).

736
Der Mensch ist der höchste Gegenstand der Kunst: Dies folgt einmal aus dem Humanitätsbegriff der Klassik, insbesondere aus dem die Natur wie die Geschichte umgreifenden Gedanken der Entwicklung des

Drittes Kapitel: Zu Text 55, S. 90ff.

Lebens hin zum Menschen, ausgeführt vor allem von Herder (vgl. Text 41 und die einleitenden Erläuterungen zu den Texten 46/47); es folgt zweitens aus dem in spezifischer Weise symbolischen Verstehen der Kunst, wie es bei Kant angelegt und von Schiller ausgeführt wurde, dem Verstehen des Schönen als eines Symbols des Sittlichen.

742/743
Vgl. die Erläuterungen zu 719–721. Beide Aphorismen erschließen sich nicht vollständig: Im Kontext von 721 und anderen Vergleichsstellen wird deutlich, daß der Begriff des „Notwendigen" sich auf das funktionale Moment der Nützlichkeit oder Zweckmäßigkeit im Zusammenhang des Lebens bezieht, rational klar erkennbar, durchsichtig; ihm zugeordnet wird der Begriff der „Vollkommenheit". Die „Schönheit" hingegen läßt sich auf rationale Zweckmäßigkeit nicht reduzieren (s. o.); vgl. auch 749–751.

749–751
In 749 liegt eine der klassischen Formulierungen von Goethes Symbolbegriff vor; zum systematischen Ort des Symbols vgl. die Erläuterungen zu 719–721. Das Kunstwerk als Symbol (oder auch das symbolische Verstehen der Natur) vermittelt die Ebenen des Verstandes und der Anschauung, frühaufklärerischer Rationalität und der Emotionalität des Sturm und Drang: Die Wirkung des Kunstwerks ist weder prinzipiell rational überprüfbar wie bei Gottsched noch als Ausdruck des Genies dem kongenial Empfindenden lediglich fühlbar; das symbolische Kunstwerk vermittelt vielmehr beide Seiten in struktureller Spannung: Obwohl dem Verstand grundsätzlich unzugänglich, stellt es diesem doch die unendliche Aufgabe der Interpretation. Die Unterscheidung von Symbol und Allegorie verdeutlicht die Ausgewogenheit der Erkenntnisvermögen im Symbol: Was seit Kant (vgl. die Erläuterungen zu Text 19) für das Schöne und die Kunst allgemein gilt (vgl. die Erläuterungen zu 719–721) und bei ihm systematisch schon festgemacht ist in der die Bereiche der Natur bzw. der theoretischen Vernunft und der Freiheit bzw. der praktischen Vernunft vermittelnden ästhetischen Urteilskraft, diese harmonische Vermittlungsfunktion kommt bei Goethe der symbolischen Kunst zu. Dabei betont er – im Unterschied zu Kant – den objektiven Charakter dieser Vermittlung: Die Ausgewogenheit von Allgemeinheit und Besonderheit (751) ist nicht nur eine der Form, symbolische Kunst statt abstrakter Begrifflichkeit; das Phänomen selbst ist hier zugleich im Blick in der Linie Phänomen – Urphänomen – Idee. Vgl. auch 1028: Ausgewogenheit von Äußerlichkeit und Innerlichkeit.

754–812, 984
Die pädagogische und kulturpolitische Intention Goethes steht im Hintergrund (vgl. 731). Der alte Goethe bekämpft (795 und 812) in den Romantikern Positionen, die ihm den Anschauungen des Sturm und Drang ähnlich schienen, Tendenzen des Subjektivismus und Individualismus.

921–980
Vgl. die einleitenden Erläuterungen zum „alten Wahren". Einsicht in die Geschichtlichkeit der menschlichen Wirklichkeit führt zur Auflösung eines archimedischen Punkts der Beurteilung: Befangen in der eigenen historischen Besonderheit, können wir geschichtliche Phänomene und Entwicklungen nicht bewerten, kaum erfassen; es gibt keine vor-urteilsfreie Sichtweise. Radikal wurde diese Position im Historismus von Ranke und Savigny formuliert, gerichtet gegen die naive Betrachtungsweise der Aufklärung. Goethe reduziert sie auf das Dilemma einer Beurteilung der eigenen Gegenwart. Den geschichtsphilosophischen Konstrukten und Spekulationen seiner Zeit, von Herder über Schiller bis Hegel, stand Goethe fern, die ihm eigene natursymbolische Betrachtungsweise führte ihn zu einer anderen Konzeption (Urphänomene, Polarität und Steigerung).

1028
Vgl. die Erläuterungen zu 749–751. Gegenpol ist die Romantik: Novalis nennt die Poesie „Gemütserregungskunst".

Zur Behandlung im Unterricht
Mehrere Wege erscheinen möglich:
– Text 55 läßt sich einsetzen als Einstieg in den Abschnitt IV insgesamt. Die Schüler lesen die Maximen und haken an einigen Stellen ein: nachfragend, abwehrend, zustimmend. Ein problemorientiertes Gespräch entwickelt einerseits durch Klärung der Fragen ein erstes Verstehen, hält zugleich aber noch offen, z. B.

Drittes Kapitel: Zu Text 56, S. 92f.

das Verhältnis von Kunst und Natur, Kunst und Erkenntnis, Wirklichkeit als Symbolzusammenhang. Die Lektüre der Texte 53 und 54 folgt vertiefend, schließt mit der Interpretation der Maximen 719–721, 749.
- Der gleiche methodische Ansatz ist denkbar auch vor dem Hintergrund der Texte 53 und 54 als Vorbereitung und Vorstruktur für die Lektüre der Maximen: erstes Lesen, problemorientiertes Gespräch, gezielte Klärung durch Interpretation der Maximen 719–721, 749.
- Ein anderer Weg liegt in der Auswahl nur ganz bestimmter Maximen, z. B. 719–721, 736, 743–751. Den Verstehensversuchen durch die Schüler im Unterrichtsgespräch folgt das vertiefende Referat zu Goethes Symbol- und Kunstbegriff.

V. Natur – von der Empfindsamkeit zur Klassik (S. 92 ff.)

Die drei im Abschnitt V des Kapitels Klassik vorgestellten Texte sollen ein Bewußtsein von der bemerkenswerten Entwicklung in der Natur- und Kunstauffassung ermöglichen, die sich in diesen Jahrzehnten in der deutschen Literatur vollzogen und in der Weimarer Klassik einen einmaligen und unverwechselbaren Höhepunkt gebracht hat. – Die ersten zwei Texte (56 und 57) erlauben aufgrund der Motivgleichheit einen aufschlußreichen Vergleich; der den Abschnitt abschließende Text (58) gewährt einen Einblick in die besonderen biographischen Umstände, die gerade für Goethes klassische Natur- und Kunstauffassung prägend geworden sind.

Johann Jacob Wilhelm Heinse: [Der Rheinfall bei Schaffhausen] (S. 92f.) 56

Zum Autor
Johann Jacob Wilhelm Heinse (1746–1803), der 'Apostel der Sinnenfreude und des ästhetischen Immoralismus', wird in der Literaturgeschichtsschreibung besonders wegen seines Romans ‚Ardinghello und die glückseligen Inseln' (1787) gewürdigt, in dem er eine Erneuerung der Antike im Geist der Renaissance feiert. Viele Anregungen zu diesem Roman verdankte Heinse einem dreijährigen Italienaufenthalt; zwei dieser Jahre verbrachte er mit dem Maler Müller zusammen in Rom. Diese Reise in den Süden, 1780 angetreten, führte ihn u. a. in die Schweiz und dort nach Schaffhausen an den Rheinfall. Der im Lesebuch abgedruckte Text ist ein Dokument dieser Station der Reiseroute.

Zur Interpretation
Richtungweisend für die Interpretation des Textes sind Aussagen wie diese: „Keine Erinnerung, [nicht] der stärkste Schwung der Phantasie kanns der gegenwärtigen Empfindung nachsagen" (S. 92, Z. 24/25), und: „Man hört und fühlt sich selbst nicht mehr, das Auge sieht nicht mehr, und läßt nur Eindruck auf sich machen; so wird man ergriffen, und von nie empfundnen Regungen durchdrungen"(S. 93, Z. 19–21). – Das Gefühl vor allem ist ergriffen, die Empfindung; das Auge versagt vor dem Ansturm der Eindrücke, ja der ganze Mensch mit allen seinen Sinnen ist nur noch 'Eindruck' und schickt sich an, sich selbst zu verlieren. Angesichts der Größe der Natur, der „Allmacht ihrer Kräfte" (S. 92, Z. 26), wird sich der Mensch seiner Kleinheit bewußt; „wie ein Nichts" (S. 92, Z. 29) steht er vor dem Naturschauspiel, „ein so kleines festes mechanisches zerbrechliches Ding" (S. 92, Z. 34/35), daß nur Ungeduld bleibt, daß man „nicht mit hinein kann" (S. 92, Z. 35). – Es ist nur folgerichtig, wenn dem „bis ins Innerste gerührten" Betrachter (S. 92, Z. 29/30), der in die „Werkstatt der Schöpfung" selbst (S. 93, Z. 9) zu sehen vermeint, die Nichtigkeit und Hinfälligkeit alles menschlichen Kunstbemühens bewußt wird. Die Natur allein bringt die höchsten Schöpfungen in der Musik, der Malerei und der Architektur hervor; sie ist ein Gesamtkunstwerk in unnachahmlicher Vollendung, beschreibbar nur mit dem Attribut „heilig" (vgl. S. 93, Z. 3ff.).
Heinse bietet in dem vorliegenden Text eine Naturschilderung, die, genau besehen, gar keine Schilderung mehr ist. Die nähere und weitere Umgebung bleiben unberücksichtigt. Das Ganze ist ein Erguß nur aus dem augenblicklichen Erlebnis heraus, aus der Kraft der gegenwärtigen Empfindungen. Entsprechend ist die Sprache: Zahlreiche Vergleiche, Metaphern, Superlative, substantivische und attributive Reihungen, auch Wortschöpfungen prägen den Stil, der Ausdruck artikulierten Gefühls ist.
„Der Klassik kommt die Natur im Geist zu sich und wird aus ihm wiederhergestellt; für Heinse ist der Geist nur ein Moment im Fest des Lebens und der Sinne. Er denkt nicht, wie Klassik und idealistische Philosophie es tun, von der Person, der Individualität oder einem transzendentalen, der Welterfahrung vorgängigen Ich

Drittes Kapitel: Zu Text 57, S. 93ff.

aus, sondern von der Natur als einem ewigen Spiel der Elemente, einer großen Weltmusik der Dissonanzen und Harmonien, in der das Ich ekstatisch aufblitzt, sich trotzig und stolz auslebt und dionysisch vergeht" (Gerhard Kaiser: Aufklärung, Empfindsamkeit, Sturm und Drang. München 1979, S. 253).

Zur Behandlung im Unterricht
Die Behandlung des Textes erfolgt am besten im Vergleich mit Text 57 (Goethe): Hier der Überschwang des Gefühls und die fast impressionistische Wiedergabe eines Naturerlebnisses, dort die gebändigte, distanzierte und zergliedernde Betrachtung eines Naturschauspiels und das Bemühen um objektive Anschaulichkeit.

57 Johann Wolfgang von Goethe: Schaffhausen und der Rheinfall (S. 93 ff.)

Zum Autor
Seit 1795 plante Goethe eine weitere – seine dritte – Reise nach Italien. Er traf umfangreiche Vorbereitungen, wollte er sich doch ein möglichst objektives Bild aller Zustände machen, die er unterwegs antreffen würde. In verschiedenen Listen gedachte er, seine Beobachtungen über Handel, Gewerbe, Künste, Politik, Geographie, Agrarstruktur, Sitten und Gebräuche systematisch zu erfassen, um sie anschließend auszuwerten. Im Sommer 1797 (am 30. Juli) brach er auf. Die Route führte ihn zunächst nach Frankfurt, dann über Heidelberg, Heilbronn, Stuttgart und Tübingen in die Schweiz. Wegen der unsicheren politischen Lage in Oberitalien änderte Goethe hier seine Pläne und kehrte nach einem längeren Aufenthalt u. a. in Zürich und nach einer elftägigen Fußwanderung zum Gotthardt im November (19. 11.) desselben Jahres nach Weimar zurück. Aus dem geplanten Italienaufenthalt wurde so Goethes dritte Reise in die Schweiz. – Der Reisebericht, von Eckermann nach Goethes Tod zusammengestellt aus Briefen und Tagebüchern, erschien 1833.

Zur Interpretation
Distanz zum beobachteten Gegenstand und Reflexion des eigenen Standpunktes sind die herausragenden Kennzeichen des Textes. Sehr deutlich wird dies schon in der einleitenden Passage, in der die folgende Beschreibung eines unvergleichlichen Naturschauspiels erst umständlich begründet und dann in ihrer Gültigkeit eingeschränkt wird (S. 93/94, Z. 32–10). Aus derselben Distanz heraus gemacht sind auch die „kleinen Bemerkungen eines Tagebuchs" (S. 94, Z. 7), die Goethe unter dem sorgfältig notierten Datum „Schaffhausen, den 17. September, abends" stichwortartig einträgt (Z. 11–16). Im folgenden („Den 18. September, früh") wechseln gegenstandsbezogene und ichbezogene Beobachtungen, Analyse dessen, was außen ist, und dessen, was das aufnehmende Innere empfindet, einander ab. Das Grün der Wasserfarbe z. B. (Z. 18) wird ebenso distanziert registriert wie die „heftigen innern Empfindungen" (Z. 23) und die „Erregten Ideen" (Z. 38) oder die Treffsicherheit eines Verses aus Schillers eben entstandener Ballade ‚Der Taucher' (Z. 32).
Wie ein wissenschaftliches Protokoll muten die stichwortartigen Aufzeichnungen der ersten Beobachtungen an, zergliedernd den Gegenstand der Betrachtung ebenso wie die Interessen und Empfindungen des Betrachters. Im Verlauf der Schilderung werden die Aussagen mehr und mehr ausformuliert, verlieren aber nichts von ihrer Präzision, auch wo die Detailansicht schließlich der Totale weicht und immer mehr die Umgebung ins Blickfeld gerät. Auch hier bleibt die Doppelpoligkeit der Sichtweise erhalten.
Insgesamt ergibt sich ein Bild äußersten Bemühens um Objektivität, in dem selbst die subjektiven Züge, die Empfindungen und Gedanken angesichts des Naturschauspiels, distanziert wiedergegeben sind. – Heinse (vgl. Text 56) bedauert angesichts der reißenden Fluten, „daß man ein so kleines festes mechanisches zerbrechliches Ding ist, und nicht mit hinein kann" (S. 92, Z. 34/35). Goethe, der Goethe der Weimarer Klassik, will nicht aufgehen in der Materie, sondern sucht die Bändigung der Materie durch den Geist, die Bewältigung des Stoffes in der Form.

Zur Behandlung im Unterricht
Am Text lassen sich wichtige Merkmale der Weimarer Klassik erarbeiten. Als besonders fruchtbar dürfte sich ein Vergleich mit Text 56 (Heinse) erweisen. Leitender Gesichtspunkt beim Vergleich kann sein die unterschiedliche Haltung der beiden Betrachter zum betrachteten Gegenstand.

Drittes Kapitel: Zu Text 58, S. 95 f.

Johann Wolfgang von Goethe: Palermo, den 3. April 1787 (S. 95 f.)   58

Zum Autor

Der Aufbruch Goethes zu seiner (ersten) italienischen Reise geschah unter fast dramatischen Umständen: In der Frühe des 3. September 1786 machte er sich aus Karlsbad, wo er sich mit Karl August, der Frau von Stein und Herder zur Kur aufgehalten hatte, auf, ohne zuvor den Herzog um Erlaubnis zu fragen oder diesen auch nur zu informieren. Bereits am 8. September steht er auf dem Brenner. Von da an entzog sich Goethe für eindreiviertel Jahre seinen öffentlichen und privaten Pflichten. Bezeichnenderweise reiste er nicht als Minister des Weimarer Hofs oder als Dichter und Schriftsteller Goethe, sondern inkognito als „Filippo Miller, Tedesco, Pittore".

Goethe steckte nach über zehnjährigem Aufenthalt in Weimar in einer tiefen Lebenskrise und glaubte, sich zu verlieren. In Italien, dem Land seiner Sehnsucht seit den Kinderjahren, wollte er auf eine neue Weise zu sich selbst finden, und das Ergebnis des Italienaufenthalts war tatsächlich eine Metamorphose seiner Identität als Mensch und Künstler. Goethe selbst spricht von einer „Wiedergeburt" und von einer entscheidenden Wende in seinem Leben. Der Satz aus dem im Lesebuch abgedruckten Brief: „Nun denke ich ruhig zu euch hinüber; denn wenn irgend etwas für mich entscheidend war, so ist es diese Reise"(S. 95, Z. 34 ff.), hier auf den Reiseabschnitt Sizilien bezogen, gilt für den gesamten Aufenthalt im Süden.

Die früh geplante Veröffentlichung der Briefe und Reiseaufzeichnungen erfolgte nach langer Verzögerung der Endredaktion in zwei ersten Bänden in den Jahren 1816 und 1817; der dritte Band erschien gar erst 1829. Der im Lesebuch abgedruckte Text entstammt dem zweiten Band, in dem Goethe seinen Aufenthalt in Neapel (25. 2.–29. 3. 1787) und die Reise nach Sizilien (29. 3.–15. 5. 1787) schildert.

Zur Interpretation

Im Text werden (noch einmal) zusammenfassend die Überfahrt von Neapel nach Palermo, die Ankunft dort sowie die Befindlichkeit und die Beschäftigungen des Reisenden nachgezeichnet. Abgesehen von den Angaben über Zeit und Ort von Abfahrt und Ankunft im Berichtstil schwingen die Gedanken gelöst und leicht um die Lebenskreise Natur, menschliche Gesellschaft und Kunst. Mit allen dreien befindet sich Goethe trotz der Unpäßlichkeiten am Beginn der Reise offenbar in schönster Harmonie. Dreimal findet sich im ersten Abschnitt das Adjektiv „ruhig". In klarer Selbstreflexion erkennt er, daß diese Reise entscheidend für seine Persönlichkeitsentwicklung ist.

Die Natur sieht Goethe vornehmlich als Landschaftsmaler, und was er sieht, ist „die Harmonie von Himmel, Meer und Erde" (S. 96, Z. 11/12). Schlüsselwörter sind in diesem Zusammenhang „die dunstige Klarheit" (Z. 9), „die Reinheit der Konture" (Z. 10), „die Weichheit des Ganzen" (Z. 11), „das Auseinanderweichen der Töne" (Z. 11). Bezeichnend für die im Süden gewonnene neue Sehweise ist die „Hoffnung, auch dereinst in Norden aus meiner Seele Schattenbilder dieser glücklichen Wohnung hervorzubringen" (Z. 13/14). Die „Kleinheit der Strohdächer" in seinen bisherigen Zeichenbegriffen (Z. 15/16) steht für „alles Kleinliche" (Z. 14) in seiner Heimat, dem er zu entfliehen trachtete.

Wie ernsthaft Goethe in diesen Monaten um die Vervollkommnung seiner bildnerischen Fähigkeiten bemüht war und wie sehr er zu seiner neuen Natur- und Kunstauffassung gerade über diese Bemühungen gelangt ist, zeigen seine Anmerkungen über den Umgang mit dem Maler Kniep („mein Künstler", vgl. S. 95/96, Z. 44 ff.). Fast könnte es den Anschein haben, als befürchtete er, Worte allein vermöchten der Wahrheit des Gesehenen und Erkannten nicht gerecht zu werden: „Mit keinen Worten ist die dunstige Klarheit auszudrücken ..." (Z. 8/9), „[...] habe ich keine Worte auszudrücken" (Z. 17).

Gleichwohl regt sich auch hier der Dichter Goethe. Unmittelbar auf die zuletzt zitierte Äußerung folgt eine intensive Naturschilderung, und der Brief endet mit dem Versprechen, „ein ander Denkmal dieser meiner glücklichen Stunden" zu bereiten (Z. 24/25): Es handelt sich um das geplante Trauerspiel ‚Nausikaa', dessen Ausführung Goethe schon in Neapel beschäftigte.

Der Text in der Form eines Briefes an die Lieben in der Heimat (vgl. S. 96, Z. 24) ist ein Dokument für den Weg Goethes zu seiner klassischen Kunstauffassung. Bei seinem Abschied aus Rom („Den 21. Februar 1787") hatte er versprochen: „Auch ich steure auf einem leidenschaftlich bewegten Meere dem Hafen zu, und halte ich die Glut des Leuchtturms nur scharf im Auge, wenn sie mir auch den Platz zu verändern scheint, so werde ich doch zuletzt am Ufer genesen." Mit der Ankunft in Sizilien, „dieser Königin der Inseln" (S. 96, Z. 16), hat Goethe offensichtlich das rettende Ufer erreicht.

Drittes Kapitel: Zu Text 59, S. 96 ff.

Zur Behandlung im Unterricht
Am Text lassen sich wichtige Kategorien von Goethes klassischer Kunst- und Naturauffassung erarbeiten. Er ist darüber hinaus ein bedeutendes autobiographisches Zeugnis für Goethes Befindlichkeit während seines Aufenthaltes in Italien: Der Text illustriert beispielhaft das Motto, das Goethe den beiden Bänden der Erstausgabe von 1816 und 1817 mitgab: „Auch ich in Arkadien".

VI. Bewußtsein und Gefühl (S. 96 ff.)

59 Heinrich von Kleist: Über das Marionettentheater (S. 96 ff.)

Zum Text
Den Aufsatz ‚Über das Marionettentheater' hat Kleist für die von ihm herausgegebenen ‚Berliner Abendblätter' geschrieben, wo er in vier Folgen vom 12. bis 15. Dezember 1810 erschienen ist. Erscheinungsort und Erscheinungsweise sollten nicht ignoriert werden, wenn es um die Lektüre und die Interpretation des Aufsatzes geht. Denn er ist in seiner gedanklichen und literarischen Gestalt nicht unabhängig von den Bedingungen und Zwecken der ‚Berliner Abendblätter', die zweifellos auch auf das Tagesgeschehen, auf unerhörte Begebenheiten allerorten und, vor allen Dingen, auf das Unterhaltungsbedürfnis ihrer Leser einzugehen versuchen.

Zur Interpretation
Wird dies bedacht, so befreit man sich aus dem Interpretationsjoch so vieler gewichtiger Untersuchungen, die den Aufsatz inzwischen mit einer kaum noch auszuhaltenden Bedeutung beschweren und ihn zur theoretischen Summe der Ästhetik Kleists, wenn nicht überhaupt zum Schlüssel seines Wesens und seines Werks ernennen. Ob man andererseits so weit gehen will wie Walter Silz, der den Aufsatz unumwunden eine „Gelegenheitsarbeit", ein „glänzendes Feuilleton" und ein „geistreiches Gespräch" mit vielen Ungereimtheiten nennt, mag dahingestellt sein (Walter Silz: Die Mythe von den Marionetten. In: Kleists Aufsatz über das Marionettentheater. Studien und Interpretationen, hrsg. von Helmut Sembdner. Erich Schmidt, Berlin 1967, S. 99–111). Vielleicht ist ein mittlerer Weg der gangbare: den Aufsatz nämlich wichtig zu nehmen als spannende Darstellung eines zentralen Problems des Dichters Kleist und ihm zugleich seine auf Unterhaltung zielende feuilletonistische Leichtigkeit und seinen erzählerischen Gestus zu bewahren.
Für die Gliederung des Aufsatzes, der ja ein erzählerisch vermitteltes, lockeres und zugleich pointiertes Gespräch darstellt (worauf die Interpretation zunächst eingehen sollte), gibt es einen ebenso einfachen wie einleuchtenden Anhaltspunkt: nämlich die Publikationsweise des Aufsatzes in vier Folgen, den vier gedanklichen Abschnitten, für die Kleist, im Fortschreiten seiner Gedankenentwicklung erkennbar – und das ist er seinen Lesern schuldig –, jeweils wieder ein neues und relativ geschlossenes Motiv anschlägt:
Erste Folge/erster Abschnitt (S. 96, Z. 30–S. 98, Z. 2): Ausgehend von der Gesprächssituation und der Beziehung zwischen dem Tänzer und dem Marionettentheater, die den Grund und die Perspektive des Gesprächs bildet, die Frage nach dem „Mechanismus dieser Figuren".
Zweite Folge/zweiter Abschnitt (S. 98, Z. 3–S. 99, Z. 15): Der Vorteil der „Puppe vor lebendigen Tänzern": Ihren Bewegungen und ihrem Tanz ist „Anmut" eigen gegenüber der „Ziererei" des Tänzers. Begründung: Die Marionetten sind „antigrav", sie sind befreit von der Schwerkraft und der „Trägheit der Materie".
Dritte Folge/dritter Abschnitt (S. 99, Z. 16–S. 100, Z. 13): Folgerung aus den bisherigen Beobachtungen und Einsichten des Tänzers: Aus der „Paradoxe", daß die Marionette mehr Anmut besitze als der Mensch, entspringt der Gedanke vom Widerspruch zwischen „natürlicher Grazie" und „Bewußtsein" beim Menschen. „Ich sagte, daß ich gar wohl wüßte, welche Unordnungen, in der natürlichen Grazie des Menschen, das Bewußtsein anrichtet."
Veranschaulichung dieses Gedankens durch das Beispiel des Jünglings, der in der Spiegelung und Reflexion seiner unbewußten, natürlichen Anmut die Selbstgewißheit und „Sicherheit der Grazie" verliert.
Vierte Folge/vierter Abschnitt (S. 100, Z. 14–S. 101): Weitere Veranschaulichung des Widerspruchs durch ein zweites Beispiel: Der natürliche Überlegenheit des Bären im Fechten gegenüber den bewußten Stößen und Finten des Menschen.
Von hier aus ergibt sich die Schlußfolgerung des ganzen Aufsatzes über das Verhältnis und den unversöhnten Widerspruch zwischen Grazie oder Gefühl und Reflexion oder Bewußtsein: „Wir sehen, daß in dem

Maße, als, in der organischen Welt, die Reflexion dunkler und schwächer wird, die Grazie darin immer strahlender und herrschender hervortritt" (S. 101, Z. 1–3).
Als letzter Gedanke erscheint am Ende des Aufsatzes die geschichtsphilosophische Utopie von der Versöhnung des Widerspruchs in einem „letzte[n] Kapitel von der Geschichte der Welt" (S. 101, Z. 13). Nur wenige Tage vor der Veröffentlichung des Aufsatzes ‚Über das Marionettentheater' hat Kleist in seiner ‚Paradoxe' ‚Von der Überlegung', die am 7. Dezember 1810 in den ‚Berliner Abendblättern' erschienen ist, das Problem des Widerspruchs zwischen Verstand und Gefühl erörtert: allerdings in äußerst knapper und konziser Form und zudem mit einer Lösung des Widerspruchs, die von der geschichtsphilosophischen Entrückung der Versöhnung in den erträumten utopischen Zustand der „Geschichte der Welt" fast auf eine realistisch-psychologische Weise abstitt: Menschliches Handeln und die Tat, die unmittelbar aus dem Gefühl kommen, dürfen nicht durch Reflexion verwirrt oder gar vereitelt werden. Das Bewußtsein hat vielmehr nach der Tat einzusetzen und sie kritisch zu 'reflektieren', um so das Gefühl in seinen spontanen Reaktionen zu „regulieren".

Zur Behandlung im Unterricht

Mit Kleist und Hölderlin treten zwei Dichter ins Blickfeld, die der Weimarer Klassik nicht mehr eindeutig zugeordnet werden können, jedoch in einer weiteren historischen Perspektive der Epoche der klassischen deutschen Literatur angehören. Gerade an ihnen können die Epochenübergänge und die Problematik allzu fixer Epochenzäsuren einsichtig gemacht werden. Ein Anknüpfungspunkt für Kleists Aufsatz ‚Über das Marionettentheater' liegt in einer gewissen Ideenverwandtschaft mit Schiller: Sie zeigt sich in der Frage nach dem Widerspruch zwischen Gefühl und Bewußtsein und in der Betonung des menschlichen Handelns. Ebenso läßt sich Kleists geschichtsphilosophischer Entwurf mit Schillers prozeßhaftem Geschichtsdenken vergleichen: mit seiner Idee von der Vorwegnahme des idealistischen Zustands im Reich der Kunst (Text 49 und 50).

VII. Zukünftiges bereiten (S. 101 ff.)

Das Kunstideal der Klassik hat seinerseits Verweisungscharakter, steht symbolisch für die Utopie gesellschaftlich wie individuell gelebter Humanität (vgl. die Erläuterungen zu den Texten 46 und 47). Der vielleicht noch bei Lessing und Herder anzutreffende Optimismus der Aufklärung, bei Kant deutlich schon skeptisch durchsetzt, die Hoffnung auf eine Reform des Absolutismus und die Herstellung vernünftiger ökonomischer wie politischer Verhältnisse, hat sich stärker relativiert, besser: sublimiert. Bei Goethe, Schiller, Hölderlin, Jean Paul oder auch Kleist in unterschiedlicher Weise entwickelt und ausgeprägt, wird die gesellschaftlich-politische Utopie nur mehr im Bereich des „schönen Scheins" oder spekulativer Reflexion dargestellt. Die Ursachen liegen vor allem in der ernüchternden deutschen Misere des kleinstaatlichen oder auch des preußischen Absolutismus in seiner aufgeklärten Variante; hinzu kommt die – unterschiedlich ausgeprägte – Enttäuschung vom Verlauf der Französischen Revolution bzw. durch die von Paris nach Deutschland dringenden Nachrichten. Zu berücksichtigen bleiben schließlich die unterschiedlichen biographischen Erfahrungen der Autoren und ihre Fähigkeit zum Arrangement oder darin, sich auf die gesellschaftlich konkrete Realität einlassen zu können: Zwischen Goethe und Hölderlin z. B. liegen Welten. Keiner der Autoren, die der Klassik zugerechnet werden können, hat die in Deutschland wohl nur ästhetisch oder spekulativ formulierbare Utopie so intensiv beschworen wie Hölderlin. Hintergrund ist zum einen die Besonderheit seiner dialektischen, auf geschichtlicher wie individueller Ebene entwickelten Spekulation, die er selbst im Bild der „exzentrischen Bahn" formuliert hat: „Wir durchlaufen alle eine exzentrische Bahn, und es ist kein anderer Weg möglich von der Kindheit bis zur Vollendung" (Hyperion. Vorrede zur vorletzten Fassung. In: Hölderlin: Sämtliche Werke. Kleine Stuttgarter Ausgabe, hrsg. von Friedrich Beissner. 3. Band. Kohlhammer, Stuttgart 1958, S. 249. – Vgl. dazu auch: Wolfgang Schadewaldt: Das Bild der exzentrischen Bahn bei Hölderlin. In: Hölderlin-Jahrbuch 1952, S. 1–16; Beda Allemann: Friedrich Hölderlin. Die vaterländische Umkehr. In: ders.: Hölderlin und Heidegger. Freiburg 1954, S. 11–66). Hölderlin hat das Bild gewonnen aus einer graphischen Darstellung Keplers, der Darstellung der Bahnen des Jupiters und des Saturns (vgl. dazu Pierre Bertaux: Friedrich Hölderlin. st 686. Suhrkamp, Frankfurt a. M. 1981, S. 388 f.): Zwei sich berührende Kreise stehen symbolisch für den mehrfachen dialektischen Lauf vom Zentrum des Bei-sich-selbst-Seins in die äußerste Ferne des Selbstverlusts und zurück ins Zentrum. Grundfigur ist die Erfahrung der extremen Entfremdung, Verirrung, Bedrohung, Kälte als

Drittes Kapitel: Zu Text 60, S. 101 f.

Voraussetzung für eine Erlösung und Heilung. Diese „exzentrische Bahn" – dies ist der zweite Erklärungsaspekt für Hölderlins geradezu verzweifelt utopische Kraft – wurde von Hölderlin selbst erlebt und durchlitten, in der eigenen Biographie wie in der Wahrnehmung seiner Gegenwart, als Zeit der Erstarrung, Kälte, Gottferne und Entfremdung massiv empfunden (vgl. Text 47). Die Figur der „exzentrischen Bahn" läßt gerade die Leiderfahrung zum Zeichen für die künftige Erfüllung werden: In der 1800 während Hölderlins Stuttgarter Aufenthalt bei Landauer entstandenen Elegie ‚Brot und Wein' heißt es: „Nur zu Zeiten erträgt göttliche Fülle der Mensch. / Traum von ihnen ist drauf das Leben. Aber das Irrsal / Hilft, wie Schlummer, und stark machet die Not und die Nacht, / Bis daß Helden genug in der ehernen Wiege gewachsen / Herzen an Kraft, wie sonst, ähnlich den Himmlischen sind." In der bei Gonzenbach in Hauptwil 1801 entworfenen Hymne ‚Patmos' formuliert Hölderlin knapper, als dialektische Sentenz geradezu: „Wo aber Gefahr ist, wächst / Das Rettende auch."

Die beiden Hölderlin-Texte widerspiegeln die enge Verbindung von historisch allgemeiner und biographisch persönlicher Hoffnung. Die beiden Ebenen sind in Text 60 als Brief miteinander vermittelt, in dem dichterischen Text 61 ist greifbar nur die allgemeine Aussage in visionärer Gestaltung.

60 Friedrich Hölderlin: An Christian Landauer (S. 101 f.)

Zur Entstehung des Textes

1798 hatte sich Hölderlin vom Hause des Kaufmannes Gontard in Frankfurt (seit 1795 war er dort Hauslehrer) trennen müssen, er lebte in Homburg in der Nähe seines Freundes Isaak von Sinclair (1775–1815) und lernte dort den Kreis der politischen Freunde um Sinclair kennen, die eine politische Umwälzung in Württemberg wünschten. Eine „Schwäbische Republik" sollte entstehen. Die Hoffnungen scheiterten an den andersgelagerten Plänen der französischen Regierung. Hölderlin arbeitete am ‚Empedokles' und plante die Herausgabe einer poetischen Monatsschrift; von Goethe, Schiller, Schelling u. a. erhielt er nur ablehnende Antworten. Susette Gontard (Diotima) traf er noch heimlich bis zum Frühjahr 1800 in Frankfurt. Nach der endgültigen Trennung von ihr kehrte er im Sommer 1800 kurz nach Nürtingen zu seiner Mutter zurück und lebte dann in Stuttgart im Haus seines Freundes Landauer. Den Kaufmann Christian Landauer (1769–1845) hatte Hölderlin 1795 kennengelernt, vier Gedichte Hölderlins beziehen sich auf diesen stets hilfsbereiten Freund. Hölderlin fand dort die so ersehnte „Zufriedenheit und Ruhe" (zitiert nach Bertaux: Hölderlin, s. o., S. 47). Es entstand in Stuttgart u. a. die Elegie ‚Brot und Wein'. Durch Vermittlung des französischen Gesandten in der Schweiz erhielt Hölderlin eine Hofmeisterstelle in der Schweiz: Von Januar bis April 1801 war er Hauslehrer bei dem Kaufmann Anton Gonzenbach in Hauptwil. U. a. entstanden hier ein Gedicht an Sinclair und die ersten „Vaterländischen Gesänge". In diese Zeit fiel auch der Frieden von Lunéville, am 9. 2. 1801 zwischen der Französischen Republik und dem Deutschen Reich geschlossen: Die linksrheinischen Gebiete fielen an Frankreich. Dieser Friede wurde allgemein freudig begrüßt, Hölderlin empfand ihn als Zeichen der Erlösung. An seine Schwester Rike schrieb er: „Ich glaube, es wird nun recht gut werden in der Welt. Ich mag die nahe oder die längstvergangene Zeit betrachten, alles dünkt mir seltne Tage, die Tage der schönen Menschlichkeit, die Tage sicherer, furchtloser Güte, und Gesinnungen herbeizuführen, die ebenso heiter als heilig, und ebenso erhaben als einfach sind" (23. 2. 1801, in: Kleine Stuttgarter Ausgabe, s. o., Band 6, S. 443).

Zur Interpretation

Der Brief ist folgendermaßen gegliedert: Rahmenthema ist die Freundschaft (S. 101, Z. 18–33; S. 102, Z. 24–32), für die Generation Hölderlins nicht minder wichtig als für die empfindsame Generation (vgl. die Erläuterungen zu den Texten 28–31). Es folgt der Eindruck, den die Alpen bei Hölderlin hinterlassen haben, verknüpft mit der Vorahnung des Frühlings (Z. 34–S. 102, Z. 2).

Im Zusammenhang von Hölderlins lyrischer Produktion – wie der lyrischen Tradition überhaupt – sind „Alpen" wie „Frühling" symbolische Motive, und Landauer kennt Hölderlins Gedichte und seine natur- und geschichtsphilosophische Theorie. In bezug auf die Alpen erinnert Hölderlin an diesen Verweisungszusammenhang: „Mutter Erde" – „Heldenjugend" – „das alte bildende Chaos", die gegenwärtige „Ruhe" dagegengesetzt. Der Frühling indes steht anschließend im Kontext unmittelbar persönlichen Erlebens vor dem Hintergrund der unglücklich perspektivelosen Liebe zu Susette Gontard (S. 102, Z. 1 f.). Die Vorahnung des Frühlings wird derart insgesamt zu einem persönlichen Symbol eines neuen Anfangs, wie der nächste Abschnitt verdeutlicht: Überlegungen zur persönlichen Identität (S. 102, Z. 3–13). Die Grundstruktur der Dialektik ist auch hier gegeben – ähnlich der Antithetik von Chaos und Ruhe, als sukzessive Folge

Drittes Kapitel: Zu Text 60, S. 101f.

und als Gleichzeitigkeit dargestellt (S. 101, Z. 36 f.): als Gleichzeitigkeit von Sammlung in sich selbst und Öffnung für andere, für die Welt (Z. 9–13) und als Sukzession aus dem vergeblichen Ansatz der Selbstaufgabe und Belastung für andere (Z. 3–7) in den Zustand der Harmonie mit sich und der Welt. Die inhaltliche Linie von erlebter und erwarteter Harmonie – Freundschaft, Naturerlebnis, persönlicher Identität – hält sich im nächsten Abschnitt durch, ermöglicht ihn vielleicht ohne Übergang: Die an den Frieden von Lunéville geknüpften politischen Hoffnungen werden formuliert (Z. 14–23). Auffallend ist der relativ gedämpfte Ton: Positiv werden betont die Erwartung einer nun reduzierten Bedeutung des Politischen (Z. 15–18), der Rückzug in die Innerlichkeit, die Freiheit des Privaten (Z. 18 f.) und die hier mögliche schöne Form des Umgangs miteinander (Z. 19). Die jakobinischen Hoffnungen noch der Homburger Zeit sind geschwunden, die Hoffnung auf Ruhe allein ist geblieben. Der hier als wesentlich betonten Dimension des Privaten folgt abschließend noch einmal die festhaltende Erinnerung an die in Stuttgart erlebte Freundschaft: „schöne Geselligkeit" im unmittelbaren Umgang miteinander.

Zum Verständnis einzelner Begriffe
- „gründliche Menschen" (S. 101, Z. 26 f.): Der Begriff „Grund" meint bei Hölderlin häufig das Ewige in uns und um uns, die pietistische Tradition steht im Hintergrund. Dies hat Konsequenzen für den Gebrauch des Adjektivs: „Gründlich" ist, was auf dem ewigen Grund unseres Wesens und unseres Lebens beruht.
- „das alte bildende Chaos" (S. 101, Z. 37): Nach frühgriechischer Kosmogonie war am Anfang das Chaos, dann Gaia, die Erde, dann Uranos, der Himmel. Nach Hesiod (Theogonie. V. 126–129) gebar Gaia neben Uranos auch die hohen Berge als Sitz der Götter, „der Götter liebliche Wohnungen".
- „Schutzgeist" (S. 102, Z. 4): Hölderlin spricht in gleicher Bedeutung gelegentlich auch vom Genius als metaphysischem, dem Menschen innewohnendes Wesen.
- „Boreas" (S. 102, Z. 21): Der Nordwind wird bei Homer durch bestimmte Epitheta als besonders unfreundlich gekennzeichnet: „herbstlich" oder „frostentstammt"; Hölderlin nennt ihn in der Ode ‚Vulkan' den „Erbfeind" und „der Liebenden Feind", es ist der Feind herzlicher Verbundenheit, des „Gemeingeistes" und der „heiligen Herrschaft der Liebe und Güte" (Brief an den Bruder Karl, Neujahr 1901).

Unter der Perspektive einer positiv erlebten und künftig erhofften Wende sind verschiedene Ebenen verbunden: persönliche Entwicklung, Naturerfahrung, Erfahrung privater Geselligkeit, Politik in ihrer Reduktion auf die Bedingung der Ermöglichung privater Freiheit.

Zur Behandlung im Unterricht
- Die Herausarbeitung der Gliederung erhellt den sich durchziehenden thematischen Aspekt erlebter und erhoffter Harmonie, dargestellt auf unterschiedlichen Ebenen. Zu reflektieren wäre hier das Problem der Wahrnehmung von Realität als immer subjektive Wahrnehmung, vom subjektiven Erleben, von Stimmungen beeinflußt oder gesteuert.
- Die Harmoniehoffnung erscheint in politischer Hinsicht stark reduziert. Dies ist sicherlich nicht als Resultat einer Stimmung oder biographischen Situation zu erklären. Hölderlins biographische Erfahrungen (Tübinger Stift, Hauslehrerexistenz, Kontakt zu politisch aktiven Kreisen durch Sinclair) erscheinen vielmehr in ihrer Gesamtheit typisch für die Situation des deutschen bürgerlichen Intellektuellen im Kontext der Französischen Revolution: materiell abhängig und gezwungen zum Arrangement, im geistigen Horizont weit entfernt sowohl von der eigenen Berufstätigkeit wie von den gegebenen sozialen und politischen Verhältnissen, beides weit übersteigend.
- Der dritte Aspekt betrifft die politische Realität selbst: Deutschland zu Beginn des 19. Jahrhunderts. Vgl. dazu die Überlegungen zum Humanitätsbegriff (S. 110 ff.); vgl. ferner: Arnold Hauser: Sozialgeschichte Kunst und Literatur. C. H. Beck, München 1969, S. 617–647. – Walter H. Bruford: Kultur und Gesellschaft im klassischen Weimar 1775–1806. Vandenhoeck & Ruprecht, Göttingen 1966. – Heinz Ide/Bodo Lecke (Hrsg.): Ökonomie und Literatur. Zur Sozialgeschichte und Literatursoziologie der Aufklärung und Klassik. Diesterweg, Frankfurt a. M. 1973. – Als Vermittlungsform bietet sich das Schülerreferat an.

61 Friedrich Hölderlin: Ermunterung (S. 103)

Zur Entstehung des Textes
Friedrich Beissner ordnet den Text in die Zeit von Hölderlins Aufenthalt bei Landauer ein, 1800/01 (zum biographischen Hintergrund vgl. die Erläuterungen zu Text 60).

Zu Hölderlins Lyrik
Die offensichtliche Fremdheit des Gegenstandes erfordert einige allgemeine Informationen, beschränkt auf drei Aspekte: Hölderlins Sprache und Auffassung von Sprache, seine Bildwelt, die Form seiner Lyrik.
In Orientierung an Herders Preisschrift ‚Über den Ursprung der Sprache' sieht Hölderlin in der Poesie die Basis menschlichen Sprechens: „Ein jedes Wesen tönt auf seine Weise, die spezifische Tonart des Menschengeschlechts ist die Sprache [...]. Ursprünglich ist die Sprache Gesang, wie der Gesang der Lerche, der Nachtigall schon Sprache ist. Poesie als Gesang ist die Muttersprache des Menschengeschlechts. Prosa, als Instrument der abstrakten Kommunikation, ist ein spätes Gebilde, ein künstliches, technisches [...] Mittel – eine Abart und in einem gewissen Sinne eine Entartung der göttlich-natürlichen Sprache" (Pierre Bertaux: Friedrich Hölderlin. st 686. Suhrkamp, Frankfurt a. M. 1981, S. 370 f.). Daher ist Hölderlins Prosa weitgehend prosodisch geprägt, laut und rhythmisch zu sprechen, damit sie ihren Klang entfalten kann.
Die historische Entwicklung der Sprache hat nach Hölderlin mit zunehmender Abstraktion zur Folge ein Vertrocknen, ein Verdorren ihrer lebendigen Kraft: Für Herder wie für Hölderlin ist bezeichnend diese organologische Betrachtungsweise, bezeichnend bei Hölderlin die Metapher des Blühens, der Blume in Verbindung mit dem Wort. In ‚Brod und Wein' heißt es: Wenn der Dichter sein Liebstes nennt, „müssen dafür Worte, wie Blumen, entstehen". Im vorliegenden Text wird im Zusammenhang mit dem „Menschenwort" (Z. 29) ein neues Blühen, ein neuer Frühling der Menschheit versprochen: Z. 15–19. Die Ode enthält weitere zentrale Aussagen über die Bedeutung der Sprache in Hölderlins Weltsicht und Metaphysik: Das höchste göttliche Prinzip herrscht sprachlos (Z. 27 f.), „die Götter" bedürfen keiner Sprache, sie reden in Zeichen, die von den Menschen gedeutet werden müssen; der Mensch hat durch seine „Seele" (Z. 18) Anteil am Göttlichen; in uns wird dieser göttliche „Geist" zum „Wort" (Z. 28 f.); derart ausgezeichnet, haben wir das Göttliche „mit Namen" zu „nennen", auszusprechen (Z. 29 f.). Bertaux betont und verallgemeinert dieses theologische Moment, Hölderlin war und bleibe Theo-loge: „Er redet nur vom Göttlichen und hat sein Leben lang von nichts anderem geredet, als vom Göttlichen. [...] Beruf des Dichters ist es, das Göttliche zu lobpreisen" (Bertaux, s. o., S. 364). Der Dichter hat die Funktion des Mittlers, eine in mehrfacher Hinsicht schwierige oder riskante Funktion: Die Sprachwerdung des Göttlichen in dichterischer Begeisterung kann mißlingen, das Wort verdorrt bleiben, seine lebendige Kraft vermag es möglicherweise nicht zurückzugewinnen; in der Sprache liegt zudem eine gefährliche Kraft: Das falsche Wort der Lüge und Täuschung zerstört, das Wort vermag sogar tödlich zu sein (‚Anmerkungen zur Antigonä'). Der Dichter bleibt möglicherweise von den Menschen mißverstanden, mißachtet, verfolgt; daraus folgt ein letztes Problem: Es ist nicht immer die Zeit für das dichterische Wort, die Vermittlung des göttlichen Auftrags realisiert sich historisch (vgl. dazu die Erläuterungen zum Begriff der Humanität, S. 110 ff., und die einleitenden Bemerkungen zu den Texten 60 und 61).
Die Konsequenz dieser Auffassung ist eine bestimmte Sprachgestaltung in dem Bemühen um das lebendige Wort, eine etymologisch orientierte Sprache, exemplarisch zunächst verdeutlicht: Das am häufigsten von Hölderlin benutzte Epitheton ist „heilig" (s. auch Z. 3), bei Hölderlin ist es die Kurzformel für das, was „heil", also ganz ist oder „heilend" etwas Einseitiges, Abstraktes durch Entgegensetzung des fehlenden anderen zum Ganzen harmonisch ergänzt. Ein zweites Beispiel: „Dank", „Gedanken", „Andenken" und ähnlich die entsprechenden Verben stehen für Hölderlin in einem etymologischen Zusammenhang miteinander; „dankbar ist, wer noch des Ursprungs gedenkt. Dankendes Gedenken sind Hölderlins Feste" (Bertaux, s. o., S. 374). Der „Dank" der Kinder der Erde (Z. 25 f.) impliziert derart das Gedenken in der Sprachwerdung durch das Wort des Dichters. Wie Schiller, wie Hegel spürt auch Hölderlin im Wort „Geist" die vermeintliche Grundbedeutung „gest" (= Aufgären eines Getränks), „gischt": Das Sich-Entfalten der Erde (Z. 25 f.) steht daher für Hölderlin in einem inneren, kausalen Zusammenhang mit der Entfaltung auch des göttlichen Geistes (Z. 28 ff.) als Resultat. Selbst das Adverb „gerne" wird von Hölderlin sprachintensiv gebracht, es bezeichnet ihm „den freien Einklang von Gesetz und Neigung, das freie Ja zum vorherbestimmten Geschick" (Bertaux, s. o., S. 375).
Die etymologische Erneuerung der Sprache findet sich ähnlich bei Fichte, Schelling, Hegel. Sie hat für Hölderlin – so hebt Pierre Bertaux hervor – zugleich eine pädagogisch politische Funktion: Es geht darum, „künftige Generationen dazu heranzubilden, daß sie des ursprünglichen Wertes der freigeborenen Vokabeln, und damit der antiken Freiheit, wieder mächtig werden" (s. o., S. 377).

Drittes Kapitel: Zu Text 61, S. 103

Hölderlins Sprachgebrauch und seiner Auffassung von Sprache korrespondiert die vom diskursiven oder linearen Denken unterschiedene Form des poetischen Denkens, ein Denken in Bildern. Ähnlich Goethes Denkansatz (vgl. zum folgenden die Erläuterungen zu den Texten 54 und 55) geht es auch Hölderlin um die Vermittlung von Anschauung und Begriff, historischer oder natürlicher Konkretion und intellektueller Abstraktion: Die vorgefundene „Mythe" oder das neu geprägte dichterische Bild vermitteln beide Ebenen. Resultat ist eine tendenziell hermetische Dichtung, ein schwer zu entschlüsselndes Chiffrensystem, wie Walther Killy es nennt. „Die Chiffren werden nach einem System gefügt, dessen Code nicht die Welt allein, sondern der Dichter entworfen hat; ein neues System von Bildern erwächst, das nicht mehr allgemeinverbindliche der Privatmythologie" (Walther Killy: Welt in der Welt. Friedrich Hölderlin. In: ders.: Wandlungen des lyrischen Bildes. Vandenhoeck & Ruprecht, Göttingen 1961, S. 44). Killy verdeutlicht exemplarisch: Hölderlins Bild vom „himmlischen Feuer" ist einmal, dies ist seine sinnfällige Basis, das Feuer im Tempel zur Verehrung des Gottes; zugleich ist es das in der Brust der Männer glühende Feuer, „wenn es den Himmlischen Platz auf Erden zu schaffen gilt, es kommt als Zeichen des Gottes" (Killy, s. o., S. 45). Schließlich, ein dritter Aspekt, vermag es zerstörend zu verzehren, wenn es durch Kultus und Pflege nicht gehalten wird. Zurück bleibt dann „der goldene Rauch", für Hölderlin einmal sinnfällig der Duft der Landschaft, zugleich aber mehr, das was zur Vergangenheit als die Zeit der Götter vermittelt, das Andenken. Erst in der Beziehung zu anderen gewinnt also die einzelne Chiffre ihren Sinn: „Sie hat ihn nicht, wie das Bild bei Goethe, von Natur, mag er dort auch sehr verborgen sein. Sie erhält ihn, vom Dichter mit großer Kunst gestiftet, der die Chiffren [...] gegeneinander bewegt, um eine vielbezogene, tiefsinnig und vieldeutige Welt zu erbauen" (Killy, s. o., S. 46). Für dieses komplexe Verstehen sind wir ausgestattet durch ein „zweideutig Gemüth": „Ich habe zweideutig ein Gemüth, genau es zu sagen" (Hölderlin. Kleine Stuttgarter Ausgabe, s. o., Band 5, S. 287). Walther Killy erläutert: „Der menschliche Sinn [...] ist nicht eingeschränkt auf die Eindeutigkeit der jeweiligen Meinung der einzelnen Worte, sondern er vermag in einem konjunktiven, assoziierenden Akt ein Drittes herzustellen, in dem die genaue Identifikation erreicht wird" (s. o., S. 46).
Aufgabe des Dichters, der wie die Mythen, wie alle Religion, das poetische Denken entfaltet, ist die Wiederherstellung des in der historischen Entwicklung verlorenen Zusammenhangs des Ganzen der Erscheinungen in seiner Wahrheit und Göttlichkeit: ein metaphysisches Verstehen von Dichtung, geschichtsphilosophisch begründet und – zumindest phasenweise – politisch konkret vermittelt in der Rezeption der Französischen Revolution. Das Resultat ist nach Walther Killy „eine bis dahin unerhörte Subjektivierung der Gegenstände"; die Phänomene der Natur, der Kunst, der Geschichte werden zu Chiffren der inneren poetischen Welt. „Das System als solches, seine Prinzipien sind da, sie bilden das Ganze; die Bilder behalten ihr gewohntes Aussehen, aber sie bedeuten nicht mehr das, was wir ihnen zu verbinden gewohnt sind, sondern sie erfüllen eine Funktion in jenem dichterischen System, aus der erst ihre Bedeutung erschließbar wird" (s. o., S. 50).
Die Prinzipien jenes Chiffrensystems folgen aus dem „poetischen" Denken, aus der „Verfahrensweise des poetischen Geistes", wie Hölderlin das in einem Aufsatzentwurf ausdrückt, oder aus der „poetischen Logik", die in den ‚Anmerkungen zur Antigonä' erwähnt wird. Die Bilder verbinden sich nach einer assoziativen Gesetzmäßigkeit, z. B. nach Ähnlichkeit und Gleichgestaltigkeit oder nach Opposition und Entgegensetzung. Daraus erklärt sich auch die parataktische, harte Fügung als Grundfigur von Hölderlins Syntax. Für das dichterische Sprechen weist Hölderlin die logisch-grammatische, subordinierende Struktur des Sprechens ebenso ab wie die Linearität chronologischer Folge: Für den ‚Hyperion' wie für die meisten Gedichte läßt sich in der Komposition die Aufhebung der logischen wie der zeitlichen Reihenfolge beobachten. Aus diesen und ähnlichen Beobachtungen hat man auf die strukturelle Affinität der Hölderlinschen Dichtung zur Musik geschlossen, darauf, „daß seine Gedichte als musikalische Gefüge entworfen und durchgeführt werden, also als solche verstanden werden müssen – und nicht als literarische Produkte des Schreibens" (Bertaux, s. o., S. 399).
Die folgenden Aussagen zur Form hängen damit zusammen. Für Hölderlin ist kennzeichnend eine im Unterschied zu Weimar strengere Form in der Tradition Klopstocks: Hölderlin vermeidet den Hiat, die Auslassung von Vokabeln des Metrums willen, er bemüht sich um die exakte metrische Form ohne jede Vergewaltigung des natürlichen Sprechrhythmus unter Berücksichtigung allerdings der versetzten oder schwebenden Betonung als emphatisches Stilmittel. Hintergrund ist hier eine in den theoretischen Entwürfen formulierte Poetologie, der zufolge das formal Äußere als Äußerung, das Gedicht als Formalmaterielles und Geistig-sinnliches zu verstehen ist. Der Form kommt dabei ein gewisses Eigengewicht zu. Hölderlin beschränkt sich in seinen Oden auf zwei Strophenformen, so daß im Silbenmaß selbst schon ein bestimmter Ausdruck vorgegeben ist. Der alkäischen, hell-raschen, stürmenden Tonart steht das asklepiadeische,

Drittes Kapitel: Zu Text 61, S. 103

dunkel-nachdenkliche Tongeschlecht gegenüber – so die Klassifikation Friedrich Beissners.
Der vorliegende Text ist eine alkäische Ode:

x x́ x x́ x | x́ x x x́ x x̌
x x́ x x́ x | x́ x x x́ x x̌
x x́ x x́ x x́ x x́ x
x́ x x x́ x x x́ x x́ x

Wolfgang Binder beschreibt die alkäische Strophe folgendermaßen (Wolfgang Binder: Hölderlins Odenstrophe. In: Über Hölderlin. Aufsätze. Insel, Frankfurt a. M. 1970, S. 5–32): An den Vers- und Kolongrenzen treffen immer Hebung und Senkung zusammen, die rhythmische Bewegung läuft ohne Bruch; die neunsilbige dritte Zeile wiederholt verdoppelnd das erste Kolon der elfsilbigen Zeilen, die zehnsilbige vierte Zeile wiederholt verdoppelnd das zweite Kolon; daraus ergibt sich folgende Strophenform: Zwei identischen Stollen folgt ein Abgesang, der aus ihren jeweils verdoppelten Elementen besteht: a a b, eine volkstümliche Form, wie sie Kinderliedern, Tanzliedern u. a. zugrunde liegt; insgesamt ergibt sich folgende Bewegung: Die ersten Teile der Stollen und des Abgesangs steigen jeweils, die zweiten fallen, d. h., die Strophe „hebt und senkt sich dreimal, das dritte Mal in einer doppelt so breiten Welle wie zuvor, wie die Dünung des Meeres" (s. o., S. 11). Der Charakter naturhaft gleichmäßiger Bewegung tritt betont hervor, Betonung also, meint Binder, des natürlichen Lebens und der Zeit gegenüber der in allen Hinsichten gegenläufigen asklepiadeischen Form (Gefügecharakter, Antithetik, Betonung des Raumes, des strukturierenden Denkens). Beide Formen lassen sich ihrerseits wieder beziehen auf die beiden Pole des „Griechischen" und des abendländisch „Hesperischen" – Hölderlins Werk als Weg und Vermittlung zwischen diesen beiden Polen.

Zur Behandlung im Unterricht
Der Text wird Schülern heute vermutlich zunächst in starkem Maß fremd und unzugänglich erscheinen. Ein Zugang ist möglich einmal durch Vermittlung einer Vorstruktur; im Lehrervortrag z. B. ließe sich eine Einführung in Hölderlins Lyrik erreichen auf der Grundlage der oben gegebenen Darstellung. Induktiv könnte man die Zugangsproblematik vielleicht auch lösen. Relativ leicht erschließt sich der gedankliche Aufbau: ein noch argumentativ strukturierter Appell, das Schweigen aufzugeben (Z. 1–14), und die Vision einer Utopie der Sprachwerdung des Göttlichen im Dichterwort, die Utopie einer künftigen Harmonie (Z. 14 ff.). Im Unterrichtsgespräch zu klären ist der Adressat der Ansprache. Von daher erschließt sich die Rolle des Dichters als Mittler zwischen dem Göttlichen und der gesellschaftlichen Realität. Auf dieser Grundlage bietet sich eine Auswahl folgender Untersuchungsaspekte an, sukzessive im Unterrichtsgespräch oder arbeitsteilig in Partnerarbeit organisiert (inhaltlich in den oben gegebenen Hinweisen zu Hölderlins Lyrik weitgehend thematisiert):

– Was führte zum Verstummen des Dichters? Aus welchen Gründen soll er sein Schweigen beenden? (Z. 1–14.) Die Textaussage läßt sich u. U. geschichtsphilosophisch vertiefen (vgl. die einleitenden Erläuterungen zu den Texten 46/47 und 60/61).
– Schweigen und poetisches Sprechen: Welche Auffassung von Sprache findet sich im Text? Welche Aufgaben hat das dichterische Sprechen? (Vgl. Z. 1, 15–23, 27–30.)
– Wie wird die künftige Utopie inhaltlich beschrieben? Götter, Natur und Menschen: Welche Beziehungen liegen vor? Zu berücksichtigen sind u. a. der Gebrauch der Begriffe „Seele" (Z. 14, 18), „Geist" (Z. 10, 28) und die Verwendung des Motivs „Blumen/Blühen" (Z. 7 f., 19).
– Welche Gegensätze kennzeichnen den Text? Wodurch ist insbesondere die Nachtseite der Götterferne gekennzeichnet?
– Läßt sich die Form der alkäischen Ode auf Thematik und Aussage beziehen (Hölderlins prophetisch pathetischer Ton; die Gesetzmäßigkeit natürlicher Bewegung)?

Viertes Kapitel: Romantik

Einleitung

Man hat die Romantik lange als Gegensatz zur Klassik aufgefaßt. Dabei wird übersehen, daß Goethe für die Romantiker immer ein unbestrittenes Vorbild bedeutet hat, mit dem sie sich auseinandersetzen mußten, wie etwa Novalis mit Goethes ‚Wilhelm Meister' während seiner Arbeit am ‚Heinrich von Ofterdingen'.
Im Vergleich der deutschen mit der englischen Romantik wird die Gleichzeitigkeit besonders deutlich. Wordworth und Coleridge, die ihre ‚Lyrical Ballads' 1798, also im gleichen Jahr herausbrachten, in dem die ersten ‚Athenäum'-Ausgaben erschienen, mußten sich mit der elitären, geistreichen, an einem klassisch gebildeten Publikum orientierten Lyrik der englischen Aufklärung auseinandersetzen, während die deutschen Romantiker bereits von Goethes Erlebnislyrik ausgehen konnten.
Die älteren Romantiker (die Brüder Schlegel, Novalis, Tieck) sehen ihre Positionen nicht als Gegensatz zur Klassik, eher als deren Ergänzung und Erweiterung. Auch sie sind von der Französischen Revolution und ihrem Verlauf geprägt, wenn auch in anderer Weise als Goethe und Schiller.
Der Sturm und Drang fand in der vorrevolutionären Epoche statt, es gab Hoffnungen und auch Illusionen, die so für die spätere Generation nicht mehr möglich waren, wie zum Beispiel der Glaube an die Fürstenerziehung. Zwar hat die Französische Revolution auch die Ansprüche und Ideale der Romantiker geformt, aber ihre Generation mußte sich über die dürftigen Möglichkeiten, sie in politisch-gesellschaftliche Praxis umzusetzen, weit stärker im klaren sein als die ältere Generation. Der Rückzug Goethes in einen Kompromiß zwischen Innerlichkeit und tätigem Leben war der ganz jungen Generation noch nicht möglich.
„Sie, die Söhne und Töchter der ersten Generation deutscher Bildungsbürger und verbürgerlichter armer Adelsfamilien, haben die Wahl zwischen den verkrüppelnden Unterdrückungspraktiken deutscher Duodezfürsten und der Überwältigung durch Napoleon; zwischen dem anachronistischen Feudalismus der deutschen Kleinstaaten und der zwangsweisen Einführung überfälliger verwaltungs- und handelstechnischer Reformen durch den Usurpator, der den Geist der Revolution natürlich strikt niederhält: wenn dies eine Wahl genannt werden kann, so ist es eine, die das Handeln an seiner Wurzel, schon im Gedanken, erstickt. Sie sind die ersten, die es bis auf den Grund erfahren: Man braucht sie nicht" (Christa Wolf: Günderode-Essay).
Die Romantiker übernehmen die Kritik des Sturm und Drang an der Aufklärung. Der rechthaberische, alles erklärende und nichts verstehende Rationalismus ihrer Zeit muß ihnen als die deutsche Misere stabilisierend erscheinen. Sie wenden sich deshalb gegen die bloße Abstraktion, die nicht mehr nach der Berechtigung ihrer Ziele fragt, gegen das, was wir heute die Logik des Sachzwangs nennen. Jedoch denunzieren die Romantiker die Vernunft nicht. Ihre Kritik wendet sich einerseits gegen das Ancien régime, das den Menschen zur Marionette degradiert; andererseits aber sehen sie im heraufkommenden bürgerlichen Zeitalter die drohende Herrschaft eines platten Materialismus, der die Welt nach Profitinteressen zu organisieren versucht.
So sehen sich die Romantiker einem Nützlichkeits- und Zweckmäßigkeitsdenken und einer fortschreitenden Verfestigung dieser Strukturen gegenüber. Sie erfahren diese Situation als Angst und Depression. In vielen ihrer Prosatexte gibt es die Figur des scheiternden, der Selbstzerstörung ausgelieferten Künstlers. Jeder, auch der scheinbar schlichteste lyrische Einschub, läßt bei genauerer Einordnung in den Kontext unversehens Komplexität und Doppelbödigkeit aufscheinen.
Mit dem Gestaltungsmittel der romantischen Ironie versuchen sie, sich in ihrem Bewußtsein über die Unauflöslichkeit dieser Spannungen zu erheben. Der radikale Subjektivismus erscheint als einzige Möglichkeit, einer immer stärker zweckrational bestimmten Welt den Anspruch auf Selbstverwirklichung entgegenzusetzen.
Die Vereinsamung des Subjekts in einer solchen Welt ist eine der Grunderfahrungen der Romantiker, der sie nicht nur literarisch begegnen. In ihren Freundschaftszirkeln und engen persönlichen Beziehungen versuchen sie sich auch in anderen Lebensformen als den damals üblichen zu verwirklichen.
Nicht von ungefähr erlebt die Briefliteratur in dieser Zeit eine ungeahnte Blüte, bietet doch der Brief die Möglichkeit, den tatsächlich vorhandenen engen Spielraum zu erweitern und sprachlich mit Reflexionen und Schilderungen auszugestalten.
Es sind vor allem Frauen, die sich dieses Mittels bedienen, um ihre sie noch viel stärker einschränkenden gesellschaftlichen Bedingungen wenigstens literarisch zu reflektieren und in Frage zu stellen.

Viertes Kapitel: Zu Text 62, S. 104 ff.

Der Subjektivismus, der Rückzug in die Innerlichkeit, ursprünglich durchaus nicht als unpolitisch gedacht, erweist sich im folgenden als politisch benützbar in einer verhängnisvollen Weise. Nicht nur die Tatsache, daß viele Romantiker im Alter einen Hang zum National-Konservativen entwickeln, sondern auch ihr Festhalten an einer idealistischen Geschichtsauffassung, die in erster Linie philosophisch bestimmt ist, macht ihre Vorstellungen vom goldenen Zeitalter benützbar für die Zwecke der Restauration (vgl. die Ausführungen zu Novalis' ‚Europa': Text 62). Bis auf Bettina von Arnim sind die Romantiker den neu aufkommenden sozialen Fragen ausgewichen.

Begründung der Textauswahl
Das Romantik-Kapitel folgt nicht der üblichen Einteilung in Früh- und Spätromantik, da dies für eine induktive Arbeit mit Texten und Textausschnitten in bezug auf epochentypische Themen- und Strukturmerkmale hin nicht sinnvoll erscheint, weil damit eine vorgegebene, in so schmalem Umfang nur chronologisch strukturierende Kategorie dominieren würde, ohne daß die damit verbundene Frage nach den gesellschaftlichen, sozialen und historischen Hintergründen und entsprechenden literarischen Produktionsbedingungen gestellt werden könnte.

I. Verklärte Vergangenheit (S. 104 ff.)

Das goldene Zeitalter der Romantiker lag nicht mehr im antiken Griechenland. Da das verklärende Mittelalterbild der deutschen Romantik nicht nur für C. D. Friedrich, sondern für weite Bereiche der bildenden Kunst des 19. Jahrhunderts bis zur simplen Märchenillustration Grimmscher Hausmärchen in seiner Verkitschung prägend war, sollte dieser Bereich in den Textvorschlägen präsent sein. ‚Die Christenheit oder Europa' wurde so gekürzt, daß die paneuropäische, die einzelne Nation transzendierende Dimension des Glaubens sichtbar und damit das progressive Element einer nach rückwärts gewandten Utopie deutlich wird und gegen die spätere Verflachung und Trivialisierung abgegrenzt werden kann.
Der Heine-Text über die mittelalterliche Kathedrale soll zur Frage anregen, ob eine solche rückwärtsgewandte Utopie ohne Verfälschung der Geschichte und ohne Flucht aus der eigenen Zeit heraus überhaupt möglich ist. Dieser Text kann freilich nicht mehr als einen Anstoß bedeuten, um naives Lesen und eine unkritische, unhistorische Rezeption zu verhindern.

62 Novalis: Die Christenheit oder Europa (S. 104 ff.)

Die Entstehung des Textes und die Probleme seiner Rezeption
Novalis' Aufsatz ‚Die Christenheit oder Europa' ist 1799 für die Zeitschrift ‚Athenäum' geschrieben worden. Vom Tage der ersten Vorlesung an ist er Gegenstand heftigster Kontroversen gewesen; kaum ein anderes seiner Werke hat eine so widerspruchsvolle Rezeption erfahren.
Der Aufsatz wurde unter dem Einfluß von Schleiermachers Reden ‚Über die Religion' konzipiert. Er geht insofern über Schleiermacher hinaus, als er ein vertieftes Verständnis der Geschichte als eines „Evangeliums" anstrebt, d. h. als eines Ganzen, das auf eine Heilsverkündung hin angelegt ist und in dem sich Vergangenheit und Zukunft organisch verknüpfen. Eine weitere wichtige Dimension des Textes befaßt sich mit der Französischen Revolution und deren Auswirkungen auf Europa.
Der Aufsatz ist als Rede entworfen und im Jenaer Kreis diskutiert worden. Die Freunde hatten gegen eine Publikation so starke Bedenken, daß sie sich an Goethe als Schiedsrichter wandten. Über die vorgebrachten Bedenken des Jenaer Kreises ist im einzelnen nichts überliefert. Es bleibt festzuhalten, daß bereits im Kreise der Frühromantiker ‚Die Christenheit oder Europa' auf Unverständnis und Ablehnung stieß.
Die Publikation erfolgte erst im Jahre 1826, also in der Zeit, als die publizistische Politisierung des Romantikbegriffs mit dem Wirksamwerden der Restauration beginnt. In diesen Jahren wird ‚Die Christenheit oder Europa' zum wichtigsten Renommiertext des romantischen Konservatismus.
Bei der Beurteilung des Novalis-Textes sind Intention und formale Gestaltung ebenso zu berücksichtigen wie die Stellung der Rede in Novalis' Gesamtwerk. Darüber hinaus muß dargestellt werden, inwiefern dieser Text, im Unterschied zu anderen von Novalis, einer konservativen Interpretation in hohem Maße entgegenkommt und sogar mythenstiftend wirken konnte.

Viertes Kapitel: Zu Text 62, S. 104ff.

Textzusammenhang und Kürzungen
Der Text ist stark gekürzt worden, ein deutlicher Schwerpunkt mußte gesetzt werden. Es wurde der Anfang und damit die Schilderung der mittelalterlichen Universalität übernommen. Die sehr anschauliche Beschreibung des 'Verfalls' (auch der Geistlichkeit) wurde zugunsten des zusammenfassenden Ergebnisses gekürzt. Dieser 'Verfall' wird von Novalis als notwendig angesehen. Er bedeutet den Übergang in ein neues Entwicklungsstadium. In der weiteren Entwicklung Europas „fällt die schöne Blüte seiner Jugend, Glauben und Liebe ab, und macht den derben Früchten Wissen und Haben Platz". Novalis sieht sich zwar nicht von der Geschichte, die ihm immer Heilsgeschichte bleibt, überwältigt; er begreift und reflektiert die Gesetze dieser Entwicklung und sucht sie seiner eigenen Utopie dienstbar zu machen. In der sprachlichen Formulierung von Blüten und Früchten wird aber bereits deutlich, wie sehr sein Denken naturphilosophisch geprägt ist.
Die hochgradige Bewußtheit dialektischer Prozesse führt nicht zur Formulierung eines handelnden Subjekts in der Geschichte, sondern zum Rückzug des Ichs in Kontemplation und 'Wachsenlassen'.
Im folgenden werden bei Novalis Reformation und Gegenreformation gleichfalls ausführlich dargestellt, wobei die Reformation die Allgemeingültigkeit der Bibel und damit „leider eine andere höchst fremde irdische Wissenschaft in die Religionsangelegenheit gemischt [hat] — die Philosophie". Damit fällt bereits das Stichwort der 'modernen Denkungsart', das der zweite Textabschnitt des Lesebuchs erläutert. Hier setzt sich Novalis mit der Aufklärung auseinander. Er hebt hervor, daß die 'Rationalisierung' aller Lebensbereiche nicht unmittelbar in eine Befreiung des Menschen münden muß. Fortschritt verkehrt sich in sein Gegenteil, solange er durch gewaltsame Indienstnahme der Natur erkauft wird. Novalis will dabei das Rad der Geschichte nicht zurückdrehen, sondern vielmehr die progressiven Impulse aufklärerischen Denkens bewahren und weiterentwickeln.
Es gibt viele Belege im Gesamtwerk von Novalis für eine positive Bewertung der Vernunft. Er wendet sich wie A. W. Schlegel gegen einen instrumentell verkürzten Verstand, weil dabei das Streben nach Wahrheit verlorengeht. In poetischer Sprache erfaßt er den Umschlag von Aufklärung in Verdinglichung. Er sieht, daß die vom Menschen selbst produzierten Mechanismen die Tendenz zur Verselbständigung haben und daß die Gefahr der Unterwerfung des Menschen unter die von ihm geschaffene 'zweite Natur' besteht. Was die frühromantische Vernunftkonzeption von der traditionellen besonders unterscheidet, ist der Versuch der „Einverwandlung auch des Entgegengesetzten" (Friedrich Schlegel). Soll die menschliche Vernunft nicht immer wieder zerstörerische Kräfte freisetzen, darf sie nicht mehr zu den vegetativen, triebhaften Schichten der Existenz im Widerspruch stehen.
Poesie und Kunst als eine höhere Form der Vernunft integriert, was ein falscher Fortschrittsbegriff hinter sich läßt, es geht, wie Freud sagen würde, um die Synthese von Realitäts- und Lustprinzip. Dieses Konzept einer Poetisierung richtet sich gegen die feudale Gesellschaft ebenso wie gegen die bürgerliche Verengung des Mündigkeitsideals der Aufklärung. Der lineare Fortschrittsbegriff der Aufklärung wird hinterfragt. Fortschreiten bedeutet keinen Aufbruch ins Unbekannte, sondern bei Novalis und den Frühromantikern gleichzeitig auch das entfaltete, zu sich selbst gelangte „Alte", die bisher unbewußte Poesie, die sich selbst durchdringt. Fortschritt bedeutet eine Ablösung von der Vergangenheit und ein „Wiedererkennen" zugleich. Die Zukunft ist die erlöste Vergangenheit. Progression ist nur möglich in der gleichzeitigen 'Regression' und der „Verkettung des Ehemaligen und Zukünftigen".
In diesem Zusammenhang muß auch der für Novalis zentrale Begriff der Harmonie gesehen werden. Das neue goldene Zeitalter zeichnet sich durch Harmonie aus, die allerdings nicht mit Monotonie verwechselt werden darf. Mit den Worten von Novalis: „Der Übergang von der Monotonie zur Harmonie wird freilich durch Disharmonie gehen und nur am Ende wird eine Harmonie entstehen." Wieder wird eine dialektische Entwicklung, bei der der Mensch durch Disharmonie und Entfremdung gehen muß, auf dem Weg zum goldenen Zeitalter gesehen.
Der letzte Teil der Rede, in der das künftige christliche Europa beschworen wird, formuliert das Ideal des 'goldenen Zeitalters' weitaus weniger anschaulich als die Beschreibung des idealen mittelalterlichen Lebens am Anfang des Textes.
In der Forschung wird immer wieder betont, daß der appellative, suggestive Charakter des ganzen Aufsatzes und besonders des Schlusses von den rhetorischen Formen der Rede nicht abgelöst werden sollte. Andererseits ist festzuhalten, daß die nach allen Seiten offene Rastlosigkeit, mit der die ‚Fragmente und Studien' Fragen von sehr unterschiedlichen Seiten betrachten und in aphoristischer Kürze mit deutlichem Blick auf eine aktive Reaktion des Lesers angehen, sich stark unterscheiden vom Ton visionärer Überzeugung, mit dem ‚Die Christenheit oder Europa' die Ziele der Weltgeschichte setzt. Folgender Aphorismus bringt die Kritik an der Aufklärung auf den Punkt: „Unser Denken war bisher bloß mechanisch-diskursiv-

Viertes Kapitel: Zu Text 62, S. 104 ff.

atomistisch – oder bloß intuitiv-dynamisch. Ist jetzt etwa die Zeit der Vereinigung gekommen?"
In den ‚Fragmenten und Studien' formuliert Novalis experimentierend, fragend, suchend, offen bis zur Widersprüchlichkeit, selbstkritisch. ‚Die Christenheit oder Europa' dagegen gibt sich überzeugt, formuliert festlegend, diskutiert keine unterschiedlichen Möglichkeiten, stellt historische Einzelheiten in den Vordergrund, bewertet eindeutig.

Von der Intention her steht diese Rede nicht im Widerspruch zum Gesamtwerk, ihr besonderer sprachlicher Charakter hat jedoch einer konservativen Interpretation in besonderer Weise Vorschub geleistet. Das zeigt sich besonders an der Novalis-Rezeption zwischen dem Ende der Wilhelminischen Ära bis zur Zeit des Nationalsozialismus, als Novalis zum Künder einer kommenden antidemokratischen Regeneration Deutschlands wird.

Das poetische Mittel einer künstlichen Unbestimmtheit, ja sogar Dunkelheit, das von Novalis in seinem 'allegorisierenden' Verfahren bewußt verwendet wird, läßt Bedeutungen erwarten, die aber nicht erfüllt werden. Vor allem am Schluß wird deutlich, daß zwar ständig auf eine höhere Ebene Bezug genommen wird, aber als Höheres erscheint die unbestimmte Unendlichkeit einer transzendentalen Utopie, deren Festlegung durch den Leser beliebig realisiert werden kann. Wird diese Beliebigkeit, in der von der Volksgemeinschaft bis zum Führerideal (Rolle des Papsttums) alles aufscheinen kann, auf die Harmonievorstellung des Mittelalters am Anfang bezogen, so wird der Versuch einer konservativen Auslegung verständlich.

Novalis' Begrifflichkeit ist in der Regel transzendentalphilosophisch, nicht politisch; die konservative Rezeption geht oft als Wörtlichnehmen übertragener Begriffe vor sich. Dabei erhebt sich allerdings die Frage, ob sich in Novalis' Denken nicht doch zahlreiche Parallelen zu einer solchen Interpretation ergeben. Er ist ein Kritiker der Demokratie, der Republik, des Gesellschaftsvertrags, der Volkssouveränität, der geschriebenen Verfassung, der Menschenrechte, des 'aufgeklärten' Maschinenstaats. Er führt diese Kritik zwar nicht im Namen des Ancien régime ins Feld, sondern ausdrücklich in dem eines kommenden goldenen Zeitalters, aber dessen Konturen sind allzu verschwommen und undeutlich. Sie sind weiträumig, und sie müssen auch nicht durch aktives Handeln näher herausgearbeitet werden. Durch Kontemplation, Verkündigung und 'Wachsenlassen' sollen sie sich von selber entwickeln.

Diese vage Unbestimmtheit hat in der Rezeptionsgeschichte des Textes mythenstiftend gewirkt für einen Irrationalismus, der im Höhenflug über politische Institutionen hinweggeht und sich nicht an gesellschaftlichen Problemen und Konflikten, sondern an einem Harmoniemodell menschlichen Zusammenlebens orientiert.

Zur Behandlung im Unterricht

Der Text kann im Unterricht nicht von den transzendentalphilosophischen Voraussetzungen her angegangen werden. Es bieten sich dennoch Möglichkeiten, den Schülern die konträren Rezeptionsansätze zu verdeutlichen.

Die 'progressive' Tendenz des Textes kann einmal von der Kritik an der Aufklärung und der Forderung nach Verbindung von Intuition und Rationalität her aufgezeigt werden. Zum anderen bietet sich sein Konzept eines christlichen Europa ohne nationalstaatliche Grenzen als 'moderne' Vorstellung an. Wichtig dabei ist, daß Novalis von einem „friedenstiftenden Amt" der Christenheit ausgeht (S. 105, Z. 19), das er im vorhergehenden, im Lesebuch nicht abgedruckten Abschnitt folgendermaßen begründet: „Es ist unmöglich, daß weltliche Kräfte sich selbst ins Gleichgewicht setzen, ein drittes Element, das weltlich und überirdisch zugleich ist, kann allein diese Aufgabe lösen. Unter den streitenden Mächten kann kein Friede geschlossen werden, aller Friede ist nur Illusion, nur Waffenstillstand; auf dem Standpunkt der Kabinetter, des gemeinen Bewußtseins ist keine Vereinigung denkbar."

Das Idealbild des Mittelalters in seiner Funktion als utopische Regression und in seiner Verbindung mit dem Ausblick auf das kommende goldene Zeitalter eignet sich dagegen, um auf die Problematik der konservativen Rezeption zu verweisen.

Das im ersten Abschnitt von Novalis entwickelte allgemeine Bild des Mittelalters sollte ausführlich behandelt werden, da es für die Rezeptionsgeschichte der Romantik sehr wesentlich ist. Die Geistlichkeit, „zu der jedermann Zutritt hatte" (S. 104, Z. 9), wird als führende Schicht dem Volk gegenübergestellt. Der Herrschaftsanspruch dieser Schicht wird durch ihre geistliche Fürsorge für das Volk legitimiert, das mit „kindliche[m] Zutrauen" (Z. 16) zu den Geistlichen aufblickt. Als erstes wäre herauszustellen, daß es sich hier um ein historisch unzutreffendes Konstrukt handelt. Dabei müßte die Struktur der mittelalterlichen Ständegesellschaft, die führende Rolle des Adels in Politik und Kirche und die Rolle der verschiedenen Ordensreformen kurz angeschnitten werden. Es ist demgegenüber herauszustellen, daß Novalis ein Bild vollständig harmonischer Beziehungen und damit eine Art rückwärtsgewandter Utopie entwickelt, daß er ein geistliches goldenes Zeitalter ohne Inquisition und Hexenprozesse entwirft. Seine Idealvorstellung ist dabei, daß Geist bzw. Geist und Glaube die Menschheit bestimmen, wobei er so formuliert, daß der Leser in ein solches goldenes Zeitalter gewissermaßen zurückversetzt wird. Wenn klargestellt ist, daß hier ein Idealbild entworfen wird, ergibt sich die Frage von selbst, gegen welche Wirklichkeit dieses Idealbild gesetzt wird.

Im zweiten Abschnitt des Textes wird deutlich, daß die Abwendung von der Religion für Novalis gleichzeitig die Vorherrschaft des Rationalismus bedeutet und damit eine Verketzerung des Enthusiasmus, unter dem er Phantasie und Gefühl, Sittlichkeit und Kunstliebe subsumiert. Die Naturwissenschaft hat Gott an den Rand der Welt gedrängt, er darf allenfalls als deren Urheber gelten, die Welt ist „eine Mühle an sich" (S. 104, Z. 33). „Gott wurde zum müßigen Zuschauer des großen rührenden Schauspiels, das die Gelehrten aufführten" (S. 105, Z. 15f.). Diese Polemik richtet sich gegen die Aufklärung – nicht gegen das Denken, sondern gegen den Zwang, alles 'vernünftig' zu betrachten, was für Novalis das Ende der Poesie bedeutet.

Vor diesem Hintergrund der phantasielosen, rationalen Zergliederung, „die Geschichte zu einem häuslichen und bürgerlichen Sitten- und Familiengemälde" (S. 105, Z. 13f.) verengt, steht das Idealbild der zweckfreien Entfaltung des Menschen im religiösen Raum.

Das neue christliche Europa ist nicht das mittelalterliche, darauf ist ausdrücklich hinzuweisen, denn der Glaube „ist gereinigt durch den Strom der Zeiten" (Z. 42). „Seine zufällige Form ist so gut wie vernichtet, das alte Papsttum liegt im Grabe, und Rom ist zum zweitenmal eine Ruine geworden" (Z. 44f.).

Ein wichtiges Ziel ist es, den Protestantismus wieder in die (katholische) Kirche zu integrieren. Glaube und Kirche werden die Landesgrenzen überwinden. Das bedeutet einen kritischen Blick auf das sich im Gefolge der Französischen Revolution entwickelnde Nationalbewußtsein. In diesem Zusammenhang sollte auf die Modernität dieser nicht nationalistischen Utopie verwiesen werden, die durchaus eine politische Dimension hat, denn in dieser Kirche wird es keinen „christlichen und weltlichen Zwang" (S. 106, Z. 12f.) geben.

Auf die unterschiedliche sprachliche Gestaltung von Anfang und Schluß sollte abgehoben werden. Einerseits wird im Bild des idealen Mittelalters in schwärmerischem Ton das Modell einer Gesellschaft entworfen, in der es keine Konflikte gibt, während die Vorstellung von der Zukunft Europas am Schluß in rhetorischen Fragen von allgemeinem und vagem Charakter unbestimmt bleibt und wortreich eine nicht mehr vorhandene Religiosität beschworen wird, von der offenbleibt, woher sie kommt und wer sie bewerkstelligen soll. Der Glaube „ist gereinigt durch den Strom der Zeiten". „Seine zufällige Form ist so gut wie vernichtet" (S. 105, Z. 44ff.). Schon wenige sprachliche Beispiele machen klar, daß der Prophet des neuen Zeitalters sich nicht als handelndes Subjekt in der Geschichte versteht und es bei bloßer Kontemplation bewenden läßt.

Diese vage Unbestimmtheit des Schlusses, die handelndes Eingreifen ausklammert und den Leser auf seine Innerlichkeit verweist, wirkt auf das Bild des idealen Mittelalters zurück, das von hier aus gesehen eine neue Wirkungsmöglichkeit erfährt: Das goldene Zeitalter liegt nicht in der Zukunft, sondern in einer idealisierten Vergangenheit. Dies war nicht die Intention von Novalis, die vagen Schlußformulierungen haben aber dieser Interpretation Vorschub geleistet.

Daß mit der Romantik das Mittelalter in Mode kam bis zur Verkitschung, sollte in diesem Zusammenhang gleichfalls erwähnt werden. Heines ‚Wintermärchen' kann ein Beleg dafür sein. Heine hat früh auf die Funktion der Ablenkung dieser Mittelalterschwärmerei von den gesellschaftlichen und politischen Konflikten hingewiesen. Er spottete über die Liebe für die „ungedruckte Glaubenszeit, als noch keine Zeitung erschienen."

Bis in die Motive der Salonmalerei hinein läßt sich nachweisen, daß eine Kunst produziert wurde, die mittelalterliche Themen und Motive benützte bis zur Abnützung, um eine von der gesellschaftlichen Realität abgehobene Kunst zu produzieren.

Heinrich Heine: [Mittelalterliche Kathedrale] (S. 106)   63

Der Text ergänzt den vorangehenden (62) unter dem Aspekt des mittelalterlich-christlichen Spiritualismus, wobei Gemeinsamkeiten und Unterschiede deutlich werden.

Heines Religionskritik

Heines Religionskritik setzt bei der politischen Bedeutung der Religion und ihrer herrschaftsstabilisierenden Funktion an. Diese politische Religionskritik spitzt sich bei Heine mit der wachsenden Bedeutung der sozialen Fragen sozialkritisch zu, wie der Anfang des ‚Wintermärchens' besonders deutlich macht. „Ein

Viertes Kapitel: Zu Text 63, S. 106

neues Lied, ein beßres Lied" soll „das Eiapopeia vom Himmel" ersetzen. Mit Gotteslohn anstelle von höheren Löhnen sollen sich die Leute nicht mehr weiter abspeisen lassen.

Der Fluch auf Gott und die Obrigkeit in den schlesischen Webern (91) zielt in die gleiche Richtung. Diese Art der Religionskritik hat Heine, trotz seiner späteren Frömmigkeit, die sich mit der Bewältigung der eigenen existentiellen Schwierigkeiten in der „Matratzengruft" entwickelt hat, nie aufgegeben.

Über diesen sozialkritischen Ansatz hinaus hat sich Heine auf einer anderen Ebene mit Religion befaßt, die unmittelbar auf seine anthropologischen Grundvorstellungen bezogen ist.

Sensualismus und Spiritualismus bei Heine

Heine reduziert die Möglichkeiten der menschlichen Psyche auf zwei Grundcharaktere. „Alle Menschen sind entweder Juden oder Hellenen, Menschen mit aszetischen, bildfeindlichen, vergeistigungssüchtigen Trieben oder Menschen von lebensheiterem entfaltungsstolzem und realistischem Wesen", wie er an Börne schreibt. Im gleichen Brief spricht er von einer „sowohl angeborenen als auch angebildeten Geistesrichtung und Anschauungsweise".

Aus dieser Veranlagung resultieren Denkweisen, die Heine mit den Begriffen 'Sensualismus' und 'Spiritualismus' bezeichnet. Unter 'Spiritualismus' versteht er eine Weltanschauung, bei der der Geist die Materie zu überwinden strebt, während der 'Sensualismus' die natürlichen Rechte der Materie gegen die Usurpationen des Geistes zu verteidigen sucht. Dieser Ansatz läuft auf den Gegensatz von Materie und Geist hinaus, und in diesen Gegensatz stellt Heine seine gesamte Welt- und Religionsbetrachtung.

Aus dem Sensualismus ergibt sich die Wertschätzung des Diesseits, die Zuwendung zur konkreten Welt, zu Natur und Geschichte. Diese Hinwendung veranlaßt den Menschen zu eigener Aktivität. Die Folgen dieser Grundhaltung äußern sich in Fortschritt, politischer Revolution und dem Streben nach sozialer Gerechtigkeit. Auch das Streben nach naturwissenschaftlichem Fortschritt gehört in diesen Bereich. Denken und Genießen entspringen gleichermaßen der Zuwendung zur Materie.

Im 'Spiritualismus' steht dagegen dem Diesseits das Verweisen auf das Jenseits gegenüber. Die Erde ist nur ein Durchgangsstadium, ein Ort des Duldens. Erst im Jenseits erfährt der Mensch seinen Lohn für das irdische Leben. 'Spiritualismus' bedeutet Stagnation und Restauration. Statt sich für soziale Gerechtigkeit einzusetzen, verharrt der Mensch in der Passivität des Glaubens, den Heine in unversöhnlichem Gegensatz zur Wissenschaft, besonders der modernen Naturwissenschaft, sieht.

Für Heine gehört der Katholizismus zum Spiritualismus; er ist für ihn der trübe 'Spuk' der Vergangenheit, dem der moderne Geist der Freude entgegensteht; er ist für ihn die Religion des Schmerzes, in der bereits jede Art von Lustigkeit unmoralisch ist.

Zum Text

Heine betont die religiöse Universalität der Künste wie Novalis, weist aber sofort auf den Verlust unseres Verständnisses dafür hin. Die historische Betrachtung im Unterschied zu Novalis wird deutlich. Das spiritualistische Denken als Grundlage mittelalterlicher Vorstellungen wird mit „Erhebung des Geistes und Zertretung des Fleisches" (S. 106, Z. 28 f.) prägnant formuliert und durch die folgende Beschreibung kritisch betrachtet und abgelehnt; allerdings schwankt Heine zwischen Kritik und Bewunderung.

Die Wirkung der an sich großartigen Einzelheiten auf den Betrachter werden so beschrieben, daß die einzelnen architektonischen Details nicht nur als Hinweis auf die Transzendierung des Irdischen verstanden werden; „die bunten Fenster werfen auf uns ihre roten und grünen Lichter, wie Blutstropfen und Eiter" (Z. 31 f.). Der Beobachter sieht sich von Sterbeliedern, Leichensteinen und Verwesung umgeben. Der Geist, „sich schmerzlich losreißend von dem Leib" (Z. 33), wird vom Betrachter als lebensverneinend empfunden. Dem gotischen Dom kann, von außen betrachtet, andererseits die Bewunderung nicht versagt werden, hat er doch die „härteste Materie", den Stein, so zu bewältigen gewußt, daß er „fast gespenstisch durchgeistet erscheint" (Z. 38).

Dieses Schwanken zwischen Ablehnung und Bewunderung des mittelalterlichen Spiritualismus macht deutlich, daß für den Betrachter das Spannungsverhältnis zwischen Sensualismus und Spiritualismus im Augenblick des Betrachtens die eigenen Beobachtungen mitbestimmt bis in die sprachliche Gestaltung hinein. Es wird deutlich, daß Heine die eigenen unmittelbaren Eindrücke reflektiert und im Unterschied zu Novalis historisch relativiert. Denn „wenn wir jetzt in einen alten Dom treten, ahnen wir kaum mehr den esoterischen Sinn seiner steinernen Symbolik" (Z. 26 f.).

Viertes Kapitel: Zu Text 64, S. 107 ff.

Zur Behandlung im Unterricht
Der Heine-Text kann kontrastiv neben den ersten Abschnitt des Novalis-Textes gesetzt werden unter der Fragestellung, welches Bild des Mittelalters hier entworfen wird und mit welchen sprachlichen Mitteln Heine die eigene historische Distanz verdeutlicht im Unterschied zu Novalis. Dabei könnte von der „parabolischen Tendenz" der Künste (Heine, S. 106, Z. 25) ausgegangen werden, in der für Heine eine besondere „Harmonie" begründet ist. Von hier aus ließe sich ein unmittelbarer Bezug zu Novalis herstellen und verdeutlichen, daß für Heine im Unterschied zu Novalis mittelalterliche Spiritualität keine Zukunftsperspektive mehr hat. Es ließe sich die hier fehlende unmittelbare Fortsetzung des Textanfangs bei Novalis, in dem ebenfalls die Atmosphäre in einer Kathedrale beschrieben wird, mit einbeziehen.
Bei Ausweitung des Themas ließe sich außerdem Heines ‚Wintermärchen', Caput XVI und XVII, einbeziehen (Kyffhäuser-Mythos). Auf diese Weise wäre die Benützung eines ideal verklärten Mittelalterbildes für nationalistische Zwecke, die Novalis gerade nicht gewollt hatte, aufgezeigt. Heines Kritik am Kyffhäuser-Mythos kann auch als Textausschnitt die Rezeptionsgeschichte des idealen romantischen Mittelalterbildes und die Aspekte einer entsprechenden Kritik verdeutlichen.

II. Traum – Sehnsucht – Wahn (S. 107 ff.)

Dieser Abschnitt geht von den sogenannten phantastischen Elementen aus. Schüler bringen aus ihrer eigenen Lektüre Ansätze mit, die einen Einstieg in dieses Thema und damit in die Romantik erleichtern.
Novalis mit einem Ausschnitt aus ‚Heinrich von Ofterdingen' steht am Anfang, weil dieser Text die Entfaltung und Entwicklung des Traummotivs auf verschiedenen Ebenen verdeutlicht.
Die Kontrastierung des Volksliedes mit der Heineschen Gestaltung soll einerseits die Erarbeitung des Volksliedcharakters erleichtern und andererseits bereits hier die Dimension des romantischen Spiels erkennen lassen, die bei Heine bis zur Parodie und Satire zugespitzt wird. Beide Texte sollen den epochentypischen Spannungsbogen zwischen der bewußt hervorgehobenen und zum künstlerischen Ideal erklärten volksliedhaften Schlichtheit und der reflektierenden und souverän mit Formen spielenden Dichterpersönlichkeit deutlich machen; die Umsetzung des volksliedhaften Ideals in lyrische Gestaltung bei Eichendorff ließe sich ergänzen.
Von Brentanos Märchen ausgehend, läßt sich das ganz ähnliche Spannungsfeld zwischen Volksmärchen und Kunstmärchen etwa im Vergleich des Rheinmärchens mit dem Volksmärchen ‚Jorinde und Joringel' dem Volkslied-/Lyrikbereich gegenüberstellen.
Eichendorff mit dem Ausschnitt ‚Aus dem Leben eines Taugenichts' schließt sich an, weil das Wandermotiv mit dem Sehnsuchtsmotiv verknüpft werden kann und in diesem Zusammenhang die Gottesgeschöpflichkeit des Eichendorffschen Helden besonders deutlich wird.
Stellt der Ausschnitt aus ‚Heinrich von Ofterdingen' die romantische Bewußtseinserweiterung durch Sehnsucht und Traum an den Anfang des Abschnitts, so beschließt der Ausschnitt aus dem ‚Sandmann' von E. T. A. Hoffmann das Thema mit der Darstellung der düsteren Gefährdung, die vom Wahn bis zum Wahnsinn reichen kann.
Von der Dame Olimpia, die unversehens zur Puppe wird, läßt sich aus diesem Kapitel eine Brücke zum Abschnitt „Frauenbilder" schlagen. Die thematische Parallele schärft durch den Kontrast zwischen Literatur und Briefliteratur den Blick für die Frage nach den Produktionsbedingungen damaliger Frauenliteratur.

Novalis: Heinrich von Ofterdingen (S. 107 ff.)   64

Zum Textzusammenhang
‚Heinrich von Ofterdingen' erschien im Jahre 1802 als fragmentarischer Roman. Der erste Teil mit dem Titel „Die Erwartung" und das Anfangskapitel des zweiten Teils, „Die Erfüllung", sind vollständig. Die Weiterführung des zweiten Teils kann aus Tiecks Nachlaßbericht über die Fortsetzung und aus Tiecks Notizen über Gespräche mit Novalis rekonstruiert werden.
Dem Roman als einer poetischen Gattung, die Fichtes Idee des unendlichen Progresses vollkommen auszudrücken imstande sei, galt das besondere Interesse der romantischen Literaturtheorie.
Goethes ‚Wilhelm Meister' (1795/96) war das bewunderte Vorbild auch für Novalis, der allerdings den ‚Wilhelm Meister' bald als „poetisierte und häusliche Geschichte" bezeichnete und unter dem Einfluß von

Viertes Kapitel: Zu Text 64, S. 107ff.

Tiecks Roman ‚Franz Sternbalds Wanderungen' (1798) dem Goetheschen Werk den ‚Heinrich von Ofterdingen' entgegensetzte.
Sein Roman sollte „vielleicht Lehrjahre einer Nation enthalten", allerdings in einer neuen Sichtweise des Bildungsromans. „Das Wort Lehrjahre ist falsch, es drückt ein bestimmtes Wohin aus. Bei mir soll es aber nichts als Übergangsjahre vom Unendlichen zum Endlichen bedeuten" (Brief an Karoline Schlegel, 27. 2. 1799).
Titelgestalt ist die historisch nicht belegbare Figur des zu den zwölf 'Meistern' zählenden Minnesängers Heinrich von Ofterdingen. Der erste Teil beschreibt die Welterfahrungen des Dichters, der als Sohn bürgerlicher Eltern in Eisenach aufwächst und vom Hofkaplan des Landgrafen auf den „Lehrstand" vorbereitet wird. Der im Lesebuch abgedruckte Abschnitt übernimmt einen Teil des Anfangskapitels. Nachdem Heinrich im Traum die blaue Blume gesehen hat, verfällt er voller Sehnsucht nach ihr in Melancholie. Die Mutter unternimmt mit dem Sohn daraufhin eine Reise zu ihrem Vater nach Augsburg. Diese Reise eröffnet für Heinrich das Panorama der Welt und trägt „zu dem leisen Bilden der inneren Kräfte bei", die den „Geist der Poesie" entfalten. Er lernt durch die Kaufleute die Welt des Handels kennen. Auf einer fränkischen Ritterburg begegnet er der kriegerischen Welt der Kreuzzüge. Durch Lieder wird ihm die ferne arabische Kultur bekannt. Ein Bergmann weist ihn in die Gefahren und Besonderheiten des Bergbaus ein, jenes „Sinnbild des menschlichen Lebens", und vermittelt ihm die Bekanntschaft mit einem Einsiedler, der ihn in die Betrachtung der Geschichte einführt. Bei ihm findet Heinrich auch einige alte Chroniken, deren eine ihm „sein Ebenbild in verschiedenen Lagen" und vorausdeutend Gestalten aus seinem Traum zeigt.
Spätestens hier wird deutlich, daß Novalis durch die poetische Qualität seiner Vorausdeutungen, die gleichzeitig als Spiegelungen oder rückverweisende Wiederaufnahmen von Motiven aufgefaßt werden können, sich aber nie eindeutig festlegen lassen, die Strukturen des Goetheschen Bildungs- und Entwicklungsromans überschreitet. All seine Erlebnisse erwecken in Heinrich eine dunkle, nach Bildern drängende Sehnsucht. „Die Blume seines Herzens ließ sich zuweilen wie ein Wetterleuchten in ihm sehen." Heinrich lernt den Dichter Klingsohr und dessen Tochter Mathilde kennen; Klingsohr weiht ihn in das „Wesen des romantischen Morgenlandes" der Poesie ein, deren wichtigste Provinz, die Liebe, ihm Mathilde erschließt. Träumend kommt ihm zum Bewußtsein, daß jenes Mädchengesicht, zu dem der Kelch der blauen Blume sich zusammenschloß, das Mathildes war; derselbe Traum läßt ihn ahnen, daß er sie verlieren, später aber erneut und für immer gewinnen werde. Den ersten Teil beschließt ein von Klingsohr erzähltes allegorisches Märchen von Eros und Fabel.
Es wird deutlich, daß sich Heinrich zwar an verschiedenartigen Wirklichkeitsbereichen ausbildet, aber nicht ausschließlich an ihnen. Bildung wird bei Novalis zu einem eher unbestimmten „Innewerden" von etwas lange Vergessenem, das in Gestalt von Phantasie, Traum und Ahnung einen bedeutsamen Riß in den „geheimnisvollen Vorhang" reißt, der mit „tausend Falten in unser Inneres hereinfällt" (S. 109, Z. 20f.) – ein langsamer Prozeß des Auffindens von Verlorengegangenem und Verschüttetem. Von hier aus läßt sich eine direkte Verbindung zum zweiten Fragment herstellen (Text 72): „Nach Innen geht der geheimnisvolle Weg." Dieser Satz, der für die auf Vermittlung und universale Einheit aller Antinomien gerichtete Intention der romantisch-idealistischen Poetik bezeichnend ist, nimmt die geplante Weiterführung im zweiten Teil vorweg. Dieser Teil unter dem Titel „Erfüllung" sollte mit der Aufhebung der Grenzen von Realität und Traum selbst märchenhaften Charakter erhalten.

Das Symbol der blauen Blume
Zehn Tage nach Vollendung des ersten Teils seines ‚Heinrich von Ofterdingen' schrieb Novalis in sein Tagebuch: „Es gibt so manche Blumen auf dieser Welt, die überirdischen Ursprungs sind, die in diesem Klima nicht gedeihen und eigentlich Herolde, rufende Boten eines besseren Daseins sind. Unter diese Blumen gehören vorzüglich Religion und Liebe." Religion und Liebe, die hier symbolisch als Blumen bezeichnet werden, würden nur kosmische Kräfte bleiben, die ohne Einfluß auf den Menschen wären, wenn die Seele sie nicht aufnehmen könnte.
Wie die Sinnesorgane unseres Körpers durch die Körperwelt entwickelt werden, so formen Religion und Liebe einen Sinn innerhalb der Seele des Menschen. Wie unsere physischen Sinne geschärft werden, so ist auch dieser innere Sinn der Seele in ständiger Bildung begriffen. Die „Erwartung" des Heinrich von Ofterdingen besteht in der Hoffnung, daß dieser schlummernde Sinn erwachen möge. Die „Erfüllung" ist das Erlebnis dieses Erwachens. Dieser „allerhöchste Sinn" ist also ein Wahrnehmungsorgan der Seele oder ein Auge des Geistes. Weil dieser innere Sinn durch die äußeren Sinne nicht ohne weiteres wahrgenommen werden kann, muß der Dichter für ihn ein Sinnbild suchen. Die blaue Blume ist ein solches Bild für den

inneren Sinn, der sich noch entwickeln muß. Von der blauen Blume heißt es in Heinrichs Traum, ausdrücklich, daß sie anfing, „sich zu bewegen und zu verändern" (S. 108, Z. 27f.). Der Traum von der blauen Blume zeigt nicht einen statisch ruhenden Gegenstand, sondern einen dynamisch schaffenden Vorgang.
Der Traum von der blauen Blume am Anfang der „Erwartung" wird Teil des Astralis-Märchens am Ende des ersten Teils. Das Astralis-Kind selber ist ein Traum, welcher Welt wird, denn es wurde geboren durch die Vereinigung des Dichters Heinrich mit der Kraft der Liebe in Gestalt von Mathilde. Diese Vereinigung hatte ihr vorausdeutendes Abbild in der Vorbereitung der Hochzeit.
Aus dem Beginn des zweiten Teiles wird deutlich, daß Mathilde tatsächlich im Strom ertrank, wie es der Traum Heinrichs vorgeahnt hatte. Auf all diesen verschiedenen Ebenen erfüllt sich die Prophezeiung des Astralis-Kindes in einer je eigenen Weise: Die Welt wird Traum, der Traum wird Welt.
Für den Schluß hatte Novalis Heinrichs Einkehr in das Innere des Kyffhäuserberges und die Wiederbegegnung mit Astralis und Mathilde geplant. Es gibt für den Schluß folgenden Entwurf: „Er [Heinrich] soll die blaue Blume pflücken und herbringen ... Er pflückt die blaue Blume und wird ein Stein. Die Morgenländerin opfert sich an seinem Stein, er wird ein klingender Baum. Das Hirtenmädchen haut den Baum um und verbrennt sich mit ihm. Er wird ein goldener Widder ... Mathilde muß ihn opfern. Er wird ein Mensch" (am Schluß der Paralipomena). Das Pflücken der blauen Blume bedeutet also weder eine Art Erlösung noch die Entgegennahme eines besonderen Schatzes, sondern das Erlebnis einer Metamorphose zu einer höheren Menschwerdung. Diese Metamorphose wiederholt dabei symbolisch die Genesis der gesamten Entwicklung der Natur vom Stein über die Pflanze zum Tier. Daß es sich dabei um mythische Vorgänge handelt, wird sprachlich durch Bezeichnungen wie „klingender Baum" und „goldener Widder" hervorgehoben. Die Entfaltung des inneren Sinnes wird symbolisch mit dem Pflücken der blauen Blume ausgedrückt. So, wie die blaue Blume im Innern des Berges verborgen ist, so ruht das Organ eines höheren Sinnes im Herzen des Menschen. Es ist ein offenbares Geheimnis – offenbar, da es in uns selbst existiert; ein Geheimnis, weil es erst aus unserer Wesenstiefe heraus entwickelt werden muß.
‚Heinrich von Ofterdingen' kann in diesem Sinne als Roman der Poesie und die blaue Blume als Grundmotiv der Entfaltung des Sinnes für Poesie bezeichnet werden. Diesen Sinn für den inneren Fortschritt des Menschen umschreibt Novalis von unterschiedlichen Standpunkten aus auf ganz verschiedene Weise. Er nennt den Sinn heilig, unsterblich, moralisch, einen inneren, höchsten, prophetischen Sinn, Sinn für Poesie, Weissagung, Sehersinn, heiligen Intuitionssinn.

Zur Behandlung im Unterricht
Der Textausschnitt gibt den Anfang des Romans wieder. Im Mittelpunkt des Ausschnitts steht Heinrichs Traum von der blauen Blume, über den anschließend ein Gespräch mit dem Vater stattfindet.
Der Text gliedert sich in drei Teile:
1. Heinrichs Überlegungen und Erinnerungen an die Erzählung von der blauen Blume.
2. Der Traum, der eine Fülle unterschiedlicher Bilder und Erfahrungen anspricht und an dessen Ende Heinrich die blaue Blume sieht. Unmittelbar auf das Traumerlebnis mit der blauen Blume folgt der Bruch, Heinrich wird von der Mutter geweckt.
3. Ein Gespräch mit dem Vater über Träume, wobei Heinrichs Traum nur den Anlaß, nicht aber den Inhalt des Gesprächs abgibt. Seinen Traum und seine Sehnsucht nach der blauen Blume behält Heinrich für sich.
Im ersten Teil fällt auf, daß Heinrichs Sehnsucht nach der blauen Blume von der Erzählung eines Fremden ausgeht. Seit dieser Erzählung liegt ihm die blaue Blume „unaufhörlich im Sinn, und ich kann nichts anderes dichten und denken" (S. 107, Z. 9f.). Die Sehnsucht nach der blauen Blume verwandelt die bisherige Welt, in der man sich nicht um Blumen kümmert, von Grund auf (S. 107, Z. 12), allerdings nur für Heinrich; die anderen Hörer hat die Erzählung nicht berührt. Für Heinrich, den Dichter, wird die Welt zum Traum, und nur für ihn. Er weiß, daß die anderen ihn nicht verstehen, es ist ihm „oft so entzückend wohl"; wenn er die blaue Blume „nicht recht gegenwärtig" hat (S. 107, Z. 18f.), befällt ihn „ein tiefes, inniges Treiben". Er entwickelt ein neues Bewußtsein, das zwischen „wahnsinnig" und „klar und hell" hin und her schwankt und über das er nicht reden, sich nicht mitteilen kann (S. 107, Z. 20). Dieses neue Bewußtsein, das sich schwer beschreiben läßt, macht ihn einerseits wahrnehmungsfähiger, „seitdem" ist „alles viel bekannter" (S. 107, Z. 21), andererseits wirkt es auf seine Erinnerungsfähigkeit an die alten Zeiten. Gesteigerte Wahrnehmungs- und Erinnerungsfähigkeiten werden hier von Anfang an in einer für Novalis typischen Weise verknüpft.
In Heinrichs Traum spielt die blaue Blume erst am Schluß eine Rolle. Es ist also nicht damit getan, seinen Traum im Sinne Freuds als Tagesrest aufzufassen. Heinrichs Traum entfaltet sich in drei Phasen, die alle drei

Viertes Kapitel: Zu Text 64, S. 107ff.

durch intensive Erlebnisse gekennzeichnet sind. In der ersten Phase durchlebt er „ein unendlich buntes Leben" in der weiten Welt, begegnet vielen Menschen und lernt Krieg, Liebe und Tod kennen. Schon jetzt wird gesagt: „Alle Empfindungen stiegen bis zu einer nie gekannten Höhe in ihm" (S. 107, Z. 30 f.). In der zweiten Phase des Traums befindet er sich auf einer Wanderung durch den Wald und findet eine Höhle. In der Buntheit der Farben, ihrer Intensität und Bewegung überstürzen sich für Heinrich die Eindrücke sinnlicher Wahrnehmung, die sich durch die Kühle des Wassers, das Bad und die sich in Mädchen verwandelnden Wellen bis zur erotischen Halluzination steigert. Die Parallele zum Drogentraum ist naheliegend, Novalis setzt aber andere Akzente: Die damit verbundenen Empfindungen werden „himmlisch" genannt, „unzählbare Gedanken" streben „mit inniger Wollust danach, sich in ihm zu vermischen"; „neue, nie gesehene Bilder entstanden, die auch in einander flossen und zu sichtbaren Wesen um ihn wurden" (S. 108, Z. 10ff.).
Die Intensität der Wahrnehmung setzt kreative Energie frei, Heinrich träumt die Figuren seiner Phantasie als Traumwelt aus sich heraus, der Farben- und Formenrausch des Traums löscht aber das Bewußtsein nicht aus, im Gegenteil, es erlangt jetzt eine neue Dimension. Heinrich schwimmt „berauscht von Entzücken und doch jedes Eindrucks bewußt" dem „leuchtenden Strome nach" (S. 108, Z. 15ff.).
Im Traum verfällt er in Schlaf; Erwachen aus dem Traum im Traum bedeutet Erleuchtung und Begegnung mit der blauen Blume.
Diese Entstehung der neuen, nie gesehenen Bilder kann als Erläuterung zu Fragment 2 von 1788 (Text 72, S. 122) gesehen werden. Hier wird deutlich, was es heißt: „Nach Innen geht der geheimnisvolle Weg." Der Weg nach innen ist der Weg zum eigenen Ich – deshalb kann Heinrich diese Erfahrung kaum mitteilen. Die Freisetzung der Phantasie bedeutet zugleich die Freisetzung dichterischer Fähigkeiten. Der Traum wird hier Welt, poetische, imaginierte Welt, Traumwelt, die aber dem Bewußtsein des Träumers (und des Lesers) als imaginiert erfaßbar bleibt, die er schafft, der er aber nicht ausgeliefert ist. Bezeichnenderweise gibt es in der Traumwelt kein einziges Element, von dem Bedrohung oder Angst ausgeht, was gegen die vorschnelle Assoziation der Schüler vom Drogentraum hervorgehoben werden sollte.
Der sehr bewußte Gebrauch der Sprache verstärkt den Charakter der phantastischen Traumwelt als eines in sich geschlossenen Kosmos. In diesem Zusammenhang ist eine durchgängige Untersuchung der Farbbeschreibungen sehr ergiebig, vor allem, wie über Dunkelblau und Schwarzblau das Lichtblau der blauen Blume kontrastiv hervorgehoben und bereits in der zweiten Traumphase mit magisch-symbolischer Bedeutung aufgeladen wird.
Bei der Begegnung bewegt und verändert sich die blaue Blume; im Vergleich zu der Erzählung des Fremden am Anfang, in der die blaue Blume noch als allgemeines Symbol für eine unbestimmte Sehnsucht stehen kann, wird sie mit dem Aufscheinen eines Gesichtes unmittelbar auf Heinrichs Situation und Leben bezogen, und er kann am Schluß des Textausschnitts zu Recht sagen, daß dieser Traum kein „unwirksamer Zufall in meinem Leben gewesen, denn ich fühle es, daß er in meine Seele wie ein weites Rad hineingreift und sie in mächtigem Schwunge forttreibt" (S. 109, Z. 33 ff.). Dieses Bild macht besonders deutlich, daß Träumen nicht der Welt entfliehen bedeutet, sondern vielmehr Energien freisetzt, die auf das menschliche Leben zurückwirken und den Menschen 'in Bewegung setzen'. Durch die Traumbegegnung mit der blauen Blume wird die beabsichtigte Parallele zum Märchen bereits hier am Anfang auch für Schüler evident.
Das besondere, nicht mitteilbare Erlebnis wird für den Helden der Anlaß zum Aufbruch in die Welt. Der Hinweis, daß Heinrich am Schluß die blaue Blume und die entsprechende Frau findet, macht auch Schülern die Parallele zum Märchen deutlich.
Der letzte Teil des Textes wird vom Gespräch mit dem Vater über das Träumen bestimmt. „Träume sind Schäume", und man sollte sich von dergleichen „unnützen und schädlichen Betrachtungen" abwenden, meint der Vater, räumt aber ein, daß es früher ganz anders gewesen sei (S. 108, Z. 47ff.). Diese Bemerkung stellt eine Verbindung zum ersten Teil des Textes her, als Heinrich sich gleichfalls der alten Zeiten zu besinnen beginnt. Diese Rückbesinnung gibt einen Anstoß zur Neubewertung im Gespräch zwischen Vater und Sohn. Heinrich spricht davon, daß „die leichte zarte Natur" der Träume „unser Nachdenken" rege machen müsse. Andererseits ist jeder Traum „ein bedeutsamer Riß in den geheimnisvollen Vorhang, der mit tausend Falten in unser Inneres hereinfällt" (S. 109, Z. 17ff.). Heinrich formuliert die am Anfang schon deutlich gewordene Qualität des neuen Bewußtseins: Traum, Phantasie und Rausch werden nicht länger verleugnet und aus dem Bewußtsein ausgesperrt, sie werden vielmehr integriert und führen zu einem neuen, umfassenderen Bewußtsein.
Die Behandlung des Textes im Unterricht ist auch eine Frage des Einstiegs. Es empfiehlt sich, vor der Lektüre des Textes die Vorstellungen der Schüler zum Thema Traum und Träumen zu klären. Von da ausgehend, läßt sich entweder über „Träume sind Schäume" und das Gespräch zwischen Heinrich und

seinem Vater oder über Heinrichs sehr unkindliche Äußerungen sprechen und von hier aus auf die Herkunft seiner Vorstellungen zurückgehen.
Die einzelnen Phasen seines Traums sollten sprachlich genau herausgearbeitet und in Beziehung zu Anfang und Schluß gesetzt werden. Es kann auch von diesem Kern des Textes ausgegangen werden. Alle darüber hinausgehenden Zusammenhänge können von hier aus auch später hergestellt werden.
Über den Textausschnitt hinaus sollte die Figur der Mathilde und die Wiederaufnahme des Motivs der blauen Blume bis zum Entwurf für den Schluß erwähnt werden, um den Märchencharakter deutlich zu machen.

Des Knaben Wunderhorn: Wenn ich ein Vöglein wär (S. 110)   65

Heinrich Heine: [Ich steh auf des Berges Spitze] (S. 110)   66

Der erste Band des Werkes ‚Des Knaben Wunderhorn. Altdeutsche Lieder gesammelt von Ludwig Achim von Arnim und Clemens Brentano' erschien 1805, der zweite Band 1808. Beide Bände wurden mehrfach überarbeitet und ergänzt, so daß sich die Ausgaben von 1819 und 1845 von der Erstausgabe erheblich unterscheiden. Es gibt bis heute keine historisch-kritische Ausgabe des Werkes.
Der Plan einer gemeinsamen Sammlung altdeutscher Lieder reicht zurück in das Jahr 1802, als Arnim und Brentano den Rhein hinabzogen und Lieder, Romanzen, Sagen und Märchen sammelten. Die Sammlung wurde unter anderm von Herders ‚Volksliedern' (1778/79) angeregt. Goethes Rezension ermunterte die Freunde, trotz der Angriffe aus dem rationalistischen Lager die Fortsetzung des Werkes zu betreiben. Im Anhang zum ersten Band war schon zur Mitarbeit beim Sammeln aufgefordert worden; im Jahre 1805 begründete Arnim die neue Aufforderung zur Sammeltätigkeit mit patriotischen Motiven. Die Besinnung auf die gemeinsame Tradition sollte den Deutschen die kulturelle Einheit bewußtmachen und die nationale Opposition gegen Napoleon stärken.
Der Aufruf hatte einen sehr großen Erfolg. Auch Bettina von Brentano und die Brüder Grimm sammelten mit, die Sammlung umfaßte „tausende" von Texten, die gar nicht alle veröffentlicht werden konnten. Die Brüder Grimm wollten die Texte den philologischen Grundsätzen der historischen Genauigkeit entsprechend herausgeben, während Arnim und Brentano auf die „Wahrheit der Phantasie" vertrauten und historische Texte mit eigenen Zusätzen ergänzten, wo es ihnen passend erschien. Den Freunden war die „alte und die neue Poesie ... dieselbe, das Wunderbare darin durch die Phantasie der täuschenden und zugleich getäuschten Dichter entsprungen". So wird verständlich, daß sie in ihre Sammlung nicht nur die Lieder bekannter Autoren des 16. und 17. Jahrhunderts ebenso wie Lieder zeitgenössischer Dichter aufnahmen, sondern auch, daß sie einen Großteil der Vorlagen für eigene Texte verwendeten und eine kleine Anzahl von 'Ipsefakten', d. h. eigenen Liedern, hinzufügten. Goethe, der „das hie und da seltsame Restaurierte, aus fremdartigen Teilen verbundene, ja das Untergeschobene" in seiner Rezension mit „Dank" annahm, hat die Verfasser in diesem Verfahren bestärkt.
Die Suche nach einem durchgängigen Ordnungsprinzip, nach Themen- oder Motivketten ist zum Scheitern verurteilt, da alte und neue, überlieferte, restaurierte oder neu geschaffene Lieder zusammengefügt wurden im Glauben an die Phantasie, über die die Dichter aller Jahrhunderte in gleicher Weise verfügen.

Die Wirkungsgeschichte des ‚Wunderhorns' und die Volksliedtradition
Komponisten wie Schumann, Brahms und Mahler haben auf die Texte der Sammlung zurückgegriffen. Auch die Jugendbewegung nach dem Ersten Weltkrieg hat viele Lieder in ihre Liederbücher aufgenommen. In den Werken von Arnim, Brentano, Eichendorff, Heine und der schwäbischen Romantik spiegelt sich der Klang- und Motivreichtum des ‚Wunderhorns'. Die Liebes-, Wander- und Soldatenlieder, die Abschiedsklagen, Balladen, geistlichen Lieder, Trinklieder, Abzählverse, Kinderverse und Gassenhauer beeinflußten die lyrische Produktion des 19. und auch noch des 20. Jahrhunderts. Wissenschaftliche Untersuchungen zur Wirkungsgeschichte der ‚Wunderhorn'-Sammlung gibt es kaum.
Bald nach Erscheinen schon zeigte sich die Tendenz, nur einen idealisierten Teilbereich des Volksgesangs herauszugreifen. Voß nannte das ‚Wunderhorn' einen „heillosen Mischmasch von allerlei buzigen, truzigen, schmutzigen und nichtsnutzigen Gassenhauern, samt einigen abgestandenen Kirchenhauern".
Seit dem Beginn der neueren Volksliedbewegung ist ein erhaltenswertes und pflegebedürftiges Volkslied in einem gewissen Gegensatz zu den eigentlich populären Liedschichten gesehen worden. Seit der Romantik gibt es den Lobpreis des „alten", „eigentlichen", „echten", „stilreinen" Volksliedes. Dagegen fand schon

Viertes Kapitel: Zu Text 65/66, S. 110

Ludwig Uhland von seiner Sammlung: „Das Ganze ist weder eine moralische noch eine ästhetische Mustersammlung, sondern ein Beitrag zur Geschichte des deutschen Volkslebens." Dieses Urteil ist um so beachtlicher, als man im Volkslied lange ein 'Kulturgut' sah, das noch eine 'heile Welt' repräsentierte. Wird das Schöne mit dem Guten gleichgesetzt, erhält das 'schöne' Volkslied nicht nur eine ästhetische, sondern auch eine ethische Bedeutung und Wirkung. Die Idealisierung kann leicht zu einer Ideologisierung führen. Mit dem Begriff des 'Echten' verbindet sich oft eine konservative, antiliberale Einstellung. Das Echte existiert nicht schon in der primären Volksliedtradition, es existiert erst im historischen Bewußtsein von ihr.

Die Beschäftigung mit dem Volkslied hat unter den gesellschaftlichen Bedingungen des ausgehenden 18. Jahrhunderts begonnen. Am Anfang steht Herders Definition, Volkslieder seien „die bedeutenden Grundgesänge einer Nation". Auch Arnim spricht von der kulturellen Einheit der Nation. Hier fällt die Vermischung der Begriffe Volk und Nation auf; sie muß als bedenklich angesehen werden. Es ist nicht mehr weit zu Bismarcks Einschätzung der nationalen Rolle des deutschen Liedes: „Des deutschen Liedes Klang hat die Herzen gewonnen; ich zähle es zu den Imponderabilien, die den Erfolg unserer Einheitsbestrebungen vorbereitet und erleichtert haben. Und so möchte ich das deutsche Lied als Kriegsverbündeten für die Zukunft nicht unterschätzt wissen, Ihnen aber meinen Dank aussprechen für den Beistand, den die Sänger mir geleistet haben, indem sie den nationalen Gedanken erhalten und über die Grenzen des Reiches hinausgetragen haben" (Bismarck 1893 an die Sänger in Kissingen). 1930 wird festgestellt, daß die Pflege des deutschen Volkslieds „das beste Mittel zur Erneuerung unserer Volksgemeinschaft ist". Damit geriet die Volksliedbewegung immer mehr in den Bann des Völkisch-Weltanschaulichen.

Volksliedpflege und Volksliedforschung sind zwar zwei unterschiedliche Gebiete, sie sind aber nie ohne gegenseitige Beeinflussung geblieben. Auf eine Zeit der Überbewertung des Volkslieds mußte wohl eine Zeit der Geringschätzung folgen. So schrieb Enzensberger ins ‚Lesebuch für die Oberstufe' die Worte: „Sei wachsam, sing nicht!"

Zusammenfassend kann man sagen, daß die Beschäftigung mit dem Volkslied schon immer die Reaktion auf eine gesellschaftliche Situation gewesen ist, und sie hat ihrerseits immer gesellschaftliche Auswirkungen gehabt. Die Wertrealisierung des Volkslieds ist in jeder Zeit anders. Ideologiekritik sollte deshalb auch zur zeitgenössischen Volksliedforschung gehören.

Zur Behandlung im Unterricht

Wenn ich ein Vöglein wär

Es empfiehlt sich, typische Merkmale des Volkslieds herauszuarbeiten: Bauform der Strophe, des Rhythmus, ein Satzbau, der sich dem Vers anpaßt, fehlendes Enjambement, umgangssprachliche bis archaisierende Sprache („Wenn ich erwachen tu"), Einfachheit der Bildstruktur und deren klarer Bezug etc. Der Text eignet sich, um den Volksliedton in seiner Einfachheit und Klarheit zu erfassen. Dabei ließe sich von der sprachlichen Gestaltung des Themas 'Trennung' ausgehen. In welcher Weise äußerer Abstand und innere Nähe ausgedrückt werden, wäre zu untersuchen; das Bild des Vogels ist für den nicht realisierbaren Wunsch der Überwindung dieses Abstands gesetzt.

Heinrich Heine: [Ich steh auf des Berges Spitze]

Heine nimmt hier den Volksliedtext auf; der Begriff der Parodie greift jedoch zu kurz. „Sentimental" in der ersten Strophe heißt, daß das Ich nicht nur ein Gefühl zum Ausdruck bringt, sondern sich und sein Gefühl aus einer gewissen Distanz und Selbstkritik betrachtet. Mit dem Volksliedzitat will es sich in die einfache und ungebrochene Gefühlswelt des Volkslieds versetzen; diese Beschwörung, so wortreich sie auch zwei Strophen lang ausfällt, bewirkt jedoch nichts. In Strophe 2 und 3 wäre demzufolge zunächst auf die Imitation des Volksliedstils abzuheben. Aber nicht einmal hier, wo Heine das Volkslied zu imitieren versucht, kommt die gleiche einfache Bildstruktur zum Tragen. Aus dem Vöglein wird erst eine nestbauende Schwalbe und dann eine singende Nachtigall – deutliche Anspielungen auf die Unbehaustheit und das Mitteilungsbedürfnis des lyrischen Ichs („meine Lieder"). Während im Volkslied das Bild des Vogels die Überwindung der Trennung von der persönlichen Erfahrung ablöst und ins Überindividuelle hebt, verschlüsselt Heine seine eigene Situation in der Wahl seiner Bilder, und folgerichtig wandelt das Bild des Vögleins sich in der letzten Strophe in das Bild vom Gimpel, das einfältige Borniertheit anklingen läßt.

So gerät der Schluß unversehens zur Abrechnung mit der Geliebten; von der Verklärung des Trennungsschmerzes kann keine Rede sein. Das Gedicht handelt also davon, daß das Ich dieses Gefühl zwar gern hätte, sich aber in einer zu komplizierten Beziehungskrise befindet. Die Aufnahme der Volksliedelemente hat also nicht nur parodistischen Charakter, sie repräsentieren vielmehr eine Gefühlslage, die zwar

angestrebt, aber so nicht mehr erreichbar ist. Der Versuch der Übernahme volksliedhafter Elemente heißt also nicht, daß Heine kein 'echtes' Volkslied schreiben kann, sondern daß er durch den spielerischen Umgang mit diesen Elementen seine Trauer über den Verlust des einfachen Gefühls, das sie repräsentieren, und damit seine eigene schwierige Situation zum Ausdruck bringt.
Das Heine-Gedicht könnte auch im Zusammenhang mit dem Abschnitt „Ironisches Spiel" als weiteres Beispiel für das hochgradige Formbewußtsein und Reflexionsniveau in Ergänzung zu ‚Nun ist es Zeit, daß ich mit Verstand' behandelt werden.

Clemens Brentano: Das Märchen von dem Rhein und dem Müller Radlauf (S. 110 ff.) 67

Die romantischen Vorstellungen von Natur- und Kunstpoesie als Voraussetzungen für Brentanos Märchen
In der romantischen Einstellung zur Überlieferung von Volkspoesie werden zwei Strömungen unterschieden: einmal die ästhetisch-literarische, der A. W. Schlegel, Tieck, Brentano und Arnim zugerechnet werden, und eine eher metaphysische, mythisch-volksgebundene, die durch Görres angeregt und von den Brüdern Grimm und Uhland gepflegt wurde. Jakob Grimm nimmt an, daß „Liebe, Herz und Leid" vor aller Poesie poetisch genannt werden müssen. Diese Elemente, die seit Herder „Naturpoesie" genannt werden, könne jeder Mensch zu jeder Zeit unmittelbar erschließen.
Die Abgrenzung der Naturpoesie von der Kunstpoesie wurde von Herder bereits klar formuliert. Ursprünglich ist das ganze Volk Träger des Mythos, dann teilt sich Literatur und Sprache in Volksliteratur (Naturpoesie) und Literatur für die Hochkultur (Kunstpoesie). Herder geht davon aus, daß die Kunstpoesie nicht die Einheit, Gefühlsstärke und Naivität der Volkspoesie besitzt oder jemals erreichen kann. Er interpretiert die menschliche Entwicklung gewissermaßen als eine ständige Wegentwicklung vom Urzustand des Naturmenschen. Der späte Herder glaubt dann allerdings daran, daß diese Spaltung in Natur- und Kunstdichtung durch die Dichter selbst wiederaufgehoben werden könne, wenn sie sich auf den Mythos zurückbesinnen – ein Gedanke, der von Friedrich Schlegel und Görres aufgegriffen wird.
Görres sieht ähnlich wie Novalis in seiner Schrift ‚Die Christenheit oder Europa' das Mittelalter als das goldene Zeitalter, in dem die Poesie alle Bereiche des Lebens durchdrungen hat und alle Künste von einem universellen Glauben getragen werden. Für Görres bewahrt das Volk in der Volkspoesie die Reinheit dieser ursprünglichen Universalität; er erkannte den aus unterschiedlichen Quellen zusammengesetzten Charakter der Volksbücher nicht. Görres verlegt den Anfang der Mythologie ins Dunkle, der Anfang des Mythos liegt für ihn in Traum und Rausch.
In seiner Theorie über die Sage geht Jakob Grimm davon aus, daß die Sage auf den allgemeinen Mythos zurückweist, ihn aber zugleich mit heimischer geschichtlicher Überlieferung durchdringt. Die Ehrfurcht der Brüder Grimm vor der Volksüberlieferung ist also letztlich religiös begründet; das Volk als unbewußter Träger der Mythenüberlieferung steht höher als der von der Volkstradition abgetrennte moderne Dichter, der erfindet und nicht einfach findet. Deshalb lehnten die Brüder Grimm die Vermischungen der Märchenfassungen bei Brentano oder die Umarbeitung der Volkslieder für ‚Des Knaben Wunderhorn' ab. Kunstpoesie ist nach Meinung der Brüder Grimm reflektierend, wissend und geht vom einzelnen aus, während die Naturpoesie aus dem Ganzen wirkt und nichts von sich weiß. Das bedeutet, daß die Brüder Grimm ein unproblematisches Aufgehen des einzelnen in der Volksgemeinschaft wünschen, daß sie die Reflexion aus der Dichtung möglichst ausklammern wollen.
Dagegen stellen sich Arnim und Brentano. Für Arnim verläuft Geschichte nicht von der Gottnähe zur Gottferne, für ihn stehen Kunst- und Naturpoesie jederzeit gleichberechtigt nebeneinander. Die Kunstpoesie geht zwar aus dem Schaffen eines einzelnen hervor, aber jeder Dichter hat gleichzeitig auch Anteil an seinem Volk und dessen Überlieferung und damit einen Zugang zur Naturpoesie. Angeregt durch alte Quellen, erfindet der Dichter, um im Währenden festzustellen, daß er die eigene verborgene Wahrheit des Geistes zutage fördert. Er hat also im Erfinden gar nichts Neues erfunden, er hat nur gefunden, was immer schon existiert hat. Die Phantasie, so eigenmächtig sie erscheinen mag, ist letztlich also ein Organ für das Wahre. In diesem Sinne betrachten Arnim und Brentano auch die von Brentano gesammelten, um- und weitergedichteten Märchen.

Brentanos Rheinmärchen
Bevor Brentano begann, Märchen zu sammeln, beschäftigte er sich ausgiebig mit Goethes ‚Märchen' und den allegorischen Märchen von Novalis. Nach dem Vorbild Herders und Tiecks sammelte er dann Märchen, um an der Herstellung einer Art nationaler Überlieferung mitzuarbeiten. Im Kreis um Sophie

Viertes Kapitel: Zu Text 68, S. 114f.

Mereau improvisierte er Märchen. Man nimmt daher an, daß die Märchen, die er später geschrieben hat, sehr viel früher mündlich festgelegt waren. Das kann jedoch im einzelnen nicht nachgewiesen werden.
Auch Brentano geht von der Grimmschen Annahme aus, daß die Volksmärchen von Erwachsenen für Kinder erzählt wurden. Er will daher selbst spannende und unterhaltsame Kindermärchen schreiben. Das bestimmt Aufbau, Sprache und Stil. Brentano ist bestrebt, die Fiktion der Mündlichkeit möglichst aufrechtzuerhalten. Er schwankt zwischen einfühlsamer Imitation des volkstümlichen Tons, artistischer Sprachspielerei und Parodie des Volkstümlichen. So entsteht eine Art mythischer Historisierung, ein Ineinander, zuweilen auch Gegeneinander von Realismus und Symbolik, womit seine Märchen einen deutlich kunstpoetischen Charakter erhalten.
Brentano läßt sich von seinen Märchen selbst bezaubern und verzaubern, das Märchen steht für ihn für das verlorene Paradies der Kindheit. Das Kinderdasein ist selbst Leben in der Phantasie, die Einheit von Ich und Welt ist noch ungebrochen. Das Märchenschreiben ist der Versuch, dieses verlorene Paradies wiederzugewinnen. Die Phantasie des erwachsenen Menschen ist zwar ein Organ für das Wahre, aber sie weiß auch um die unaufhebbare Trennung von Ich und Welt. Sie wächst mit der Melancholie, mit der Sehnsucht nach der heilen Welt der Kindheit, die den bewußten Einsatz der Phantasie noch nicht nötig hat.
In diesem Gegensatz zwischen kindlicher Welt und Phantasiewelt spiegelt sich der Gegensatz zwischen Natur- und Kunstpoesie, jetzt allerdings in die Erfahrens- und Erlebniswelt des Dichters verlegt. Märchenschreiben bei Brentano heißt, die Phantasie einzusetzen, um die Kindheit wiederzugewinnen, wobei nicht das Paradies selbst, sondern allenfalls der Weg dorthin erreicht werden kann.

Zur Interpretation
Obwohl der Text gekürzt wurde, bietet er eine Fülle von Ansatzpunkten.
Der Held: Radlauf reflektiert, im Unterschied zum Helden des Volksmärchens, er ahnt und durchschaut manches, er erkennt Elemente seines Traumes wieder.
Die Handlung wird für Held und Leser durch die lyrische Brechung durchsichtig. Der Traum am Anfang, der den naturmagischen Zusammenhang deutlich macht, stellt von vornherein eine lineare Entwicklung in Frage.
Die Motive: Schon die Wahl der Tiere „Ratz und Katz" macht einen harmonischen Ausgang der Begegnung unmöglich, was vom Leser sofort durchschaut wird. Tier und Mensch werden wie in der Fabel in ihren Eigenschaften in ironischer Weise aufeinander bezogen (Beschreibung von Prinz Rattenkahl). Die Hofgesellschaft wird ausführlich dargestellt und der Lächerlichkeit preisgegeben (Musikanten, Ritter, Hofdamen); ihre eigenen Worte entlarven sie (satirische Zuspitzung). Selbst im Traum wird die Landschaft detailgetreu beschrieben (vgl. die Sommerwiese des Traums mit der Frühlingswiese des Erwachens: indirekter Hinweis auf „Erfüllung").
Die Erzähltechnik: Der Höhepunkt, wie Ameleya sich vom Prinzen ab- und Radlauf zuwendet, unbemerkt ins Wasser fällt, und der weitere Verlauf der Wasserschlacht werden ausführlich ausgemalt, sprachlich sorgfältig gestaltet.
Sprache/Stil: Es fallen auf: die realistisch ausgemalten Einzelheiten (Blumen, Personen, Kleider etc.), Wortspiele (Staatskatz – Staatsratz), Lautmalereien (Beschreibung des Lärms, z. B. S. 113, Z. 27ff.). Neben sprachlich ausgefeilten Passagen (die Erklärung der Musikanten in indirekter Rede) stehen Sätze, die den schlichten Märchenerzählton nachahmen (S. 114, Z. 11f.: „So ward der Fluch des Mainzer Königs wahr und der Traum des frommen Müllers Radlauf auch und der alte Staatsreim auch").
Alle diese Elemente verbinden sich zu einem komplizierten Gesamtgebilde, in dem Naturmagie ebenso wie Gesellschaftssatire (Hofstaat), Lokalsage und Freude des Autors an Sprache, Sprachspiel und kompositorischer Gestaltung (Traum und lyrischer Einschub haben vorausdeutende Funktion) sich zu einem Ganzen zusammenfügen.

68 Joseph von Eichendorff: Aus dem Leben eines Taugenichts (S. 114f.)

Zum Textzusammenhang
Die Novelle erschien im Jahre 1826.
Ein junger Müllersbursch, von seinem Vater als „Taugenichts" bezeichnet, zieht im Frühling in die Welt hinaus, um sein Glück zu machen. Mit der Geige in der Hand wandert er mehr oder weniger ziellos durch die Gegend, und sein erstes Abenteuer führt ihn auf ein Schloß in die Nähe von Wien. Hier wird er Gärtnersbursche und Zolleinnehmer und verliebt sich in eine schöne Dame, die zum Schlosse gehört. Da sie

jedoch unerreichbar für ihn bleibt, beschließt er eines Tages, sich nach Italien zu begeben. Abenteuerliche Verwechslungen, Nachstellungen und Liebeleien unter Bauern, Musikern und Malern führen ihn bis nach Rom. Schließlich erfaßt ihn die Sehnsucht nach der Heimat und nach seiner Dame, die sich nach der Heimkehr als die Tochter des Portiers und damit als für ihn erreichbar herausstellt. Alle Verwechslungen und Verwirrungen lösen sich auf im Happy-End.

Im ‚Taugenichts' nimmt Eichendorff viele Motive auf, die aus seinen anderen Werken bekannt sind (das geheimnisvolle Schloß, der stille Garten, Verwechslung und Verkleidung der Hauptpersonen).

Der bewußt naive Erzählton ist oft in deutlicher Nähe zum Märchen gesehen, die Komposition der Kapitel mit dem Aufbau der klassischen Komödie verglichen, das 'Briefchen', das zwar vom falschen Empfänger geöffnet wird, aber diesem dann die Wahrheit mitteilt, im Sinne der klassischen Dramaturgie als Peripetie des Lustspiels interpretiert worden.

Die Naivität und scheinbare Problemlosigkeit des Textes sind offensichtlich das eigentliche Problem. Ein kurzer Blick auf Landschafts- und Personenbeschreibung zeigt, daß der Taugenichts die Welt als eine poetisierte erfährt, mit anderen Worten, der Leser erfährt durch ihn indirekt die Möglichkeit einer solchen Poetisierung. Die scheinbare Naivität der Erzählhaltung ist nichts als eine konsequente Subjektivierung aller Erlebnisse und Erfahrungen aus einer gottesgeschöpflich vertrauenden, optimistischen Grundhaltung heraus; der Leser erkennt jedoch mehr als einmal die Gefährdung und das mögliche Umschlagen ins Tragische wie in jeder Komödie. Weil des Helden falsche Analogieschlüsse letztendlich immer glücklich aufgehen, ist der Taugenichts insgesamt doch kein Glücksmärchen, auch wenn der Anfang an den Auszug des Hans im Glück in mancher Hinsicht erinnern mag. Die Poetisierung der Welt im ‚Taugenichts' führt nicht zu deren Entwirklichung oder zu einer unbestimmten Verklärung, sie spiegelt vielmehr die Umsetzung der Wirklichkeit in subjektive Vorstellungen.

In seiner subjektiven Sicht der Dinge unterscheidet sich der Taugenichts fundamental von anderen Menschen. Er sieht den Wert des Lebens anders als die anderen, die in die Enge von Arbeit und Tätigkeit eingebunden sind. Der Taugenichts ist nicht einfach ein Faulpelz, sondern ein Vagabund, der sich in die bürgerliche Ordnung nicht einzufügen gewillt ist. Er ist empfindsam, musikalisch begabt, verträumt und manchmal sogar geistreich; ein Künstler allerdings ist er nicht, dazu fehlen ihm Sendungsbewußtsein, Genialität und schöpferische Energie; deshalb ist er immer wieder als verkappter Biedermann betrachtet worden.

Die Spannungen zwischen Individuum und Gemeinschaft, Sehnsucht und Heimweh, Arbeit und Muße bleiben unterschwellig gegenwärtig; gerade der bewußt naive Erzählton ist es, der diese Spannungen nicht überdeckt, aber auch nicht in tragischen Konflikt geraten läßt.

Es ist wiederholt darauf hingewiesen worden, daß der Taugenichts die Landschaft im Lande seiner Sehnsucht, in Italien, so wahrnimmt wie die Umgebung Wiens. Man hat nachgewiesen, daß bestimmte Elemente eines Landschaftsbildes an unterschiedlichen Stellen wiederkehren. Der Autor baut seine Landschaften gewissermaßen aus Versatzstücken auf, über die er willkürlich verfügt. Landschaft wird auf diese Weise an die Bilder der Vorstellung von ihr gebunden, was sich besonders deutlich beim Einzug des Taugenichts in die Stadt Rom zeigt. Rom wird nicht so beschrieben, wie der Taugenichts es sieht, sondern so, wie er es sich immer schon vorgestellt hat. Die Bilder der Erfahrung und der Vorstellung fallen zusammen – Welterfahrung ist für den Romantiker immer auch Selbsterfahrung und umgekehrt.

Die Frage nach dem Ziel der Wanderschaft kann, so gesehen, keine bedeutende Rolle spielen. Der Taugenichts bricht auf, um sich in der Welt zu erfahren, ein solcher Aufbruch kann nicht zielgerichtet sein.

Zur Behandlung im Unterricht

Es wurde nur der Textanfang der Novelle übernommen und damit nur ein Textausschnitt aus dem ersten Kapitel.

Auch in dem kurzen Ausschnitt kann dem Schüler die Leichtigkeit des Erzähltons vermittelt werden (Beschreibung der Mühle und Interpretation des Vogelrufs).

Der Gegensatz zwischen Taugenichts und Philisterwelt wird gleichfalls deutlich: einmal im Gespräch mit dem Vater, zum zweiten durch den Blick des Taugenichts auf die Kameraden, die arbeiten „wie gestern und vorgestern und immerdar" (S. 114, Z. 39). Der Gegensatz wird angesprochen und gleichzeitig dadurch entschärft, daß der in die Welt ziehende Taugenichts von niemandem beachtet wird. Der Kontrast dieser 'Philisterwelt' zur Märchenformel „so will ich in die Welt gehn und mein Glück machen" (Z. 31) sollte herausgehoben werden – einerseits, um den Anklang an das Märchen zu verdeutlichen; andererseits aber auch der Gegensatz zwischen Märchen- und Philisterwelt, der durch den leicht ironischen Erzählton überspielt wird, aufgezeigt werden. Wie dieser Gegensatz im Lied, das der Taugenichts in dieser Situation

Viertes Kapitel: Zu Text 69, S. 115 ff.

spielt, wiederaufgenommen und variiert wird, sollte dem Schüler besonders verdeutlicht werden. Die Fleißigen sind jetzt die 'Trägen', Unbeweglichen, der 'Märchenheld' wird zum Gottesgeschöpf, das sich beim freien Wandern in Gottes Natur und damit in Gottes sorgender und fürsorglicher Hand weiß. Dieses Lied ist ein gutes Beispiel dafür, wie in der romantischen Lyrik Situationen, Motive und Stimmungen eines Romanhelden aufgenommen, variiert und in diesem Falle ins Allgemeingültige formuliert werden (vgl. dazu die Ausführungen zu Text 73: Brentano).

69 E. T. A. Hoffmann: Der Sandmann (S. 115 ff.)

Zum Textzusammenhang
Im ‚Goldnen Topf' beschreibt E. T. A. Hoffmann mit der Gestalt des Anselmus einen linkischen Träumer, der aus der Welt der Spießbürger in seine Phantasiewelt flüchtet. Er endet auf diese Weise schließlich in „Atlantis", während der ihn beschreibende Autor in ironischem Kontrast dazu in seine armselige Dachkammer eingesperrt bleibt.
Stellt E. T. A. Hoffmann im ‚Goldnen Topf' die den Menschen aus den Alltagszwängen und Wahrnehmungsbeschränkungen befreiende Kraft der Phantasie und des Phantastischen dar, so rückt er im ‚Sandmann' die 'Nachtseite', die in Selbstzerstörung und Wahnsinn treibende Energie der Phantasie, in den Mittelpunkt.
Coppola, von dem Nathanael das Perspektiv erwirbt, erinnert ihn an den „Sandmann" seiner Kindheit; das Märchen vom Kinderaugen stehlenden Sandmann und die Figur des widerwärtigen Coppelius, mit dem sein Vater bis zu einem tödlichen Unfall alchimistische Studien trieb, fallen für das Kind zusammen. Das Perspektiv eröffnet für Nathanael magische Wahrnehmungsfähigkeiten, es zieht ihn mit „glühendem Verlangen" (S. 115, Z. 34) zu Olimpia, die er bisher nur von weitem und durch das Perspektiv kennt, so daß er seine Verlobte Clara völlig vergißt. Andererseits läßt ihn die magische Fähigkeit – als er durch das Glas blickt, trifft ihn während des Konzerts der „Liebesblick" (S. 116, Z. 23) – die Realität vollkommen verlieren. Die „Künstlichkeit" Olimpias, die für alle ganz offensichtlich ist, bleibt ihm verborgen. Ihr steifes Äußeres, ihre Kälte werden bei ihrem ersten Auftauchen an vom Autor hervorgehoben. Die „todstarre, stumme Olimpia" (S. 117, Z. 36) wird von Nathanael trotz des Freundes Warnung, dem dazu der „Gang eines aufgezogenen Räderwerks" (S. 118, Z. 7 f.) einfällt, nicht als solche erkannt. Erzähltechnisch geht der Text bis unmittelbar vor die 'Entlarvung' für den Leser.
Hier führt magische Bewußtseinserweiterung zur totalen Verkennung der Realität, die 'Entlarvung' muß einen entsprechenden Schock auslösen, wie die folgende zweite Textstelle zeigt. Nathanael endet im Wahnsinn.
Das Perspektiv hat bei der Darstellung der Bewußtseinsveränderung auslösenden Charakter, Olimpia wird von der Gesellschaft als steif und starr erkannt. Diese Sichtweise wird parallel durch den Text der Sichtweise des Nathanael entgegengesetzt, der durch Coppolas Perspektiv 'geblendet' ist.
Alle Faszination, die Olimpia ausübt, geht vom Auge aus. Auf diese Weise fügt sich das zentrale Motiv des Textausschnittes in das Leitmotiv ein, das zunächst für die kindlichen Ängste vor dem Sandmann, überhaupt für Angst steht. Folgerichtig wird der Ausbruch des Wahnsinns mit den gegen Nathanael geschleuderten Augen dargestellt, die er vorher als 'blutig' auf dem Boden liegen sieht.

Zur Behandlung im Unterricht
Da es sich um Textausschnitte handelt, müssen einige wesentliche Elemente im Hintergrund bleiben, die bei einer Gesamtbehandlung Gewicht haben, wie z. B. Clara als Gegenfigur zu Olimpia, die ebenfalls über das Augenmotiv als Gegenfigur aufgebaut wird, oder die Erzähltechnik, die vom Briefwechsel zur auktorialen Erzählweise wechselt. Daß Nathanael Clara vor der Begegnung mit Olimpia als „lebloses Automat" beschimpft, kann nach der Textinterpretation erwähnt werden, wenn Nathanaels Realitätsverlust als solcher erkannt worden ist.
Die vorliegenden Textausschnitte bieten sich für eine genaue sprachliche Untersuchung im Unterricht an unter der Fragestellung: Was nimmt Nathanael wahr? („eiskalte Lippen", „kalte Hand" [S. 117, Z. 18 f.].) Wie verändert sich seine Wahrnehmung aufgrund des Perspektivs? (Liebesblick, wenn er zögert, läßt er sich von ihren strahlenden Augen beeinflussen.) Hier gibt es sprachlich deutliche Hinweise an den Leser (Todesfrost, „die Legende von der toten Braut ging ihm plötzlich durch den Sinn" [S. 117, Z. 19 f.], etc.), so daß für den Leser klar wird: Die Gesellschaft – am Ende des Textes in Siegmund noch einmal verkörpert – sah Olimpia immer schon als steif und dumm an; Siegmund spricht von „Wachsgesicht und Holzpuppe"

(S. 117, Z. 43). Nathanael hätte eigentlich merken müssen, mit wem er es zu tun hat, wenn er seinen eigenen Gefühlen geglaubt und nicht durch Coppolas 'Perspektiv' in seiner Wahrnehmungsfähigkeit gestört wäre. Seine Phantasie ist nicht wie bei Anselmus im ‚Goldnen Topf' eine Fähigkeit, Welt und Wirklichkeit poetisch zu durchdringen, sondern sie zerstört seine Wahrnehmungsfähigkeit von Grund auf und führt ihn in den Wahnsinn. Was Nathanael wahrnimmt, sind nur Projektionen seiner eigenen Phantasie. Nicht umsonst hebt Siegmund auf Olimpias völlig leeren Blick ab.

Die Puppe in der Puppe
Der Text bricht dieses Thema der verirrten Gefühle in ironischer Weise. Er kann auch gelesen werden als Parodie einer Liebesszene mit einer ungleichen Rollenverteilung und kann mit den von den Frauen der Romantik entworfenen neuen Rollenbildern kontrastiert werden. Nathanael genügt es vollkommen, daß Olimpia einen hübschen Anblick bietet; daß sie nicht mehr als „ach" hervorzubringen vermag, stört ihn nicht im geringsten, auf diese Weise ist kein Widerspruch von ihr zu erwarten. Daß Hoffmann auch diese Dimension des Textes gemeint hat, geht aus dem hier ausgelassenen Zwischenstück zwischen beiden Textausschnitten hervor: „... und das alles las er der Olimpia stundenlang hintereinander vor, ohne zu ermüden. Aber auch noch nie hatte er eine solche herrliche Zuhörerin gehabt. Sie stickte und strickte nicht, sie sah nicht durchs Fenster, sie fütterte keinen Vogel, sie spielte mit keinem Schoßhündchen, mit keiner Lieblingskatze, sie drehte kein Papierschnitzchen, oder sonst etwas in der Hand, sie durfte kein Gähnen durch einen leisen erzwungenen Husten bezwingen – kurz! – stundenlang sah sie mit starrem Blick unverwandt dem Geliebten ins Auge, ohne sich zu rücken und zu bewegen und immer glühender, immer lebendiger wurde dieser Blick." Nathanael ist mit all seiner fiebernden Phantasie, die ihn schließlich in den Wahnsinn treibt, nur zur allererbärmlichsten Projektion, einer durch und durch spießigen Vorstellung von seiner Partnerin fähig. Seine Traumfrau ist zu einfältig zum Reden, stummes Zuhören bedeutet für ihn, daß sie ihm ihre ungeteilte Aufmerksamkeit zuwendet, was er als Bestätigung seiner eigenen Qualitäten betrachtet. Mit anderen Worten, Nathanael projiziert auf eine Puppe das Bild seiner eigenen Vorstellungen von einer Frau. Folgerichtig bleibt die 'Automatenpuppe' für ihn Olimpia. Ebenso folgerichtig erkennt der Leser, daß Nathanael seine Bedürfnisse nach Selbstbestätigung auf ein anscheinend besonders dafür geeignetes Opfer projiziert.
Der Text läßt sich mithin auch als satirisch-kritische Absage an das puppenhafte Weiblichkeitsideal, als geistreiche Demontage des herrschenden Gretchenideals lesen.

Schauerromantik
Der Text kann noch auf einer dritten Ebene als Beispiel für eine phantastische Erzählung im Genre des anspruchsvollen Schauerromans betrachtet werden. Verknüpfungen mit der Tradition des englischen Schauerromans (z. B. Mary Shelley, Frankenstein und E. A. Poe) lassen sich zeigen.
Der Text ist, vor allem im kontrastiven Vergleich zum ‚Goldnen Topf', geeignet, in die für Hoffmann typischen Denk- und Erzählweisen einzuführen. Fließende Übergänge zwischen Phantasiewelt und Realität, bei denen Held und Leser die Orientierung verlieren können, sind dabei ebenso charakteristisch für Hoffmanns Erzähltechnik wie ein harter Zusammenprall und ein unauflösbarer Widerspruch zwischen realer und phantastischer Welt.

III. Universalpoesie (S. 119 f.)

Die poetologischen Texte fassen die wesentlichen ästhetischen Neuansätze zusammen. Mit dem Ausschnitt aus Wackenroders ‚Von zwei wunderbaren Sprachen und deren geheimnisvoller Kraft' wurde ein Text in den Mittelpunkt gerückt, der in seiner Begrifflichkeit und erläuternden Metaphorik dem Schüler sprachlich leichter zugänglich ist als die begrifflich schwierigen und komplexen Ausführungen Schlegels zur romantischen Universalpoesie oder die assoziativ offenen Novalis-Fragmente, die romantische Ästhetik bereits in eine entsprechende Sprachform umzusetzen versuchen. Bietet der Abschnitt „Universalpoesie" die inzwischen schon mehr oder weniger kanonischen Theorietexte an, ergänzt durch das Brentanosche ‚Abendständchen' als deren poetische Umsetzung und als Beispiel für die Kontextbezogenheit romantischer Lyrik, so versuchen die anderen Kapitel, eher romantische Themenschwerpunkte hervorzuheben und mit ihrer je nach Autor unterschiedlichen Gestaltung sowohl in ihrem typisch romantischen Charakter als auch in der für ihren jeweiligen Autor charakteristischen Darstellungsform erscheinen zu lassen.

Viertes Kapitel: Zu Abschnitt III, S. 119f.

Exkurs: Der Begriff der romantischen Ironie
Die Schwierigkeiten im Umgang mit dem Begriff der romantischen Ironie hängen damit zusammen, daß der Begriff 'Ironie' von den Romantikern aufgegriffen, vor dem Hintergrund der Transzendentalphilosophie mit einer neuen Bedeutung aufgeladen und dabei nie in eindeutiger und verbindlicher Weise definiert worden ist. Romantische Ironie ist entweder als Zeitstimmung oder als Haltung aufgefaßt worden.
Bereits bei Aristoteles verkörpert Ironie eine Haltung, wie am Beispiel des Sokrates erläutert wird. Beide der später von Tieck und Solger unterschiedenen Formen der Ironie, die sogenannte niedere und höhere, sind bereits bei Aristoteles nachzuweisen. Ironie verkleinert zum einen die Wahrheit, was später mit der niederen Form der Ironie bezeichnet wird, die das Gegenteil des Gesagten meint; andererseits ermöglicht sie eine Distanzierung, die das Kennzeichen objektiver und höherer Ironie wird.
Ironie nimmt in der europäischen Literatur einen breiten Raum ein. Von der niederen Ironie in Moralsatire und Narrenliteratur bis zur höheren Ironie bei Shakespeare und Cervantes reicht das Spektrum. Sie kann als eine fundamentale Gestaltungsart von Dichtung angesehen werden.
Als in der späten Aufklärung der große Maßstab der Vernunft und Humanität, der für die frühe Aufklärung kennzeichnend war, auf den sogenannten gesunden Menschenverstand reduziert wurde, ging die Ironie verloren. Das Ergebnis war eine Unduldsamkeit gegen Sturm und Drang und erst recht gegen die Romantik.
Wenn die jungen Romantiker die Ironie mit ihrem Enthusiasmus in ihrer ganzen Fülle wiederentdeckten, so bedeutete das nicht, daß sie hinter die Aufklärung zurückwollten. Alle ihre Äußerungen sind vom Wissen um das eigene Bewußtsein durchdrungen. Dieses Wissen bewirkt nun insofern eine neue Ästhetik, als mit der Reflexion über das Kunstwerk zugleich eine Reflexion über die Entstehung des Kunstwerks während seines Entstehens und eine Reflexion über diese Reflexion einsetzt. Mit anderen Worten, die Betonung der Subjektivität ist eines der Hauptkennzeichen der romantischen Ironie. Diese Subjektivität hat Kants Erkenntnis, daß das Schöne unmittelbar ohne alles Interesse gefällt und daß die Freiheit der Einbildungskraft im Wohlgefallen am Schönen eine allgemein verbindliche Reaktion auf die subjektive Zweckmäßigkeit der Form eines Gegebenen vollzieht, ebenso zur Voraussetzung wie die Vorstellung Fichtes, daß das Ich das Nicht-Ich setzt.
Von hier wird der Bogen gespannt zu Schlegels Auffassung von „Poesie, deren Eins und Alles das Verhältnis des Idealen und des Realen ist, und die also nach der Analogie der philosophischen Kunstsprache Transzentalpoesie heißen müßte".
Die Emanzipation des Verstandes bedeutet, daß alle Bezüge fragwürdig wurden oder zerstört sind. Damit werden sie Gegenstände der Reflexion. Wenn das Wesen der Moderne Fragwürdigkeit und Spaltung bedeutet, so bringt sie aus sich heraus auch den Drang hervor, diese Spaltung aufzuheben und zu überwinden. Der Wille zur Aufhebung der Gegensätze und zur Verbindung des Getrennten bestimmt die unterschiedlichen Äußerungen Schlegels. Auch in diesem Sinne ist die romantische Poesie „eine progressive Universalpoesie".
Spätestens seit Kant ist die Ich-Welt-Spaltung nicht mehr aufzuheben, die Versöhnung des Subjektiven mit dem Objektiven scheint im Werk weniger denn je möglich zu sein. Nach Schlegel gibt es so etwas wie ein Schweben in der Mitte, das für Reflexion kennzeichnend ist. Damit erscheint die Dialektik der Reflexion in neuem Licht. Als Selbstbezogenheit ist sie Ausdruck der Isolation des Subjekts und scheint diese festzuhalten. Wird das Subjekt sich also selber zum Problem, gewinnt es Distanz zu sich selber, so hebt es auf diese Weise die Spaltung, welche die Reflexion hervorrief, wieder auf. In dieser Synthese ist die Welt allerdings nur noch als Schein vorhanden, und die innere Spaltung, die das Sich-zum-Objekt-Werden bedeutet, kann nur in einer zweiten Reflexionsstufe aufgehoben werden. Da auch diese das Problem nicht lösen kann, wird das Ganze als „ein immer wieder Potenzieren der Reflexion" fortgeführt. Es besteht die Gefahr, daß die Scheinhaftigkeit der Welt und des eigenen Seins zunimmt und die Reflexion immer stärker ins Leere läuft. Andererseits darf der utopische Aspekt der Reflexion nicht vergessen werden, denn die Reflexion wird in die Zeitlichkeit gestellt; in der Selbstbespiegelung ist das Subjekt sich selber zeitlich voraus. Die Relativierung des Gegenwärtigen auf die Zukunft hin ist ebenso dialektisch wie die Reflexion. Sie ist negativ, insofern sie die moderne Dichtung als vorläufig, als bloß provisorisch auffaßt, schlägt aber um ins Positive, wenn sie in deren progressives Moment eingeht. Die fragwürdige Gespaltenheit der Moderne wird auf diese Weise umgedeutet. Es erfolgt keine Absage an Verstand und Reflexion, weil der Romantiker aus der Erkenntnis des Negativen durch radikale Steigerung des Bewußtseins das Positive zu erreichen meint. „Ironie ist klares Bewußtsein der ewigen Agilität, des unendlich vollen Chaos" nach Friedrich Schlegel. Diese „ewige Agilität" kennzeichnet den modernen, im Fragwürdigen lebenden Menschen. Indem er sein chaotisches Dasein ins Bewußtsein hebt, verhält er sich ironisch zu ihm. Darüber hinaus faßt die romantische Ironie die Realität als vorläufig auf und will ihrerseits nur Vorläufiges hervorbringen.

Viertes Kapitel: Zu Text 70, S. 119f.

Zusammenfassend kann man sagen, daß das Subjekt der romantischen Ironie der isolierte, sich selber problematisch gewordene Mensch ist, dem das Bewußtsein die Fähigkeit zur Tat lähmt. Da die Welt ihm unübersichtlich und endlich erscheint, strebt er nach Einheit und Unendlichkeit. Sein Versuch, seine Lage durch Umwertung und Distanzierung auszuhalten, wird als Ironie bezeichnet. Das Negative, mit dem er leben muß, wird nicht auf Änderung hin in Frage gestellt, es wird für vorläufig erklärt und damit zugleich festgehalten und umgedeutet. Die Distanz läßt dieses Dasein akzeptabel erscheinen und veranlaßt den Romantiker, im Bereich des Subjektiven zu verweilen. Aber indem die Ironie das Negative festhält, wird sie, obwohl als dessen Überwindung gedacht, ihrerseits selber zur Negativität. Für sie gibt es Vollendung nur in Vergangenheit und Zukunft, alles, was die Gegenwart betrifft, wird dem Maßstab der Unendlichkeit ausgesetzt und von ihm erdrückt.

Friedrich Schlegel: [Die romantische Poesie] (S. 119f.)   70

Einige für das Verständnis des Textes wesentliche Grundbegriffe der Schlegelschen Literaturtheorie:

Poesie und Phantasie
Für das Verständnis des Athenäum-Fragments 116 ist es zunächst wichtig, auf das Antikestudium Schlegels vor seiner Athenäums-Zeit einzugehen. Die klassische (nichtromantische) Dichtung charakterisiert Schlegel als ein Naturgewächs; für sie ist die Theorie eine Späterscheinung: „Die Erfahrung belehrt uns, daß unter allen Zonen in jedem Zeitalter, bey allen Nazionen, und in jedem Theile der menschlichen Bildung, die Praxis der Theorie voranging, daß ihre Bildung von Natur den Anfang nahm." Einer auf diese Weise natürlich wachsenden klassischen Dichtung folgen nach einem Höhepunkt Niedergang und Ende. Ein neues Verhältnis von Theorie und Praxis sieht er dagegen für die moderne Poesie: „Die gesetzgebende Macht der aesthetischen Bildung der Modernen dürfen wir aber nicht erst lange suchen. Sie ist schon konstituiert. Es ist die Theorie, denn der Verstand war ja von Anfang an das lenkende Prinzip dieser Bildung." So ist die moderne Dichtung im Gegensatz zur antiken künstlich hervorgebracht. Sie ist bewußt geschaffen, kennt kein Ende und ist demnach unbegrenzt progressiv. Die Theorie bedeutet für sie Antrieb und Anfang zugleich.
Einen ersten Versuch zur Darstellung der Tendenzen und Wirkungsweisen romantischer Poesie unternimmt Schlegel mit dem Athenäum-Fragment 116 im Jahre 1798. Hier spricht er romanhafte Poesie an. Als Unterscheidungsmerkmal nennt er das der unendlichen Progression, wobei er Fortschreiten auf das Bewußtsein einschränkt. Romantische Poesie vermag regulierend auf die Realität einzuwirken. Es kommt also eine Auffassung zum Ausdruck, welche das Sein durch das Bewußtsein verändert wissen möchte. Schlegel formuliert somit eine phantastisch-poetische Erhebung über eine sich formierende bürgerliche Ordnung. Sie soll möglich werden von der Voraussetzung der ungebundenen Kraft eines schöpferischen Dichtergeistes aus.
In den Athenäum-Jahren will Schlegel die Funktion der Literatur in einer Kunstwelt realisiert sehen, welche der wirklichen Welt und dem bürgerlichen Zeitgeist als Alternative dient. Zur Kunst allgemein wird eine Position eingenommen, die bei der zunehmenden Abwendung von den gesellschaftlichen Prozessen zu einer allmählichen Überbewertung führt. Kunst wird bei Schlegel eine autonome Macht, die mittels romantischer Poesie bewußtseinsverändernd wirken soll. Die zunehmende Überbetonung der Kunst ist begründet in Schlegels wachsendem Unverständnis gegenüber dem Zeitgeist. Er ist nicht in der Lage, den Antagonismus von Harmonieideal und gesellschaftlicher Entwicklung zu erfassen. Somit zeichnet sich immer deutlicher die Tendenz ab, Kunst und Gesellschaft voneinander zu isolieren.
Mit der romantischen Poesie soll der Zeit eine Art Mittelpunkt gegeben werden. Die Poesie soll popularisiert und das ganze Leben soll poetisiert werden. Damit propagiert Schlegel eine phantastisch-poetische Erhebung über die Wirklichkeit auf der Grundlage der freien dichterischen Schöpferkraft, die nach seiner Auffassung in der Lage ist, eine eigene autonome Welt zu erschaffen.
Die romantische Poesie unterscheidet sich von anderen Dichtarten dadurch, daß sie ununterbrochen im Werden begriffen ist; sie allein ist frei und erkennt 'die Willkür' des schöpferischen Dichtergeistes als ihr einziges Gesetz an, die gesetzgebenden Potenzen der Wirklichkeit werden ignoriert. „In einem gewissen Sinne [...] soll alle Poesie romantisch sein", heißt es im Fragment 116 (S. 120, Z. 25). Demnach ist die romantische Dichtart für Schlegel mit Dichtkunst schlechthin identisch. Poesie paßt also nicht in ein System, einzig die „divinatorische Kritik" (S. 120, Z. 21) ist in der Lage, etwas von deren Größe zu erfassen. Deshalb sieht Schlegel in der Kritikfähigkeit ein außerordentliches Merkmal der romantischen Poesie in Abgrenzung zur volkstümlichen Literatur.

Viertes Kapitel: Zu Text 70, S. 119f.

Die Forderung nach kritischer Auseinandersetzung bedeutet zugleich auch Weiterführung, verlangt eine neue Qualität der Literatur; sie ist dem Unendlichen zu nähern. In diesem Sinne verwirklicht sich der Schöpfergeist auch in einem kritischen und fähigen Betrachter romantischer Literatur. Voraussetzung dafür ist poetische Sensibilität, denn über Poesie darf man nur in Poesie reden oder schreiben: „Poesie kann nur durch Poesie kritisiert werden. Ein Kunsturteil, welches nicht selbst ein Kunstwerk ist, [...] hat gar kein Bürgerrecht im Reiche der Kunst."

Diese These erfordert jedoch folgende Ergänzungen: Bis zu Beginn der Athenäums-Zeit fühlt sich Schlegel noch den Traditionen der Aufklärung und der klassischen bürgerlichen deutschen Literatur verbunden. Es sind dabei Traditionen gemeint, die von der Auffassung ausgehen, daß sich die politische Emanzipation des deutschen Bürgers vorwiegend ideell, durch seine ästhetische Erziehung verwirklichen lasse. Neue menschliche Beziehungen in einer umgebildeten Gesellschaft sind das Ziel; Realität werden sie zunächst in der Poesie. Die Verdrängung der politischen Vorstellung aus der Ästhetik zeichnet sich allerdings ziemlich schnell ab. So erhält Schlegels Poesie allmählich die Züge eines idealisierten Modells geschichtlichen und sozialen Handelns, dessen außerästhetische gesellschaftliche Dimensionen aus der theoretischen Betrachtung ausgeklammert werden.

Die antirealistische Grundhaltung romantischer Poesie wird auch in erkenntnistheoretischer Hinsicht deutlich. Anfangs übernimmt Schlegel von Kant die Unterscheidung von Vernunft und Verstand. Der reale Raum wird mit Hilfe des Verstandes erfaßt, der unendliche Bereich mit Hilfe der Vernunft. Der Verstand scheidet somit als Erkenntnisorgan aus. Da aber die Vernunft, die in allen Menschen dieselbe ist, für aufgestellte Thesen einer nicht faßbaren Welt keinen Beweis erbringen kann, wird sie ebenfalls ausgeschaltet, denn etwas „beweisen oder gar erklären wollen, ist [...] herzlich überflüssig" nach Schlegel. Statt dessen bietet er eine andere Lösung an: Er erhebt die Phantasie zu neuer Größe und läßt sie gewissermaßen zum Erkenntnisorgan der letzten Instanz werden. Zunächst einmal soll sie romantische Poesie hervorbringen und darüber hinaus dann deren Verstehen und damit Wirksamwerden ermöglichen. „Nur die Fantasie kann das Räthsel dieser Liebe fassen und das Räthsel darstellen; und dieses Räthselhafte ist die Quelle von dem fantastischen in der Form aller poetischen Darstellung", heißt es im Athenäum. „Die Fantasie ist das Organ der Menschen für die Gottheit" (8. Idee). Der Phantasie des Menschen wird für die literarische Produktion ein besonders hoher Stellenwert zugemessen, denn nach Schlegels Auffassung kann sie sich über alle Regeln und Gesetze hinwegsetzen und den Dichter in einer so verstandenen Freiheit der erstrebten Utopie näherbringen. So erkennt Schlegel in der Phantasie letztendlich ein produktives Denkvermögen.

Zwar ist eine Aufwertung der Kunst auch bei Goethe und Schiller erkennbar, aber bei ihnen ist diese Tendenz eine bewußte Übergangslösung; die Kunst bleibt integraler Bestandteil der Gesellschaft und wird lediglich zu ihrem wichtigsten Mittel in der Höherentwicklung des Menschen. Ausgangs- und Zielpunkt bleibt das Leben in der Gesellschaft.

In den letzten Teilen des Athenäums erfahren romantische Poesie und Religion in Verbindung mit der angestrebten Poetisierung der Welt eine immer größer werdende Identität. Religion ist in dieser Phase eine Sehnsucht nach dem Unendlichen, denn „Religion ist schlechthin unergründlich". Hier liegt die Gemeinsamkeit der Religion mit romantischer Poesie, denn „man kann in ihr überall ins Unendliche immer tiefer graben".

Schlegels Vorstellungen vom Dichter und von kommunikativer Geselligkeit
Einen isoliert handelnden Dichter lehnt Schlegel ab. Eine seiner Forderungen lautet, daß nur der Mensch unter Menschen göttlich dichten und denken kann. Dieses Prinzip gipfelt in der Forderung nach „Sympoesie". Der Dichter hat als eine besonders wichtige Aufgabe eine Mittlerfunktion; er ist Mittler zum 'goldenen Zeitalter' und Mittler zwischen sich und dem Leser. In der dichterischen Tätigkeit sieht Schlegel einen inneren Ausdruckszwang mit der Zielsetzung, sich „mit dem Leser in ein Gespräch zu versetzen". Sympoesie ist dabei eine Möglichkeit für den Dichter, sich in einer ihn nicht verstehenden Umwelt im Kreise Gleichgesinnter geborgen zu fühlen. Im sympoetischen Schaffen sieht Schlegel einen wesentlichen Ausgangspunkt für eine neue literarische Produktion. Sympoesie umfaßt das gesamte Gefüge Autor/Werk und Werk/Leser, also Produktions- und Rezeptionsbedingungen in gleicher Weise.

Romantische Ironie
(Siehe Seite 150f.) Die Theorie der romantischen Ironie wird für Schlegel zum Mittel, um die Forderungen nach individueller Freiheit zu realisieren. Die Freiheit der Person wird dabei in die reine Subjektivität verlegt. Ironisches Vermögen bezeichnet Schlegel als „einen steten Wechsel von Selbstschöpfung und Vernichtung". „Selbstvernichtung" bedeutet die Fähigkeit, die Infragestellung des eigenen dichterischen

Viertes Kapitel: Zu Text 71, S. 120f.

Werkes zu ermöglichen. Der Autor distanziert sich vom Geschaffenen in der Art und Weise, daß eine schöpferische Auseinandersetzung mit dem unzureichenden künstlerischen Werk möglich wird. „Selbstvernichtung" ist demnach im Sinne der „unendlichen Progression" romantischer Poesie ein erster Schritt zur poetischen Neuschöpfung.

Zur Behandlung im Unterricht
Der Text entfaltet den Begriff der romantischen Universalpoesie und den Aspekt der Universalität in jede nur denkbare Richtung. Es empfiehlt sich deshalb, vom Aufbau des Textes auszugehen und auf diese Weise die einzelnen Aspekte in ihrer Reihenfolge darzustellen.
1. Universalpoesie umfaßt alle Gattungen und vermischt sie. Universalpoesie zielt auf die gesamte Kunst und umfaßt darüber hinaus auch Philosophie, Rhetorik und Kritik.
2. Sie bemächtigt sich immer neuer Lebensbereiche, das ganze Leben wird von Poesie durchdrungen und wird selber Poesie.
3. Nur die alles durchdringende romantische Poesie kann ein Bild des Zeitalters hervorbringen auf den „Flügeln der poetischen Reflexion" (S. 120, Z. 11).
4. Romantische Poesie kann weder in ein System gebracht noch zergliedert werden, sie ist im Werden und in stetiger Veränderung begriffen.
5. Diese Entwicklungsfähigkeit konstituiert die Freiheit und Unabhängigkeit der Poesie und damit die Freiheit des Dichters.
6. Diese romantische Universalität hält Schlegel für den Inbegriff von Dichtung überhaupt – in diesem Sinne soll alle Dichtung romantisch sein.
Ist der Aufbau des Textes in seiner thematischen Schwerpunktsetzung zusammenfassend dargestellt worden, können die einzelnen Aspekte durch eine genauere sprachliche Betrachtung vertieft werden, wobei der Zusammenhang zwischen den einzelnen Gesichtspunkten durch eine enge oder auch sehr lose Verbindung hergestellt wird. So kann zum Beispiel das Thema der poetischen Reflexion und das Bild der Reihe von Spiegeln aus dem Zusammenhang herausgelöst und in Richtung auf den Begriff der romantischen Ironie erläutert oder zur Diskussion gestellt werden. (Potenziert sich ein solches Spiegelbild tatsächlich endlos, wirft es nicht immer nur sich selber zurück ohne einen Realitätsbezug, muß diese beabsichtigte Potenzierung nicht in Leerlauf münden – vergleiche dazu die Ausführungen zum Thema 'romantische Ironie', Seite 150f.)
Ähnlich ließe sich mit dem Begriff der Freiheit des Dichters verfahren, die auf den ästhetischen Bereich beschränkt bleibt.
Die am Anfang des Textes formulierte Vermischung und Durchdringung der Gattungen ließe sich durch Beispiele belegen, wie z. B. lyrische Einschübe in Prosatexte und ihre Funktion.
Auf die Rolle der romantischen Universalpoesie als Bildungsprogramm und die damit verbundene neue Art der Kritik ließe sich ebenfalls in einem zweiten Durchgang hinweisen.

Wilhelm Heinrich Wackenroder: Von zwei wunderbaren Sprachen und deren geheimnisvoller Kraft (S. 120f.) 71

Zum Textzusammenhang
Der Text entstammt der Sammlung kunsttheoretischer Schriften Wackenroders, die unter dem Titel ‚Herzensergießungen eines kunstliebenden Klosterbruders' 1796 anonym erschienen ist. Der überwiegende Teil der kurzen Erzählungen des Bandes bietet nach Art der Viten legendärer Heiliger stilisierte Malerbiographien. Wackenroder lehnt sich dabei eng an Vasari an und versucht, den Chronistenstil mit Hilfe der Fiktion eines kunstbegeisterten Mönchs als Erzähler wiederzubeleben. Daneben finden sich drei theoretische Aufsätze in der Sammlung, unter anderem der Aufsatz ‚Von zwei wunderbaren Sprachen und deren geheimnisvoller Kraft'. Den Abschluß der Sammlung bildet eine kaum verhüllte autobiographische Erzählung mit dem Titel ‚Das merkwürdige musikalische Leben des Tonkünstlers Joseph Berglinger'. Mit dieser Erzählung wird der Rahmen der historischen 'Malerchronik' insofern gesprengt, als sich Wackenroder mit diesem Text dem zeitgenössischen und letztlich scheiternden Künstler zuwendet. Diese Erzählung wird in gewisser Weise zum Modell für alle späteren romantischen Künstlererzählungen, vor allem von Tieck und E. T. A. Hoffmann. Diese nicht sehr umfangreiche Sammlung gilt als erstes und im eigentlichen Sinne initiatorisches literarisches Dokument der deutschen Frühromantik.
Wackenroder rückt Kunst in unmittelbare Nähe zur Religion. Kunst wird sogar selbst Religion und nimmt

Viertes Kapitel: Zu Text 71, S. 120f.

deren Stelle ein, wo die Kraft des Wortes, die lediglich zur Bezeichnung „irdischer Dinge" ausreicht, versagen muß. „Das Unsichtbare, das über uns schwebt", vermag allein die Kunst als Mittlerin der göttlichen Flamme herabzuziehen „in unser Gemüt". Wackenroder setzt, Hamann vergleichbar, echten Kunstgenuß dem Gebet gleich und behält ihn den seltenen „Momenten der verklärten Anschauung" vor.
Das Transzendente zeigt sich durch das Medium der großen Künstlerpersönlichkeit unverhüllt. Das Geheimnis der Schönheit ist weder durch Worte noch durch einen durchdachten Regelkanon zu erfassen. Kunst als ursprüngliche Offenbarung setzt beim Kunstbetrachter eine „stille und ruhige Fassung des Gemüts voraus". Der Künstler selbst ist ein Gefäß für diese Offenbarung, die ihm zuteil wird. Weil er der sinnlichen Fülle nicht Herr werden kann und weil sie die rationale Fassungskraft übersteigt, versteht er sie als Geschenk einer höheren Macht, vor der er sich „demütig" beugt und die er „andachtsvoll" verehrt. Die Sprache Gottes ist die Sprache des Ästhetischen, die Wackenroder aber als religiöse vernimmt.
Wie sehr diese Auffassung bei Wackenroder selber schon problematisch wird, zeigt die Berglinger-Erzählung. Als Kapellmeister einer fürstlichen Residenz ist Berglinger der Kunstfeindlichkeit seiner Umwelt direkt ausgesetzt, was den Widerspruch von Realität und sie überfliegender Einbildungskraft bis zum unauflöslichen Konflikt verschärft. Wackenroder spricht hier die entscheidende Problematik des modernen Künstlers an, seine Selbstisolierung im schöpferischen Akt, die mit gesellschaftlicher Isolierung einhergeht.
In seinem Aufsatz ‚Von zwei wunderbaren Sprachen und deren geheimnisvoller Kraft' aber bleibt Wackenroders religiöse Erfahrung in den Schleier des Ästhetischen gehüllt, der aber nicht wie bei den anderen späteren Romantikern als solcher erfaßt und bewußt wird. Nicht eine „andere Religion" wird ihm die Kunst, sie bleibt deren „treue Dienerin" und so in deren Abhängigkeit. Die Glaubenslehre ist hier noch einflußreich genug, die Kunst in ihre Schranken zu weisen und an sich zu binden. Andererseits wird deutlich, daß die Religion sich nicht mehr durch ihre eigene Botschaft, das Wort, sondern nur noch über die Kunst als Mittlerin und mit deren ästhetischem Glanz rechtfertigen kann. Dieses Resultat ist Ausdruck eines religiösen Zerfallsprozesses, den die Romantik aufzuhalten versuchte, den sie indirekt aber eher beschleunigte. Die religiöse Erfahrung verlagert sich auf diese Weise in das innerste Gefühl des Menschen und ruft Seelenregungen wach, von denen man kaum mehr sagen kann, ob sie der Welt des Glaubens oder der des sinnlichen Genusses angehören. „Geisterfülltheit" wird der gläubig genießenden Seele zuteil, die über sich selbst hinauswill und keiner Dogmatik mehr bedarf. So wird die Kunst bei Wackenroder zwar sakralisiert, aber nur deshalb, weil das religiöse Empfinden ästhetisiert worden ist.
Schon bei Tieck verändert sich Wackenroders demütige, ja bußfertige Haltung vor den Werken der alten Kunst. Die Kraft der Inspiration, die Wackenroder als ein göttliches „Vernehmen" aufgefaßt hatte, verwandelt sich in Tiecks ‚Sternbald' in die Kraft des Vorstellens und Darstellens menschlicher Innenwelt, die sich der vorhandenen, sichtbaren Welt nur noch als „Zeichen", als „Chiffre" bedient, um sich damit selber auszudrücken. Die Kunst wird zum Medium für die Phantasie des Künstlers, welcher die Vorbilder der Natur beliebig verwandeln und nach eigenem Gutdünken neu zusammensetzen kann. Wackenroders demütige Haltung vor den Werken der alten Kunst weicht so der Selbstdarstellung, die mit Überlegenheit genossen wird. Bei Tieck wird der Kunstgenuß nicht mehr zur Andacht wie bei Wackenroder, sondern die Andacht wird zum Kunstgenuß der einsamen, leidenden Seele, die sich danach sehnt, daß ihre „Bangigkeit" aus dem Gemüte „hinweggeleuchtet" werde. Andererseits findet die religiöse Überhöhung poetischer Schaffenskraft bei Tieck ihre Grenze, denn Sternbalds Talent versagt vor der göttlichen Fülle der Natur. Poesie und Malerei finden ihre Meisterin in der Natur. Die Natur ist ein göttlicheres Werk als das des Künstlers; vor ihr muß dann auch seine Sprache verstummen. Während bei Wackenroder die Sprache der Kunst und die der Natur gleichermaßen göttlicher Herkunft sind, wird dieser Anspruch bei Tieck nur von der Natur erfüllt.
Die ‚Herzensergießungen eines kunstliebenden Klosterbruders' hatten eine unmittelbare starke Auswirkung. Das wird nicht zuletzt an Goethes gereizter und sarkastischer Reaktion deutlich, der sich dem „klosterbruderisierenden, sternbaldisierenden Unwesen" der jüngeren Romantikergeneration widersetzte. „Es [das Büchlein] bezog sich auf Kunst und wollte die Frömmigkeit als alleiniges Fundament derselben festsetzen. Von dieser Nachricht waren wir wenig gerührt; denn wie sollte auch eine Schlußfolge gelten, Schlußfolge wie diese: einige Mönche waren Künstler, deshalb sollen alle Künstler Mönche sein."
Trotz dieser ironischen Ablehnung beeinflußte Wackenroders Schrift die Malervereinigung der ‚Nazarener' (Friedrich Overbeck, Peter von Cornelius, Schnorr von Carolsfeld, Wilhelm Schadow u. a.).

Zur Interpretation
Kunst und Natur sind gleichermaßen göttlichen Ursprungs. Durch Kunst und Natur spricht Gott unmittelbar zum Menschen, allerdings ohne sich dabei der Sprache zu bedienen. Er spricht den Menschen an, wenn

dessen „ganzes Wesen" (S. 120, Z. 33) bewegt wird durch das Erlebnis von Kunst und Natur. In der Natur sprechen Gott und er allein, in der Kunst gibt es Vermittler zwischen Gott und den Menschen. Die Wirkung, die von der Natur auf den Menschen ausgeht, läuft über die menschliche Sympathie mit der Schöpfung, deren Geheimnisse der Mensch nicht zu ergründen vermag.
Wackenroder weist ausdrücklich den naturwissenschaftlichen Anspruch, die Natur zu erforschen, zurück, er hält nichts davon, die „Geheimnisse des Himmels aufdecken und unter die irdischen Dinge in irdische Beleuchtung stellen zu wollen" (S. 121, Z. 4 f.), denn das bedeutet: „die dunklen Gefühle von denselben, mit kühner Verfechtung ihres Rechtes, aus ihrer Brust verstoßen" (S. 121, Z. 5 f.). Er wendet sich hier gegen die Aufklärung mit derselben Tendenz wie später Novalis. Das gefühlsmäßig Irrationale darf nicht abgespalten werden, die „dunklen Gefühle" (Z. 5) werden als „verhüllte Engel" (Z. 9) bezeichnet, sie werden des Dämonischen entkleidet und der Sphäre des Göttlichen, vor dem sich Wackenroder in Demut beugt, zugewiesen. Er sieht sie als Gnadenbeweis Gottes und als „echte Zeugen der Wahrheit" (S. 121, Z. 10).
Die Sprache der Kunst ist zwar anders als die der Natur, wir meinen ihre Zeichen zu kennen und zu verstehen. Aber in ihren Gestalten wird das Geistige faßbar, das hinter diesen Gestalten steht und durch sie vermittelt wird. Deshalb vermag die Kunst den Menschen in seinem ganzen Wesen ebenso anzusprechen und zu bewegen wie die Natur.
Beiden Sprachen ist gemeinsam, daß sie unsere Sinne und unseren Geist gleichermaßen ansprechen. Das Erlebnis der Natur zieht uns unmittelbar zu Gott empor, während es sich bei der Kunst um Menschenwerk handelt, um den Versuch, die Natur nachzuahmen. Wackenroder nimmt ein Beispiel aus der Malerei und erläutert die technischen Einzelheiten, die diese Nachahmung hervorbringen. Dabei geht es aber nicht um eine perfekte Nachahmung im Sinne einer Illusion; er setzt neben den Begriff Nachahmung sofort den der Schöpfung, und nennt auch die Absicht des Künstlers als eines menschlichen Schöpfers: Die Kunst richtet „unseren Blick in unser Inneres, und zeigt uns das Unsichtbare" (S. 121, Z. 31 f.). Dieses Unsichtbare steht in direktem Zusammenhang mit dem Göttlichen, denn es umfaßt alles, was „edel, groß und göttlich" ist (Z. 32), aber das Göttliche wird in der Kunst in einer ganz spezifischen Weise, nämlich „in menschlicher Gestalt", vermittelt (Z. 28). Es offenbart sich in den für Menschen faßbaren und erlebbaren ästhetischen Möglichkeiten und Formen. Auf diese Weise wird die Offenbarung des Göttlichen in der Kunst ästhetisiert, während die Natur zwar erlebbar ist, aber doch „abgebrochenen Orakelsprüchen" aus dem Munde der Gottheit gleicht (Z. 35).
Nur Gott allein als der Schöpfer der Natur kann sie in der Weise betrachten wie der menschliche Schöpfer ein von ihm geschaffenes Kunstwerk. Damit wird der menschliche Schöpfer indirekt aufgewertet. Andererseits wird so die Natur zum Kunstwerk Gottes erklärt und jedes mögliche religiöse Gefühl in die Ästhetisierung mit einbezogen.

Zur Behandlung im Unterricht
Der Text eignet sich für eine erste Begegnung mit romantischem Denken und romantischem Kunstverständnis zum einen deshalb besonders, weil er sehr übersichtlich gegliedert ist und die religiöse Dimension des Naturerlebnisses klar herausstellt und gegen aufklärerisches Denken abgrenzt. Zum andern wird deutlich, daß die Sprache Gottes die Sprache des Ästhetischen ist, die durch den Künstler vermittelt wird. Es kann bereits eine dadurch entstehende problematische Situation des Künstlers angesprochen werden.
Wackenroders Anspruch, daß der Mensch als ganzer und nicht nur vom Verstand her Natur und Kunst zu erleben und zu erfassen versucht, ist grundlegend für die Romantik. Auf die Integration der „dunklen Gefühle" (S. 121, Z. 5) ist mit Blick auf Novalis besonders abzuheben.

Novalis: Fragmente (S. 121 f.) 72
Zum Begriff 'Fragment' in der Frühromantik
Der Begriff des Fragments wird in der Romantik in unterschiedlichen Bedeutungen verwendet. Zunächst bezeichnet 'Fragment' das Unfertige, den Entwurf, etwa im Sinne eines noch unvollständigen Manuskripts. Friedrich Schlegel propagiert (1797) mit dem 'Fragment' eine ganz neue Gattung. Charakteristisch für dieses neue 'Fragment' werde die Absicht sein, „dabei Universalität ordentlich [zu] suchen". Aus dem 'Fragment' im Sinne eines unvollendeten Bruchstücks ist ein Organ für „Universalität" geworden. Das 'Fragment' erscheint als in sich geschlossener, unverwechselbarer Organismus, der wiederum als Einzelnes in Bezug zum Ganzen steht; das Ganze bildet jedoch nicht ein in sich geschlossenes System. Die gegenseitige Beziehung beruht vielmehr auf Analogien, sie entspricht eher der Beziehung eines Mikrokosmos zu einem Makrokosmos.

Viertes Kapitel: Zu Text 72, S. 121 f.

Das 'Fragment' hat Experimentiercharakter. Es kann deshalb als isoliertes Faktum und gleichzeitig als Repräsentant des Unendlichen aufgefaßt werden. Das 'Fragment' erscheint als ein Spannungsfeld, dessen Pole Mystik und Empirie sind. Erst aus dieser Spannung heraus ist Erkenntnis möglich. Diese Spannung muß das Fragment zunächst einmal in sich selber zum Ausgleich bringen: „Ein Fragment muß gleich einem kleinen Kunstwerk von der umgebenden Welt ganz abgesondert und in sich vollendet sein wie ein Igel" (A 206). Andererseits ist aber das Fragment Teil eines größeren Ganzen. Das besagt, daß das Fragment einerseits als in sich einheitliches Individuum alle anderen bestimmt, umgekehrt aber, als Teil eines Ganzen, gerade von diesem Ganzen bestimmt wird. Jedes ist Zentrum eines Verstehensorganismus, jedes gehört aber auch in einen oder mehrere von anderen Sinnzentren bestimmte Verstehensorganismen.

Der Leser, der von ganz unterschiedlichen Ausgangspunkten her diese Sinnzentren erschließen kann, bekommt also kein geschlossenes System vorgesetzt, das er nur zu übernehmen braucht, er sieht sich vielmehr aufgefordert, sich durch Verbindungen und Querverbindungen, die er selber herstellen muß, Zusammenhänge zu erschließen.

Zur Behandlung im Unterricht

Erstes Fragment
Die Textstelle spricht den Zusammenhang von Individualität und Universalität noch nicht in seiner ganzen Tragweite an, sie deutet ihn erst an. Das Vorverständnis des Schülers, der Fragment als Unfertiges ansieht, kann durch Hinweise auf die Vorläufigkeit dieser Form erweitert werden. Die Vorläufigkeit wird unter dem Blickwinkel eines ständig fortschreitenden Prozesses gesehen. Der Begriff des „Unvollkommenen" gibt der Bewegung die Richtung. Auf diese Weise kann klargestellt werden, daß das Fragment keine Zersplitterung in einzelne Aspekte, sondern gewissermaßen ein vorläufiges Festhalten einzelner Gesichtspunkte in einem dialektisch verlaufenden Erkenntnisprozeß darstellt.

Zweites Fragment
Das zweite Fragment kreist um die Schlüsselbegriffe Tod, Phantasie und Traum; hier stellt Novalis das Verhältnis von Außenwelt und Innenwelt dar.
Für Novalis besitzt die äußere Welt trotz des Anscheins eigengesetzlicher Notwendigkeit und eines von unserem Geist unabhängigen Seins nur eine illusorische Selbständigkeit. Unser gewöhnliches Bewußtsein trennt in Außen- und Innenwelt, in Körper und Geist. Beides zusammen aber bildet ein und dieselbe Wirklichkeit; es liegt allein an uns, davon wieder das Bewußtsein zu erlangen, mithin die Welt wieder in ihre ursprüngliche Einheit zurückzuversetzen. Geist und Natur müssen wieder eine vollkommene Harmonie bilden. Unser geringer Grad von Bewußtsein hält uns davon ab, uns in unseren Einbildungen wiederzuerkennen und die Hervorbringungen der Phantasie für ebenso wirklich zu halten wie die Außenwelt.
Das eigentliche Ziel von Novalis ist nicht, in die dunklen Gründe der eigenen Seele vorzudringen; er strebt vielmehr eine Art von magischem Zustand an, worin der Mensch in vollem Bewußtsein über einen höheren Sinn verfügen kann. Vorbedingung zu diesem ekstatischen Bewußtsein ist das Zurücktreten der übrigen Wahrnehmungen, damit der Geist allein tätig und voll und ganz mit seiner Betrachtung beschäftigt bleibt. Das höhere Bewußtsein kann also nicht durch Vervollkommnung unseres jetzigen Bewußtseins erreicht werden. Es bildet sich durch die vollkommene Integrierung des Unbewußten. Das Unbewußte steht in fortwährendem Austausch mit der Tätigkeit eines in unendlichem Progreß begriffenen Bewußtseins. Der Mensch kann die Welt nur in sich selbst entdecken, in diesem höheren Ich, in dem alle Dinge gegenwärtig sind; er kann nur das erkennen und verstehen, wovon er den „Keim" in sich trägt. Es ist zunächst seine Aufgabe, diese inneren Keime zu entwickeln; dabei sieht Novalis die Welt des verborgenen Ichs und das Universum in Analogie zueinander.
Dieser Subjektivismus führt bei Novalis letztlich zu einer Wiederentdeckung der äußeren Welt. Wer sich selbst erkannt, wer sich des eigenen Ichs vergewissert hat, der kann auch die Außenwelt besser erfassen. „Jede Hineinsteigung – Blick ins Innere – ist zugleich Aufsteigung, Himmelfahrt – Blick nach dem wahrhaft Äußeren" (III, 434). Was hier als „Hineinsteigung" bezeichnet wird, ist im abgedruckten Fragment von 1788 der Phantasie als Führerin auf dem Weg nach innen zugeschrieben.
Der Abstieg auf dem Weg nach innen bleibt der wesentliche und erste Akt, aber er ist unvollständig und verfehlt sein Ziel, wenn ihm nicht die genaue Beobachtung der Natur folgt. „Was brauchen wir die trübe Welt der sichtbaren Dinge mühsam zu durchwandern? Die reinere Welt liegt ja in uns, in diesem Quell. Hier offenbart sich der wahre Sinn des großen, bunten, verwirrten Schauspiels; und treten wir von diesen Blicken voll in die Natur, so ist uns alles wohlbekannt, und sicher kennen wir jede Gestalt. Wir brauchen nicht erst

lange nachzuforschen, eine leichte Vergleichung, nur wenige Züge im Sande sind genug, um uns zu verständigen. So ist uns alles eine große Schrift, wozu wir den Schlüssel haben" (I, 89f.). Der Mensch wird erst vollständig in der Harmonie von Unbewußtem und Bewußtem – erst auf der Ebene dieses höheren Bewußtseins ist er zu eigentlicher Erkenntnis der Welt fähig.
In diesem Zusammenhang sind auch Novalis' Äußerungen über den Tod zu sehen. Sein Verhältnis zum Tod wurde durch das frühe Sterben seiner Verlobten Sophie von Kühn bestimmt; es löste Todessehnsucht in ihm aus. Diese Todessehnsucht bedeutet kein Sich-Abwenden von der Welt, aus der Betrachtung des Todes wächst vielmehr jedem Ding erst seine wahre Bedeutung zu. Erfahrung und Betrachtung des Todes entwickeln das menschliche Bewußtsein in entscheidender Weise.
In einem Brief an Professor Woltmann vom 13. 4. 1797 beschreibt Novalis seine Situation nach Sophies Tod mit folgenden Worten: „– die Farben sind heller auf dem dunklen Grunde, der Morgen naht – das verkünden mir die ängstlichen Träume. Wie entzückt werde ich ihr erzählen, wenn ich nun aufwache und mich in der alten, längst bekannten Urwelt finde, und sie vor mir steht – Ich träumte von dir: ich hätte dich auf der Erde geliebt – du glichst dir auch in der irdischen Gestalt – du starbst – und da währte es noch ein ängstliches Weilchen, da folgte ich dir nach."
Es wird deutlich, daß von dieser Bewußtseinsstufe aus gesehen das irdische Leben zu einem Traum, zu einer Erinnerung wird im Sinne „der Schattenwelt" (S. 122, Z. 9). Das real Gegebene wird auch hier in ein Symbol der unsichtbaren Wirklichkeit, in eine Stufe des geistigen Aufstiegs verwandelt. Bezeichnend dabei ist das Motiv des Wiedererkennens, das Novalis in diesem Zusammenhang immer wieder aufgreift: Die Urwelt ist längst bekannt und wird wiedergefunden – auf einer höheren Stufe des Bewußtseins werden die „alten" Erfahrungen integriert.
Daß die Phantasie „die künftige Welt entweder in die Höhe oder in die Tiefe oder in der Metempsychose zu uns" (S. 122, Z. 5f.) setzt, hat mit der besonderen Vorstellung von Poesie zu tun, auf die im dritten, hier abgedruckten Fragment näher eingegangen wird. Für Novalis ist entscheidend, daß jede bloße Abbildlichkeit vermieden wird – das Gewohnte hat in der Dichtung möglichst fremd, das Märchenhafte als das Gewöhnliche zu erscheinen.

Zur Behandlung im Unterricht
Ein Zugang über die Außenwelt-Innenwelt-Problematik bietet sich an, da auf diese Weise das Todesmotiv leichter verständlich wird, das nicht nur aus der Biographie heraus dargestellt, sondern im Zusammenhang mit der ganzen geistigen Welt des Novalis gesehen werden soll. Dabei kann von der Licht-Schatten-Metaphorik ausgegangen werden. Da das Lichtreich im Innern des Menschen liegt, geht von hier aus wieder eine Wirkung auf die „Schattenwelt" (Z. 9) aus. Auf diese Weise kann die am Schluß des Fragments nur angedeutete Rückwirkung auf die Außenwelt zur Sprache gebracht werden.
Daß die zeitliche Kontinuität keine Rolle mehr spielt für dieses Bewußtsein, wird ebenfalls deutlich. An ihre Stelle treten die inneren Offenbarungen, Kontemplation und Erinnerung, die uns aus der gewohnten Abfolge der Begebenheiten herausheben. Von hier aus ließen sich Verbindungen zu den ‚Hymnen an die Nacht' (vor allem der dritten) und zum ‚Heinrich von Ofterdingen' ziehen – zu Texten, in denen sich Déjà-vue-Wirkungen finden, wo Träume mit Erinnerungen und erinnerten Gestalten verschmelzen.

Drittes Fragment
Novalis' Dichtungstheorie spiegelt die Haupttendenzen seines Denkens wider. Die Poesie schöpft aus den inwendigen Quellen und ist dem geheimnisvollen Weg in die Tiefen des Geistes verpflichtet. „Poesie ist Darstellung des Gemüts der inneren Welt in ihrer Gesamtheit."
„Der Sinn für Poesie hat viel mit dem Sinn für Mystizism gemein [...]. Er stellt das Undarstellbare dar. Er sieht das Unsichtbare, fühlt das Unfühlbare etc. [...] Der Dichter ist wahrhaft sinnberaubt – dafür kommt alles in ihm vor.
Er stellt im eigentlichsten Sinn Subjekt – Objekt vor – Gemüt und Welt. Daher die Unendlichkeit eines guten Gedichts, die Ewigkeit. Der Sinn für Poesie hat nahe Verwandtschaft mit dem Sinn der Weissagung und dem religiösen, dem Sehersinn überhaupt. Der Dichter ordnet, vereinigt, wählt, erfindet – und es ist ihm selbst unbegreiflich, warum gerade so und nicht anders" (685f.).
Bei der Darstellung der Außenwelt-Innenwelt-Problematik ist bereits festgestellt worden, daß das erreichte vollkommene Bewußtsein wieder die Welt verwandeln würde. Diese Rolle des Verwandlers fällt dem Dichter zu. Der Dichter als Weiser oder Magier steht im Mittelpunkt der Ästhetik von Novalis. Der Dichter wird im Hier und Jetzt zum Vermittler der höheren Wirklichkeit. Dabei ist er wie ein Zauberer, der die Schatten der Tiefe heraufbeschwört und zur Rede stellt, ohne zu wissen, was sie bedeuten. Er hebt uns aus

Viertes Kapitel: Zu Text 73, S. 122

der gewohnten Welt, er offenbart ein neues Land, von dem er weiß, daß es wirklich ist, er weiß aber auch, daß nicht er selber der eigentliche Schöpfer ist. Er 'plant' die Poesie nicht, sie wird ihm durch innerliche Erleuchtung zuteil. Das bedeutet aber keineswegs eine Auflösung der Poesie ins Beliebige und Ungefähre. Er bedient sich der Sinnenwelt als eines Materials zu völlig individuellen und neuartigen Verbindungen. Er verfährt selektiv im Umgang mit den vielfältigen Erscheinungen des Sinnlichen. Er kann sich ganz der Besonderheit einer Erscheinung zuwenden, gerade um ihrer Besonderheit willen. Der Verzicht auf das Unendliche ist die Bedingung für eine wirkliche Annäherung an das Unendliche.
Poesie bedeutet also die Synthese des Unbewußten mit dem höchsten Bewußtsein. Diese Synthese wird bei Novalis unter anderem im Kult des Lichts ausgedrückt. Er sieht darin das schöpferische Element der physischen Welt und zugleich das Symbol des höheren Bewußtseins. Der Anbruch dieses Bewußtseins steht noch aus, er ist erst für den Beginn des goldenen Zeitalters zu erwarten. Nur der Dichter kann im poetischen Schaffen schon hier und jetzt durch die Dinge hindurch die Allgegenwart des Unsichtbaren erfassen.

Zur Behandlung im Unterricht
Hervorzuheben wäre als erstes der Gegensatz zum Philosophen, der im Unterschied zum Dichter ordnet und systematisiert.
Ein zentrales Motiv ist die Gleichsetzung von Wort und Ton, das magisch Beschwörende ergibt sich mit diesem Bild von selbst.
Die wunderbaren Kräfte im scheinbar Abgenützten sichtbar werden zu lassen, wird mit dem anschaulichen, aber ungewöhnlichen Bild der heiligen Gewänder verdeutlicht.
Daß nicht das Material allein, sondern die damit verbundenen unerschöpflichen Kombinationsmöglichkeiten das Wesen der Poesie ausmachen, wird durch die Erweiterung des Bildes vom Ton zur Melodie verständlich gemacht.
Die Analogie von Wort und Ton hebt dabei von Anfang an auf die rational und kommunikativ nicht voll ausdeutbare Dimension der Sprache ab, die in Form der Poesie über sich selber hinaus- und auf einen höheren Zusammenhang hinweist.

73 Clemens Brentano: [Abendständchen] (S. 122)

Das Gedicht wird hier nicht in der bekannten Form wiedergegeben, sondern in seiner ursprünglichen Gestalt als Duett, wie es Brentano für sein Singspiel geschrieben hat. Auf diese Weise wird sichtbar, daß diese lyrische Passage wie viele andere romantische lyrische Texte aus ihrem Kontext herausgelöst und durch lyrische Textsammlungen als Gedicht erst allgemein bekannt und populär geworden sind.
In der Forschung wurde zwar schon früh darauf hingewiesen, daß die romantische Lyrik sehr oft nicht aus der Stimmungslage oder der Situation des Dichters heraus entstanden, sondern aus dem Geiste einer Romanfigur oder einer bestimmten Romansituation heraus entworfen worden sei. Diese Kontextgebundenheit und die Tatsache, daß es sich bei romantischer Lyrik also vorwiegend um Rollenlyrik handelt, wurde im Verlauf der Rezeption zugunsten der Schlichtheit und Unmittelbarkeit des romantischen Gedichtes übersehen. Mit von Einfluß für diese Vereinfachung dürfte die Publikationsgeschichte der Texte im einzelnen sein, die erst nach der Herauslösung aus ihrem Zusammenhang diese Schlichtheit und Unmittelbarkeit ausstrahlen, die als Kennzeichen romantischer Lyrik galten. Das Vorbild war das ‚Wunderhorn' als Textsammlung volkstümlicher Lieder; hier versuchten die Sammlungen romantischer Lyrik anzuknüpfen.
In den romantischen Romanen tritt eine Vielzahl von Dichtern und Sängern auf, die ihrerseits verschiedene Formen und Aspekte des romantischen Künstlertums darstellen und reflektieren. Das Verhältnis des Autors zum Gedicht wird auf diese Weise komplex und in sich gebrochen, die Romantiker selber pflegten solche Beziehungen 'ironisch' zu nennen. Auf diese Weise wird auch dem schlichtesten Naturgedicht eine Doppelbödigkeit zuteil, vor allem wenn man in Betracht zieht, daß die romantische Poetik den Roman als universelle Gattung ansieht und alle anderen Gattungen gewissermaßen nur als Romaneinlagen betrachtet. Auch wenn der stilbildende Einfluß des ‚Wunderhorns' auf die einzelnen Texteinlagen nicht zu übersehen ist, so kann die romantische Liedddichtung insgesamt doch nicht länger als bloße Fortsetzung des ‚Wunderhorns' und als dessen moderne Variante interpretiert werden.
Auch ist romantische Lyrik nicht die für die Epoche repräsentative Gattung schlechthin. Schon ein Blick auf die Titel Tieckscher Gedichte macht deutlich, daß es sich zwar bei „Sehnsucht/Zuversicht/Andacht" etc. um menschliche Stimmungen handelt, daß aber hinter den Einzelstimmungen eine tiefer liegende Gestimmtheit des Menschen zum Ausdruck gebracht werden soll. Das steht nur scheinbar im Widerspruch zu

Viertes Kapitel: Zu Abschnitt IV, S. 123ff.

den von vielen Romantikern festgehaltenen Stimmungsumschwüngen oder ihrer Zerrissenheit in gegensätzliche Stimmungen, denn hinter all diesen Schwankungen weiß sich der Mensch in seiner Gestimmtheit in Übereinstimmung mit der Natur, die ebenfalls eine Grundstimmung und zugleich den ständigen Wechsel ihrer Befindlichkeit kennt. Wer sich seinen eigenen Stimmungen überläßt, erfährt eine überraschende Übereinstimmung mit der Natur. Dem Erlebnisanlaß kommt nicht mehr die zentrale Bedeutung für den Prozeß der literarischen Umsetzung zu. Äußere Elemente sollen Andeutungen innerer Vorgänge sein, die diese allerdings nie ganz zum Ausdruck bringen können. Da die äußeren Elemente nicht mehr für sich selbst stehen, werden sie beliebig bis zur Austauschbarkeit.

Die romantischen Lyriker fasziniert ein anderes, gewissermaßen reineres Ausdruckselement für innere Vorgänge: der Klang. Sie tendieren dazu, alle anderen sprachlichen Darstellungsmittel den klanglichen Ausdrucksmitteln unterzuordnen. Da alle Naturphänomene in irgendeiner Weise akustisch wahrnehmbar sind, ist für die Romantiker Lautsprache in Herderscher Tradition nicht nur Affektsprache, also Ausdruck der inneren Regungen, sondern gleichzeitig auch Nachahmung der Naturgeräusche und damit Natursprache. Natursprache bedeutet für sie die Selbstaussprache der Natur als eines geistigen Wesens. Das Gedicht soll laut Tieck im Unterschied zur Prosa die Natursprache unmittelbar klanglich nachahmen und sich nicht auf die Beschreibung des Klanges beschränken.

Zur Behandlung im Unterricht
Es empfiehlt sich, den Text erst als 'Gedicht' vorzulesen und die geschlossene Form durch die akustische Vermittlung mit dem Druckbild zu konfrontieren, das die Einbettung des Kontexts erst im zweiten Durchgang deutlich werden läßt.
Im ersten Durchgang läßt sich die Umsetzung der Klangelemente (Flöte, Brunnen) in Sprache verfolgen, wobei die Synästhesie deutlich herausgearbeitet werden kann. (Schwerpunkt auf „golden wehn die Töne nieder" mit der entsprechenden Farb- und Bewegungsintensität und der „Töne Licht" in seiner Anknüpfung an „blicken".)
Im zweiten Durchgang ändert sich die Interpretation des Schlusses durch die kontextuale Einordnung: Es ist der blinde Piast, der in seiner Vorstellung Farbe, Bewegung und Intensität der Töne zum Ausdruck bringt. Ausgerechnet er spricht von der „Töne Licht", wobei Licht aus dem Kontext heraus eine neue Bedeutung erhält, da „Licht" jetzt im Gegensatz zur Nacht und Wahrnehmungsunfähigkeit der Blindheit gesehen werden muß. Dagegen steht Fabiolas ganz andere Sprechweise, die jetzt erst durch die Rollenverteilung als davon abgegrenzt gesehen werden kann. (Andere Bedeutung der Aufforderung zum Hören, nicht an den Leser, sondern erst einmal an den blinden Piast gerichtet, ihre eigene Interpretation des Klanges ist gegen Piasts Assoziationen abgesetzt, etc.)
Auf diese Weise läßt sich die zusätzliche Komplexität, die der Text durch den Einbezug des Kontexts erhält, an diesem Beispiel für den Schüler exemplarisch darstellen.

IV. Ironisches Spiel (S. 123 ff.)

Der Abschnitt „Ironisches Spiel" kann sich nicht zum Ziel setzen, den Schülern romantische Ironie in ihrer philosophischen Dimension zu vermitteln. Er nennt sich daher nicht „romantische Ironie" (s. Seite 150 f.), sondern in aller Bescheidenheit „ironisches Spiel", da wenigstens die für moderne literarische Formen grundlegende Entwicklung deutlich werden sollte.
Der Anfang von Tiecks ‚Gestiefeltem Kater' eignet sich besonders für eine erste Betrachtung des ironischen Spiels mit verschiedenen theatralischen Elementen, da der Inhalt der gespielten Geschichte, also das Märchen vom gestiefelten Kater, beim Schüler als bekannt vorausgesetzt werden und sich die Aufmerksamkeit auf die verfremdenden Elemente, das Spiel im Spiel und die Darstellung des Publikums auf der Bühne richten kann.
Das Heine-Gedicht läßt sich auf das Mittelalterkapitel beziehen; hier wäre die komödiantische Inszenierung des romantischen Lebensgefühls als Fassade und gleichzeitig als Spiel mit der eigenen Verzweiflung aufzuzeigen.
Die kurze Passage aus dem ‚Wutz' von Jean Paul kann die krasse Diskrepanz zwischen der Lebensmisere und ihrer idealistischen Überhöhung verdeutlichen. Von hier aus lassen sich Parallelen zu E. T. A. Hoffmann herstellen, der Utopie und Realität im ‚Goldnen Topf' ebenfalls hart aufeinanderprallen läßt und nicht etwa einen harmonisierenden Ausgleich anstrebt. Bei Jean Paul wird deutlich, daß die ironische

Viertes Kapitel: Zu Text 74, S. 123 ff.

Darstellung der Diskrepanz von seiten des Erzählers darauf abzielt, dem Leser eine gewisse Distanz zu ermöglichen, aus der heraus eine eigene Betrachtung möglich wird, wie überhaupt dieser Abschnitt „Ironisches Spiel" auf die Absicht des Autors hin, bestimmte Erwartungshaltungen des Lesers bewußt in den Text einzubeziehen, betrachtet werden kann.

74 Ludwig Tieck: Der gestiefelte Kater. Prolog (S. 123 ff.)

Zum Textzusammenhang

Das Schauspiel ist 1797 in Buchform erschienen und gewann ein breites Lesepublikum. Die Uraufführung fand erst im Jahre 1844 statt. Das Publikum reagierte mit ähnlichem Unverständnis wie das im Stück dargestellte. Der Inhalt des als Spiel im Spiel aufgeführten Märchens entspricht im wesentlichen dem Kindermärchen, das 15 Jahre nach Erscheinen des Textes durch die Brüder Grimm bekannt wurde.

Das Spiel im Spiel läuft nicht ungestört ab. Das Publikum, das im Prolog seine eigenen Erwartungen an das Schauspiel formuliert, greift laufend mit passenden oder auch gänzlich unpassenden und den Kommentator entlarvenden Bemerkungen in den Spielverlauf ein. Der Dichter muß erscheinen, sich rechtfertigen und das Publikum besänftigen; aber erst der „Besänftiger" des Königs mit seinem Glockenspiel und einem Arsenal tanzender Tiere hat Erfolg. Zu Beginn des dritten Aktes hebt sich der Vorhang zu früh, so daß das Publikum das Gespräch des Maschinisten mit dem Dichter verfolgen kann und sich fragen muß, ob diese Szene zum Stück gehört oder nicht. Nun ist die Reihe am Hanswurst, sich dem Publikum gegenüber über dieses Stück und seine eigene Rolle darin auszulassen. Am Schluß, als für alle Fälle die Schlußdekoration der Zauberflöte zur Rettung des Schauspiels in der Gunst des Publikums hereingeschafft wird, muß sich der Dichter noch einmal rechtfertigen und wird mit faulen Äpfeln und Papier beworfen, obwohl sich das Publikum erwartungsgemäß begeistert auf den ihm bekannten Opernschluß gestürzt hat.

Inhaltlich und stilistisch ist ‚Der gestiefelte Kater' eng mit der 1799 vollendeten Komödie ‚Zerbino' verbunden.

Das Werk hat literarisch außerordentlich stark gewirkt; so sind nicht nur E. T. A. Hoffmanns „Kater Murr" und Scheffels „Hidigeigei" Nachfahren des Katers Hinze, auch spätere Dramen wie Brentanos ‚Gustav Wasa', Grabbes ‚Scherz, Satire, Ironie und tiefere Bedeutung' oder Platens ‚Romantischer Ödipus' zeigen sich von Tiecks Lustspiel beeinflußt. Tankred Dorst hat in ‚Der gestiefelte Kater oder wie man das Spiel spielt' Tiecks Text von der zeitverhafteten Satire gereinigt und das Werk zum Anlaß genommen, die Überholtheit der modernen Theaterformen zu demonstrieren und zu zeigen, daß sie nicht oder nicht mehr imstande sind, die Menschen aus ihrer Borniertheit aufzurütteln.

Tieck wendet sich mit diesem Schauspiel nach seiner ausführlichen Beschäftigung mit Shakespeare gegen eine in sich geschlossene, ideale Kunst. Da die vermeintliche Sicherheit der Vermittlungsmöglichkeiten des Ichs zur Wirklichkeit erschüttert sind, dringt die Reflexion in die Aufführung ein und relativiert sie. Durch die Entlarvung des Theaters als Theater wird die Welt der Bühne in ihrer Eigengesetzlichkeit erfaßt und dargestellt. Die Entlarvung des Theaters als Scheinwelt wird auf unterschiedlichen Ebenen betrieben. Dem Spiel im Spiel wird ein Spielpublikum entgegengesetzt, das sich mit Entwürfen aller Art zu Wort meldet und den Kritiker, der gleichfalls mitredet, des Saales verweist. Zur Sphäre der Bühnenwelt gehören das Märchenspiel und seine Figuren, die Schauspieler, die diese Figuren als Rollen verkörpern, der Dichter in seiner Doppelfunktion als Gestalter des Märchenspiels und seiner Figuren und als Theaterpraktiker, der Rollen mit Schauspielern besetzt weiß und die Notwendigkeit einer Theatermaschinerie kennt. Darüber hinaus wird das Theaterpersonal wie der Maschinist, der Lampenputzer und der Souffleur, die zum technischen Apparat gehören, ebenso sichtbar wie der sogenannte Besänftiger, der mit der Zauberflötendekoration samt Kobolden und Tieren eine Opernparodie in Szene setzt.

Es wird deutlich, inwiefern sich Tiecks Spiel im Spiel von bisherigen Spiel-im-Spiel-Szenen, etwa im ‚Hamlet', unterscheidet. Dort hat die gespielte Tragödie einen bestimmten Stellenwert in der Handlung des Gesamtdramas, nämlich den der Enthüllung der Wahrheit, die Hamlet vermutet, über die er sich aber Gewißheit verschaffen muß. Bei Tieck dagegen ist das Wechselspiel zwischen den Spielebenen die wesentliche Dimension des Schauspiels. So wendet der Theaterzuschauer sein Interesse vom Inhalt weg zur Darstellungsweise und erkennt diese als das eigentliche Thema. Der Witz besteht in der Kontrastierung der Vermittlungsebenen, die auf die Bedingungen der theatralischen Aufführung selber hinweisen.

Die Erwartung des Spielpublikums, auf die bei der Darlegung des Prologs noch näher einzugehen sein wird, orientiert sich an der Kenntnis von Iffland- und Kotzebue-Theater. Alle reden von Geschmack und glauben, daß sie als ‚aufgeklärtes' Publikum einen Konsens über diesen Begriff herstellen können. Diese Erwartun-

gen – etwa auf ein Revolutionsstück – werden parodistisch eingelöst, so etwa, wenn der Kater Hinze das Gesetz in Gestalt einer Maus auffrißt und das Ganze mit dem Ausruf „Freiheit, Gleichheit, Brüderlichkeit" kommentiert. Die parodistische Entstellung seiner eigenen Erwartungen ist für des Spielpublikum nicht erfaßbar. Dies wird erst dem Theaterzuschauer deutlich, der den ironischen Zusammenhang vor Augen hat.
Die Frage nach der möglichen Illusion durchzieht das ganze Werk. Das Aus-der-Rolle-Fallen ist die indirekte Form der Kontaktaufnahme der Spielpersonen zu ihrem Spielpublikum. Dieses Sprechen ad spectatores enthüllt die Bühne in ihrer begrenzten ästhetischen Funktion und hat die Aufgabe, durch die Auseinandersetzung zwischen Spielpersonen und Spielpublikum das Gesamtspiel in Bewegung zu halten. Wenn der Kater traurig ist, daß er dem Hanswurst zum Sieg verholfen hat über das Stück, in dem er selbst die Hauptrolle spielt, so fällt der Schauspieler jedoch nicht aus der Rolle. Die Spielperson macht vielmehr sich selbst zum Gegenstand ihrer Reflexion. Die Rolle ist sich nicht nur ihres im Drama dargestellten Seins, sondern ihrer dramatischen Existenz bewußt. Andererseits ist es auch möglich, daß die Rolle in der Scheinwelt des Gespielten jede Orientierung verliert, so, wenn der Dichter am Schluß sagt, er würde gerne den Besänftiger holen, „wenn es nur nicht von hier so weit nach dem Palast des Königs wäre". Im Fall des Katers kann man von einer Reflexion der Reflexion ausgehen, im Fall des Dichters vom momentanen Verlust jeder Orientierungs- und Reflexionsfähigkeit, die dem Publikum erneut die Scheinhaftigkeit der Theaterwelt vor Augen führt.
Das Beispiel des Katers weist auf eine weitere entscheidende Ebene des Spiels im Spiel hin: den Disput zwischen Hanswurst und Hofgelehrtem über das Stück, in dem sie gerade mitspielen. Hier wäre ein direkter Bezug zum Theaterpublikum möglich; dieser wird aber von Tieck abgeblockt, da er an keiner Stelle die Grenze zwischen Bühne und Zuschauerraum aufhebt (im Gegensatz zu moderneren Autoren), obwohl diese Aufhebung das Thema des Spiels ist. Die Darstellung der Illusion der theatralischen Aufführung hat bis zum Schluß selbst illusionistischen Charakter im Unterschied zu modernen Stücken, die diesen Charakter aufheben. Auf diese Weise erfährt der Theaterzuschauer das Bühnengeschehen als eine eigene Wirklichkeit, deren ästhetische Existenz die Unabhängigkeit von einer außertheatralischen Gesetzmäßigkeit garantiert.

Zur Interpretation
Der Prolog führt nicht in die Märchenwelt ein, sondern bereitet auf das Wechselspiel zwischen den Vertretern der Bühne und dem Publikum vor. Nur am Anfang ergibt sich ein Spiegelverhältnis zwischen dem Theaterpublikum und dem Spielpublikum, da der Theaterzuschauer ein Publikum vor einer Guckkastenbühne sitzen sieht, das offenbar in der gleichen Absicht gekommen ist wie er selbst, nämlich um der Aufführung eines Schauspiels beizuwohnen. Spätestens beim Auftritt des Lampenputzers und des Dichters wird klar, daß es im folgenden um dieses Wechselverhältnis zwischen Publikum und Bühnenfiguren gehen wird, wobei sich jetzt schon abzeichnet, daß die Figuren auf der Bühne mit den Figuren des Spielpublikums nicht ausgetauscht werden, da es sich um den Gegensatz und das Wechselspiel dieser beiden Ebenen handelt.
Der Prolog ist so angelegt, daß sich der Zuschauer schon nach den ersten Dialogen vom Spielpublikum distanzieren muß, da er die karikaturistischen und satirischen Entstellungen erkennt. Das Publikum entlarvt sich durch sein Geschwätz, wobei Tieck durch die Erwähnung des Titels die verschiedensten Erwartungen zum Ausdruck kommen läßt. Diesem Publikum fehlt jede Aufgeschlossenheit; es ist nicht bereit, sich auf etwas Neues und Unbekanntes einzulassen. Das noch neue und unbekannte Werk wird sofort an den bisherigen Schauspielen gemessen; die Tatsache, daß es sich um ein Märchenspiel handelt, ist äußerst verdächtig. Phantastisches liegt für ein solches 'aufgeklärtes' Publikum jenseits des 'guten Geschmacks' und muß sofort umgedeutet werden in ein 'ordentliches Familienstück' oder ein 'Revolutionsstück'.
Die satirischen Züge sind Tieck oft als 'Ablenkung' vom eigentlichen Thema, der Auseinandersetzung mit der theatralischen Scheinwelt, angekreidet worden. Obwohl Bötticher den Weimarer Literaturkritiker Böttiger karikiert, der sich für die Ifflandsche Schauspielkunst einsetzte und ein Buch über ihn verfaßte, und obwohl mit dem „fremden Akteur" auf Iffland angespielt wird, meint Tieck nicht nur eine bestimmte Person, sondern einen Typ von Kritiker, der sich als Kenner ausgibt und vor lauter gelehrten Einzelheiten den Zusammenhang verliert. Die Vergötterung des Schauspielers, der „dieses Individuum eines Katers herausarbeiten wird" (S. 124, Z. 27 f.), dient ebenso wie die gelehrten Bemerkungen des Kritikers dazu, zu verdeutlichen, was schon die Bemerkungen von seiten des Publikums zum Titel klargestellt haben: Was auch immer gespielt werden wird, es wird die Vorurteile dieses Publikums nie erschüttern können.
Literarische Anspielungen, Parodie, Karikatur und Satire heben den Gegensatz zwischen Bürgerwelt und Theaterwelt hervor, der sich dann in der Begegnung mit dem Dichter zuspitzt.
Wenn gesagt worden ist, Tieck kritisiere das vorromantische Theater, setze dem aber kein romantisches

Viertes Kapitel: Zu Text 75, S. 126

Theater im eigentlichen Sinne entgegen, so wird dem Spiel-im-Spiel damit eine Dominanz über die Sphäre des Publikums zuteil. Auf eine Tragödie würden dieses Publikum und dieser Kritiker nicht weniger borniert und festgefahren reagieren. In der dummen Reaktion auf Phantastisches läßt sich Phantasielosigkeit weitaus deutlicher und auch amüsanter entlarven. Die Erwartungen des Publikums sind so unerschütterlich, daß sie dem Dichter auf markige Schlagworte verkürzt ins Gesicht geschleudert werden. Der Dichter fordert seinerseits das Publikum nicht auf, sich das Spiel anzusehen und sich auf die Scheinwelt einzulassen; er räsoniert mit dem Publikum über sein Werk in genau der Weise, wie es das Publikum von ihm erwartet. Er tritt nicht an, um die Bürger herauszufordern, sondern er unterwirft sich deren Vorurteilen und versucht auf diese Weise, das Publikum für sich einzunehmen und gnädig zu stimmen. So wird der Dichter eine lächerliche Figur, die sich in plumper Weise anbiedern will. Wenn das Publikum klatscht, beklatscht es gewissermaßen sich selbst in den Schmeicheleien des Dichters.
Um das Geschwätz des Publikums als solches zu entlarven, setzt Tieck literarische Anspielungen, die auf die Angelesenheit der Phrasen hinweisen, ebenso ein wie Wortspiel und Wortwitz. So muß der „Edle" gestiefelt sein, damit er „allen den Schurken die vielen Tritte in den gefühllosen Hintern" geben kann (S. 124, Z. 4f.). Einer wünscht sich eine Oper ohne Musik – der vom Publikum angestrebte Tiefsinns schlägt in Unsinn um. Ein deutliches Beispiel ist der ständige Bezug auf den guten Geschmack, unter dem jeder etwas anderes versteht, von dem aber auch jeder der Meinung ist, der andere teile seine Einstellung und es sei möglich, den „guten Geschmack" für alle verbindlich zu definieren.
Daß Tieck hochgestochene und völlig banale Äußerungen montiert, trägt nicht wenig zur komischen Wirkung bei. „Warum nicht auch den Blaubart, und Rotkäppchen und Däumchen? Ei! der vortrefflichen Sujets fürs Drama!" ruft Fischer aus, während Müller dagegensetzt: „Wie werden sie aber den Kater anziehen?" (S. 124, Z. 34f.).

Zur Behandlung im Unterricht
Innerhalb einer Einheit über die Epoche der Romantik können Aspekte des romantischen Ironiebegriffs erarbeitet werden. Es läßt sich am Prolog zeigen, daß die Inszenierung eines Schauspiels und damit die Entlarvung des Theaters als Scheinwelt zum Gegenstand des Schauspiels gemacht werden.
Die satirischen Elemente sollten in ihrem Zeitbezug gesehen und erklärt werden, andererseits sollte auch herausgearbeitet werden, daß sich mit aktualisierten Anspielungen der Text 'modernisieren' ließe, weil damit ein durch Vorurteile festgefahrenes, unbewegliches Publikum karikiert und dem Urteil des Theaterpublikums ausgesetzt wird. Der Konflikt zwischen Dichter und Bürgertum ist ein weiterer Aspekt, der mit dem Anspruch und dem Selbstverständnis der Dichter der damaligen Zeit konfrontiert werden könnte.
Außerdem eignet sich der Text, um die sprachlichen Mittel einer ironisch-satirischen Darstellung zu untersuchen. Bei der Behandlung ist es sinnvoll, den Begriff der romantischen Ironie, der sich auf die Reflexionsmöglichkeit der unterschiedlichen Darstellungsebenen richtet, von dem der sprachlichen Ironie, die das Gegenteil des Gesagten meint, deutlich zu trennen. Daß es dennoch sinnvoll ist, in beiden Bereichen von Ironie zu sprechen, läßt sich dem Schüler mit dem Hinweis auf den spielerischen Charakter im Umgang mit Sprache und Wirklichkeit auf beiden Ebenen verdeutlichen.
Der Text kann im Zusammenhang mit modernem Theater gesehen werden und kontrastiv erhellen, welche Möglichkeiten das Theater hat, sich selbst zu problematisieren, ohne dabei die Rampe zum Theaterpublikum zu überschreiten und den Charakter des Illusionstheaters aufzuheben, selbst wenn die Illusion im Theater zum Thema des Stückes gemacht wird. Auf diese Weise kann die 'Modernität' der romantischen Ironie im Umgang mit der Scheinwelt des Theaters herausgestellt werden wie die Radikalität, mit der moderne Autoren die Rampe in Richtung auf den Zuschauer überschreiten.

75 Heinrich Heine: [Nun ist es Zeit, daß ich mit Verstand...] (S. 126)

Dieses Gedicht wurde in den Abschnitt „Ironisches Spiel" aufgenommen, weil es verdeutlicht, daß bereits um diese Zeit, als der ‚Taugenichts' entstand, die romantischen Versatzstücke als solche durchschaut und in ihrer Brauchbarkeit hinterfragt wurden.
Das lyrische Ich befindet sich hier in der schwierigen Situation, daß es für sein Gefühl keine unmittelbare Ausdrucksmöglichkeit hat. Die Verbrämung mit mittelalterlich-ritterlicher Aufmachung ist komödiantenhafte Verkleidung. Die mittelalterliche Bildwelt ist zu verbraucht, um zum Ausdruck des eigenen, in sich gespaltenen und zerrissenen Gefühls zu taugen.
In der ersten Strophe bringt das lyrische Subjekt zum Ausdruck, daß die Beziehung mit dem lyrischen Du an

ein Ende gekommen ist, daß das lyrische Ich nicht länger gewillt ist, sich als Komödiant aufzuführen und sich und den andern etwas vorzumachen. Es äußert sich im Ton einer Feststellung.

Da die Beziehung auf einer Illusion beruhte, beschreibt das lyrische Ich im Rückblick sich und seine Gefühle in Bildern, die die Schein- und Illusionshaftigkeit der Beziehung und der Gefühle des lyrischen Ichs verdeutlichen sollen. Der „hochromantische Stil" gibt allenfalls eine Kulisse ab. Mit dem Rittermantel allerdings hat es eine besondere Bewandtnis: Er bringt den Träger dazu, die „feinsten Gefühle" zu fühlen (S. 126, Z. 41), die er zwar nachträglich gleichfalls als Illusion durchschaut und ironisiert, die er aber mit dem „tollen Tand" (Z. 35) nicht einfach von sich abstreifen kann. Obwohl er von sich aus das Spiel für beendet erklärt, fühlt er sich immer noch so schlecht, als ob das Spiel noch mitten im Gange sei. Der ironische Rückblick auf die Scheinhaftigkeit dieser Beziehung nützt dem lyrischen Ich nichts, im Gegenteil, es wird ihm jetzt erst die Tragweite der „Komödie", die es zwar beendet hat, die ihn aber trotzdem nicht losläßt, richtig bewußt; spielerisch, unernst und unbewußt hat er seine eigentlichen Gefühle zur Sprache gebracht: „ich hab mit dem Tod in der eigenen Brust / den sterbenden Fechter gespielet" (Z. 40 f.). Das Ich kann die „Komödie" zwar beenden, seiner Rolle aber nicht entkommen, weil es eben keine Rolle war; das lyrische Du mag alles als Rolle betrachtet haben – das Ich wäre froh, es könnte es gleichfalls tun. Die Distanz zu seinen „elenden" Gefühlen ist aber nicht möglich.

Vom festen Willen zur Beendigung der Beziehung in der ersten Strophe über die Feststellung einer pathetisch ausstaffierten Rolle, die das lyrische Ich gewissermaßen mit dem Rittermantel ausziehen will, entwickelt sich das Bewußtsein von der Unentrinnbarkeit der Situation. Sie spitzt sich im Bild vom sterbenden Fechter zu, der für den Betrachter lächerlich wirken muß, weil er das Sterben nur spielt. Während das Ich die Komödie durchschaut und die Rolle, die es darin spielt, ironisiert und ablegen will, muß es im Prozeß der Reflexion feststellen, daß es genau dieser Rolle völlig verfallen ist.

Die Entwicklung weg von den gespielten „feinsten" Gefühlen, die unversehens in die eigenen Gefühle umschlagen, ist ein komplexer Vorgang, werden doch im nachhinein die vor der romantischen Kulisse ironisierten Gefühle als die eigentlich immer schon echten deutlich, die sich das lyrische Ich durch seine Projektion in die operettenhafte Komödie auszureden versucht.

So wird vom Schluß her der „romantische Stil" der zweiten Strophe nachträglich umgedeutet. Er stellt nicht nur altbekannte Requisiten für das Spiel zur Verfügung, er kann nicht nur als „Tand" abgetan werden. Er wird zwar als mögliches Versatzstück beschrieben, kann aber auch als solches noch eine magische Ausdruckskraft entfalten, auch wenn sie nur noch für den „Fechter", also das lyrische Ich, nicht aber für den Betrachter, etwa das lyrische Du, erfahrbar wird. Der Leser, der vom lyrischen Ich in seinen Reflexionsprozeß mit einbezogen wird, durchschaut das Dilemma.

Zur Behandlung im Unterricht

Im größeren Rahmen dieses Kapitels und im Zusammenhang mit dem Begriff der romantischen Ironie kann dieses Gedicht verdeutlichen, daß eine im Grunde einfache Situation, nämlich die Beendigung einer Liebesbeziehung, für das lyrische Ich zum Anlaß eines komplexen Reflexionsprozesses wird, in dem es sich der Identität der eigenen Gefühle zu vergewissern versucht. Dabei ist der „romantische Stil" Versatzstück und Ausdrucksmittel zugleich, mit dessen Hilfe sich der Romantiker über sich selbst Klarheit verschaffen will.

Interessant ist im Vergleich mit dem ‚Gestiefelten Kater', wie das Thema ‚Spiel' als ‚Theaterspiel' und ‚sich selbst etwas vorspielen' hier in einem Gedicht aufgegriffen und umgesetzt wird. Gerade im Anschluß an Tieck kann der Text verdeutlichen, wie vielschichtig und auch ganz unterschiedlich ‚Theaterspiel' reflektiert und zum Ausdruck subjektiver Befindlichkeiten benützt werden kann; der bewußte Einsatz ‚theatralischer Effekte' bei Heine ist bemerkenswert.

Das Gedicht eignet sich auch zur Behandlung im Anschluß an Heines ‚Ich steh auf des Berges Spitze' (Text 66), um zu zeigen, wie weit Heines Subjektivismus sich von der Schlichtheit des Volkslieds in Gehalt und Gestalt entfernt. Die Gedichte 75, 65 und 66 können gleichermaßen als Gestaltungen einer Trennung gelesen werden.

Viertes Kapitel: Zu Text 76, S. 127

76 Jean Paul: [Maria Wutz – ein Lebenskünstler] (S. 127)

Jean Paul schrieb das ‚Leben des vergnüglichen Schulmeisterlein Maria Wutz in Auenthal' 1793 als Anhang zur ‚Unsichtbaren Loge'. Mit dieser Erzählung von einem beschränkten, aber liebenswürdigen Sonderling wandte sich Jean Paul von seinen Jugendsatiren und deren unbarmherziger Typensatire ab. Der ‚Wutz' als Charakterstudie bildet gewissermaßen eine Vorstufe zu den großen Romanen. Im Untertitel nennt Jean Paul die Erzählung „eine Art Idylle". Da sie oft als solche bezeichnet worden ist, soll zunächst auf Begriff und Geschichte der Idylle eingegangen werden.

Die Entwicklung der Idylle bis zu Jean Paul

Die Schäferpoesie der Spätrenaissance beeinflußte die Idyllendichtung des deutschen Barock. Der Preis des unschuldigen, meist ländlichen Daseins war oft von manieristischem Schwulst verstellt. Die Aufklärung befreite die Idylle von der Koketterie der Schäferpoesie und wollte sie zur ungekünstelten Einfachheit zurückführen. Gessner versuchte, in seine Idyllen diese Rokoziehrlichkeit wieder einzubringen. Heinrich Voß stellte das bürgerliche Leben dagegen breit und behaglich dar, während Goethe in ‚Hermann und Dorothea' das bürgerliche Idyll metrisch ins Antike verfremdete. Allerdings sah er auch die Gefahr der Schilderung einer idyllischen Welt und stellt im Apotheker ironisch den Spießer dar. Auch Eichendorffs ‚Taugenichts' ist unter ‚Idylle' subsumiert worden.
In diesem Zusammenhang sei an Schillers Erläuterungen zur Idylle erinnert: Er wies darauf hin, daß man sich mit der Verherrlichung des Hirtendaseins auf eine kulturelle Frühstufe zurückziehe und sich damit der Forderung nach kultureller Fortentwicklung entziehe. Er unterschied zwischen der ‚wahren' und der ‚falschen' Idylle. In der ‚wahren Idylle' fielen seiner Meinung nach Ideal und Wirklichkeit zusammen – ihre Ruhe sei die Ruhe der Vollendung und des Gleichgewichts. In der ‚falschen Idylle' werde befriedete und umfriedete Welt ohne Ideal wiedergegeben. Eine solche Ruhe sei die Ruhe der Trägheit und des Stillstands der Kräfte. Nach Schiller kann der Mensch zwar nicht nach Arkadien zurückkehren, dafür aber nach Elysium fortschreiten.
Wer der Idylle nur biedermeierliche Innerlichkeit zuzugestehen bereit ist, sollte dabei nicht vergessen, daß der Mensch immer wieder nach Geborgenheit und Schutzräumen sucht; nicht umsonst spricht Jean Paul von „Hatztagen" und von der Erde als „Hatzhaus" (S. 127, Z. 12).
In der ‚Vorschule der Ästhetik' schreibt Jean Paul, die Idylle wandle den Mißton des Leidens in Wohllaut um. Die Idylle ist für ihn die epische Darstellung des „Vollglücks in der Beschränkung". Daß er den ‚Wutz' „eine Art von Idylle" nennt, bedeutet eine Distanzierung zur gängigen Hirtenpoesie, aber auch einen Vorbehalt gegen das kleine bürgerliche Glück im stillen Winkel.
Jean Paul hatte in der Zeit, als er den ‚Wutz' schrieb, den Tod zweier Jugendfreunde und eigene Todesahnungen zu bewältigen, und so ist der ‚Wutz' geprägt von den Geborgenheitssehnsüchten des Ungeborgenen. Aus der Erfahrung des Todes entsteht eine Art Bekenntnis zum Leben. Jean Paul bezweifelt, daß der Mensch glücklich sein könne, aber er kann sich doch von den „Beinhäusern" des Lebens entfernen, und zwar, indem er sich entweder in einer Art Sphärenflug darüber erhebt oder im Furchendasein einnistet. Damit wird der Mensch zwar nicht glücklich, aber immerhin entgeht er so der völligen Verzweiflung und wird auch in aussichtsloser Lage „glücklicher".

Der Lebenskünstler Wutz

Die Lebensgeschichte des Wutz ist von farbloser Alltäglichkeit. Nach einer glücklichen Kindheit tritt der kleine Wutz in das Alumnat in Scherau ein. Die strenge Ordnung dort weiß er durch die Wutzsche Kunst, stets fröhlich zu sein, zu meistern. Er verliebt sich alsdann in die reizende Justina, und nach dem Tod des Vaters wird er Dorfschulmeister. Wutz führt ein bescheidenes, selbstzufriedenes Leben. Das Motiv eines solchen abseitigen, umhegten Daseins ist eines der wesentlichen Strukturelemente der Idylle. Diese gemütliche kleine Welt wird aber immer wieder mit der Weite des Universums konfrontiert und damit für den Leser in einen größeren Rahmen gestellt. Wutz ist zwar ganz und gar in seine eigene Gefühls- und Gedankenwelt eingeschlossen, aber mit seiner Phantasie ist er imstande, sich Trostquellen für den schrecklichen Alltag zu erschließen. So setzt er sich z. B. mitten ins Unwetter und malt sich dabei das warme Bett aus.
Seit Sterne gehört zur Gelehrtensatire der Sonderling. Bei Jean Paul schreibt sich das arme Schulmeisterlein aus Geldmangel, weil es sich Schillers ‚Räuber' und Kants ‚Kritik der reinen Vernunft' nicht kaufen kann, die Bücher, die es lesen möchte, einfach selber. Schließlich lebt Wutz in der Überzeugung, seine eigenen Bücher seien die echten und die gedruckten seien nur Nachdrucke der von ihm geschriebenen. Das Besondere und Beeindruckende an der Gestalt des Wutz ist, daß er bei all seiner Verdrehtheit und

Viertes Kapitel: Zu Abschnitt V, S. 128 ff.

Schrulligkeit in einem vollkommenen Einklang mit der Welt steht. Da er alle Widrigkeiten dieser Welt verwandeln kann, ist er ein liebenswerter Mensch, den ein brüderliches Gefühl für alle Kreaturen beseelt. Jean Paul als Erzähler distanziert sich lächelnd verständnisvoll von seinem Wutz und macht die Distanz zwischen Erzählung und Erzähler deutlich. Auf diese Weise kann der Leser sich seinerseits nie häuslich in der Idylle einrichten, er wird durch die Kommentare des Erzählers in dessen Reflexionen über die Situation mit einbezogen. Ihm wird also tatsächlich nur „eine Art Idylle" geboten, eine solche nämlich, die der Erzähler zwar zeigt, zu der ihm aber der unmittelbare Zugang verwehrt wird. Damit entfernt Jean Paul sich weit von den naiven Idyllen eines Heinrich Voß, in denen der Erzähler in der von ihm erzählten Welt befangen bleibt.

Zur Interpretation
In der sprachlichen Gestaltung fällt auf, daß die Wutzschen Gedanken in direkter Rede in den erzählenden Text eingeblendet werden. Auf diese Weise ergibt sich ein Gegensatz zwischen dem Erzähler, seinem ironisch gefärbten Erzählton und den naiven Betrachtungen des Wutz.
Der Text macht deutlich, daß die Wutzsche Lebenskunst in einer souveränen Umdeutung aller Lebensumstände besteht, vor allem, wenn diese widrig sind. Der Ablauf eines Tages wird auf die Mahlzeiten und damit das Erfreuliche verkürzt. Das Novemberwetter wird mit der intensiven Vorstellung des warmen Ofens und der warmen Hand im Mantel bestanden. Die Wutzsche Kunst liegt also darin, den vorhandenen Zustand, der ein schlechter ist, durch einen erinnerten oder imaginierten besseren Zustand kraft einer intensiven Vorstellung desselben für nichtig zu erklären. Bemerkenswert dabei ist, daß es sich jeweils um äußerste Banalitäten handelt, die sich aber in ihrer Standfestigkeit als den philosophischen Prinzipien überlegen erweisen, was Jean Paul ausdrücklich betont. „[...] es war nicht Ergebung, die das *unvermeidliche* Übel aufnimmt, nicht Abhärtung, die das *ungefühlte* trägt, nicht Philosophie, die das *verdünnte* verdauet, oder Religion, die das *belohnte* verwindet: sondern der Gedanke ans warme Bett wars" (S. 127, Z. 14 ff.). Hier wird deutlich, daß der Erzähler aus der Höhe seines eigenen überlegenen Bewußtseins aus die 'naive' Denkweise seines Wutz für den Leser interpretiert und damit ebenso wie mit der direkten Wendung an den Leser, bei der er von „uns Wichten" und der Erde als einem „Hatzhaus" spricht (S. 127, Z. 11 f.), die in sich geschlossene Welt der Idylle verläßt. Sein eigenes Bedürfnis nach einer solchen Fähigkeit zur Umdeutung der schlechten Welt in eine bessere und sein gleichzeitiges Wissen um die Unmöglichkeit eines solchen Unterfangens werden deutlich. Von dieser Perspektive aus erscheint der Wutz als einer jener Armen im Geiste, die eine besondere Gabe empfangen haben, nämlich die, sich alles zum Glück wenden zu können, während Erzähler und Leser der eigenen inneren Zerrissenheit ausgesetzt bleiben, die ihnen durch den Vergleich mit Wutz vielleicht erst recht zum Bewußtsein kommt.

Zur Behandlung im Unterricht
Die beiden Sprachebenen von Erzähler und Wutz sowie die Interpretation der Wutzschen Verhaltensweisen durch den Erzähler können herausgearbeitet werden. Auf die Frage nach der Idylle läßt sich ohne Hinweis auf Begriff und Geschichte durch die Überlegung lenken, ob der Autor seinen Wutz für einen gestörten Spinner hält oder ob er ihn trotz seiner Einfalt bewundert. Es könnte ein Spitzweg-Bild mit einbezogen werden, um zu erfassen, was sich im Alltag des Wutz wahrscheinlich 'wirklich' abspielt. So ließe sich die Wutzsche Kunst der Umdeutung in ihrer sozialen Tragweite erfassen. Mehr als die besondere Beziehung des Erzählers zur erzählten Figur und zum Leser kann von der Jean-Paulschen Erzähltechnik an diesem Text wohl nicht erarbeitet werden.

V. Frauenbilder (S. 128 ff.)

Der Abschnitt „Frauenbilder" soll dem Stand der Forschung Rechnung tragen, die sich immer stärker der Rolle des romantischen Salons und damit den gesellschaftlichen Voraussetzungen für die Produktion und Rezeption romantischer Literatur zuwendet, und dem wachsenden Interesse an der von Frauen der Romantik hervorgebrachten Literatur gerecht werden. Dabei gerieten Karoline von Günderode und Bettina von Arnim in den Mittelpunkt. Das bedeutet keineswegs eine Abwertung von Rahel Varnhagen und Karoline Schlegel-Schellings Briefen, die zweifellos literarischen Rang besitzen. Gerade Rahel wäre ein interessantes Beispiel für die Kombination von Salon- und Briefkultur, im Unterschied etwa zu Henriette Herz, die zwar einen für das geistige Berliner Leben wichtigen Salon geführt hat, aber nicht über das

Viertes Kapitel: Zu Abschnitt V, S. 128 ff.

literarische Format einer Rahel Varnhagen verfügte. Rahel ist in diesem Kapitel mit einem Brief vertreten, der thematisch komplementär auf Bettinas Briefe bezogen werden kann. Die Briefe von Karoline Schlegel-Schelling konnten aus Umfangsgründen nicht aufgenommen werden (es gibt interessante Briefstellen, die das zentrale Thema dieses Kapitels, nämlich die Lebens- und Produktionsbedingungen weiblicher Schriftsteller, ergänzend erhellen können).

Karoline von Günderode und Bettina versuchten, aus der traditionell für Frauen vorgesehenen Art des Schreibens (gehobene Unterhaltungsliteratur und Briefe) auszubrechen, Karoline von Günderode unter weitaus schlechteren Voraussetzungen (verarmte Familie, Leben als Stiftsfräulein) als Bettina, dafür um so radikaler, wie vor allem ihren Dramenfragmenten zu entnehmen ist. Bettina fand durch ihren Bruder Clemens Anschluß an das literarische Leben der Zeit. An dieser Stelle sei ausdrücklich auf den ausgezeichneten Essay von Christa Wolf als Einleitung zu den von ihr herausgegebenen Werken der Günderode verwiesen und auf die Tatsache, daß es bis zu dieser Ausgabe im Jahr 1981 keine zugängliche Ausgabe der Werke von Karoline von Günderode gab und ihr Name in der Literaturgeschichte der Romantik nicht einmal als Fußnote existierte. Die Tatsache, daß eine so profilierte und in Frauenthemen versierte Autorin wie Christa Wolf die Werke der Karoline von Günderode herausgibt und sie in einer eigenen Erzählung mit Kleist in Verbindung bringt (‚Kein Ort. Nirgends'), kann methodisch für dieses Kapitel fruchtbar gemacht werden.

Bettina wird für gewöhnlich in den Literaturgeschichten in Ergänzung zu Clemens Brentano oder Achim von Arnim abgehandelt, fast nie aber als Schriftstellerin von eigenem Rang. Es ist sicherlich problematisch, aufgrund dieser Textauswahl zu vermitteln, daß Bettina von ihr und anderen geschriebene Briefe bearbeitet und in Romanform gebracht hat; eine Erinnerung oder ein Vergleich mit ‚Werther' mag die Einsicht fördern, daß der Briefroman in Deutschland noch eine verhältnismäßig junge Form und die Trennung zwischen Fiktion und Authentizität nicht eine der Forderungen des Tages war. Die Briefe an Arnim entstammen dem Briefwechsel der beiden, der Brief über die Günderode kann verdeutlichen, wie die Briefform eingesetzt wird, um ein literarisches Porträt zu entwerfen, in dem Erinnerung und Assoziation ebenso strukturbildende Elemente darstellen wie Reflexion und Einbeziehung des Adressaten. Statt eines literarischen Beispiels aus einem der Briefromane (etwa ‚Goethes Briefwechsel mit einem Kinde') wurde zur Darstellung ihrer eigenen literarischen Arbeit ein Ausschnitt aus dem ‚Armenbuch' gewählt. Einmal, weil die literarische Bearbeitung und Qualität von Briefen, dazu noch in Ausschnitten, schwer sichtbar gemacht werden kann, zum andern, weil damit der Kontrast zur herkömmlichen ‘Frauenliteratur' zu wenig deutlich wird. Mit dem Ausschnitt aus dem ‚Armenbuch' kann Bettina von Arnim als eine Autorin vorgestellt werden, die auf der Höhe ihrer Zeit ist. Bettina hat als eine der ersten die neuen sozialen Probleme gesehen und mit Wort und Tat auf sie reagiert. Es kann auf ihre politischen Aktivitäten verwiesen und damit etwas für die Romantiker zentral Wichtiges angesprochen werden: Es wurde allenthalben angestrebt, die Trennung zwischen Kunst und Leben aufzuheben. Diese Aufhebung ist für Bettina in jeder Phase ihres Lebens charakteristisch. Von hier aus muß sowohl der Stellenwert der freundschaftlichen Verbundenheit der Romantiker untereinander als auch ihr Versuch, menschliche Beziehungen konsequent ernst zu nehmen, gesehen werden, eine Dimension, die oft klischeehaft mit dem Stichwort vom romantischen Ehebruch abgehandelt worden ist.

Die Texte im Abschnitt „Frauenbilder" wurden also schwerpunktmäßig zu den spezifisch weiblichen Produktionsbedingungen und literarischen Gestaltungsversuchen (mit je einem Beispiel) ausgewählt. Außerdem sollten sie Epochentypisches spiegeln in ihrem Anspruch, Kunst und Leben nicht trennen zu wollen. Daß die Verhältnisse diesem Anspruch aufs schärfste entgegenstanden, wird in den Texten gleichfalls deutlich.

So versteht sich auch der Titel „Frauenbilder" in einem doppelten Sinn: einmal als der Entwurf schreibender Frauen in ihren Texten, ein Entwurf dessen, was sie als eigene Entfaltungsmöglichkeiten anstreben; zum andern die genaue Beschreibung und Analyse der Schranken, die sich in Gestalt von Konvention, Erziehung oder Standesvorurteilen dieser Entfaltung entgegenstellen. Wie wesentlich diese Spannung zwischen Anspruch und Wirklichkeit Leben und Schreiben dieser Frauen bestimmt hat, zeigen die beiden Eingangszitate aus Bettinas Briefen an Achim von Arnim am Anfang dieses Kapitels. Sie verdeutlichen das Bedürfnis nach Bewegungsfreiheit und die spätere Resignation, die ausdrücklich noch einmal die jugendlichen Erwartungen anspricht. Mit dem Bild des dem Freund entgegenreitenden Mädchens gelingt Bettina ein poetisch dichtes Bild der angestrebten Gleichheit, das im Teilen von Erlebnis und Gefahr eine neue Art von Beziehung zwischen Mann und Frau fordert. Bettina lehnt die traditionelle Unterordnung der Frau ausdrücklich in der Forderung nach der Bruder- oder Freundesrolle dem Partner gegenüber ab. Innige Verbundenheit und beiderseitige Unabhängigkeit im Gleichgewicht zu halten ist das Ziel. Der Anspruch auf

Viertes Kapitel: Zu Text 77, S. 128

die Rolle als Bruder oder Freund bedeutet eine radikale Absage an die traditionelle Auffassung vom Verhältnis der Geschlechter und stellt die Forderung auf, von einem romantischen Dichter, der wie alle bedeutenden Autoren seiner Zeit intensive Freundschaften pflegte, als seinesgleichen akzeptiert zu werden. Diese Vorstellung einer neuen Beziehung zwischen den Geschlechtern bedeutet keineswegs eine Tabuisierung erotischer oder sexueller Beziehungen, sondern vielmehr eine Zurückweisung der Auffassung, es sei das naturbestimmte Schicksal einer Frau, sich auf Kinder, Küche und Kirche festlegen zu lassen. Daß diese hier formulierte Forderung an einen männlichen Autor, eine Autorin als Partner zu behandeln, bis ins 20. Jahrhundert im Literaturbetrieb nicht eingelöst wurde, läßt sich unter anderem an Brechts Umgang mit Marie-Luise Fleißer aufzeigen.

Einen interessanten Vergleich zu dieser Briefstelle und der Herausarbeitung des Rollenverständnisses bietet ‚Willkommen und Abschied' von Goethe. Das lyrische Ich als Mann zu Pferd, von dem alle Aktivität ausgeht, die Frau in scheuer Passivität verharrend, mit blasser Lieblichkeit einen Reiz bietend, der sich schnell verbrauchen muß, mehr eine Projektionsfigur männlicher Wünsche als eine eigene Person. Ein solcher Vergleich kann das wahrhaft ‘Revolutionäre' in Bettinas Bild der beiden nebeneinander Reitenden verdeutlichen. In schärfstem Gegensatz dazu steht die Briefstelle von 1817, in der Bettina sich als Autorin hinter Achim von Arnim zurückstellt, wobei in einem sehr bezeichnenden Verinnerlichungsprozeß die persönliche Misere mit sieben Kindern und der Gutsverwaltung ins Schicksalhafte erhoben und zum Dulden verklärt wird. Nicht patriarchalische Verhältnisse werden in Frage gestellt, sondern die nicht völlig verdrängten eigenen Bedürfnisse nach freier Bewegung werden verkrüppelt. Der letzte Satz: „Du bist der Beste von uns Beiden, und was Du willst ist also auch das Beste", formuliert diese geradezu masochistische Selbstbeschränkung mit unübertrefflicher Genauigkeit, auf diese Weise Denkprozesse über Ursachen, Hintergründe und deren mögliche Änderbarkeit provozierend.

Karoline von Günderode: Die eine Klage (S. 128) 77

Zur Autorin

Karoline von Günderode wurde 1780 als die älteste von sechs Geschwistern geboren. Der Vater, ein badischer Kammerherr, starb, als sie sechs Jahre alt war. Die Mutter schrieb Gedichte und Aufsätze, sie las Fichte. Karoline wuchs auf im Umkreis des Hofes von Hanau. Da die Familie immer mehr verarmte, trat Karoline mit 19 Jahren in ein evangelisches Stift für adelige Damen in Frankfurt ein. Obwohl das Stift kein Kloster war – Karoline durfte ausgehen, Besuche empfangen, mit Erlaubnis des Stifts auch Reisen unternehmen –, lebte sie sehr zurückgezogen. Sie war unter den Stiftsdamen mit Abstand die jüngste; üblicherweise wurde man erst mit 30 Jahren Stiftsdame. Karolines Alltagsleben war von der Ruhe und Zurückgezogenheit des Stiftslebens geprägt.

Karoline beginnt, Gedichte, Dramen und Prosa zu schreiben. Sie verliebt sich in Friedrich Carl von Savigny, der sich zwar von ihr angezogen fühlt, dem sie aber doch zu unberechenbar und unweiblich ist. Er heiratet die nicht besonders geistreiche, liebenswürdige Gunda Brentano und führt mit Karoline weiterhin einen intensiven Briefwechsel. Durch ihn lernt sie die fünf Jahre jüngere Bettina Brentano kennen. Für Bettina wird die Beziehung zur Günderode die wichtigste Frauenfreundschaft in ihrem Leben. Die Günderode sieht sich ihr gegenüber eher in der Rolle der mütterlichen Freundin und Erzieherin. Sie erzählt Bettina nichts von ihrer Liebe zu Savigny, auch nichts von ihrer späteren Beziehung zu dem Heidelberger Altphilologen Creuzer, den sie kennenlernt, als sie ihren Gedichtband unter dem Pseudonym „Tian" erscheinen läßt (1804). Friedrich Creuzer ist verheiratet und außerdem in den Alltag eines Professors der Heidelberger Universität eingespannt. Über mehr oder weniger zuverlässige Mittelsmänner werden leidenschaftliche Briefe gewechselt. Er will sich scheiden lassen, ist jedoch überfordert von der Güte seiner Frau und meint, sie doch nicht verlassen zu können. Die Günderode wartet, daß er sich endlich durchringt, sie plant, ihm in Männerkleidern nach Rußland zu folgen, falls er einen Ruf an die Universität Moskau annimmt. Als ihn seine Frau für einen Tag verläßt, ist er unfähig, mit seinem Hauswesen zurechtzukommen, und beschließt, der Günderode doch zu ‘entsagen'. Als er ihr diesen Entschluß durch einen Freund mitteilen läßt, nimmt sie die Entscheidung zum Anlaß, an den Rhein hinunterzugehen und sich mit einem Dolch zu erstechen, den sie schon eine ganze Zeit lang bei sich getragen hat.

Im Januar 1806 hatte Karoline ihrem Freund Creuzer ihr neuestes Manuskript geschickt. Er will den Druck von ‚Melete' betreiben und hat auch bereits im Februar einen Verleger gefunden. Es sollte unter dem Pseudonym „Jon" erscheinen. Nach dem Tode der Autorin zieht er das Manuskript zurück, da er fürchtet, kompromittiert zu werden; in der Tat sind viele Gedichte an ihn gerichtet. Das Manuskript blieb lange

Viertes Kapitel: Zu Text 77, S. 128

verschollen. Aus dem Briefwechsel mit Creuzer geht hervor, daß er ein kompetenter Kritiker des Günderodeschen Werkes war. Er riet ihr, sich vom Drama abzuwenden, da sie zu Ideendramen mit blassen Figuren neigte, und bestärkte sie darin, daß Mythos, Lyrik und Sage ihre Stärke seien.
Karoline von Günderode ist von den Literaturwissenschaftlern als hysterische und überspannte Person abgewertet worden, falls man sie überhaupt der Erwähnung für würdig befunden hat. Heute ist sie hauptsächlich für den eigenen Ton ihrer Lyrik bekannt.

Zur Interpretation

Das Gedicht beschreibt eine Situation, die zum klassischen Repertoire der Liebesgedichte gehört: den Schmerz um eine verlorene Liebe. Die Klage wird jedoch nie zur Anklage gegen Treulosigkeit oder Gleichgültigkeit. Es fehlt außerdem durchgängig jede Art von Wehleidigkeit oder gar Selbstdarstellung in der Beschreibung des eigenen Schmerzes.
Bereits in der ersten Strophe wird die persönliche Erfahrung in einen allgemeinen Rahmen gestellt durch die sprachliche Verallgemeinerung: wer – der. Beschreibt die erste Strophe noch den Schmerz der Trennung, ohne auf Anlaß oder Ursachen näher einzugehen, so wird in den folgenden drei Strophen das Verlorene noch einmal in aller Intensität verdeutlicht. Die persönliche Erfahrung ist völlig abgelöst von der Person, mit der das lyrische Ich diese Erfahrung gemacht hat. Die folgenden drei Strophen beschreiben einzig und allein die emotionale Befindlichkeit des lyrischen Ichs. Auf diese Weise wird die Erfahrung ganz in den Innenraum der Empfindung zurückgenommen, alle äußeren Gegebenheiten fallen nicht ins Gewicht. In diesem Innenraum findet jedoch kein expressiver Gefühlsausbruch, auch keine schwärmerische Beschwörung des Vergangenen statt. Die einzelnen Strophen entfalten vielmehr jeweils einen Aspekt der Grundbefindlichkeit einer solchen Situation: Die zweite Strophe beschreibt „Der Liebe ewig Sehnen / Eins in Zwein zu sein" (S. 128, Z. 20 f.). Die dritte Strophe weist den Trost, der aus der Vergänglichkeit und Ersetzbarkeit aller Dinge erwachsen könnte, zurück und hebt die Einmaligkeit und Unwiederholbarkeit der Beziehung hervor. Die vierte Strophe erläutert die Besonderheit der Beziehung als ein ausgewogenes Geben und Nehmen in allen Lebensbereichen und betont noch einmal die Unwiederbringlichkeit dieses vollkommen ausgeglichenen Austausches zwischen den Liebenden, der durch nichts und niemand ersetzt werden kann. Bemerkenswert an diesem Gedicht ist unter anderem, wie das Thema des sich Austauschens, der inneren Harmonie in der Beziehung und damit der Selbstfindung sprachlich gestaltet wird. Der Partner wird nicht angeschwärmt oder geschmäht, er ist weder Idol noch Objekt, das „Eins in Zwein" bedeutet nicht ein Außer-sich-Sein, ein leidenschaftliches Abheben in die Intensität des Augenblicks, der sich im Vorübergehen erschöpfen muß, es bedeutet vielmehr „Eins im Andern sich zu finden" (Z. 22). Das ist ein neuer Ton, Anspruch, Hingabe nicht länger mit Selbstaufgabe zu verwechseln, sondern Selbstentgrenzung und Selbstfindung als Anspruch an eine Beziehung zu formulieren. Partnerschaftlicher Austausch im Geben und Nehmen wird in der letzten Strophe sprachlich durch die Parallelität der Satzkonstruktion und die jeweilige Gegenüberstellung der Begriffe Suchen–Finden, Denken und Empfinden rhythmisch überzeugend gestaltet, wobei nicht von ungefähr die Einheit von Denken und Empfinden den Schluß bildet. Es ist dabei nicht zu übersehen, daß die Beziehung nicht als ein statischer Zustand harmonischer Übereinstimmung, sondern als sich ständig in Bewegung befindlicher Prozeß beschrieben wird, der zwei aktiv daran teilnehmende Partner voraussetzt.

Zur Behandlung im Unterricht

Das Gedicht kann mit den Trennungsgedichten (Text 65: ‚Wenn ich ein Vöglein wär', 66: Heine: ‚Ich steh auf des Berges Spitze', und 75: Heine: ‚Nun ist es Zeit, daß ich mit Verstand') verglichen werden, um den neuen partnerschaftlichen Grundton herauszuarbeiten und auch die sprachlich andere Gestaltungsweise hervorzuheben.
Er kann auch im Zusammenhang mit dem „Frauenbilder"-Kontext stehen und verdeutlichen, daß hier eine Autorin aus persönlichen schmerzlichen Erfahrungen in einer Beziehung einen Anspruch auf Partnerschaftlichkeit formuliert, der sich für sie selber nie verwirklichen ließ und der weit über die Konventionen der damaligen Zeit hinausweist. Daß hier lyrisch ins Allgemeingültige gehoben wird, was in den Eingangszitaten der Bettina als jugendlicher Überschwang und Bewegungsdrang erscheint, kann als Anlaß zu einer genaueren Sprachbetrachtung des Günderodegedichts genommen werden.

Viertes Kapitel: Zu Text 78, S. 129ff.

Bettina von Arnim: [Über die Günderode] (S. 129 ff.)   **78**

Zur Autorin

Bettina von Arnim wurde 1785 in Frankfurt a. M. geboren als Tochter des Kaufmanns Brentano und seiner Frau Maximiliane geb. La Roche. Nach der Erziehung im Kloster bis zu ihrem 12. Lebensjahr wächst Bettina bei ihrer Großmutter Sophie von La Roche auf, der Jugendfreundin Wielands und Verfasserin empfindsamer Briefromane, in denen sittsame Frauen unverschuldet ins Unglück geraten. Trotz ihres literarischen Hangs ins Gefühlvolle verheiratete Sophie ihre Tochter Maximiliane mit dem erheblich älteren Brentano und stiftete so eine Ehe, die trotz zahlreicher Kinder unglücklich war. Im ‚Werther' finden sich Spuren dieser Beziehung.
Bettina ist mit ihrer Eigenwilligkeit eine Belastung für die Familie, die befürchtet, daß sie keinen Mann findet. „Bettina kann gut werden", schreibt ihr Bruder Franz, „wenn sie einfach und natürlich bleibt und nicht eigne Länder entdecken will, wo keine weibliche Glückseligkeit zu entdecken ist." Die Familie ist froh, als sie mit 26 Jahren – für damalige Verhältnisse eine alte Jungfer – Achim von Arnim heiratet, den Freund ihres Bruders Clemens –, der mit ihm zusammen ‚Des Knaben Wunderhorn' herausgegeben hat (1811). Sie bringt sieben Kinder zur Welt, lebt abwechselnd auf dem Gut ihres Mannes, das sie mit organisieren und verwalten muß, und teilweise in Berlin. Sie führt das verzettelte Leben der Gattin und Mutter, auf die Förderung von Arnims literarischem Werk bedacht. Erst nach seinem Tod im Jahre 1831 beginnt sie selber zu schreiben. Sie ist fünfzig, als ihr erstes Buch, ‚Goethes Briefwechsel mit einem Kinde', erscheint. Diese sehr freie Bearbeitung ihres Briefwechsels mit Goethe erregt großes öffentliches Interesse. Das Buch zeigt sie von ihrer schwärmerischen Seite. Goethe wird – ganz der Stimmung der Zeit entsprechend – bedingungslos angebetet. Bettina stilisiert sich hier zur Kindfrau zu Füßen des großen Olympiers.
Ganz anderes interessiert sie 1843 in ‚Dies Buch gehört dem König'. Mutig verteidigt sie hier die aus politischen Gründen in Mißkredit Geratenen mit den Worten: „Wer nicht zweifelt, denkt nicht." Zu einer Zeit, als die meisten Romantiker sich von den revolutionären Ideen ihrer Jugend längst entfernt haben, greift Bettina als eine der ersten Autorinnen in Deutschland im ‚Armenbuch' soziale Probleme auf, die sich mit dem Beginn der Industrialisierung rapide zu verschärfen beginnen. Vor ihren politischen Büchern erschienen unter anderem ihr Briefroman ‚Über die Günderode' (1840) und ‚Clemens Brentanos Frühlingskranz' (1844). Als Bettina sich auch politisch zu Wort meldete, galt dies als außerordentlicher Schritt einer inzwischen allseits als außerordentlich anerkannten Autorin. Bettina von Arnim starb 1859 in Berlin.

Zur Interpretation

Der Brief stammt aus Bettinas Briefroman ‚Goethes Briefwechsel mit einem Kinde', der auf Briefen zwischen Bettina und Goethe sowie Goethes Mutter basiert. Der vorliegende Brief ist an Goethes Mutter gerichtet.
Der Anfang des Textes beschreibt Bettinas Besuch in Winkel am Rhein, wo sich Karoline von Günderode das Leben nahm. Der Brief ist nicht datiert, doch läßt der Anfang auf die Verlobungszeit mit Arnim schließen. Bettina läßt die Schuldgefühle der Freundin gegenüber in Anklage umschlagen: „sie ist mir geflüchtet, grade wie ich mit ihr teilen wollte alle Genüsse" (S. 129, Z. 17). Sie versucht, die Persönlichkeit der verstorbenen Freundin in einem literarischen Porträt lebendig werden zu lassen. Dabei gerät die Beschreibung der Person („Sie war so zaghaft", Z. 17) sofort zu einer Beschreibung der gemeinsamen Beziehung. Bettina, die fünf Jahre Jüngere, sieht sich in der Rolle der Schülerin, die allerdings den Erwartungen der älteren Freundin intellektuell noch nicht gewachsen ist (mit historischen Themen kann sie noch nichts anfangen), „es war aber die erste Epoche, in der ich mich gewahr ward" (Z. 20f.). Bettina braucht nach der Klostererziehung, die für die Zwölfjährige als abgeschlossen gilt, dringend Anregungen, um sich weiterentwickeln zu können. Karoline von Günderode liest ihr ihre Gedichte vor und befaßt sich mit Bettinas Aufsätzen.
In einer Schicht des Textes ergibt sich so ein ziemlich genaues Bild des autodidaktischen Bildungs- und Weiterbildungsversuchs zweier von allen Bildungsmöglichkeiten der damaligen Zeit ausgeschlossenen Frauen. Der Anspruch auf Bildung steht in scharfem Gegensatz zur Abgeschlossenheit des Stiftslebens mit schwarzem Ordenskleid, langer Schleppe und der Schüchternheit beim Tischgebet. Bettinas Bewegungsdrang steht gegen diese Enge und Reglementierung. Während des literarischen Diskurses klettert sie auf einen Baum. Eingesperrtsein und Bewegungsbedürfnis werden auf diese Weise in konkreten Bildern gegeneinandergesetzt. Diese Spannung zwischen gesellschaftlichen Zwängen und Bedürfnis nach eigenem Bewegungsspielraum durchzieht den ganzen Text. Eine weitere Schicht des Textes formuliert diesen Bildungsanspruch in verklärenden Bildern, wie sie als prototypisch für romantische Literatur angesehen

Viertes Kapitel: Zu Text 79, S. 131

werden können. „Von dem, was sich in der Wirklichkeit ereignete, machten wir uns keine Mitteilungen" (S. 130, Z. 15f.). Dagegen steht das Reich der Gemeinsamkeit wie eine herabgesenkte „Wolke", ein „verborgenes Paradies" (Z. 17f.). Gegen die Verirrung des Geistes im „Bergwerk" (Z. 25) oder die Einsamkeit der Wüste steht der „Brunnen des Denkens" (Z. 29), der der eigenen tieferen Welt entspricht und in den „Zaubergarten" der „Phantasie" (Z. 32) führt, letzteres ein leicht wiederzuerkennendes Märchenmotiv.

Die Beschreibung des Phantasiereichs mit den Brücken aus Sonnenstrahlen und der „unbegriffnen Musik" (Z. 39) erinnert unmittelbar an Novalis. Das Phantasiereich wird jedoch nicht an ein Sehnsuchts- oder Wandermotiv geknüpft, sondern ausdrücklich als Reise in die eigene Innenwelt dargestellt. Es geht darum, mit „Schmerzen denken" (Z. 43) zu lernen – Gedanke und Gefühl werden nicht getrennt, sondern aufs engste verbunden; aus dieser Verbindung entsteht die Begeisterung, „wie der Tänzer sich der Musik freut" (Z. 45). Bettina nimmt aus dem Brief Karolines dieses Bild mit dem Komponisten, der sich den Text seiner Erfindung nicht begreiflich machen kann, noch einmal auf, um auf die kreative Kraft hinzuweisen, die aus den eigenen schöpferischen Tiefen, ihrer selbst unbewußt, aufsteigt und nach Ausdruck verlangt.

Die Stiftsdame Karoline von Günderode gibt der jungen Bettina Anleitung darin, wie „der Genius in den Geist geboren wird" (Z. 44). Zum erstenmal in der deutschen Literaturgeschichte nimmt hier eine Frau in Anspruch, über die gleichen intellektuellen und kreativen Fähigkeiten zu verfügen wie das gemeinhin männliche Genie. Im Rahmen des Bildungsanspruchs – man liest zusammen den ‚Werther' – läßt sich der Text auf das Selbstmordthema ein. Hier wird das Bildungsgespräch mit dem Bewußtsein von Karolines Selbstmord konfrontiert. Sowohl Bettina als Herausgeberin als auch der Leser wissen um diese Doppelbödigkeit. Das Thema Selbstmord wird auf den Aspekt des 'betrogenen Lebens' reduziert; das Bewußtsein der eigenen eingeschränkten Möglichkeiten bringt die Erfindung einer Reise nach Griechenland hervor, man liest sich aus dem erfundenen Reisejournal vor, bis die Erfindung gleichsam zur Erinnerung wird. Sich schreibend nach Griechenland zu versetzen, bedeutet hier ähnlich wie bei Hölderlin den Versuch, die eigenen Grenzen literarisch zu überschreiten. Schreiben bekommt deutlich Flucht- und Ersatzweltcharakter.

Zur Behandlung im Unterricht
Entsprechend den drei Themenkreisen kann der Text schwerpunktmäßig im Unterricht eingesetzt werden. Das literarische Porträt der Günderode und das Thema der eingeschränkten Bildungsmöglichkeiten bieten bei kurzer Behandlung des Frauenthemas eine lineare Verbindung zum Brief an Savigny und zu dem Abschnitt „Dichterehe". Es ergibt sich damit ein drastisches Bild der eingeschränkten Entfaltungsmöglichkeiten romantischer Autorinnen. Kontrastiv bietet sich der Vergleich mit dem ganz anderen Frauenbild bei E. T. A. Hoffmann an (Dame und Puppe Olimpia). Das traditionelle Rollenschema wird hier aus männlicher Sicht auf die Spitze getrieben und in der Übertreibung, die aus dem Wahnsinn kommt, entlarvt. Der Brief im Brief über Bettinas Aufsätze läßt sich in Verbindung mit den Novalis-Fragmenten (Text 72) als typisch für romantische Sprach- und Stilmittel interpretieren (vgl. Rolle der Phantasie, „Die Außenwelt ist die Schattenwelt", Ton und Melodie in ihrem poetischen Ausdruckswert). Das ‚Abendständchen' von Brentano läßt sich hier gleichfalls einbeziehen.
Auf die kunstvolle Entwicklung der Komposition wäre hinzuweisen (Gestimmtheit der Verfasserin, Porträt der Günderode, Beschreibung der Beziehung, Elemente der Reflexion, Wiederaufnahme des Porträts, Gespräch über Selbstmord und erfundene Reise, die Darstellung der Beziehung durch den Brief im Brief, der sie in romantischen Bildern beschreibt und reflektiert). Damit kann dieser Brief in den weiteren Themenkreis Briefroman (z. B. ‚Werther') einbezogen werden.

79 Bettina von Arnim: [An Friedrich Carl von Savigny] (S. 131)

Zur Interpretation und zur Behandlung im Unterricht
In dem kurzen Brief an Savigny wird Bettinas Situation vor ihrer Heirat mit Arnim deutlich. Sie empfindet ihr Leben als eintönig, ohne eine Aufgabe, die ihre Fähigkeiten und Talente zur Entfaltung bringen kann. Bemerkenswert sind ihre Vergleiche, mit denen sie die Festgefahrenheit ihrer Situation beschreibt. Sie vergleicht sich mit einem gefangenen Krieger, dem „das Herz glühet zu großen Unternehmungen und Taten" (S. 131, Z. 10).
Der Vergleich mit der Droste drängt sich auf, die diesen Gegensatz zwischen Freiheits- und Tätigkeitsdrang und der konventionellen Erwartung an die Frauenrolle, die Weiblichkeit ins Kindlich-Hilflose stilisiert, mit fast dem gleichen Bild beschreibt:

Viertes Kapitel: Zu Text 80, S. 131ff.

Wär ich ein Jäger auf freier Flur,
Ein Stück nur von einem Soldaten,
Wär ich ein Mann doch mindestens nur,
So würde der Himmel mir raten;
Nun muß ich sitzen so fein und klar,
Gleich einem artigen Kinde,
Und darf nur heimlich lösen mein Haar
Und lassen es flattern im Winde!
(Annette von Droste-Hülshoff: Am Turme, 1842, letzte Strophe)

Wenn sich Bettina als „einfältig Mädchen" bezeichnet (Z. 13), so ironisiert sie diese konventionellen Vorstellungen zwar, stellt sie aber doch nicht grundsätzlich in Frage, da sie von ihrer andern „Bestimmung" spricht (Z. 13). Obwohl sie ihre Lage nicht ändern kann, resigniert sie nicht, sondern formuliert vielmehr diesen Gegensatz zwischen Gefühl und gesellschaftlich vorgegebener Rolle in aller Schärfe.
Dieser kurze Brief macht deutlich, was Briefliteratur, die in dieser Zeit ein bevorzugtes Ausdrucksmittel für Frauen war, für diejenigen, die von Ausbildung, Berufsausübung und Ämtern ausgeschlossen waren und sich in einer vollständigen Abhängigkeit von einem Mann oder ihrer Familie befanden, bedeutet hat: Das Briefeschreiben bietet die Möglichkeit, sich eine eigene Welt aus Reflexionen, Erinnerungen und ausgemalten Erlebnissen zu schaffen. Da für die Frauen dieser Zeit die Welt ihrer Briefe eine Art Ersatzwelt ist, eine Bühne für die eigentlichen Ereignisse in einem ereignislosen Leben, schreiben Frauen auch in einem leidenschaftlich wahrheitssuchenden und stark emotional gefärbten Ton. Im Brief wird das eigene Leben durchleuchtet und 'in die Hand genommen', wie es außerhalb des Briefes nicht möglich ist. Im Briefeschreiben versuchen Frauen oft, die Diskrepanz, die zwischen den weiblichen Fähigkeiten und den gesellschaftlichen Möglichkeiten, sie zu verwirklichen, lagen, ästhetisch zu überwinden. Selbstdarstellung und Selbstreflexion werden in dieser Form für Frauen möglich. Bettinas Brief an Savigny kann dafür ebenso als Beispiel stehen wie Rahels Brief an Rose im Haag (Text 82).
Viele dieser Briefe enthalten weibliche Wunschbilder wie hier Bettinas Vergleich mit dem gefangenen Krieger. Mag dieser Vergleich auch fremd und weit hergeholt erscheinen, so drückt er doch sehr genau den krassen Unterschied zwischen Tatendrang und mangelnden Möglichkeiten und damit ihr Grundproblem aus, um das der ganze Textausschnitt kreist, und paßt zu ihrem leidenschaftlich-pathetischen Ton.
Der kurze Briefausschnitt kann außerdem verdeutlichen, daß es für eine Briefschreiberin wie Bettina nur ein kurzer Schritt gewesen sein muß von der brieflichen Ästhetisierung der eigenen Erfahrungen und Reflexionen bis zur literarischen Fiktion des Briefromans.

Bettina von Arnim: [Dichterehe] (S. 131 ff.)   80

Zur Interpretation und zur Behandlung im Unterricht

Der erste Briefauszug ist eine Schilderung all der Plackerei, die Bettina mit ihren Kindern hat; die Einzelheiten der Kinder- und Krankenpflege und die Schwierigkeiten, dabei einen großen Haushalt in Gang zu halten, sprechen für sich. Der Kontrast zum vorherigen Brief an Savigny, in dem sich Bettina in ihrem Tatendrang nach einer Aufgabe sehnt, könnte nicht größer sein. Statt ihre Talente entwickeln zu können, ist sie mit ihren insgesamt sieben Kindern und dem dazugehörigen Haushalt in Berlin und Wiepersdorf voll und ganz ausgelastet. Der Brief zeigt den Kräfteverschleiß durch den täglichen Kleinkram und die Verzettelung in tausend Kleinigkeiten. Und doch schreibt sie Briefe, ausführliche, sehr lebendige Briefe, auch wenn sie gelegentlich von den Kindern als Spielzeug benützt werden und verschwinden (S. 132, Z. 24f.).
Man hat in den Kommentaren zum Briefwechsel zwischen Arnim und Bettina einseitig Arnims Schwierigkeiten hervorgehoben und betont, daß Bettina ihn zwar angeschwärmt hat, ihm aber im Grunde keine Stütze und Hilfe war, wie sie ein dichtender Gutsherr mit Fug und Recht erwarten konnte. Man hat der Bettina oft vorgeworfen, daß sie sich nicht in Wiepersdorf auf dem Lande vergraben, statt dessen den zweiten Haushalt in der Stadt aufrechterhalten hat, angeblich um der Erziehung der Kinder willen, aber doch eigentlich, weil sie selber das urbane Leben nicht missen wollte und es gewissermaßen auf Arnims Kosten führte. Was dieser Anspruch auf Selbständigkeit sie gekostet hat, wird aus dem ersten Brief deutlich. Er ist vermutlich in Wiepersdorf geschrieben worden, beschreibt aber die Auswirkungen der Trennungssituation bis ins Detail. Kinder und Kinderkrankheiten fordern sie bis an den Rand des körperlichen Zusammenbruchs. Zwar sehnt

Viertes Kapitel: Zu Text 81, S. 133 ff.

sie sich nach Veränderung des Aufenthalts, aber dann sieht sie ihr ganzes Leben auch wieder auf Arnim bezogen, und trotz aller Schwierigkeiten akzeptiert sie ihre Situation und versucht, das Beste daraus zu machen. Trotz der detaillierten Beschreibung aller Unglücksfälle ist dieser Brief nicht klagend, schon gar nicht anklagend geschrieben. „Das Leben mit seinen Sorgen ist über uns zusammengewachsen", heißt es gegen Schluß (S. 132, Z. 31). Bettina gibt ihrem Mann keinen Augenblick die Schuld an ihrer Misere, sie hat nicht die üblichen weiblichen Märchenprinzerwartungen, die dann in Enttäuschung umschlagen. Sie sieht die Misere als Herausforderung an, die gemeinsam bewältigt werden muß. Der letzte Teil des Briefes ist von Herzlichkeit und Zuneigung getragen und endet mit erotischer Neckerei. Bettina wendet sich trotz der rasch aufeinanderfolgenden Geburten ihrer Kinder weder äußerlich noch innerlich von ihrem Mann ab, auch wenn sie nicht ständig mit ihm unter einem Dach wohnt; das wird durch das Ende des Briefes deutlich. Daß die häufigen Schwangerschaften mit Gottergebenheit ertragen werden, wie der folgende Briefausschnitt zeigt, und daß nicht einmal eine romantische Dichterin auf die Idee kommt, von einem romantischen Dichter auch in erotischer Hinsicht ein wenig mehr Phantasie zu erwarten, ist – von heute aus gesehen – eher befremdend.

Um so eindrucksvoller zeigt der nächste Briefausschnitt, daß Bettina trotz ihres schlechten Gesundheitszustandes während einer Schwangerschaft intensiv darüber nachdenkt, wie sich günstigere Bedingungen für Arnims literarische Produktivität herstellen lassen. Obwohl es ihr persönlich schlechtgeht, will sie, daß er eine Rheinreise macht, damit sein Herz wieder „aufgrünen" kann „zu der Freudigkeit Deiner früheren Jahre" (S. 133, Z. 1). Statt sich zu beklagen, macht sie sich Vorwürfe, daß sie ihm nichts „Besseres bereiten konnte, als teilzunehmen an diesem alle Geisteskraft auflösenden Unbehagen" (Z. 5 f.). Das schlimmste wäre für sie, „daß ich mir am Ende meines Lebens sagen muß, daß das Deinige genußlos geworden von dem Augenblick an, wo Du mich zum Teilhaber desselben gemacht" (Z. 13 f.).

Hier wird deutlich, daß Bettina sich und ihre Talente völlig hinter Arnim zurückgestellt hat. Es zeigt sich in diesem Brief aber auch, daß sie die stärkere von beiden ist. Sie redet davon, daß er „die Schwäche" überwinden muß und einmal im „frohen Lebensgenuß" sich wieder kennenlernen soll (Z. 1 f.). Sie sieht also, daß ihn die gleiche Situation, mit der sie zurechtkommen muß, viel stärker zermürbt, daß er ihr nicht so viel Widerstandskraft entgegensetzen kann. Das wird vor allem am Anfang des Briefes deutlich, wo sie von seinem „Phlegma" redet und davon, daß er sich von seinem Bruder „Abhaltungen" aufbürden läßt (S. 132, Z. 42 und 44). Sie fürchtet, daß er sich als Dichter aufgegeben hat und sie dies nicht verhindern kann, sosehr sie es auch versucht. Von ihr selbst, von den eigenen schöpferischen Möglichkeiten, die in dieser Situation völlig brachliegen müssen, ist mit keinem Wort die Rede. Bettina ist nicht mehr der ebenbürtige „Bruder oder Freund", und es ist nicht die Rede davon, daß man „innig verbunden recht unabhängig voneinander leben" könne (Eingangszitate des Abschnitts, S. 128). Bettina ist jetzt die klassische Dichtergattin, die das Talent ihres Mannes unter allen – auch den widrigsten – Umständen hegt und pflegt. Erst nach Arnims Tod besinnt sie sich wieder auf sich und ihre Talente. Hätte Arnim länger gelebt, sie wäre vielleicht nie aus der Rolle der Dichtergattin herausgetreten.

81 Bettina von Arnim: [Nachwort zum Armenbuch] (S. 133 ff.)

Zum Textzusammenhang

Bettina von Arnim hat nicht die Abwendung vieler Frühromantiker von den oft revolutionären Ideen ihrer Jugend mitgemacht. Im Unterschied zu ihrem Bruder Clemens etwa, der im Alter politisch reaktionär geworden war und in der Nähe einer stigmatisierten Nonne lebte, wurde Bettina in ihren politischen Anschauungen immer radikaler und reagierte auf die sozialen und politischen Fragen der damaligen Zeit mit der ihr eigenen Sensibilität und Unerschrockenheit. Ihre politischen Schriften sah sie dabei in engem Zusammenhang mit ihrer politisch-gesellschaftlichen Tätigkeit. Sie setzte sich für alle ein, die in Bedrängnis geraten waren, und versuchte, den politischen Gefangenen zu helfen. Sie unterstützte Hoffmann von Fallersleben, setzte sich für die Befreiung Gottfried Kinkels und Friedrich Wilhelm Schloeffels ein, mit dem sie in der Vorbereitung des Armenbuches eng zusammengearbeitet hatte. Sie kämpfte gegen polizeiliche Bevormundung und Zensur und nahm für den nationalen Befreiungskampf des polnischen Volkes im preußischen Teil Polens Stellung.

Bettina schrieb nicht nur flammende Aufrufe und offene Briefe an den König, sie versuchte außerdem, so viel Material wie möglich zu den von ihr angesprochenen sozialen Fragen zu erhalten. So gibt es im Anhang zum ersten Band des Königsbuches eine Liste der im sogenannten Vogtland vor dem Hamburger Tor in der Berliner Vorstadt lebenden Armen. Bei Ausbruch der Cholera besuchte Bettina 1831 die Kranken und

Viertes Kapitel: Zu Text 81, S. 133ff.

organisierte ärztliche Hilfe. Dieses Beispiel zeigt, wie eng literarische und soziale Arbeit für sie inzwischen verknüpft sind. In ihren Publikationen versucht sie, die sozialen Probleme mit allen rhetorischen Mitteln darzustellen und eine politische Diskussion darüber in Gang zu bringen. Außerdem beginnt sie, diese Publikationen mit den Ergebnissen der ersten empirischen Sozialforschungen zu belegen. Diese Publikationen sind nicht als journalistische Tätigkeit verstanden worden, weder von Bettina noch vom lesenden Publikum. Hier engagierte sich eine inzwischen namhafte Schriftstellerin und meldete sich in sozialen Fragen zu Wort. Das war neu und galt nicht zu Unrecht als außerordentlich.

Auch Rahel Varnhagens zweiter Salon hatte versucht, mit Diskussionen über gesellschaftliche Probleme eine größere Ausstrahlung zu erreichen und nicht eine Insel geistiger Auseinandersetzung in einem Meer von Stagnation zu bleiben. Rahel hat allerdings nie die Grenze des Salons überschritten, das provozierende, freie Wort, die politische Forderung hat nie den Kreis der Auserwählten verlassen.

Bettina überschreitet diese Grenze. Die offene Diskussion im Salon wird zum öffentlichen Appell in einer Zeit, die ängstlich auf jede öffentliche Diskussion und Herausforderung reagiert. Sie schreibt in einem bewußt agitatorischen Ton, der die Herrschenden beunruhigen und herausfordern muß. Das Armenbuch konnte nicht mehr veröffentlicht werden, weil ihr eine Anklage als Verschwörerin drohte. Der Weberaufstand von 1844 hatte sie in den Verdacht der Verschwörung mit den aufständischen Webern gebracht, eine Veröffentlichung der Statistik über die Armut der schlesischen Weber, die sie im Armenbuch beabsichtigt hatte, war jetzt, zumal mit den entsprechenden Kommentaren aus ihrer Feder, nicht mehr möglich, gerade weil das Buch von der ganzen deutschen Öffentlichkeit mit Spannung erwartet wurde.

Bettina hatte am 15. Mai 1844 in allen großen Zeitungen Deutschlands einen von ihr unterschriebenen Aufruf abdrucken lassen, in dem sie zum Zwecke der Publikation Mitteilungen über das Armenwesen in allen Teilen Deutschlands erbat. Dieser Aufruf muß im Zusammenhang mit der 1842 von der Potsdamer Regierung ausgeschriebenen Preisfrage, was die Ursachen der Verarmung seien, ob die Klage über ihre Zunahme berechtigt sei und wie man sie steuern könne, gesehen werden. Bettina wollte nun ähnlich wie im Königsbuch eine Aufstellung des Lebens- und Arbeitszusammenhangs der Armen publizieren. Dabei unterstützte sie der progressive Fabrikant Schloeffel und schickte ihre entsprechende Unterlagen aus Schlesien zu. Da sich Schloeffel auch gegen Zensur und Hausdurchsuchungen geäußert hatte, wurde er 1845 verhaftet unter dem Verdacht, das Haupt einer 'kommunistischen' Verschwörung zu sein, und blieb monatelang in Untersuchungshaft. Bettinas Briefe waren von der Polizei erbrochen worden, sie geriet in den Verdacht der Unterstützung einer staatsfeindlichen Organisation. Während die 'Aufrührer' des Weberaufstands bestraft werden, ist von 'unbesonnenen Schriftstellern' die Rede. Der Minister Graf von Arnim nennt Bettina eine Rädelsführerin des Aufstands, die die Leute aufgehetzt und ihnen Hoffnungen gemacht habe. In einem Brief vom 22. Juni 1844 schreibt Bettina eine Woche nach der Bestrafung der 'Anführer' an Alexander von Humboldt: „So manche Hülfsquelle, so manches notwendig zu Erwägende sollte in mein Armenbuch kommen, ich lasse es jetzt nicht drucken. Ich sende Ihnen hier ein paar Bogen aus dem selben, nicht zum Lesen, sondern zum Einsehen, was diese Leute dort gelitten, ehe es so weit kam; die Frucht verkam vor Mangel an Nahrung im Mutterleib, die Kinder wurden als Skelette geboren! Diese Register ihres häuslichen Jammerstandes sind nur ein échantillon unter hunderten; nicht gewählt, zufällig herausgenommen. Dergleichen Listen sind so viele, daß eine dicke Postille nicht die Hälfte davon umfassen würde." Sie kann das Armenbuch jetzt zwar nicht veröffentlichen, sie läßt sich aber auch nicht einschüchtern. Aus der Tatsache, daß es vier ausführliche Fassungen des geplanten Nachworts gibt, läßt sich schließen, wie wichtig dieses Buch für Bettina war. Es fehlt in der fünfbändigen Gesamtausgabe ihrer Werke; die meisten Leser des 19. und 20. Jahrhunderts haben ohnehin ihr gesellschaftliches Engagement und ihre politischen Schriften nicht ernst genommen oder gar als Texte von literarischer Qualität betrachtet. Bettinas Bild wurde weiterhin durch ihre vermeintliche romantische Exzentrizität bestimmt, ihre Bedeutung wurde auf die Schwestern- und Gattinnenrolle reduziert.

Zur Interpretation
Die Textausschnitte stellen drei Aspekte in den Vordergrund:
– Bettinas Darstellung der Reichen, also der herrschenden Klasse,
– ihre Schilderung der Armen und ihre Beschreibung der Lebensumstände der Weber,
– das Verhältnis der Reichen zu den Armen und die Frage der Mildtätigkeit.
Vor allem im zweiten Abschnitt wird deutlich, daß Bettina nicht von einer politischen Theorie ausgeht, sondern eine Art Sozialreportage zu schreiben beabsichtigt. Dabei hat sie nicht in erster Linie den Verfall der Sittlichkeit im Auge wie viele kirchliche Vertreter der damaligen Zeit, die sich mit sozialen Problemen befaßten. Schon gar nichts hält sie von den patriarchalischen Vorstellungen vieler Fabrikanten, die

Viertes Kapitel: Zu Text 81, S. 133 ff.

Mindestlöhne zu zahlen bereit sind, damit der Arbeiter seine Arbeitskraft zu erhalten imstande sei. In romantischer Tradition geht es ihr um die Bedürfnisse des ganzen Menschen, und nichts Geringeres als volle körperliche und geistige Entwicklung will sie für die Armen ermöglicht sehen.
Da die herrschende Klasse alle, die ihr nicht angehören, für ungebildete Barbaren hält, geht sie zunächst mit ihrer eigenen Klasse und dem, was diese unter Kultur und Bildung versteht, ins Gericht. Das Streben ihrer Standesgenossen ist „Auszeichnung selbst unter seinesgleichen, seines Pferdes Rasse muß mit seiner Rasse akkordieren, selbst durch den Reitknecht muß seine feinere Komplexion hindurchleuchten" (S. 133, Z. 33 f.). Auch seine vaterländischen Tugenden gehören zu dieser Ausstattung, sind „Gewandstücke seiner Luxusnatur" (Z. 37). Die 'Bildung' des Reichen entspringt ihrer Meinung nach aus dem Luxus, „nicht aus dem Bedürfnis des Geistesleben" (Z. 40 f.). Kultur wird zum äußerlichen Aufputz, zum Teil des Lebensstils, sie hat nichts mehr zu tun mit Entwicklung der eigenen Persönlichkeit und der eigenen geistigen Kräfte. Sie ist zum Klassenmerkmal geworden und dient lediglich zur Selbstdarstellung und Elitebildung innerhalb der herrschenden Klasse: Die Taten des Reichen „sind Repräsentation ihm beliebiger Helden- und Tugendszenen, die seiner Karriere Relief geben" (Z. 39).
Der zweite Textausschnitt bringt im Kontrast dazu eine drastische Beschreibung des Weberelends. Die Rede eines Fabrikanten, es handle sich um schlechte Ware, die er beim besten Willen nicht kaufen könne, wird als Verhöhnung und schiere Ahnungslosigkeit über die eigentlichen Zusammenhänge entlarvt. Hunger, Armut und Auszehrung können keine besseren Produkte hervorbringen. Eindringlich beschreibt Bettina die Verzweiflung der Armen bei Bekanntwerden des Preisangebots, weil jetzt die Situation ganz und gar aussichtslos ist. Dabei wechselt sie rhetorisch geschickt Rede und Gegenrede. Erst kommt der Fabrikant zu Wort. Die Gegenrede ist in eine Anrede der Betroffenen, in direkte Parteinahme zu ihren Gunsten verlegt. Den Verzweifelten, Sprachlosen leiht sie gewissermaßen ihre Stimme, sie nimmt die politische Agitationsrede vor einer Versammlung, die sie nicht halten kann, literarisch vorweg. „Eure Glieder sind vertrocknet vom Mangel und man wirft euch Liederlichkeit und Müßiggang vor; nein! man überlegt nicht, daß ein vertrocknetes Glied untauglich ist zu guter Arbeit!" (S. 134, Z. 18 ff.). Von der agitatorischen Rede wechselt sie im zweiten Teil zur Beschreibung der Not in den Familien, wobei sie dem Leser verdeutlicht, daß sie sich bei der Beschreibung auf einen Gewährsmann beziehen muß, was sie allerdings nicht hindert, die Szene im Präsens zu berichten und damit als dramatische Szene so nah wie möglich an den Leser heranzuholen. Anschließend kommentiert sie die Szene, in der der Vater die zweite Hälfte des Brotes vor den hungrigen Kindern noch für den andern Tag aufsparen will und sich alle erst unter Tränen satt essen können, nachdem der mildtätige Wohltäter für genug Brot gesorgt hat. Nachdem die „Armen" in dieser kurzen Szene zu Menschen aus Fleisch und Blut geworden sind, die weinen, betteln, beschwören, zornig werden und denen es das Herz zerreißt – Bettina zieht alle Register der empfindsamen Beschreibung –, läßt sie sich darüber aus, daß bei diesen Menschen „die Hungerwüsten des Leibes" „Verwesung des Geistes" erzeugen müssen (S. 134, Z. 45 f.). Der letzte Abschnitt beklagt, daß der Mangel an Nahrung jede Entwicklung geistiger Fähigkeiten von vornherein unmöglich macht. Ausdrücklich wird festgestellt: „Gott hat ihnen kein geistig Organ versagt" (S. 134, Z. 42). Bettina geht von der prinzipiell gleichen Bildungsfähigkeit aller Menschen aus. Sie postuliert das Recht des Armen auf Nahrung und geistige Entfaltung gleichermaßen.
Stellt man diesen Abschnitt neben ihre Kritik an der sogenannten Bildung der Reichen, so wird die politische Radikalität dieser Forderung besonders deutlich. Es kann also nicht um mildtätiges Abspeisen der Armen und ihre schlechte und rechte Versorgung gehen, was im letzten Textausschnitt auch deutlich ausgesprochen wird. Der Arme hat einen Anspruch auf ausreichende Lebenssicherung und Bildung. „Was der Reiche tut, ist Wohltat, nicht Pflicht. Ist aber Wohltat nicht ein gänzliches Ausschließen aller Rechte? Wollt Ihr den Armen abhängig machen von der Laune Eurer Güte, wollt Ihr ihn erhalten in den Fesseln der Dankessklaverei?" (S. 135, Z. 23 ff.). Auch hier greift Bettina zu den rhetorischen Mitteln der Agitationsrede und fordert ihre Standesgenossen mit scharfen Worten in die Schranken. Die herrschende Klasse soll sich nicht länger über die Armen erheben wollen, sondern davon ausgehen, daß es sich um Menschen mit den gleichen Bedürfnissen, Ansprüchen und Rechten handelt. „Das, was Ihr erniedrigend achtet für Euch, nämlich in Abhängigkeit der Wohltat zu stehen, wovor Euer Stolz ganz naturgemäß zurückschaudert, das soll anderen zustehen!" (S. 135, Z. 39 f.).
Bettina erhebt keine politischen Einzelforderungen, aber sie fordert eine Besinnung auf die elementaren Menschenrechte und setzt die Gleichheit aller Menschen voraus, was im preußischen Ständestaat als Bedrohung der politischen Ordnung empfunden wurde. Und sie rührt auch unerschrocken an die Ängste ihrer Standesgenossen und prophezeit ihnen am Schluß den Untergang ihres Unterdrückungssystems, in dem die Mildtätigkeit lediglich die Funktion hat, „der Armen Langmut noch weiter hinauszuspinnen" (S. 135, Z. 16) – eine Sichtweise des Problems, die sie mit den führenden Sozialisten des 19. Jahrhunderts teilt.

Viertes Kapitel: Zu Text 82, S. 136

Zur Behandlung im Unterricht
Die Textausschnitte verdeutlichen zunächst einen wichtigen Aspekt in der Entwicklung Bettinas, was in den Hintergrunderläuterungen bereits dargelegt worden ist. Zum andern eignen sie sich zu einer sprachlichen Untersuchung, wie Sozialreportage (ohne direkte Recherchen vor Ort) und Agitationsrede gemischt werden. Ein Vergleich mit dem Text von Marx (86) bietet sich an, um Bettinas Ansatz von der wissenschaftlichen Analyse abzugrenzen. Dabei ließe sich hervorheben, wie Bettina hier mit den gängigen Vorurteilen der damaligen Zeit, Proletarier seien dumm, faul und unmoralisch, umgeht und die Ignoranz, die hinter diesen Vorurteilen steckt, aufdeckt.
Die anderen Texte des Lesebuchs zum Weberaufstand ließen sich gleichfalls einbeziehen: Heine (91), Baginski (121). Wenn argumentiert wird, Bettina fehle es an einem eindeutigen theoretischen Standort, so sollte darauf hingewiesen werden, daß die Auseinandersetzung mit gängigen Vorurteilen eine der wesentlichen Aufgaben des Schriftstellers sein kann.

Rahel Varnhagen: [An Rose im Haag] (S. 136) 82

Zur Autorin
Rahel Varnhagen spielte für das geistige Leben Berlins eine weitaus aktivere Rolle als Henriette Herz, was durch ihre ausgedehnte Korrespondenz mit allen bedeutenden politischen und literarischen Persönlichkeiten der damaligen Zeit belegt ist. Rahel gedachte sich durch eine adelige Heirat von den Nachteilen der jüdischen Herkunft, der damit verbundenen sehr konventionellen jüdischen Erziehung und der eigenen Armut zu befreien. Dies ist ihr nicht gelungen. Sie war neunzehn, als ihr die Familie dominierender Vater starb. Vierundzwanzigjährig verlobt sie sich mit dem Grafen Karl von Finkenstein. Sie weigert sich, den Verlobten, der die Heirat mit einer mittellosen Jüdin hinauszögert, weil seine Familie gegen die Verbindung Einspruch erhebt, mit weiblichen Tricks festzuhalten. Sie fordert einen freien Entschluß. Finkenstein, abhängig von seiner Familie und von ihr beeinflußt, kann sich nicht entschließen. Fünf Jahre schleppt sich ihre Beziehung auf diese Weise hin. Mit 31 Jahren lernt Rahel den spanischen Legationssekretär Don Raphael d'Urquijo kennen und verliebt sich leidenschaftlich in ihn. In ihren Briefen wird deutlich, daß sie aus der Rolle der reflektierenden geistvollen Frau herausfällt und anfängt, sich selbst zu verleugnen. Später nennt sie diese Beziehung ihr „spanisches Fegefeuer", an dem zu sehen sei, wie tief der Mensch fallen könne. D'Urquijos Freunde warnen ihn, sich auf eine Frau mit so viel Geist und Klugheit einzulassen, und so geht auch diese Verlobung in die Brüche. Rahel ist 37 Jahre alt, als sie den dreiundzwanzigjährigen Medizinstudenten Karl August Varnhagen kennenlernt. Er ist jung, und hat weder einen Beruf noch Geld. Er verehrt Rahel und fürchtet sich nicht vor ihrer geistigen Überlegenheit. Er ist oft als mittelmäßiger Charakter dargestellt worden – ein Bild, das sich nach der Veröffentlichung seiner Tagebücher über die 48er Revolution sicherlich ändern wird. Diese lange zurückgehaltenen Dokumente zeigen ihn als einen genauen und kritischen Beobachter seiner eigenen Klasse, der zu unkonventionellem Denken und Handeln neigt. Die ersten Jahre mit Varnhagen sind für Rahel schwierig, er sucht als österreichischer Offizier ein Auskommen und wird schließlich preußischer Diplomat. 1814 tritt Rahel schließlich mit dreiundvierzig Jahren zum Christentum über und heiratet am selben Tag Varnhagen (es gibt noch keine Ziviltrauung). Ihr zweiter Berliner Salon wird ein Zentrum liberaler und fortschrittlicher Gesinnung. Bettina von Arnim, Börne und Hegel verkehren dort. Heine widmet ihr seine ‚Heimkehr', und Grillparzer berichtet über einen Besuch bei ihr, er habe nie interessanter und besser reden hören.

Zur Interpretation
Im Vergleich mit Bettinas Brief an Savigny (79), in dem sie von der „rastlosen Begier nach Wirkung" spricht (S. 131, Z. 12) und sich mit einem gefangenen Krieger vergleicht, schlägt Rahel in ihrem Brief einen anderen Ton an. Spricht Bettina von ihrem Problem und versucht, ihre eigenen Gefühle genau zum Ausdruck zu bringen, so untersucht Rahel das Mißverhältnis zwischen weiblichem Tatendrang und weiblichen Entfaltungsmöglichkeiten ohne den Bezug zu den eigenen Erfahrungen, formuliert allgemeine Sachverhalte und versucht, deren Hintergründe zu erfassen und darzulegen.
Im Vergleich beider Briefe werden die Möglichkeiten damaliger Briefliteratur deutlich. Einmal ist eine radikale Selbstaussprache wie bei Bettina möglich, zum andern bietet der Brief aber auch ein internes Argumentationsforum, um die eigenen Erfahrungen auf ihre gesellschaftliche Relevanz hin zu überprüfen. Dieser Brief macht deutlich, daß es von hier nur noch ein kurzer Weg bis zur öffentlichen Diskussion gewesen ist – ein Schritt, den Bettina von Arnim in ihren politischen Schriften tatsächlich gegangen ist.
Rahel beklagt sich in diesem Brief weder über ihre eigene Situation, noch geht sie im einzelnen auf die

Viertes Kapitel: Zu Text 82, S. 136

Situation ihrer Briefpartnerin ein. Sie gibt ihr den Rat, sich möglichst unter Menschen zu begeben und sich viele unterschiedliche Anregungen zu verschaffen. Die Begründung dieses Ratschlags erfolgt durch eine exakte Beschreibung der gesellschaftlich unterschiedlichen Rolle von Männern und Frauen. Während Männer in ihren Beschäftigungen ein Weiterkommen sehen, mit anderen Worten, sich selber verwirklichen können in ihrer Arbeit und in der Auseinandersetzung mit anderen, bleibt das Leben der Frauen verzettelt; die Frauen müssen sich „ganz nach der Männer Stand richten" (S. 136, Z. 14). Rahel spricht anschaulich über die Tätigkeiten von Frauen als von „Stückeleien" (Z. 14).
Diese Beschreibung der gesellschaftlichen Rollenverteilung wird mit einer für damalige Verhältnisse kühnen These kommentiert: „Es ist Menschenunkunde, wenn sich die Leute einbilden, unser Geist sei anders und zu anderen Bedürfnissen konstituiert" (Z. 14ff.). Damit wird der Behauptung von der besonderen Natur der Frau, die sie zum Hegen und Pflegen bestimme, entschieden widersprochen. Zwar räumt Rahel im folgenden ein, „man liebt, hegt, pflegt wohl die Wünsche der Seinigen; fügt sich ihnen; macht sie zur höchsten Sorge, und dringendsten Beschäftigung" (Z. 21 f.), aber sie bedeuten keineswegs die Erfüllung. Hegen und Pflegen wird nicht länger als 'weibliche Natur', sondern als gesellschaftliche Anpassungsleistung der Frauen gesehen, die entschieden auf Kosten ihrer geistigen Entwicklung, ja der Entwicklung ihrer Persönlichkeit geht.
Rahel findet eindrucksvolle sprachliche Bilder, um Beschränkung und Beschneidung der weiblichen Entfaltungsmöglichkeiten auszudrücken, und diese Bilder haben alle mit mangelnder Bewegungsfreiheit zu tun. „... sie haben der beklatschten Regel nach gar keinen Raum für ihre eigenen Füße, müssen sie immer nur dahin setzen, wo der Mann eben stand, und stehen will" (Z. 25 ff.). Bewegungsunfähigkeit ist mit Abhängigkeit identisch, es gibt nur den Platz, den der Mann für seine Frau bestimmt hat. Für Rahel ist das schlimmste dabei nicht die Tatsache der Beschränkung selber, sondern der schmerzhafte Kontrast zwischen der „ganzen bewegten Welt" (Z. 27), die von der Frau als eine solche wahrgenommen wird, und der eigenen Bewegungsunfähigkeit. Dazu fällt ihr das Bild vom Baum ein, der mit Wurzeln in der Erde „verzaubert" ist (Z. 28). Hier steht wohlüberlegt nicht der Ausdruck „verwachsen", da es sich nicht um einen natürlichen Zustand handelt und handeln kann. Unmittelbar darauf nennt Rahel diesen Zustand ausdrücklich einen „unnatürlichen" (Z. 29). Es ist in diesem Brief nicht die Rede davon, daß und wie dieser Zustand zu ändern sei: Über die Schwierigkeiten, auch nur ein wenig mehr Bewegungsfreiheit zu erhalten, ist sie sich voll und ganz im klaren, weiß sie doch genau, „jeder Versuch, jeder Wunsch, den unnatürlichen Zustand zu lösen, wird Frivolität genannt" (Z. 28 f.). Aber gerade deshalb, weil schon der bloße Gedanke, sich selber einen größeren Spielraum verschaffen zu wollen, als abwegig gilt, ist es um so wichtiger, daß Frauen möglichst viele Anregungen über die eigenen vier Wände hinaus erhalten. Obwohl Rahel zeitlebens den gesellschaftlichen Aufstieg über eine entsprechende Eheschließung versucht hat, lehnt sie klar ab, daß „jede Ehe, schon bloß als solche, der höchste menschliche Zustand sei" (Z. 20). Der Gegensatz zwischen Einsicht und persönlichem Handlungsspielraum ist offensichtlich.
Von ihrer Argumentation her führt eine direkte Linie zur Bewertung von Ehe und Familie bei Simone de Beauvoir in deren Buch ‚Das andere Geschlecht'. Dort wird die Tätigkeit des Mannes als das Familieninteresse überschreitend in Richtung auf Gesellschaft und Zukunft beschrieben. Der Mann verkörpert laut Beauvoir die Transzendenz, während der Frau die Pflege des Haushalts und die Erhaltung der Gattung, also die Immanenz, vorbehalten bleiben. Nach Beauvoir ist die menschliche Existenz Transzendenz und Immanenz zugleich. Gesellschaftlicher Fortschritt läßt sich demzufolge an der Überwindung dieser Trennung messen.

Zur Behandlung im Unterricht
Es empfiehlt sich, diesen Brief mit Bettinas Brief an Savigny und den kurzen Briefausschnitten am Anfang des Kapitels zu vergleichen. Das Thema 'Bewegungsfreiheit' als Sehnsucht und Utopie kann dabei herausgearbeitet und in seiner unterschiedlichen sprachlichen Gestaltung in Verbindung mit der Briefform gezeigt werden. Wenn das Thema 'Freiheit' mit der Beschreibung der Einschränkungen konfrontiert wird, ergibt sich die Möglichkeit, mit den Schülern zu diskutieren, ob es sich hier um 'feministische' Vorstellungen handelt. Dabei muß darauf hingewiesen werden, daß politische Grundbegriffe vollständig fehlen (z. B. Patriarchat, Gleichheit vor dem Gesetz, Diskriminierung etc.). Daß hier persönliche Erfahrungen so genau beschrieben und auf ihre Allgemeingültigkeit hin überprüft und hinterfragt werden, daß sie in der Tat sehr nahe an feministische Forderungen oder Entwürfe herankommen, allerdings mit ganz anderen sprachlichen Mitteln, mag den Reiz einer solchen Untersuchung ausmachen. Es kann dabei gezeigt werden, wie stark eine literarisch durchgearbeitete Sprache Erfahrungen und Denkansätze über den persönlichen Ausdruck hinaus ins gesellschaftlich Relevante und Zukunftweisende hinaustreiben kann.

Fünftes Kapitel: Biedermeier – Vormärz/Bürgerlicher Realismus

Einleitung

Wie bei jeder Epochenbezeichnung ist an das Artifizielle des Zugangs zu erinnern. Gerade das 19. Jahrhundert kennzeichnet die „Gleichzeitigkeit des Ungleichzeitigen". So fällt das Todesjahr des Romantikers Eichendorff (1857) weit in die Epoche des „bürgerlichen Realismus", andererseits erscheinen ab 1840 die Erstfassungen von Stifters ‚Studien', während Fontanes wichtigster Roman, ‚Der Stechlin', erst 1899 vollständig veröffentlicht wird. Dementsprechend kann die Textauswahl dieses Kapitels die Epoche nicht insgesamt darzustellen versuchen; es sollen jedoch typische Problembereiche und literarische Formen für die Zeit zwischen Romantik und Frühmoderne exemplarisch vorgestellt werden.
Der Schwerpunkt der Textauswahl liegt bei den Prosaisten. Das hat einerseits pragmatische Gründe: Das Drama läßt sich in Ausschnitten schwer vorstellen, außerdem hat die Dramatik der Epoche danach nur eine geringe Wirkung entfaltet. Die Ausnahme bildet Büchner, der aber im Deutschunterricht der Oberstufe oft mit einem seiner Werke vertreten ist. Andererseits gilt seit Goethes ‚Wilhelm Meister' die Prosa als die paradigmatische literarische Ausdrucksform; gerade die großen Erzähler des Realismus werden jedoch im Unterricht oft nur in der Mittelstufe gelesen. So schien es sinnvoll, mehrere Texte aufzunehmen, in denen Exemplarisches zum literaturgeschichtlichen und epochalen Standort zu erkennen ist.
Auswahl und Gliederung des Kapitels sollen Aspekte des 19. Jahrhunderts hervorheben, die für diesen epochalen Standort charakteristisch erscheinen und damit Zugänge für das Verständnis der Autoren und Werke eröffnen, die jedoch auch auf Nachwirkungen in der frühen Moderne, ja teilweise bis in die Gegenwart verweisen, so daß die Vorgeschichte der Moderne andeutungsweise sichtbar wird, z. B. im problematischen Geschichts-, Gesellschafts- und Nationalbewußtsein sowie im Verhältnis der Autoren zur Tradition und zur zeitgenössischen Realität.
Die Unterschiede zwischen einzelnen Phasen des Jahrhunderts – Biedermeier, Vormärz und bürgerlicher Realismus – treten dabei in der knappen Textauswahl als Gliederungsprinzip zurück; sie sind aber, mit einigen Ausnahmen, in der Reihenfolge der Texte jedes Abschnitts in etwa zu rekonstruieren.
„Geschichte" wird zu Beginn des Kapitels als Thema des Jahrhunderts hervorgehoben (Abschnitt I), weil geschichtliches Bewußtsein, verstärkt durch die sich ausbreitende Geschichts- und Sozialwissenschaft, aber auch durch die politisch-gesellschaftlichen Entwicklungen, in beträchtlichem Maße und in anderer Weise als im 18. Jahrhundert das allgemeine Bewußtsein bestimmt hat, vor allem mit einem spannungsvollen Verhältnis zwischen Vergangenheit und Zeitgenossenschaft. Nicht nur in konkurrierenden Geschichtsdeutungen, sondern auch in der Reflexion der Gegenwartserfahrungen zeichnen sich immer wieder Auseinandersetzungen mit dem Erbe des aufklärerischen Fortschrittsgedankens und des Idealismus ab bis hin zur materialistischen Geschichtstheorie von Marx. Auf diese Auseinandersetzung beziehen sich auch politisch Liberalismus und Restauration, der Streit um das „Vaterland" der Deutschen und der konservative Nationalismus der Wilhelminischen Ära; am Begriff des „Vaterlandes" lassen sich exemplarisch die Veränderungen des politischen Bewußtseins im 19. Jahrhundert (mit Auswirkungen bis heute) verfolgen (Abschnitt II). In den literaturtheoretischen Ansätzen des 19. Jahrhunderts wirkt sich geschichtliches Bewußtsein einerseits als Gefühl verpflichtender oder belastender Tradition aus, andererseits im bewußten Gegensatz dazu als Zuwendung zur Gegenwart, für die ein historisches Eigenrecht beansprucht wird (Abschnitt V). Auch hier schlägt sich die allerdings selten ganz vollzogene Ablösung vom Idealismus nieder, und zwar in den Forderungen nach einem Realismus; von ihnen hebt sich freilich ein psychologisierender oder ästhetisierender Poesiebegriff ab, und zwar nicht erst am Ende des Jahrhunderts, in dem Klassik und Romantik nachwirken. Die „realistische" Zuwendung zur Wirklichkeit, wie sie ist, bringt vor allem eine bedeutende Erzählliteratur hervor. Mit ihren aufmerksamen Schilderungen gesellschaftlich geprägter Lebensverhältnisse, vor allem des Bürgertums und der Landbevölkerung, bestätigt sie F. Th. Vischers Diktum von der Darstellung einer „prosaische[n] Weltordnung" (S. 175). Selbst in ihnen schlagen sich aber wiederum unterschiedliche, nämlich mehr zeitkritische oder mehr konservativ-idealistische Positionen nieder. Vischers andere Feststellung, daß der Roman „vorherrschend das Privatleben zu seinem Schauplatz" mache (S. 176), trifft jedoch ebenfalls weitgehend auf den bürgerlichen Realismus zu, vor allem in der

Fünftes Kapitel: Zu Text 83, S. 137f.

zweiten Hälfte des Jahrhunderts, in der das liberale Engagement in der Politik fast erloschen ist. Hier wird das Gesellschaftliche entpolitisiert, seine erlebnishaften und ethischen Züge treten hervor. In der Perspektive der Geschichtlichkeit können die Äußerungen innerer Zerrissenheit, des Determinismus oder der Sinnleere sowie des Zweifels an der Lebensnähe der Poesie (Abschnitt III) als Ausdruck einer geschichtlich bedingten Verunsicherung aufgefaßt werden. Sie dürfte ihre Gründe teilweise in den o. a. Auseinandersetzungen haben, teilweise in der Auseinandersetzung mit dem Autonomieanspruch der Literatur seit der Klassik (vgl. auch Kapitel 6).

Der 'Gebrauchswert' des Kapitels soll darin liegen, entweder zur Werklektüre ergänzende Materialien, auch zu außerliterarischen Bezügen, zur Verfügung zu stellen oder für eine Kurzthematisierung der Epoche Texte anzubieten.

Themen und Texte sind aber nicht nur als Dokumente des 19. Jahrhunderts ausgewählt, sondern auch unter dem Gesichtspunkt, daß sie Fragen und Themen aufwerfen, die über das 19. Jahrhundert hinweg Bedeutung behalten haben, und zwar nicht nur in der frühen Moderne (vgl. Kapitel 6); selbst ein Gegenwartsbezug sollte bei vielen Texten sich den Schülern anbieten.

I. Geschichte (S. 137 ff.)

Die Ausbildung historischen Denkens im 18. Jahrhundert und die spekulative Geschichtsphilosophie Hegels sind Voraussetzung und Bezugspunkt der Auseinandersetzungen mit Geschichte im 19. Jahrhundert. Heines Text steht exemplarisch für die jungdeutsche Position, Marx und Engels präsentieren die wirkungsgeschichtlich bis in die Gegenwart einflußreiche materialistische und antispekulative Umdeutung Hegels. Büchner, obwohl zuerst singulärer Außenseiter, kann trotzdem einstehen für die immer wieder aufbrechenden grundsätzlichen Zweifel an fortschrittsgläubigen Entwicklungsvorstellungen und der Geschichtsmächtigkeit des Menschen. Raabes Romanausschnitt ist der einzige fiktionale Text dieses Abschnitts. Hier spiegelt sich in Konrad von Fabers Rede die Tatsache, daß geschichtliche Reflexion zunehmend auch im Bewußtsein des gebildeten Bürgertums eine Rolle zu spielen begann. Den Hintergrund bildet hier allerdings weniger die philosophische Tradition als die konkrete Erfahrung von sozialem und gesellschaftlichem Wandel in der Phase des beginnenden industriellen Aufschwungs.

83 Heinrich Heine: Verschiedenartige Geschichtsauffassung (S. 137 f.)

Zum Text

Der kleine Aufsatz entstand in der ersten Hälfte der 30er Jahre in Paris, veröffentlicht und mit der Überschrift versehen wurde er 1869 von Adolf Strodtmann. Er ist die einzige direkte und ausführlichere Äußerung Heines über seine Geschichtsauffassung. Koopmann (im Schiller-Jahrbuch 1972) weist nun mit Recht darauf hin, daß hier nicht einfach Heines 'wirkliche' Geschichtsauffassung ausgesprochen wird, sondern daß der Text eher als analoge Konstruktion zu dem für den Heine der 30er Jahre typischen antithetischen Denkmodell „Sensualismus/Spiritualismus" anzunehmen ist (vgl. ‚Die romantische Schule'). Auf die Verabsolutierung eines dieser Prinzipien bleibt „jene Reaktion nicht aus, welche jeder Übertreibung auf dem Fuße folgt" (‚Die romantische Schule', 1. Buch). Entsprechend insistiert Heine sowohl gegen eine erwartungslose Vergangenheitsorientierung als auch gegen eine gegenwartsvergessene Zukunftshoffnung auf dem Recht des Lebens, der Gegenwart. Diese Betonung des Rechts der Gegenwart gegen den „erstarrenden Tod, gegen die Vergangenheit" entspricht nun genau dem zeitgenössisch-jungdeutschen Geschichtsbild (in der ‚Romantischen Schule' spricht Heine explizit von „uns, den Männern der Bewegung"), das vor allem dadurch geprägt war, daß man sich einem überwältigenden kulturellen Erbe gegenüber sah.

Zur Interpretation

Verständnis und Bewertung des nur an der Oberfläche unkompliziert erscheinenden Textes werden erschwert durch die offensichtliche Kompilationstechnik Heines. Er zwingt Metaphern und Denkfiguren unterschiedlicher Herkunft und Wertigkeit in Zusammenhänge, die nur aus der spezifischen Perspektive Heines einen Sinn ergeben. Gleichsam gegen Heines Intention verweist so der Text auch auf das Epigonentum der Jungdeutschen, die weder einen originären Zugang zur spekulativ-geschichtsphilosophischen Denktradition hatten noch wirklich zur Dialektik einer „antithetischen Synthese" (F. Schlegel) fähig waren.

Fünftes Kapitel: Zu Text 83, S. 137f.

Der Aufbau des Textes ist klar und einfach. Die antithetisch gegenübergestellten „zwei ganz entgegengesetzten Ansichten" über das „Buch der Geschichte" (S. 137, Z. 14f.) werden als unvereinbar erkannt mit „unseren lebendigsten Lebensgefühlen" (S. 138, Z. 6f.), dabei entsteht eine neue Dichotomie zwischen den theoretisch/spekulativ gewonnenen „Ansichten" und den ontologisierten „Lebensgefühlen".
Erster Abschnitt: Die Bildlichkeit und die Vorstellung eines historischen Kreislaufs sind gängige Topoi konservativer Geschichtsvorstellung. Sie wurden zunehmend instrumentalisiert: gegen die Annahme einer kontinuierlichen und fortschrittlichen Gesellschaftsentwicklung („Zivilisation") (S. 137, Z. 21), aber auch gegen einen aktiven politischen Gestaltungswillen („Freiheitskämpfe", „politischer Enthusiasmus") (S. 137, Z. 22f.), der nur „dem Aufkommen neuer Tyrannen förderlich sei" (S. 137, Z. 22). Entsprechend argumentierte schon Burke in seiner epochemachenden Schrift ‚Gedanken über die Französische Revolution' von 1790. Heine kannte den Aufsatz und warf Burke vor, daß er „das Leben selbst an die Anatomie der Geschichte verhandelte" (‚Französische Zustände', IV. Artikel).
Hier werden diese Denkfiguren nun bei deutschen Repräsentanten verortet: der „historischen Schule" und den „Poeten der Wolfgang Goetheschen Kunstperiode" (S. 137, Z. 28f.). Die „historische Schule" bezeichnete ursprünglich eine Richtung der deutschen Rechtswissenschaft, Heine zielt aber in erster Linie auf den wichtigsten Vertreter des sich ausbildenden Historismus, Leopold von Ranke. Dessen berühmter Satz aus der Vorrede zu den ‚Geschichten der romanischen und germanischen Völker von 1494 bis 1514' (1824v) – „Man hat der Historie das Amt, die Vergangenheit zu richten, die Mitwelt zum Nutzen zukünftiger Jahre zu belehren, beigemessen: so hoher Ämter unterwindet sich gegenwärtiger Versuch nicht: er will bloß zeigen, wie es eigentlich gewesen" – kann beispielhaft stehen für eine letztlich „erwartungslose Vergangenheitsforschung" (Koselleck), der dann auch die „Geschichte der Menschheit" in der „Menschengeschichte" aufgeht. Nietzsche (‚Vom Nutzen und Nachteil der Historie für das Leben') und Benjamin (‚Geschichtsphilosophische Thesen') werden diese Kritik des Historismus weiterführen.
Mit dem Vorwurf des „Indifferentismus gegen alle politischen Angelegenheiten des Vaterlandes" (S. 137, Z. 30f.) nimmt Heine einen feststehenden Topos der jungdeutschen Goethekritik auf, die „Sentimentalität", das „allersüßlichst zu beschönigen" (S. 137, Z. 31f.), zielt auf die politisch konservative Spätromantik.
Zweiter Abschnitt: Der „fatal fatalistischen" steht eine höher bewertete, „lichtere" Ansicht entgegen (S. 137, Z. 32). Die Begrifflichkeit der Charakterisierung ist uneinheitlich. Während die Lichtmetapher und die Glückseligkeitsvorstellung auf die Humanitätsphilosophie der Aufklärung hindeuten, verweisen andere Denkfiguren auf Hegel und Novalis. Die Hegelsche Geschichtsphilosophie beruht auf der Voraussetzung, daß „die Vernunft die Welt beherrscht, daß es also auch in der Weltgeschichte vernünftig zugegangen ist". Der „Weltgeist" inkarniert sich sukzessive in den welthistorischen Völkern und Individuen. Diese werden durch die „List der Vernunft" entgegen ihren eigenen Motiven benutzt als Mittel zum eigentlichen Zweck der Geschichte, dem „Fortschritt im Bewußtsein der Freiheit". Freiheit heißt für Hegel „in seinem anderen bei sich selbst sein". Der Fortschrittsprozeß der Entfaltung des „Weltgeists" ist abgeschlossen, wenn der „Weltgeist" (d. h. Gott) im spekulativen Geschichtsphilosophen, der die geschichtliche Wirklichkeit der Welt begreifend in Geist zurückverwandelt, zum Bewußtsein seiner selbst gelangt ist. Die Korrespondenzen sind deutlich: „alle irdischen Dinge [reifen] einer schönen Vervollkommenheit [entgegen]", „die großen Helden und Heldenzeiten [sind] nur Staffeln zu einem höheren gottähnlichen Zustande des Menschengeschlechts" (S. 137, Z. 33ff.), daß „die Frucht der Erkenntnis gebe uns nicht den Tod, sondern das ewige Leben" (S. 138, Z. 4f.), d. h. Gottgleichheit, da Gott ja erst im spekulativen Denker zu sich selbst kommt. So argumentiert Heine bezüglich Hegel noch in der 1852 verfaßten Vorrede zur 2. Auflage der ‚Geschichte der Religion und Philosophie in Deutschland': „Dieser Blaustrumpf ohne Füße [scil. ‚die Schlange, die kleine Privatdozentin'] zeigt sehr scharfsinnig, wie das Absolute in der Identität von Sein und Wissen besteht, wie der Mensch zum Gotte werde durch die Erkenntnis, oder was dasselbe ist, wie Gott im Menschen zum Bewußtsein seiner selbst gelangt." An die Novalis-Schrift ‚Die Christenheit oder Europa' (vgl. Text 62) erinnern religiöse Denkfiguren wie „Vorsehung" (S. 137, Z. 33), „heiligsten Frieden" (S. 137, Z. 36), „das goldne Zeitalter" (S. 138, Z. 1f.). Heine zielt also offensichtlich nicht auf eine bestimmte Ausprägung, sondern auf einen strukturgleichen Typ von Geschichtsphilosophie. Gemeinsam ist diesem Typ (repräsentiert u. a. von Lessing, Schiller, Fichte, Novalis, Hegel, später dann auch von Marx), daß bisherige Geschichte gedacht wird als Abfall von einem harmonischen Urzustand (dem geschichtsphilosophischen Terminus a quo). Die Gegenwart ist gekennzeichnet durch eine Behinderung aller menschlichen Anlagen und Kräfte, und sie gewinnt ihre Bedeutung durch die (antithetische) Einordnung in der Totalität der Geschichte. Der (dialektische) Geschichtsverlauf wird stillgestellt in einer neu zu gewinnenden Synthese (dem geschichtsphilosophischen Terminus ad quem).

Fünftes Kapitel: Zu Text 84, S. 138f.

Dritter Abschnitt: „Beide Ansichten ... wollen nicht recht mit unseren lebendigsten Lebensgefühlen übereinklingen" (S. 138, Z. 6f.). Doch Heines Ablehnung ist nicht total, er schätzt die Gegenwart auch als transitorisch ein. Nur besteht er darauf, daß man nicht „umsonst" (S. 138, Z. 7) begeistert sein, daß die Gegenwart nicht „bloß" (S. 138, Z. 9) als Mittel für die Zwecke der Zukunft gelten soll. Diese Einschätzung ist nun nicht nur jungdeutscher „Zeitgeist", sondern auch rückgebunden an die Zweck-Mittel-Diskussion gerade der Schillerschen Ethik. So heißt es im 6. Brief, ‚Über die ästhetische Erziehung des Menschen', u. a.: „Und in welchem Verhältnis stünden wir also zu dem vergangenen und kommenden Weltalter ...? Wir wären die Knechte der Menschheit gewesen, wir hätten einige Jahrtausende lang die Sklavenarbeit für sie getrieben und unserer verstümmelten Natur die beschämenden Spuren dieser Dienstbarkeit eingedrückt. [...] Kann aber wohl der Mensch dazu bestimmt sein, über irgendeinem Zwecke sich selbst zu versäumen?" Neu bei Heine ist die aktivistische und antiidealistische Wendung: „Revolution", „unsere Energie nicht lähmen", „Geschäfte", „das Recht zu leben" (S. 138, Z. 18ff.). Dies verdeutlicht einen Grundzug nicht nur von Heines Denken, sondern der gesamten jungdeutschen Bewegung. Die Reflexion des eigenen geschichtlichen Standpunktes wendet sich gegen den Anspruch gerade der Philosophie Hegels, die Totalität des geschichtlichen Prozesses spekulativ eingeholt zu haben. Das Leben in der Gegenwart, die Gegenwart als solche gilt als das Entscheidende, utopische Entwürfe haben sich dem „Recht zu leben" (S. 138, Z. 21) unterzuordnen. Diese Opposition gegen die idealistisch-spekulative Systemphilosophie findet man auch bei Büchner, Feuerbach, Marx und, wirkungsgeschichtlich besonders wichtig, Kierkegaard. Dieser weist hin auf die „komische Distraktion des welthistorischen Denkers [...], der sich selbst vergißt" (‚Abschließende unwissenschaftliche Nachschrift zu den Philosophischen Brocken, Zweiter Teil').

Die bestimmenden Erfahrungen für Heine waren wohl vor allem die Ereignisse der Jahre 1789 und 1830 in Frankreich. Das aktivistische Element wird dann wieder, allerdings ungleich politischer, beim eigentlichen Vormärz auftauchen (der frühe Marx), der emphatische Lebensbegriff bei Nietzsche und der Lebensphilosophie.

Zur Behandlung im Unterricht
Der Text zeigt die geschichtliche Standortbestimmung der Jungdeutschen nach dem Tode Hegels und Goethes, den Repräsentanten der „Kunstperiode". Er verdeutlicht die klassischen Topoi historistischen und geschichtsphilosophischen Denkens und ermöglicht eine grundsätzliche Diskussion der Zeitigung der Gegenwart zwischen Vergangenheit und Zukunft. Interessant ist auch ein Vergleich mit dem aktuellen Gefühl für den historischen Standort: Hier scheint das „Recht des Lebens" bedroht durch kaum bewältigte Vergangenheit und eine als verbaut und bedrohlich erfahrene Zukunft.

Thematische Bezüge in anderen Texten
Kant (20), Herder (21), Schiller (49), Kleist (59), Novalis (62).

84 Georg Büchner: [Über den Fatalismus der Geschichte] (S. 138f.)

Zum Text
Der sog. „Fatalismus"-Brief Büchners wurde lange Zeit in der Fachwissenschaft als Beleg für den angeblichen Bruch zwischen Büchners ‚idealistisch'-sozialrevolutionären Anfängen und seinen späteren geschichtspessimistischen, ästhetischen Produktionen herangezogen. Die Bedeutung dieser Problematik wird in diesem Zusammenhang nur angedeutet. Auf jeden Fall sollte der Brief nicht unreflektiert als repräsentativ für Büchners Geschichtsauffassung insgesamt ausgegeben werden. Genausowenig kann der Brief als Skopus einer ‚Danton'-Interpretation verstanden werden; auch die teilweise wörtliche Übernahme einzelner Briefpassagen in den Dialog rechtfertigt nicht die simple Annahme, Büchner habe z. B. die Figur des Danton zu seinem Sprachrohr gemacht.

Im Kontext dieses Lesebuchs steht der Brief als antithetische Position zur optimistischen Grundströmung des 19. Jahrhunderts. Denn die wirkungsgeschichtlich dominierende Rolle intellektueller Außenseiter wie Büchner (oder später Nietzsche) darf nicht darüber hinwegtäuschen, daß der ‚Zeitgeist' beherrscht war durch die Verfallsgeschichte aufklärerischer und klassischer Denkfiguren. Der Versuch Hans Mayers, Büchner eine Repräsentativität für seine Generation und für die Epoche zuzuschreiben, bleibt problematisch und müßte relativiert werden durch die präzise Aufarbeitung des biographischen Kontextes gerade des „Fatalismus"-Briefs und durch die kritische Reflexion der seit den Anfängen der Frühindustrialisierung beobachtbaren Auseinanderentwicklung der „zwei Kulturen", der philosophisch-literarischen und der wirtschaftlich-technischen.

Fünftes Kapitel: Zu Text 84, S. 138f.

Zur Interpretation
Im Sommer 1833 erzwang die Studienordnung den Abbruch des Medizinstudiums in Straßburg, und Büchner immatrikulierte sich im Oktober an der Universität Gießen. Er mußte aus dem weltoffenen, sozialrevolutionären Klima Straßburgs zurück in die bedrückenden Verhältnisse Oberhessens. Im November 1833 hatte er einen Anfall von Hirnhautentzündung, und er litt permanent unter der Trennung von seiner in Straßburg zurückgebliebenen Braut. Entsprechend ist auch seine Selbstanalyse in einem Brief, den er ungefähr vier Wochen nach dem „Fatalismus"-Brief an seine Eltern schrieb: „[Straßburg, im April 1834] [...] Ich war [in Gießen] im Äußeren ruhig, doch war ich in tiefe Schwermut verfallen; dabei engten mich die politischen Verhältnisse ein, ich schämte mich, ein Knecht mit Knechten zu sein, einem vermoderten Fürstengeschlecht und einem kriechenden Staatsdiener-Aristokratismus zu gefallen. Ich komme nach Gießen in die niedrigsten Verhältnisse, Kummer und Widerwillen machen mich krank." So erscheint die melancholische Depression des „Fatalismus"-Briefs primär psychisch motiviert und nicht als weltanschauliche Krise, die Büchner zum Fatalisten und Geschichtspessimisten werden ließ. Auch die Teilnahme an der oberhessischen Verschwörung (vgl. dazu Kommentar zu den Texten 89 und 90) und seine brieflichen Äußerungen zu ‚Dantons Tod' sind schwer vereinbar mit einem grundsätzlichen Geschichtspessimismus. Büchner schreibt z. B. im März 1835 an Gutzkow: „Vielleicht bin ich auch dabei, wenn noch einmal das Münster eine Jakobiner-Mütze aufsetzen sollte. Was sagen Sie dazu? Es ist nur mein Spaß. Aber Sie sollen noch erleben, zu was ein Deutscher nicht fähig ist, wenn er Hunger hat. Ich wollte, es ginge der ganzen Nation wie mir. Wenn es einmal ein Mißjahr gibt, worin nur der Hanf gerät! Das sollte lustig gehen, wir wollten schon eine Boa Constriktor zusammen flechten. Mein Danton ist vorläufig ein seidenes Schnürchen und meine Muse ein verkleideter Samson." Der zynische Tonfall verweist deutlich auf die konsequent materialistische Grundeinstellung Büchners, seine Überzeugung, daß Ideen allein keine Revolution auslösen und daß dem objektiv revolutionären Potential der „großen Klasse" (scil. der unterdrückten Masse des Volkes) das subjektive Bewußtsein seiner Möglichkeiten fehlt.
Der Brief beginnt mit einem Naturbild, das die Erfahrung eines Entgrenzung und Überblick verschaffenden Gipfelblicks nicht zuläßt. (Kontrastiv dazu die Beschreibung einer Wanderung in den Vogesen im Brief vom 8. Juli 1833.) Inwieweit hier Konnotationen eines traditionellen Topos der Hermeneutik mitschwingen („Sehe-Punckt" bei Chladenius, „Gesichtskreis" bei Herder etc.), mithin das Naturbild auf ein Gefälle in der Ausbildung historischen Orientierungswissens verweist, bleibt offen. Auf jeden Fall wird das Attribut der „hohlen Mittelmäßigkeit", vollends die „Abscheulichkeit" der Stadt (S. 138, Z. 29 f.) auch der gesellschaftlich-sozialen Atmosphäre zugemessen. Der subjektive Gestimmtheit des Briefschreibers kontrastiert die objektive Jahreszeit, die dem Veilchenstrauß die „Unsterblichkeit eines Lamas" ermöglicht (vgl. S. 138, Z. 30 f.; ungewöhnlicher Vergleich als Indiz einer psychischen Ausnahmesituation?).
Büchner entschuldigt die Verzögerung seiner Briefantwort mit dem Studium der „Geschichte der Revolution" (S. 138, Z. 37). Dieses Quellenstudium habe die Erfahrung eines „gräßlichen Fatalismus der Geschichte" vermittelt (S. 138, Z. 37 – S. 139, Z. 1).
Worin besteht dieser Fatalismus? Zuerst in der „entsetzlichen Gleichheit der Menschennatur" (S. 139, Z. 1 f.). Dies meint weniger die Rollenhaftigkeit menschlicher Existenz, eher die kollektive Determiniertheit durch soziale und gesellschaftliche Verhältnisse. Diese „menschlichen Verhältnisse" werden dann als „eine unabwendbare Gewalt, Allen und Keinem verliehen" (S. 139, Z. 2 f.), bezeichnet. Büchner thematisiert hier eine Erfahrung, die in der modernen Wissenssoziologie als „gesellschaftliche Konstruktion der Wirklichkeit" (Berger/Luckmann) untersucht wird; die Erfahrung nämlich, daß die „menschlichen Verhältnisse", obwohl von Menschen durch Objektivation ihrer Erfahrungen in Institutionen, Rollensystemen, Sprache etc. geschaffen, als scheinbar objektive Faktizität auf eben diese Menschen zurückwirken und so Gesellschaft auf den einzelnen Zwang ausübt. Gleichwohl bleibt Gesellschaft notwendige Bedingung der Möglichkeit menschlicher Existenz überhaupt, genauso wie Gesellschaft für ihr Weiterexistieren auf die Akzeptanz durch den je einzelnen angewiesen ist. Gerade der Vergleich mit einer modernen Theorie, aber auch die Erinnerung an Hegels Begriff der „Entäußerung" zeigen, daß das Determinismusproblem nur in dialektischer Perspektive einer Aporie entrinnen kann. Büchner dagegen setzt die Determiniertheit absolut, die verwendeten Metaphern sind die klassischen Topoi individuell-intentionaler Handlungsunfähigkeit: „der Einzelne nur Schaum auf der Welle", das barocke „Fortuna"-Motiv, der Mensch als Puppe auf dem „theatrum mundi", menschliches Handeln als „lächerliches Ringen gegen ein ehernes Gesetz" (S. 139, Z. 3 ff.). Paradoxerweise erfährt Büchner gerade diese absolute Determiniertheit als Moment der Befreiung. Vor den scheinbar geschichtsmächtigen großen Individuen der Historie verliert er jeden Respekt: „Es fällt mir nicht mehr ein, vor den Paradegäulen und Eckstehern der Geschichte mich zu bücken" (S. 139, Z. 5f.). Unvermittelt wechselt Büchner nun die Reflexionsebene. Statt der Diskussion historisch-gesellschaftlicher

Fünftes Kapitel: Zu Text 85, S. 139f.

Determiniertheit werden die moralisch-ethischen Konsequenzen thematisiert: „Ich gewöhnte mein Auge ans Blut. Aber ich bin kein Guillotinenmesser" (S. 139, Z. 6f.). Trotz der Einsicht in die Unvermeidlichkeit von Blutvergießen will sich Büchner nicht in gleicher Weise zum Exekutor historischer Notwendigkeiten verdinglicht sehen wie das „Guillotinenmesser". Gleichwohl ist die Determiniertheit nicht hintergehbar: „Das *muß* ist eins von den Verdammungsworten, womit der Mensch getauft worden" (S. 139, Z. 7f.). Die Aporie ist vollkommen: absolute Determiniertheit („Der Ausspruch: es muß ja Aergerniss kommen [...] ist schauderhaft" [S.139, Z. 8f.]), aber trotzdem moralische Verantwortlichkeit des sich personal behaupten wollenden Ichs („aber wehe dem, durch den es kommt" [S. 139, Z. 9]). Der Briefschreiber ist sich selbst zum vollständigen Rätsel geworden, und er kann die Reflexion nur abbrechen: „Was ist das, was in uns lügt, mordet, stiehlt? Ich mag dem Gedanken nicht weitergehen" (S. 139, Z. 10f.).
Als möglicher 'Ausweg' bietet sich an die existentielle Unmittelbarkeit einer Liebesbeziehung: „Könnte ich dieses kalte und gemarterte Herz an deine Brust legen!" (S. 139, Z. 11). Gleichzeitig häufen sich die Indizien einer Übereinstimmung mit der Zustandsbeschreibung einer beginnenden Depersonalisation: „Seit ich über die Rheinbrücke ging, bin ich wie in mir vernichtet, ein einzelnes Gefühl taucht nicht in mir auf. Ich bin ein Automat: die Seele ist mir genommen" (S. 139, Z. 17f.). Zum Vergleich sei angeführt die Phänomenologie einer Depersonalisation bei Paul Schilder: Entwurf zu einer Psychiatrie auf psychoanalytischer Grundlage (1925 v), IV. Kapitel: „Den Depersonalisierten erscheint die Welt fremd, eigentümlich, unheimlich, wie traumhaft. [...] Die Patienten klagen, sie könnten weder Lust noch Unlust empfinden, Liebe und Haß sei in ihnen erstorben. In ihrer Persönlichkeit fühlen sich die Kranken grundlegend verändert, und ihre Klagen gipfeln darin, sie seien sich selbst fremd geworden, sie seien wie tot und leblos wie Automaten." (Vgl. dazu auch Text 98, 102, 103.)

Zur Behandlung im Unterricht
Mit den sich aus der obigen Interpretation ergebenden Einschränkungen kann der Text stehen für den Zweifel an der Sinnhaftigkeit geschichtlicher Entwicklung überhaupt. Ebenso ist eine Diskussion der Determinismusproblematik möglich: individuelle Freiheit und das anthropologische Axiom der Soziabilität des Menschen; Determinismus und sozialer Wandel; Determinismus und ethisch-moralische Verantwortlichkeit des Menschen.
Die melancholische Grundstimmung des Textes, die Bilder und melancholischen Motive könnten verglichen werden mit der Artikulation einer ähnlichen Befindlichkeit bei Mörike, Lenau, Platen, Schopenhauer, aber auch bei Büchner selbst (z. B. ‚Leonce und Lena', vgl. Text 102).
Zusammen mit den anderen in diesem Lesebuch abgedruckten Textstellen von Büchner (89, 90, 102, 103) wäre diese Geschichtsbetrachtung auch als Bestandteil einer umfassenderen Büchner-Einheit geeignet, eventuell unter dem Leitgedanken einer methodischen Einführung in die 'biographische Perspektive'. Das überschaubare Werk und der begrenzte Briefkanon bietet sich dazu an. Deutlich werden müßte aber auf jeden Fall die psychische Motivation des „Fatalismus"-Briefs, von dem keine Repräsentativität für Büchners Geschichtsauffassung insgesamt behauptet werden darf.

Thematische Bezüge in anderen Texten
Rousseau (35): Gesellschaftsmodell. Marx (86): Geschichtsmodell.

85 Wilhelm Raabe: [Grabrede auf die alte Welt] (S. 139f.)

Zum Text
‚Die Leute aus dem Walde', ein in der Tradition von ‚Wilhelm Meister' stehender Bildungsroman, hat als geschichtlichen Hintergrund die sozialen und gesellschaftlichen Wandlungsprozesse im Zuge der beginnenden Industrialisierung. Der Zerfall feudaler Herrschaftsverhältnisse auf dem Lande führt zu einer an zwei Generationen vorgestellten Binnenwanderung in städtische Ballungsräume. Die Figurenkonstellation verweist dabei auf zeitgenössisch-aktuelle Konfliktmuster beim Übergang von der Agrar- zur Industriegesellschaft. Die Fähigkeit oder Unfähigkeit zur Ausbildung und Übernahme neuer Rollen- und Interaktionsmuster wird ebenso vorgeführt wie das Weiterwirken feudaler Bewußtseinsrelikte und latenter Herrschaftsverhältnisse. Der Entwicklungsgang Robert Wolfs vom verarmten „Hintersassen" und gesellschaftlichen Außenseiter zum „jungen Kapitalisten" zeigt eine Form intragenerationeller Aufstiegsmobilität, bei der allerdings die dazwischengeschaltete Amerikaepisode die fehlenden realen Grundlagen anzeigt. Nur durch Ausbeutung einer kalifornischen Goldader verschafft sich Robert Wolf die ökonomischen Ressourcen zum

Fünftes Kapitel: Zu Text 85, S. 139f.

Kauf des Gutes seiner ehemaligen Herrschaft. „Wahrlich, die Bauern haben diesmal den Rittern das Spiel abgewonnen", kommentiert eine Romanfigur (35. Kapitel).
Entsprechend dem literarischen Vorbild verläuft die gesellschaftliche Initiation Roberts hauptsächlich durch Einflußnahme unterschiedlicher Erzieherfiguren. (Der Roman kennt sogar eine „Turmgesellschaft".) Eine dieser Erzieherfiguren ist der Weltreisende Konrad von Faber, eine in ironischem Kontrast zu ihrem sprechenden Namen weitgehend kontemplativ-beobachtende, der Notwendigkeit der ökonomischen Reproduktion enthobene Person. Auf Fabers Grabrede folgt sofort der für ihn durchaus typische Ratschlag zur Ausbeutung der von Roberts Bruder und seiner Frau hinterlassenen Goldader (Robert selbst ist aus „idealistischen" Gründen diesem Plan eher abgeneigt): „Eure Gedanken sind anerkennenswert, aber doch töricht. [...] Wir leben in einer sehr realen Welt, mein Sohn, und obgleich wir keine Flügel haben, so wäre es doch durchaus ungerechtfertigt, wenn wir aus Ärger darüber auf dem Kopfe gehen wollten. Grabt nur zu [...]." (31. Kapitel).
Der Aufenthalt Robert Wolfs und die vorherige Auswanderung seines Bruders und seiner Schwägerin sind in der Chronologie des Romans auf das Ende der 40er Jahre zu datieren, fallen mithin in den Zeitraum der ersten großen Auswanderungswelle der Jahre 1845 bis 1858, in der weit über eine Million Menschen Deutschland aus vorwiegend sozioökonomischen Motiven verließen. Diese Motivation spielt aber weder bei Roberts Bruder, der dem Typ des „Abenteurers" zuzurechnen ist, noch bei Robert selbst – er hat private Motive – eine Rolle.

Zur Interpretation

Fabers Rede sollte nicht als „prophetische Vision" über den Aufstieg Japans und Amerikas gelesen werden; dies wäre eine unzulässige Mystifikation fiktionaler Aussagen in einem fiktionalen Kontext. Vollends unmöglich erscheint die Annahme, daß hier eine im zeitgenössischen Umfeld wie auch immer empirisch fundierbare Prognosemöglichkeit widergespiegelt würde. So fällt die gewaltsame Öffnung Feudal-Japans für die Handelsinteressen der industriell weiterentwickelten westlichen Länder erst ins Jahr 1854, das Amerikabild des 19. Jahrhunderts war zum größten Teil vermittelt über literarische Topoi und Verarbeitungsmuster. Es ist z. B. bekannt, daß Raabe für die Amerikakapitel seines Romans die Werke Friedrich Gerstäckers als Quelle benutzt hat. Ein hermeneutischer Kurzschluß wäre allerdings, es dabei zu belassen, daß Raabe bei der Konzeption der Figur Fabers Gerstäcker „vorgeschwebt" hätte (so der Herausgeber der ‚Braunschweiger Ausgabe'). (Zur Amerika-Thematik vgl. Manfred Durzak: Das Amerika-Bild in der deutschen Gegenwartsliteratur [...], Stuttgart etc., 1979.)
Interessant ist dagegen, hinter Fabers Rollenentwurf eines über historisches Orientierungswissen verfügenden „Weltmannes" diejenigen Denkfiguren und Sprachmuster herauszuinterpretieren, die ihn als frühen Repräsentanten eines durch Metaphorik und Jargon verschleierten Sozialdarwinismus ausweisen.
Die zu Beginn evozierte Todesvorstellung ist rückbeziehbar bis zum protestantischen Kirchenlied des 17. Jahrhunderts: „die stillen Schläfer [... ruhen] von des Tages Last und Mühe [aus]" (S. 139, Z. 38ff.). Dazu zum Vergleich die Strophen 5 und 6 aus Paul Gerhardts berühmtem Lied „Nun ruhen alle Wälder...": „Das Haupt, die Füß und Hände / Sind froh, daß nun zum Ende / Die Arbeit [scil. Mühe, Plage] kommen sei. / Herz, freu dich, du sollst werden / Vom Elend dieser Erden / Und von der Sünden Arbeit frei. // Nun geht ihr matten Glieder, / Geht hin und legt euch nieder, / Der Betten ihr begehrt. / Es kommen Stund und Zeiten, / Da wird man euch bereiten / Zur Ruh ein Bettlein in der Erd." Der Predigergestus wird einerseits unterstützt durch sprachliche Archaismen (vorgestellter Genitiv: *„des Tages Last und Mühe"*) und andererseits untergraben durch einen unvermittelten Wechsel der Sprachebene: „Ihr Part am Welt-business ist vorüber. Ihr Konto ist geschlossen [...]. Aber wenn sie auch in Sicherheit sind: der große Ladenhalter – shopkeeper der Welt – schließt darum sein Geschäft noch nicht; hat's auch fürs erste nicht nötig, denn die Fonds sind gut, und aufs Spekulieren versteht sich's" (S. 140, Z. 3ff.). Dieser Börsenjargon, dem auch die Gottesvorstellung zum „shopkeeper" gerät, weist schon voraus auf die abschließende rücksichtloseste Formulierung des wirtschaftsliberalistischen Credos: „Je härter der Kampf um das Dasein, desto süßer die Ruhe" (S. 140, Z. 30f.). Dieses unnachahmliche Amalgam aus zeitgenössischem Sozialdarwinismus und protestantischer Erbaulichkeit wäre nun problemlos zu verorten in Max Webers Theorie des Zusammenhangs von „protestantischer Ethik und Geist des Kapitalismus". Folgerichtig besteht Faber auch auf der Notwendigkeit der zeitlichen Begrenzung der Trauer: „Auf, auf, Robert Wolf, fort mit der Träne aus dem Auge! Ein feuchtes Auge sieht nicht klar, nicht scharf, und man hat's nötig, scharf auszuschauen, solange man noch auf den Füßen steht" (S. 140, Z. 31ff.). Entsprechend seiner Erzieherrolle veranlaßt Faber dann den Abschluß des Erziehungsprozesses von Robert Wolf zum „jungen Kapitalisten", indem er ihn, wie oben schon dargelegt, zur Ausbeutung der Goldmine anhält. Auch hier bekommt Robert einschlägige Ermahnun-

183

Fünftes Kapitel: Zu Text 86, S. 141ff.

gen: „Diejenigen irren, [...] welche meinen, die Gesellschaft gehe durcheinander wie Mäusedreck und Koriander. Es ist Methode in allem, auch darin, wie die Infusionstiere in einem Wassertropfen sich gegenseitig auffressen [sic!]. Je mehr man das einsieht, desto weniger ärgert man sich. Es gibt keinen Menschen in der Welt, welcher nicht einem andern im Wege steht [sic!], und darin liegt unter Umständen auch ein Trost" (31. Kapitel).

Da in allem 'Methode' ist, verwundert es nicht, wenn Faber auch die geschichtliche Entwicklung 'methodisch' betrachtet. Gemäß Anlaß und gewählten Rollenentwürfen projiziert er seine Denkfiguren in historische Visionen. Die werden nun schon durch ihre Begrifflichkeit durchsichtig auf ihrem biologistisch-evolutionistischen Hintergrund: Lebensalter-Metaphorik („schöne, blühende Jungfrau" [S. 140, Z. 14f.], „vertrocknetes Mütterlein" [S. 140, Z. 15], „junge Weltvölker" [S. 140, Z. 17], „junges Blut" [S. 140, Z. 26] etc.). Die Weltgeschichte wird zur organischen Abfolge verschiedener Hochkulturen (vgl. S. 140, Z. 19ff. – Spengler wird später ähnlich konstruieren!), die klassischen Bildungsgüter, Shakespeare, Schiller, Goethe, werden zu Raritäten „in altväterlichen Kommoden und Schränken" (S. 140, Z. 16 f. – Nietzsche wird später über den „Bildungsphilister" schreiben!). „Aber der alte modus operandi [‚Kampf ums Dasein' darf man hier wohl lesen] wird das junge Blut immer weitertreiben, und nach den Sternen sehend, wird die Menschheit ihren Weg vollenden" (S. 140, Z. 25ff.). Nun sind Vorstellungen historischen Fortschritts konsequent biologistisch-evolutionistischem Denken fremd. Entsprechend wird von Faber, obwohl er früher pathetisch von der „Entfaltung der großen Flagge der Zukunft" (S. 140, Z. 8f.) sprach, der ganze bisherige Sermon ad absurdum geführt und auf die typische historische Kreislaufvorstellung reduziert: „Vollendet? Was kümmert's uns, was geworden ist, wenn die Schlange wirklich ihre eigene Schwanzspitze erschnappt hat?" (S. 140, Z. 27ff.). Jegliche Vorsorge für die Zukunft wird negiert, und konsequenterweise entsagt Faber später auch der traditionellen Vorstellung des Weiterlebens in den Nachkommen. Auf die (rhetorische) Frage – „Sind Sie Vater? Haben Sie einen Sohn?" – kann er nur „ächzend" antworten: „Nein, bei allen Teufeln, nein, nein!" (33. Kapitel). Daß die Goldgräber „wenig genug von den Hauptmanns Rede verstanden hatten" (S. 140, Z. 35), verschlägt wenig; die Robert Wolf erst zu vermittelnden Attitüden haben sie, angemessene Repräsentanten eines „jungen Volkes", schon internalisiert: Sie „[nehmen] die unterbrochene Arbeit mit verdoppeltem Eifer [auf] und [bringen] die verlorene Zeit [ein]" (S. 140, Z. 36f.).

Zur Behandlung im Unterricht
Die Funktion des Ausschnitts ergibt sich aus dem Kontext des Abschnittes (vgl. Einleitung). Dabei bietet sich die Möglichkeit, sozialgeschichtliche Hintergründe und ihre Auswirkungen auf Bewußtsein und Denkmuster zu untersuchen. Ganz konkret kann hier eine Applikation der Marxschen Vorstellungen aus Text (86) versucht werden.
Interessant wäre auch der Hinweis auf zeitgenössische Auswanderungs- und (Amerika-)Reiseliteratur: Gerstäcker, Sealsfield, aber auch Kürnberger, der mit dem Roman ‚Der Amerika-Müde' (1855), basierend auf Erfahrungen Lenaus, zum Gegenschlag gegen Amerikasehnsucht und Amerikaexotik ausholte.
Ganz allgemein könnte verglichen werden die Funktion Amerikas als reale Fluchtmöglichkeit aus sozioökonomisch bedrückenden Verhältnissen und als ideologischer Projektionsraum für Intellektuelle (ausgehend von Goethe).
Interessant und wichtig für die Einordnung des Textes im Kontext des Gesamtkapitels wäre der Hinweis auf die zunehmende Deformation des aufklärerischen Fortschrittsglaubens, kulminierend schließlich in der reaktionären Kulturkritik eines Treitschke (vgl. Text 96).

Thematische Bezüge im Kapitel
Marx (86): Geschichtsmodell. Büchner (90), Heine (91): soziale Lage.

86 Karl Marx: [Materialistische Geschichtsanschauung] (S. 141 ff.)

Zum Text
Kaum ein Philosoph ist in der öffentlichen Diskussion so hinter seiner Wirkungsgeschichte verschwunden wie Karl Marx. An dieser Stelle kann keine grundlegende Einführung in sein Gesamtdenken vermittelt werden – das wäre auch kaum Aufgabe des Deutschunterrichts; wichtig ist allerdings, im Kontext dieses Abschnittes „Geschichte" auch die materialistische Umdeutung der Hegelschen Geschichtsphilosophie aufzuarbeiten und die Bedeutung von Marx als einem der Begründer einer Soziologie des Wissens (in marxistischer Terminologie: Ideologiekritik) zu verdeutlichen. Wenn hier Ausschnitte aus den sog. Früh-

Fünftes Kapitel: Zu Text 86, S. 141 ff.

schriften abgedruckt wurden (neben der Schrift ‚Die deutsche Ideologie' besonders wichtig der Aufsatz ‚Zur Kritik der Hegelschen Rechtsphilosophie – Einleitung' und das Manuskript ‚Nationalökonomie und Philosophie'), so steht dies in Einklang mit Erkenntnissen der neueren Marx-Forschung, die zunehmend auf die Wichtigkeit gerade dieser Frühschriften hinwies. Der junge Marx versuchte eine Transformation idealistisch-spekulativer Denkfiguren, und ohne Kenntnis dieses geistesgeschichtlichen Horizonts (v. a. Hegels) war die noch zu Lebzeiten Marxens einsetzende Fehlrezeption des weitgehend auf ökonomische Fragestellungen verengten Spätwerks fast zwangsläufig. Kongenial antizipiert wurde allerdings die Bedeutung Hegels zum Verständnis von Marx in der frühen Schrift ‚Geschichte und Klassenbewußtsein' von Georg Lukács (1923 v; die Frühschriften erschienen erstmals vollständig 1932).

Zur Interpretation
Für die Behandlung des Textes empfiehlt sich folgende Untergliederung: Teil 1 (S. 141, Z. 6–39), der das materialistische Geschichtsmodell entfaltet, und Teil 2 (S. 141, Z. 40 ff.) als Entwurf einer Soziologie des Wissens.
Teil 1: Geschichte wird von Marx definiert „als die Aufeinanderfolge der einzelnen Generationen, von denen jede die ihr von allen vorhergegangenen übermachten Materiale, Kapitalien, Produktionskräfte exploitiert" (S. 141, Z. 9 ff.). Geschichte ist also nicht die als „Entäußerung" und Zurückverwandlung gedachte Selbstbewegung eines „Weltgeistes" (Hegel; vgl. Kommentar zu Text 83), sondern „nichts anderes als die Erzeugung des Menschen durch die menschliche Arbeit, als das Werden der Natur für den Menschen" (‚Nationalökonomie und Philosophie'). Diese konkret-gesellschaftliche Tätigkeit des konkretsinnlichen Menschen als Grundlage von Geschichte objektiviert sich als dialektischer Prozeß. Der Mensch ist durch Tradition bestimmt („also [wird] einerseits unter ganz veränderten Umständen die überkommene Tätigkeit fortgesetzt" [S. 141, Z. 11 f.]), gleichzeitig ist er als Arbeitender auch Initiator gesellschaftlichen Wandels („andererseits [werden] mit einer ganz veränderten Tätigkeit die alten Umstände modifiziert" [S. 141, Z. 12 f.]). In nuce ist hier schon die Kritik jeglicher undialektischen Verabsolutierung ökonomischer Determinationstheorien vorweggenommen; entsprechend auch die ‚Dritte These über Feuerbach': „Die materialistische Lehre [scil. vulgär-materialistische Vorstellungen einschließlich Feuerbach] von der Veränderung der Umstände und der Erziehung vergißt, daß die Umstände von den Menschen verändert und der Erzieher selbst erzogen werden muß."
Die vor allem am Beispiel des entwicklungsmäßig fortgeschrittensten Landes England beobachtbare, der industriellen Produktionsweise immanente Notwendigkeit einer zunehmenden wirtschaftlichen Interdependenz („Geschichte wird zur Weltgeschichte" [S. 141, Z. 17 f.]) wird von Marx in der (veralteten) aufklärerischen Denkfigur der „Ausdehnung einzelner Wirkungskreise" gefaßt (S. 141, Z. 14). Auch diese „Umwandlung der Geschichte in Weltgeschichte" ist keine „bloß abstrakte Tat des [... scil. hegelschen] Weltgeistes [...], sondern eine ganz materielle, empirisch nachweisbare Tat, eine Tat, zu der jedes Individuum [...] den Beweis liefert" (S. 141, Z. 24 ff.). Entsprechend der Marxschen Verdinglichungstheorie erscheint diese Entwicklung den Menschen allerdings nicht als Auswirkung ihrer eigenen Tätigkeit, sondern als „eine ihnen fremde Macht [...], die [...] sich in letzter Instanz als Weltmarkt ausweist" (S. 141, Z. 31 ff.). Das Privateigentum an Produktionsmitteln verdinglicht die gesellschaftlichen menschlichen Arbeitsbeziehungen zu einem scheinbar objektiv gegebenen Verhältnis von Waren, deren Tauschwert sich am Markt realisiert. Durch die „kommunistische Revolution [...] und die damit identische! Aufhebung des Privateigentums" wird diese „mysteriöse Macht aufgelöst" und „die Befreiung jedes einzelnen Individuums [...] durchgesetzt" (S. 141, Z. 35 ff.). Diese Instrumentalisierung der „kommunistischen Revolution" zur „Befreiung jedes einzelnen Individuums" verdeutlicht die von der aufklärerischen Tradition übernommene ethisch-humanistische Basis von Marx' Denken. Daran ist, gerade eingedenk der Wirkungsgeschichte des „Marxismus", immer zu erinnern. Zuletzt beweist diese Wirkungsgeschichte auch, daß die Annahme einer „empirisch begründeten" Notwendigkeit des Zusammenhangs von „kommunistischer Revolution" und „Befreiung des Individuums" (S. 141, Z. 34 ff.) entweder ein fataler Irrtum war oder daß Marx unter „kommunistischer Revolution" etwas grundlegend anderes verstand als seine „revolutionären" Epigonen.
Teil 2: „Die Gedanken der herrschenden Klasse sind in jeder Epoche die herrschenden Gedanken, d. h. die Klasse, welche die herrschende materielle Macht der Gesellschaft ist, ist zugleich ihre herrschende geistige Macht" (S. 141, Z. 40 ff.). Dieser für eine idealistische Denktradition durchaus revolutionäre, wenn auch von Marx nicht erstmalig formulierte Gedanke meint nicht mehr, als daß bestimmte Wissensformen nicht unabhängig sind von den realen gesellschaftlichen Grundlagen. Diese gesellschaftlichen Grundlagen sind allerdings, auch von Marx' „Materie"-Begriff her, nicht als ökonomistisch verengt zu denken. Marx

Fünftes Kapitel: Zu Text 86, S. 141 ff.

spezifiziert noch weiter: Die Wissensformen sind die „herrschende (d. h. auch: nicht alleinige) geistige Macht" der Epoche, „die Gedanken derer, denen die Mittel zur geistigen Produktion abgehen", sind dieser Macht „im Durchschnitt" (S. 142, Z. 3) unterworfen. Abweichendes Denken ist also grundsätzlich möglich, wenn allerdings dieses abweichende Denken zum „revolutionären Gedanken" (S. 142, Z. 30), d. h. wohl zur objektiven Wirkungsmöglichkeit gelangen will, „setzt [es] bereits die Existenz einer revolutionären Klasse voraus" (S. 142, Z. 31). Gerade die herrschende Klasse ist sich dieser Zusammenhänge nicht bewußt und verfällt so einer reinen „Ideengeschichte", die bei der Behauptung stehenbleibt, daß während des Feudalismus „die Begriffe Ehre, Treue etc., während der Herrschaft der Bourgeoisie die Begriffe Freiheit, Gleichheit etc. herrschten" (S. 142, Z. 38 ff.). Auch aus dieser ideengeschichtlichen Perspektive fällt nun auf, daß „immer abstraktere Gedanken herrschen, d. h. Gedanken, die immer mehr die Form der Allgemeinheit annehmen" (S. 142, Z. 42 ff.). Marx begründet dies durch die Notwendigkeit, daß „jede neue Klasse [...] genötigt ist, schon um ihren Zweck [scil. die Übernahme der Macht] durchzuführen, ihr Interesse als das gemeinschaftliche Interesse aller Mitglieder der Gesellschaft darzustellen" (S. 143, Z. 2 ff.). Dies, wäre zu ergänzen, widerspiegelt allerdings nur das gesamtgesellschaftliche Interesse an dem Aufstieg der jeweils neuen Klasse, die ja Vertreter neuer, fortschrittlicher Produktionsmethoden ist und somit auch objektiv Fortschritt repräsentiert.

In der Folge des bisher Dargelegten wären einige Kritikpunkte herauszuarbeiten: 1. Die Denkfiguren von Marx sind, in echt Hegelscher Tradition, auf einem sehr hohen Abstraktionsniveau, auf der Ebene der „Weltanschauung" entwickelt. Sie müßten, gerade um aus literaturwissenschaftlicher Perspektive wirkliche Erklärungskraft zu bekommen, ergänzt werden durch 'Theorien mittlerer Reichweite', die den Zusammenhang von Wissensformen und gesellschaftlicher Grundlage auch für die Alltags- oder „Lebenswelt" (Husserl) und korrespondierende „Plausibilitätsstrukturen" (Berger/Luckmann) untersuchen. 2. Aus dieser modernen Perspektive wäre auch eine historische Verlängerung ins 20. Jahrhundert der von Marx entwickelten These der „Verallgemeinerung der Gedanken" einzuschränken, da die Moderne auch gekennzeichnet ist durch eine zunehmende Differenzierung und Segmentierung der Wissensformen, eine Pluralisierung der Sinnwelt in abgeschlossene Sinnprovinzen und spezialisiertes Sonderwissen. Entsprechend widerlegte die reale soziale Differenzierung die These Marx' von der „Vereinfachung" sozialer Gegensätze zum Antagonismus nur zweier Klassen. 3. Marx entwickelt kein „Ungleichzeitigkeits"-Modell. So war im 19. Jahrhundert die Bourgeoisie zwar die „materiell" wichtigste Klasse, politisch und mindestens zum Teil auch ideologisch dominierten aber weiterhin vorkapitalistische Eliten.

Implizit enthält der Text zusätzlich einige Reflexionen über gesellschaftlichen Standort und Funktion der Intellektuellen. Innerhalb der herrschenden Klasse besteht eine „Teilung der geistigen und materiellen Arbeit" (S. 142, Z. 19). Der eine Teil der Klasse „[tritt] als Denker dieser Klasse auf" und „[macht] die Ausbildung der Illusionen dieser Klasse über sich selbst zu ihrem Hauptnahrungszweig" (S. 142, Z. 20 ff.). („Illusionen" deshalb, weil den Gedanken ein Eigenleben zugeschrieben wird im Sinne der oben dargelegten Zusammenhänge.) „Die anderen [verhalten sich] zu diesen Gedanken und Illusionen mehr passiv und rezeptiv, weil sie in der Wirklichkeit die aktiven Mitglieder dieser Klasse sind und weniger Zeit dazu haben, sich Gedanken und Illusionen über sich selbst zu machen" (S. 142, Z. 22 ff.). (Interessanterweise betitelte der [Konservative] Schelsky seine neuere Soziologie der Intellektuellen mit ‚Die Arbeit tun die anderen'; ein Stereotyp also jenseits der Links- rechts-Konfliktmuster!) „Dabei kann diese Spaltung [...] sich sogar zu einer gewissen Entgegensetzung und Feindschaft beider Teile entwickeln" (S. 142, Z. 26 ff.). So mögliche Kritik durch Intellektuelle bleibt allerdings in der Regel beschränkt auf subjektives Ressentiment gegenüber bestimmten Bewußtseinsformen und fällt weg „bei jeder praktischen Kollision, wo die Klasse selbst gefährdet ist" (S. 142, Z. 27). In dieser Situation einer „praktischen Kollision", so müßte weitergedacht werden, kann der Intellektuelle die Subjektivität seiner Kritik nur dadurch objektivieren und „revolutionär" machen, indem er sie rückbindet an eine existierende „revolutionäre Klasse" und gleichsam als „Renegat" gegen die gesellschaftliche Bedingung der Möglichkeit seiner Existenz ankämpft: nämlich gegen die bürgerliche Gesellschaft, die durch die Teilung von geistiger und materieller Arbeit die Existenzmöglichkeit des Intellektuellen erst hervorgebracht hat.

Anders bliebe der Intellektuelle realsoziologisch orts- und damit wirkungslos, beschränkt auf die ihm selbst kaum durchsichtige Funktion der (ideologischen) Verschleierung der wirklichen Konflikte innerhalb der Produktions- und Eigentumsverhältnisse.

Zur Behandlung im Unterricht
Ergiebig dürfte auf jeden Fall die Diskussion der Intellektuellenproblematik sein: Funktion und gesellschaftlicher Standort, Existenzberechtigung, Wirksamkeit und die Gefahr der Instrumentalisierung. Bezüge

Fünftes Kapitel: Zu Text 87, S. 143f.

zum 20. Jahrhundert sind evident, im marxistischen Spektrum v. a. zu Brecht und Benjamin. Auch bei nichtmarxistischen Literaten wird das Problem des Intellektuellen in der Gesellschaft seit der frühen Moderne explizit formuliert; man kann wohl behaupten, daß bis in die Gegenwart diese Diskussion für Selbst- und Rollenverständnis aller Intellektuellen immer wichtiger wurde (vgl. die Texte 154, 155, 157, 160, 161).
Damit zu verbinden ist das Problem des Zusammenhangs von gesellschaftlicher „Basis" und ideologischem „Überbau" (so die spätere Terminologie von Marx). Durch Schülerreferate könnten ergänzende Prinzipien des „historischen Materialismus" vorgestellt werden, z. B. die Abfolge verschiedener Gesellschaftsstufen und die Theorie ihrer Transformation durch das Spannungsverhältnis zwischen Dynamik der Produktivkräfte und der Statik der Produktionsverhältnisse (Geschichts- und Gemeinschaftskundeunterricht).

Thematische Bezüge in anderen Texten
Schiller (49), Büchner (84), Engels (87).

Friedrich Engels: [Geschichte als Produktion und Reproduktion des wirklichen Lebens] (S. 143f.) 87

Zum Text
Die Verfallsgeschichte marxistischen Denkens hatte noch im 19. Jahrhundert ihre ersten Höhepunkte, besonders bei den Theoretikern der deutschen Sozialdemokratie. (Diese Zusammenhänge können hier allerdings nicht ausführlich erörtert werden.) Die Totalität des dialektischen Denkens von Marx war nicht mehr nachvollziehbar, und einzelne Teile der Theorie wurden für die ideologischen Tagesgeschäfte instrumentalisiert und trivialisiert. Besonders zwei vulgärmarxistische Vorstellungen begannen schon kurz nach Marx' Tode ihre fatale Wirkungsgeschichte: 1. Aus dem geschichtsphilosophischen Modell von Marx extrapolierte man, unter dem Einfluß positivistisch-naturwissenschaftlichen Denkens, die Notwendigkeit des Zusammenbruchs des bürgerlichen Systems und den notwendigen Sieg des Proletariats. 2. Die Dialektik des Zusammenhangs zwischen Wissensformen und gesellschaftlichen Grundlagen ging verloren, man verengte das „Basis/Überbau"-Schema ökonomistisch und behauptete eine absolute Determination. Gerade gegen dieses zweite Theorem einer monokausalen Erklärung aller „Überbau"-Phänomene durch Auswirkungen der materiellen „Basis" wendet sich Engels' Brief. Dabei darf nicht übersehen werden, daß Engels als erster Marx-Epigone schon teilhat an der beginnenden Verfallsgeschichte.

Zur Interpretation
Die Grundthese von Engels ist klar: „das in letzter Instanz bestimmende Moment in der Geschichte [ist] die Produktion und Reproduktion des wirklichen Lebens" (S. 143, Z. 19ff.); es kann aber nicht behauptet werden, „das ökonomische Moment sei das einzig bestimmende" (S. 143, Z. 21f.). Dabei kann Engels die dialektische Grundlage nicht mehr rekonstruieren; er behauptet schlicht „eine Wechselwirkung aller dieser Momente" (S. 143, Z. 30) und bemüht die (wohl von der zeitgenössischen Modeströmung des „Evolutionismus" übernommene) Denkfigur der „unendliche[n] Menge von Zufälligkeiten", bei der sich letztendlich doch als gesetzmäßig „Notwendiges die ökonomische Bewegung [...] durchsetzt" (S. 143, Z. 31ff.). Dann folgt unvermittelt und nur individualpsychologisch erklärbar die legitimierende bildungsbürgerliche Referenz: Theorie der Geschichte ist schon schwieriger „als die Lösung einer einfachen Gleichung ersten Grades" (S. 143, Z. 35f.). Engels' Neigung zur Mathematik und zu den zeitgenössischen Naturwissenschaften ist bekannt und nimmt vor allem im ‚Anti-Dühring' geradezu groteske Züge an.
Der Rest ist nur noch Variation. Der Bezug auf den „preußische[n] Staat" (S. 143, Z. 40) ist Hinweis auf den wirklichen Adressaten der Ausführungen (die deutsche Sozialdemokratie), außerdem folgen weitere bildungsbürgerliche Referenzen auf die zeitgenössische Sprachwissenschaft („Lautverschiebung" [S. 144, Z. 8] und wieder die Mathematik [S. 144, Z. 24ff.]). Dabei soll letzteres als Beleg dienen dafür, daß „[sich] die Geschichte so macht [!!], daß das Endresultat stets aus den Konflikten vieler Einzelwillen hervorgeht", das „geschichtliche Ereignis" sich aber doch gesetzmäßig – als „Resultante" – ergibt (S. 144, Z. 12ff.). Dann verfällt Engels vollständig naturwissenschaftlichem Prozeßdenken: „So verläuft die bisherige Geschichte nach Art eines Naturprozesses (ähnlich klingende Formulierungen bei Marx haben einen anderen Kontext) und ist auch wesentlich denselben Bewegungsgesetzen unterworfen" (S. 144, Z. 19ff.).

Fünftes Kapitel: Zu Text 88, S. 144f.

Zur Behandlung im Unterricht
Hier erscheint es wenig sinnvoll, den Text ausschließlich als Dokument der Verfallsgeschichte des Marxismus zu lesen. Entscheidend ist das Herausarbeiten der von Engels gemachten Einschränkungen für eine absolute Determination der Bewußtseinsstrukturen durch die ökonomische Basis. Dabei verweist dann die offenkundige Fehlrezeption von Marx bei großen Teilen der deutschen Sozialdemokratie und auch bei Engels selbst auf die grundsätzliche Problematik der Übertragung philosophisch-spekulativer Denkfiguren in konkretes politisches Handeln. Gerade bei Berücksichtigung des zeitgeschichtlichen Umfeldes ist die Notwendigkeit der Popularisierung, auch Trivialisierung Marxscher Philosopheme für den realpolitischen Alltagskampf der deutschen Sozialdemokratie schwer zu bestreiten. Aus dieser Perspektive kann der Text stehen für den Problemkreis einer zeitgebundenen Denkprosa, die gleichzeitig den positivistisch-naturwissenschaftlichen „Zeitgeist" (vgl. auch die Einleitung zu Kapitel 6) erkennen läßt.

Thematischer Bezug im Kapitel
Marx (86).

II. Politik und Vaterland (S. 144 ff.)

Die „soziale Frage" und die Reflexion über Nationalstaat und politische Ordnung des „Vaterlandes" sind zentrale Themen des 19. Jahrhunderts, die zunehmend auch für Literaten und für die Literatur wichtig wurden. Nationale Geschichte und Tradition werden im 19. Jahrhundert von allen politischen Parteien als Begründungszusammenhang in Anspruch genommen, von den monarchischen Regierungen der Teilstaaten ebenso wie von den Befürwortern der Reichseinheit, auch den bürgerlich-liberalen; und selbst die schärfsten Kritiker der gegenwärtigen Gesellschaft, Büchner und Marx, setzen sich mit Geschichte auseinander. Die Texte 88 bis 91 dokumentieren den Konflikt zwischen sozialrevolutionären Bewegungen, politischer Literatur und den restaurativen Staaten des Deutschen Bundes. Text 92 verdeutlicht beispielhaft an einem Exilgedicht die zwiespältige Haltung vieler Liberaler zu ihrem Vaterland, das wegen der restaurativen Verhältnisse jede nationale Identifikation unmöglich machte. Nach der gescheiterten Revolution von 1848 zerfiel der politische Liberalismus in seiner ursprünglichen Ausprägung, es konnte nur noch resignativ das Scheitern konstatiert werden (Text 93 und 94). In der Wilhelminischen Ära wurde dann der Nationalismus zunehmend ideologisiert und instrumentalisiert zur Einbindung eines politisch bedeutungslosen Bürgertums in den imperialistischen Machtstaat (Text 95 und 96). Nur wenige Intellektuelle hielten Distanz zu der riskanten Großmachtpolitik des Kaiserreichs und erkannten die innenpolitischen Konfliktfelder (Text 97).

88 Beschluß des Deutschen Bundestages vom 10. Dezember 1835 (S. 144f.)

Zum Text
Der „Beschluß" steht im unmittelbaren Zusammenhang mit den sich verschärfenden staatlichen Repressionsmaßnahmen im Gefolge der durch die Pariser Julirevolution von 1830 ausgelösten politischen und sozialen Unruhen. Genauso wichtig erscheint aber der Hinweis, daß dieser „Beschluß" einzuordnen ist in eine kontinuierliche Folge von Maßnahmen zur Unterdrückung bürgerlicher Oppositionsbewegungen seit der reaktionären Wende von 1819/20. Am 20. September 1819, vorbereitet durch die Karlsbader Ministerkonferenzen, traten u. a. in Kraft ein „Universitätsgesetz", das die staatliche Kontrolle und Reglementierung der Universitäten sichern sollte, und ein „Preßgesetz" als gesetzliche Grundlage einzelstaatlicher Zensurbehörden. Gleichzeitig wurde durch Bundesbeschluß eine „Central-Untersuchungs-Commission" errichtet, die die einzelstaatliche Überwachung des öffentlichen politischen Lebens koordinieren sollte. (1833, nach dem „Frankfurter Wachensturm", entstand eine „Bundes-Zentralbehörde" mit gleicher Funktion.) Dabei ist wichtig festzuhalten, daß trotz der gängigen Kennzeichnung der Zeit zwischen 1815 und 1830 als „Restaurationsepoche" „eine eigentliche Restauration, eine Wiederherstellung der älteren gesellschaftlichen und politischen Verhältnisse kaum stattgefunden [hat]. Die neue konservative Politik beschränkte sich im großen und ganzen darauf, die gegebenen Zustände zu stabilisieren, die Dynamik der Reformen zu brechen, die Verfassungsbewegungen ebenso wie die gesellschaftlichen Veränderungen möglichst zum Stillstand zu bringen" (R. Rürup: Deutschland im 19. Jahrhundert 1815–1871. Göttingen 1984). Vollends bewies das Jahr 1830 die Brüchigkeit der scheinbaren Stabilisierung der politisch-gesellschaftlichen Ord-

Fünftes Kapitel: Zu Text 88, S. 144f.

nung. Die revolutionären Ereignisse lösten dann weitere staatliche Unterdrückungsmaßnahmen aus. Die „Zehn Artikel" vom 5. Juli 1832 verschärften die Zensur und verboten jegliche freie öffentliche politische Betätigung. Die „Sechs Artikel" vom 28. Juni 1832 sicherten eine einheitliche Verfassungsauslegung der Einzelstaaten im Rahmen der Grundgesetze des Bundes. Das „monarchische Prinzip" wurde festgeschrieben, die Verweigerung des Budgets verboten, die Redefreiheit in den Parlamenten eingeschränkt. Eine differenzierte verfassungsrechtliche Entwicklung in den Einzelstaaten war somit abgeblockt, „Veränderungen und Fortschritte waren nur im nationalen Rahmen, nur über eine andere gesamtdeutsche Verfassung möglich. Freiheit gab es nur auf dem Weg über mehr Einheit" (T. Nipperdey: Deutsche Geschichte 1800–1866. Beck, München 1983). Die „Sechzig Artikel" der Wiener Ministerkonferenz von Januar bis Juni 1834 brachten dann die Verabschiedung einer „Repressionscharta", die die monarchische Macht weiter stärkte, die Gewaltenteilung verbot, das Universitätsleben vollends abzuschnüren versuchte und politisch unbotmäßigen Akademikern jede berufliche Karriere verbaute.

In diesem Kontext steht auch der abgedruckte „Beschluß des Deutschen Bundestages" über zu „ergreifende Maßregeln" (S. 145, Z. 5) gegen die oppositionelle literarische Strömung des „Jungen Deutschland". Wenn dieser „Beschluß" auch Rückschlüsse erlaubt auf das politische und soziale Engagement der zeitgenössischen Literatur, so sollten weder die Homogenität der jungdeutschen Bewegung überbetont noch die direkten Auswirkungen literarischer Produktion überschätzt werden. „Die literarische und politische Bedeutung dieser Literaten ist damals wie später oft überschätzt worden [...]. Dennoch hat sie für das lesende Publikum und die öffentliche Meinung eine mobilisierende und politisierende Wirkung gehabt, in einem metapolitischen Sinn die kritische Reflexion der herrschenden Zustände intensiviert" (Nipperdey, s. o.).

Zur Interpretation

Als politischer Quellentext bedarf der ‚Beschluß des Deutschen Bundestages' weniger einer eingehenden Interpretation als einer genauen sozialgeschichtlichen Kommentierung. Im folgenden sollen aus literaturwissenschaftlicher Perspektive einige Ansatzpunkte erläutert werden.

(S. 144, Z. 31 f.) „in belletristischen, für alle Klassen von Lesern zugänglichen Schriften": Belletristik ist Ableitung von einer Wortneubildung des 18. Jahrhunderts (Belletrist) zum französischen 'belles-lettres' und bezeichnet die unterhaltende oder schöngeistige Literatur in Abgrenzung zur wissenschaftlichen Publikation. Gerade unter den Bedingungen einer rigiden Zensur jeglicher wissenschaftlicher Texte hatte sich oppositionelles Gedankengut zunehmend in der Belletristik ausgedrückt, v. a. im Roman und in der politischen Lyrik, aber auch in neuen Textarten wie der Reisebeschreibung und in journalistischen Formen. Dieser Funktionswandel zumindest eines Teils der Belletristik fiel zusammen mit sich verändernden Lesebedingungen, die tendenziell Schriften für „alle Klassen von Lesern zugänglich" machten. Dieser Prozeß der revolutionären Veränderungen der Lesebedingungen begann in der zweiten Hälfte des 18. Jahrhunderts und verlängerte sich kontinuierlich ins 19. Jahrhundert hinein: Statt intensiver, wiederholender Lektüre weniger kanonisierter Schriften die extensive, meist einmalige Lektüre immer anderer Bücher; die zunehmende Anzahl von Schriftstellern und Buchhändlern und der drastische Anstieg der Buchproduktion (1805: 4181, 1843: 14059; zwischen 1828 und 1843 ein Anstieg von 153%); der durch Abbau des Analphabetismus und durch sozialen Wandel ausgelöste Anstieg des potentiellen Lesepublikums (Umkehrung des Verhältnisses von 3 : 1 zwischen Nichtlesern und potentiellen Lesern zwischen 1800 und 1870); das gesteigerte Lesebedürfnis (Eskapismus, Bildung, Verlust originärer Wirklichkeitserfahrungen und verbindlichen Orientierungswissens).

(S. 145, Z. 14) „Leihbibliotheken": Im Zusammenhang mit dieser „Leserevolution" ist von entscheidender Bedeutung für die Zeit zwischen 1815 und 1848 die kommerzielle Leihbibliothek. Diese ungefähr 2000 Leihbibliotheken waren die wichtigste Institution des literarischen Lebens, sie wirkten als kaum zu überschätzende Multiplikatoren vor allem für belletristische Publikationen und hatten als nichtstandesspezifische Einrichtung beträchtliche sozialintegrative Wirkung.

(S. 144, Z. 32 ff.) „die christliche Religion auf die frechste Weise anzugreifen, die bestehenden sozialen Verhältnisse herabzuwürdigen und alle Zucht und Sittlichkeit zu zerstören": Das altbekannte Sammelsurium konservativer Topoi bedarf keiner weiteren Erläuterung; wichtig ist aber, daß den Jungdeutschen nur eine „Herabwürdigung" der „sozialen Verhältnisse", also nicht der Wille zur revolutionären Veränderung vorgeworfen wird. Ob an dieser Stelle politischer Scharfsinn oder rhetorische Gesichtspunkte (dreischrittige Steigerung der Verben) entschieden, muß offenbleiben. Auf jeden Fall war intelligenten Konservativen spätestens seit 1830 die innere Differenzierung der Oppositionsbewegung in liberales Besitz- und Bildungsbürgertum und in soziale Unterschichten deutlich. Radowitz, preußischer General und Außenminister,

Fünftes Kapitel: Zu Text 89, S. 145 f.

formulierte treffend: „Der politische Teil der Revolution ist es, bei dem die Mittelstände allein interessiert sind, der soziale würde sich gegen sie kehren."
(S. 145, Z. 23) „Hoffmann- und Campesche Buchhandlung": Julius Campe hatte 1823 die Buchhandlung in Hamburg übernommen und war der Verleger von Börne und Heine. Die finanzielle Basis lieferte eine speziell auf den Hamburger Markt zugeschnittene Buchproduktion.
Die Auswirkungen des Beschlusses waren beträchtlich, zumindest in Preußen. Im November 1837 wurden sämtliche Schriften Gutzkows, Laubes, Mundts und Wienbargs verboten, im Dezember wurde, unter Hinzufügung Heines, sogar die bloße Erwähnung des Namens untersagt.

Zur Behandlung im Unterricht
Sozialgeschichtliche Hintergrundinformationen können durch Schülerreferate oder Lehrervortrag beschafft werden. Grundlage dazu wären die Bücher von Rürup und Nipperdey (s. o.), weiterhin zur Sozialgeschichte des Lesens die Publikationen von R. Engelsing (Analphabetentum und Lektüre. Stuttgart 1973) und R. Schenda (Volk ohne Buch. München 1977), einschlägige Kapitel in neueren Sozialgeschichten der deutschen Literatur oder Joachim Bark: Biedermeier – Vormärz/Bürgerlicher Realismus. Klett, Stuttgart 1984 (Geschichte der deutschen Literatur, Band 3). Wesentliche Grundlagen zum Textverständnis können von den Schülern selbständig herausgearbeitet werden: Begründung der Zensurbeschlüsse, Adressaten, angestrebte Maßnahmen.
Möglich ist ein Exkurs zur Geschichte der Zensur in Deutschland bis zur heutigen Regelung im Artikel 5 des Grundgesetzes, unbedingt geleistet werden sollte eine Diskussion der Aktualität des Themas. Dabei wäre zu beachten, daß sich die Möglichkeiten zur Veröffentlichung und zum Vertrieb von Literatur vervielfältigt haben und so die Zensurproblematik weitgehend im Bereich der Medien Rundfunk und Fernsehen eine neue Aktualität besitzt.
Unter systematischen Fragestellungen könnten untersucht werden die Wirkungen von Zensurmaßnahmen, vor allem auch die Rückwirkungen auf die die Zensur antizipierenden Autoren selbst.

Thematische Bezüge im Kapitel
Büchner (88, 89): Vgl. die Kennzeichnung der jungdeutschen Literatur mit den Ausführungen Büchners; ferner die Polizeiaktion gegen den ‚Hessischen Landboten'.
Heine (91): Kritik an Gesellschaft, Staat und Religion. Heine (92): Exil als Konsequenz der Zensur. Hoffmann von Fallersleben (93): Unfreiheit, Verfolgung der Wahrheit, Polizei. Glaßbrenner (94): Meinungsfreiheit.

89 Georg Büchner: [Das Verhältnis zwischen Armen und Reichen] (S. 145 f.)

Zum Text
Der Brief an Gutzkow entstand kurz nach Büchners Flucht wegen der aufgedeckten Verschwörung (vgl. Text 90), der Brief an die Familie wurde einen Monat vor dem „Fatalismus"-Brief geschrieben und antwortet auf die wiederholten Vorwürfe der Arroganz, die sowohl von Kommilitonen als auch von den Eltern erhoben wurden. Entsprechend unserer Deutung des „Fatalismus"-Briefs wird eine weitgehende Kontinuität der grundlegenden politischen Anschauungen Büchners unterstellt, und so erscheint diese Zusammenstellung zweier ungleichzeitiger Briefe gerechtfertigt.

Zur Interpretation
Brief an Gutzkow: Büchners Einschätzung der liberalen politischen Oppositionsbewegung blieb immer gleich, trotz seines Engagements während der oberhessischen Verschwörung (vgl. Text 90). Der Versuch, gesellschaftliche Reformen nach liberalistischen Grundsätzen durchzuführen, schien ihm zum Scheitern verurteilt, solange die sozial entrechtete Masse der Bevölkerung nicht aktiv an der Umwälzung, die also notwendigerweise auch eine soziale sein mußte, beteiligt war. Dabei war Büchners Grundposition antiidealistisch und materialistisch: „Die Gesellschaft mittelst der Idee, von der gebildeten Klasse aus reformieren? Unmöglich! Unsere Zeit ist rein materiell [...]" (Brief an Gutzkow, 1836). Entsprechend kritisierte Büchner auch putschistische Einzelaktionen ohne Massenbasis wie den „Frankfurter Wachensturm": „Ich [betrachte] im gegenwärtigen Zeitpunkt jede revolutionäre Bewegung als eine vergebliche Unternehmung und [teile] nicht die Verblendung Derer, welche in den Deutschen ein zum Kampf für sein Recht bereites Volk sehen" (Brief an die Familie, 5. April 1833). Auch die Oppositionsbewegung im Gefolge der Ereignisse

Fünftes Kapitel: Zu Text 90, S. 147ff.

des Jahres 1830 mußte notwendigerweise zerfallen (vgl. S. 145, Z. 33) oder hatte angesichts der passiven Rolle der Bevölkerungsmasse per se keine Existenzberechtigung: „das Verhältniß zwischen Armen und Reichen ist das einzige revolutionäre Element in der Welt" (S. 145, Z. 34f.). Grundlegendes Problem dieser Revolutionstheorie ist die Diskrepanz zwischen der Existenz einer objektiv revolutionären Klasse und deren weitgehend fehlendem subjektivem Bewußtsein davon. Allein Hunger und physisches Leid können nach Büchner die potentiell revolutionäre Kraft der Armen aktualisieren; dabei verrät die biblisch-archaische Metaphorik (S. 145, Z. 36f.), daß der Gegenwart diese Geschichtsmächtigkeit nicht zugetraut wird. Im Gegenteil, Hunger und Leid sind nicht nur „Hebel" einer zukünftigen Revolution (vgl. Brief an Gutzkow, 1836), sondern paradoxerweise letztlich die Faktoren, die den Armen die Einsicht in ihre Interessen verstellen. So müßten auch an der Gegenwart orientierte Sozialmaßnahmen das Langzeitziel der Revolution, die allgemeine Emanzipation des Menschen, konterkarieren, da nur außergewöhnliche Leidenserfahrungen die Passivität der Armen überwinden könnte: „Mästen Sie die Bauern, und die Revolution bekommt die Apoplexie" (S. 145, Z. 37f.). Diese Crux in Büchners Revolutionsdenken kann allerdings nicht als Zynismus interpretiert werden, die ethische Basis seiner Anschauungen ist unstrittig. Dafür steht beispielhaft der zweite Briefausschnitt.

Brief an die Familie: Der Brief beginnt mit der Zurückweisung des Vorwurfs der Arroganz, der Verachtung anderer, wobei Büchner als Begründung eine fast groteske, wohl nur aus der Schreibintention heraus erklärbare Übersteigerung seines bekannten Determinismustheorems formuliert: „Weil wir durch gleiche Umstände wohl Alle gleich würden, und weil die Umstände außer uns liegen" (S. 146, Z. 6f.). Die notwendigen Aporien dieses undialektischen Standpunktes wurden im Kommentar zu Text 84 erläutert. Der Verstand wird, wohl in der Tradition bestimmter Vorstellungen des 18. Jahrhunderts von unterschiedlichem Seelenvermögen, gegenüber der Emotionalität abgewertet (vgl. S. 146, Z. 7f.), der zeitgenössische Bildungsbegriff als historisch und somit zufällig eingeschätzt (vgl. S. 146, Z. 8). Letztlich die wichtigste Denkfigur zur Ablehnung jeglichen „Aristocratismus" (S. 146, Z. 31) ist die Vorstellung eines „heiligen Geistes im Menschen" (S. 146, Z. 32). Diese Grundüberzeugung von der ethischen Einzigartigkeit jedes Menschen verweist deutlich auf die von Büchner nie aufgegebene Vorstellung der Möglichkeit einer autonomen Subjektivität, die in Widerspruch zu seiner Determinismusvorstellung steht (vgl. dazu auch Text 84).

Wichtig ist noch der Hinweis auf den differenzierten Gebrauch des Begriffes „Spott". Büchner behauptet, nicht darüber zu lachen und zu spotten „*wie* Jemand ein Mensch, sondern *daß* er ein Mensch ist, wofür er ohnehin nichts kann" (Z. 146, Z. 22f.). Von diesem Spott über ein alle Menschen verbindendes existentielles Narrentum unterscheidet Büchner eine andere Art von Spott, nämlich den Haß gegenüber sozialen Vorurteilen (vgl. S. 146, Z. 26ff.). Der Haß bleibt aber reduziert auf eine den gesellschaftlichen Gegebenheiten immanente Notwendigkeit; ethisch bedeutsamer ist das Mitleid: „Ich hoffe noch immer, daß ich leidenden, gedrückten Gestalten mehr mitleidige Blicke zugeworfen, als kalten, vornehmen Herzen bittere Worte gesagt habe" (S. 146, Z. 36ff.).

Zur Behandlung im Unterricht
Vgl. Hinweise zu Text 90.

Georg Büchner: Der hessische Landbote. Erste Botschaft (S. 147ff.) 90

Zum Text
Der ‚Hessische Landbote' ist die erste publizierte literarische Schrift Büchners und entstand im März 1834. Trotz seiner Skepsis gegenüber den revolutionären Möglichkeiten seiner Zeit hatte Büchner nach seiner Rückkehr aus Straßburg Kontakt zur oberhessischen Oppositionsbewegung gesucht und in Gießen eine erste Sektion einer ‚Gesellschaft der Menschenrechte' gegründet. Aus deren Mitte entstand auch der ‚Hessische Landbote' als Versuch einer revolutionären Agitationsschrift, die, entsprechend Büchners Revolutionstheorie, die Mobilisierung und Politisierung der unteren Schichten bewirken sollte. Diese Adressaten- und Wirkungsbezogenheit gilt es auch bei der Lektüre zu berücksichtigen.
Ludwig Friedrich Weidig (1791–1837) war seit 1812 Konrektor in Butzbach und einer der wichtigsten Führer der oberhessischen Oppositionsbewegung. Seit Herbst 1833 gab er eine illegale Zeitschrift heraus, deren Adressat vor allem das liberale Bürgertum war. Trotz ihrer unterschiedlichen Zielvorstellungen arbeiteten Weidig und Büchner seit dem März 1834 zusammen. Büchner verfaßte eine erste Fassung des ‚Hessischen Landboten', Weidig versprach, eine Druckerei zur Verfügung zu stellen. Die ursprüngliche

Fünftes Kapitel: Zu Text 90, S. 147 ff.

Fassung des Textes wurde nie gedruckt, Weidig bestand auf einer Umarbeitung, die Büchner nur mit Verbitterung akzeptierte. Die sich über Wochen hinziehenden Druckarbeiten wurden beendet, in der Nacht des 30. Juli sollten die Flugschriften in der Druckerei in Darmstadt abgeholt werden. Ein Polizeispitzel verriet die Aktion, die Beteiligten mußten entweder fliehen oder wurden verhaftet. Weidigs Untersuchungshaft dauerte fast zwei Jahre, nach andauernden Quälereien durch den Untersuchungsrichter beging er am 23. Februar 1837 Selbstmord.

Zur Interpretation
Zur Gliederung bieten sich drei Teile an:
Erster Teil (S. 147, Z. 8–19: Vorbericht): Dieser Vorbericht stammt von Ludwig Weidig und war wohl als vorausschauende Schutzmaßnahme für gefährdete Leser gedacht, umgekehrt nimmt er aber auch potentielle Verteidigungsstrategien vorweg und macht sie so wirkungslos.
Zweiter Teil (S. 147, Z. 20 – S. 148, Z. 21): Büchner kannte zwei 'Hebel' zur Revolutionierung des Volkes: „materielles Elend und religiöser Fanatismus" (Brief an Gutzkow, 1836). Entsprechend ist der Aufbau von Büchners Agitation und Argumentation. Der explizite Bibelbezug darf also nicht nur als 'Korrektur' Weidigs gedeutet werden, sondern ist gemäß der Adressaten- und Wirkungsbezogenheit rhetorische Strategie: Bilder- und Argumentationsvorrat eines volkstümlichen Bibelverständnisses sollen der Verstehenskompetenz des vorgestellten Adressatenkreises entsprechen. Die Steuerstatistik dient als drastischer Beleg für die staatliche und behördliche Ausbeutung des Volkes und sichert gleichzeitig die Glaubwürdigkeit der Argumente. Weiterhin kann eine alternative Staatskonzeption entwickelt werden, bei der der Staat nicht mehr „Ordnung" im Sinne der Herrschenden garantiert, sondern im rousseauistischen Verständnis das Allgemeinwohl vertritt (vgl. S. 147, Z. 32 ff.). Der allgemeinen Diskreditierung des Staates folgen die konkrete Anklage staatlicher Institutionen und Funktionsträger (vgl. S. 148, Z. 10 ff.) und als direkter Adressatenbezug das pointiert formulierte Resümee: „Ihnen gebt ihr 6 000 000 fl. Abgaben; sie haben dafür die Mühe, euch zu regieren; d. h. sich von euch füttern zu lassen und euch eure Menschen- und Bürgerrechte zu rauben. Sehet, was die Ernte eures Schweißes ist" (S. 148, Z. 19 ff.).
Der Aufbau dieses Textteils entspricht weitgehend den rhetorischen Prinzipien einer „Parteirede": exordium (Aufmerksamkeit erregender Anfang – S. 147, Z. 21); propositio (Beweisziel der Parteirede – S. 147, Z. 21–31); argumentatio (Beweisführung – S. 147, Z. 32 bis S. 148, Z. 21), die Beweise (probationes) benutzt, die sowohl intellektuell überzeugen als auch emotional bewegen und überreden sollen.
Dritter Teil (S. 148, Z. 23 ff.): Dieser Teil des ‚Hessischen Landboten' ist nach einhelliger Meinung der neueren Büchnerforschung weitgehend von Weidig bearbeitet. Der Unterschied in Stil und Argumentation ist offensichtlich. Statt sozialrevolutionär zu agitieren, werden aus liberalistischer Perspektive die institutionelle Rückständigkeit des Feudalstaates herausgearbeitet und die klassischen Forderungen des politischen Liberalismus vorgestellt: Verfassung, Landtag, ein verändertes Wahlgesetz, Gesetzgebungskompetenz der Landstände, Einschränkung des monarchischen Prinzips (vgl. S. 148, Z. 23 ff.). Auch die neueste politische Entwicklung innerhalb des ‚Deutschen Bundes' ist berücksichtigt. Die Dominanz der von Preußen und Österreich vertretenen reaktionären Politik war durch die ‚Sechs Artikel' (vgl. Kommentar zu Text 88) gesichert, und so bleibt nur die Alternative einer gesamtdeutschen Lösung: „Das ganze deutsche Volk muß sich die Freiheit erringen" (S. 149, Z. 10; vgl. auch Kommentar zu Text 88).

Zur Behandlung im Unterricht
Die Texte 89 und 90 können sowohl im Zusammenhang mit Büchners Dichtungen als auch als Einzeltexte gelesen werden. Sie verdeutlichen jeweils den sozialrevolutionären Zeithintergrund und die ethische Basis von Büchners Denken. Text 90 ist auch ein exemplarisches Beispiel einer politischen Agitations-/Flugschrift.
Wichtig wäre der Hinweis, daß der ‚Hessische Landbote' vor den Schriften von Marx geschrieben wurde und dennoch schon den Zusammenhang zwischen Politik und Ökonomie, allerdings für vorkapitalistische Verhältnisse, thematisiert.

Thematische Bezüge in anderen Texten
Immermann (110) bis Meyer (115): Realismusproblem in der Literatur.
Baginski (121): soziale Frage und Literatur.
Marx (86), Engels (87): Zusammenhang zwischen Politik und Ökonomie.
Deutscher Bundestag (88), Büchner (89): Kritik bürgerlicher Schriftsteller an sozialen Mißständen der Zeit.

Hoffmann von Fallersleben (93), Glaßbrenner (94): liberale Kritik an politischen Verhältnissen, Versiegen der revolutionären Impulse.
Stifter (104) bis Fontane (109): Bild der bürgerlichen Gesellschaft ohne „Arme" und politische Kritik.

Heinrich Heine: Die schlesischen Weber (S. 149) 91

Zum Text
Heines Gedicht entstand im Juni 1844, wurde einen Monat später in der Pariser Exilantenzeitschrift ‚Vorwärts' erstmals veröffentlicht und erfuhr als fliegendes Blatt auch in Preußen eine rasche Verbreitung. 1845 arbeitete Heine den Text geringfügig um zu der vorliegenden Fassung.
Das Gedicht hat als historischen Bezugspunkt den Hungeraufstand der schlesischen Weber vom 4. 6. 1844. Obwohl von preußischen Truppen niedergeschlagen, wurde der Aufstand rasch mythologisiert und mehrmals literarisch verarbeitet. Neben Heines Gedicht am wichtigsten ist ein anonymes Lied der Weber von Peterswaldau und Langenbielau mit dem Titel ‚Das Blutgericht'.
Heines Gedicht ist gekennzeichnet durch den Verzicht auf jedes vordergründige poetische Pathos; der sparsame Gebrauch ästhetischer Ausdrucksmittel bleibt funktional bezogen auf die engagierte soziale Anklage.

Zur Interpretation
Das Gedicht ist Rollenlyrik, vom dritten Vers an, als einziger ohne Auftakt, spricht ein Kollektiv („wir", S. 149, Z. 21). Die beiden ersten Verse verdeutlichen die Situation des Kollektivs vor dessen Selbstaussage: Die Tränenlosigkeit des düsteren Auges und das Fletschen der Zähne verweisen auf lang andauerndes Leid und ohnmächtige Wut und Haß. Dieselbe Ambivalenz charakterisiert auch die in Parallelkonstruktion das Gedicht einschließenden Verse 3 bis 5 der ersten und letzten Strophe; allein die in der letzten Strophe verwendete Formulierung „*Alt*deutschland" verweist auf ein Moment der Hoffnung, ein mögliches neues Deutschland.
Die anaphorische Verwendung des alttestamentarisch-archaischen Motivs des „Fluchens" bestimmt den Aufbau des Gedichts. Der zuerst Deutschland allgemein geltende „dreifache Fluch", untrennbar verbunden („hineingewoben") mit dem Weben des Leichentuchs, dann im Kehrreim semantisch kontaminiert mit der Tätigkeit des Webens selbst, wird in den Mittelstrophen konkret bezogen auf drei Fixpunkte konservativ-staatsloyaler Ideologie: Gott, König, Vaterland. Schon Engels erkannte den entlarvenden Bezug zum preußischen Schlachtruf von 1813: „Mit Gott für König und Vaterland." Diese patriotisch-nationalistische Phrase entlarvt sich aus der Perspektive der sozialen Unterschicht als Lüge; gleichzeitig wird für den Leser die Verfallsgeschichte und der Funktionswandel dieser Parole erinnert.
Die Attribuierung des „Vaterlandes" mit „falsch" zeigt auch innerhalb dieser politisch und sozial engagierten Rollenlyrik das ambivalente Verhältnis von Heine zu Deutschland (vgl. Text 92). Angesichts der Verfallsgeschichte des traditionellen Patriotismus kann sich nationales Engagement nur noch als Kritik äußern, als Entlarvung von Ideologie und Phraseologie.

Zur Behandlung im Unterricht
Das Gedicht ist exemplarisches Beispiel für die sozialkritische, politische Lyrik des Vormärz. Im Vergleich mit den trivialen Versen von Fallersleben (Text 93) kann die literarische Qualität von Heines Text herausgearbeitet werden. Die Diskussion, inwieweit engagierte Literatur allein an ihrer guten Absicht zu messen bzw. auch mit ästhetischen Kategorien zu werten sei, läßt sich anschließen. Aktuelle Bezüge sind leicht herzustellen (Brecht, Biermann, Wader etc.).

Thematische Bezüge im Kapitel
Hoffmann von Fallersleben (93).
Heine (92): Verhältnis zu Deutschland.
Büchner (90): Sozialkritik.

92 Heinrich Heine: Nachtgedanken (S. 150)

Zum Text

‚Nachtgedanken' ist Abschluß des Zyklus ‚Zeitgedichte' innerhalb der Sammlung ‚Neue Gedichte' (1844 v). Die Kenntnis des Kontexts ist wichtig, v. a. der Vergleich mit dem Gedicht ‚Anno 1839' („O, Deutschland, meine ferne Liebe, / Gedenk ich deiner, wein ich fast!" – Neue Gedichte: Romanzen VIII) verdeutlicht die ironisch gebrochene Perspektive, die es verbietet, die vordergründige Aussage der ‚Nachtgedanken' als den alleinig gemeinten Sinn zu verstehen. Beide Texte sind letztlich Rollenrede, Thematisierung einer bestimmten Exilanten-Perspektive und nur unterschieden durch den Grad von persönlicher Betroffenheit und Deutlichkeit der Ironiesignale. ‚Heimweh', der ursprüngliche Titel von ‚Anno 1839' im Erstdruck des Zyklus, wäre das verbindende Thema beider Gedichte. Dabei dementiert die deutliche Ironie von ‚Anno 1839' die scheinbare Sentimentalität der ‚Nachtgedanken': „Dem Dichter war so wohl daheime, / In Schildas teurem Eichenhain! / Dort wob ich meine zarten Reime / Aus Veilchenduft und Mondenschein." Mit seinem ‚Börne'-Buch von 1840 hatte Heine sich zwischen alle politischen Fronten gestellt und auch vom deutschen Publikum isoliert. „Seine Begriffe von Demokratie, Geschichte und Revolution wurden nicht verstanden, eine Diskussion der Börne-Problematik fand nicht statt. Aber ein irrational aus allen seinen geschichtlichen Merkmalen gemischter Nationalismus wurde vom Buch in einem Ausmaß geweckt, das der Autor nicht geahnt hatte" (K. Brieglieb im Kommentar zu den ‚Neuen Gedichten'). In diesem Kontext sind die ‚Neuen Gedichte' einschließlich des ‚Wintermärchens' „eine künstlerische, doktrinäre und politische Antwort auf die Wirkungsgeschichte des Börnebuchs in Deutschland" (Brieglieb).

Die thematische und motivliche Verbindung zwischen dem ‚Börne'-Buch und den ‚Nachtgedanken' ist offensichtlich und kann den oben gewählten Deutungsansatz ergänzen. So wird im Vierten Buch einerseits Börnes Leiden mit Deutschland kritisiert: „[...] dann schmollte Börne nicht länger, und er fing an zu flennen, der arme Narr, der er war, und schluchzend behauptete er alsdann, Deutschland sei das beste Land der Welt, und das schönste Land, und die Deutschen seien das schönste und edelste Volk, eine wahre Perle von Volk, und nirgends sei man klüger als in Deutschland, [...] und er hatte manchmal ein Gelüste nach einer recht saftigen deutschen Dummheit, wie eine schwangere Frau nach einer Birne." Andererseits ist sich Heine der Gründe dieser „Dummheit" genau bewußt: „Für ihn [wurde] die Entfernung vom Vaterland eine wahre Marter, und manches böse Wort in seinen Schriften hat diese Qual hervorgepreßt." Er anerkennt die gleiche Zerrissenheit auch für sich: „Wer das Exil nicht kennt, begreift nicht, wie grell es unsere Schmerzen färbt, und wie es Nacht und Gift in unsere Gedanken gießt. [...] Nur wer im Exil gelebt hat, weiß auch was Vaterlandsliebe ist, Vaterlandsliebe mit all ihren süßen Schrecken und sehnsüchtigen Kümmernissen!" Als Dichter kann Heine das ambivalente „Glück" der Daheimgebliebenen in fast krankhaftem Ausmaß nachempfinden: „Glücklich sind die, welche in den Kerkern der Heimat ruhig hinmodern [...], denn diese Kerker sind eine Heimat mit eisernen Stangen, und deutsche Luft weht hindurch, und der Schlüsselmeister, wenn er nicht ganz stumm ist, spricht er die deutsche Sprache! [...] Ja glücklich sind diejenigen, welche in den Kerkern der Heimat, glücklich die, welche in den Dachstuben des körperlichen Elends, glücklich die Verrückten im Tollhaus, am glücklichsten die Toten! Was mich betrifft, den Schreiber dieser Blätter, ich glaube mich am Ende gar nicht so sehr beklagen zu dürfen, da ich des Glückes aller dieser Leute gewissermaßen teilhaft werde, durch jene wunderliche Empfänglichkeit, jene unwillkürliche Mitempfindung, jene Gemütskrankheit, die wir bei den Poeten finden und mit keinem rechten Namen zu bezeichnen wissen. [...] O welche Träume! Träume des Kerkers, des Elends, des Wahnsinns, des Todes! Ein schrilles Gemisch von Unsinn und Weisheit, eine bunte vergiftete Suppe, die nach Sauerkraut schmeckt und nach Orangenblüten riecht! Welch ein grauenhaftes Gefühl, wenn die nächtlichen Träume das Treiben des Tages verhöhnen, und aus den Mohnblumen die ironischen Larven hervorgucken [...]" (Fünftes Buch). Der Ironiker Heine bleibt sich aber immer der Problematik dieser Gestimmtheit bewußt: „Wie die Nachtträume meine Tagesgedanken verhöhnen, so geschieht es auch zuweilen, daß die Gedanken des Tages über die unsinnigen Nachtträume sich lustig machen und mit Recht, denn ich handle im Traume oft wie ein wahrer Dummkopf." Gleichwohl ist das Leiden am Exil echt, wie nicht ausgespart bleiben, wenn auch die Reflexion darüber bei Heine nie unterbleibt: „Als ob die Bitternisse der Wirklichkeit nicht hinreichend kummervoll wären, quälen mich noch die bösen Nachtgesichte [...]. In greller Bilderschrift zeigt mir der Traum das große Leid, das ich mir gern verhehlen möchte, und das ich kaum auszusprechen wage in den nüchternen Begriffslauten des hellen Tages."

Fünftes Kapitel: Zu Text 92, S. 150

Zur Interpretation
Die beiden ersten Strophen entfalten das Thema und die Perspektive des Gedichts: Ein vor Heimweh schlafloser Exilant denkt an sein Heimatland Deutschland, wobei die Erinnerung an Deutschland assoziativ durch die Erinnerung an die Mutter ergänzt wird. An späterer Stelle des Gedichts werden die beiden Erinnerungskomplexe hierarchisch zugeordnet: „Nach Deutschland lechzt ich nicht so sehr, / Wenn nicht die Mutter dorten wär" (S. 150, Z. 27 f.). Die Motive und Bilder der Anfangsstrophen sind kontrastiv bezogen auf die Abschlußstrophe: Deutschland – Frankreich / Nacht – Tageslicht / Tränen – Lächeln / Mutter – mein Weib. Von der dritten Strophe an ist die exoterische Aussage konsequent einer esoterischen Bedeutungsebene kontrastiert. Schon die Preziosität der chiastischen Strophenverbindung (S. 150, Z. 10 f.) ist Ironiesignal, vollends ironisiert die Häufung von Sentimentalitäten der Strophen 3 bis 5 den rührseligen Exilantenblick, der Heine selbst nicht fremd war (vgl. oben). So erscheint in vier Versen dreimal die „alte Frau", die, binnengereimt, auch noch von „Gott erhalten" werden soll. Die „zitternde Hand", das „erschütterte Mutterherz", die „stets im Sinn liegende Mutter", die man seit „zwölf Jahren" (dreimalige Wiederholung dieser Zeitangabe) „nicht ans Herz geschlossen hat" – all diese Versatzstücke sind Hinweis einer kritisch-ironischen Distanz. Auch das unerwartete Verb „behexen" (S. 150, Z. 12) impliziert Distanz; „behexen" meint ja: gegen eigenen Willen und Einsicht zu etwas gezwungen werden.
Die Strophen 6 und 7 verdeutlichen den Grund für diese vermittelte ironische Distanz zu persönlicher Erinnerungsseligkeit. Die verklärte Erinnerungsperspektive des langjährigen Exilanten verliert die Fähigkeit zur angemessenen und differenzierten Wahrnehmung der politisch-gesellschaftlichen Realität des „Vaterlandes", das seinen „Sohn" ins Exil gezwungen hat: „Deutschland hat ewigen Bestand, / Es ist ein kerngesundes Land" (S. 150, Z. 23 f.; vgl. dazu auch Text 91, wo „Altdeutschland" das „Leichentuch" gewoben wird!). Ursächlich für diese ʻAbbiegungʼ einer legitimen Vaterlandsbindung erscheint die Übertragung des Heimwehs nach Bezugspersonen der persönlichen Biographie auf das „falsche Vaterland" (vgl. Text 91): „Nach Deutschland lechzt ich nicht so sehr, / Wenn nicht die Mutter dorten wär" (S. 150, Z. 27 f.). In den Strophen 8 und 9 wird auch die exoterische Aussage ambivalent. Die assoziative Vergegenwärtigung der vom „Vaterland" evozierten Todesbilder („Grab", „Leichen") macht die Erinnerung zur „Qual".
Strophe 10 erlöst nun das Ich des Gedichts von der „Qual" seiner „Nachtgedanken". Auf der exoterischen Aussageebene ist dabei ursächlich ein Bild sensualistischen Lebensgenusses („Es kommt mein Weib, schön wie der Morgen, / Und lächelt fort die deutschen Sorgen"), esoterisch vermittelt die Politmetaphorik das Wissen um das gesellschaftliche Entwicklungsgefälle zwischen Frankreich und Deutschland („Französisch heitres Tageslicht" vs. „Deutschland in der Nacht"– was ja durchaus auch so gelesen werden kann, daß Deutschland noch im Dunkeln, in der Nacht feudaler Tyrannei liegt).

Zur Behandlung im Unterricht
Entgegen dem (untypisch) eindeutigen Gedicht ‚Die schlesischen Weberʻ ist dieser Text exemplarisch für Heines politische Lyrik. Besonders nach den Erfahrungen mit dem ‚Börneʻ-Buch ist Heines ʻeigentlicheʼ politische Aussage selten unmittelbar ausformuliert. Vielmehr bleibt die Entdeckung des esoterischen Bedeutungsgehalts von Rollenrede, Ironie und Perspektive die Aufgabe des Lesers. Dieser immanente Appell an die Rezeptions- und Lesefähigkeit ist auch die Grundlage der Möglichkeit eines Weiterwirkens dieser politischen und somit immer auch zeitgebundenen Lyrik.
Innerhalb des Kontexts „Politik und Vaterland" exemplifiziert der Text das zwiespältige Verhältnis vieler Zeitgenossen zu „Deutschland", das aufgrund eines fehlenden demokratisch organisierten Nationalstaates keine Identifizierung ermöglichte. Der Text verweist auch auf das spätestens seit 1871 aktuelle Problem eines von oben verwirklichten Nationalstaates ohne demokratische Basis.

Thematische Bezüge im Kapitel
Dahn (95), Treitschke (96): reaktionär-chauvinistisches Nationalgefühl nach verwirklichtem Nationalstaat ohne demokratische Grundlage.

Fünftes Kapitel: Zu Text 93, S. 151

93 August Heinrich Hoffmann von Fallersleben: Vetter Michels Vaterland (S. 151)

Zum Text
Der Text ist literarische Verarbeitung der gescheiterten 1848er Revolution. Dabei verweist schon die äußere Form (Kontrafaktur des Liedes ‚Gute Nacht, gute Nacht, schöne Anna Dorothee'!!) auf die politische Hilflosigkeit und die historisch-ideologische Orientierungslosigkeit. In diesem Kontext interessiert hauptsächlich, wie einer der engagiertesten politischen Lyriker des Vormärz auf ein Ereignis reagiert, das im historischen Rückblick eines der entscheidenden Daten der neueren deutschen Geschichte ist. Den Forschungsstand zum Scheitern der Revolution faßt R. Rürup folgendermaßen zusammen: „Es waren viele Faktoren, die aufeinander einwirkten und sich gegenseitig verstärkten: die Stärke der konservativen Kräfte, die nur vorübergehend gelähmt und handlungsunfähig waren; die vielen Schauplätze der Revolution und das Fehlen einer Hauptstadt, eines Entscheidungszentrums; die ungewöhnlich großen Schwierigkeiten, die mit einer Lösung der nationalen Frage verbunden waren; die unterschiedlichen wirtschaftlichen, gesellschaftlichen und politischen Interessen innerhalb der Volksbewegung; die fehlende Vorbereitung der Revolution und der Mangel an klar durchdachten, erfolgversprechenden politischen Konzeptionen; schließlich auch die Selbstüberschätzung, der Kleinmut und die Unentschlossenheit vieler Beteiligter. [...] Die politisch führenden bürgerlichen Kräfte vermochten nicht, die sozialrevolutionären Massenströmungen und die konservativen Herrschaftseliten gegeneinander auszubalancieren. Im Konflikt entschieden sie sich ohne Zögern für eine Unterdrückung der sozialen Rebellion und schwächten damit zugleich ihre eigene politische Durchsetzungskraft" (R. Rürup: Deutschland im 19. Jahrhundert 1815–1871. Göttingen 1984). Gerade der Mangel an stringenten politischen Konzeptionen ist charakteristisch auch für den bekanntesten Gedichtzyklus von Hoffmann, die ‚Unpolitischen Lieder' von 1841, die letztlich nicht mehr waren als ein pathetisches Konglomerat von pauschalen Forderungen und offenen Chauvinismen. Während die Chauvinismen sich kurze Zeit später von den Konservativen ohne Mühe instrumentalisieren ließen, zeitigte die mangelnde Reflexion auf gesamtgesellschaftliche Zusammenhänge und das vollständige Fehlen politischer Durchsetzungsstrategien zwangsläufig die im Text offenkundige Unfähigkeit zur Analyse konkreter politischer Aktionen wie der 1848er Revolution. Diese Ungleichzeitigkeit der literarischen Verarbeitungen mit den politischen Revolutionsereignissen ist typisch für die gesamte politische Lyrik der Zeit um 1848/49. (Vgl. dazu H. Denkler, in: W. Hinderer [Hrsg.]: Geschichte der politischen Lyrik in Deutschland. Stuttgart 1978.)

Zur Interpretation
Das Lied besteht aus sieben Reimpaaren, jeweils umschlossen vom Refrain.
1. Reimpaar: Es nimmt direkten Bezug auf zeitgenössische Ereignisse („Belagerungszustand"), ohne allerdings den kurzgeschlossenen Vorwurf der gehorsamen Knechtschaft des Volkes damit vermitteln zu können. Weder wird das objektive militärische Übergewicht der Reaktion reflektiert, noch kann verständlich gemacht werden, wieso das „Volk" trotz der revolutionären Erhebungen, die letztlich ja erst zum Belagerungszustand führten, ein *gehorsamer* Knecht sein soll. Ebenso ist die undifferenzierte Kategorie „Volk" völlig ungeeignet, die reale Ausdifferenzierung der politischen Gruppierungen während der Revolution zu erfassen.
2. Reimpaar: Die pauschale Diskriminierung der „Volksvertreter" mit der obsoleten Kategorie „Philister" läßt keinerlei Verständnis für die komplizierten politischen Auseinandersetzungen innerhalb der Nationalversammlung oder anderer Volksvertretungen erkennen. Auch die Diskreditierung staatlicher Funktionsträger als „ärgste Heuler" bleibt pauschal.
3. Reimpaar: Die fast schon kausal zu verstehende Verbindung des Teufelsbündnisses der Fürsten mit dem Untergang von „Einheit und Freiheit" ist eine irrationale Dämonisierung analytisch aufzuschlüsselnder realer Machtverhältnisse.
4. Reimpaar: Der Angriff auf das monarchische Prinzip bleibt unverbindlich und damit unpolitisch; „Mut und Gesinnung" waren schon immer die letzten Fluchtpunkte idealistisch-unpolitischer Verbalaktivisten.
5. Reimpaar: (Bürgerliche) Wahrheit und (feudal-herrschaftliches) Laster sind die traditionellen Topoi aufklärerischer Fürstenschelte und als politische Kategorien völlig obsolet.
6. Reimpaar: Daß „nirgend für die Freiheit noch Raum" sei, ist auch nach der gescheiterten Revolution schlicht falsch, daß „die ‚bessere Zukunft ein Traum" sei und wohl auch bleiben müsse, ist resignatives Ressentiment eines enttäuschten Idealisten.
7. Reimpaar: Hier ist die Resignation total und bleibt doch völlig unreflektiert.
Da die Kritik an Fallersleben hier bewußt in den Vordergrund gestellt wurde, bleibt daran zu erinnern, daß

Fünftes Kapitel: Zu Text 94, S. 151f.

der Text auch die verständliche Enttäuschung vieler engagierter Liberaler über den tatsächlichen Verlauf der Revolution widerspiegelt und so die eingeschränkte Perspektive und Urteilsfähigkeit erklärbar wird.

Zur Behandlung im Unterricht
Der Text sollte nur im Zusammenhang mit eingehenden Informationen zum historischen Hintergrund behandelt werden (Schülerreferate, Lehrervortrag, Bezug zum Geschichtsunterricht). Im Kontext des Kapitels verdeutlicht er die resignative Wendung vieler enttäuschter Liberaler, und er steht für das unpolitische Bewußtsein großer Teile des Bildungsbürgertums. Gerade das Scheitern der 1848er Revolution beschleunigte danach die weitere Polarisierung der engagierten Intellektuellen. (Vgl. dazu Text 95 und 96 als Beispiele extremer nationalistischer Positionen und Text 86 und 87 als Beispiele für die sich radikalisierende kommunistische Bewegung.)
Im Zusammenhang einer Unterrichtssequenz „politische Lyrik" müßten auch Gattungsprobleme bearbeitet werden. Gerade Hoffmann versprach sich von seinen Kontrafakturen populärer Lieder eine Breitenwirkung und direkte Beeinflussung. Diese Intention müßte kritisch hinterfragt und mit den tatsächlichen Auswirkungen verglichen werden (beispielhaft das „Deutschland"-Lied!). Dabei wäre schwerpunktmäßig der Zusammenhang zwischen der undifferenzierten Begrifflichkeit und der Gefahr der beliebigen Instrumentalisierung herauszuarbeiten. So könnte diskutiert werden, ob eine reduzierte Schlagwortsprache notwendige Voraussetzung einer breitenwirksamen politischen Agitation sein muß.

Thematische Bezüge in anderen Texten
Zusätzlich zu den erwähnten Bezügen: Keßler (153), Tucholsky (155): Verarbeitung der Revolution von 1918/19.

Adolf Glaßbrenner: [Wat Konschtitution is] (S. 151f.)   94

Zum Text
Da die volkstümlichen Satiren Glaßbrenners fast immer am tagespolitischen Geschehen orientiert waren, ergibt sich die ungefähre Datierung aus dem Inhalt. Glaßbrenner selbst war vom März 1848 bis zu seiner Ausweisung 1850 in Berlin; der Textauszug dürfte also 1849 oder 1850 entstanden sein.
Am 5. Dezember 1848 hatte die preußische Regierung mit der Einsetzung einer weitgehend liberalen Grundsätzen verpflichteten Verfassung die Revolution für Preußen beendet. Dabei waren zum vorgesehenen Zweikammersystem schon Vermerke angebracht, die eine baldige Revision der Verfassung erwarten ließen. Die politisch eher moderate zweite Kammer nahm im April 1849 die Reichsverfassung an und wurde darauf vom König aufgelöst. Am 30. Mai wurde mit einer Notverordnung das Dreiklassenwahlrecht oktroyiert, die nach dem neuen Wahlrecht neu gewählten Kammern erkannten die Wahlverordnung an. Zusammen mit den Kammern wurde von der preußischen Regierung die revidierte Verfassung vom Januar 1850 ausgearbeitet, die autoritäre Elemente (Veto, Notverordnungen, Ausnahmezustand) weiter verstärkte. Das Militär blieb weiterhin unter dem Oberbefehl des Monarchen, die Richter und Verwaltungsbeamten wurden von ihm ernannt. Die Minister waren allein dem König verantwortlich, das Budgetrecht des Parlaments wurde beschnitten. Mit der Umwandlung der ersten Kammer in ein adeliges Herrenhaus wurde die restaurative Verfassungsrevision 1854 abgeschlossen.

Zur Interpretation
Konstitutionalismus meint eine Regierungsform, bei der die Gewalt des erblichen Monarchen durch eine Verfassung beschränkt ist. Der Konstitutionalismus beruht auf der Lehre der Gewaltenteilung und entstand historisch als Gegenbewegung zum Absolutismus. Die Äußerungen des Rentiers Buffey entlarven satirisch die Diskrepanz zwischen den ursprünglichen Zielen und Forderungen der liberalen Verfassungsbewegung und den zeitgenössischen Zuständen in Preußen. Buffey benennt jeweils ein Element der konstitutionellen Regierungsform, danach erläutert er dessen 'Verwirklichung' in Preußen. Die abschließende Ohrfeige macht endgültig deutlich, daß Verfassungsfragen letztlich Machtfragen sind.

Zur Behandlung im Unterricht
Der Text verdeutlicht eine weitere Form politisch engagierter Literatur, die volkstümliche Satire. Dabei wäre besonders wichtig, die gegenüber Text 93 ungemein politische Perspektive Glaßbrenners herauszuarbeiten. Die Orientierung am politischen Tagesgeschehen und die Satire sind die historisch fortschrittlichere Form literarischen Engagements.

Fünftes Kapitel: Zu Text 95, S. 152f.

Als Stilmittel der Satire lassen sich beobachten:
- Die komische Spießerfigur des Sprechers, die Situation, daß ein Erwachsener ein Kind belehrt, und die dem Verfassungstext inadäquate Dialektsprache, signalisieren Lächerlichkeit (vgl. „in höherem Stil", „staatsmännisch", S. 151, Z. 28 ff.).
- Die Übersetzung der Verfassungssätze in Umgangssprache ermöglicht die Isolierung oder Übertreibung einzelner Artikel (v. a. S. 152) sowie die Gegenüberstellung von Verfassungstheorie und politischer Praxis in ihrem Mißverhältnis (z. B. S. 151, Z. 30 f.).
- Aussagen, wie man sie aus der Logik der Sache eigentlich erwartet, werden umgekehrt (S. 151, Z. 33).
- Wortspiele enthüllen Mehrdeutigkeit, z. B.: „... deß nischt jeschieht" (nichts Schlimmes oder gar nichts?, S. 151, Z. 32 f.); „unverantwortlich" (ohne sich verantworten zu müssen oder ohne Verantwortungsgefühl?, S. 151, Z. 32); „nicht mehr anzuhören" (S. 152, Z. 3); „jleichjültig" (S. 152, Z. 14) usw.
- Scheinbar nichtssagende Sätze entlarven zugleich die Abstraktheit der Verfassungssprache und die reale Wirkungslosigkeit der Verfassungsorgane (z. B. S. 151, Z. 33 f.).

Thematischer Bezug im Kapitel
Hoffmann von Fallersleben (93): eine historisch überholte Form des literarischen Engagements.

95 Felix Dahn: Zur Sedansfeier (1875) (S. 152f.)

Zum Text
Dieses Gedicht eines nebenberuflichen Dichters ist ein Musterbeispiel für das rhetorische Pathos der Kaiserzeit und dokumentiert den unreflektierten Nationalismus großer Teile des Bildungsbürgertums in der Wilhelminischen Ära. Die freiheitliche Tradition der Einheitsbewegung war abgebrochen, der Nationalstaatsgedanke konservativ gewendet oder voll von den Konservativen vereinnahmt. Der Krieg gegen Frankreich und die Reichsgründung, eigentlich nur Abschluß einer ganzen Reichsgründungsperiode mit den wirklichen Entscheidungsjahren 1865 (Erneuerung des Zollvereins, Österreich endgültig handelspolitisches Ausland) und 1866 (Abtrennung Österreichs von Deutschland und Etablierung Preußens als unumstrittene Hegemonialmacht), wurden auch vom liberalen Bürgertum als Erfüllung der deutschen Nationalgeschichte erlebt und befriedigten ein Machtbedürfnis, das innenpolitisch in den preußischen Verfassungskonflikten der 60er Jahre weitgehend düpiert worden war. Der Erfolg der preußischen Militärmacht schuf auch die endgültige Grundlage für den „sozialen Militarismus" der Kaiserzeit, „demzufolge das Militär nicht nur an die Spitze der Prestigeskala rückte, sondern mit seinen Wert- und Ehrvorstellungen, seinen Denk- und Verhaltensweisen die ganze Gesellschaft durchdrang" (H.-U. Wehler: Das Deutsche Kaiserreich 1871–1918. Göttingen 1973).

Zur Interpretation
Metaphorik und Sprachverwendung des Gedichts sind bewußt archaisierend („neut", „umgarnet", „gekriegt", „nimmer" etc.), preziös-stilisierend („der Geschütze Mund", „vor dem Verhängnis ergrausend" etc.) und pathetisch („schmetternde Siegesfanfaren" etc.). Stilistisch fällt auf die Häufung der Anfangsstellung von Verben und Adjektiven in den einzelnen Versen. Dieser Eindruck von Gekünsteltheit wird verstärkt durch einzelne Neologismen („entschart", „dankreich") und semantisch inkonsistente Wortverbindungen („Denkt ... ins innerste Herz", „umgarnet von Erz" etc.). Die Wortwahl selbst ist bestimmt durch die Neigung zur Kraftmeierei: „schmetternd", „brausen", „nimmer", „für immer", „stolz" etc.
Trotz dieser angestrengten Sprache verdeutlicht Dahns Gedicht letztlich nur das politische Schwundstufendenken vieler Konservativer des Kaiserreichs. Angemessenes historisch-politisches Orientierungswissen war nicht ausgebildet, die Ereignisse der Gegenwart und jüngsten Vergangenheit konnten nur in veraltete und ideologisch verengte Deutungsmuster gebracht werden. So verweist die Wendung „wechselnde Jahre" (S. 152, Z. 25) ideologisch auf ein Geschichtsmodell, dem historisches Geschehen weitgehend als ein dem natürlichen Jahresablauf analoger Kreislauf erscheint. Diese konservative Denkfigur spiegelt letztlich das Gefühl von Ausgeliefertsein gegenüber sozialen und gesellschaftlichen Wandlungsprozessen, die in ihrer Dynamik unverstanden blieben. Dieses Gefühl wurde vor allem durch die katastrophale Wirtschaftskrise der „Gründerjahre" im Gefolge der französischen Reparationszahlungen weiter verstärkt.
Die Strophen 3 bis 5 entwerfen in anti„welscher" Tradition ein Feindbild Frankreichs („gehaßter Tyrann"), dessen Niederlage allerdings nicht auf die technisch und strategisch überlegene preußische Militärmacht zurückgeführt wird, sondern auf das Schicksal („Verhängnis" – S. 152, Z. 34) und den „deutschen

Fünftes Kapitel: Zu Text 96, S. 153f.

Gedanken" (S. 153, Z. 2). Gerade diese letzte Vorstellung ist nur verfallsgeschichtlich zu verstehen und zeigt, wie klassisch-romantische Denkfiguren über die Geschichtsmächtigkeit von Literatur und Philosophie als abgesunkene Kulturgüter für nationalistisches Denken instrumentalisiert wurden (vgl. auch Text 96). Entsprechend werden auch in den letzten beiden Strophen Bilder und Rituale des mythisch-religiösen Vorstellungsbereichs mit der ungeliebten Realität der innenpolitischen Konfliktaustragung konfrontiert. Diese Denkmuster sind Konstanten der deutschen Geschichte.

Zur Behandlung im Unterricht
Zu grundsätzlichen Fragen vgl. Kommentar zu Text 96.
Die Schüler können als ersten Einstieg in den Text Situation und Stimmung herausarbeiten (eine Art 'Festrede'), daran anschließend einzelne Stilmittel, z. B. Appell zur Erinnerung an das historische Datum, ergänzt durch ein poetisch ausgeschmücktes Zitat eines Miterlebenden; den die Einheit aller beschwörenden Kommentar; den Appell, das Gedenken weiter zu pflegen; den Appell zur Überwindung der „Parteiungen"; abschließend das Schlüsselwort „Deutsches Reich" in betonter Endstellung.

Thematische Bezüge in anderen Texten
Vgl. Text 96.

Heinrich von Treitschke: [Nach der Reichsgründung] (S. 153 f.) 96

Zur Interpretation
Der Textausschnitt gliedert sich in drei Abschnitte. Der erste Abschnitt beschreibt thesenartig den vermeintlichen Zustand der Gegenwart, der zweite Abschnitt versucht eine Begründung und historische Erläuterung der Entwicklungen, die zu dem behaupteten Zustand geführt haben. Der dritte Abschnitt entwirft eine Zukunftsperspektive für das deutsche Volk.
Erster Abschnitt: Die Gegenwart erscheint in konservativer Perspektive charakterisiert durch die Intensivierung der „Parteikämpfe" (S. 153, Z. 15), die sich nicht an „politischen Gedanken", das heißt am Staatswohl, sondern an egoistischen „wirtschaftlichen Interessen" orientieren (vgl. S. 153, Z. 16). Dieser Anti-Parteien-Affekt, abgeleitet aus einem veralteten Politikverständnis, ist eine historische Konstante, genauso die daraus gezogene Folgerung, nämlich die Bedrohung des „Friedens der Gesellschaft" (S. 153, Z. 17). Der explizit erwähnte „Klassenhaß" (S. 153, Z. 17) verweist auf die nach Ablauf des Sozialistengesetzes rapide angewachsene Bedeutung der Sozialdemokratie, die bei der 9. Reichstagswahl 1893 bereits über 23 % der Wählerstimmen, wenn auch aufgrund des Wahlsystems nur 44 Mandate erreicht hatte.
Zweiter Abschnitt: Als Begründung für den kritisierten Zustand der Gegenwart dient eine „bedenkliche Wandlung unseres gesamten Volkslebens" (S. 153, Z. 18 f.). Diese „Wandlung" wird vor dem Hintergrund eines konservativen Geschichtsmodells (Kreislaufvorstellung) als Wiederholung vermeintlicher „Eigentümlichkeiten des sinkenden Altertums" (S. 153, Z. 19 f.) erklärt, nämlich als „Ausgeburt jeder überbildeten städtischen Kultur" (S. 153, Z. 20 f.). „Überbildung" und „Stadt" bzw. „Verstädterung" sind also die zentralen Kategorien, auf die alle weiteren Ideologeme zu beziehen sind. Der Vorwurf der Überbildung erweist sich wissenssoziologisch als das Ressentiment traditioneller Bildungseliten, die durch den rapiden sozialen Wandel der im letzten Drittel des 19. Jahrhunderts in Deutschland voll angelaufenen Industrialisierung eine permanente Krise ihres Selbstverständnisses erlitten. Auch innerhalb der Hierarchie der Wissenschaften bahnte sich ein Wandel an. Die traditionellen Geisteswissenschaften verloren allmählich ihre Rolle als Produzenten des gesamtgesellschaftlichen Orientierungswissens an die Natur- und Sozialwissenschaften. Vor diesem Hintergrund sind die weiteren Textstellen leicht einzuordnen: „Ausdehnung und Verflachung der Kreise der Bildung" (vgl. S. 153, Z. 29 f.) meint die für den gesellschaftlichen Wandel notwendige Ausbreitung und Differenzierung des Bildungssystems; „Zeitung und Konversationslexikon" (S. 153, Z. 31 f.) sind auch Medien einer reflektierenden Öffentlichkeit, hier werden sie nur undifferenziert als Abbau der „schöpferischen Kraft des Geistes" (S. 153, Z. 32) diskreditiert; die Verteidigung des „schöne[n] Mut[s] der Unwissenheit" und der pauschale Vorwurf gegen die Wissenschaften (vgl. S. 153, Z. 33 ff.) indizieren den verlorengegangenen Wissensüberblick angesichts der zunehmenden Akzeleration von Umfang und Differenzierung des Wissens.
Mit seiner Kritik städtischer Lebensformen steht Treitschke in der Tradition eines W. H. Riehl, der in seinem Buch ‚Die Naturgeschichte des Volkes' von 1854 bereits „gegen die industrielle Großstadt [polemisierte], ehe es sie wirklich gab" (H. P. Bahrdt: Die moderne Großstadt. Soziologische Überlegungen zum

Fünftes Kapitel: Zu Text 97, S. 154f.

Städtebau. Reinbek 1961). Diese romantisch-reaktionäre Großstadtkritik war unfähig, gesellschaftlichen und sozialen Wandel differenziert wahrzunehmen, und perhorreszierte die neuen städtischen Lebensformen vor dem Hintergrund der alten Residenzstadt oder einer mythisierten Volksgemeinschaft. Die Bezüge zu Treitschke sind offensichtlich: Die Bezeichnung der „städtischen Kultur" als „demokratisierte Gesellschaft" meint die Ständeunterschiede nivellierende Tendenz städtischen Lebens, das allerdings ein neues Schichtungsprinzip ausbildete („Herrschaft des Geldes" – Besitzbürgertum, „Pöbel" – Arbeiterschaft und soziale Unterschichten; vgl. S. 153, Z. 21 ff.); die Orientierung Treitschkes an vorbürgerlichen und vordemokratischen Idealen wird deutlich in seiner Charakterisierung des „Talents" als „aristokratisch" (S. 153, Z. 22f.); der Verlust der „Ehrfurcht" – der Goethe-Bezug ist Textklitterung des 1. Kapitels des 2. Buchs der ‚Wanderjahre' – zielt auf die vorgebliche Libertinage und die angeblich fehlende Vaterlandsliebe der Städter (vgl. S. 153, Z. 25 ff.); der großstädtischen Bewegung der Naturalisten wird vorgeworfen, sie „hasche nach dem Wirklichen", da sie „das Wahre nicht mehr versteht" (S. 153, Z. 37 ff.); Langeweile und daraus folgender billiger Zeitvertreib sind ebenfalls gängige Vorwürfe (vgl. S. 153, Z. 38 ff.).
Dritter Abschnitt: Die Zukunftsperspektive ergibt sich notwendig aus der Ansicht, daß man sich nicht durch „maßlose Tadelsucht" an sich selbst „versündigen" darf (vgl. S. 154, Z. 4f.). Gleichzeitig dient der Krieg von 1870 gegen Frankreich als Indiz für die „in den Tiefen unseres Volkes [wirkenden] Kräfte" (S. 154, Z. 7f.) – der Krieg als nationale Bewährung! Die Reichsgründung erscheint als Endpunkt der nationalen Entwicklung Deutschlands, Krieg und Rüstung sind als letztendlich dem Frieden dienende Maßnahmen eines deutschen Sendungsbewußtseins legitimiert.

Zur Behandlung im Unterricht
Der Text dokumentiert das nationalistisch-chauvinistische Denken im Kaiserreich, das in Literaturgeschichten immer konstatiert, in Lesebüchern und im Unterricht aber selten vor Augen geführt wird. So erscheint es auch pädagogisch sinnvoll, die Schüler mit ideologisch gefährlichen Texten bekannt zu machen, deren wirkungsgeschichtlicher Einfluß in zeitgenössischen Diskussionen offensichtlich ist. Die Einübung kritischen Lesens kann gerade durch die Herausarbeitung der Aktualität dieser Denkfiguren geleistet werden: starker Staat vs. Parteienkämpfe, Dekadenz des modernen Lebens, Wertewandel, Verfall von Kultur, Bildung und Wissenschaft, Frieden durch Rüstung etc.

Thematische Bezüge in anderen Texten
Dahn (95): vergleichbares nationalistisches Denken.
Fontane (97): kritische Reflexion eines trotzdem immer noch loyalen Deutschen.
Marx (86): Verhältnis der Intellektuellen zu den Herrschenden.
Büchner (89): „Aristocratismus" der Besitzenden.
Gotthelf (106): konservative Verteidigung der traditionellen Werte gegen Forderungen nach gesellschaftlicher Veränderung.
Fontane (109): Kritik an bürgerlicher Orientierung an der Aristokratie.
Lienhard (125), George (126), Mann (154): zur Tradition konservativer Kritik an sich verändernder Gesellschaft und Kultur.

97 Theodor Fontane: [Über Kaiser Wilhelm II.] (S. 154f.)

Zum Text
Fontane war ein leidenschaftlicher Briefschreiber und verstand den Brief als eine bewußt gestaltete Form der Causerie. Der Textausschnitt ist Teil des umfangreichen Briefwechsels mit Georg Friedländer, einem „talent épistolaire", von dem leider kein einziger Brief erhalten ist. Der Briefwechsel wurde, u. a. auch wegen der teilweise offenen Kritik Fontanes an den Machteliten des Kaiserreichs, erst 1954 vollständig und unbearbeitet veröffentlicht.
Das kritische Interesse Fontanes an der Zeitgeschichte ist rückbeziehbar auf seine langjährige journalistische Tätigkeit, die ihn wohl daran gewöhnte, auch der aktuellen Politik eine größere Aufmerksamkeit zu schenken, als dies die meisten anderen Intellektuellen taten.

Fünftes Kapitel: Zu Text 97, S. 154f.

Zur Interpretation

Fontanes Selbstverständnis ist das eines reflektierenden Intellektuellen, der sich trotz aller Kritik „[frei] von Illoyalität weiß" (S. 154, Z. 38). Seine Einschätzung des Kaisers ist ironisch-ambivalent: „Was mir an dem Kaiser gefällt, ist der totale Bruch mit dem Alten und was mir an dem Kaiser nicht gefällt, ist das [...] Wiederherstellenwollen des Uralten" (S. 155, Z. 1 ff.). Für die Epoche von 1890 bis zum Beginn des Ersten Weltkriegs gilt als Charakteristikum das „persönliche Regiment" Wilhelms II. Darunter ist zu verstehen die Neigung des politisch dilettierenden Kaisers zu persönlichen Eingriffen in die Reichspolitik, was verstärkt wurde durch das seit Bismarcks Entlassung schier undurchschaubare Kompetenzgerangel zwischen Kanzler, Staatssekretären, Ministern, Militär, persönlichen Ratgebern und Interessenverbänden. In diesem Zusammenhang konnten unbedachte Äußerungen und Stellungnahmen des Kaisers („Reden aus hohem Munde" – S. 154, Z. 36) große Bedeutung gewinnen. Im zeitlichen Kontext des Briefs wäre z. B. an die sog. Krüger-Depesche zu denken, die die Beziehungen zu England erheblich belastete und Teil des „Traums" von der „Demüthigung Englands" war (vgl. S. 155, Z. 9f.). Bei der weiteren Beurteilung des Kaisers verstärkt sich die ironische Distanz. Die „Errungenschaften" reduzieren sich auf Äußerlichkeiten und Prestige (vgl. S. 155, Z. 3 ff.).
Die zunehmende Militarisierung des Reichs („Er hat eine Million Soldaten und will auch hundert Panzerschiffe haben" – S. 155, Z. 8 f.) wird im außenpolitischen Zusammenhang gesehen („er träumt ... von einer Demüthigung Englands" – S. 155, Z. 9 f.). Diese Äußerungen sind nur im zeitgenössischen politischen Kontext verständlich. Die Kommandogewalt des Kaisers über die Armee war, Relikt aus der Feudalzeit, von ministerieller Gegenzeichnung freigestellt. In den 70er und 80er Jahren hatte die Regierung im Reichstag de facto die konstitutionelle Verfassung des Kaiserreichs desavouiert und dreimal eine Erhöhung der Friedenspräsenzstärke des Heeres durchgepeitscht. 1890 betrug die Sollstärke von Offizieren und Mannschaften rund 509 000 Mann (also keine Million). In den 90er Jahren begann dann die ideologische Propagierung des 1898 anlaufenden Ausbaus der deutschen Schlachtflotte. Dieser Schlachtflottenbau diente auch als innenpolitisches Disziplinierungsmittel und belastete das außenpolitische Verhältnis zu England irreparabel. Die Konsequenz verschlug allerdings wenig, die Zielvorstellungen der konservativen Machteliten war darauf ausgerichtet, nach dem wirtschaftlichen Aufschwung Deutschland auch zur imperialen Großmacht zu machen: „Deutschland soll obenan sein, in all und jedem" (S. 155, Z. 10f.).
Diese außenpolitische „Brinkmanship" war durch innenpolitische Faktoren mitbedingt. Fontane durchschaut die Zusammenhänge zwar nicht vollständig, doch er erkennt die schwache innenpolitische Grundlage: „Ich wollte ihm auf seinem Thurmseilwege willig folgen, wenn ich sähe, daß er richtige Kreide unter den Füßen und die richtige Balancirstange in Händen hätte. Das hat er aber nicht. Er will, wenn nicht das Unmögliche, so doch das Höchstgefährliche, mit falscher Ausrüstung, mit unausreichenden Mitteln" (S. 155, Z. 12ff.). Dem Rüstungswahn stellt Fontane die „Volkshingebung" (S. 155, Z. 30) entgegen, ohne letztlich aber zu erkennen, daß die Rüstungspolitik auch „sozialdefensive Verhinderung von politischer und sozialer Modernisierung" (Wehler, s. u.) war. Gleichwohl sieht er klar die verhängnisvolle Rolle der dominierenden Stellung vorindustrieller Eliten innerhalb des Reichs: „Preußen – und mittelbar ganz Deutschland – krankt an unseren Ost-Elbiern. Ueber unsren Adel muß hinweggegangen werden; [...] das Land ihm zu Liebe regieren, in dem Wahn: dieser Adel sei das Land, – das ist unser Unglück" (S. 155, Z. 33 ff.). Diese Einschätzung ist leicht zu beziehen auf das vergleichbare Fazit eines modernen Historikers: „Es bleibt daher der Gesamteindruck, daß die soziopolitische Machtstruktur des Kaiserreichs mitsamt den sie stützenden Ideologien stabil genug blieb, um ihre restriktiven Bedingungen der deutschen Gesellschaft bis zum Herbst 1918 auferlegen zu können, jedoch um den Preis wachsender politischer und sozialer Disparitäten, denen das Krisenmanagement immer weniger mit dauerhaften Lösungen begegnen konnte" (Wehler, s. u.).
Abschließend fordert Fontane die „kühne Umformung" (S. 155, Z. 40), „einen ganz andren Unterbau" (S. 155, Z. 39). Dies meint sowohl die politische als auch soziale Partizipation nichtadeliger Schichten, v. a. der Arbeiterklasse, deren wachsende Bedeutung in den 90er Jahren offensichtlich war (vgl. dazu auch die entsprechenden Partien im ‚Stechlin').

Zur Behandlung im Unterricht

Der Text repräsentiert eine kritische Gegenposition zu den Texten 95 und 96. Statt der unreflektierten Verherrlichung des preußischen Obrigkeitsstaates und konservativem Ressentiment können wichtige strukturelle Probleme des Kaiserreichs herausgearbeitet werden, v. a. der Überhang feudaler Relikte und die dominierende Rolle vorindustrieller Eliten, die quer zur wirtschaftlichen Entwicklung standen, sie gleich-

Fünftes Kapitel: Zu Abschnitt III, S. 156ff.

wohl nicht verhindern, aber doch die soziale und politische Modernisierung verschleppen konnten. Die Aktualisierung von Kenntnissen des Geschichtsunterrichts und ergänzende Referate zur Sozialgeschichte des Kaiserreichs sind notwendig. Grundlegende Literatur: H.-U. Wehler: Das Deutsche Kaiserreich 1871–1918, Göttingen 1973; G. A. Ritter/J. Kocka (Hrsg.): Deutsche Sozialgeschichte 1870–1914, München ³1982; G. A. Ritter (Hrsg.): Das Deutsche Kaiserreich 1871–1914. Ein historisches Lesebuch. Göttingen ⁴1981.

Der Text kann, im Zusammenhang mit der Lektüre eines Fontane-Romans, dessen literaturgeschichtliche Einschätzung als einziger deutscher Repräsentant der europäischen Realismustradition des 19. Jahrhunderts verständlicher machen.

Thematische Bezüge im Kapitel
Dahn (95) und Treitschke (96) als konservative Gegenpositionen.
Fontane (109): feudale Verhaltensrelikte.

III. Entfremdung (S. 156 ff.)

Der Titel des Abschnitts ist kein Marx-Zitat und verweist so auch nicht auf die spezifische Entfremdungstheorie von Marx. Genausowenig muß die philosophische Tradition des Begriffs mitgedacht werden, um die Texte dieses Abschnitts zu verstehen.

Das alte Wort – „entfremden" schon im Mittelhochdeutschen! – bedeutet hier ganz allgemein den Verlust einer Sache, einer persönlichen Beziehung oder auch den Verlust der Beziehung zu Gott (vgl. die Stichwörter „entfremden", „Entfremdung", in: Deutsches Wörterbuch von Jacob und Wilhelm Grimm, 1862).

Der Titel des Lesebuchabschnitts soll anzeigen, daß in der Literatur des 19. Jahrhunderts – und nicht erst in der Moderne – Themen, Motive und Bilder begegnen, die das Gefühl eines grundsätzlichen Verlusts an Übereinstimmung mit dem Leben, der Wirklichkeit oder mit sich selbst bzw. der Kunst mit der Wirklichkeit ausdrücken, ohne dafür eine sinngebende Erklärung zu bieten. Immermann beschrieb das Lebensgefühl seiner Generation als „Unsicherheit des ganzen Befindens" und als Krankheit („Die Jugend vor fünfundzwanzig Jahren', 1839). Lenau beklagte in Gedichten und Briefen seine „Schwermut". Grillparzer resümierte sein Leben lakonisch so: „Als Mensch unverstanden, als Beamter übersehen, als Poet höchstens geduldet, schlepp ich mein einförmiges Dasein fort." Er fürchtete, wahnsinnig zu werden, und dachte an Selbstmord. Mörike lehnte es ab, die Novelle ‚Die Zerrissenen' von Alexander von Ungern-Sternberg (1832) zu lesen, und Friedrich Theodor Vischer schrieb ihm daraufhin: „Deine Abneigung gegen die modernen Zerrissenen kann ich nur mit Einschränkung gelten lassen. Denn dieses Element liegt in der ganzen Zeit, und wir werden mit plastischem Zudecken des Risses uns vergeblich bemühen" (22. 10. 1833).

Ähnliche Stimmungen finden wir in zahlreichen Dichterbiographien, z. B. bei Kleist, Grabbe, Raimund, der Droste. Sie sind oft vage, schließen zeitgeschichtliche Realität, Beruf, Schriftstellerei, persönliche Beziehungen, die Selbstreflexion ein. Ihre Ursachen lassen sich teils aus der geschichtlichen, teils aus der jeweiligen persönlichen Situation rekonstruieren, aber auch aus dem allgemeinen Gefühl der Epigonalität (vgl. Text 110) oder der Ortlosigkeit in der äußeren Gesellschaft. Andererseits ist die Wirklichkeits- und Selbstentfremdung literarisch schon seit Goethes ‚Werther' bekannt, die „Unbehaustheit" des Menschen seit Goethes ‚Faust' (vgl. die Szene ‚Wald und Höhle'), dann auch aus Byrons Leben und Dichtungen. Daß die melancholische oder resignative Stimmung sich so wenig eindeutig erklären läßt und in so vielfältigen Beziehungen erscheint, unterscheidet das Phänomen im 19. Jahrhundert von vergleichbaren im 20. Jahrhundert, das sie grundsätzlicher thematisiert und reflektiert.

Das Lesebuch kann auf die Thematik nur mit wenigen Beispielen hinweisen. Der Abschnitt ist, ohne Rücksicht auf die Chronologie, in drei Teile gegliedert. Im ersten Teil wird der Philosoph des Pessimismus zitiert, der zwar erst am Ende des Jahrhunderts und in der frühen Moderne zur Wirkung gelangte, dessen Hauptwerk aber aus seiner Entstehungszeit am Anfang des Jahrhunderts zu verstehen ist. Der Textausschnitt thematisiert – im Zusammenhang der Theorie des blinden „Lebenstriebs" – „Hypochondrie, spleen, Melancholie" als Lebensgefühl und gibt damit drei charakteristische Stichwörter (Text 98). Ihnen steht am nächsten die Stelle aus Büchners Komödie ‚Leonce und Lena' (Text 102). Büchners Werk zielt zwar primär auf die geistige und moralische Leere des „Aristocratismus" (vgl. den zweiten Brief, Text 89), sein Leonce und sein Valerio sprechen aber die Sprache eines allgemeineren Nihilismus der Langeweile und der Sinnleere, aus dem sie sich ironisch ins derbe Leben retten. Aus der absurden Welt des Antimärchens im

‚Woyzeck' (Text 103) gibt es keine wie auch immer geartete Rettung. Auch dieses Märchen hat einerseits einen sozialkritischen, andererseits einen allgemeinen weltanschaulichen Bezug der Negation.
Anders verhält es sich mit den drei Gedichten. In ihnen geht es zunächst nur um Poesie und Kunst. Heines Zweifel, daß in romantischer Poetisierung die Wirklichkeit noch faßbar sei (Text 99), kritisiert vordergründig die Romantik-Epigonen, die bis zur erfolgreichen Goldschnitt-Lyrik der Gründerzeit ihre Nachahmer fanden. Bezieht man andere Gedichte Heines, z. B. die ‚Nachtgedanken' (Text 92), oder sein Gesamtœuvre ein, so wird deutlich, daß auch er, als Mensch wie als Dichter, zu den „Zerrissenen" gehörte. Mörikes Gedicht ‚Restauration' zielt kritisch auf ähnliche epigonale Dichtung wie Heine. Sein Gelegenheitsgedicht mag scherzhaft sein, aber die scheinbar naive Pointe mit dem Rettich ist keine dichterische Alternative zum „süßen Zeug ohne Saft und Kraft", sondern eine Geste der Flucht zur gesunden, aber alltäglichen und banalen Realität. Der Zwiespalt zwischen Poesie und Realität bleibt. Eine andere, für die Zeit charakteristische Flucht ist die in die Innerlichkeit. Das ernsthafte Gedicht ‚Verzicht' artikuliert die Möglichkeit, auf Kunst zu verzichten, bzw. den Versuch, die Schönheit des Wirklichen in der Kunst aufzufangen, aufzugeben und sich mit dem inneren Erinnerungsbild zu begnügen (Text 101). Daß Mörike aus dieser Empfindung ein Gedicht in schönen Hexametern macht, ist ein Dennoch der Inkonsequenz. Die bloß negative Feststellung Heines, die den letzten Worten Leonces vergleichbare Zuwendung zum derben Genuß im ersten Gedicht Mörikes und die Flucht ins Innere in seinem zweiten stehen hier als Belege für einen grundsätzlichen Kunstzweifel, der auf einen tieferen Zweifel am Zusammenhang zwischen Kunst oder Poesie mit dem Leben verweist – hier geht der „Riß" zwischen Wirklichkeit und Poesie, an dem die Dichter selbst gelitten haben.
Man wird im Unterricht wohl selten alle Texte des Abschnitts als zusammenhängend behandeln. Näher liegt es, mit ihnen das Verständnis Heines, Büchners und Mörikes zu erweitern, in Verbindung mit anderen Texten dieser Dichter. Eine enge Verbindung besteht zu Immermanns Text aus den ‚Epigonen' (110). Die drei Gedichte vor allem kann man konfrontieren mit Storms Kennzeichnung der Stimmungslyrik (Text 114). Die Texte von Schopenhauer und Büchner kann man heranziehen, um zu zeigen, daß es für Sinnverlust, Wirklichkeitsentfremdung und Existenznot in der modernen Literatur Vorläufer im 19. Jahrhundert gab; vgl. die Texte von Hofmannsthal (130), Lichtenstein (137), Kafka (151), Horváth (162).

Arthur Schopenhauer: [Die Puppen am Seil] (S. 156) 98

Zum Text

Schopenhauers philosophisches Hauptwerk, ‚Die Welt als Wille und Vorstellung' war bei seinem Erscheinen im Jahre 1819 durch seine betont antiidealistische Position unzeitgemäß und entsprechend erfolglos. Erst seit der zweiten Hälfte des Jahrhunderts bis hin zu den Literaten der Jahrhundertwende entfalteten die Willensmetaphysik und der Pessimismus Schopenhauers eine beträchtliche Wirkung. Nach Jahrzehnten absoluter Erfolglosigkeit wurde Schopenhauer zu einem Modephilosophen, dessen Popularität erst nach 1900 von der beginnenden Nietzschewirkung abgelöst wurde.
Der zeitliche Zusammenhang zwischen der einsetzenden Schopenhauerwirkung und den Nachwirkungen der gescheiterten 1848er Revolution dürfte kein Zufall sein.

Zur Interpretation

An der Darstellung einer menschlichen Extremsituation, „eine[r] Jammergestalt, von Alter, Mangel und Krankheit verunstaltet und gekrümmt" (S. 156, Z. 10f.), thematisiert Schopenhauer die Diskrepanz zwischen dem „objektiven Urtheil" über den Wert eines Daseins und dem subjektiven „blinde[n] Willen, auftretend als Lebenstrieb, Lebenslust, Lebensmuth" (S. 156, Z. 13ff.). Die Existenz dieses „blinden Willens" erlaubt es, die menschliche Existenz zurückzunehmen zum Element einer Stufenfolge der organischen Naturentwicklung: „es ist das Selbe, was die Pflanze wachsen macht" (S. 156, Z. 14f.). Zur Veranschaulichung benutzt Schopenhauer eine Abwandlung des alten Topos vom „theatrum mundi". Der Mensch erscheint als fremdbestimmte „Puppe", die an den „unsichtbaren Fäden" eines metaphysischen Lebenswillens hängt, während in subjektiver Selbsttäuschung der „objektive Werth des Lebens" den scheinbaren „Boden" unter seinen Füßen ausmacht (S. 156, Z. 16ff.). Sinnfällig wird dieser Zusammenhang, wenn der Lebenswille erlischt oder geschwächt wird, die Folge sind „Hypochondrie, spleen, Melancholie [...] Hang zum Selbstmord" (S. 156, Z. 21). Gleichwohl ist das „Ausharren im Leben" ein „erzwungener Zustand", kein „irgend frei Erwähltes" (S. 156, Z. 25ff.). Der Mensch ist „innerlich träge, [sehnt] sich nach Ruhe" (S. 156, Z. 30) und erfährt das vom sinnlos strebenden Lebenswillen erzwungene

Fünftes Kapitel: Zu Text 99, S. 157

„Treiben" als Qual (S. 156, Z. 25 ff.). Menschliche Tätigkeit und menschliches Streben sind geboren aus „Noth und Langeweile" und wirken als antreibende „Peitschen" einer sinnlosen, sich im Kreis bewegenden Existenz (vgl. S. 156, Z. 27 ff.). Als die im Text nicht mehr explizit ausformulierte Zielvorstellung wäre die absolute Verneinung des Lebenswillens zu denken, ein kontemplatives Nirwana, das den Menschen von der Fremdbestimmung eines dämonisierten Willens erlöst. In diesem Zusammenhang sieht Schopenhauer auch die befreiende Wirkung der Kunst, die sich „in ausnahmsweise vorkommenden, besonderen Erkenntnisakten erfüllt, in denen sich das Subjekt in der Anschauung eines Gegenstandes verliert und nicht mehr das einzelne Ding, sondern die ewige Form, die Idee, erkennt. In diesem plötzlichen Umschlag wird das Objekt ‚zur Idee seiner Gattung' und das anschauende Subjekt zum reinen, d. h. willenlosen, schmerzlosen, zeitlosen Subjekt des Erkennens" (W. Breidert, in: O. Höffe [Hrsg.]: Klassiker der Philosophie, Band II. München 1981).

Zur Behandlung im Unterricht
Der Text sollte nicht als Einführung in die Philosophie Schopenhauers dienen, wenn auch im Sinne einer Philosophia perennis der historische Bezug rückwärts („interesseloses Wohlgefallen" bei Kant) und vorwärts (Nietzsches positive Umdeutung der Willensmetaphysik) angedeutet werden kann. Auch der Einfluß v. a. auf Wagner und Thomas Mann müßte erwähnt werden. Wichtig ist die Herausarbeitung und Deutung der „Puppen"-Metapher – der Mensch als fremdbestimmtes, von dämonisierten Kräften abhängiges, leidendes Wesen, das „den Boden unter den Füßen verloren hat", gleichzeitig aber auch nicht mehr den erlösenden Bezugspunkt einer Transzendenz kennt. Dieser pessimistische Voluntarismus erscheint somit als Vorwegnahme grundlegender Entfremdungserfahrungen der späteren Moderne und begründet so auch die anfängliche Erfolglosigkeit im idealistisch-humanistischen Kontext des frühen 19. Jahrhunderts.

Thematische Bezüge in anderen Texten
Flake (145): Welt als Vorstellung, der Roman als Projektion, der philosophische Zustand der Anschauung.
Marx (86): unterschiedliches Menschenbild.

99 Heinrich Heine: Wahrhaftig (S. 157)

Zum Text
In diesem Gedicht aus dem Zyklus ‚Junge Leiden' im ‚Buch der Lieder' tritt erstmals in Heines Lyrik das Stilmittel der Ironie scharf hervor. Das Spannungsverhältnis zwischen traditionell-epigonalen Topoi und distanzierender Ironie wird für die weitere literarische Produktion Heines stilbestimmend werden.

Zur Interpretation
Das Gedicht besteht in einem ersten Teil aus „wenn–dann"-Satzkonstruktionen, die die Topoi der epigonalen Romantik fast vollständig versammeln. Die Diminutive sind dabei erste Ironiesignale. Die zwei abschließenden Reimpaare thematisieren drastisch den Zweifel an der „Welthaltigkeit" der poetischen Darstellungsmittel: Das „Zeug" macht „noch lang keine Welt".

Zur Behandlung im Unterricht
An diesem Text kann die notwendige Verfallsgeschichte literarischer Darstellungsmittel und ihre zwangsläufige Historizität herausgearbeitet werden. Der Vergleich mit authentischer romantischer Lyrik bietet sich an. Im Kontext dieses Kapitels verdeutlicht der Text erste Zweifel eines Schriftstellers an der Sinn- und Welthaltigkeit seines Schaffens. Diese Selbstreflexion der Literatur ist bis hin zur Moderne weiterzuverfolgen.

Thematische Bezüge im Kapitel
Immermann (110): Epigonalität.
Storm (114): Stimmungslyrik.

Eduard Mörike: Restauration (S. 157)   **100**

Zur Interpretation
Das kleine Gelegenheitsgedicht thematisiert eine ähnliche Erfahrung wie Text 99. Der Zweifel an einer epigonalen Lyrik, deren Wirkungsmittel Authentizität und Ursprünglichkeit verloren haben, ist allerdings nicht bezogen auf eine intendierte 'Welthaltigkeit'; 'Welt' bleibt reduziert auf die alltägliche, 'gesunde' Idylle einer dörflichen Unmittelbarkeit, die letztlich banal bleibt.

Zur Behandlung im Unterricht
Vgl. die Hinweise in der Einleitung zu Abschnitt III.

Thematische Bezüge im Kapitel
Vgl. die Hinweise zu Heine (99) und Büchner (102): 'mit dem Einfachsten anfangen'.

Eduard Mörike: Verzicht (S. 157)   **101**

Zum Text
Das Gedicht ist der Sammlung ‚Bilder aus Bebenhausen' entnommen, einer Reihe von elf Gedichten, die 'realistische' Beschreibungen von Landschaft und Gebäuden in antikisierende Formen faßt. Der Zwiespalt zwischen natürlicher Schönheit und künstlerischer Gestaltungsfähigkeit bleibt gebannt in der Schönheit einer literarischen Form; der Zweifel des Lyrikers drückt sich aus in einer Modifikation des alten Unsagbarkeitstopos und wird noch nicht konstitutiv für die literarische Ausdrucksweise selbst.

Zur Interpretation
Das in Hexametern verfaßte Gedicht thematisiert in den ersten beiden Versen den Zwiespalt zwischen der 'Schönheit des Tages' und den Vorbereitungen zur zeichnerischen Abbildung dieser Schönheit. Nur der „Verzicht" scheint angemessen, der Rückzug auf individuelles 'Schauen' und 'Genießen'. Weder die „Kunst" noch der Leser würden dadurch etwas „verlieren" (dritter und vierter Vers). Die zeichnerische Reproduktion versagt vor der nuancierten sinnlichen Ausdruckskraft der wirklichen Natur, und nur die innerliche Erinnerung und Vorstellungskraft vermag die Totalität (das 'Ganze') des Eindrucks der Wirklichkeit zu erreichen, nicht die letztlich unangemessene künstlerische und künstliche Reproduktion (das „Bildchen").

Zur Behandlung im Unterricht
Vgl. die Hinweise in der Einleitung zu diesem Abschnitt.

Thematische Bezüge im Kapitel
Storm (114): Stimmungslyrik.
Immermann (110): Epigonalität.

Georg Büchner: [Mein Leben gähnt mich an] (S. 158)   **102**

Zum Text
Der Textausschnitt gehört in den Kontext der Rosetta-Szene (1. Akt, 3. Szene) des Lustspiels ‚Leonce und Lena', in der sich des Leonce Herausfallen aus dem höfischen Feudalsystem durch das Bewußtwerden seiner Langeweile andeutet. Der Kontext der Textstelle, die genaue Darstellung eines durch Zeremoniell und Etikette durchmechanisierten höfischen Rituals, verbietet es eigentlich, der thematisierten Befindlichkeit eine ontologische Bedeutung zuzuschreiben; innerhalb des Kapitelzusammenhangs kann der Text allerdings auch für sich behandelt werden.

Zur Interpretation
Der Textausschnitt beginnt mit einer Selbstansprache des Leonce, bei der er sich selbst als Zuhörer vorstellt: „Komm Leonce, halte mir einen Monolog, ich will zuhören" (S. 158, Z. 10). Diese Selbstaufspaltung wird

Fünftes Kapitel: Zu Text 103, S. 158f.

am Schluß seines Monologs wiederaufgenommen, das Sich-selbst-Rufen bietet einen entlastenden Kommunikationsersatz: „Bravo Leonce! Bravo! [...] Es thut mir ganz wohl, wenn ich mir so rufe. He! Leonce! Leonce!" (S. 158, Z. 19f.). Dazwischen formuliert Leonce mit traditionellen Topoi das Gefühl der Langeweile und der existentiellen Sinnleere (vgl. S. 158, Z. 10ff.); dabei verweist die Metaphorik eindeutig auf den gesellschaftlichen, höfischen Kontext („leerer Tanzsaal", „Tänzer", „Masken", vgl. S. 158, Z. 12ff.). Leonce erfährt diese Selbstreflexionen nur als verdinglichtes und mechanisches Ritual: „Ich stülpe mich jeden Tag vier und zwanzigmal herum, wie einen Handschuh" (S. 158, Z. 15f.). Er hat keine Entwurfsmöglichkeiten in die Zukunft mehr und ist auf seine sinnleere Gegenwart fixiert: „O ich kenne mich, ich weiß was ich in einer Viertelstunde, was ich in acht Tagen, was ich in einem Jahr denken und träumen werde" (S. 158, Z. 16f.). Gleichwohl erkennt er keine Möglichkeit des Ausbruchs, die absolute Determiniertheit der (höfischen) Welt wird im Bild des zum mechanischen Hersagen seiner Lektion gezwungenen Schulbuben gefaßt (vgl. S. 158, Z. 18).
Leonce, durch Geburt parasitärer Nutznießer des aristokratischen Systems, „[laboriert] an Idealen" (Leonce und Lena, 1. Akt, 1. Szene). Valerio, in gewissem Sinne plebejischer Gegenpol zu Leonce und kraft individueller Gerissenheit ebenfalls parasitäre Existenz, bleibt bezeichnenderweise Materialist: „Eure Hoheit scheint mir wirklich auf dem besten Weg, ein wahrhaftiger Narr zu werden. [...] Warten Sie, wir wollen uns darüber sogleich ausführlicher unterhalten. Ich habe nur noch ein Stück Braten zu verzehren [...]" (S. 158, Z. 21ff.). Leonce erwägt die Regression ins Elementar-Materielle: „Das schmatzt. Der Kerl verursacht mir ganz idyllische Empfindungen; ich könnte wieder mit dem Einfachsten anfangen" (S. 158, Z. 27ff.). Aber auch dies bleibt letztlich Pose: „Mach fort, grunze nicht so ..." (S. 158, S. 29).

Zur Behandlung im Unterricht
Der Textausschnitt exemplifiziert die Kritik Büchners an aristokratischen Lebensformen und deren enthumanisierenden Auswirkungen auf das Individuum. Im Zusammenhang des Kapitels wird die perspektivisch gebrochene Aufnahme zentraler Themen der zeitgenössischen Literatur (Byron, Lenau, Grabbe, Grillparzer etc.) dokumentiert: Langeweile, Melancholie, Resignation, Weltschmerz, ennui. Zum geistesgeschichtlichen und soziologischen Kontext können ergänzende Schülerreferate beitragen, Grundlage dazu wäre Wolf Lepenies: Melancholie und Gesellschaft. Frankfurt 1969.

103 Georg Büchner: [Das Märchen der Großmutter] (S. 158f.)

Zum Text
Das Märchen der Großmutter, im ursprünglichen dramatischen Kontext des ‚Woyzeck' durch Motive und Bildlichkeit vielfach auf andere Szenen bezogen, ist Kontrafaktur v. a. der Grimmschen Märchen ‚Die sieben Raben' und ‚Die Sterntaler'. Es faßt fokusartig die Situation und Weltsicht einer sozialen Unterschicht, der auch die traditionelle Trostfunktion religiöser und metaphysischer Weltdeutungen verlorengegangen ist. „Wir arme Leut. [...] Unsereins ist doch einmal unselig in der und der andern Welt, ich glaub' wenn wir in Himmel kämen so müßten wir donnern helfen" (Szene Hauptmann – Woyzeck).

Zur Interpretation
„Großmutter erzähl" – mit dieser Aufforderung wird im ‚Woyzeck' die Märchenerzählung eingeleitet. Dieser exemplarischen Gestaltung einer Erzählsituation, verstärkt noch durch die mundartliche Färbung der Figurenrede, kontrastiert die Radikalität der inhaltlichen Diskrepanz zur Erzählform des Märchens, die ja eine „Kunst des Erzählens" repräsentiert, bei der „die epische Form der Wahrheit, die Weisheit", noch mündlich tradierbar ist (vgl. W. Benjamin: Der Erzähler).
Das Märchen wird so zum Antimärchen, die ethische Basis, die Aufhebung des Leidens und die Belohnung der Guten, erfährt eine totale Negation: „Es war einmal ein arm Kind [...] da sitzt es noch und ist ganz allein" (S. 158, Z. 37, S. 159, Z. 2f.). Ebenso wird der Glaube an die Möglichkeit einer metaphysisch verbürgten kosmischen Ordnung radikal entwertet. Der ‚Makrokosmos' ist zerfallen in verweste Natur („der Mond [...] ein Stück faul Holz", die „Sonn [...] ein verreckt Sonneblum"), in toten Beutevorrat (die „Sterne [...] klei golde Mück, die waren angesteckt wie der Neuntödter sie auf die Schlehe steckt") und in Exkremente („die Erd [...] ein umgestürzter Hafen" – scil. Nachttopf; vgl. H 1, Szene 10: „Seht die Sonn kommt zwischen de Wolke hervor, als würd e potchambre ausgeschüttt").

Fünftes Kapitel: Zu Abschnitt IV, S. 159ff.

Zur Behandlung im Unterricht
Der Text exemplifiziert die antimetaphysische Umdeutung einer volkstümlichen epischen Form. Dieser grundsätzliche Zweifel an Sinn und Bedeutung von Transzendenz dokumentiert den Zerfall weltanschaulicher Orientierungsmuster, der sich in der zweiten Hälfte des 19. Jahrhunderts und beim Übergang zur Moderne zur repräsentativen Geisteshaltung der literarischen Intelligenz ausweitet.

Thematische Bezüge in anderen Texten
Büchner (84, 89, 90, 102); als Vorausdeutung auf die Moderne: Nietzsche (116), Freud (117), Zweig (118).

IV. Bürgerliche Welt (S. 159 ff.)

Es besteht ein Zusammenhang zwischen der jeweiligen historischen Situation des Bürgertums, den bürgerlichen Themen eines großen Teils der erzählenden Prosa und dem Realismus im 19. Jahrhundert. In der Zeit der Restauration seit 1815 verschrieb ein Teil bürgerlicher Intellektueller und Autoren sich der liberalen Revolution, die 1848 endgültig scheiterte (vgl. Abschnitt II); ein anderer Teil versuchte, die Krisenerfahrungen der Zeit auf der Grundlage vorliberaler und voraufklärerischer Weltanschauungen zu verarbeiten, und fand die konkreten Lebensbilder dafür in den noch vorhandenen Formen ständischer, patriarchalischer und ländlich-kleinstädtischer Gesellschaften mit ihrer sittlich-religiösen Ordnung. Die Ablösung von Klassik und Romantik vollzog sich in der entschiedenen Zuwendung zur Alltagsrealität dieser Lebensordnungen. Allen realistischen Erzählern des 19. Jahrhunderts gemeinsam sind deshalb die bürgerliche oder bäuerliche Alltagswelt als Stoff, die Entfaltung von Konflikten und Problemen innerhalb ihrer sozialen Kleinformen und zwischenmenschlichen Beziehungen – in Familie, Nachbarschaft, Gemeinde vorwiegend – und eine genau anschauende Darstellung, die bei den besten Autoren auf sehr genauer Beobachtung beruht.
Hegel bezeichnete in seiner Ästhetik (1818–1829) den Roman als die „moderne bürgerliche Epopöe" (epische Dichtung), die „die Totalität einer Welt- und Lebensanschauung" so darstellt, daß darin die „individuelle Begebenheit [...] den Mittelpunkt für das Ganze abgibt" (vgl. Text 112). In diesem Sinne sind auch die Erzählungen und Novellen des 19. Jahrhunderts „bürgerliche Epopöen". Im Unterschied zu den Naturalisten geben die realistischen Erzähler die „Totalität einer Welt- und Lebensanschauung", Ideale, geistig-sittliche Werte, ein Streben nach harmonischem Ausgleich der Gegensätze und des Schönen, ja Verklärende nicht preis (vgl. Text 113). Dies alles aber soll dem glaubhaften Lebensbild der Realität immanent sein, auch wo Dissonanzen und ungelöste Konflikte zu konstatieren sind. Diese lassen sich, wenn nicht im versöhnlichen Ende einer Handlung, so doch im Vertrauen auf eine höhere sittliche Ordnung oder im Rückzug auf die Innerlichkeit, in Erschütterung, Rührung oder Wehmut, in Schicksalsergebenheit oder auch im Humor auffangen.
Die Auswahl des Kapitels stellt nicht nur einige bedeutende Prosaerzähler des 19. Jahrhunderts vor, sondern auch die Vielfalt der von ihnen dargestellten gesellschaftlichen Wirklichkeit, und zwar von Text 105 bis 109 in chronologischer Reihenfolge: die kleine Universitätsstadt (105), das Handwerk (106), die bäuerliche Lebensform (107), das patrizische Besitzbürgertum (108), schließlich die Orientierung einer bürgerlichen Oberschicht am Adel in der Wilhelminischen Ära (109). Arbeiterschaft, Proletarisierung und Großstadt fehlen hier; sie wurden erst von der sozialdemokratischen und naturalistischen Erzählprosa am Ende des Jahrhunderts erfaßt.
Die Auswahl läßt aber auch die oben angeführten inhaltlichen Orientierungen erkennen. Vorangestellt ist Stifters berühmtes Beispiel für das Bestreben, in einer Wirklichkeit, die, wie die Erzählungen der Sammlung ‚Bunte Steine' dann zeigen, durchaus Spannungen, Gefährdungen und Konflikten ausgesetzt ist, eine große ideale Ordnung zu sehen, die Natur und Menschen gleichermaßen umfaßt (104). Heines ironisches Bild einer Akademiker-Spießer-Kleinstadt steht außerhalb der bürgerlichen Tradition (105). Chronologisch gehört es noch in die Vormärz-Zeit. Als Gegenbeispiel zu den anderen Texten zeichnet die Schilderung der Bürgerwelt von außen und kritisch. Gotthelfs Handwerkerroman (106) wehrt die sozialen Krisenerscheinungen der Zeit mit der religiös-sittlichen Ordnung eines konservativen Calvinismus ab. Keller dagegen sieht den Widerspruch zwischen einer äußerlich scheinbar intakten Ordnung und ihrer inneren Unmoral des Besitzstrebens (107). Auch Storm greift einen Besitzkonflikt auf, der sich allerdings nur innerhalb einer wohlhabenden Familie abspielt und im weiteren Verlauf der Novelle – ziemlich fadenscheinig harmonisierend – gelöst wird; das Anfangsbild zeichnet die ungebrochene und friedlich-behagliche patrizische Ordnung. Fontane schließlich kritisiert nicht nur die verfälschte Ethik einer der Aristokratie sich anpassen-

Fünftes Kapitel: Zu Text 104, S. 159f.

den Bürgertums, er läßt auch den resignierenden Fatalismus einer Gesellschaft erkennen, die nicht mehr ihrem eigenen Gesetz folgt (109).
Die Texte können im Sinne dieser Vorbemerkung sowohl zur Vergegenwärtigung sozialgeschichtlicher Voraussetzungen als auch zur Betrachtung des bürgerlichen Realismus in seinen unterschiedlichen Spielarten verwendet werden. Einzelne von ihnen bieten sich zum Vergleich mit bürgerlicher Literatur und Darstellungen des Bürgertums in anderen Epochen an. Formen und Stilmittel des Erzählens oder der Schilderung können untersucht werden. Interessierte Leser unter den Schülern sollten zu den Roman- und Novellenausschnitten Inhaltsangaben der ganzen Erzählung beitragen.

104 Adalbert Stifter: [Das sanfte Gesetz] (S. 159 f.)

Zum Text
Die ‚Vorrede' zu ‚Bunte Steine' entstand als Antwort auf ein polemisches Epigramm von Friedrich Hebbel, das bei einem Abdruck in der Wiener Zeitung ‚Der Wanderer' den Untertitel ‚Brockes und Geßner, Stifter, Kompert und so weiter' erhalten hatte: „DIE ALTEN NATURDICHTER UND DIE NEUEN / Wißt ihr, warum euch die Käfer, die Butterblumen so glücken? / Weil ihr die Menschen nicht kennt, weil ihr die Sterne nicht seht! / Schauet ihr tief in die Herzen, wie könntet ihr schwärmen für Käfer? / / Säht ihr das Sonnensystem, sagt doch, was wär euch ein Strauß? / Aber das mußte so sein; damit ihr das Kleine vortrefflich / liefertet, hat die Natur klug euch das Große entrückt." Die Antipathie Stifters gegen Hebbels literarische Produktion war nicht neu, schon 1847 hatte er sich in einem Brief entsprechend geäußert: „Denn nach meiner Individualität und nach meinen Kunststudien muß ich ihn in dem, was er bisher geleistet, völlig verwerfen, und geradezu häßlich nennen, was, wenn die Kunst das Schöne darstellen soll, gerade das allerärgste ist, was einem Künstler widerfahren kann. [...] Darum sind oft große Bilder, scharfe Gedanken, selbst tragische Blitze da, die alle umsonst sind, und einem nur bange machen, weil das Letzte und Eine nicht da ist, zu dem sie harmonisch dienen sollen, die Darstellung der objektiven Menschheit als Widerschein des göttlichen Waltens." Der Konservativismus dieser Ästhetik ist offensichtlich, ebenso die Übereinstimmung mit den zentralen Denkfiguren des ethischen Programms zur ‚Vorrede'.
Die ‚Bunten Steine' selbst sind eine Sammlung von Novellen aus der späteren Schaffensperiode Stifters und Zeugnis für seine Erschütterung durch die Ereignisse des Jahres 1848. Für ihn war die Revolution nur Barbarei und Anarchismus; sie begründete mit seinen literarischen und politischen Konservativismus.

Zur Interpretation
Der Textauszug beginnt mit einer gegen Hebbels Polemik gewendeten Neudefinition der Begriffe „groß" und „klein", von der Stifter annimmt, daß sie „wahrscheinlich von denen vieler anderer Menschen abweich[t]" (S. 159, Z. 11f.). Seine Vorstellungen von Größe sind an klassischen Denkfiguren (Totalitätskategorie) orientiert: Die einzelnen Naturerscheinungen, so beeindruckend sie auch sein mögen, haben ihre Bedeutung erst im Naturganzen und in der Geltung von „höheren Gesetze[n]", die auf „das Ganze und Allgemeine geh[en]" und „allein das Welterhaltende" sind (vgl. S. 159, Z. 18 u. 24 f.). Alle „Erscheinungen" sind letztlich nur „Wirkung", „einseitige Ursache" und an „einzelnen Stellen [vorkommend]" [S. 159, Z. 17f.), nicht die der Kategorie des „Maßes" (so wörtlich an einer nicht abgedruckten Stelle der ‚Vorrede') verpflichtete *Idee* der Natur.
Analog der „äußeren Natur" gilt „auch in der inneren, in der des menschlichen Geschlechts" (S. 159, Z. 26f.) das „sanfte" (d. h. der Idee des Maßes) verpflichtete „Gesetz" (S. 159, Z. 34); dieses „Sittengesetz" (S. 160, Z. 36) wirkt als regulatives Ethos „menschenerhaltend" (S. 160, Z. 40) und beansprucht überzeitliche, absolute Geltung: „Dieses Gesetz liegt überall, wo Menschen neben Menschen wohnen, und es zeigt sich, wenn Menschen gegen Menschen wirken" (S. 160, Z. 10f.). Vor diesem Hintergrund versucht Stifter eine Konkretisierung seiner Ethik durch den Entwurf einer idealtypischen „großen" Biographie: „Ein ganzes Leben voll Gerechtigkeit, Einfachheit, Bezwingung seiner selbst, Verstandesgemäßheit, Wirksamkeit in seinem Kreise, Bewunderung des Schönen, verbunden mit einem heiteren, gelassenen Sterben" (S. 159, Z. 27ff.). Dagegen stellt er, als „Hervorbringung einzelner und einseitiger Kräfte" (S. 159, Z. 33), „mächtige Bewegungen des Gemütes, furchtbar einherrollenden Zorn, die Begier nach Rache, den entzündeten Geist, der nach Tätigkeit strebt, umreißt, ändert, zerstört, und in der Erregung oft das eigene Leben hinwirft" (S. 159, Z. 29ff.).
Diese Antagonismen sind aus unterschiedlichen Perspektiven zu erläutern. Erstens autobiographisch als Reflex auf Stifters Wahrnehmung der 1848er Revolution, die gerade in Wien vergleichsweise blutig und

dramatisch abgelaufen war und bis zur Lynchjustiz an staatlichen Funktionsträgern geführt hatte. Zweitens geistesgeschichtlich: Die Verbindungen zur idealistischen Ethik und philosophischen Anthropologie (v. a. Schiller und Kant) sind offensichtlich, entscheidend bleiben die Unterschiede. Bei Schiller ist die einseitige Ausbildung der Kräfte und Fähigkeiten des Menschen notwendiges Moment innerhalb eines geschichtsphilosophischen Modells, Stifter ontologisiert diese Denkfigur zu dämonisierten Charaktereigenschaften. Drittens sozialgeschichtlich: Die Erkenntnisse soziologischer Modernisierungstheorien deuten darauf hin, daß Modernisierung im späten 18. und 19. Jahrhundert nicht nur einseitig im wirtschaftlich-technischen Bereich stattfindet, sondern daß eine notwendige Interdependenz zur „Modernisierung des Lebensstils" besteht. Vor diesem Hintergrund bleibt Stifters idealtypische Biographie einem vormodern-traditionalen Lebensstil verbunden mit konsistenten Normen und geringer sozialer Differenzierung („Einfachheit"), kaum ausgebildeter psychischer und sozialer Mobilität („Wirksamkeit in seinem Kreise") und innengesteuertem Verhalten („Bezwingung seiner Selbst", „Verstandesgemäßheit"). Tendenziell moderne Eigenschaften sind negativ besetzt: Rollen- und Tätigkeitsdifferenzierung („Hervorbringungen einzelner und einseitiger Kräfte"), Mobilität, Produktivität und das Aufbrechen der geschlossenen Positionsrekrutierung („der entzündete Geist, der nach Tätigkeit strebt, umreißt, ändert, zerstört").
Auch die weiteren Ausführungen Stifters zu seiner Ethik bleiben rückgebunden an die idealistische Tradition. Das Selbstbestimmungsrecht des einzelnen findet seine Grenzen dann, „wenn er die Bedingungen des Daseins eines anderen zerstört" (S. 159, Z. 39) und wenn er dagegen verstößt, daß „jeder Mensch ein Kleinod für alle anderen Menschen ist" (S. 160, Z. 9f.). (Vgl. dazu die Formulierung Kants: „Handle so, daß du die Menschheit sowohl in deiner Person, als in der Person eines jeden anderen jederzeit zugleich als Zweck, niemals bloß als Mittel brauchst.") Stifter behauptet ein inneres Gefühl, „Kräfte, die nach dem Bestehen der gesamten Menschheit hinwirken" (S. 160, Z. 3f.). Dieses „Höhere" (vgl. S. 159, Z. 40) im Menschen garantiert auch die Möglichkeit der Aufhebung der Individuation, „wir fühlen uns als ganze Menschheit" (S. 160, Z. 2f.).
Das Sittengesetz als überhistorische Konstante steht letztlich auch hinter allen dichterischen Darstellungen einzelner „Gegenstände" und ermöglicht so das mitfühlende Verständnis über Zeitabstände hinweg (vgl. S. 160, Z. 17ff.).

Zur Behandlung im Unterricht
Der Text steht repräsentativ für die ethischen Grundsätze großer Teile der Intelligenz des 19. Jahrhunderts. Sie waren orientiert an der idealistischen Tradition und beschränkten sich weitgehend auf Regulative für die zwischenmenschlichen Beziehungen. Eine politische Ethik wurde nicht ausgebildet, die Übertragbarkeit der Individualethik auf den Bereich staatlichen Handelns war nicht möglich. So blieb die 'reale' Machtpolitik der europäischen Großstaaten einer ethischen Beurteilung letztlich unzugänglich, die Politik als literarischer Stoff wurde tabuisiert und ausgegrenzt (vgl. Text 112 und 114).
Kennzeichnend für Stifter ist die Anlehnung an Goethe bei der Analogisierung der menschlichen Gesetze mit den Gesetzen der Natur.

Thematische Bezüge im Kapitel
Siehe oben; zusätzlich könnten die literarischen Textbeispiele 106 bis 109 auf ihre ethischen Grundlagen untersucht werden.

Heinrich Heine: [Die Stadt Göttingen] (S. 161 ff.) 105

Zum Text
Heines Reisebeschreibung ‚Die Harzreise' erschien 1826 zuerst in der Berliner Zeitschrift ‚Der Gesellschafter' in einer von der preußischen Zensur stark entstellten Fassung, im gleichen Jahr dann als erster Teil der mehrbändigen ‚Reisebilder' beim Hamburger Verleger Julius Campe. ‚Die Harzreise' wurde stilbildend für die jungdeutsche Reiseliteratur und war auslösend für diese Modeerscheinung der Zeit.
Heines poetische Reiseschilderungen stehen in der Tradition von Sternes ‚Sentimental Journey through France and Italy' (1768) und Thümmels ‚Reise in die mittäglichen Provinzen von Frankreich' (1791 bis 1805), aber auch von Jean Paul, Brentano (Philisterabhandlung) und anderen.
Gleichwohl entwickelte Heine schon in der ‚Harzreise' seinen eigenen ironischen Stil mit der Verwendung auch umgangssprachlicher Prosa zur Darstellung einer modernen Zusammenstellung von Naturschilderungen, Zeitsatire, politischen Stellungnahmen und lyrischen Einlagen.

Fünftes Kapitel: Zu Text 105, S. 161 ff.

In den abgedruckten Eingangsabschnitten der ‚Harzreise' beschreibt Heine seinen Studienort Göttingen, der der Ausgangspunkt seiner Fußwanderung war. Den biographischen Kontext in den Jahren 1824 bis 1826 erwähnt Briegleb im Kommentar zu den ‚Reisebildern': „Von ständiger Krankheit geplagt, von Liebesbeziehungen enttäuscht, am juristischen Studium nur wenig interessiert, muß er in schlechter Gemütsstimmung auf ein baldiges Examen hinarbeiten, da ihm der Onkel Salomon das Studium nur widerwillig und unter ständigem Drängen auf einen Abschluß finanziert. Zudem ist er als Jude sozial empfindlich deklassiert. [...] Wie die tatsächliche Wanderung durch den Harz für Heine befreiend wirkte von den Sorgen seines alltäglichen Lebens, so bedeutete die Arbeit an der literarischen ‚Harzreise' von den ersten Anfängen [...] ‚eine Opposition gegen das abgedroschen Gebräuchliche' " (25. 10. 1824 an Moser).

Zur Interpretation
Die vorangestellten Verse thematisieren einen der Hauptgegensätze der ganzen ‚Harzreise': auf der einen Seite Konvention, platte Geselligkeit und verlogene Gefühle, auf der anderen Seite die freie Natur und eine ihr entsprechende Natürlichkeit, ohne daß bei dem Ironiker Heine diese Gegensätze immer so einfach wären.
Die Stadt Göttingen wird charakterisiert durch ihre „Würste und Universität" (S. 161, Z. 19). Dieser Kontrast zwischen einer Bildungsinstitution und einem den Wohlstand Göttingens mit begründenden Gewerbezweig verweist ironisch auf das traditionelle Spannungsverhältnis zwischen humanistischem Ethos und Nützlichkeitsdenken.
Danach gibt Heine ein bissiges Panorama der Lebensbedingungen in einer kleinen Universitätsstadt: Kirchen und Entbindungsanstalt, Sternwarte, Karzer und Bibliothek, der Ratskeller für die obligatorische Trinkfreudigkeit der Studenten (vgl. S. 161, Z. 20 ff.) und die sonstigen „Einrichtungen" (S. 161, Z. 28 ff.). Er macht sich lustig über das martialische Gehabe der Studentenverbindungen ebenso wie über die angebliche Inkompetenz der Göttinger Professoren (S. 161, Z. 33 ff., S. 162, Z. 10 ff.). In der ironisch gemeinten Studentenperspektive („im allgemeinen" – S. 162, Z. 6) reduziert sich die Einwohnerschaft auf die Hierarchie „Studenten, Professoren, Philister und Vieh" (S. 162, Z. 6 f.). Bei allem Witz und Spott verweist dies durchaus auf reale Verhaltensweisen der Studenten gegen „Philister", d. h. alle Nichtstudenten, die oft unter den Ausschweifungen der Studenten zu leiden hatten.
Heine ironisiert auch gängige Praktiken der Reise- und Ortsbeschreibung, vor allem die Neigung zu unsinnigen Statistiken („999 Feuerstellen" – S. 161, Z. 20) und den Hang zu pedantisch-wissenschaftlicher Methodik (vgl. S. 162, Z. 16 ff.). Schon bei den Kindern entdeckt er die damit verwandte Paukerei toten Wissens (S. 162, Z. 39 ff.), die bezeichnend ist für „den engen, trockenen Notizenstolz der hochgelahrten Georgia Augusta" (S. 163, Z. 3 f.). So wird verständlich, daß die Stadt „am besten [gefällt], wenn man sie mit dem Rücken ansieht" (S. 161, Z. 24 f.). Gegen diese provinzielle Enge erfährt Heine seine Wanderung als „Erquickung" (S. 163, Z. 6).

Zur Behandlung im Unterricht
Von den Schülern selbst erarbeitet werden kann: die ironisch-witzige Sprachverwendung Heines, z. B. durch ungewöhnliche Zusammenstellungen (Würste und Universität, Kirchen und Entbindungsanstalt etc.), die Umkehrung der ersten Aussage durch die zweite (S. 161, Z. 24 f.), Wortspiele (Profaxen und andere Faxen), ungewöhnliche Aufzählungen (S. 161, Z. 20 f., S. 162, Z. 28 ff.); der Kontrast zwischen kleinstädtischer Enge und Borniertheit und der Natur; die Ironisierung zeitgenössischer Ortsbeschreibungen (S. 162, Z. 16 ff.).
Interessant ist auch der sozialgeschichtliche Hintergrund zum zeitgenössischen Studentendasein und die Rolle der Studenten als politische Opposition (vgl. dazu K. Jarausch: Deutsche Studenten 1800–1980. Frankfurt 1984).

Thematische Bezüge in anderen Texten
Mann (124): Stadtbeschreibung.
Rilke (132): Stadtbeschreibung/Stadtwahrnehmung.

Fünftes Kapitel: Zu Text 106, S. 163f.

Jeremias Gotthelf: [Der Handwerksgeselle] (S. 163f.) 106

Zum Text

Jeremias Gotthelf (1797–1854) entnahm den Schriftstellernamen seinem ersten Roman, ‚Der Bauernspiegel'. Geboren wurde er als Albert Bitzius, er entstammte der regimentsfähigen Aristokratie Berns. Das bernische Gebiet hat er mit Ausnahme einer kurzen auswärtigen Studienzeit nicht verlassen. Zum Pfarrhof seines Vaters gehörte ein ansehnlicher landwirtschaftlicher Betrieb; Gotthelf hatte also lebensunmittelbare Anschauung des Sozialmilieus, das den Hintergrund für die meisten seiner Romane und Erzählungen abgibt. Bis zum Antritt seiner ersten und letzten Pfarrstelle mit 35 Jahren verläuft sein Leben im traditionellen Rahmen einer Pfarrerslaufbahn. Erst nach Übernahme seiner Pfarrei beginnt die literarische Produktion Gotthelfs, die im literarhistorischen Rückblick zusammen mit den Werken Kellers und Meyers als bedeutender Schweizer Beitrag zur realistischen deutschsprachigen Prosa des 19. Jahrhunderts gilt.

Gotthelf wird heute als Repräsentant und Schöpfer des konkret-realistischen Bauernromans angesehen. Ergänzend muß hinzugefügt werden, daß Bauern- und Sozialthematik eingebettet sind in spekulativ-theologische Zusammenhänge von Vorstellungen über die Offenbarung Gottes und Geschichte als fortwirkende Offenbarung. Vor diesem Hintergrund wird auch Gotthelfs Abstand zu den Jungdeutschen und dem Vormärz deutlich: „Daß die von Gotthelf [...] angesprochenen Probleme betont sozialer Art sind, und zwar sehr kompromißlos sozial, sei nicht nur am Rande vermerkt. Es ist allerdings eine andere Form von Empörung über Druck und Ausbeutung der Schwachen, als sie uns im jungdeutschen Sozialroman begegnet ist. Denn das Interesse Gotthelfs ist darauf gerichtet, wie die Figuren seiner Erfahrung und Phantasie in der äußeren und äußersten Not ihr Verhältnis zu Gott bewähren oder nicht. Eine rein säkulare, autonom politische Sphäre gibt es im Weltbild Gotthelfs nicht" (Werner Kohlschmidt: Geschichte der deutschen Literatur vom Jungen Deutschland bis zum Naturalismus. Stuttgart ²1982).

Mit dem Roman ‚Jacobs des Handwerksgesellen Wanderungen durch die Schweiz' bearbeitete Gotthelf einen für ihn eher untypischen Stoff. Der Roman wurde vom Zwickauer Volksverein initiiert, der ein Buch über das Leben deutscher Handwerksgesellen in der Schweiz wünschte, und Gotthelf nutzte diese Gelegenheit zur Auseinandersetzung mit dem zeitgenössischen Kommunismus und Sozialismus eines Fourier und Weitling. Der Protagonist Jacob ist ein deutscher Handwerksgeselle, der bei seinem Zug durch die Schweiz in soziale Unruhen verstrickt wird, dann allerdings 'bekehrt' in seine Heimat zurückkehrt, um das Handwerk seines Vaters weiterzuführen.

Der sozialgeschichtliche Hintergrund dieser konservativen Philippika gegen „Kommunisten, Sozialisten, Fourieristen und andere Unchristen" (S. 163, Z. 39f.) bedarf der Erläuterung. Zu Beginn des 19. Jahrhunderts erlebte der herkömmliche Handwerksgeselle durch die beginnende Industrialisierung eine Bedrohung seiner althergebrachten Lebensweise. Gleichzeitig löste sich die sozial integrierende Zunfttradition auf, zahlreiche Handwerksberufe mußten mit einem Überangebot an ausgebildeten Arbeitskräften fertig werden, und das alles radikalisierte die traditionellen Solidargemeinschaften vor allem der Handwerksgesellen. Aufgrund der bedrückenden ökonomischen Verhältnisse waren die gewerblich weiterentwickelten Städte auch der Schweiz ein bevorzugtes Ziel der wandernden Handwerksgesellen. Durch das Zusammentreffen mit politischen Emigranten entstanden so im gesamten westlichen Ausland die ersten Vorstufen der organisierten deutschen Arbeiterbewegung. Einflußreichster Theoretiker vor allem für die Handwerksvereine in der Schweiz war der Schneidergeselle Wilhelm Weitling (1808–1871). Weitling vertrat einen religiösen Handwerkskommunismus und entwarf die Vision einer kommunistischen Gesellschaft auf christlicher Grundlage mit Arbeitspflicht und Gütergemeinschaft. Gleichzeitig forderte er den revolutionären Klassenkampf und die Abschaffung des Geldsystems. Charles Fourier war ein französischer Sozialphilosoph und Frühsozialist, der unter anderem die Aufteilung des Staates in Genossenschaftsgebiete forderte und für den die Befriedigung menschlicher Lust das höchste Ziel darstellte.

Zur Interpretation

Die desolate Situation Jacobs ohne Besitz und Stellung wird vom Erzähler in der traditionellen christlichen Begrifflichkeit dargestellt und kommentiert. Die „unendliche Trostlosigkeit", der Verlust von „Kraft" und „Mut" erscheint als Mangel an „christlichem Sinn" und „Demut", der die Anerkennung der „eigenen Schuld" und Erkenntnis der „göttlichen Liebe" verhindert (vgl. S. 163, Z. 16ff.). Die sozialen Gegensätze („achtzig Millionärs wohnen [in Genf]" – S. 163, Z. 36) werden nur als „Menschenhaß" und „Rachgier" gedeutet (S. 163, Z. 21), auch die Solidarität mit scheinbar Gleichgesinnten ist zerbrochen (S. 163, Z. 23ff.). Diese Elendssituation wird Anlaß einer Erzählerreflexion, die die klassischen Topoi christlicher Weltdeutung gegen eine potentielle Kritik der „bestehenden Ordnung" (S. 164, Z. 5) ausspielt. Alle Ursache des

Fünftes Kapitel: Zu Text 107, S. 165ff.

bestehenden Elends liege in „der eigenen Sünde" (S. 164, Z. 4f.), „in Jacob selbst" (S. 164, Z. 21), und wenn ihn doch „gar großes Unglück" (S. 164, Z. 25) treffen sollte, so steht immer noch „die enge Pforte offen, welche in den Himmel führt" (S. 164, Z. 27). Gesellschaftskritik und sozialpolitische Veränderungsstrategien werden nur als Genußsucht und Eigennutz gedeutet (vgl. S. 164, Z. 13ff., Z. 32ff.). Irdische Erfolglosigkeit spiegelt letztendlich nur die selbstverschuldete Gottverlassenheit, bei entsprechendem Lebenswandel hätte sich auch der wirtschaftliche Erfolg eingestellt (vgl. S. 164, Z. 21ff.).

Zur Behandlung im Unterricht
Der Text exemplifiziert eine konservative Gegenposition zu den sozialrevolutionären Ansätzen eines Büchner und Heine. Hinter der christlichen Terminologie ist leicht auch die calvinistische Ethik zu erkennen mit ihrem notwendigen Zusammenhang von wirtschaftlichem Erfolg und Gottesgläubigkeit. Vor allem diese Zusammenhänge müßten mit den Schülern diskutiert und auf ihre mögliche Aktualität befragt werden.

Thematische Bezüge im Kapitel
Büchner (89, 90): sozialrevolutionärer Ansatz.
Heine (91): Sozialkritik.

107 Gottfried Keller: [Zwei Bauern] (S. 165ff.)

Zum Text
‚Romeo und Julia auf dem Dorfe' ist poetischer Höhepunkt des ersten Teils der Novellensammlung ‚Die Leute von Seldwyla' und schildert, wie aus Besitzstreben und dem Bruch von Eigentumsrechten der Untergang zweier Familien hervorgeht.
Der Streit der beiden Bauern Manz und Marti um die Besitz- und Nutzungsrechte des mittleren Ackers untergräbt die wirtschaftliche Solidität beider Höfe und verstrickt die Familien in abgrundtiefen Haß. Gleichzeitig wird den sich liebenden Kindern der beiden Familien die ökonomische Basis einer Ehe entzogen: „Das Gefühl, in der bürgerlichen Welt nur in einer ganz ehrlichen und gewissensfreien Ehe glücklich sein zu können, war in ihm ebenso lebendig wie in Vrenchen, und in beiden verlassenen Wesen war es die letzte Flamme der Ehre, die in früheren Zeiten in ihren Häusern geglüht hatte und welche die sich sicher fühlenden Väter durch einen unscheinbaren Mißgriff ausgeblasen und zerstört hatten, als sie, eben diese Ehre zu äufnen während durch Vermehrung ihres Eigentums, so gedankenlos sich das Gut eines Verschollenen aneigneten, ganz gefahrlos, wie sie meinten. [...] Sie mochten so gern fröhlich und glücklich sein, aber nur auf einem guten Grund und Boden, und dieser schien ihnen unerreichbar, während ihr wallendes Blut am liebsten gleich zusammengeströmt wäre." So bleibt ihrer Leidenschaft nur der Ausweg des gemeinsamen Selbstmordes nach vollzogener Vereinigung im 'Brautbett' eines gestohlenen Heuschiffs. Diese Darstellung der wechselseitigen Bezüglichkeit von ökonomisch-gesellschaftlicher Grundlage und scheinbar absoluter Liebe ist eingebunden in die Schilderung des Zerfalls einer bäuerlichen Sozialordnung, bei der Keller „die Auflösung der Ständegesellschaft auf dem Dorfe als zeitlose moralische Verfallserscheinung [zeigt]" (G. Kaiser: Gottfried Keller. Das gedichtete Leben. Frankfurt 1981).

Zur Interpretation
Schon der Titel rückt die Novelle in einen weltliterarischen Zusammenhang; gleichzeitig wird so der erzählte „Vorfall" zur besonderen Ausprägung einer jener grundlegenden Fabeln, die „tief im Menschenleben [...] wurzel[n]" (S. 165, Z. 10f.), und „die gegebene Wirklichkeit zur Variationenfolge und Kombinatorik eines Grundbestandes literarischer Motive [ernannt]" (G. Kaiser).
Diese überindividuelle Perspektive bestimmt auch den ersten Teil des hier abgedruckten Textausschnitts (bis S. 166, Z. 6). Die beiden pflügenden Bauern erscheinen als Repräsentanten einer bäuerlichen Sozialordnung („sie stellten die ursprüngliche Art dieser Gegend dar" – S. 165, Z. 33f.), sie entbehren jeglicher Individualität („So glichen sie einander vollkommen in einiger Entfernung" – S. 165, Z. 33) und in der Gleichförmigkeit ihres Aussehens (vgl. S. 165, Z. 22ff.) und ihrer Tätigkeit (vgl. S. 165, Z. 26ff.) wirken „beide wie zwei ... Gestirne" (S. 166, Z. 1), was ihrer Lebensform anscheinend kosmische Beständigkeit garantiert. Doch die Idylle ist trügerisch. Der mittlere der drei Äcker liegt „seit langen Jahren brach und wüst" (S. 165, Z. 20), und die beiden Bauern nutzen diese Situation unrechtmäßig aus, indem sie störende Steine auf ihm abladen. Auch symbolisch hat die scheinbar friedliche Idylle ihr Gegenbild, das auf den

Fünftes Kapitel: Zu Text 108, S. 167 ff.

heranziehenden Streit vorausdeutet. Die beiden Bauern erscheinen nicht nur als ruhige Gestirne, sondern ihre „schimmernden Mützen [... züngelten] wie zwei weiße Flammen gen Himmel" (S. 165, Z. 41 f.). Der Dialog zwischen Manz und Marti (S. 166, Z. 6 – S. 167, Z. 14) untergräbt weiter den idyllischen Eindruck des ersten Teils. Es wird deutlich, daß der mittlere Acker aus sozialem Ressentiment und Eigeninteresse einem Wandermusikanten vorenthalten wird. Der einem bäuerlich-idyllischen Naturstand angemessene Beweis der physiognomischen Ähnlichkeit wird verleugnet, und es wird ein geschriebener Rechtstitel gefordert, von dem klar ist, daß der „schwarze Geiger" ihn nicht beschaffen kann. In der weiteren Folge der Novelle wird dann „der um seinen Acker betrogene schwarze Geiger das Gegenbild der bäuerlichen Sicherheit und Gesetztheit, wie sie sich im Anfang darstellt" (G. Kaiser).
Im abschließenden Textteil (S. 167, Z. 15–30) wird die letzte Voraussetzung geschaffen, die den unglückseligen Streit zwischen den Bauern dann endgültig auslöst. Beide „rissen eine tüchtige Furche in den mittleren herrenlosen Acker hinein" (S. 167, Z. 19 f.) und eignen sich so unrechtmäßig einen Teil an. Das Sternbild-Motiv wird ironisch wiederaufgenommen (S. 167, Z. 28), jetzt aber im Zusammenhang mit der Unermeßlichkeit des Schicksals: „So gehen die Weberschiffchen des Geschickes aneinander vorbei und ‚was er webt, das weiß kein Weber!'" (S.167, Z. 28 ff.). „Was sich als Idylle der Ordnung und Rechtlichkeit gibt, hat in seiner Mitte Unordnung und Unrecht, trägt den Sündenfall in sich" (G. Kaiser).

Zur Behandlung im Unterricht
Der Text verdeutlicht vorbürgerliche Lebensverhältnisse, die allerdings nur scheinbar eine zeitlos gültige Weltordnung darstellen. Vor allem die immanenten Gefährdungen dieser bäuerlichen Lebensformen können von den Schülern selbst herausgearbeitet werden: soziales Ressentiment, Vorurteile, Bigotterie, Besitzstreben. Die sozialen Wandlungsprozesse im Zuge der beginnenden Industrialisierung können anschließend thematisiert werden (Referate, Lehrervortrag).

Thematischer Bezug im Kapitel
Gotthelf (106): Zerfall traditioneller Lebensformen.

Theodor Storm: Die Söhne des Senators (S. 167 ff.)   108

Zum Text
Storms Novelle spielt vor dem sozialen Hintergrund eines gutsituierten Kleinstadtpatriziats. Die Örtlichkeit einer behaglichen Küstenstadt mit ihrer dezidiert bürgerlichen Sphäre ist typisch für Storm und seine Darstellung einer „mit Intimität gefüllten Enge" (Werner Kohlschmidt: Geschichte der deutschen Literatur vom Jungen Deutschland bis zum Naturalismus. Stuttgart ²1982). Entsprechend gedämpft verwendet er auch die traditionellen Konfliktmuster der Erbesituation und der zwei zerstrittenen Brüder. Macht und Herrschaft spielen keine Rolle mehr, der Besitzkonflikt ist reduziert auf den Streit um einen Garten, der dann artig vor Gericht ausgefochten wird und eigentlich nur die angenehme Familienatmosphäre getrübt hat. Die schließlich doch siegende Familiensolidarität entläßt den Leser mit einem idyllischen Schlußtableau: „‚Christian Albrecht', sagte Herr Friedrich, den Arm um seines Bruders Schultern legend, ‚wenn erst deine Jungen hier so in den Büschen liegen!' Da erscholl hinter ihnen vom oberen Teil des Gartensteigs ein helles fröhliches ‚Bravissimo!', und als sie sich hierauf umwandten, da stand in der offenen Tür des Pavillons inmitten aller Gäste die junge anmutige Frau Senatorin, mit emporgehobenen Armen hielt sie den Brüdern ihr eben erwachtes Kind entgegen, das mit großen Augen in die bunte Welt hinaussah." „Welt" meint hier den umstrittenen Garten, und so wird noch einmal deutlich, daß auch der späte Storm letztendlich repräsentativ bleibt für die resignative Wendung des Bürgertums zu Innerlichkeit und Alltagsleben. „Von Geschichten hielt er mehr als von der Geschichte" (Theodor Fontane über Storm).

Zur Interpretation
Die abgedruckten Eingangsabschnitte der Novelle beschreiben exemplarisch die „Realität" kleinstädtischer Bürgerlichkeit, die ihren Bedeutungshöhepunkt schon lange überschritten hat und letztlich historisch überholt ist. Der alte Senator Jovers, „nun längst vergessen" (S. 167, Z. 36), war noch ein Kaufherr von wirtschaftlicher Bedeutung (vgl. S. 167, Z. 38). Als typischer Patriarch herrschte er über seine Familie und seine Angestellten (vgl. S. 168, Z. 3 ff.), gegenüber seiner „Vaterstadt und alle[n] reputierlichen Leuten in derselben" (S. 168, Z. 7 f.) übte er die Rolle des herrschaftlichen Wohltäters aus (vgl. S. 168, Z. 9 ff.). Die politischen Funktionsträger der Stadt sind ihm verwandtschaftlich verbunden (vgl. S. 169, Z. 42), und er

Fünftes Kapitel: Zu Text 109, S. 170ff.

erfreute sich allgemeiner Beliebtheit und Achtung. Ihm gelang noch die Tradierung seines Namens (der Sohn des jungen Senators wird auf den Namen „Friedrich" getauft werden) und seiner Profession: Den ältesten Sohn, „gleichen Namens mit ihm, [hatte] er kurz vor seinem Tode als Kompagnon der Firma aufgenommen" (S. 167, Z. 40 f.). Den potentiellen Konflikt um die Übernahme der Firma entschärfte er dadurch, daß er seinem jüngeren Sohn ein Weingeschäft erwirbt (vgl. S. 168, Z. 1 f.). Nur latent und abgeschwächt spielt dieses Motiv der Primogenitur dann später eine Rolle beim Streit um den Garten.
Auch das Haus der Familie repäsentiert noch vorindustrielle Lebensformen, da Büro- und Geschäftsräume noch nicht aus dem Wohnhaus ausgegliedert sind (vgl. S. 168, Z. 22 ff.). Der „stattliche Lust- und Nutzgarten" (S. 168, Z. 33) ist Relikt aus der Feudalzeit (vgl. S. 169, Z. 8), dient jetzt aber „patrizischen Sommerfreuden" (S. 169, Z. 14 f.). Der Tod des alten Senators und seiner Frau markiert den Endpunkt dieser patriarchalischen Verhältnisse, der jungen Generation ist dieser Lebensstil fremd geworden. Auch die Integration des Todes in den natürlichen Lebensablauf geht verloren, der junge Senator will den Friedhof „nicht vor Augen haben" (S. 170, Z. 11). Der elterliche Nachlaß bedroht zuerst sogar den Zusammenhalt der Familie: „Es war ja noch unbestimmt, in wessen Hand der Garten kommen würde" (S. 170, Z. 18).

Zur Behandlung im Unterricht
Der Text beschreibt exemplarisch Leben und Lebensgefühl des gutsituierten Kleinstadtbürgertums. Diese Informationen können die Schüler selbständig erarbeiten, die kritische Hinterfragung auf den historischen Stellenwert der geschilderten Lebensverhältnisse könnte durch Lehrerinformationen oder durch Schülerreferate gesichert werden.

Thematische Bezüge in anderen Texten
Zweig (118): Lebensgefühl des 19. Jahrhunderts.

109 Theodor Fontane: [Unser Ehrenkultus ist ein Götzendienst] (S. 170ff.)

Zum Text
Zur Zeit der Entstehung von Fontanes Roman ‚Effie Briest' war klar, daß das deutsche Kaiserreich weit weniger dem Idealtyp einer bürgerlichen Gesellschaft entsprach als seine westlichen Nachbarn. Das Selbstverständnis großer Teile des 'Bürgertums' war von vorbürgerlich-feudalen Traditionen geprägt. Die soziale Militarisierung und Bürokratisierung der deutschen Gesellschaft läßt sich an einer Vielzahl von Indizien festmachen: dem verbreiteten Ordens- und Titelwesen, dem Drang zur Nobilitierung, der Institution des Reserveoffiziers, dem spezifisch unbürgerlichen Umgangston und Stil der Ober- und Mittelschichten, dem erstrebten Land- oder Rittergut, einer weitverbreiteten 'Militärfrömmigkeit', der Institution des Duells. Diese Maßgeblichkeit adelig-agrarischer, militärischer und bürokratischer Verhaltensmuster und Werte überformte eine nur rudimentäre 'Bürgerlichkeit'; sie besaß eine enorme soziale und sozialpsychologische Prägekraft. Dies wird auch in der Literatur immer wieder thematisiert, von den Romanen Fontanes über Heinrich Manns ‚Untertan' bis zum ersten Teil von Brochs ‚Schlafwandlern'.

Zur Interpretation
Das Gespräch Instettens mit seinem Freund Wüllersdorf verdeutlicht die zeitgenössische Orientierung an vorbürgerlichen Werthaltungen, die als „tyrannisierende[s] Gesellschaft-Etwas" (S. 171, Z. 24 f.) die individuelle Handlung determinieren. Zentrale Kategorie im Wertsystem Instettens ist die „Ehre" (S. 171, Z. 37), ein typisch vorbürgerlich-feudaler Begriff. Entsprechend abgewertet wird mit der „Teilnahme" (S. 172, Z. 2) die bürgerliche Tugend des Mitleids.
Sobald der „Fleck" auf der „Ehre" Instettens auch nur „einen halben Mitwisser [hat]" (S. 171, Z. 37), müsse er sich auf das von einer sozialmilitaristischen Konvention vorgeschriebene Duell gegen den Liebhaber seiner Frau einlassen (vgl. S. 171, Z. 28 ff.). Dabei ist er ihm gleichgültig, daß die 'Schuld' gleichsam verjährt ist und er seine Frau immer noch liebt (vgl. S. 170, Z. 41 ff.). Wichtig ist vielmehr die Einordnung des einzelnen in ein „Ganzes", auf das man „beständig Rücksicht zu nehmen [hat]" (S. 171, Z. 9 f.). Dieses „Ganze" wurde „im Zusammenleben der Menschen" als „ein Etwas ausgebildet, das nun mal da ist und nach dessen Paragraphen [sic!] wir uns gewöhnt haben, alles zu beurteilen, die anderen und uns selbst" (S. 171, Z. 16 ff.). Unkonventionelles Verhalten erscheint unmöglich, die Verachtung durch die Gesellschaft und sich selbst als zwangsläufig (vgl. S. 171, Z. 18 ff.). Es wird eine absolute Verbindlichkeit gesellschaftlicher Normen und Konventionen behauptet: „Ich habe keine Wahl. Ich muß" (S. 171, Z. 26). Selbst der

Fünftes Kapitel: Zu Abschnitt V, S. 172ff.

skeptische Wüllersdorf läßt sich von der unabdingbaren Notwendigkeit gesellschaftskonformen Verhaltens überzeugen: „Ich finde es furchtbar, daß Sie recht haben, aber Sie *haben* recht. [...] Die Welt ist einmal, wie sie ist, und die Dinge verlaufen nicht, wie *wir* wollen, sondern wie die *anderen* wollen" (S. 172, Z. 13ff.). Allein resignative Skepsis gegen die ideologische Überhöhung eines gesellschaftlich sanktionierten Rituals wird aufrechterhalten: „Das mit dem ‚Gottesgericht' [...] ist freilich ein Unsinn, [...] unser Ehrenkultus ist ein Götzendienst, aber wir müssen uns ihm unterwerfen, solange der Götze gilt" (S. 172, Z. 16ff.).

Zur Behandlung im Unterricht
Die zentralen Behauptungen der beiden Romanfiguren können von den Schülern problemlos selbst erarbeitet werden. Das grundlegende Thema der Gültigkeit und Verbindlichkeit von sozialen Konventionen und die Diskussion von unkonventionellem Verhalten ist dann leicht zu aktualisieren. Wichtig wäre dabei zu differenzieren zwischen der Notwendigkeit sozialer Normen und den Bedingungen der Möglichkeit oder auch Notwendigkeit von abweichendem Verhalten.

Thematische Bezüge im Kapitel
Büchner (84) und Marx (86): der Mensch zwischen Determination und Freiheit.

V. Zur bürgerlichen Literatur (S. 172ff.)

Die Wirklichkeitserfahrung des 19. Jahrhunderts war geprägt durch den Verlust der unmittelbaren Anschaulichkeit der Lebenswirklichkeit, die Gegenwart erlaubte keine umfassende und allgemeine Orientierung mehr und wurde charakterisiert als undurchschaubar und abstrakt, als ‚prosaisch' und mythenlos (vgl. Text 112). Grundlegend neue Erfahrungen im Gefolge der beginnenden Industrialisierung entwerteten zunehmend die traditionellen Denkmuster, und vor allem die spekulative Systemphilosophie wurde funktionslos und durch die Orientierung an empirischen Wissenschaften ersetzt (vgl. Text 113). Grundlegendes Lebensgefühl der ersten Hälfte des Jahrhunderts war das der „Epigonalität" (Text 110), die klassische Tradition in ihrer Vorbildlichkeit mußte erst relativiert werden (Text 112), um die Gegenwart zu ihrem Recht zu bringen. Je größer die zeitliche Distanz zu den Klassikern wurde, desto unbefangener konnten sie dann wieder rezipiert werden, auch ihre literaturtheoretischen Vorstellungen (vgl. Text 113 und 114).
In der Literaturtheorie blieb so die idealistische Tradition bestimmend. „Schönheit [...] ist ihrem Wesen nach das Hindurchscheinen der Idee durch den Stoff" – so in Meyers Konversationslexikon im Jahre 1865 (zitiert nach G. Plumbe [Hrsg.]: Theorie des bürgerlichen Realismus. Stuttgart 1985). Diese idealistische Maxime blieb für das gesamte 19. Jahrhundert weitgehend verbindlich, selbst die programmatische Ästhetik des Vormärz (Text 111) fordert, neben neuen operativen Literaturformen, die synthetische Leistung der literarischen Gestaltung – „bis das Wirkliche nicht mehr das Gemeine, das dem Ideellen feindlich Entgegengesetzte ist" (S. 174, Z. 32f.). Für die eigentlichen Theoretiker des poetischen Realismus (vgl. die Texte 112 bis 114) hatte die Literatur immer die Aufgabe der „Läuterung" einer als chaotisch und desorientierend erfahrenen Wirklichkeit. Die Fiktion einer kohärenten literarischen Welt kompensierte die Erfahrung einer Moderne, die kaum noch das „Wahre" (Text 113) erkennen ließ und so nicht naturalistisch abgebildet, sondern poetisch verklärt werden mußte, um ihren ideellen Hintergrund ‚durchscheinen' zu lassen. Diese affirmative Grundkonzeption verlangte die Ausgrenzung weiter Bereiche der Wirklichkeit und die Konzentration auf die reflexive Innerlichkeit des nur noch in der fiktionalen Welt der Kunst autonomen Subjekts (vgl. Text 112 und 113). Die Auflösung der Gattungsgrenzen im Vormärz wurde zurückgenommen bis zur Neukonstituierung der Autonomie der Kunst, der die Wirklichkeit nur als „Steinbruch" (Text 113) dient, um „realistische" Stoffe zu finden.
Paradigmatische Form war der Roman (Text 112). Aber auch die Lyrikdiskussion, die nach dem Vormärz weitgehend der Tradition von Stimmungs- und Erlebnislyrik verpflichtet blieb, ist problemlos in der realistischen Programmatik einzuordnen (Text 114).
Der abschließende Text von C. F. Meyer (Text 115) verweist über den Kontext des Kapitels auch auf die ausgesparten „ästhetizistischen" Tendenzen der Literatur des 19. Jahrhunderts. Die Uniformität der Epoche darf nicht überbetont werden, obwohl die Textauswahl diesen Eindruck hervorrufen könnte. Wichtige Bereiche der literarischen Produktion mußten vollständig unberücksichtigt bleiben, erinnert sei nur an den historischen Roman oder die Ballade.

Fünftes Kapitel: Zu Text 110, S. 172

110 Karl Leberecht Immermann: Die Epigonen (S. 172)

Zum Text

„Das Gefühl, in einer Übergangszeit zu leben, war zwischen 1830 und 1848 unter den deutschen Intellektuellen besonders stark ausgebildet" (R. Rürup: Deutschland im 19. Jahrhundert 1815–1871. Göttingen 1984). Man fühlte sich als Nachgeborene der 'Goethezeit', Klassik und Romantik erschienen als Höhepunkt der deutschen Kulturentwicklung, und die Gegenwart wurde als Verfallsgeschichte dieser großen Tradition erlebt. So schreibt Immermann im April 1830 an seinen Bruder: „Er [scil. der Roman] hat jetzt den Namen bekommen: ‚Die Epigonen', und behandelt [...] den Segen und Unsegen des Nachgeborenseins. Unsere Zeit, die sich auf den Schultern der Mühe und des Fleißes unserer Altvordern erhebt, krankt an einem gewissen geistigen Überflusse. Die Erbschaft ihres Erwerbs liegt zu leichtem Antritte uns bereit, in diesem Sinne sind wir Epigonen. Daraus ist ein ganz eigentümliches Siechtum entstanden, welches durch alle Verhältnisse hindurch darzustellen die Aufgabe meiner Arbeit ist."
Diese Irritation durch eine übermächtige Vergangenheit steht im Kontext der Wahrnehmung eines beschleunigten gesellschaftlichen und sozialen Wandlungsprozesses durch die beginnende Industrialisierung, bei dem Immermanns politischer Konservativismus, vergleichbar dem der gleichzeitigen Spätromantik, in der er auch ästhetisch in vielem verhaftet blieb, besonders deutlich wird. Der Schluß des Romans gestaltet so eine idyllische Regression auf archaisch-agrarische Lebensformen, der jeder Bezug zum historischen Entwicklungsstand fehlt: „Vor allen Dingen sollen die Fabriken eingehen und die Ländereien dem Ackerbau zurückgegeben werden. Jene Anstalten, künstliche Bedürfnisse künstlich zu befriedigen, erscheinen mir geradezu verderblich und schlecht. Die Erde gehört dem Pfluge, dem Sonnenscheine und Regen, welcher das Samenkorn entfaltet, der fleißigen, einfacharbeitenden Hand. Mit Sturmesschnelligkeit eilt die Gegenwart einem trockenen Mechanismus zu; wir können ihren Lauf nicht hemmen, sind aber nicht zu schelten, wenn wir für uns und die Unsrigen ein grünes Plätzchen abzäunen und diese Insel so lange als möglich gegen den Sturz der vorbeirauschenden industriellen Wogen befestigen."
Diese Art der Reaktion auf gesellschaftliche Modernisierung, nämlich individualistisches Ressentiment statt Ausbildung historischen Orientierungswissens, bleibt für große Teile der bürgerlichen Intelligenz bis weit ins 20. Jahrhundert bestimmend und ist symptomatisch für den von dem Soziologen Ogburn untersuchten „cultural lag", also das Phänomen kultureller Anpassungsrückstände an den schnellen technischen Fortschritt in sich entwickelnden und modernen Industriegesellschaften. Auch die literarische Gestaltung agrargesellschaftlich orientierter Regressionsphantasien läßt sich mindestens bis zur expressionistischen Dramatik weiterverfolgen (vgl. z. B. Ernst Toller: ‚Masse Mensch').

Zur Interpretation

Charakteristisch für den Textauszug ist die Diskrepanz zwischen partiell richtigen Beobachtungen und einer veralteten Begrifflichkeit. So wird die Diagnose der Zeit, „sich auch ohne alles besondre Leid unselig zu fühlen" (S. 172, Z. 33 f.), im traditionellen literarischen Topos des „[umhergeworfenen] Schifflein[s] auf einem übergewaltigen Meere" (S. 172, Z. 37) gefaßt. Als Begründung angeführt wird das „Epigonentum", das Tragen „an der Last, die jeder Erb- und Nachgeborenschaft anzukleben pflegt" (S. 172, Z. 39 f.). Dabei werden die Lebensbedingungen der „Väter" der „große[n] Bewegung im Reiche des Geistes" (S. 173, Z. 1 f.) idealisiert mit Lieblingsbegriffen der Empfindsamkeit dargestellt: „Hütten und Hüttchen" (S. 173, Z. 2). Diese kulturelle Tradition wird in der Gegenwart in ihrer Verfallsgeschichte zur Ware, sie „[liegt] nun auf allen Markttischen [aus]" (S. 173, Z. 3 f.) und steht zur beliebigen Verfügung (vgl. S. 173, Z. 4 ff.). Charakteristisch dafür ist „eine ganz eigentümliche Verderbnis des Wortes [...], dieses Taufzeugnis unsres göttlichen Ursprungs" (S. 173, Z. 8 f.; vgl. dazu auch Text 25). Für die „hohlsten Meinungen" stehen die „geistreichsten, gehaltvollsten, kräftigsten Redensarten" (S. 173, Z. 11 f.) bereit. Der sich mit dem Aufkommen des historischen Denkens verstärkende Relativismus wird in der Gegenüberstellung von „Überzeugung" und „Ansicht" gefaßt (vgl. S. 173, Z. 12 f.). Diese „Ansichten" gelten allerdings als „Unwahrheit", denn in der Regel hat man nicht einmal die Dinge angesehen, von denen man redet, und womit beschäftigt zu sein, man vorgibt" (S. 173, Z. 14 f.). Diese moderne Erfahrung des Verlusts der Anschaulichkeit und der zunehmenden Heteronomie von Erfahrungen wurde allerdings von Goethe schon viel früher thematisiert, im ‚Werther' (Brief vom 9. Mai 1772) und in ‚Wilhelm Meisters Lehrjahre' (4. Buch, 17. Kapitel).
Der zweite Gesprächspartner versucht eine weitere Vertiefung der bisherigen Gedanken. Er knüpft an der „allgemeinen Schwätzerei" (S. 173, Z. 17 f.) und kritisiert philiströse Kunstliebhaberei (vgl. S. 173, Z. 19 ff.), falsche Religiosität (vgl. S. 173, Z. 21 ff.) und militante politische Agitation ohne innere Überzeugung (S. 173, Z. 24 ff.). Ziel- und Höhepunkt seiner Reflexionen ist die Infragestellung der eigenen,

Fünftes Kapitel: Zu Text 111, S. 174f.

möglicherweise nur scheinbar autonomen Persönlichkeit: „Ich betastete mich und fragte: ‚Bist du nicht auch ein Schemen, der Nachhall eines andern selbständigen Geistes?'" (S. 173, Z. 28 f.). Inmitten der allgemeinen Mittelmäßigkeit und Epigonalität erscheint auch das kritische Individuum gefährdet: „Sollte ich denn allein eine Ausnahme machen?" (S. 173, Z. 36).

Zur Behandlung im Unterricht
Die im Text verwendeten Argumente können von den Schülern erarbeitet werden. Der Gegenwartsbezug des Gefühls von Orientierungs- und Perspektivenlosigkeit, fehlender Originalität und Ursprünglichkeit scheint gerade für Jugendliche der heutigen Zeit gegeben.
Innerhalb einer literaturgeschichtlichen Fragestellung könnte diskutiert werden, inwieweit als klassisch kanonisierte Werke und Autoren wirklich Vorbild- und Leitfunktion haben und inwieweit auch eine produktive Verarbeitung der empfundenen Epigonalität möglich ist (z. B. Heine, aber auch Text 111).

Thematische Bezüge im Kapitel
Heine (83): Reflexion des historischen Standorts und Irritation durch scheinbar übermächtige Vergangenheit.
Büchner (84) und Marx (86): Determination des Individuums durch gesellschaftliche Gegebenheiten.

Ludolf Wienbarg: [Über die neue Prosa] (S. 174 f.) 111

Zum Text
Wienbargs ‚Ästhetische Feldzüge', eine Zusammenstellung von 24 Vorlesungen, die er 1833 in Kiel gehalten hatte, gilt als programmatische Ästhetik des ‚Jungen Deutschland' und gab dieser literarischen Bewegung durch ihre Widmung den Namen. Wienbarg versuchte die Vorbildlichkeit der literarischen Klassiker zu relativieren und die Historizität der literarischen Ausdrucksformen durch die Behauptung zu begründen, „daß die jedesmalige Literatur einer Zeitperiode den jedesmaligen gesellschaftlichen Zustand derselben ausdrücke und abpräge". Die Gültigkeit einer normativen Ästhetik wird bestritten, vielmehr hat die Ästhetik als theoretische Disziplin der vorgefundenen literarischen Praxis gerecht zu werden. Die Repressionsmaßnahmen im Anschluß an den Bundestagsbeschluß vom 10. Dezember 1835 (Text 88) verhinderten eine größere Wirkung Wienbargs über den engen Kreis gleichgesinnter Schriftsteller hinaus.

Zur Interpretation
Der Textauszug beginnt mit der Abgrenzung der „neuesten (scil. zeitgenössischen) Literatur" (S. 174, Z. 6) von der klassischen Prosa eines Goethe oder Jean Paul durch das Kriterium der „Behaglichkeit" (S. 174, Z. 8). Wienbarg meint damit die Produktionsbedingungen „einer von der Welt abgeschiedenen Sphäre", einer „idealen Welt", in der die Klassiker, „sterblichen Göttern ähnlich", der „wirklichen Welt", enthoben waren, nur hingegeben dem „Opferduft der Gefühle und Wünsche des Publikums" (vgl. S. 174, Z. 10 ff.). Diese Stilisierung der Klassiker ist konventionell und klingt durchaus ähnlich den Vorstellungen Konservativer. Dabei wird aber durch den Kontext nicht abgedruckter Textpassagen deutlich, daß diese Weltabgeschiedenheit wenn nicht als Vorwurf, so doch als historisch überholt zu verstehen ist: „Heinrich Heine verdient in doppelter Hinsicht die Aufmerksamkeit der deutschen Prosaisten, sowohl wegen der Tugenden als der Fehler seines Stils, die ebensoviel Lichter und Schatten seines Genius sind. Im allgemeinen verdient er aber die Auszeichnung, die wir ihm vor anderen großen Prosaisten zuteil werden lassen, als Charakterbild der neuen Prosa zu gelten; weder Goethe noch Jean Paul, noch irgendein anderer von den ausgezeichneten Geistern der jüngst vergangenen ästhetischen Epoche ist geeignet, den Geist der Zeit und der neuesten Bewegungen aus der Abspiegelung ihrer Prosawerke erkennen zu lassen. Es liegt eine Kluft zwischen uns und jenen Werken, die dem gewöhnlichen Auge unsichtbar sein mag, die aber dem schärferen und geübteren Blick in ihrer ganzen Breite und Tiefe nicht entgeht."
Der Gegenwart ist also diese „olympische" Haltung nicht mehr angemessen, die „neuern Schriftsteller [...] schwimmen mitten im Strom der Welt" (S. 174, Z. 13 ff.), und zwar als Avantgardisten einer neuen zeitlichen Orientierung hin zur Zukunft (vgl. S. 174, Z. 16 ff.). Entsprechend diesem neuen Aktivismus kann „die Natur nicht über die Kunst vergessen" werden (S. 174, Z. 29), steht der Schriftsteller nicht mehr allein „im Dienst der Musen, sondern auch im Dienst des Vaterlandes und allen mächtigen Zeitbestrebungen" (S. 174, Z. 26 f.). Das „Buch des Lebens" (S. 174, Z. 24) diktiert dem Dichter seine Themen und Formen, „die Wahrheit und Wirklichkeit hat sich ihnen zu gewaltig aufgedrungen" (S. 174, Z. 30 f.). Die Zielvorstellung

217

Fünftes Kapitel: Zu Text 112, S. 175f.

ist aber letztlich idealistischen Denktraditionen verbunden: Die literarische Gestaltung bleibt „Schicksalsaufgabe [...], bis das Wirkliche nicht mehr das Gemeine, das dem Ideellen feindlich Entgegengesetzte ist" (S. 174, Z. 32ff.). In späterer Begrifflichkeit müßte das heißen: kein Naturalismus, sondern (poetischer) Realismus (vgl. Text 113).
Kennzeichen dieser neuen, an der Lebenswirklichkeit orientierten Prosa ist eine „Vulgarität", die sich aus ihrem „Ursprung", ihrer „Gemeinschaft mit dem Leben" herleitet (vgl. S. 174, Z. 37ff.). Außerdem verrät sich ihr „Kampf mit der Wirklichkeit" (S. 174, Z. 39f.) durch die Verwendung einer neuen und reicheren, nicht mehr nur an der Kunstsphäre orientierten Begrifflichkeit (vgl. S. 174, Z. 38f.). Die neue deutsche Prosa, repräsentiert vor allem durch Heinrich Heine, ist jetzt ein „*alle* [Hervorhebung V. N.] Töne der Welt umfassende[s] Instrument" (S. 175, Z. 7). Das zielt auf die Ausbildung neuer Literaturformen, auf journalistische, am aktuellen Tagesgeschehen orientierte Texte. Aufgrund der historischen Situation hat diese neue Prosa „außerordentlich viel [der französischen Schwester] zu verdanken", der fortgeschrittenen Schreibart „französische[r] Schriften" (S. 174, Z. 40ff.).

Zur Behandlung im Unterricht
Der Text verdeutlicht die Aufwertung neuer literarischer Gattungen und Ausdrucksformen im Kontext veränderter gesellschaftlicher Bedingungen und repräsentiert eine produktive Abwendung von den klassischen Vorbildern. Er verweist auf zentrale Denkfiguren der jungdeutschen Bewegung, die eine neue Orientierung an der Gegenwart propagieren (vgl. Text 83). Die Abwertung der lyrischen Produktion Heines (vgl. S. 175, Z. 5 ff.) zeigt die schon von den Frühromantikern erkannte historische Dominanz der Prosa.

Thematische Bezüge im Kapitel
Heine (83): Orientierung an Gegenwart.
Fontane (113): „idealistische" Gestaltung „realistischer" Stoffe.
Heine (105): beispielhafte „neue" Prosa.

112 Friedrich Theodor Vischer: [Der Roman beruht auf dem Geiste der Erfahrung] (S. 175f.)

Zum Text
Vischers voluminöse ‚Ästhetik' belegt die Nachwirkung Hegels zu einer Zeit, in der die historische Entwicklung spekulatives Systemdenken schon weitgehend funktionslos gemacht hatte. Trotzdem bleiben seine Ausführungen über den Roman interessant, da sie durchaus repräsentativ sind für die zeitgenössische Reflexion über den Unterschied zum vormodern-klassischen Epos.

Zur Interpretation
(Vorbemerkung: Auf die teilweise wörtlichen Übernahmen Hegelscher Formulierungen und Denkfiguren braucht in diesem Zusammenhang nicht eingegangen zu werden. Zu den Korrespondenzen vgl. den Abdruck der zentralen Textstellen aus Hegels ‚Vorlesungen über die Ästhetik', in: Romantheorie. Dokumentation ihrer Geschichte in Deutschland 1620–1880, hrsg. von Eberhard Lämmert u.a., Köln/Berlin 1971.)
§ 879: Vischer definiert den Roman als Epos der modernen Zeit (vgl. S. 175, Z. 17ff.). Der Roman „beruht auf dem Geiste der Erfahrung" und setzt eine „prosaische Weltordnung" voraus (S. 175, Z. 19f.). Es wird an der Tendenz zur Idealisierung festgehalten, die „prosaische Weltordnung" solle nur an den „Stellen aufgesucht [werden], die der idealen Bewegung noch freieren Spielraum geben" (S. 175, Z. 20f.). Das bedeutet letztlich die Ausgliederung derjenigen Bereiche der Wirklichkeit aus der romanhaften Gestaltung, die diese „ideale Bewegung" nicht zu erlauben scheinen (vgl. dazu auch die Texte 111 und 113). Ausdrücklich zugestanden wird dem Romancier die Fiktionalisierung seiner Themen und Stoffe (vgl. S. 175, Z. 21 ff.). Danach spezifiziert Vischer seine Abgrenzung des Romans vom Epos. „Grundlage [...] des Romans ist die erfahrungsmäßig erkannte Wirklichkeit" (S. 175, Z. 24f.) in Abgrenzung zum epischen Mythos. Der Vermehrung erfahrungswissenschaftlicher Kenntnisse korrespondiert die „prosaische Einrichtung der Dinge in [der] Welt" (S. 175, Z. 26f.), d. h. die Ausgestaltung der modernen Lebensweise. Im einzelnen führt Vischer an die rollenmäßige Ausbildung, Ausdifferenzierung und Bürokratisierung von Herrschaftsfunktionen, die Arbeitsteilung, die zunehmende Rationalisierung der zwischenmenschlichen Beziehungen, die Mechanisierung der Arbeitswelt und die „Raffinirung der Genüsse" (vgl. S. 175, Z. 27 ff.).

Fünftes Kapitel: Zu Text 113, S. 176ff.

§ 880: Obwohl Vischer formal die Totalitätsforderung für den Roman aufrechterhält, reduziert er sie auf „Culturzustände", auf das „Sittenbildliche" (S. 175, Z. 36f.), d. h. auf die Bereiche, die der Idealisierung entgegenkommen (vgl. § 879). Exemplarisch sieht Vischer den Bildungs- oder Entwicklungsroman (vgl. S. 176, Z. 2), dessen „Held nicht handelnd ist" (S. 176, Z. 1 – vgl. dazu ‚Wilhelm Meisters Lehrjahre', 5. Buch, 7. Kapitel), wo vielmehr „Conflicte der Seele und des Geistes an die Stelle der That" getreten sind (S. 176, Z. 2f.) und „Liebe ein Hauptmotiv ist" (S. 176, Z. 2). Reflexive Innerlichkeit wird so zu einer zentralen Kategorie des Romans (vgl. S. 176, Z. 4) entgegen der anschaulichen Objektivität des Epos.

§ 881: Das dominierende Stoffgebiet des Romans sieht Vischer im Privatleben, wo sich vorzugsweise das „Poetische" (S. 176, Z. 8), also die „ideale Bewegung" (§ 879), auffinden läßt. Der „bürgerliche Roman" nimmt dabei, als Darstellung der „mittleren Schicht der Gesellschaft", zwischen „aristokratischem" und „Volksroman" die zentrale Stellung ein (vgl. S. 176, Z. 15ff.). Er vereint die „tüchtige Volksnatur" und die „Güter der Humanität", die „Wahrheit des Lebens" und den „schönen Schein, das vertiefte und bereicherte Seelenleben der Bildung" (S. 176, Z. 17ff.). Die poetisch verklärte Darstellung bürgerlichen Familienlebens ergibt sich für Vischer als der „wahre Mittelpunct des Weltbildes im Roman" (S. 176, Z. 20).

Gegenüber den Schilderungen „idealer Bewegung" im bürgerlichen Privatleben wird der „historische [scil. politische] Roman" und der „soziale Roman" als „unvollkommen" bezeichnet (S. 176, Z. 13). Obwohl Vischer zugesteht, daß es einen „sozialen Roman" geben könnte, der sich nicht in „unpoetischer Absichtlichkeit" erschöpft (S. 176, Z. 30f.), sieht er bei beiden Romanformen die Gefahr des „Tendenziösen" (S. 176, Z. 29), was seiner Auffassung von „idealer Bewegung" widersprechen würde.

Zur Behandlung im Unterricht
Anhand des Textes können spezifische geistes- und realgeschichtliche Grundlagen des 'modernen' Romans herausgearbeitet werden. Wichtig ist dabei der Hinweis auf die ideologische Ausgrenzung weiter Bereiche der Wirklichkeit aus dem Inhaltsspektrum des Romans und die Beschränkung auf Innerlichkeit und Privat-/Familienleben. Dieser Verlust von Zeitrepräsentativität ist im deutschen Roman, vor allen Dingen im Vergleich mit der Breitendarstellung gesellschaftlicher Wirklichkeit im französischen und englischen Roman, im 19. Jahrhundert fast ausnahmslos festzustellen (vgl. auch Hinweise zu Text 113).

Thematische Bezüge im Kapitel
Wienbarg (111) und Fontane (113): Tendenz zur Idealisierung/Bedeutung der 'Wirklichkeit'.
Gotthelf (106) bis Fontane (109): jeweilige literarische Realisierung als Vergleichsmoment.

Theodor Fontane: [Realismus unserer Zeit] (S. 176ff.) 113

Zum Text
Fontanes Äußerungen über den Realismus entstammen dem frühen Aufsatz ‚Unsere lyrische und epische Poesie seit 1848' von 1853, einem Zeitpunkt also, zu dem die großen realistischen Romane der deutschen Literatur noch nicht geschrieben waren. Trotzdem gelten die Ausführungen als exemplarisch für die spezifisch deutsche Ausformulierung eines Literaturbegriffs, der sich dann später explizit vor allem von französischen Tendenzen abzugrenzen versuchte. Fontanes Realismusbegriff könnte man charakterisieren als Ausgleich zwischen rein spekulativ-wirklichkeitsfernem Idealismus und reinem Abbild-Naturalismus: „Er ist die Widerspiegelung alles wirklichen Lebens, aller wahren Kräfte und Interessen im Elemente der Kunst" (S. 177, Z. 37f.).
Der zugrundeliegende Anspruch der realistischen Widerspiegelung der zeitgenössischen Lebenswelt war in dieser Zeit nun keineswegs mehr selbstverständlich. So hatte Hegel in seinen Ästhetik-Vorlesungen das „Ende der Kunst" postuliert, da die komplexe Wirklichkeit nicht mehr als kontinuierlicher Handlungsvollzug eines autonomen Subjekts darzustellen sei, was ja seit Goethes ‚Wilhelm Meister' locus communis für die moderne Gattung Roman war. Der „prosaische Weltzustand" sei nur mehr in wissenschaftlicher und philosophischer Reflexion erfaßbar. „Die Literaturtheorie des bürgerlichen Realismus kann demgegenüber als der prekäre Versuch gekennzeichnet werden, vor dem Hintergrund dieser Erfahrung der Moderne die Geltung des klassischen Literaturbegriffs in letztlich affirmativer Absicht zu retten"(Gerhard Plumpe, in: Theorie des bürgerlichen Realismus. Eine Textsammlung, hrsg. von Gerhard Plumpe. Stuttgart 1985).

Fünftes Kapitel: Zu Text 114, S. 178f.

Zur Interpretation
Realismus ist für Fontane das allgemeine Charakteristikum der Zeit (vgl. S. 176, Z. 39). Die Wissenschaften verzichten auf Spekulation und basieren auf „Erfahrungen", die Politik (nach der gescheiterten 1848er Revolution!) entsagt „idealistischen" Zukunftsentwürfen und betreibt „Realpolitik" im Sinne funktionaler Herrschaftsstabilisierung (zu diesen Zusammenhängen vgl. G. Plumpe), die „sozialen Rätsel", also die gesellschaftlichen und sozialen Wandlungsprozesse, fordern die Konzentration auf „materielle Fragen", was die Tradition spekulativer Systemphilosophie obsolet macht (vgl. S. 176, Z. 39 ff.).
Fontane grenzt Realismus ab von 'platten' Naturalismus: „Vor allen Dingen verstehen wir nicht darunter das nackte Wiedergeben alltäglichen Lebens, am wenigsten seines Elends und seiner Schattenseiten" (S. 177, Z. 12f.). „Echter Realismus" bedarf der „Läuterung" durch die „künstlerische Hand" (S. 177, Z. 19ff.). Diese Denkfigur ist rückbeziehbar auf Goethe, der in seinen Gesprächen mit Eckermann (18. 1. 1827) unter anderem ausführte: „Was soll das Reale an sich? Wir haben Freude daran, wenn es mit Wahrheit dargestellt ist [...]; aber der eigentliche Gewinn für unsere höhere Natur liegt doch allein im Idealen, das aus dem Herzen des Dichters hervorging."
Das „Wirkliche", der „Stoff" sind zwar Grundlage allen „künstlerischen Schaffens", aber diese „Widerspiegelung alles wirklichen Lebens" muß im „Elemente der Kunst" geschehen (S. 177, Z. 29 f. und 37 f.). Das bedeutet letztlich die Restituierung der Autonomie der Kunst und die Ablehnung der tendenziellen Vermischung der Diskursformen in den operativen Literaturansätzen der Vormärz-Epoche.
Entscheidendes Kriterium für den „echten Realismus" ist die „Läuterung" des „Wirklichen" zum „Wahren" (S. 177, Z. 43ff.), in philosophischer Begrifflichkeit: Die Kontingenz der Wirklichkeit wird eliminiert zugunsten der ideellen Essenz. Logische Konsequenz dieses Programms ist die Ausgrenzung weiter Bereiche der „kontingenten" Wirklichkeit, die den künstlerischen Läuterungsstrategien nicht offenstehen und somit einem ästhetischen Verdikt verfallen (vgl. auch Text 112).

Zur Behandlung im Unterricht
Die Kennzeichen des „echten Realismus", vor allem seine negative Abgrenzung von der platten Widerspiegelung der Wirklichkeit, können von den Schülern erarbeitet werden. Daran anschließend wären die Konsequenzen dieses Ansatzes zu diskutieren. Die Aktualisierung erscheint möglich über grundsätzliche Fragestellungen: Soll Kunst auch die negativen, häßlichen Teile der Wirklichkeit einbeziehen? Hat Kunst die Verpflichtung zur Idealisierung, Stilisierung der Wirklichkeit? Inwieweit kann Literatur die Realität noch erfassen?

Thematische Bezüge im Kapitel
Vgl. Hinweise zu Text 112.

114 Theodor Storm: [Poesie der Empfindung] (S. 178 f.)

Zum Text
1870 stellte Storm eine Gedichtanthologie zusammen – ‚Hausbuch aus deutschen Dichtern' –, zu der er eine Vorrede verfaßte, die auch die hier auszugsweise abgedruckten programmatischen Aussagen zu seinem Lyrikbegriff enthält. Die Verbindungslinien zur Diskussion der realistischen Prosa sind offensichtlich, auch hier die Forderung, „den Stoff von dem Boden der bloßen Wirklichkeit abzulösen" (S. 178, Z. 38). Oder mit Fontane gesprochen: „geläuterter" Realismus (vgl. Text 113).

Zur Interpretation
Der Textauszug beginnt mit der Forderung nach einer alle Wahrnehmungsbereiche erfassenden synästhetischen Wirkung der Poesie: „Wie ich in der Musik hören und empfinden, in den bildenden Künsten schauen und empfinden will, so will ich in der Poesie womöglich alles drei zugleich" (S. 178, Z. 8f.). Das Kunstwerk soll „unmittelbar und nicht erst durch die Vermittlung des Denkens" den Rezipienten affizieren, genauso wie das „Leben" (vgl. S. 178, Z. 10f.). Aus dieser 'sinnlichen' Wirkung soll sich die 'geistige von selbst ergeben, wie aus der Blüte die Frucht" (S. 178, Z. 12f.), ohne daß allerdings dieser Umschlag irgendwie erläutert oder verständlich gemacht wird. Die biologische Metaphorik verdeckt vielmehr jegliche Problematik und suggeriert den Umschlag als natürlich und naturnotwendig. Die Voraussetzungen zur Erreichung einer durch Synästhesie wirkenden Poesie sind primär nicht intellektuell („bedeutendster Gedankengehalt" – S. 187, Z. 13) oder handwerklich („wohlgebauteste Verse" – S. 178, Z. 14), sondern werden durch einen

letztlich irrationalen Schaffensprozeß des Dichters („durch das Gemüt und die Phantasie" – S. 178, Z. 16) erlangt. Die Rückbezüglichkeit auf Kategorien und Denkfiguren der Literaturdiskussion seit „Aufklärung" und „Sturm und Drang" ist deutlich, erinnert sei an den im Kommentar zu Text 113 zitierten Ausspruch Goethes.
Im folgenden spezifiziert Storm seine Programmatik für die Lyrik. Er fordert: Prägnanz des Ausdrucks („den Gehalt in knappe und zutreffende Worte auszuprägen" – S. 178, Z. 22f.); wechselseitige Bezüglichkeit aller Einzelheiten und Einzelteile des Gedichts („Wirkung des Ganzen" – S. 178, Z. 24); Affizierung des Dichters durch Empfindungen, die er durch 'musikalische' Gestaltung des Sprachmaterials („rhythmische Bewegung und die Klangfarbe des Verses" – S. 178, Z. 25) wieder in Empfindungen zur potentiellen Affizierung des Lesers 'auflöst'. So kann Lyrik eine fast religiöse Wirkungsmöglichkeit zugeschrieben werden („Offenbarung und Erlösung" – S. 178, Z. 28), obwohl Storm diesen Anspruch sofort auf ein 'mittleres' Maß reduziert („Genugtuung" – S. 178, Z. 28f.). Der Leser erfährt durch diese Lyrik eine Erweiterung und klärende Bewußtwerdung seiner „Anschauungen" und „Empfindungen" (S. 178, Z. 30ff.).
Gegenüber diesem Lyrikbegriff grenzt Storm ab die „patriotische und sogenannte politische Lyrik" (S. 178, Z. 33). Die Stoffe dieser Lyrik scheinen ihm weniger geeignet zur poetischen Transzendierung der „bloßen Wirklichkeit" als das „Einzel- oder Familienleben" (S. 178, Z. 33ff.). Die Bezüge zu den Texten 112 und 113 sind offensichtlich, hier wie dort werden weite Bereiche der Wirklichkeit vor dem Hintergrund eines idealisierten Poesiebegriffs der literarischen Gestaltungsmöglichkeit als unangemessen, als bloße 'Rhetorik' und „Bildermacherei" diffamiert (S. 178, Z. 38). Letztlich wird so eine Dichtung als Ideal gefordert, die dem ursprünglichen, inneren Erleben des Dichters entspringt und dem Leser einen empfindsam-identifikatorischen Zugang erlaubt.

Zur Behandlung im Unterricht
Die inhaltliche Klärung dürfte keine Probleme bereiten, vor allem, wenn die Texte 112 und 113 im Zusammenhang bearbeitet wurden. Interessant für Schüler ist dann die Diskussion der Aktualität dieses Poesiebegriffs: Inwieweit ist „Empfindung" wirklich wichtigstes Kriterium zur Beurteilung von Lyrik? Welche Konsequenzen hat ein derartig verengter Poesiebegriff? Ist moderne Literatur noch mit der Begrifflichkeit und den Kategorien des „poetischen Realismus" zu erfassen? Warum ermöglicht moderne Literatur kaum noch den identifikatorisch-intuitiven Zugang? Welche sozialen und gesellschaftlichen Wandlungsprozesse haben diese Veränderungen bewirkt?
Bei einer literaturgeschichtlichen Einheit könnte die Restituierung der Autonomie der Kunst auf ihre sozialgeschichtlichen Grundlagen befragt werden: Warum wird politische Dichtung gerade jetzt abgelehnt? Warum gingen die Ansätze eines operativen Literaturbegriffs, die im Vormärz entwickelt wurden (Text 111), in der zweiten Hälfte des Jahrhunderts verloren?

Thematische Bezüge in anderen Texten
Zusätzlich zu schon erwähnten Bezügen: 9–13, 22–27, 32–34, 48–55, 70–72, 119–127, 131, 145: Literaturtheorie im jeweiligen historischen Kontext.

Conrad Ferdinand Meyer: Zur neuen Auflage [seiner Gedichte] (S. 179)   115

Zum Text
Meyer gilt heute als Vorläufer der symbolistischen Lyrik der Frühmoderne, als Dichter, der die Erlebnis- und Stimmungslyrik vor allem in der mehrfach umgearbeiteten Sammlung ‚Gedichte' (1. Auflage 1882, 5. Auflage 1892) letztlich transzendierte und den 'poetischen Realismus' an die avantgardistische Sprachartistik des europäischen Ästhetizismus anknüpfte. Auch das hier abgedruckte Vorrede-Gedicht läßt erkennen, daß Meyer sich durchaus der Tradition verbunden fühlt, diese aber doch relativiert und überschreitet.

Zur Interpretation
Erste Strophe: Sie entwirft 'realistisch' die Situation des redigierenden Autors, der auf einer „Rasenbank im Freien [sitzt]". Das Schattenspiel einer Vogelschwinge, das die Druckbuchstaben überlagert, unterbricht die Tätigkeit und setzt einen Reflexionsprozeß in Gang.
Zweite Strophe: Die gedruckten Gedichte entstammen einem „tief [empfundenen]" Erlebnis und bleiben somit dem „Leben" des Autors immer verbunden. Die semantische Qualität des Gedankenstrichs meint ein

Fünftes Kapitel: Zu Text 115, S. 179

„aber", ein „trotzdem", mithin eine Distanzierung von der ursprünglichen erlebnishaften Unmittelbarkeit. Diese Distanzierung wird in den Topoi des „Schwebens" und des „ungebundenen Flatterns" gefaßt und wäre auf zwei Bedeutungsebenen zu explizieren. Erstens produktionsästhetisch: Meyers fortlaufende Beschäftigung mit seinen Gedichten, bei der das ursprüngliche Erlebnissubstrat weitgehend in symbolischer Bildlichkeit aufgehoben wurde. Zweitens hermeneutisch: Die Ermöglichung eines freien und distanzierten Lektüreprozesses als Voraussetzung eines angemessenen Verstehens durch die Distanz von der literarischen Objektivation des empfundenen Erlebnisses.

Zur Behandlung im Unterricht
Die Behandlung des Gedichts setzt literarisch sensibilisierte Schüler voraus, da die Bedeutung des „Schwebens" und des „ungebundenen Flatterns" wohl nur assoziativ zu erfragen ist; die geistesgeschichtlichen Hintergründe (Schiller, Frühromantik) müßten vom Lehrer eingebracht werden.

Thematischer Bezug im Kapitel
Storm (114): Erlebnis-/Stimmungslyrik.

Sechstes Kapitel: Jahrhundertwende – Beginn der Moderne

Einleitung

Das Kapitel umfaßt im wesentlichen Texte aus den Jahrzehnten vom Anfang des wilhelminischen Kaiserreichs bis zum Ersten Weltkrieg. Der Doppeltitel weist darauf hin, was die unterschiedlichen Stilrichtungen und literarischen Gruppierungen jener Jahrzehnte verbindet: Vor dem gesellschaftlichen und politischen Hintergrund der beiden Kaiserreiche in ihrer Endphase – Deutsches Reich und Österreich-Ungarn – vollziehen sich in Kunst und Literatur des deutschen Sprachraums tiefgreifende Wandlungen, aus denen das hervorgeht, was wir „Moderne" nennen; und dazu gehört das Bewußtsein einer „Jahrhundertwende", nämlich das Bewußtsein, daß die Welt des 19. Jahrhunderts von einer neuen Erfahrungswirklichkeit abgelöst wird.

Einige zeitgeschichtliche Voraussetzungen
Deutschland und die Donaumonarchie waren imperiale Großmächte, an deren Bestand bis zum Weltkrieg kaum jemand ernsthaft zweifelte, auch wenn es an politischen und sozialen Krisen nicht fehlte. Erhebliche innere Probleme wurden vorerst durch Regierungsmaßnahmen und eine sich intakt gebende Gesellschaft und Staatsidee verdeckt, so der Gegensatz zwischen monarchisch-feudalen Strukturen und dem politisch fast entmündigten, aber wirtschaftlich aufstrebenden Besitz- und Unternehmerbürgertum, zwischen dem Reichtum der kapitalistischen Gründergeneration und der Proletarisierung der Industrie- und Landarbeiter oder zwischen traditionellen provinziellen Lebensformen und denen der rapide wachsenden Großstädte, in denen wiederum ein krasser Gegensatz zwischen weltstädtischem Luxus und dem Elend der Massenquartiere um sich griff. Von diesen Gegensätzen haben in der Literatur als erste die Naturalisten entschieden Kenntnis genommen.
Für das kulturelle Leben vor und nach 1900 erheblich waren vor allem zwei Krisenbereiche, die sich in Kunst und Literatur auswirkten:
– die Auseinandersetzung mit der zeitgenössischen Gesellschaft und Kultur, wie sie heute vereinfachend oft mit den Schlagwörtern „Gründerzeit" und „Wilhelminismus" gekennzeichnet wird, und
– die Auseinandersetzung mit traditionellen Denkmustern der Philosophie und Wissenschaft, die über verschiedene Kanäle der Öffentlichkeit – Hochschulen, Kulturleben, populäre Publikationen, Reden und Vorträge usw. – einem breiteren Publikum vermittelt wurden.
Kaiser Wilhelm II. formulierte 1901 in seiner Rede zur Einweihung der Siegesallee in Berlin lapidar die Norm der etablierten Kultur mit dem Satz: „Die Pflege der Ideale ist zugleich die größte Kulturarbeit." Dem aufmerksamen und kritischen Zeitgenossen war aber klar, daß diese Pflege der Ideale oft nur Surrogate des klassischen Idealismus konservierte und den Problemen der Zeit auswich, ja sie bemäntelte. Während das offizielle, von Regierungen, Institutionen und dem Bürgertum getragene Kulturleben sich vorwiegend alter Traditionen bediente – bis hin zur Vermengung historischer Architekturstile –, waren diese Traditionen in Philosophie und Wissenschaft, aber auch im Bewußtsein kritischer Intellektueller längst in Frage gestellt. Was sich so als „Moderne" artikulierte und vom konventionellen Kulturbetrieb absetzte, ist seither gekennzeichnet durch Brüche mit der Tradition, sei es formal, sei es inhaltlich, sei es im Selbstbewußtsein der Künstler und Literaten. „Moderne" Literatur tritt seit dem Naturalismus mit dem Anspruch auf, das Überlieferte und Bestehende kritisch zu sehen und Neues zu schaffen oder zu bewirken; selbst konservative Literaten der Moderne konstatieren ein Krisengefühl, auf das sie reagieren. Moderne Autoren und Künstler empfinden aber auch, daß sie mit fortgeschrittener Unabhängigkeit von gesellschaftlicher Bevormundung in ein Spannungsverhältnis zur bürgerlichen Gesellschaft geraten sind. Künstlerisch wehren sich viele von ihnen gegen die Epigonalität als Unterwerfung unter herrschende Traditionen und Normen, die sie vom Publikum vereinnahmt und trivialisiert sehen. Darüber hinaus nehmen sie – mindestens intuitiv – wahr, was sich in Wissenschaft und Philosophie als Krise des tradierten Denkens ankündigt. Diese Haltung äußerte sich entschieden zuerst bei den Naturalisten, die sich jedoch weltanschaulich noch weitgehend am Positivismus des 19. Jahrhunderts orientierten. So ergibt sich das verwirrende Bild, daß diese ersten Verkünder einer „Literaturrevolution" (Bleibtreu) alsbald von anderen Modernen als veraltet kritisiert wurden, die ihrerseits zum Teil wieder auf ältere Traditionen, sogar idealistische, zurückgriffen (vgl. Abschnitt IV).

Sechstes Kapitel: Einleitung

Wie brüchig inzwischen die Grundlagen sowohl des Idealismus als auch des Positivismus waren, belegen Namen wie Karl Marx, Friedrich Nietzsche, Sigmund Freud (,Traumdeutung', 1900; ,Zur Psychologie des Alltagslebens', 1904; ,Über Psychoanalyse', 1910) oder Albert Einstein (,Spezielle Relativitätstheorie', 1905; ,Allgemeine Relativitätstheorie', 1916). Mit diesen Namen sind schon wesentliche Bereiche einer Umwälzung des Denkens angezeigt: Gesellschaft und Geschichte, Kulturkritik und Lebensphilosophie, Tiefenpsychologie und Psychoanalyse, das mathematisch-physikalische Weltbild. Jedoch hat von diesen Autoren bis zum Weltkrieg nur Nietzsche Kunst und Literatur wirksam beeinflußt, Marx nur in begrenztem Maße die sozialdemokratische Publizistik. Unmittelbarer wirkten auf die Literatur andere Wissenschaftler und Autoren, und zwar mit der Folge einer sich immer deutlicher artikulierenden Erkenntnis-, Erfahrungs- und Normenkrise.

Im akademischen Betrieb der Natur-, Sozial- und Geisteswissenschaften herrschten noch der Positivismus und Szientismus des mittleren 19. Jahrhunderts. Genaugenommen, untergrub schon der antimetaphysische Positivismus die Grundlagen des christlichen Glaubens und einer idealistischen Ethik, damit die traditionellen Grundlagen für die Sinngebung der individuellen Existenz. Das zeigt sich deutlich, wenn man zeitgenössische Auseinandersetzungen um den Lebensbegriff betrachtet. Die von Charles Darwin (1809–1882) begründete Abstammungslehre und Theorie der natürlichen Zuchtwahl (,On the origin of species by means of natural selection', 1859) war zunächst ein rein wissenschaftlicher Beitrag zur Biologie. Popularisiert, warfen Darwins Gedanken umwälzende weltanschauliche Fragen auf:

„Es ist nur zu wahr [...], daß die Menschheit in demselben Sinne um ihren anthropozentrischen Standpunkt der Lebensauffassung in den letzten Jahrzehnten mit Darwins gewaltigen Nachweisen betrogen ist, wie einst die kopernikanische Weltauffassung dem Menschen seine geozentrische [...] Lebensansicht nahm" (Wolfgang Kirchbach: Was kann die Dichtung für die moderne Welt noch bedeuten? Literarische Volkshefte Nr. 6, Berlin 1888).

Wenn Hippolyte Taine (1828–1893) Vererbung und Milieu als grundlegende Kriterien der Geschichtsschreibung, aber auch der Menschendarstellung in Kunst und Literatur bezeichnete, so konnte sich ein Literat empören: „Doch gelang es bisher nicht, das Entstehen des Genies aus Vererbung und Milieu klarzulegen" (Karl Bleibtreu: Taine. Die Gesellschaft, 9. Jg., Heft 7, 1893).

Es fehlte nicht an Versuchen, Positivismus und Idealismus zu versöhnen. Vielleicht die populärste Philosophie der Zeit war der „Monismus" Ernst Haeckels, der die Widersprüche zwischen empirischer „Natur" und ideellem „Geist" in einer großen Lebenseinheit aufheben sollte (,Monismus als Band zwischen Religion und Wissenschaft', 1892; ,Welträtsel', 1899 – bis 1914 mit einer Auflage von 300 000!). Andererseits räumten namhafte Naturforscher ein, daß positives Wissen und exakte Methoden zwar zuverlässige Erkenntnisse über die Welt lieferten, aber weder deren Zukunft noch ihren Sinn erklären konnten; so der einflußreiche englische Zoologe und Physiologe Thomas Henry Huxley (1825–1895), der den Begriff „Agnostizismus" prägte, oder der deutsche Physiologe Emil Du Bois-Reymond (1818–1896), der das geflügelte Wort „Ignoramus, ignorabimus" (Wir wissen nicht und werden nicht wissen) einführte.

Der Kritiker des Naturalismus, Hermann Bahr (vgl. Text 122), berief sich auf Gedanken des Physikers, Psychologen und Philosophen Ernst Mach (1838–1916). Mach hatte den newtonschen Begriff der Mechanik und des Raums in Frage gestellt und bezweifelte die gewohnte Unterscheidung zwischen Subjekt und Objektwelt (,Beiträge zur Analyse der Empfindungen...', 1886). Hofmannsthals Sprachzweifel (vgl. Text 130) weisen Analogien zu Gedanken des Sprachphilosophen Fritz Mauthner (1849–1923) auf, der die Eignung der Sprache als Erkenntnismittel bestritt und sie nur noch als ästhetisches Phänomen gelten ließ (,Beiträge zu einer Kritik der Sprache', 1901/02). In den Sozialwissenschaften konkurrierten, was die Beachtung in der intellektuellen Öffentlichkeit betraf, mit dem älteren, inzwischen von der Sozialdemokratie politisch pragmatisierten Marxismus neuere Theorien, die mehr oder weniger einem bürgerlichen Gesellschaftsverständnis verpflichtet waren, z. B. von Emile Durkheim (1858–1917), Vilfredo Pareto (1848–1923), Max Weber (1864–1920). Von ihnen wurde u. a. ein Problem diskutiert, das die Literaten unmittelbar betraf: welchen Stellenwert im gesamtgesellschaftlichen Gefüge das denkende und fühlende Individuum, der objektivierte Geist und die Intellektuellen haben können. Dem revolutionären Marxismus geradezu entgegengesetzt waren die Warnungen Gustave Le Bons (1841–1931) vor der Barbarei und dem Identitätsverlust des in der „Masse" lebenden Menschen (,Psychologie des foules', 1895; deutsch 1908).

Ungelöste Fragen nach dem Weltbild, nach zuverlässiger Erkenntnis und dem Problem der Erfahrung, nach den in der Gesellschaft wirkenden Kräften, speziell nach der Funktion der Intellektuellen und der Kunst in der Gesellschaft, mit alldem nach dem Sinn des Seins und der individuellen Existenz drängten sich vor und nach 1900 einem wachen Bewußtsein mehr und mehr auf, als Fragen, die vom traditionellen Idealismus und Positivismus nicht zeitgemäß beantwortet wurden.

Sechstes Kapitel: Einleitung

Das mag den Rückgriff mancher Intellektueller auf die pessimistische Philosophie Arthur Schopenhauers (1788–1860; vgl. Text 98) verständlich machen. Sicherlich erklärt es die starke Wirkung Friedrich Nietzsches (1844–1900), der sich von Schopenhauer abwandte, die Lebensfeindlichkeit des „Historismus" kritisierte (,Vom Nutzen und Nachteil der Historie für das Leben', 1874) und dazu aufrief, sich von der Last überkommener Autoritäten durch Bejahung des Willens und der Kreativität zu befreien, statt erstarrter Werte neue zu schaffen und als geistiger Mensch kühn mit der Erkenntnis zu leben, daß Gott tot sei und es also keine vorgegebene universale Gewißheit mehr gebe (in den Schriften seit ‚Morgenröte', 1881). Ebenso entschieden wandte der französische Philosoph Henri Bergson (1859–1941) sich gegen den Positivismus. Er hielt dem mechanistischen Zeitbegriff der Naturwissenschaften die subjektiv erlebte Zeit, dem Determinismus die Möglichkeit freier Willensentscheidungen und spontanen Handelns, dem nur rationalen Bewußtsein die unterschwelligen Quellen des Bewußtseins entgegen und plädierte später für die Kreativität als Kraft menschlicher Selbstverwirklichung (‚Essais sur les données immédiates de la conscience', 1889; ‚Matière et memoire', 1896; ‚L'évolution créatrice', 1908). Ähnliche Motive des Widerstands gegen die Objektivierung und Verdinglichung der Erfahrungswelt begegnen uns in antinaturalistischer und expressionistischer Literatur. Neue Impulse erhielt dieser Widerstand nach der Jahrhundertwende durch Sigmund Freuds Psychologie des Unbewußten (,Traumdeutung', 1900).
Die Textauswahl des Lesebuchkapitels beruht auf der Voraussetzung, daß trotz vielfältiger Auseinandersetzungen mit Kultur, Gesellschaft und Politik wesentliche Motive der frühen Moderne – abgesehen von den rein künstlerischen – weltanschaulich waren. Erst seit dem Weltkrieg und in der Weimarer Republik wird in Deutschland Literatur entschieden politisch.

Zur Anlage des Kapitels
Die Unterscheidung der vorherrschenden, aber teilweise gleichzeitigen „Stile" – Naturalismus, Impressionismus und Symbolismus, Expressionismus – ist dem Gesamtvorgang „Beginn der Moderne" untergeordnet. Gerade hervorragende Autoren wie Kafka fügen sich diesen Stilklassifikationen nicht; andere, die gewöhnlich einer Stilrichtung zugeordnet werden, passen nicht restlos in deren Schema: Arno Holz und Gerhart Hauptmann hatten vor und nach 1900 selbst teil an der Abkehr vom Naturalismus; Heym und Trakl verbindet mit dem Expressionismus nicht mehr als mit dem Symbolismus usw. Um dem Bedürfnis der Schüler, sich über die üblichen Stilbegriffe zu informieren, entgegenzukommen, ist das Kapitel dennoch in etwa danach geordnet, jedoch mit Andeutungen der Übergänge und Überschneidungen (vgl. die Texte 125, 132, 133, 138, 141, 145). Die Beispiele für unterschiedliche Stilrichtungen sind unter Motive des weltanschaulichen und künstlerischen Wandels in der frühen Moderne gestellt (Abschnittstitel). Mit dem 7. Abschnitt wird eine Entwicklung der Moderne dokumentiert, die außerhalb des Schemas der Stilrichtungen zu sehen ist. Insgesamt soll das Kapitel die Abkehr von den Traditionen des 19. Jahrhunderts und Ansätze der Moderne erkennen lassen, die sich bis in die Gegenwart ausgewirkt haben.
Mit den Texten des Abschnitts I – „Zur Epoche" – werden allgemein zeitkritische Dokumente mit Themen vorgelegt, die bis in die Weimarer Republik Schwerpunkte der Diskussion blieben: echte und falsche Kultur, der Krieg, bürgerliche Sicherheit. Der Naturalismus wird in Abschnitt II mit einem programmatischen Theorietext, einer beispielhaften Kurzgeschichte und der Beobachtung des ‚Weber'-Autors Hauptmann durch einen Zeitgenossen charakterisiert; damit sind zwei wesentliche Aspekte des Naturalismus angesprochen: die naturalistische Schreibweise und das Thema der sozialen Frage. Die antinaturalistische Literatur der Jahrhundertwende ist in zwei Abschnitte gegliedert, und zwar thematisch: die Abkehr vom Naturalismus zugunsten eines modernen Ästhetizismus (Abschnitt III) und die mehr weltanschaulich orientierte Auseinandersetzung bedeutender Symbolisten mit den Problemen des Lebens und der Kunst bzw. Literatur (Abschnitt IV). In beiden Abschnitten kommt auch die Sonderstellung des Künstlers oder Dichters im Leben und in der Gesellschaft zur Sprache. Beispiele für den radikalen Ausdruck weltanschaulicher und künstlerischer Spannungen im Umkreis des Expressionismus (Abschnitt V) sind absichtlich mit Texten zusammengestellt, in denen diese Spannungen reflektiert werden. Ihren extremen Ausdruck finden diese Spannungen in der Anti-Kunst der Dadaisten (Abschnitt VI). Den Zweifel am tradierten Bewußtsein dokumentieren jedoch besonders prägnant Autoren, die sich nicht nur oder gar nicht einer der bisher genannten Gruppen zuordnen lassen, deren Wirkung auf die Moderne aber bis heute besonders stark ist: Autoren einer Bewußtseinsprosa, in der sich die Krisen der Epoche und zugleich die Krise traditionellen Erzählens deutlich niederschlagen (Abschnitt VII). Mehr oder weniger spiegelt die Reihenfolge der Abschnitte auch eine chronologische Entwicklung, mit Ausnahme des letzten Abschnitts, dessen Texte sowohl als Resümee der Entwicklung wie auch als Vorgabe an die Gegenwartsliteratur gelesen werden können, vor allem diejenigen von Benn und Kafka.

Sechstes Kapitel: Einleitung

Die ausgewählten Texte sind freilich nicht nur als literatur- und geistesgeschichtliche Dokumente gedacht. Vielmehr sollen sie auch abgelöst vom literarhistorischen Bezug Denkanstöße vermitteln, die den Leser und damit den Schüler von heute angehen, seien es Fragen der Lebenserfahrung, seien es Fragen nach dem Sinn der Kunst und Literatur.

Zum ganzen Kapitel: Geschichte der deutschen Literatur. Herausgeber: Joachim Bark, Dietrich Steinbach, Hildegard Wittenberg. Band 4: Vom Naturalismus zum Expressionismus, Literatur des Kaiserreichs. Von Klaus D. Bertl und Ulrich Müller. Berater: Dietmar Wenzelburger. Ernst Klett, Stuttgart 1984.

Hinweise zur Planung
Soll das Kapitel mehr oder weniger als Ganzes behandelt werden, so ergibt die Reihenfolge von II bis VI in etwa eine chronologische Orientierung sowie eine Folge fortschreitender Innovationen. Die Abschnitte können aber auch einzeln für die Beschäftigung mit einer der Stilrichtungen herangezogen werden, in Verbindung mit der Lektüre größerer Werke oder ausgewählter Gedichte. Die Abschnitte I und VII können verschieden disponiert werden.

I. Zur Epoche

Die drei Texte können zur Vororientierung über die Epoche, je nach leitendem Gesichtspunkt auch zu einzelnen Abschnitten dienen, z. B. Zweig (118) in Verbindung mit der sozialen Frage bei den Naturalisten, Nietzsche (116) und Freud (117) eher für die anderen Abschnitte.

Zur Einführung in den historischen Rahmen bedarf es einiger Informationen (Lehrervortrag, Schülerreferate, Literaturgeschichte, sonstige Nachschlagewerke). Exemplarisch erschließen die drei Texte folgende Problemkreise:

Nietzsche (116): Kritik der Gründerzeit und des Wilhelminismus.
Freud (117): der Weltkrieg als Durchbruch der Unmenschlichkeit in den Kulturnationen; Zweifel an der Humanisierung durch Kultur.
St. Zweig (118): die äußere und innere bürgerliche Lebensordnung, auch in ihren Problemen gesehen. Dieser Text ist ggf. besser nach dem von Nietzsche, vor dem von Freud zu behandeln.
Von den übrigen Texten des Kapitels ist hierzu besonders aufschlußreich: A. Zweig (140): Europa, Außenseiter der Gesellschaft am Beispiel der Juden, Nationalismus usw.

Man wird von den historischen Hintergrund freilich auch von der vorhergehenden Lektüre einzelner Werke her zu sprechen kommen, auf die sozialen Fragen z. B. mit einem Drama des Naturalismus, auf die Kritik des Bürgertums, der Unkultur usw. von expressionistischen Texten.

Auch andere zeit- oder milieukritische Werke können an die Epoche heranführen, z. B.:
Heinrich Mann: Der Untertan (vgl. Materialien in den Klett-Editionen und Stundenblätter)
Heinrich Mann: Professor Unrat (vgl. Materialien in den Klett-Editionen)
Thomas Mann: Buddenbrooks. Verfall einer Familie (vgl. Materialien in den Klett-Editionen)
Karl Kraus: Die letzten Tage der Menschheit
Carl Zuckmayer: Der Hauptmann von Köpenick (vgl. Stundenblätter)
Ergänzende Quellen zur Epoche wie zu einzelnen Stilrichtungen findet man u. a. in:
Literarisches Leben im Kaiserreich 1871–1918. Auswahl und Kommentierung der Texte von Jost Hermand. Editionen für den Literaturunterricht, hrsg. von Dietrich Steinbach. Ernst Klett Verlag, Stuttgart 1982.

II. Naturalismus und Literatur der sozialen Frage

Für eine genauere Beschäftigung mit dem Naturalismus bedarf es selbstverständlich der Kenntnis mindestens eines der Dramen Gerhart Hauptmanns aus der Produktion von ‚Vor Sonnenaufgang' (1889) bis ‚Die Ratten' (1911). Naturalistische Prosa in Reinkultur bieten Arno Holz/Johannes Schlaf in ihren Studien, z. B. der Sammlung ‚Papa Hamlet' (1889). ‚Bahnwärter Thiel' von Gerhart Hauptmann kann zwar inhaltlich zum Naturalismus hinführen, ist aber erzähltechnisch noch dem Realismus des 19. Jahrhunderts verbunden.

Ergänzende Dokumente findet man in der o. a. Anthologie von Jost Hermand. Einzelausgaben mit Materialien bieten die Editionen zu Gerhart Hauptmanns Dramen ‚Der Biberpelz' und ‚Die Ratten', Materialien zu ‚Bahnwärter Thiel' und ‚Die Weber'.

III. Nerven, Künstler, Literaten

Der Deutschunterricht wird die Entwicklung des Irrationalismus und Ästhetizismus in der frühen Moderne kaum im einzelnen verfolgen können, sondern sie eher im Zusammenhang mit Werken einzelner Autoren, z. B. aus Abschnitt IV, ansprechen. Thomas Mann gibt dazu Gelegenheit mit seinen frühen Erzählungen, z. B. aus seinen Sammlungen ‚Der kleine Herr Friedemann' (1898), ‚Tristan' (1903), ‚Das Wunderkind' (1914), insbesondere mit den Novellen ‚Tonio Kröger' (1903, vgl. Editionen-Materialien) und ‚Der Tod in Venedig' (1912, vgl. Editionen-Materialien).
Bestimmt wurde der Ästhetizismus vor allem von Wien aus. Eine sehr ergiebige Anthologie dazu ist: Die Wiener Moderne. Literatur, Kunst und Musik zwischen 1890 und 1910, hrsg. von Gotthart Wunberg unter Mitarbeit von Johannes J. Braakenburg. Reclam Universal-Bibliothek Nr. 7742. Stuttgart 1982.
Zur konservativ-nationalen Kritik an der Moderne (vgl. Text 125, Lienhard) weitere Dokumente bei Hermand (s. o.).

IV. Dichtung und die Symbole des Lebens

George, Hofmannsthal und Rilke lernen die Schüler meistens mit Gedichten kennen. Rilkes ‚Malte' dürfte für die meisten Schüler zu umfangreich und schwierig sein. Dabei sind er und vieles von Hofmannsthals Prosa sehr wichtig für die moderne Literatur, in einer Weise, die sie allerdings eher in die Nähe des Abschnitts VII (Wirklichkeit des Bewußtseins) rückt. Die Lesebuchauswahl stellt das symbolistische Verständnis des Dichters in den Vordergrund. Man kann die Texte nach Autoren geordnet vorstellen, aber auch thematisch die Literatur reflektierenden Texte 126, 130 und 131 und die poetisch gestaltenden Texte 127, 129 und 132 miteinander gruppieren, letztere zum Vergleich der verschiedenen „Symbole des Lebens".
Eine ausführlichere Beschäftigung mit Hofmannsthal kann das eine oder andere seiner lyrischen Dramen einbeziehen, z. B. ‚Der Tod des Tizian' (1902) oder die schöne, aber schwierige ‚Reitergeschichte' (vgl. Editionen: ‚Ein Brief. Reitergeschichte'. Texte und Materialien).
Insofern v. a. Rilke und Hofmannsthal Erlebnisse des Unbewußten und Irrationalen thematisieren, gehört in ihre Nachbarschaft Arthur Schnitzler, dessen Erzählungen für Schüler in der Regel verständlich sind; sehr ergiebig ist z. B. ‚Die Toten schweigen' (1897). Für eine anspruchsvolle Untersuchung empfiehlt sich die Erzählung ‚Flucht in die Finsternis', die zwar erst 1931 veröffentlicht wurde, an der Schnitzler aber vermutlich schon seit 1905 und bis 1917 arbeitete; ihre interessante Entstehungsgeschichte sowie literarhistorische und psychologische Aspekte sind dokumentiert in: ‚Flucht in die Finsternis', Text und Materialien, ausgewählt und eingeleitet von H. U. Lindken. Editionen. Ernst Klett Verlag, Stuttgart 1980.
Als Außenseiter zwischen Naturalismus und Symbolismus ist Frank Wedekind zu nennen. Seine moralisch und psychologisch begründete Kritik an der bürgerlichen Gesellschaft, die sich auch verfremdender oder surrealer Symbole bedient, dürfte Schülern am ehesten zugänglich sein in ‚Frühlings Erwachen' (1891) und ‚Der Marquis von Keith' (1901); allerdings wirken Sprache und Inhalte auf heutige Schüler manchmal antiquiert.
Eine Sonderstellung zwischen realistischer, symbolischer und expressionistischer Schreibweise nimmt auch Carl Sternheim ein. Er erfaßt die bürgerliche Gesellschaft seiner Zeit sehr scharfsinnig, hält aber an der Überzeugung vom Selbstbehauptungsrecht des tüchtigen einzelnen fest und stilisiert in der Darstellung die Wirklichkeit zugleich ironisch und ästhetisch. Ohne zu transzendieren, faßt er in realen Gestalten und Verhältnissen so doch Grunderfahrungen und Muster des Lebens. Sehr ergiebig, wenngleich bisher im Deutschunterricht wenig beachtet, sind seine frühen Theaterstücke der Reihe ‚Aus dem bürgerlichen Heldenleben' (‚Die Hose', 1911; ‚Bürger Schippel', 1913; ‚Der Snob', 1914; u. a. m.) und die Novellen, die ergänzt 1928 unter dem Titel ‚Chronik von des 20. Jahrhunderts Beginn' erschienen (‚Busekow', 1914; ‚Napoleon', 1915; ‚Schuhlin', 1916; ‚Ulrike', 1918; u. a. m.).

V. Expressionismus – Bedrohte Menschlichkeit

Die Textauswahl des Lesebuchabschnitts akzentuiert nicht so sehr die im Unterricht üblicherweise ausführlich behandelten inhaltlichen Motive und künstlerischen Formen – sie wird jeder Lehrer bei einer längeren Behandlung expressionistischer Literatur aus Gedichten zusammenstellen; mit dem Text von Edschmid (136) ist eine Zusammenfassung möglich, die Selbstinterpretation von Lichtenstein (138) bietet eine

Sechstes Kapitel: Einleitung

aufschlußreiche Ergänzung. Die übrigen Texte des Abschnitts sollen vielmehr inhaltliche Zusammenhänge verdeutlichen, die bei Unterrichtsbesprechungen manchmal zu kurz kommen. Die Texte 133, 135, 140, 141 sprechen z. B. Verbindungen des Expressionismus mit der frühen Moderne an. Im Unterricht sollten möglichst nicht nur Gedichte, sondern auch Prosatexte gelesen werden, die allerdings über einen vordergründigen Expressionismusbegriff hinaus oft Beziehungen zum Symbolismus oder zur „Bewußtseinsprosa" (vgl. VII) haben (vgl. Editionen: Prosa des Expressionismus, Texte und Materialien, ausgewählt von Eckhard Philipp). Von den expressionistischen Dramen sind für den Deutschunterricht v. a. die von Georg Kaiser ergiebig, aus der Zeit der Weimarer Republik einige von Ernst Toller.

VI. Dada: Experiment mit dem Un-Sinn

Die drei Texte ermöglichen eine kurze Charakterisierung des Dadaismus; für eine ausführliche Behandlung wären Anthologien heranzuziehen. Im Deutschunterricht liegt es nahe, den historischen Dadaismus zusammen mit seinen späteren Nachfolgern bis zur Gegenwart zu behandeln und in Beziehung zur Konkreten Poesie zu setzen (vgl. Editionen: Experimentelle und Konkrete Poesie – Vom Barock zur Gegenwart, Texte und Materialien, ausgewählt von Peter Reichartz).

VII. Wirklichkeit des Bewußtseins

Wirkungsgeschichtlich handelt es sich bei diesem Abschnitt vielleicht um den wichtigsten des Kapitels, was allein schon die Namen Benn und Kafka anzeigen. Interpretatorisch und literarhistorisch wirft er schwierige Fragen auf, bedarf also, wenn er gründlich ausgewertet werden soll, einer eigenen Unterrichtseinheit. Für Schüler, die damit überfordert wären, empfiehlt sich eine vergleichende Betrachtung der Texte von Wedekind (147), Walser (148, 149) und Kafka (150); dabei wäre zu prüfen, ob von Walser ‚Der Tänzer' (149) nicht für die Schüler leichter zu verstehen und deshalb vor ‚Ovation' (148) zu besprechen ist. Dieselbe Textgruppe kann mit den Kafka-Texten 151, 152 für eine Einführung zu Kafka oder als Ergänzung eines größeren Werks von Kafka benutzt werden. Benns exemplarische Erzählung (146) kann ebensogut auf den Expressionismus bezogen oder in eine umfassendere Besprechung Benns eingefügt werden (vgl. Editionen: Gottfried Benn. Stationen seines Lebens und Denkens. Texte und Materialien, ausgewählt von Annemarie Christiansen). Die oben zu Abschnitt V erwähnte Prosa-Anthologie der Editionen enthält weitere interessante Beispiele der Bewußtseinsprosa. Von anderen Texten des Kapitels lassen sich dem Abschnitt VII zuordnen: Bahr (123), Hofmannsthal (130), Rilke (132), Ball (135), A. Zweig (140).

Thematische Textgruppen
Schüler erfassen die besondere Sicht oder Darstellung in einem Text sowie hintergründige Bedeutungen oft leichter, wenn sie Texte mit ähnlichen Themen oder gegenständlichen Motiven vergleichen. Statt literarhistorisch geordneter Textsequenzen wählen deshalb Deutschlehrer gern Textpaare oder Textgruppen, um aus dem Vergleich auch literarhistorische Einsichten zu erschließen. Dafür hier einige Vorschläge:
Bild des Dichters: Baginski (121), Lienhard (125), George (126, 127), Hofmannsthal (130), Rilke (131), H. Mann (133), Rubiner (134), Stramm (139), Ball (143), Kafka (151).
Bürgertum – Künstlertum: Nietzsche (116), St. Zweig (118), Th. Mann (124), Rubiner (134), Goll (141), Kafka (151).
Literatur und Gesellschaft: Baginski (121), Th. Mann (124), Lienhard (125), George (126), H. Mann (133), z. T. Ball (135), z. T. Edschmid (136), A. Zweig (140), Ball (143).
Wirklichkeit – gesehen, erlebt, geschildert (Mimesis-Problem): Baginski (121), Bahr (123), Th. Mann (124), Hofmannsthal (129), Rilke (132), Lichtenstein (137), Stramm (139), A. Zweig (140), Benn (16), Wedekind (147), Walser (148, 149), Kafka (150, 151).
Krieg: Freud (117), Stramm (139), Gedichte, Erzählungen, Dramen aus dem Umkreis des Expressionismus.
Leben und Tod: Holz/Schlaf (120), Hofmannsthal (128, 129), Rilke (132), Stramm (139), Benn (146).

Sechstes Kapitel: Zu Text 116, S. 180f.

I. Zur Epoche (S. 116 ff.)

Vorangestellt sind drei Texte allgemeiner Kulturkritik, in denen wichtige Leitgedanken der Auseinandersetzung mit zeitgenössischen Erfahrungen thematisiert werden; weitere Zeugnisse dazu finden sich in den folgenden Abschnitten. Zur Charakterisierung der politischen und sozialen Situation nach der Reichsgründung können aus dem vorhergehenden Kapitel die Texte von Dahn (95), Treitschke (96), Fontane (97, 109) sowie der von Engels (87) herangezogen werden.

Mit den Texten von Nietzsche und Freud werden die beiden historischen Wendemarken am Anfang und Ende der Epoche angesprochen: die kulturelle Grundstimmung nach der Reichsgründung und dem Deutsch-Französischen Krieg, die Nietzsche kritisiert, und der Schock über die Barbarei des Weltkrieges, den Freud beschreibt und deutet. Mit Stefan Zweigs Text wird, strenggenommen, weit über den Rahmen der Epoche vorgegriffen, in die 40er Jahre. Aber Zweigs Rückblick auf die Wilhelminische Ära ist sehr anschaulich, erfaßt die Ambivalenz des Klimas bürgerlicher 'Sicherheit', mit dem sich die Literatur immer wieder auseinandergesetzt hat, und läßt zugleich einen weiteren historischen Prozeß erkennen, nämlich, wie sich von der Erfahrung der NS-Zeit und des Zweiten Weltkrieges her die Deutung und Bewertung eben jener bürgerlich-sicheren Welt wandelt. Das Lesebuch soll an dieser wie auch an anderen Stellen dazu anregen, Epochenbegriffe nicht zu starr und statisch zu behandeln, sondern Längsverbindungen, Wandlungen im Geschichtsverständnis und damit rezeptionsgeschichtliche Voraussetzungen zu bemerken.

Friedrich Nietzsche: Unzeitgemäße Betrachtungen (S. 180 f.) 116

Zum Text

Unter dem Titel ‚Unzeitgemäße Betrachtungen' veröffentlichte Nietzsche 1873–1876 vier kulturkritische Schriften:
– ‚David Friedrich Strauß, der Bekenner und Schriftsteller' (1873)
– ‚Vom Nutzen und Nachteil der Historie für das Leben' (1874)
– ‚Schopenhauer als Erzieher' (1874)
– ‚Richard Wagner in Bayreuth' (1876)

In allen vier Schriften kritisiert Nietzsche den Tiefstand der deutschen Kultur in den Jahren nach der Reichsgründung, als Appell zu einer kulturellen Besinnung. Leitgedanke ist ihm dabei die mangelnde Einheit zwischen Bildung, Wissen, Innerlichkeit, „Geist" und der Wirkung nach außen im Handeln. Diese Gedanken exemplifiziert Nietzsche an drei Personen und einer Wissenschaft:
Den Religionsphilosophen David Friedrich Strauß – dessen Kenntnisse und Verdienste Nietzsche übrigens anerkannte – beschreibt er als den Typus des besinnlich auf die Tradition zurückblickenden Gelehrten, an der Geschichtswissenschaft seiner Zeit beklagt er das „antiquarische", zwecklose Sammeln einer ungeheuren „Menge von unverdaulichen Wissenssteinen" ohne Wirkung auf das Leben. Positive Gegenbilder sind ihm Schopenhauer, dessen Philosophie er hier nicht bespricht, sondern den er verehrt, weil der Philosoph als Mensch seine Philosophie gelebt habe, und Richard Wagner, von dem er hier noch die Erneuerung der deutschen Kultur erwartet, weil Wagner künstlerisches Schaffen und das Handeln in der Gesellschaft vereine.

Die Antinomie von Bildung und tätigem Leben war für Nietzsches Philosophie weiterhin ein beherrschender Gedanke, was hier nicht auszuführen ist, ein Gedanke, der vor allem im frühen 20. Jahrhundert nachgewirkt hat, z. B. auf Thomas Mann und Heinrich Mann (vgl. ‚Geist und Tat', Nr. 133) sowie auf den Expressionismus. Die vorliegende Textstelle aus dem Anfang der ersten Streitschrift dokumentiert den zeitgeschichtlichen Bezug seiner Gedanken: Nietzsche geht hier nicht nur vom Krieg 1870/71 und von der Situation im neugegründeten Kaiserreich aus, sondern so, wie es hier geschildert wird, haben fortschrittlich gesonnene Intellektuelle, Künstler und Schriftsteller vor und nach 1900 das kulturelle Klima in Deutschland empfunden, z. B. schon die Naturalisten. Von Nietzsches Ansatz her versteht man, warum sie sich in Opposition zum bürgerlichen Leben, zur öffentlichen Meinung, zum Nationalismus und auch zum Staat befanden. Aber auch für mehr traditionsverbundene Autoren war das Verhältnis zwischen Geist und Leben ein zentrales Problem der Kultur (vgl. die Abschnitte III und IV).

Sechstes Kapitel: Zu Text 116, S. 180f.

Zur Interpretation

Da es sich um Textauszüge handelt, ist eine in sich geschlossene Textanalyse nicht angebracht. Dennoch lassen sich Leitgedanken und ein argumentierender Zusammenhang erkennen und ordnen.

Zentrale These ist, „... daß in Deutschland der reine Begriff der Kultur verlorengegangen ist" (S. 180, Z. 32f.).

Hier oder später wäre darüber nachzudenken, was wir unter Kultur verstehen. Hilfreich könnte dabei eine Definition des englischen Anthropologen und Völkerkundlers Edward Burnett Tylor (1832–1917), also eines Zeitgenossen, aus seinem Werk ‚Primitive Culture' (1871) sein:

„Kultur ist jenes komplexe Ganze, das Kenntnisse, Glaubensvorstellungen, Künste, Sitte, Recht, Gewohnheiten und jede andere Art von Dauerbetätigungen umfaßt, die der Mensch als Mitglied einer Gesellschaft erwirbt."

Von dieser Definition her läßt sich erkennen, daß Nietzsches Kulturbegriff in diesem Essay sich zwar teilweise mit ihr deckt („Einheit... in allen Lebensäußerungen eines Volkes"), aber einen einseitigen Akzent setzt („des künstlerischen Stiles").

Die zentrale These wird im *ersten Textausschnitt* vorbereitet (S. 180, Z. 9–25):

Nietzsche ist sich dessen bewußt, daß er einer verbreiteten Hochschätzung der deutschen Kultur widersprechen und damit die „öffentliche Meinung" herausfordern will. Deshalb greift er zu Beginn seines umfangreichen Essays das an, was er als den entscheidenden „Irrtum der öffentlichen Meinung" ansieht, nämlich, „daß auch die deutsche Kultur in jenem Kampfe [sc. dem Krieg 1870/71] gesiegt habe..." Er meint also, daß der Sieg über Frankreich nur ein militärischer und politischer gewesen sei, nicht aber begründet durch eine kulturelle Überlegenheit.

Man kann im einzelnen untersuchen, wie Nietzsche den Leser auf diese Behauptung vorbereitet, indem er der öffentlichen Begeisterung über den „Sieg" Warnungen vor dessen möglichen „gefährlichen Folgen" entgegensetzt und dann geschickt als eine der schlimmsten Folgen gerade diese irrende Begeisterung bezeichnet. Er verschärft den Angriff mit der Begründung für ihre „verderbliche" Wirkung, die im letzten Satz des Abschnitts gipfelt. Dabei scheint Nietzsche, genau wie die öffentliche Meinung, an einen Zusammenhang zwischen Kultur und nationaler Selbstbehauptung zu glauben (vgl. S. 181, Z. 8ff.), jedoch in umgekehrter Sicht: Während die öffentliche Meinung aus den nationalen Erfolgen auf die kulturelle Stärke der Nation schließt, schließt Nietzsche aus der, wie er meint, feststellbaren kulturellen Schwäche der Deutschen auf die möglichen „gefährlichen Folgen".

Worin besteht nun für ihn die kulturelle Schwäche der Nation zu jener Zeit? Das erklärt Nietzsche im *zweiten Textausschnitt,* in dem er die zentrale These begründet und entfaltet. Wichtig sind dabei zwei Aspekte:

– Wie Nietzsche die kulturellen Erscheinungen der Gründerzeit sieht (S. 180, Z. 35 – S. 181, Z. 12) und
– wie er „Kultur" versteht (S. 180, Z. 30–34).

Seine Schilderung der wilhelminischen Gesellschaft in ihren kulturellen Äußerungen kennzeichnet gut das Erscheinungsbild der „Gründerzeit"; man könnte es mit vielen Dokumenten, Abbildungen und genaueren Darstellungen belegen und veranschaulichen. Seine wesentlichen Merkmale sind Pluralität und Epigonalität („Kuriositäten aller Zeiten und aller Zonen") in den äußeren Erscheinungen, aber wohl noch tiefer: die „phlegmatische Gefühllosigkeit für die Kultur", die Nietzsche dem Bürger vorwirft, denn „er selbst bleibt ruhig in diesem Tumult aller Stile sitzen"; diesen Menschentypus nennt er dann später den „Bildungsphilister". Der epigonale Stilpluralismus der Zeit ist für Nietzsche nur das Gegenstück für die Unlebendigkeit, Untätigkeit und Unproduktivität der Menschen.

Dem stellt er als „reinen Begriff der Kultur" (S. 180, Z. 29) gegenüber die „Einheit des künstlerischen Stiles in allen Lebensäußerungen eines Volkes" (S. 180, Z. 30). Wir haben schon darauf hingewiesen, daß dies teilweise eine wissenschaftlich vertretbare Erklärung ist, aber auch eine Verengung auf das Künstlerische, Ästhetische beinhaltet. Verständlich wird diese Einengung durch Nietzsches Gedanken der Produktivität, den er in der Kritik des Bildungsphilisters andeutet, und durch die Bemerkung im vorletzten Satz, nach der für Nietzsche Kultur ein „Ausdruck" für „starke und einfache Gefühle" ist.

Weiterführende Gedanken

Nietzsches Ausführungen regen dazu an, nachzudenken über die eigene Auffassung von Kultur und von ihrem Verständnis zu Nation, Staat und Politik. Dies ist hier nicht auszuführen. Wichtig ist allerdings das Problem, inwieweit Kultur einem bestimmten Menschenbild (vgl. „starke und einfache Gefühle") entspricht, sowie das Problem, inwieweit Kultur vorwiegend an ästhetischen und künstlerischen Maßstäben gemessen werden kann.

Sechstes Kapitel: Zu Text 117, S. 181 f.

Für die Epoche wichtig ist die Feststellung, daß Nietzsche mit den Gedanken dieses Essays Gedanken und Probleme der frühen Moderne angesprochen, teilweise sogar eingeführt hat. Folgenreich war unter anderem der Ansatz, kulturelle und gesellschaftliche Fragen aus ästhetisch-künstlerischer Perspektive zu beurteilen.

Thematische Bezüge im Kapitel
Freud (117): kritische Betrachtung der Zusammenhänge zwischen Krieg und Kultur.
Lienhard (125): Konfrontation der Kritik am „Bildungsphilister" mit der Kritik am „Literaten", auch unter dem Aspekt Kultur.
George (126, 127): Nietzsches Verachtung des „Bildungsphilisters" und Georges elitäre Vorstellung vom Dichter.
Heinrich Mann (133): unterschiedliche Perspektiven zum Problem des Verhältnisses zwischen „Geist" und „Macht", Dichter und Volk.
Yvan Goll (141): unterschiedliche Konsequenzen aus der Kritik an der entleerten bürgerlichen Kultur.
(Ball [135]: Es bestehen vielfältige Beziehungen zwischen Nietzsches Philosophie und dem Text von Ball; um sie zu erfassen, müßte man jedoch viel über Nietzsche wissen.)

Sigmund Freud: Die Enttäuschung des Krieges (S. 181 f.)   117

Zum Text
Freuds Aufsatz ‚Zeitgemäßes über Krieg und Tod' erschien 1915. In diesem Jahr waren einerseits an der Ost- und Westfront bereits verlustreiche Schlachten ausgetragen, andererseits waren Freuds grundlegende Gedanken zur Trieb- und Neurosenlehre sowie zur Psychoanalyse bereits veröffentlicht. Gerade der hier angesprochene Zusammenhang zwischen dem Kriegserlebnis und der neuen Sicht auf die Triebnatur des Menschen ist aufschlußreich für Erfahrungen und Gedanken der Moderne.
Der Aufsatz behandelt im ersten Teil „die Enttäuschung des Krieges", im zweiten „unser Verhältnis zum Tode" (ebenfalls an das Kriegserlebnis anknüpfend). Beide Themen spiegeln die tiefgreifende Beunruhigung, die vom Ersten Weltkrieg ausging und bis in die Weimarer Republik ihren Niederschlag in Literatur und Kunst fand.
Der Textausschnitt faßt Gedanken zusammen, die im Aufsatz davor und danach entfaltet werden. Es empfiehlt sich deshalb, daß wenigstens der Lehrer den ganzen Aufsatz zur Kenntnis nimmt oder auch ein Schüler über den Inhalt des ganzen ersten Teils referiert. Auf den Seiten davor geht Freud davon aus, daß der Krieg insbesondere den „Kulturweltbürger" verwirrt. Er erschüttert nämlich den Glauben, daß „hohe sittliche Normen", „Selbstbeschränkung" und weitgehender „Verzicht auf Triebbefriedigung" (Merkmale der Kultur) das brutale Kriegsgeschehen eigentlich verhindern sollten. Nun aber muß man erfahren, daß der Krieg das „neue Vaterland" der grenzüberschreitenden „Kulturgemeinschaft" zerbricht – das ist die „Enttäuschung".
In den folgenden Abschnitten entfaltet Freud Gedanken seiner Trieblehre, um die wiedererwachte „Brutalität im Benehmen der einzelnen" (S. 182, Z. 42) zu erklären. Hier stellt Freud das seit der Aufklärung tradierte Menschenbild in Frage – wiederum exemplarisch für die Moderne. Er deutet Sittlichkeit als „Umwandlung der egoistischen in soziale Triebe", wobei sowohl ursprüngliche psychische Bedürfnisse (wie der Bedarf an Liebe) wirksam sind als auch der äußere Zwang der sozialen Umwelt, der kulturellen Normen und der Erziehung (vgl. S. 182, Z. 20–31). Solange der äußere Zwang überwiege, seien jedoch die Triebe nicht wirklich veredelt, sondern die Menschen nur „zum Kulturgehorsam gezwungen, die dabei nicht ihrer Natur folgen". Die „Illusion", die der Krieg zerstört, bestand also darin, den Menschen für kultivierter und sittlicher zu halten, als er wirklich ist. – Zum völkerpsychologischen und staatsethischen Aspekt deutet Freud hier nur kurz einige Vermutungen an.

Zur Interpretation
Der Textausschnitt greift diese Gedanken vor allem am Anfang und Ende auf: im 1. Absatz den Schock über die Brutalität der Menschen im Krieg, im 2. Absatz den über die Auflösung der Gemeinschaft der Kulturnationen; daran knüpft der drittletzte Absatz an. Die beiden letzten Absätze fassen den Gedanken der zerstörten Illusionen zusammen; vor allem sie bedürfen ergänzender Überlegungen oder Erklärungen im Sinne des ganzen Aufsatzes (s. o.).
Dazwischen werden zwei wichtige Aspekte aufeinander bezogen: das Problem des Staates, der einerseits Autorität als Hüter der Sittlichkeit in Anspruch nimmt, andererseits das „Unrecht" „monopolisieren will";

Sechstes Kapitel: Zu Text 118, S. 183f.

ferner das Problem des sittlichen Gewissens, das einerseits der „unbeugsame Richter" sein soll, sich in Wirklichkeit aber nur als „soziale Angst" erweise und so keine zuverlässige Instanz der Sittlichkeit sei. Im Kontext des Aufsatzes wäre dies auf die Beziehungen zwischen Triebnatur und Kultur zu beziehen. Im historischen Kontext sieht man hier fundamentale Zweifel der Moderne angesprochen: den Zweifel an der Autorität des Staates und der Gesellschaft sowie den Zweifel an der sittlichen Autonomie des Menschen. Tendenzen der Epoche, die eine grundlegende Veränderung des Staates bzw. der Gesellschaft oder einen neuen Menschen fordern, gehen von diesen Zweifeln aus, ohne jedoch sonst immer Freuds Theorien zu übernehmen.

Zur Behandlung im Unterricht
Die Textstelle kann als Anlaß genommen werden, auf Freud und einige seiner Gedanken hinzuweisen – dazu bedürfte sie allerdings einiger Ergänzungen. Sie kann auch lediglich dazu benutzt werden, den geistigen Schock des Kriegserlebnisses und die daraus hervorgehenden Desillusionierungen zu besprechen, mit den Gesichtspunkten: Krieg, Staat (Gesellschaft), Kultur und Sittlichkeit. In diesem Falle kann der Text dem von Nietzsche (116) gegenübergestellt werden; beide markieren Anfang und Ende der Epoche anläßlich der Auswirkungen eines Krieges, beide sprechen – jeweils anders – den Wert der Kultur an und stellen einer veräußerlichten Ordnung und Wertung die Frage nach der Wahrheit der inneren Ordnungen und Werte entgegen.
Ähnliche Fragen stellen sich bei – im weitesten Sinne – symbolistisch-expressionistischen Dramen (z. B. Strindberg: ‚Der Vater'; Hasenclever: ‚Der Sohn'; Unruh: ‚Ein Geschlecht'; Dramen von Kaiser und Toller), bei expressionistischen Erzählungen (z. B. Unruh: ‚Opfergang') sowie bei expressionistischer Kriegslyrik (z. B. Trakl: ‚Menschheit vor Feuerschlünden aufgestellt'). Dem Spannungsverhältnis zwischen Triebhaftigkeit und Kultur vergleichbar sind manche frühen Gedichte Benns mit ihrer Gegenüberstellung von elementarer Vitalität und Intellekt (z. B. ‚Ikaros', ‚Gesänge'). Auf radikalen Zweifeln an der tradierten Kultur und ihren Autoritäten beruhen die revolutionären Avantgarden der Epoche bis hin zum Dadaismus; auf dem Zweifel an der Autorität des Staates nicht nur revolutionäre und anarchistische Tendenzen, sondern auch die von Staat und Gesellschaft abgewandte „Geist"-Dichtung (vgl. Stefan George).

Thematische Bezüge im Kapitel
Nietzsche (116): Kritik des Krieges bzw. seiner Folgen, Kritik des Staates und der offiziellen Kultur.
Zweig (117): Staat, Kultur, Fortschritt usw. als Garanten der Sicherheit; kulturelle Einheit Europas, überwundene Barbarei der Kriege usw.
Stramm (139): Kriegserlebnis und Zweifel an Kultur und Sittlichkeit.
Bahr (122, 123), Hofmannsthal (128), Edschmid (136): Entdeckung des Unbewußten für Kunst und Literatur.
Rubiner (134): unverfälschte Menschlichkeit der Außenseiter in Staat, Gesellschaft, Kultur.
Goll (141), Huelsenbeck (142), Ball (143): Protest gegen die konventionelle Kultur.

118 Stefan Zweig: Die Welt der Sicherheit (S. 183 f.)

Zum Text
Stefan Zweigs Autobiographie ‚Die Welt von gestern. Erinnerungen eines Europäers' entstand im brasilianischen Exil und wurde postum 1942 auf englisch, 1944 auf deutsch veröffentlicht. Noch vor der Publikation und kurz nach der Eroberung Singapurs durch die Japaner nahmen Zweig und seine Frau sich das Leben. Mehr als die Hälfte des Buches schildert die erlebte Zeit in der k. u. k. Donaumonarchie, der Rest reicht bis zum Ausbruch des Zweiten Weltkriegs.
Zweig, der aus dem jüdischen Besitz- und Bildungsbürgertum Wiens stammte, fühlte sich zeit seines Lebens als Europäer (vgl. Titel) und glaubte an die kulturelle Einheit als Grundlage für „das gemeinsame Europa, von dem wir geträumt" (vgl. die Texte 117 und 140). Bis nach 1933 vertraute er auf den „Geist" und die große Kulturtradition und beteiligte sich kaum an politischen Auseinandersetzungen. Der Zusammenbruch Europas unter den Schlägen des Faschismus erschütterte ihn tief; als der Zweite Weltkrieg für die Demokratien verloren schien, verzweifelte er. In der Autobiographie beschwört er die vorfaschistische und vorrepublikanische Vergangenheit und verklärt sie auch. Insofern kann das Buch nur eingeschränkt als historisches Dokument gelten. Der Textausschnitt belegt gewiß nicht die ganze Wahrheit über soziale Verhältnisse der Kaiserzeit, allenfalls die über das wohlhabende Bürgertum. Jedoch waren das Vertrauen in

stabile Verhältnisse, das Streben nach Sicherheit und der Fortschrittsglaube auch in weniger bemittelten Schichten wirksam. Das Vertrauen in Tradition und Bestand des europäischen Geistes bestimmte auch viele kritische oder oppositionelle Schriftsteller bis in die Weimarer Republik (vgl. z. B. Heinrich und Thomas Mann).
Die Textstelle ist jedoch auch in ihrem historischen Rahmen zu sehen. Vor dem Hintergrund der Weimarer Republik, des Dritten Reiches und des Zweiten Weltkrieges erinnert sich der traditionsbewußte Autor an die Vergangenheit als ein Bild verlorenen Lebens und gefährdeter Werte. Oder umgekehrt: Die seitherige Geschichte erscheint ihm als Rückfall in die Barbarei. Das ist an vielen Stellen des Buches (auch unmittelbar nach dem Textausschnitt) zu spüren.

Zur Interpretation und Behandlung im Unterricht
Die Erarbeitung des Inhaltsverständnisses bedarf einiger Sacherklärungen, dürfte aber sonst keine Schwierigkeiten machen. Obwohl die Textstelle gedanklich nicht straff geordnet ist, kann man die Hauptgedanken geordnet zusammenstellen. Ausgehend vom Titel ‚Welt der Sicherheit‘ etwa so:
– Die Staatsordnung garantiert Dauerhaftigkeit der politischen Verhältnisse, Rechte und Pflichten der Bürger, eine solide Währung.
– Die soziale (bürgerliche) Ordnung macht das Leben sicher und planbar bezüglich: Vermögen, Besitz und Einkommen; Beruf; Vorsorge. – „Versicherungen" können als Leitsymbol verstanden werden.
– Der Fortschrittsglaube macht zuversichtlich; er wird bestätigt durch zahlreiche Neuerungen in Wissenschaft, Technik, Komfort, Gesundheit; in Persönlichkeitsschutz, Wahlrecht, Justiz und Sozialreformen sowie in Werten wie Toleranz, Humanität, Vernunft, Friede.
Andeutungen einer zurückhaltenden Kritik wären festzustellen, z. B. „Alles ... *schien* auf Dauer gegründet" (S. 183, Z. 11 f., und S. 184, Z. 1 ff.).
Die immanente Auslegung sollte auf jeden Fall in historischer Perspektive problematisiert werden. Dazu gibt es mehrere Möglichkeiten:
– Mit Hilfe einiger Informationen und mit einem Vergleich der historischen Daten (s. o.) kann man fragen, warum wohl Zweig während Exil und Zweitem Weltkrieg die Kaiserzeit so darstellt. Dazu könnte man auch den Emigrantentext von I. Keun (170) heranziehen.
– Man kann den Text mit anderen der Epoche konfrontieren und den sozialgeschichtlichen Hintergrund genauer betrachten; das sollte auf jeden Fall geschehen, wenn die Epoche ausführlicher behandelt wird. (Texthinweise siehe unten.)
– Mit Texten des 19. Jahrhunderts kann man Zweigs Vorstellungen teils bestätigen, teils modifizieren (z. B. mit Text 108, Storm).
– Von Zweigs Text aus kann man Nachwirkungen in der Sozialgeschichte der Weimarer Republik besprechen, z. B. anhand der kritischen Texte Tucholsky (155), Kracauer (159).
– Sehr ergiebig wäre ein Nachdenken darüber, inwiefern sich in unserer Zeit ähnliche Betrachtungen anstellen lassen (vgl. den Wahlslogan „Sicherheit für alle!").

Thematische Bezüge im Kapitel
Werke
Auf jeden Fall bietet der Text ergiebige Denkanstöße, wenn man ihn zur Behandlung naturalistischer sozialkritischer Dramen heranzieht, z. B.: G. Hauptmann: ‚Die Weber‘, ‚Der Biberpelz‘ / ‚Der rote Hahn‘, ‚Die Ratten‘; G. Kaiser: ‚Von morgens bis mitternachts‘. – Man könnte ihn auch Kafkas Romanen (‚Der Prozeß‘, ‚Das Schloß‘) gegenüberstellen, in denen die geordnete Welt – als Verunsicherung erfahren – dargestellt wird.

Lesebuchtexte
Nietzsche (116): Kritik der bürgerlichen Welt in ihrer Selbstgefälligkeit.
Freud (117): Erschütterung des „Kulturweltbürgers" in seinem Selbstvertrauen durch den Krieg.
Rubiner (134): Bekenntnis zur Gegenwelt (Außenseiter der Ordnungen, Unsicherheit).
Arnold Zweig (140): problematische Situation des jüdischen Intellektuellen im Vorkriegseuropa; Verlust der Werte, die zur Kulturtradition Europas gehören, usw.

Sechstes Kapitel: Zu Text 119, S. 185f.

II. Naturalismus und Literatur der sozialen Frage (S. 185 ff.)

Die Textauswahl für den Naturalismus ist verhältnismäßig knapp aus unterschiedlichen Gründen: Zum einen gibt es nicht viele kurze naturalistische Texte; Schüler lernen den Naturalismus vorwiegend aus den großen Dramen kennen, die sich in Auszügen nur schwer angemessen dokumentieren lassen. Zum anderen bedürfen die Aspekte, die den Beitrag des Naturalismus zum „Beginn der Moderne" kennzeichnen, keiner umfangreichen Dokumentation. Als aufschlußreiche Schwerpunkte belegt die Auswahl, daß der Naturalismus das Thema der sozialen Frage mit dem Bemühen um eine neue realistische Schreibweise verband. Klarer noch als Wilhelm Bölsche in seinem bekannten Buch ‚Die naturwissenschaftlichen Grundlagen der Poesie' (1887) entwickelt Ernst Hart die geistesgeschichtliche und weltanschauliche Begründung der naturalistischen Schreibweise, und es ist wiederum ein historischer Fingerzeig, wenn er sie noch „realistisch" nennt. Am dichterischen Text dokumentiert wird diese Schreibweise mit der Prosa von Holz/Schlaf. Damit soll das Lesebuch eine Ergänzung bieten, wenn im Unterricht diese Schreibweise in der Regel vermutlich am Drama vorgeführt wird; zugleich soll die Nähe des dramatischen zum epischen Naturalismus sichtbar werden.

Das Thema der sozialen Frage führt der Bericht von Baginski über seine Begegnung mit G. Hauptmann vor. Er veranschaulicht den zeitgenössischen Bezug der ‚Weber' und anderer Proletarierstücke Hauptmanns, aber auch biographische Bezüge und das Problem der politischen Wirkung sozialkritischer Literatur werden greifbar.

119 Heinrich Hart: Die realistische Bewegung (S. 185 f.)

Zum Text und zur Theorie des Naturalismus
Vielen Deutschlehrern ist als literaturtheoretischer Text bekannt: ‚Die naturwissenschaftlichen Grundlagen der Poesie' (1887) von Wilhelm Bölsche (neu herausgegeben von J. J. Braakenburg, Max Niemeyer Verlag, Tübingen/Deutscher Taschenbuch Verlag [WR 4269], München, 1976). Auszüge daraus sind ebenfalls ergiebig (vgl.: Theorie des Naturalismus, hrsg. von Th. Meyer. Reclam UB 9475. Stuttgart 1973, S. 128 ff.). Harts Text hat den Vorzug, daß er Leitgedanken gedrängt und klar zusammenfaßt. Für die Schüler ist es nicht wichtig, alle Facetten der Literaturdiskussion von damals kennenzulernen, sondern es genügen einige dieser Leitgedanken. Dabei sollte das Klischee vermieden werden, 'Naturalismus' sei nichts weiter als eine Kunstrichtung genauer Naturschilderung. Entscheidend ist vielmehr die Orientierung am Vorbild positivistischer Wissenschaften und des „écrivain naturaliste" (E. Zola), des Schriftstellers als Forscher. Bölsche hat dies auf die Formel gebracht:
„Wir müssen uns dem Naturforscher nähern, müssen unsere Ideen auf Grund seiner Resultate durchsehen und das Veraltete ausmerzen. [...] Jede poetische Schöpfung, die sich bemüht, die Linien des Natürlichen und Möglichen nicht zu überschreiten und die Dinge logisch sich entwickeln zu lassen, ist vom Standpuncte der Wissenschaft betrachtet nichts mehr und nichts minder als ein einfaches, in der Phantasie durchgeführtes Experiment..." (s. o., S. 7).
Hart sagt an anderer Stelle: „Nicht die Natur nachahmen, sondern von der Natur lernen, das muß man vom Künstler verlangen" (Kritisches Jahrbuch I, 1, S. 82; Theorie des Naturalismus, s. o., S. 145). Hart hat sich übrigens entschieden gegen einen dogmatischen Naturalismus pedantischer Wirklichkeitsbeschreibung gewandt und besteht auf künstlerischer Kreativität, wie auch Zola es getan hat.

Zur Interpretation
Der erste Satz des Textausschnitts läßt drei historisch wichtige Aspekte naturalistischer Theorie erkennen: Sie geht – zunächst auch terminologisch – vom Realismusbegriff des 19. Jahrhunderts aus, den sie inhaltlich nur weiterführt (vgl. die Texte 111, 112, 113). Sie sucht aber einen zeitgemäßen, 'modernen' Realismus und setzt sich vom poetischen Realismus ab (S. 185, Z. 8f.). Hier wird schon die Zwischenstellung des Naturalismus zwischen Tradition und Modernisierung sichtbar. Es stellt sich somit die Frage, was den entschieden modernen Realismus kennzeichnet. Dazu sind Leitbegriffe Harts (S. 185, Z. 9–24):
„Geist des Zeitalters: ... vorurteilsloses Forschen ... die Wahrheit zu erkennen; ... absolute Objektivität ... Zurückdrängen des Subjekts",
Vorbilder bzw. Normen der Orientierung: „Naturwissenschaft ... soziales und demokratisches Ringen ... das Wohl aller".

Sechstes Kapitel: Zu Text 120, S. 186ff.

Damit sind die beiden Perspektiven angesprochen, die mit den Textausschnitten belegt werden: der methodische der naturalistischen Schreibweise, der auf Prinzipien des Positivismus beruht; der ethisch-politische der 'sozialen Frage', der die Thematik vieler naturalistischer Werke bestimmt hat. Daraus zieht Hart für die Literatur die Folgerungen (S. 185, Z. 25 bis Ende):
– Entschiedenheit der realistischen Haltung (S. 185, Z. 27),
– Abkehr von „romantischer Phantasieseligkeit" (Z. 29–31) und „zerstreuendem Vergnügen" (Z. 32), statt dessen „umfassende Weltsicht in lebensatmenden Bildern" (Z. 36),
– die ethische Aufgabe, an „allumfassender Humanität" „mitzuarbeiten" (Z. 32f.).
Soweit sind die Kriterien noch der Tradition verbunden. Ansätze zu einer 'modernen' Neuorientierung findet man in Harts Versuch, angesichts der beherrschenden Autorität positivistischer Wissenschaften die Orientierung der Kunst an diesen mit einer Bestimmung ihrer Eigenart zu verbinden:
– Wissenschaft „erforscht die Gesetze, die Natur und Menschheit beherrschen"; als für die Literatur besonders wichtige Wissenschaft nennt er die Psychologie, denn
– Literatur gestaltet „Typen", die das Wesen der Wirklichkeit verkörpern; das heißt – nach den Prinzipien des Positivismus – die natürlichen, sozialen und psychischen Gesetzmäßigkeiten des menschlichen Lebens.

Zur Behandlung im Unterricht
In der Regel wird die Lektüre wenigstens eines naturalistischen Werks im Mittelpunkt stehen, der Theorietext dient dann der Erhellung und Ergänzung.
Der Text von Hart ist geeignet, von Schülern nach Leitgedanken wie den angeführten ausgelegt zu werden. Zur Ergänzung und Vertiefung können weitere Theorietexte herangezogen werden (s. o.). Die beiden folgenden Texte im Lesebuch dokumentieren die naturalistische Schreibweise (120) und das Problem der sozialen Frage (121).
Von allgemeinerem Interesse wären folgende Anschlußfragen:
– Was bedeutet überhaupt *Wirklichkeitsdarstellung in der Literatur* (und Kunst)? Kennen wir verschiedene Arten, Wirklichkeit darzustellen? Was verstehen wir allgemein unter 'Realismus'? – Dazu wären auch Texte anderer Epochen heranzuziehen, u. a. solche des 19. Jahrhunderts. (Ein Beispiel: Auch Stifter [104] geht von einer – allerdings anders gemeinten – Übereinstimmung zwischen Natur und Menschenwelt aus) Etwa gleichzeitige Gegenpositionen zum Naturalismus, auch in der Frage der Wirklichkeit und ihrer Darstellung, findet man in den Abschnitten III, IV und V des Kapitels.
– Welche *zeitgeschichtlichen Auseinandersetzungen* spiegeln sich in naturalistischen Werken, insbesondere hinsichtlich des „sozialen und demokratischen Ringen[s] der Zeit"? Vgl. dazu das gesamte Kapitel.
– Welches *Bild des Menschen* und welche *'Weltansicht'* überhaupt vermitteln naturalistische Werke? (Vgl. u. a. Anmerkungen zu Text 120.)

Hinweise auf thematische Bezüge im Kapitel
Nietzsche (116), Freud (117), St. Zweig (118): zum geschichtlichen Hintergrund.
Bahr (122), Lienhard (125), George (126), Edschmid (136), Goll (141), Huelsenbeck (142), Flake (145): Gegenpositionen zum Naturalismus.

Arno Holz / Johannes Schlaf: Ein Tod (S. 186 ff.)   120

Zum Text
Die Erzählung ‚Ein Tod' erschien 1889 zusammen mit zwei anderen unter dem Titel ‚Papa Hamlet' (eine der Erzählungen); ihnen folgten weitere 1892 in der Sammlung ‚Neue Gleise'. (Vgl. A. Holz/J. Schlaf: Papa Hamlet, hrsg. und mit einem Nachwort versehen von Theo Meyer. Bibliothek Suhrkamp 620. Frankfurt a. M. 1979.)
Die drei Erzählungen, vor allem ‚Papa Hamlet', waren bahnbrechend für den konsequenten Naturalismus, auch im Drama (vgl. Hauptmanns Widmung zu ‚Vor Sonnenaufgang'). Ein radikaler Bruch mit traditionellen Vorstellungen vom dichterischen Schaffen war schon die Entstehungsgeschichte: Nicht ein individueller Autor erfindet die Erzählung, sondern zwei erarbeiten sie gemeinsam, indem sie konventionelle Vorentwürfe methodisch überarbeiten. Das Interesse der naturalistischen Autoren (v. a. von Holz) richtete sich dabei weniger auf den Inhalt als auf die Methode und Gestaltung. – Der Text läßt auch im Ausschnitt Inhalt und Darstellungsweise erkennen.

Sechstes Kapitel: Zu Text 120, S. 186 ff.

Zur Interpretation
Inhalt: Die Erzählung schildert, wie zwei junge Akademiker in einem Zimmer des Mietshausmilieus Krankenwache bei ihrem Freund halten, der im Duell schwer verletzt wurde und schließlich stirbt. Unterbrochen wird diese Situation durch den Auftritt eines betrunkenen Mieters, den der Vermieterin und am Ende den der Mutter und Schwester des Toten. Eine Situation fast ohne Handlung also wird intensiv geschildert: Visuelle und auditive Wahrnehmungen im Zimmer und von Vorgängen außerhalb vermitteln die Atmosphäre der Dachkammer und des Übergangs von der Nacht zum Morgen. Die innere Situation des Wartens und der Beunruhigung durch die Nähe des Todes äußert sich fast ausschließlich in den Dialogen der beiden Freunde. Ohne daß eine weltanschauliche Aussage gemacht wird, vermittel dies ein „typisches" Menschenbild und eine „Weltansicht" (vgl. Text 119): die Abgeschlossenheit des Raumes erlebter Wirklichkeit, in den die Außenwelt nur indirekt und Menschen nur von ferne eindringen; die Passivität oder Ohnmacht der Menschen gegenüber einer vorbestimmten Situation und einem elementaren und schicksalhaften Naturvorgang, dem Sterben; und besonders ausführlich gezeichnet: die psychischen Reaktionen der Menschen, die das erleben. ‚Ein Tod' ist das „lebenatmende Bild" (Text 119) einer existentiellen Grunderfahrung, jedoch ohne Sinndeutung und Transzendenz. Ähnliche Feststellungen treffen auf viele naturalistische Werke zu.
Das Bild ergibt sich aus der eigentümlichen *Darstellungsweise*, die auf räumliche und zeitliche Konzentration angewiesen ist (ähnlich in vielen naturalistischen Dramen). Adalbert Hanstein, ein Freund der Naturalisten, bezeichnete sie als „Sekundenstil" (vgl. ‚Papa Hamlet', s. o., S. 156), weil darin Moment um Moment dargestellt und aneinandergereiht wird (z. B. S. 186, Z. 15–19; S. 188, Z. 39–S. 189, Z. 15), also die Erzählzeit fast synchron mit der erzählten Zeit verläuft (eine Täuschung). Holz hat sich jedoch gegen die Annahme gewehrt, er „photographiere" nur; für ihn werden nicht Wahrnehmungen abgebildet, sondern Lebensbilder sprachlich erzeugt. Konzentriert sind überdies die Wahrnehmungen auf die Perspektive der Wartenden; jede Einzelheit wird dargestellt, als wäre sie von ihnen gesehen, gehört, empfunden (z. B. S. 189, Z. 16–23) – sie selbst sind allerdings von außen gesehen (z. B. S. 188, Z. 11). Außen und Innen verschmelzen v. a. in den Dialogen. Sie machen den größeren Teil der Erzählung aus und verdrängen stellenweise den epischen Bericht. Daran sieht man, daß es den Naturalisten nicht eigentlich um die Beschreibung der Objektwelt oder gar der „Natur" geht, sondern um die Vergegenwärtigung der Menschen und der von ihnen erlebten Wirklichkeit. Darin jedoch sollen die Dialoge präzise sein. Zwar überlassen Holz/Schlaf sich nicht ganz der Umgangssprache (Hauptmann ist darin viel weiter gegangen), aber sie schreiben spontane, gestisch-expressive Alltagsrede ohne darübergelegten ästhetischen Stil. Damit wird die Personenrede zum Psychogramm, das kleinste und gerade auch irrationale Seelenregungen wiedergibt (z. B. S. 188, Z. 39 – S. 189, Z. 13). Als äußere Darstellungsmittel verwenden sie Satzbrüche, Wiederholungen, Einwort-Ausdrücke, Interjektionen, Pausen und phonetische Hinweise (vgl. S. 189, Z. 6 und 23) sowie irregulär gebrauchte Satzzeichen (S. 186, Z. 37; S. 188 f.). Diesem gestischen Darstellungsstil entsprechen auch die Pausen im epischen Bericht (zwischen den Abschnitten und am Ende). Das alles bestätigt, wie bewußt und methodisch der Text als Sprach- und Formkunst gestaltet ist.
Was nur Abbildung zu sein scheint, entbehrt auch nicht symbolischer Beziehungen. Die angstvolle Unruhe der jungen Leute, die sie gelegentlich zu überspielen suchen (S. 187, Z. 7–27), weist ständig auf das Thema Tod. Die Eindrücke aus der Außenwelt, die die Gespräche unterbrechen, stehen zu dieser Angst in einem eigenartig kontrapunktischen Verhältnis: Eigentlich bildet ihre Normalität oder gar Schönheit einen Gegensatz zum bangen Warten, zugleich aber scheinen sie dieses zu verstärken. Die Spannung zwischen umfassendem Leben und gegenwärtigem Tod hat ihren Höhepunkt am Schluß, als die beiden nächsten Angehörigen des Verstorbenen ahnungslos zu Besuch kommen und die Mutter sich über den toten Sohn beugt – in den muntern Morgenlärm und das schöne Geigenspiel draußen bricht innen zuerst das Schweigen, dann der Aufschrei der Schwester.

Zur Behandlung im Unterricht
Sollen die Schüler näher mit dem Naturalismus bekannt gemacht werden, so gehören dazu nicht nur Dramen, sondern mindestens auch eine Erzählung, möglichst eine von Holz/Schlaf; deren Prosa ist nämlich naturalistischer und moderner als etwa die in Hauptmanns ‚Bahnwärter Thiel', der noch der realistischen Novelle verpflichtet ist. Die beträchtliche Gemeinsamkeit zwischen Erzähl- und Dramenstil wäre festzustellen; die Gattungsunterschiede treten im Naturalismus zurück – auch das ein Anzeichen der Moderne. Erzählungen wie die von Holz/Schlaf sind ferner als Vorformen der modernen Kurzgeschichte zu betrachten, deren Ausprägung durchaus nicht, wie oft gemeint wird, erst viel später oder gar in den USA allein begonnen hat. ‚Ein Tod' zeigt dies, und zwar nicht nur mit seiner am Anfang und Ende offengelasse-

Sechstes Kapitel: Zu Text 121, S. 190f.

nen Handlungssituation. Schließlich läßt diese Prosa erkennen, daß die stil- und motivgeschichtlichen Übergänge zwischen Naturalismus, symbolischem Impressionismus und Expressionismus fließender waren, als die Programme im Streit der Ismen vorgeben (vgl. Text 136).

Thematische Bezüge im Kapitel
Edschmid (136): Inwieweit ist wirklich alles am Expressionismus neu, was Edschmid als dessen Neuerung bezeichnet?
Hofmannsthal (128), Rilke (132), Benn (146): verschiedene Auffassungen und Darstellungen vom Erlebnis des Todes im Leben.

Max Baginski: Gerhart Hauptmann unter den schlesischen Webern (S. 190f.)   121

Zum Text und zur Interpretation
G. Hauptmann kannte Quellen über die schlesischen Weberaufstände von 1844 und seit seiner Kindheit die Mentalität und Sprache der einfachen Menschen in den schlesischen Gebirgen. Die Weberdörfer und das Weberelend scheint er erst genauer besichtigt zu haben, nachdem er das ‚Weber'-Drama geschrieben hatte. Baginskis Schilderung dieses Besuchs ist sehr aufschlußreich. Sie zeigt, wie realistisch Hauptmanns Darstellung der Armut war, wie betroffen ihn der Anblick des gegenwärtigen Elends machte, aber auch, wie wenig politisch seine Konsequenzen waren. Der Text ist so ein Dokument zu einem Kernproblem der ‚Weber'-Interpretation und der naturalistischen Dramen zur 'sozialen Frage' überhaupt.
Es gibt weitere Belege dafür, daß Hauptmann in seinen Kleine-Leute-Stücken mehr das Allgemeinmenschliche darstellen als sozialpolitisch wirken wollte (vgl. die gute Quellensammlung in der ‚Weber'-Ausgabe von Hans Schwab-Felisch, im Lesebuch angegeben). Sehr ergiebig ist z. B. Hauptmanns eigener Rückblick auf die Reise in die Weberdörfer (‚Breslauer Neueste Nachrichten', 25. 9. 1938; Abdruck bei Schwab-Felisch, vgl. v. a. S. 163–165). – Aus dem Lesebuch sollte man den Text von Graf Keßler (153) heranziehen, in dem dieser seinen zwiespältigen Eindruck von G. Hauptmann 1922 schildert.

Zur Behandlung im Unterricht
Die Textprobe ist vor allem als Ergänzung und Vertiefung bei der Behandlung naturalistischer Dramen gedacht, insbesondere der ‚Weber'. Jedoch kann sie auch für sich besprochen werden; dann sollte man wenigstens ein Kurzreferat über die ‚Weber' und ihre Wirkung hinzufügen. Jedenfalls gehört sie zum Thema: Literatur der sozialen Frage.
Von allgemeinerem Interesse wäre die weiterführende Frage, ob und wie Literatur und Kunst auf Staat und Gesellschaft einwirken können. Sie kann zu Überlegungen Anlaß geben über die Unterscheidung zwischen tagespolitisch engagierter und autonomer, das 'Allgemeingültige' gestaltender Literatur sowie über die Wirkungsmöglichkeiten beider.
Diese Problematik läßt sich schon in früheren Epochen ansprechen, z. B. in der Aufklärung (vgl. dort die Textgruppe V), in der Klassik (vgl. die Texte 49, 50, 51) und im 19. Jahrhundert (vgl. Kap. 5, Textgruppe I und II sowie die Texte 111 und 113). Sie wurde bis in die Gegenwart immer wieder diskutiert, unter verschiedenen Vorzeichen, aber nicht selten unter Bezugnahme auf die Naturalisten (vgl. die Texte 153, 154, 155, 160, 161, 174, 188, 194, 198).

Hinweise auf thematische Bezüge im Kapitel
Lienhard (125): Literaturkritik im Geiste des „wahren, ... höheren Menschen" (auch an den Naturalisten).
George (126): Neo-Klassizität und Abkehr von der Politik.
Heinrich Mann (133): zum Verhältnis zwischen dem Dichter, den Mächtigen und dem Volk.
Rubiner (134): Solidarität des Dichters mit den Depravierten.

Sechstes Kapitel: Zu Text 122, S. 191f.

III. Nerven, Künstler, Literaten (S. 191 ff.)

Impressionisten, Symbolisten und Expressionisten haben sich kritisch mit dem Naturalismus auseinandergesetzt – Beispiele dafür, daß die Epoche nicht nur durch eine Vielfalt, sondern auch durch polemische Konkurrenz der Stilrichtungen gekennzeichnet ist. Von einer 'impressionistischen' Literatur spricht das Lesebuch nicht, weil eine solche Abgrenzung zu problematisch wäre. Sensibilität als Thema und Darstellungsprinzip ist einer der wichtigen Aspekte der Epoche, aber er begegnet in unterschiedlichen Verbindungen: in der Menschendarstellung der Naturalisten und in der späteren Lyrik von A. Holz, im Jugendstil und in vorexpressionistischer Malerei, im Ästhetizismus des frühen Thomas Mann ebenso wie in dem Hugo von Hofmannsthals usw.

Der Titel des Abschnitts – Nerven, Künstler, Literaten – soll andeuten, daß das neue Interesse für die Sensibilität um 1900, das allerdings an Vorgaben des 'Fin de siècle' anschloß, sich vor allem in drei thematischen Dimensionen äußerte: der psychologischen, der ästhetischen und der kunst- und literatursoziologischen. Der scharfsinnige Hermann Bahr hat den Zusammenhang der psychologischen mit der ästhetischen Dimension in seiner frühen Kritik des Naturalismus deutlich ausgesprochen. Seine Verteidigung des sezessionistischen Malers Ludwig von Hofmann zeigt, daß zwischen Literatur und bildender Kunst in der Entwicklung der Moderne enge Beziehungen bestanden; seine Besprechung der ‚Rothen Bäume' ist geradezu exemplarisch für die Wandlungen im Kunst- und Literaturverständnis bis hin zu den Symbolisten und Expressionisten, zugleich aber konfrontiert sie den Schüler mit Grundfragen nach dem Wesen und der Möglichkeit von Kunst und Literatur überhaupt.

Im traditionellen Bild der Schule von Thomas Mann ist oft ausgeblendet, wie sehr der frühe Thomas Mann sich mit dem Ästhetischen und der Problematik des Ästhetizismus auseinandergesetzt hat. Vordergründig vermittelt seine Skizze der Künstlerstadt München eine anschauliche Vorstellung vom Künstler- und Literatenleben der Jahrhundertwende, hintergründig thematisiert sie die Spannung zwischen Kunst und Leben (in der Fortsetzung der Erzählung auch zwischen Kunst und Religion oder Ethik). Die Skizze läßt zudem erkennen, wie die Welt der Künstler sich von der der übrigen Gesellschaft abhebt. Dieses Problem läßt sich im folgenden Abschnitt, mit George und Hofmannsthal vor allem, weiterverfolgen. Es war andererseits ein Stein des Anstoßes für die an der Tradition orientierte bürgerliche Einstellung zur Literatur. Friedrich Lienhard kritisiert die elitäre und volksfremde Haltung der modernen Literaten und Ästheten. Zur literaturgeschichtlichen Betrachtung gehört auch, daß man solche Kritik zur Kenntnis nimmt. Lienhards Ausführungen geben da interessante Aufschlüsse über patriotische, politische und ethische Aspekte des Widerstands gegen die Moderne; man kann ihren konservativen Grundzug erkennen, aber auch, daß sie durchaus auf Gegenwartsprobleme Bezug nehmen; schließlich könnte man weiter verfolgen, wohin diese Ansätze bis zum Dritten Reich führten, ja bis in unsere Tage. Man sollte sie aber auch ernsthaft aufgreifen als kritische Frage an die Literaten – bis heute –, wie es um die Verbindlichkeit ihres Schaffens für Volk und Gesellschaft bestellt ist.

122 Hermann Bahr: Die Überwindung des Naturalismus (S. 191 f.)

Zum Text

Bahrs frühe Ankündigung vom Ende des Naturalismus (1890!) zeigt, daß die konkurrierenden Stilrichtungen der Jahrhundertwende nicht einfach aufeinanderfolgten; sie zeigt es auch darin, daß Bahr den Naturalismus zwar für eine „Verirrung" hält (außerhalb der Textstelle), aber eine, die sich in die Entwicklung der Moderne einordnen läßt.

Im europäischen Ausland waren die namhaften modernen Künstler und Dichter Impressionisten oder Symbolisten (vgl. Bahrs Hinweis auf Maeterlinck), in Wien faßte der Naturalismus nie festen Fuß. Bahr erkannte, daß am Jahrhundertende neuromantische (und sogar neuklassische) Strömungen Auftrieb gewannen, und vermutete darin das Weiterwirken einer „idealistischen" Tradition im Gegensatz zum Positivismus. Die Frage, wie sich das mit dem besonderen Zeitgeist der Moderne vertrüge, beantwortete er damit, daß veraltete Vorstellungen von Geist und Seele durch die wissenschaftliche Psychologie abgelöst würden. Der Wiener Philosoph, Physiker und Psychologe Ernst Mach (1838–1916) hatte in seinen ‚Beiträge[n] zur Analyse der Empfindungen' 1886 erklärt, daß weder eine idealistische noch eine positivistische Erkenntnistheorie haltbar sei, weil Objektwelt und Subjektivität der Wahrnehmungen in einem Verhältnis der Wechselwirkung stünden, jedenfalls für die Erkenntnis. Eben deshalb gelte auch der

Sechstes Kapitel: Zu Text 122, S. 191f.

traditionelle statische Subjektbegriff nicht: „Das Ich ist unrettbar. [...] Aus den Empfindungen baut sich das Subjekt auf, welches dann allerdings wieder auf die Empfindungen reagiert."
Damit schien Mach wissenschaftlich den Impressionismus zu bestätigen. Bahr bezog Machs relativistische Psychologie aber auch auf das modische Lebensgefühl der Décadence mit seiner Mischung aus Pessimismus, Lebensgenuß und Schöngeisterei, indem er darin eine Verfeinerung der Empfindungen zu sehen glaubte. Von daher kam er zu seinem Schlagwort „Romantik der Nerven". Das Interesse der Wiener Intellektuellen an der Psychologie fand in den folgenden Jahren vielfältigen Diskussionsstoff in den Publikationen von Otto Weininger, Sigmund Freud, Arthur Schnitzler u. a. m.

Zur Interpretation
Bahr kennzeichnet hier den Unterschied zwischen dem Naturalismus und seinen „Überwindern" mit dem Gegensatz zwischen einer Orientierung an der Objektwelt („das Fremde...Augenschein...Wirklichkeit") und einer Orientierung am Subjekt („Rätsel der einsamen Seele...das Eigene...fühlen"). Die seelischen Erfahrungen seien den Menschen wichtiger als die äußere Wirklichkeit, und insbesondere der Dichter und Künstler wolle primär „das Eigene aus sich gestalten, statt das Fremde nachzubilden" (S. 191, Z. 27; vgl. Z. 33–37). Die dominierenden Interessen moderner Kunst wären demnach das Seelische, die Kreativität und die Individualität des Künstlers. Das Seelische wird vor allem im Irrationalen gesehen („die Rätsel... letzten Geheimnisse...das Geheime"), das Künstlerische in der Symbolisierung, das heißt im Schaffen von Symbolen für das rational und objektiv nicht zu fassende Irrationale (S. 191, Z. 35f.; S. 192, Z. 11ff.). Modell dafür ist der Traum (S. 191, Z. 31–34). Da nun der moderne Mensch „Seele" nicht mehr metaphysisch versteht (s. o.), sondern nur in seinen subjektiven Empfindungen erlebt („Nerven"), sei eine solche Symbolkunst des geheimen Seelenlebens „Mystik der Nerven" (S. 192, Z. 2). Daraus ergibt sich für die Sprache des Dichters und Künstlers, daß sie nicht in ihrer konventionellen Semantik „vernünftig oder sinnlich" gebraucht wird, sondern mit ihren Möglichkeiten der ästhetischen Wirkung („Blumensprache") sowie der Übertragbarkeit und damit auch Mehrdeutigkeit („Gleichnis und Sinnbild"; S. 192, Z. 11ff.). – Angesichts dieser modernen Kunstauffassung erscheint der Naturalismus als überholt (Titel, Anfang); jedoch billigt Bahr ihm zu, daß er den Weg zur Psychologisierung der Kunst mit gebahnt habe (S. 191, Z. 24ff.; S. 192, Z. 1–5. Vgl. unsere Kommentare zu Text 119 und 120).
Bahr versucht also zu bestimmen, was die Trends der Neuromantik, des Impressionismus, Symbolismus, Ästhetizismus usw. verbindet und sogar den Naturalismus nicht ganz ausschließt. Seine Begründungen sind im wesentlichen kunstpsychologisch und geistesgeschichtlich, nicht soziologisch oder sozialgeschichtlich. Er hat damit sehr nützliche Verständnishilfen für die Kunst und Literatur zwischen Naturalismus und Expressionismus angeboten; für den distanzierten Betrachter allerdings auch Ansätze zur Kritik: Kann z. B. eine „Mystik der Nerven" wirklich „nach den letzten Geheimnissen" forschen, „welche im Grunde des Menschen schlummern" (S. 191, Z. 20f.)? Besteht bei einer solchen Kunst nicht die Gefahr, daß sie, statt Wesentliches zu sagen, ihre Symbole nur als Spiel mit „Verkleidung" und „Kostüm" verwendet?

Zur Behandlung im Unterricht
Obwohl dieser und einige folgende Texte schwierige Fragen aufwerfen, sind sie für das Verständnis der frühen Moderne unentbehrlich, will man nicht bei leeren Ismus-Klischees oder vagen Erklärungen stehenbleiben. Diese Textstelle bietet sich besonders an, wenn die Schüler etwas vom Naturalismus wissen. Damit sie die Zusammenhänge zwischen „Nerven", „Romantik" bzw. „Mystik" und „Symbol" verstehen, sollte man ihnen mit Hinweisen wie denen im Abschnitt „Zum Text" helfen. Der Text muß aber nicht als erste Einführung in die irrational-symbolistische Literatur um 1900 dienen. Je nach den Voraussetzungen des Lehrers und der Schüler kann Text 123, möglichst mit entsprechendem Bildmaterial, vorangestellt werden. Oder aber man beginnt überhaupt mit Erzählungen und Gedichten der Autoren aus Textgruppe IV oder von Thomas Mann, Arthur Schnitzler, Hermann Hesse u. a., um dann erst theoretische Überlegungen anzustellen; selbst von Heym und Trakl kann man auf Bahrs Ansichten zurückkommen. Statt abstrakter Fachbegriffe kann man Schlüsselwörter wie Traum, Seele, Empfindung, Kostüm usw. in den Mittelpunkt stellen. Ergänzend sollten die Schüler eigene Überlegungen austauschen, ob und inwiefern ihnen Kunsterlebnisse im weitesten Sinne (einschließlich Film) Orientierung in der Wirklichkeit, Erkenntnisse oder seelische Erfahrungen vermitteln, ferner, ob sie von solcher Kunst eher Wirklichkeitsdarstellung, psychologische Erhellung oder irrationale Symbolik erwarten (oder: Realismus versus Phantasie). Eine Beschäftigung mit bildender Kunst seit dem Impressionismus wäre sehr förderlich.

Sechstes Kapitel: Zu Text 123, S. 192ff.

Thematische Bezüge im Kapitel
Bahr (123): ähnliche Thematik am Beispiel der Malerei.
Th. Mann (124): Sensibilität der Wahrnehmung und der Kunst; Ästhetisierung, ja 'Kostümierung' der Wirklichkeit, am Bild Schwabings.
Lienhard (125): konservative und 'volknahe' Kritik an der modernen Kunst.
Textgruppe IV, V, VII: vielfältige Ansätze, um auf Bahrs Gedanken Bezug zu nehmen (insbesondere in Abschnitt V: 135, 136; in VII: 146, 147–150, 151).

Thematische Bezüge im Kapitel IV, Romantik
Novalis (64), Brentano (67), Hoffmann (69), Wackenroder (71), Novalis (72).

123 Hermann Bahr: Rothe Bäume (S. 192 ff.)

Zum Text
Im Unterschied zum Essay (122), der sich an literarisch informierte Leser wendet, stammt dieser Text aus dem Feuilleton der Wiener Zeitung ‚Die Zeit'. Er ist damit ein Beispiel dafür, wie anspruchsvolle intellektuelle Auseinandersetzungen einem breiteren, wenn auch gebildeten Publikum vermittelt wurden. Bahr wollte offenbar um mehr Verständnis für die moderne Kunst werben, ohne jedoch die Leser vor den Kopf zu stoßen.
Sezessionen nannte man Künstlervereinigungen, die sich vom eingebürgerten Kunstbetrieb der Akademien, Museen und Jury-Ausstellungen absetzten. Die Künstler der Wiener ‚Secession' (eigentlich: Vereinigung bildender Künstler Österreichs) opponierten gegen den akademischen Historismus und orientierten sich an Vorbildern des englischen und französischen Impressionismus und Symbolismus, an Art Nouveau und Jugendstil. Ihr damals aufsehenerregendes Ausstellungsgebäude steht noch an der Wienzeile. Sie bemühten sich, Kunst auch dem Volk nahezubringen, und waren an der Gründung der ‚Wiener Werkstätten' beteiligt, Vorkämpfern des modernen Kunstgewerbes. Architekten wie Olbrich und Wagner prägten den modernen Städtebau vor und nach dem Ersten Weltkrieg. – Ludwig von Hofmann wirkte von 1890 bis 1903 in Berlin; er war befreundet mit G. Hauptmann, H. v. Hofmannsthal, St. George und Th. Däubler – ein Beispiel für die engen Beziehungen zwischen Literatur und bildender Kunst. Seiner Malerei wird heute nicht die Bedeutung zugemessen, die Bahrs Artikel ihr zu geben scheint.

Zur Interpretation
Am Beispiel der „Rothen Bäume" entwickelt Bahr eine sorgfältig aufgebaute Überlegung. Nach der Einleitung entkräftet er schrittweise das Vorurteil, man müsse Gegenstände so malen, wie sie aussehen. Im Hinblick auf „Wesen" und „Gesetz" der Kunst (Darf man so malen wie Hofmann?) schränkt er zunächst ein, „unwirklich" bedeute nur: „was uns nicht die Sinne geben" (vgl. Anm. zu Text 122), und das o. a. Vorurteil rechtfertige eigentlich die Naturalisten und degradiere die Künstler zu „Abschreibern der Natur". Seine eigentliche Gegenthese besagt, daß Kunst vielmehr den Stoff des Gegenständlichen dem Geist und Gefühl unterwerfe (S. 193, Z. 16–21). Soweit entspricht seine Argumentation den Gedanken in Text 122 und dem Prinzip der „Seelenkunst", das Wiener Secessionisten vertraten. Historisch bemerkenswerter sind seine folgenden Gedanken: Muß man sie malen, und „Was will denn, wer rothe Bäume malt?" (S. 193, Z. 22 u. 24). Er verwirft die Antworten, daß ein Bild die Dinge selbst gegeben, das Wesen der Dinge ausgedrückt werden oder daß Seelisches im Abbild der Dinge, wie sie sind, ausgedrückt werden solle. Seine These ist, daß in dieser Kunst Seelisches absichtlich in seinem Gegensatz zum Dinglichen dargestellt werde (S. 193, Z. 29 ff.). Damit konstatiert Bahr für die Moderne einen fundamentalen Zwiespalt, ja Konflikt zwischen dem Seelischen und der Wirklichkeit – diesen Gedanken kann man auf viele moderne Werke bis hin zum Expressionismus anwenden. Bahr fragt hier allerdings nicht nach den Ursachen dieses Zwiespalts, sondern begnügt sich im Nachwort mit einer harmonisierenden Zukunftsperspektive.

Zur Behandlung im Unterricht
Die Leitgedanken des Artikels sollten, der Aufbau der 'Erörterung' kann mit den Schülern erarbeitet werden. Dazu sollte das Thema möglichst in der Betrachtung eines oder mehrerer Gemälde entfaltet werden. Hofmanns Bilder sind (auch in Reproduktionen) nur schwer zugänglich und entsprechen auch nicht alle überzeugend Bahrs Gedanken. Aus heutiger Sicht wären zu deren Veranschaulichung am besten Bilder von Gauguin und Munch (den Hofmann schätzte) geeignet, ohne Rücksicht auf direkte Zeitgenossenschaft auch von Franz Marc.

Sechstes Kapitel: Zu Text 124, S. 194ff.

Thematische Bezüge im Kapitel
Zum unmittelbaren Zusammenhang vgl. Text 122 und den Kommentar dazu. Interessante Parallelen im Hinblick auf Sprache und Dichtung ergeben folgende Texte:
George (126): „die geistige Kunst auf grund der neuen fühlweise und mache".
Hofmannsthal (130): Zerfall der Übereinstimmung zwischen Wirklichkeit, Geist und Sprache.
Rilke (131): „Wendung nach innen".
Ball (135): „Die Künstler dieser Zeit sind nach innen gerichtet."
Edschmid (136): „Ihnen entfaltete das Gefühl sich maßlos."
Arnold Zweig (140): das Kunsterlebnis als Vermittler eines inneren Weltbildes im Gegensatz zur äußeren Erfahrung.
Flake (145): „Der Sinn ist nicht in den Erscheinungen, er ist im Wandrer, der ihn in sich trägt."
(In ganz anderer Sicht begegnet das Problem wieder bei: Wellershoff, Text 184.)

Thomas Mann: [München leuchtete] (S. 194 ff.)   **124**

Zum Text
‚Gladius Dei' gehört zu den sechs Novellen, die Thomas Mann 1903 unter dem Titel ‚Tristan' veröffentlichte und in denen die Darstellung des Morbiden gegenüber früheren Erzählungen zurücktritt. ‚G. D.' ist aus einem früheren Savonarola-Projekt hervorgegangen und thematisiert den Gegensatz zwischen heiterer Kunst und religiös-moralischem Ernst; der Renaissance-Kult um 1900 ist in vielen Andeutungen wiederzuerkennen, Thomas Manns eigenes Erlebnis Münchens und einiger Italienreisen klingt nach. (Näheres in: Thomas Mann. Kommentar zu sämtlichen Erzählungen, von Hans Rudolf Vaget. Winkler Verlag, München 1984, S. 73 ff. u. 99 ff.)

Zur Interpretation
Obwohl der Anfang der Novelle mit seinen Motiven auf die folgende Handlung vorausdeutet, kann man diese Schilderung Münchens bzw. Schwabings, die am Anfang steht, auch als Prosaskizze für sich betrachten (vgl. die Abrundung durch das Leitmotiv am Anfang und Ende). Der Betrachtung bieten sich drei Perspektiven an, die jedoch zusammengehören:
– die Darstellung der Atmosphäre im München der Künstler um 1900;
– die impressionistische Darstellungsweise;
– die in den Motiven entfaltete Symbolik zum Thema „Kunst und Künstler".
Inhaltlich ist festzustellen, daß das Bild der Stadt auf ihr Künstlerviertel reduziert ist und alle anderen sozialen Gruppen und Lebensformen darin fehlen: Die Kunst erscheint selbstgenügsam und isoliert.
Die *Darstellungsweise* reiht scheinbar Impressionen der verschiedensten Art planlos und locker aneinander (vgl. u. a. die Interpunktion „..." u. „in wahlloser Neugier", S. 194, Z. 25). Sie ist sehr anschaulich im sinnlich wahrgenommenen Detail, gibt aber auch den Eindruck auf die Empfindung wieder, v. a. in den wiederholten Andeutungen der Freude am Wahrgenommenen. Ein leitender Gedanke oder eine Absicht wird nicht ausgesprochen; der Schilderer registriert alles mit einer genießenden Beobachterhaltung und läßt wiederholt eine humorvoll-ironische Distanz erkennen, der die Dinge auch in ihrer Widersprüchlichkeit und Ambivalenz erscheinen (vgl. „gefallsüchtig und anbetungswürdig", S. 196, Z. 12f.). Die Schilderung entspricht damit keiner reinen „Nerven"-Kunst (vgl. Text 122), sondern die Wahrnehmungen sind bewußt und werden durch die Teilnahme des Intellekts transparent.
Dem entspricht die alle Motive verbindende *Symbolik,* die sich leicht vom inhaltlichen Aufbau der Novelle her erschließen läßt: Während man in den ersten Sätzen noch eine gewöhnliche Stadtschilderung erwarten kann, führt der Text den Leser schrittweise zu den Schlußsätzen, die sein eigentliches Thema erklären: „[...] Die Kunst ist an der Herrschaft. [...] Ein [...] Kultus [...] der Schönheit obwaltet" (S. 196, Z. 17ff.). Dementsprechend ist am Anfang noch Natur gegenwärtig, das „Leuchten" Münchens scheint Wirkung der Sonne und des Himmels zu sein. Danach aber tritt das Natürliche ganz zurück vor dem Künstlerischen und Künstlichen, bis am Ende nur noch die Kunstschönheit „leuchtet". Damit entspricht die Schilderung dem Prinzip des Ästhetizismus und Manierismus, empirische Wirklichkeit zu ästhetisieren und der Natürlichkeit zu entfremden. Diesen Vorgang spiegelt der Aufbau:
1. Das umfassende Stadtbild, das allerdings schon auf den Bereich zwischen Residenz und Schwabing reduziert ist und sich auf die Beobachtungen der minderen Künstler verengt, S. 194, Z. 17–38.
2. Der Stadtteil der jungen Künstler, der modischen Architektur und der Kunsthandlungen, S. 195, Z. 1–20.

Sechstes Kapitel: Zu Text 124, S. 194ff.

3. Das „Schönheitsgeschäft" Blüthenzweig – eine Kunstsammlung, S. 195, Z. 21–41.
4. Bücher und Frauen – das ästhetisierte Leben in der Kunststadt, S. 196.

Schon im ersten Teil werden Architektur, Musik und Malerei (die Akademie) erwähnt; das Bild der Malermodelle führt den Zug der „pittoresken", theatralisch und unwirklich erscheinenden Kostümierung ein. Auch die Sehweise des Beobachters ist die des Kunstkenners („ihre breiten und lichten, umgrünten und wohlberechneten[!] Perspektiven", Z. 20). Der Schlußsatz lenkt den Blick nicht nur in Richtung Schwabing, sondern auch auf die Lebenshaltung der Künstler („Lässigkeit und hastloses Schlendern", Z. 38).

So werden im zweiten Teil zunächst die jungen Künstler dargestellt, dann die Architektur mit ihrem Gegensatz zwischen bürgerlichem und künstlerischem Stil, letzterer gekennzeichnet als Spiel mit allen möglichen Formen und auch Frivolitäten. Gesehen sind aber nur die Fassaden und die im Freien sich zeigenden Künstler, nicht das Innenleben der Wohnungen und Ateliers: Kunst ist hier Darstellung und Selbstdarstellung nach außen. Einblicke gewähren nur die Kunsthandlungen mit ihren Schaufenstern, aber auch das ist ja Schaustellerei. Die gezeigten Kunstsammlungen sind ein Sammelsurium von Kunst, Kunsthandwerk und „Luxusartikeln" (Z. 14) – kleine und große Kunst, Kunst und modische Dekoration werden nicht unterschieden, Kunst ist selbst eine Art Luxus, in jeder Form. Die Grundhaltung des Schilderers nimmt dieses alles als „amüsant" (S. 194, Z. 23) und „ergötzlich" (S. 195, Z. 13); sie läßt das Bedeutende neben dem Unbedeutenden, im Künstlerischen auch das Triviale, Unmoralische oder gar Lächerliche gelten und genießt gerade das Ambivalente (vgl. „edle Pikanterie", S. 195, Z. 17) – gegenüber dem Schönen bleibt jede andere Wertung indifferent. Diese Haltung, die nur von Freude, ja Liebe am Wahrnehmen des Schönen bestimmt ist, entspricht genau dem Wesen des Wahrgenommenen, der Kunst, das Thomas Mann gelegentlich als „Humor" bezeichnet (S. 195, Z. 15, 28).

Im dritten Teil wird das Motiv der Kunstsammlung verdichtet und entfaltet. Hier wird das Panoptikum der Kunst total: Die umgebenden Stadtbauten und die Auslage des „Schönheitsgeschäfts" sind im Grunde eine Einheit. Fast alle Künste sind versammelt, viele Epochen und in Reproduktionen „Meisterwerke aus allen Galerien der Erde" (S. 195, Z. 25). Zwei Stilepochen dominieren allerdings: die Renaissance und die Moderne um 1900, denn letztere eifert jener nach, mehr noch, ihr „dekorativer Prunk" (S. 195, Z. 33, vgl. 26 f.) ist „Reproduktion" (Z. 25, 27, 29) und „Nachbildung" (Z. 38). Immer wieder – bis zum ‚Felix Krull' – finden wir bei Th. Mann den Gedanken, daß das Schöne mit Täuschung zu tun hat, ohne daß er dies tadelt. Das Prunkstück der Sammlung weist auf den späteren Konflikt der Novelle hin: Es stellt die Muttergottes wiederum in „edler Pikanterie" (Z. 17), ja aufreizend sinnlich dar – der leichtfertige Absolutheitsanspruch einer Kunst des Genusses bemächtigt sich auch anderer Werte und verfälscht sie.

Der vierte Teil demonstriert, wie der Ästhetizismus sich des Lebens seiner Anhänger bemächtigt. Die Bücher, deren Titel das bestätigen, nennt der Schilderer „Weckschriften", als wäre es religiöse Erbauungsliteratur einer Sekte: Kunst erscheint hier als alleiniger Lebensinhalt, und es gibt Menschen, die nur in der Ästhetisierung des Lebens leben können. Die „schönen Damen" (S. 196, Z. 8) nun sind solche Menschen. Man kann sie in vielfacher Hinsicht mit der Kunst selbst, wie sie bisher dargestellt wurde, identifizieren, und die Wiederholung des Attributs „edle Pikanterie" (S. 196, Z. 12) signalisiert dies. Sie sind Menschen, „die man durch das Medium der Kunst zu sehen gewohnt ist" (S. 196, Z. 7 f.), aber auch Symbolfiguren für das ästhetisierte Leben, denn in ihnen wie in der Kunst triumphiert das Schöne.

Zur Behandlung im Unterricht
An dieser Stelle des Lesebuchs steht der Text als Beispiel für die ästhetisierende Haltung der impressionistisch-symbolistischen Kunst der Jahrhundertwende. In Abgrenzung gegen andere Epochen oder auch ohne literarhistorische Auswertung läßt der Text sich aber auch mit anderen Stadtschilderungen vergleichen: J. Rist (6, 2. Teil), de Staël (45), Heine (105), eventuell Böll (176). Die Themen Kunst und Ästhetik begegnen in vielen Texten des Lesebuches; wegen ihres ebenfalls schildernd-erzählenden Charakters eignen sich zum Vergleich in dieser Hinsicht v. a. die von Wedekind, Walser und Kafka (s. u.).
Bezüge zu Werken Thomas Manns ergeben sich vielfältig, z. B. zu: ‚Tonio Kröger', ‚Beim Propheten', ‚Fiorenza', ‚Der Tod in Venedig', ‚Das Wunderkind', ‚Felix Krull' u. a. m. Der Konflikt zwischen Kunst und Ernst, Sinnlichkeit und Askese erschließt sich jedoch erst aus der ganzen Novelle.
Einzelinterpretation und Vergleiche können Möglichkeiten der Darstellung eines Wirklichkeitsausschnitts wie ein Stadtbild erarbeiten (Schilderung).

Thematische Bezüge im Kapitel
Nietzsche (116), Freud (117), Zweig (118): Problematik der bürgerlichen Mischkultur am Jahrhundertende; Verhältnis Künstler – Philister; der schöne Schein des „Kulturweltbürgertums"; Künstlertum und Bürgertum.

Sechstes Kapitel: Zu Text 125, S. 196f.

H. Hart (119): Kritik der Naturalisten am „Romantischen".
H. Bahr (122, 123): „Nervenkunst" oder Kunst des seelischen Ausdrucks, verglichen mit dem Ästhetizismus, den Th. Mann darstellt.
F. Lienhard (125): Lienhards Kritik an einer volksfremden und unethischen Kunst.
F. Wedekind (147), R. Walser (148, 149), F. Kafka (150): Vergleich der Auffassungen vom Schönen und Artistischen.
(Das Bild der Kunst läßt sich mit allen die Kunst betreffenden Texten des Kapitels vergleichen.)

Friedrich Lienhard: Literaturjugend von heute (S. 196f.)   125

Zum Text
Zu Lienhard, der „Heimatkunstbewegung" und konservativer Kritik an der modernen Literatur nach 1900 vgl. die Literaturgeschichten, z. B.: Viktor Žmegač (Hrsg.): Geschichte der deutschen Literatur vom 18. Jahrhundert bis zur Gegenwart, Band II, 1848–1918; darin das Kapitel ‚Die Ideologie der Heimatkunst [...]', von Uwe Baur. – Ausgabe der Athenäum Taschenbücher, Königstein i. Ts. 1980, S. 397 ff.
Ergänzende Textstellen zum Thema ferner in:
Deutsche Literatur im Wilhelminischen Zeitalter. Kunsttheoretische Schriften und literarische Beispiele. Herausgegeben von Ulrich Heimrath. – Texte und Materialien zum Literaturunterricht, hrsg. von H. Ivo, V. Merkelbach und H. Thiel. Verlag Moritz Diesterweg, Frankfurt a. M. 1978.
Literarisches Leben im Kaiserreich 1871–1918. Auswahl und Kommentierung der Texte von Jost Hermand. – Editionen für den Literaturunterricht, hrsg. von Dietrich Steinbach. Ernst Klett Verlag, Stuttgart 1982.

Zur Interpretation
Drei Perspektiven bieten sich zur Besprechung an:
1. Lienhards Kritik an der fortschrittlichen Literatur seiner Zeit.
2. Bis heute wirksame Positionen konservativer Literatur- und Kunstauffassungen.
3. Allgemein die Frage nach den Funktionen der Literatur und Kunst.

1. Es ist nicht schwierig, Lienhards kritische Gegenüberstellungen zu sammeln, die in der letzten münden („Mensch sein" gegen „Literat sein"). So kann man etwa zu folgender Gegenüberstellung kommen:

Künstler des „Menschentums"	*„Literaten"*
„vorbildliche Persönlichkeit"	„eigene Unreife", „Bohémiens" usw.
„Einsamkeit"	„Literaten-Cliquen", „Salon"
Gefühl für „Gesamtheit", den „deutschen Volksgeist" usw.	ohne „Pulsschlag der Volksseele"
„Sprecher" der „guten Menschen"	Sprecher einer parasitären Minderheit („Emporkömmlingskreise")
eins mit dem „All-Geist"	„feuilletonistische Geistreicheleien"
„Herz", „Gemütswerte" usw.	„zu viel Gehirn, zu wenig Herz"
...	...

2. Weiter führt die Frage nach den Bezugskriterien Lienhards, die auch heute noch viele Menschen bestimmen und moderner Kunst entfremden:
– Das Bild des Dichters als Verkörperung eines „wahren, höheren Menschen"; die letztlich religiöse und ethische Bedeutung der Poesie und Kunst.
– Die damit verbundene Forderung volkserzieherischer Verantwortung des Dichters, dessen Schaffen sich dementsprechend nach den Werten und Empfindungen des Volkes zu richten habe; dazu gehörte der Verzicht auf Intellektualität zugunsten des „Gemüts" usw.
– Ein irrationaler, verinnerlichter, an früheren Sozialformen orientierter und idealisierender Begriff von „Volk" mit den Grundstrukturen der Familie, der „Landschaften" und tradierten Berufe. Demgegenüber Mißtrauen gegen die neuen „demokratisch-wimmelnden" Sozialstrukturen (Großstadt, Fabrik, Kaserne, Wirtschaftsleben).
Lienhards Argumentation zielt letztlich auf eine Verteidigung des althergebrachten Lebens gegen das moderne. Deshalb kann er – widersprüchlich – den Literaten zugleich Distanz vom Volk und Anpassung an die moderne Gesellschaft vorwerfen.

Sechstes Kapitel: Zu Abschnitt IV, S. 198 ff.

3. Bei allen Vorbehalten gegen diese Argumentation sollte man sie ernst nehmen, und nicht nur, weil entsprechende Vorurteile bis heute leben. Gerade die Gegenwart zeigt aufs neue Fehlentwicklungen und Probleme der Massen- und Industriegesellschaften und gleichzeitig eine krasse Fremdheit zwischen moderner anspruchsvoller Literatur und der Kultur der Volksmehrheit. Die Problematik einer sehr intellektuellen, elitären und weithin am Insider-Kulturbetrieb orientierten Literatur und Kunst stellt sich heute ebenso wie die wirklichkeitsfremder Wertvorstellungen bei Konservativen.

Zur Behandlung im Unterricht
Die Frage nach Funktionen der Literatur und Kunst für die Gesamtgesellschaft, das Volk, sollte deshalb gegenwartsbezogen mit der Lektüre des Artikels verbunden werden. Man sollte aber darüber nicht nur Meinungen (und Vorurteile) austauschen. Die Schüler können z. B.:
– ihre Erfahrungen mit Kunst, Literatur, Film usw. beschreiben und zu erklären versuchen, auch hinsichtlich ihrer Abneigungen;
– Beispiele aus Presse, Rundfunk, Fernsehen, aktuellen Veranstaltungen usw. sammeln, aus denen sich Einblicke in typische Formen des Kulturbetriebs gewinnen lassen, die dann unter Gesichtspunkten wie den von Lienhard angesprochenen zu besprechen wären (z. B.: Wie verständlich sind Buch- und Filmbesprechungen? Welche Bücher, Filme usw. werden in bestimmten Organen besprochen? Was wird daran gelobt, was getadelt? Inwieweit entspricht das unseren Interessen? Warum schätzen wir Folk, Rock, Liedermacher usw., kennen aber kaum „Lyrik"? – usw.);
– spontane Meinungen über moderne Kunst (usw.) sammeln (Interviews) und besprechen.
Eine vertiefte Beschäftigung mit Lienhards Gedanken müßte auf frühere Epochen bis zur Romantik zurückgreifen. Aufschlußreich im Hinblick auf das Weiterleben ähnlicher Gedanken und Probleme bis in die Gegenwart sind Vergleiche mit Texten aus den Kapiteln 7, z. B. Tucholsky (155), Heinrich Mann (157), Kracauer (160), und 8, z. B. Andres (174), Dürrenmatt (179), Andersch/Enzensberger (188).

Hinweise auf thematische Bezüge im Kapitel
Man kann die Fragen, die Lienhards Artikel aufwirft, auf alle Abschnitte des Kapitels beziehen.

IV. Dichtung und die Symbole des Lebens (S. 198 ff.)

Die Auseinandersetzung mit dem Wesen und dem Geltungsanspruch der Kunst bzw. der Dichtung im Leben bestimmte die Autoren, die gewöhnlich dem 'Symbolismus' zugerechnet werden. Für den allgemeinbildenden Wert des Literaturunterrichts genügt es nicht, an diesen Autoren bestimmte Stilphänomene, poetische Motive und einen vagen Begriff von 'Symbolismus' zu erarbeiten. 'Symbolisch' haben selbst die Naturalisten ihre Werke gemeint. Für den Leser ergiebiger ist die Frage: Was wird von George, Hofmannsthal, Rilke eigentlich 'symbolisiert'? Zunächst fällt auf, daß die Kunst und die Poesie sich hier – etwa im Vergleich mit den Naturalisten – vom Leben der alltäglichen Erfahrungen, von der Zeitgeschichte und der Gesellschaft absetzen. Es ist ein eigener Lebensbegriff, eine eigene Lebensvorstellung der Dichtung, die diese Dichter nicht nur symbolisieren, sondern mit ihren Symbolen erst schaffen wollen. Äußere Erfahrung und Wahrnehmung wird dabei verwandelt in innere – der Seele, des Geistes oder der Phantasie; Geschichte wird nur als geistige Tradition gesehen, und an die Stelle der Auseinandersetzung mit den realen und aktuellen gesellschaftlichen Problemen werden Muster einer idealen Lebensgemeinschaft oder elitären Ethik gesetzt. Der inhaltliche Beitrag zur Erhellung des modernen Lebens bleibt da begrenzt; deshalb wirken die Dichtungen Georges, Hofmannsthals und Rilkes auf viele heute gegenwartsfremd. Betrachtet man vor allem Hofmannsthal und Rilke unvoreingenommen, so findet man bei ihnen jedoch Bilder moderner Erfahrungen der Existenz. Ihr wesentlicher Beitrag zur Moderne liegt aber nicht nur im Weltanschaulichen, sondern im Künstlerischen – zum einen deshalb, weil sie ständig Kunst, Dichtung, Sprache als solche thematisieren, zum anderen, weil sie für ihre 'Symbole des Lebens' neue Ausdrucksformen erprobt haben.

George stellt das Lesebuch mit einigen seiner Sentenzen aus den ‚Blättern für die Kunst' vor. Nebenbei soll damit auf die Bedeutung literarischer Zeitschriften und Kommentare für das literarische Leben der Zeit aufmerksam gemacht werden, im Zusammenhang mit George auch auf zeittypische Gruppenbildungen. Inhaltlich deuten die Zitate Georges esoterische Kunstideologie an. Sein wenig bekanntes Gedicht ‚Der Jünger' soll den Zusammenhang zwischen dieser Ideologie und seinen Dichtungen selbst knüpfen; die poetische Eigenart seiner Gedichte bleibt an diesen selbst zu betrachten. (Vgl. Gedichte. Von den Anfängen

Sechstes Kapitel: Zu Text 126, S. 198f.

bis zur Gegenwart. Bearbeiter: Ursula Heise, Rudolf Nikolaus Maier, Dietrich Steinbach. Ernst Klett Verlag, Stuttgart 1985, S. 165 ff.)
Von Hofmannsthal gilt mit Recht sein ‚Brief' als wichtiges Dokument dafür, daß die moderne Literatur und das Selbstbewußtsein moderner Dichter wesentlich mit dem Bewußtsein einer 'Sprachkrise' zu tun haben. Hier werden mit voller Absicht aus diesem Brief nicht nur Abschnitte über die Sprachkrise abgedruckt, sondern auch solche, in denen deutlich wird, daß die von Hofmannsthal beschriebene Sprachkrise nicht zu trennen ist von einer Krise im Verhältnis des Dichters zur Wirklichkeit und zum Leben. Wenn man das nicht zur Kenntnis nimmt, ist nur schwer zu verstehen, was die 'Sprachkrise' eigentlich mit dem Symbolismus und Ästhetizismus zu tun hatte und inwiefern sie als existentielle Krise empfunden werden konnte – denn als solche stellt Hofmannsthal sie in der fiktiven Figur des Lord Chandos dar! Die beiden anderen Texte von Hofmannsthal können das verdeutlichen.
‚Das Dorf im Gebirge' mit seiner fast schon parabolischen Gegenüberstellung zweier Lebensweisen bietet einen Zugang zu diesen Überlegungen und ist überdies ein schönes Beispiel für die sensible Darstellungsweise und ästhetische Sprachkultur Hofmannsthals. Seine Tagebuchnotiz eines Traumes gibt den Schülern Gelegenheit, Zusammenhänge zwischen dem, was der Dichter schrieb, und dem, was der Mensch erlebte oder für ein wichtiges Erlebnis hielt, wahrzunehmen. Da es ein Traum ist, läßt die Interpretation sich mit dem verbinden, was oben über die „Symbole des Lebens" und über das psychologische Interesse der Symbolisten gesagt wurde (vgl. auch Bahr); das Gespür moderner Dichter für Assoziationen, aus dem Unbewußten kommende Bilder usw. ist erkennbar, Motive wie die im Traumbericht erwähnten finden sich nicht nur in Hofmannsthals Dichtungen.
Rilkes ‚Brief an einen jungen Dichter' läßt an manche dieser Gedanken anknüpfen. Darüber hinaus läßt er zeittypische (nicht nur für Rilke charakteristische) Auffassungen vom Dichter und vom Schaffensprozeß erkennen. Die Selbstdarstellung des Dichters als eines besonderen Menschen mit einer besonderen Berufung usw. gibt Anlaß, über eigene Vorstellungen vom Dichter nachzudenken. Man kann die Textprobe vom Anfang des ‚Malte' zunächst mit Rilkes Gedanken über den Dichter vergleichen, aber sie führt über diese Gedanken hinaus. Die Interpretation ist nicht ganz leicht; es läßt sich aber u. a. zeigen, daß vieles von dem, was bisher seit dem ersten Text von Hermann Bahr zusammengetragen wurde, hier vereint ist: Sensibilität, Irrationalität, Symbolik usw., aber auch existentielle Verunsicherung und ein problematisches Verhältnis zur Wirklichkeit. Der Text läßt sich in Beziehung setzen zu manchen expressionistischen Texten, aber auch zu denen des 7. Abschnitts („Wirklichkeit des Bewußtseins").

Stefan George: [Eine Kunst für die Kunst] (S. 198 f.)   126

Zum Text
Die ‚Blätter für die Kunst', initiiert durch George, erschienen mit jährlich vier bis fünf Heften von 1892 bis 1919. Die kleine Auflage wurde anfangs von den Mitarbeitern finanziert und kostenlos an „einen geschlossenen von den Mitgliedern geladenen Leserkreis" verteilt. Annoncen waren ausgeschlossen; Typographie und Orthographie bestimmte George nach ästhetischen Vorstellungen – sie waren ihm manchmal wichtiger als der Inhalt zum Druck vorgesehener Beiträge. Wichtigster, wenn auch etwas skeptischer Mitarbeiter war anfangs Hofmannsthal; allmählich sammelte sich der 'George-Kreis' um die Zeitschrift. Veröffentlicht wurden vor allem Lyrik, auch lyrische Dramen, wenig Prosa; daneben die programmatischen Einleitungen und 'Kernsprüche'. Der Dichter Max Dauthendey, ein Beiträger, schrieb später über die ‚Blätter': „Der Inhalt dieser Blätter aber trennte sich noch strenger als die Schreibweise vom damaligen Zeitgeist. Mitten in der eben stürmisch eroberten Welt der Wirklichkeit trat der Geist der ‚Blätter für die Kunst' für die Welt der reinen Unwirklichkeit ein."

Zur Interpretation
Die Textstellen markieren wichtige Positionen des Georgeschen Symbolismus. Gleich zu Beginn des ersten Heftes steht das Bekenntnis zum „L'art pour l'art"-Prinzip mit der klaren Auslegung: Distanz der Kunst von Politik, Gesellschaft und engagierter Literatur (eingeschlossen ein Seitenhieb auf die Naturalisten).
Die definitorischen Thesen von 1894 umreißen Georges Dichtungsbegriff. Zentrale Bedeutung haben die Begriffe „Symbol" und „Gedicht"; in ihrer Definition wird der Aspekt der Zeitlosigkeit betont: Symbolik kennzeichne Dichtung von jeher, psychologisch sei Poesie Ausdruck vollendeter „Reife", das Gedicht der „endgültige Ausdruck eines Geschehens", also etwas Fertiges, Statisches. Geschichte und Entwicklung, Schaffensprozeß, Handlungen und Auseinandersetzungen werden zugunsten des zeitlos Gültigen ausge-

Sechstes Kapitel: Zu Text 127, S. 199

schlossen. Ebenso allgemein bleibt die Aussage, „Stimmung" und Form machten das Wesen des Gedichts aus; jenes ist 19. Jahrhundert (vgl. die Texte 114 und 125), dieses alte Lyriktradition. Die inhaltliche Vagheit bei starker Betonung der Form ist kennzeichnend für George. Sein Dichtungsbegriff erscheint hier ganz traditionell, aber inhaltsleer. – Die beiden anderen Begriffe dienen der Abgrenzung: gegen die damals modische Dekadenz, die George immerhin als Material einer „künstlerischen Behandlung" noch gelten läßt; entschiedener gegen die Erzählprosa, die ihm zu nahe an Gebrauchstexten steht (vgl. Dauthendeys Diktum und Text 125).
Um 1900 wandte George sich vom reinen Kunstbegriff einem mehr ethischen zu. Allerdings wird wieder keine materiell bestimmte Ethik erkennbar, sondern nur eine Ethik der reinen Vorbildlichkeit geistig-künstlerisch reifer Menschen, der Nachfolge und Gefolgschaft, in der sich der „Lebensrhythmus"(!) der „urgeister" zuerst der Elite-„gemeinde" und dann durch diese dem Volk mitteilt. Die Ausformulierung der Ethik weist George ausdrücklich – als die mindere Leistung – den „Jüngern" zu. Hier ist der Dichter selbst zum auslegungsbedürftigen Symbol exemplarischen Lebens geworden: Er setzt Normen nicht nur durch das, was er sagt, sondern dadurch, wie er lebt. Zur inhaltlichen Leere dieser Auffassung kommen hier Züge der Epigonalität, z. B. in den religiöser Tradition entlehnten Begriffen und Vorstellungen.

Zur Behandlung im Unterricht
Diese Thesen sind nützlich für die Interpretation der Gedichte Georges. Die inhaltliche bzw. semantische Vagheit sollte dabei vor zu eindeutig allegorischen Auslegungen bewahrt, aber auch nicht nur kritisiert werden; sie ist aus den geistesgeschichtlichen Voraussetzungen der Moderne (vgl. u. a. die Texte 135, 141, 142) und aus der Isolierung der Kunst vom gesellschaftlichen Leben (vgl. die Texte 124, 125, 129, 131, 133) zu erklären; beides findet sich in Hofmannsthals ‚Brief' (130) wieder.
Pädagogisch wichtig ist es, die weltanschaulich-ethische Problematik zu diskutieren, auch im Hinblick auf politische Konsequenzen (vgl. Text 127). Gegenüberstellende Vergleiche bieten sich v. a. zu den Naturalisten und Expressionisten an; die Begriffe „l'art pour l'art" und „literature engagée" sollten eingeführt und erörtert werden.
(Bezüge zu anderen Texten des Kapitels: s. o.)

127 Stefan George: Der Jünger (S. 199)

Zum Text
Das Gedicht stammt aus der Sammlung ‚Der Teppich des Lebens' (1900 v) und steht hier vor allem als Beispiel für den Aphorismus von 1901, dann auch für andere Gedanken Georges im Text 126.

Zur Interpretation
Das Gedicht gibt ein Modell der Georgeschen Gefolgschaftsethik (vgl. Text 126) als Bekenntnis eines „Jüngers" zu seinem Meister oder „Herrn".
Seine strenge und ausgefeilte prosodische Form (vgl. „auswahl maass und klang", Text 126), der schlichte parataktische Satzbau, die Antithesen und die Komposition mit Parallelstellen (jeweils Vers 3 und 4 einer Strophe) geben ihm Züge der Spruchdichtung oder ritueller Gelöbnisformeln.
Das Bekenntnis zur Hingabe in der Gefolgschaft variiert inhaltlich in den Verben der Schlußverse: jemandem „leben", „dienen", „trauen", „folgen"; ferner in den Attribuierungen zu „Herr": er sei „hehr", also erhaben, ehrwürdig, heilig; „milde", von ihm kommen Wohltaten; „weise", also allwissend und „reif" (Text 126); zusammengefaßt: in allem „der größte" – um diesen Superlativ geht es eigentlich. Der Anfang jeder Strophe dient der Abgrenzung: gegen die „Wonnen" der anderen, gewöhnlichen Menschen; gegen die Arbeiten der im Alltagsleben praktisch werkenden Menschen; gegen diejenigen, die den Aufbruch ins Ungewisse und den Tod fürchten; gegen diejenigen, die um materiellen Lohn dienen. So ist es eigentlich ein Bekenntnis zum ungewöhnlichen, elitären, an Größe orientierten, allerdings auch idealistischen Leben.
Der Bekenner scheint sich nach außen zu wenden, an die vielen anderen „ihr", denen er das „Ich" in seinem Bezug zum „Herrn" entgegensetzt; eigenartigerweise fehlt das „Wir" – diese Hingabeethik ist nicht sozial, sondern individualistisch. Das Objekt der Hingabe ist allein durch seine Größe, sein „Herr"-Sein bestimmt; denn es wird nicht mehr über den „Herrn" gesagt, als daß er Liebe und Dienst an seinem „werke" fordern kann – was für ein Werk, wird nicht gesagt. Der „Herr" ist eigentlich nur eine Projektion der Haltung absoluter Hingabe ohne reale Bezüge.
Diese von Wirklichkeit ganz abgehobenen Aussagen erhalten eine scheinbare und nur irrational fühlbare

Sechstes Kapitel: Zu Text 127, S. 199

Wirklichkeit durch den Sprachgestus des Bekennens und durch Wörter, die der Empfindung und den Assoziationen weiten Spielraum lassen – sie sind denotativ vage, aber konnotativ stimulierend, z. B. „wonnen, begehren, in mir die liebe schlägt, süsse" usw. Diese Wörter sind alle deutscher Herkunft (keine Fremd- oder Lehnwörter, Sprachpurismus!) und teilweise antiquiert („hehr", „gilde", „milde" in Erinnerung an mhd. milte). Dies alles trägt dazu bei, daß man sich eher eine sagenhafte Vergangenheit, z. B. das Mittelalter, vorstellt als die gegenwärtige Welt.

Zur Behandlung im Unterricht
Man sollte George-Gedichte wie dieses genau und ohne Mystifikationen interpretieren, aber auch fragen, was nicht gesagt ist.
Ethisch und historisch wichtig sind anschließende Überlegungen über die möglichen Wirkungen solcher Gedichte (auf diejenigen, die von ihnen beeindruckt sind). Gedichte wie dieses machen es u. a. verständlich, warum gerade gebildete Menschen eine Generation später dem Führerkult des Nationalsozialismus verfallen oder hilflos gegenüberstehen konnten. Man kann Gedichte oder Liedtexte, die im Dritten Reich hoch im Kurs standen, zum Vergleich heranziehen, v. a. solche des Führerkults, aber auch andere, die ursprünglich nicht aus nationalsozialistischer Gesinnung stammten.
Man kann aber auch die Frage diskutieren, worin man vergleichbare Hingabeappelle auch in unserer Zeit sehen kann.

Vergleichstexte aus dem Umfeld des Nationalsozialismus
Hans Naumann: ‚Dem Führer und dem Dichter'
„[...] Dem Dichter, in dessen Werk sich die fremde vornehme Zucht der ‚Kunst als Selbstzweck' gewandelt hat zu Erziehung und Dienst an der Nation, zu Pflicht und Verantwortung, zu Richteramt und Sehertum: der geistige Gründer des neuen Reichs [Adolf Hitler] ist in ihm erstanden und vorangegangen. [...]"
(Aus Professor Naumanns Widmung an George in seinem Buch ‚Wandlung und Erfüllung. Reden und Aufsätze zur germanisch-deutschen Geistesgeschichte'. Stuttgart 1933. Zitiert nach: Literatur und Dichtung im Dritten Reich. Eine Dokumentation von Joseph Wulf, rororo Taschenbuch Ausgabe [809–811] 1966, S. 120. Erstausgabe: Gütersloh 1963.)

Will Vesper: ‚Dem Führer'

So gelte denn wieder
Urväter Sitte:
Es steigt der Führer
aus Volkes Mitte.

So schuf ihm sein Wirken
Würde und Stand.
Der vor dem Heer herzog
ward Herzog genannt.

Sie kannten vor Zeiten
nicht Krone noch Thron.
Es führte die Männer
ihr tüchtigster Sohn.

Herzog des Reiches,
wie wir es meinen,
bist du schon lange
im Herzen der Deinen.

Nur eigene Tat
gab ihm die Weihe
und Gottes Gnad!

(Aus: Des Volkes Aufbruch. Osterwiede 1933. Zitiert wie oben, S. 129.)

Hans Baumann: Lied

Und haben wir die Treue
und nichts sonst auf der Welt,
das ist genug und keiner
ist dann vor uns gestellt.

Die kann uns keiner schmähen,
da hält kein Feind mehr Schritt,
die kann der Tod nicht mähen
mit seinem harten Schnitt.

In dir und mir und allen,
da wächst sie früh und spät,
und mitten, wo wir fallen,
da wird sie ausgesät.
Und haben wir die Treue...

(Aus: H. Baumann: Der helle Tag. Voggenreiter, Potsdam, o. J., Nr. 52.)
Siehe auch: Der deutsche Faschismus in seiner Lyrik. Mit Materialien. Auswahl von Harro Zimmermann. Editionen für den Literaturunterricht, hrsg. von Dietrich Steinbach, Ernst Klett Verlag, Stuttgart 1982.

Sechstes Kapitel: Zu Text 128, S. 199f.

128 Hugo von Hofmannsthal: Traumtod (S. 199f.)

Zum Text
Da der Titel von Hofmannsthal stammt, scheint er den Text nicht nur als persönliche Notiz angesehen zu haben; trotzdem trägt er die Handschrift echter Tagebuchnotizen. Obwohl Hofmannsthal George nahestand, beginnt mit diesem Text eine andere Linie des Symbolismus. So bezieht Hofmannsthal erlebte und beobachtete Wirklichkeit anders ein, und er weiß um die Probleme des Ästhetizismus und der vage symbolischen Lyrik, die er selber auch schrieb. Im Thema Traum läßt die Notiz Zusammenhänge zwischen Symbolismus und Psychologie erkennen, in der Verbindung von Traum und Tod lebt einerseits ein Leitmotiv der Romantik weiter, andererseits drückt sich das neue problematische Lebens- und Wirklichkeitsgefühl der Moderne aus.

Zur Interpretation
Der Text beginnt mit impressionistischen Andeutungen der Realsituation, aus der der Traum entstand. Die Elemente der Wirklichkeit – Zimmer, Fenster, Außenwelt – kehren im Traum, sich verwandelnd, wieder. Hofmannsthal deutet die Bilder nicht symbolisch; der Leser kann aber hypothetisch Assoziationen ergänzen, z. B. zwischen „Fensterkreuz" und Tod, „Schiffsluken" und Sehnsucht. Typische Traumelemente sind das Versinken (Bäume) oder Aufsteigen (Zimmer) und die sich damit lösenden räumlichen Festlegungen (S. 199, Z. 35) sowie die Empfindung, Fremdes schon zu kennen (S. 200, Z. 2f.). Interessant ist das Verhältnis zwischen wachem und Traumbewußtsein: Dem wachen Bewußtsein bei der Niederschrift sind die Erinnerungen an das Traumbewußtsein noch gegenwärtig; jenes versucht, sich der Trauminhalte zu bemächtigen, u. a., indem es die vorhergegangene Situation festhält oder abschließend wieder Wissen um Wirkliches heranzieht (S. 200). Andererseits beginnt der Traum mit der Vorstellung, wach zu sein. Obwohl das wache Bewußtsein dies alles formuliert, kann man sich in die Situation des Träumenden hineinversetzen, dem der Traum das eigentliche Bewußtsein ist.
Der als Traumerlebnis bekannte Schluß vom inneren Trieb, sich in eine Tiefe zu stürzen, die Schmerz, Tod oder Erwachen bringen kann, kann vom Titel her als Todestrieb gedeutet werden; man kann aber auch das ganze Traumerlebnis als geträumtes Todeserlebnis deuten: was der Seele im Sterben widerfährt. Ebenso ambivalent ist die Zuordnung des Schlusses zu einem der beiden Bewußtsein: Der Interpunktion nach gehört die Stelle zum Traum, als neuer, deutlich abgerückter Absatz entspricht sie eher der Wirklichkeitseinleitung – dann ergriffe die Todessehnsucht den Erwachten in Erinnerung an seinen Traum.
Ein verbindendes Merkmal aller Erscheinungen scheint zu sein, daß sie zwar Gegenstände des alltäglichen Lebens umfassen, aber reduzieren: Im Wirklichkeitsbild des Anfangs bewirken „Nacht", „Schnee" und ausgeblasene Kerze, daß Farben fehlen und alles fahl erscheint; im Traumbild „versinken" die Bäume, das Gegenständliche verliert seine Körperschwere, der Raum seine Begrenzungen, rätselhaft sind die „unendlich bedeutungsvollen Punkte". Im Traum scheinen sich Wahrnehmungsräume zu öffnen, die Wahrnehmungen aber auch an Konkretheit zu verlieren – ähnlich ist es schon in der wachen Wahrnehmung davor.
So deutet die kleine Skizze zahlreiche Metamorphosen der Wirklichkeit, ihrer Wahrnehmung und des Bewußtseins an, die anormale, aber jedem Träumer vertraute Veränderungen der Wirklichkeitserfahrung ausmachen. Wirklichkeit wird sozusagen unwirklich und gewinnt eine neue, psychologisch glaubhafte Qualität. Wir können nicht ausschließen, daß damit etwas über unsere Existenz (Tod und Leben) gesagt ist, ohne daß wir es rational klar auslegen können. Insofern zeigt uns Hofmannsthals Notiz, was ihn als Symbolisten interessiert hat.

Ergänzende Texte Hofmannsthals
Hofmannsthal – und auch andere Dichter – haben solche Vorstellungen und Empfindungen in ihren Dichtungen verwendet, ja in ihnen den eigentlichen Reiz irrational-symbolischer Dichtung gesehen und sich wohl auch ihrer Existenzerfahrung zu vergewissern gesucht. Im Gedicht ‚Terzinen III' (in: Gedichte. Von den Anfängen bis zur Gegenwart. Ernst Klett Verlag, Stuttgart 1985, S. 172) hat er ähnliches ausdrücklich gesagt: „Wir sind aus solchem Zeug wie das zu Träumen. [...] Und drei sind eins: ein Mensch, ein Ding, ein Traum." Im Gedicht ‚Terzinen I' (s. o., S. 172) kann man das Ineinandergleiten der Wahrnehmungen, Vorstellungen und Gedanken beobachten, auch im Hinblick auf „Vergänglichkeit": „daß alles gleitet und vorüberrinnt". Ähnlich ist das Verfahren, im Gedicht simultane Bilder aneinanderzureihen und so eine ganze umfassende Welt von Erfahrungen zu versammeln (‚Ballade des äußeren Lebens', s. o., S. 174; ‚Vor Tag', s. o., S. 176). In anderen Gedichten füllt der Dichter das traumhafte Sprechen mit märchenhaften Bildern auf (‚Ein Traum von großer Magie', s. o., S. 173). Und ein immer wiederkehrendes Vorstellungsmu-

ster ist das der weiten Räume und insbesondere eines traumhaften Bereichs „unten", in den der Blick von oben dringt oder von dem man weiß, der manchmal an verblaßtes Leben und Tod denken läßt, aber auch Sehnsucht wecken kann (‚Manche freilich ...', s. o., S. 175; ‚Reiselied', s. o., S. 175).

Man versteht Hofmannsthal nicht, wenn man die Traumelemente seiner Dichtungen nur als Spiel der Phantasie nimmt, aber auch nicht, wenn man kurzerhand darin eine traditionelle Transzendenz sieht. Es geht um ein Lebensgefühl, dem die Grenzen immanenter Existenzerfahrung durchlässig geworden sind und der traditionelle Wirklichkeitsbegriff wie das tradierte Persönlichkeitsgefühl unsicher werden. Nachempfinden kann man dies nicht, wenn man nur die Bilder zu deuten versucht, man muß die Vorgänge der Verwandlung und die Strukturen der traumhaften Vorstellungen nachzeichnen.

Sehr vieles davon findet man in Hofmannsthals frühen lyrischen Dramen wie ‚Der Tod des Tizian' (1892) und ‚Der Tor und der Tod' (1893) – in beiden bezogen auf die Kunst und das Schöne; etwas anders auch in Erzählungen, z. B. in der ‚Reitergeschichte' (1899).

Zur Behandlung im Unterricht
Man sollte die Tagebuchnotiz nicht nur interpretieren, sondern die Schüler auch assoziativ freier darüber Gedanken austauschen, eigene Traumerlebnisse erzählen oder aber Wachträume sprechen lassen sowie darüber, was in einem vorgeht, wenn man sich in eine Lektüre, in Kunst oder Musik oder einen Film verliert. Zur Interpretation Hofmannsthalscher Gedichte sollte man ‚Traumtod' heranziehen. Beziehungen bestehen ferner zu den andersgearteten, aber ebenfalls Wirklichkeit verfremdenden Schreibweisen Heyms und Trakls, mancher Expressionisten und der Autoren in Abschnitt VII, v. a. Kafkas. Im Vergleich mit Gedichten Georges läßt sich zeigen, daß er zwar auch die Imagination nutzt, aber kaum in der Art des Traumerlebnisses wie Hofmannsthal, sondern eher nach Art von phantasievollen Gemälden oder Sagen und übrigens mit einer Neigung zu straffen Sentenzen, wie sie Hofmannsthal fremd ist.

Thematische Bezüge im Kapitel
Bahr (122, 123), Rilke (131, 132), Lichtenstein (137, 138), Edschmid (136), Abschnitt VII: Literatur des Unbewußten und eines verfremdeten Wirklichkeitsbewußtseins.

Hugo von Hofmannsthal: Das Dorf im Gebirge (II) (S. 200f.) 129

Zum Text
Hofmannsthal kannte die Empfindung der Einsamkeit und Fremdheit auf dem Lande und unter anderen Menschen. Den Sommer 1896 (und viele spätere) verbrachte er in der Sommerfrische Alt-Aussee (Salzkammergut), in geselligem Verkehr mit Bekannten und Literaten. Briefe enthalten Parallelen zum „Dorf im Gebirge", mit dem Alt-Aussee gemeint ist.
Im ersten, hier nicht abgedruckten Teil der Skizze wird geschildert, wie „die Leute aus der Stadt" ins Dorf kommen, sich in den Bauernwohnungen einrichten, die Tage müßig verbringen und nachts lange von den „Möglichkeiten des Lebens" oder dem „traumhafte[n] Jetzt und Hier" lesen, während aus ihren Fenstern das Licht hinaus in die Landschaft dringt. Im zweiten Teil verdichtet sich der Gegensatz zum Doppelbild der Spieler und pflügenden Bauern.

Zur Interpretation
Zunächst gibt der Text schlicht eine Beobachtung in der Sommerfrische, allerdings eine mit exemplarischen Zügen. Trotz wechselnder Perspektive rückt in den Vordergrund das Bild der „Spieler", deren Spielplatz von Netzen umschlossen und gegen die Felder der „Pflüger" abgegrenzt ist. Knapp, aber deutlich wird das Tun der Bauern als Arbeit auf und mit der Erde dargestellt, die zwar schwer, aber „gleichmäßig" ist. Das alte Motiv der Bauern (vgl. die Texte 7, 107), im 20. Jahrhundert teilweise abgelöst durch das der Arbeiter (vgl. die Texte 199, 205, 208), steht traditionell für ein natürliches, geordnetes und praktisch tätiges Menschenleben. Trotz einiger Gemeinsamkeiten – z. B. tätige Bewegung in der Landschaft, gleichzeitig wechselnde Richtungen – bilden die Bauern einen Kontrast zu den Spielern:
Die Spieler und Urlauber sind auf dem Lande eigentlich isoliert. Spiel ist nicht Arbeit. Während alle Bauern gleich erscheinen, gibt es bei den Spielern Unterschiede: Dem Starken gelingt alles, ja er scheint mit der Welt zu spielen; das Spiel des Schwachen wird vom „Denken", vom „sich selber zusehen" verunsichert; der Gleichgültige nimmt am Spiel keinen Anteil, weil er von einem Glückserlebnis träumt, und zwar nicht sich selbst betrachtet, aber von einer Frau, an die er denkt, angeschaut fühlt. Jedoch verkörpert nicht jeder Spieler

Sechstes Kapitel: Zu Text 129, S. 200f.

einen Typ: „Wechselnd ist das Spiel der vier Spieler." Es handelt sich also nicht um Personentypen, sondern um typische Erfahrungen jedes Spielers, und zwar die der sieghaften Souveränität, die der Hemmung durch Reflexion und die der traumhaften Entrückung, welche der Gegenwart entfremden, aber auch Momente schlafwandlerischer Sicherheit gewähren kann. – Den Gegensatz zwischen Bauern und Spielern verstärkt die Umzäunung, durch die hindurch teilweise der äußere Bereich gesehen ist.

Das ganze Bild ist insofern symbolisch, als es typische Lebensformen zeigt (einschließlich einer angedeuteten gesellschaftlichen Komponente). Für den Verfasser verkörpern offensichtlich die Städter/Spieler eigene Erfahrungen, wie er sie in seinen frühen Dichtungen vielfach dargestellt hat, die Pflüger eine Gegenwirklichkeit. Man kann den Text deshalb auf Motive des frühen Hofmannsthal, auf Symbolismus, Ästhetizismus, „Seelenkunst" und Lebensmystik beziehen. Die Ästhetisierung des Wirklichen zeigt sich v. a. in den Anfangssätzen, wo die natürliche Landschaft durch das den Spielplatz umgebende Netz wie ein Kunstgegenstand bzw. eine Abbildung darauf gesehen ist. „Spiel" läßt an Kunst denken. Aber im Spiel äußern sich hier auch die Befindlichkeiten der Seele als wechselnde Lebensgefühle – die Herrschaft über das Leben, die unsicher machende Selbstreflexion und das traumhafte Leben. „Leben" verkörpern aber auch die Pflüger. So scheint es, in der Perspektive der Spieler, ein nur von außen und ferne gesehenes und ein erlebtes Leben zu geben. Im ersten Teil des Textes entspricht jenem Dorf mit den Dörflern, diesem das der Muße, der Lieder, der einsam gelesenen Bücher, die ihrerseits von den Rätseln des Lebens handeln. Die Vorstellung von einer Einheit aller Lebensformen (vgl. ‚Terzinen III', Gedichte, s. o.; zu Text 128, s. S. 172; ‚Ein Traum von großer Magie', s. o., S. 173) scheint fraglich geworden zu sein gegenüber der von ihrer Polarität (vgl. ‚Ballade des äußeren Lebens', ‚Manche freilich...", s. o., S. 174). Trotzdem scheint die Skizze eine Art Koexistenz beider Lebensformen gelten zu lassen. „Der vita contemplativa korrespondiert die vita activa, dem ätherleichten Leben das schwere, gebundene, der Herrschaft der Dienst, der Klarheit das Dunkle und Verworrene, dem Innen das Außen" (Hugo von Hofmannsthal in Selbstzeugnissen und Bilddokumenten, dargestellt von Werner Volke. rowohlts monographien 127. Reinbek 1967, S. 57). Jedoch deuten sich in der Entgegensetzung, Entfernung und dem Netz Hofmannsthals Zweifel an, daß der ästhetische Blick das Leben ganz fassen kann. In einem Brief schrieb Hofmannsthal 1896: „Ich glaube, das schöne Leben verarmt einen" (H.v.H.: Briefe 1890–1901. Berlin 1935, S. 185). Und mit einem ähnlichen Bild wie dem des Netzes sagt der Wahnsinnige am Ende des ‚Kleinen Welttheaters' (1897 v), gerade in bezug auf Kunst und Poesie: „Das Wirkliche fängt kein Gewebe ein." Das innere „schöne" Leben ist nur möglich mit einem teilweisen Verzicht auf Erfassen der Wirklichkeit. Hier künden sich Probleme an, die der ‚Brief' (Text 130) behandelt.

Zur Behandlung im Unterricht

Die Interpretation sollte den Text nicht als einsinnige Parabel und im Hinblick auf Kunsttheorien deuten, sondern als der Beobachtung entnommenes Lebensbild. Der erste Teil bietet dazu wertvolle Ergänzungen. Man sollte überhaupt nicht nach einer 'Theorie' streben, sondern die gegenseitige Zuordnung der Motive aufnehmen und die Frage nach einem umfassenden Sinn so offen halten wie der Dichter. Hofmannsthals Dichtungen ergeben keine systematische Philosophie, sondern fassen Erlebnisse und ein Lebensgefühl in Bildern und Bildgeflechten. Es liegt nahe, daß die Leser sie auf eigene Erlebnisse beziehen und mit ihrem eigenen Lebensgefühl vergleichen. So können die Schüler angeregt werden, entsprechende Schilderungen zu schreiben (Landschaften, Dorf, Landleben, Urlaub, Spiel und Sport usw.) und mit dem Bild hier zu konfrontieren (natürlich nicht in künstlerischer Hinsicht). Sie können aber auch überlegen, ob heute nicht ganz andere Lebensformen typisch sind (Bauern! Sport!).

Die Skizze kann helfen, Gedichte des frühen Hofmannsthal besser zu verstehen (s. o.); auch die frühen lyrischen Dramen enthalten Parallelen.

Thematische Bezüge im Kapitel

Holz/Schlaf (120): Wirklichkeitsbeschreibung als Lebensbild (Vergleich).
Th. Mann (124): Künstler in der Stadt – Urlauber aus der Stadt im Dorf; das Wirkliche und das Schöne.
Hofmannsthal (128): Traum und Wirklichkeit; Wirklichkeitsverlust.
Hofmannsthal (130): die verlorene Einheit des Dichters mit dem Leben.
Rilke (131, 132): Gemeinsamkeiten und Unterschiede in der Wahrnehmung oder Darstellung des Lebens in Symbolen.
Benn (146), Wedekind (147), Walser (148, 149), Kafka (150): Wirklichkeit und Bewußtsein, das Erlebnis des Schönen und das Leben (dazu weitere Anknüpfungspunkte in den Abschnitten V, VI, VII).

Hugo von Hofmannsthal: Ein Brief (S. 201 ff.)   130

Zum Text
Der oft zitierte und interpretierte ‚Brief' erschien zuerst 1902 in der Tageszeitung ‚Der Tag' (Berlin). (Vollständig findet er sich auch in: Hugo von Hofmannsthal: Ein Brief. Reitergeschichte. Reihe: Editionen für den Literaturunterricht, hrsg. von Dietrich Steinbach. Ernst Klett Verlag, Stuttgart 1981.) Man kann ihn biographisch auf eine Schaffenskrise Hofmannsthals zurückführen, insofern dieser hier von der Art traumhaft-intuitiven Dichtens seiner frühen Jahre Abschied nimmt (Aufgabe der Lyrik). Jedoch hat Hofmannsthal das Dichten nicht überhaupt aufgegeben, sondern neue Ausdrucksformen gesucht und erprobt (z. B. Bearbeitungen antiker Tragödienstoffe, Komödien, Musik- und Tanztheater, Essays usw.).

Die neue Dichtersprache der 'Chiffren', die Hofmannsthal hier anzukündigen scheint, haben die Expressionisten und andere Moderne mehr entwickelt als er. Deshalb gilt der ‚Brief' als Dokument einer kritischen Wende im Sprachbewußtsein der Moderne überhaupt. Man darf jedoch nicht übersehen, daß der ‚Brief' von einer Sprachkrise nur im Zusammenhang mit einer Lebens- und Erfahrungs- bzw. Bewußtseinskrise spricht. Dementsprechend zeigt er zahlreiche Beziehungen zu anderen Werken Hofmannsthals (z. B. zu Text 129: Bauern und einfaches Leben auf dem Lande; traumhaftes oder „schlafwandlerisches" Leben und Sprechen; das Motiv der „Spinnennetze" – S. 201, Z. 35 – u. a. m.).

Zur Interpretation
Wichtig sind die Voraussetzungen des „erdachten Briefes" (Hofmannsthal), der autobiographischen Erzählung und der historischen Einkleidung (Renaissance und Humanismus!). Der Text ist kein theoretischer Traktat, sondern die fiktionale Darlegung eines Erlebnisses, das im Traditionszusammenhang der Geistesgeschichte der Neuzeit erscheint. – Deutlich zu unterscheiden sind die Stadien des erlebten Vorgangs:
1. Im Rückblick: das traumhafte Gefühl der Einheit des ganzen Daseins in allen seinen Lebenserscheinungen sowie der Einheit zwischen Ich, Geist und Wirklichkeit; in Verbindung damit steht die Zeichenhaftigkeit alles Seienden und die Wirklichkeit erschließende Kraft der Zeichen (und somit auch der Sprache) (S. 201, Z. 14–30).
2. Jetzt: der Zusammenbruch dieser gefühlten Einheit und die Entleerung des persönlichen Lebens, Versiegen der Fähigkeit, sich denkend und sprechend der Wirklichkeit zu vergewissern, Zerfall der Sprache (S. 201, Z. 31 – S. 203, Z. 1; S. 203, Z. 25–32).
3. Erste Anzeichen neuer Erfahrungen (s. u.) (S. 203, Z. 1–24).

Für das Verständnis der Moderne besonders wichtig ist das in der Mitte und am Ende geschilderte Erlebnis (2). Der Text entfaltet zweimal die Perspektive der umfassenden Sinn- und Daseinsdeutung („religiöse Auffassungen", S. 201, Z. 31 ff.; „ein höheres oder allgemeineres Thema" und „Urteile", S. 202, Z. 7 ff.) und die Perspektive der Alltagskommunikation im gewöhnlichen Leben („die irdischen Begriffe", S. 202, Z. 1; „im familiären und hausbackenen Gespräch", S. 202, Z. 25 ff.). Beide Perspektiven werden zusammengeführt, wo der Zerfall der erfahrenen Wirklichkeit in „Teile" und der Zerfall der Sprache in isolierte „Worte" dargestellt werden (S. 202, Z. 34 ff.). Wirklichkeit und Leben erscheinen hier nur noch als zufällige Momente zwischen der Leere des Ichs und der Leere, die alles umgibt. Für Hofmannsthal charakteristisch ist die Bemerkung, daß nur „Erziehung" und Pflicht diesem Menschen noch Halt geben, freilich nur nach außen (Ende). Im übrigen läßt sich diese Bestandsaufnahme auf expressionistische und dadaistische sowie andere avantgardistische Texte beziehen (vgl. Ball, 135; Flake, 145; Benn, 146; Kafka, 151).

Die neuen Erfahrungen, an die sich der Briefschreiber in diesem nihilistischen Lebensgefühl hält, „die guten Augenblicke", gleichen eigentlich den verlorenen alten (vgl. „diese mich und die ganze Welt durchwehende Harmonie", „Verhältnis zum ganzen Dasein"), sind aber in mehrfacher Hinsicht reduziert. Sie sind nur „Augenblicke" und „Zufälle", kein durchgehendes Lebensgefühl. Sie ereignen sich nur in Begegnungen mit einzelnen, „nichtigen" Dingen und Wesen, nicht mit der umfassenden „Natur" insgesamt (S. 201, Z. 17, 20). In ihnen scheint dem Erlebenden zwar „alles ... etwas zu sein", aber das „etwas" bleibt unbestimmt und läßt sich nachträglich nicht erklären. Das Gefühl selbst ist eine vorübergehende „Bezauberung" und bloße „Ahnung", es läßt sich nicht halten und führt das leere Leben bewahren. Fast alle diese Sätze sind nur potential oder gar irreal formuliert mit „erscheint" und „als [ob]". Von einer neuen Sprache ist eigentlich nicht die Rede, denn Chandos/Hofmannsthal sagt nur, er empfinde sich selbst in solchen Augenblicken wie einen Zeichenvorrat, aber die potentiellen Zeichen sind „Chiffern", also ohne erschlossene Bedeutung, die es vielmehr erst noch – genauso wie die Zeichen selbst – zu finden gilt.

Das alles erinnert an Vorstellungen des jungen Hofmannsthal, z. B. an den Träumer unter den Spielern

Sechstes Kapitel: Zu Text 131, S. 203f.

(Text 129), teilweise auch an die „Dinge" bei Rilke. Als Projektion eines neuen Weltbildes und Daseinsgefühls bleibt es vage. Im Grunde geht daraus das Eingeständnis hervor, daß das verlorene Einsfühl nur noch als flüchtiges und zufälliges Erlebnis intensiver Wahrnehmung der einfachen Lebenserscheinungen möglich ist, ganz subjektiv bleibt, zu keiner dauerhaften Erkenntnis führt, das Leben und die Person nicht fassen und füllen kann und so eigentlich imaginär ist. Dementsprechend wären die „Chiffern" einer neuen Sprache eigentlich auch ohne Beziehungen außer eben der des einmaligen imaginären Erlebnisses und deshalb inkommensurabel, also keine Zeichen wirklicher Verständigung.

Die Grundstruktur der von Hofmannsthal dargestellten Krise läßt sich mit alten triadischen Modellen der Geschichtsdeutung vergleichen, z. B.:
– antik: das vergangene Goldene Zeitalter, dem Zeiten minderen Werts bis in die Gegenwart gefolgt sind, aus denen sich der Blick der Hoffnung auf ein neues (z. B. das Augusteische) Zeitalter richtet;
– christlich: das verlorene Paradies – das irdische Zeitalter der Sünde, des Leids und des Todes – die auf das Zeitende gerichtete Heilserwartung;
– klassisch und romantisch: Antike (Schiller) bzw. Mittelalter (Novalis, vgl. Text 62) als vergangene Zeiten ungebrochener Welt- und Lebenseinheit, Gegenwart als Zeit der Mängel und Widersprüche, Entschlossenheit zu einer neuen Versöhnung usw.

Als charakteristisch für Hofmannsthals Vorstellungen ergibt sich bei solchen Vergleichen – abgesehen von den jeweiligen geschichtlichen Bezügen –, daß hier die problematische Gegenwart als ganz individuelle psychische Erfahrung ohne definitive Aussagen über die Welt als solche gesehen und auf Sprache und Denken bezogen ist, die Zukunftsperspektive vage und zaghaft, vielleicht sogar skeptisch entworfen wird.

Zur Behandlung im Unterricht

Der schwierige Text bedarf gründlicher Besprechung, jedoch bietet er dem Leser viele Anknüpfungsmöglichkeiten, um an eigene Erlebnisse und Empfindungen zu denken. Man sollte – je nach dem Unterrichtszusammenhang – andere Texte Hofmannsthals oder der frühen Moderne, v. a. Gedichte, heranziehen, um sowohl den Aspekt der zerfallenden Welt- und Ich-Erfahrung als auch die moderne Dichtersprache der „Chiffern" zu verdeutlichen. Schwierig ist es, auf die sprachtheoretischen Fragen genauer einzugehen; Hofmannsthals Ansätze bleiben hier zu vage und verleiten zu Mystifikationen, sprachgeschichtliche Überlegungen müßten angestellt werden (vgl. Peter v. Polenz: Die Sprachkrise der Jahrhundertwende und das bürgerliche Bildungsdeutsch. In: Sprache und Literatur in Wissenschaft und Unterricht, 14. Jg., H. 52 1983, S. 3ff.). In literaturgeschichtlicher Sicht sollte darüber gesprochen werden, inwiefern sich die „Chandos"-Erlebnisse auf die gesellschaftliche und weltanschauliche Isolierung dieses für autonom erklärenden Autors und Künstlers zurückführen lassen (vgl. die Texte: Lienhard, 125; H. Mann, 133; Dadaistisches Manifest, 142; Ball, 143; Flake, 145; Kafka, 151). Es lassen sich auch Verbindungen zu früheren Epochen ziehen, die Hofmannsthal z. T. vertraut waren (vgl. Hamann, 25; Hölderlin, 47, 61; Wackenroder, 71; die Texte 98–103).

(Hinweise zu thematischen Bezügen im Kapitel: s. o.)

131 Rainer Maria Rilke: [An einen jungen Dichter] (S. 203 f.)

Zum Text

Rilkes literaturtheoretische Äußerungen sind als solche wenig ergiebig. Er selbst hat nach 1900 immer weniger literarkritische Essays geschrieben, aber Brief und Tagebuch als Medium seiner Reflexionen kultiviert. Die personenbezogene, auf das Leben eines Menschen eingehende Betrachtung lag ihm mehr. Sie entsprach auch seinen pädagogischen Interessen, die sich manchmal mit sozialkritischen verbanden (vgl. ‚Brief eines jungen Arbeiters', 1922).

So richten sich auch die zehn Briefe an Franz Xaver Kappus (1903 bis 1908; von Kappus erst 1929 veröffentlicht) vor allem an den Menschen und seine Lebensnöte, das ist bei der Interpretation zu berücksichtigen. Jedoch entspricht der vorliegende erste Brief auch Rilkes Dichtungsverständnis der frühen Jahre und gibt Gelegenheit, es mit dem Georges und Hofmannsthals zu vergleichen.

Zur Interpretation

Der Hauptteil des Briefes umschreibt Dichtung als Ausdruck der Innerlichkeit, das dichterische Schaffen als existentielle Notwendigkeit und meditative Lebenshaltung. Als Themenbereiche empfiehlt Rilke dem Anfänger: Natur, alltägliche „Dinge Ihrer Umgebung", Erinnerungen an die Kindheit; damit solle der

Sechstes Kapitel: Zu Text 132, S. 205 ff.

junge Lyriker seine „Traurigkeiten und Wünsche, die vorübergehenden Gedanken und den Glauben an irgendeine[!] Schönheit" – alles in allem: sich selbst – ausdrücken. Das ist teils eine traditionelle Vorstellung von Lyrik, teils hätte Hofmannsthal das so ähnlich sagen können. „Kindheit" bedeutete allerdings für Rilke sehr viel, nämlich Selbstanalyse, Erforschen der eigenen Ursprünge – so z. B. auch im ‚Malte'. Ellen Keys aufsehenerregendes Buch ‚Das Jahrhundert des Kindes' (1900, dt. 1902) hatte ihn tief beeindruckt. Literarhistorisch wichtig ist das Postulat: „... der Schaffende muß eine Welt für sich sein." Diese Verabsolutierung des Dichters und Künstlers um den Preis der Isolierung vom gesellschaftlichen Leben steht George nahe. Hofmannsthal nahe ist wiederum, was Rilke anfangs über das Unsagbare der „Dinge", „Ereignisse" und „Kunst-Werke" schreibt. Allerdings scheint er damit nicht so sehr (wie Hofmannsthal, vgl. Text 130) ein Problem des Erkennens und Sprechens zu meinen wie den Reiz des Geheimnisvollen, v. a. in der Besonderheit der „Kunst-Werke" als „geheimnisvolle Existenzen". Hier deutet sich an, daß Kunst und Dichtung eine mystische Qualität erhalten sollen.

Manche dieser Auffassungen hat Rilke seit seiner Bekanntschaft mit Rodin umgekehrt (erste Begegnung 1902; Rilke als Sekretär Rodins 1905/06; ‚Panther'-Gedicht 1903): Die Dinge galten ihm bisher als „unsagbar" und bloßer Anlaß für die Regungen der Seele (vgl.: Gedichte. Von den Anfängen bis zur Gegenwart. Ernst Klett Verlag, Stuttgart 1985, S. 177). Von nun an werden sie ihm das Eigentliche, an das die Seele bzw. der Dichter sich verliert, um ihre geheimnisvolle Existenz auszusagen oder „die ungelebten Dinge" zum Leben zu bringen (Neue Gedichte, 1907/08 v; vgl. Gedichte, s. o., S. 178 f.).

Zur Behandlung im Unterricht

Einfacher als mit den Texten von George und Hofmannsthal lassen sich mit diesem hier einige Grundfragen des lebensmystischen Symbolismus vorstellen. Das hier gezeichnete Bild vom Dichter (Lyriker) dürfte verbreiteten Meinungen auch vieler Schüler entsprechen. Es sollte behutsam problematisiert werden, v. a. hinsichtlich seiner Allgemeingültigkeit und der mystifizierenden Verabsolutierung des Dichters. Das läßt sich mit Gesprächen über die verschiedensten Gedichte verbinden. Als allgemeines Problemthema bietet sich aus dem Anlaß des Briefes die Frage nach dem Verhältnis zwischen Kunst und 'Lebenshilfe' an. Für eine ausführliche Behandlung der frühen Moderne sollte man den Text mit denen von George und Hofmannsthal vergleichen.

Thematische Bezüge im Kapitel

Bahr (122, 123), George (126), Hofmannsthal (v. a. 130): das symbolistische Bild des Dichters.
Hart (119), Lienhard (125), H. Mann (133), Rubiner (134), Edschmid (136), Huelsenbeck (142), Ball (143): entgegengesetzte Auffassungen von den Funktionen der Literatur.
Kafka (151): ein ganz anderer Fall der Zusammenhänge zwischen seelischem Erleben und Dichten.

Rainer Maria Rilke: Die Aufzeichnungen des Malte Laurids Brigge (S. 205 ff.)   132

Zum Text und zum gesamten Werk

Rilke schrieb an Teilen des ‚Malte' seit 1904 und vollendete ihn 1908–1910. Zahlreiche persönliche Erlebnisse und Auseinandersetzungen sind darin verarbeitet. Das vielschichtige Ganze des Buches kann mit einem kurzen Ausschnitt nicht vergegenwärtigt werden, aber einige seiner Eigenarten. Im Kontext des Lesebuchs wichtig am Inhalt des ganzen Buches ist, daß ein Vorgang der Selbstfindung und Selbstbewahrung dargestellt wird, und zwar in der Auseinandersetzung mit Erscheinungen der äußeren oder künstlerischen Wirklichkeit (1.–26. Abschnitt, mit Kindheitserinnerungen (27.–48. Abschnitt), mit Erzählungen aus der Geschichte (49.–70. Abschnitt) und mit antiken Mythen und der Bibel (Schluß). Die Auseinandersetzung vollzieht sich als nachträgliche Betrachtung im Aufschreiben, also in sprachlicher Nach- oder Neugestaltung des Erlebten, die ständig in Reflexion übergehen kann (vgl. „... das begreife ich jetzt..."). Der traditionelle Roman wird so zur Anschauungs- und Reflexionsprosa der ‚Aufzeichnungen' verwandelt (vgl. Teil VII des Lesebuchkapitels), und das Erzählen wechselt ständig seine Formen: vom Schildern des Anfangs über das Erinnern (Kindheit), das Erzählen von Geschichten, die andere erlebt haben, und von Geschichten aus der Geschichte bis hin zur Neuerzählung der Mythen und des abschließenden Gleichnisses vom verlorenen Sohn. In diesem Vorgang werden Ich, Lebenswirklichkeit und Tradition aufeinander bezogen, allerdings so, daß das Ich sich zwar in einer Welt der Bezüge wiederfindet, aber einsam bleibt; denn am Schluß des Gleichnisses und des Buches heißt es: „Er war jetzt furchtbar schwer zu lieben, und er fühlte, daß nur Einer dazu imstande war. Der aber wollte noch nicht." Diese Einsamkeit ist allerdings grundlegende

Sechstes Kapitel: Zu Text 132, S. 205ff.

Vorbedingung der zentralen Ich-Figur des Buches. Der junge Dichter aus fremdem Land ist fremd in Paris und scheint dort auch keine Beziehungen anzuknüpfen. Er 'lebt', indem er anschaut, liest, denkt und schreibt – ein extremes Bild des ganz auf sich und die betrachtete oder erinnerte Welt zurückgezogenen Künstler-Ichs ohne soziale Beziehungen.

Zur Interpretation
Der Anfang des ‚Malte' ist für sich lesbar, denn er setzt nicht, wie spätere Abschnitte, vieles voraus, sondern vermittelt vordergründig ein Bild davon, wie ein sensibler Beobachter bestimmte Züge einer Großstadt erlebt. Die Stelle zeigt eine scharfe Prägnanz im Erfassen der Dinge und Wesen, gleichzeitig Wirkungen der Beobachtungen auf den Beobachter. Das sind Merkmale der Impressionisten und Symbolisten; letztere verbinden zudem alles einzelne in einer Ganzheit der Bezüge – Welt, Leben oder Ich –, und auch das ist hier angedeutet. Dies zu entdecken, kann ein Zitat aus der von Rilke verfaßten Rezension eines norwegischen Buches helfen (Sigbjörn Obstfelder, Pilgerfahrt, 1904 v):
„Dieser junge Mensch, der mit nichts zusammenhing, war mit vielem verwandt. Auf dem Lande, in der Natur waren alle die leisen Stimmen aus seiner Familie. [...] Aber auch die weiten Geräusche waren in seinem Blut. [...] Er war mit den Kindern verwandt und mit den jungen Frauen und mit den Tieren. [...] Und in den größten Städten war er der Bruder derer, die leise leben. Die Unbekannten, die Scheuen, die Häßlichen, die Rätselhaften, [...] die Grauingrauen, die kein Stand sind, sondern viele, viele einzelne, die, welche für fast alle Vorübergehenden unsichtbar sind, die sah er." (Sämtliche Werke. Insel-Verlag, Wiesbaden 1955–1966, Band 5, S. 662f.)
Dies alles trifft, bis in Einzelheiten, auf Malte zu (vgl. Geräusche, Kind, Frauen, Tiere, die Grauingrauen usw.), und am Anfang wird betont, daß Malte „mit nichts zusammenhing", indem er immer wieder erklärt, daß ihn das Wahrgenommene nichts angehe (S. 205, Z. 36 – S. 206, Z. 6). Er sieht Menschen und in allen die Nöte des Lebens und Sterbens, aber er schiebt sie mit gleichgültigen Allgemeinplätzen von sich. Allerdings lassen die Gesten der Abwehr vermuten, daß er sich nur dagegen wehrt, in das Miterleben hineingezogen zu werden. Genau dies widerfährt ihm aber danach als Vorgang des „Sehenlernens": Das Wahrgenommene dringt in sein Inneres, dessen er sich dadurch bewußt wird, ohne es schon zu verstehen (S. 206, Z. 24–26); es ist die Ahnung, daß er „mit vielen verwandt" ist (Rezension).
Der Abschnitt über das Sehenlernen wird vorbereitet. Die Nachtgeräusche (S. 206, Z. 7–16) registriert Malte mit Abneigung. Jedoch sind sie anders formuliert als die Erinnerungen im Abschnitt davor, wo es immer wieder mit kühler Distanz hieß: „Ich habe gesehen..." Hier, in der Einsamkeit, sind die Geräusche Gegenwart, die Dinge dringen in ihnen von außen auf ihn ein wie lebende Wesen (vgl. die Elektrische). Deutlich wird die ungewollte innere Beteiligung, als Malte die Laute von Hund und Hahn (übrigens Kindheitserinnerungen) als „Erleichterung" empfindet. Noch bedrängender als die Geräusche empfindet er die Stille, also die Wahrnehmungsleere und Abwesenheit von Wirklichkeit – sie erweckt Angst, die er in einem eindrucksvollen Bild veranschaulicht. So füllt er die Wirklichkeitsleere mit Imagination, die wiederum aus der Erinnerung an Wirkliches stammt. Das Erlebnis bestimmt sich durch wechselseitige Bezüge zwischen Außen- und Innenwelt.
Das Thema des Sehenlernens entfaltet Malte am Motiv der vielen Gesichter, die er gesehen hat. Hier geht erinnerte Wahrnehmung vollends in Reflexion über, die sich ihrerseits in Bildern äußert. „Jeder hat mehrere Gesichter"; unmittelbar zu erfassen ist die Identität einer Person nicht. Trotzdem brauchen die Menschen die Selbstdarstellung nach außen, obwohl das Gesicht nicht das Ich selbst und auch nicht dauerhaft ist. Die einen „tragen ein Gesicht jahrelang", die anderen wechseln ihre Gesichter rasch. Gesichter nützen sich ab und werden fadenscheinig, bis „das Nichtgesicht" hervortritt – die Unsichtbarkeit des Ichs, vielleicht dessen Leere oder auch der Tod. Die Frage bleibt, ob ein Sichtbarwerden des unmaskierten Ichs nicht unerträglich wäre. Sie stellt Malte/Rilke mit dem Bild der Frau dar, die im Schreck ihr Gesicht verliert und in Händen behält (eine surreal übersteigerte Beobachtung). Er fühlt den Drang, ihr entblößtes Inneres (oder Leeres?) anzuschauen, gleichzeitig schreckt er davor zurück. Dies betrifft ihn selbst zweifach: Einerseits geht es darum, ob er sich ganz in das Innere eines Menschen versetzen kann bzw. darf, andererseits darum, daß ihn ebenso die Möglichkeit, in sich selbst hineinzuschauen, reizen und abschrecken kann.
Der Textausschnitt führt so die Entwicklung von der Außenbeobachtung zur Innenschau, von der Distanz zur möglichen Identifizierung an, immer im spannungsvollen Wechselspiel zwischen Außen und Innen, Anschauung und Reflexion, Zurückhaltung und Impuls zur Hinwendung. Damit verbunden ist die Polarität von Leben und Tod (erster Satz). Mit den sich verändernden Inhalten wandelt sich die sprachlich-literarische Form: von den knappen, präzisen Sätzen der Beobachtung und des Kommentars über die Verschmelzung objektiver und subjektiv-bildhafter Sprechweise zur Abstraktion und zum gleichnishaften Bild (vgl. den Aufbau des gesamten Werkes).

Sechstes Kapitel: Zu Abschnitt V, S. 207ff.

Zur Behandlung im Unterricht
Die Interpretation mit den Schülern, die nicht die Kenntnis des ganzen Werkes voraussetzen kann, sollte nicht deduktiv einsetzen, sondern von den Leseeindrücken ausgehen, auch die konkreten Beobachtungen Maltes in der Großstadt ruhig betrachten. Die Frage nach der Wirkung der Beobachtungen auf ihn kann zum Thema des 'Sehenlernens' führen und zum genaueren Erfassen der sich wandelnden Darstellungsweise. Diese versteht man vielleicht besser, wenn man sich die Situation des einsam Wohnenden und Schreibenden vorstellt. Der Absatz über die „Stille" bietet einen Schlüssel für die Beziehungen zwischen Einsamkeit, Leere, Angst, Nachdenken und In-Bildern-Sprechen. Wenn die Schüler nicht früher damit anfangen, empfiehlt es sich, die schwierigen Passagen über „Gesichter" zuletzt zu besprechen. Man kann hier eine alles erklärende Auslegung nicht erzwingen. Es ist viel erreicht, wenn die Schüler über „Gesicht" und „Nichtgesicht", Innenleben des Ichs und Selbstdarstellung nach außen sowie darüber nachdenken, daß Malte zugleich begierig nach Ein-Sicht ist und davor zurückschreckt.
Der Lehrer muß selbst entscheiden, ob er für seine Klasse Hinweise auf das ganze Buch für sinnvoll hält oder nicht. Verzichtet er darauf, sollte er dennoch Fragen nach der Bedeutung des Textes für uns Leser anregen, z. B.: welche Bedeutung Eindrücke der Außenwelt für unser Selbstgefühl haben (gerade auch in der Fremde); wie wir das Verhältnis zwischen Ichgefühl und Selbstdarstellung oder umgekehrt zwischen unserem Bild von anderen Menschen und unserem Verständnis für sie verstehen. Literarhistorisch ergeben sich Vergleichsmöglichkeiten mit anderen Texten des Kapitels, v. a. in Abschnitt IV, V und VII. Als Problem kann erörtert werden, ob wir als Leser in einem Text wie diesem eigene Erfahrungen und die ganze Wirklichkeit, in der wir leben, wiederfinden oder nur Probleme des Dichters, der sich von den gewöhnlichen Beziehungen der Menschen untereinander und von der Gesellschaft und Alltagswelt isoliert.

Thematische Bezüge im Kapitel
George (126), Hofmannsthal (128, 129, 130), Rilke (131): Entsprechungen.
Lichtenstein (137, 138): Impressionen in der Großstadt – Vergleich und Gegenüberstellung.
Th. Mann (124): Impressionen aus der Großstadt – das Verhältnis zwischen Innen und Außen der Wahrnehmungen.
A. Zweig (140) und Abschnitt VII: Wahrnehmung, Vorstellung und Bewußtsein in moderner Reflexionsprosa.
Wirklichkeitsbild, Menschenbild und Auffassung vom Dichten: in allen Abschnitten des Kapitels.

V. Expressionismus – Bedrohte Menschlichkeit (S. 207 ff.)

Den Expressionismus mit seinen zahlreichen Facetten in wenigen Texten vorzustellen ist fast unmöglich. Die Auswahl begnügt sich mit exemplarischen Beispielen, soll aber einem zu engen Expressionismusbegriff entgegenwirken.
Von den bevorzugten Themen der Expressionisten wurde als Leitaspekt des Abschnitts der der „bedrohten Menschlichkeit" gewählt; er kann als ein wesentlicher Gedanke der expressionistischen Generation angesehen werden, erlaubt epochenübergreifende Vergleiche und bietet Anknüpfungspunkte für die Auseinandersetzung der Schüler mit ihrer eigenen Zeit. Er läßt sich in allen Texten der Auswahl verfolgen (am wenigsten bei Edschmid, 136), aber auch in der Mehrzahl der Gedichte, Dramen und Erzählungen wieder aufgreifen, die im Unterricht vielleicht sonst noch gelesen werden. Sein Gegenmotiv der begeistert verkündeten Menschlichkeit hat weniger heute noch wirksame Dichtungen der Zeit bestimmt; es läßt sich zu dem der „bedrohten Menschlichkeit" in Beziehung setzen und ansatzweise auch in den vorliegenden Texten als Hoffnung auf eine *neue* Menschlichkeit aufspüren (z. B. bei Mann, 133; Rubiner, 134; Ball, 135; Edschmid, 136; Zweig, 140).
Ebenso lassen sich verschiedene epochentypische Differenzierungen des allgemeinen Leitgedankens erarbeiten, z. B.: der Zusammenhang mit einer aufklärerisch-republikanischen Tradition im Ideal der politischen Wirkung des Geistes (Mann, 133), die Zuwendung zu den sozialen Außenseitern und Unterprivilegierten (Rubiner, 134), die Verbindung mit einem grundsätzlichen Krisenbewußtsein (Ball, 135), das sich im Weltkrieg, auch durch persönliche Erfahrung, zuspitzt (Stramm, 139) usw. Der Versuch, einzelne konkrete Motive aufzuzählen – wie Großstadt, Natur, Wahnsinn u. a. m. –, wurde nicht gemacht; dazu bedarf es einer umfangreicheren Textsammlung. Arnold Zweigs Erzählung (140) faßt viele solcher Motive im Thema einer europäischen Gesamtkrise zusammen; sie dokumentiert die beiden Perspektiven: Krise der Mensch-

Sechstes Kapitel: Zu Text 133, S. 207f.

lichkeit und Vision der Menschheit – übrigens mit interessanten zeitgeschichtlichen Anspielungen –, und sie dokumentiert gleichzeitig in bewußter Komposition traditionellen und avantgardistischen Stil. Die sprachkünstlerischen Innovationen der Expressionisten im Zusammenhang mit ihren Erfahrungskrisen zu sehen, das ist wissenschaftlich vertretbar und vor allem für Schüler einleuchtend. Damit kann einer vordergründigen Deutung des „Expressionismus" als „Ausdruckskunst" vorgebeugt werden. Gesichtspunkte des expressionistischen Stils können an den Texten von Edschmid (136) und Lichtenstein (137, 138) erarbeitet, seine Verwendung kann an allen Textproben außer der von H. Mann beobachtet werden. – Heym und Trakl sind in Gedichtanthologien reichlich vertreten (Gedichte. Von den Anfängen bis zur Gegenwart. Ernst Klett Verlag, Stuttgart 1985, S. 189 ff. und 198 ff.). Die sehr aufschlußreichen Erzählungen von Heym waren für dieses Lesebuch zu umfangreich.

133 Heinrich Mann: Geist und Tat (S. 207f.)

Zum Text

Heinrich Manns berühmter Essay, entstanden 1910, wurde 1920 in der Aufsatzsammlung ‚Macht und Mensch', 1931 noch einmal in einer Sammlung mit dem Titel des Essays veröffentlicht – er schien also in der frühen und späten Weimarer Republik noch ebenso wichtig wie vor dem Ersten Weltkrieg. An dieser Stelle des Lesebuches steht er, nicht weil H. Mann zum Expressionismus zu zählen wäre, sondern weil Titel und Inhalt wesentliche Gedanken der engagierten Expressionisten, v. a. des ‚Aktion'-Kreises (vgl. Text 134), vorformuliert oder beeinflußt hat.

Im ersten Teil des Essays entwickelt Mann am Beispiel Rousseaus und der Französischen Revolution den Gedanken, daß nicht der Hunger, sondern erst der durch Literatur vermittelte Geist das französische Volk zum Aufruhr bewegt habe, „als es erfuhr, daß es eine Gerechtigkeit und eine Wahrheit gäbe, die in ihm beleidigt seien". Von daher kennzeichnet er den „Geist" als Gestalter des „Lebens". Dem stellt Mann im zweiten Teil Deutschland gegenüber, wo das Volk nur leben, aber nicht denken wolle und Politik und Geschichte den „großen Männern" überlasse, also den Mächtigen, während die Literaten den Geist „für die Beschönigung des Ungeistigen" (die Macht) mißbrauchten. Damit setzt Mann dem Bild des „Dichters" in den Texten von George, Hofmannsthal und Rilke das Bild des verantwortungsbewußten „geistigen Menschen" entgegen.

Zur Interpretation des Textausschnitts

Die Ausführungen sind nicht schwer zu verstehen. Deutlich richtet sich Manns Kritik an den „abtrünnigen Literaten" gegen die Symbolisten und Ästheten, denen alles Wirkliche und damit das Volk nur als Repertoire ihres „Selbstkultus"oder als Staffage ihrer Eitelkeit und inneren Leere diene (S. 207, Z. 21–32). Wie jene sieht Mann zwar in den „geistigen Menschen" eine Elite, aber nicht eine über das Volk erhabene, sondern eine dem Volk verpflichtete (S. 207, Z. 32ff., S. 208, Z. 2ff.) – das könnte gegen George gesagt sein. Die Literaten sollten als „Agitatoren" „sich dem Volk verbünden". Das entspreche dem Wesen des Geistes, weil die „Vernunft"„gleichmacherisch" sei (S. 208). Damit knüpft Mann bewußt an die Traditionen der Aufklärung und der Französischen Revolution an (vgl. ersten Teil).

„Geist" meint damit etwas anderes als den mystischen All-Geist der Symbolisten. Dem Bild des Dichters als eines besonderen Menschen setzt Mann ein Bild des „Literaten" und der Literatur entgegen, das, zweckorientiert und tendenziös, die Literatur der öffentlichen Medien einschließt – bis hin zum „letzten Reporter". Trotzdem schwingt in Manns Auffassung ein Glaube an die Kraft, Dynamik und Produktivität des „Geistes" mit („Genie"); auch die politische Wirkung soll eine geistige sein, keine konkret handelnde. Hier zeichnet sich ein Problem ab, mit dem auch die Expressionisten meist nicht fertig geworden sind: Kann der „geistige Mensch" dem „Faust- und Autoritätsmenschen" (S. 208) die Macht streitig machen, wenn er nur „geistig" handelt? Der Ausbruch des Weltkrieges und die Geschichte der Weimarer Republik konfrontierten gerade die engagierten Intellektuellen mit dem noch ungelösten Problem des Verhältnisses zwischen „Geist und Tat".

Zur Behandlung im Unterricht

Der Textausschnitt (am besten aber der ganze Essay) sollte als exemplarische Stellungnahme zu einem bis heute aktuellen Problem besprochen und erörtert werden. Für das Verständnis der Literatur zwischen 1900 und 1918 mit ihren Kontroversen ist er unentbehrlich; ebenso fügt er sich in die Themen des Kapitels 7. Der Begriff der „littérature engagée" (Sartre) kann eingeführt werden. Er läßt sich weiterverfolgen in Texten des

Kapitels 8 (z. B. Andres, 174; Dürrenmatt, 179; Andersch/Enzensberger, 188). Andererseits wäre zu beachten, daß Manns Position auf Gedanken der Aufklärung und des Idealismus beruht (vgl. Kant, 19, 20; Herder, 21, 46; Rousseau, 35; Knigge, 36; Schiller, 49). Eigene Stellungnahmen der Schüler zum Problem sollten diskutiert werden.

Thematische Bezüge im Kapitel
George (126, 127), Hofmannsthal (129, 130), Rilke (131, 132): Ansatzstellen für die Stichwörter der Kritik Manns an den Symbolisten und Ästheten (vgl. auch Th. Mann, 124).
Baginski (121), Lienhard (125): Problematisierung des „Dichters" aus jeweils anderer Sicht.
Rubiner (134), Edschmid (136), z. T. Ball (135): der Zwiespalt zwischen dem Bild des engagierten und des visionären Dichters im Expressionismus.
Goll (141), Huelsenbeck (142): Zweifel an der gesellschaftlichen Wirkung der Literatur.

Ludwig Rubiner: Der Mensch in der Mitte (S. 208) 134

Zu Autor und Werk
L. Rubiner (1881–1920) schrieb Lyrik und ein pazifistisch-expressionistisches Drama, vor allem aber Rezensionen und Essays; ferner gab er mehrere Anthologien heraus. Er vertritt also in dem um 1910 entstandenen Streit: „Dichter" oder engagierter Literat (vgl. Text 133) den letzteren, gemäß dem Satz am Anfang dieses Aufsatzes: „Politik ist die Veröffentlichung unserer sittlichen Absichten." Seine Entwicklung war typisch für die Auseinandersetzungen zwischen 1910 und 1920: Auf die Kritik am wilhelminischen Staat folgte Kritik an unpolitischer Kunst und Musik, dann ein kulturrevolutionärer, aber idealistischer Anarchismus der „Erneuerung", der „Revolte" des „Geistes" (um 1912), abgelöst durch Antikriegshaltung und „europäische Gesinnung" im Sinne Romain Rollands sowie durch einen Sozialismus der „Liebe" im Sinne Tolstois; zuletzt, 1917/18, entschied Rubiner sich für den Kommunismus Lenins und der neuen Sowjetunion. Konstant in diesen weltanschaulichen Wandlungen blieb das Ideal der „Gemeinschaft".
Rubiners Buch ‚Der Mensch in der Mitte' enthält Aufsätze der Jahre 1912–1917 (vor der leninistischen Wende) mit dem Leitgedanken, daß die Gemeinschaft der Menschen im Zentrum der Politik und Kultur zu stehen habe. Die abgedruckte Textstelle entstammt einem frühen Aufsatz mit dem bezeichnenden Titel ‚Der Dichter greift in die Politik' (1912). Der Kunst- und Literaturrezensent Alfred Kerr war mit kritischen Äußerungen über die Politik im Kaiserreich aufgefallen. Von diesem Beispiel her kritisiert Rubiner allgemein die bestehende und erstarrte Zivilisation; er fordert eine neue, revolutionäre Ethik, die auch zu sozialen Umwertungen führen müsse.

Zur Interpretation
Zum Verständnis der Textstelle wichtig ist die Voraussetzung, daß Rubiner als engagierter Literat im Sinne Heinrich Manns schreibt (Text 133): Der Geist soll enthüllend und damit verändernd auf die soziale und politische Lebensgemeinschaft einwirken. Verstärkt gegenüber Heinrich Mann ist die kämpferisch-agitatorische Haltung und Sprechweise, zurückgedrängt ist das historische Traditionsbewußtsein. Neu und schon expressionistisch ist die Vorstellung, daß das Leben keine stabile Ordnung hat, sondern sich dynamisch, zugleich destruktiv und produktiv, in „Katastrophen" vollziehe. Aus diesen Katastrophen „bricht" der „Geist", also aus der Destruktion! Seine „sittliche" Funktion (und damit die der Kunst und Literatur) sei es, das falsche Lebensgefühl der Sicherheit zu zerstören (hier eine kritische Anspielung auf die Symbolisten, Z. 23) und als neue existentielle Erfahrung der „Intensität" des „Augenblicks" zu wecken.
Diese neue Lebensphilosophie verbindet Rubiner mit seinem Bekenntnis zur Gemeinschaft der verachteten „Kameraden", zu denen er alle die Außenseiter zählt, die auch für viele Expressionisten die exemplarischen Menschen sind. Die Verbindung ergibt sich zunächst aus dem Gedanken der „Intensität": Diese Menschen leben das wirkliche dynamische Leben der Katastrophen, im Gegensatz zu den Etablierten der erstarrten bürgerlichen Gesellschaft. Das Problem, inwiefern dieser „Mob" eine neue Gemeinschaft bilden kann, löst Rubiner – sehr vage – mit dem appellativ gemeinten Bekenntnis zur Schicksalsgemeinschaft (Z. 26f., „Kameraden", „wir"). Bekenntnis und Aufruf geben vielen Expressionisten die Sprache, mit der der Geist das Wesentliche evozieren und Wirklichkeit verändern soll. Allerdings greift Rubiner noch einen anderen, sozialgeschichtlich interessanten Gedanken auf: die neue Lebensform der Großstadt. Sie ist der traditionslose (Z. 34) Lebensort der Außenseiter und der Massen, sie ist aber auch der Ort des „schnellen", instabilen Lebens (Z. 34 ff.).

Sechstes Kapitel: Zu Text 135, S. 209ff.

In wenigen Sätzen und Schlagworten enthält die Textstelle wesentliche Vorstellungen vieler Expressionisten. Die „bedrohte Menschlichkeit" (Titel des Abschnitts) ist hier noch positiv gedeutet: als Annahme der „Katastrophen", in deren Erlebnis die eigentliche Menschlichkeit erlebt wird.

Zur Behandlung im Unterricht
Es ist nicht nötig, ausführlich auf Rubiner einzugehen; jedoch sind Hinweise wie die o. a. nützlich für das Verständnis der Denkweisen und Schriftstellerhaltungen vieler Zeitgenossen. Der Text ergibt viele Anknüpfungspunkte für expressionistische Lyrik, Prosa und Dramatik, übrigens auch zum Programm des europäischen „Futurismus" (vgl. Vorbemerkung vor Text 142). Er macht die nur auf den visionären Dichter bezogenen Thesen Edschmids (136) verständlicher und ergänzt sie, v. a. hinsichtlich des Menschenbildes und der sozialen Thematik. Teilweise kann er Balls Text (135) ersetzen, wenn dieser für die Schüler zu schwierig erscheint. Er läßt aber auch erkennen, wie abstrakt die expressionistische Haltung gegenüber der sozialen und politischen Wirklichkeit oft blieb (Anklänge an Nietzsche, Bergson, den idealistischen Anarchismus). Politisch konkreter sind vergleichbare Texte der Weimarer Republik (z. B. Tucholsky, 155). – Ohne Zusammenhang mit der Epoche ist die Textstelle allerdings schwer im Unterricht zu verwenden, es sei denn in Verbindung mit der Thematik „littérature engagée" oder im Vergleich mit Texten des Sturm und Drang (vgl. Goethe, 32, 24) oder der Gegenwart (vgl. etwa den Abschnitt „Dichtung der gefährdeten Existenz", Text 174ff.).

Thematische Bezüge im Kapitel
Nietzsche (116), Freud (117), Zweig (118): Sicherheit und Selbsttäuschung der sozialen und kulturellen bürgerlichen Ordnung im Kaiserreich.
Hart (119), Baginski (121), Lienhard (125): Gegenüberstellung mit der „sozialen Frage" im Naturalismus und mit der Literatur für das „Volk" der Konservativen.
Hofmannsthal (129), Rilke (132): Gegenüberstellung mit den als Lebenssymbolen gedeuteten einfachen Menschen auf dem Lande und in der Großstadt.
Texte des Abschnitts V insgesamt: der Aspekt der „bedrohten Menschlichkeit" in Verbindung mit dem der instabilen, aber dynamischen „Intensität" des Lebens; Dichtung als Vision, als Menschheitsgefühl und als engagierte Literatur; Großstadt, Außenseiter, Krieg und andere Motive, in denen katastrophale oder revolutionäre Veränderungen erfahren werden.

135 Hugo Ball: Die Kunst unserer Tage (S. 209 ff.)

Zum Text
Balls Vortrag ist ein wichtiges Dokument für das Selbstverständnis der frühen Moderne, insbesondere der Avantgarde (in Deutschland etwa seit 1910). Hugo Ball hat in seinem wirtschaftlich immer ungesicherten Leben auf sehr unterschiedlichen Wegen dem Zeitgeist nachgespürt und „das Wesentliche" gesucht: in Philosophie und Wissenschaft, am Theater, als Lyriker, als Kriegsfreiwilliger, dann aber Kriegsgegner und Emigrant, als Dadaist und als kulturkritischer Essayist, zuletzt im katholischen Glauben. Mehr noch als seine poetischen Werke spiegeln seine Essays, Tagebücher und Briefe die geistige Situation der Zeit. Der Kandinsky-Vortrag aus der Züricher Dada-Zeit wurde erstmals (teilweise) 1960 veröffentlicht. Die beiden Kürzungen im vorliegenden Text betreffen kurze Passagen mit schwieriger Diktion.

Zur Interpretation
Viele Denker und Künstler der frühen Moderne standen unter dem Eindruck eines Abbruchs aller europäischen Traditionen, litten auch unter ihm, akzeptierten ihn aber, in der Hoffnung, daß ein ebenso radikaler Bruch mit der Tradition im Denken und Produzieren eine neue Geistigkeit, Kultur und Gesellschaft hervorbringen könnte (vgl. Rubiners „Katastrophen", Text 134). Dies übertrugen sie auch auf die Analyse und Reflexion: Nicht der traditionelle Stil logischer Deduktionen schien geeignet, die „wesentlichen" Erfahrungen und Einsichten zu formulieren, sondern eben ein expressionistischer Stil der Sprache und des Denkens (vgl. Edschmid, 136, S. 212, Z. 20ff.). In ihm ist die hypotaktische Syntax gedanklicher Differenzierung und Zuordnung aufgegeben zugunsten der scheinbar ungeordneten Reihe von Thesen, Ausrufen usw.; Gedanke, Gefühl, Appell und Bildlichkeit werden sprachlich nicht unterschieden, sondern

verschmolzen (vgl. die Texte 141, 142, 145). Die Grenzen zwischen gedanklicher und poetischer Prosa werden geöffnet (vgl. Abschnitt VII). Das macht ihr Verständnis und die Interpretation schwierig.
Balls Vortrag zeigt den Übergang: Er komprimiert einerseits komplexe Gedanken in lakonischen Thesen, andererseits entfaltet er sie reihend in immer neuen Facetten; zugrunde liegt aber eine klare gedankliche Ordnung mit deutlich zu fassenden Leitgedanken. Sie werden anfangs vorgegeben (S. 209, Z. 6–10), dann abschnittweise ausgebreitet:
1. Ball konstatiert die Auflösung tradierter metaphysischer Weltbilder sowie philosophischer und theologischer Systeme, die alle Lebenserscheinungen auf ein Prinzip oder eine höchste Autorität zurückführen. Ursache seien die metaphysischen Erkenntniszweifel seit Kants kritischer Philosophie, ihre Folge ein geistiges und moralisches „Chaos", eine „Anarchie". Diesen Gedanken entfaltet er in zwei Schritten: an der Auflösung der kulturellen Ordnungen (S. 209, Z. 11–22) und am Verlust der Menschenbilder, die Vertrauen ermöglichen (Z. 23–35).
2. Analog dazu konstatiert er die Auflösung einheitlicher physischer Weltbilder durch die Fortschritte der Naturwissenschaften. Durch die fortschreitende Analyse der Materie und Natur, im Großen wie im Kleinen, verliere der Mensch die Fähigkeit, sich von der Natur ein Bild zu machen, sich darin zu orientieren und darüber mit anderen zu verständigen; das naturwissenschaftliche Denken raube dem einzelnen die „Maßstäbe", mit denen er Natur verstehen kann (S. 209, Z. 36–S. 210, Z. 4; vgl. Text 179).
3. Neben diesen Folgen des Erkenntniszweifels, aber nicht von ihm abgeleitet, nennt Ball das Phänomen der Massengesellschaft, in der das Individuum untergeht und dingliche oder abstrakte „Komplexe" den Menschen entmachten – im Grunde wieder in seinen Fähigkeiten, zu verstehen, zu vertrauen, Ordnungen und sich selbst zu erkennen, sinnvoll zu leben usw. Als Folge ergibt sich die „Angst" vor den „Dämonen", vor der unbegreiflichen Eigengesetzlichkeit und Eigendynamik der Menschenmassen und technischen Gebilde (S. 210, Z. 5–19).
Dem Anlaß gemäß bezieht Ball diese Überlegungen auf die Kunst (und Literatur). Deren Situation beschreibt er anfangs als Erschütterung (der Tradition, der Grundlagen), als Veränderung und als Erwartung eines „neuen Aufschwungs" (S. 211, Z. 1 f.). Nach der allgemein kulturkritischen Bestandsaufnahme zieht er daraus Folgerungen im Hinblick auf die Künstler, in denen die drei Anfangsgedanken wieder entfaltet werden (S. 210, Z. 20–Schluß):
Abgetan seien die schmückende, die unterhaltende und die der Religion dienende Funktion der Kunst (Z. 23–25). Aus dem Verlust dieser gesellschaftlich-kulturellen Funktionen ergibt sich für die Künstler der Gegenwart, daß sie auf sich selbst zurückgeworfen sind; nach dem Verlust des Vertrauens in die Persönlichkeit finden sie aber auch in sich selbst nur „Chaos" und müssen mit ihm ringen. Deshalb läßt sich ihre Kunst – kunstgeschichtlich – noch am ehesten mit den „Angstmasken primitiver Völker" vergleichen, also mit vor- oder außereuropäischen Ausdrucksformen. Dieser Anspielung auf die ästhetische Entdeckung primitiver Kunst und auf Ausdrucksformen moderner Kunst, die ihr ähneln, ist ebenso aufschlußreich wie der Gedanke, daß die Künstler mit dem „Irrsinn" kämpfen, im gelungenen Kunstwerk aber „das Gleichgewicht, die Balance, das Notwendige und die Harmonie" (Ideale der Klassik!) zu finden hoffen – allerdings nur „für einen Moment" (vgl. Hofmannsthal, 130, S. 203; Rubiner, 134; Edschmid, 211) (S. 210, Z. 20–23, 25–27).
Die Veränderung in der Kunst sei der radikale Bruch mit jeder Tradition (Z. 33 f.): gesellschaftlich, religiös und künstlerisch; Kunst stelle alles in Frage, auch die Kunst und den Künstler selbst (vgl. Dadaismus), zugleich aber fordere sie ihn ganz („Asket") und sei nicht irgendeine jeweilige Kunstausübung, sondern umfassend (Z. 31 f.). Nach dem radikalen Traditionsbruch sei Kunst nicht mehr „nützlich..., oder versöhnlich, oder beschreibend oder entgegenkommend" (Z. 37), sondern gleichzeitig oppositionell und prophetisch (Z. 29–32).
Die Gedanken Balls, eines sehr belesenen Autors, entsprechen in vielfacher Hinsicht unseren Ausführungen über Wissenschaft und Philosophie als „zeitgeschichtliche Voraussetzungen" (s. o., S. 224 f.). Das Neue und Zukunftweisende zeigt sich für Ball eben im Prophetischen, in einer neuen Sprache, in der Preisgabe der Mimesis, das heißt der Abbildung äußerer Wirklichkeit, und in der Transzendierung des Sinnlichen zum „Wesentlichen, Geistigen". Die Kunst der Zukunft werde nicht irgend etwas Vorgegebenes (auch nicht vorgegebenen Sinn) gestalten, sondern eine neue Wirklichkeit schaffen, die der vorgegebenen ebenbürtig ist (S. 209, Z. 38–S. 211, Z. 9).
Zahlreiche Inhalte und Erscheinungsformen der Avantgarde, insbesondere der expressionistischen, sind hier zu erkennen. Im Grunde nicht neu, nur umgedeutet, sind die Verabsolutierung der Kunst und das neuerliche Streben nach einem Absoluten, dem „Wesentlichen, Geistigen" (vgl. die Symbolisten). Ein Spannungsverhältnis besteht zwischen den Bekenntnissen zum Chaotischen, Befremdlichen, Unharmoni-

Sechstes Kapitel: Zu Text 136, S. 211 f.

schen und der doch nicht aufgegebenen Sehnsucht nach „Gleichgewicht" und „Harmonie". Trotzdem ist neu die Radikalität, mit der der Traditionsbruch und die kreative Innovation gefordert werden (vgl. die Vorbemerkung zu Text 142).

Zur Behandlung im Unterricht
Der Text kann als Zusammenfassung zeitgeschichtlicher Voraussetzungen der Moderne gelesen werden. Ihn ganz für sich zu verstehen und auszuwerten ist für Schüler schwierig; sie sollten deshalb Werke expressionistischer Literatur oder Kunst schon kennen oder sich gerade mit ihnen beschäftigen (oder auch mit späteren avantgardistischen Werken). Der Text von Rubiner (134) ist für einen Einstieg in die theoretische Betrachtung leichter, der von Edschmid (136) nur scheinbar (siehe dort). – Die Leitgedanken sollten bei der Besprechung klar herausgestellt und gründlich besprochen werden; die vielen ihnen jeweils zugeordneten Einzelthesen zu ordnen ist mühsam; am besten läßt man die Schüler hier einzelne Gedanken, die ihnen etwa von der Beschäftigung mit Primärtexten her auffallen, besprechen, den Leitgedanken zuordnen – vor allem dem des Traditionsbruchs – und in Auswahl auf andere Einzelgedanken beziehen – Vollständigkeit muß hier nicht erzwungen werden. Balls z. T. sehr prägnante Formulierungen sind geeignet, bei späteren Gelegenheiten, gerade auch im Umgang mit noch neuerer Literatur, wieder zitiert zu werden.

Auf jeden Fall sollten die Schüler dabei ihre eigenen Empfindungen und Gedanken gegenüber Literatur, die sie befremdet oder verwirrt, besprechen. Sie können auch Literatur, die ihnen nach traditionellen Maßstäben vertraut erscheint, gegen die Argumentation der Avantgarde verteidigen und darüber diskutieren; dabei sollten die weltanschaulichen Probleme, die Ball als Voraussetzung der Moderne ansieht, einbezogen werden, z. B. Verlust einer einheitlichen Weltanschauung, gebrochenes Verhältnis zur Natur und Naturwissenschaft, Probleme des Individuums in der Massengesellschaft sowie in der technisierten und verwalteten Welt usw. (vgl. Abschnittstitel „Bedrohte Menschlichkeit").

Thematische Bezüge im Kapitel
Möglichkeiten der Bezugnahme, des Vergleichs oder der Gegenüberstellung bieten sich bei allen Texten des Kapitels.
Rubiner (134), Edschmid (136): Grundlagen einer Theorie des Expressionismus.

136 Kasimir Edschmid: Über den dichterischen Expressionismus (S. 211 f.)

Zum Text
Edschmids Aufsatz ‚Expressionismus' erschien in der ‚Neuen Rundschau' 1918, als Buch unter dem Titel ‚Über den Expressionismus in der Literatur und die neue Dichtung' 1919. Er gilt seither als Grundsatztext der expressionistischen Generation. Manche Gedanken erinnern an die „Manifeste" des Futurismus (vgl. Vorbemerkung zu Text 142). Edschmid war seit seinen Novellensammlungen ‚Die sechs Mündungen' (1915) und ‚Das rasende Leben' (1916) als expressionistischer Erzähler bekannt, allerdings auch umstritten. Seine Deutung des Expressionismus in diesem Aufsatz wurde und wird nicht uneingeschränkt als allgemeingültig anerkannt, jedoch ist sie ein ergiebiges Dokument für die Selbstdeutungsversuche der Expressionisten.

Zur Interpretation
Die Auszüge heben einige Leitgedanken des umfänglichen Aufsatzes hervor:
1. Edschmid grenzt die „neue Bewegung" ab gegen:
   – den Naturalismus (S. 212, Z. 17 und 24 f.),
   – den Impressionismus (S. 211, Z. 17 f., 29 f.),
   – das „bürgerliche ... Denken" (S. 211, Z. 19 f., S. 212, Z. 1 ff.).
Diese Abgrenzungen sind teils deutlich zu erkennen, teils überschneiden sie sich. Unklar bleibt, inwieweit Edschmid dem Naturalismus und Impressionismus „bürgerliches und kapitalistisches Denken" unterstellt.
2. Aus den Antithesen (S. 211, Z. 21–30) geht hervor, daß Edschmid mit der neuen Dichtung eine existentielle und irrationale Dynamik der Kunst gegen bloße Wirklichkeitserfassung und oberflächlichen ästhetischen Genuß stellt: „Gefühl", „Erlebnis", „Gesichte/Vision", „Weltgefühl". Darin erkennt man Gemeinsamkeiten mit der antinaturalistischen Haltung der Autoren in den Abschnitten III und IV des Kapitels, aber auch die Forderung, über den ästhetischen Impressionismus, die „Seelenkunst" und den Symbolismus hinauszugehen.

Sechstes Kapitel: Zu Text 136, S. 211f.

3. Dem Symbolismus nahe steht die Vorstellung, daß der Dichter „hinter" die Tatsachenwelt blickt (S. 211, Z. 36 f.). Dieser Blick soll aber eine produktive „Vision" sein, die eine neue „Welt", ein neues „Dasein" entwirft (S. 211, Z. 31, 39 f.) und damit einen neuen „Menschen" (S. 212, Z. 3). Hier wird deutlich, daß der Expressionismus für viele seiner Autoren nicht nur ein neuer Kunststil sein sollte, sondern eine neue Weltanschauung und ein neues Menschenbild, durch die Kunst geschaffen (vgl. die Texte 133 bis 135).
4. Das neue Welt- und Menschenbild erfordere die Abkehr vom „bürgerlichen und kapitalistischen Denken" (S. 211, Z. 19 f.; S. 212, Z. 5). Der neue Mensch soll von den traditionellen Normen der Gesellschaft befreit sein („Pflicht, Moral, Gesellschaft, Familie", S. 212, Z. 1 f.). Deshalb muß die traditionelle bürgerliche Darstellung des Menschen überwunden (S. 212, Z. 6–11), ja als „Surrogat" und Verfälschung entlarvt werden (S. 212, Z. 12–15).
5. Edschmids Skizze des neuen Menschen (S. 212, Z. 16–19) läßt nur wenige Wesenszüge erkennen (in weggelassenen Abschnitten darüber mehr): Er soll ganz natürlich und eins mit der Natur sein (Z. 16 f.), und er soll rein aus dem Gefühl leben, befreit von „Logik", „Moral" und „Kausalität", also von den traditionellen Normen der Vernunft, der gesellschaftlichen Ethik und der positivistisch-wissenschaftlichen Wirklichkeitserklärung (vgl. Text 135).
6. Der letzte Textausschnitt fügt Aussagen zum expressionistischen Stil hinzu, also zum Stil der „Vision" und „dauernden Erregung", der das neue Welt- und Menschenbild gestaltet (S. 212, Z. 20 ff.). Die einzelnen Merkmale des Satzbaus und Wortschatzes lassen sich an vielen expressionistischen Texten nachprüfen, auch an diesem Aufsatz selbst, der die Gedanken nicht systematisch und logisch diskutiert, sondern als Bekenntnis thetisch und emphatisch verkündet. Literaturtheoretisch wichtiger als die einzelnen Merkmale ist, daß nach Edschmid im expressionistischen Stil der „Strom des Geistes" (Z. 24) wirksam sei, jedoch nicht eines rationalen Geistes, sondern als „unbewußt waltendes Gesetz" (Z. 24) – das entspricht der irrationalen Dynamik des „Gefühls". Dieser „Geist" „reißt die Struktur des Schreibenden zusammen" (Z. 21 f.), also den dichtenden Menschen, dessen Visionen sich dann in der Sprache äußern; abgelehnt ist damit die Form als etwas kunstfertig Gemachtes. Aufschlußreich sind in diesem Zusammenhang die Aussagen über das „Wort"; Wörter werden hier nämlich selbst als etwas Geistiges, Dynamisches und Kreatives besprochen: Sie haben „Gewalt" (Z. 31), sie lassen „das eigentliche Bild des Dinges" erst entstehen (Z. 33), und das heißt: sie „geben ... das Wesen" (Z. 38).

Eine kritische Erörterung dieser Ausführungen hätte sich u. a. mit folgenden Fragen zu befassen:
– Inwieweit entfernt sich Edschmids Kritik des „bürgerlichen Denkens" von der gesellschaftlichen Realität, wenn sie es hauptsächlich in der Literatur sieht und ihm nur die Abstraktionen der „Vision" entgegensetzt?
– Inwieweit bleibt Edschmids Bild vom neuen Menschen nicht nur abstrakt und undeutlich, sondern auch der geistesgeschichtlichen Tradition verhaftet? (Vgl. Rousseau oder Romantik.)
– Inwieweit sind seine Aussagen über Sprache sprachtheoretisch und poetologisch tragfähig?

Zur Behandlung im Unterricht
Die genaue Analyse der Textstellen ist schwierig. Trotzdem sollte die Besprechung nicht dabei stehenbleiben, nur Stichwörter der „Ausdruckskunst" gegen flüchtig gezeichnete naturalistische oder impressionistische Kunst zu sammeln. Wichtiger ist das Verständnis der weltanschaulichen Tendenz und der Abgrenzung gegen „bürgerliches Denken". Edschmids Aussagen zur Literaturkritik und zum Stil werden v. a. dann fruchtbar, wenn man sie mit zeitgenössischen Dichtungen vergleicht, z. B. mit expressionistischer Lyrik. Eine kritische Erörterung (s. o.) sollte angestrebt werden, jedoch am besten anläßlich kritischer Einwände der Schüler, und sie braucht nicht literarhistorisch ausgeweitet zu werden. Kritische Gegenpositionen ergeben sich auch aus anderen Texten des Lesebuches (z. B. Kracauer, 160; Piscator, 161; Brecht, 167).

Thematische Bezüge im Kapitel
Zur Abgrenzung des Expressionismus gegen Naturalismus, Impressionismus, Ästhetizismus und Symbolismus: die Abschnitte II, III, IV insgesamt.
H. Mann (133): Kritik an Symbolisten und Ästheten.
Rubiner (134): Ergänzungen des Menschenbildes; engagierte Literatur und visionäre Dichtung.
Ball (135): Vergleich der „drei Dinge ..., die die Kunst unserer Tage ... erschüttern" (Ball), mit Edschmids Menschenbild.
Lichtenstein (137), Stramm (139), A. Zweig (140): Beispiele für Menschenbild, „Vision", expressionistischen Stil.
Goll (141), Huelsenbeck (142): Kritik am Expressionismus.

Sechstes Kapitel: Zu Text 137, S. 213

137 Alfred Lichtenstein: Die Dämmerung (S. 213)

Zur Einordnung des Textes

Lichtenstein veröffentlichte Skizzen und Gedichte seit 1910; schon 1914 ist er als Fünfundzwanzigjähriger in Frankreich gefallen. Er gehört also zu den frühen Expressionisten. Mit Heym, van Hoddis, Wolfenstein, z. T. auch Benn steht er in deutlichem Gegensatz zu Werfels „Mensch"-Idealismus, wie er auch aus Edschmids Aufsatz (136) spricht. Diese Dichter verkünden keine weltanschauliche „Vision", sondern schauen Welt und Wirklichkeit anders an als bisher, und zwar in einer eher destruktiven Weise. Vietta hat diese Dichtungen als „formale Konkretion der Orientierungslosigkeit" (S. 32) bezeichnet und – im Anschluß an den Philosophen Simmel – mit dem „Problem der veränderten Wahrnehmungsbedingungen in der Großstadt und ihren Auswirkungen auf das Subjekt" (S. 34) in Beziehung gesetzt (S. Vietta/H.-G. Kemper: Expressionismus. München 1975).
Als Ausdruck einer Erfahrungs- und Bewußtseinskrise der Moderne betrachtet, sind Gedichte wie dieses auf Balls Analyse (135), aber auch auf den Dadaismus und die Texte des Abschnitts VII zu beziehen. (Vgl.: Gedichte. Von den Anfängen bis zur Gegenwart. Ernst Klett Verlag, Stuttgart 1985, S. 188–190: die Gedichte von van Hoddis, Lichtenstein, Heym.)

Zur Interpretation

Das Gedicht löst die Erwartung an ein traditionelles Stimmungsbild, die der Titel erwecken kann, nicht ein. Die Einheit einer Stimmung oder eines Bildes fällt in eine Reihe unverbundener Einzelbilder auseinander. Ort und Zeit sind unbestimmt; man kann sich die Einzelbilder gleichzeitig und nah beieinander vorstellen, aber auch als zeitlich und räumlich verstreute Eindrücke. Formuliert sind sie in einer Art Simultaneität ohne innere Beziehung. Jedes Bild könnte eine Momentaufnahme aus tatsächlicher Wirklichkeit sein, wirkt aber befremdlich oder verfremdet. So sind Dinge und Wesen fast durchweg häßlich oder entstellt („ein dicker Junge", gefangener Wind, bleicher Himmel, Krüppel, verrückter Dichter, „fetter Mann", „grauer Clown"). Selbst die Gewohnheit, daß Entstelltes wenigstens Mitleid oder Trauer verdient, wird brüskiert, wenn die verlorene Farbigkeit des Himmels nur „Schminke" gewesen zu sein scheint, die Krüppel „schwatzen" usw. Schließlich wirkt auch die gewohnte „Logik", mit der wir über Wirklichkeit sprechen, gestört: Der Junge spielt „mit" dem Teich, als wäre er ein Spielkamerad oder ein Spielzeug; die Lahmen sind „herabgebückt", aber auf „lange Krücken"; und wie kann ein kleines „Pferdchen" über eine Dame „stolpern"? Das einzige Verbindende der Wirklichkeitsbilder scheint darin zu bestehen, daß sie gewohnten Vorstellungen, Empfindungen und Wertungen widersprechen; die Wirklichkeit erscheint gestört, deformiert, ja grotesk, im übrigen ohne Sinnzusammenhang. Ein empfindendes Subjekt ist nicht greifbar. So scheinen Wirklichkeit und Ich in der Anschauung als sinnvolle Einheiten aufgelöst zu sein, nur die äußere Form der Sprache und des Gedichts hält sie zusammen. Das ist – mehr als Edschmids Programm (136) – ein Bruch mit poetischen Traditionen und läßt sich deuten als Ausdruck des Verlustes einheitlicher, sinnvoller Weltbilder und eines sich in ihnen orientierenden Ichs.

Zur Behandlung im Unterricht

Am besten legt man den Schülern zunächst dieses Gedicht oder ein entsprechendes (s. o.) ohne Lichtensteins Selbstkommentar (138) vor. Zur Vorbereitung kann man sie ihre eigenen Assoziationen zum Stichwort „Dämmerung" aufschreiben, sammeln und vergleichen lassen. Wahrscheinlich ergeben sich überwiegend Elemente gewohnter Dämmerungsstimmungen, denen man Lichtensteins Gedicht gegenüberstellen kann. Bei der Besprechung im einzelnen hilfreich ist eine Zergliederung der Einzelbilder nach den Gesichtspunkten:
– Welche 'normale' Wirklichkeit kann man sich vorstellen?
– Welche Empfindungen hat man gewöhnlich bei diesen Vorstellungen?
– Was ist an der Präsentation der Vorstellungen im Gedicht befremdlich?
Vermutlich werden viele Schüler das Gedicht gefühlsmäßig ablehnen oder als unverständlich oder sinnlos bezeichnen. Daran kann man Gespräche über unsere gewöhnlichen Vorstellungen von Wirklichkeit, Stimmung, Poesie und Kunst anknüpfen. Gemälde und Graphiken der frühen Moderne bieten Vergleichsmöglichkeiten (z. B. von Bacon, Beckmann, Chagall, Dix, Ensor; im Zusammenhang mit Großstadtlyrik besonders ergiebig ist ‚Leichenbegängnis' von G. Grosz, 1917). Um einen geschichtlichen Hintergrund zu erschließen, bedarf es sicherlich zusätzlicher Informationen und Texte.
Je nach dem Unterrichtskontext lassen sich vergleichende und gegenüberstellende Beziehungen zu Texten aus den verschiedensten Epochen herstellen, z. B. zum emblematischen Weltbild des Barock, zum Kunst-

ideal der Klassik (vgl. Text 53 von K. Ph. Moritz), zur Poesie und ihrer Ironisierung bei den Romantikern, zur Stimmungslyrik des 19. Jahrhunderts (vgl. Text 114 und 115), aber auch zu literarischen Dokumenten der 'Entfremdung' (vgl. Text 98–103), erst recht zu Texten der Gegenwartsliteratur. Auf den o. a. Zusammenhang zwischen Wahrnehmung und Großstadt kann der Anfang von Döblins Roman ‚Berlin – Alexanderplatz' (Text 164) vorbereiten.

Thematische Bezüge im Kapitel
Die allgemeine Problematik, die Lichtensteins Gedicht aufwirft, läßt sich mit fast allen Texten des Kapitels verbinden; z. B.:
Abschnitt I: Problematisierung des traditionellen Kulturbegriffs (Nietzsche, Freud).
Abschnitt II: Einstellung des Dichters gegenüber der Wirklichkeit und ihrer Darstellung (dazu auch die Texte von Bahr im Abschnitt III).
Abschnitt IV: symbolistische Bemühungen um eine ganzheitliche Poetisierung der Erfahrung.
Abschnitt VI und VII: Problematisierung eines einheitlichen Welt- und Menschenbildes.
Im Abschnitt V lassen sich die Überlegungen zu Lichtensteins Gedicht v. a. mit den Texten von Ball (135), Stramm (139) und Goll (141) ergänzen.

Alfred Lichtenstein: Zu meinem Gedicht ‚Die Dämmerung' (S. 213 f.)   138

Zur Einordnung des Textes
Viele Dichter der expressionistischen Generation haben über ihre poetische Produktion reflektiert – dafür ist der Abdruck der Texte (137) und (138) ein Beispiel. Die Gegenüberstellung eines Gedichts mit dessen Kommentierung durch den Autor selbst wirft allerdings schwierige Fragen der Interpretation und der literaturgeschichtlichen Bezüge auf. Lichtenstein scheint mit unserer Interpretation nicht ganz übereinzustimmen. Zum Beispiel bezeichnet er als Thema des Gedichts Eindrücke wirklicher Wahrnehmung: „Das Gedicht will die Einwirkung der Dämmerung auf die Landschaft darstellen" (S. 213, Z. 21 f.). Und er malt die tatsächlichen Wahrnehmungen sogar in einer nicht entstellenden Weise aus (S. 213, Z. 31–36). Damit ist freilich nicht erklärt, warum sie im Gedicht anders dargestellt werden.
Seine Ablehnung bestimmter Deutungen seines „Stils" scheint zunächst ebenfalls Interpretationen wie denen Viettas (s. o.) zu widersprechen, allerdings nicht direkt, denn Lichtenstein bezieht sich dabei auf seine Gedichte insgesamt und weist selbst auf Unterschiede zwischen dem Gedicht ‚Die Dämmerung' und späteren hin (S. 214, Z. 17–26).
Es bleibt die Frage, wie Lichtensteins Selbstkommentar sich zu neueren Interpretationen verhält.

Zur Interpretation des Textes
Der Selbstkommentar läßt jedenfalls erkennen, daß Lichtenstein sich des Problems bewußt war, wie in seinem Gedicht Wirklichkeit wahrgenommen erscheint und wie diese Wahrnehmung dargestellt ist. Das ergibt sich deutlich aus seinen Ausführungen über die „Reflexe der Dinge" (S. 214, Z. 3 ff.), die unmittelbare Wahrnehmung, die er der gedanklichen „Reflexion" gegenüberstellt. Wahrnehmung und Bewußtsein schließen sich für ihn nicht grundsätzlich aus, aber die „Reflexion" ist ihm nicht etwa eine zusammenfassende Sinndeutung des Wahrgenommenen, sondern eigentlich nur eine andere, eine intelligible Wahrnehmung (S. 214, Z. 12 f.). Daß Lichtenstein den unmittelbaren „Eindruck" betont, hat nur scheinbar etwas mit Impressionismus zu tun. Denn der Dichter ist sich des Unterschieds zwischen der Sinneswahrnehmung und dem Wissen vom Wahrgenommenen bewußt (S. 214, Z. 4–6) und betont, daß er „nicht eine als real denkbare Landschaft geben" will, sondern „ideeliche Bilder" (S. 213, Z. 29 f.). Es geht also nicht um „Nervenkunst" (vgl. die Texte 122, 123 von Bahr), sondern um Wahrnehmung, die im Bewußtsein zum Bild wird; dazu paßt sein Zitat aus einem anderen Gedicht: „Ich bin nur ein kleines Bilderbuch" (S. 214, Z. 15). Die Vorstellungen der natürlichen Wirklichkeitswahrnehmung sind dem Dichter nur Material für die poetische Darstellung (S. 213, Z. 30–37). Im „ideelichen Bild" ist die Wahrnehmung verändert, aber, wie Lichtenstein meint, so, daß sie „begrifflich nicht unwahr" ist (S. 214, Z. 8), denn man lernt im Bild „sehen", wie Dinge und Wesen sind (S. 214, Z. 10 ff.).
Das läßt sich durchaus mit der Auffassung neuerer Interpreten vereinbaren, daß sich in Gedichten wie diesem eine Veränderung von Wirklichkeitswahrnehmung und Wirklichkeitsbewußtsein ausspricht. Wogegen Lichtenstein sich zu wehren scheint, das ist der Eindruck, daß sein Gedicht „ein sinnloses Durcheinander komischer Vorstellungen" darstelle (S. 213, Z. 39), „das Unausgeglichene, nicht Zusammengehörige

Sechstes Kapitel: Zu Text 139, S. 214 f.

der Dinge..." (S. 214, Z. 17–19) und eine „groteske" Weltsicht. Diese Abwehr muß man unter dem Vorzeichen sehen, daß Lichtenstein sich hier offenbar gegen Äußerungen von Lesern seiner Gedichte verteidigt. Man kann sie dann verschieden auslegen: Für den Dichter mögen die Dinge einen erlebten, erinnerten oder empfundenen Zusammenhang gehabt haben; es kann sein, daß er in solchen Lesereindrücken einen Zweifel an der künstlerischen Einheit des Gedichts empfand; schließlich mag ihm die bewußtseinsgeschichtliche Perspektive noch fremd gewesen sein. Interpreten wie Vietta sehen anders als der Dichter das Gedicht aus zeitlichem Abstand und in größeren Zusammenhängen. Immerhin stimmen wichtige Stichworte der neueren Interpretationen weitgehend mit denen überein, die Lichtenstein als zeitgenössische zurückweist.

Zur Behandlung im Unterricht
Eine gründliche Besprechung des Textes ist wohl nicht mit allen Schülern möglich. Aber auch, wenn man die hier angesprochenen Probleme nicht behandeln kann, dürften Schüler ausgewählte Gesichtspunkte finden, die sowohl eine Anwendung auf das Gedicht nahelegen als auch Gespräche über das Verhältnis zwischen wahrgenommener Wirklichkeit und poetischem Bild ermöglichen. Der Vergleich eines Gedichts mit dem Selbstkommentar seines Verfassers kann sie reizen, über Gedichte, das Dichten und Interpretationen nachzudenken – solche Überlegungen und Gespräche können auch offenbleiben.
Zu Beziehungen mit anderen Texten vgl. den Kommentar zu Text 137.

139 August Stramm: [Briefe an Herwarth und Nell Walden aus dem Felde] (S. 214 f.)

Zum Text
Stramm entwickelte sich als Dramatiker und Lyriker vom Naturalisten über impressionistische und symbolistische Versuche bis zum radikalen Sprachexperimentierer. In seinen späteren Gedichten reduzierte und verfremdete er den Satzbau und die Satzsemantik zugunsten der Ausdruckskraft im „einzigen, allessagenden Wort" – ganz im Sinne der Aussagen Edschmids zur expressionistischen Sprache (Text 136; vgl.: Gedichte. Von den Anfängen bis zur Gegenwart. Ernst Klett Verlag, Stuttgart 1985, S. 192). Das Erlebnis des Krieges – er fiel 1915 in Rußland – erschütterte ihn tief, wie viele seiner Zeitgenossen.

Zur Interpretation
Beide Briefe spiegeln die Erregung durch die „Wunder" des Kriegsgeschehens, die keinen Sinn offenbaren (S. 215, Z. 2 ff.). Der Tod und das allgemeine Morden bemächtigen sich der äußeren wie der inneren Erfahrung (S. 214, Z. 35 ff.; S. 215, Z. 7 ff.) und stellen so jeden Glauben in Frage (S. 215, Z. 5 f.; 9 f.). Der Widersinn dessen, was geschieht, reißt den Menschen als Person auseinander (S. 214, Z. 36 ff.; S. 215, Z. 4 ff.). Lesen und Schreiben, Sprache und Literatur werden vom Gewaltgeschehen erdrückt (S. 215, Z. 1 f.; 11 ff.; 18 ff.), insbesondere entleert sich alles poetische „Pathos" vor dem Pathos (Leiden) der Wirklichkeit. Wo die Welt nur noch in den „wahnwitzigsten... Gestalten" des Todes erscheint (S. 215, Z. 16), gehen dem Menschen die „Worte für das Erleben" aus (S. 215, Z. 11 f.). Trotzdem versucht Stramm hier wie in einigen seiner Gedichte, auch das Erlebnis der totalen Zerstörung auszudrücken, teilweise in schlichten, aber konzentrierten Sätzen, teilweise mit ausdrucksstarken Wörtern, teilweise, indem er die Konventionen der Sprache nicht achtet (z. B. S. 214, Z. 35–38; S. 215, Z. 2 ff.; 10; 13 f.). Aber Schreiben ist nur „Versuch" (S. 215, Z. 24).

Zur Behandlung im Unterricht
Eigentlich sprechen die Briefe für sich, man kann ihre Besprechung der Intuition und Beobachtung der Schüler überlassen. Es ist auch kein grundsätzlicher Fehler, wenn sie dabei zwischen dem Kriegserlebnis und den Traditionsbrüchen der Sprache und Literatur seit dem Ersten Weltkrieg Zusammenhänge vermuten.
Vergleiche mit anderen Texten über den Krieg sind möglich (z. B. die Lesebuchtexte 2–5 und 16; 95 und [z. T.] 97; [z. T.] 155; 172, 175).

Thematische Bezüge im Kapitel
Freud (117): Deutung des Kriegserlebnisses.
Holz/Schlaf (120), Hofmannsthal (128): Perspektiven des Todes.
Edschmid (136): expressionistischer Stil.

Sechstes Kapitel: Zu Text 140, S. 215ff.

Arnold Zweig: Quartettsatz von Schönberg (S. 215ff.)   **140**

Zu Autor und Werk
Zweigs Erzählung ist kein Musterbeispiel expressionistischer Prosa (wie Ehrensteins ‚Tubutsch', Döblins ‚Ermordung einer Butterblume', Bechers ‚Dragoner', Fritz von Unruhs Roman ‚Opfergang' oder Edschmids und Heyms Novellen). Zweigs Erzählung vom Musikerlebnis eines auswandernden Juden ist hier vielmehr abgedruckt als Dokument für zeitgenössische Erfahrungen und Themen, mit denen moderne Erzähler zwischen 1910 und 1920 sich auseinandersetzten, und für die Entwicklung, die die Prosa in jenen Jahren von der Erzähltradition des 19. Jahrhunderts zu den neuen Formen der Moderne im 20. Jahrhundert nahm, eine Entwicklung, an der der Expressionismus allerdings beteiligt war (vgl. auch Abschnitt VII des Kapitels). Sie steht ferner als Zeugnis für zeitgenössische Versuche, „bedrohte Menschlichkeit" engagiert, kultur- und gesellschaftskritisch, aber auch idealistisch zu verteidigen. Gerade die Mischung traditioneller und moderner, kritischer und idealistischer Züge wird hier als Merkmal des Zeitgeistes erkennbar.
Arnold Zweig, geb. 1887 in Glogau (Schlesien), gest. 1968 in Berlin, hat in seinem Leben viel für die neuere Geschichte Exemplarisches erlebt: die Situation bürgerlicher Juden in der deutschen Provinz; eine vielseitige philosophisch-geisteswissenschaftliche Bildung an mehreren deutschen Universitäten; den Ersten Weltkrieg als gemeiner Soldat; Novemberrevolution, Pazifismus, Zionismus und das literarische und journalistische Leben in der Weimarer Republik; das Exil in Palästina. Nach dem Zweiten Weltkrieg zog er in die DDR, wo er große Anerkennung fand und hohe Ämter übernahm. Dort gilt er als bürgerlicher Schriftsteller bester aufklärerischer Tradition, dessen Entwicklung konsequent zum Sozialismus und Marxismus geführt habe. In Westdeutschland, wo er von der Literaturkritik wenig beachtet wird, sieht man eher seine Verbundenheit mit der Tradition, mit der Kultur des deutschen Judentums, mit psychologisch-gesellschaftskritischer Belletristik (vgl. Marcel Reich-Ranicki: Der preußische Jude Arnold Zweig. In: R.-R.: Deutsche Literatur in Ost und West. Stuttgart 1983).
Schönbergs wenig bekanntes Streichquartett Opus 7 gilt als Komposition des Übergangs von der neuromantischen Tonsprache (vgl. Mahler, Pfitzner, Reger, Richard Strauss) zur atonalen Musik, mit der Schönberg traditionelle Vorstellungen von Harmonie und Melodie aufgab. Noch in der atonalen Phase aber glaubte er vielfältigen seelischen Ausdruck zu gestalten. Es spricht für Arnold Zweigs waches Bewußtsein von Zeitgenossenschaft, daß er in seiner Erzählung ein damals so modernes Werk als Ausdruck seiner Zeit der klassischen Musik gegenüberstellt.

Zur Interpretation
Die Erzählung bettet in das Geschehen um den Juden Eli Saamen, der von Paris aus über Deutschland nach Palästina ausreist und in Leipzig Zwischenstation macht, drei auf dieser Zwischenstation erlebte Situationen: die Betrachtung des Völkerschlachtdenkmals, den Abschied vom Bruder und das Konzert. Als wesentlicher innerer Vorgang ist aus den Anfangs- und Schlußabschnitten zu erschließen: eine Wandlung von der Verachtung Europas und dem Entschluß, es zu verlassen, um ein unerträgliches Leben zu beenden und ein neues in Palästina zu beginnen, hin zu dem Gefühl, dieser Entschluß sei nicht endgültig, weil Eli trotz allem an Europa hängt, sich da vielleicht beheimatet fühlt. Die Wandlung wird durch das Konzert bedingt, die beiden anderen Erlebnisse auf der Zwischenstation entsprechen der ursprünglichen Abkehr von Europa.
Das Thema der Europamüdigkeit ist nicht neu, sondern stammt aus dem 19. Jahrhundert (vgl. Text 85); Vorformen des Auswanderermotivs sind vielleicht in der Kreuzzugsidee der Stauferzeit, der Seefahrerbegeisterung der Entdeckungszeit, den Inselutopien des 17. Jahrhunderts und der Konfrontation einer dekadenten Zivilisation mit dem ursprünglichen Leben der „edlen Wilden" im 18. Jahrhundert zu sehen – eine alte europäische Tradition. Das ferne und fremde Land ist in diesen Motiven meist nicht nur äußere Zuflucht oder Beutestätte, sondern oft auch Ort des Heils oder eines neuen und besseren Lebens – wie hier.
Im vorliegenden Text wird die Auswanderersituation zeitkritisch begründet. Auf der einen Seite steht der Jude als Außenseiter, der in verschiedenen europäischen Nationen gelebt hat, aber sich in der Rolle des „unerträglich amtlosen Juden" (S. 215, Z. 35f.) in keiner seßhaft fühlt: „... warum ist hier meine Stelle nicht...?" (S. 219, Z. 34). Der Außenseiter, der unbehauste Mensch (Goethe), der in Grenz-, Übergangs- und Aufbruchsituationen lebt, ist ein Leitmotiv der expressionistischen Generation, auch deshalb, weil man in ihm das Menschliche besonders intensiv empfindet (vgl. Text 134). Auf der anderen Seite wird Europa als verfremdete Welt einer physisch, psychisch oder sozial pathologischen Moderne gezeichnet. Eli Saamen fühlt sich darin „wie ein stiller Leser in einer Maschinenhalle, einem Warenhaus, einem Irrensaal und einem Lazarett" (S. 215, Z. 33f.). Der einzelne ist hier bildlich gekennzeichnet als Mensch der

Sechstes Kapitel: Zu Text 140, S. 215 ff.

Geistigkeit und Innerlichkeit, die umgebende Realität als die einer von Industrie und Geschäft beherrschten Massengesellschaft, in der der einzelne seelisch-geistig verloren ist oder unter den deformierten, kaputten Menschen dieser Gesellschaft verschwindet.

Das Bild eines verfremdeten Europa wird in den Episoden mit dem Völkerschlachtdenkmal und Elis Bruder entfaltet, aber auch in den sonstigen Streiflichtern auf die Menschen in Leipzig. Dem nächsten Verwandten ist Eli entfremdet, sie haben sich nichts zu sagen, Kommunikation und Gemeinschaft sind abgestorben – aus welchen Gründen immer (S. 217, Z. 11–21). Die „lauwarmen Bürger" (S. 217, Z. 8), „provinziellen Literaten" und rücksichtslosen Akademiker (S. 217, Z. 27–31) verachtet Eli, das Konzertpublikum von „befremdlichen Frauen" und „Jünglingen" läßt ihn sich in einen menschenleeren Raum wünschen (S. 217, Z. 32–42). Diese Figuren sind als Karikaturen gezeichnet, und humoristisch karikierend ist auch die Assoziation des deutschen Bürgertums mit dem sächsischen Dialekt (S. 216, Z. 12–16; S. 217, Z. 35 f.).

Kulturkritisch ist das ausgiebig geschilderte Bild des Völkerschlachtdenkmals: In ihm hat sich das „lauwarme" Bürgertum ein nationalistisches Monument errichtet, dessen Stillosigkeit und geistige Leere Eli/Zweig mit beißender Ironie darstellt (erwähnt wird auch der ebenso monumentale Zweckbau des großen Leipziger Hauptbahnhofs) (S. 216, Z. 20–S. 217, Z. 11). Die Selbstdarstellung eines Nationalgefühls „mit Maßstäben...", die nicht hier gewachsen waren" (S. 216, Z. 29 f.), gipfelt in den Draperien zur Denkmalseinweihung, die „auf kostbare und triumphierende Art" das Große „klein schmücken". Damit ist der Bau- und Dekorationsstil staatlicher Repräsentationsbauten und bürgerlicher Großstadt- und Privatbauten satirisch kritisiert. Die Verachtung der Bürger korrespondiert allerdings mit einer Verehrung des großen Menschen – hier: Napoleons –, über den für Eli die kleinen Menschen gesiegt haben, Menschen, denen „Seelen", ein „Gott, Führer und Größe" fehlen (S. 217, Z. 5 ff.). Das erinnert an Gedanken und Empfindungen, wie sie Nietzsche formuliert hat (vgl. Text 116), wie sie aber auch bei George zu finden sind (vgl. Text 126, 127) und in Dichtungen expressionistischer Zeitgenossen, z. B. bei Edschmid und Heym, auch Sternheim.

Im Unterschied zu den traditionell erzählten und geschilderten Teilen ist die Bekehrung Elis durch die Musik als Erlebnis einer Vision dargestellt (S. 218, Z. 7–S. 219, Z. 21). Die klassische Musik Haydns (S. 217, Z. 43–S. 218, Z. 6) macht Eli zwar „froh", „innerlich einstimmen in alles Einfach-Schöne", aber sie bleibt doch wie ein schönes Naturbild, „das ihm gegenüberstand", außerhalb seiner und erinnert ihn sogar an seinen Abschied von Europa. Die moderne Musik Schönbergs aber packt und erregt ihn, und „er fühlte dumpf das ganze Leben dieses Erdteils" (S. 218, Z. 15). Ein Gesamtbild dieses Lebens zieht in einem Strom von Einzelbildern an seinem inneren Blick vorbei, Bildern der Kultur, des Geisteslebens, der Technik, Wissenschaft, Literatur, Großstadt usw., mit dem wiederkehrenden Refrain von den singenden Geigen. Es ist keine Ordnung in dieser Bilderflut, und Schönes wechselt mit Abstoßendem – es ist eben keine Vision einer Weltordnung, sondern eine von der Vielfalt und Dynamik (man beachte die Verben!) des Menschenlebens, vor allem seiner kulturellen und gesellschaftlichen Erscheinungen, denen auch die wenigen Naturbilder zugeteilt sind. Der Mensch erscheint nicht als individuelle Person, sondern eingebettet in Gemeinschaften und Kollektive, fast immer im Plural; Einsamkeit ist nur „in den großen Städten" gesehen (S. 219, Z. 15 f.). Das zeitlose Leben erscheint in zeitgenössischer Realität, beschworen von moderner Musik.

Und was hat diese Vision mit Elis Bekehrung von der Europaverachtung zur wiederbelebten Europaliebe zu tun? Allgemein ist es das Erlebnis, in den chaotischen Erscheinungen Europas die Totalität des Lebens selbst wiederzuentdecken; im besonderen sind es einzelne Bilder, die vitalen Widerstand gegen die Bedrohung des Menschlichen bezeugen: Die alte Religiosität scheint abzusterben, *aber* die Jungen suchen den neuen Gott und das neue Jauchzen" (S. 218, Z. 37 f.); Arbeit und die „Hast erkaufter Lust" scheinen die Seelen zu ersticken, *„dennoch* rührt sich das Echte in hundert Herzen" (S. 219, Z. 7 f.); Kriege werden vorbereitet, *„aber* die Völker lauschen einander friedlich" (S. 219, Z. 10); „In den großen Städten ist jeder allein, *aber* neue Seelen plagen sich durch sieben Häute und werden einander finden..." (S. 219, Z. 15 f.; Hervorhebungen vom Kommentator). Das Futur des letzten Satzes deutet die Zukunftsverheißung der Gegenwartsvision an.

Das ist eine expressionistische Vision im Sinne Edschmids (Text 136), aber auch Balls (Text 135, vgl. S. 211, Z. 1 ff.) und Rubiners (Text 134). Expressionistisch ist das chaotische Gesamtbild der modernen Welt, das im dynamischen Strom des Lebens und in der Erregung des Gefühls und des Geistes eine neue Totalität gewinnt, so, wie „unter den unablässigen Tönen einer *kämpfenden* Melodie [...] das Hören selig aufgeregt eingebettet ist in die Vielfalt neuer Harmonien" (S. 218, Z. 15 ff.). Expressionistisch ist die „dennoch"-Hoffnung des sich in der Wirklichkeit entfremdeten Menschen auf die suchende Jugend, auf „das Echte in hundert Herzen", auf „die Völker" oder das erwachende Volk (S. 118, Z. 34 f.) und auf die „neuen Seelen"; ferner die Hoffnung darauf, daß im Theater „das Wort der toten Dichter pocht von Herz zu Herz" (S. 218, Z. 23 f.) und die Dichter und Künstler „neues Schauen aus der Sehnsucht" formen (S. 219, Z. 12 f.).

Sechstes Kapitel: Zu Text 141, S. 220

Auch Rilke hat dem jungen Dichter empfohlen, „in sich zu gehen und die Tiefen zu prüfen, in denen Ihr Leben entspringt" (Text 131, S. 205, Z. 3 f.). Hofmannsthals Lord Chandos erlebt selbst im Zerfall seiner Welt noch „Augenblicke", in denen ihm ist, „als könnten wir in ein neues, ahnungsvolles Verhältnis zum ganzen Dasein treten, wenn wir anfingen, mit dem Herzen zu denken" (Text 130, S. 203, Z. 17 ff.). Elis Erlebnis beinhaltet zwar konkrete Erfahrungen der Zeitgeschichte, ist aber ein ästhetisch vermitteltes Erlebnis des inneren Menschen („Nichts als dies Wort Europa war in mir", S. 219, Z. 24 f.) und steht in der Nachfolge der Romantik, der Musik und Kunst eine Sprache der Offenbarung waren (vgl. Wackenroder, Text 71).

Auch stilistisch ist die Verschmelzung des Modernen mit der Tradition zu erkennen. Die Vision ist zwar assoziativ reihenden und im unverbrauchten Wort starken Ausdruck suchenden Texten der Expressionisten verwandt, sprengt aber nirgends Satzbau und Wortschatz und bleibt in der Anschaulichkeit, Bildlichkeit und Begrifflichkeit traditionellem Sprachgebrauch verhaftet. Die anderen Passagen der Erzählung sind im üblichen Stil der Darstellung, Reflexion und gelegentlichen Ironisierung geschrieben. Sie beginnt mit einem sorgfältig hypotaktisch gebauten Satz, der alle wichtigen Vorinformationen über die Hauptperson zusammenfaßt, wie man dies oft in der traditionellen Novelle seit Kleist findet. Allerdings steht Zweigs Erzählung darin der modernen Kurzgeschichte nahe, daß sie mitten in einem Lebensmoment beginnt, mit einem offenen Schluß endet, keine in sich geschlossene und verwickelte Handlung, sondern exemplarische äußere und innere Situationen darstellt und dies alles eine transitorische existentielle Erfahrung ausdrückt.

Zur Behandlung im Unterricht
Mit seinen zahlreichen Hinweisen und Darstellungen zeitgenössischer Erfahrungen ermöglicht der Text dem Leser, sich in die Vorstellung von der Epoche einzufühlen. Man kann ihn als poetisch-fiktionales Beispiel für die Epochenaspekte lesen, nachdem die theoretischen Texte des Abschnitts behandelt sind; man kann ihn aber auch zu Beginn als Schlüssel zur weiteren Epochencharakterisierung besprechen, bei nur flüchtiger Behandlung der Epoche vieles von ihr exemplarisch mit ihm ansprechen.
Unabhängig vom literarhistorischen Kontext können hier Mittel erzählender Darstellung betrachtet werden. Ergiebig ist eine Untersuchung der kritisch-deutenden Schilderung des Völkerschlachtdenkmals (Bild!) oder der Entfaltung eines Wirklichkeitsbildes in assoziativen inneren Bildern – auch mit ihrem Gegensatz. Schüler könnten sich selbst in analog angelegten Schilderungen ihrer Umwelt versuchen. Die Verwendung der auktorialen Erzählsprache für personal gesehene äußere und innere Vorgänge kann untersucht werden. Themenkomplexe wie Judentum in Deutschland, Ideologie in öffentlichen Repräsentationsbauten, die Bedeutung ästhetischer Erlebnisse für Weltanschauung und Lebenseinstellung bieten sich zur Besprechung; als Besonderheit die Frage: Inwiefern können für den einsamen und isolierten Menschen Beobachtung und Kunstrezeption Ersatz für zwischenmenschliche Kommunikation werden? Als zentrale Frage kann man herausstellen: Was bedeutet uns Europa?

Thematische Bezüge im Kapitel
Nietzsche (116), Freud (117), Zweig (118): Kritik und Ideal der gesellschaftlichen Kultur; bei Zweig: Emigration und inneres Bild der Heimat.
Th. Mann (124): zwei unterschiedliche Perspektiven der Ästhetisierung des Lebens.
Abschnitt IV: Symbolik des Lebens und Literatur.
Abschnitt V: Wirklichkeitsbild, Menschenbild und Dichtersprache.
Abschnitt VII: Bewußtseinsliteratur, Wirklichkeitsbild und Lebenserfahrung.

Yvan Goll: Es gibt kein Drama mehr (S. 220)   141

Zum Text
Goll stand in seinen frühen Jahren humanistisch, pazifistisch und europäisch gesinnten Männern wie Romain Rolland sowie deutschen Expressionisten nahe, ehe er sich seit 1919 dem Surrealismus zuwandte. Seine Bankrotterklärung der expressionistischen Dramatik erschien 1922 in der ‚Neuen Schaubühne'. Sie verweist ausdrücklich auf expressionistische Dramatiker, die in diesem Lesebuch nicht angemessen vorgestellt werden können. Sie zeigt aber auch, daß die progressiven Kritiker des Expressionismus in der Weimarer Republik diesem vor allem die Fortsetzung traditioneller Ideen und Vorstellungen vorwarfen, und zwar auf dem Hintergrund einer radikalen Zeitkritik (vgl. die Texte von Kracauer, 160; Piscator, 161; Brecht, 162).

Sechstes Kapitel: Zu Abschnitt VI, S. 221 ff.

Zur Interpretation
Goll bestreitet, daß ein Drama traditioneller Inhalte in der Gegenwart noch Bestand habe. Da die Zeit zu „merkantilistisch" (Z. 26), zu bürgerlich sei, hätten traditionelle Ordnungen wie Vaterland und Familie keine Substanz mehr, damit aber auch die dramatischen Kern-Inhalte „passionelle Tat" (Z. 16), „Konflikte" und „Schicksal" (Z. 7) nicht. Seine Kritik beruht also auf derselben negativen Zeitdiagnose wie die vieler Expressionisten, jedoch ohne deren Hoffnung, Geist und Kunst könnten die Menschen ändern. Daraus zieht Goll zwei Folgerungen:
1. die politische, die nicht zuerst die Menschen, sondern die Verhältnisse ändern soll: „Es kann heute nur eine wirtschaftliche Revolution geben, keine des Muts und des Herzens!" (Z. 18 f.),
2. die künstlerisch-literarische: „Was bleibt übrig? Die Zeit lächerlich machen..." (Z. 28).
Die zweite Empfehlung, die zynische, beruht aber nicht auf Nihilismus, Resignation oder Rückzug in die ironische Distanz, sondern zielt auf denselben Gegner wie die erste: „A bas le bourgeois!" (Z. 31). Man kann den Nachsatz dazu allerdings auch so verstehen, daß sie doch resignativ ist und sich nur einen gesellschaftlichen Gegner sucht.
Beide Empfehlungen entsprechen dem Funktionswandel der Literatur und Kunst nach dem Expressionismus, und zwar nach zwei Seiten: einerseits zum Dadaismus, andererseits zur Politisierung, wie sie progressive, meist linke Literaten in der Weimarer Republik vertraten. Golls Pamphlet trägt aber durchaus auch zum Verständnis des Expressionismus mit seinen traditionellen inhaltlichen Elementen bei. Was Goll nicht bespricht, sind die neuen Kunst- und Sprachmittel, die Expressionisten experimentierend hervorgebracht haben.

Zur Behandlung im Unterricht
Der Text kann als Dokument sowohl für den Expressionismus als auch für seine Kritiker in der Weimarer Republik herangezogen werden. Geht man im Unterricht auf Dramen der frühen Moderne ein, kann man den Artikel kritisch auf sie anwenden. Besteht dazu keine Gelegenheit, kann man seine Gedanken auch auf theoretische, lyrische und Prosatexte der Zeit übertragen. Ohne Epochenanbindung kann man ihn bei der Besprechung des Dramas als Gattung verwenden. Auf die Gegenwart bezogen, kann man seine Thesen über die modernen Menschen (Z. 7–17) in Frage stellen und diskutieren.

Thematische Bezüge in anderen Texten
In diesem Kapitel: Baginski (121): alle Texte des Abschnitts V.
In früheren Kapiteln: Lessing (75. Stück) (27), Schiller (40), Büchner (89).
In folgenden Kapiteln: Tucholsky (155), Kracauer (160), Piscator (161), Weiss (186), Andersch/Ezensberger (188), Brecht (198).

VI. Dada: Experiment mit dem Un-Sinn (S. 221 ff.)

Die Dada-Texte an dieser Stelle des Kapitels sollen verdeutlichen, wohin die kritische Auseinandersetzung der frühen Moderne mit den geistigen, künstlerischen und sprachlichen Traditionen im radikalsten Traditionsbruch am Ende des Zeitabschnitts geführt hat. Die Texte des Expressionismus-Abschnitts bereiten das vor, ganz besonders der letzte von Yvan Goll (141). Eine ausführliche Dokumentation dadaistischer Produktionen war in diesem Rahmen nicht möglich und auch nicht zweckmäßig; das Gedicht von Schwitters (144) als einziges 'poetisches' Beispiel ermöglicht es aber, in verschiedene grundsätzliche Aspekte dadaistischer Sprachexperimente einzuführen. Für ein literaturgeschichtliches Lesebuch wichtig erschien es dagegen, das Selbstverständnis und die Selbstdarstellung der dadaistischen Gruppen zu dokumentieren. Hugo Balls Erinnerungen (143) vermitteln eine Vorstellung von den tatsächlichen Vorgängen, wie die Züricher Gruppe sich formierte und ihre Produktionen schuf; das Schlußwort problematisiert den zeitgeschichtlichen Stellenwert der extremen Avantgarde. Im Manifest (142) aus der Berliner Zeit erkennen wir die provokative Selbstdarstellung der Dadaisten und den Zusammenhang ihrer Darstellungsformen mit ihrer Einstellung gegenüber den konventionellen Inhalten und Umgangsformen des üblichen Kulturlebens.
Der internationale Dadaismus nahm seinen Ausgang vom ‚Cabaret Voltaire‘, das 1916 in Zürich von Künstlern verschiedener Nationen gegründet wurde, unter ihnen Hans Arp, Hugo Ball, Richard Huelsenbeck, Tristan Tzara und Emmy Hennings, die spätere Frau Balls. Dadaismus ist eigentlich keine Literatur,

Sechstes Kapitel: Zu Text 142, S. 221f.

sondern, wie man heute sagen könnte, eine Kunst der 'performance', in der sehr unterschiedliche künstlerische Mittel eingesetzt und auch kombiniert werden – Sprache, Laute, Geräusche, szenische Auftritte, Kostüme, aber auch Gegenstände, Druckgraphik, Collagen –, wobei es ursprünglich nicht um das bleibende Produkt, sondern um die dadaistische Handlung, das Happening, geht. Die Züricher Gruppe wurde als Distanzierung vom Weltkrieg gegründet, äußerte sich aber dann kaum politisch. Huelsenbeck gründete 1917 eine Dada-Gruppe in Berlin, und es entstanden um 1920 Konflikte zwischen dem mehr künstlerisch orientierten 'Kerndada', zu dem u. a. Arp und Schwitters gehörten, und dem 'Huelsendada', der sich politisch gerierte und u. a. eine Art Kulturbolschewismus propagierte. In Paris und New York entstanden weitere Dada-Zentren, aus deren Zerfall in den 20er Jahren der Surrealismus hervorging. An Dadaismus und Surrealismus knüpften nach dem Zweiten Weltkrieg Künstler und Literaten neu an (vgl.: Gedichte. Von den Anfängen bis zur Gegenwart. Ernst Klett Verlag, Stuttgart 1985: Arp, S. 192f.; artmann, S. 270ff.; Heißenbüttel, mon, Gomringer, S. 272; jandl, S. 273).
Während der literarische Expressionismus weitgehend eine deutsche Bewegung war, hatte der Züricher Dadaismus, auch dank ausländischer Mitglieder wie Tzara und Arp, internationale Wirkungen, vor allem in Paris, aber auch in anderen europäischen Ländern und New York. Er setzte damit die Bewegung europäischer Avantgarden fort, die mit dem Futurismus begann und in der ihm der Surrealismus folgte.
Der *Futurismus* ging von Italien aus, sein Propagator war Filippo Tommaso Marinetti (1876–1944). In futuristischen „Manifesten" (1909, 1910, 1912 u. a. m.) wurde der radikale Bruch mit jeder Tradition zugunsten einer Kunst des modernen Lebens propagiert, deren Vorbild die Technik als 'Bewegung' und 'Dynamik' sein sollte. Dazu wären eine völlig neue Sprache und völlig neue Formen der bildenden Kunst zu schaffen. Inhaltlich und formal gibt es viele Beziehungen zwischen Futurismus, Expressionismus, Kubismus und vor allem Dadaismus. Die Vieldeutigkeit der futuristischen Kulturrevolution zeigte sich nach dem Ersten Weltkrieg u. a. darin, daß Marinetti sich dem Faschismus zuwandte, während der bedeutendste außeritalienische Futurist, Wladimir Majakowski (1893–1930), schon 1908 revolutionärer Bolschewik und nach der Oktoberrevolution Agitationsdichter des Sowjetstaates wurde.

Richard Huelsenbeck: Dadaistisches Manifest (S. 221 f.)   142

Zu Autor und Werk
Richard Huelsenbeck (1892–1974), vielseitig gebildeter Mediziner und Psychotherapeut, war einer der Aktivisten und langlebiger Augenzeuge der dadaistischen Bewegung (vgl. R. H.: En avant DADA. Zur Geschichte des Dadaismus. Edition Nautilus, Hamburg ²1978). Seit 1917 organisierte er die Berliner Dada-Gruppe, und hier veröffentlichte er nach dem Ersten Weltkrieg das ‚Dadaistische Manifest', das zahlreiche Dadaisten und Sympathisanten unterschrieben. Ende der 20er Jahre wandte er sich von dadaistischen Aktivitäten ab. Nach Reisen als Schiffsarzt und Zeitungskorrespondent ließ er sich 1935 in New York als Arzt und Psychoanalytiker nieder. 1970 kehrte er in die Schweiz zurück.
Der Dadaismus ist nicht nur wegen seiner scheinbar sinnlosen Texte und Kunstprodukte schwer verständlich, sondern auch wegen seiner widersprüchlichen Haltung gegenüber der politisch-sozialen Zeitgeschichte. Dadaisten durchschauten die Sinnlosigkeit und Verlogenheit der offiziell dargestellten Politik und Gesellschaft, viele verweigerten sich aber der direkten Auseinandersetzung damit. Politisch Engagierte wie der Berliner Walter Mehring wirkten politisch fast nur im Kabarett oder – wie Huelsenbeck – mit ins Absurde übersteigerten politischen Tiraden. Im Kern machte der Dadaismus die Sinnlosigkeit zum Thema und Material seiner Kunst, die als Antikunst Bürger und Gesellschaft verhöhnt oder provoziert. Das ‚Manifest' ist – im hier vorgelegten Auszug – ein Dokument dieser dadaistischen Opposition gegen jede kulturelle, weltanschauliche und gesellschaftliche Bindung zugunsten der Freiheit einer absolut unabhängigen Kreativität.
Künstlerisch erhofften die Dadaisten sich aus der Destruktion der tradierten Formen die Entstehung einer neuen, lebensunmittelbaren Ausdruckskunst, allerdings mit Mitteln hochartifizieller Artistik. Darin standen sie manchen Expressionisten nicht so fern, wie sie behaupteten (vgl. den Text von Edschmid, 136), waren jedoch noch radikaler. Das ‚Manifest' spricht dies aus, indem es alle vorgegebene Kultur verhöhnt und eine neue Kunst verkündet.

Sechstes Kapitel: Zu Text 142, S. 221 f.

Zur Interpretation

Das Verständnis des ‚Manifests' ist nicht leicht. Denn einerseits äußert es wirklich Kritik, Bekenntnis und Appell als „Propaganda einer Kunst" (S. 221, Z. 24), andererseits aber – um echt dadaistisch zu sein – spielt es damit und verwandelt in einem Salto den Ernst in Unernst: „Gegen dieses Manifest zu sein, heißt Dadaist sein!"(S. 222, Z. 22). Ganz verstanden hat man es wohl erst, wenn man merkt, daß es den Dadaisten mit dem Unernst wiederum ernst war.

Gleichzeitig Spiel und ernsthafter Ausdruck ist es z. B., wenn der Stil öffentlicher Rhetorik (herausfordernde Fragen, Bekenntnissätze, Parolen usw.) mit dem von „Streitrufen" in Massenveranstaltungen (vgl. S. 221, Z. 22) und mit den graphischen Mitteln des Plakats (Fettdruck) kombiniert wird; denn das ist „internationaler Ausdruck dieser Zeit" (S. 222, Z. 13), der sowohl benutzt als auch parodiert wird. – Was den Unterzeichnern des Manifests wichtig war, muß man aus dem Text erst herauslesen:

1. Ernsthaft ist die *Kritik am Expressionismus,* der für überholt erklärt und dem vor allem eine unglaubhafte „Verinnerlichung" in „abstrakt-pathetischen Gesten" vorgeworfen wird (S. 221, Z. 9–21; S. 222, Z. 19 f.). Aus dem Gegensatz zu schließen, wäre danach zu erwarten, daß die Dadaisten an einer Art Veräußerlichung, an „konkreter" Poesie und an antipathetischen Gesten interessiert waren.

2. Diese *Kritik* gilt allgemeiner jeder „ethisch-ästhetischen Einstellung" (S. 222, Z. 19), und das heißt im Grunde einer Tradition seit der Klassik, in der das Kunstschöne das menschlich Wahre und Gute ausdrücken soll (vgl. z. B. die Texte von Fr. Schiller: 44, 49, 50, 51). In diesem Zusammenhang ist Huelsenbecks Verheißung einer „Verwirklichung neuer Ideale" (S. 221, Z. 24) befremdlich, denn das Manifest klingt antiidealistisch und nennt auch keine neuen Ideale.

3. Genau besehen, wendet sich das *„Nein-sagen"* (S. 222, Z. 17) *gegen einen Kulturbetrieb und eine Gesellschaft,* denen das Ethische nur als Phrase, das Ästhetische nur als Fassade dient, und zwar, um ein eigentlich „inhaltloses, bequemes und unbewegtes Leben" (S. 221, Z. 20) zu verschleiern. Deshalb ist der Dadaismus eine *kulturrevolutionäre Bewegung,* die „alle Schlagworte ... zerfetzt" (S. 221, Z. 34 f.), eine Widerstandsbewegung („Fronde") gegen den Unsinn der großen politischen Unternehmungen, der Straßenkämpfe und der Genüsse der Reichen (S. 222, Z. 14 ff.), und erst in diesem Zusammenhang gegen phrasenhafte Kunst und „die weltfremden Theorien literarischer Hohlköpfe" (S. 222, Z. 20 f.).

4. Sehr viel schwieriger als die Kritik ist für den Dadaisten *die angestrebte neue Kunst* zu formulieren. „Bruitistisch", „simultanistisch" und „statisch" sind Modewörter jener Zeit. Sie besagen, daß im Text statt Wörtern auch bloße Lautgebilde (bruitistisch), statt kausaler Chronologie die Gleichzeitigkeit des scheinbar Unzusammenhängenden (simultanistisch; vgl. dazu Text 145) und statt logischer Satzsemantik die Bedeutungsfülle des einzelnen Wortes zur Wirkung gebracht werden. Damit sind in der Tat wesentliche Merkmale avantgardistischer Literatur unseres Jahrhunderts genannt, von denen jedoch schon Filippo Tommaso Marinetti in seinen verschiedenen „Futuristischen Manifesten" (s. o.) gesprochen hatte, z. B. mit der Formel: „Destruktion der Syntax, drahtlose Imagination, Befreiung des Wortes". Huelsenbeck führt hier also die Revolution der Literatur und Kunst – auch mit dem Mittel des Manifests – nur weiter, die schon um 1910 begonnen hat und an der der Expressionismus beteiligt war. Manches an den absurden Erfindungen und Konstruktionen der Dadaisten mag sich daraus erklären lassen, daß der anhaltende Innovationstrend immer extremere Traditionsbrüche erforderte.

5. Was aber sollte damit ausgedrückt werden? Auch in der Antwort auf diese Frage setzt Huelsenbeck die Kulturrevolution seit dem Futurismus fort, wenn er als den Inhalt, den Dada ‚symbolisiert', *die unmittelbare und unverfälschte Realität des Lebens,* gerade auch in seinen „primitiven" Äußerungen, nennt (S. 221, Z. 26–30), eines Lebens, das chaotisch, dynamisch und irrational kreativ ist: „das gewaltige Hokuspokus des Daseins" (S. 222, Z. 17). Dieser Lebensbegriff ist ebenfalls nicht ganz neu. Um ihn kreisen auch die Überlegungen der expressionistischen Generation (vgl. die Texte 134, 136, 140), ja der Symbolisten (122, 130) und Naturalisten (119). Sogar im 19. Jahrhundert wurde eine neue Literatur gefordert, die es mit dem Leben selbst zu tun hat (vgl. die Texte von Heine, 83, und Fontane, 113). Neu ist allenfalls, daß das Leben nicht abgebildet und darin keinerlei höhere Ordnung mehr aufgezeigt wird und die Kunst es deshalb gerade in seinen „primitiven" Äußerungen rekonstruiert, eben „bruitistisch", „simultanistisch" und „statisch". So wird im Lautgedicht sinnlich die Realität „Trambahn" als Gleichzeitigkeit des Technischen mit einem bedeutungslosen Menschlichen reproduziert (S. 221, Z. 37 f.), im Simultantext aus Geräuschen, Wörtern und Sätzen die Komplexität des Lebens hörbar gemacht (S. 222, Z. 1–4), und im isolierten Wort „Wald" entfaltet sich das semantische Spektrum der Konnotationen, von der Natur bis zu den Klischees des denaturierten Wald-Kitsches (S. 222, Z. 5–8). Vielleicht meinten manche Dadaisten wirklich, daß sie bei ihren Texterfindungen eine unmittelbare Sensibilität für das Leben freisetzten; die meisten dieser Texte sind jedoch hochartifizielle Konstrukte aus sprachlichem oder ästhetischem Material.

Sechstes Kapitel: Zu Text 143, S. 222ff.

6. Wesentlich für den dadaistischen Text ist, daß darin *konventionelle Wertvorstellungen aufgegeben werden* – darin unterscheiden sie sich auch von den Symbolisten, Naturalisten und Realisten. So wird z. B. das Pathetische mit dem Banalen, das Schöne mit dem Häßlichen gleichgestellt – schon im Text des Manifests selbst (vgl. S. 222, Z. 5–8, 14–15, 17–19). Die Befreiung von Wertbindungen äußert sich im „Lachen" (S. 222, Z. 19), in dem sich ja Widersprüche lösen, ohne gedeutet zu werden; das Lachen ist Ausdruck ohne Begriff, zugleich spontane Reaktion auf bedrängende Realität und Distanzierung von ihr. In diesem Sinne können für Huelsenbeck zwei scheinbar unvergleichbare Leitfiguren Vorbild sein: der primitive, vitale und komische Riese aus den Erzählungen von Rabelais und der Legendenheilige Franziskus. Gemeinsam ist beiden die irrationale Natürlichkeit, mit der sie sich von den überzüchteten Kulturen des Hochmittelalters und der Renaissance absetzten. Vielleicht deutet sich hier die „Verwirklichung neuer Ideale" an, zu denen es allerdings gehört, daß selbst sie ironisiert werden.

Zur Behandlung im Unterricht
Bei einer Beschäftigung der Schüler mit dem Dadaismus sollten am Anfang dichterische Texte stehen, z. B. von Arp, Ball und Schwitters oder aber auch von den o. a. Nachkommen des Dadaismus. Gedichte von Christian Morgenstern können sie darauf vorbereiten, Nonsenspoesie als ästhetisch reizvoll zu empfinden. Es lohnt sich, spontane Reaktionen der Schüler zu sammeln und sie dazu zu verleiten, daß sie sich auf die Texte einlassen und möglichst sie auch laut zu sprechen versuchen.
Schilderungen wie die von Ball (Text 143) können das Verständnis für dadaistische Intentionen wecken, z. B. dafür, daß ihre Experimente mit sprachästhetischem Material wirklich sensibel waren und neue „Möglichkeiten und Ausdrucksformen der Künste" erschlossen (S. 222, Z. 8 f.).
Erst dann dürfte eine Besprechung des „Manifestes" ergiebig sein. Dabei kann man versuchen, die o. a. sechs Gesichtspunkte zu erschließen.
In größerem Rahmen sollte die bildende Kunst einbezogen werden (vgl. Huelsenbecks Hinweise auf Futurismus und Kubismus), möglichst bis in die Gegenwart hinein (z. B. Duchamp, Tinguely und Beuys; Object Art, Happening, Performance usw.). – Sind die Schüler dazu bereit, sollten sie selbst Versuche mit Sprachspielen, Nonsenstexten, visuellen Gedichten usw. machen. Für Schülerreferate zum Dadaismus bietet geeignetes Material das Buch: 113 dada Gedichte. Herausgegeben von Karl Riha. WAT 91. Verlag Klaus Wagenbach, Berlin 1982.
In literarhistorischem Zusammenhang liegt vor allem der Vergleich mit dem Expressionismus nahe (vgl. Abschnitt V), des weiteren eine Erörterung der Begriffe 'Avantgarde' und 'Moderne'. Die Probleme einer sich perpetuierenden Kulturrevolution und des Innovationsdrucks sowie einer sich selbst verabsolutierenden Kunstausübung sollten dabei nicht übersehen werden; sie müßten allerdings im Zusammenhang der problematischen Situation autonomer Kunst in der modernen Gesellschaft und mit dem dialektischen Verhältnis zwischen konventionellem Kunstbetrieb und jeder Avantgarde, zwischen Kunstmarkt und individuellem Künstler gesehen werden.
Reichen die Voraussetzungen für diese anspruchsvollen Themen nicht aus, genügt es vielleicht, vom 'Sinn' des 'Unsinns' im Leben oder in einer weitgehend verwalteten Zivilisation zu sprechen.

Thematische Bezüge in anderen Texten
Beziehungen lassen sich zwischen vielen Texten des Buches über Literatur und Kunst, auch im Zusammenhang mit Leben, aufzeigen (vgl. die o. a. Texte). Besonders enge Beziehungen bestehen zu:
Fr. Schlegel (70), H. Ball (135), K. Edschmid (136), Yvan Goll (141), O. Flake (145), A. Döblin (153), F. Dürrenmatt (179), A. Muschg (194).
Weitere Texte und Materialien, auch über den Dadaismus hinaus: Experimentelle und Konkrete Poesie – Vom Barock bis zur Gegenwart, mit Materialien. Auswahl der Texte und der Materialien von Peter Reichartz. Editionen für den Literaturunterricht, hrsg. von Dietrich Steinbach. Ernst Klett Verlag, Stuttgart 1981.

Hugo Ball: Flucht aus der Zeit (Dada-Tagebuch) (S. 222 ff.)   143

Zum Autor (vgl. Text 135) und zum Text
Walter Mehring, der zur Berliner Dadagruppe, und zwar zu deren politisch denkender Fraktion, gehörte, nannte einmal Ball den geistigen „Vater" des Zürcher Dada. Ball war wohl der ernsthafteste Mitbegründer des ‚Cabaret Voltaire', empfand dieses als Protest gegen den Weltkrieg, fragte sich schon 1916, ob die Möglichkeiten des Dadaismus nicht bald erschöpft seien, und wandte sich 1917, als der Dadaismus zur

Sechstes Kapitel: Zu Text 143, S. 222ff.

Mode zu werden schien, von ihm ab. Im Tagebuch und in Briefen erwies er sich als aufmerksamer Beobachter der Züricher Kulturrevolution, von der Hans Arp schrieb: „Angeekelt von den Schlächtereien des Weltkriegs 1914, gaben wir uns in Zürich den schönen Künsten hin" (zitiert von A. Soergel/C. Hohoff: Dichtung und Dichter der Zeit, 2. Band. August Bagel Verlag, Düsseldorf 1964, S. 315). „Flucht aus der Zeit" ist dabei als kritische Distanzierung gemeint, zunächst nicht als Eskapismus.
Balls Tagebuch erschien erst 1927 (Neuausgabe 1946); es wird hier in Auszügen zitiert nach einer ergiebigen Quellensammlung: Das war Dada. Dichtungen und Dokumente, hrsg. von Peter Schifferli. Verlag der Arche, Zürich. Als dtv-Taschenbuch München 1963. Ball hat darin Dada-Veranstaltungen seit der Gründung notiert, Texte zitiert, Vorträge und Aufführungen geschildert und Gedanken darüber niedergeschrieben, darunter auch Zweifel wie den folgenden:
„Ich weiß nicht, ob wir trotz all unserer Anstrengungen über Wilde und Baudelaire hinauskommen werden; ob wir nicht doch nur Romantiker bleiben. Es gibt wohl noch andere Wege, das Wunder zu erreichen, auch andere Wege des Widerspruchs –: die Askese zum Beispiel, die Kirche. Sind diese Wege aber nicht völlig verbaut? Es ist zu befürchten, daß immer nur unsere Irrtümer neu sind. [...]" (15. 6. – Das war Dada, s. o., S. 28).

Zur Interpretation
Balls Gedanken in diesen Auszügen entsprechen weitgehend denen des ‚Manifestes' (vgl. Kommentar zu Text 142), bis hin zu Schlüsselwörtern wie „Fronde" und „Gelächter" (S. 223, Z. 25 und 28). Der *Ausschnitt vom 14. 4.* begründet die „Geste" des Widerspruchs gegen die Zeit mit deren Verachtung; an dieser Stelle sind die Anspielungen auf den Weltkrieg nicht zu übersehen.
Die *Eintragung vom 12. 6.* skizziert das Programm des Dadaismus als Widerstand „gegen die Agonie und den Todestaumel der Zeit" (S. 223, Z. 23). Wie von Freud (Text 117) und vielen Expressionisten wird die Barbarei des Krieges als Zusammenbruch der Kultur und Humanität überhaupt empfunden, als „Bankrott der Ideen", der „das Menschenbild bis in die innersten Schichten entblättert hat" (Z. 13f.), und als „Dammbruch", dem „keinerlei Kunst, Politik oder Bekenntnis" standhält (Z. 15f.).
Wichtig für das Verständnis des dadaistischen Nonsens sind hier zwei Aspekte: Als vorgegebenes Material findet der Dadaist nur weltanschauliche „Trümmer" (Z. 25f.) und wertlos gewordene Werte „der entgötterten Philosophien" (Z. 27) – die vorhandene Kultur ist ein „Ramschausverkauf" (Z. 26). Was der Dadaist dem entgegensetzen will, ist die vitale Unbefangenheit derer, die sich vom kaputten Alten frei machen, sind „Neugierde" (Z. 24) und „helles Gelächter" (Z. 28). In diesem Sinne ist Dadaismus „ein Spiel mit den schäbigen Überresten" (Z. 6f.) der tradierten Kultur; Nonsens ist „Widerspruch", in dem sich „das Leben behauptet" (Z. 8f.). Damit erklärt sich die Vorliebe der Dadaisten für das „Absurde" (Z. 9), die „Maske" (Z. 11), das „dupierende" „Versteckspiel" (Z. 10f.), aber auch für das „Primitive" (Z. 11).
Dem Spiel mit dem Absurden ist freilich ein Wissen um den Verlust unterlegt. Verloren sind der Glaube an die Person und „an die Erfassung der Dinge aus einem Punkt", das heißt aus einem geistigen Prinzip heraus (Z. 19f.). Der Verlust eines sinnvollen Menschen- und Weltbildes (vgl. Balls Text 135) läßt „in pathologischer Weise die Triebe und Hintergründe" des Lebens hervortreten (Z. 14f.). Der Nonsens spiegelt also diese Pathologie. Und wer den Glauben an die „Verbundenheit aller Wesen" (Z. 21) nicht ganz ablegen kann, von dem gilt, „daß er bis zur Selbstauflösung an Dissonanzen leidet" (Z. 21). So kämpft der Dadaist also auch mit den unaufhebbaren Widersprüchen in sich selbst und versucht, in Spiel und Gelächter „eine milde Begütigung" zu finden (Z. 29). Das ist die ambivalente Bedeutung der Formel vom „Narrenspiel aus dem Nichts, in das alle höheren Fragen verwickelt sind" und das gleichzeitig ein „Gladiatorenspiel", ein Spiel der Todgeweihten ist (Z. 6f.).
Im *Eintrag vom 23. 6.* schildert Ball einen seiner Auftritte mit einem Lautgedicht im ‚Cabaret Voltaire' – die anschauliche Schilderung erklärt sich selbst. Bemerkenswert sind, gerade auch nach dem Bisherigen, seine Beobachtungen über die innere Spannung zwischen Ernst und Lachen sowie über die Steigerung des Nonsensvortrags in den Litaneiton alter Liturgien; für ihn persönlich war die Auseinandersetzung mit Katholizismus und Kirche ein zentrales Problem.
Die Lautgedichte ‚Gadji beri bimba', ‚Wolken' („elomen elomen...") und ‚Karawane' („Jolifanto bumbla...") sind in den o. a. Anthologien von Riha (vgl. S. 49) und Schifferli (vgl. S. 50) abgedruckt, in der von Riha außerdem satirische und grotesk-surreale Gedichte Balls.
Mit dem *Eintrag vom 7. 6. 1917* kehrt Balls Tagebuch zur realgeschichtlichen Zeitsituation zurück. Die Nachbarschaft Lenins in der Zürcher Spiegelgasse gab ihm und übrigens auch Arp zu denken – die Gegenüberstellung von Dadaismus und Kommunismus als zwei extrem verschiedenen Arten von Revolution scheint beide beunruhigt zu haben. Arp schrieb dazu:

Sechstes Kapitel: Zu Text 144, S. 225

„Die kurzsichtigen Zürcher Bürger hatten nichts gegen Lenin einzuwenden, da er nicht herausfordernd aufgeputzt war. Dada jedoch ergrimmte sie. Unsere freundlich vorgebrachten Warnungen, daß es aus sei mit der gemütlichen Zeit, ließ ihren Kamm vor Wut feuerrot schwellen" (zitiert bei Soergel/Hohoff, s. o., S. 315f.).

Zur Behandlung im Unterricht (vgl. Kommentar zu Text 142)
Die Einträge vom 14. 4. und 12. 6. 1916 können als theoretische Texte über den Dadaismus die Besprechung des Manifestes (142) vorbereiten, ergänzen oder auch ersetzen. Die Schilderung des Lautgedichtauftritts ist unentbehrlich, will man sich eine Vorstellung von dadaistischen Vorführungen machen und so Dada-Texte richtig erfassen. Die Notiz über Lenin gibt – in Verbindung mit den anderen Einträgen und der Äußerung Arps – Gelegenheit, den Dadaismus in seinem Verhältnis zur Zeitgeschichte einzuordnen und zu problematisieren.
Für Vortragsversuche durch Schüler gut geeignet sind Balls Lautgedichte ‚Karawane', ‚Wolken' und ‚Totenklage' (s. o.). Sie sollten sie nicht nur sprechen, sondern gleichzeitig und im Chor mimisch-gestisch darstellen, z. B. als Elefantenkarawane oder Klagechor, auch einzeln als Wolkengucker, der in ein Gewitter gerät o. ä.

Thematische Bezüge in anderen Texten
Zur Theorie des Dadaismus vgl. die Hinweise zu Text 142. Besonders ergiebig ist ein Vergleich mit dem Text von Ball, 135.

Kurt Schwitters: An Anna Blume. Merzgedicht 1 (S. 225)   144
Zu Autor und Werk
Kurt Schwitters (1887–1948) gehörte zu den künstlerischen Mehrfachbegabungen der Avantgarde wie Hans Arp oder Oskar Kokoschka: Er wirkte als Dichter, Maler, Graphiker, Bildhauer und experimentierte mit Theaterprojekten. In all diesen Formen ging es ihm um Kunst, im Gegensatz zu Huelsenbeck, Ball und anderen nicht um Politik oder Weltanschauung. Jede Kunst war ihm „die Zusammenfassung aller möglichen Materialien für künstlerische Zwecke", in der sich „das Selbstbestimmungsrecht des Künstlers" verwirkliche – insofern also um L'art pour l'art. Dieser Prozeß war für ihn in den jeweiligen Produkten – Text, Collage oder skulpturähnliches Gebilde – nie abgeschlossen. So ließ er auf das ‚Merzgedicht 1' weitere Anna-Blume-Texte folgen oder baute jahrelang in seinem Haus in Hannover am „Merz-Bau", einem umfangreichen gegenständlichen Gebilde, das man heute Environment nennen könnte.
Schwitters hatte viele Kontakte zur internationalen Avantgarde, betrieb den Hannover aus seinen individuellen Dadaismus, den er MERZ nannte. Das Wort ohne Sinn stammt aus einer seiner Collagen, in der diese aus einer Anzeige der „Kommerz- und Privatbank" ausgeschnittene Silbe auffälliges Bildelement war. Das Beispiel zeigt, wie Schwitters seine Kompositionen aus Fund- und Bruchstücken, aus „Brocken des alltäglichen Abfalls" montierte.
Vom ‚Sturm'-Kreis Herwarth Waldens und von August Stramm (vgl. Text 139 und: Gedichte. Von den Anfängen bis zur Gegenwart. Ernst Klett Verlag, Stuttgart 1985, S. 192) erhielt Schwitters zuerst Anregungen zum „Wortkunstwerk", zum Sprachspiel mit einzelnen Wörtern (vgl. Kommentar zu Text 142, Ziff. 4 und 5), ehe er sich Dada-Texten wie ‚Anna Blume' zuwandte; seit den 20er Jahren experimentierte er mit konkreter Poesie – z. B. aus Buchstaben und Zahlen – und reinen Lautgedichten.
Möglicherweise ist ‚Anna Blume' überhaupt zunächst als eine Art Sprechübung konzipiert worden. Rudolf Blümner (1873–1945), Jurist, Schriftsteller, Schauspieler und Rezitator, wichtigster Manager des ‚Sturm'-Kreises und seiner Veranstaltungen, lehrte Sprechkunst und trug auf über 300 ‚Sturm'-Abenden expressionistische Lyrik vor: u. a. verfaßte er ein nach Klangvorstellungen konstruiertes Lautgedicht, ‚Angolaina'. Schwitters dankte in seinem Vorwort zum Gedichtband ‚Anna Blume' (1919) für die Förderung durch den ‚Sturm'-Kreis und nahm darin ein Gedicht ‚Porträt Rudolf Blümner' auf. Blümner selbst meinte, im Namen „Blume" sei sein Name versteckt.

Zur Interpretation
‚An Anna Blume' vertritt den Typ des dadaistischen Gedichts, in dem die Sprache nicht auf die elementaren Bestandteile des sinnlichen Materials, auf Buchstaben, Laute oder Silben reduziert ist, sondern mit Wörtern, Sätzen, Sprachhandlungen und gedanklichen Sprachmustern der Normalsprache ein Text komponiert wird, der aber keinen normalen Sinn ergibt. So hat auch Hans Arp gedichtet (vgl.: Gedichte, s. o., S. 28 und 192f.), der seinen Texten allerdings auch Laut- und Silbenspiele einfügte.

Sechstes Kapitel: Zu Text 144, S. 225

‚Anna Blume' teilt also keine gedankliche Botschaft mit, wie wir sie in Texten erwarten; im Gegenteil: Das Gedicht verstellt jeder Suche nach Sinn oder Tiefsinn den Weg mit Sprache. Zunächst kann man es wie einen poetischen Ulk lesen, in dem die Gattung Liebesgedicht und allgemeiner das Reden über Frau und Liebe grotesk parodiert und damit negiert werden. So enthält der Text *Züge einer Parodie* auf trivialen und poetischen Sprachgebrauch zugleich. Parodiert werden z. B. Floskeln der Alltagsrede, kitschiger Liebesrede sowie Stilmittel der Expressionisten (vgl. die Farbadjektive ab Z. 13 und die alogischen Bilder in Z. 13, 20f., 25, 30; das Spiel mit Pronomina parodiert vielleicht einige Gedichte von Stramm).
Die parodistische Denunziation ist aber wohl nicht der eigentliche Zweck des Gedichts, sondern der besteht in der Spannung zwischen dem Sprachspiel und dem daraus hervorgehenden Un-Sinn. Dazu schrieb Schwitters in einem Vorwort zu ‚Anna Blume':
„Die Merzdichtung ist abstrakt. Sie verwendet analog der Merzmalerei als gegebene Teile fertige Sätze aus Zeitungen, Plakaten, Katalogen, Gesprächen usw. mit und ohne Abänderungen. (Das ist furchtbar!) Diese Teile brauchen nicht zum Sinn zu passen, denn es gibt keinen Sinn mehr. (Das ist auch furchtbar!) Es gibt auch keinen Elefanten mehr, es gibt nur noch Teile des Gedichts. (Das ist schrecklich!) . . ." (zitiert bei A. Soergel/C. Hohoff: Dichtung und Dichter der Zeit, Band 2. August Bagel Verlag, Düsseldorf 1964, S. 180).
Schwitters zitiert und manipuliert also Zitate des Sprachgebrauchs als Teile eines Gedichts ohne Sinn. Das Kunstgebilde Gedicht ist damit zunächst einmal durch seine *Komposition* gekennzeichnet.

Anmerkung zur Textwiedergabe: Zeileneinteilung und jeweilige Zahl der Gedankenstriche im Gedicht sind in verschiedenen Abdrucken unterschiedlich (vgl. die o. a. Anthologie von Riha). Deshalb folgt diese Übersicht nicht den Zeilen im Lesebuch (die in Klammern hinzugefügt sind), sondern den sprachlichen Handlungen. „Streicheln" in Zeile 30 wird in der Anthologie von Riha in großen Buchstaben gedruckt; man kann es als Nomen auffassen.

Kurt Schwitters: An Anna Blume. Merzgedicht 1   Komposition

```
(0) ANREDE an Anna -- LIEBESERKLÄRUNG                                      (6)
    PRONOMEN-REFRAIN                                                       (6f.)
    BEILÄUFIGE BEMERKUNG: das Gesagte ist abwegig                          (8)
(1) ANREDE -- FRAGE: „Wer bist du?"                                        (9)
    ANTWORT: a) unbeantwortet, b) Was die Leute sagen: ungesagt, wird verworfen (9f.)
    BESCHREIBUNG Annas: auf den Kopf gestellt (verkehrt)                   (11f.)
    ANRUF/BESCHREIBUNG: Kleidung, Farben Rot und Weiß                      (13)
    LIEBESERKLÄRUNG: Farbe Rot                                             (14)
    PRONOMEN-REFRAIN                                                       (14)
    BEILÄUFIGE BEMERKUNG: das Gesagte ist Abfall                           (15)
(2) ANREDE -- FRAGE: „Wie sagen die Leute?" (Farbe Rot)                    (16)
    PREISFRAGE (Zwei Prämissen mit Frage; systematischer Nonsens mit       (17
    logischer Methode der Schlußfolgerung. Einander zugeordnete Prädikationen:) –
    Anna – Vogel    Anna – rot    Vogel – Farbe)                           19)
    BESCHREIBUNG Annas: Haare, Farben Blau und Gelb                        (20)
    BESCHREIBUNG des Vogels: Girren – rot, Vogel – grün                    (21)
    LIEBESERKLÄRUNG: Anna im „Alltagskleid" und als grüner Vogel           (22)
    PRONOMEN-REFRAIN                                                       (22f.)
    BEILÄUFIGE BEMERKUNG: das Gesagte ist Abfall                           (24)
(3) ANREDE -- ZERLEGUNG DES NAMENS in Laute/Buchstaben                     (25)
    BESCHREIBUNG, wie der „geträufelte" Name „tropft": „wie weiches Rindertalg" (25f.)
    FRAGE: „Weißt du es schon?"                                            (27)
    BESCHREIBUNG Annas, die wie ihr Name ist: von vorn und hinten gleich
    (also umkehrbar). Eingeschlossen: PREISENDE ANREDE                     (28f.)
    BESCHREIBUNG des Gefühls, wie Rindertalg auf den Rücken des Sprechers ein
    Streicheln „tropft"                                                    (30)
    ANREDE -- BILDLICHE ANREDE als „tropfes Tier" -- LIEBESERKLÄRUNG       (31)
```

Das Gedicht ist gefügt aus Wiederholungen und Variationen von Sprachhandlungen und Sprachmustern. Man kann es in drei etwa gleich lange Strophen (1–3) mit einer Exposition (0) gliedern. Dann führt die Exposition das sprachliche Hauptthema – Anrede und Liebeserklärung – und zwei Nebenthemen, die die

Strophen trennen, ein: den Pronomen-Refrain und die „beiläufige" Bemerkung. In der Durchführung des Hauptthemas in den drei Strophen werden Anrede und Liebeserklärung zunächst getrennt (Anfang und Ende der Strophen), im allerletzten Vers aber wieder zusammengeführt. Eingeschoben sind jeweils weitere Sprachmuster und Motive. Zweimal leitet von der Anrede eine Frage dazu über, was wir hier „Beschreibung" nennen, in der 3. Strophe ist es ein Spiel mit dem Namen-Palindrom „a-n-n-a". Die beiden Fragen führen zum gewöhnlichen Sprachgebrauch – was die Leute sagen –, der aber nichts erbringt und durch die verschieden ausgeführten absurden Beschreibungen ersetzt wird. Anrede und Liebeserklärung beenden wieder das Gedicht, nunmehr ohne Pronomen-Refrain und „beiläufige" Bemerkung.

Da die verwendeten Sprachmuster nicht frei von Bedeutung sind und durch die Komposition zueinander in beschreibbaren Beziehungen stehen, kann man, wenn schon nicht einen Sinn des Textes, so doch semantische Beziehungen der Teile und vielleicht eine *Funktion der Komposition* zu rekonstruieren versuchen. Die Sprachhandlungen der Anrede und Liebeserklärungen sind zwar absurd, werden aber bis zum Schluß durchgehalten – es gibt sie, auch wenn sie keinen vernünftigen Sinn haben. Der Pronomen-Refrain reduziert Sprache auf Wörter in einem grammatischen Paradigma, und zwar sind es die Personalpronomina der 1. und 2. Person Singular, die für Anrede und Liebeserklärung konstitutiv sind; dabei impliziert die Handlung Liebeserklärung die Frage, ob aus „ich" und „du" ein „wir" wird. Das abstrakte Spiel mit dem Paradigma gibt darauf jedoch keine sinnvolle Antwort: „Das gehört nicht hierher." Die Varianten dieser „beiläufigen" Bemerkung kennzeichnen Sprache als „Abfall" (s. o.), das künstlerische Material des Dadaisten. Die *Exposition* thematisiert also drei Perspektiven oder Dimensionen der Sprache: die Sprachhandlung, das Sprachmaterial und die nur für alltäglich-sinnvollen Sprachgebrauch, nicht aber für den Dada-Text abfällige Betrachtung des Materials als Abfall.

In den drei Strophen wird dieser Ansatz nun erweiternd ausgeführt: Die Sprachhandlungen der Anrede und Liebeserklärungen erfahren jeweils durch die Zwischentexte eine Anreicherung an Anschaulichkeit (Farben, schlichtes Mädchen im Alltagskleid, du liebes grünes Tier – du tropfes Tier). Trotzdem können wir uns Anna Blume als individuelles Wesen nicht genauer vorstellen. Die an sich sinnvolle Frage nach ihrer Identität (Z. 9) läßt sich weder aus dem grammatischen Spiel („Du bist – – bist du?") noch aus dem, was die Leute sagen, beantworten. Die scheinbar genaue Beschreibung (Z. 11 f.) ergibt nur, daß die Angeredete verkehrt herum vorzustellen sei. Selbst das Rot ihrer Erscheinung ist nur eine Farbe des Kleides, und diese Erscheinung, die als bloße Farbe noch keinerlei Gestalt hat, wird als „zersägt", also als in Teile zerfallene Erscheinung bezeichnet. Schwitters spielt hier mit Sprachmitteln der Veranschaulichung, die er gleichzeitig dazu benutzt, Anschauung zu verweigern: Statt Anna Blume zu sehen, lesen oder hören wir nur etwas über ihr Kleid, dessen Farbe und die Zerteilung, und dies alles ergibt kein Bild.

Ein ähnlich fintenreiches Spiel treibt Schwitters in der 2. Strophe. Die „Preisfrage" hat das Dreischrittmuster des logischen Syllogismus, jedoch in absurder Unlogik. Hier und in den darauf folgenden Sätzen werden wieder lauter Wörter für Anschauliches gebraucht, nämlich für weitere Farben und den Vogel. In Zeile 20 sind Attribut und Prädikation widersprüchlich (blau ist gelb), in Zeile 21 wird Hörbares (Girren) rot genannt. Kombiniert man alle diese Sätze, wird einem der Gedanke nahegelegt, Anna sei selbst der Vogel (oder ein Vogel): In Zeile 17 verwirren Wortstellung und der Artikel „ein" die Unterscheidung zwischen Subjekt und Objekt des Satzes; aus der Wahrnehmungserfahrung wissen wir, daß Blau und Gelb (Annas Haare) gemischt Grün ergeben (der Vogel); schließlich wird sie in der Liebeserklärung als „grünes Tier" angeredet.

Das alles sind Spiele mit Wörtern und mit ihrer Kombinierbarkeit in Satzmustern. In der dritten Strophe nun wird Anna Blume zum bloßen Wort. „A-n-n-a" ist ein Palindrom, also ein Umkehrspiel mit Buchstaben, das keinen Sinn oder allenfalls einen komischen Unsinn ergibt. Was vom Wort gilt, wird nun auf Anna bezogen (Z. 28 f.). Von hier aus kann man, wenn man will, auch manchen Unsinn aus der 1. und 2. Strophe erklären: daß Anna auf dem Kopf steht, daß sie in Teile zerfällt, daß im „Preisrätsel" jede Logik und Identität verlorengeht usw. Nicht berührt sind davon die Elemente der Anschaulichkeit selbst; Farben haben mit Sinn oder Logik nichts zu tun, Sinnlichkeit hat keinen Sinn. Vielleicht deshalb veranschaulicht Schwitters am Ende der Zerlegung des Palindroms in seine Teile mit Sinnlichem, allerdings nicht Visuellem, sondern taktil zu Fühlendem: dem tropfenden Rindertalg und dem Lustgefühl, das er auf dem Rücken des Sprechers auslöst. Konnotativ dürfte diese Vorstellung beim Leser eher Widerwillen, Ekel hervorrufen als Lust. Die zuletzt triumphierende Sprachhandlung der Liebeserklärung („du tropfes Tier!") kombiniert so die angenehme oder gar begeisternde Assoziation der Liebe mit der abstoßenden des Ekels – Identifikation wird verhindert.

Das dadaistische Spiel mit Sprachmustern ist also konsequent „düpierend" (vgl. Balls Text 143, S. 223, Z. 10 f.), es lockt den Leser oder Hörer zu Verstehensbemühungen und Identifikationsversuchen und

Sechstes Kapitel: Zu Abschnitt VII, S. 226 ff.

frustriert sie. Wer sich auf den Text einläßt, empfindet allerdings, daß ständig seine Sprachsensibilität, sein semantisches Vermögen und seine Imaginationsfähigkeit gereizt werden. Diese *sprachästhetische Wirkung* hat Schwitters mit Rhythmus und Sprachklang verstärkt. Schon in der Exposition wechselt er von einem fließenden alternierenden Rhythmus in der Anrede und Liebeserklärung zum hart stoßenden Takt der Pronomenformel, auf die das Parlando der „beiläufigen" Bemerkung folgt. Diese drei Rhythmen wechseln auch im folgenden immer wieder. In Zeile 1 spielt er überdies mit dem Kontrast zwischen dem (am besten sehr lang zu sprechenden) O am Anfang und den vielen i-Silben danach. Klangwirkungen ohne lautmalerische Imitation kann man immer wieder erspüren, in Zeile 30 ist die Lautmalerei nicht zu überhören. – Gerade der Un-Sinn des Textes läßt die Sprachartistik – von den Sprach- und Redemustern bis hin zu Klang und Rhythmus – um so stärker hervortreten.

Zur Behandlung im Unterricht (vgl. Hinweise zu Text 142, 143)
Zur Vorbereitung auf schwierigere Dada-Texte geeignet sind Nonsensgedichte von Christian Morgenstern und den Engländern Bellock und Cummings, leichtere satirische oder spielerische Gedichte in den Anthologien von Riha und Schifferli (s. o.), Lautgedichte (vgl. Text 143) oder auch Gedichte von Ernst Jandl. Steht genügend Zeit zur Verfügung, empfiehlt es sich, den Schülern eine kleine Dada- oder Nonsensgedichtsammlung vorzulegen und jeden selbst auswählen zu lassen, was ihm am besten gefällt, um ihn dann seine Wahl begründen oder das Gedicht vortragen zu lassen.
Den besseren Zugang zu ‚Anna Blume' als eine intensive Interpretation bieten vielleicht der Versuch eines originellen Vortrags oder die Darstellung des Textes in einem Plakat, z. B. mit verschiedenen Schrifttypen und einer Collage mit Bildfragmenten (z. B. aus Illustriertenbildern).
Bei einer Interpretationsbesprechung sollte man nicht nach Vollständigkeit streben, sondern die Schüler nur mit Hinweisen auf die Suche nach Sprachmustern, Motivverknüpfungen und sprachästhetischen Mitteln schicken. Weitere Hilfen:
– das o. a. Schwitters-Zitat,
– die Frage: Aus welchen „Teilen" ist das Gedicht komponiert?
– die Frage: Wer ist Anna Blume?
Begabte Schüler können die Parodie einer 'schulmäßigen' Nonsensinterpretation des Gedichts verfassen und vortragen.

Thematische Bezüge zu anderen Texten
Vgl. die Vorbemerkung vor dem Kommentar zu Text 142 sowie diesen selbst.
Von den Texten im Lesebuch ist am meisten dadaistischen Sprachexperimenten verpflichtet (aber kein dadaistisches Gedicht!): Rolf Dieter Brinkmann, Variation ohne ein Thema (193).

VII. Wirklichkeit des Bewußtseins (S. 226 ff.)

Bedeutende Schriftsteller und Werke der frühen Moderne, gerade auch solche mit starker Nachwirkung bis in die Gegenwart, lassen sich den üblichen Stilrichtungen und Literatengruppen nicht zuordnen. Man kann bezweifeln, ob die 'Ismen', die seinerzeit oft im Vordergrund der Diskussion standen, das Wesentliche der Entwicklung von den Traditionen des 19. Jahrhunderts bis in unsere Gegenwart verkörpern. Grundsätzliche Wandlungen im Daseinsgefühl und in seinem dichterischen Ausdruck, die die Moderne einleiten und bestimmen, scheinen sich in allen Gruppierungen der frühen Moderne niedergeschlagen zu haben, ebenso aber auch in Werken, die an die Tradition anknüpfen, und in Autoren, die individuelle Wege gehen. Zu diesen Autoren wären z. B. Heinrich und Thomas Mann, Döblin, Musil, Broch, Hesse u. a. m. zu zählen, die jedoch ihre Hauptwerke erst nach dem Ersten Weltkrieg schufen.
Für nicht primär literarhistorisch interessierte Leser ist der Traditionsbruch der frühen Moderne sicherlich vor allem interessant im Hinblick auf die Wirklichkeitserfahrung und weltanschauliche Orientierung oder Desorientierung in der Gegenwart. In diesem Sinne wird hier der Leitaspekt „Wirklichkeit des Bewußtseins" eingeführt. Gemeint sind damit nicht nur einzelne Krisen des Wirklichkeitsbewußtseins, sondern die Annahme, daß darin eine grundsätzliche Erfahrungs- und Bewußtseinskrise, die des Wirklichkeitszweifels, eingeschrieben ist, wie sich schon an den bisherigen Texten des ganzen Kapitels ablesen läßt. Die Verunsicherung, ob der moderne Mensch noch die Wirklichkeit (und damit auch sich selbst) als Ganzes, Geordnetes und Sinnvolles erfahren und verstehen kann, ist ein wichtiges Thema der modernen Literatur.

Sechstes Kapitel: Zu Text 145, S. 226f.

Dem Schriftsteller wird der Zweifel an der Wirklichkeit zur Unsicherheit über die Darstellbarkeit und Mitteilbarkeit solcher Erfahrungen; er teilt diese Unsicherheit und gleichzeitig das Gefühl einer problematischen Stellung in der Gesellschaft mit den Intellektuellen überhaupt. Von daher erklärt es sich, daß modernes Kunstschaffen oft in hohem Maße von bewußter Reflexion begleitet ist und man dabei nicht nur über das Kunstschaffen und seine Gegenstände nachdenkt, sondern beides überhaupt in Frage stellt oder in Frage gestellt sieht. Avantgardisten schreiben fast immer auch gegen den Zweifel am Schreiben an, seien es nun „Symbolisten", „Expressionisten", „Dadaisten" oder die Autoren der Gegenwart. Das literarische Werk thematisiert so oft – inhaltlich und formal – das Bewußtsein des Schreibenden selbst.

Die Textstelle aus einem wenig bekannten Werk von Otto Flake (145) wurde als Einleitung zu diesem Abschnitt gewählt, weil sie diese Zusammenhänge bespricht, auf wichtige Strukturen solcher Bewußtseinsliteratur hinweist und für diese auch eine neue Sprache sucht (im Anschluß an den expressionistischen Prosastil). Dieser Text läßt Verbindungen mit denen der Abschnitte III bis VI erkennen. In den folgenden Texten werden verschiedene „Wirklichkeiten" als Bereiche bewußter Erfahrung behandelt: die Lebenserfahrung selbst am Beispiel des Arztberufs (Benn, 146), der Bereich des Schönen, Artistischen (Wedekind, 147; Walser, 148, 149; Kafka 150) und der Bereich normativer Ordnungen (Kafka, 152).

Benns Erzählung ‚Gehirne' (146) ist ein berühmtes Beispiel moderner Bewußtseinsprosa, beispielhaft konkretisiert im Motiv des Gehirnchirurgen. Wir erkennen die Wirklichkeitsentfremdung und die verunsicherte Existenz des Intellektuellen. Die Spannung zwischen seelischer Verunsicherung und der Sehnsucht nach innerer Sicherheit und Freiheit bestimmt die Texte von Wedekind, Walser und Kafka (147–150), jedoch bezogen auf die Erfahrung des Schönen, Artistischen, die man auf Kunst allgemein übertragen kann. Wedekinds journalistisch-essayistische und lebensphilosophische Darstellung, Walsers einfühlende Begeisterung für das Schöne und Kafkas konstruierte und verrätselte Parabel sollten miteinander verglichen werden.

Für das Verständnis Kafkas und seiner Erzählungen und Romane soll das Lesebuch ergänzende Hilfen anbieten. Gerade Kafka ist ein aufschlußreiches Beispiel dafür, wie moderne Bewußtseinsliteratur mit autobiographischen Erfahrungen, der problematischen Situation des Dichters im Leben und der Auseinandersetzung mit dem Schreiben zusammenhängt; das sollen die Tagebuchstellen erschließen (151). Als exemplarisch für Erzählweise und Thematik Kafkas gilt u. a. seine Erzählung ‚Vor dem Gesetz'. Daß sie eigentlich in den Kontext des Romans ‚Der Prozeß' gehört, wird – vor allem in der Schule – selten beachtet. Gerade dieser Zusammenhang aber enthüllt die schwierigen gedanklichen und erzähltechnischen Verflechtungen in Kafkas Prosa, vor die jede Kafka-Interpretation den Leser stellt. Deshalb wurde die Erzählung hier mit dem umgebenden Gespräch aus dem Roman abgedruckt. Am Ende des Kapitels kann sie auch als eine Art Zusammenfassung betrachtet werden: Kafka, heute einer der meistgelesenen Autoren der frühen Moderne, schlägt eine Brücke vom Anfang des Jahrhunderts zu dessen Ende. Er konfrontiert den Leser mit den irritierenden Erzählmethoden der Moderne, in denen sich die Irritation der Selbst- und Wirklichkeitsvergewisserung, aber auch die Frage nach deren tieferen Ordnungen – unbeantwortet – ausdrückt.

Otto Flake: [Abstraktion, Simultaneität, Unbürgerlichkeit] (S. 226 f.)   145

Zu Autor und Werk

Otto Flake (1880–1963) stand nur vorübergehend den Expressionisten nahe; 1919 veröffentlichte er mit Walter Serner und Tristan Tzara die dadaistische Zeitschrift ‚Der Zeltweg'. Sein Roman ‚Die Stadt des Hirns' hatte weder nach außen noch für ihn selbst besondere Wirkung. Schon 1920 wandte er sich von der Avantgarde ab (‚Das Ende der Revolution', 1920). Seine später geschriebenen Romane entsprechen dem Typ, den er in unserem Textauszug verwirft: Es sind Romane des Welterlebens einzelner nach dem Vorbild des Entwicklungsromans (zum Teil mit Zügen des Schelmenromans – vgl. ‚Fortunat', 1946–1948).

Dennoch hat Flake in diesem Vorwort wichtige Ideen der Avantgarde zusammengefaßt und programmatisch auf die Gattung Roman gerichtet. Man erkennt die Beziehungen zum Expressionismus und Dadaismus. So ist Flake ein Beispiel dafür, daß in den beiden ersten Jahrzehnten des 20. Jahrhunderts die allgemeine Kultur- und Bewußtseinskrise nicht nur in den Formexperimenten der Expressionisten und Dadaisten ihren Niederschlag fand, sondern auch in weniger avantgardistischer Literatur, z. B. in der mehr traditionellen Prosa der Brüder Mann, Hesses, Brochs, Döblins, Sternheims u. a. m. In diesen Jahrzehnten entwickelte sich international eine bis heute nachwirkende Erzählweise der Bewußtseinsprosa, die teils zum Essay, teils zur Kurzgeschichte, teils zum Roman tendiert. Flakes Kommentar leitet eine Reihe von Textbeispielen dafür ein.

Sechstes Kapitel: Zu Text 145, S. 226f.

Zur Interpretation

Kurz vor dem Textauszug hat Flake über die bisherige Avantgarde das Fazit gezogen, daß sie noch nicht weit genug gegangen sei:

„[...] Bildende Kunst läuft mit vollen Segeln von den behaglich bewohnten Künsten [vermutlich gemeint: Küsten] des Realismus Impressionismus durch die glückliche Ausfahrt des Expressionismus auf die unbefleckte Insel der ABSTRAKTEN die sich vielleicht zu einem neuen Kontinent weiten wird, Lyrik quillt aus geöffneter Tiefe des SIMULTANEN, Benn Ehrenstein Sternheim formten die Novelle des UNBÜRGERLICHEN – der Roman ist nicht über den Expressionismus hinausgelangt!" (Paul Pörtner: Literatur-Revolution 1910–1925. Dokumente, Manifeste, Programme. Band I: Zur Ästhetik und Poetik. Hermann Luchterhand Verlag, Darmstadt und Neuwied am Rhein – Berlin-Spandau 1980, S. 296.)

Trotz schwieriger Diktion sind Flakes Gedanken durchaus nachzuvollziehen: Der „neue Roman" soll Abkehr von der Romantradition sein, das heißt von einer mehr oder weniger realistisch erzählten Handlung, in der ein Individuum auf seinem Lebenswege (der „Wanderer", S. 226, Z. 21) die Welt kennenlernt, um darin „ihren Sinn zu finden" (Z. 9–27, Zitat Z. 19). In solchen Entwicklungsromanen werde der einzelne Mensch im Grunde der Darstellung eines Weltbildes untergeordnet.

Demgegenüber fordert Flake den Roman, in dem der Sinn und das Weltbild aus dem Bewußtsein des Menschen entstehen: „es entrollt die Welt einem Hirn als Vorstellung" (Z. 30). Literatur als „Projektion" innerer Vorstellungen und Erfahrungen wurde seit der Abkehr vom Naturalismus gefordert; ein Zusammenhang zwischen Weltbild, Krisenbewußtsein und Kreativität war sogar schon im Romanbegriff der Romantik angelegt (vgl. Fr. Schlegel, Text 70). Vergleichbar diesen Vorläufern ist Flakes Forderung, die tradierten Erzählmuster aufzugeben (S. 226, Z. 9–15 und ff.) und an ihrer Stelle Darstellungsmuster der Avantgarde zu vereinen. „Abstraktion" bedeutet im weitesten Sinne den Verzicht auf Abbildung der Wirklichkeit („Anschaulichkeit") zugunsten der aus dem Bewußtsein kommenden Vorstellungen („Anschauung", S. 227, Z. 5). „Simultaneität" ist die Auflösung von chronologischer und damit kausaler Anordnung der Vorstellungen (vgl. Text 142). „Unbürgerlichkeit" ist die Absage an konventionelle Wertbegriffe und Wertgefühle. Der innerste Zweck solchen Schreibens sei die Demonstration der „Denkkraft" als „wahre[r] Souveränität des Individuums" (S. 226, Z. 15). Mit diesem Gedanken, der schon seit dem Sturm und Drang bekannt ist, erweist Flake sich als blind für die ganz andere Möglichkeit, was sich in subjektiver Bewußtseinsdichtung äußern kann: die Ohnmacht und Verlorenheit oder auch die Wirklichkeitsentfremdung im modernen Bewußtsein (vgl. die Texte von Benn, 146, und Kafka, 150–156). Historisch gesehen, erscheint Flakes Proklamation des neuen Romans gerade im Kern ihrer Sinngebung eher rückwärtsgewandt, dem Idealismus verpflichtet, während die Bewußtseinsprosa großer moderner Autoren grundlegende existentielle Krisen offenbart.

Zutreffend ist, was Flake über die beabsichtigte Wirkung auf den Leser sagt (S. 227, Z. 7–17): Moderne Bewußtseinsprosa ist für den Leser schwierig, soll ihn zum Nachdenken zwingen. Hier zeichnet sich die Isolation einer elitären intellektuellen Literatur vom bürgerlichen Lesepublikum ab. Man kann sich fragen, ob Flakes „Souveränität des Individuums" nicht vielmehr die Autonomie des freischaffenden Intellektuellen ist, die in der modernen Zivilisation und Gesellschaft nur noch als extremer, provokativer und isolierender Nonkonformismus möglich ist.

Hinweise zur Besprechung im Unterricht

Man könnte diesen Text als Einführung in die Avantgarde lesen, sein Wortlaut wäre dann allerdings schwer verständlich. Besser versteht man den Text, wenn man mit wesentlichen Gedanken der vorhergehenden Kapitelabschnitte, vor allem der Abschnitte V und VI, vertraut ist. Im Rahmen des Abschnitts VII kann man ihn nach einem der erzählenden Texte behandeln, um zunächst vom Beispiel her die Eigenart der Bewußtseinsprosa zu erschließen; jedenfalls kann man ihn als theoretische Stellungnahme auf diese Beispiele beziehen. Dabei ließen sich sehr verschiedene Arten der „Anschauung" unterscheiden (vgl. Text 146–152). Die tiefgreifende Krise des Ichbewußtseins und Weltverständnisses bei Benn und Kafka wäre dabei Flake entgegenzusetzen.

Hinweise auf thematische Beziehungen in anderen Texten

Fr. Schlegel (70): Literatur als Selbstdarstellung des Autors im Weltbild.
H. Bahr (122): „Wirklichkeit" als „Stoff des Künstlers, um seine Natur zu verkünden".
R. M. Rilke (132): Die „Aufzeichnungen" entsprechen zwar nicht in jeder Hinsicht den Gedanken Flakes, zeigen aber in anderer Weise die Verwandlung der äußeren Erfahrung in das innere „Sehen" des Individuums.

Sechstes Kapitel: Zu Text 146, S. 227 ff.

H. Ball (135): „Die Künstler dieser Zeit [...] schaffen Bilder, die keine Naturnachahmung mehr sind..."
Huelsenbeck, Ball (142, 143): Kunst als kreatives Spiel des Künstlers mit den Trümmern der Kultur.
A. Döblin (163): Absage an die „Handlung".
A. Döblin (164): erzählte Wirklichkeit als Bewußtseinsinhalt.
(In Kapitel 8 viele Beispiele für Bewußtseinsprosa in der Gegenwartsliteratur.)

Gottfried Benn: Gehirne (S. 227 ff.)   146

Zum Text
‚Gehirne' wurde zuerst 1915 in den ‚Weißen Blättern' veröffentlicht, als Benn in Brüssel als Militärarzt diente, dann 1916 mit drei anderen Prosastücken als Buch mit dem Titel ‚Gehirne'. Mit Benns frühen Gedichten (‚Morgue', 1912; ‚Söhne', 1913; ‚Fleisch. Gesammelte Gedichte', 1917) erregte die Erzählung damals schon Aufsehen und gilt bis heute als eine der wichtigsten frühexpressionistischen Produktionen.
Bis in die 20er Jahre schrieb Benn weitere Prosastücke ähnlicher Art, darunter mehrere mit Rönne als Zentralfigur, auf die er auch in noch späteren autobiographischen Essays wiederholt zu sprechen kam. Die Wiederaufnahme des Titels ‚Gehirne' und das Festhalten an der Rönne-Figur zeigen an, wieviel beide Benn bedeuteten. In dem Essay ‚Epilog und lyrisches Ich' (1922 v, erweitert 1928) schrieb Benn:
„[...] Ich war ursprünglich Psychiater gewesen, bis sich das merkwürdige Phänomen einstellte, das immer kritischer wurde und darauf hinauslief, daß ich mich nicht mehr für den Einzelfall interessieren konnte. [...] Ich versuchte, mir darüber klarzuwerden, woran ich litt. [...] Ich vertiefte mich in Schilderungen des Zustandes, der als Depersonalisation oder als Entfremdung der Wahrnehmungswelt bezeichnet wird [...]"
(Gottfried Benn: Gesammelte Werke in acht Bänden, hrsg. von Dieter Wellershoff. Band 8: Autobiographische Schriften. Limes Verlag, Wiesbaden 1968 [jetzt: Klett-Cotta, Stuttgart], S. 1875).
Benn war sich schon früh im klaren darüber, daß seine Probleme die des modernen Intellektuellen seien. 1934 widmete er in dem autobiographischen Essay ‚Lebensweg eines Intellektualisten' einen längeren Abschnitt der Rönne-Figur, der mit dem rückblickenden Satz beginnt:
„In Krieg und Frieden, in der Front und in der Etappe, als Offizier wie als Arzt, zwischen Schiebern und Exzellenzen, vor Gummi- und Gefängniszellen, an Betten und an Särgen, im Triumph und im Verfall verließ mich die Trance nie, daß es diese Wirklichkeit nicht gäbe." Und später heißt es: „Das Problem, das Rönne diese Qualen bereitet, heißt also: Wie entsteht, was bedeutet eigentlich das Ich?" (s. o., S. 1896 und 1898).
Daran ist zu erkennen, daß die Rönne-Texte zwar auf autobiographischen Erfahrungen und medizinisch-psychologischen Kenntnissen beruhen, Benn sie aber als Ausdruck einer umfassenden Erfahrung verstand, an der Selbstreflexion, Zeitgeschichte, Wissenschaft, Kultur und Gesellschaft allgemein beteiligt sind. Zugleich zeigt Benns Entwicklung als Prosaist, daß er von traditionellen Erzählformen mehr und mehr zum essayistischen und autobiographisch-reflektierenden Schreiben überging. Die von ihm immer wieder kommentierten Krisen des Bewußtseins verbanden sich hier mit einer Krise des Erzählens, dagegen nie mit einer Krise der Lyrik. (Vgl.: Gottfried Benn – Stationen seines Lebens und Denkens, mit Materialien. Auswahl der Texte und Materialien von Annemarie Christiansen. Editionen für den Literaturunterricht, hrsg. von Dietrich Steinbach. Ernst Klett Verlag, Stuttgart 1982.)

Zur Interpretation
Die Erzähler der frühen Moderne orientierten sich, auch wenn sie auf bis dahin ungewohnte Art schrieben, noch an den Gattungen Novelle und Roman (vgl. Text 145 und 163). Auch die Erzählung ‚Gehirne' läßt noch – im Unterschied zu späteren Werken Benns – eine äußere Handlung mit Anfang und Ende sowie eine reale Umwelt mit Orten, Personen usw. erkennen. Am Anfang wird nach Novellenart die Hauptperson mit ihrer Vorgeschichte und in einer bestimmten Situation berichtend eingeführt (S. 227, Z. 26–S. 228, Z. 8). Jedoch kündigt sich schon hier eine subjektiv-reflektierende Erzählweise an: Die Außenwelt, die der reisende Arzt aus dem Zugfenster vorübergleiten sieht, wird nicht als solche, sondern als das gezeichnet, was der Arzt im Bewußtsein registriert („besprach er sich", S. 227, Z. 31 ff.; Z. 38–S. 228, Z. 3). Dieses Verhältnis zwischen Bewußtsein und nur aus der Distanz und vorübergehend wahrgenommener Außenwelt ist konstitutiv für die ganze Erzählung. Das Wahrgenommene entspricht dabei dem Lebensgefühl des Reisenden: „So viele Jahre lebte ich, und alles ist versunken"; deshalb will er, was er erlebt, „aufschreiben", damit nicht alles so herunterfließt" (S. 227, Z. 35) – indirekt ein Kommentar zum Schreiben überhaupt, als Festhalten einer sonst nicht festzuhaltenden Wirklichkeit.
Die eigentliche Handlung besteht dann aus einem Bewußtseinsprozeß mit pathologischen Zügen. Der Chirurg und Anatom Rönne, dem in der Vergangenheit „ungefähr zweitausend Leichen ohne Besinnen

Sechstes Kapitel: Zu Text 146, S. 227ff.

durch seine Hände gegangen" sind (S. 227, Z. 28 f.), soll den Chefarzt einer Klinik vertreten, also Lebende, wenngleich Kranke und Invalide, behandeln. Er muß also handeln, mit Menschen umgehen und sprechen, merkt aber, daß er gerade das immer weniger kann. Schon in der ersten Dienstbesprechung bleibt er „fern und kühl", „umleuchtet von seiner Einsamkeit" (S. 228, Z. 7 f.). Nur zögernd scheint er medizinische Geräte zu handhaben und sich um die Patienten zu kümmern (Z. 9–25), schon das begütigende Reden mit ihnen fällt ihm schwer, vor allem mit den „Aussichtslosen" (Z. 26–38). Dann wird seine Betreuung der Patienten nachlässig (S. 229, Z. 1–4), er versieht seinen Dienst unregelmäßig (Z. 35 ff.), Berufsgespräche mit Kollegen werden ihm fast unerträglich (Z. 35–38). Endlich liegt er am liebsten in seinem abgeschlossenen Zimmer (S. 229, Z. 40; S. 230, Z. 14, 19): untätig, ohne Kontakt, allein mit seinen Gedanken.

Der Grund für diesen fortschreitenden Verlust an Lebensbeziehung ist, daß Rönne Denken und Wirklichkeit mehr und mehr auseinanderdriften. Im Dienst nimmt er zwar alles Reale genau wahr, „vertieft" sich aber in das, was wohl im Patienten vorgehen mag, und empfindet den Gegensatz zwischen seinen Gedanken darüber, in welchem großen Lebenszusammenhang eine Verletzung erfolgt sein muß, und der Beobachtung, daß er sie nun „wie einen Fernen und Entlaufenen" versorgt (S. 228, Z. 12–25). Er reflektiert, wie die Patienten ihn sehen, und findet darüber keinen unmittelbaren Kontakt zu ihnen (S. 229, Z. 4ff.), v. a. beschönigende und tröstliche Lügen sind ihm unmöglich (S. 228, Z. 26–38). Zuletzt schreckt er davon zurück, die Patienten in der Liegehalle überhaupt aufzusuchen (S. 230, Z. 23 ff.). Äußere Wirklichkeit, selbst wenn sie schöne Natur oder ein Garten ist, wirkt auf ihn, als sei er ihr nur „preisgegeben" (S. 229, Z. 29–34). Die äußere Realität ist ebenso bedrängend wie die innere, weil beide einander nicht ergänzen, sondern unvereinbar aufeinanderprallen.

In diesem Zustand wird auch das Ich verunsichert, das sich nach außen nicht mehr mitteilen kann: „Wohin solle man sich denn sagen?" (S. 230, Z. 10). Wenn Rönne darüber nachsinnt, was andere über ihn denken, ist das ja kein selbstvertrauendes Ichbewußtsein (vgl. S. 228, Z. 16 f.; S. 229, Z. 4–7). Im „Fließen" (S. 227, Z. 36) des Bewußtseinsstroms lassen sich weder äußere Realität noch innere Identität festhalten: „... jawohl, ich war vorhanden: fraglos und gesammelt. Wo bin ich hingekommen? Wo bin ich? Ein kleines Flattern, ein Verwehen" (S. 229, Z. 8 ff.; vgl. Z. 15). Liegt er aber allein in seinem Zimmer, ist ihm, als wäre er da schon immer, jedoch als fremder, vielleicht toter Leib (S. 229, Z. 42 ff.).

Der Vorgang, unter dem Rönne leidet, manifestiert sich in zwei körperlichen Motiven: den Hirnen und den Händen. Die Hände des Chirurgen sind zugleich Teile seiner selbst und äußere Realität. Rönne benutzt sie wie Instrumente, außerhalb seines Ichgefühls: „Dann nahm er selber seine Hände, führte sie über die Röntgenröhre..." (usw., S. 228, Z. 12 ff.). Auch sie stellen keine unmittelbare Beziehung zum Leben her: „Das Leben ist so allmächtig, dachte er; diese Hände werden es nicht unterwühlen können, und er sah seine Rechte an" (S. 228, Z. 4 f.).

Von einer Tätigkeit allerdings ist Rönne wie besessen; es ist die Bewegung, mit der der Anatom ein Gehirn in die Hände nimmt und die beiden Hälften auseinanderklappt – er führt sie gedankenverloren sogar als leere Geste aus, wenn er sich allein glaubt (S. 229, Z. 17–27). Man könnte darin ein Symbol für Rönnes schizoides Bewußtsein sehen. Rönne scheint nur zu bemerken, daß das Gehirn als materieller Sitz des Bewußtseins nichts zu erkennen gibt als bedeutungslose Materie, die ohne Zutun des Ichs entstanden ist und sich wieder auflöst (S. 230, Z. 5–10). Deshalb läßt ihn die hilflose Frage nach seinem eigenen Gehirn, das heißt nach dem Zusammenhang zwischen Bewußtsein und Realität des Ichs, nicht mehr los. Scheinbar geistig verwirrt, bittet er den zurückgekehrten Chefarzt, dem er die quälende Vorstellung von den Gehirnen zu erklären versucht, ihn gehen zu lassen – er scheint sich davon eine Befreiung zu wahnhaften, aber beglückenden Vorstellungen zu erhoffen.

Soweit liest sich der Text wie eine psychopathologische Studie. Dahinter steckt aber mehr, nämlich die allgemeingültige Erfahrung, die wir in vielen Texten Benns, auch seinen Gedichten, und denen anderer Zeitgenossen ausgesprochen finden: die Erfahrung vom Zerfall eines einheitlichen Weltbildes, in dem auch das Ich sich eingeordnet fühlen kann, und damit vom Zerfall der Identität (vgl. Vorbemerkung zum Text). Benn hat z. B. in seinen frühen ‚Morgue'-Gedichten mit ihren krassen Bildern von toten und kranken Menschenkörpern dem Schock über die Hinfälligkeit und Sinnlosigkeit des Wirklichen Ausdruck gegeben (vgl.: Gedichte. Von den Anfängen bis zur Gegenwart. Ernst Klett Verlag, Stuttgart 1985, S. 207). Und er hat dann immer wieder das Bewußtsein als Widersacher natürlicher Einheit des Ichs mit dem Leben dargestellt: „Das Tier lebt Tag um Tag und hat an seinem Euter kein Erinnern [...]. Nur ich [...], ein hirnzerfressenes Aas [...]" (Ikarus; Gedichte, s. o., S. 208f.). Erlösung erhoffte Benn/Rönne sich vom Aufgehen des Bewußtseins im Irrationalen, in „Trance", Rausch, Imagination. Das ist der Sinn der Schlußworte Rönnes, mit denen die Erzählung endet: die Sehnsucht nach „Zerstäubungen der Stirne – Entschweifungen der Schläfe" (S. 230, Z. 37 ff.).

Sechstes Kapitel: Zu Text 147, S. 231f.

In dieser Darstellung einer Bewußtseinskrise zeichnet sich zugleich die Krise traditionellen Erzählens ab. Der übliche Inhalt von Erzählungen, das „Geschehen", stiftet nicht mehr die Einheit zwischen Ich und Welt; in einem anderen Prosastück der Sammlung ‚Gehirne' von 1916 heißt es: „Manchmal eine Stunde, da bist du; der Rest ist das Geschehen" (‚Die Reise'). Der Zweifel am Sinn des Geschehens aber ist notwendigerweise ein Zweifel am Erzählen: „Was sollte man denn zu einem Geschehen sagen? Geschähe es nicht so, geschähe etwas anderes" (‚Gehirne', S. 229, Z. 39f.). Die inneren Erfahrungen, das Leiden am Denken, das man dennoch nicht lassen kann, sind kaum zu erzählen. Nur im Rausch der Selbstvergessenheit gibt es unzweifelhaftes Sein: „Manchmal eine Stunde, da bist du." Die überwiegenden Erfahrungen aber sind leeres Geschehen und unwirkliches Bewußtsein: „Bis mich die Seuche der Erkenntnis schlug: es geht nirgends etwas vor; es geschieht alles nur in deinem Gehirn" (aus Benns Prosaskizze ‚Heinrich Mann. Ein Untergang', 1913).
Die beginnende Auflösung traditionellen Erzählens ist in der Erzählung ‚Gehirne' deutlich zu erkennen. Äußere Fakten, mit denen die längeren Abschnitte meistens noch beginnen, sind meistens nur der Anlaß für die Schilderung innerer Vorgänge und Reflexionen; wenn nicht, werden sie als Beobachtungen anderer mitgeteilt (S. 229, Z. 17–27). Die Chronologie der Vorgänge ist vage, genaue Zeitangaben fehlen. Statt dessen werden Vorgänge nur unbestimmt datiert – „eines Morgens", „einmal", „eines Abends", „es war im Sommer" – oder als wiederholte gekennzeichnet – „hin und wieder", „oft", „immer" oder mit „wenn"-Sätzen. Das zeitliche Nacheinander verwandelt sich so in eine fast simultane Wiederholbarkeit der Erfahrungsfragmente oder einen gleichbleibenden Zustand, wäre nicht die innere Progression der Wirklichkeits- und Selbstentfremdung spürbar. Die Grenzen zwischen äußerem Geschehen und innerer Erfahrung sind demnach fließend, in späteren Prosatexten Benns sind sie manchmal ganz verwischt.
Reduziert sind auch der Dialog als Element des Erzählens und die Eindeutigkeit der Erzählerrede. Es dominiert die auktoriale Erzählform in der 3. Person; Rönnes Gedanken werden aber teils in ihr, teils in Ichform gefaßt (vgl. S. 229, Z. 4–16). Ein Gespräch Rönnes wird nur als Monolog in indirekter Rede wiedergegeben (S. 230, Z. 5–13), sonst gibt es keine Gespräche. Die einzige längere Äußerung Rönnes in direkter Redeform ist sein Schlußwort (der auktoriale Erzähler tritt hier also ganz zurück!); sie offenbart Rönnes innere Qual und endet mit irrationalen, kaum verständlichen Bildern ohne ausgeführten Satzbau – die Erzählprosa löst sich in Lyrik auf.

Zur Behandlung im Unterricht
Die vollständig abgedruckte Erzählung bedarf des genauen Lesens und der Interpretation. Den Schülern dürfte es noch am leichtesten fallen, die Bruchstücke äußerer Handlung zusammenzufassen und das Verhalten Rönnes zu kennzeichnen. Die Einleitungsabschnitte über Reise, Vorgeschichte und Ankunft können die Perspektive der nur vom Bewußtsein her erfaßten Wirklichkeit erschließen (s. o.). Von daher, von Rönnes Kontaktschwierigkeiten oder von den Motiven Hände und Gehirne her läßt sich die Problematik Rönnes vielleicht nicht in allen Einzelheiten erklären, aber in Grundzügen erfassen. Um nicht beim psychopathologischen Fall stehenzubleiben, wird man ergänzende Texte heranziehen müssen, z. B. Gedichte oder Rönne-Kommentare von Benn oder theoretische Texte des Kapitels. Einzelne Stellen können vielleicht die Schüler aus eigener Erfahrung nachvollziehen, z. B. Rönnes Kommunikationsschwierigkeiten, seine Distanz von der unmittelbaren Gegenwart im Nachdenken oder sein Bedürfnis, allein zu sein.

Thematische Bezüge in anderen Texten
Rilke (133): die fremd bleibende Wirklichkeit äußerer Wahrnehmung ohne Bezug zum inneren „Sehen".
Ball (135): Verlust eines sinnvollen Welt- und Menschenbildes sowie der Einheit zwischen beiden.
Flake (145): die Aspekte der Abstraktion und der Simultaneität.
F. Kafka (150, 151, 152): das problematische Verhältnis zwischen Wirklichkeitserfahrung, Lebensbewältigung, Denken und Schreiben/Erzählen.
Döblin (163): Absage an die „Handlung".
Döblin (164): Wirklichkeit und Bewußtsein.
(In Kapitel 8 Beispiele für Bewußtseinsprosa in der Gegenwartsliteratur.)

Frank Wedekind: Zirkusgedanken (S. 231f.)   147

Zu Autor und Werk
Wedekind hatte ein abgebrochenes Germanistik- und Jurastudium hinter sich, als er mit etwa 23 Jahren in Züricher Literaturkreisen verkehrte und für die ‚Neue Zürcher Zeitung' Rezensionen und Feuilletons

Sechstes Kapitel: Zu Text 147, S. 231f.

schrieb. Seine Zuneigung zum Zirkus führte ihn wenig später zum berühmten Schweizer Zirkus Renz als Sekretär. Die Besprechung einer Vorstellung des Zirkus Herzog erschien am 29. und 30. Juni 1887 – gerade begann die Blütezeit des Naturalismus. Wedekind weitet die Rezension aus zu Reflexionen über das Leben. Er verteidigt die Zirkuswelt gegen religiöse und moralische Vorurteile, indem er sie als Muster der Lebenskunst charakterisiert; der Artikel beginnt: „Nein, nein, Herr Pastor, beruhigen Sie sich! ..." Auf den hier abgedruckten Ausschnitt folgen ironisch-besinnliche Ausführungen über das „labile" und das „stabile" Gleichgewicht bei Seiltänzern und Trapezkünstlern, die er auf Gedanken über Idealismus und Lebensführung überträgt – eine Art Lebensphilosophie, die sich im leichten Plauderton gibt, mit der es Wedekind aber ernst war.

Zur Interpretation

Der Textausschnitt vertritt die Gattung des Essays, der Beobachtungen im Leben zum Anlaß für Reflexionen über das Leben, die Menschen, Erfahrung und Moral nimmt; das entspricht alten Denktraditionen Europas. Wedekind hat den Zusammenhang zwischen Schilderung und Überlegung ausdrücklich markiert: „das Charakteristische [...] des Zirkus" deutet er als „plastisch-allegorische Darstellung einer Lebensweisheit", die ein „geistig bildende[s] Element" ist (S. 231, Z. 33 ff.). Er macht also aus der Beobachtung ein Sinnbild, dem die Allegorese, die Auslegung, folgt. Um diesen Zusammenhang zu verstehen, muß man wissen, daß der Schilderung des Trakehnerauftritts die einer Seiltänzerin folgt. Die Allegorese verbindet beide und übernimmt Bildelemente aus beiden: aus der ersten die Kraft und Dynamik der Pferde in der Vorstellung des Lebens als einer „Steeplechase (Z. 37) und „wilde[n] Jagd" (S. 232, Z. 6), aus der zweiten den Leitbegriff der „Elastizität" (S. 231, Z. 33).

„Elastizität" im Leben ist eine vielseitige Fähigkeit: Bei unsicherem Stand (vgl. Seiltänzer) braucht man sie, um die Balance zu halten und nicht zu stürzen; bei gewagten Sprüngen bewahrt sie ebenfalls vor dem Fallen, das der Springer in einer „gefällige[n] Kniebeuge" auffängt (S. 232, Z. 2); und falls es zu einem gefährlichen Sturz kommt, womit jeder rechnen muß, verhindert sie, daß man mit gerissener „Achillesferse" liegenbleibt und von der „wilde[n] Jagd" überrollt wird (Z. 4ff.). „Elastizität" ist also die Fähigkeit, mit Gefahr zu leben und sie zu überleben, zugleich aber mit Gefahr virtuos zu spielen.

Die Gefahr gehört zu Wedekinds Lebensbegriff, denn das Leben ist für ihn nicht mehr „die alte gemütliche Pilgerfahrt, jene langgedehnte Aufnahmsprüfung für bessere Tage" (S. 231, Z. 35 f.). Hier macht Wedekind einen Unterschied zwischen modernem und traditionellem Lebensgefühl; letzteres erwarte am Ende eine Erlösung oder Belohnung für die Pflichterfüllung und Bewährung auf dem Lebenswege; deshalb ist ein so verstandenes Leben nicht beunruhigend, sondern „gemütlich". In den Formulierungen sind Seitenhiebe gegen bürgerliche Religiosität, Bildung und Moral versteckt, wie er sie in der Schweiz kennengelernt haben mag und gegen die er im ganzen Artikel die unbürgerliche Artisten- und Vergnügungswelt des Zirkus verteidigt. Das moderne Leben ist ihm dagegen eine „wilde Jagd" ohne jenseitiges Ziel, „über nichts als Hindernisse und Fallgruben hinweg" (S. 231, Z. 36), in der der einzelne mitjagt oder – gestürzt – untergeht.

Was hat die vorangestellte Zirkusszene damit zu tun? Sie stellt im Trakehnerauftritt vitale Kraft und Bewegung in kultivierter Bändigung dar. Die Pferde erscheinen in der Arena wie entfesselte und chaotische Gewalt (S. 231, Z. 16–18), ordnen sich aber und vollführen „auf einen Wink, einen Blick ihres Herrn" hin (Z. 19) diszipliniert ihre tänzerischen Figuren, mit dem Höhepunkt des Aufbäumens „in imposanter Parade", in der ihre „Front", „einer gewaltigen Meereswoge gleich, auf den Zuschauer einmarschiert" (Z. 21–26). Wedekind hat dies als umfassendes Bild des Zirkus sprachlich geformt – selbst ein Beispiel kunstvoller Gestaltung einer die Empfindung überwältigenden Vielfalt und Macht der Eindrücke. In einem fast 30 Zeilen langen Satz entrollt er das Bild vom „Glanz" (Z. 11) der ganzen Szenerie (vgl. Text 150), zu der auch das Publikum gehört, über die gespannte Erwartung und die Musik bis zum Schautanz der Trakehner. Das alles wird mit aneinandergereihten „wenn"-Sätzen aber zur Voraussetzung der Wirkung auf die Zuschauer gemacht, der Erregung, die Wedekind anderswo in diesem Essay „Begeisterung" nennt. Wer nicht fähig zu dieser Begeisterung ist, ist ein „Bärenhäuter", ein eigentlich unkultivierter Mensch – hier wieder Seitenhiebe gegen Akademiker und Kleinbürger (Z. 26–29).

Der Ausschnitt aus einem unscheinbaren Feuilleton offenbart Grundgedanken des Schriftstellers, Künstlers und Lebensphilosophen Wedekind, der an der Wende von der bürgerlichen Kultur des 19. Jahrhunderts zur Moderne steht. Der metaphysische Glaube erscheint ihm ebensowenig tragfähig wie die bürgerliche Ordnung, Moral und Bildung. Ihnen entgegen setzt er die Bejahung des dynamischen und natürlichen Lebens; darin folgt er Nietzsche, aber auch Heine. Zum Leben gehört die Gefahr des Scheiterns, aber der Mensch kann die natürliche Fähigkeit, gefährlich zu leben, zur Lebenskunst kultivieren. Kunst als solche schafft symbolische Vorbilder dieser Lebenskunst, ist selbst Lebenskunst in Vollendung. Das ist dann nicht mehr die bürgerlich organisierte oder akademisch gedachte Kunst, nicht einmal nur die Kunst großer Kunstwerke, sondern gerade die unbürgerliche Artistik, in der sich der Künstler selbst genießt und dem Publikum Vergnügen und Begeisterung vermittelt – „Glück" ist ein anderes Lieblingswort Wedekinds. Das Leben wird ästhetisiert, aber das Schöne ist nur „Glanz" des Natürlichen; Natur und Kunst sollen eine Einheit bilden, unabhängig von Metaphysik und bürgerlicher Ordnung. Hinzunehmen ist allerdings das stets gegenwärtige Risiko des Scheiterns. Gerade in den Schilderungen der Seiltänzer und Trapezartisten zeigt Wedekind, daß diese Lebenskunst überhaupt nur über einem Abgrund und als Spiel mit der Gefahr möglich ist.

Zur Behandlung im Unterricht
Die Interpretation der Gedanken Wedekinds bedarf einiger Ergänzungen und Hilfen durch den Lehrer, der dazu den Text des ganzen Artikels oder andere Texte Wedekinds und Informationen über den Autor heranziehen sollte (vgl. Günter Seehaus: Frank Wedekind in Selbstzeugnissen und Bilddokumenten. rowohlts monographien, 580. Reinbek 1974). Die Schilderung des Trakehnerauftritts gibt Gelegenheit zu einer sorgfältigen Textuntersuchung. Schüler können diese Schilderung mit eigenen erinnerten Beobachtungen vergleichen und ergänzen, dabei über den Reiz der Synthese aus „Natur", Artistik und Show sowie den Zusammenhang zwischen Sensation und Gefahr nachdenken und die Zirkusartistik anderer Show-Formen, wie sie v. a. das Fernsehen verbreitet, gegenüberstellen.
Bei ausführlicher Besprechung Wedekinds sollte dessen Eintreten für die Emanzipation der Frau, der Liebe und der Körperlichkeit beachtet werden; dazu gibt auch der Artikel ‚Zirkusgedanken' Anlaß, im Zusammenhang mit seiner Begeisterung für Artistinnen.
Naheliegend ist der Vergleich mit den Texten 148–150 (zu den Ähnlichkeiten bei Kafka siehe den Kommentar dort).

Thematische Beziehungen in anderen Texten
Heine (105): Gegenüberstellung der akademisch-spießbürgerlichen Lebensform mit der unbefangenen Natürlichkeit.
Nietzsche (116): Kritik der Unkultur des „Philisters".
Th. Mann (124): Künstlerleben und Lebenskunst.
Hofmannsthal (129): Schönheit, Natürlichkeit und Sicherheit der Tennisspieler.
Walser, Kafka (148, 149, 150): vergleichbare Sinn-Bilder artistischer Vorführungen.

Robert Walser: Ovation. Der Tänzer (S. 232 f.)   148 149

Zu den Texten
Robert Walser (1878–1956) schrieb nach drei Romanen nur noch Kleinprosa. Darin sind die Erzählpläne des Romans und der Novelle aufgegeben; es werden keine umfassenden Milieus, Charaktere oder Schicksale in Handlungen entfaltet. Statt dessen stellt der Autor eine einzelne Figur, eine Episode, eine Impression in den Mittelpunkt und gestaltet sie mit intensiver Betrachtung und Stilkunst, mal skizzenhaft oder essayistisch, mal als wohlkomponiertes Bild, mal als anekdotisch geschlossene Begebenheit. Diese Prosa steht dem Feuilleton, dem impressionistischen Momentbild, der Reiseskizze, dem Tagebuch oder einer autobiographischen Erinnerung nahe – alles Formen, in denen die Welt im Kleinen gesehen, das Gesehene auch reflektiert, aber nicht zum Weltbild ausgebaut wird. Kafka hat Walsers Werke geliebt und sich von ihnen anregen lassen. Im Unterschied zu Kafkas Prosaskizzen spricht aus denen Walsers meistens mehr Freude an den Lebenserscheinungen; er scheint weniger über sie zu grübeln, dafür sie gern in ausgefeiltem, ja manchmal preziös-gefälligem Stil zu schildern, kann aber mit diesem Stil auch ironisch spielen, ja dahinter eine ungewisse Beunruhigung andeuten.
‚Ovation' und ‚Der Tänzer' stammen aus Walsers Berliner Zeit (1905–1913). Im folgenden wird ‚Ovation' zur Einführung genauer interpretiert, ‚Der Tänzer' im Vergleich knapper besprochen.

Zur Interpretation

Ovation
Thema des Textes ist die Kunstbegeisterung, dargestellt in der Huldigung des Publikums an eine Künstlerin, die ihrerseits die Huldigung hervorruft und durch ihre Reaktionen darauf verstärkt (Z. 11 f.; 17–21). Dabei

Sechstes Kapitel: Zu Text 148/149, S. 232f.

werden zwei Arten von Huldigungen unterschieden. Die eine ist reine Begeisterung, die sich im Beifall, in Jubel und mit Blumen äußert. Sie wird von der Künstlerin wie eine Liebeserklärung angenommen und erwidert – eine gleichsam unschuldige Beziehung, denn sie dankt dem Publikum, „als wenn es ein kleines, liebes, artiges Kind sei" (Z. 19f.). Diese Art von Huldigung kommt gerade auch von der Galerie herab, also vom schlichteren Publikum (Z. 14f.). Die andere kommt von einem vornehmen Herrn, ganz vorn an der Bühne, und besteht in einem hohen Geldbetrag – ihn weist die Künstlerin verächtlich zurück (Z. 25–31). Die materielle Belohnung, die der Baron der Künstlerin anbietet, ist reiner Begeisterung unwürdig. Sein Fehltritt besteht aber vielleicht auch darin, daß er als einzelner – sonst wird immer nur die Gesamtheit des Publikums erwähnt! – die Beachtung der Künstlerin sucht. Das Glück der reinen Ovation aber ist ein gemeinschaftliches.

Die Schilderung dieser Vorgänge scheint selbst Begeisterung auszudrücken, nämlich darüber, „daß eine Ovation etwas Herrliches ist" (Z. 33). Der Verfasser kann sich mit Wiederholungen, Attributen, Vergleichen und Umschreibungen gar nicht genugtun; als Beispiel seien hier die Wendungen angeführt, die „Ovation" umschreiben: „zu stürmischem Jubel, der schönste Beifall, Glanzleistung, Huldigung, Beifallskundgebungen, süße Gebärde, die goldene, wenn nicht diamantane Jubelstimmung" usw. Das Phänomen der alle mitreißenden „Jubelstimmung" wird wiederholt in Bildern gestaltloser, aber raumfüllender und bewegter Naturerscheinungen veranschaulicht: „Hagelschauern ähnlich, gleich einem rieselnden Regen, die [...] vom Beifall wie von einer Wolke in die Höhe gehobene Künstlerin, Rauschen, Toben, wie ein sichtbarer göttlicher Nebelhauch".

Dies alles vergegenwärtigt anschaulich die glücklich-erregte Atmosphäre, wirkt aber auch übertrieben, stellenweise fast kitschig, jedenfalls theatralisch. Die Apotheose der Künstlerin kann an Götter-, Fürsten-, Mythen- oder Allegoriendarstellungen der Renaissance und des Barock erinnern mit ihren Wolken, Putten, nymphen- oder engelhaften Frauengestalten usw. Die hinreißende Natürlichkeit der Künstlerin ist so effektvoll wie ein Bühnenauftritt, und die „Ovation", die Publikum und Künstlerin miteinander spielen (letztere auch dem Baron gegenüber), ist ein Theater im Theater, über dem das eigentlich aufgeführte Stück völlig in Vergessenheit gerät (vgl. den Schlußsatz!). Das Unwirkliche der Szene wird dadurch unterstrichen, daß der Autor im ungewissen läßt, ob die Künstlerin „eine Schauspielerin, Sängerin oder Tänzerin" ist (Z. 10f.). Noch mehr: Der ganze Text ist nur als Appell an den Leser eingeleitet, sich das alles vorzustellen, und deutet das bloß Imaginäre wiederholt an: „Stell dir, lieber Leser, vor..." (Z. 10; vgl. Z. 13, 23, 31), „vielleicht..." (Z. 25, 27). Erst am Schluß ändert sich die Diktion und wird geradezu nüchtern (Z. 35–37). Hier wird lakonisch festgestellt, daß die Ovation zu Ende ist und die eigentliche Vorführung weitergeht, über die aber nichts mehr gesagt wird. Die Komposition der Schilderung beginnt also mit dem Appell, sich etwas vorzustellen, und der allgemein gefaßten Einführung des Themas. Erst dann entfaltet sich die üppige Ausmalung des Beifalls und der Reaktionen der Künstlerin im Hin und Her zwischen beiden, bis die Bildlichkeit den vorstellbaren Realitätsbezug nahezu aufgesogen hat: „Stelle dir die goldene, wenn nicht diamantene Jubelstimmung vor, die wie ein sichtbarer göttlicher Nebelhauch den Raum erfüllt" (Z. 23–24). Die Baron-Episode scheint diese Schwärmerei zu desillusionieren, mit ihrer verächtlichen Zurückweisung des Geldes triumphiert aber die Zentralfigur der Jubelstimmung um so mehr. Der Autor kann Appell und Thema zusammenfassend wiederholen und noch einmal die Sublimierung der Realität in ein irreal-ästhetisches Bild fassen: „... die Seelen fliegen in süßer Freiheit, als Duft, im Zuschauerraum umher" (Z. 34f.). Damit aber scheint die Imagination erschöpft zu sein und von der Realität abgelöst zu werden.

Auf eine bestimmte Aussage oder Absicht ist der Text nur schwer festzulegen. Ist er Schilderung eines tatsächlichen Erlebnisses oder erdachtes Sinnbild? Ist er eine Huldigung an die Kunst oder an die Kunstbegeisterung? Ist das Glück am Schönen oder seine Künstlichkeit und Vergänglichkeit das Thema?... Möglicherweise ist dies alles aus gutem Grund herauszulesen. Im zeitgenössischen Kontext scheint Walser den symbolischen Ausdruck eines Seelischen mit der Ästhetisierung des Lebens zu verbinden. Mit Hermann Bahr (Text 122), aber ohne dessen Einengung auf „Nervenkunst" gesprochen: „Zustände der Seele" werden nicht nur ‛konstatiert' oder beschrieben, sondern in Imaginationen, „Träumen" evoziert, und zwar das, „worin wir uns anders fühlen und wissen als die Wirklichkeit". „Begeisterung", Enthusiasmus, erscheint als vollkommene Befreiung der Seelen von der Banalität des Wirklichen, die möglich ist im Eigenbereich des Schönen und der Kunst. Damit ist sie „das Eigene" des Künstlers, auch des Dichters selbst, dem hier die Wirklichkeit Theater nur als „Stoff" dient, „um seine Natur zu verkünden". Walser weiß oder fühlt aber, daß er nur eine Stimmung und Vorstellung in der Imagination beschwört; so entfaltet er sein Thema in drei Perspektiven: als die vorgestellte Stimmung der Künstlerin und ihres Publikums, als seine eigene Begeisterung dafür und als Appell an den Leser, daran teilzunehmen. Und er scheint auch zu wissen, daß die Begeisterung, so stark sie ist, entsteht und vergeht – über die umgebende Wirklichkeit schweigt er.

Sechstes Kapitel: Zu Text 148/149, S. 232f.

Die Sprache, über die Walser verfügt, sprengt ihre Formen noch nicht zum unmittelbaren Ausdruck des Seelischen, sondern ist noch traditionell, auch in ihrer Bildlichkeit der „deutlichen und wirksamen Symbole" (Bahr, s. o.). So meisterhaft er sie formal beherrscht – auch ihre Künstlichkeit scheint er zu empfinden, und er benutzt sie, um das Eigentliche immer neu zu umschreiben, das Immaterielle zu metaphorisieren. Nach Bahr ist die Sprache für Seelisches „bloß als Blumensprache [zu] gebrauchen: ihre Rede ist immer Gleichnis": Imagination, Kunst und Sprache erweisen sich so als „Verkleidung", als selbst künstliches „Kostüm" für Seelisches und Ideelles.
Im Vergleich mit Benn und Kafka wäre dies weniger „Bewußtseinsprosa" als Symbolprosa des Gefühls. Vermutlich hat auch Walser den abgründigen Zweifel der Reflexion gekannt, aber in Texten wie diesem gewährt er ihm nicht Raum, sondern deutet allenfalls im Imaginären und Artifiziellen, vielleicht auch etwas Ironischen einen kleinen Vorbehalt gegenüber den transitorischen Empfindungen an.

Der Tänzer

Diese Prosaminiatur zeigt mancherlei Entsprechungen zu ‚Ovation': ein Theatererlebnis, im Mittelpunkt ein darstellender Künstler, seine faszinierende Wirkung auf das Publikum – das sind die Themen. Wie die Künstlerin in ‚Ovation' wirkt der Tänzer als Verkörperung des Schönen und Natürlichen zugleich, schwerelos, glücklich, souverän, und er bewirkt eine alle Zuschauer vereinende Stimmung des Glücks und der Sympathie (Z. 10), eine Befreiung und Harmonie der Seelen (Z. 3, 6, 12, 30ff.). Der Text beginnt wieder mit einer – hier allerdings realistischer wirkenden – Einführung des Themas, entfaltet es dann in Schilderung und Bildlichkeit, um am Schluß – wiederum deutlicher – zur Realität zurückzukehren, in der das geschilderte Erlebnis weiterwirkt.
Anders ist der perspektivische Rahmen der Darstellung, denn sie wird als Erinnerung des Verfassers eingeleitet, die allerdings zur Erinnerung aller Augenzeugen verallgemeinert wird (Z. 3f., 32f.). Während ‚Ovation' im Präsens steht und damit auf die wiederholbare Phantasievorstellung hinweist, hinterläßt das Präteritum im ‚Tänzer' eher den Eindruck eines einmaligen tatsächlichen Erlebnisses. Dessen Schilderung wechselt zwar ebenfalls zwischen der Anschauung des Tänzers und den Empfindungen des Publikums (Z. 3, 6f., 11ff., 30ff.), aber beide Seiten erscheinen nicht im Wechselspiel, sondern verschmelzen in dem „Eindruck" (Z. 4), den der Tänzer auf die Betrachter macht. Die Schilderung dieses Eindrucks nimmt den breitesten Raum ein. Sie erscheint – v. a. anfangs – objektiv in den Aussagen über die Bewegungen des Tänzers („schritt er, er hüpfte, lief er über die Bühne, tauchte er auf und verschwand er" usw.), subjektiv in deren Charakterisierung, zu der (ab Z. 8) ganz überwiegend Vergleiche herangezogen werden (Z. 8ff., 10f., 13–23, 26–29). Das Imaginäre dieser Vergleiche unterstreichen die Wendungen „wirkte wie" (Z. 13, 15), „ähnlich wie" (Z. 19), „als (ob)" (Z. 17, 21, 26, 27).
Was ist das nun für ein beglückender Eindruck, den der Tänzer auf die Zuschauer macht? Er wird vordergründig gekennzeichnet als Schwerelosigkeit (Z. 4f., 16–20, 22), „Spiel" (Z. 8, 15, 26), ständige Beweglichkeit (Z. 8–11, 20–23), Heiterkeit (Z. 11). Damit assoziieren sich allgemeinere Begriffe, die in der Kunstphilosophie z. B. seit Schiller bekannt sind: Die Kunst (des Tanzes) ist Ausdruck von „königlicher Freiheit" (Z. 15), einer gleichsam wiedergewonnenen Natürlichkeit (vgl. die Naturbilder Wiesel, Wind, Vogel, Z. 10f., 19), von unschuldiger Kindlichkeit und ursprünglicher Menschlichkeit (Z. 13–15); darin sind Natur und Kultur, Spontaneität und Erziehung versöhnt (Beispiel: Hündchen, Z. 8–10). Im Kunstschönen erscheint hier das Bild des paradiesischen Menschen, der vollkommen und vollkommen „glücklich", „selig" ist (Z. 24); Ausdruck dieser idealen Humanität ist die „Anmut" (Z. 29). Das Ideal umfaßt sogar die Realität des Künstlerlebens; denn der Tänzer – so reflektiert der Betrachter – ist ja „in Ausübung seines Berufs" so „selig"; seine „Arbeit" hat mit „Schwierigkeiten" und „Hindernissen" zu tun, aber er hat keine Mühe mit ihnen, sondern integriert sie in sein Spiel (Z. 24–28; vgl. Text 147).
Trotzdem hat diese Erscheinung des Ideals für die Betrachter etwas Unwirkliches: „Der Tanz wirkte wie ein Märchen..." (Z. 13), „Der Tänzer selber wirkte wie ein Wunderkind aus wunderbaren Sphären" (Z. 15f.), „wie ein Engel" (Z. 16), „einem Königssohne aus dem goldenen Zeitalter glich er" (Z. 28f.). Ihn anschauen heißt „schwärmen" (Z. 32). Im Leben der Zuschauer bleibt er danach nur Erinnerung, Traum, Phantasie (Z. 32f.). Aber immerhin: Als Traum und Phantasie bleibt er, kann er trösten, die „unschönen Gedanken" verdrängen und so leben helfen.

Zusammenfassender Vergleich

Im Unterschied zu ‚Ovation' ist in ‚Der Tänzer' ein Sinn ausformuliert: Die Anschauung der Kunstaufführung erweckt in den Erlebenden die Vorstellung idealer Menschlichkeit und reinen Glücks. Daß diese nicht die reale Erfahrung ihres Lebens ist, wissen sie, aber die Vorstellung in Traum und Phantasie kann sie im

Sechstes Kapitel: Zu Text 148/149, S. 232f.

Leben begleiten. Von daher möchte man auch die Begeisterung für die Begeisterung in ‚Ovation' positiv deuten. In deren vieldeutigem Bild scheint jedoch des Verfassers Gefühl für die Künstlichkeit der Kunst und das bloß Imaginäre des Ideals unmittelbar in der Darstellung wirksam zu sein und sie künstlich zu verfremden. Im ‚Tänzer' dagegen sind Kunstwahrnehmung, Empfindung und Imagination deutlicher unterschieden und psychologisch verständlicher aufeinander bezogen.

Beide Texte sind Bewußtseinsprosa, insofern sie eigentlich seelische Inhalte gestalten und – besonders deutlich im ‚Tänzer' – reflektieren. Beide sollen ein beglückendes Erlebnis seelischer Befreiung und der Harmonie mit sich selbst, mit anderen und mit dem Leben gestalten, vermögen es aber nur im Bereich des Kunstschönen und der Imagination. Der Unterschied zwischen Kunst und Leben bleibt spürbar.

Wedekind (Text 147) geht es teilweise um ähnliche Gedanken wie Walser. Er bedient sich dazu des traditionellen Denkmusters, in dem Sinnbild und Auslegung einander gegenübergestellt und zugeordnet werden (vgl. Text 1 und die weiteren Beispiele im ersten Kapitel). Walser dagegen gestaltet autonome Sinnbilder, in denen der reflektierende Betrachter selbst enthalten ist; er erinnert sich an das Wahrgenommene, an dem er als Betrachter beteiligt war (‚Der Tänzer'), oder der Leser soll sich den Vorgang und seine Teilnahme daran sogar nur vorstellen (‚Ovation'). Bild und Reflexion sind hier jeweils auf sehr komplizierte Weise miteinander verflochten. Die Spannungen zwischen Wirklichkeit und Bewußtsein (oder Empfindung), zwischen Erfahrung und Imagination, zwischen Leben und Kunst sind in Walsers Prosaminiaturen wie im Symbolismus spürbar und nur im Kunstbild selbst – vorübergehend – aufgehoben.

Zur Behandlung im Unterricht

Die Interpretationen zeigen, daß den Schülern wahrscheinlich ‚Der Tänzer' eher verständlich ist als ‚Ovation'. Liest man mit ihnen Text 149 zuerst, dürfte sich ihnen Text 148 leichter erschließen. Wedekinds Text 147 kann in die Thematik einführen.

Beide Texte geben Gelegenheit zu genauer Textuntersuchung im Hinblick auf die Entfaltung eines Gestaltungsthemas, auf Aufbau und inneren Zusammenhang sowie auf Stil. Schüler können dies vermutlich leichter beschreiben, wenn sie die Texte zunächst nur als Schilderungen nehmen, in die allerdings die Subjektivität der Beobachter einbezogen ist. Für die Erarbeitung des gedanklichen Gehalts müssen sie auf die jeweiligen Rahmenperspektiven (Appell an den Leser, sich etwas vorzustellen; Erinnerung) sowie auf die Bedeutungsfelder der Bildlichkeit und die daraus abzuleitenden allgemeinen Begriffe (Natur, Kunst, das Schöne, Freiheit usw.) achten. Ihre sicherlich unterschiedlichen Wertungen, sowohl des Gehalts wie der Darstellungsweise, sollten diskutiert werden. Ein Vergleich beider Texte ist sehr ergiebig. In anspruchsvoller Weise können Textinterpretation und Textvergleich hier geübt werden.

Behandelt man die Texte mehr leserbezogen, so kann man die Besprechung durchaus freier vom ersten Eindruck der Schüler sich entwickeln lassen. Ihre eigenen Erinnerungen und Vorstellungen von Theater, Tanzkunst, der Atmosphäre solcher Veranstaltungen sollten einbezogen oder gar zuvor ermittelt werden. Versuchen sie zunächst selbst, schriftlich den Eindruck eines Theaterabends, eines Festes oder eines ähnlichen Ereignisses darzustellen, werden sie merken, wie schwierig das ist und wie kunstvoll Walser die Aufgabe gelöst hat.

Thematische Bezüge in anderen Texten

Schiller (49, v. a. S. 81, Z. 1–25): Gedanken zur „ästhetischen Kultur".
Moritz (53): das Schöne und die Vollkommenheit.
Kleist (59): Anmut und Bewußtsein.
Wackenroder (71): Kunst als „Sprache" des Absoluten und des Herzens.
Bahr (123): Kunst der Sinne oder Kunst der Seele?
Hofmannsthal (130): Verlust der Gewißheit vom „Dasein als große Einheit" und „Augenblicke" der „Bezauberung".
Wedekind (147): Artistik als Sinnbild der Lebenskunst.
Kafka (150): Gegenbild zu Walsers beiden Bildern.
Kafka (151): Beziehungen zwischen autobiographischem Schreiben und kleinen, sinnbildhaften Prosatexten.

Sechstes Kapitel: Zu Text 150, S. 233f.

Franz Kafka: Auf der Galerie (S. 233 f.)   **150**

Zum Text
Dieses Stück Kleinprosa stammt aus der Zeit, als Kafka sich tagsüber in ein kleines Häuschen in der Prager Goldmachergasse zurückgezogen hatte (November 1916 bis März 1917) und ein Prosastück nach dem anderen schrieb. In dieser Zeit war der Kontakt mit seiner Braut Felice Bauer unterbrochen, auch Tagebucheinträge fehlen – er scheint sich ganz auf die Produktion konzentriert zu haben.
Kafka kannte Schriften von Robert Walser, den er sehr schätzte, also womöglich auch die Texte 148, 149 oder Walsers ‚Ein Lustspielabend', worin ein Ich-Erzähler die Vorgänge auf der Bühne und im Publikum von der Galerie beobachtet. Jedoch besuchte Kafka selbst oft Theater, Kabarett, Varieté und Zirkus und schrieb darüber in sein Tagebuch. Auffällig ist, daß er auch Theateraufführungen träumte, meistens in der Perspektive des Galeriebesuchers; einmal schrieb er ins Tagebuch:
„9. November [1911]. Vorgestern geträumt:
Lauter Theater, ich einmal oben auf der Galerie, einmal auf der Bühne, ein Mädchen, die ich vor ein paar Monaten gern gehabt hatte, spielte mit, entspannte ihren biegsamen Körper, als sie sich im Schrecken an der Sessellehne festhielt; ich zeigte von der Galerie auf das Mädchen, das eine Hosenrolle spielte, meinem Begleiter gefiel sie nicht..." (F. Kafka: Tagebücher 1910–1923. Herausgegeben von Max Brod. Fischer Taschenbuch 1346. Frankfurt a. M. 1973, S. 96).
Bemerkenswert sind hier die wechselnde Perspektive, die Beziehung zu dem Mädchen, das zugleich schön und erschrocken erscheint, sowie die unterschiedlichen Meinungen der beiden Männer auf der Galerie über sie, die aber von *einem* geträumt werden. Etwas später in diesem Tagebucheintrag heißt es noch: „... oft vergißt man im Zuschauerraum, daß nur dargestellt wird..." (s. o., S. 97). Diese Motive findet man in ‚Auf der Galerie' in anderen Konstellationen wieder.

Zur Interpretation
Der oft interpretierte Text steuert und irritiert das Verstehen durch die Gegensätze zwischen den beiden Teilen. Dargestellt wird offenbar zweimal dieselbe Vorführung einer „Kunstreiterin in der Manege" (S. 233, Z. 36), danach jeweils die Reaktion, die sie bei einem Galeriebesucher auslöst. Das Sujet ähnelt auffällig denen der Walser-Texte (148, 149). Kafka macht daraus aber etwas völlig anderes. Schon die Wiederholung desselben Vorgangs in unterschiedlicher Sicht ist ein ungewöhnliches Erzählmuster. Es handelt sich nicht um chronologisches Erzählen, sondern um eine simultane Konfrontation (vgl. die Texte 142, 145).
Im ersten Abschnitt erscheint das „Spiel" der Artistik als Quälerei der „hinfälligen" Künstlerin, die „monatelang [sic!] ohne Unterbrechung im Kreise rundum getrieben" wird, und zwar vom „erbarmungslosen Chef", aber auch von den seelenlos-mechanischen Geräuschen des Orchesters, der Ventilatoren und des Beifalls – ein Ende ist nicht abzusehen (S. 233, Z. 36–S. 234, Z. 2). Im zweiten Abschnitt dagegen sind nur die Schönheit und „Kunstfertigkeit" ihres Auftritts sowie die Bewunderung und Fürsorge des Direktors und die „Huldigung des Publikums" wahrgenommen (S. 234, Z. 5–18). Hier erkennt man Züge aus den Miniaturen Walsers wieder, bis hin zur Geste der Reiterin, die „ihr Glück mit dem ganzen Zirkus teilen will" (Z. 17f.). Im Unterschied zu Walser wird der Betrachter erst am Schluß jedes Abschnitts erwähnt, zuvor bietet sich das Bild der Kunstreiterin dem Leser direkt, unperspektivisch dar. Beim zweiten Teil kann man auch an Wedekinds Zirkusallegorie von der Aufhebung der Gefahr in der „Elastizität" denken, beim ersten an seine „Steeplechase" des modernen Lebens (vgl. Text 147). Bei Kafka gibt es zwischen beiden keine Balance, sondern nur die Konfrontation. Was ist nun von der zu halten?
Scheinbar gibt die Satzsemantik eine Denkhilfe, aber auch sie verwirrt nur. Das erste, beklemmende Bild ist in einem langen, hypothetischen „wenn"-Satz im Konjunktiv formuliert (vgl. Text 147); als seine Konsequenz ist im Hauptsatz davon die Rede, wie der Galeriebesucher „die lange Treppe durch alle Ränge hinab" in die Manege stürzt und dem grausamen „Spiel" Einhalt gebietet (S. 234, Z. 2–4). Doch ist auch das nur Hypothese – „vielleicht" – und steht im Konjunktiv, der vom nächsten Abschnitt als Irrealis abqualifiziert wird. Die zweite, die schöne und begeisternde Darstellung steht nämlich im Indikativ der Tatsachenfeststellung, als Kausalsatz, der ausdrücklich die erste Darstellung negiert (Z. 5) und die Wahrheit des zweiten Bildes unterstreicht (Z. 18). Die Reaktion des Galeriebesuchers im zweiten Hauptsatz ist nun abermals verblüffend: Er wird nicht etwa von der allgemeinen Begeisterung angesteckt (wie in Walsers Texten), sondern verbirgt das Gesicht, verfällt in einen Traum und weint.
Das ist ein Verwirrspiel mit Modalität und Logik sowie mit der Unterscheidung zwischen Schein und Wirklichkeit – also ein Erkenntnisproblem ohne Lösung. Für den Galeriebesucher scheinen sich damit Probleme des Empfindens und Handelns zu ergeben. Die schöne Szene ist offensichtlich Show, Theater,

Sechstes Kapitel: Zu Text 150, S. 233f.

Blendwerk, in den übertriebenen Fürsorgegesten des Direktors ebenso wie in der Glückspose der Reiterin – vor allem, wenn man dies mit dem Elendsbild des ersten Abschnitts vergleicht, dessen Instrumente und Vollstrecker der Grausamkeit hier verschwiegen werden. Aber das eigentlich desillusionierende Bild, das Mitleid hervorruft, wird für Schein erklärt, der schöne Schein dagegen für Wirklichkeit. Emrich (Franz Kafka. Athenäum Verlag, Frankfurt a. M. ³1964, S. 35f.) erklärt die Paradoxie des Textes damit, daß die bittere Wahrheit, die den Menschen zum helfenden Handeln veranlaßt, eben nicht das sei, was sich im Leben darbietet; dort sehe der Mensch nämlich die schöne Täuschung, die er gerne sieht. Dann wäre der weinende Besucher derjenige, der dies durchschaut, aber nicht ändern und deshalb auch nicht handeln kann: Vor dem nur traumhaft wahrnehmbaren Wirklichen versinkt er in einen „Traum", in dem sein unbewußtes Besserwissen ihn quält. In den Tagebucheintragen (vgl. die Texte 151) kann man Bestätigungen dafür finden, daß für Kafka Entschlußfähigkeit, Handlungsfähigkeit sich immer wieder nur in der Imagination darstellte und dort vom Zweifel, also wieder von innen her aufgezehrt wurde. Erinnert man sich an die o. a. Tagebuchnotiz (S. 80), kann man sich beide Zirkusbilder als Traumimaginationen vorstellen, in denen sich das Leben *einem* Träumer in einer Ambivalenz zeigt, die der Ambivalenz seines Inneren entspricht. Könnte er sicher sein, daß er die Wahrheit im Elend erkennt, dann könnte er sich auch imstande fühlen zu handeln; er ist aber dessen nicht sicher, sondern läßt sich durch den schönen Schein, mit dem das Leben keiner helfenden Handlung zu bedürfen scheint, vom Handeln abhalten. Deshalb bleibt ihm nur der Rückzug in sich selbst („wie in einem schweren Traum versinkend") und das Leiden an einer Welt, in der er nicht handeln kann.

Ob es nun gelingt, Kafkas Paradoxon aufzulösen, oder nicht – jedenfalls scheint es Wedekinds Optimismus und Walsers Begeisterung zu widerrufen. Walser gibt die Lust am Schönen nicht auf, obwohl er seine Scheinhaftigkeit oder mindestens seine vorübergehende Erscheinung spürt; wenigstens in der Phantasie oder Erinnerung beglückt das Schöne ihn. Kafka radikalisiert die Zweifel am Erkennen wie am Handeln bis zur Aporie, in der selbst das Schöne nur noch schmerzt.

Zur Behandlung im Unterricht
Kafkas Text ermöglicht eine genaue Beschreibung, wie die gegensätzlichen Bilder aufgebaut, entfaltet und formuliert sind. Von daher kann die inhaltliche Deutung schlüssig bis dahin geführt werden, daß Schein und Wirklichkeit in der Anschauung der Bilder und in der satzsemantischen Formulierung widersprüchlich einander gegenübergestellt erscheinen. Die Frage nach dem Sinn dieses Paradoxons ist schwer zu beantworten, und wie wir sahen, sind wahrscheinlich verschiedene Auslegungen vertretbar. Darauf sollte man es auch im Unterricht ankommen lassen. Man sollte allerdings dann nicht bei der Beliebigkeit und Subjektivität stehenbleiben, sondern mindestens die Schüler über die Plausibilität unterschiedlicher Auslegungen, unter Rückgriffen auf den Text, nachdenken lassen. Den Verlust der unmittelbaren Eindeutigkeit kann man, auch unter Verwendung anderer Beispiele, als Merkmal moderner Literatur besprechen (auch wenn dies eine Vereinfachung ist) und fragen, wie die Schüler ihn erklären. Um genauer in das Problem Kafka einzudringen, genügt dieser eine Text nicht. Dazu sollte man wenigstens die Tagebuchtexte (151) heranziehen.
Die Besonderheit des Kafka-Textes wird durch den Vergleich mit den Texten 147–149 verdeutlicht. In dieser Reihenfolge läßt sich eine Entwicklung von traditionellen und verständlichen Mustern des Denkens und Darstellens zu den verschlüsselten Ausdrucksformen der Moderne nachvollziehen, in denen sich ein zunehmend problematisches Verhältnis des Ichgefühls zur Wirklichkeit ausdrückt.
Vielleicht kommen Schüler intuitiv dem Galerie-Paradoxon näher, wenn sie eigene Träume erzählen, z. B. auch solche, in die sich das Traumwissen: „Es ist nur ein Traum!" einmischt, oder wenn sie darüber nachdenken, bei welchen Gelegenheiten ihnen Wahrnehmungen des Schönen sich mit dem Bewußtsein des Scheins verband, ohne daß sie sich der Faszination des Schönen entziehen konnten, wie andererseits womöglich Wahrnehmungen von Elend ihnen geradezu unwirklich erschienen.

Thematische Bezüge im Kapitel
Unmittelbare thematische Bezüge ergeben sich zu den Texten 147 bis 149 sowie zu den anderen Kafka-Texten 151 und 152. Soweit eine Zuordnung Kafkas zur frühen Moderne angestrebt wird, sei auf die Anmerkungen zu den anderen Texten des Kapitels VI hingewiesen.

Sechstes Kapitel: Zu Text 151, S. 234ff.

Franz Kafka: [Not des Lebens, Not des Schreibens] (S. 234 ff.) **151**

Zu Kafkas Tagebüchern und den Textausschnitten
Kafka hat Tagebucheinträge und Reisenotizen aus vierzehn Jahren hinterlassen (1910–1923). Ihm war offenbar dieses Schreiben eine notwendige Handlung der Selbstsuche und Selbstbewahrung: „Das Tagebuch von heute an fortsetzen! Regelmäßig schreiben! Sich nicht aufgeben! Wenn auch keine Erlösung kommt, so will ich doch jeden Augenblick ihrer würdig sein" (Kafka: Tagebuch, 25. 2. 1912). Kafka schrieb in die Tagebücher auch literarische Entwürfe und veröffentlichte einige davon später. So kann man für seine ‚Werke' einen engen Zusammenhang mit der autobiographischen Reflexion voraussetzen. Beide sind Bewußtseinsprosa. Die Unterschiede zwischen den tradierten Erzählgattungen, dem Essay und der Selbstbetrachtung schwinden, wie wir auch an den Texten von Benn, Wedekind und Walser sehen können (146–149). Das Tagebuch, das nicht nur Ereignisse registriert, scheint überhaupt dem problematischen Bewußtsein des Intellektuellen zu entsprechen; denn die tägliche oder gelegentliche, jedenfalls unsystematische Reflexion über Erlebtes, Beobachtetes, Gelesenes oder auch nur Gedachtes setzt voraus, daß dem Tagebuchschreiber sein Leben nicht selbstverständlich abläuft, daß er es aber auch nicht als Ganzes überblickt. Darin wiederum entspricht es dem Literaturbegriff der Moderne, den wir in diesem Abschnitt wiederholt kennengelernt haben (vgl. die Texte 130, 132, 135, 145, 146).
Dem Leser der Dichtungen Kafkas geben dessen Tagebücher wichtige Aufschlüsse, nicht nur über die biographische Herkunft zahlreicher Motive, sondern auch über Kafkas Schreibweise. Kafka war ein scharfsichtiger Beobachter, sensibel für kleinste Wahrnehmungen wie eine Geste oder ein Geräusch. Seine Beobachtungen in der Außenwelt waren meistens zugleich Selbstbeobachtungen oder gaben Anlaß zur Selbstreflexion – vielleicht nahm er überhaupt nur wahr, was ihn selbst betraf oder betroffen machte. Die fast zwanghafte Selbstbeobachtung verließ ihn auch beim Schreiben nicht, so daß sich ins Schreiben oder Denken immer wieder dessen Reflexion und der Zweifel daran einmischten. Dies ist ein Grundmuster seines Schreibprozesses: „Meine Zweifel stehen um jedes Wort im Kreis herum, ich sehe sie früher als das Wort" (Tagebuch, 15. 12. 1910). Andererseits ist ihm das Schreiben ständig neuer Entwurf: Er entwirft Texte, Kommentare zu Texten, Selbstdeutungen und Lebenspläne – und stößt dabei früher oder später auf Schwierigkeiten, sie zu vollenden, ja, diese Schwierigkeiten sind im „Zweifel" schon antizipiert. Kafka hat sogar diese „Schwierigkeit der Beendigung" (Tagebuch, 29. 11. 1911) und „das Unglück des fortwährenden Anfangs" (Tagebuch, 16. 10. 1921) im Tagebuch vermerkt. In seinen Parabeln, Erzählungen und Romanen findet man diese Denkmuster immer wieder, projiziert in Alltagssituationen, Märchen- oder Legendenstoffen, Aphorismen und Gesprächen usw., bis hin zu den gedachten Welten und Lebensläufen der Romanfragmente. Wichtige Erlebnismuster darin sind „elende Zustände" und „Entschlüsse" (s. u.) oder Forschungen und Kommunikationen, die nicht gelingen; wichtige Muster der erlebten Welt sind die Institutionen der Gesellschaft, die teilweise schon in unseren Tagebucheinträgen erscheinen (Familie, Freund, Bevölkerung), expansiv in den Großerzählungen und Romanen Kafkas dargestellt sind (vgl. Kommentar zu Text 152). Im frühen Tagebuch hat sich v. a. der Zusammenhang zwischen Erleben, Denken und Nichtgelingen im Leben des Menschen sowie zwischen Selbstbeobachtung, Schreiben und Zweifel im Schaffen des Dichters Kafka niedergeschlagen.
Die vorgelegten Texte aus den Jahren 1911 und 1912, in denen Kafka viel mehr ins Tagebuch als für die Publikation schrieb, stehen in diesem inneren Zusammenhang, bis in einzelne Motive (vgl. Übersicht).
Die Eintragung vom 5. 11. 1911 thematisiert die Anstrengung des Schreibens in der bedrängenden Umwelt der Familienwohnung und demonstriert die Wechselwirkung zwischen Beobachtung und Selbstbeobachtung. In den folgenden Textproben erkennen wir das Neben- und Ineinander der eigentlich diaristischen Selbstreflexion (S. 235, Z. 3–5; S. 236, Z. 8 f.) mit der Selbstdarstellung in geschlossenen Textkompositionen, die Kafka dann auch z. T. publiziert hat. Das erste dieser Stücke (S. 235, Z. 6ff.) erhielt in dem Prosaband ‚Betrachtung' (Leipzig 1913, eigentlich 1912) die Überschrift ‚Der plötzliche Spaziergang' und wird unter ihr auch seither abgedruckt. Es ist mit dem zweiten unter dem thematischen Aspekt „Entschlüsse", mit dem dritten (S. 236, Z. 10ff.), das Kafka nicht veröffentlichte, unter dem thematischen Aspekt „Spaziergang" vergleichbar. Der Nachsatz dazu verdeutlicht den o. a. Zusammenhang zwischen Schreiben als Textgestaltung, als Selbstreflexion und als Reflexion des Schreibens. War in der ersten Eintragung vom 5. 11. 1911 die Umwelt Widersacher des Schreibens, so ist es hier die kritische Selbstreflexion des Schreibers, der „Zweifel".

Zur Interpretation
Die o. a. allgemeinen Bemerkungen bedürfen hier nur ergänzender Hinweise zum einzelnen Text.

Sechstes Kapitel: Zu Text 151, S. 234ff.

Tagebucheintragung vom 5. November 1911
Der erste Satz formuliert die charakteristische Spannung zwischen der Entschlossenheit, zu schreiben, und dem Gefühl der Anstrengung oder Schwäche. Kafka bringt einen Text zustande, indem er die unmittelbar gegebene Situation beschreibt. In diesem Falle stören seine Konzentration die Vorgänge im Familienhaushalt, die er als zusammenhanglose Geräusche wahrnimmt und in ihrer Wirkung auf ihn charakterisiert (S. 234, Z. 30f., 35, 36f., 38f., 39f.). Die Skizze endet mit dem Gedanken an einen Entschluß, die Mitbewohner im Nebenraum um Ruhe zu bitten.

Die geschilderte Situation gibt zunächst ein Bild von Kafkas tatsächlichen Empfindungen im Alltags- und Familienleben. Die Wohnung der Kafkas nahe dem Altstädter Ring in Prag war wirklich vom betriebsamen Leben der Mietshäuser und Gassen umgeben, die Familie für Kafka zugleich wichtige Bindung und quälende Belastung, die Schwestern waren dabei weniger belastend als der gefürchtete Vater. Dementsprechend stören auch die Mädchen hier nur von außen, indirekt, der Vater aber „durchbricht die Türen meines Zimmers" (S. 234, Z. 32), ist noch in den Äußerungen der für ihn sorgenden Frauen und im Zuschlagen der Haustür präsent, und erst, als er weg ist, „beginnt der zartere [...] Lärm", den Kafka wohl deshalb als „hoffnungsloser" empfindet, weil er keine Beziehung zu Kafkas Person hat (S. 234, Z. 32–30).

Die Momentstudie ist von hintergründigen Bedeutungen für Kafka durchzogen und gewinnt dadurch eine gleichnishafte Geschlossenheit: Das Ich befindet sich isoliert in seinem Raum; das Leben der anderen ist außerhalb, bedeutungslos, infiltriert aber mit seinen störenden Äußerungen den Ich-Raum und fesselt Empfindung und Bewußtsein ohne Sinn. Der alles beherrschende Vater allein durchdringt den Ich-Raum in persona, den spießbürgerlich-alltäglichen Schlafrock wie eine Herrscherrobe „nachschleppend", jedoch ohne das Ich anzusprechen oder anscheinend auch nur zu bemerken – Kafka fürchtete seinen Vater nicht nur, sondern glaubte auch, vergeblich um seine Liebe zu werben.

Die latente Sinnbildlichkeit der Schilderung, die keinen tröstlichen Sinn hervorbringt, drängt im Schlußgedanken an die Oberfläche! Kafka stellt sich vor, wie er die Mädchen um Ruhe bittet. Die Dringlichkeit des Verlangens findet Ausdruck in der extremen Demutsgeste des Kriechens und „Auf dem Boden"-Flehens. Das Motiv der Selbsterniedrigung greift aber um sich: Die Tür wäre nur „bis zu einem kleinen Spalt" zu öffnen – Kafka verkleinert sich in dieser Vorstellung also beträchtlich. Beides zusammen, Selbsterniedrigung und Selbstverkleinerung, assoziiert sich im „Kriechen" mit der tierhaften Vorstellung „schlangengleich". Auch der demütig bewundernde Direktor in ‚Auf der Galerie' nimmt „Tierhaltung" ein (Text 150, S. 234, Z. 7). Und in der Erzählung ‚Die Verwandlung' (geschrieben Ende 1912) verhandelt Gregor Samsa als Käfer aus seinem verschlossenen Zimmer mit der Familie und anderen Personen draußen.

Der Entschluß, um die Ruhe zu bitten, ohne die Kafka nicht schreiben zu können glaubt, wird aber hier nicht ausgeführt. Er bleibt ein wiederholter Gedanke („fällt es mir von neuem ein..."), eigentlich eine schon im voraus negierte Frage: „ob ich nicht... sollte" (S. 234, Z. 41–S. 235, Z. 2). Die Selbstverkleinerung hat die Entschlußkraft aufgesogen, oder sie ist Ausdruck der versiegenden Entschlußkraft.

Tagebucheinträge vom 5. 1. 1912
Die beiden kurzen Notizen am 5. 1. und 26. 2. 1912 (S. 235, Z. 3–5; S. 236, Z. 8f.) sind Beispiele für die ständige Selbstbeobachtung Kafkas. Beide Male konstatiert Kafka – im Unterschied zu vielen anderen Einträgen – Gefühle der Ruhe oder Ich-Stärke. Am 5. 1. scheint die innere „Kühle und Gleichgültigkeit" einerseits ein Erfolg der Entschlußfähigkeit zu sein: „wann ich will", andererseits damit zusammenzuhängen, daß Kafka auf einem „Spaziergang" aus der Isolation des sich selbst reflektierenden Ichs im Haus hinausgetreten ist in die Außenwelt, deren beobachtete Dinge ihm dann „wichtiger als ich" sind. Unentschieden bleibt, ob das Wollen oder das von sich selbst absehende Interesse für die Dinge die primäre Ursache des beruhigten Selbstgefühls sind. Das Erlebnis findet jedenfalls Niederschlag in der anschließenden Prosastudie:

Die Einförmigkeit. Geschichte
Den Unterschied zwischen diesem Text und den diaristischen Notizen kennzeichnet Kafka mit dem Stichwort „Geschichte". Dennoch wird eigentlich keine Geschichte im traditionellen Sinne erzählt, sondern man findet Gedanken aus Kafkas Selbstreflexionen, formuliert als Annahme oder Vorstellung eines wiederholbaren Vorgangs („Wenn..., dann...", „man", Präsens). Einer „Geschichte" entspricht nur der Inhalt: ein „Erlebnis" (S. 235, Z. 26).

Die Motive der Selbstbefreiung aus der „Einförmigkeit" des familiären Alltags in den Tagebuchnotizen sind wiederzuerkennen; ebenso das Kompositionsmuster der Texte 147 (Wedekind) und 150 (Kafka): Das Vorgangsbild wird in einem weitgespannten „wenn"-Satz entfaltet (S. 235, Z. 7–26) und dann im Hauptsatz

Sechstes Kapitel: Zu Text 151, S. 234 ff.

TEXT	FAMILIE/HAUS	ENTSCHLÜSSE	AUSSENWELT	SELBSTGEFÜHL
5.11.1911 *Selbstbeobachtung* mit Schilderung „ich"	Stube, Küche Vater, Schwestern bedrängend, aber ohne Beziehung zu K. *Unruhe*.	K. erwägt, um „Ruhe" zu bitten; in der Vorstellung mit Selbsterniedrigung verbunden – *nicht ausgeführt*	(Nebenraum) (Vater verläßt das Haus)	*Bedürfnis und Qual des Schreibens;* innere Ruhe zum Schreiben gestört durch *Unruhe* der Familie
5.1.1912 *Selbstreflexion* „ich"	–	–	*Spaziergang:* Beobachtete Dinge „wichtiger als ich"	Nach Heraustreten aus der Isolation in Haus und Familie: „*Kühle und Gleichgültigkeit*"
„Die Einförmigkeit. Geschichte" Reflexion (wenn–dann), hypothetisch „man"	*Familienabend:* Häuslichkeit als (zunächst akzeptierte) *Unfreiheit*	Überwindung des ersten Entschlusses, zu bleiben, durch den zweiten, fortzugehen; Überwindung angenommenen Widerstands; Gewinn: „*Entschlußfähigkeit*" – *nur vorgestellt(?)*	*Spaziergang:* Keine Beobachtungen. Besuch beim Freund *nur vorgestellt (?)*	*Entschlußfähigkeit* durch Entschluß; Ich-Stärke, Entgrenzung, Befreiung, Kommunikation – *nur vorgestellt (?)*
„Entschlüsse" (5.2.1912) *Selbstreflexion* „ich/man"	K. zu Hause (Familie nicht erwähnt)	Versuch, sich selbst aus einem „elenden Zustand" hinauszudenken: Energie – Zweifel – Resignation *nur vorgestellt*	Vorgestellte Bekanntenbesuche bei K.	„*Elender Zustand*" – Impuls – Zweifel – *„letzte grabmäßige Ruhe"*
26.2.192 *Selbstbeobachtung* „ich" (Über einen Spaziergang schreiben) *Bericht?* „ich"	Rauschen des Gaslichtes (Blick aus der Haustür)	–	–	„*Besseres Selbstbewußtsein*"
		Blick nach dem Wetter, um sich *vielleicht* zu einem Spaziergang zu entschließen (ausgeführt?)	*Spaziergang?* Beobachtet: Vielfalt des Lebens. K. tritt vors Haus, faßt Personen an, droht eine hinweg	Außen- und Selbstbeobachtung ohne Selbstreflexion. Es „genügte ... ein nirgends zögernder Blick", aber:
Nachtrag				„dieses *Unnütze, Unfertige* geschrieben"

Sechstes Kapitel: Zu Text 151, S. 234 ff.

als „Erlebnis" der „äußersten Einsamkeit" und Entgrenzung (Vergleich mit Rußland) gekennzeichnet. Mit eindrucksvoller Akribie und Steigerung in der Aufreihung der Einzelbeobachtungen wird der Vorgang des Aufbruchs bis zum Höhepunkt entwickelt, und zwar von einem Pol eines Gegensatzes zum anderen: Am Anfang steht der Entschluß, „zu Hause zu bleiben", der schon verwirklicht ist (Perfekt), wenn auch nur scheinbar (Z. 7–10, 11 f.). Er wirkt allerdings kaum als freier Entschluß, wenngleich als „endgültig" (Z. 7), denn der unterschwellige Gedanke, daß man auch weggehen könnte, wird durch äußere Fakten (Z. 10 f., Z. 13 f.) und das Wissen darum, was die Familie erwartet (Z. 11 ff.), unterdrückt.

Dann erst setzt in hartem Umschlag die Gegenbewegung ein („trotz alledem", Z. 14), der Aufbruch, mit dem allerdings antizipierter Widerspruch der Familie zu überwinden ist (Z. 15 f., 17 f.). Es ist auffällig, wie im Text immer wieder die Widerstände gegen das entschlossene Handeln betont werden. Sie sind erst im dritten Stadium verstummt: Der verwirklichte Entschluß führt nicht nur zur „Freiheit" (Z. 19), sondern auch zu einer Steigerung der „Entschlußfähigkeit" (Z. 21 f.) und des Selbstbewußtseins (man „wächst", Z. 24).

Im Gegensatz zur letzten Textstelle aus den Tagebüchern (S. 236, Z. 10 ff.) begegnet der Spaziergänger hier nicht der Außenwelt in der Fülle der Dinge, sondern er ist nur zu sich selbst befreit, in „äußerster Einsamkeit" (Z. 27), „mit sich allein gelassen in Verstand und Ruhe und in deren Genuß" (Z. 23). Dieses isolierte und bewußte Selbstsein erinnert an die „Ruhe", um die Kafka im Tagebucheintrag vom 5. 11. bitten möchte (S. 235, Z. 2), aber auch an die „Kühle und Gleichgültigkeit" (S. 235, Z. 3) und ein „besseres Selbstbewußtsein" (S. 236, Z. 8), wie er sie in den beiden anderen Notizen erwähnt.

Merkwürdig ist der Schlußsatz. Der aus der Gemeinschaft der Familie in die Freiheit des Alleinseins Hinausgetretene sucht wieder einen vertrauten Menschen auf. Man kann das so verstehen, daß es den Menschen aus Freiheit und Einsamkeit wieder zur Bindung treibt, aber auch so, daß er hier die menschliche Beziehung selbst wählt und nicht als von der Familie verhängt hinnimmt. Für letzteres spricht die Behauptung, daß dieses letzte Erlebnis das der gewonnenen Selbstbefreiung „verstärkt" (Z. 27).

Dies scheint eines der positiven, lebensbejahenden Sinnbilder Kafkas zu sein. Allerdings ist es nur als hypothetische Vorstellung formuliert. In Erinnerung an die Tagebuchnotiz vom 5. 11. könnte man sagen: Kafka *schreibt* und *denkt* diese Selbstfreiung, aber während er schreibt, kann er nicht spazierengehen. Das läßt sich mit der hypothetischen Vorstellung in Walsers ‚Ovation' vergleichen oder auch mit Rönnes Vorstellungen von der Befreiung in „Entschweifungen der Schläfe" (Benn, 146), sogar mit dem Satz Flakes: „es entrollt die Welt einem Hirn als Vorstellung" (S. 226, Z. 30). Oder man kann darin eine Parallele zu Walsers Erinnerung an den so freien und mit sich selbst übereinstimmenden Tänzer sehen (S. 233, Z. 32 f.).

Entschlüsse (5. 2. 1912)

Was in der „Geschichte" vom Spaziergänger (S. 235) ins Bild gebracht wurde, ist hier gedanklich besprochen: das Problem der Selbstbefreiung „aus einem elenden Zustand" durch Entschlußkraft; was dort als äußerer und innerer Vorgang vorgestellt ist, wird hier als Ablauf von Denkschritten formuliert, allerdings mit ganz anderem Ergebnis.

Wie alle hier abgedruckten Notizen, aber auch zahlreiche andere Texte Kafkas, beginnt die Überlegung mit der positiven These über Entschlußfähigkeit, um dann der Antiklimax hin zu Zweifel und Resignation hin zu verfallen. Die These ist eigentlich ein Postulat („muß"), das sogleich durch die Aufzählung physischer, psychischer und kommunikativer, in jedem Falle aber energischer Handlungen verifiziert wird. In die Vorstellungen von Kraft sind allerdings schon Vorbehalte gemischt. Eigentlich sind schon die partnerlosen gestisch-mimischen Übungen verdächtig. Sodann muß der Handelnde „jedem Gefühl entgegen" „arbeiten" (Z. 33 f.). Die Begrüßung A.s wird mit einem hypothetischen Nebengedanken gedacht: „wenn er jetzt kommen wird"; die Freundlichkeit gegenüber B. erschöpft sich im „Dulden"; den Reden C.s gegenüber ist der Sprecher „trotz Schmerz und Mühen" aufmerksam (Z. 34 f.). Es sind ganz typische Denkmuster Kafkas, daß in einer Handlung, Vorstellung oder Überlegung immer schon deren Mühe und Fragwürdigkeit angedeutet wird; das eben noch postulierte „Leichte" (Z. 31) ist immer zugleich das „Schwere" (Z. 37).

Das Postulat erweist sich so als mühsame Selbstüberredung zu „gewollter [sic!] Energie" (Z. 31), die nichts nützt, weil sie durch den gedanklichen Zweifel geschwächt, weil die These durch den Einwand („aber") entkräftet wird, daß „Fehler nicht ausbleiben" können, die die „gewollte Energie" ins „Stocken" bringen (Z. 37 ff.) – fragt sich nur: welche Fehler? Jedenfalls führt der Zweifel zur antizipierten Gewißheit des Scheiterns: „und ich werde mich im Kreise zurückdrehen müssen", also wieder in den „elenden Zustand", den man sich aus den hypothetischen Gegenbildern als Unentschlossenheit, Unbeweglichkeit und Kommunikationsunfähigkeit vorstellen kann.

An die Stelle der Selbstaufforderung zu Beginn tritt „deshalb" der „beste Rat": die Aufforderung zu

Sechstes Kapitel: Zu Text 151, S. 234 ff.

Resignation und Passivität (S. 235, Z. 40–S. 236, Z. 1–6). Was anfangs als Entschlußfähigkeit erschien, sieht Kafka jetzt als abzuwehrende Verlockung zum „unnötigen Schritt". Nur wer nicht handelt, braucht „keine Reue" zu fühlen; hier erscheint Handeln als immer potentiell schuldhaft. Dem Schwäche- und Schuldgefühl entspricht in der Kommunikation mit anderen die Haltung der Selbsterniedrigung: den anderen mit 'Tierblick' anschauen (vgl. S. 234, Z. 7; S. 235, Z. 1 f.). Die widersprüchliche Simultaneität des Leichten und Schweren in der Entschlußfähigkeit wird nun umgekehrt: Man solle sich „als schwere Masse" – also ohne Eigenbewegung – verhalten, „und fühle man sich gleich fortgeblasen" von übermächtigen Kräften. Erleichterung, Aufhebung der Widersprüche bringt auch die Unentschlossenheit nicht, sie erspart einem nur das Handeln mit der Konsequenz des Scheiterns.
Die Konsequenz des Nichthandelns ist, daß im Grunde das „Leben" zu unterdrücken sei, genauer: „was vom Leben als Gespenst noch übrig ist" (Z. 3 f.). Die Ich-Schwäche ist ein Verlust an Lebendigkeit, den Kafka als vorgegeben empfindet und den er hier hinzunehmen sich selbst rät. Hier wird die grundsätzliche, existentielle Not Kafkas spürbar, aber auch seine Modernität. Denn der zunächst erlittene, dann – in diesem Text – akzeptierte Verlust an Leben quält ihn ähnlich wie den fiktiven Briefschreiber Hofmannsthals (Text 130), wie Rilkes Malte (132), wie Stramm in seinem Erlebnis des Krieges (139), wie Arnold Zweigs Juden, der in Europa nicht leben zu können glaubt (140), oder wie Benns Arzt (146). Die gestörte Einheit mit dem Leben läßt sich sogar aus Texten des Naturalismus (120), aus der Flucht in die Kunst und das Schöne (124, 148, 149) und aus der trotzigen oder absurden Kreativität der Expressionisten (135, 136, 137) und Dadaisten (142–144) herauslesen.
Kafka scheint – wie Benn – einen Zusammenhang zwischen Bewußtsein und Reflexion einerseits, dem Lebensverlust andererseits empfunden zu haben. Die „Ruhe"des Beisichselbstseins und Denkens, die er anderswo als ersehnte darstellt (S. 324 f., S. 235, Z. 23 f.), ist hier nur noch die „letzte grabmäßige Ruhe", außer der „nichts mehr bestehen" soll (S. 236, Z. 4 f.).
Dies ist eine der verzweifelten Reflexionen Kafkas. Selbst in ihr verläßt ihn freilich nicht der Blick für die Lebenserscheinungen, sei es in den Vorstellungen energischen Handelns, sei es auch nur in der am Schluß gezeichneten Geste, mit der der Mensch seinen inneren „elenden Zustand" nach außen verrät.

Tagebucheinträge vom 26. 2. 1912
Die kurze Notiz zu Anfang drückt wieder Selbstvertrauen aus. Am Tag zuvor hat Kafka den oben zitierten Entschluß gefaßt, zur Selbstbewahrung dauernd Tagebuch zu führen, und sogleich zahlreiche Tätigkeiten, Begegnungen, Erlebnisse und Beobachtungen in der Außenwelt vermerkt, dazu die Arbeit an einem Vortrag – dies alles hat ihn gar nicht zur Selbstbetrachtung kommen lassen. Mit neuem „Selbstbewußtsein" beginnt er nun, ein Erlebnis zu schildern:

[Über einen Spaziergang schreiben]
Diese Skizze ohne Titel aus dem Tagebuch hat Kafka nicht veröffentlicht. Sie hat Anzeichen einer echten Erzählung oder Schilderung, vielleicht von wirklich Erlebtem (Präteritum, Feststellungssätze, viele konkrete Fakten). Das Bild des bunten Treibens in der Gasse ist lebensvoll, wirkt wie mit Wohlgefallen betrachtet, ohne Zwischenbemerkungen und Andeutungen des Zweifels. So scheint dies Prosa einer reinen Anschauung der Wirklichkeit zu sein, ein Bild des Lebens, aus dem der Betrachter, obwohl distanziert (Z. 27), sich nicht ausgeschlossen fühlt. Er nimmt sogar aktiv daran teil, wenn er ein Kleiderband oder eine Mädchenschulter berührt und mit einem darüber erbosten Passanten in komischer Theatralik streitet – er läßt sich nicht dafür bestrafen, daß er das Leben anfaßt (Z. 27–34)! Dadurch ermutigt, ruft er „öfters Leute zu mir her" und empfindet dabei die Macht seines Willens: „ein Winken mit dem Finger genügte oder ein rascher, nirgends zögernder Blick" (Z. 34 f.). Sind das nicht die erfolgreichen Gesten, die dem Denker in ‚Entschlüsse' nicht möglich sind?
Entschlossenes, erfolgreiches Handeln, Heiterkeit und Harmonie, mühelose Kommunikation – das scheinen überhaupt die in den Beobachtungen symbolisch aufscheinenden Motive zu sein. „Kinderwagen wurden von festen Mutterhänden gelenkt" (Z. 14); „der Wagenlenker" steuert sein Gefährt souverän durch das Getümmel (Z. 15–19). Kinder finden selbst im Gedränge genug Spielraum zum Rennen (Z. 19 f.); heitere Mädchen „gingen am Arm junger Leute" mit der musikalischen Leichtigkeit von Tänzern (Z. 20–22). Sogar die Familien erscheinen freundlich: „sie hielten gut zusammen" (Z. 21 f.). Die einzige Ausnahme sind „alleingelassene Männer"; sie erinnern den Leser an Kafka selbst, denn sie „suchten sich noch mehr abzuschließen..." (Z. 24 f.). Das aber kritisiert der Betrachter in der einzigen kommentierenden Bemerkung des Textes: „Das war kleinliche Narrheit" (Z. 25 f.). Und als hätte er die letzte Beobachtung auch auf sich selbst bezogen, spricht er nun wieder davon, was er selbst tut.

Sechstes Kapitel: Zu Text 151, S. 234 ff.

Eigentlich hat er noch keinen Spaziergang gemacht, sondern nur die Tür geöffnet, „um nachzuschauen, ob das Wetter zu einem Spaziergang verlocke" (Z. 10); die Frage, ob er sich dazu entschließen kann, bleibt offen. Der erste Eindruck vom Wetter bringt keine Entscheidung, denn es ist uneindeutig. Dann freilich fesselt ihn das menschliche Treiben. Durch die „alleingelassenen Männer" vielleicht an sich selbst erinnert, zieht er sich zunächst in die Haltung des distanzierten Beobachters zurück, noch „im Haustor" (Z. 26), also zwischen drinnen und draußen. Er wird vom vorbeiziehenden Leben gestreift und greift es zärtlich an (Z. 28–30); auch danach verläßt er das schützende Haustor zwar nicht, nimmt von da aus aber Kontakt mit Leuten auf und spricht offenbar mit ihnen. Der Spaziergang wird nicht ausgeführt, der Betrachter bleibt „im Haustor", auf der Schwelle zwischen der isolierenden Behausung und dem Leben draußen, stehen, dennoch ist er aus der Isolation herausgetreten und vermag mit dem Leben Fühlung aufzunehmen.

Ist das nicht ein versöhnliches Bild der Begegnung des Einsamen mit dem Leben draußen, wie es der veröffentlichten Skizze vom Aufbruch (S. 235) gefehlt hat? Scheint nicht die Kluft zwischen Ich und Wirklichkeit überbrückt, ohne daß der Unterschied verwischt wäre?

Kafka, nachdem er dies aufgeschrieben hat, verwirft „dieses Unnütze, Unfertige" (Z. 35), anscheinend weil (oder obwohl?) er es nicht mit wachem Bewußtsein und ohne Mühe geschrieben zu haben glaubt. Der Zweifel des Schreibers, dem Schreiben Selbstbewahrung bedeutet, nimmt das freundliche Lebensbild wieder zurück.

Zur Behandlung im Unterricht

Wir empfehlen, eine ausführliche Beschäftigung mit Kafka mit der Lektüre dieser (oder anderer) Tagebucheinträge einzuleiten, denen biographische Informationen hinzugefügt werden können. Die Konfrontation mit einem seiner irritierenden Prosastücke kann vorausgehen, um eine fragende Erwartungshaltung entstehen zu lassen. Dem unvorbereiteten Leser erschließt Kafkas Prosa sich schwer. Nötigt man ihm voreilig weltanschauliche Deutungen auf, dann verstellt man damit meist nur das eindringende Verständnis für Kafkas Denk- und Schreibweise, und die Patentformel von der Vieldeutigkeit befriedigt nicht – es bleibt ja die Frage: warum vieldeutig? Der für Kafka ganz wesentliche Zusammenhang zwischen Biographie, Selbstreflexion und Gestaltung ist auch die Voraussetzung für die uns nachvollziehbaren Erfahrungen in seinen Texten und für die Frage nach deren Sinn. Der Kafkaleser muß die Denk- und Vorstellungsprozesse in den Texten, z. B. in ihrer Dialektik von Entwurf und Zweifel, nachvollziehen. Dazu können Tagebuchstellen anleiten.

Unterrichtserfahrungen haben gezeigt, daß Schüler sich in die Alltagssituationen, die in den beiden Spaziergang-Texten und im Bild des von seiner Familie bedrängten Schreibers vorliegen, sowie in die darin entfalteten Empfindungen und Gedanken einfühlen können. Unbelastet von literaturkundlichen Vorgaben oder Fragen, deuten sie sie spontan als psychologische Erlebnisbilder. Zum Beleg ihrer Deutungsversuche und an schwierigen Stellen müssen sie dann auf Einzelheiten und Struktur des Textes eingehen. Das kann weitgehend im freien Meinungsaustausch geschehen. Die Hilfe des Lehrers sollte sich möglichst darauf konzentrieren, daß er zum genauen Lesen anhält, Inhalte nicht ohne Berücksichtigung der Komposition und der Sprachform auslegen läßt und voreiligen Pauschalurteilen die inneren Widersprüche und Einschränkungen – den „Zweifel" – entgegenhält. Bei der Lektüre mehrerer Kafka-Texte ist es fast immer ergiebig, Motivanalogien aufzugreifen. Wenn dieses Hinundherwenden des Textes die Schüler ermüdet, ist es besser, auf vollständige Interpretationen zu verzichten und statt dessen die bisherigen Deutungsversuche und offengebliebenen Fragen zu resümieren; die Geschichte der Kafka-Kommentare zeigt ohnehin, daß eine erschöpfende Deutung dieses Autors bisher nicht vorliegt.

Wie die o. a. Kommentare zeigen, sind die Textausschnitte so zusammengestellt, daß sie sich gut nacheinander besprechen lassen. Beachtet man die zahlreichen Motiventsprechungen, kann man freilich auch umstellen oder auswählen. Zum Beispiel kann man sich damit begnügen, die beiden Spaziergang-Texte zu vergleichen, oder man kann von ihnen aus die abstrakteren Stellen betrachten. Umgekehrt kann man mit ‚Entschlüsse' beginnen, wenn man glaubt, mit der Klasse hier die Denkstruktur gut erschließen zu können. Die erste Textprobe ist besonders geeignet, Kafkas Schreibweise und Züge seiner Thematik mit einer Vorstellung vom Dichter selbst zu verbinden. Jedes der Stücke bietet wegen der Motivbezüge Zugänge zu den anderen an.

Thematische Bezüge im Kapitel

Vergleiche dazu die Hinweise in den o. a. Kommentaren sowie die Kommentare zu den Texten 150 und 152. Einer Zuordnung der Kafka-Texte zu anderen Beispielen moderner Bewußtseinsprosa oder überhaupt zu den Problemen der Moderne bieten sich im ganzen Kapitel Anhaltspunkte.

Franz Kafka: [Täuschungen über das Gesetz] (S. 237 ff.)   **152**

Zum Text und zu seinem Kontext im Roman
Am nicht vollendeten Manuskript des Romans ‚Der Prozeß' schrieb Kafka vom August 1914 bis zum Januar 1915. Zur Geschichte vom Türhüter vermerkte er im Tagebuch das „Zufriedenheits- und Glücksgefühl, wie ich es zum Beispiel besonders der Legende gegenüber habe" (13. 12. 1914). Daß er sie für gelungen hielt, veranlaßte ihn dazu, sie auch ohne ihren Kontext zu veröffentlichen, zuerst 1915 in einer jüdischen Zeitschrift. Seither wird sie als selbständiger Text gelesen und kann so auch im Unterricht behandelt werden (‚Vor dem Gesetz').
Andererseits gilt sie als eine Schlüsselstelle des Romans (Politzer, Binder u. a. m.), und ihre Einbettung in das 'Exegese'-Gespräch des Dom-Kapitels ist sehr aufschlußreich. Zu den Texten 151 des Lesebuches paßt die Wiedergabe in der Einbettung, weil sie wie die Tagebucheinträge Erzählen, Reflexion sowie persönliches und schicksalhaftes Erleben aufeinander bezieht.
Roman und 'Legende' haben sehr unterschiedliche Deutungen erfahren. Darüber informieren: Hartmut Binder: Kafka-Kommentar zu sämtlichen Erzählungen. Winkler, München 1975, S. 183 ff. – Hartmut Binder: Kafka-Kommentar zu den Romanen, Rezensionen, Aphorismen und zum Brief an den Vater. Winkler, München 1976, S. 160 ff. – Kafka-Handbuch, hrsg. von Hartmut Binder, Band 2: Das Werk und seine Wirkung. Alfred Kröner, Stuttgart 1979. Darin: Theo Elm: Der Prozeß, S. 420 ff.
Die früheren, auf einen bestimmten weltanschaulichen Sinn zielenden Auslegungen – z. B. christliche und marxistische – werden in neueren Untersuchungen wegen ihrer Kafka unangemessenen Eindeutigkeit verworfen. Betont werden autobiographische Sinnbezüge, in diesem Falle v. a. zu Kafkas problematischer Verbindung mit Felice Bauer (z. B. Binder). Die Vieldeutigkeit des Romans wird von Elm auf seine „spezifische Rezeptionsstruktur" zurückgeführt; von dieser Interpretation gehen wir aus.
K., in dessen Perspektive der Leser die Vorgänge erlebt, bemüht sich ständig, die Wahrheit über seinen mysteriösen Prozeß aufzudecken, und verläßt sich dabei auf immer neue Hypothesen (auch die anderer Personen), sieht jedoch eine nach der anderen widerlegt und gelangt nie zu einer endgültigen Erkenntnis. Deshalb erreicht er trotz vieler Aktivitäten auch nie eine Handlung, die ihn retten könnte. Dies übertrage sich – nach Elm – auf den Leser. Ihn verleiten die im traditionellen Sinne präzise Sprache, die anscheinende „Folgerichtigkeit des Geschehens" und der „Appell an die allegorische Übertragbarkeit des Geschehens" (s. o., S. 423, 425) ebenfalls zu Deutungen und der Suche nach einer definitiven Wahrheit. Eine solche Wahrheit könne umfassenden Sinn gebe es aber nicht, sondern nur „die zugleich sinnprovozierende und sinnzerstörende Konzeption des Romans, die dem erkenntnisgewissen Leser immer nur wieder die Grenzen des apriorisch gültigen Denksystems, der [...] instrumentalen Zielvorstellungen beweist" (s. o., S. 429).
Demnach müßte der Kafka-Leser die fortwährende Irritation seines Verstehens als die eigentliche Botschaft des Romans begreifen. So kann ihm bewußt werden, daß die traditionellen Prinzipien und Methoden des Denkens, der Darstellung und Erklärung von Wirklichkeit sowie des literarischen Erzählens, die sich im 18. und 19. Jahrhundert, also seit der Aufklärung, als Normen durchgesetzt haben, in der Moderne nicht mehr als tragfähig erlebt werden. Kafka zielt aber nicht auf einen unverbindlichen Relativismus oder Agnostizismus, denn ihm ist nichts gleichgültig. Das Streben nach Wahrheit bleibt ihm eine wesentliche Bestimmung menschlicher Existenz, auch wenn der Mensch nie zur endgültigen Erkenntnis gelangt. Insofern ist hier eine in der Aufklärung schon angelegte Entwicklung, die sich z. B. bei Lessing erkennen läßt, radikal fortgesetzt.
Mit der Erkenntnisfrage verbindet sich zudem die ethische Frage nach dem richtigen Handeln, übrigens auch aus jüdischer Tradition, es ist die Frage nach dem „Gesetz" und seiner Erfüllung. Auch sie läßt sich nicht mit Gewißheit beantworten. Deshalb leben Kafkas Menschen in der nie endenden Spannung zwischen Schuldgefühl und Rechtfertigungszwang – wie K. im ‚Prozeß' und wie Kafka selbst. Indem der Erzähler Kafka zur Darstellung dieser Erfahrungen konkrete Situationen, Personen und Handlungen, in den Romanen ganz besonders auch Institutionen und gesellschaftlich typische Rollen verwendet, spiegelt sich in seinen Werken die zeitgenössische Wirklichkeit und die Art, wie Menschen sie erleben, jedoch immer mit den grundsätzlichen Zweifeln der Erkenntnis und der Ethik, also nicht eindeutig.
Die Geschichte vom Türhüter und das Auslegungsgespräch darüber sind ebenfalls in diesem Sinne zu lesen, darüber hinaus bestätigen sie ihn gleichnishaft. Zu ihrem Verständnis braucht man von der ganzen Romanhandlung nicht viel mehr zu wissen, als was in der Vorbemerkung des Lesebuchs gesagt ist. Im 9. Kapitel des Romans kommt K., der immer noch auf der Suche nach der Wahrheit über seinen Prozeß und nach Helfern und Fürsprechern ist – beides ist wichtig! –, wegen einer fehlgeschlagenen Verabredung in den Dom. Dessen düstere Atmosphäre erzeugt bereits eine Stimmung der Unsicherheit in K. Das Gespräch mit dem Geistlichen eröffnet dieser, indem er K. einschüchternd anredet; er sei der Gefängnisgeistliche und

habe K. gerufen, um mit ihm zu sprechen. Er teilt K. mit, daß sein Prozeß schlecht stehe und man ihn für schuldig halte. Dagegen verwahrt sich K., aber der Geistliche hält ihm eine Menge Fehler vor, die K. mache. Ein Vorwurf des Geistlichen und eine Art Entschuldigung K.s sind für das Wahrheitsproblem besonders aufschlußreich; der Geistliche sagt einmal: „Du mißverstehst die Tatsachen", und K. – etwas später –: „Es sind doch nur meine Erfahrungen." K. gewinnt Zutrauen zu dem Geistlichen, und da setzt die Textstelle ein.

Zur Interpretation der Parabel (S. 237, Z. 17–S. 238, Z. 11)

Auf die Analogien zwischen Parabel, Auslegungsgespräch und Romanhandlung kann hier im einzelnen nicht eingegangen werden. Die Verflechtung der Geschichte mit der Auslegung und den Voraussetzungen der Romanhandlung dagegen ist wichtig. K. weiß im voraus, daß die Geschichte ihm als Beispiel zur Belehrung erzählt wird (S. 237, Z. 16). Es handelt sich folglich um eine Geschichte zur Veranschaulichung und Auslegung von Gedanken, also um eine Parabel oder Allegorie. Eine „Legende" nannte Kafka sie wohl in Anlehnung an chassidische Legenden und die für ihn auch religiöse Bedeutung des Gesetzesbegriffs. Gerade die Auslegung der Parabel erweist sich nun anschließend als höchst problematisch, und so dürfte es auch jedem Kafka-Leser mit ihr gehen, wenn er sie isoliert liest.

Klar ist nämlich nur der Handlungsrahmen: Ein Mann ist weither gekommen und sucht Zugang beim „Gesetz". Der Türhüter verwehrt ihm „jetzt" den Eintritt (S. 237, Z. 18); daraufhin wartet der Mann „Tage und Jahre" (S. 237, Z. 31) auf die Erlaubnis und erfährt erst kurz vor seinem Tode, daß „dieser Eingang nur für dich bestimmt gewesen" sei, der Türhüter ihn jetzt schließen und weggehen werde (S. 238, Z. 10f.). Man empfindet zwischen diesem Schluß und dem Anfang einen Widerspruch, aber meint auch, daß der Mann vielleicht einen Fehler gemacht hat, weil er ja nicht in das Gesetz gelangt ist. Dieser Fehler ist aber schwer zu erklären, weil im Mittelteil der Erzählung die Autorität des den Eingang versperrenden Türhüters und die Schwierigkeit, ja Unmöglichkeit, in das Gesetz einzudringen, mit zahlreichen Wahrnehmungen des Mannes und Erklärungen des Türhüters betont werden.

Dabei bleiben wesentliche Bestandteile des Erzählten unbestimmt. Von der Hauptsache, dem Gesetz, erfährt man, daß es ein Außen und ein Innen, einen Eingang oder mehrere sowie viele Torhüter und deshalb vermutlich Innenräume habe, anscheinend in einer Art hierarchischer Ordnung (S. 237, Z. 24ff.). Diese Einzelheiten reizen alle zu Gedanken über das Gesetz, geben aber keine gewisse Auskunft. Überdies erfährt man das meiste nur aus Äußerungen des Türhüters, und weder der Mann noch der Leser wissen, ob sie zutreffen (vgl. S. 238, Z. 12ff.). Der Mann selbst nimmt vom Inneren des Gesetzes nur einen „Glanz" wahr, weiß aber nicht, „ob ihn die Augen täuschen" (S. 237, Z. 44ff.). Was das „Gesetz" ist und wie man hineingelangt, bleibt unklar.

Auch von dem Mann erfährt man nur Genaueres über seine Beziehung zu diesem rätselhaften Gesetz: Er bemüht sich um den Zugang zum Gesetz (S. 237, Z. 31ff.); er ist geduldig und fügsam und respektiert den Gesetzeshüter, beobachtet ihn aber auch unaufhörlich (S. 237, Z. 39); er wird alt, aber denkt beständig an seine Hoffnung und „Erfahrung" (u. a. S. 238, Z. 2). Die unbestimmte Sache ist sein einziger Lebensinhalt geworden; sonst wissen wir nur noch, daß er „vom Lande" kommt (S. 237, Z. 17). Kommentatoren weisen darauf hin, daß in der jüdischen Tradition der „Mann vom Land" eine festgelegte Tradition hat, die des Amhorez oder Amha'arez – das ist der fromme, aber ungebildete Bauer, auch Tölpel, der gegenüber Priestern und Schriftgelehrten hinsichtlich der jüdischen Lehre unwissend ist, auf den aber im praktischen Leben angewiesen sind (Binder, Politzer). Er arbeitet und befolgt die Gebote, versteht sie aber nicht. In Kafkas Geschichte erscheint er als tragische Figur: Ihm ist der Zugang zum Gesetz so wichtig wie sonst nichts, aber er findet ihn nicht, ja, er kann sich am Ende vorwerfen, daß er ihn aus Schuld oder Dummheit verfehlt hat.

Demnach möchte man den Türhüter mit den Priestern und Schriftgelehrten gleichsetzen. So, wie im Kontext der Geistliche gegenüber K. als der Besserwissende erscheint, scheint in der Parabel nur der Türhüter etwas über das Gesetz zu wissen. Er wird besonders ausführlich geschildert, als einschüchternder Hüter des Gesetzes (S. 234, Z. 24f.). Aber alles, was er sagt und tut, ist widersprüchlich: Er ist unerbittlich und hilfsbereit, gesprächig und teilnahmslos, ermutigend und abschreckend, nimmt Bestechungen, aber angeblich nicht für sich (S. 237, Z. 30–38); v. a. sagt er von sich: „Ich bin mächtig. Und ich bin nur einer der untersten Türhüter" (S. 237, Z. 24). So gibt er zwar Auskünfte, aber keinen wirklichen Einblick in die Sache. Der Mann scheint zeitweise mehr auf ihn als auf das Gesetz fixiert zu sein; er richtet sich nach ihm, ebenso loyal wie unselbständig, und um nicht falsch zu handeln, scheint er das richtige Handeln zu versäumen (S. 237, Z. 30–40); selbst dies ist aber nicht restlos nachzuweisen.

Der Leser kann dies alles auf religiöse, ethische, gesellschaftliche oder psychische Erfahrungskomplexe anwenden, aber kaum eine lückenlose Auslegung der Parabel ableiten. In der Besprechung eines Buches hat

Sechstes Kapitel: Zu Text 152, S. 237ff.

Kafka einmal entschieden die eindeutige Allegorie kritisiert, „die nichts ist als Allegorie, alles sagt, was zu sagen ist, nirgends ins Tiefere geht und uns in die Tiefe zieht" (Briefe an Felice und andere Korrespondenz aus der Verlobungszeit, hrsg. von Erich Heller und Jürgen Born = Gesammelte Werke, Fischer, Frankfurt a. M. 1967, S. 696). Die „Tiefe", in die die unbestimmte und widersprüchlich verrätselte Parabel vom Gesetz „zieht", ist eben ihre Unauflösbarkeit. Als Parabel mit dem Thema „Täuschung über das Gesetz" entfaltet sie erzählerisch, wie der unwissende Mann sich täuscht oder täuschen läßt, aber nicht, worüber und warum.

Zur Interpretation des Auslegungsgesprächs (S. 237, Z. 11–16; S. 238, Z. 12–S. 241, Z. 37)
„Täuschung" ist auch das tiefere Thema des Auslegungsgesprächs. K., der sich von der Parabel und dem Gespräch Aufklärungen über seine Situation und den undurchsichtigen Prozeß erwartet, greift das Thema sofort auf und glaubt, eine Erklärung der Parabel zu haben: „Der Türhüter hat also den Mann getäuscht" (S. 238, Z. 12), aber der Geistliche nimmt ihm diese Gewißheit sogleich: „Sei nicht übereilt" (S. 238, Z. 13). Von nun an dreht sich das Gespräch fortwährend um den Türhüter, also die Figur der Parabel, die Einlaß zum Gesetz gewährt oder verweigert. Der Geistliche widerlegt zuerst K.s These, der Türhüter habe den Mann getäuscht, referiert dann die Auslegung, der Türhüter sei selbst getäuscht, weil er über das Innere des Gesetzes gar nichts wisse (S. 239, Z. 28 ff.) und sich möglicherweise auch über den Mann täusche (S. 239, Z. 45 ff.). Der schriftgelehrte Geistliche stellt eine Auslegung durch die andere in Frage, obwohl er jede ausführlich begründet. Das führt zu keinem endgültigen Ergebnis. Wichtiger ist, daß die Fragwürdigkeit jeder Auslegung begründet wird. Dabei kann man zwei Argumentationsebenen unterscheiden:
– die allgemeinen Interpretationsthesen, die der Geistliche wiederholt als bloße „Meinungen" bezeichnet (S. 238, Z. 13; S. 239, Z. 20, 25 ff.; S. 240; Z. 3, 19 f., 25 ff., 42 ff.), ohne sich auf eine festzulegen;
– ihre Begründungen und Widerlegungen, die – abgesehen von anderen „Meinungen" – aus Fakten und Zitaten aus der Parabel bestehen.
Das einzige Gewisse ist hier der „Wortlaut der Schrift" (S. 238, Z. 13); von ihm macht der Geistliche textkundig und pedantisch Gebrauch, aber mit ihm lassen sich „Meinungen" sowohl begründen als auch entkräften. Wie ein Aufklärer warnt der Geistliche K.: „übernimm nicht die fremde Meinung ungeprüft" (S. 238, Z. 13 f.; vgl. S. 239, Z. 26), zugleich aber zerstört er mit seinen Argumenten und „Gegenmeinungen" (vgl. S. 240, Z. 42) die aufklärerische Zuversicht, man könne durch auslegendes Denken eine zuverlässige Wahrheit erreichen. Denn Meinungen verändern das, was sie erklären (S. 239, Z. 22). Das Vorgegebene aber, „die Schrift ist unveränderlich"; keine Auslegung erklärt das Auszulegende, wie es ist, „und Meinungen sind oft nur ein Ausdruck der Verzweiflung darüber" (S. 239, Z. 26 ff.). Es geht also um ein hermeneutisches Problem, um das Verstehen, und das kann man auf die Parabel selbst anwenden, denn der Mann vom Lande versteht seine Situation offenbar falsch oder gar nicht, und ob der Türhüter das Gesetz, sein Amt und den Mann versteht, ist zweifelhaft. „Täuschung" ist jedes Vertrauen in eine Meinung, ist das Vertrauen, daß man etwas richtig versteht. Das gilt nicht nur vom Text der Parabel oder von der „Schrift" des Gesetzes, sondern von allem, auch der Wirklichkeit, denn: „Die Erklärer sagen hierzu: Richtiges Auffassen einer Sache und Mißverstehen der gleichen Sache schließen einander nicht völlig aus" (S. 239, Z. 4 f.). Nicht einmal die Unterscheidung von Richtig und Falsch wäre also gewiß, und nicht einmal diese These, denn sie ist ja auch nur eine „Meinung" der „Erklärer". Dementsprechend nimmt am Ende K. die Dialektik des Geistlichen nicht mehr widerspruchslos hin (S. 241, Z. 2 ff.). Und nach dessen nächster Spitzfindigkeit protestiert er: „Trübselige Meinung. [...] Die Lüge wird zur Weltordnung gemacht." Er blickt nicht mehr durch und wendet sich von dem Problem ab (S. 241, Z. 8 ff.).
Man hat darauf aufmerksam gemacht, daß hier die Erkenntniskritik zu einem radikalen Ende geführt wird (vgl. Elm, s. o.). Es ist aber auch nicht zu übersehen, daß Kafka die völlige Verwirrung des Verstehens mit den Leerstellen, Vagheiten und Widersprüchen seines Erzählens selbst einfädelt, sogar noch im Auslegungsgespräch. Denn da heißt es z. B. nicht: Du mußt nicht auf Meinungen achten, sondern: „Du mußt nicht zuviel [!] auf Meinungen achten"; es heißt nicht: Meinungen sind (immer) nur ein Ausdruck der Verzweiflung, sondern: „Meinungen sind [oft] nur ein Ausdruck der Verzweiflung..."; und der oft zitierte Satz vom richtigen Auffassen und Mißverstehen lautet: „Richtiges Auffassen einer Sache und Mißverstehen der gleichen Sache schließen einander *nicht vollständig* aus." Sein Stil der präzise erscheinenden und feinen Abstufungen öffnet tatsächlich immer neue Schlupflöcher und Fallstricke für eine unendliche didalektische Erörterung. Die Wirklichkeit entsteht in der Sprache der Erzählung, die Wahrheit über sie bietet sich fortwährend an und entzieht sich dem Mitdenken alsbald wieder.
Trotzdem folgert daraus nicht Unverbindlichkeit. Am Ende des Gesprächs enthüllt der Geistliche, von dem sich K. Aufklärung, ja vielleicht Fürsprache und Hilfe in seinem Prozeß erhoffte, sich als ein Mitglied des Gerichts (S. 241, Z. 35), von dem K. Gefahr droht. K. wird nach diesem Gespräch wiederum nicht wissen,

Sechstes Kapitel: Zu Text 152, S. 237 ff.

wie er handeln, wie er sich rechtfertigen oder die Zuständigkeit des Gerichts in Frage stellen kann. Aber: „Das Gericht will nichts von dir. Es nimmt dich auf, wenn du kommst, und es entläßt dich, wenn du gehst" (S. 241, Z. 36 f.). Scheinbar hängt also alles für K. von seinem Handeln und Denken ab, obwohl seine allererste Erfahrung war, daß er unerwartet verhaftet wurde (Anfang des Romans). Und am Ende des Romans wird er von Männern, die er für Abgesandte des Gerichts hält, getötet. Der Leser, der sich – nach allen Regeln des Romanlesens – mit K. identifiziert hat, muß sich sagen, daß K. zwar nichts versteht, aber durch das, was er nicht versteht, sterben muß. Ohnmächtig erliegt er Zwängen, die er sich nicht erklären kann, obwohl er sie unentwegt aufzuklären sich bemüht. Von daher erhält ein Satz des Geistlichen einen Hintersinn: „man muß nicht alles für wahr halten, man muß es nur für notwendig halten" (S. 241, Z. 6). Viele Leser glauben darin eigene existentielle Erfahrungen wiederzuerkennen, und sie bilden sich eine dementsprechende „Meinung" über das Gelesene. Die „Tiefe", in die das Erzählte den Leser „zieht" (s. o.), ist aber seine Unauflösbarkeit, ist die Erfahrung, daß erzählte oder erfahrene Wirklichkeit und das Denken darüber nie eine endgültige Gleichung ergeben. Deshalb ist – für die Personen in Kafkas Geschichten – auch kein richtiges Handeln möglich, und sie empfinden Schuld. Geschichtlich zeigt dies Kafkas Abstand von der Tradition, deren Stil er noch verwendet. So ließ z. B. Goethe im Roman einen Weisen sagen: „Wer sich zum Gesetz macht, [...] das Tun am Denken, das Denken am Tun zu prüfen, der kann nicht irren, und irrt er, so wird er sich bald auf den rechten Weg zurückfinden" (Wilhelm Meisters Wanderjahre, 9. Kapitel). Kafkas Parabel und der Roman, in den sie gehört, dagegen besagen: Denken und Tun beruhen immer auf „Täuschung", trotzdem müssen wir die Konsequenzen tragen.

Für Kafka war dies offenbar eine ständige Erfahrung, die ihm aber die ethische Notwendigkeit, zu handeln, zu denken und – für ihn vor allem – zu schreiben, nicht aufhob: „Es ist nicht Trägheit, böser Wille, Ungeschicklichkeit, [...] welche mir alles mißlingen oder nicht einmal mißlingen lassen: Familie, Freundschaft, Ehe, Beruf, Literatur, sondern es ist der Mangel des Bodens, der Luft, des Gebotes [sic!]. Diese zu schaffen ist meine Aufgabe, nicht damit ich das Versäumte etwa nachholen kann, sondern damit ich nichts versäumt habe, denn eine Aufgabe ist so gut wie eine andere" (Hochzeitsvorbereitungen auf dem Lande und andere Prosa aus dem Nachlaß. S. Fischer, Frankfurt a. M. 1953, S. 120).

Zur Behandlung im Unterricht
Es erscheint nicht sinnvoll, eine 'endgültige' Auslegung mit den Schülern anzustreben oder sie mit den Verzweigungen wissenschaftlicher Interpretationen vertraut machen zu wollen. Viele Schüler werden es als unbefriedigend empfinden, wenn man ihnen die Interpretationsschwierigkeiten nur mit der „Rezeptionsstruktur" des Textes (s. o.) erklärt oder sie bloß auf Kafkas Biographie zurückführt. Text und Schülern angemessen dürfte es sein, wenn sie motiviert werden, sich auf den Text einzulassen, ihre „Meinungen" auszutauschen und dabei so weit vorzudringen, wie es ihnen eben möglich ist. Mit großer Wahrscheinlichkeit stoßen sie so auf die Deutungsprobleme, und es ist viel erreicht, wenn sie erfassen, daß die Frage der 'richtigen' Auslegung von Texten und Erfahrungen als nicht lösbar dargestellt ist. Dann sollte allerdings verhindert werden, daß sie sich mit relativistischen Klischees beruhigen wie: Jeder versteht halt einen Text oder eine Sache anders. Daß für K. wie für Kafka diese Erfahrung höchst beunruhigend und die Suche nach Wahrheit notwendig sind, kann man mit Äußerungen Kafkas belegen oder mit dem Romanschicksal K.s. Man kann den Schülern aber auch die Frage stellen, ob sie selbst mit einem ganz relativistischen Wahrheitsbegriff einverstanden sein können.

Weniger geübte Leser könnten zuerst nur die Parabel und dann erst das Auslegungsgespräch behandeln; für sie genügen knappe Hinweise auf das umgebende Romangeschehen. Anspruchsvolle Schüler kann es reizen, Parabel und Auslegungsgespräch aufeinander zu beziehen; sie sollten auch den ganzen Roman lesen und ihre Eindrücke auf die vorliegende Textstelle beziehen. Wenn Schüler das Gelesene und ihr Verständnis auf Erfahrungen, auf Gesellschaft, Ethik oder Religion anwenden wollen, so ist ihnen das zuzubilligen. Nur darf dabei das zentrale Problem des Verstehens, der Vieldeutigkeit und Dialektik nicht verwischt werden. Zur geschichtlichen Einordnung sollte die Schüler schon eine moderne, aber auch Texte der Tradition kennen. Von Kafkas Texten gibt der ‚Brief an den Vater' biographische Verstehenshilfen; ‚Eine kaiserliche Botschaft' ermöglicht Vergleiche (z. B. Gesetz – Botschaft des Kaisers und Labyrinth der Hindernisse; Türhüter – Bote usw.). Zum Motiv vergeblichen Bemühens um Aufklärung s. auch weitere Kafka-Texte.

Thematische Bezüge im Kapitel
Hofmannsthal (130): Unfähigkeit, über Wirkliches zu sprechen. – Ball (135): Zusammenbruch traditioneller Denkordnungen. – Kafka (150): Ungewißheit über das Verständnis des Wahrgenommenen. – Kafka (151): Konflikte zwischen Denken und Tun. – Abschnitt VII insgesamt: Wirklichkeit des Bewußtseins.

Siebentes Kapitel: Weimarer Republik

Einleitung

Die Weimarer Jahre: Das ist die Zeit der Widersprüche, des Tumults aller Stile und scharfer Konfrontationen. Soll die Literatur einer so vielschichtigen und vielgestaltigen, an geistigen und kulturellen Spannungen überreichen Epoche dargestellt werden, so sind starke Beschränkungen nicht zu vermeiden. Entscheidend ist daher die Frage, unter welchem Blickwinkel der epochale Literaturprozeß betrachtet wird.
Es kommt wohl vor allem darauf an, in der Vielfalt der sich überlagernden gleichzeitigen literarischen Strömungen und der weitgefächerten Dichtungsarten und Genres die epochentypischen Züge und Tendenzen sichtbar zu machen, und zwar in einer für die Weimarer Republik und ihre Literatur besonders bedeutsamen geschichtlichen Konstellation: während der Endphase der Republik.
Im Vordergrund stehen deshalb vor allem jene Literatur, die ihren historischen Ort in der Endzeit der Weimarer Republik hat, und die Auseinandersetzung der Schriftsteller mit der geistigen und politischen Entwicklung seit 1918.
Auch wenn der Anbruch der Moderne früher geschieht und bereits vorher, während dem Ende des Kaiserreichs und seit Beginn der Republik, viele ästhetische Neuerungen zu erkennen sind, so ereignet sich doch die für die damalige Zeit typische Umgestaltung der Literatur auf umfassende Weise in der letzten Phase der Weimarer Epoche. Jetzt wird Neues, das zuvor hier und da sichtbar geworden ist, in bestimmender Form in allen literarischen Gattungen nachdrücklich und folgenreich ins Werk gesetzt. Begleitet wird dieser Prozeß von einem eingreifenden literaturpraktischen Diskurs der Schriftsteller und von heftigen programmatischen Konfrontationen.
Im Horizont der politisch-gesellschaftlichen Umwälzungen kommt es zu einem tiefgreifenden Funktionswandel der Literatur, der in auffallenden Gegenpositionen zu früheren und teilweise noch anhaltenden Tendenzen sichtbar wird. Im Zusammenhang mit diesem Funktionswandel ist auch der allgemeine Modernisierungsprozeß zu sehen, der das gesamte kulturelle Leben der damaligen Zeit durchdringt und umgestaltet.
Dieser Prozeß vollzieht sich vor dem Hintergrund schärfster politischer und ideologischer Konfrontationen, die zu einer immer stärkeren Politisierung der Schriftsteller führen.
So erweist sich, daß die Republik von Anfang an von antirepublikanischen Kräften belagert und schließlich zerstört worden ist.

I. Vom Geist und Ungeist der Republik (S. 242 ff.)

„Geist" und „Ungeist" meint den seit dem Zusammenbruch des Wilhelminischen Reiches für die Weimarer Republik kennzeichnenden Konflikt zwischen demokratischen Kräften einerseits und einer von Beginn an militant auftretenden Reaktion, der die erste deutsche Republik am Ende auch zum Opfer fiel:
1. Mit der Novemberrevolution wurden wesentliche Grundlagen der halbfeudalen, antidemokratischen Macht des Kaiserreiches nicht beseitigt; der Beamten- und der Justizapparat wurden unverändert übernommen, das Heer gerade in seinem Offizierskorps in der Substanz belassen, der Großgrundbesitz wurde nicht angetastet.
2. Der gleiche Mangel an Konsequenz schlug sich in der Verfassung nieder: Das Fehlen einer parlamentarischen Investitur des Kanzlers und die außerordentliche Machtfülle des Reichspräsidenten (Oberbefehlshaber der Reichswehr, Recht zur Ernennung und Entlassung des Reichskanzlers, zur Auflösung des Reichstags, außerordentliche Gesetzgebungsfunktion für den „Notstand") schufen den institutionellen Rahmen für eine Präsidialdiktatur über das Parlament hinweg, der Präsident wurde verstanden als autoritatives Gegengewicht zum Parlament und „Ersatzkaiser".
3. Die schweren Krisen während der 15 Jahre des Bestehens der Republik wurden z. T. von der antidemokratischen Reaktion angezettelt bzw. verschärft (Kapp-Putsch 1920, Ruhrkampf 1920, Hitler-Ludendorff-Putsch 1923) oder politisch und ideologisch ausgenutzt, als ein Versagen der Demokratie propagiert (Inflation 1923/24, Weltwirtschaftskrise und Arbeitslosigkeit ab 1929).

Siebentes Kapitel: Zu Text 153, S. 242 ff.

4. Der als Resultat der historischen Entwicklung Deutschlands fehlende demokratische Grundkonsens in der Bevölkerung, die Aufspaltung der Arbeiterbewegung und politische Fehler der Linken (die Sozialfaschismusthese der KPD einerseits, die Totalitarismustheorie der SPD andererseits) erleichterten die Zerstörung und die Auflösung der Demokratie.

Die literarische Reaktion auf diese Entwicklung zwischen 1918 und 1933 war in hohem Maß heterogen: Von allen Autoren wurden zwar der Zusammenbruch des Wilhelminischen Reiches, die Novemberrevolution, die Gründung der Republik als Beginn einer neuen Epoche erlebt, die zur Stellungnahme und zu einem neuen Selbst- und Wirklichkeitsverständnis herausforderte. Der jeweilige Orientierungshintergrund aber war sehr unterschiedlich; entscheidender als eine bestimmte ästhetische Konzeption war die eigene politische Position: Das Spektrum reichte von einer massiv antidemokratisch-nationalistischen Literatur (z. B. E. Jünger, Moeller van den Bruck, Grimm) über eine ausdrückliche Absage an eine politisch sich verstehende literarische Produktion (George, Rilke, Hofmannsthal, Hesse z. B. oder auch Benn) zu einem humanistisch engagierten, demokratisch orientierten Literaturverständnis der Mehrheit (unter ihnen die Brüder Mann, Döblin, Tucholsky, Feuchtwanger, Kästner, Fallada) bis hin zur neu entstehenden dezidiert sozialistischen Literatur linker Intellektueller (wie Piscator, Mühsam, Kanehl, Jung) oder als Arbeiterkorrespondenten beginnender Schriftsteller (Bredel, Grünberg, Marchwitza, Neukrantz z. B.).

Die vorliegende Textauswahl, weitgehend chronologisch angeordnet, widerspiegelt dieses breite Spektrum nicht so sehr durch Gegensätzlichkeit, die politische Position der Autoren selbst betreffend. Zwar bestehen etwa zwischen Tucholsky und Keßler einerseits und Hesse und Musil andererseits massive Unterschiede, entscheidender für die Auswahl ist jedoch die Thematisierung verschiedenartiger Ereignisse aus den 15 Jahren der Weimarer Republik: Sie zeigt Schriftsteller in ihrem Engagement und ihrer Reaktion auf die politische Wirklichkeit, die politische Realität im Erfahrungshorizont bürgerlicher Schriftsteller.

153 Harry Graf Keßler: Tagebuch 1919/20 (S. 242 ff.)

Zum Autor

Harry Graf Keßler (1868–1937), vermögend, kosmopolitisch erzogen und gesonnen, hat regelmäßig und intensiv Tagebücher geschrieben, die ihn als engagierten und genauen Beobachter seiner Zeit ausweisen. Standesgemäß erzogen (Jurastudium, Reserveoffizier), entwickelte er eine durchaus nicht standesübliche politische Position: Er betätigte sich außenpolitisch für seine Freunde Rathenau und Stresemann; als roter Graf und 'halber Kommunist' war er in Kreisen des Adels verschrien. Der Architektur, Kunst, Musik und Literatur galten seine Interessen: Hauptmann, Rilke, Hofmannsthal, R. Strauss zählten ebenso zu seinen Freunden wie Wieland Herzfelde und J. R. Becher. Die Machtübernahme des Faschismus erlebte er in Paris, dort blieb er bis zu seinem Tode.

Zum Text

Die drei Textausschnitte aus Keßlers Tagebüchern beziehen sich auf die Anfangsphase der Republik. Sie weisen den Autor aus als weitsichtigen und kritischen Zeitbeobachter und verdeutlichen zugleich seine Position links von der SPD.

Zum besseren Verständnis des ersten Textes, der die berechtigten Sorgen fortschrittlicher Demokraten vor der Gegenrevolution, dem Wiedererstarken der Reaktion verdeutlicht (S. 242, Z. 10–12, 16 f.) und einen Teil der Gründe für diese zu befürchtende und in der Tat schon begonnene Entwicklung benennt (Z. 12–15), werden einige Fakten und Interessenkonstellationen knapp erinnert:

1. Im November und Dezember 1918 besaßen die Soldaten-, Arbeiter- und Bauernräte die politische Macht in Deutschland; die Gewerkschaften wie die SPD forderten ihre Mitglieder auf, in den Räten mitzuwirken. Grundlegende Entscheidungen über eine politische und wirtschaftliche Neuordnung des Reiches sollten auf dem ersten allgemeinen Kongreß aller Arbeiter- und Soldatenräte Deutschlands getroffen werden.

2. Im Vorfeld zeichnete sich die Alternative ab: Rätedemokratie oder parlamentarische Demokratie. Der Spartakus-Bund und die USPD plädierten für die Rätedemokratie, die SPD und die Gewerkschaftsführung hatten sich für die parlamentarische Demokratie entschieden; letzteres erforderte die möglichst rasche Einberufung einer konstituierenden Versammlung, Wahlen also zur Nationalversammlung. Man nahm in Kauf, daß sich dieser Forderung alle Interessengruppen und -verbände anschlossen, die weitgehende Eingriffe in die Struktur der Gesellschaft verhindern wollten: Monarchisten und Militärs, Nationalisten, Industrielle, Großgrundbesitzer. Die USPD wollte umgekehrt die Wahlen zur Nationalversammlung so lange hinauszögern, bis die demokratischen und sozialistischen Errungenschaften der Revolution sicherge-

Siebentes Kapitel: Zu Text 153, S. 242 ff.

stellt seien; sie wollte deshalb Maßnahmen zur Umgestaltung der Wirtschaft und zur demokratischen Kontrolle der Militärs und der Verwaltung über die Räte durchführen.

3. Bereits im Juli 1918 kamen zwischen führenden Industriellen und Vertretern der Gewerkschaftsführung Gespräche in Gang, die im Dezember zur Gründung der ‚Zentralen Arbeitsgemeinschaft der industriellen und gewerklichen Arbeitgeber und Arbeitnehmer Deutschlands' (ZAG) führten. Ziel war die Aufrechterhaltung der bestehenden Wirtschaftsordnung und politisch die Herstellung einer parlamentarischen Demokratie.

4. Noch vor den Wahlen zur verfassunggebenden Nationalversammlung am 19. Januar 1919 wollte die SPD-Führung die Rätebewegung, empfunden als Trauma der 'roten Gefahr', entscheidend schwächen, um einen Bürgerkrieg zu vermeiden. Eine zunehmend stärkere Anlehnung an die konservativen und gegenrevolutionären Kräfte war die Folge. Das Resultat: Die Demonstrationen und Streiks gegen die Verschleppung der Beschlüsse des Rätekongresses wurden militärisch niedergeschlagen durch den Einsatz von Freikorpsverbänden; die Anwerbung dazu hatte schon im Dezember 1918 begonnen. Die Ermordung von Karl Liebknecht und Rosa Luxemburg steht in diesem Zusammenhang.

5. Der Bürgerkrieg fand derart schließlich doch statt, geführt von sozialdemokratischen Regierungen gegen große Teile der Arbeiterbewegung: Die Sozialisierungsbewegungen in und um Berlin, in Bremen, in München, in Oberschlesien und vor allem an der Ruhr wurden 1919/20 durch Freikorps und Regierungstruppen blutig niedergekämpft. Die Äußerung Herzfeldes im Text Keßlers (S. 242, Z. 8 f.), die Berliner Arbeiter seien entschlossen, sich nicht provozieren zu lassen, bezieht sich auf diese Situation: Die Berliner März-Massaker, in denen 2000 „Spartakisten" erschlagen oder erschossen wurden, waren noch deutlich in Erinnerung.

Der zweite Text bezieht sich auf die gleiche Situation. Thematisiert werden die rücksichtslose Liquidierung linker Gegner der Republik (S. 242, Z. 21–26), die Gewinnträchtigkeit auch des Krieges und die uneingeschränkte Differenz zwischen Arm und Reich (Z. 26–29) sowie die vor diesem Hintergrund drohende Gefahr eines Rechtsputsches; er drohte die demokratischen Errungenschaften und Zugeständnisse (das Wahlrecht auch für Frauen, die legislative Funktion des Parlaments, das Plebiszit, 56 Grundrechtsartikel, das Betriebsrätegesetz von 1920) aufzuheben (S. 242, Z. 31 f.).

Zur Vertiefung:

1. Gustav Noske wurde am 6. Januar 1919 zum Generalgouverneur von Berlin und Oberbefehlshaber mit außerordentlichen Vollmachten ernannt: „Einer muß der Bluthund werden, ich scheue die Verantwortung nicht!" Zu den März-Massakern 1920: „Wo gehobelt wird, fallen Späne."

2. In einer 1922 veröffentlichten und Ende 1923 durch das Reichsjustizministerium bestätigten Übersicht ‚Vier Jahre politischer Mord' wurden folgende Zahlen mitgeteilt:

1918–1922:

„Tödlich verunglückt"	184	Als Repressalie erschossen	10
Willkürlich erschossen	73	Willkürlich erschossen	8
„Auf der Flucht erschossen"	45	Angebliches Standrecht	3
Angebliches Standrecht	37	Angebliche Notwehr	1
Angebliche Notwehr	9		
Im Gefängnis oder Transport gelyncht	5		
Angeblicher Selbstmord	1		
Summe der von Rechtsstehenden Ermordeten	354	Summe der von Linksstehenden Ermordeten	22

	Links-stehenden	begangen von Rechts-stehenden	Gesamtzahl
Gesamtzahl der Morde	22	354	376
davon ungesühnt	4	326	330
teilweise gesühnt	1	27	28
gesühnt	17	1	18
Zahl der Verurteilungen	38	24	
Geständige Täter freigesprochen	–	23	
Geständige Täter befördert	–	3	
Dauer der Einsperrung je Mord	15 Jahre	4 Monate	
Zahl der Hinrichtungen	10	–	
Geldstrafe je Mord	–	2 Papiermark	

Siebentes Kapitel: Zu Text 154, S. 244ff.

Harry Pross (Hrsg.): Die Zerstörung der deutschen Politik. Dokumente 1871–1933. Fischerbücherei 264, Frankfurt a. M. 1959, S. 139f.

3. Am 13. 3. 1920 marschierten Freikorps unter General von Lüttwitz in Berlin ein. Unterstützt wurde der Putsch vor allem vom ostelbischen Junkertum, aber auch von Teilen der Industrie. Der deutschnationale Politiker Kapp erklärte sich zum Reichskanzler. Die SPD-Regierung flüchtete nach Stuttgart. Die Reichswehrführung weigerte sich, im Auftrag der rechtmäßigen Regierung gegen die Putschisten vorzugehen. Der von den linken Parteien und den Gewerkschaften ausgerufene Generalstreik zwang die Kapp-Regierung zum Rücktritt. Die Streikleitungen machten die Beendigung des Generalstreiks von der Erfüllung bestimmter politischer Forderungen abhängig, u. a. der demokratischen Neuorganisation des Heeres, der Demokratisierung der Verwaltungen, der Enteignung des Großgrundbesitzes. Die Reichsregierung setzte gegen die Streikenden die Reichswehr und Freikorps ein, nach hartem militärischem Vorgehen waren Anfang April 1920 die Ruhrkämpfe beendet.

Der dritte Text verdeutlicht vor allem die antidemokratische Haltung großer Teile der akademischen Intelligenz (S. 243, Z. 18–27): Ablehnung Hauptmanns aus politischen Gründen durch die Studentenschaft, Ablehnung des Reichspräsidenten und des Reichstagspräsidenten als SPD-Mitglieder. Auf die gleiche Ablehnung stieß Thomas Mann im Oktober, als er bei einer Festansprache für Hauptmann nicht den von ihm noch erwarteten nationalen Kulturkonservatismus propagierte, sondern ein Plädoyer für die Demokratie vortrug.

Die Begeisterung bei der Aufführung des ‚Florian Geyer' (S. 243, Z. 37–39) steht hierzu nicht in Widerspruch: Die Weimarer Republik feierte den Nobelpreisträger Hauptmann (1912) als ihren geistigen Repräsentanten; das Berliner Theaterpublikum war nicht identisch mit der konservativen Intelligenz der Universität; ‚Florian Geyer' hatte als historisches Gemälde des Bauernkriegs 1922 nicht die unmittelbar sozialkritische Aggressivität wie ‚Die Weber' in ihrer ersten, zunächst polizeilich verbotenen öffentlichen Aufführung in Deutschland 1894, in einem anderen politischen Kontext.

Hauptmann als der geistige Repräsentant der Republik: Der Naturalist der sozialen Frage und der Volksstücke war dem Wilhelminismus suspekt; er vertrat in der Tat ein anderes Deutschland als das des Kaiserreichs. Die durch eine tatsächliche Ähnlichkeit mit dem alten Goethe ermöglichte Selbststilisierung (S. 244, Z. 5–10) hat wohl auch hier ihren Hintergrund. „Hauptmann sagte mir beim Essen über den Tisch weg, als ich seine Ähnlichkeit mit Goethe streifte: ‚Ja, ich bin ja auch ein Sohn von Goethe.' [...] Diese enge Verwandtschaft mit Goethe und Alexander von Humboldt scheint bei Hauptmann eine Art von mystischem Glaubenssatz geworden zu sein" (Keßler: Tagebücher 1918–1937: Berlin, 14. 6. 1927. Insel, Frankfurt a. M. 1961, S. 522).

Zur Behandlung im Unterricht

Der Text eignet sich vor allem dazu, die Realität der Anfangsphase der Weimarer Republik in den Blick zu bringen durch Ergänzungen und Vertiefungen, wie angedeutet. Vor diesem Hintergrund ließe sich die Problemstellung entwickeln:

– Was kann in dieser Situation ein Journalist, Publizist, Schriftsteller tun, welche Möglichkeiten hat er?
– Was haben bekannte Autoren getan? Wie haben sie reagiert?
  Die Texte von Tucholsky (Text 155), von Thomas Mann (Text 154) und – trotz der zeitlichen Verschiebung – von Hermann Hesse (Text 156) bieten sich an.

154 Thomas Mann: Geist und Wesen der deutschen Republik (S. 244ff.)

Zum biographischen Hintergrund

1918 schloß Thomas Mann seine mehr als zwei Jahre dauernde Arbeit an den ‚Betrachtungen eines Unpolitischen' ab, jene engagierte Apologie einer angeblichen Sonderstellung des „deutschen Geistes", „deutscher Kultur" im Gegensatz zur „westlichen Zivilisation" und Demokratie. Schon der George-Kreis hatte vor dem Hintergrund dieser ideologischen Antithese den Krieg als Verteidigung des „deutschen Wesens" gerechtfertigt; Thomas Mann bezieht die gleiche Position. Das 1918 entstandene Vorwort nimmt zwar kritisch schon die äußerste Position der ‚Betrachtungen' zurück, es bleiben jedoch konservativ-reaktionäre Überlegungen: Die Antithese „deutsche Kultur" – „westliche Zivilisation" sollte – über den George-Kreis hinausführend – geschichtlich erklärt und begründet werden; bei Luther, Goethe, Schopenhauer und Nietzsche fand Thomas Mann Argumentationshilfen für die These der antidemokratischen Legitimität des

Individuums. Die Berechtigung des zutiefst apolitischen Lebens leitete er von der Romantik her; Heinrich von Treitschkes Geschichtsdarstellung schließlich lieferte die Argumente für die nationalistische, apologetische These, daß Deutschlands spezifische und den westlichen, durch „Zivilisation" gekennzeichneten Nachbarländern überlegene „Kultur" dem kleinstaatlichen Absolutismus und dem unpolitischen Ideal von Humanität zu verdanken sei.
Vier Jahre später, zum 60. Geburtstag Gerhart Hauptmanns, hielt Thomas Mann seine Berliner Rede ‚Von deutscher Republik'. Anlaß war der Mord an Rathenau, Anlaß für den Entschluß, „einen Geburtstagsartikel über Hauptmann zu einer Art von Manifest zu gestalten, worin ich der Jugend, die auf mich hört, ins Gewissen rede" (zitiert nach: Klaus Schröter: Thomas Mann in Selbstzeugnissen und Bilddokumenten. rm 93. Reinbek 1964, S. 92). Die konservative Presse reagierte auf dieses Bekenntnis zur Demokratie mit Empörung, Spott und Hohn: „Mann über Bord" – „Saulus Mann" – „Sie haben Ihr Deutschtum an die Zeit verraten, an den Kompromiß, an die politische Praxis, das aber dünkt mich eines Dichters weheste Absage an seinen ewigen Beruf" (Hanns Johst in der München-Augsburger Abendzeitung vom 28. 11. 1922).

Zum Text
Es handelt sich um die Ansprache bei der Rathenau-Gedächtnisfeier der Arbeitsgemeinschaft republikanischer Studenten in München. Die Rede wurde fragmentarisch abgedruckt in der ‚Vossischen Zeitung', Berlin, vom 27. 6. 1923 und erschien vollständig in der ‚Frankfurter Zeitung' am 28. 6. 1923.
Im vorliegenden Ausschnitt versucht Thomas Mann, folgende These zu begründen: Die Republik ist „die Erfüllung deutscher Menschlichkeit" (S. 244, Z. 24), denn sie läßt sich definieren als „Einheit von Staat und Kultur" (S. 244, Z. 33), weil sich in der Idee der Republik Politik zur Humanität erhebt (S. 244, Z. 35). Die zentralen Begriffe sind verständlich nur vor dem zuvor skizzierten Hintergrund: Hinter dem Begriff der „deutschen Menschlichkeit" steht noch der Gegensatz von deutscher Kultur und westlicher Zivilisation, deutscher Seelentiefe und westlicher Oberflächlichkeit, deutschem Desinteresse an Politik und westlichem Politikinteresse; im Begriff der „deutschen Republik" sollen beide Seiten auf einer höheren Ebene integriert und zusammengedacht werden. Das gleiche gilt für den Begriff der „Einheit von Staat und Kultur", ebenso für die Synthese von „Politik" und „Humanität".
Die Argumentation beruht auf der Entfaltung der Dialektik, die Thomas Manns Synthese zugrunde liegt:
1. In einem ersten Schritt betont Mann die dynamische Struktur des (deutschen) Humanitätsbegriffs: Werden gegenüber unveränderlicher Substantialität (S. 244, Z. 37–S. 245, Z. 4); es ist dies die Grundlage für die folgende Entfaltung oder Rekonstruktion jener Dialektik.
2. Als These und Antithese gleichsam werden im folgenden Abschnitt (S. 245, Z. 5–38) in bezug auf den „deutschen Menschen" die „Innerlichkeit" als „Versenkung", „individualistisches Kulturgewissen", Sinnfindung als „Vertiefung und Vollendung des eigenen Ich", „Subjektivismus des Geistes" (Z. 10–15) einerseits und die „Freiheit" als Bereich des Objektiven, als Politik (Z. 15–22) gegenübergestellt: deutsche und europäische Bildung als These und Antithese, in ihrer Antinomie noch einmal ausdrücklich betont (Z. 17–23). Exemplarisch verweist Thomas Mann, eher nebenher, einerseits auf den Entwicklungs- und Bildungsroman in Deutschland, auf den kritischen Gesellschaftsroman in England und Frankreich andererseits (Z. 6–10).
3. Der nächste Argumentationsschritt vermittelt die Forderung der Synthese von „Innerem" und „Äußerem", „Persönlichem" und „Sachlichem", „Gewissen" und „Tat" (Z. 34f.), „Innerlichkeit" und „politischem Element", „Freiheit" (Z. 30). Es fällt auf zum einen die sprachliche Ausweitung des begrifflichen Gegensatzes, der in der Tat immer schon weit gespannt war und seinen Schein von Plausibilität von daher möglicherweise erhielt. Es fällt zum zweiten auf die vorsichtige Argumentationstechnik durch das Stilmittel der Frage statt der entschlossenen Behauptung: Thomas Mann will konservative Zuhörer nicht verprellen, sondern gewinnen; von daher auch der Versuch, den damals offensichtlich vielgelesenen ‚Hyperion' Hölderlins für die eigene Argumentation zu nutzen (Z. 30–34). Der formale Ansatz der Argumentation spiegelt zugleich die eigene Autobiographie, die eben erst vollzogene Wandlung oder ihrerseits dialektische Entwicklung von den ‚Betrachtungen eines Unpolitischen' zu der Rede ‚Von deutscher Republik'. Schließlich fällt begrifflich auf, daß Thomas Mann jetzt, im Blick auf die geforderte These, nicht mehr vom „Wesen deutscher Humanität" (S. 244, Z. 39) spricht, sondern von der „wahren und vollen Humanität" (S. 245, Z. 34).
4. Die Funktion des letzten Absatzes ist eine dreifache: Zum einen wird die Vorstellung der Vermittlung, der Synthese, des „Fortschreitens von der Innerlichkeit zum Objektiven, zum Politischen, zum Republikanertum" (S. 245, Z. 40–43), genauer bestimmt durch den Gedanken der Erziehung (Z. 45 und, noch zweimal wiederholt[!], S. 246, Z. 1, 3): Erziehung als das, was not tut vor allem im Blick auf die in der neu gegründeten, ersten deutschen Republik heranwachsende Jugend. Zum zweiten wird begrifflich das

Siebentes Kapitel: Zu Text 154, S. 244 ff.

Eingangsthema „Republik" jetzt wieder ausdrücklich aufgegriffen: Das politische, objektive Moment der Humanität ist „die Sphäre des Sozialen" in ihrer „höchsten Stufe des Menschlichen, des Staates" (S. 246, Z. 4–7), und das meint als Seite aktiver Lebenspraxis des einzelnen: die Demokratie, die Republik. Drittens schließlich versucht Thomas Mann argumentativ, hier mehr als nur nebenher, ein zentrales Dokument deutscher Kultur und Tradition zu nutzen: Goethes ‚Wilhelm Meister', verstanden als exemplarisches Vorbild, als „Vorwegnahme deutschen Fortschreitens von der Innerlichkeit zum Objektiven, zum Politischen, zum Republikanertum" (S. 245, Z. 40 f.). Goethe dient also gleichermaßen als exemplarisches Vorbild und exemplarischer Beweis für die Richtigkeit der in der Rede vorgetragenen Argumentation. Die geistesgeschichtlich idealistische Orientierung der ‚Betrachtungen eines Unpolitischen' hält sich im Ansatz durch – bei genau umgekehrten inhaltlichen Vorzeichen –, vgl. Text 157, Heinrich Mann.

Die erste Auslassung in der vorliegenden Verkürzung betrifft nur wenige Einleitungssätze: Es handele sich nicht um die eigentliche Gedenkrede zum Gedächtnis Walther Rathenaus, sondern darum, „mit einigen Sätzen den Geist und Sinn dieser Feier zu kennzeichnen" (Thomas Mann: Gesammelte Werke. Band XI: Reden und Aufsätze, 3. S. Fischer, Frankfurt a. M. 1960, S. 853).

Die zweite Auslassung betrifft etwa die Hälfte des Gesamttextes. Zunächst folgt die optimistische Annahme, daß sich die Synthese von Humanität und Republik in Deutschland realisieren werde. Dann werden die Gründe dargestellt, die dem gegenwärtig entgegenstehen: Inflation, französische Besatzungstruppen an Rhein und Ruhr, die konsequent ihre Reparationen in Form von z. T. in Deutschland dringend benötigten Produkten eintreiben. Der äußere Druck in Deutschland habe u. a. zur Folge, daß der ideologische Angriff von rechts, der massiv auf die Weimarer Republik geführt wird, antidemokratisch und nationalistisch gegen die Verständigung und Aussöhnung der ehemaligen Kriegsgegner gerichtet, erfolgreich sei. Die französische Besatzungspraxis sei ein Verhalten, „geeignet, jeden Zynismus und politischen Pessimismus, jede Philosophie der Brutalität in Deutschland zu kräftigen" (S. 858). Das alles sei nur die „Teilausprägung eines Weltzustandes [...] der depressiven Antihumanität", einer „diktatorisch-terroristischen Tendenz" (S. 858), mehr oder weniger in allen Ländern des europäischen Kulturkreises nachweisbar. Die Gefahr dieser Tendenz betreffe die europäische Jugend, die in weiten Teilen erfüllt sei „von dem Gefühl einer Weltwende" (S. 859), des Untergangs der bürgerlichen Epoche, welche in der Renaissance kulturell geboren und als „industriell-militaristischer Imperialismus" (S. 859) in den blutigen Untergang gestrauchelt sei. In der Sichtweise dieser Jugend seien damit untergegangen auch die Ideen des „Humanismus, Individualismus, [der] Demokratie, Freiheit, Persönlichkeit" (S. 859). Die aufkommende Alternative sei das Gegenteil dieser Tradition: Gemeinschaft, eiserne Bindung, der unbedingte Befehl, der Terror. Thomas Mann gesteht in seiner Rede diesem Bewußtsein bei aller Kritik zugleich „viel zeitlich Wahres, viel echte Revolution" (S. 859) zu. Die aus diesem Bewußtsein erwachsende Gefahr sei die Verirrung in den politischen Obskurantismus, in die Reaktion. Mit einem gleichwohl optimistischen Appell an die republikanische Jugend Deutschlands, sich in die Tradition der Goethe, Hölderlin und Nietzsche zu stellen, d. h. in die Tradition der Idee der Humanität als Idee der Zukunft, schließt die Rede.

Zur Behandlung im Unterricht
In der Erarbeitung der Argumentation geht es primär darum, die den Schülern vermutlich recht fremde Begrifflichkeit und Antithetik zu verdeutlichen, also um erläuternde Verständnishilfen. In einem zweiten Schritt, nach der verstehenden Rekonstruktion, kann eine Problematisierung und Auseinandersetzung einsetzen:
– Erscheint die Argumentation Thomas Manns in sich stimmig, plausibel, überzeugend – oder als Resultat willkürlicher begrifflicher Konstruktion?
– Gibt es so etwas wie eine spezifisch deutsche Humanität, eine deutsche Geistigkeit, ein deutsches Selbst- und Weltverständnis?
– Was bedeutet für uns heute der Begriff Humanität: Welches Gewicht hat dieser Begriff für uns? Was meint er inhaltlich?
– Humanität und Staat: Welches Verhältnis sehen wir zwischen diesen Begriffen? Ist z. B. die Realisierung von Humanität Voraussetzung oder Ziel des demokratischen Staates?

Im Anschluß an den Text 154 ließen sich vergleichend sowohl Tucholsky (Text 155) wie Hermann Hesse (Text 156) heranziehen.

Siebentes Kapitel: Zu Text 155, S. 246 ff.

Kurt Tucholsky: Wir Negativen (S. 246 ff.)   155

Zum biographischen Hintergrund
1905 hatte Siegfried Jacobsohn die erste Nummer der ‚Schaubühne' herausgegeben, eine wöchentlich erscheinende Kulturzeitschrift. Tucholskys erster Beitrag erschien am 9. 1. 1913, an seinem 23. Geburtstag. Während des Krieges – Tucholsky wurde eingezogen – hat er wenig publiziert. Nach seiner Rückkehr von der rumänischen Front veränderte die Zeitschrift ihr Profil zur ‚Weltbühne', am 4. April 1918 erschien die Neuausgabe.

Zum Text
Der Artikel ‚Wir Negativen' erschien am 13. 3. 1919 in der ‚Weltbühne'. Fritz J. Raddatz schreibt dazu in seinem Vorwort der Werkausgabe: „‚Wir Negativen' heißt ein programmatischer Aufsatz vom 13. März 1919 – es ist die 'Verfassung' der ‚Weltbühne'. ‚Wenn Revolution nur Zusammenbruch bedeutet, dann war das eine', heißt es schon hier, und: ‚Wir wollen kämpfen mit Haß aus Liebe.' Dieses Programm, nicht mit Pseudonym gezeichnet, wird lange Jahre die Richtung angeben" (Fritz J. Raddatz. In: Kurt Tucholsky: Gesammelte Werke, Band 1: 1907–1918. Rowohlt, Reinbek 1975, S. 20).
Gedanklicher Aufbau und Argumentationsstruktur stellen sich wie folgt dar:
1. Tucholsky greift den geradezu topischen Vorwurf gegen linke Kritik auf, den Vorwurf des nur Negativen, Destruktiven, Zersetzenden, der Nestbeschmutzung – in der spezifischen Variante der reaktiven Aggressivität (S. 246, Z. 14). Er stimmt diesem Vorwurf zunächst zu (Z. 16–21) und stellt ihn – gleichsam sachlich prüfend, reflektierend – in Frage (Z. 21 f.).
2. Es folgt die Überprüfung der Berechtigung des Vorwurfs in Form einer Bestandsaufnahme der gesellschaftlichen und politischen Realität in Deutschland in vier Hinsichten: Revolution, Bürgertum, Militärs, Politiker.
– Revolution bedeutet zunächst Zusammenbruch und nicht Rezeptur und Wiederaufbau: Kritik also des Bestehenden und Fortbestehenden und nicht Affirmation ist die journalistische Konsequenz (Z. 25–29).
– Das deutsche Bürgertum ist wesentlich antidemokratisch (Z. 32) und – Resultat seiner Geschichte (angedeutet allenfalls Z. 33–38) – unfrei (Z. 34–40): Zustimmung und Affirmation sind nicht möglich.
– Für die Mehrheit der deutschen Militärs wie der Reserveoffiziere war kennzeichnend ein „schlechter Geist" (S. 247, Z. 1): Sadismus, Großmannssucht, Geltungsdrang auf Kosten sog. Untergebener (Z. 4–7). In einer großen Artikelserie der ‚Weltbühne', den ‚Militaria', rechnete Tucholsky mit dem deutschen Militarismus ab (Anspielung S. 246, Z. 42); dazu noch einmal Raddatz: „Die nationalistische Presse, also fast die gesamte Reichspresse, schäumt vor Wut. Tucholsky setzt seine Serie fort. Es ist wohl die böseste Abrechnung mit einer Kaste, die dumm und brutal sich immer den Herrschenden feilbot, Landsknechte mit Monokel. Wenn Tucholskys Haß je beißend war, ohne Liebe, dann gegen das Militär und die Offiziere" (Fritz J. Raddatz. In: Tucholsky: Gesammelte Werke, Band 1: 1907–1918. Rowohlt, Reinbek 1975, S. 20 f.). Tucholskys Motivation wird von ihm deutlich benannt: die Notwendigkeit einer grundsätzlichen Revision vor dem Aufbau eines neuen Heeres (Z. 12–20). Das Fazit: Zustimmung und Affirmation sind nicht möglich.
– Seine Einschätzung der politischen Realität bringt Tucholsky zum einen auf den materialistischen Punkt: „Durchsetzung wirtschaftlicher Zwecke mit Hilfe der Gesetzgebung" (Z. 29 f.). Daraus folgert er zweitens einen relativen Freiraum für die kritische Intelligenz, sofern ihre Kritik im Grundsätzlichen und Abstrakten, also folgenlos bleibt, auf der zugewiesenen Spielwiese verharrt (S. 247, Z. 44–S. 248, Z. 4). Das hier unausgesprochene Fazit: Konkrete Kritik tut not, Affirmation ist nicht möglich.
3. Die Textauslassung vertieft die Konsequenz in drei Schritten: Erstens, es geht in der kritischen Auseinandersetzung nicht um die logisch zwingende Kraft der Argumentation, vielmehr steht hier „Wille gegen Wille", Interesse gegen Interesse; zweitens, taktisch ist daher nicht die klare Intellektualität gefragt, sondern u. U. der Knüppel: Hier greift Tucholsky auf seine Eingangsthese (S. 246, Z. 14 f.) zurück, verdeutlicht sie argumentativ; drittens, die Konsequenz dessen ist – kompromißlos und idealistisch gleichermaßen – die Forderung „Der unbedingten Solidarität aller Geldverdiener muß die ebenso unbedingte Solidarität des Geistigen gegenüberstehen."
4. Abschließend erfolgt in den letzten vier Abschnitten die Bekräftigung und Vertiefung des Fazits „Wir können noch nicht ja sagen":
– Der Vorwurf der nur negativen Kritik trifft nicht, weil die gesellschaftliche und politische Realität moralisch keine Alternative zuläßt. Moralisch: Auf diesen Nenner versucht Tucholsky (Z. 5–13) seine vorhergehende Bestandsaufnahme und die daraus resultierende Forderung zu bringen; geboten sei „die

Siebentes Kapitel: Zu Text 156, S. 249f.

- rechte Redlichkeit" (Z. 6), die „anständige Gesinnung" (Z. 11, 13). Die moralisch artikulierte Kritik erklärt im nachhinein die personalisierende Begrifflichkeit der Bestandsaufnahme: „der Bürger" – „der Offizier" – „der Politiker".
- Der folgende Abschnitt (Z. 14–27) bekräftigt jenes Fazit wiederholend und konkretisierend, die Ebene moralischer Kritik wird beibehalten: Wir können nicht ja sagen (leitmotivische Sentenz), weil es allenthalben an anständiger Gesinnung fehlt.
- Eine Rechtfertigung und Begründung dieser Ebene erfolgt im nächsten Abschnitt (Z. 28–38): Die Antithese Idealismus – Realismus wird im Ansatz dialektisch vermittelt (Z. 31–33, 34 f.) in zwei Schritten; erstens: Ideale kann man nicht verwirklichen, aber ohne Ideale verändert sich nichts; zweitens, appellativ: Ideale müssen von den Menschen in ihrer Lebenspraxis als Orientierungspunkte ernst genommen werden; sie müssen massenwirksam vermittelt oder – geglaubt werden (Tucholskys alttestamentliche Sprachfügung in Syntax und Wortwahl an dieser Stelle, Z. 35–39, legt religiöse Assoziationen deutlich nahe).
- Der letzte Abschnitt (Z. 39–44) des Textauszugs formuliert noch einmal bekräftigend und wiederholend, beschwörend (Z. 44) das Fazit: Scharfe, negative Kritik ist jetzt unerläßlich.

5. Die letzte Auslassung verdeutlicht sprachlich das moralische und emotionale Engagement dieser Kritik: „Wir wollen kämpfen mit Haß aus Liebe." Mit Haß gegen Ausbeutung, Unterdrückung, Ungerechtigkeit, ideologischen Betrug: „Wir kämpfen allerdings mit Haß. Aber wir kämpfen aus Liebe für die Unterdrückten, die nicht immer notwendigerweise Proletarier sein müssen, und wir lieben in den Menschen den Gedanken an die Menschlichkeit" (Tucholsky: Gesammelte Werke, Band 2: 1919–1920. Rowohlt, Reinbek 1975, S. 57).

Zur Behandlung im Unterricht
Die Argumentationsstruktur läßt sich herausarbeiten und diskutieren:
- Trägt die Ebene moralischer Kritik – vor dem Hintergrund der Fakten und Beobachtungen, die die Tagebuchausschnitte des Grafen Keßler (Text 153) vermittelt haben?
- Liegt nicht ein Widerspruch vor, wenn Tucholsky einerseits illusionslos das Gewicht von gesellschaftlichen und politischen Interessen betont gegen die Kraft der Argumentation, gegen die Kraft der Vernunft also, und andererseits moralisierend an die Gesinnung, an die Fähigkeit der Menschen zur ethisch praktischen Vernunft appelliert?
- Scharfe Kritik, moralisch motiviert, getragen von Liebe und Haß, „mit Haß aus Liebe" – gibt es für einen Journalisten, Publizisten, Schriftsteller dazu eine Alternative?
- Der Literaturwissenschaftler Hans Mayer hat Tucholsky einen „pessimistischen Aufklärer" genannt (Hans Mayer: Ein Deutscher auf Widerruf. Erinnerungen. Band 1. Suhrkamp, Frankfurt a. M. 1982) und meinte damit den moralischen Aufklärer und Kritiker, der den Glauben an eine Wirksamkeit seines Tuns verloren hat.
- Thomas Mann (Text 154) fordert Humanität als Vermittlung des Subjektiven und Objektiven, des Persönlichen und Politischen, „Selbst- und Weltformung" (S. 246, Z. 8). Tucholsky sagt: „Wir lieben in den Menschen den Gedanken an die Menschlichkeit." Kommen die Humanitätsvorstellungen beider Autoren überein? Lassen sie sich überhaupt vergleichen?

Möglich ist auch die formale Analyse einzelner Abschnitte: Mit welchen rhetorischen und sprachlichen Mitteln versucht Tucholsky seine Argumentation zu unterstreichen? Vor allem die drei letzten Abschnitte des Textauszuges bieten sich hier an (S. 248, Z. 14–44).
Im Anschluß an Tucholskys Artikel lohnt sich vor allem die Lektüre des Briefes von Hermann Hesse (Text 156): Bei ähnlich pessimistischer Einschätzung zieht Hesse andere Konsequenzen.

156 Hermann Hesse: Mißtrauen gegen die deutsche Republik (S. 249 f.)

Hermann Hesse und Thomas Mann
Im folgenden werden thesenartig Aussagen zu der Beziehung beider Autoren zueinander, zu Parallelen und Unterschieden ihrer schriftstellerischen Biographien gemacht, die Voraussetzungen und Hintergrund jenes Briefes von Hesse erhellen.

1. Man schätzt, daß Thomas Mann insgesamt 25 000 Briefe geschrieben hat, Hermann Hesse über 35 000. Darunter findet sich eine Vielzahl wesentlicher Korrespondenzen, die die Beteiligten in sehr unterschiedlichen Weisen zeigen und spiegeln: Die Textsorte legt es nahe, sich auf den jeweiligen Empfänger einzustel-

len, jeweils andere Verbindungen von Anteilnahme, Intention, Themenbezug, Ich-Aussage einzugehen, so daß jede Korrespondenz in einer ganz spezifischen Weise die Schreiber spiegelt.
2. Für die Korrespondenz zwischen Thomas Mann und Hermann Hesse ist kennzeichnend das wachsende Bewußtsein, „gemeinsam die humanistische Tradition in der deutschen Kultur verfechten zu müssen" (Theodore Ziolkowski. In: Hermann Hesse – Thomas Mann. Briefwechsel. IBS 441. Suhrkamp, Frankfurt a. M. 1975, S. I f.). Trotz einer Korrespondenz über ein halbes Jahrhundert hinweg bleibt der Ton formell reserviert, von Theodore Ziolkowski in seinem Vorwort zum Briefwechsel interpretiert als leicht ironische Distanz „trotz aller gegenseitigen Achtung und trotz des wachsenden Gefühls von Solidarität" (S. II). Jenes Gefühl von Solidarität entwickelte sich zunehmend, relativ spät erst beginnend mit dem Zusammenbruch der Weimarer Republik: Th. Mann und H. Hesse kannten sich seit 1904, aber erst in den 30er Jahren nahmen sie eine systematische Korrespondenz miteinander auf; bis dahin fand nur ein gelegentlicher Briefaustausch statt.
3. Ziolkowski betont trotz z. T. überraschender Parallelen in den Biographien die Unterschiedlichkeit der beiden Männer wie ihrer schriftstellerischen Arbeit: Thomas Mann ist der Epiker par excellence, geprägt vor allem durch die französischen und russischen Realisten, Hermann Hesse schreibt dagegen eher lyrisch introspektiv, orientiert an der romantischen Tradition; Th. Mann lebt, eingebunden in zahlreiche gesellschaftliche und repräsentative Verpflichtungen, großstädtisch urban, ein „versiertes Weltbürgertum" (Ziolkowski, S. IX), als Literat wie in seinem politischen Engagement in den 20er Jahren „so etwas wie ein inoffizieller Kulturbotschafter der Weimarer Republik an die Welt" (Ziolkowski, S. VI). Hermann Hesse scheut öffentliche Auftritte, er zieht sich zurück in die individuelle Selbstbesinnung und ländliche Abgeschiedenheit in der Schweiz, konzentriert arbeitend an einem im Vergleich mit Thomas Mann ungleich umfangreicheren Werk. In seiner politischen Überzeugung hat ihn der Erste Weltkrieg geprägt: Überzeugter Pazifist schon vorher, mißtraut er seither jeder Erscheinungsform von Nationalismus und Ideologie. Seit 1924 ist er Schweizer Staatsbürger. Er weigert sich „fast durchweg, irgendwelche Manifeste zu unterschreiben oder öffentliche Aufrufe zu verfasssen, mit dem Argument, daß diese gewöhnlich doch nichts bessern, häufig aber großen Schaden anrichten" (Ziolkowski, S. XII).

Zum Hintergrund des Textes
Am 10. 11. 1930 trat Hesse aus der Sektion für Dichtkunst der ‚Preußischen Akademie für Künste' – „der einzigen offiziellen Zugehörigkeit, auf die ich mich im Leben je eingelassen habe" (Hermann Hesse – Thomas Mann. Briefwechsel, S. 20, Anm. 2) – wieder aus; 1926 war er ja Mitglied gewählt worden. Die Aufgabe der Akademie war die staatlich geschützte Betreuung des literarischen Lebens: Gutachten zu Beihilfen und Preisverteilungen, Beratung in Fragen der Schullektüre, Kontaktpflege zu Universitäten und ausländischen Akademien. In seiner Austrittsbegründung schrieb Hesse: „Ich habe das Gefühl, beim nächsten Krieg wird diese Akademie viel zu der Schar jener 90 oder 100 Prominenten beitragen, welche das Volk wieder, wie 1914, im Staatsauftrag über alle lebenswichtigen Fragen belügen werden" (H. Hesse – Th. Mann: Briefwechsel, S. 20, Anm. 2). Hermann Hesse bezog sich hier auf den Protest von 93 prominenten deutschen Gelehrten und Intellektuellen im Herbst 1914 gegen die Anschuldigung einer barbarischen deutschen Kriegführung in Belgien. – Zu seinem Rücktritt nahm er schon am 20. 2. 1931 in einem Brief an Thomas Mann Stellung: „Meine persönliche Stellung zu der Frage ist, unter uns gesagt, ungefähr diese: Ich bin nicht mißtrauisch gegen den jetzigen Staat, weil er neu und republikanisch ist, sondern weil er mir beides zu wenig ist. Ich kann nie ganz vergessen, daß der preußische Staat und sein Kultusministerium, die Schirmherren der Akademie, zugleich die verantwortliche Instanz für die Universitäten und ihren fatalen Ungeist sind, und ich sehe in dem Versuch, die ‚freien' Geister in einer Akademie zu vereinen, ein wenig auch den Versuch, diese oft unbequemen Kritiker des Offiziellen leichter im Zaume zu halten" (H. Hesse – Th. Mann: Briefwechsel, S. 19).
Am 27. 11. 1931 sprach Thomas Mann in seinem Brief an Hesse das Thema noch einmal an. Seine Argumente waren folgende:
1. Die Grundhaltung der Akademie läßt eine Nachgiebigkeit gegenüber nationalistischen Strömungen nicht zu; den völkisch gesinnten Schriftstellern Wilhelm Schäfer, Erwin Guido Kolbenheyer und Emil Strauß war ihrerseits von der Mehrheit der Akademiemitglieder nach Hesses Austritt der Austritt nahegelegt worden. Sie verließen daraufhin die Akademie.
2. Hesses Wiedereintritt hätte zur Folge die Richtigstellung des von der reaktionären Presse initiierten Irrtums, Hesse gleichsam mit Schäfer und Kolbenheyer auf eine Ebene zu stellen.
3. Die Zeitumstände erfordern das organisatorische Engagement im gesellschaftlich offiziellen Bereich: „Ich weiß ja sehr gut, daß Ihnen auch Ihre erste Zusage nicht leichtgefallen ist und daß Ihnen das

Siebentes Kapitel: Zu Text 157, S. 250ff.

Gesellschaftlich-Offizielle, das im Literarisch-Korporativen immer liegt, von Natur widersteht. Aber wem ginge es anders? Dem Akademischen und Bindenden sind wir im Grunde alle abgeneigt, und es ist nur eine Art sozialen, von der Zeit geforderten und ausgebildeten Pflichtgefühls, wenn wir trotzdem einem solchen Rufe folgen. Ihre Lebensform bringt es noch besonders mit sich, daß eine aktive Beteiligung von Ihrer Seite nicht in Frage kommt und nicht erwartet wird. [...] Es würde sich in Ihrem Falle durchaus um etwas Moralisches handeln, um die geistige Tatsache Ihrer Zugehörigkeit zu uns" (H. Hesse – Th. Mann: Briefwechsel, S. 22 f.).

Zum Text
Deutlicher als je zuvor (Z. 15 f.) begründet Hesse seine Ablehnung mit einer tief pessimistischen Einschätzung der Weimarer Republik (Z. 19–41):
– Auflösung des Wilhelminischen Reiches von außen durch die militärische Niederlage (Z. 20 f.),
– Mißlingen der Revolution mangels Massenbasis (Z. 22 f.),
– Klassenjustiz (Z. 23),
– Passivität und mangelnde Loyalität der Beamtenschaft (Z. 23 f.),
– mangelndes politisches Bewußtsein der Bevölkerung (Z. 24),
– die Zukunftserwartung: die Machtübernahme durch die Kommunisten nach bolschewistischem Muster nach vorangehendem verschärftem Terror von rechts und verschärfter Verfolgung der Linken (Z. 27–30).

Hesses Bild ist offensichtlich während der dreizehn Jahre des Bestehens der Weimarer Republik unverändert geblieben. Es entspricht weitgehend der von Tucholsky 1919 entworfenen Bestandsaufnahme (Text 155). Zugleich trifft seine Prognose ein Stück weit zu, bezogen auf den zunehmenden nationalsozialistischen Terror gegenüber den Linken. Was die Zukunftslosigkeit der Demokratie von Weimar 1931 angeht, hat Hesse dem Optimismus Thomas Manns gegenüber recht behalten, ohne die Verhältnisse in Deutschland näher zu kennen.

Zur Behandlung im Unterricht
Im Zusammenhang mit den Hintergründen und der Vorgeschichte dieses Briefes läßt sich die Frage nach den Einflußmöglichkeiten und dem politischen Selbstverständnis eines Schriftstellers thematisieren; der Vergleich zwischen Thomas Mann und Hermann Hesse liegt nahe.
Die Einschätzung der Weimarer Verhältnisse bei Hesse ist ähnlich der Tucholskys:
– Wo liegen inhaltliche Gemeinsamkeiten, wo Unterschiede?
– Wie lassen sich die weitgehenden inhaltlichen Gemeinsamkeiten bei einer Differenz von dreizehn Jahren erklären?
– Möglicherweise läßt sich hier weiterfragen nach den Ursachen und der Entstehung des Faschismus, nach den Ursachen für die Machtübernahme durch die Nationalsozialisten; diese Fragen würden zu den folgenden Texten von Heinrich Mann (157) und Robert Musil (158) führen.
– Bei ähnlicher Analyse der politischen Verhältnisse kommen Hesse und Tucholsky zu völlig anderen Konsequenzen: Worauf läßt sich das vermutlich zurückführen? Wie beurteilen wir heute die unterschiedlichen Haltungen? Hat ein Schriftsteller eine politische Verantwortung? Dies zugestanden, wie kann er sie wahrnehmen?

157 Heinrich Mann: Auch eine Revolution (S. 250 ff.)

Zum biographischen Hintergrund
Heinrich Mann wurde 1931 zum Präsidenten der Sektion für Dichtkunst der ‚Preußischen Akademie für Künste' ernannt – der Akademie, aus der H. Hesse ausgetreten war (vgl. die Erläuterungen zu Text 156). Im gleichen Jahr wurde er zu seinem 60. Geburtstag offiziell und auf mehreren Banketten geehrt. Eineinhalb Jahre später erfolgte die Wende: In den letzten Tagen vor der Ernennung Hitlers zum Reichskanzler am 30. Januar 1931 hatte H. Mann zusammen mit Käthe Kollwitz und Albert Einstein einen Aufruf des Internationalen Sozialistischen Kampfbundes zur antifaschistischen Einheitsfront von SPD und KPD gegen die drohende faschistische Diktatur unterzeichnet; die Akademie der Künste wurde unter Druck gesetzt, Heinrich Mann zu relegieren: Käthe Kollwitz und Heinrich Mann wurden am 15. Februar „wegen parteipolitischer Betätigung" ausgeschlossen. Am 21. Februar emigrierte H. Mann nach Nizza. Noch im gleichen Jahr legte er im Amsterdamer Querido Verlag mit dem Essayband ‚Der Haß' die erste Sammlung seiner antifaschistischen Schriften vor; die einzelnen Beiträge entstanden zwischen März und September; z. T. waren die Arbeiten – u. a. ‚Auch eine Revolution' – zuvor in antifaschistischen Exilzeitschriften oder in

Siebentes Kapitel: Zu Text 157, S. 250ff.

der Tageszeitung ‚La Dépêche' erschienen. Parallel zu der deutschen Ausgabe der Essaysammlung wurde eine französische Ausgabe bei Gallimard veröffentlicht. 1934 schon erschien eine russische Übersetzung; Übersetzungen ins Polnische und Rumänische folgten. Allerdings vermochte massiver faschistischer Druck den Vertrieb der polnischen Ausgabe zu verhindern, auch die Verbreitung der Querido-Ausgabe in den Niederlanden und anderen Ländern wurde beeinträchtigt. Gleichwohl wurde das Buch in vielen europäischen Zeitungen beachtet; eine starke Resonanz fand es in deutschsprachigen Exilpublikationen durch Lion Feuchtwanger, Arnold Zweig, Hermann Kesten, Johannes R. Becher.

Zum Text
Die Schrift, ungekürzt wiedergegeben, verbindet Elemente des aggressiv appellativen Pamphlets mit denen der Analyse: Es werden Gründe für die Machtübernahme des Faschismus und Techniken, Mittel seiner Herrschaft beschrieben, nicht aber in der Haltung des Analytikers oder distanzierten Beobachters (vgl. Text 158: Robert Musil), sondern ironisch bissig gleich zu Beginn, polemisch, überzeichnend (z. B. S. 252, Z. 2ff.).
Die ersten drei Abschnitte greifen vor allem die Frage nach den Ursachen auf, die folgenden Absätze thematisieren stärker die Mittel faschistischer Machtübernahme und -erhaltung. Der Text ist nicht systematisch gegliedert. Im einzelnen:
Heinrich Mann nennt folgende Gründe für die Machtübernahme:
1. Die von H. Mann bewußt im Gegensatz zum nationalsozialistischen Ideologem der einen deutschen Rasse betonte faktische „rassische" und kulturelle Unterschiedlichkeit mache im Bewußtsein der Menschen die nationale Frage zum Problem: Was ist eigentlich deutsch? Dieses Problem und den Wunsch, die Einheit der Nation bewußt zu erleben, habe die NSDAP ausgenutzt. Heinrich Mann führt diesen ideologischen Aspekt relativ ausführlich aus (S. 250, Z. 16–27), setzt hier den Hauptakzent – eine krasse Überzeichnung, verständlich vielleicht als betonte Kontrastierung vor dem Hintergrund der nationalsozialistischen Ideologie? Zugleich zeigt sich wohl aber auch die im Ansatz idealistische Geschichtsbetrachtung des Bildungsbürgertums: Historische Veränderungen werden primär geistesgeschichtlich oder auf der Ebene ideologischer Phänomene erklärt (vgl. auch Text 154, Thomas Mann).
2. In einer zweiten Überlegung stellt Mann ab auf die Folgen der Weltwirtschaftskrise (S. 250, Z. 28–36): Proletarisierung weiter Teile des Kleinbürgertums mit der Folge massiver Abwehrängste und -aggressionen gegen das Proletariat als Resultat des drohenden oder faktisch schon erfolgten Verlusts der sozialen Identität; Zermürbung des Proletariats seinerseits durch z. T. mehrjährig erlittene Arbeitslosigkeit.
3. In diesen Zusammenhang gehört auch der im Text zuletzt genannte Faktor, die „geistige Verarmung" breiter Schichten der Bevölkerung (S. 251, Z. 21–36): Resignation, ein Nachlassen der kritisch-analytischen Fähigkeiten, mangelnde Kenntnisse. Bedingt erscheint dies durch die Erfahrung der Weltwirtschaftskrise zum einen, durch den Generationswandel, die fehlenden Vorkriegserfahrungen zum anderen.
4. Eine letzte Ursache wird nur implizit angedeutet: die Finanzierung der NSDAP durch Industrie und Großgrundbesitz (Z. 39–41).
In der Sicht H. Manns bedienten sich die Nationalsozialisten folgender Mittel und Techniken, um an die Macht zu gelangen und sie zu erhalten:
1. Die Entscheidung nach dem Münchener Debakel von 1923, die Macht nicht durch einen militärischen Putsch, sondern mit Hilfe einer breiten Massenbewegung zu erringen, schloß ein, daß Begriff und Anschein einer „Revolution" in Anspruch genommen werden mußten: Der Anschein einer Bewegung gegen die herrschenden Schichten und zugunsten der Mehrheit der Bevölkerung mußte glaubwürdig entstehen. Die Folge waren Konzept und Propaganda der „nationalen Revolution", um unter diesem Vorwand die sozialen Errungenschaften der Weimarer Republik und die dafür stehenden Organisationen aufzulösen (S. 250, Z. 9–12, 37–S. 251, Z. 6).
2. Insofern die „nationale Revolution" ein aggressives und rücksichtsloses Liquidierungsprogramm aller zu Feinden erklärten innenpolitischen und ideologischen Gegner und rassischen Opfer verfolgte, wurden Haß und Aggression selbst zum Mittel, mehr noch, zum „Daseinsgrund" (S. 251, Z. 7) der faschistischen Massenbewegung (S. 251, Z. 7–14, 43–S. 252, Z. 17). Heinrich Mann setzt hier den Hauptakzent seiner Darstellung: Offene Irrationalität und Aggressivität gegen jede Vernunft sind kennzeichnend für die faschistische Bewegung (S. 251, Z. 3). Auf die sozialpsychologischen Bedingungen und Mechanismen, die dergleichen ermöglichen, geht er nicht ein: auf den Zusammenhang von Angst, Frustration und Aggression, auf Projektions- und Sündenbockmechanismen.
3. Insofern die „nationale Revolution" Aggressionen der breiten Mehrheit der Bevölkerung gegen die Vertreter der Interessen dieser Mehrheit selbst, gegen die eigenen Leute richten soll, muß alle Vernunft

Siebentes Kapitel: Zu Text 157, S. 250ff.

ausgeschaltet sein, müssen die realen gesellschaftlichen Probleme verdeckt werden durch manifeste Lügen und eine sozialpsychologisch passende und funktionsfähige Ideologie, den Rassismus (S. 251, Z. 20, 37–43).
4. Die Person des Führers schließlich nennt Heinrich Mann als letztes (S. 252, Z. 12–19). Auch hier fallen sozialpsychologische Aspekte weg (Eigenschaften des „autoritären Charakters" [Horkheimer/Adorno], Identifikation mit der personalen Inkarnation der Macht, Identifikation mit der Vaterfigur), allenfalls die Bedingungen von Identifikationsprozessen (Ähnlichkeiten, die ein Sich-Wiederfinden überhaupt ermöglichen) werden implizit angesprochen (Z. 13–17). Den Hauptakzent legt H. Mann aber auf die moralische Beurteilung: Hitler als Ausdruck seiner moralisch verkommenen Zeit.
Heinrich Mann liefert keine politische Analyse, er entwirft ein durchaus subjektiv zu verstehendes Bild der faschistischen Machtergreifung, parteilich und moralisch konzipiert. Ökonomische und soziale Faktoren werden von ihm vernachlässigt. In einem Antwortschreiben an Hans Günther, einen marxistischen Schriftsteller, der sich zu den in H. Manns Essayband vertretenen Positionen in verschiedenen Aufsätzen literarischer Zeitschriften kritisch geäußert hatte, schrieb Heinrich Mann am 21. 8. 1935: „Was ich in meinen literarischen Bemühungen beibringen kann, sind einfach Ergänzungen. Diese kommen von einem Romancier, der im Lauf der Zeit viel Menschliches begriffen hat. Jeder gibt, was er kann. Wenn die wirtschaftlichen Tatsachen bei mir nicht oft genannt werden, ich erkenne sie darum doch an, nicht anders als Sie selbst. Ein Unterschied ergibt sich, wenn Sie das Geistige als 'Überbau' ansehen. Ich weiß nicht, ob diese Ansicht ursprünglich marxistisch ist: Mir jedenfalls bleibt sie fremd. Ich halte wirtschaftliche Zustände und geistige Taten für soziologisch gleichberechtigt. Das hat, scheint mir, einige Bedeutung für das Lebensgefühl der geistig Bemühten" (Heinrich Mann: Der Haß. Deutsche Zeitgeschichte. Aufbau, Berlin und Weimar 1983, S. 202).
Um die in der weitgehend idealistischen Sicht Heinrich Manns fehlenden Aspekte zu ergänzen und dadurch die Begrenztheit und die besondere Akzentuierung dieser Sichtweise zu verdeutlichen, wird im folgenden die Gegenperspektive oder zumindest kontrastierende Perspektive materialistischer Faschismustheorie in Anlehnung an Reinhard Kühnl skizziert: Reinhard Kühnl: Formen bürgerlicher Herrschaft. Liberalismus – Faschismus. rororo 1342. Reinbek 1971. – Reinhard Kühnl (Hrsg.): Texte zur Faschismusdiskussion I. Positionen und Kontroversen. rororo 1824. Reinbek 1974. – Faschismustheorien. Texte zur Faschismusdiskussion II. rororo 4354. Reinbek 1977. Kühnl unterscheidet drei Ursachenkomplexe:
1. Die sozialökonomische Krisenlage:
1.1 Aus einer sozialökonomischen Krise des Kapitalismus, z. B. der Weltwirtschaftskrise als klassischer Überproduktionskrise, folgt u. U. mit dem Verlust der Glaubwürdigkeit der systemtragenden Parteien eine massive Legitimitätskrise des Gesellschaftssystems, sowohl ökonomisch, die Struktur des Kapitalismus betreffend, als auch politisch, die parlamentarische Demokratie betreffend. Es vermag spontan eine kleinbürgerliche faschistische Massenbewegung zu entstehen mit durchaus ambivalenten Zügen, gerichtet nämlich gegen Sozialismus und Demokratie sowie gegen Kapitalismus. In einer Situation nun der Unfähigkeit des Kapitalismus, den Wirtschaftsprozeß mit den Mitteln der Selbstregulierung und der parlamentarischen Demokratie in Gang zu halten, einer Situation möglicher ernsthafter Gefährdung des gesellschaftlichen Systems und der Privilegien der Oberschicht verbinden sich maßgebliche Teile der herrschenden Schichten mit der faschistischen Bewegung. Sie stellen ihr erhebliche Geldmittel und Propagandamöglichkeiten zur Verfügung und versuchen Einfluß zu nehmen in der Weise, daß innerhalb der faschistischen Bewegung die antikapitalistischen Elemente aufgefangen und unterdrückt werden, um die ganze Kraft und Aggressivität gegen die Linke einzusetzen.
1.2 In Deutschland kamen besondere Bedingungen hinzu: die erhöhte Anfälligkeit für autoritär orientierte Ideologien als Folge der historischen Entwicklung (die verspätete Industrialisierung, die halbfeudale Tradition des Wilhelminischen Reiches, das gering entwickelte demokratische Bewußtsein, die Niederlage im Ersten Weltkrieg, die Enttäuschung durch die Weimarer Republik, bedingt vor allem durch die wirtschaftliche Entwicklung, die Inflation 1923/24 und die Weltwirtschaftskrise 1929ff., welche Deutschland in ihren Folgen vor dem Hintergrund der Entwicklung seit 1918 besonders hart traf; Stichworte: Reparationen, Gebietsverluste, keine Kolonien, Inflation, hohe US-Investitionen und entsprechende Rückforderungen und Rückflüsse bei Ausbruch der Krise). Das Resultat: das Bedürfnis nach materieller Sicherheit, die Rufe nach nationaler Revanche und nach dem starken Mann.
2. Die Politik der herrschenden Schichten und Gruppen:
2.1 Mit der NSDAP verbündeten sich weitgehend alle reaktionären Gruppen, die Militärs, der Adel, der Großgrundbesitz und die Schwerindustrie. Der Harzburger Front (NSDAP, DNVP, Stahlhelm, Vertreter der Militärs, des Junkertums, des Finanzkapitals) 1931 folgte 1932 Hitlers Rede vor dem Industrieclub in

Düsseldorf, in der Hitler die NSDAP als einzige Rettung vor der bolschewistischen Revolution anbot. Die bisher erfolglosen Gespräche Hitlers mit Hindenburg über eine Beteiligung der NSDAP an der Regierung wurden durch die im Anschluß an die Düsseldorfer Kontakte erfolgende Eingabe führender Industrieller an Hindenburg, Hitler mit der Leitung des Präsidialkabinetts zu betrauen, gefördert.

2.2 Als Erklärungsgrund für diese Politik nimmt der dargestellte Ansatz folgenden Zusammenhang an: Neben der Gewähr eines massiven und militanten innenpolitischen Antikommunismus durch die NSDAP bestand ein spezifisches imperialistisches Interesse zumindest weiter Teile der herrschenden Gruppierungen, zumal der deutschen Industrie, bedingt durch die historische Entwicklung (späte nationale Einheit und Industrialisierung; dann aber rapide wirtschaftliche Entwicklung in einer Phase, in der die „leeren Flecken der Landkarte" schon aufgeteilt waren, die Industriestaaten ihre Einflußsphären im Bereich der dritten Welt schon abgesteckt, die Kolonien schon verteilt hatten; Forderung nach Neuaufteilung der Welt durch den deutschen Imperialismus: Erster Weltkrieg; Niederwerfung der Revolution 1918/19; allmähliche Konsolidierung und Wiederaufstieg des deutschen Imperialismus: neuer Versuch der militärischen Expansion mittels der unverhüllt nationalistischen Aggressivität des Nationalsozialismus). Seit 1918 war allerdings in den Arbeiterparteien und Gewerkschaften ein Machtfaktor gewachsen, dessen massiven Widerstand man zu gewärtigen hatte bei konsequenter Durchführung einer imperialistischen Politik. Notwendig erschien daher die Ausschaltung dieser Organisation: Auch dazu erschien der Faschismus die geeignete politische Kraft. Hinzu kam schließlich noch die politische und geistige Tradition der herrschenden Gruppen in Deutschland: eine prinzipielle Feindseligkeit gegenüber der bürgerlichen Demokratie.

2.3 Die Funktionen der NSDAP unter diesem Aspekt waren folgende: Sie sollte die sozialen und politischen Unruhen durch massive Feindbildpropaganda auffangen (feindliche Minderheiten im Inneren, Feinde von außen), den Zusammenhang von wirtschaftlicher Krise und kapitalistischer Wirtschaftsordnung verschleiern und den Kapitalismus durch massiven Antikommunismus verteidigen. Darüber hinaus sollte die NSDAP die Organisationen der Arbeiterschaft zerschlagen, die parlamentarische Demokratie auflösen, um den Widerstand gegen einen imperialistischen Krieg zu beseitigen, und positiv die Bereitschaft für den Krieg wecken.

2.4 Notwendige Voraussetzung für die Wahrnehmung dieser Funktionen war die Unterstützung durch die herrschenden Gruppen: die finanzielle Hilfe durch Teile der Industrie und den Großgrundbesitz, die Duldung durch die Polizei, die Deckung durch die Justiz, die Tolerierung und Bewaffnung durch das Militär, die Werbung durch maßgebliche Teile der Presse bis hin zur Bündnisbereitschaft der Kirche.

3. Die Politik der Linken:

3.1 Die SPD-Führung unterschätzte die Situation und sah lange Zeit in der KPD und nicht in der NSDAP die Hauptgefahr für die Republik. Die Sozialdemokraten gingen von einer Totalitarismustheorie aus: In den Kommunisten und den Faschisten als Extremisten von links und rechts sahen sie qualitativ gleiche Gegner, die es beide auf die Zerstörung der Republik abgesehen hatten; Kommunismus und Faschismus wurden gleichgesetzt.

3.2 Die KPD-Führung unterschätzte ihrerseits lange Zeit die Wirksamkeit des Faschismus auch in der Arbeiterschaft; die grundsätzliche Optimismustaktik der KPD hatte realitätsverfälschende Konsequenzen. Vor allem wirkte sich die Sozialfaschismusthese aus: Der bürgerliche Staat sei spätestens 1929/30 mit der Errichtung des Präsidialkabinetts Brüning faschistisch geworden, die SPD aber sei die Hauptstütze dieses Faschismus, da sie die Brüning-Regierung toleriere.

3.3 Das Resultat: SPD und KPD denunzierten sich gegenseitig als Bundesgenossen des Faschismus, statt in einer gemeinsamen Abwehrfront eine wirksame antifaschistische Politik zu betreiben; sie hatten noch Ende 1932 zusammen mehr Wähler als die NSDAP, ganz abgesehen von ihrem Rückhalt in den Gewerkschaften.

Zur Behandlung im Unterricht
Sinnvoll erscheint zunächst eine gezielte Textbeschreibung:
- Welche Ursachen für die Machtergreifung des Faschismus nennt Heinrich Mann?
- Welche Mittel und Techniken der Machtübernahme und Machterhaltung werden verdeutlicht?
- In welcher Haltung zum Gegenstand ist der Text verfaßt?
  Wie schlägt sie sich sprachlich nieder? (Ironie, Aggressivität, moralische Verurteilung)
Die problematisierende Auswertung und Erörterung könnte sich an folgenden Fragen orientieren:
- Wo setzt Heinrich Mann die Hauptakzente, und was wird in der Analyse der Machtergreifung ausgeklammert? (Ökonomische, soziale, politische Faktoren; die politische und sozialpsychologische Funktionalität des Irrationalen und der Aggression.)
- Warum erfolgt diese Akzentuierung? Läßt sie sich als typisch begreifen für die Sichtweise kritisch

Siebentes Kapitel: Zu Text 158, S. 252ff.

engagierter Schriftsteller? (Fehlende zeitliche und persönliche Distanz; andere Gewichtung z. B. geistiger und ideologischer Faktoren; idealistische Tradition des Bildungsbürgertums: vgl. die Texte 133, 154, 158; eine gewisse Hilflosigkeit in der Analyse: vgl. Wolfgang Fritz Haug: Der hilflose Antifaschismus. Zur Kritik der Vorlesungsreihen über Wissenschaft und NS an deutschen Universitäten. es 236. Frankfurt a. M. 1967.) Die Funktionalität dessen, was nur als irrational und Aggression gesehen wird, ist nicht oder nur in Ansätzen durchschaut; das betrifft zum einen den Zusammenhang von Faschismus und Kapitalismus, und zum zweiten – konkret – die Vorbereitung des Zweiten Weltkriegs.

– Welche Wirkungsmöglichkeiten hatten die Autoren im Exil? An wen vor allem wandten sich derartige Schriften? (Voraussetzung ist die Kenntnis des biographischen Hintergrundes; s. Seite 308 f.)

Ein Vergleich mit den Tagebuchnotizen Robert Musils (Text 158) liegt nahe (bei der Kommentierung von Text 158 konkretisiert). Ein Vergleich mit der Analyse Siegfried Kracauers zu den Angestellten (Text 159) ist in einer Hinsicht möglich und sinnvoll: Zwischen H. Manns Aussagen zu den Auswirkungen der Weltwirtschaftskrise auf das Kleinbürgertum und Kracauers grundsätzlichen Ausführungen zum sozialen Typus des Angestellten bestehen Parallelen: Was die Weltwirtschaftskrise verschärft hat, war möglicherweise grundsätzlich im Typus des Angestellten und seiner historischen Genese schon angelegt.

158 Robert Musil: März 1933 (S. 252ff.)

Zum biographischen Hintergrund

1931 erschien mit großem Erfolg bei den Rezensenten der erste Band des Romans ‚Der Mann ohne Eigenschaften' bei Rowohlt, ohne daß sich dadurch die drückende finanzielle Lage Musils verbesserte, da von Ernst Rowohlt aufgrund der prekären Situation des Verlags in dieser Zeit nur eine spärliche Unterstützung für die weitere Arbeit an dem Roman zu erwarten war. In Berlin gelang es dem Direktor der Staatlichen Kunstbibliothek, Kurt Glaser, einen privaten Unterstützungsfonds für Musil zu organisieren. Musil lebte daher seit 1931 in Berlin und arbeitete am zweiten Band seines Romans; sein erster Teil erschien Anfang März 1933. Nach der Machtübernahme durch die Nationalsozialisten kehrte Musil im Sommer 1933 nach Wien zurück, ohne Zwang. Unter größten materiellen Schwierigkeiten arbeitete er weiter an seinem Roman, da der Glaser-Verein sich mit dem Machtantritt der Nationalsozialisten aufgelöst hatte.

Zum Text

Der bitteren, sarkastischen Analyse der Machtergreifung durch den aktiv engagierten Antifaschisten und Sozialisten Heinrich Mann folgt hier die persönliche Reflexion des radikalen Skeptikers Robert Musil: distanzierte Beobachtung und scharfe Analyse der Reaktionen auf die Zerstörung der Demokratie: Gleichgültigkeit, Opportunismus, Meinungswandel bis hin zur beginnenden Euphorie.

Die faktischen Hintergründe sind folgende: Am 27. Februar nutzten die Nationalsozialisten den Reichstagsbrand für ihre Provokationen; in derselben Nacht noch wurden in Berlin über 1500 und in Deutschland insgesamt mehr als 10 000 Funktionäre und Mitglieder der KPD, der SPD und oppositionelle bürgerliche Demokraten verhaftet, unter ihnen die Schriftsteller Kisch, Mühsam, Ossietzky, Renn. Am 28. Februar folgte die Notverordnung ‚Zum Schutz von Volk und Staat': Die Artikel 114, 115, 117, 118, 123, 153 wurden „zur Abwehr kommunistischer staatsgefährdender Gewalttakte" außer Kraft gesetzt (Musil, S. 252, Z. 22f., 43f.). Am gleichen Tag wurden gegen Mitglieder des ZK der KPD, gegen Bezirkssekretäre, KPD-Abgeordnete des Reichstags und der Landtage Haftbefehle erlassen; am 3. März wurde Ernst Thälmann verhaftet. Am 9. März wurden die bürgerlichen Kommunisten Dimitroff, Popoff und Taneff unter dem Vorwurf der Reichstagsbrandstiftung verhaftet; die 81 Reichstagsmandate der KPD wurden von der Hitlerregierung annulliert, einige Abgeordnete der KPD verhaftet, um derart die Zweidrittelmehrheit für die Annahme eines Ermächtigungsgesetzes zu sichern; keine der im Reichstag vertretenen Parteien protestierte. Am 23. März wurde das Ermächtigungsgesetz verabschiedet.

Der erste Absatz (S. 252, Z. 22–S. 253, Z. 12) beschreibt exemplarisch und analysiert dann allgemein die Reaktion des Durchschnittsbürgers auf den Abbau und die Zerstörung der Demokratie nach dem Reichstagsbrand:

1. Zunächst kennzeichnet Musil die Reaktion der Menschen seiner Umgebung (Z. 22–33): spontane Zweifel und Empörung – Zweifel und Unsicherheit – Bereitschaft, der nationalsozialistischen Lüge zu glauben – Annahme – Verharmlosung der Liquidierung der Demokratie und affirmative Verkehrung ins Positive. „Reaktion der liberalen Erziehung" (Z. 25 f.)? Offensichtlich das typische Reaktionsmuster weiter Teile des Bürgertums im Unterschied zu eher noch proletarisch orientierten Schichten, den Dienstmädchen (Z. 32 f.).

Siebentes Kapitel: Zu Text 158, S. 252ff.

2. Der folgende Abschnitt (Z. 34–42) versucht zu verallgemeinern und die ideologischen Rechtfertigungsansätze und -muster der aufgeklärt fortschrittlichen, linksliberalen oder linksorientierten Intelligenz (= der große Geist: Z. 34, 41) zu verdeutlichen: Im Hintergrund steht einmal Hegels Philosophie des Geistes als letzte Konzeption abendländischer Vernunftmetaphysik. Auf der anderen Seite läßt sich assoziieren das Selbstverständnis der zeitgenössischen Sozialwissenschaften, z. B. Karl Mannheims Ansatz, der der wissenschaftlichen Intelligenz als einziger sozialer Gruppe die Fähigkeit einer ideologiefreien Analyse der gesellschaftlichen Wirklichkeit zuerkennt. Folgende Rechtfertigungsansätze der aufgeklärt fortschrittlichen Intelligenz hat Musil vor Augen: Abgrenzung vom Proletariat und vom parteilich organisierten Marxismus, also vom Kommunismus – Bewunderung von Tatkraft und Entschlossenheit – geschichtsphilosophische oder -ideologische Beschreibungsmuster ungebrochenen Fortschrittsoptimismus, Säkularisierungsmuster, die entlasten und naiven Optimismus zulassen. Basis dieses Selbstverständnisses ist die Existenzsicherheit des bürgerlichen Intellektuellen auch im Faschismus, sofern er genügend Anpassungsfähigkeit/Opportunismus entwickelt (Z. 41 f.).
3. Im dritten Abschnitt (S. 252, Z. 44–S. 253, Z. 10) versucht Musil einen weiteren Erklärungsansatz zu gewinnen: Die Beseitigung der demokratischen Grundrechte trifft den einzelnen deshalb nicht, weil sie zuvor schon faktisch nicht mehr im Horizont des Durchschnittsbürgers gegeben waren. Am Beispiel der Presse deutet Musil hier eine Kritik der industrialisierten Gesellschaft und modernen Demokratie an, wie sie systematisch erst in der zweiten Hälfte des 20. Jahrhunderts entwickelt wurde. Um nur Stichworte und Titel zu nennen: den Typus des außengeleiteten Menschen in David Riesmans Analyse ‚Die einsame Masse', den Typus des „eindimensionalen Menschen" in der Analyse Herbert Marcuses, Begriffe wie „Manipulation der Meinungsbildung", „Transformation der Demokratie" (Johannes Agnoli/Peter Brückner).
4. Musils Fazit im vierten, auf zwei Zeilen konzentrierten Abschnitt (Z. 11 f.): Dem Faschismus war durch die hochindustrialisierte Gesellschaft der Boden schon bereitet, insofern das in der Auseinandersetzung mit dem Feudalismus formulierte Ideal der bürgerlich demokratischen Gesellschaft schon in den Gegensatz von idealer Verfassungsnorm und Realität, von propagiertem Schein und tatsächlichem Sein auseinandergebrochen und aufgelöst war. Der Faschismus hob diesen Gegensatz auf: Der scheinhafte Anspruch von Demokratie wurde fallengelassen. Die Bedingung der Möglichkeit dafür: die Annahme, daß der einzelne nicht ein mündiges Individuum ist, sondern ein hilfloses, orientierungsbedürftiges Massenwesen, auf deutliche, straffe Disziplinierung und Führung angewiesen. – Skeptisch pessimistische Analyse am Ende und jenseits aller Aufklärungstradition, hoffnungslos. Was hier noch elementar kritisch gemeint ist, vermag im Kontext konservativ kulturkritischer Demokratie- und Gesellschaftskritik unvermittelt umzuschlagen in Rechtfertigung und Affirmation einer autoritär antidemokratisch konzipierten Gesellschaft, provokativ und in der Argumentation deutlich begründet z. B. bei Arnold Gehlen und seiner Antithese von Institutionenmoral und subjektiver Vernunftethik:
– Arnold Gehlen: Anthropologische und sozialpsychologische Untersuchungen. rde 424. Rowohlt, Reinbek 1986.
    Urmensch und Spätkultur. Philosophische Ergebnisse und Aussagen. Athenäum, Frankfurt a. M. 1964.
– Jürgen Habermas: Die Kulturkritik der Neokonservativen in den USA und in der Bundesrepublik. In: J. H.: Die neue Unübersichtlichkeit. es 1321. Frankfurt a. M. 1985, S. 30–58.
Die zweite Reflexion geht aus vom Lesen eines Flugblatts (S. 253, Z. 13–33): Umgehemmte Polemik wird konstatiert und metaphorisch zunächst erklärt (Z. 14f.); der metaphorische Erklärungsansatz wird aufgegriffen im folgenden Absatz (Z. 16–21): Wegfall der im Sozialisationsprozeß internalisierten Zensur, die die Affekte begrenzt, beschneidet, unterdrückt. Wegfall der Zensur wie im Traum, aber warum? Musil sucht über die allgemeine Situation Wahlkampf hinaus eine spezifische Erklärung im Resultat der Reichstagswahlen vom 5. März (NSDAP 43,9% – DNVP 8% – Zentrum 11,2% – SPD 18,3% – KPD 12,3% – BVP 2,7% – DVP 1,1% – DStP 0,9%): Zusammen mit der Deutsch-Nationalen Volkspartei und der Bayerischen Volkspartei hatte die NSDAP die absolute Mehrheit (Musil spricht in der unbeteiligten Beobachterdistanz von „Regierungsparteien"). Als Ursache für dieses Resultat wie für die Affekte im Wahlkampf vermutet Musil das spontane, latente Unbehagen der Vorstellung eines „Sowjetdeutschland" (Z. 20): „Rußland" – „Kommunismus" – „Bolschewismus" waren in Deutschland traditionell negativ besetzte Begriffe, für die Aktualisierung von Vorurteilen, von Abwehrängsten und -aggressionen leicht auszunutzen. Hemmungslos aggressive Flugblätter sind daher erfolgreich, weil sie die Möglichkeit zur ‘Abreaktion' (Z. 21) von Emotionen straffrei zulassen. Sofern der Begriff ‘Abreaktion' mit der Vorstellung eines Katharsis-Effektes verknüpft werden kann, sollte die gerade 1933 realisierte Gegenperspektive nicht ausgeklammert bleiben: Die Verteufelung des politischen Gegners in der Wahlkampfpolemik bereitete vor und erleichterte seine physische Vernichtung im KZ.

Siebentes Kapitel: Zu Text 158, S. 252ff.

Diese Realität war für Musil möglicherweise noch nicht abzusehen, zumindest nicht in ihrem Ausmaß: Dies zeigen die nächsten drei Abschnitte (Z. 22–33): Musil zitiert, nennt zunächst (Z. 22f.) verharmlosende Einschätzungen des Faschismus, wobei es offenbleibt, inwieweit er sie teilt; der folgende Satz (Z. 23f.) jedenfalls ist deutlich skeptisch vorsichtig. Erwogen wird noch die Möglichkeit einer Alternative (Z. 25–31), eine Mäßigung durch die traditionellen (und rechtskonservativen) Machtfaktoren der Weimarer Republik: Reichswehr, Bürokratie und Reichspräsident Hindenburg. Mäßigung in sachlicher Abgewogenheit und Nüchternheit statt Aktionismus und Aktivismus: Das ist für Musil die spezifische und eigentliche Aufgabe des Geistigen (Z. 29–31). In dieser Hinsicht hegte der radikale und pessimistische Skeptiker Musil, der grundsätzlich seinen Namen nicht unter Resolutionen und Manifeste setzte, Illusionen. 1933 notierte er in Wien: „Ich nehme nicht Stellung, ich weiß nicht, wo ich stehen werde, wohin wird mich mein Geist führen? Ist das Daimon oder Objektivität?" (Robert Musil: Tagebücher, Aphorismen, Essays und Reden. Hrsg. von Adolf Frisé. Rowohlt, Hamburg 1955, S. 1364). „Eine Hauptidee oder -illusion meines Lebens ist es gewesen, daß der Geist seine eigene Geschichte habe und sich unbeschadet alles, was praktisch geschehe, schrittweise erhöhe. Ich habe geglaubt, daß die Zeit seiner Katastrophen vorbei sei. Daraus ist mein Verhältnis zur Politik zu verstehen" (zitiert nach Wilfried Berghahn: Robert Musil. rm 81. Reinbek 1963, S. 125f.).
Z. 32f.: Zitierte Meinung des Durchschnittsbürgers und/oder bitterer Sarkasmus?
Z. 34: „Ed.": Unter diesem Kürzel notierte Musil bei der Arbeit an seinem Roman ‚Der Mann ohne Eigenschaften' satirische Einfälle und Motive. Vgl. Robert Musil: Tagebücher, Aphorismen, Essays und Reden. Hrsg. von Adolf Frisé. Rowohlt, Hamburg 1955, S. 15.
Der folgende Abschnitt (S. 253, Z. 35–S. 254, Z. 11) hält den Eindruck und die Reflexionen zu drei Ereignissen fest, zum Wahltag am 5. März (S. 253, Z. 35–37), zu einer Rede Wilhelm Fricks (Z. 38–42) und einem Überfall von NSDAP-Mitgliedern auf den Theaterintendanten Barnay (Z. 43–S. 254, Z. 11).
Wilhelm Frick war im November 1923 am Hitler-Putsch in München beteiligt; am 23. Januar 1930 wurde er in Thüringen Minister für Inneres und Volksbildung. Die NSDAP gelangte damit erstmals in eine Landesregierung. Am 30. Januar wurde Frick Reichsinnenminister in der nach dem Rücktritt des Kabinetts Schleicher von Hitler im Auftrag Hindenburgs gebildeten Koalitionsregierung aus Vertretern der NSDAP, der DNVP und ehemaligen Mitgliedern des Kabinetts Papen.
Paul Barnay war Intendant der Vereinigten Theater in Breslau und sorgte in der Provinz für qualitätvolles und modernes Theater. Seine Einschätzung durch die Nationalsozialisten kennzeichnet ein Zeitungsartikel von 1936: „[...] Ebenso konnte der ehemalige jüdische Direktor der Breslauer Theater, Barnay-Horowitz [...], mit seinen bolschewistischen Parteistücken jahrelang unser deutsches Theater beschmutzen, ohne ernstlichen Widerstand von seiten des Publikums zu finden. Das zeigt so recht, wie inzwischen auch eine Gesundung des deutschen Zuschauers erfolgt ist. Nach der Machtübernahme mußte denn auch der jüdische Direktor Barnay schleunigst das Reich verlassen" (Deutsche Allgemeine Zeitung, 28. 8. 1936. Zitiert nach: Joseph Wulf: Theater und Film im Dritten Reich. Eine Dokumentation. Rowohlt, rororo 812–814, Reinbek 1966, S. 263).
Den Überfall auf den Breslauer Intendanten betrachtet Musil als exemplarisches Geschehen, exemplarisch auch die Reaktion der Öffentlichkeit wie des einzelnen: Verharmlosung und Angst/Feigheit. Musils Erklärungsansatz holt weit aus: Resultat von Veränderungen, die sich in der nationalsozialistischen Ideologie widerspiegeln (Rassismus, Nationalismus, völkischer Kollektivismus), dem beginnenden Abbau des bürgerlichen Individualismus, der eben auch Mut und Zivilcourage, Widerstandsbereitschaft des Individuums einschließt („der einzelne ist nichts, das Volk ist alles").
Der letzte Abschnitt (S. 254, Z. 12–19) hält wieder drei Eindrücke fest, die alle die demagogisch hochgetriebene Emotionalität der faschistischen Machtübernahme spiegeln. Das Resümee, stark verallgemeinernd: zunehmender Wirklichkeitsverlust „des heutigen Deutschen", Überlagerung der Realitätsaufnahme und -einschätzung durch rauschhafte Emotionalität. Dem distanzierten Beobachter Musil fixiert sich die massiv wahrgenommene Hitlerbegeisterung (S. 253, Z. 35–37, S. 254, Z. 14ff., vor allem Z. 19) schon zur Veränderung der psychischen Struktur des einzelnen.

Zur Behandlung im Unterricht
Ein Vergleich mit dem Text von Heinrich Mann (157) liegt nahe:
– Was ist jeweils die Intention beider Autoren? Die unterschiedliche Textsorte ist hier zu berücksichtigen.
– Wodurch unterscheidet sich die Haltung beider Autoren zu ihrem Gegenstand?
– Welche Erklärungsansätze für die Machtergreifung des Faschismus enthalten beide Texte?
Die Einzelanalyse des Textes von Musil erfolgt sukzessive. Zum ersten Abschnitt (S. 252, Z. 21–S. 253, Z. 12) sind folgende Fragestellungen ergiebig:

- Welche Beobachtungen macht Musil?
- Welche Erklärungsmöglichkeiten nennt er?
- Erscheinen die Erklärungsansätze plausibel, hat Musil recht?

Der zweite Abschnitt sollte arbeitsteilig oder in zwei Schritten thematisiert werden: Der erste und zweite Absatz (Z. 13–21) gehören inhaltlich zusammen:
- Welche Gründe für den Wahlerfolg nennt Musil?
- Wahlkampfpolemik heute: Lassen sich Musils auf den 5. März 1933 bezogene Aussagen übertragen?

Der dritte und vierte Abschnitt dieses Absatzes (Z. 22–31) gehören ebenso zusammen:
- Musil formuliert in einer für viele Gegner und Beobachter des Faschismus typischen Weise Illusionen und vergebliche Hoffnungen. Inwiefern?
- Wie läßt sich diese Reaktion und Haltung erklären?

Der dritte und der letzte Absatz (S. 253, Z. 35–S. 254, Z. 19) legen wiederum nahe die Frage nach den Beobachtungen Musils und den von ihm genannten Erklärungsgründen. Der vergleichende Rückgriff auf den Text Heinrich Manns (157) ist hier sicherlich sinnvoll.

II. Literatur in der Endzeit der Republik (S. 254 ff.)

Der Funktionswandel der Literatur läßt sich pointiert bestimmen, indem eine schriftstellerische Position ins Auge gefaßt wird, die sich ungefähr seit 1927 immer deutlicher herausbildet und sich jetzt auch, in den letzten Weimarer Jahren, durchzusetzen beginnt: Es entsteht ein „neuer Typus von Schriftstellern" (Kracauer), und ein neuer Typus der Literatur gewinnt in allen literarischen Gattungen an Bedeutung. (Unbestritten ist freilich, daß daneben andere literarische Haltungen und Tendenzen fortwirken.)
Es ist, nach Kracauer, der politische Schriftsteller, der „sich ins gesellschaftliche Diesseits einzusenken" (S. 256, Z. 34 f.) versucht und die „gesellschaftlichen Verhältnisse bewußt machen" (S. 256, Z. 8–11) will: „Ein Typus, der sich nicht dazu berufen fühlt, dem ‚Absoluten' zu dienen, sondern seine Aufgabe darin erblickt, sich (und dem großen Publikum) Rechenschaft abzulegen über unsere aktuelle Situation" (S. 256, Z. 15). Er ist der Zeit zugewandt, der geschichtlichen Zeit der letzten Weimarer Jahre, und die von ihm gewollte und geschriebene Literatur ist kritische Zeitdichtung. So entstehen das Zeitstück, der Zeitroman und das Zeitgedicht. Für den neuen Typus der Literatur sind daher bezeichnenderweise dokumentarische Tendenzen, der Mitteilungscharakter, die „Geste der Mitteilung eines Gedankens" (Brecht), die „Nähe zur alltäglichen Mitteilung" (Döblin) und der „Gebrauchswert" (Brecht) bestimmende Momente der Zeit- und Wirklichkeitsdarstellung. Die neue Literatur will ins gesellschaftliche Leben eingreifen.
So wird eine funktionale Ästhetik entwickelt, zu deren Gestaltungsmitteln und Wirkung auch die Technik der Montage und der Illusionsbruch gehören. Sie ist eindeutig eine Gegenposition zur hermetischen Kunstkonzeption Georges und Rilkes, der es in emphatischer Stilisierung um „eine kunst für die kunst" (George, S. 198, Z. 13 f.) oder um die „Wendung nach innen" geht (Rilke, S. 204, Z. 44): „nicht wiedergabe eines gedankens sondern einer stimmung" (George, S. 198, Z. 27 f.) und „Versenkung in die eigene Welt" (Rilke, S. 204, Z. 44 f.) machen das Wesen der Poesie aus. Der Widerspruch ist evident.
Ihn herauszustellen im Umgang mit der Literatur der letzten Weimarer Jahre gewährt Einblick in die Epoche: Die epochentypischen Tendenzen, deren Zusammenhänge wie Divergenzen, treten deutlich hervor. So wird das historische Verständnis der literarischen Gattungen möglich: Drama und Theater, Roman, Gedicht. Dem literarischen Werk (Drama und Roman werden freilich nur in Ausschnitten repräsentiert) ist jeweils ein theoretischer Text zugeordnet, der den neuen Typus der Literatur und die funktionale Ästhetik in programmatischer, teilweise auch polemischer Form zum Ausdruck bringt.
Da es sich durchweg um kürzere Texte handelt, besteht die Möglichkeit, im Unterricht den Blick auf alle drei Gattungen zu richten. Sie wird dadurch noch gestützt, daß die ersten drei Szenen des Dramas ‚Kasimir und Karoline' und der Beginn des Romans ‚Berlin Alexanderplatz' abgedruckt sind, so daß zunächst keine größeren Verständnisprobleme auftauchen, der Einstieg vielmehr unmittelbar möglich ist.
Weil das entscheidende literarische Phänomen der Epoche, der neue Typus der Literatur, in jeder der drei Gattungen deutlich sichtbar wird, gibt es auch die Möglichkeit, zusammen mit Kracauers „neuem Typus von Schriftstellern" nur eine Gattung zu betrachten.

Siebentes Kapitel: Zu Text 159, S. 254f.

159 Siegfried Kracauer: Die Angestellten (S. 254f.)

Zum Autor

Siegfried Kracauer wurde am 8. 2. 1889 in Frankfurt a. M. geboren. In Berlin und München studierte er Architektur, Kunstgeschichte, Philosophie und die Sozialwissenschaften. Anfang der 20er Jahre trat er in die Redaktion der ‚Frankfurter Zeitung' ein. Zu Adorno, Bloch, Benjamin und Fromm unterhielt er seit dieser Zeit Beziehungen. Unmittelbar nach der Machtergreifung durch die Nationalsozialisten emigrierte er nach Paris; dort lebte er als freier Schriftsteller bis 1941. Weit floh er nach New York und wurde dort wissenschaftlicher Mitarbeiter der Museum of Modern Art Film Library und Mitglied des Verbands des Bureau of Applied Social Research der Columbia University. Kracauer veröffentlichte Romane, eine Biographie Jacques Offenbachs, Analysen zur Operette, zur Filmgeschichte und Theorie des Films, soziologische Analysen und literaturwissenschaftliche Aufsätze. Er starb am 26. 11. 1966 in New York.

Zum Text

Kracauers Untersuchung erschien erstmalig 1929 im Feuilleton der ‚Frankfurter Zeitung' in Fortsetzungen unter dem Titel ‚Die Angestellten. Aus dem neuesten Deutschland'; die Buchausgabe von 1930 enthielt nur unwesentliche Änderungen.
Vorabdruck und Buch fanden ein starkes positives Echo. Hans Fallada setzte Kracauers soziologische Studie gleichsam fiktional um: ‚Kleiner Mann, was nun?' (1932). 1933 gehörte die Untersuchung zu den verbrannten Büchern.
Kracauers Untertitel ‚Aus dem neuesten Deutschland' traf die Situation: Verschärft durch die Folgen des Ersten Weltkriegs und der Inflation, hatte die ökonomische Konzentration zu einer Rationalisierung auch des Warenverkehrs und des Verwaltungsbereichs geführt. Eine zunehmende Bedeutung hatten in den großen Büros und Geschäftsbetrieben der Industrie wie in den entstandenen Großkaufhäusern die Angestellten erlangt, 3,5 Millionen gegen Ende der Weimarer Republik. Durch Rationalisierung und Mechanisierung der Arbeit wurde nun ihre soziale Stellung gegenüber den Arbeitern bedroht, die Depression der Weltwirtschaftskrise führte zu massiver Arbeitslosigkeit. In der Auseinandersetzung zwischen rechts und links sprach man ihnen eine Schlüsselstellung zu: Ihr Anteil innerhalb der Nationalsozialisten lag überproportional hoch, zu erklären als verzweifelte Abwehr- und Fluchtreaktion des „neuen Mittelstandes" aus der Angst, wieder ins Proletariat abzusinken.
Diese Probleme erfaßte Kracauer in ihrer Entwicklung: Er informiert über den Umfang, die beruflichen Anforderungen, die Arbeitsbedingungen und Entlassungsmethoden, die Organisationsformen, das Selbstverständnis und den Lebensstil der Angestellten. Er informiert und analysiert ideologiekritisch die Funktion von Bewußtseinsformen, Verhaltens- und Behandlungsweisen von Büromädchen, Verkäufern, Versicherungsangestellten. „Das Anschauungsmaterial", führt Kracauer im Vorwort aus, „ist in Berlin zusammengetragen worden, weil Berlin zum Unterschied von allen anderen deutschen Städten und Landschaften der Ort ist, an dem sich die Lage der Angestelltenschaft am extremsten darstellt. Nur von ihren Extremen her kann die Wirklichkeit erschlossen werden" (Siegfried Kracauer: Die Angestellten. Eine Schrift vom Ende der Weimarer Republik. Verlag für Demoskopie, Allensbach/Bonn 1959, S. XIX). Die Wirklichkeit der Großbetriebe, weil sich hier die Entwicklungstendenzen und Probleme am deutlichsten zeigen: Kracauer gilt der Großbetrieb als „das Modell der Zukunft", ausgewählt also wegen seiner Typik. Nicht der statistische Durchschnitt, sondern das Typische in seiner konkreten Anschaulichkeit soll erfaßt werden: „Zitate, Gespräche und Beobachtungen an Ort und Stelle bilden den Grundstock der Arbeit. Sie wollen nicht als Exempel irgendeiner Theorie, sondern als exemplarische Fälle der Wirklichkeit gelten" (ebd., S. XIX).

Zum Textausschnitt

Der vorliegende Ausschnitt stammt aus dem Kapitel ‚Asyl für Obdachlose': „Obdachlos" ist „die Masse der Angestellten" (S. 254, Z. 24), weil ohne geistigen Orientierungshorizont. Der erste Abschnitt des Auszugs entwickelt das Bild der Obdachlosigkeit, das Bild eines eingestürzten Hauses (S. 254, Z. 23–29), um die These der Orientierungslosigkeit zu begründen. Dieses Bild ist eingeleitet im Abschnitt zuvor: Der Durchschnittsarbeiter sei dem kleinen Angestellten materiell wie existentiell überlegen, weil sein Leben von vulgär-marxistischen Vorstellungen „überdacht" sei, „die ihm immerhin sagen, was mit ihm gemeint ist" (Siegfried Kracauer: Die Angestellten. Verlag für Demoskopie, Allensbach/Bonn 1959, S. 85).
Die Konsequenz der Obdachlosigkeit: ein Leben, das nur erträglich ist durch Verdrängungen, durch die Flucht anderswohin, in die „Asyle für die Obdachlosen", die großen Kaufhäuser, vor allem aber die großen Lokale, für die Großstadtbevölkerung geschaffen nach der Devise „aus dem Geschäftsbetrieb in den Amüsierbetrieb"; in diesen Lokalen soll man „für billiges Geld den Hauch der großen Welt verspüren"

Siebentes Kapitel: Zu Text 159, S. 254f.

können (Siegfried Kracauer: Die Angestellten, S. 89). Das Leben der Obdachlosen ist nur erträglich durch die Teilhabe am „Glanz" des „Höheren" und durch „Zerstreuung" statt „Sammlung" (S. 254, Z. 31–34). Damit sind die Schlüsselbegriffe der folgenden Abschnitte genannt, Metaphern und bildhaft konkrete Realitätsbeschreibungen gleichermaßen: Glanz einer höheren Welt, der höheren Schichten wie konkret der Lichterglanz der großen Kaufhäuser, und Zerstreuung als Ablenkung von der eigenen Identität und Wirklichkeit dadurch, daß Umweltreize das Bewußtsein ganz und gar besetzen. Kracauer verdeutlicht: „Eine zu Reflexionen neigende Stenotypistin äußert sich ähnlich zu mir wie jener Angestellte [vgl. S. 254, Z. 33–36]: ‚Die Mädels kommen meist aus geringem Milieu und werden vom Glanz angelockt.' Sie begründet dann höchst merkwürdig die Tatsache, daß die Mädels im allgemeinen ernste Unterhaltungen meiden. ‚Ernste Unterhaltungen', sagte sie, ‚zerstreuen nur und lenken von der Umwelt ab, die man genießen möchte.' Wenn einem ernsten Gespräch zerstreuende Wirkungen beigemessen werden, ist es mit der Zerstreuung unerbittlicher Ernst" (Siegfried Kracauer: Die Angestellten, S. 86).

Den beiden ersten Thesen – geistige Orientierungslosigkeit und fehlende soziale Identität der Angestellten in ihrer Mehrheit, Flucht in die Zerstreuung und die Teilhabe am Glanz – folgt im dritten Abschnitt die dritte These: Glanz und Zerstreuung werden von der Gesellschaft gezielt angeboten und gefördert; sie dienen der Integration der Angestellten im Schichtungsgefüge als sogenannter Mittelschicht und verhindern die kritische Reflexion und insbesondere die Solidarisierung mit dem Proletariat (S. 254, Z. 39–S. 255, Z. 3, Z. 29–32) – sie haben also eine ideologische Funktion. Exemplarisch wird diese These an einer Warenhausschrift überprüft (S. 255, Z. 11–32).

„Die Gesellschaft" (S. 254, Z. 40) ist das anonyme Subjekt der Ideologiebildung, Subjekt wie Objekt zugleich: S. 255, Z. 3–6; die Stelle ist unklar, wird nicht ausgeführt. An späterer Stelle wird das Legitimationsdefizit des Kapitalismus erörtert: „Sämtliche Argumente zugunsten des herrschenden Wirtschaftssystems beruhen auf dem Glauben an eine prästabilierte Harmonie. Nach ihnen erzeugt die freie Konkurrenz von sich aus eine Ordnung, die durch Einsicht nicht beschworen werden kann, sichern Gewinnstreben, Initiative und Selbstverantwortung der Unternehmer von sich aus das Gedeihen der Massen besser als der auf dieses Gedeihen gerichtete Wille" – im Sozialismus. „Man mag die wirtschaftlichen Vorzüge des heutigen Systems aus der Erfahrung abzuleiten trachten, mag bis ins einzelne nachzuweisen suchen, daß das Gewinnstreben des Unternehmers im Verein mit der Konkurrenz das optimale Sozialprodukt gewährleiste – zur gewünschten weltanschaulichen Fundierung der prästabilierten Harmonie zwischen den naturalen Unternehmereigenschaften und einer wirklich gültigen Ordnung genügen die beigebrachten Argumente nicht. [...] Die Lücke, die sich hier auftut, wird nicht nur nicht ausgefüllt, sondern sie auszufüllen nachdrücklich abgelehnt." In Anspruch genommen werde vielmehr eine über den Köpfen der Beteiligten waltende wirtschaftliche Vernunft, „deren List die der Hegelschen offenbar gewaltig übertrifft". Auf diese Weise werde die Rechtfertigung des Wirtschaftssystems durch das Bewußtsein verweigert: „ein Verdrängungssymptom" (Siegfried Kracauer: Die Angestellten, S. 98f.). Das Fazit: „So kommt es, daß sich eine Schicht in Macht befindet, die im Interesse der Macht und zugleich diesem Interesse entgegen ihre Position nicht weltanschaulich fundieren kann" (Kracauer: Die Angestellten, S. 103). Das bedeutet, daß die gegebene gesellschaftliche Struktur mit ihren Herrschafts- und Machtverhältnissen die herrschenden Schichten entweder selbst im Schein der Ideologie als eines notwendig falschen gesellschaftlichen Bewußtseins gefangenhält – selbst also Objekt von ideologischer Befangenheit und unfähig zur Analyse der Realität – oder daß eine Rechtfertigung des Machtanspruchs objektiv von den Realitäten selbst her gesehen schlichtweg nicht möglich ist.

Zum Verständnis jener nicht ausgeführten Stelle im vorliegenden Textausschnitt (S. 255, Z. 3–6) läßt sich noch ein anderes Kapitel der Studie heranziehen: Kracauer untersucht die Vorstellungen, die die Angestelltengewerkschaften der Arbeitsrealität ihrer Mitglieder entgegensetzen, und findet hier deutlich die Befangenheit im Netz der Ideologie, zu deren Kritik und Aufhebung die Gewerkschaften u. a. angetreten sind. Er resümiert: „Jene Meinung, nach der die Nachteile der Mechanisierung mit Hilfe geistiger Inhalte zu beseitigen seien, die wie Medikamente eingeflößt werden" – z. B. Kunst, Wissenschaft, Sport, „Kulturgüter" –, „ist selber noch ein Ausdruck der Verdinglichung, gegen deren Wirkung sie sich richtet. Sie wird von der Auffassung getragen, daß die Gehalte fertige Gegebenheiten darstellten, die sich ins Haus liefern lassen wie Waren" (Kracauer, S. 105). Es sei unsinnig zu glauben, durch bestimmte Inhalte des Bewußtseins die Beziehung der Menschen zur mechanisierten Arbeit verändern zu wollen. Noch der Ansatz der Kritik und der Protest selbst gegen eine Gesellschaft, die durch Entfremdung und Verdinglichung gekennzeichnet ist, bleiben tendenziell geprägt durch die Verdinglichung: Es ist dies die Position Th. W. Adornos, in der ‚Negativen Dialektik' systematisch dargestellt.

Eine Weiterführung gerade der im vorliegenden Textausschnitt thematisierten Phänomene bietet z. T.

Siebentes Kapitel: Zu Text 160, S. 255f.

Wolfgang Fritz Haugs ‚Kritik der Warenästhetik' (es 513, Frankfurt a. M. 1971). Haug nimmt auf die von Kracauer thematisierten Lichtverhältnisse ausdrücklich Bezug: „Ausstellung und Inszenierung der Waren, Ausgestaltung des Verkaufsorts, seiner Architektur, der Lichtverhältnisse, der Farben, der Geräuschkulisse, der Düfte, das Verkaufspersonal, seine äußere Erscheinung, seine Verhaltensweisen, das Verkaufsgeschehen – jedes Moment des Formwandels der Ware und der Umstände, in denen er stattfindet und die ihn beeinflussen, wird von der grundlegenden Verwertungskalkulation ergriffen und funktional ausgebildet. Von allen diesen Ausbildungen profitieren spezialisierte Kapitale, deren Profitinteressen wiederum die Entwicklung weiter vorantreibt. [...] So wird die ästhetische Innovation auch auf dem Gebiet der Verkaufstechnik zum ökonomischen Zwang" (S. 85).

Zur Behandlung im Unterricht
Verschiedene Reflexionsrichtungen und Aufgabenstellungen der Textanalyse sind hier möglich:
– Herausarbeitung der im Text formulierten Thesen und ihre Erörterung: Wenn man die Richtigkeit der Analyse Kracauers unterstellt, was bedeutet das für die „Endzeit der Republik" politisch, was bedeutet es kulturell und literarisch? (Stichworte: Trivialliteratur, Massenkultur, Kulturindustrie, neue Medien: Text 168, 169.)
– Kracauer stellt im zweiten Abschnitt folgende Begriffe einander gegenüber: das „Höhere" als „Gehalt" und „Sammlung" einerseits, als „Glanz" und „Zerstreuung" andererseits. Was meinen diese Begriffe, worauf zielen insbesondere Gehalt und Sammlung? Was heißt soziale Identität?
– Im dritten Abschnitt des vorliegenden Ausschnitts übt Kracauer am Beispiel einer Warenhausschrift Ideologiekritik: Was ist gesellschaftliche Ideologie? Worin besteht in dieser Schrift das spezifisch Ideologische? Was heißt Ideologiekritik, was leistet sie?
– Lassen sich Kracauers Thesen gegenwärtig noch halten? Insbesondere die dritte These lohnt eine Überprüfung unter diesem Aspekt: Was sind die Kulturbedürfnisse der gesellschaftlichen Mehrheit? Wie lassen sich diese Bedürfnisse erklären? Welche Bedürfnisse werden durch die Massenmedien (Illustrierte, Fernsehen) angesprochen und befriedigt? Welche Funktionen erfüllen damit diese Medien? Wie kommt es überhaupt zu sog. Trivialkultur? Was sind ihre realen gesellschaftlichen und ökonomischen Voraussetzungen?

Thematische Bezüge im Kapitel
– Unter dem Aspekt 'Ursachen des Faschismus' knüpft der Text an Hermann Hesse (156), Heinrich Mann (157) und Robert Musil (158) an.
– Unter dem Aspekt kultureller Veränderung läßt sich der Text als Voraussetzung und Bedingung der neuen Medien verstehen: Brecht (168) und Franz Blei (169).

160 Siegfried Kracauer: Über den Schriftsteller (S. 255 f.)

Zum Text
Der Aufsatz erschien in der Zeitschrift ‚Die Neue Rundschau' (= R), 42. Jg., 1931/1 (S. Fischer), S. 860–862; wieder abgedruckt wurde er in ‚Text + Kritik' 68, 1980, S. 1–3.
Schreibanlaß für Kracauer war ein Beitrag Peter Suhrkamps über den Journalisten in dem von Mennicke und von der Gablentz herausgegebenen Band ‚Deutsche Berufskunde'. Die Eigentümlichkeiten des Journalisten werden hier – so Kracauer – durch Konfrontation mit dem Schriftsteller gewonnen.
Kracauer entwickelt im ersten Teil seines Artikels aus Suhrkamps Bestimmungen des Journalisten Aussagen „über den noch immer herrschenden Typus des Schriftstellers [...]: der Produzent wertbeständiger literarischer Waren. Er schreibt nicht für den Tag, sondern über den Tag hinaus; im Interesse der Wahrheit oder Gerechtigkeit statt im Interesse von Veränderungen; aus innerem Zwang und nicht zur Befriedigung äußerer Bedürfnisse" (R, S. 860), Darstellung des „Absoluten".
Diesem Typus setzt Kracauer einen neuen Typus entgegen, der sich im Zusammenhang der Krise der Weimarer Republik deutlich herausgebildet habe. An dieser Stelle setzt der Textausschnitt ein:
– S. 256, Z. 14–18: Vor allem ist hier wohl an die Arbeiterliteratur zu denken, an den Bund Proletarisch Revolutionärer Schriftsteller Deutschlands (BPRS), an die Neue Sachlichkeit, an die Romane der Weltwirtschaftskrise, z. B. Kästners ‚Fabian', Falladas ‚Kleiner Mann, was nun?' und Fleißers ‚Mehlreisende Frieda Geyer'.
– Z. 22: „dialektischer Materialismus": Der Terminus bezieht sich seit Engels' ‚Anti-Dühring' und ‚Dialektik der Natur' in der Regel auf die dialektisch materialistische Betrachtung der Natur im Unterschied zum „historischen Materialismus", den Kracauer hier offensichtlich meint.

Siebentes Kapitel: Zu Text 161, S. 257f.

Der im Textausschnitt nicht enthaltene Schluß thematisiert das russische Experiment einer kollektiven schriftstellerischen Produktion: „In einem Land wie Deutschland [...] sind die Bedingungen zu seinem Ansatz nicht gegeben. Die ökonomische Anarchie, die Widerstandsfähigkeit überalterter Ideologien und die spröde Struktur unserer Intellektuellenschicht halten den Schriftsteller bei uns vorläufig in der Vereinzelung" (R, S. 862).

Zur Behandlung im Unterricht
– Die Analyse zielt vor allem ab auf die Merkmale des neuen Typus von Schriftstellern und die Bedingungen seiner Entstehung.
– Die oben skizzierte Gegenüberstellung Schriftsteller – Journalist ließe sich als Hintergrundinformation im Lehrervortrag darstellen; der Vergleich mit dem Selbstverständnis von Schriftstellern anderer Epochen liegt nahe.
– Sinnvoll erscheint die Aktualisierung: Welches Selbstverständnis haben Schriftsteller heute? In welchem Maß hat sich der von Kracauer beschriebene neue Typus durchgesetzt und erhalten?

Thematische Bezüge in anderen Texten
Der „Auftrag des Dichters" in der Klassik: Text 48–52.
Romantische Universalpoesie: Text 70–72.
Realismus: Text 111–115; 119, 121.
Nach dem Naturalismus: Text 122, 130, 131; 133, 135, 143, 163.

Erwin Piscator: Das politische Theater (S. 257f.)   161

Zum Autor
Erwin Piscator, 1893 geboren, gehört zu den einflußreichsten Theatermachern der Weimarer Republik. Haben Brecht und andere den neuen Typus des Dramas geschaffen, so gestaltet er das neue politische Theater, von dem eine starke Wirkung auf viele Stückeschreiber ausgegangen ist.
Schon zu Beginn der 20er Jahre sucht Piscator in Berlin ein 'proletarisches Theater' durchzusetzen. Eine erregende Herausforderung stellen seine Inszenierungen an der Berliner Volksbühne dar, in denen er radikal mit dem Illusionstheater bricht.
Heftig umstritten sind vor allem seine Aktualisierungen der klassischen Dramen, zum Beispiel von Schillers ‚Räubern', die er als politisches Zeitstück inszeniert, in dem die gescheiterte Revolution von 1918 darstellbar wird (z. B. Spiegelberg in der Maske Trotzkis).
1927 eröffnet er mit Ernst Tollers ‚Hoppla, wir leben!' die Piscatorbühne am Nollendorfplatz.
Schon vor 1933 geht Piscator ins Exil. Nach seiner Rückkehr in die Bundesrepublik im Jahre 1951 arbeitet er an mehreren Bühnen als Regisseur (so etwa am Mannheimer Nationaltheater). Von 1962 bis zu seinem Tod im Jahre 1966 ist er Intendant der ‚Freien Volksbühne' in Berlin. Hier bringt Piscator die aufsehenerregenden Uraufführungen von Hochhuths ‚Stellvertreter', Kipphardts ‚Oppenheimer' und Weiss' ‚Ermittlung' heraus.

Piscators Auffassung vom Theater
Piscators Thesen zum politischen Theater haben von seinem sozialistischen Standpunkt aus eine programmatische Zielrichtung, die mit dem neuen Typus der Literatur eng zusammenhängt: Es geht um das Zeittheater der Weimarer Republik. Zeitbewußtsein und Aktualität fordert Piscator vom modernen Theater. Sie müssen theatralisch und weltanschaulich-politisch fundiert und ausgedrückt werden. Piscators Ziel ist ein eingreifendes Aufklärungs- und Lehrtheater, das auch auf politische Agitation ausgeht.
Daher hat Piscators Revolution des Theaters eine doppelte Perspektive: Er bricht radikal mit dem Illusionstheater, indem er das Drama auf der Bühne total verfremdet (Montage, Unterbrechung der Handlung, Verwendung von Spruchbändern, Einbeziehung von Filmbildern und von dokumentarischen Wirklichkeitsausschnitten). Zum andern politisiert Piscator das Theater, indem seine Inszenierungen von einer „weltanschaulichen" Haltung (S. 258, Z. 8) und einem politischen Bekenntnis bestimmt werden, deren Motive in der Gegenwart liegen. Deshalb geht es in Piscators Regiekonzeption nicht um Werktreue, sondern um den Aktualitätswert eines Dramas. Dies ist der Hintergrund zu Piscators Thesen zum politischen Theater.

Siebentes Kapitel: Zu Text 162, S. 259f.

Zur Behandlung im Unterricht
Die Thesen lassen sich am besten unter zwei Fragestellungen erschließen:
1. Wie verhält sich Piscator dem klassischen Theater gegenüber? (Frage der Aktualisierung und Umfunktionierung, Verhältnis von Historizität und Aktualität.)
2. Welchen politischen Standpunkt nimmt Piscator für sein Theater in Anspruch?

162 Ödön von Horváth: Kasimir und Karoline (S. 259 f.)

Zu Autor und Werk
Horváth gehört mit seinen 'Volksstücken' – neben Toller, Brecht und Fleißer – zu den maßgeblichen Stückeschreibern der Weimarer Republik, die den neuen Typus des Dramas schaffen, Horváth allerdings in einer ganz und gar eigenen Form.
Als kritischer Chronist seiner Zeit entspricht er Kracauers Bestimmung des „neuen Typus von Schriftstellern" (S. 256, Z. 8f.). Denn seine Volksstücke – vor allem ‚Kasimir und Karoline‘, ‚Geschichten aus dem Wienerwald‘ und ‚Italienische Nacht‘ – sind Zeitstücke, die – mit Brecht – den Wert von poetischen Geschichtsdokumenten haben und die in den Grundzügen wiederum Kracauers Charakterisierung stützen: Zeitstücke, die „eigentlich Zustandsschilderungen sind und sich mit der Lage der Arbeitslosen, der Angestellten, der Parteien usw. befassen" (S. 256, Z. 16f.).
Solch ein Zeitstück par excellence ist ‚Kasimir und Karoline‘: „Dieses Volksstück spielt auf dem Münchener Oktoberfest, und zwar in unserer Zeit", so lautet Horváths Angabe zu Ort und Zeit der Handlung. „Unsere Zeit" ist die Zeit der Entstehung des Stücks: die Endzeit und die Krise der moribunden Weimarer Republik. Auch wenn es sich um Schauplätze und Szenen des Münchener Oktoberfests handelt, so hat sich Horváth doch ausdrücklich dagegen verwahrt, in seinem Volksstück „eine Satire auf München und auf das dortige Oktoberfest" zu sehen: „Ich muß es nicht betonen, daß dies eine völlige Verkennung meiner Absichten war, eine Verwechslung von Schauplatz und Inhalt; es ist überhaupt keine Satire, es ist die Ballade vom arbeitslosen Chauffeur Kasimir und seiner Braut mit der Ambition, eine Ballade von stiller Trauer, gemildert durch Humor, das heißt durch die alltägliche Erkenntnis ‚Sterben müssen wir alle'" (Horváth: ‚Entwurf eines Briefes an das Kleine Theater in der Praterstraße‘). Die Ballade vom arbeitslosen Chauffeur Kasimir und seiner Braut mit der Ambition – darin zeigt sich zweierlei: zum einen die neue epische Form und Dramaturgie des Stücks, zum andern sein Zeitbezug. Doch kommt es Horváth nicht allein darauf an, die damaligen Zustände abzuschildern. Er geht ihnen vielmehr auf den Grund. In typischen, alltäglichen Verhaltensweisen und Gesten der von ihm vorgeführten Menschen aus unterschiedlichen Gesellschaftsklassen kommen ideologische Untergründe ans Licht. So werden die Voraussetzungen und Bedingungen gezeigt, unter denen in einem bestimmten geschichtlichen Augenblick ein Bewußtseins- oder eigentlich Unbewußtseinszustand entsteht, der charakteristisch ist für die materielle und „transzendentale Obdachlosigkeit" der von der Krise äußerst stark Betroffenen: des „neuen Mittelstands", der Angestellten, Kleinbürger und Zukurzgekommenen, die auch prompt den Täuschungsmanövern der Nazis erlegen sind und kurz danach den Sieg der Barbarei ermöglicht haben. So wird ‚Kasimir und Karoline‘ zu einer kritischen Chronik der ideologischen und gesellschaftlichen Verhältnisse der Weimarer Republik knapp vor ihrer Zerstörung.
Die ersten Szenen des Stücks lassen gleich den neuen Typus der Literatur in doppelter Hinsicht erkennen. Formal und dramaturgisch wird der epische Charakter des Stücks deutlich (z. B. in der offenen Form und der Reihung der Szenen anstelle der dicht verfugten Komposition des klassischen Akte-Dramas).
In den Personen, ihren Gesprächen oder vielmehr Nicht-Gesprächen, ihren Haltungen und Gesten gewinnen die gesellschaftlichen Zustände und die ideologischen Dispositionen szenische Gestalt: Hier, schon in den ersten Szenen, bewahrheitet sich das Zeitstück.
So wird nicht nur die gesellschaftliche Lage Kasimirs und Karolines deutlich, in der die Gründe für ihre unversöhnlichen Lebensvorstellungen und Wünsche liegen. Auffällig sind vor allen Dingen auch die Ohnmacht der Verständigung und der Versuch, in die geborgte Sprache und die Klischees des ‚Bildungsjargons' auszuweichen. Entscheidend aber ist hier, in der dritten Szene, wo die Haltungen dem Zeppelin gegenüber geradezu eine Art gesellschaftlicher Gestentafel darstellen, die szenische Vergegenwärtigung eines für die Weimarer Zeit typischen Widerspruchs: Es ist der Widerspruch zwischen dem Traum und der Illusion von einem besseren Leben und der ökonomischen Realität, zwischen den Phantasmagorien der Zerstreuungskultur und des Fortschritts und der existentiellen Misere.
In der Geste und der Äußerung des Liliputaners, eines wahrlich Zukurzgekommenen, gewinnt dieser Widerspruch eine theatralische Gestalt, die zu einem einprägsamen szenischen Sinn-Bild der Epoche wird.

Siebentes Kapitel: Zu Text 163, S. 260f.

Zur Behandlung im Unterricht
Es liegt nahe, zunächst die Eingangsszenen von Horváths Volksstück ‚Kasimir und Karoline' zu lesen, um hier den Typus der neuen Literatur, nämlich den Typus des Zeitstücks der Weimarer Republik, zu erkunden. Die Erkundung wird sich in bestimmten dramaturgischen (s. Seite 320) und 'politischen' Begriffen dingfest machen. Von hier aus wird der Blick auf die Programmatik Piscators möglich:
– In welchen Punkten stimmt Horváths Zeitstück mit Piscators Forderungen überein?
– In welcher Hinsicht geht Horváth eigene Wege?

Alfred Döblin: Bemerkungen zum Roman (S. 260f.) 163

Schriften Döblins zur Theorie des Romans
Döblins theoretische Reflexionen erstrecken sich über einen Zeitraum von über 20 Jahren; sie haben sich entwickelt und verändert. Wesentliche Stationen markieren folgende Schriften: ‚An Romanautoren und ihre Kritiker', das sog. Berliner Programm (1913), die ‚Bemerkungen zum Roman' (1917), ‚Schriftstellerei und Dichtung' (1928), ‚Der Bau des epischen Werks' (1929), ‚Kunst ist nicht frei, sondern wirksam: ars militans' (1929) und – als letzter systematischer Beitrag – ‚Der historische Roman und wir' (1936).

Zu Döblins Anfangsposition (1913)
Die zeitgenössische Kritik erkannte schon früh in Döblins erzählender Prosa Prinzipien, die futuristischen Bestrebungen zu entsprechen schienen: Döblin habe sich in die Schule des Kinos(!) begeben, schreibe eine Prosa, die keine Zeit mehr habe für schleppende Handlungen und psychologische Kleinarbeit (Joseph Adler, 1913: ‚Der Sturm'). Döblin selbst stimmte zunächst zu, betonte aber zugleich seine Eigenständigkeit gegenüber dem Futurismus, dem er wegen seiner konventionellen Bildersprache mangelnde Konsequenz vorwirft: In seinem offenen Brief an Marinetti (1913) sprach Döblin selbstbewußt vom „Döblinismus". Was damit gemeint ist, führt programmatisch der Aufsatz ‚An Romanautoren und ihre Kritiker' aus, der passagenweise schon wie eine Erläuterung zu ‚Berlin Alexanderplatz' (vgl. Text 164) wirkt. Es geht im wesentlichen um drei Punkte:
1. Döblins Hauptangriff zielt auf die „Psychologie" im Roman, die rationalistische Analyse von Gedankengängen der Akteure. Der psychologisierenden Prosa setzt er entgegen die bloße Beschreibung von Vorgängen in ihrer Komplexität und Verschlingung von psychischen Abläufen, Realitätserfassung und -abläufen. Thematisch ist damit verbunden die Lösung vom Helden, von der Konzentration auf das Individuum, vom bürgerlichen Individualismus.
2. Aus diesem Ansatz folgt stilistisch die Sprachtechnik der Simultaneität, des Neben- und Durcheinanders in bloßen Stichworten ohne jeglichen Schmuck des Schönen. Döblin spricht von „Kinostil", der in den Bereich der Literatur eingedrungen sei, weil zum Erlebnisbild der Gegenwart die „ungeheure Menge des Geformten" gehöre (Alfred Döblin: Aufsätze zur Literatur. Hrsg. von Walter Muschg. Olten/Freiburg 1963, S. 17. Im folgenden abgekürzt: A), „die Straßen, die sekündlich wechselnden Szenen auf der Straße, die Firmenschilder, der Wagenverkehr" (A, S. 288).
3. Eine weitere Konsequenz ist die Ausschaltung des filternden, deutenden, allwissenden Erzählers, weil er der objektiven Notierung nur im Wege stehen kann: Der Leser soll „in voller Unabhängigkeit einem gestalteten, gewordenen Ablauf gegenübergestellt" werden; „er mag urteilen, nicht der Autor [...]: Ich bin nicht ich, sondern die Straße, die Laternen, dies und dies Ereignis, weiter nichts. Das ist es, was ich einen steinernen Stil nenne" (A, S. 17f.).

Zum Text
Döblins ‚Bemerkungen zum Roman' (1917) erweitern die bisher bezogene Position:
1. Schärfer noch als zuvor wird das Handlungsschema des überlieferten Romans angegriffen, in zwei Schritten: Die Romanautoren werden zunächst als „verkappte Dramatiker", ihre Bücher als „erzählte Dramen" (S. 260, Z. 43f.) bezeichnet. Grundsätzlich und radikal zugespitzt heißt es dann: „Der Roman hat mit Handlung nichts zu tun" (S. 261, Z. 2). Diese Forderung hatte 1917 bereits ihre Geschichte: Arno Holz vor allem hatte es entschieden abgelehnt, ein „Weltbild" noch in den Rahmen einer Fabel oder Handlung spannen zu wollen, da dies eine allzu grobe Verkürzung und Verfälschung der buntwimmelnden, kaleidoskopischen modernen Realität sei.
2. Der Individualismus und der Psychologismus werden ebenfalls verschärft abgelehnt; es sei überhaupt schon falsch anzunehmen, „der Mensch sei Gegenstand des Dramas oder des Romans" (S. 261, Z. 9). Die positive Alternative bleibt allerdings vage: das „Lebensereignis" (S. 261, Z. 13), „jeder Augenblick unseres

Siebentes Kapitel: Zu Text 164, S. 261ff.

Lebens" als „eine vollkommene Realität" (S. 261, Z. 19), das „lebendige Leben" (S. 261, Z. 29).
3. Auch die Forderungen zur Schreibweise sind jetzt grundsätzlich allgemeiner formuliert: Die „Kunst überhaupt" (S. 261, Z. 28), d. h. ein ideologisch überhöhter Kunstbegriff, wird abgelehnt, verachtet. Ein Stil darf nicht bemerkt werden.
Viktor Žmegač (Viktor Žmegač: Alfred Döblins Poetik des Romans. In: Reinhold Grimm [Hrsg.]: Deutsche Romantheorien. Athenäum, Frankfurt a. M./Bonn 1968, S. 304–306) betont die auffallenden Parallelen zu Brecht: Die Problematisierung der Spannungsstruktur auch des Dramas (S. 261, Z. 2–4) berührt sich mit der Theorie des epischen Theaters, in seinem Essay ‚Der Bau des epischen Werkes' tritt Döblin ausdrücklich für eine Episierung des Dramas ein. Das Bild des in lebendig bleibende Stücke zerschneidbaren Romanganzen (S. 261, Z. 20–23) wird durch Brecht zur Kennzeichnung des Epischen offensichtlich von Döblin übernommen. Die provokativ schockierende Geringschätzung der „Kunst" findet sich in den 20er Jahren auch bei Brecht.
Eine letzte Parallele zu Brecht hat die folgende These Döblins: „Die Vereinfachung des Romans auf jene fortschreitende eine Handlung hin hängt mit der zunehmenden raffiniert gezüchteten Leseunfähigkeit des Publikums zusammen. Zeit ist genug da, aber sie werden völlig ruiniert durch die Zeitungen. Ungeduld ist das Maß aller ihrer Dinge, Spannung das A und Z des Buches. Anderthalb Stunden Folter, man spuckt aus, das Buch hat seine Pflicht getan. Was nicht spannt, ist langweilig; das ist die unverhüllte, naive Schamlosigkeit: Defekte als Vorzüge demonstrieren, Forderungen daran knüpfen. In die gleiche Kerbe wie die Zeitung schlägt der Film. Es ist das völlige Debakel des Romans" (A, S. 20). Vgl. dazu die Texte 168 und 169.

Der Bau des epischen Werks (1929)
Im Blick auf ‚Berlin Alexanderplatz' (Text 164) kommt diesem Essay besondere Bedeutung zu; Döblins Position ist zumindest in einer Hinsicht, den Erzähler betreffend, erheblich modifiziert:
– Döblin betont zunächst, ganz traditionell, „das Exemplarische" der Vorgänge und Figuren: „Es sind da starke Grundsituationen, Elementarsituationen des menschlichen Daseins, die herausgearbeitet werden, es sind Elementarhaltungen des Menschen" (A, S. 106f.), denn „Kunstwerke haben es mit der Wahrheit zu tun" (A, S. 109).
– Erreicht wird die Ebene des Elementaren durch die Freiheit in der Berichtform, das fiktionale Spiel mit den Möglichkeiten der Sprache, das freie Fabulieren des auktorialen Erzählers, der gleichsam als Geist der Epik allwissend und selbstherrlich in Erscheinung treten kann: Dem Ich wird eine neue Wertigkeit für die Konstitution der Welt zugemessen, die Vermittlung zwischen der Objektivität der Oberfläche und dem Erzähler bestimmt den Fiktions- und Wahrheitsbegriff. Der Erzähler übernimmt dadurch, daß er sich einmischt, gleichsam eine Doppelrolle, die des dichterischen Ich, das die Fiktion bildet, und die des kritisch wertenden Ich, das zugleich den Leser und die Gesellschaft vertritt; das epische Ich wird in eine intuitive und eine kritische, regulatorische Instanz zerlegt.

Zur Behandlung im Unterricht
– Die drei oben genannten Aspekte (S. 322f., Ziffer 1–3) lassen sich herausarbeiten; der Vergleich mit dem epischen Theater läßt sich u. U. in Verbindung mit Text 161 herstellen; Text 164 dient in Ansätzen der exemplarischen Konkretion.
– Vergleiche sind möglich z. B. mit Text 142 (Huelsenbecks dadaistisches Manifest), 136 (Expressionismus), 119 (Naturalismus), 111–114 (Realismus).

164 Alfred Döblin: Mit der 41 in die Stadt (S. 261 ff.)

Zum Text
„Der Romananfang ist der Roman in nuce." Diese allgemeine These verdeutlicht das Problem des Erzählbeginns, das Setzen eines bedeutungsvollen Augenblicks, in dem – weit oder eng, konventionell oder originär, expositorisch oder unvermittelt konzipiert – das Ganze vorweggenommen ist: Die Tonart klingt an, auf die der Roman gestimmt ist, in Erzählperspektive und -struktur, in Sprache und fiktiver Welt, in Vorwegnahmen und Vorausdeutungen, in den Signalen, die den Erwartungshorizont des Lesers auffüllen. Unter diesem Aspekt sind die folgenden Hinweise entstanden.
1. Dem Textauszug voraus geht bei Döblin die Vorrede zum Roman. Im Blick auf die leitende These ist sie hier einbezogen: Der erste Satz „Dies Buch berichtet [...]" weist auf zurückhaltende Distanz des Autors, der Roman hat sich verselbständigt, zum Produkt oder Kunstwerk, dem Leser hingehalten zur Betrachtung. Das

Siebentes Kapitel: Zu Text 164, S. 261 ff.

Handlungsgerüst wird in der Vorrede gezeigt als Kampf Franz Biberkopfs „mit etwas, das von außen kommt, das unberechenbar ist und wie ein Schicksal aussieht. Dreimal fährt dies gegen den Mann und stört ihn in seinem Lebensplan", „mit einem Schwindel und Betrug", „mit einer Gemeinheit", „mit einer ungeheuerlichen äußersten Roheit"; das Resultat: „Bevor er aber ein radikales Ende mit sich macht, wird ihm auf eine Weise, die ich hier nicht bezeichne, der Star gestochen. [...] Das furchtbare Ding, das sein Leben war, bekommt einen Sinn. [...] Wir sehen am Schluß den Mann wieder am Alexanderplatz stehen, sehr verändert, ramponiert, aber doch zurechtgebogen." Auktorial souverän tritt der Autor dem Leser entgegen und signalisiert ihm, wie er den Bericht zu lesen habe, als Lehrstück, als Exempel, das Buch „berichtet" mit dem Anspruch auf exemplarische Wahrheit: „Dies zu betrachten und zu hören wird sich für viele lohnen, die wie Franz Biberkopf in einer Menschenhaut wohnen und denen es passiert wie diesem Franz Biberkopf, nämlich vom Leben mehr zu verlangen als das Butterbrot." Die Sprache deutet schon die erzählte Welt an, Umgangssprache, kollektiver Jargon der Großstadt.

2. Es folgt die Vorrede zum Ersten Buch (S. 261, Z. 37–40): Die deiktische Gebärde „hier im Beginn" nimmt die zuvor konstituierte Rollenverteilung auf: Der Erzähler zeigt wie ein Bänkelsänger auf das erste Bild einer Moritat (= Mordtat: Ein Totschlag beschloß Biberkopfs „früheres sinnloses Leben", mit der Ermordung seiner Geliebten „torpediert" ihn dieses „Etwas", das „wie ein Schicksal aussieht" am Schluß). Die Vorrede faßt die Handlung zusammen, weist voraus: Dem Leser ist damit sein Verhalten, seine Rolle zugewiesen, er weiß, was ihn erwartet, die Handlungsspannung ist aufgehoben, er kann sich auf ihre Einzelheiten konzentrieren, kann exemplarische Beobachtungen machen, Einsichten gewinnen.

3. Insgesamt sind im folgenden zwei Themenbereiche gegeben: die Realität der Großstadt und die Situation dessen, der ihr ausgeliefert ist und sich im Kampf zu behaupten versucht. Sprachlich fällt auf der Wechsel verschiedener Sprechweisen: Wahrnehmungsfetzen und Realitätspartikel, inhaltlich wie formal (stakkatohafte Reihung, Montageteile: S. 262, Z. 18 f., S. 263, Z. 3–7) die Widerspiegelung der Stadt, innerer Monolog, Wechsel der Perspektive durch unmittelbare Ansprache an F. B. (S. 262, Z. 3 f.) wie an den Leser (S. 262, Z. 9).

4. Der erste Abschnitt (S. 261, Z. 41–S. 262, Z. 9) markiert mit dem Tempuswechsel des Satzes im Vergleich zu den Vorreden den Erzählbeginn: Das epische Imperfekt hat keine temporale Funktion, es signalisiert das Erzählen eines Vorgangs oder Geschehens. Inhaltlich ist dieses Erzählen durch zwei unterschiedliche Motive gekennzeichnet: „Er stand" (Z. 42) – „drückte den Rücken an die rote Mauer und ging nicht" (S. 262, Z. 1) – „er ging nicht" (Z. 2 f.) – „Er stand an der Haltestelle" (Z. 7 f.); eine Kette verdeutlicht nachdrücklich das Verharren, in sich dynamisch, aktiv (drückte den Rücken...). Das zweite Motiv erscheint gegenläufig: Er „war frei" (S. 261, Z. 42) – „er war frei" (Z. 44) – „Man setzte ihn wieder aus" (S. 262, Z. 6), die Gleichsetzung „frei sein" – „ausgesetzt sein" überrascht und klärt jene Dynamik des Verharrens, die für beide Motive kennzeichnend ist: F. B. befindet sich gleichsam im Niemandsland zwischen der Ordnung des Drinnen, im Gefängnis (Z. 6 f.), und dem Draußen, offen und noch konturlos (er nimmt die Straßenbahn in ihrer Funktion noch nicht wahr: S. 261, Z. 44–S. 262, Z. 3), Situation angespannter Angst. Die Motivketten umklammern in ihrer Mitte den prägnanten Augenblick des Erzählbeginns: „Der schreckliche Augenblick war gekommen" (Z. 3). Auffallend die beiden Klammertexte: eine innere Stimme, der Erzähler in direkter Einmischung? Abgesetzt wird noch einmal das Fazit gezogen: „Die Strafe beginnt" (Z. 9); der neuerliche Tempuswechsel deutet auf den Erzähler, kommentierend, zeigend an den Leser gewendet.

5. Der zweite und dritte Abschnitt (Z. 10–41) verdeutlichen den Versuch F. B.s, sich aus seiner Bewußtlosigkeit zu reißen: Nicht der Vorgang wird beschrieben, sondern nur der Anlauf und das Resultat (Z. 10 f.); B. bleibt passiv, mit ihm geschieht etwas, er ist machtlos, hilflos ausgeliefert (Z. 11–13); sein Bewußtsein ist noch zum Gefängnis hin orientiert (Z. 13–15). Erste Wahrnehmungen drängen sich auf, die Stadtwelt (Z. 15 f.), eine grelle Steigerung der Angst des orientierungslos Isolierten ist die Folge (Z. 17 f.). Die Stadtwelt: optische, akustische Wahrnehmungen, sprachliche Fertigteile, erste Ansätze zum inneren Monolog in der bewußten Wahrnehmung der Polizei (Z. 19 f.), Selbstappell (Z. 21 f.), naive Erklärungsansätze (Z. 24 f.), Versuche zur Selbstbestätigung (Z. 25–30). Die Einordnung der Beobachtungen gelingt noch nicht, die Stadtwelt wird grotesk verfremdet widergespiegelt (Z. 32–39). Am Ende des dritten Abschnittes bleibt als Fazit „Die Strafe" (Z. 9, 41).

6. Die folgenden drei Abschnitte (Z. 42–S. 263, Z. 27) zeigen den vergeblichen Abwehrkampf B.s: innerer Monolog im Bemühen um Verstehen, Erklärung, Lösung, Selbstmitleid, eingestanzte Erinnerungsmuster der Gefängnisrealität, Realitätspartikel der Stadt und durch sie erzeugte Ängste bis zur Zuflucht in einen Hausflur: F. B. hat zunächst den Kampf mit der Stadt aufgegeben, um Atem zu schöpfen, sich zu ermutigen. Hier zu Beginn wie im Ganzen des Romans erfährt er das Leben als Kampf, am Ende wird er unterliegen.

323

Siebentes Kapitel: Zu Text 165/166, S. 264

Zur Behandlung im Unterricht
- „Der Romananfang als das Ganze in nuce": Unter diesem Aspekt ließe sich der Ausschnitt inhaltlich wie formal analysieren.
- Romantheorie und Romanpraxis: Der Vergleich der Texte 163 und 164 bietet sich an.
- ‚Berlin Alexanderplatz' als „moderner Roman": Was heißt „moderner Roman", „modernes Erzählen"? Was ist an diesem Auszug „modern"? Der Vergleich mit Texten zum Realismus – z. B. Gotthelf (106), Keller (107), Storm (108), Fontane (109), Immermann (110) – oder auch zum Beginn der Moderne – etwa Rilke (132), Zweig (140), Benn (146) oder Kafka (150, 152) – bietet sich hier an.

Weiterführende Literaturhinweise
Dieter Mayer: Alfred Döblin – Stationen seines Lebens und Denkens. Klett Editionen 35131. Stuttgart 1981. – ders.: Materialien: Alfred Döblin – Berlin Alexanderplatz. Klett Editionen 3559. Stuttgart 1980.

165 Gottfried Benn: Sieh die Sterne, die Fänge (S. 263)
166 Bertolt Brecht: Über das Frühjahr (S. 264)

Die beiden Gedichte enthüllen ihre Eigenart in ihrer Entgegensetzung: Ungefähr gleichzeitig entstanden, bilden sie einen evidenten Widerspruch, der Benn und Brecht als Antipoden der Epoche erscheinen läßt. Es ist möglich, auf Brechts Poetik des Gedichts in seinem ‚Kurzen Bericht' und auf die dort genannten Bestimmungen und Eigenschaften der Lyrik zurückzugreifen, um von vornherein den Widerspruch der beiden Gedichte greifbar zu machen.
Erweist sich Benns Gedicht auf den ersten Blick als ein „rein lyrisches Produkt", bestehend aus „aromatischen Wörtern" (in Brechts polemischer Sprache, S. 265, Z. 1; S. 264, Z. 42), so zeigt Brechts Gedicht die „Geste der Mitteilung eines Gedankens". Es hat den Wert eines für die Leser nützlichen Dokuments der Zeit und der Epoche, indem es einen historischen Umbruch (verkürzt: den Verlust der noch erinnerten Natur) reflektiert und dichterisch gestaltet. Dies geschieht in einem poetischen Gedankengang – Kunstform und Reflexion oder Mitteilung eines Gedankens sind für Brecht keine Gegensätze –, der Erinnerung und Gegenwart ineinanderfügt und den Umbruch von daher als Moment des Geschichtsprozesses sichtbar und denkbar macht.
Zugleich gehört das Gedicht zu den frühen Zeugnissen einer neuen lyrischen Form, die Brecht damals zu erproben beginnt und die wie eine Vorbereitung seiner späteren Naturgedichte wirkt (in den ‚Svendborger Gedichten' und den ‚Buckower Elegien'): Es ist, im Jahre 1928, der lyrische Stil der ‘Neuen Sachlichkeit', den Brecht indes auf eigene unverwechselbare Weise verwirklicht. Charakteristisch ist für ihn der ebenso einfache wie kunstvolle poetische Gestus des Zeigens der Dinge und Vorgänge. In ihm kommt eine gesellschaftliche Haltung zum Ausdruck, so wie in der Konstellation der Dinge und Vorgänge der gesellschaftliche und historische Prozeß reflektiert wird.
In der Fügung der Verse fällt das Phänomen der reimlosen Lyrik und der unregelmäßigen Rhythmen auf, das wiederum auf Brechts spätere literarische Produktion und Theorie vorausweist: Es ist der wechselnde, synkopierte, gestische Rhythmus, der hier gewissermaßen erkundet und in seiner frühen Ausprägung erkennbar wird. Als Beispiel mögen die ersten vier Verse genommen werden, die in ihrem Wechsel von kurzen und langen Zeilen und der mithin wechselnden Sprechform den gestischen Rhythmus vorführen.
Solcherart ist Brechts Gedicht ein Zeitgedicht, das auf seinen Gebrauchswert untersucht werden kann, den es nicht nur für seine Zeitgenossen hatte, den es vielmehr, als Gedicht, dem der Wert poetischer Geschichtsschreibung eigen ist, auch für seine Nachfahren und die heutigen Leser immer noch hat.
Demgegenüber ist Benns Gedicht in seiner mythischen Geschichtserfahrung und -deutung ganz und gar zeitenthoben. Es vergegenwärtigt, in magischen und assoziativen, seltsam faszinierenden Bildern, die Geschichte als Kreislauf und Rückkehr.
Darin gewinnt Benns Vorstellung einer „zyklischen" und „regressiven" Geschichtsentwicklung dichterisch-lyrische Gestalt: eine Konzeption, die Geschichte als vorwärts gehenden, fortschreitenden Prozeß verneint und im Grunde das Ende der Geschichte, den Untergang des modernen Menschen in den „Fluten" der geschichtlichen „Wallungen", auszudrücken versucht.
Von daher sind Benns Verse ein geschichtsphilosophisches Gedicht, das sein Geschichtsverständnis in lyrischen Metaphern gestaltet, die zum ideologischen und dichterischen Grundbestand der Lyrik Benns gehören: Strom und Welle, Strömen, Fließen und Verfließen, Steigen und Sinken, hinab und zurück.

Siebentes Kapitel: Zu Text 167, S. 264 f.

Diese Metaphern tauchen im Gedicht in fast rauschhaften, assoziativen und alogischen Reihungen und Verbindungen auf. Zugleich aber zeigt sich in der strophischen, metrischen und rhythmischen Gestaltung das poetische Kalkül des intellektuellen Lyrikers. Dieser Gegensatz bewahrheitet Benns Selbstcharakterisierung: die widerspruchsvolle Einheit von „trunken cerebralem" oder „halluzinatorisch-konstruktivem" Stil. (Zitate aus dem Gedicht ‚Schweifende Stunde' und aus der ‚Akademie-Rede' vom 5. 4. 1932. In: Gesammelte Werke in 4 Bänden, hrsg. von Dieter Wellershoff. Limes-Verlag, Wiesbaden [jetzt Klett-Cotta, Stuttgart]. Band 3, ⁴1978, S. 122; Band 1, ³1977, S. 438.) Und nicht zuletzt darin – in der lyrischen Formgebung – erweisen sich Benn und Brecht als Antipoden ihrer Zeit.

Zur Behandlung im Unterricht
Grundsätzlich gibt es zwei Vorgehensweisen, die zu unterschiedlichen Verfahren der Interpretation führen:
– Entweder wird zunächst Brechts ‚Kurzer Bericht' gelesen, so daß die beiden Gedichte hernach primär unter den Gegensatzaspekten betrachtet werden: Sie erfüllen dann gleichsam den zuvor programmatisch konstatierten Widerspruch und machen ihn sinnlich und kenntlich in seiner epochalen Bedeutung.
– Oder (und dieses Verfahren ist offener): Den Auftakt bildet der Vergleich der beiden Gedichte, der den Widerspruch und den antipodischen Charakter, noch ohne begriffliche Schärfe und Verbindlichkeit, spürbar werden läßt. Während der sich anschließenden Lektüre des ‚Kurzen Berichts' gewinnt der Widerspruch seine Prägnanz und historisch-programmatische Bedeutung.

Brecht: Kurzer Bericht über 400 (vierhundert) junge Lyriker (S. 264 f.)   167

Abgesehen von seinem Bericht über den Lyrikwettbewerb selbst, seiner Haltung und Entscheidung als Preisrichter, enthüllt der Text, mit polemischer Verve und einer ganz bestimmten Stoßrichtung geschrieben, Brechts eigenes Verständnis von Lyrik, das teilweise auch, zumindest für die damalige Zeit, sein allgemeines ästhetisches Programm bezeugt. Der Text enthält, in zugespitzter Form, Brechts Poetik des Gedichts, wie sie für ihn, wenigstens in den Grundzügen, auch noch später verbindlich war.
Er geht aus von der Aburteilung der Lyrik des Impressionismus und Expressionismus. Seiner Kritik verfallen dann vor allen Dingen die „rein lyrischen Produkte" Georges und Rilkes, deren hermetische Kunstkonzeption (George: „eine kunst für die kunst", „nicht wiedergabe eines gedankens sondern einer stimmung" [S. 198, Z. 13 f. und 27 f.]; Rilke: „Wendung nach innen", „Versenkung in die eigene Welt" [S. 204, Z. 44 f.]) seinen Widerspruch herausfordert.
Seine Gegenposition besteht in gezielten Gegenbestimmungen und Gegeneigenschaften des Gedichts:
– Gebrauchswert – Geste der Mitteilung eines Gedankens – Wert von Dokumenten – Song-Charakter und Singbarkeit des Gedichts.
Brechts Entscheidung löste begreiflicherweise heftige Kritik aus. Die schärfste kam von Klaus Mann:
„[...] Es war einer der begabtesten unter den jüngeren Lyrikern, dem man unlängst die verantwortungsvolle Aufgabe anvertraut hatte, unter den eingesandten Versen vieler junger Leute die schönsten, zeitgemäßesten auszuwählen und mit dem Preise zu krönen. Zeitgemäß fand er von den Einsendungen nicht eine, sie waren durchweg bürgerlich-sentimental. ‚Zeitgemäß' war für den Dichter Bert Brecht einzig und allein das mittelmäßige und wahrhaft spießbürgerlich-halbamerikanische Liedchen, das er in einem Sportjournal gefunden hatte, diesem Gedicht gab er den Preis, obwohl es nicht einmal eingeschickt war. Er benutzte das schöne Amt, das ein Unbedachter ihm anvertraut hatte, um seine freche Person in Szene zu setzen, auf Kosten derer, die sich bemühten und die er, weil sie Gefühle kannten, ekelhaft fand. – Gönnen wir ihm seine snobistischen Geschmacklosigkeiten – aber die traurige Geschichte hat uns als Beispiel gedient. So müssen sich die Zurückgebliebenen, die noch heute Gedichte machen – und sie handeln nicht von Sechstage-Rennen –, sogar von den Kollegen behandeln lassen; schweigen wir von der tödlichen Interessenlosigkeit, mit der die übrige Welt ihnen begegnet. Der Schluß läge nahe, daß eben diese Interessenlosigkeit die Notwendigkeit des Gedichts ad absurdum führe, aber es ist ein Trugschluß, davon bin ich tief überzeugt, wir erleben es noch, daß es anders kommt. Jede Zeit muß, jenseits ihrer sozialen Problematik, den Ausdruck ihres geheimsten Erlebens im Lied, im Gedicht finden. Behauptet einer im Ernst, das Erlebnis unserer Zeit sei so dürftig und dumpf, daß man es mit einem holprigen englisch-deutschen Song aussagen könnte, und alles andere sei blöde Sentimentalität? Bemitleiden wir Engstirnigkeit, die so urteilen mag" (Klaus Mann. In: Der Bücherwurm 12 [Juli 1927], Nr. 7, S. 200).
Brechts Provokation läßt sich daran ermessen, daß seine eigenen Bestimmungen der neuen Lyrik von dem preisgekrönten, mittelmäßigen Radsportgedicht wohl kaum erfüllt werden.

Siebentes Kapitel: Zu Text 168, S. 265ff.

„HE, HE! THE IRON MAN!
Es kreist um ihn die Legende,
daß seine Beine, Arme und Hände
wären aus Schmiedeeisen gemacht

zu Sidney in einer taghellen Nacht
He, he! the Iron Man!" [...]
(Literarische Welt 3 [4. 2. 1927], Nr. 5, 5. 6.)

III. Die neuen Medien (S. 265ff.)

Die neuen Medien Film und Rundfunk veränderten die Literatur: Sie schufen eine Konkurrenzsituation, auf die die Schriftsteller sehr unterschiedlich reagierten. Die meisten beteiligten sich an der Diskussion um den Kunstcharakter der neuen Medien (Thomas Mann: „unkünstlerisch", Kafka: „Uniformierung" des Bewußtseins, Karl Reinhardt: „entseelte Mechanik des Films" – „Unsterblichkeit des Theaters"), einige wenige Autoren erkannten, daß sich durch die neuen Medien der Charakter der Kunst verändere. So formulierte z. B. Brecht: „Der Filmesehende liest Erzählungen anders. Aber auch der Erzählungen schreibt, ist seinerseits ein Filmesehender. Die Technifizierung der literarischen Produktion ist nicht mehr rückgängig zu machen" (Der Dreigroschenprozeß. In: Gesammelte Werke 18. Suhrkamp, Frankfurt a. M. 1968 [Werkausgabe edition suhrkamp = W 18], S. 156). Neben Brecht, Walter Benjamin und Siegfried Kracauer gehörte auch Alfred Döblin zu den ersten, die die neue Situation theoretisch zu reflektieren versuchten (vgl. u. a. die Erläuterungen zu Text 163). Die theoretische Reflexion war das eine, der Versuch, im Gefolge der neuen Medien neue Arbeits- und Verdienstmöglichkeiten zu finden, war ein anderer, wichtiger Aspekt. So schrieb etwa Döblin von seinem Roman ‚Berlin Alexanderplatz' eine Rundfunkfassung. Es entwickelte sich als neue Kunstgattung das Hörspiel. Ein dritter Aspekt war der politisch motivierte Versuch linker und kommunistischer Autoren, ein alternatives Film- und Rundfunkprogramm aufzubauen. Vgl. hierzu insgesamt das Kapitel „Der Streit um die neuen Medien". In: Jost Hermand: Literarisches Leben in der Weimarer Republik. Klett Editionen 35156. Stuttgart 1982, S. 31–87.

168 Bertolt Brecht: Der Rundfunk als Kommunikationsapparat (S. 265 ff.)

Zum Text
Einleitend resümiert Brecht in dieser Rede die Entstehung des Rundfunks: Die Anarchie unserer Gesellschaftsordnung hat zur Folge, daß Erfindungen nicht erst gemacht werden, wenn sie ein gesellschaftliches Bedürfnis befriedigen, sondern umgekehrt wartet die Erfindung gleichsam auf ihre Verwendungsmöglichkeit und Verwertung. „So konnte die Technik zu einer Zeit soweit sein, den Rundfunk herauszubringen, wo die Gesellschaft noch nicht so weit war, ihn aufzunehmen" (W 18, S. 127 f.). Das Resultat: eine erste Phase des Rundfunks, in der er „nahezu alle bestehenden Institutionen, die irgend etwas mit der Verbreitung von Sprech- oder Singbarem zu tun hatten, imitierte" hat „als Stellvertreter des Theaters, der Oper, des Konzerts, der Vorträge, der Kaffeemusik, des lokalen Teils der Presse und so weiter" (W 18, S. 128). Damit ist der „Lebenszweck des Rundfunks" allerdings nicht gefunden: Er kann „nicht bestehen darin, das öffentliche Leben lediglich zu verschönen. [...] Auch als Methode, das Heim wieder traut zu machen und das Familienleben wieder möglich, genügt [...] der Rundfunk nicht" (W 18, S. 128 f.). Das Entscheidende: Der Rundfunk hat „*eine* Seite, wo er zwei haben müßte. Er ist ein reiner Distributionsapparat, er teilt lediglich zu" (W 18, S. 129).
Hier beginnt der vorliegende Textauszug: Brechts Forderung, aus einem vom Kommunikationsablauf her einseitigen Distributionsgerät ein mehrseitiges, wirkliches Kommunikationsgerät zu entwickeln (wie z. B. heute im CB-Funk [Citizen-Band, Sprechfunk] realisiert).
In der Auslassung (S. 266, Z. 8) reflektiert Brecht die Konsequenz dieser Forderung auf die Politik: Aus Berichten der Regierenden werden „Antworten auf die Fragen der Regierten" (W 18, S. 130).
S. 266, Z. 8ff.: Die Forderung wird näher ausgeführt: Es geht um die Organisation eines allgemeinen öffentlichen Diskurses über die gesellschaftlich relevanten Probleme durch den Rundfunk. Die Folgenlosigkeit öffentlicher Institutionen soll damit aufgehoben werden (Z. 12–23): „Folgenlosigkeit" meint einmal die Ausklammerung der Rezeption und Verarbeitung der Kultur und zum zweiten die bewußte Reduktion auf Kulturangebote, die folgenlos bleiben sollen, die gezielt ein mögliches Eingreifen in die Realität vermeiden. Schließlich denkt Brecht noch an die Selbstorganisation der Konsumenten (Z. 28 f.), orientiert an der Vorstellung eines aktiv belehrenden Publikums (Z. 37 f.).

Siebentes Kapitel: Zu Text 169, S. 267f.

In der folgenden Auslassung (Z. 44) verweist Brecht auf Beispiele: den ‚Ozeanflug', das ‚Badener Lehrstück vom Einverständnis', verknüpft mit dem Hinweis auf das epische Theater als dem ästhetischen Orientierungshorizont für den skizzierten Ansatz.
Von daher erklärt sich die Thematisierung der Oper und des klassischen Dramas (Z. 45 ff.); im Unterricht ist eine Vertiefung der knappen Bemerkungen über das „alte Drama" wie über das epische Theater wohl erforderlich: Brecht setzt die Kenntnis seiner Theorie des Dramas voraus.
Die im letzten Abschnitt nur angedeuteten Möglichkeiten werden auch in dem der Auslassung folgenden Abschluß nicht konkretisiert: Brecht betont die Grundsätzlichkeit seines Ansatzes, gesteht seinen utopischen Charakter zu und schließt politisch: „Undurchführbar in dieser Gesellschaftsordnung, durchführbar in einer anderen, dienen die Vorschläge, welche doch nur eine natürliche Konsequenz der technischen Entwicklung bilden, der Propagierung und Formung dieser anderen Ordnung" (W 18, S. 134).

Zur Behandlung im Unterricht
– Unabhängig vom Text ließe sich im Unterrichtsgespräch zunächst darüber reflektieren, welche gesellschaftlichen und individuellen Bedürfnisse der Rundfunk heute befriedigt und befriedigen könnte.
– Die Textanalyse könnte Brechts Forderungen in ihren Konsequenzen durchspielen und auf ihre Realisierbarkeit durchdenken. Welche Möglichkeiten für die Kunst ergeben sich daraus? Handelt es sich um eine utopische Vorstellung? Wo gibt es heute ähnliche Erscheinungen (CB-Funk, Höreranrufe in eine Sendung hinein)? Warum wird dieser Ansatz nicht weiterverfolgt?
– Unmittelbar an Brecht knüpft an und denkt die gleiche Forderung weiter Hans Magnus Enzensberger: Baukasten zu einer Theorie der Medien. In: Kursbuch 20, 1970, S. 159–186.

Franz Blei: Kinodramen (S. 267 f.) 169

Zum Autor
Franz Blei wurde am 18. 1. 1871 in Wien geboren. 1893 promovierte er in Zürich in Philosophie. Nach zweijährigen Studienreisen in den USA kehrte er 1900 nach Europa zurück. Er lebte zunächst in München; seine Frau eröffnete dort eine zahnärztliche Praxis, er selbst entfaltete eine weitverzweigte literarische Tätigkeit als Kritiker, Herausgeber und Übersetzer aus dem Chinesischen, als Essayist, als Lyriker, Epiker, Dramatiker. Nach einigen Jahren in Berlin kehrte er 1920 nach München zurück: Sein Haus in Schwabing entwickelte sich zum Treffpunkt der kulturellen Welt. 1923 übersiedelte er erneut nach Berlin. 1933 zog sich der katholische Kommunist Blei nach Mallorca zurück, 1936 flüchtete er bei Ausbruch des Spanischen Bürgerkrieges nach Wien, von dort aus nach Italien und nach Frankreich. Freunde ermöglichten 1941 dem schwer herzkranken Blei die Emigration nach New York, wo er am 10. 7. 1942 starb.

Zum Text
1913 entstand in Leipzig, im Kreis der jungen Expressionisten des Rowohlt Verlags (seit 1913 Kurt Wolff Verlags) die Idee eines „Kinobuchs": Kurt Pinthus schrieb eine Vielzahl von befreundeten Autoren an (unter ihnen Walter Hasenclever, Else Lasker-Schüler, Max Brod, Albert Ehrenstein, Paul Zech, Heinrich Lautensack) mit der Bitte, ihm „selbsterdachte Kinostücke (also nicht erst zu verfilmende Theaterdramen oder Erzählungen) einzusenden, die in einem Sammelbuch erscheinen sollten" (Kurt Pinthus: Das Kinobuch. Vorwort zur Neuausgabe. Die Arche, Zürich 1963, S. 11). Es ging in dem Projekt darum, eine Alternative zu entwickeln zu dem „falschen Ehrgeiz des damaligen jungen Stummfilms, das ans Wort und die statische Bühne gebundene Theaterdrama oder den mit dem Wort schildernden Roman nachahmen zu wollen", es ging darum, „die neuen unendlichen Möglichkeiten der nur dem Film eigenen Technik sich bewegender Bilder zu nützen" (Kurt Pinthus, ebenda, S. 9 f.). – Und dies in einer Zeit, in der Filmkritik, d. h. das Ernstnehmen „einer so niedrigen Angelegenheit wie des Kinos", vom Verleger wie von den Lesern einer Tageszeitung noch „als Entwürdigung des Blattes und ihrer selbst" (ebenda, S. 11) empfunden wurde. 1913 war zugleich auch das Jahr einer Wende in der Entwicklung der deutschen Filmproduktion: Max Reinhardt drehte seinen ersten Film, und damit wurde der Film für die Elite der Theaterschauspieler gleichsam salonfähig; die ersten Trickfilme entstanden, die ersten abstrakten Filme, Kino und Film wurden „ziemlich plötzlich gesellschaftsfähig, literaturfähig, ja kunstfähig" (ebenda, S. 15).
Franz Bleis Brief ist sein Beitrag zu diesem Sammelband:
– Seine lapidaren Aussagen zu Beginn (S. 267, Z. 24–26) beziehen sich auf den Stummfilm, und zwar „im Frühjahr 1913 [...], als die Technik der Aufnahmeapparate, der Lichtverwendung, der Einstellungen und der bewegten Kamera noch im frühen Stadium war" (Kurt Pinthus, s. o., S. 12).

Siebentes Kapitel: Zu Text 170, S. 268 ff.

- „Man filme Lebensläufe unserer Zeit" (S. 267, Z. 35 f.). Dies ist das positive Programm Franz Bleis: Z. 35–S. 268, Z. 1, 6–10.
- Die bloße Unterhaltungsfunktion des Kinos (Unterhaltung als Ablenkung, Flucht in die Exotik, das Abenteuer, die Traumwelt etc.) gesteht er zu (S. 268, Z. 3 f.), setzt dagegen aber den klassischen Ansatz einer ästhetischen Erziehung mit dem Ziel, „sich für sich selber zu interessieren" (Z. 5 f.). S. den zwischen den neuen Dramen- und Theaterkonzeptionen der Weimarer Republik (Brecht, Piscator, Horváth: Text 161, 162) und dem von Kracauer propagierten neuen Schriftstellertyp. (Text 160).
- Der Zusammenhang von Filmästhetik und literarischer Ästhetik, ihre mögliche wechselseitige Beeinflussung (Sehweise und Leseweise, Perspektiven, Schnittechnik u. a.) werden in der Gegenwart vor allem von Alexander Kluge reflektiert.

Zur Vertiefung lassen sich heranziehen:
S. Kracauer: Theorie des Films. Die Errettung der äußeren Wirklichkeit. Suhrkamp, Frankfurt a. M. 1973.
Jost Hermand: Literarisches Leben in der Weimarer Republik. Klett Editionen 35156, Stuttgart 1982, S. 65–79 (Texte zum Film).

IV. Exil (S. 268 ff.)

170 Irmgard Keun: Bilder aus der Emigration (S. 268 ff.)

Zur Autorin
Irmgard Keun, geboren am 6. 2. 1910 in Berlin. Einer liberalen großbürgerlichen Familie entstammend, verbringt sie ihre Kindheit im Berliner Westen. In Köln besucht sie mit 16 Jahren die Schauspielschule; danach ein paar Engagements: „Ich engelte durch die Gegend." 1931 und 1932 erscheinen ihre beiden ersten Romane: ‚Gilgi, eine von uns' und ‚Das kunstseidene Mädchen', zwei Erfolgsbücher, mit denen Irmgard Keun auf Anhieb zu einer populären Schriftstellerin wird. 1933 werden ihre Bücher beim Universitas-Verlag beschlagnahmt. Ihre Klage auf Schadenersatz beim Landgericht in Berlin führt zu Verhören durch die Gestapo in Köln. 1935 geht sie ins Exil, zunächst nach Brüssel und Ostende. Der Roman ‚Das Mädchen, mit dem die Kinder nicht verkehren durften', die Geschichte einer Kindheit in Köln, erscheint im Exil-Verlag Allert de Lange. Im Sommer 1936 Verbindung mit Joseph Roth, mit dem sie bis zum Frühjahr 1938 zusammenlebt. Wechselnder Aufenthalt an vielen europäischen Exilorten. In dieser Zeit entstehen die ‚Bilder und Gedichte aus der Emigration' und der Roman ‚Nach Mitternacht', der 1937 bei Querido in Amsterdam erscheint. Im Frühjahr 1938 verläßt Irmgard Keun Joseph Roth, reist zunächst in die USA, dann nach Nizza und Amsterdam. Es entstehen die Romane ‚D-Zug dritter Klasse' und ‚Kind aller Länder'. 1940 kehrt Irmgard Keun mit falschen Papieren – offizielle Stellen in Deutschland halten sie für tot – ins Nazi-Reich zurück, wo sie bis zum Kriegsende illegal in der Nähe von Bonn und München lebt. Nach 1945 vereinsamtes Leben im Raum Köln-Bonn. Der Versuch, Anschluß an das literarische Leben in der Bundesrepublik zu gewinnen, scheitert. Erst mit dem Erscheinen ihrer Romane bei Claassen, seit 1979, beginnt ihre Wiederentdeckung. Am 5. Mai 1982 ist sie gestorben.

Zum Text
Die Darstellung der Literatur der Weimarer Zeit kann mit dem Jahr 1933 nicht abbrechen. Die einschneidende Frage lautet vielmehr: Wie wirkt sich die Zerstörung der Republik auf den Literaturprozeß aus? Die entscheidenden Vorgänge sind die Ausbürgerung der republikanischen Schriftsteller und die Zerschlagung der Literatur der Republik. Ihr Schicksal entscheidet sich im Exil. Daher kann, über den radikalen Bruch von 1933 hinweg, von einer Einheit der Epoche – Literatur der Weimarer Republik und Literatur des Exils – gesprochen werden. Dabei ist allerdings zu bedenken, daß sich die Bedingungen für die schriftstellerische Existenz und das literarische Schaffen im Exil grundlegend wandeln. Im Exil über Deutschland zu schreiben wird zunehmend schwieriger.
Davon gibt die ebenso spannende wie erhellende autobiographische Schilderung der Irmgard Keun ein Zeugnis. Obendrein werden in ihrer Schilderung viele exilierte Schriftsteller genannt, die sie 1935 getroffen hat und mit denen sie danach, während ihrer Exilzeit, verbunden war.
Verfolgt man den Fluchtweg der Irmgard Keun, so kommen zugleich einige wichtige Exilländer und Exilorte in den Blick: Ostende, Brüssel, Amsterdam, Paris, Sanary-sur-Mer bei Marseille, Wien, Warschau, Lemberg, New York.

Achtes Kapitel: Von 1945 bis zur Gegenwart

Einleitung

Das Kapitel umfaßt Texte aus der Nachkriegszeit bis in die Gegenwart und ist im ganzen in drei Teile gegliedert:
Teil A mit Texten aus der Bundesrepublik Deutschland stellt die Literatur in den Zusammenhang mit der allgemeinen geschichtlichen Entwicklung. Die Gliederung in vier Abschnitte folgt der Einteilung der Geschichte der Bundesrepublik in vier Phasen:
I. in die Nachkriegszeit (1945–1949), mit ihren Versuchen, angesichts der Doppelerfahrung des „Nullpunkts" und der gleichzeitigen Kontinuität vielerlei überkommener Autoritäten und Strukturen den geschichtlichen Standort zu bestimmen. Die Texte von Richter (171) und Borchert (172) stellen gleichsam Protokolle der unterschiedlichen Bewußtseinslagen der Bevölkerung dar. In Frischs Tagebuchbericht (173) bildet dagegen die Schilderung einer Reise durch Deutschland fast nur das Gerüst für weiterreichende Überlegungen oder auch zur „Schriftstellerei";
II. in die fünfziger Jahre, deren äußerlich erfolgreiche Politik (Westintegration und Wirtschaftswunder) von der Literatur mit Texten begleitet wird, die eher Pessimismus oder eine Abwendung von der geschichtlichen Wirklichkeit zum Ausdruck bringen. Sie thematisieren zum einen die innere Situation des Subjekts (174–179: Dichtung der gefährdeten Existenz). Andere Texte kritisieren auf satirische Weise die allgemeine Aufbaumentalität, mit ihren Tendenzen zur Selbstrechtfertigung und ihrer Bereitschaft zur Anpassung (180, 181). Letztere wird in dem Ausschnitt aus Grass' Roman ‚Die Blechtrommel' (182) auch als zentrales Verhaltensmerkmal der Menschen während der NS-Zeit satirisch übersteigert deutlich gemacht;
III. in die sechziger Jahre, genauer: die Zeit nach dem Ausscheiden Adenauers aus dem Kanzleramt 1963 bis zum Ende der großen Koalition 1969. Auch die Literatur ist in dieser Zeit des Umbruchs von Versuchen der Neuorientierung gekennzeichnet, sowohl im Hinblick auf das Subjekt und dessen Wahrnehmungs- und Erfahrungsprozeß (Text 184, 185) als auch im Hinblick auf die äußere Wirklichkeit selbst (Text 183, 186, 187). Damit zusammen hängt die Frage nach den Möglichkeiten einer realistischen Schreibweise wie auch nach der gesellschaftlichen Funktion der Literatur (Text 186);
IV. in die siebziger Jahre der sozialliberalen Koalition, die zunächst von Reformhoffnungen, dann von allgemeiner Ernüchterung, Krisenbewußtsein und den Forderungen nach einem grundlegenden Bewußtseinswandel gekennzeichnet sind. In dieser zeitgeschichtlichen Situation rückt auch in der Literatur die menschliche Subjektivität wieder in den Mittelpunkt; nun allerdings nicht mehr unter dem existentialistischen oder gesellschaftskritischen satirischen Aspekt der fünfziger Jahre, sondern unter dem der vielfältigen sozialen Gebundenheit auch der innersten psychischen Prozesse des Subjekts (Text 189–191).

Der *Zwischenteil B* mit Texten aus der Bundesrepublik Deutschland und der DDR ordnet im Gegensatz zu den anderen beiden Teilen die Texte nicht nach Aspekten, die sich aus der jeweiligen geschichtlichen Entwicklung der beiden deutschen Staaten ergeben, sondern nach einem übergreifenden Gesichtspunkt. Er thematisiert die „Utopie der beweglichen Ordnung", die die Weimarer Klassik als geschichtliche Zielvorstellung entworfen hat, und er läßt in den Texten das dialektische Verhältnis der deutschen Gegenwartsliteratur zu dieser Utopie deutlich werden: Die Texte zeigen die Hinfälligkeit der Utopie und halten gerade dadurch an ihr fest. Der in die Mitte gestellte theoretische Text von A. Muschg (194) gibt die Grundlage, die fiktionalen Texte von jeweils zwei Autoren der Bundesrepublik und der DDR entfalten das Thema.

Teil C mit Texten aus der DDR ist nicht, wie Teil A, nach Gesichtspunkten der geschichtlichen Entwicklung geordnet. Vielmehr entfalten die vier Abschnitte die zentrale Problematik der DDR-Literatur im ganzen: das Verhältnis zwischen der gesellschaftlichen Wirklichkeit des „real existierenden Sozialismus" einerseits und dem schreibenden Subjekt des Autors andererseits.
Die ersten beiden Abschnitte thematisieren deshalb das Selbstverständnis der Autoren als Schriftsteller und Sozialisten: Brechts Dialoge (198) zeichnen den philosophischen und literaturtheoretischen Horizont und stehen zugleich exemplarisch für die Position eines sozialistischen Autors vor der Errichtung des sozialistischen Staates. Bräunigs Aufruf (199) aus der Zeit des 'Bitterfelder Weges' (1959) zeigt den Versuch, mit der Zielvorstellung des schreibenden Arbeiters die Trennung von Kunst und (sozialistischem) Leben aufzuhe-

Achtes Kapitel: Zu Text 171, S. 272ff.

ben. Heyms Text ‚Leben in Ostdeutschland' (200) beschreibt und reflektiert die geschichtliche und literarische Lage in einer offenen und selbstbewußten Weise, wie sie in der kurzen Phase der Liberalisierung nach Ulbrichts Ausscheiden aus der Politik (1971) möglich war. Die Erklärung ‚Es geht um das Wort' (201) macht deutlich, wie ein Autor von diesem neuen Selbstbewußtsein auch dann nicht abläßt, als sich – nach der Ausbürgerung Biermanns 1976 – die literaturpolitische Situation entscheidend verhärtet. Kunerts ‚Verspätete Monologe' (202) sind Reflexionen eines Autors, der die DDR verlassen wird. H. Kants Rede (203) und der Ausschnitt aus Ch. Wolfs Roman ‚Nachdenken über Christa T.' (204) markieren zwei Gegenpositionen sozialistischen Bewußtseins, von denen aus literarisches Schreiben möglich wird.

Der *dritte und vierte Abschnitt* bringt jeweils Texte, die die gesellschaftliche und individuelle Wirklichkeit in erzählender Prosa darstellen. Heyms (205) und Morgners (206) Texte legen, trotz unterschiedlicher Schreibweisen, den Schwerpunkt auf die Verfassung des einzelnen Menschen. Brauns kurze, parabelhafte Texte entwerfen dagegen Modellsituationen des gesellschaftlichen Lebens (207, 208). Schädlichs Text (209) spiegelt in einem gesellschaftlichen Ereignis, das in die Kaiserzeit verlegt ist, die Herrschaftsstruktur des DDR-Staates, stellt damit zugleich die Frage nach der Kontinuität deutscher Geschichte. Im Kontrast dazu rückt Kunerts Text (211) die Epoche des Nationalsozialismus in die Perspektive einer für die Zukunft der Menschheit entscheidenden geschichtlichen Kontinuität. Die Paralleltexte Kunerts aus ‚Kramen in Fächern' (210) ihrerseits reflektieren das Thema „Geschichte" auf philosophisch allgemeiner Ebene. Schließlich erweitert der Auszug aus Ch. Wolfs Erzählung ‚Kassandra' (212) und dem dazugehörigen Tagebuch (213) den Raum der Erzählung wie auch der Problematik über die herkömmlichen Fragestellungen der DDR-Literatur hinaus: Es geht, in mythischer Erzählung und Reflexion, um Krieg und Gewalt als eine Erscheinungsform der männlichen Welt.

A Literatur in der Bundesrepublik Deutschland

I. Die Nachkriegszeit: Standortbestimmungen (S. 272 ff.)

Die drei Texte dieses Unterkapitels von Richter (171), Borchert (172) und Frisch (173) sind insgesamt Zeugnisse eines Zeitbewußtseins, das stark von der Erfahrung innerer und äußerer Unsicherheit und von der Suche nach Neuorientierung gekennzeichnet ist. Alle drei Texte lassen sich unter dem Begriff der „Reise"-Darstellung zusammenstellen. Richter (geb. 1908) steht für die Generation der zwischen 1900 und 1915 geborenen Autoren, von denen nach dem Krieg starke Impulse für einen grundlegenden Neuaufbau Deutschlands ausgingen. Richters Text (171) ist vor allem an die jungen Heimkehrer gerichtet, zu denen Borchert (geb. 1921) zählte und die für die aktive Gestaltung der Zukunft gewonnen werden sollten. Borcherts Text (172) gibt dagegen einen Einblick in die psychische Verfassung dieser Heimkehrer selbst, die, noch von den Erfahrungen des Krieges belastet, in Deutschland auf ein Leben trafen, das sich weithin wieder in den alten Lebensformen eingerichtet hatte. Frisch (173) seinerseits schreibt aus der Distanz des Ausländers, für den die zeitgeschichtliche Situation allgemeingültigen exemplarischen Charakter annimmt, für ihn als Menschen und als Schriftsteller.

171 Hans Werner Richter: Unterhaltungen am Schienenstrang (S. 272 ff.)

Zum Autor

Jahrgang 1908, ursprünglich Buchhändler, politisch ab 1930 der KPD nahestehend (vgl. A. Andersch) und vorübergehende Mitgliedschaft, nach 1933 verschiedentlich im Widerstand aktiv, 1940 kurzzeitig verhaftet. Ab 1940 im Krieg (Italien), 1943–1946 in amerikanischer Kriegsgefangenschaft, politisch beeinflußt durch Roosevelts 'New Deal'. Forderung eines sozialistischen Neuaufbaus Deutschlands. Nach dem Scheitern des ‚Rufs' wird Richter zur zentralen Gestalt der ‚Gruppe 47', bis zu deren Auflösung 1967.

Zum Text

Der Text erschien im 4. Heft des 1. Jahrgangs der Zeitschrift ‚Der Ruf' am 1.10.1946. – ‚Der Ruf' ursprünglich „Lager"-Zeitschrift deutscher Kriegsgefangener in den USA, mit dem Ziel, den demokratischen Neuaufbau Deutschlands vorzubereiten. Schon dort Mitarbeit von A. Andersch, G. R. Hocke, H. W.

Achtes Kapitel: Zu Text 172, S. 274f.

Richter. Neugründung in München (amerikanische Zone) 1946. Herausgeber: A. Andersch und H.W. Richter. Untertitel: ‚Unabhängige Blätter der jungen Generation'. Verbot durch die amerikanische Militärregierung wegen „Nihilismus" im Mai 1947. Der gesamte Text ist unterteilt in sieben Abschnitte mit verschiedenen Einzelthemen (s. Überschriften). Nicht abgedruckt sind Abschnitt 4 („Der Bürokratismus") und 6 („Der Krieg von morgen") des Originaltextes. – Gesamtthematik (s. S. 272, Z. 6–20): das 'Unterwegssein' eines ganzen Volkes im äußeren und inneren Sinne: das Bild vom „Schienenstrang" als materieller „Lebensader", wo sich der „Geist eines Volkes" widerspiegelt. Die einzelnen Abschnitte als Momentaufnahmen zusammenhangloser Wirklichkeitsausschnitte: Jeder Abschnitt enthält „ein Stück der Wahrheit".

Zur Interpretation
Aufgezeigt werden die Auswirkungen der materiellen Not auf das Bewußtsein und das Verhalten der Menschen: die Schwierigkeiten, die für die politische Neuordnung („Die vermeintliche Demokratie") und die Auseinandersetzung mit der Vergangenheit („Die Denazifizierung") entstehen, da die eigene Schuld nicht aufgearbeitet wird; die Problematik des allgemeinen Normenzerfalls als Zeichen des Nullpunkts, konkret die Schwierigkeit einer gerechten und verstehenden Beurteilung äußerlich unmoralischen Verhaltens („Die deutschen Mädchen"): Die alte Frau erhält das letzte Wort! Die Ungewißheit im Hinblick auf die Haltung der jungen Generation: Deren zwar widersprüchliche und abwartende, aber im Gegensatz zu vielen Älteren für die Zukunft offene Haltung bildet die Zielperspektive des Gesamttextes („Die Hoffnungslosen"): „Hoffnungslosigkeit", verstanden als Illusionslosigkeit, als positiver Wert. Dies gemäß der politischen Gesamthaltung der Zeitschrift: Bestärkung eines kritischen Realismus der „jungen Generation" (s. Untertitel) als Voraussetzung für den Neuaufbau. – Insgesamt Stil der Reportage: Nüchternheit und Unmittelbarkeit der Sprache einerseits, subjektive Kommentierung andererseits. Gesprächszitate entweder als Belege der Autorenmeinung (z. B. im Abschnitt „Die vermeintliche Demokratie") oder zur Erhellung eines komplexen Problems aus verschiedenen Positionen (z. B. im Abschnitt „Die deutschen Mädchen") oder als Gestaltung einer kleinen dramatischen Szene mit eigenem Gewicht (im Abschnitt „Die Hoffnungslosen" der Dialog in der Telefonzelle, der besonderen Bedeutung dieses Abschnitts entsprechend).

Zur Behandlung im Unterricht
Exemplarischer Text für die „Nullpunkt"-Problematik der ersten (noch gesamtdeutschen: „vom Norden nach dem Süden, vom Osten zum Westen und vom Westen nach dem Osten") Nachkriegszeit: Die Gesprächszitate mit ihren unterschiedlichen Versuchen (v. a. der Älteren), die Zeitsituation zu erfassen und zu bewerten, zeigen, daß dem äußeren Nullpunkt kein Nullpunkt des Bewußtseins entsprach. – Die Haltung der jungen Heimkehrer (s. den ironisch-skeptischen Schlußsatz) signalisiert beispielhaft die Distanzierung dieser Generation von gesellschaftlich-politischen Fragen, das dominierende Interesse an der Sicherung des materiellen Lebens als Grundlage des späteren „Wirtschaftswunders" (vgl. Schelskys Begriff der „skeptischen Generation").

Thematische Bezüge im Kapitel
Außer zu den unmittelbar folgenden Texten Borcherts (172) und Frischs (173) innerhalb des Unterkapitels:
Böll (175): Bekenntnis zur Trümmerliteratur. Der Schriftsteller als derjenige, der in der Zeit des Aufbaus und der neuen „verwalteten Welt" die Wahrheit der „Trümmer" festhält.
Eich (177): Träume. Warnung vor neuer, allerdings nicht konkret bezeichneter Unterdrückung und Appell an die Menschen, aus dem „Schlaf" der neuen bürgerlichen Bequemlichkeit „aufzuwachen".

Wolfgang Borchert: Die lange Straße entlang (S. 274f.) 172

Zum Autor
Jahrgang 1921, als Jugendlicher ausgeprägter Individualismus, entzog sich NS-Verpflichtungen (HJ). 1940 Verhaftung durch Gestapo. 1941 bis Juni Schauspieler in Osnabrück, ab Juli 1941 Soldat an der Ostfront. Kriegsteilnahme gekennzeichnet von Lazarett (Gelbsucht, Fleckfieber), Gefängnis (u. a. wegen politischer Witze) und verschärftem Fronteinsatz. 1945 nach Flucht aus frz. Gefangenentransport Heimkehr nach Hamburg als Schwerkranker. Zunächst Theatertätigkeit, ab Winter 1945/46 durch Krankheit endgültig ans Bett gefesselt. In dieser Zeit, bis zu seinem Tode im November 1947, umfangreiche literarische Produktion (‚Draußen vor der Tür', Kurzgeschichten u. a.).

Achtes Kapitel: Zu Text 172, S. 274f.

Zum Text
‚Die lange lange Straße entlang' entstand 1947 während Borcherts letzten Monaten in Hamburg vor der Abreise nach Basel und wurde noch Ende 1947 im Sammelband ‚An diesem Dienstag' veröffentlicht. Der Text reiht verschiedene Stationen auf dem Weg des Ich-Erzählers Leutnant Fischer aneinander (vgl. den Stationenweg in ‚Draußen vor der Tür') in der Form des inneren Monologs. Dadurch Überlagerung/Ineinander zweier Erzählebenen: die Ebene einzelner Realitätssplitter einerseits (im abgedruckten Ausschnitt: Fußballspiel und Matthäuspassion) und die Ebene des inneren Bewußtseinsstromes (Reflexionen, Erinnerungen, Assoziationen) andererseits. Das Ineinander beider Ebenen ist erzähltechnisch begründet durch die schlechte physische Verfassung (am Rande der Ohnmacht) des Ich-Erzählers: „Ich bin unterwegs. Zweimal hab ich schon gelegen. Ich will zur Straßenbahn. Ich muß mit. Zweimal hab ich schon gelegen. Ich hab Hunger. Aber mit muß ich. Muß" (aus dem Anfangsteil des Gesamttextes). Oder: „Ich komm die Straße und den Hunger nicht entlang. Sie sind beide so lang" (S. 274, Z. 17f.). Der Ich-Erzähler steht im Gegensatz zur Allgemeinheit. Er ist gezeichnet von Krieg und Schuld (die 57 gefallenen Soldaten von Woronesch), von Verlassenheitsängsten (Verlust der Mutter) und physischer Todesnot (Hunger). Das Leben der Allgemeinheit hingegen wird bestimmt von Zerstreuungsstrategien in Sport (Fußball) und Kultur (Matthäuspassion); sie ist zur bürgerlichen Normalität zurückgekehrt und leugnet die Folgen des Zusammenbruchs.
Der abgedruckte Ausschnitt (3 Seiten von insgesamt 21 der zitierten Ausgabe) entstammt dem Schlußteil des Gesamttextes; es ist eine Art Höhepunkt, da in ihm die meisten der bisherigen Stationen (S. 275, Z. 16–24: die Figuren des Leids) noch einmal erwähnt werden. Es folgt noch die Station des Leierkastenmannes (schon vorbereitet S. 275, Z: 44–47) als Allegorie des Todes und die abschließende ziellose Fahrt mit der Straßenbahn als allegorisches Bild der Geschichte der Menschheit insgesamt.

Zur Interpretation
Der Ausschnitt zeigt stark satirische Züge durch den doppelten Gegensatz: zwischen dem Massenvergnügen Fußball und der (scheinbar) hohen Kulturveranstaltung einerseits; zwischen diesen beiden Zerstreuungsstrategien und dem Weg des Ich-Erzählers, der mitten hindurchführt, andererseits. Satire entsteht durch die Entlarvung des rein ästhetischen Genußcharakters der Matthäuspassion. Das Leiden Christi wird 'verwertet' als bezahlte künstlerische Darbietung zur Beruhigung, nicht zur Aufrüttelung der Zuhörer, zur Flucht aus der (ja leidvollen) Wirklichkeit statt zu ihrer wahren Annahme und Bewältigung (s.v.a. S. 274, Z. 23 – S. 275, Z. 4). Der „Barrabas"-Schrei aus Bachs Oratorium erfüllt insofern die gleiche Funktion wie das „Tor"-Gebrüll oder wie die Anpreisung der Schmerztablette „Pyramidon" (S. 275, Z. 23–28), die allerdings (an anderer Stelle: „20 Tabletten genügen") von den Frauen der bei Woronesch gefallenen Soldaten nicht zur Besänftigung, sondern zur verzweifelten Beendigung des Lebens eingenommen wird. In der Parallelisierung von „Barrabas" und „Tor" zeigt sich, vom Autorenstandpunkt aus, symbolisch die Blindheit des Volkes gegenüber der Wirklichkeit auch jetzt, so wie diese sich in dem „Hunger" des Ich-Erzählers artikuliert (s. S. 275, Z. 5–7). Gemessen an der Allgemeinheit („links und rechts"), sagt der Ich-Erzähler zu Recht: „Nur ich bin über" (S. 275, Z. 31). In Wahrheit aber ist er derjenige, der die Passion Christi unerkannt nachvollzieht. Auch der Stationenweg als Strukturform des Textes insgesamt, insbesondere hier der einsame Weg des Ich-Erzählers mitten durch die Masse der bequemen, aber an der Wahrheit vorbeilebenden Menschen erinnert an Denk- und Erzählformen der religiösen Literatur (Symbol des „schmalen Weges", den nur wenige gehen). Aber in der Aufnahme zeigt sich zugleich eine Negation der religiösen Tradition: Christi Leiden wie alles Leiden der Menschheitsgeschichte ist vergeblich und ohne Sinn.

Zur Behandlung im Unterricht
Exemplarische Erarbeitung wesentlicher Elemente von Borcherts Schreibweise in Ergänzung zu (oder anstelle von) ‚Draußen vor der Tür':
formal: der „Stationenweg"; satirische Sprache; Dynamik des Sprachduktus durch Wiederholungen, Worthäufungen, Satzvariationen, rhythmische Struktur; weniger geschriebene als gesprochene, auf Klangwirkung angelegte Sprache: expressionistisches Erbe.
inhaltlich: Problematik von Schuld und Verantwortung; Kritik am traditionellen bzw. wieder neuen Kulturbetrieb; Negation christlicher Versuche, das Leid der Geschichte zu begründen; Ansätze eines Nihilismus.
Wie die programmatischen Texte (‚Generation ohne Abschied', ‚Das ist unser Manifest', ‚Dann gibt es nur eins!') und die Rezeption von ‚Draußen vor der Tür' zeigen, stehen Borchert und sein Werk exemplarisch für die Bewußtseinslage der „jungen Generation", die ‚Der Ruf' ansprechen will. Die skeptische Nüchternheit

Achtes Kapitel: Zu Text 173, S. 276ff.

liegt als Schutzmantel über den traumatischen Kriegserfahrungen: „Sagt uns nicht, weil unser Herz schweigt, unser Herz hätte keine Stimme" (aus: ‚Generation ohne Abschied').
Der Text ist sehr gut zum Vorlesen geeignet. Der innere Monolog als Ausdruck des inneren Getriebenseins und des drohenden Bewußtseinsverlusts werden dann besonders deutlich. Schülerreferat ‚Draußen vor der Tür' als Ergänzung.

Thematische Bezüge im Kapitel
Richter (171), Frisch (173); ferner
Böll (175): Der Schriftsteller als derjenige, der in der Zeit des Aufbaus durch die äußeren Dinge hindurchsieht und die nach wie vor vorhandenen inneren Zerstörungen bewußtmacht.
Böll (176): Vergleichbares Schicksal eines Mannes, der über die Leiderfahrung (des Todes der Tochter) nicht hinwegkommt, inmitten einer ihre Geschäfte betreibenden Welt.
Koeppen (180): Satire. Frau Behrend als potentielle Hörerin von Borcherts 'Passion'. Verwandte Darstellung eines Bewußtseinsprozesses.

Thematischer Bezug in einem anderen Kapitel
Grimmelshausen (16): Parallele Zeiterfahrung (Krieg, Leid) mit gegensätzlicher Antwort: christliches Welt- und Menschenbild, der Epoche des Barock gemäß. (Bachs Matthäuspassion mit dem „Barrabas"-Schrei als musikalisches Zeugnis dieser Epoche. Die spätere Datierung von Bachs Passion spielt für die Erarbeitung des Menschen- und Weltbildes keine maßgebliche Rolle.)

Max Frisch: Tagebuch 1946–1949 (S. 276ff.) 173

Zum Autor und zum ‚Tagebuch' insgesamt
Frisch erläutert und begründet die Form des Tagebuchs im Vorwort „An den Leser" mit der Darlegung seines Selbstverständnisses, nämlich ein Autor zu sein, „dessen Schreibrecht niemals in seiner Person, nur in seiner Zeitgenossenschaft begründet sein kann, vielleicht auch in seiner besonderen Lage als Verschonter, der außerhalb der nationalen Lager steht –". Und er schließt den Rat an den Leser an: „Der Leser täte diesem Buch einen großen Gefallen, wenn er, nicht nach Laune und Zufall hin und her blätternd, die zusammensetzende Form achtete; die einzelnen Steine eines Mosaiks, und als solches ist dieses Buch zumindest gewollt, können sich allein kaum verantworten."
Um dem „Mosaik"-Charakter des Textes gerecht zu werden, wurde, entgegen der allgemeinen Übung, der für Frischs Werk zentrale Text ‚Du sollst dir kein Bildnis machen' nicht aus seinem Kontext herausgelöst. Vielmehr sollen die Passagen ‚Zur Schriftstellerei' und zu Frischs Deutschlandreise den Verstehenshorizont des „Bildnis"-Textes erweitern. Frischs eigener Hinweis auf seine „Zeitgenossenschaft" rechtfertigt zudem die Stellung dieser Textpassage als ganze innerhalb dieses Unterkapitels („Standortbestimmungen").
Zugleich bereitet dieser Text das folgende Unterkapitel (Die fünfziger Jahre: Dichtung der gefährdeten Existenz) vor, denn er gibt einerseits noch den geschichtlichen Erfahrungen Raum, erweitert diesen aber andererseits durch existenzphilosophische Überlegungen. Auch der Autor, der zunächst als „Zeitgenosse" hervortritt, gibt in diesem Textausschnitt seinem Schreiben eine höhere, die geschichtliche Welt transzendierende Rechtfertigung (dem Geheimnis des Lebens Gestalt verleihen).
Aus Raumgründen und weil dieser Text an anderen Stellen (z.B. in den ‚Editionen', Materialien zu ‚Andorra') leicht greifbar ist, wurde jedoch auf die in diesen Kontext gehörende Parabel ‚Der andorranische Jude' (im Original nach: „unser Opfer –", S. 277, Z. 29) verzichtet, obwohl sie die literarisch-fiktionale Beispielgeschichte (gleichsam die vierte Ebene) zum „Bildnis"-Problem darstellt. Bei der Behandlung des Lesebuchtextes sollte allerdings der Nachsatz der Parabel mit einbezogen werden: „Du sollst dir kein Bildnis machen, heißt es von Gott. Es dürfte auch in diesem Sinne gelten: Gott als das Lebendige in jedem Menschen, das, was nicht erfaßbar ist. Es ist eine Versündigung, die wir, so wie sie an uns begangen wird, fast ohne Unterlaß wieder begehen – Ausgenommen wenn wir lieben."
Dieser Abschnitt stellt direkt den Bezug zwischen der Parabel und der Darstellung der abgedruckten Textpassage her, gibt überdies der zwischenmenschlichen „Bildnis"-Problematik eine religiöse Dimension. Außerdem wurde auf einige Abschnitte der konkreten Reiseschilderung verzichtet wie auch auf die Darstellung eines Traumes („Zwischen Nürnberg und Würzburg").

Achtes Kapitel: Zu Text 173, S. 276 ff.

Zur Interpretation
Leitgedanke ist das „Bildnis"-Problem, entfaltet auf drei Ebenen:
– einer philosophischen und reflektierenden (Bildnis und Liebe),
– einer konkret beschreibenden (Reise-Erfahrungen),
– einer literaturtheoretischen (Bildnis und Gestalt).
Frisch nennt das Tagebuch 1946–1949 ausdrücklich nicht ein literarisches Tagebuch, sondern ein „Tagebuch als literarische Form", d. h., es ist, nicht anders als Roman oder Drama, eine Form künstlerischen Schreibens. So wirkt der Text des Tagebuchs auf den Leser ambivalent: Zunächst tragen die Textabschnitte innerhalb ihrer Darstellungsebene Bedeutung. In seiner Gesamtheit aber erweist sich das Tagebuch als ästhetischer Text.

a) *Die philosophische Ebene:* S. 276, Z. 3 – S. 277, Z. 29; der erste geschlossene Teil des Tagebuchausschnitts. Zentral ist der Gedanke, daß der Mensch ein „Geheimnis" sei (S. 276, Z. 34), „unfaßbar – wie alles Lebendige" (S. 276, Z. 28 f.); dann die Opposition: daß die Liebe dieses „Lebendige" sich entfalten läßt, aber der „Bildnis"-Prozeß zwischen einzelnen Menschen und auch Völkern dieses „Geheimnis" zerstört.
Formal: Durch die Gliederung in verschieden lange Abschnitte scheinbar assoziatives, der Tagebuchform gemäßes Schreiben; durch die rhetorisch reiche Sprache (Parallelismus, Klimax, Anapher, Ellipse, wir-Formeln) jedoch hohe Expressivität und appellative Kraft des Textes (macht den Leser betroffen). Dennoch läßt sich eine durchgehende Gedankenbewegung erkennen. Ausgangspunkt: die individuelle Erfahrung der Liebe wie auch ihres Endes („jedesmal") in der Erstarrung des „Bildnisses"; dann: Beispiele für die Wirkung des „Bildnisses" aus dem Bereich des Mythos (Orakel, Kassandra) und des Alltags (das Stricken der Mutter); schließlich: zusammenfassende Überlegungen, die zunächst, vorsichtig formulierend, den „Bildnis"-Prozeß nur als einen Faktor des Interaktionsprozesses wie auch der individuellen Entwicklung darstellen („In gewissem Grad sind wir wirklich das Wesen...", S. 277, Z. 19), dann aber die Perspektive auf den Extremfall, das gegenseitige „Erstarrtsein" (Z. 23), verengen und den Aspekt der Schuld (der andere als „unser Opfer", Z. 29) hinzufügen. Der Anfangs- (bis S. 276, Z. 36) und Schlußteil (S. 277, Z. 19–29) weisen in ihrer Gestaltung eine ähnliche emotionale Entwicklung auf: Zu Beginn steht jeweils eine hoffnungsvolle (im Anfangsteil der Preis der Liebe) oder zumindest die Entwicklung offenlassende (im Schlußteil Z. 19/20) Aussage, das Ende aber bildet jeweils eine eher resignierende Formulierung („Das ist das Lieblose, der Verrat", S. 276, Z. 35 f., bzw. „unser Erzeugnis, unser Opfer", S. 277, Z. 29).
Inhaltlich: Dieser Abschwung der Gefühlsentwicklung korrespondiert mit der inhaltlichen Aussage: Die Entstehung des „Bildnisses" erscheint als naturgegebener Vorgang; unter welchen Bedingungen die „Kraft" der Liebe „sich erschöpft" (S. 276, Z. 25 f.) oder ob diese Erschöpfung beeinflußt werden könnte, gibt der Text nicht an. Der Satz „Wir können nicht mehr!" (S. 276, Z. 27) ist eine emphatische Feststellung, die nicht weiter begründet wird; man ist „müde geworden" (Z. 35). Dadurch entscheidend: Ausdruck der Vergeblichkeit und Vergänglichkeit als Grundbedingung menschlichen Daseins. Durch die ausdrückliche Übertragung religiöser Sprache (s. o., S. 333 das Zitat im Anschluß an die Parabel vom „Andorranischen Juden") auf zwischenmenschliche Beziehungen wird diese anthropologische Sichtweise gleichsam mythisch gestützt: Der allgemeinen Sündhaftigkeit des Menschen entspricht auch seine Verfallenheit an das „Bildnis". Freilich fehlt Frischs Darstellung der religiöse Aspekt der Gnade. Frisch liefert ein tragisch überhöhtes Modell der rein weltlich immanenten Existenz des Menschen, sowohl im individuellen privaten als auch sozial geschichtlichen („Völker") Bereich.
„Selbstannahme" und „Wahl". Bezüge zur Existenzphilosophie: Eine mögliche Begründung für diese radikal skeptische Sicht zwischenmenschlicher Kommunikation liegt in der existenzphilosophischen Grundlage des Denkens Frischs. Betrachtet man die literarischen Werke, so wird deutlich, daß es in ihnen zwar auch um die Problematik des „Bildnisses", des Vorurteils und der Identität des einzelnen in dem Geflecht zwischenmenschlicher Kommunikation geht, z. B. im Roman ‚Stiller': „[...] hörte Julika nebenbei auch den nicht unbekannten Gedanken, daß es das Zeichen der Nicht-Liebe sei, also Sünde, sich von seinem Nächsten oder überhaupt von einem Menschen ein fertiges Bildnis zu machen [...]" (zitiert nach st 105, S. 116; vgl. auch S. 372).
Im Roman ‚Homo faber': „Ich nannte sie eine Schwärmerin und Kunstfee. Dafür nannte sie mich Homo Faber" (Walter Faber in der Erinnerung über sein Verhältnis zu Hanna; zitiert nach st 354, S. 47).
Im Drama ‚Andorra' (Der Pater kniet): „Du sollst dir kein Bildnis machen von Gott, deinem Herrn, und nicht von den Menschen, die seine Geschöpfe sind. Auch ich bin schuldig geworden damals" (Der Pater im „Vordergrund" im Zeugenstand; zwischen dem 7. und 8. Bild; der einzige der Andorraner, der seine Schuld annimmt; zitiert nach st 277, S. 65).

Achtes Kapitel: Zu Text 173, S. 276 ff.

Aber die Werke verweisen im Mißlingen der zwischenmenschlichen Beziehungen und der Identitätsfindung des einzelnen zugleich auf dessen Grund: die fast unüberwindbar scheinende Schwierigkeit der, existenzphilosophisch gesprochen, „Selbstannahme", z. B. im Roman ‚Stiller': Dieser stellt zwei Kierkegaard-Zitate aus ‚Entweder – Oder' als Motto voran; der Roman selbst entfaltet Stillers Kampf und Scheitern, „sich selbst zu wählen", darauf zu verzichten, sich „umzudichten" (S. 343); er macht auch die religiöse Dimension (wie der Tagebuchausschnitt) der „Selbstwahl" deutlich (das Problem „beten", S. 343, 418 ff.).
Im Roman ‚Homo faber': Dieser thematisiert inhaltlich (Inzest Walter – Sabeth) und formal (Leitmotiv „Blind"-Sein) den Prozeß der Selbsterkenntnis und Selbstannahme.
Im Drama ‚Andorra': die Rede des Paters im 7. Bild über die Notwendigkeit, sich selbst anzunehmen (dabei aber das „Selbst" als das Bild des Juden bestimmend); Andris Unfähigkeit, sich selbst als Nicht-Juden anzunehmen, maßgeblich als Folge des Konflikts mit dem Vater.
Im „Bildnis"-Prozeß zu erstarren, durch ihn gefesselt zu sein, kann so, in den Kategorien der Existenzphilosophie, als das Gefangensein im „inauthentischen" Dasein interpretiert werden, die Liebe als Durchbruch zum „authentischen" Dasein.

b) Die konkret beschreibende Ebene: der geschlossene Teil „Harlaching Mai 1946", S. 277, Z. 36 – S. 278, Z. 33. Spiegelung der philosophischen Überlegungen der ersten Ebene in der Gegenwartserfahrung. Diese Spiegelung wird durch den Einschub innerhalb der ersten Ebene über das „Reisen" (S. 276, Z. 19–22) vorbereitet.
Zunächst im 1. Abschnitt (S. 277, Z. 36 – S. 278, Z. 11): die Formulierung „Gastfreundschaft, ganz ohne Gewicht" variiert die Formel von der „Schwebe des Lebendigen" im philosophischen Teil. Das Gespräch in der Nacht über Nationalsozialismus und Schuld steht in Bezug zum Schlußabschnitt des ersten Teils (der andere als „unser Opfer"): die Aussage eines „Opfers" der Vergangenheit, daß die junge Generation ohne Schuld sei, als Zeichen der Hoffnung für eine gewandelte Zukunft. Diese Hoffnung wird jedoch durch die gegenwärtige Erfahrung neuer Gewalt und ihrer Auswirkungen (2. Abschnitt, S. 278, Z. 12–21) und durch die Begegnung mit einer schwangeren Frau – eigentlich ein Bild der Hoffnung – (3. Abschnitt, Z. 22–33) weitgehend zerstört: das „Schweigen vor den Panzerwagen" und die Erklärung des Offiziers („nicht [...] weil ich mir einbilde, ich könnte ihn ändern") verdeutlichen das Fortbestehen des Freund-Feind-Bild-Verhältnisses ebenso wie die Erklärungen der Frau. Diese unterliegt einem neuen Bildnisprozeß, um die alte eigene Lebenssicht trotz der Niederlage zu retten: die Amerikaner als „Barbaren". Sie verleugnet die Schuld: der Frankreichaufenthalt während des Krieges als „Ferienreise". Das geschichtliche Bewußtsein der Frau steht im Gegensatz zu ihrer natürlichen Situation; die überkommenen Bewußtseinsmechanismen wirken in jedem einzelnen, über die Generationen hinweg, weiter. Dem Autor bleibt abschließend nur der Ausdruck der Ratlosigkeit. – Paralleler Abschwung des Lebensgefühls wie im philosophischen Teil.
Der folgende (nicht mehr abgedruckte) „Nachtrag zur Reise" reflektiert diese Situation nochmals; er macht das Selbstbild der jungen Frau deutlich: „Solange das Elend sie beherrscht, wie sollen sie zur Erkenntnis jenes anderen Elends kommen, das ihr Volk über die halbe Welt gebracht hat? [...] Für ein Volk, das nur sich selber sieht, gibt es bloß zweierlei: Weltherrschaft oder Elend. Die Weltherrschaft wurde versucht, das Elend ist da. Und daß es gerade dieses Elend ist, was eine Erlösung aus jener Denkart abermals verhindert, das als das Trostlose. –"
Die abschließende Überlegung des „Nachtrags" nimmt die Hoffnungsperspektive des ehemaligen Häftlings nochmals auf: „was geschehen müßte" (Konjunktiv!). Es sollte „jungen Deutschen" die Erlaubnis gegeben werden, „für einige Zeit in andere Länder [zu] reisen", damit sie eine neue „Übersicht" erlangen. Auch hier steht der „Bildnis"-Gedanke des philosophischen Teils – „Warum reisen wir?" – im Hintergrund.

c) Die literaturtheoretische Ebene: S. 277, Z. 30–35; und S. 278, Z. 34 – S. 279, Z. 12 (Schluß).
Erster Abschnitt: Schriftstellerei und Existenz: ausgehend von der konkreten Gegenwartserfahrung („in diesen Tagen") Thema der „Wahrhaftigkeit". Die Wendung „alles, was ich aufschreibe" bezieht sich nicht nur auf den Inhalt, sondern auch auf die formalen drei Ebenen des Schreibens. Die geschichtliche Welt als „Chaos" (S. 277, Z. 33), dem philosophischen Grundsatz und der eigenen Vergeblichkeitserfahrung entsprechend. Dialektische Rechtfertigung des Schreibens: Auch wenn es vor den Forderungen der Wahrhaftigkeit versagt, bildet es dennoch die einzige Möglichkeit („Notwehr", S. 277, Z. 32) für den Autor, angesichts der eigenen Schwäche (er kann das Chaos nicht verwandeln, d. h. die Erstarrung der Bildnisse nicht aufheben) die Existenz zu bewahren (aus der stark resignativen Erfahrung der Geschichte, wie sie in den Reiseabschnitten deutlich wird, „zurückzukehren", S. 277, Z. 33). Auch der Autor erscheint, da er vor der Forderung der Verwandlung versagt, als Mensch in dem vielfältigen Geflecht der Bildnisse gefangen,

335

Achtes Kapitel: Zu Text 173, S. 276ff.

trotz der Erkenntnis ihres zerstörerischen Wirkens. Allein durch diese, die er im Schreiben darstellt, unterscheidet er sich von den anderen Menschen.
Zweiter Abschnitt: Weiterführung des Themas der „Wahrhaftigkeit", nun sprach- und literaturtheoretisch, aber bildhaft, die „Bildnis"- und „Geheimnis"-Thematik aufnehmend:
Erster Absatz (S. 278, Z. 35–41): Die Worte reden von den „Nebensachen" (Z. 36), das „Eigentliche" (viermal in 6 Zeilen!) bleibt unsagbar. Dieses ist „das Weiße zwischen den Worten" (Z. 35), es erscheint als „Spannung" (Z. 40) zwischen den Aussagen.
Zweiter Absatz (S. 278, Z. 42 – Schluß): Das Verfahren des literarischen Schreibens angesichts der Unsagbarkeit des „Eigentlichen", des „Geheimnisses", bleibt der „Oberfläche" (S. 279, Z. 7ff.) der Wirklichkeit verhaftet. Indem aber die Sprache diese „Oberfläche", d. h. die „Nebensachen", benennt und damit dem „Chaos" (s. ersten Abschnitt) die eigene sprachliche Ordnung auferlegt, beseitigt sie einen Teil des „Chaos". Im Bild gesprochen: Das Reden über die „Nebensachen" ist ein „Entfernen" (Z. 44), die Sprache erscheint als „Meißel" (Z. 43). Wenn nun die Sprache entsprechend ihren strukturellen Möglichkeiten bis an die Grenze des ihr Sagbaren vorstößt, hat sie vom „Klumpen" (Z. 5) der ungeformten, chaotischen Wirklichkeit alles Äußerliche entfernt: Das unsagbare „Geheimnis" kann sichtbar werden.
Mit dieser im Grunde negativen Darstellung der Leistungsfähigkeit der Sprache, das „Eigentliche" der Wirklichkeit, d. h. ihre innere Ordnung, ihren Sinn, darzustellen, stehen Frischs literaturtheoretische Formulierungen in der Nähe zu Wittgensteins Sprachphilosophie des ‚Tractatus Logico-Philosophicus', der fundamental zwischen der logischen Struktur der Sprache, ihrer ausschließlichen Fähigkeit, von Tatsachen zu reden, einerseits und dem „Mystischen" andererseits trennt, über das nur geschwiegen werden kann. Vgl. hierzu Frisch an anderer Stelle: „Wir haben die Sprache, um stumm zu werden. Wer schweigt, ist nicht stumm. Wer schweigt, hat nicht einmal eine Ahnung, wer er nicht ist" (aus M. F.: Ausgewählte Prosa. es 36, S. 7).
Deutlich wird aber auch, daß der Vergleich des Schriftstellers mit dem Bildhauer wichtige Fragen offenläßt: Es läßt sich eben nicht denken, daß der Haufen abgeschlagener Stein-Sprach-Splitter, die nach den Gesetzen der logischen Sprachstruktur geformt sind, der Gestalt eines literarischen Kunstwerkes, wie es äußerlich faßbar ist, entspricht. Die wohl zufällige Lage der Splitter kann man zwar mit Wittgensteins Aussage über den Zufallscharakter der Tatsachen verbinden, aber sicherlich nicht mit der nach ästhetischen Prinzipien strukturierten fiktionalen Sprachwelt eines literarischen Werkes. Das heißt, der Vergleich zwischen Bildhauer und Schriftsteller verschleiert eher die Problematik literarischen Schreibens. Er umgeht die Frage, wie das literarische Schreiben dem „Geheimnis" Leben gerecht werden kann.
Frischs literaturtheoretische Formulierungen entbehren an dieser Stelle eines in sich schlüssigen theoretischen Gehalts. Sie bringen im Grunde, nicht anders als die philosophischen Reflexionen und die Reiseschilderung, ein tiefes Gefühl der Unsicherheit zum Ausdruck. Sie sind nicht mehr als die dritte Ebene innerhalb der Gesamtdarstellung des Autors zum Thema „Bildnis" (dem sprachlich „Sagbaren") und „Geheimnis" (dem „Eigentlichen") des Lebens. So verweist das Tagebuch selbst auf die Form, die dem Unsagbaren des „Geheimnisses" Leben angemessen ist: Die einzelnen Abschnitte, die einzelnen Ebenen der Darstellung sind verschiedene „Oberflächen" eben dieses „Geheimnisses". Es kommt weniger auf sie selbst an als auf den Verweisungszusammenhang zwischen ihnen. Frisch schreibt an einer früheren Stelle des Tagebuchs: „Vom Sinn eines Tagebuchs. [...] Schreiben heißt sich selber lesen. [...] Wir können nur, indem wir den Zickzack unsrer jeweiligen Gedanken bezeugen und sichtbar machen, unser Wesen kennenlernen, seine Wirrnis oder seine heimliche Einheit, sein Unentrinnbares, seine Wahrheit, die wir unmittelbar nicht aussagen können, nicht von einem einzelnen Augenblick aus." – Frischs Tagebuch ist, nicht weniger als Richters und Borcherts Texte, der Versuch einer „Standortbestimmung" in einer Zeit, die alle Gewißheiten verloren hat.

Zur Behandlung im Unterricht
Es ist denkbar, zunächst die „philosophische Ebene" zu erarbeiten und von ihr aus die Bedeutung der anderen Textabschnitte, der anderen beiden Ebenen zu erschließen, und zwar in ihrem Eigengewicht wie auch ihrem inneren Verweisungszusammenhang. Die Ambivalenz des Textes (s. o., S. 334ff.) tritt auf diese Weise deutlich hervor. Damit wird die historische Grundlage der philosophischen „Bildnis"-Überlegungen ebenso offenbar wie die Aussagen über die „Schriftstellerei", ihre notwendige Einbettung in die Bewußtseinslage der Nachkriegszeit.
Im Zusammenhang des Unterkapitels läßt sich die unterschiedliche Darstellung der Schuldproblematik erarbeiten. Text 171: im Abschnitt „Denazifizierung" der Verleugnungsmechanismen der Nicht-Schuldbewußten; Text 172: das Ineinander von physischer und psychischer Not (das übermächtige Schuldbewußt-

Achtes Kapitel: Zu Text 174, S. 279f.

sein); in Frischs Text: im Abschnitt über die schwangere Frau die Ratlosigkeit des Außenstehenden.
Im Zusammenhang mit den Ausschnitten aus Kafkas Tagebüchern (Text 151) kann wohl das Gemeinsame (gegenseitige Ergänzung von Bericht, Selbstreflexion und erzählerischer Prosa) als auch das Trennende deutlich werden („echtes" Tagebuch Kafkas gegen Frischs Tagebuch als „literarische Form").

Thematische Bezüge im Kapitel
Bachmann (178): Der Zusammenhang zwischen Liebe und Poesie: durch poetische Metaphern das Unfaßbare der Liebe, d. h. des „Geheimnisses" Leben, darstellen.
Strauß (191): Gegentext zu Bachmann: die Trennung, das Scheitern als das „Allgemeine" und als die Erfahrung, die zum Schreiben veranlaßt. – Tagebuchstil.
Brecht (198): Ein vergleichbarer Ausgangspunkt: Das Unwissen des Menschen über sich selbst. Brecht interpretiert dies jedoch nicht als Zeichen des „Geheimnisses", sondern erblickt darin den Auftrag zur Aufklärung.
Wolf (213): Der Mensch als Objekt, hier: die Frau unter der Herrschaft des Mannes.

Thematischer Bezug in einem anderen Kapitel
Hofmannsthal (130): Exemplarischer Text an der Schwelle der Moderne: das Versagen der Sprache vor der Erfahrung des universalen „Widerspiels" des Lebens. Forderung, „mit dem Herzen zu denken". Korrespondenz mit Frischs Formulierung vom „Drum-herum-Reden" „um des Lebens willen".

II. Die fünfziger Jahre

Die Literatur der fünfziger Jahre ist insgesamt durch eine distanzierte, ja kritische oder abwehrende Haltung gegenüber der gesellschaftlichen Wirklichkeit gekennzeichnet.

Dichtung der gefährdeten Existenz
Gemeinsame Thematik: der Mensch in seinem Streben nach Sinnerfüllung des individuellen Lebens im Gegensatz zu einer als Bedrohung empfundenen Außenwelt. Innerhalb dieser Thematik findet sich eine große Spannweite sowohl bei den fiktionalen – Böll (176), Eich (177), Bachmann (178) – als auch bei den theoretischen Texten – Andres (174), Böll (175), Dürrenmatt (179).
Die fiktionalen Texte bringen alle den Bruch selbst, der zwischen der Sehnsucht des einzelnen Menschen nach Sinn und Erfüllung einerseits und der realen Situation andererseits besteht, zur Anschauung.
Die theoretischen Texte reflektieren die Erfahrung des Bruches zwischen Ich und Welt und der deshalb gefährdeten Existenz auf einer grundsätzlichen allgemeinen Ebene und bedenken von hier aus die Möglichkeiten und Aufgaben des literarischen Schreibens.

Stefan Andres: Der Dichter in dieser Zeit (S. 279 f.) 174

Zum Autor
Geboren 1906 bei Trier, wie Richter (s. Text 171) Angehöriger der Autorengeneration, die sich nach dem Krieg auch publizistisch stark engagierte. Allerdings steht Andres am anderen Rand des Spektrums: Er entwickelt keine gesellschaftlich politischen Gedanken, sondern nimmt für sich als Schriftsteller das traditionelle „Wächteramt" des geistigen Menschen gegenüber der gesellschaftlichen Wirklichkeit in Anspruch (in: ‚Der Schriftsteller und der Staat', 1958). Denn aus seiner katholischen Tradition heraus – er trat als junger Mann zunächst in ein Kloster ein, studierte dann aber Germanistik – ist für ihn das Wesen des Staates von Grund auf „notwendig böse". So ist für Andres zwischen der staatlichen Ordnung vor und nach 1945 im letzten kein entscheidender Unterschied. Andres vertritt den Standpunkt der „inneren Emigration", der er während der NS-Herrschaft angehörte, auch in den fünfziger Jahren weiter, hierin exemplarisch auch für andere Autoren wie Bergengruen oder Wiechert. Seine Kritik an der Entwicklung der Bundesrepublik ist freilich unüberhörbar, so in der Stellungnahme zum geplanten „Schmutz- und Schundgesetz" (1950), in seinen Reden zum 17. Juni in den Jahren 1955 und 1958 oder in seiner Rede ‚Gegen die Atomaufrüstung' (1958). So siedelte Andres auch 1961 wieder nach Italien (Rom) über, wo er schon während der NS-Herrschaft mit seiner Familie (seine Frau war Halbjüdin) gelebt hatte. Dort starb er 1970.

Achtes Kapitel: Zu Text 174, S. 279f.

Zum Text und zur Interpretation
Erschienen im ‚Börsenblatt für den Deutschen Buchhandel', Frankfurter Ausgabe, Nr. 37, 6. Mai 1952. – Die Ausschnitte entstammen dem Schlußteil des ca. 10 Seiten umfassenden Gesamttextes. Dieser entwirft ein klar dualistisches Weltbild, das auch die abgedruckten Ausschnitte bestimmt. Auf der einen Seite: die moderne „technische Zivilisation" (S. 279, Z. 20), zu der „Notwohnungen, Fabriken, Kasernen und Konzentrationslager" (Z. 17) unterschiedslos, ohne geschichtliche Differenzierung gehören; die Menschen als abhängige „Masse" (Z. 29), in einem „vor- oder nachmenschlichen Zustande" (Z. 30), „gleichgültig" gegenüber dem „Geist der Dichtung" (Z. 21); auf der anderen Seite der Schriftsteller, der, wenn er den „Entspannungs"- und „Vergnügungs"-Bedürfnissen (s. Z. 24f.) nicht nachkommen und dem „Geist der Dichtung" treu bleiben will, sich „allen Ansprüchen entziehen" muß (S. 280, Z. 4); mit dem Ziel: „Erlebnis der Form und des Schönen" (Z. 5f.), den Menschen „aus dem Ablauf der Zeit heben in das Hier und Nun des Spiels" (Z. 7f.), dadurch ihm die „Transzendenz" (Z. 9) nahebringen, „auf daß er nicht mehr allein sei" (Z. 10f.). Andres setzt darauf, auch in der Massengesellschaft noch den Menschen in seiner Ganzheit durch die Dichtung erreichen zu können.
Zentrale Begriffe der klassischen Kunstkonzeption Schillers (Trennung von Kunst und alltäglichem Leben, Kunst als „Spiel") werden mit einer teils religiös-traditionellen („Welt in Ordnung", Z. 18), teils modern-existenzphilosophischen Weltsicht verbunden. An einer nicht abgedruckten Stelle des Gesamttextes nennt Andres die „Angst" ein wesentliches Merkmal der Massengesellschaft und ihrer Kultur („der Leser genießt die Angst heute wie eine Droge"), auch beruft er sich in seiner Sicht des Menschen auf Karl Jaspers' Darstellung, ja er beschließt den Gesamttext mit einem ausführlichen Jaspers-Zitat. So ist auch der Begriff der „Transzendenz" wesentlich im Kontext der Jasperschen Philosophie zu verstehen: dort verstanden als das den Menschen „Umgreifende", das nicht durch das analytische, objektivierende Denken erkannt werden kann, sondern allein durch die Philosophie erhellt oder die Kunst fühlbar gemacht werden kann (unter Verzicht auf die traditionellen Objektivierungsversuche der Religionen).
Jaspers aber verbindet mit seiner kulturkritischen Darstellung der Massengesellschaft (so schon in ‚Die geistige Situation der Zeit', 1931) die Frage, wo denn der Künstler in der Gegenwart „das eigentliche Sein" entdecken solle, da doch die Welt zerbrochen sei, „als deren Verklärung Kunst ihre Gestalt hatte".
Andres jedoch löst den Zusammenhang zwischen der Dichtung und ihrer Zeit – seiner eigenen Gegenwart als Autor – auf, er schreibt in den Begriffen der klassischen Kunstauffassung, als ob der Dichter den Menschen das „Schöne" jenseits aller Zeit nahebringen könnte. Damit nimmt er nicht nur der Argumentation Jaspers' ihren Anspruch auf geschichtliche Wahrheit, sondern auch der klassischen Kunstphilosophie: Wenn Schiller (in den ‚Briefen zur ästhetischen Erziehung des Menschen') den Menschen erst im harmonischen „Spiel" der Kunst zum ganzen Menschen werden läßt, so will er darin auch einer neuen, humaneren Gesellschaft den Weg bereiten. In ihrer ursprünglichen Intention führt Schillers ästhetische Philosophie den Menschen nicht aus der Geschichte heraus, sondern, im Zeichen der gesellschaftlichen Utopie, in sie hinein. So raubt Andres gerade dadurch, daß er klassische Ästhetik und moderne Existenzphilosophie miteinander verbindet, beiden ihre geschichtliche Brisanz. Der abgedruckte Text bildet so ein hervorragendes Beispiel für die geschichtsvergessene Klassikrezeption der frühen fünfziger Jahre (im Zeichen der Suche nach überzeitlichen Wertmaßstäben) wie auch für die große Verbreitung einer existenzphilosophischen Sichtweise des Menschen. Er steht exemplarisch für den tiefen Widerspruch der Zeit: Einerseits wurde der wirtschaftliche und industrielle Aufbau einer modernen Gesellschaft geleistet, wurde dem neuen Staat eine moderne demokratische Verfassung gegeben, andererseits war eine Kulturkritik verbreitet, die gerade diese Entwicklung zur modernen Gesellschaft ablehnte. Denn diese Kulturkritik ermöglichte es, die Herrschaft des Nationalsozialismus einem übergreifenden Schema der Geschichtsbetrachtung unterzuordnen. Dies zeigt in aller Deutlichkeit der erste Satz des abgedruckten Textes: „Dieser Mensch nun, der die Notwohnungen, die Fabriken, die Kasernen und die Konzentrationslager unserer Tage erfüllt [...]" – als ob diese 'Unterkünfte' der Menschen in ihrer geschichtlichen Bedeutung alle gleich wären (nur als Zeichen der „Masse" Mensch)?

Zur Behandlung im Unterricht
Die Analyse des Textes sollte nicht bei der textimmanenten Interpretation (Herausarbeitung der Dualität) stehenbleiben. Eine historisierende Untersuchung sollte darüber hinaus kritisch den literaturgeschichtlichen und allgemein bewußtseinsgeschichtlichen Standort des Textes deutlich machen. Den Ansatzpunkt könnte gerade die Aufzählung des ersten Satzes des Textes bieten. Einen erhellenden Gegensatz zu Andres' Text stellt besonders Bölls ‚Bekenntnis zur Trümmerliteratur' (175) aus demselben Jahr 1952 dar. Zur Historisierung der ästhetischen Position Andres' kann ein Vergleich mit Schillers ‚Ankündigung' der

‚Horen' (50) durchgeführt werden. Dieser kann das Gemeinsame (Trennung von Kunst und alltäglichem Leben) wie auch das Trennende (Schiller: dialektisches Wechselspiel zwischen Kunst und Geschichte im Dienst einer zukünftigen besseren Welt; Andres: Kunst als ausschließliches Mittel, sich der geschichtlichen Welt zu entziehen) herausarbeiten.

Thematische Bezüge im Kapitel
S. die Hinweise zur Behandlung im Unterricht.

Thematischer Bezug in einem anderen Kapitel
Kracauer (160): Ebenfalls Darstellung des Funktionswandels der Literatur; Charakterisierung eines neuen Typus des Schriftstellers: Verleugnung einer „transzendenten Schicht des Daseins", nicht mehr „kontemplatives", sondern „politisches" Schreiben; zur gleichen Zeit (1931), als Jaspers seine Analyse zur „geistigen Situation der Zeit" mit ihrer transzendenten Bestimmung des Wesens der Kunst vorlegt.

Heinrich Böll: Bekenntnis zur Trümmerliteratur (S. 280 f.) 175

Zu Autor und Werk
Der Text erschien zuerst in: Die Literatur (Stuttgart) 1 (1952), Nr. 5, 15.5.1952. – Das ‚Bekenntnis zur Trümmerliteratur' ist Bölls erster literaturtheoretischer Text. Böll resümiert darin einerseits die zurückliegende erste Phase seiner literarischen Produktion, die von Krieg, Heimkehr und Nachkriegszeit geprägt ist (s. die erste als Einzelausgabe erschienene Erzählung ‚Der Zug war pünktlich' [1949], den Sammelband kürzerer Erzählungen seit 1947: ‚Wanderer kommst du nach Spa...' [1950], den ersten Roman: ‚Wo warst du, Adam?' [1951]; vgl. a.: 1963 erscheint ein Sammelband mit dem Titel: ‚Das Frühwerk' [1947–1951]). Andererseits schlägt das ‚Bekenntnis' das Thema an, das Bölls Werke der folgenden Jahre bestimmt: die Entwicklung der westdeutschen Gesellschaft zu äußerem Wohlstand und ihre gleichzeitige innere Stagnation und menschliche Verarmung (s. die satirische Erzählung ‚Nicht nur zur Weihnachtszeit' [1952], dann den Roman ‚Und sagte kein einziges Wort' [1953]).
Das ‚Bekenntnis' ist aus drei Gründen besonders aufschlußreich:
1. Der Text macht in seinem Gedankengang selbst den Wandel in Bölls Thematik deutlich;
2. der Text entwickelt durch sein Plädoyer für den Humor eine Position, die für Bölls Gesamtwerk gültig ist (s. die ‚Frankfurter Vorlesungen' aus dem Jahr 1966);
3. der Text ist für die Entwicklung der westdeutschen Literatur der frühen fünfziger Jahre insgesamt exemplarisch: Die jungen Autoren, zu denen Böll (geb. 1917) gehört, wenden sich von der Kriegs- und Heimkehrthematik und dem „Kahlschlag"-Bewußtsein der ersten Nachkriegsjahre ab und suchen den Anschluß an die internationale Moderne der Literatur, die Kafka rezipiert, den Surrealismus verarbeitet und die bedrohte Existenz des einzelnen Menschen in den Mittelpunkt stellt (s. z. B.: Ilse Aichinger: ‚Spiegelgeschichte', Preis der ‚Gruppe 47', 1952). Bölls Schreibweise bleibt zwar einem gesellschaftskritischen Realismus verpflichtet, aber auch ihm geht es um die Darstellung der Lebenssituation und des Existenzbewußtseins des einzelnen Menschen.

Zur Interpretation
Zwei Teile: 1. S. 280, Z. 14–40; 2. Z. 41 – S. 281, Z. 25. Der rote Faden: das „sehende" oder „Blindekuh"-Verhalten des Menschen überhaupt, des Schriftstellers insbesondere gegenüber der Wirklichkeit. Fortschreitende Entfaltung und Veränderung des Begriffs der Trümmerliteratur. Im ersten Teil: Auseinandersetzung mit dem Begriff der Trümmerliteratur als spezieller Bezeichnung der von Böll und anderen Autoren seiner Generation nach 1945 publizierten ersten „schriftstellerischen Versuche" (Z. 14). Einerseits: Böll akzeptiert den Begriff als „zu Recht" (Z. 16) bestehend, was den Gegenstand dieser Literatur betrifft (s. Z. 16–18, 31 f.). Andererseits: Böll lehnt den „vorwurfsvollen, fast gekränkten Ton" (Z. 33) ab, mit dem „man" sich des Begriffs bediente; denn man hat mit ihm die junge Literatur selbst „abzutun" (Z. 15) versucht, man hat ihn ihr „angehängt" (Z. 29). Böll gibt dem Begriff dagegen eine eigene positive Bewertung. Zunächst: Die Menschen, die aus dem Krieg kamen, waren „scharfäugig, sie sahen" (Z. 18), dann: „wir als Schreibende fühlten uns ihnen so nahe, daß wir uns mit ihnen identifizierten" (Z. 20 f.). Denn Böll (Schnurre u. a.) war selbst aus dem Krieg heimgekehrt (Z. 24). Aus dem Begriffspaar „junge Generation" und „Heimkehrer" kann erschlossen werden, was andererseits mit dem „man" als Sammelbezeichnung der abwertenden Instanzen gemeint ist: die Älteren und die Daheimgebliebenen. In Bölls Reaktion gegen

Achtes Kapitel: Zu Text 175, S. 280f.

diese Abwertung (s. besonders Z. 34–36) artikuliert sich noch einmal das Ausgestoßenen-Bewußtsein von Borcherts Leutnant Fischer (aus Text 172). Als Verhaltensweise des „man" erscheint so das „Blindekuh"-Spiel (vgl. das „Tor"- und „Barrabas"-Gebrüll in Borcherts Text), als die entsprechende Literatur die „Idylle" (Z. 38–40). Das eigene Verhalten dagegen ist, das, was „scharfäugig" (Z. 18) gesehen wird, auch literarisch zu beschreiben: „Ein gutes Auge gehört zum Handwerkszeug des Schriftstellers" (Z. 37).

Das nicht Abgedruckte hat ungefähr den gleichen Umfang wie der abgedruckte Text: Konkretisierung der Begriffe „Blindekuh"-Zustand und „Idylle" einerseits und Literatur des „guten Auges" andererseits. Zunächst je ein Beispiel für die negativen Begriffe: das im Adel verbreitete Schäferspiel und die Schäferromane im Frankreich des 18. Jahrhunderts vor der Revolution. Dann für den positiven Begriff: die Romane Charles Dickens', eines Autors, der, wie die Schriftsteller der Trümmerliteratur, eigenes Erleben einer bedrängenden Wirklichkeit (Gefängnisse, Armenhäuser) in die Literatur aufnahm; für ihn schon verwendet Böll den im zweiten Teil zentralen Begriff des Humors als des wesentlichen Darstellungsprinzips. – Es folgt eine zweifache Erläuterung dessen, was „das gute Auge" des Schriftstellers ausmacht: Es läßt ihn auch Dinge sehen, „die in seinem optischen Bereich" nicht aufgetaucht sind; z. B. den Bäcker, der im Keller Brot bäckt – der optische Bereich –, wie ihn schon Homer, Balzac, Dickens sahen: der Bäcker als Typ; dann aber der Bäcker, dessen Sohn in Rußland gefallen ist; dies ist der nicht optische Bereich, durch den das Äußerliche individualisiert und mit besonderer geschichtlicher Erfahrung angefüllt wird: „[...] dieser Schmerz gehört zu ihm [dem Bäcker], wie auch manche Freude dazugehört." Als zweites Beispiel: das Mädchen, dessen Mutter verschüttet wurde. Zusammenfassend: „Diese beiden, der Bäcker und das Mädchen, gehören unserer Zeit an, sie hängen in der Zeit, Jahreszahlen sind um sie geschlungen wie ein Netz; sie aus dem Netz zu lösen hieße, ihnen ihr Leben zu nehmen, aber der Schriftsteller braucht Leben." – Dagegen die Definition des „Blindekuh-Schriftstellers": Er „sieht nach innen, er baut sich eine Welt zurecht"; d. h., er löst die Menschen aus ihrem geschichtlichen Netz, nimmt ihnen das Leben. Nun aber wählt Böll nicht mehr das Beispiel der Idylle wie zu Beginn, sondern Hitlers ‚Mein Kampf'; denn Hitler hatte „in seinem Innern nichts anderes [...] als Haß und Qual, Ekel und manch Widerwärtiges noch [...]". Er hatte die Welt nicht mit dem Auge eines Menschen gesehen, sondern in der Verzerrung, die sein Inneres davon gebildet hatte."

Im zweiten (hier abgedruckten) Teil: Weiterführung des Augen-Motivs: Es kommt für den Schriftsteller nicht auf die Betrachtung und Wiedergabe der äußeren Realität an, sondern darauf, „die Dinge durchsichtig" (Z. 43) zu machen, sie zu „durchschauen" (Z. 44). Diese Fähigkeit, als das genaue Gegenteil zum „Blindekuh"-Verhalten, erfordert ein „menschliches Auge" (Z. 7), das „normalerweise [...] feucht" ist: Sie erfordert „Humor". Am Beispiel gezeigt: Humor als die Kraft der Erinnerung (ab Z. 11), und zwar in der Wahrnehmung der Wirklichkeit („unsere Augen erinnern sich [...]", Z. 12) und in der literarischen Arbeit („Es ist unsere Aufgabe, daran zu erinnern [...]", Z. 18). Gegen die „Kulissen"-Welt des neuen Aufbaus hält der erinnernde Humor daran fest, „daß die Zerstörungen in unserer Welt nicht nur äußerer Art sind [...]" (Z. 19f.). Damit prägt Böll den Begriff der Trümmerliteratur neu: Er meint nicht mehr die umfassenden äußeren wie inneren Zerstörungen der ersten Nachkriegszeit, sondern die hinter der Aufbaufassade der Gegenwart verborgenen inneren Trümmer der Menschen der Gegenwart. Die Trümmerliteratur schreibt nun gegen den äußeren Anschein der Wirklichkeit an, sie tritt zu ihr in einen kritischen Gegensatz.

Schlußabschnitt: Mit dem Bezug auf Homer als „Stammvater" der europäischen Literatur überraschende Schlußoffensive gegen die „man", die bisherigen Verächter der gegenwärtigen Trümmerliteratur. So, wie unter das grobe Raster der „Blindekuh"-Literatur die Schäferromane des 18. Jahrhunderts und Hitlers ‚Mein Kampf' fallen, so unter das der Trümmerliteratur die Prosa der jungen Autoren nach 1945 und die Epik Homers. Daraus wird deutlich, daß Böll in seinem ‚Bekenntnis' nicht nur eine spezielle Rechtfertigung der jungen Nachkriegsliteratur abliefert, sondern einen weiteren Zusammenhang herstellen will: zum einen im Hinblick auf die Beziehung zwischen Literatur und Nationalsozialismus: Die Älteren und die Daheimgebliebenen, als die Verächter der Trümmerliteratur, werden unter dem Aspekt des „Blindekuh"-Zustandes „nach innen sehen" – mit dem Nationalsozialismus, Hitlers ‚Mein Kampf', verbunden; die Autoren der „inneren Emigration" – Andres (s. 174), Benn, Bergengruen, Wiechert u.a. – stehen in ihrer grundlegenden Welthaltung dem Nationalsozialismus nicht fern. Damit polemisiert Böll gegen die Hochschätzung der „inneren Emigration" gerade in der Nachkriegszeit. – Zum anderen entwirft Böll in der polemischen Gegenüberstellung von „Blindekuh"- und Trümmerliteratur das Konzept eines allgemeinen literarischen Realismus; darin vergleichbar der Gegenposition, die der Realismus des 19. Jahrhunderts gegen die Romantik bezieht; sein Text bildet ein weiteres Beispiel für die Auseinandersetzung zwischen der „poésie pure" und der „littérature engagée" in der modernen Literatur. Schließlich stellt sich durch die Betonung des Humors eine besondere Nähe zum deutschen poetischen Realismus ein.

Achtes Kapitel: Zu Text 175, S. 280f.

Die Aufgabe des Humors: Als Kraft der Erinnerung erweist sich der Humor einerseits als eine kritische Fähigkeit. Andererseits eignet ihm eine Tendenz zur Versöhnung der Gegensätze; in der Augen-Metaphorik des Textes: Zum Humor gehört das „menschliche" Auge, das weder naß noch trocken, sondern feucht ist. Zur weiteren Erläuterung dieser Leistung des Humors kann ein Auszug aus Bölls ‚Frankfurter Vorlesungen' (1966) dienen. Sie machen die zentrale Bedeutung dieses Begriffs für Bölls Gesamtwerk deutlich wie auch die literarische Tradition, in der sich Böll selbst sieht. In den ‚Frankfurter Vorlesungen' versucht Böll insgesamt, eine „Ästhetik des Humanen" zu entwerfen. In der vierten Vorlesung geht er dabei auf die Aufgabe des Humors ein: „Mir scheint, es gibt nur eine humane Möglichkeit des Humors: das von der Gesellschaft für Abfall Erklärte, für abfällig Gehaltene in seiner Erhabenheit zu bestimmen. [...] die Gesellschaft, verwirrt, ästhetisch und moralisch verwirrt, läßt sich [...] so leicht nicht uns zum Narren halten, sondern zum Narren machen, es fehlt ihr an Größe [...], und deshalb findet der Autor den großen Gegenstand seines Humors nur bei dem von ihr für Abfall Erklärten oder abfällig Behandelten [...]. Erhaben ist das Asoziale, und es muß Humor haben, es erhaben zu finden. Es gehört kaum Humor dazu, die große Gesellschaft als nicht erhaben darzustellen, es gehört Satire dazu, die sich immer noch als christlich deklarierende Welt mit dem, was sie als Anspruch stellt, zu konfrontieren."
In der Erörterung des Begriffs stellt Böll den Bezug zum 19. Jahrhundert her, zitiert Jean Paul: „Es gibt für den Humor keine einzelne Torheit, keine Toren, sondern nur Torheit und eine tolle Welt", lehnt aber den landläufig so genannten Humor Wilhelm Buschs als inhuman – als „Humor der Schadenfreude" – ab. Die Voraussetzung für Bölls Schreiben bildet, das wird aus dem Jean-Paul-Zitat wie aus den Wendungen Bölls selbst deutlich, die Kontrastierung der wirklichen gesellschaftlichen Ordnung mit dem Anspruch des „Humanen". Das Begriffspaar Humor und Satire macht diesen Kontrast für die Literatur fruchtbar. Der Humor zeigt die Größe des gesellschaftlich Verachteten, die Satire die Niedrigkeit des gesellschaftlich Großen.
Das ‚Bekenntnis' und die ‚Frankfurter Vorlesungen' ergänzen sich. Im ‚Bekenntnis' wird der Humor als Vermögen des „Durchsichtig"-Machens erwähnt: Er erscheint als ein Verfahren der literarischen Technik. In den Vorlesungen wird er inhaltlich, in seiner Zielsetzung („das Asoziale in seiner Erhabenheit bestimmen") definiert. Böll hält das „Humane" innerhalb der bestehenden Gesellschaft, wenn auch an ihrem Rand, für möglich und literarisch darstellbar. Darin besteht – im Gegensatz zur Satire – die versöhnende Tendenz des Humors.
In der Erzählung ‚Der Tod der Elsa Baskoleit' (176) lassen sich beide Ebenen des Humors nachweisen. Sie sollte im Zusammenhang mit dem ‚Bekenntnis' behandelt werden.

Zur Behandlung im Unterricht
Die Bedeutungsverschiebung des Begriffs „Trümmerliteratur" innerhalb des Argumentationsganges des Textes sollte herausgearbeitet werden. Dadurch wird der Schwellencharakter des Textes innerhalb von Bölls literarischer Entwicklung deutlich. Entsprechendes gilt für die folgende Erzählung (176). Im Zusammenhang mit dem Auszug aus den ‚Frankfurter Vorlesungen' kann die Kontinuität in Bölls Werk aufgezeigt werden. Außerdem läßt sich das Begriffspaar Humor und Satire auch für die Analyse größerer Werke (z. B. die ‚Ansichten eines Clowns') fruchtbar machen.

Thematische Bezüge im Kapitel
Andres (174): Gegentext zu Bölls ‚Bekenntnis'. Aus Bölls Sicht Beispiel für die Verachtung des Menschen in seiner geschichtlichen Not, für die „Blindekuh"-Literatur, die den Menschen aus dem Netz des Lebens herauslösen möchte und „nach innen sieht".
Dürrenmatt (179), Wellershoff (184), Weiss (186), Brecht (198).
Alle Texte thematisieren das Problem eines literarischen Realismus. Vor allem Weiss' und Brechts Texte, in denen es ebenfalls um die Frage geht, wie die ungeordnete äußere Wirklichkeit „durchsichtig" gemacht werden kann, können mit Bölls ‚Bekenntnis' verglichen werden: Bölls Weg in den Humor, im Gegensatz zu dem schärfer gesellschaftskritischen Ansatz der beiden anderen Autoren, wird dadurch in seiner Einzigartigkeit, Kritik und Versöhnung miteinander zu verbinden, besonders deutlich.

Thematische Bezüge in einem anderen Kapitel
Wienbarg (111), Fontane (113). Beiden Texten geht es um die Begründung einer neuen realistischen Schreibweise im Gegensatz zur Innerlichkeitsdichtung wie auch (bei Fontane) zur Literatur eines im Äußerlichen verharrenden Naturalismus.

Achtes Kapitel: Zu Text 176, S. 281ff.

176 Heinrich Böll: Der Tod der Elsa Baskoleit (S. 281 ff.)

Zum Text

Zuerst erschienen in: ‚Neue literarische Welt' (Darmstadt) 4 (1953), Heft 15. – Kurzgeschichte. Exemplarischer Text für Bölls Begriff der Trümmerliteratur: Mit der Kraft des Humors die inneren Zerstörungen der Menschen, die ungeheilten seelischen Wunden der Vergangenheit sichtbar machen; zugleich im Sinne der ‚Frankfurter Vorlesungen' die „Erhabenheit des Asozialen" aufzeigen.

Zur Interpretation

Strukturbestimmend ist die Zweiteilung der Erzählung durch zwei Zeitebenen. 1. Die Vergangenheit: die Kindheit des Ich-Erzählers und die Bedeutung, die Elsa Baskoleit darin hatte; erzählt als eigener Abschnitt zu Beginn (bis S. 282, Z. 12; mit Überleitung zum eigentlichen Erzählbeginn „Eines Tages" bis Z. 20) und als zweimaliger Einschub aus der Erinnerung in den gegenwärtigen Geschehensablauf (S. 282, Z. 31–34, S. 283, Z. 22–28). 2. Die Gegenwart: ausgelöst durch den ersten Erinnerungsschub: die Fahrt in die Heimatstraße der Kindheit und der Besuch beim alten Baskoleit. – Am Ende verschmelzen beide Zeitebenen: Der Ich-Erzähler übernimmt die alte Rolle Baskoleits und beschenkt einen Jungen mit Äpfeln, wobei in der unterschiedlichen Weise des Schenkens die ganze Problematik der Erzählung sichtbar wird. Der Baskoleit des Anfangs, der die Äpfel/Apfelsinen den Kindern spielerisch „wie Bälle" zuwirft, zeigt sich darin als der „im Grunde seines Herzens" fröhliche Mann. Der Ich-Erzähler des Schlusses, der dem Jungen die Äpfel in die Tasche, unter die Jacke steckt, handelt aus einem Schrecken heraus: Der erstaunte Blick des Jungen, nachdem er den ersten Apfel erhalten hat, signalisiert dem Ich-Erzähler nicht nur, wie sehr dieses Kinderleben durch die äußeren Zerstörungen (symbolisiert durch den Mauerrest, auf dem er anfangs hockt) gebrochen ist; der Kontakt mit anderen Menschen läßt ihn, da er etwas vielleicht Unerlaubtes (das spielerische Betätigen der Winker) getan hat, nichts Gutes erwarten, kindliche Spielfreude und Offenheit sind durch Angst zerstört. Darüber hinaus macht der erstaunte Blick des Jungen nach dem ersten Apfelgeschenk dem Ich-Erzähler deutlich, daß es ihm nicht möglich ist, dem Jungen gegenüber gleichsam die frühere Rolle Baskoleits ihm selbst gegenüber zu übernehmen. Die Distanz zwischen Vergangenheit und Gegenwart, der Bruch, der im ‚Tod der Elsa Baskoleit' offenbar wird, kann nicht dadurch überwunden werden, daß der Ich-Erzähler jetzt den früheren Baskoleit spielt. Der Junge holt durch seine Reaktion den Ich-Erzähler aus seinem früheren Erinnerungszustand – „verloren und vergessen" (S. 283, Z. 38), „ich konnte mich erst losreißen [...]" (Z. 39) – in die Gegenwart zurück. Die abschließende Reaktion des Ich-Erzählers („viele Äpfel", S. 284, Z. 4 f.) wirkt fast als Panikverhalten: Jetzt erst wird ihm, ohne daß dies eigens ausgedrückt wird, deutlich, was der Tod der Elsa Baskoleit für ihn bedeutet, nämlich seine eigene Kindheit und den mit ihr verbundenen Traum vom schwerelosen Leben verloren zu haben, und er reagiert so, als wolle er dies nicht wahrhaben, es vielmehr durch die Überfülle des Schenkens zudecken. Die Rückkehr in den Alltag, das „Davonfahren" mit dem Auto wirkt so fast als Flucht. Die Fahrt in die Heimatstraße führt den Ich-Erzähler schließlich aus der gegenwartsvergessenen Erinnerung heraus und weist ihn auf die eigenen inneren „Trümmer" hin.

Der Tod der Elsa Baskoleit selbst wird – anders, als der Titel erwarten läßt – nicht erzählt. Bedeutsam ist dieser Tod vielmehr für den Vater und den Ich-Erzähler. Der Vater verliert das Kind, das seinem Leben Sinn gibt, verliert seinen eigenen Lebensinhalt. Dem Ich-Erzähler macht dieser Tod den Verlust seiner Kindheitsutopie deutlich, seines Hoffnungsbildes; er wird durch ihn auf die Fragwürdigkeit seines bisherigen Lebenslaufes zurückverwiesen. Der Vater zeigt modellhaft die eine Reaktionsmöglichkeit auf diesen Verlust: den Abbruch der Beziehung zur Umwelt, den Verzicht auf alle Weiterentwicklung. Der Ich-Erzähler zeigt zwei sich ergänzende Verhaltensweisen: zunächst das zeitvergessene Eintauchen in die Erinnerung, dann, angesichts der Erkenntnis des Bruchs zwischen Vergangenheit und Gegenwart, die Flucht in den Alltag. Ob der Ich-Erzähler den Erkenntnisschrecken (gleichsam als Kairos) für sein zukünftiges Leben fruchtbar machen wird, bleibt offen. Notwendig wäre – das deutet der Text sparsam an – die Reflexion auf den Krieg und seine Folgen. Denn infolge des Krieges vergißt der Ich-Erzähler Elsa und die mit ihr verbundene Utopie.

Der Kontrast der beiden Zeitebenen – vor und nach Elsas Tod – wird vom Autor durch die gegensätzliche Farbsymbolik unterstützt. Die in der Vergangenheit dominierenden Farben sind gelb als Farbe des Lichtes und grün als Farbe der Hoffnung: Der Kellerraum ist „gelbgetüncht" (S. 281, Z. 39), Elsa „blond und schlank" (Z. 39 f.), das Rechteck des Fensterausschnittes ist gelb (Z. 44), ebenso der Lichtkreis, der auf den Hof fällt (S. 282, Z. 1); grün ist Elsas Trikot, sind die Samtvorhänge. Vereinigt sind beide Farben im Blau der Weintrauben, die Elsa mochte und die der Vater immer noch bestellt; blau ist aber auch die Farbe des

Achtes Kapitel: Zu Text 176, S. 281 ff.

Himmels, der Ferne, des Immateriellen, der Treue. Blau steht für das Festhalten am ursprünglichen Lebenssinn trotz des äußeren Verlusts, gegen alle materiellen Möglichkeiten: Die Firma kann nicht liefern. Dabei ist wohl auch dies symbolisch zu verstehen: Solche Treue, wie sie der Vater als Zeichen wahrhafter Menschlichkeit zeigt, kann ohnehin nicht „geliefert" werden, sie paßt nicht in den Geist der Geschäftigkeit, der die Gegenwart prägt. – In der Gegenwart erscheint die „grünliche Pappe [...] schwarz von Dreck" (S. 282, Z. 42), die Klumpen von Scheuersand sind „gelblich" (S. 283, Z. 13), der „blonde" Junge auf dem Emailleschild ißt eine Schokolade, die es nicht mehr gibt. Die äußere Wirklichkeit läßt die Utopie nur noch ahnen, sie ist „schwärzlich" geworden, wie das Faß (S. 283, Z. 13). Das Grau, im Vergangenheitsteil für den Hof (S. 282, Z. 2) – die Außenwelt – verwendet, in den der Lichtkreis aus Elsas Zimmer fällt, zugleich in der Gegenwart die Farbe der Geschäftigkeit (die Träger tragen „graue Kittel", S. 282, Z. 30) – diese Farbe der Alltagskontinuität in Vergangenheit und Gegenwart hat nun auch von Baskoleits Leben Besitz ergriffen: Grau ist das Haar unter der Mütze (S. 282, Z. 45; in der Vergangenheit ist sein Kopf kahl, über den das Licht fällt, Z. 6), grau die Papiertüte (S. 283, Z. 13) und auch Baskoleits Kittel (Z. 33). „Dunkel und blaß", nicht mehr blond, ist auch der Junge, der auf dem Mauerrest hockt (S. 282, Z. 38; S. 283, Z. 45) und der beim Ich-Erzähler diesen Erkenntnis-Schrecken auslöst. – Daß jedoch der Traum vom besseren Leben von Anfang an gefährdet ist, deutet das „giftgrüne" Trikot an (S. 281, Z. 43; S. 282, Z. 11), das Elsa trägt, wie auch die schwebende Haltung des Schwans (S. 282, Z. 41), die der Leser mit dem Begriff des sterbenden Schwans verbindet. – Über die Symbolik hinaus (das Grau setzt sich durch) deutet das Verhalten der Umwelt die sozialen Ursachen des Scheiterns von Elsas Leben und Kunst an: Sie liegen in den diskriminierenden Rufen („Hure", „Schweinerei", S. 282, Z. 2 f.) der „Leute", die, weil sie sich selbst ihre erotischen Gefühle und Wünsche verbieten, diese an dem äußeren Objekt – Elsa – bestrafen. Dadurch erzwingen sie Elsas Isolation: Der „dick samtgrüne" (S. 282, Z. 9) Vorhang symbolisiert zwar durch seine Farbe die Hoffnung, er nimmt aber der Kunst Elsas die Möglichkeit, sich mitzuteilen, nimmt ihr gleichsam die Luft zum Leben; der Tanz regt, unsichtbar geworden, nur noch den Jungen zu seiner Phantasieutopie an. Baskoleits Hoffnungen aber lassen sich nicht verwirklichen.

Zusammenhang mit dem ‚Bekenntnis zur Trümmerliteratur' (175)
Die zwei Ebenen des Humors, als literarisches Verfahren und menschliche Haltung, mit dem Ziel des „Durchsichtig"-Machens der Wirklichkeit.
1. Humor als Haltung: das für Abfall Erklärte, das Asoziale in seiner Erhabenheit zeigen; dies gilt für beide Zeitebenen: früher für Elsas schwerelosen Tanz im Keller, in seiner Diskriminierung durch die Leute, der allein vom kindlichen Ich-Erzähler in seiner wahren Bedeutung erkannt wird; für die gegenwärtige Trauer des Vaters, der in seiner materiellen Existenz am Ende ist, andererseits aber in seiner seelischen Erstarrung das erhabene Gegenbeispiel gegen die geschichtsvergessene Alltagsbetriebsamkeit der Geschäftswelt, einschließlich des erwachsenen Ich-Erzählers, darstellt.
2. Humor als literarisches Verfahren: die Polarität von Erzählgegenstand und Erzählweise. Beispiel: die Darstellung von Elsas Tanz. Erzählgegenstand: die Armut, die Anstrengung des Mädchens, die Diskriminierung durch die Leute. Erzählvorgang: einerseits die gebrochene Perspektive des Ich-Erzählers, seine erinnerte Naivität, z. B. bei der Darstellung des Diskriminierungsvorgangs: „ich wußte nicht, was eine Hure war [...], obwohl ich zu wissen glaubte, was eine Schweinerei war: ich konnte nicht glauben, daß Elsa etwas damit zu tun hatte" (S. 282, Z. 3–5); die kindliche Naivität erfaßt die Wahrheit der Kunst, relativiert aber zugleich die Härte des sozialen Abtötungsprozesses gegenüber Elsa. Das gleiche gilt für die Darstellung des Ende dieses Prozesses: Gerade der Sieg der Inhumanität, den das Abgeschlossensein von Elsas Tanz bedeutet, regt den Ich-Erzähler zu seiner Phantasieschwärmerei an, in der das Erfassen der Wahrheit von Elsas Kunst und Erotischen – „für Sekunden schwebend unter der nackten Glühbirne" (Z. 12) – verbunden sind. Andererseits die Farbsymbolik (übergeordnete Ebene des Autors): Indem sie – durch Gelb und Grün – Licht, Leben und Hoffnung mit Elsa und ihrem Vater verbindet, verleiht sie dem Geschehen im Keller eine höhere Bedeutung, bestätigt gleichsam die Perspektive des Ich-Erzählers von höherer Warte. Sprachlich werden materielle Not, Anstrengung und Gefährdung einerseits und die höhere Bedeutung des Geschehens andererseits miteinander verwoben: Elsa ist mager und blond, „im gelben Rechteck des Fensterausschnitts" erscheint ihr „giftgrün bekleideter magerer Körper" (S. 281, Z. 43) usw. Ich-Perspektive und Symbolik nehmen der Darstellung ihre mögliche soziale Anklage, die Darstellung zielt vielmehr auf das komplexe Verhältnis von Kunst und Leben, wie es aus der Perspektive eines Ichs mit eigener Lebensgeschichte dargelegt werden kann. Der Humor, der diesen Text sprachlich kennzeichnet, ist keine Kategorie des Komischen, sondern des Erzählens, des Aufeinanderbeziehens und Gegenseitig-Relativierens verschiedener Aussageebenen in einem sprachlichen Vorgang. (Zum Begriff des Humors unter diesem Aspekt:

Achtes Kapitel: Zu Text 177, S. 284

s. Wolfgang Preisendanz: Humor als dichterische Einbildungskraft. Studien zur Erzählkunst des poetischen Realismus. Eidos, München 1963.)

Wichtige Motive innerhalb Bölls Gesamtwerk
Die Rolle des Außenseiters, der an seiner inneren Wahrheit festhält; die Bedeutung der Frauen, die einen tieferen Zusammenhang mit dem Leben bewahren; das Herumfahren als Zeichen der Heimatlosigkeit; das Milieu der „Waschküchen" als Ort der Humanität und angstvollen Dunkelheit zugleich.

Zur Behandlung im Unterricht
Die Besprechung der Erzählung kann von der Frage nach der Bedeutung des Titels ausgehen, der falsche Erwartungen weckt. Von ihm aus kann die Bedeutung der Zeitebenen, die Selbstdarstellung des Ich-Erzählers und die Gestalt des Vaters Baskoleit erschlossen werden. In einem weiteren Schritt kann die Farbsymbolik erarbeitet werden. Für eine abrundende Gesamtinterpretation kann das ‚Bekenntnis zur Trümmerliteratur' hinzugezogen werden: Stichwort der äußeren und inneren Zerstörungen, des Humors. Möglicher Anknüpfungspunkt: S. 282, Z. 42 f.: „ich blickte an der zurechtgeflickten Hauswand hoch, öffnete zögernd die Tür zum Laden und stieg langsam hinunter." Der Abstieg in den Keller der Erinnerung im Gegensatz zu dem Blick nach oben, der nur die Fassade erfaßt, die äußere Reparatur im Gegensatz zur fundamentalen Zerstörung. Damit die inhaltliche Zielsetzung des Humors in der Gestalt des Vaters erschlossen werden kann, sollten die Kern-Formulierungen aus den ‚Frankfurter Vorlesungen' hinzugezogen werden.

Thematischer Bezug in einem anderen Kapitel
Gottfried Keller (107): Auch hier die Rolle der Symbolik und des Humors. Bölls traditionelle Erzählweise kann durch den Vergleich herausgearbeitet werden; allerdings auch der Unterschied zwischen Kellers und Bölls Realismus: Keller deutet einen den Menschen einschließenden kosmischen Zusammenhang an; Böll geht es um die Darstellung der komplexen menschlichen und sozialen Problematik.

177 Günter Eich: Träume (S. 284)

Zusammen mit Brinkmanns Text ‚Variation ohne ein Thema' (193) bildet dieses Gedicht das einzige lyrische Textbeispiel innerhalb des achten Kapitels. Es wurde aus zwei Gründen ausgewählt:
1. Es stellt ursprünglich keinen isolierten lyrischen Text dar, sondern wurde zum erstenmal 1953 in der Buchausgabe des Hörspiels ‚Träume', und zwar als Schlußtext des Hörspiels, veröffentlicht. Zusammen mit dem Ausschnitt aus I. Bachmanns Hörspiel ‚Der gute Gott von Manhattan', ‚Die Gegenzeit beginnt' (178), steht dieses Gedicht als Beispiel für die große Hörspielproduktion der 50er Jahre.
2. Für sich als Gedicht betrachtet – Eich hat die ‚Träume' auch in Lyriksammlungen veröffentlicht –, zeigt der Text, wie die Lyrik der 50er Jahre die schon Tradition gewordene, aber durch die NS-Herrschaft unterbrochene lyrische Moderne wiederaufnimmt und verarbeitet.

Zum Hörspiel ‚Träume'
Erstsendung am 19.4.1951. Die fünf Traumszenen führen dem Hörer die endgültige Zerstörung des Menschen durch eine personifizierte oder symbolisierte Gewalteinwirkung vor, z.B.:
Erster Traum: Die Welt als rollender, verschlossener Eisenbahnwaggon, in dem die entwurzelten Menschen durch Nacht und Elend in die Katastrophe treiben.
Fünfter Traum: Die Bedrohung des Menschen und seiner Umwelt von innen her: Termiten höhlen jedes Ding und jeden Körper von innen her aus, bis nur eine dünne Außenhaut bleibt, die eines Tages zu Staub zerfällt.
Die Sendung hatte eine Flut von – meist empörten – Hörerreaktionen zur Folge. Die direkt an den Hörer gerichtete Formulierung „Alles, was geschieht, geht dich an!" rief Betroffenheit und Abwehr hervor.
Gerade durch die außergewöhnliche Wirkung kann das Hörspiel ‚Träume' als erstes herausragendes Beispiel der Hörspielproduktion der 50er Jahre betrachtet werden. Allein von Eich wurden zwischen 1949 und 1958 21 Hörspiele gesendet. Die akustische Weltkonzeption des Hörspiels, die Möglichkeit, mit wechselnden Realitäts- und Zeitebenen die psychische Verfassung des Menschen, seine Hoffnungen und Ängste, auf einer inneren Bühne hörbar zu machen, ließen das Hörspiel zu einer bevorzugten Gattung in einer Zeit werden, die insgesamt die gefährdete Existenz des Menschen darzustellen versuchte. Auch die ‚Gruppe 47' führte 1960 in Ulm eine eigene Hörspieltagung durch.

Achtes Kapitel: Zu Text 177, S. 284

Zum Gedicht ‚Träume'
G. Eich veröffentlichte schon vor 1933 Gedichte. Er gehörte wie P. Huchel dem Dresdner Naturlyrikerkreis um die Zeitschrift ‚Kolonne' an. Trotz des deutlich markierten Neubeginns nach dem Krieg mit Gedichten wie ‚Latrine' und ‚Inventur', in denen Krieg und Gefangenschaft verarbeitet sind, und trotz vielfältiger Brechungen und großen Spannungsreichtums bleibt Eich in vielen Gedichten seiner naturlyrischen Herkunft treu. Insofern nimmt das Gedicht ‚Träume', das auf alles naturlyrische Inventar verzichtet, eine Sonderstellung ein. Eichs Lyrik nach 1945 zeichnet sich dadurch aus, daß sie die beiden Traditionsströme der deutschen lyrischen Moderne, für die jeweils exemplarisch Benn und Brecht stehen können, spannungsreich verbindet. Existentielle Abwehr und politisches Engagement, Sprachartistik und Sprache der Argumentation und Mitteilung finden sich oft in einem Gedicht miteinander verschmolzen. Eichs Gedichte thematisieren die Brüchigkeit des neuen modernen Lebens, sie widersetzen sich dem äußerlichen Glanz, dem Glücks- und Sicherheitsstreben der Wirtschaftswunderzeit.

Zur Interpretation
Zweiteilung des Gedichts. Rahmen: jeweils 7 Verse (V. 8–14, 33–40), die Rahmenverse jeweils in 2 und 5 Verse unterteilt; Binnenteil: zweimal 9 Verse (V. 15–23, 24–32).
Sprechebenen. Rahmen: V. 8–9 und 35–40: Appell an Plural-Ihr, an den Leser als Gruppe; V. 10–14 und 33–34: Anrede an Singular-Du, den Leser als einzelnen. Parallelismus der Versgruppengliederung, Chiasmus der Anrede. Appell an Lesergruppe: Aufforderung zu aktiver Haltung, ja zum Widerstand; Anrede an den einzelnen: Suggestion von Angst, Bedrohung. Binnenteil: Durch Anführungszeichen abgehoben: die Selbstbeschwichtigung des „Man"-Sprechers als ironische Rollenrede des Gesamtsprechers des Gedichts. Die Anführungszeichen der zwei Verse 33–34 verknüpfen den Rahmen mit dem Binnenteil: Gegenrolle des Gesamtsprechers: Wendung an den „Man"-Sprecher des Binnenteils; die Du-Anrede dieser Verse ist mit dem Leser-Du der Verse 10–14 nicht deckungsgleich.
Einzelhinweise: V. 8–9: Schon hier exemplarische Verbindung der beiden lyrischen Traditionen: Handlungsappell („Wacht auf") und abstrakte Metaphorik („weil das Entsetzliche näher kommt"). Irritation des Lesers: Soziales Verhalten ohne konkretes Objektziel? Entsprechend in V. 10–14: Verbindung konkret politischer Tatbestände („Stätten, wo Blut vergossen wird") mit einem abstrakten Handlungsträger („es" kommt): Dem „Du" – als ob es sich zurückziehen wolle (zweimal: „auch zu dir") – wird ein umfassendes Angstgefühl vermittelt. Das „Entsetzliche", das mit „vergossenem Blut" assoziiert wird, kann nicht festgemacht werden: Gefühl der Lähmung.
Binnenstrophen: die Selbstbeschwichtigung des „Man"-Sprechers, durch Sprache (z. B. der anaphorische Preis des Schlafes, die gewichtige dreifache Attribuierung des Kissens) wie auch durch den Kontext des Rahmens nur als ironische Entlarvung verstehbar. Erste Versgruppe: „man denkt"(V. 20) an Belanglosigkeiten; zweite Versgruppe: „man vergißt" (V. 25) das „Ärgerliche der Welt". „Das Gehirn" wird „beschäftigt" (V. 23), aber „man kann nichts dagegen tun" (V. 31). Schlußzeile: wie aus dem Rahmen deutlich, der Irrtum des „Man"-Sprechers: „was kommen mag, unsere Enkel mögen es ausfechten" (V. 32) – gegen: „Wenn es heute nicht kommt, kommt es morgen, / aber sei gewiß" (V. 13–14), bzw. gegen die zwei folgenden Verse an den gleichsam nach seiner Selbstbeschwichtigung eingeschlafenen „Man"-Sprecher (V. 33–34; „Ah, du schläfst schon [...]"). Schluß-Versgruppe: Wiederaufnahme und Weiterführung des Ihr-Appells der ersten zwei Verse: V. 35–37: die Haltung des Wach- und Mißtrauisch-Seins. Der einzige Vers, der zu einem wirklichen Handeln auffordert, ist der vorletzte Vers (V. 39): „Tut das Unnütze [...]." Aber dieses Handeln besteht, auch wo es sich als Widerstand gegen die Mächtigen verstehen soll, in Poesie: „Singt die Lieder [...]." Der letzte Vers faßt noch einmal politischen Appell – „Seid unbequem" – und abstrakte Metaphorik – „Sand, nicht Öl im Getriebe der Welt" – in einem Satz zusammen. Die abschließende Versgruppe läßt dabei offen, ob das Wachsamsein, das Singen der Lieder, das Unbequemsein in irgendeiner Form das Näherkommen des Entsetzlichen aufzuhalten vermögen, und es bleibt auch am Ende dunkel, welche konkrete politische Gestalt dieses „Entsetzliche" aufweist. Einerseits kann das Gedicht als programmatisches politisches Gedicht bezeichnet werden, es ist selbst solch ein ‚unerwartetes' Lied, wozu es in seinem Schlußappell auffordert. Der politische Gehalt andererseits ist merkwürdig widersprüchlich: Die Aufforderung zum Widerstand ist mit dem existentiellen Gefühl der Ohnmacht und Angst verknüpft.
Gattungsgeschichtliche Einordnung: Die Binnenstrophen des „Man"-Sprechers bekommen dadurch eine zusätzliche ironische Dimension, daß sie gerade als Aussagen unpolitischer Selbstbeschwichtigung die Tradition der politischen Lyrik indirekt zitieren. Der Lobpreis des Schlafes erinnert an Heines ‚Wintermärchen', wo in Caput VII (V. 465–492) ebenfalls ironisch die deutsche Träumerei gepriesen wird:

Achtes Kapitel: Zu Text 177, S. 284

„Man schläft sehr gut und träumt auch gut
In unseren Federbetten.
Hier fühlt die deutsche Seele sich frei
Von allen Erdenketten.

Sie fühlt sich frei und schwingt sich empor
Zu den höchsten Himmelsräumen.
O deutsche Seele, wie stolz ist dein Flug
In deinen nächtlichen Träumen."

Wo Heine allerdings die Höhenflüge der deutschen Romantik und des Idealismus lächerlich macht, entlarvt Eich die nur noch auf die Verleugnung der Wirklichkeit gerichtete Trägheit des bundesrepublikanischen Zeitbewußtseins. Die zweite Versgruppe des „Man"-Sprechers zeigt ihrerseits Nähe und Kontrast zu Brecht. Inhalt und nüchterne Diktion der Verse 26–29 erinnern z. B. an die Kindsmordballade über ‚Marie Farrar' aus Brechts ‚Hauspostille' (1927). Allerdings variiert Eich dies traditionelle Thema sozial engagierter Literatur: Nicht mehr die Kindsmörderin oder Abtreiberin selbst steht vor Gericht, sondern diejenige, die eine Abtreibung durchgeführt hat. Diese hat gleichsam Brechts Appell „alle Kreatur braucht Hilf von allen" in die Tat umgesetzt.

Indem Eich im Mittelteil des „Man" die Tradition des geschichts- und sozialbezogenen kritischen Gedichts ironisch, als Bewußtseinsprotokoll des Durchschnittsbürgers, verarbeitet, konterkariert er selbst bereits die abschließende Aufforderung, gerade durch unerwartete „Lieder" politischen Widerstand zu leisten. Denn der Geschichte der deutschen politischen Lyrik ist ihre Erfolglosigkeit – dies zeigt die Selbstbeschwichtigung des „Man" in aller Deutlichkeit – bereits eingeschrieben. Eichs Appell zum Widerstand ist sich der Vergeblichkeit bereits bewußt.

Zusammenfassung. Eich entwickelt in dieser konstrastierenden Zusammenführung von politischem Appell und artistischer Metapher, von angstbeherrschtem und ironisch distanziertem Sprechen eine höchst individuelle lyrische Sprache. Ihre Besonderheit liegt darin, daß die lyrische Vergegenwärtigung eines realen Vorgangs – „schon läuft der Strom [...]" – nicht dazu dient, diesen in seiner historischen Wirklichkeit begreifbar zu machen, sondern in seinen Folgen für das Erleben des einzelnen. Nicht die äußere geschichtliche Situation wird aktualisiert, sondern deren innere seelische (angsterregende) Struktur. Dieses Verfahren der Herauslösung von Realitätselementen und ihrer Verallgemeinerung zum Bild der Bedrohung steht nun in merkwürdiger Analogie zu den psychischen Vorgängen, die durch eine traumatische Verletzung ausgelöst werden: Auch dort werden die äußeren Faktoren, die das Trauma verursacht haben, aus dem einmaligen Situationskontext herausgelöst und generalisiert, so daß sie, auch wenn sie in völlig anders gelagerten Situationen als solche wahrnehmbar sind, das Erleben und Verhalten des Menschen bestimmen. So wird in ‚Träume' die Haltung, die Eich der geschichtlichen Welt gegenüber eingenommen hat, anschaulich: Er hat die Erfahrungen aus Nationalsozialismus, Krieg und Gefangenschaft in ihrem zutiefst verletzenden Charakter nicht überwunden, sondern zu einer dominierenden Erlebnisweise im ganzen generalisiert. Durch diese lyrische Vergegenwärtigung traumatischer Erfahrungen gerät er zugleich in stärksten Gegensatz zu den allgemeinen Tendenzen seiner Zeit, die sich in der Verleugnung der seelischen Folgen der jüngsten Vergangenheit übte. Eichs Poesie als zur Sprache gewordene „Trauerarbeit" (Mitscherlich) steht im Gegensatz zur allgemeinen „Unfähigkeit zu trauern". Zugleich ist sie darin für die Literatur der 50er Jahre, als eine Literatur der gefährdeten Existenz, exemplarisch.

Zur Behandlung im Unterricht

Offener Einstieg: Der appellative Charakter des Gedichts legt nahe, nach dem Vorlesen (worin die unterschiedlichen Sprechhaltungen deutlich werden) die Schüler zu spontanen Äußerungen aufzufordern. Dabei kann die Frage, was unter dem Appell der Schlußzeile zu verstehen ist, oder die Frage nach der Bedeutung des Titels eine Rolle spielen. Denn abgesehen vom ursprünglichen Hörspielkontext kann der Plural der Überschrift auch aus dem Gedicht erklärt werden: der Angsttraum des Gesamtsprechers (im Rahmen) gegen den Verdrängungstraum des „Man"-Sprechers (im Binnenteil). Die Frage nach der Bedeutung der Wendung „eure Träume sind schlecht" kann den Gegensatz zwischen Rahmen und Binnenteil verdeutlichen. Binnenteil: „man" träumt schlecht, weil zu gut (angenehm); Rahmen: ein schlechter Traum in umgangssprachlichem Verständnis (Alptraum); diesen Traum ins Bewußtsein zu holen heißt, „wach zu sein" im Sinne des Appells. In der Hauptarbeitsphase können die unterschiedlichen lyrischen Verfahren (ausgehend etwa von der Verbindung von Appell und Metapher in den ersten Zeilen), daran anschließend die spannungsreiche Offenheit des Gedichts erarbeitet werden: politischer Appell oder existentielle Ohnmachts-/Angstlyrik? Zur Veranschaulichung der abstrakten Metapher des „Entsetzlichen" wäre möglich: das Vorlesen des fünften Traumes des Hörspiels (die Termiten) durch fünf Schüler-Sprecher: Kann man die Symbolik der Termiten mit Bedeutung füllen?

Ein Auszug aus Eichs Rede zur Verleihung des Büchner-Preises (1959) und eine weiterdenkende, die

Achtes Kapitel: Zu Text 178, S. 285f.

Vergeblichkeit verdeutlichende lyrische Rezeption des ‚Träume'-Gedichtes durch Marie Luise Kaschnitz: ‚Schluß' (1965) (zitiert in: Geschichte der deutschen Literatur, Band 6, S. 65), können anschließend besprochen werden.

Thematischer Bezug in einem anderen Kapitel
Hoffmann von Fallersleben (93): Politische Lyrik gegen die Untertanenmentalität der deutschen Bürger. Ebenfalls Schlafmotivik, aber nur in satirischer Absicht (wie in den Binnenstrophen), ohne den Angsttraumcharakter (wie im Rahmen des ‚Träume'-Gedichtes).

Ingeborg Bachmann: [Die Gegenzeit beginnt] (S. 285 f.)   178

Zur Autorin und zum Hörspiel
Der Dialog ist dem Hörspiel ‚Der gute Gott von Manhattan' entnommen. Erstsendung am 29. Mai 1958.
Das Hörspiel ist für die Literatur der fünfziger Jahre eine wichtige Gattung. Seine „akustische Weltkonzeption" erlaubt es ihm, eine fiktionale Wirklichkeit darzubieten, die sich über die Grenzen von Raum und Zeit hinwegsetzt. Neben Günter Eichs Hörspiel ‚Träume' (Text 177) kann Bachmanns ‚Der gute Gott von Manhattan' mit dem hier abgedruckten Ausschnitt, der Proklamation der „Gegenzeit", diese literaturgeschichtliche Phase exemplarisch belegen.
Von Ingeborg Bachmann wurden drei Hörspiele gesendet: ‚Ein Geschäft mit Träumen' (1952), ‚Die Zikaden' (1955) und: ‚Der gute Gott von Manhattan' (1958). Abgesehen von dem frühen Hörspiel – es wurde gleichzeitig mit der ersten Lyriksammlung, ‚Die gestundete Zeit', veröffentlicht, erschien aber zu Lebzeiten der Autorin nicht in Buchform – fällt die Hörspielproduktion Bachmanns in eine Zeit, in der sich die Autorin von der Lyrik abzuwenden beginnt: 1956 erscheint die zweite und letzte Gedichtsammlung, ‚Anrufung des Großen Bären', in den folgenden Jahren werden nur noch einzelne Gedichte veröffentlicht. Gleichzeitig beginnt Bachmann an den Erzählungen zu arbeiten, die 1961 unter dem Titel ‚Das dreißigste Jahr' erscheinen. Diese Entwicklung stellt die Autorin als einen grundlegenden Wandel, als einen „Umzug im Kopf" dar.
Die Arbeit an den Hörspielen könnte so ein Zeichen der „Umzugs"-Phase sein. Die „reine" Sprache der Lyrik wird in diesen in einen dialogischen Zusammenhang gestellt. Das Primat liegt noch nicht, wie in der Prosa, bei der – wie Bachmann sagt – „Erfahrung", die durch Sprache vermittelt werden soll, es liegt noch auf seiten der Sprache selbst, aber die Sprache des Hörspiels läßt durch die Verflechtung mehrerer Stimmen bereits eine eigene Wirklichkeit, die sich im weitesten Sinne als Handlung entfaltet, entstehen.
Zur Thematik des Hörspiels gibt die Autorin in ihrer Rede zur Verleihung des Hörspielpreises der Kriegsblinden (1959) Auskunft: „Wenn in meinem Hörspiel ‚Der gute Gott von Manhattan' alle Fragen auf die nach der Liebe zwischen Mann und Frau und was sie ist, wie sie verläuft und wie wenig oder wieviel sie sein kann, hinauslaufen, so könnte man sagen: Aber das ist ein Grenzfall. Aber das geht zu weit [...]. Nun steckt aber in jedem Fall, auch im alltäglichsten von Liebe, ein Grenzfall [...]. Denn bei allem, was wir tun, denken und fühlen, möchten wir manchmal bis zum Äußersten gehen. [...] Es ist auch mir gewiß, daß es den Austritt aus der Gesellschaft nicht gibt und wir uns aneinander prüfen müssen. Innerhalb der Grenzen aber haben wir den Blick gerichtet auf das Vollkommene, das Unmögliche, Unerreichbare, sei es der Liebe, der Freiheit oder jener reinen Größe. Im Widerspiel des Unmöglichen mit dem Möglichen erweitern wir unsere Möglichkeiten. Daß wir es erzeugen, dieses Spannungsverhältnis, an dem wir wachsen, darauf, meine ich, kommt es an; daß wir uns orientieren an einem Ziel, das freilich, wenn wir uns nähern, sich noch einmal entfernt."
Dieses Spannungsverhältnis auszudrücken ist die Leistung der Literatur: Sie schafft ein „Utopia der Sprache". Aber auch hier betont Bachmann das Unabgeschlossene dieser Utopie: „Was wir das Vollendete der Kunst nennen, bringt nur von neuem das Unvollendete in Gang" (aus den ‚Frankfurter Vorlesungen', 1959/60). Es geht also im Hörspiel ‚Der gute Gott von Manhattan' um eine doppelte „Grenzüberschreitung", hin zu einem sich immer wieder entfernenden Ziel: inhaltlich in der Liebeshandlung zwischen Jan und Jennifer und sprachlich in der poetischen Darstellung dieser Geschichte.
Schließlich weist Bachmann in einem Interview auf das Verfahren hin, das diese Steigerung der „schlechten Sprache" des Lebens zur Sprache der Literatur bewirkt, ihr gleichsam die Bewegung zur Utopie vermittelt: Sie spricht von dem „ganz anderen Verhältnis, das ein Schriftsteller zur Sprache hat. [...] da kann ein Schriftsteller sich nicht der vorgefundenen Sprache, also der Phrasen, bedienen, sondern er muß sie zerschreiben. Und die Sprache, die wir sprechen [...], ist eine Sprache aus Phrasen. Und da erscheint so

Achtes Kapitel: Zu Text 178, S. 285f.

vielen etwas, was sie lesen, also was für mich wirklich geschrieben ist, als schwer verständlich oder rätselhaft. So rätselhaft ist das gar nicht; mir kommt es oft sehr viel rätselhafter vor, was zusammengeredet wird aus diesen vorfabrizierten Sätzen" (aus: ·I. B.: Wir müssen wahre Sätze finden. Gespräche und Interviews. München 1983, S. 84). Dies bedeutet: Die utopische Kraft der poetischen Sprache zeigt sich im „Zerschreiben", in der Destruktion der Alltagsphrasen und der im Alltag trivial gewordenen sprachlichen Überlieferung. Im Fall des Hörspiels ‚Der gute Gott von Manhattan' heißt dies, daß sich Bachmann mit den „vorfabrizierten Sätzen" der Liebesdichtung auseinandersetzen muß. In der Tat läßt sich der abgedruckte Text entscheidend unter dem Aspekt des „Zerschreibens" überlieferter literarischer Sprache erschließen. Durch das „Zerschreiben" vollzieht sich die doppelte – inhaltliche und sprachliche – Grenzüberschreitung zur Utopie.

Zur Handlung und Struktur des Hörspiels
Zwei Handlungsbereiche: eine Rahmenhandlung zwischen dem „guten Gott" und dem Richter und die eigentliche Liebeshandlung zwischen Jan und Jennifer.
1. Liebeshandlung: Symbolik der Orte: Jan und Jennifer lernen sich in einem New Yorker Untergrundbahnhof kennen; die erste gemeinsame Nacht verbringen sie im Souterrainzimmer einer Absteige; Umzug in ein Hotel; und: Je intensiver die Beziehung wird, desto höhere Stockwerke werden bezogen. Der 57. Stock, in dem die abgedruckte Szene spielt, bildet den Höhepunkt dieser Entwicklung: Die weltabgeschiedene Liebe stellt sich gegen Zeit und Vergänglichkeit. In der nächsten Szene verläßt Jan das Zimmer, um seine Schiffskarte für die Rückreise nach Europa zurückzugeben. Er will mit Jennifer „leben und sterben" und „reden in einer neuen Sprache": daß er „keinen Beruf mehr haben und kein Geschäft nachgehen kann" und daß er „brechen" wird „mit allem" und „geschieden sein will von allen anderen". Aber Jan ist nicht fähig, das sprachlich emphatisch Formulierte auch in die Tat umzusetzen. Als er unterwegs ist, kehrt er in eine Bar ein. Er erleidet gleichsam einen Rückfall.
2. Rahmenhandlung: die Gerichtsverhandlung zwischen einem „Richter" und dem „guten Gott". Dieser ist angeklagt, Jennifer ermordet zu haben. Auch leugnet er nicht, in Jans Abwesenheit eine Bombe in das Hotelzimmer gebracht zu haben, die Jennifer getötet hat. (Jan hat durch seinen Rückfall-Barbesuch seinen Tod gleichsam versäumt.) Das Entscheidende ist nun, daß der „gute Gott" diesen Mord rechtfertigt. Er hat ihn begehen müssen, um die Ordnung des Alltags wiederherzustellen. Denn die absolute Form, die die Liebe zwischen Jan und Jennifer angenommen hat, gefährdet diese Alltagsordnung. Das Glaubensbekenntnis des „guten Gottes": „Ich glaube an eine Ordnung für alle und für alle Tage, in der gelebt wird jeden Tag. Ich glaube an eine große Konvention und an ihre große Macht, in der alle Gefühle und Gedanken Platz haben, und ich glaube an den Tod ihrer Widersacher. Ich glaube, daß die Liebe auf der Nachtseite der Welt ist, verderblicher als jedes Verbrechen."
Das Hörspiel endet in einer doppelten Aporie:
1. Der Richter entläßt am Ende den „guten Gott" ohne Urteil, hält aber die Klage aufrecht. Das bedeutet: Der Richter akzeptiert die Auffassung des „guten Gottes", daß die Liebenden, die „alles zersetzen und die Welt in Frage stellen", sterben müssen, daß es darauf ankomme, „sich anzupassen"; gleichzeitig aber besteht er auf der Forderung nach einer absoluten Sinnerfüllung, wie sie Jan und Jennifer anstreben.
2. Der Mord des „guten Gottes" ist im Grunde unnötig, denn Jan, der männliche Partner, hat durch seinen Rückfall-Barbesuch die zuvor beschworene Liebe bereits verraten. Er steht in seinem Handeln bereits auf der Seite der „Ordnung", die der „gute Gott" verkörpert. Das heißt: Das utopische Ziel der Liebenden wird nicht nur durch äußere Gegenwirkung zerstört, sondern durch die Menschen selbst, die ihrer eigenen Utopie nicht gewachsen sind.
Bereits die Inhaltsübersicht weist auf Bachmanns Verfahren des „Zerschreibens" hin: Sie zerstört das überlieferte Schema der Liebestragödie (Tristan und Isolde; Romeo und Julia), indem sie den Untergang des Liebespaares nicht durch „äußere Schwierigkeiten" herbeiführt, sondern durch eine Macht, die „noch dahinter steht": das Anpassungsverhalten der Menschen selbst, das im „guten Gott" personifiziert ist (s. I. Bachmann: ‚Wir müssen wahre Sätze finden [...]', S. 56). Die Bedeutung des Hörspiels liegt also von vornherein auf einer symbolischen Ebene: der Gegendarstellung zur Tradition des tragischen Liebestodes. Der Leser muß den Text auf einer zweiten, den äußeren Handlungsablauf überlagernden Ebene lesen. Dies gilt auch für die abgedruckte Szene.

Zur Interpretation der Szene
Durch die grundlegende symbolische Bedeutung des Textes, die im „Zerschreiben" der traditionellen poetischen Sprache begründet ist, setzt der Text beim Leser bereits die Kenntnis dieser Tradition voraus. Er

Achtes Kapitel: Zu Text 178, S. 285f.

muß deren Bedeutungshorizont aktualisieren, um den neuen, zweiten Bedeutungshorizont des Textes erschließen zu können. Die Bezüge zur literarischen Tradition sind äußerst vielschichtig. Fünf Komplexe aber seien herausgehoben, die im Fortschreiten des Dialogs „zerschrieben" sind:
1. *Das Wanderermotiv.* Es bestimmt v. a. den Anfangsteil (S. 285 bis Z. 23): die abendliche Einkehr eines Mannes bei einer fremden Frau. Darin eingeschlossen ist ein besonderes Rollenverständnis: Der Mann erscheint als der überlegene, fordernde, die Frau als die sich unterordnende, gehorchende; auch verläßt der Mann die Frau wieder. Diese Rollenverteilung ist vor allem bedeutsam, wenn das allgemeine Wanderer-Motiv mit dem religiösen Motiv der irdischen Wanderschaft eines Gottes verbunden ist. Beispiel: Goethes Ballade ,Der Gott und die Bajadere'. „Zerschrieben" ist das Motiv insofern, als es nur spielerisch benützt, gleichsam im Dialog zitiert wird. Es geht nicht um eine wirkliche Wanderersituation; Jan und Jennifer reden schon symbolisch, sie meinen die immer noch vorhandene, ja in diesem Augenblick, wenn alles Äußerliche „fallengelassen" wird, sich erst offenbarende wesentliche innere Fremdheit.
2. *Bergmetaphorik.* Sie prägt vor allem den mittleren Teil der Szene (S. 285, Z. 24 – S. 286, Z. 12). Um die Erkundung der inneren Fremdheit darzustellen, benützt Jan die Metapher der Landschaft; zuerst für die eigene Person: „Ich möchte jetzt eine Karte haben, die mich dir erklärt" (S. 285, Z. 24). Die Landschaftsnamen sind hier wohl metaphorisch für den psychischen Bereich gemeint („eine neue grüne Zeichnung ist da, die besagt, daß der Kältesee in meinem Herzen zum Abfließen kommt", Z. 26f.). Dann aber spricht Jan von Jennifers Körper. Aber auch für diesen setzt er Metaphern ein: „abends, wenn dein Körper illuminiert ist und warm und aufgeregt ein Fest begehen möchte. Und ich sehe schon: durchsichtige Früchte und Edelsteine" usw. (Z. 32ff.).
Hier zitiert Jan fast wörtlich Sätze des „Alten" aus Novalis' ,Heinrich von Ofterdingen' (5. Kapitel): „An manchen Orten sah ich mich, wie in einem Zaubergarten. Was ich ansah, war von köstlichen Metallen und auf das kunstreichste gebildet. In den zierlichen Locken und Ästen des Silbers hingen glänzende, rubinrote, durchsichtige Früchte, und die schweren Bäumchen standen auf kristallenem Grunde, der ganz unnachahmlich ausgearbeitet war. Man traute kaum seinen Sinnen an diesen wunderbaren Orten, und ward nicht müde, diese reizenden Wildnisse zu durchstreifen und sich an ihren Kleinodien zu ergötzen."
Der alte Bergmann beschreibt die Edelsteine zunächst in einem gegenständlichen Sinn. Die Gesamtbeschreibung aber ist eingebettet in einen symbolischen Zusammenhang. Durch die Bergwerksarbeit erkennt man die Entwicklung der Naturgeschichte: „Es ist erfreulich [...], jene allmähliche Beruhigung der Natur zu bemerken. Ein immer innigeres Einverständnis, eine friedlichere Gemeinschaft, eine gegenseitige Unterstützung und Belebung, scheint sich ausgebildet zu haben, und wir" – der Mensch ist Teil der Natur – „können immer bessern Zeiten entgegensehn".
Darüber hinaus erweist sich der Bergbau als „ernstes Sinnbild des menschlichen Lebens". Bergarbeit steht in Analogie zur seelischen Arbeit an früheren Lebensphasen. Und beide, Bergbau und Innenschau, sind Bestandteil der Naturgeschichte.
Jan setzt nun in seinen Worten diese Übertragung des Bergbaus auf die Erkundung der Innenwelt voraus und treibt sie, indem er sie an Jennifers Körper neu konkretisiert, einen Schritt weiter; die Grenze der poetischen Sprachtradition wird überschritten und damit zugleich die Grenze der romantischen Naturphilosophie. Jan benützt die Metaphern nicht, um einen höheren Zusammenhang aufscheinen zu lassen, sondern um das auch durch eine poetische Sprache nicht erfaßbare Wesen Jennifers darzustellen: „Denn wenn alles entdeckt und verformelt ist, wird die Lasur deiner geschmeidigen Augen und die blonde Haarsteppe auf deiner Haut von mir noch nicht begriffen sein" (S. 286, Z. 7–9). Der neue Bedeutungshorizont erweist sich als radikal offen; er negiert das Denken in universalen Analogien, wie es die Romantik kennzeichnet, ohne selbst eine neue Sinngrenze zu ziehen.
3. *Barocke Schönheitsmetaphorik.* Sie gibt v. a. im Anschluß an die Bergmetaphorik dieser eine neue Wendung (S. 286, Z. 13–17). Die Beschreibung der weiblichen Schönheit mit Metaphern aus dem Bereich der unbelebten Natur gehört auch zur Typologie der Barocklyrik wie auch die sprachliche Darbietung in Form einer Aufzählung nach rhetorischen Prinzipien; s. z. B. Hofmannswaldaus Sonett ,Vergänglichkeit der Schönheit' oder Gryphius' Sonett ,Uber die Gebaine der außgegrabenen Philosetten', in diesem lauten die abschließenden Terzette:
Ist jmand der noch kan behertzt und sonder grauen
Der oren kalen Ort/der Augen lucken schauen?
Ist jmand/der sich nicht für diser Stirn entsetzt?
Der dencke/wie sich werd' alsdann sein Geist befinden.
Wenn er in kurtzem wird auff gleichen schlag verschwinden?
Weil schon der Tod auff ihn die schnellen Pfeile wetzt.

Achtes Kapitel: Zu Text 178, S. 285f.

Auch Jans Beschreibung der Schönheit Jennifers endet in der Erkenntnis der Vergänglichkeit: „Die ganze verschwenderische Anlage, die du bist und die ohne Ruhm vergehen soll" (S. 286, Z. 5). Aber auch hier „zerspricht" Jan den mittelalterlichen und barocken Gedanken des „Memento mori". Das Bild vom Skelett dient nicht dazu, die Sinnlichkeit der körperlichen Liebe zu kritisieren und die Hinwendung zu Gottes Ewigkeit zu propagieren. Vielmehr wird durch die sprachliche Zuspitzung – „dein Skelett noch als Skelett umarmen" – gegen den traditionellen christlichen Dualismus von Körper und Geist protestiert. Gerade die irdische Erfüllung im lebendigen Augenblick wird absolut gesetzt: Jan setzt die sinnliche Liebe gegen den Tod, selbst im Tod: „Und das Nichts, das du sein wirst, durchwalten mit meiner Nichtigkeit" (Z. 17). Jan fordert die „Revolte gegen das Ende der Liebe in jedem Augenblick und bis zum Ende" (Z. 19f.).

4. *Auffahrt und Sturz.* Im Anschluß an die Formulierungen, in denen Jan die barocke Schönheitsmetaphorik „zerspricht" und die sittliche und religiöse Transzendierung der körperlichen Vergänglichkeit negiert, sagt er (S. 286, Z. 17–19): „Bei dir sein möchte ich bis ans Ende aller Tage und auf den Grund dieses Abgrunds kommen, in den ich stürze mit dir." Dasjenige, worauf sich alles gründet, ist der Abgrund. Im Rahmen der Gesamtsymbolik des Hörspiels – mit der Intensität der Liebe wächst die Höhe der Stockwerke – bedeuten diese Sätze vom Sturz auf den Grund des Abgrunds auch einen Bruch in der Gesamtbedeutung: Sie negieren das (seit dem Neuplatonismus und der christlichen Mystik) traditionelle Symbol der Auffahrt in höhere Regionen als Bild für die Vereinigung mit dem Absoluten; aus der literarischen Tradition vgl. etwa Goethes ‚Ganymed' oder die Flugmotiv-Passagen aus dem ‚Faust' (bis zum Schluß des ‚Faust II') oder die Ballade ‚Der Gott und die Bajadere', die auch für das Wanderermotiv wichtig ist (s. o., S. 349); oder auch den Schluß der Prosafassung von Novalis' erster ‚Hymne auf die Nacht': „du Nachtbegeisterung, Schlummer des Himmels kamst über mich – die Gegend hob sich sacht empor; über der Gegend schwebte mein entbundner, neugeborner Geist". In dieser Umkehrung wird bildhaft ein philosophisches Grundproblem angesprochen, das auch den „zerschreibenden" Umgang mit der Berg-, Schönheits- und Nachtmetaphorik bestimmt: die Negation eines universalen Sinnhorizontes, in welcher religiösen oder literarischen Gestalt auch immer. Zugleich aber kommt in Jans Bild vom gemeinsamen Sturz in den Abgrund der Wille zum Ausdruck, diesen Verlust nicht nur hinzunehmen, sondern in der „Revolte" der Liebe gleichsam bis in alle Tiefen zu erfahren.

5. *Gott ist tot.* Der Schlußteil (S. 286, Z. 22ff.). In sich steigernder Emphase (s. die Frage- und Ausrufezeichen) artikuliert Jan diese Problematik. Er formuliert die Paradoxie der menschlichen Existenz als Anklage („Es ist da eine Niedertracht von Anfang an", Z. 22) gegen die vorgegebene Ordnung der Welt („keine Blasphemie wird ihr Ausmaß erreichen"). Vorausgesetzt wird die Erkenntnis, „daß Gott tot ist" (Z. 24f.), daß alle metaphysische Gewißheit verloren ist. Aber es gilt, nicht bei dem „Schrei" dieser Erkenntnis, wie ihn der „tolle Mensch" Nietzsches (‚Die fröhliche Wissenschaft', Nr. 125) ausstößt, stehenzubleiben; dann ist „zu wenig verklagt in der wenigen Zeit" (Z. 25f.). Nietzsches nihilistische „Heiterkeit" (‚Die fröhliche Wissenschaft', Nr. 343) bildet keine Alternative. Vielmehr erfährt der Mensch durch die Liebe, „diese Flammenschrift", die ihn, wie Belsazar (s. Daniel 5, 25), an die Begrenztheit seines irdischen Daseins erinnert, daß ihm trotz dieser Erkenntnis und eines philosophischen Nihilismus der Drang nach absoluter Fülle des Lebens innewohnt – auch wenn die Schrift im Näherkommen auslöscht, die Fülle unerreichbar bleibt.

Jans Worte der Anklage – „Reißen wir unsere Herzen aus für ein Nichts" (Z. 26f.) – verneinen schließlich das Konzept des „Utopischen" als eines Spannungsverhältnisses zwischen Möglichem und Unmöglichem, wie es die Autorin selbst theoretisch formuliert hat (s. o., S. 347). Jans „O nein" (Z. 27), seine Aufforderung an Jennifer: „Lieb mich" (Z. 28f.), seine Absage an Schlaf und Traum, sein weltumfassendes Paradiesbild vom Bett der Liebe, der letzte Satz, „Die Gegenzeit beginnt", sperren sich nicht nur gegen das Wissen von der Vergänglichkeit alles irdischen Lebens, sondern vor allem gegen diese den Lebensprozeß bestimmende dialektische Erfahrung von Erfüllungssehnsucht und Vergeblichkeitsrealität. Indem Bachmann eine literarische Figur ihr eigenes Utopiekonzept in Frage stellen läßt, bringt sie es gerade auf seinen entscheidenden Punkt. Um so radikaler wirkt die Tatsache, daß Jan nachher diesen Rückfall erleidet. Sein eigenes Verhalten zeigt, daß die absolute Erfüllung, wie er sie in diesem Dialog fordert, nicht gelebt werden kann; sie kann nur in der Sprache eingefordert werden.

Zur Behandlung im Unterricht

Die Besprechung der Szene ist schwierig, aber lohnend. Die Schüler reagieren z. T. fasziniert, z. T. stark ablehnend auf die emphatische Sprache des Textes. Den Zugang kann es erleichtern, wenn die Szene von zwei (vorbereiteten) Schülern gesprochen wird, ohne daß die Klasse den Text vor sich liegen hat, so daß der Hörspielcharakter wenigstens im Ansatz deutlich wird. Die emotionale Ablehnung, die sich wahrscheinlich

Achtes Kapitel: Zu Text 179, S. 286 ff.

dort einstellt, wo Jan Jennifer noch als Skelett umarmen will, kann zu einem ersten literarischen Rückgriff auf die Barocktradition genützt werden. Die Schüler werden erkennen, was die Übersteigerung und Umkehrung der Metapherntradition für die Aussage des Textes bedeutet. Haben die Schüler an diesem Beispiel erkannt, daß die Szene nur vor dem Hintergrund der Überlieferung gelesen werden kann, ist die Voraussetzung für eine weitere Analyse (die nicht alle Motivbereiche umfassen muß) gegeben. Allerdings setzt dieses Verfahren voraus, daß die Schüler bereits über literaturgeschichtliche Kenntnisse verfügen. Eine genauere Analyse kann sich an der Gliederung durch die Motivbereiche ausrichten:
1. Teil: Wanderermotiv (S. 285 bis Z. 24),
2. Teil: Landschafts- und Bergmetaphorik (bis S. 286, Z. 12),
3. Teil: barocke Schönheitsmetaphorik (verflochten mit der Bergmetaphorik, selbständig unter dem Aspekt der Vergänglichkeit ab S. 286, Z. 5 bis Z. 20),
4. Teil: „Gott ist tot"-Motiv (bis zum Schluß).
Innerhalb des 2. Teiles kann noch nach den Wahrnehmungsweisen (sehen/hören) gegliedert werden.
Eine genauere sprachliche Analyse muß das Verfahren des „Zerschreibens" deutlich machen und kann deshalb nicht ohne Gegentexte aus der literarischen Tradition (s. o. die Beispiele) auskommen. Nur so kann das geläufige Vorurteil vom oszillierenden Irrationalismus der Schreibweise Bachmanns ausgeräumt werden.
An die Analyse der Szene kann sich die Besprechung der literaturtheoretischen Äußerungen Bachmanns anschließen: An ihnen kann der doppelte (philosophische und sprachliche) Utopiebegriff Bachmanns erarbeitet werden. In diesem Zusammenhang sollte eine Gesamtüberschau über das Hörspiel gegeben werden. Schließlich sollte die zeittypische Unbestimmtheit und Negativität dieses Utopiekonzepts – das „Zerschreiben" läßt noch keinen neuen Horizont sichtbar werden – deutlich und auch der Kritik zugänglich werden. Selbstverständlich kann die Szene auch im Zusammenhang mit Bachmanns Lyrik und späterer Prosa (der Übergangscharakter des Hörspiels) besprochen werden.

Thematische Bezüge im Kapitel
Andres (174): Auch der Ausschnitt aus dem Hörspiel propagiert die Überwindung der geschichtlichen Zeit. Bachmann geht es wie Andres um die Darstellung der existentiellen Grundsituation des Menschen. Aber sie zeigt die Welt nicht mehr, wie Andres fordert, „in Ordnung". Sie hat mit dem Bewußtsein der Moderne, auf alle metaphysische Sicherheit verzichten zu müssen, Ernst gemacht.
Frisch (173), Handke (189), Strauß (191): Alle drei Texte thematisieren das Beziehungsproblem zwischen Mann und Frau, die Möglichkeit der Liebe innerhalb der Schranken der gesellschaftlichen Ordnung, ihrer Rollenzwänge und Verhaltensmuster. Und sie verknüpfen das inhaltliche Problem mit der Problematik, den Möglichkeiten und Schwierigkeiten literarischen Schreibens.

Thematischer Bezug in einem anderen Kapitel
Novalis (64): Der Traum einer Wanderung hinauf und hinein in das Innere eines Berges als Weg nach innen. Keine Edelsteinmetaphorik wie im abgedruckten Text, dafür deutlich erotische Bilder. Vergleichbare Aussage: Im Innern liegt der Weg des äußeren Lebens bereits verborgen.
Hofmannsthal (130): Bachmanns Verfahren des „Zerschreibens" als ein exemplarischer Versuch poetischen Schreibens nach dem Einbruch der modernen Sprachkrise, wie sie Hofmannsthal darstellt. Bachmann zitiert diesen Brief ausführlich in der ersten ihrer ‚Frankfurter Vorlesungen'.

Friedrich Dürrenmatt: Vom Sinn der Dichtung in dieser Zeit (S. 286 ff.)   179

Zum Autor und zum Text
Der abgedruckte Text ist ein Ausschnitt aus einer Rede, die Friedrich Dürrenmatt im September 1956 auf einer Tagung der Evangelischen Akademie für Rundfunk und Fernsehen gehalten hat. Erstveröffentlichung im ‚Jahrbuch der christlichen Rundfunkarbeit', 1958. – In den 50er und frühen 60er Jahren stand Dürrenmatt auf einem Höhepunkt seiner Produktivität und öffentlichen Wirkung: 1954 wurde ‚Ein Engel kommt nach Babylon' uraufgeführt, 1956 ‚Der Besuch der alten Dame'; 1957 erschienen die zweiten Fassungen von ‚Romulus der Große' (1. Fassung 1949) und ‚Die Ehe des Herrn Mississippi' (1. Fassung 1952); 1959 hatte ‚Frank der Fünfte' Premiere, 1962 ‚Die Physiker'. 1954 und 1955 hielt Dürrenmatt in der Schweiz und der Bundesrepublik Vorträge, die Ende 1955 unter dem Titel ‚Theaterprobleme' als Buchausgabe erschienen. In diesen finden sich Dürrenmatts bekannte Überlegungen zur Komödie und zur

Achtes Kapitel: Zu Text 179, S. 286 ff.

Groteske. – Die Rede ‚Vom Sinn der Dichtung in dieser Zeit' geht weniger auf die Problematik der literarischen Gattungen und des Theaters ein wie die ‚Theaterprobleme' als auf die allgemeine geschichtliche Situation der Gegenwart, sei es in der Wissenschaft, der Kultur, der Gesellschaft, sowie auf die Konsequenzen, die sich daraus für den Schriftsteller ergeben. Die Begriffe der „Abstraktion", der „Bildlosigkeit" der Welt rücken in den Mittelpunkt der Überlegungen. Dürrenmatt bedient sich der Argumente der Kulturkritik, wie sie allgemein in den 50er Jahren geübt wurde. Im Hinblick auf die Ebene der Argumentation ist dieser Text deshalb mit den Texten Andres' (174) und Bölls (175) vergleichbar.

Dürrenmatts Intention zielt darauf ab, die Literatur von der Wirklichkeit zu trennen. Diese Intention erschließt sich bei einer ersten, noch oberflächlichen Lektüre des Textes. Auf einer tieferen Ebene zeigt sich jedoch eine wesentliche Entsprechung zwischen Literatur und Wirklichkeit: keinen Sinnhorizont mehr aufzeigen bzw. entwerfen zu können. Dem entspricht Dürrenmatts Eintreten für die „Groteske" als einer der gegenwärtigen Welt gemäßen künstlerischen „Gestalt einer Ungestalt" (s. ‚Theaterprobleme'). Die Rede versucht, die Aporie, in die die Gesellschaftstheorie von der wachsenden Abstraktion des Lebens einen Schriftsteller führen kann, der nach wie vor ein „Bild der Welt" geben will, zu umgehen, und gerät deshalb um so stärker in sie hinein. Aber gerade in dieser Aporie ist dieser Text für die 50er Jahre und deren gesellschaftliches und literarisches Konzept der Moderne exemplarisch.

Zur Interpretation
Gliederung in zwei große Teile:
Erster Teil (S. 286, Z. 42 – S. 287, Z. 45): die „Abstraktion" als Kennzeichen der gegenwärtigen Welt.
Zweiter Teil (S. 287, Z. 47 – S. 288, Z. 30): die Möglichkeiten und Aufgaben des Schriftstellers.
Nicht abgedruckt wurden: a) Die Einleitung der Rede und die erste Entfaltung des Themas am Beispiel der modernen Naturwissenschaften. Zwei Thesen. 1.: Das Denken sei ganz grundsätzlich „immer mehr und zwangsläufiger aus der Domäne des Wortes herausgetreten und mathematisch abstrakt geworden, wenigstens was die exakte Wissenschaft" – die mit der Naturwissenschaft gleichgesetzt wird – „angeht". – 2.: Die mathematisch arbeitende Naturwissenschaft erweise sich überhaupt als „die Form der heutigen Wissenschaft". Dies gelte auch für die moderne Philosophie: Dürrenmatt sieht „bei Einstein oder Heisenberg die Ansätze einer neuen Philosophie und nicht bei Heidegger". b) Eine Passage zwischen den beiden Teilen (s. S. 287, Z. 46), in denen Dürrenmatt auf die Situation des Schriftstellers allgemein, noch nicht auf seine Möglichkeiten („was soll er tun"), eingeht.
Auf der Grundlage der in der Einleitung aufgestellten zwei Thesen argumentiert Dürrenmatt im abgedruckten Textausschnitt. Zunächst wird der Gedankengang dargestellt:

Erster Teil
1. Die Konsequenz aus den beiden Thesen (bis S. 287, Z. 6): Eine Philosophie auf der Grundlage der Naturwissenschaft kann keine universalen ontologischen Aussagen mehr treffen, keinen Sinnhorizont mehr aufzeigen, den Menschen nicht mehr „berauschen".
2. Die Folgen für die „überwiegende Anzahl der Menschen" (bis S. 287, Z. 19). Zum einen: Die Mathematisierung der Naturwissenschaft hat diese – und damit auch die Ansätze einer neuen Philosophie – dem Verständnis der meisten Menschen entrückt; zum andern: Die Ergebnisse der angewandten Naturwissenschaft, der Technik, rücken dem Menschen nahe („er sieht sich umstellt"). Im ganzen eine widersprüchliche Situation: einerseits die Technik als das „bildhaft gewordene Denken unserer Zeit"; andererseits die grundlegende mathematische Bildlosigkeit der Welt im ganzen.
3. Durch Analogieschluß Übergang aus dem Bereich der Physik in den der Gesellschaft (bis S. 287, Z. 27): Der Wechsel vom Bereich der „kleinen Zahlen" in den der „großen Zahl" der modernen Massengesellschaft hat eine neue „Verhaltensweise" der Menschen zur Folge. An die Stelle der übersichtlichen „kleineren Verbände der alten Welt" sind die modernen unüberschaubaren „Staatsorganisationen" getreten. Der Begriff „Vaterland" ist veraltet.
4. Folgen für die praktische Politik (bis S. 287, Z. 34): Politik „im alten Sinne" auf der Basis von „Ideen" – z. B. der des Vaterlandes – ist ebenso veraltet. Statt dessen ist eine „technische Bewältigung von technischen Räumen" notwendig sowie eine genaue Trennungslinie zu dem Bereich, in dem „Freiheit", kein politischer Begriff mehr, noch möglich ist.
5. Zusammenfassung im Hinblick auf den allgemeinen Weltzustand (bis S. 287, Z. 37): Da einerseits noch vom alten Denken nach „Ideen" geprägt, andererseits einer technischen „utopischen Zukunft" verfallen, erscheint die „Welt, in der wir leben", als Welt „ohne Gegenwart", d. h. ohne Bewußtsein ihres eigenen geschichtlichen Orts, als Zeit des Übergangs und der Krise.

Achtes Kapitel: Zu Text 179, S. 286 ff.

6. Zusammenfassung im Hinblick auf den Menschen (bis S. 287, Z. 45): Wiederholung des Kerngedankens: Bildverlust und Abstraktion einerseits gegen die Vielzahl der gängigen Bilder und Weltanschauungen andererseits. Wiederum wird der Bereich der Politik (der Mensch als „Spielball der Mächte") mit dem der Wissenschaft (die „fremde", nur den Wissenschaftlern verständliche Welt) verbunden, ohne daß das Verhältnis zwischen Politik und Wissenschaft selbst erörtert wird.

Passage zwischen den beiden Teilen (S. 287, Z. 46)
Die Situation des Schriftstellers: Die Gefahr, in der er sich befindet, geht nicht von den neuen technischen Medien (Rundfunk, Film, Fernsehen) aus; diese stellen vielmehr eine Erweiterung seiner Mittel dar. Die Gefahr liegt darin, daß der Schriftsteller a) die traditionelle Rolle des Philosophen übernimmt (als „Prophet"); b) angesichts der abstrakten Wirklichkeit, die mit der Sprache nicht mehr erfaßt werden kann, die Grenzen der Sprache selbst zu erweitern sucht; aber man könne nicht an der Sprache arbeiten, sondern nur am Gedanken.

Zweiter Teil: Möglichkeiten und Aufgaben des Schriftstellers („Was soll der Schriftsteller tun?")
1. Der Schriftsteller hat die Welt, wie sie zuvor beschrieben wurde, zu akzeptieren (bis S. 288, Z. 4). Der gegenwärtige Vorgang ist unbeeinflußbar, da er „der menschlichen Natur" entspricht.
2. Neue Folgerung aus dieser Sicht der Wirklichkeit (bis S. 288, Z. 9): gegenläufige Argumentation zum bisherigen Gedankengang („Ideen" sind überholt): Da die „geistige Bedeutung" des „Kollektiven" (d.h. der großen staatlichen Organisationen) angesichts ihres äußeren Wachstums sinken wird, liegt „die Chance [...] allein noch beim einzelnen"; man muß wohl ergänzen: die Chance, „geistige Bedeutung" zu erzielen. Der einzelne, der „die Welt bestehen" muß, kann es wagen, aus seiner Subjektivität heraus wieder ein „Bild [der Welt] zu machen".
3. Die Frage der Vermittlung zwischen der Bildlosigkeit der Welt selbst und dem Bild, das der einzelne, d.h. der Schriftsteller entwirft (bis S. 288, Z. 17): Nochmals Abwehr gegen den traditionellen philosophischen „Tiefsinn" in der Literatur, aber auch gegen ein realistisches Konzept der „Abbildung" (Mimesis) der Welt in der Literatur. Statt dessen: die literarische Produktion als „Neuschöpfen", „Aufstellen von Eigenwelten" mit Hilfe des Materials, das die „Welt" an die Hand gibt. Beispiel: Gullivers Reisen.
Im folgenden kleine Lücke: Aufgrund der inneren Beziehung zwischen „Stoff" – dem Material der „Welt" – und „Werk" bestehe die Möglichkeit einer „neuen Objektivität".
4. Abschließende Gegenüberstellung der zwei Bereiche Denken, Wissenschaft, Kausalität einerseits und Sehen als Neuschöpfen, Kunst, Freiheit andererseits. Dürrenmatt betont, daß „Sehen und Denken" in der Gegenwart „auf eine eigenartige Weise" getrennt seien. Der Konflikt zwischen beiden kann nicht gelöst werden. Nochmals wird auf das Fehlen eines universalen Weltbildes, das „Sinn" vermitteln könnte, hingewiesen. Aber auch über den jeweiligen „Sinn" der Einzeltätigkeiten Wissenschaft und Kunst äußert sich Dürrenmatt nicht. In neuer Betonung der Rolle des einzelnen stellt Dürrenmatt nur fest, daß es notwendig sei, diesen Konflikt „auszuhalten". Schriftstellerei erscheint als ein „Bewähren". In ihm lasse sich Sinn „ahnen".

Zweiter, kritischer Durchgang durch den Text
1. Darstellung der Welt in den Bahnen der Kulturkritik, wie sie auch von Andres (174) oder Benn (,Probleme der Lyrik', 1951) formuliert wurde. Neu im Vergleich zu Andres ist die betont wertfreie Darstellung dieser geschichtlichen Situation. Auch die nicht abwehrende Darstellung der Rolle der Naturwissenschaften bedeutet gegenüber der traditionellen Haltung der Literatur und Geisteswissenschaften, wie sie bei Andres deutlich wird, einen Neuansatz. – Damit hängt auch die Herauslösung der Sinnfrage aus den gesellschaftlichen Entscheidungsprozessen zusammen, die Reduktion der Politik auf Technokratie. Zugleich wird auch die Frage nach dem Sinnhorizont des gegenwärtigen Lebens reduziert, und zwar in doppelter Weise: a) auf einen von allem Politischen getrennten Bereich der Kunst und Kultur, d.h. vermeintlicher „Freiheit"; b) auf die Welterfahrung und Welthaltung des einzelnen.
2. Die Trennung von Kunst einerseits und gesellschaftlichem Leben und wissenschaftlicher Erkenntnis andererseits stellt Dürrenmatt in eine bestimmte Tradition der Romantik und ihrer Rezeption. Aber er teilt nicht mehr die Auffassung, daß sich in der künstlerischen Produktion eine über Lebenspraxis und rationale Wissenschaft hinausreichende universale Wahrheit äußere. Er verlangt zwar vom Schriftsteller das „Neuschöpfen" der Welt, aber er nimmt diesem Schöpfungsvorgang den höheren Anspruch. Dürrenmatts „Dichter" arbeitet nicht mehr, wie sein Vorgänger, das Genie des Sturm und Drangs und der Romantik, aus göttlicher Inspiration, sondern allein aus seiner „Einbildungskraft". Dieser Begriff stellt wohl eine Reminis-

Achtes Kapitel: Zu Text 179, S. 286 ff.

zenz an die Ästhetik Kants dar – dieser definiert das ästhetische Urteil durch das „freie Spiel der Einbildungskraft" –, aber bei Kant ist die „Einbildungskraft" ein Organ der Wahrnehmung, nicht der künstlerischen Produktion. Dieselbe begriffliche Unschärfe zeigt sich auch in der Beschreibung des „Welt"-Materials, das der Schriftsteller für seine Produktion benötigt. Zunächst verwendet Dürrenmatt hier Formulierungen, die der Tradition des Realismus entstammen, wie die vom „Steinbruch", den die Wirklichkeit für den Autor darstelle (s. Fontane, Text 113). Andererseits aber wendet sich Dürrenmatt gegen das Abbilden, d. h. das realistische Konzept der Mimesis, und legt dar, daß durch das dichterische „Neuschöpfen" eine „Eigenwelt" entsteht. Verstünde man unter „Eigenwelt" den Raum der Fiktion, die durch den ästhetischen Text entsteht, dann wäre dieser Begriff auch noch mit einem realistischen Literaturkonzept vereinbar. Dürrenmatt geht jedoch von einem Literaturbegriff aus, bei dem der Schwerpunkt auf der „neuen Dimension" dieser „Eigenwelt" ruht. – Auf der Subjektseite reduziert Dürrenmatt also die literarische Produktion auf das nicht näher erläuterte formale Vermögen der „Einbildungskraft", auf der Objektseite auf den ohne Auswahlkriterien angegebenen Aspekt des Realitätssteinbruchs. Damit fehlt der Argumentation Dürrenmatts in diesem Text die wirkliche Aussage über den „Sinn der Dichtung in dieser Zeit". Die postulierte „Freiheit" ist nur eine der literarischen Technik, nicht eine des dargestellten „Sinns". Dieser läßt sich nur „ahnen". – Kritisch läßt sich formulieren: In dem Maße, wie Dürrenmatt grundlegend von der Bildlosigkeit der Welt spricht, nimmt er auch der Kunst – entgegen seiner expliziten Darstellung – die Möglichkeit, wirklich ein „Bild der Welt" zu entwerfen. Er beschreibt die künstlerische Produktion allein auf formal-technische Weise, so wie auch die Welt für ihn nur noch als technischer Raum existiert. – Eine entsprechende zentrale Bedeutung erhält in den ‚Theaterproblemen' der „Einfall" als das entscheidende Merkmal der literarischen Tätigkeit. Die „Freiheit" der Kunst bleibt äußerlich. Sie zeigt sich nicht im Entwurf einer Welt inhaltlicher Freiheit des menschlichen Daseins und Handelns, als Gegenbild zu den Kausalitätsmechanismen der Wirklichkeit, sondern allein im schöpferischen „Einfall" des Autors.
3. Zugleich erscheint der Schriftsteller als der exemplarisch „einzelne", der allein die Welt „bestehen" kann. Der „einzelne" ist, angesichts des „Rätsels, das wir Welt nennen", in den Konflikt zwischen „Sehen" und „Denken" hineingestellt. Schriftstellerei erscheint als eine Weise, diesen Konflikt „auszuhalten". Wie aber der nicht künstlerische Mensch in seiner Lebenspraxis mit diesem Konflikt umgehen kann, läßt der Text, auch ansatzweise, nicht erkennen. Dürrenmatt rückt den einzelnen in die Perspektive des Ausgeliefertseins an einen als Schicksal empfundenen – der „menschlichen Natur" gemäßen – Weltzustand. Der Text beschreibt das menschliche Dasein auf existentialistische Weise, in Anlehnung etwa an Camus' Beschreibung der „Undurchdringlichkeit" der Welt und der „absurden Existenz" des Menschen. Allein im „Bewähren", nicht in der lebendigen Auseinandersetzung kann ein „Sinn" geahnt werden. Die Problematik der konkreten Lebenszusammenhänge rückt nicht in Dürrenmatts Blickfeld. So erweist sich die angedeutete Lebensphilosophie Dürrenmatts als nicht weniger formal, im Grunde technisch, wie seine Literaturtheorie.

Zur Behandlung im Unterricht
Der Text ist äußerlich klar aufgebaut. Die zwei Großabschnitte der Argumentation – Gesellschaftstheorie (Gesellschaft, Wissenschaft, Geschichte, S. 286, Anfang – S. 287, Z. 45), Aufgabe des Schriftstellers (S. 287, Z. 46 – S. 288, Z. 9) und Möglichkeiten des Schriftstellers (S. 288, Z. 10–30) – und auch die Binnengliederung können durch Dürrenmatts Hinweise klar herausgearbeitet werden; z. B. durch die Fragen („Was soll [...]", S. 287, Z. 47; „Wie aber formt [...]", S. 288, Z. 10), die zusammenfassenden und weiterführenden Formulierungen („Das wäre nicht schwerwiegend [...]", S. 287, Z. 9; „Dazu kommt noch [...]", S. 287, Z. 13, 20). Das Ziel der Analyse sollte zunächst die Gegenüberstellung der beiden Bereiche Literatur und Leben sein. – In einem weiteren Schritt sollte die Widersprüchlichkeit der Argumentation herausgearbeitet werden. Im Bereich der Aussagen über die Literatur („Neuschöpfung" und „Steinbruch" der Welt) kann dies durch die Einbeziehung weiterer Texte erleichtert werden (s. u., S. 355). Ergänzend kann ein Ausschnitt aus den ‚Theaterproblemen' herangezogen werden. Eine Diskussion über ein besprochenes Werk (z. B. ‚Die Physiker') kann an der Sinn-Problematik – welches Bild gibt das Drama von der Welt? – anknüpfen. – Im ganzen sollte gerade die Tatsache, was der Text nicht leistet, was man von ihm durch die Überschrift erwartet (oder sollte diese ironisch sein?), als Zeichen der ausgehenden 50er Jahre, einer Zeit der Erstarrung und Krise, hervorgehoben werden. Um so deutlicher wird die Neuorientierung der 60er Jahre (s. Abschnitt III) hervortreten. – Dürrenmatts Rede ist eines der seltenen Beispiele für die Verbindung naturwissenschaftlichen und geisteswissenschaftlichen Denkens. Dies kann in naturwissenschaftlich interessierten Klassen eine zusätzliche Motivation bedeuten. In einem Referat über die naturwissenschaftliche Wissenschaftstheorie kann Dürrenmatts von heute aus überholte Auffassung vom „Kausalitätsdenken" der Naturwissenschaften deutlich werden.

Achtes Kapitel: Zu Text 180, S. 288 ff.

Thematische Bezüge im Kapitel
Andres (174): Kulturkritische Sicht der Gegenwart wie in Dürrenmatts Text, aber gegensätzliche Sicht der modernen Naturwissenschaft und Technik.
Wellershoff (184): Vergleichbarer Realitätsbegriff (formal und abstrakt), aber Neuansatz in der Auffassung der schriftstellerischen Arbeit.
Muschg (194): Kritik der gesellschaftlichen Moderne im Kontrast zur Klassik. Gegen Dürrenmatts technokratisches Verständnis der Gesellschaft.

Thematische Bezüge in anderen Kapiteln
Goethe (34), Wackenroder (71): Beide Texte entwerfen den traditionellen Geniegedanken.
Fontane (113): Das Bild des „Steinbruchs" innerhalb eines realistischen Literaturkonzepts.
Flake (145): Ein exemplarischer Text der frühen Moderne, die den Grund für Dürrenmatts und auch Wellershoffs Welt- und Literaturauffassung legt.

Satirische Zeitkritik (S. 288 ff.)
Anhand von Ausschnitten aus drei wichtigen Romanen der 50er Jahre werden exemplarisch Reaktionen von Schriftstellern auf bedrängende Gegenwartserfahrungen deutlich. Koeppen (Text 180) zeigt die unterschwellige Kontinuität zwischen der Zeit vor und nach 1945 auf, während Walser (Text 181), bei schon größerem historischem Abstand zum Nationalsozialismus, die sozialpsychologischen Auswirkungen des „Wirtschaftswunders" thematisiert. Grass (Text 182) gestaltet eine Verbindung mehrerer Zeitebenen: Gegenwartskritik und (perspektivisch gebrochene) Vergangenheitsbewältigung.
Bei der Kommentierung der Einzeltexte wurde bewußt auf 'Gesamtdeutungen' verzichtet und 'suspensiv' interpretiert, d. h. die traditionelle Vorstellung eines Skopus, eines „einheitlichen Sinn[s], auf das Ganze zielt" (H. G. Gadamer: Wahrheit und Methode. Tübingen ⁴1975, S. 164), ist aufgegeben. Diese Konzeption der traditionellen Bibelexegese „macht[e] die Voraussetzung, daß die Bibel selbst eine Einheit ist" (ebd.), und unterliegt als Säkularisat (der 'referentia erga deum hermeneutica') allen Versuchen einer einsinnigen 'Gesamtdeutung'. Der wirkungsgeschichtlich an der Moderne geschulte Leser hat nun zu berücksichtigen, daß er für das einzelne Werk keinen Skopus mehr angeben, ihn also auch bei einer Interpretation nicht antizipieren kann. Der vor allem von Schülern immer geäußerte Wunsch, nun endlich zu sagen, „worum es denn *eigentlich* geht", bleibt so letztlich unerfüllbar und muß tendenziell den Oberstufenschülern als eine mit der modernen Literatur ungleichzeitige Erwartungshaltung erkennbar werden.

Wolfgang Koeppen: [Frau Behrend trinkt Kaffee] (S. 288 ff.) 180

Zum Text
Wolfgang Koeppen hatte schon in den 30er Jahren zwei Romane veröffentlicht, die aber wegen der Auflösung des Cassirer-Verlags durch die Nationalsozialisten keine größere Wirkung entfalten konnten. In den Jahren 1951, 1953 und 1954 publizierte er dann drei Romane (‚Tauben im Gras', ‚Das Treibhaus', ‚Der Tod in Rom'), die von Kritik und Lesern weitgehend verständnislos aufgenommen wurden. Danach verfaßte Koeppen Reiseberichte und autobiographische Texte; in den 60er und 70er Jahren erhielt er einige wichtige Literaturpreise.
„Pigeons on the grass alas", der titelgebende Vers von Gertrude Stein (1874–1946), ist dem Roman als Motto vorangestellt und dient im weiteren Verlauf dem fiktiven Schriftsteller Edwin als Aufhänger für eine Rede, in der, satirisch verkehrt als Kritik an bestimmten modernen Literaten, das dem Roman zugrunde liegende Menschenbild thematisiert wird: „Wie Tauben im Gras, sagte Edwin, die Stein zitierend, [...] wie Tauben im Gras betrachteten gewisse Zivilisationsgeister die Menschen, indem sie sich bemühten, das Sinnlose und scheinbar Zufällige der menschlichen Existenz bloßzustellen, den Menschen frei von Gott zu schildern, um ihn dann frei im Nichts flattern zu lassen, sinnlos, wertlos, frei und von Schlingen bedroht, dem Metzger preisgegeben, aber stolz auf die eingebildete, zu nichts als Elend führende Freiheit von Gott und göttlicher Herkunft."
Stilistisch ist der Roman orientiert vor allem an Joyce und Dos Passos. Die erzählte Zeit ist zusammengedrängt auf einen Tag zwischen Frühmesse und Mitternacht, die Handlung spielt durchgängig in München und ist segmentiert in eine Fülle von Schauplätzen und Personen, die oft nur assoziativ verbunden sind. Entsprechend kann der Textausschnitt, die sechste von knapp über hundert Textsequenzen, die Strukturierungsprinzipien des Romans nur eingeschränkt wiedergeben.

Achtes Kapitel: Zu Text 180, S. 288 ff.

Zur Interpretation
Es empfiehlt sich die Gliederung des Textes nach Abschnitten.
Der erste Abschnitt (S. 288, Z. 37 – S. 289, Z. 5) bleibt auf der Ebene der Erzählgegenwart. Die Bewußtseinsmomente der Tochter der Hausbesorgerin sind assoziativ verbunden mit der dritten Textsequenz, die die maskenbildnerischen Vorbereitungen für einen Filmschauspieler beschreibt, der als „Erzherzog" der Star einer „deutschen Superproduktion" und ein von der Massenpresse aufgebautes Frauenidol ist. Die Flucht in eine von den Massenmedien suggerierte Scheinwelt („Sie war hungrig nach dem Leben, wie es ihr Filme zeigten", S. 288, Z. 39) steht exemplarisch für eine Form der regressiven Verarbeitung der bedrängenden Gegenwart („Sie fühlte sich ausgenutzt", S. 289, Z. 3 f.), die dem Menschen innerhalb von Zufälligkeiten und Sinnlosigkeiten (s. o.) keine Orientierungsmuster mehr liefert. Die Bewußtseinsmomente selbst sind ein Konglomerat von Archaismen („Messias"), kleinbürgerlichen Aufstiegsphantasien („Millionärssohn im Sportwagen") und zeitgenössischen verblasenen Modernitätsvorstellungen („das technische Genie", „der Knock-out-Sieger über die Zurückgebliebenen").
Der zweite Abschnitt (S. 289, Z. 6 – S. 289, Z. 19) beschreibt eine durch die Anrede „Frau Obermusikmeister" (S. 289, Z. 4 f.) ausgelöste Rückblende: „Die Anrede zauberte das Bild schöner Tage" (S. 289, Z. 6). Dieser Fluchtmechanismus beschwört eine Vorkriegszeit, die auf ihre Scheinhaftigkeit durchschaubar wird. So werden die sozialen Rangunterschiede zwischen Frau Behrend und den Frauen der Regimentsoffiziere nur für das Ritual der Platzmusik ausgesetzt (vgl. S. 289, Z. 14 f.).
Der dritte Abschnitt (S. 289, Z. 20 – 26) ist wieder Erzählgegenwart und beschreibt Bewußtseinsmomente von Frau Behrend. Die Verarbeitung von Krieg und Nationalsozialismus bleibt beschränkt auf persönliches Ressentiment („Frau Behrend hatte den Krieg nicht gewollt. Der Krieg verseuchte die Männer", – S. 289, Z. 20 f.), da das Kriegsgeschehen offensichtlich die Ehe von Frau Behrend zerstört hat (vgl. S. 289, Z. 24 ff.).
Der vierte Abschnitt (S. 289, Z. 27 – S. 290, Z. 29) thematisiert die Erfahrung der „Normalisierung" der zeitgenössischen Verhältnisse: „Die Zeit der Gesetzlosigkeit war vorbei" (S. 289, Z. 27 f.). Plakative Zeitungsschlagzeilen dienen als Anschauungsmaterial für die Wahrnehmung dieser Übergangszeit zwischen Zusammenbruch und Besatzungszeit: *„Gruppenführer als Rabbiner in Palästina, Barbier Direktor der Frauenklinik"* (S. 289, Z. 28 f.). Für Frau Behrend manifestiert sich die neu ausgebildete Ordnung in der Verpflichtung ihres Mannes zur Unterhaltszahlung (vgl. S. 289, Z. 31 ff.). Frau Behrend sieht dies als „Tribut an die Ehrbarkeit" (S. 289, Z. 33). Dieser geregelten Unterstützung steht entgegen die rapide Preissteigerung im Gefolge der Währungsreform; der Preisindex für Verbrauchsgüter stieg vom 21. Juni 1948 (dem Stichtag der Währungsreform) bis zum Jahresende von 150 auf 185. Als Ausweg bot sich an der Kauf von „Unverzollte[m] und Unversteuerte[m]" (S. 289, Z. 44 f.). In fataler Perpetuierung nationalsozialistischer Ideologeme erscheinen die Juden als Nutznießer dieser wirtschaftlichen Lage: „Juden – das waren schwarzhaarige, gebrochenes Deutsch sprechende Leute, Unerwünschte, Ausländer, Hergewehte" (S. 289, Z. 35 ff.). Schuldgefühle angesichts der nationalsozialistischen Verbrechen (vgl. S. 289, Z. 38 f.) sind nicht ausgebildet („warum mit Bomben beworfen? mein Gott, warum geschlagen? für welche Sünde gestraft?" – S. 289, Z. 40 f.), vielmehr wird der Vorwurf erhoben, daß die Juden „mit dem geretteten Leben nichts anderes zu beginnen wußten, als auf den Schuttplätzen der zerbombten Städte [...] in kleinen, schnell errichteten Buden, den windigen Notläden, Unverzolltes und Unversteuertes zu verkaufen" (S. 289, Z. 39 ff.). Ähnliche Denkmuster zeigt die Lebensmittelhändlerin: „Sie lassen uns nichts [...] nichts, sie wollen uns zugrunde richten" (S. 289, Z. 45 f.). Dabei bleibt offen, wer mit „sie" gemeint ist – die Juden, die den Verkauf ihrer Waren behindern (vgl. S. 290, Z. 8 f.), oder die amerikanischen Besatzungssoldaten, die ihre Villa beschlagnahmt haben (vgl. S. 289, Z. 47); letztlich trifft das Ressentiment beide. Vor allem die farbigen Soldaten werden zunehmend zur Projektionsfläche nationalistisch-rassistischer Vorurteile, und gegen Ende des Romans stürmt ein durch ein falsches Gerücht aufgebrachter Mob einen Klub für farbige US-Soldaten. Die Parallelität der Verhaltensweisen gegenüber Farbigen und Juden wird offensichtlich: „Die Älteren fühlten sich an etwas erinnert; sie fühlten sich an eine andere Blindheit, an eine frühere Aktion, an andere Scherben erinnert. Mit Scherben hatte es damals begonnen, und mit Scherben hatte es geendet." An dieser Stelle des Romans bleibt es noch bei der verzerrten Wahrnehmung fremder Verhaltens- und Lebensgewohnheiten (vgl. S. 290, Z. 1 ff.). Gleichwohl wird hier schon, jenseits nationaler Zugehörigkeiten, die „Solidarität der weißen Rasse" (S. 290, Z. 21 f.) beschworen. Weitere Textstellen sind nur vor dem Hintergrund der Währungsreform verständlich. *„Vierzig Mark Kopfgeld"* (S. 290, Z. 12 – wieder eine Zeitungsschlagzeile) war der am Stichtag an jeden ausbezahlte Betrag neuen Geldes, „sechs Prozent Aufwertung des Ersparten und vierundneunzig Prozent in den Wind geschrieben" (S. 290, Z. 12 f.) verweist auf das Festkontengesetz vom Oktober 1948, das die Umrechnung alter Bankguthaben in die neue Währung regelte und das in seiner Auswirkung ein Umstellungsverhältnis von 100 zu 6,5 ergab. Angesichts dieser

Situation reüssieren wieder Egoismus („Der eigene Bauch am nächsten", S. 290, Z. 13) und alte soldatische „Tugenden" („Die Welt war hart. Soldatenwelt. Soldaten packten hart zu", S. 290, Z. 13 f.). Als Kompensation dieser bedrückenden Erfahrungen dient auch Frau Behrend die illusionistische Scheinwelt der Trivialkultur: „Eine spannende Geschichte, ein lebenswahrer Roman: *Das Schicksal greift nach Hannelore*" (S. 290, Z. 24f.). Denn hier gilt noch: „Aber im letzten Kapitel triumphieren die Guten" (S. 290, Z. 29).

Zur Behandlung im Unterricht
Der Textausschnitt kann keinen Gesamteindruck des Romans vermitteln. (Zur Orientierung vgl. z. B. Geschichte der deutschen Literatur, Band 6: Von 1945 bis zur Gegenwart. Klett, Stuttgart 1984, S. 90ff.) Wichtig wäre daher vor allem die detaillierte Auseinandersetzung mit der komplizierten Erzähltechnik Koeppens. Aufgabe der Schüler ist die Unterscheidung unterschiedlicher Zeit- und Erzählebenen, also die Herausarbeitung von Rückblenden und Bewußtseinsmomenten der Figuren. Zusätzlich kann die Anwendbarkeit der Stanzelschen Erzähltypologie diskutiert werden: Wird durchgängig die personale Erzählsituation verwendet, oder gibt es Textstellen, an denen eine übergeordnete Erzählinstanz zu erkennen ist? – z. B. S. 290, Z. 26ff., was im Kontext der verwendeten modernen Erzähltechnik ja ironisch zu verstehen ist.
Die Ansatzpunkte für eine inhaltliche Diskussion sind offensichtlich: Diskrepanz zwischen der heute gängigen Etikettierung der 50er Jahre als Aufbauphase und dem dargestellten immanenten Pessimismus, Weiterwirken faschistischer Ideologeme und Bewußtseinsmomente etc. Daran anschließend kann auch die weitgehend negative Rezeption des Romans durch die Zeitgenossenschaft verständlicher werden.

Thematische Bezüge im Kapitel
Vgl. Einleitung zum Abschnitt „Satirische Zeitkritik".

Martin Walser: [Das Angebot] (S. 290 ff.)   181

Zum Text
Walsers erster Roman, ‚Ehen in Philippsburg', besteht aus vier, durch Ehethematik, Figuren, Schauplatz etc. vielfach miteinander verbundenen Teilen. Der erste Teil, „Bekanntschaften", dem auch der abgedruckte Textauszug entnommen ist, schildert den beginnenden sozialen Aufstieg des der gesellschaftlichen Unterschicht entstammenden Hans Beumann, dem nach erfolgreichem Studium der Zeitungswissenschaften über die „Bekanntschaft" mit seiner Studienkollegin Anne Volkmann von deren Vater, einem erfolgreichen Fabrikanten, die Herausgabe eines industriellen Pressedienstes angetragen wird. Im weiteren Verlauf des Romans sichert er diese soziologisch eher untypische Karriere durch die Heirat mit der altjüngferlichen Anne ab. Gleichzeitig wird deutlich, daß Beumann auch seine Denk- und Verhaltensmuster der neugewonnenen sozialen Stellung anpaßt und sich konformistisch der Philippsburger „oberen Mittelschicht" integriert.

Zur Interpretation
Die Konfrontation zwischen Volkmann und Hans Beumann wird durch die subtile Beschreibung durchsichtig auf die latenten Machtbeziehungen zwischen beiden. Dabei ist die Diskrepanz der unterschiedlichen Soziallagen offensichtlich; interessant ist aber auch die Untersuchung der durch Körpersprache und Blickkontakt verdeutlichten Unterordnungsverhältnisse innerhalb einer „face-to-face"-Interaktion, was im theoretischen Kontext einer Soziologie des Alltagshandelns für Schüler von lebensunmittelbarer Bedeutung sein kann. Der Blickkontakt ermöglicht idealerweise die wechselseitige Wahrnehmung von Wahrnehmungen im Sinne von Ronald D. Laings „interpersonal perception". Oder wie Georg Simmel schreibt: „Unter den einzelnen Sinnesorganen ist das Auge auf eine völlig einzigartige soziologische Leistung angelegt: auf die Verknüpfung und Wechselwirkung der Individuen, die in dem gegenseitigen Sich-Anblicken liegt. Vielleicht ist dies die unmittelbarste und reinste Wechselbeziehung, die überhaupt besteht" (Exkurs über die Soziologie der Sinne, zitiert nach G. Schneider/K. Laermann: Augenblicke. Über einige Vorurteile und Einschränkungen geschlechtsspezifischer Wahrnehmung. In: Kursbuch 49). Unter herrschaftsfreien Verhältnissen erführe so der einzelne diese „Wechselwirkung der Individuen" als wechselseitige Anerkennung der jeweiligen Person, nach Hegel unabdingbare Voraussetzung der Ausbildung von Selbstbewußtsein: „Sie anerkennen sich als gegenseitig sich anerkennend" (Phänomenologie des Geistes).
In der im Text beschriebenen Situation des Stellenangebots jedoch (S. 290, Z. 36 – S. 291, Z. 32) dient der Blick als Herrschaftsinstrument. Hans Beumann erkennt sofort, daß man es sich „leisten können" muß, „zu

Achtes Kapitel: Zu Text 181, S. 290ff.

schweigen, zu lächeln und einen anzuschauen" (S. 290, Z. 39f.). Diese einseitige 'Fixierung' (S. 291, Z. 5) legt die hinter den konzilianten Umgangsformen Volkmanns (S. 290, Z. 36, S. 291, Z. 31 f.) verborgenen Machtmechanismen bloß. Denn es gehört zwar „zum guten Ton, bei einem Gespräch dem anderen in die Augen zu schauen. Dieser Blickkontakt ist jedoch überaus fein dosiert, denn schon die eine Sekunde, die eine 'Blickberührung' länger dauert als üblich und angemessen, kann als echter Einbruch in die Intimsphäre gelten" (Otto Koenig: Die Ritualisierung des Auges in der Ornamentik, zitiert nach Schneider/Laermann). Dieser „Einbruch in die Intimsphäre" ist ein Aggressionsakt von Volkmann, auf den Hans Beumann nicht angemessen reagieren kann: Er hält dem Blick nicht stand, er läßt sich „ablenken, [...] schaute schräg nach oben" (S. 290, Z. 43f.). Diese soziale und psychologische Unterlegenheit wird von Beumann kompensiert durch distanzierende Reflexion („Für wen lebte der eigentlich? [...]" – S. 290, Z. 40ff.), durch Identifikation („Hans bewunderte diesen Mann", S. 290, Z. 39) und durch aggressive Ersatzhandlungen (u. a. versucht er, eine Schnake zu erschlagen – vgl. S. 290, Z. 42ff.).
Das konkrete Stellenangebot verändert und intensiviert für Hans Beumann die eigene Körperwahrnehmung („Hans' Gesicht wurde heiß, er spürte seine Brauen, seine Lippen, seine Nase bis in die äußersten Enden", S. 291, Z. 5f.), eine Reaktion, die in ihrer Bedeutung allerdings offenbleibt (Scham, Aufregung, Freude?). Auf jeden Fall aktualisiert Hans sofort soziale Aufstiegsphantasien (S. 291, Z. 9ff.), die in ihrer Ausgestaltung rückgebunden sind an seine früheren Erfahrungen mit Statussymbolen und Prestige bei der Stellensuche. Auch die eigene, oftmals als eingeschränkt erlebte Kommunikationskompetenz sieht er verbessert (vgl. S. 291, Z. 18). Die Freude darüber, daß er sein Gefühl von der eigenen Nutzlosigkeit überwunden hat (vgl. S. 291, Z. 19ff.), wird sofort unterbrochen von Selbstzweifeln, ob er den vorgestellten Erwartungen seiner Auftraggeber gerecht werden kann (vgl. S. 291, Z. 26ff.). Beide Reaktionen, Aufstiegsphantasien und Selbstzweifel, erweisen sich allerdings später als unangemessen, da sich Volkmann die alleinige Entscheidungsbefugnis vorbehält und Hans kaum mehr als ein Strohmann ist.
Als Mitarbeiterin von Hans Beumann ist Volkmanns Tochter Anne vorgesehen (vgl. S. 291, Z. 33). Dadurch und vor allem durch die spätere Heirat wird für Volkmann die Loyalität Beumanns zusätzlich familial institutionalisiert und abgesichert; für Beumann selbst vollendet die von ihm eigentlich nicht gewollte Heirat seine Initiation in die Philippsburger „Gesellschaft". Die Bemerkungen Annes, daß „sie nicht sicher war, ob er annehmen würde" (S. 291, Z. 34), und daß „sie ja seine politische Einstellung nicht [kenne]" (S. 291, Z. 41f.), lösen bei Beumann eine Fülle von Reflexionen aus, die alle dadurch gekennzeichnet sind, daß sie seine Vergangenheit und seine früheren Ansichten in Übereinstimmung zu bringen versuchen mit seiner jetzigen Interessenlage: „Wir haben also so viele Leben, wie wir Lebenseinstellungen haben" (P. Berger: Einladung zur Soziologie. München 1977).
Beumann glaubt seine Entscheidungsfreiheit durch seine soziale Notlage eingeschränkt, nur reiche Leute können ein „Angebot" ablehnen (vgl. S. 291, Z. 35ff.). Seine „politische Einstellung", in der er die Verabsolutierung des Partialwertsystems der Wirtschaft „zur unerläßlichen Bedingung menschenwürdigen Daseins" (S. 292, Z. 2) kritisiert, wird im Rückblick zur 'Nörgelei' relativiert (vgl. S. 292, Z. 6), die angesichts der Konzilianz der Mächtigen („Herr Volkmann war ein gütiger Mensch", S. 292, Z. 6f.) und der Verführungskraft des bürgerlichen Interieurs und seiner Lebensformen ihre Relevanz verliert (vgl. S. 292, Z. 7ff.). Außerdem glaubt Beumann wegen der Komplexität der modernen Gesellschaft und der Fachkompetenz der Spezialisten die Verantwortung den Fachleuten überlassen zu können: „Damals habe es vielleicht noch genügt, einen heißen Kopf und ein starkes Herz zu haben, heute müsse man Bescheid wissen, Fachmann sein" (S. 292, Z. 17ff.). Zwar bleibt ihm „ein schlechtes Gewissen" (S. 292, Z. 33), aber er leugnet jede Handlungsmöglichkeit: „Aber was sollte er tun?" (S. 292, Z. 36.) Außerdem glaubt er sich durch seine Biographie (vgl. S. 292, Z. 37ff.) dem Anspruch enthoben, „jetzt seine Zukunft [zu] opfern" (S. 293, Z. 9), vor allem „war es für Herrn Volkmann eine Kleinigkeit, für diesen Posten einen anderen zu finden [...], also nahm er an" (S. 293, Z. 13ff.). Die potentielle Beurteilung durch seine früheren Bezugsgruppen, „Studienfreunde, Kleinbürgersöhne und Proletarier wie er" (S. 292, Z. 16), entwertet er durch die Entindividualisierung seiner Entscheidung; sie sei repräsentativ für „Mitteleuropa", wo sie zum „stereotyp gewordene[n] Verlauf" einer „Biographie" gehöre (vgl. S. 292, Z. 26ff.), ein „Verrat, der den Jüngling zum Mann macht" (S. 292, Z. 28). Sein Fazit lautet: „Er konnte nicht anders, er war allein" (S. 292, Z. 30f.).
Hans Beumanns Reflexionen zeigen beispielhaft, „daß wir unsere Weltanschauungen – und mit ihnen Deutungen und Umdeutungen unserer Biographie – auswechseln, wenn wir aus einer sozialen Welt in eine andere eintreten". Denn der Mensch als soziales Wesen „braucht einen gesellschaftlichen Sinnzusammenhang, der seine Lebensform bestätigt" (P. Berger).

Achtes Kapitel: Zu Text 182, S. 293 ff.

Zur Behandlung im Unterricht
Der Text ist, wie in der Einleitung zu diesem Abschnitt verdeutlicht, „satirische Zeitkritik" an der bewußtseinsmäßigen Anpassung der sich herausbildenden Wohlstandsgesellschaft der 50er Jahre. Dabei ist der psychologische Anpassungsprozeß Beumanns an seine sich verändernde Lebenssituation soziologisch gesehen durchaus rational und 'normal'; zur Satire eignet sich dieser Vorgang nur, weil Beumann jegliches sozialpsychologisches Orientierungswissen fehlt, er seine Anpassungsstrategien selbst nicht durchschaut und ihnen unbewußt unterliegt. Beumann gelingt es nicht, das Spannungsverhältnis zwischen „sozialer" und „personaler Identität" auszuhalten, er verabsolutiert seine (notwendige) Anpassung an ein verändertes soziales Rollengefüge, ohne gleichzeitig die Fähigkeit zur Rollendistanz, also zur durchaus positiven, aber nur partiellen Identifikation mit seiner neuen Rolle aufzubringen. Diese komplexen Deutungskategorien sind für die Behandlung des Textes notwendig, um eventuell allzu einfache Erklärungen der Schüler zu modifizieren. Auf keinen Fall sollte die Interpretation bei der textimmanenten Deutungshypothese – Verrat an früheren Überzeugungen, sozialer Aufstieg durch Anpassung – stehenbleiben; gerade für Walser selbst hat sich ja dieses Problem in späteren Romanen, vor allem im ‚Einhorn', vielfach verändert und verkompliziert.
Konkrete Aufgabenstellungen für Schüler könnten sein: Genaue, paraphrasierende Textwiedergabe; Herausarbeiten satirischer Sprachverwendung, Diskussion ausgewählter Probleme (z. B. Verabsolutierung des Partialwertsystems der Wirtschaft, unterschiedliche Voraussetzungen des politischen Engagements früher und heute, interpersonelle Wahrnehmung, „sich-selbst-treu-bleiben" oder „Anpassung" etc.); Vorstellung des gesamten Romans durch Referat(e). Interessant und von lebensunmittelbarer Bedeutung für Schüler ist auch die Behandlung des Übergangs in den Beruf: Schule/Studium als Freiraum? Beruf als notwendige Unterordnung?

Thematische Bezüge im Kapitel
Vgl. Einleitung zum Abschnitt „Satirische Zeitkritik".

Günter Grass: Die Blechtrommel (S. 293 ff.) 182

Zum Text
Grass' Roman ist in seiner immanenten Reflexion der Bedingungen der Möglichkeit des Erzählens deutlich mit der frühmodernen Romantradition verbunden (Rilke, R. Walser, Broch, Musil). Schon im ersten Satz des Romans – „Zugegeben: ich bin Insasse einer Heil- und Pflegeanstalt" – wird der mögliche Einwand des Lesers eingestaltet, daß aus dieser Perspektive keine totale Weltsicht mehr vermittelt werden kann. Obwohl nun dieser reduzierte 'Held' und Erzähler trotzdem behauptet, „die Hauptsache aufs Papier bringen zu können" (Erstes Buch: „Unterm Floß"), ist deutlich, daß das unterlegte Muster des Entwicklungsromans aufgegeben wird: „Damit es sogleich gesagt sei: Ich gehörte zu den hellhörigen Säuglingen, deren geistige Entwicklung schon bei der Geburt abgeschlossen ist und sich fortan nur noch bestätigen muß" (Erstes Buch: „Falter und Glühbirne"). Auch ist ‚Die Blechtrommel' kein ‚Epochenroman', das muß gegen Grass selbst festgehalten werden, wenn er behauptet: „In meinen drei Prosawerken – ‚Die Blechtrommel', ‚Katz und Maus' und ‚Hundejahre' – war ich bemüht, die Wirklichkeit einer ganzen Epoche [...] in literarischer Form darzustellen." Die dargestellte Wirklichkeit bleibt (legitimerweise) beschränkt auf grotesk verzerrtes Kleinbürgermilieu, dessen Ursächlichkeit für die Entstehung des Nationalsozialismus von Grass (unzulässig) verabsolutiert wird.
Der abgedruckte Textausschnitt entstammt dem Kapitel „Die Tribüne" des ersten Buches. Alfred Matzerath, Oskars Vater, war „im Jahre vierunddreißig, also verhältnismäßig früh die Kräfte der Ordnung erkennend, in die Partei [eingetreten] und brachte es dennoch nur bis zum Zellenleiter". Matzerath ist kein Parteiaktivist, er „ließ es mit der Teilnahme an sonntäglichen Kundgebungen auf der Maiwiese neben der Sporthalle genug sein". An diesen Kundgebungen nimmt auch Oskar öfter teil. Die potentiellen Vorhaltungen des Lesers hat er schon eingestaltet: „Sie werden sagen, muß es unbedingt in die Maiwiesen sein? Glauben Sie mir bitte, daß an Sonntagen im Hafen nichts los war, daß ich mich zu Waldspaziergängen nicht entschließen konnte, daß mir das Innere der Herz-Jesu-Kirche damals noch nichts sagte. Zwar gab es noch die Pfadfinder des Herrn Greff, aber jener verklemmten Erotik zog ich, es sei hier zugegeben, den Rummel auf der Maiwiese vor; auch wenn Sie mich jetzt einen Mitläufer heißen." Meistens übernimmt der Gauschulungsleiter Löbsack die Ansprache, und da er immer von der Tribüne aus spricht und körperlich auch entstellt ist (er hat einen Buckel), „hielt ich längere Zeit den Tribünenredner Löbsack, bucklig und

Achtes Kapitel: Zu Text 182, S. 293 ff.

begabt, wie er sich auf der Tribüne zeigte, für einen Abgesandten Bebras, der in brauner Verkleidung seine und im Grunde auch meine Sache auf der Tribüne verfocht". Bebra ist ein Liliputaner und Musikclown, den Oskar kurz vorher kennengelernt hatte. Die Bedeutung der Tribünenepisode wird durch Äußerungen Bebras, die vor der Textstelle liegen, teilweise verdeutlicht. So hat Bebra Oskar schon früh den Rat gegeben: „‚Bester Oskar, glauben Sie einem erfahrenen Kollegen. Unsereins darf nie zu den Zuschauern gehören. Unsereins muß auf die Bühne, in die Arena. Unsereins muß vorspielen und die Handlung bestimmen, sonst wird unsereins von jenen da behandelt. Und jene da spielen uns allzu gerne übel mit!' Mir fast ins Ohr kriechend, flüsterte er und machte uralte Augen: ‚Sie kommen! Sie werden die Festplätze besetzen! Sie werden Fackelzüge veranstalten! Sie werden Tribünen bauen, Tribünen bevölkern und von Tribünen herunter unseren Untergang predigen. Geben Sie acht, junger Freund, was sich auf den Tribünen ereignen wird! Versuchen Sie, immer auf der Tribüne zu sitzen und niemals vor der Tribüne zu stehen!' [...],Kleine Leute wie wir finden selbst auf der überfülltesten Tribüne noch ein Plätzchen: Und wenn nicht auf der Tribüne, dann unter der Tribüne, aber niemals vor der Tribüne.'" Oskar grüßt also eines Tages Löbsack mit „Bebra ist unser Führer!", muß allerdings erkennen, daß er sich „schwer in dem Mann [getäuscht hatte]. Weder war er, wie ich [scil. Oskar] gehofft hatte, ein Abgesandter Bebras, noch hatte er, trotz seines vielversprechenden Buckels, das geringste Verständnis für meine wahre Größe. [...] So kann es nicht verwundern, wenn mich die Partei schon im Sommer vierunddreißig, doch nicht vom Röhmputsch beeinflußt, zu enttäuschen begann. [...] Es liegt nahe, daß meine Kritik sich vor allen Dingen an den Trommeln und Fanfarenbläsern rieb; und im August fünfunddreißig ließ ich mich an einem schwülen Kundgebungssonntag mit dem Spielmanns- und Fanfarenzugvolk am Fuß der Tribüne ein."

In dem und den folgenden Kapitel „Schaufenster" gestaltet Oskar mögliche zeittypische Leserreaktionen vorweg ein: „Nichts liegt ferner, als in mir, wegen der sechs oder sieben zum Platzen gebrachten Kundgebungen, drei oder vier aus dem Schritt getrommelten Aufmärsche und Vorbeimärsche, nun einen Widerstandskämpfer zu sehen. Das Wort ist reichlich in Mode gekommen. [...] Man soll den Widerstand sogar verinnerlichen können, das nennt man dann: Innere Emigration." Oskar deutet sein Verhalten selbst: „Wir wollen noch einmal einen Blick unter Oskars Tribünen werfen. Hat Oskar denen was vorgetrommelt? Hat er, den Rat seines Lehrers Bebra folgend, die Handlung an sich gerissen und das Volk vor der Tribüne zum Tanzen gebracht? Hat er dem so schlagfertigen und mit allen Wassern gewaschenen Gauschulungsleiter Löbsack das Konzept vermasselt? Hat er an einem Eintopfsonntag im August des Jahres fünfunddreißig zum erstenmal und später noch einige Male bräunliche Kundgebungen auf einer zwar weißroten, dennoch nicht polnischen Blechtrommel wirbelnd aufgelöst? Das habe ich alles getan, werden Sie zugeben müssen. Bin ich [...] deshalb ein Widerstandskämpfer? Ich muß dies verneinen und bitte auch Sie, [...] in mir nichts als einen etwas eigenbrötlerischen Menschen zu sehen, der aus privaten, dazu ästhetischen Gründen, auch seines Lehrers Bebra Ermahnungen beherzigend, Farbe und Schnitt der Uniformen, Takt und Lautstärke der auf Tribünen üblichen Musik ablehnte und deshalb auf einem bloßen Kinderspielzeug einigen Protest zusammen trommelte. [...] Ich trommelte nicht nur gegen braune Versammlungen. Oskar saß den Roten und den Schwarzen, den Pfadfindern und Spinathemden von der PX, den Zeugen Jehovas und dem Kyffhäuserbund, den Vegetariern und den Jungpolen von der Ozonbewegung unter der Tribüne. Was sie auch zu singen, zu blasen, zu beten und zu verkünden hatten: meine Trommel wußte es besser. Mein Werk war also ein zerstörerisches." Oskar widersetzt sich also jeder, auch nachträglichen Vereinnahmung, er besteht auf seiner unaufhebbaren Destruktivität. Damit korrespondieren atavistische Regressionsphantasien, die gegen seine Existenz als solche stehen: „Noch heute wünsche ich mir, [...] unter den Röcken meiner Großmutter, immer wieder gegen mich selbst ausgetauscht, liegen zu dürfen."

Zur Interpretation

Die Personenkonstellation des ersten Abschnitts (S. 293, Z. 37 – S. 294, Z. 7) verweist auf ein durchgängiges Strukturprinzip des ganzen Romans. Während der sich über drei Generationen erstreckenden Handlung bleibt die jeweilige Mutterfigur singulär, während die Vaterfiguren verdoppelt sind. Bei Oskar wirkt sich das als faktische Vaterlosigkeit aus, da er beiden Vaterfiguren, Matzerath und dem Liebhaber seiner Mutter, Jan Bronski, ablehnend gegenübersteht und beide später bewußt zerstören wird. Die Erzieherfunktion wird jeweils von Personen außerhalb des Familienverbands ausgeübt (z. B. Bebra). Auch im Kontext dieser Textstelle besteht Oskar darauf, daß er Matzerath folgt, „ohne in ihm ein Vorbild zu sehen" (S. 294, Z. 4). Das Motiv der Vaterlosigkeit taucht bei Grass explizit wieder auf in ‚Katz und Maus'; zum sozialpsychologischen Kontext kann u. a. Alexander Mitscherlich: ‚Auf dem Weg zur vaterlosen Gesellschaft', München 1963, herangezogen werden.

Oskar nähert sich „erstmals" (S. 294, Z. 6) der Tribüne von hinten. Dieser Blick ‚hinter die Kulissen' zerstört

die Faszination arrangierter Massenrituale, und Oskar bleibt „gefeit [...] gegen jegliche Zauberei" (vgl. S. 294, Z. 10ff.). Die assoziative Verbindung zur Praxis religiöser Rituale (vgl. S. 294, Z. 12ff.) ist wiederum eine Konstante bei Grass (vgl. z. B. ‚Katz und Maus').
Danach verfällt Oskar in die infantile Erzählform: In der dritten Person erzählt er von sich selbst (vgl. S. 294, Z. 15ff. u.ö.). Die oberflächliche Deutung – Oskar hat als Dreijähriger sein Größenwachstum eingestellt – scheint allerdings nicht ausreichend. Zumindest bietet es sich an, den Wechsel auch als Hinweis auf die innere Soziabilität, auf den „inneren Plural" (Novalis) der Figur anzusehen. Oskar ist keine einsinnig zu deutende Figur, die psychologisch eindimensional aufzuschlüsseln wäre. Dieses Thema der inneren Differenzierung ist auch im Kontext der zeitgenössischen Romanproduktion zu verorten. So heißt es bei M. Walser im zweiten Teil der ‚Ehen in Philippsburg' (vgl. auch Text 181) von der Figur des Dr. Benrath: „Er war ein Ein-Mann-Theater. [...] Die Stimmen in ihm stritten sich, die einzelnen Rollen seines Seelentheaters. Heute war es schon eher ein Parlament. [...] Sein Theater spielte. Er agierte in allen Rollen." Und dann später im ‚Einhorn': „Ist man etwa kein Fürwörterparlament? Anselm, so heißt das Parlamentsgebäude, darin tagen die Erste Person, die Zweite Person, die Dritte Person. [...] Es wird auch nicht alle vier Jahre, sondern zirka hundertmal pro Tag gewählt. [...] Also: Vivat Dividuum. Der Tausendfalt. Und bald ein Hunderttausendfalt. [...] Der Mensch als pluralistische Gesellschaft m. b. H." Diese Überlegungen komplizieren die Einschätzung der oben zitierten Selbstdeutung, bei der auch zwischen erster und dritter Person gewechselt wird.
Danach hat Oskar seinen idealen Standort erreicht: „Unter dem Rednerpult hockte ich" (S. 294, Z. 27). Eigentliches Zielobjekt seiner Handlungen ist die Masse der Menschen: „Und dann die Menge. [...] Nein, sprach sich Oskar zu, sie sollen den Weg nicht umsonst gemacht haben" (S. 294, Z. 29f. und 36). Die Einschätzung der Masse folgt den bekannten Topoi: Entindividualisierung, Irrationalität und Beeinflußbarkeit, hier sprachlich angezeigt durch die Verwendung des sächlichen „das" (vgl. S. 294, Z. 30ff.). (Exemplarisch zur Massenpsychologie Gustav Le Bon: Psychologie der Massen, vor allem das erste Kapitel des ersten Buches ‚Allgemeine Kennzeichen der Massen'; zur Kritik vgl. z. B. P. R. Hofstätter: Gruppendynamik. Zur Kritik der Massenpsychologie. Hamburg 1957.)
Oskars Abscheu entzündet sich an der verwendeten Musik: „sidolgeputztes Blech" (S. 294, Z. 41) und „massives Gebumse auf kalbsfellbespannten Trommeln" (S. 294, Z. 44), „gradlinige Marschmusik" (S. 295, Z. 22) also. Gegen diese „übelste Landsknechtmanier" (S. 294, Z. 40) beruft sich Oskar auf zwei fiktive „Opfer der Bewegung" (S. 294, Z. 43), den „SA-Mann Brand" und den „Hitlerjungen Quex" (S. 294, Z. 41 f.), die Protagonisten zweier NS-Propagandafilme des Jahres 1933. Sofort phantasiert er sich in die Rolle des wahren Führers der Menge: „Jetzt mein Volk, paß auf, mein Volk!" (S. 294, Z. 46f.)
Obwohl der „Trommler" Oskar vor allem in den ersten beiden Büchern der ‚Blechtrommel' sicherlich partiell Hitler-Karikatur ist (vgl. dazu Hanspeter Brode: Günter Grass. München 1979, dort auch Belege), ist die Beschreibung des folgenden Geschehens auch als Nietzsche-Parodie deutbar; die metaphorischen Übereinstimmungen mit Nietzsches Aufsatz ‚Die Geburt der Tragödie' sind auffällig. Oskar tritt auf als grotesk verzerrter Dionysos, der „mitten im heißesten Tigeraugust" die „Volksgenossen" zu „Tausenden und Abertausenden [...] zum Charleston aufruft" (S. 295, Z. 34ff.). Für die „Kräfte der Ordnung" (vgl. oben) „war nichts mehr zu retten. Das Volk tanzte sich von der Maiwiese, bis die zwar arg zertretten, aber immerhin grün und leer war. Es verlor sich das Volk mit ‚Jimmy the Tiger' in den weiten Anlagen des angrenzenden Steffensparks. Dort bot sich Dschungel, den Jimmy versprochen hatte, Tiger gingen auf Sammetpfötchen, ersatzweise Urwald fürs Volk, das eben noch auf der Wiese drängte. Gesetz ging flöten und Ordnungssinn" (S. 294, Z. 45ff.). Zum Vergleich Nietzsche: „Unter dem Zauber des Dionysischen schließt sich nicht nur der Bund zwischen Mensch und Mensch wieder zusammen: auch die entfremdete oder unterjochte Natur feiert wieder ihr Versöhnungsfest mit ihrem verlorenen Sohne, dem Menschen. Freiwillig beut die Erde ihre Gaben, und friedfertig nahen die Raubtiere der Felsen und der Wüste. Mit Blumen und Kränzen ist der Wagen des Dionysus überschüttet: unter seinem Joche schreiten Panther und Tiger. [...] Singend und tanzend äußert sich der Mensch als Mitglied einer höheren Gemeinsamkeit: er hat das Gehen und Sprechen verlernt und ist auf dem Wege, tanzend in die Lüfte emporzufliegen." Und weiter: „Aber wie verändert sich plötzlich jene eben so düster geschilderte Wildnis unserer ermüdeten Kultur, wenn sie der dionysische Zauber berührt! [...] Verwirrt suchen unsere Blicke nach dem Entschwundenen: denn was sie sehen, ist wie aus einer Versenkung ans goldene Licht gestiegen, so voll, so grün, so üppig lebendig, so sehnsuchtsvoll unermeßlich. [...] Die Zeit des sokratischen Menschen ist vorüber: kränzt euch mit Epheu, nehmt den Thyrsusstab zur Hand und wundert euch nicht, wenn Tiger und Panther sich schmeichelnd zu eueren Knien niederlegen." Aber auch diese Übereinstimmung drängt sich auf: „Von diesen exhortativen Tönen in die Stimmung zurückgleitend, die dem Beschaulichen geziemt, wiederhole ich, daß nur von den

Achtes Kapitel: Zu Abschnitt III, S. 297ff.

Griechen gelernt werden kann, was ein solches wundergleiches plötzliches Aufwachen der Tragödie für den innersten Lebensgrund eines Volkes zu bedeuten hat. Es ist das Volk der tragischen Mysterien, das die Perserschlachten schlägt: und wiederum braucht das Volk, das jene Kriege geführt hat, die Tragödie als notwendigen Genesungstrunk." Sic!
Oskar hat also erfahren, daß er suggestiven Einfluß auf die Masse hat, gleichwohl lehnt er, in biblischer Metaphorik, jegliche Verantwortlichkeit ab: „Nein, nein, Oskar war kein Prophet" (S. 296, Z. 21). Er ist nicht wirklicher Führer, sondern „Verführer" – so bezeichnet er sich explizit im Folgekapitel. Es fehlt eine Autoritätsfigur (Vaterlosigkeit!), die ihn zur Aktion anhält: „Es war kein Herr, der sagte: ‚Mache dich auf und gehe in die große Stadt Ninive und predige wider sie!'" (S. 296, Z. 22f.) Oskar bleibt der potentielle Untergang gleichgültig („Ich jammerte weder um jenen biblischen Rizinus noch um Ninive, selbst wenn es Danzig hieß", S. 296, Z. 24ff.), er „hatte genug mit [sich] zu tun" (S. 296, Z. 26f.). Oskars oben zitierte Selbsteinschätzung ist also zumindest an dieser Stelle durchaus zutreffend: Sein Werk „war also ein zerstörerisches" und er kein „Widerstandskämpfer". Damit ist allerdings die komplexe Figur des „Blechtrommlers" nur partiell und für diesen Kontext gedeutet.

Zur Behandlung im Unterricht
Die Behandlung kann vorbereitet werden durch eine Überblicksdarstellung der Handlung und Personenkonstellation durch den Lehrer oder durch interessierte Schüler. Informationen über den zeitgenössischen Hintergrund müßten erfragt werden („An welchen Textstellen erkennt man den nationalsozialistischen Zeithintergrund?"), eventuell vom Lehrer ergänzt. Vor allem muß der Lehrer sicherstellen, daß durch Kontextinformationen die Intentionen Oskars verständlich werden. So könnten die Schüler erste Vermutungen über Oskars Absichten äußern, die dann mit zusätzlichen Textstellen (vgl. obige Zitate) verglichen werden. Ebenfalls bietet sich ein Vergleich der Textstelle S. 296, Z. 20–29 mit der entsprechenden Passage des Alten Testaments (Der Prophet Jona) an. Daran anschließend können die Schüler Oskars Verhalten charakterisieren und bewerten.
Eine weitere Aufgabenstellung wäre die Aufdeckung und Bewertung sprachlicher Besonderheiten (direkte Leseranrede, infantile Erzählform, biblische Metaphorik etc.).
Abschließender Diskussionsgegenstand wären dann der Zusammenhang von Nationalsozialismus, Verführbarkeit der Menge, Kleinbürgertum und die entsprechenden sozialpsychologischen Erklärungsansätze.

Thematische Bezüge im Kapitel
Vgl. Einleitung zum Abschnitt „Satirische Zeitkritik".

III. Die sechziger Jahre: Literatur und Wirklichkeit – Versuche der Neuorientierung (S. 297 ff.)

R. Hinton Thomas und Keith Bullivant schlagen in ihrer Darstellung der bundesdeutschen Literatur der 60er Jahre vier wesentliche Aspekte vor, die für den Gegenstand spezifisch sind (R. H. Thomas/K. Bullivant: Westdeutsche Literatur der sechziger Jahre. München [dtv 4157] 1975):
– Identität: Im Hintergrund stehen die Erfahrungen des gesellschaftlichen Pluralismus, also heterogener Interessen und Werte, gesellschaftlicher Konkurrenz und Konflikte. Die Identität der Person wird rollenpluralistisch als inkongruent, wechselnd erlebt, derart meist prekär oder bedroht erfahren. Die Kehrseite ist das Problem der Realitätswahrnehmung: Inwieweit kann ich mich auf meine Realitätserfahrung verlassen, inwieweit bietet sie noch Orientierungssicherheit? Inwieweit bin ich umgekehrt in meiner Wirklichkeitserfahrung durch Konventionen und gruppenspezifische Muster geprägt? Dieter Wellershoff reflektiert dieses Problem unter dem Aspekt der notwendig subjektiven, perspektivischen Wahrnehmung der Realität durch den Schriftsteller, jenseits der konventionellen Sichtmuster (Text 184). In Jürgen Beckers ‚Feldern' (Text 185) begegnet uns eine radikalisierte Umsetzung der Position Wellershoffs: die strukturelle Verarbeitung des Identitätsproblems in einer pluralistischen Prosa, der Versuch, Realitätswahrnehmungen und Selbsterfahrungen in heterogenen Formen zu Sprache zu bringen, die Auflösung der Einheit erzählender Prosa in einzelne Erfahrungsfelder.
– Politisierung: Mit dem Bau der Berliner Mauer vom 13. August 1961 verschärfte sich der Ost-West-Konflikt in Deutschland: Das Problem der deutschen Teilung bleibt ein Thema der Literatur auch der 60er Jahre (Text 183). Eine politisch neue Dimension entsteht vor allem in der zweiten Hälfte der 60er Jahre:

Achtes Kapitel: Zu Text 183, S. 297ff.

Vietnam-Konflikt, Studentenbewegung, verschärfte Kritik an antidemokratischen Strukturen in Staat und Gesellschaft sowie an der kapitalistischen Organisation der Wirtschaft. In diese Auseinandersetzung wird gegen Ende der 60er Jahre die Literatur massiv einbezogen, ihr Engagement wird gefordert.
- Das „Ende der Literatur": Die Politisierung der Literatur machte zugleich ihre Grenzen deutlich; auch die politisch engagierte Literatur blieb Literatur, zumal unter den Bedingungen einer entwickelten Kulturindustrie, also ein Konsumartikel auf dem Kulturmarkt, zur Befriedigung bestimmter, u. U. sehr differenzierter Unterhaltungsbedürfnisse verbraucht. Unter diesem Aspekt schien fiktionale Literatur oder gar Literatur überhaupt, sofern sie die politische Kritik oder Veränderung intendierte, ihr Ziel immer zu verfehlen. Die Forderung der Abschaffung oder die These des Endes der Literatur waren die Konsequenz. Alfred Andersch und Hans Magnus Enzensberger reflektieren dieses Problem (Text 188).
- Dokumentation: Eine etwas andere Konsequenz der gleichen politischen Intention war der Verzicht auf die Fiktion, der Versuch der weitgehenden Ausschaltung des subjektiven Faktors. In der dokumentarischen Prosa verzichtet der intellektuelle Literat auf die eigene Rekonstruktion der Arbeitswelt, sie soll vielmehr unmittelbar zur Sprache kommen in Dokumenten oder Tonbandprotokollen von ihr betroffener Menschen. Ähnlich wurde in der dramatischen Literatur der Versuch gemacht, historische Realität, zumal die des weitgehend verdrängten Faschismus in Deutschland, durch den unmittelbaren Rückgriff auf historische Dokumente, Gerichtsakten und -protokolle, festzuhalten. Neben Rolf Hochhuth hat vor allem Peter Weiss für die Theorie (Text 186) und die Praxis (Text 187) des dokumentarischen Theaters entscheidende Impulse gegeben.

Jene vier Themen widerspiegeln zugleich auch eine intensive theoretische Diskussion um die Wirkungsmöglichkeiten und -grenzen, die formale Bandbreite, die Legitimation von Literatur: Die Fragwürdigkeit literarischer Produktion wird zum vielleicht zentralen, die unterschiedlichen Konzepte und Versuche verbindenden Thema der 60er Jahre. Die Texte 184, 186 und 188 stehen für die literaturtheoretische Diskussion, die Texte 183, 185, 187 verdeutlichen die Bandbreite neu entwickelter, kritisch auf die gesellschaftliche Realität zielender Schreibweisen.

Uwe Johnson: Beihilfe zum Umzug (S. 297 ff.) 183

Zum Text
‚Karsch und andere Prosa' erschien 1964 als dritte Veröffentlichung Uwe Johnsons (1959: ‚Mutmaßungen über Jakob'; 1962: ‚Das dritte Buch über Achim'), fünf Jahre nach seiner Übersiedlung aus der DDR. Mit den ersten drei Prosatexten dieses Bandes – ‚Beihilfe zum Umzug' ist der zweite Text – kehrt Johnson zurück in den Umkreis seines Romans ‚Mutmaßungen über Jakob': Jakob Abs und seine Freundin Gesine Cresspahl, die Hauptfigur der späteren großen Tetralogie ‚Jahreszeiten', tauchen wieder auf. Durch sie eingeführt werden neue Figuren, etwa Grete Selenbinder in ‚Beihilfe zum Umzug'. Fast alle Figuren Johnsons haben miteinander zu tun: Die Hauptfigur des zweiten Romans, der Journalist Karsch, ist mit Gesine Cresspahl befreundet. Man hat geradezu eine 'Stammtafel' von Johnsons Figurenarsenal aufstellen können über vier Generationen hinweg (Walter Schmitz: Uwe Johnson. C. H. Beck, München 1984, S. 112). Mit Uwe Johnson begegnen wir, so ein Erklärungsansatz, einem Schriftsteller, „der ein Jahr lang über seine Gestalten nachdenkt, ehe er mit der Niederschrift beginnt; der so völlig in seiner Geschichte, in seinen Figuren und Nebenfiguren aufgeht, daß er sich deren Leben auch noch in Nebensächlichkeiten und belanglosen Episoden, mit Fremden, Verwandten und Bekannten vorstellen kann" (Wilhelm Johannes Schwarz: Der Erzähler Uwe Johnson. Francke, Bern/München 1973, S. 40).

Zur Interpretation
Erzähltechnisch fällt auf der unvermittelte Beginn: Der Ort-Zeit-Rahmen wird nicht bestimmt, Gesine Cresspahl wird nicht vorgestellt, die Bekanntschaft mit ihr wird vielmehr vorausgesetzt, anderenfalls kommt sie in dieser Erzählung nicht mehr zustande. Das gleiche gilt für ihren Vater, Heinrich Cresspahl. Das gleiche gilt für Jerichow:
- Die „enge Stadt" Jerichow (S. 297, Z. 13), von Johnson beschrieben als von der historischen Entwicklung abgeschirmter Winkel der Provinz, ein „Abseits unseres Jahrhunderts" (W. J. Schwarz, s. o., S. 22). Aus den Beschreibungen Jerichows in Johnsons Werk hat man auf die Kleinstadt Klütz in Mecklenburg geschlossen. Warum nennt Johnson den Ort „Jerichow"? Das Jericho des Alten Testaments, nahe der Mündung des Jordan ins Tote Meer, liegt 250 m unter dem Meeresspiegel, in einem 'Abseits' also? Jericho war umgeben von 7,60 m hohen und 1–5 m starken Mauern, von Gott dem Untergang geweiht und durch Josua mittels Hörnerklangs und israelitischen Kriegsgeschreis zerstört (Jos. 6,1–27).

Achtes Kapitel: Zu Text 183, S. 297 ff.

- Heinrich Cresspahl, Kunsttischler in Jerichow, geboren 1888. Nach langen Jahren in den Niederlanden und in Richmond bei London errichtet er 1933 in Jerichow, der Geburtsstadt seiner Frau Lisbeth Papenbrock, einen eigenen Betrieb. 1945–1948 in sowjetischer Haft. Geht 1950 in Rente, stirbt im Herbst 1962 in Jerichow.
- Gesine Cresspahl, Tochter Heinrich Cresspahls und seiner Frau Lisbeth, geboren 1933. Seit 1938 Halbwaise. Abitur 1952. Studium der Anglistik in Halle. Bleibt nach dem 17. Juni 1953 in West-Berlin. In Frankfurt a. M. Ausbildung als Diplomdolmetscherin. Übersetzerin beim Amt für Manöverschäden der NATO in Mönchengladbach. Ausbildung im Bankwesen in Düsseldorf. Seit 1961 in New York: Bankwesen.
- Grete Selenbinder, knapp eingeführt im Text (S. 297, Z. 5 f.), Witwe aus Jerichow. Sohn bei der Marine. Haushälterin und Erzieherin von Gesine um 1940.

Dies alles ergibt sich aus dem Gesamtwerk Johnsons, es hat für die Intention des vorliegenden Textes keine zentrale Bedeutung, gleichwohl gehört es zu den Bedingungen adäquaten Verstehens: S. 297, Z. 15–22. Unklar bleibt „Gesines Drucksache", die mögliche Antwort Grete Selenbinders auf „vorgedruckter Karte", die „Beerdigung". Es handelt sich um die Beerdigung Heinrich Cresspahls, wie aus dem in ‚Karsch' folgenden Text, ‚Geschenksendung, keine Handelsware', hervorgeht: „Dann ging Cresspahl ab mit Tod, und seine Tochter mußte sich bedanken in Jerichow bei einigen Leuten, die ihn vernünftig unter die Erde gebracht hatten" (Uwe Johnson: Geschenksendung, keine Handelsware. In: ders.: Karsch, und andere Prosa. es 59. Frankfurt a. M. 1964, S. 24). Zu diesem Zeitpunkt läßt Johnson Gesine Cresspahl den Tod ihres Vaters noch in Frankfurt erfahren, in den ‚Jahrestagen' (veröffentlicht 1970–1983) stirbt Heinrich Cresspahl, während seine Tochter in New York lebt.

Thema und Intention Johnsons sind deutlich: Auch hier bleibt Johnson der „Dichter der beiden Deutschlands" oder der „Dichter der deutschen Teilung". Wie wirkt sich die Teilung aus auf die davon unmittelbar betroffenen Menschen, d. h. auf diejenigen, die von einem Teil Deutschlands in den anderen gewechselt sind, oder diejenigen, die zurückgeblieben sind und nachfolgen möchten? In welchem Maße bleiben Bindungen über die Grenze hinweg noch erhalten oder lösen sich auf mit dem Aufbau einer neuen Identität? Im vorliegenden Text macht Johnson darauf aufmerksam, wie selbstverständlich die Teilung zum Alltagshorizont der Menschen gehört, auch engste Verwandtschaftsbeziehungen löst: Nicht so sehr die politischen und behördlichen Barrieren eines Rentnernachzugs aus der DDR in die Bundesrepublik sind das Problem, sondern das verstehbar geschilderte Desinteresse der westlichen Verwandten oder früher schon in den Westen Gegangenen, der Bruch zwischen offizieller politischer Betrachtungsweise im Westen (S. 298, Z. 40–45) und der Haltung verwandtschaftlich Betroffener. Um die Alltagsrealität zweier deutscher Staaten aus der Froschperspektive geht es: Zunächst wird mit der Einführung Grete Selenbinders vor dem Hintergrund der Cresspahls dargestellt, wie der Wunsch der Rentnerin, in die Bundesrepublik umzusiedeln, Gestalt annimmt (S. 297, Z. 5–24); es folgen die Schilderung der Lebensumstände und ersten Reaktion des Sohnes (Z. 25–37); Grete Selenbinders mühevolles und erfolgreiches Bemühen um eine Ausreisegenehmigung und – kontrastierend – das fehlende Bemühen ihres Sohnes schließen an (S. 297, Z. 38 – S. 298, Z. 11); relativ breiten Raum (Z. 25–37) nimmt die Darstellung der zurückhaltenden Reaktionen der übrigen Verwandtschaft und Bekanntschaft im Westen ein; die entscheidende Hilfe durch Gesine ermöglicht dann am Ende die Ausreise (Z. 43 – S. 299, Z. 6), deutlich herausgestellt wird der Kontrast zwischen der Freude der alten Frau und dem bleibenden Unbehagen aller anderen.

Thematische Akzentuierung, Intention und gedanklicher Aufbau des Textes bereiten dem Leser keine Mühe, Schwierigkeiten ergeben sich eher aus der Erzählweise und Sprache Johnsons:
- Der Verzicht auf eine Einführung der Figuren und die Bestimmung des Ort-Zeit-Rahmens erklärt sich aus der Erzählperspektive: Der Erzählbeginn steht im Zeichen des auktorialen Beschwörers des Imperfekts, der allerdings seine einführenden Kommentierungen sehr knapp hält. Ein wenig ausführlicher wird er nur da, wo ganz und gar neue, aus Johnsons bisherigen Veröffentlichungen nicht bekannte Personen eine Rolle spielen: Grete Selenbinders Sohn (Z. 25–37). Die personale Perspektive klingt zu Beginn schon an in Ansätzen zum inneren Monolog (Z. 6 f., 23 f.), sie bestimmt in perspektivischem, nicht auf den ersten Blick und leicht erkennbarem Wechsel die Korrespondenz zwischen Grete Selenbinder (S. 298, Z. 12, 18, 21 f., 24, 26) und ihren Verwandten (Z. 14 ff.) über den Sohn und hält sich durch bis zum Schluß (S. 298, Z. 10 ff.). Der Perspektivenwechsel ist hier das erzählerische Mittel, dicht und konkret, in unmittelbarer Darstellung ohne erzählerische Kommentierung und Wertung mehrere thematische Aspekte zu vermitteln: die Realität der deutschen Teilung als akzeptierte Selbstverständlichkeit, Bindungen über die Grenze hinweg und ihre tendenzielle Auflösung durch das Leben in einer je unterschiedlich geprägten Wirklich-

keit, das möglicherweise grundsätzlich problematische Verhältnis zwischen Mutter und Sohn. Hier liegt das Zentrum des Textes.
– Die wechselnde Erzählhaltung erlaubt eine gelegentlich ironische Schreibweise: Sie fällt deutlich auf, wenn Institutionen der DDR thematisiert werden. Im vorliegenden Text verwendet Johnson jeweils Mittel stilisierten Sprechens, er greift in Wortwahl und Syntax zurück auf die Bibelsprache (S. 297, Z. 26f., 38–44).
– Johnsons Sprache ist nicht leicht zugänglich: Latinismen werden grundsätzlich vermieden in Wortwahl und Syntax. Gegen die im Humanismus erst üblich gewordene, vom Lateinischen übernommene Endstellung des Prädikats oder seines infiniten Teils rückt Johnson das Partizip oder auch den Infinitiv vor, meidet bewußt die Klammerstellung (deutlich schon im ersten Satz: „erziehen", „schickte"). Die Folge ist eine an das Englische erinnernde Syntax, die möglicherweise – dies Johnsons Intention – der gesprochenen Sprache näherkommt als die in der schriftlichen Kommunikation übliche Klammerstellung. An der gesprochenen Sprache orientiert ist auch Johnsons Interpunktion, bisweilen deutlich abweichend von der üblichen Norm (z. B. S. 297, Z. 23f.). Hinzu kommen Archaismen in der Wortwahl (z. B. S. 297, Z. 32: „mählich"; ohne Verstärkung durch das Präfix „all-" hat sich dieses Wort im norddeutschen Raum länger gehalten als anderswo, viel benutzt von Luther, Bibelsprache) und gelegentlich in der Schreibweise (kennzeichnend ist hier die Aufteilung des Adverbs in seine Stammwörter: S. 298, Z. 35).

Zur Behandlung im Unterricht
Ausgehen läßt sich gegebenenfalls von den Schwierigkeiten, den Text zu verstehen: Aspekte der Erzählhaltung, die Geschlossenheit der fiktiven Welt des Erzählers Johnson, sprachliche Merkmale werden thematisiert und geklärt. Danach erst wendet sich das Unterrichtsgespräch dem Thema zweier deutscher Staaten zu und versucht, Johnsons mutmaßliche Intention herauszuarbeiten: Was wird erzählt? Wie reagieren die von Grete Selenbinder eingeschalteten Verwandten und Bekannten? Wie lauten nach wie vor offizielle Sprachregelungen, wenn von der Bevölkerung in der DDR gesprochen wird, formuliert z. B. an Gedenktagen wie dem 17. Juni? Zwei deutsche Staaten zu Beginn der 60er Jahre und heute: Was hat sich verändert?
Eine Alternative liegt darin, den Akzent stärker auf die Erarbeitung erzählerischer und sprachlicher Mittel zu setzen:
– Struktur und Funktion der personalen Perspektive, ab S. 298, Z. 10;
– Struktur und Funktion der Ironie, S. 297, Z. 38–44;
– auffallende Merkmale von Johnsons Sprache, Erklärungsmöglichkeiten und Wirkungsweise.
Insofern in der Erarbeitung des Textes die Realität der DDR oder unser Verhältnis zur Realität zweier deutscher Staaten thematisiert werden, bietet es sich an, in der Folge Texte aus den Teilen B und C heranzuziehen und auf Besonderheiten der bundesdeutschen Gegenwartsliteratur erst später wieder zurückzukommen.

Dieter Wellershoff: Wiederherstellung der Fremdheit (S. 299f.)   **184**

Dieter Wellershoff und die 'Kölner Schule'
Dieter Wellershoff, 1959 bis 1981 Lektor bei Kiepenheuer & Witsch in Köln, wurde bekannt durch die Herausgabe der Werke Gottfried Benns, durch eigene Hörspiele, erzählende Texte und vor allem durch eine Vielzahl kritischer Essays: ‚Literatur und Veränderung' (1969), ‚Literatur und Lustprinzip' (1973), ‚Die Auflösung des Kunstbegriffs' (1976), ‚Die Wahrheit der Literatur' (1980), ‚Das Verschwinden im Bild' (1980). Mitte der 60er Jahre entwickelte er das literarische Programm der von ihm so genannten 'Kölner Schule' eines neuen Realismus. Das Konzept richtet sich einerseits gegen eine phantastische, groteske, satirische Literatur, andererseits gegen eine Literatur „gegenstandsentlasteter Textmuster". Wellershoff fungierte hier dreifach: auf der Ebene der Literaturtheorie und -kritik, auf der Ebene des Verlagslektors in der Arbeit mit weitgehend damals noch unbekannten Autoren (Günter Herburger, Günter Seuren, Uwe Christian Fischer, Rolf Dieter Brinkmann, Robert Wolfgang Schnell, Nicolas Born, Günter Steffens, Renate Rasp) und auf der Ebene der Formulierung einer Arbeitshypothese für das eigene Produzieren fiktionaler Literatur.
Wellershoff geht davon aus, daß der Gegensatz von „Fiktion und Praxis" nicht als Alternative, sondern als funktionaler Zusammenhang begriffen werden müsse; denn Literatur sei eine „Simulationstechnik": „Spielfeld für ein fiktives Handeln, in dem man als Autor und als Leser die Grenzen seiner praktischen Erfahrungen und Routinen überschreitet, ohne ein wirkliches Risiko dabei einzugehen." Die Literatur

Achtes Kapitel: Zu Text 184, S. 299f.

greife dabei die gewohnten Schemata der Erfahrung an und verändere sie. „Sie versucht, den Leser zu irritieren, ihm die Sicherheit seiner Vorurteile und gewohnten Handlungsweisen zu nehmen, sie macht ihm das scheinbar Bekannte unvertraut, das Eindeutige vieldeutig, das Unbewußte bewußt und öffnet ihm so neue Erfahrungsmöglichkeiten [...]. Gegenüber der etablierten Lebenspraxis vertritt sie also die unausgeschrittenen und verdrängten Möglichkeiten des Menschen und die Unausschöpfbarkeit der Realität und bedient damit offenbar Bedürfnisse nach mehr Leben, nach weiteren und veränderten Erfahrungen [...]. Aber nur deshalb, weil er nicht zum Erfolg verpflichtet ist, weil er nur fiktive Risiken eingeht, kann der Leser den Schutz seiner Gewohnheiten verlassen und neue Erfahrungen machen einschließlich der negativen Veränderungen, die er sonst um jeden Preis vermeiden würde. Die Simulationstechnik der Literatur erlaubt es ihm, fremde Verhaltens- und Denkweisen in seinen Erfahrungsspielraum mit einzubeziehen" (Dieter Wellershoff: Fiktion und Praxis. In: ders.: Literatur und Veränderung. Versuche zu einer Metakritik der Literatur. Kiepenheuer & Witsch, Köln 1969, S. 22f.). Der „neue Realismus" richtet sich daher entschieden gegen jede Vereinfachung der Wirklichkeit, gegen alle universellen Modelle des Daseins, gegen Allgemeinvorstellungen des Menschen und der Welt (im vorliegenden Textausschnitt S. 299, Z. 30–36). Mittels des sinnlich konkreten Erfahrungsausschnitts, perspektivisch begrenzter Darstellung der Wahrnehmung des eigenen Ichs wie des anderen, der Außenwelt soll Literatur zu einem „Vehikel der Innovation" werden, „negative Anthropologie", insofern sie „ihre Anpassung an die geltenden Normen" verweigert (ebd., S. 30).

Zum Text
Der Text erschien erstmalig in Wellershoffs Essaysammlung ‚Literatur und Veränderung'; der Autor kommentiert: „Der Aufsatz ist eine erweiterte Fassung einer Auftragsarbeit für eine nicht zustande gekommene internationale Anthologie, in der Schriftsteller über ihr literarisches Konzept berichten sollten" (s. o., S. 186).
Im vorliegenden Ausschnitt ausgelassen ist der Beginn (S. 82–85); Wellershoff skizziert hier seine Schreibweise: Am Anfang stehe „eine zunächst irrationale Faszination" durch „irgend etwas Konkretes", eine unvollständige Information, „deren Lücken die Phantasie ausfüllen möchte, oder auch Widersprüche, Mehrdeutigkeiten, aus denen eine Spannung entsteht, die nach Spannungslösung verlangt" (ebd., S. 83). Es folgen Beispiele. Eine vertiefende Reflexion zielt ab auf die „ursprüngliche Zuordnung von Autor und Thema": Die selektive Wahrnehmung des Autorsubjekts halte nur solche Informationen im Bewußtsein fest, „in denen etwas zu stecken scheint, das den Motivationshintergrund der Person anspricht" (S. 84). Wellershoff versucht, diesen subjekt-objekt-dialektischen Ansatz dann auf die Ebene der Theoriebildung zu erweitern: „Die Arbeitshypothese, die sich ein Schriftsteller schafft, entsteht aus einem Interesse, das vorher da ist, sie ist die innere Aufmerksamkeitsrichtung noch einmal, nur jetzt bewußt geworden und formuliert" (S. 85).
Hier setzt jetzt der vorliegende Textauszug ein: Die auf das Autorensubjekt bisher beschränkte Betrachtungsweise wird erweitert um die historische und soziale Dimension (S. 299, Z. 8–14): Wellershoffs Konzept des „neuen Realismus" ist zugleich Ausdruck einer gesamthistorischen Situation, einer zugleich auch von anderen realisierten Tendenz.

Zur Interpretation
Die Erfahrung der Mißverständlichkeit und historischen Belastung des Realismusbegriffs zwingt zur genauen Bestimmung als „unabschließbare Tendenz" (S. 299, Z. 18f.) und eine perspektivische Sichtweise (Z. 25f.), orientiert am „sinnlich konkreten Erfahrungsausschnitt" (Z. 35) gegen vorschnelle Sinnbilder und -bedürfnisse (Z. 32, 40, 42). Der Begriff des „Sinnbildes" vor allem wird zur negativen Folie, verstanden als Verallgemeinerung (S. 299, Z. 33f.), Vereinfachung (S. 300, Z. 1), Ordnung und Harmonisierung (S. 300, Z. 1–3), Idealisierung (S. 300, Z. 3f.). Die Bewertung ergibt sich konsequent aus der kritischen Bestimmung: „geheimer Platonismus", erkenntnishemmend bequeme Schönfärbung (Z. 6f.). In dem Aufsatz ‚Fiktion und Praxis' markiert Wellershoff deutlicher, was er mit „Platonismus" meint; von der „authentischen Literatur" des neuen Realismus sagt er: „Hier ist ein antiplatonischer Wahrheitsbegriff am Werk, der Erkenntnis nicht als Erinnerung an vorgeordnete, unveränderliche Normgestalten versteht" (s. o., S. 25).
Begrifflichkeit (Sinnbild) wie Polemik (Platonismus) laden geradezu ein zu einem literarhistorischen und rezeptionsgeschichtlichen Rückblick von Goethes Symbolbegriff und seinem Realismus (vgl. die Texte 54–55) über die Realismusprogramme des 19. Jahrhunderts (Text 111–115; 119) bis zur Weimarer Republik (Text 160, 163–164, 167): Trifft Wellershoffs Kritik nur die Rezeptionsgeschichte oder auch das Selbstverständnis der Literatur, die Position z. B. Goethes oder des poetischen Realismus? In welchem Maß erklärt jeweils die historische Situation den Ansatz einer realistischen Literatur? Oder, in eine ganz andere Richtung

reflektierend: Was unterscheidet Wellershoffs Konzept vom Konzept des sozialistischen Realismus (Abschnitt C)? Wellershoff selbst bringt die veränderte historische Situation als Basis und Grund für sein Realismuskonzept in den Blick (S. 300, Z. 16–21): Die Klassik mußte, so meint er wohl, ideale Normen in inhaltlicher wie stilistischer Hinsicht (vgl. die Texte 54, 55) setzen gegen den Druck einer inhuman rückständigen, in vieler Hinsicht barbarisch bedrohlichen Wirklichkeit. Gegenwärtig gelte es umgekehrt, den Schein der Verfügbarkeit, der Konsumierbarkeit und damit der Bekanntheit von Realität aufzubrechen. Wellershoffs Begriff des „Wirklichkeitsschwundes" (Z. 18 f.) läßt sich reflektieren: Wirklichkeit ist Objektivität, d. h. Widerständigkeit; geht die Spannung zwischen Subjekt und Objekt verloren, so hebt sich jede Dialektik zwischen diesen Polen auf: Wirklichkeitsschwund wie Bedrohung der spezifischen, je eigenen Identität des Subjekts sind gleichermaßen die Folge. Am Schluß seines Aufsatzes, im vorliegenden Ausschnitt nicht enthalten, nennt Wellershoff noch einen zweiten Aspekt der gegenwärtigen historischen Situation: Er betont die Subjektivität des neuen Realismus und begründet sie geschichtlich: „Die große Attitüde der Deutung des Ganzen scheint mir [...] überholt zu sein. [...] Die komplexen Wirkungszusammenhänge der modernen Gesellschaft haben den einzelnen längst überwachsen, und auch der Schriftsteller verantwortet nur noch seinen Erfahrungsbereich" (s. o., S. 96).

Im vorliegenden Text erfolgen vor dem Hintergrund jener negativen Folie „Sinnbild" weitere, positive Bestimmungen des eigenen oder neuen Realismusbegriffs: Ermöglichen neuer Erfahrungen (S. 300, Z. 9 f., 13–15), Wiederherstellen der Fremdheit des „scheinbar Bekannten" (Z. 15 f., 22–25), unbequeme Verstärkung des Wirklichkeitsdrucks also (Z. 24 f.) – dies alles erfordert eine bewegte, subjektive, konventionelle Ansichten auflösende Blickführung (Z. 30–38). Der vorliegende Textauszug schließt hier ab. Bei Wellershoff folgen Beispiele für die Technik der „subjektiven Optik" (Kracauer in seiner ‚Theorie des Films'; Dostojewski; die Konsequenzen für die Darstellung eines Dialogs, der in seiner szenischen Objektivität zerstört wird durch die Wahl der personalen Perspektive; die Wahrnehmung und Darstellung körperlicher Reaktionen; der gezielte Wechsel der Perspektive und Erzählweise in verschiedenen Werken, skizziert an Wellershoffs Romanen ‚Ein schöner Tag' und ‚Die Schattengrenze').

In ‚Fiktion und Praxis' spricht Wellershoff von einer „experimentellen Einstellung" (s. o., S. 26): Dies markiert sicherlich auch die Bandbreite der 'Kölner Schule', zugleich aber hält er fest am Kern konkreter Realitätserfahrung, gerichtet gegen alle phantastische (oder auch satirische, groteske) Literatur, da sie trotz aller kritischen oder utopischen oder auf eine Alternative hinzielende Intention doch daruber bleibe durch eine „konventionell gebliebene Erfahrung" (S. 300, Z. 29). Die im vorliegenden Text an dieser Stelle ausgelassenen Ausführungen konkretisieren diese These: Konventionelle oder klischeehafte Realitäts- und Normvorstellungen halten sich in der phantastischen Literatur weitgehend durch, meint Wellershoff, die Phantasie entfalte oft eine nur ornamental verdeckende Wirksamkeit.

Zur Behandlung im Unterricht
Der Textlektüre läßt sich u. U. ein vorbereitendes, vorstrukturierendes Gespräch vorschalten zur Eröffnung des Problemhorizonts. Drei Möglichkeiten erscheinen sinnvoll:
– „Literatur und Wirklichkeit – welche Beziehung besteht hier oder sollte hier vorliegen?" Die Schüler erörtern die Möglichkeiten und Alternativen einer mimetischen Literatur: Sie erörtern das Realismusproblem.
– 'Realismus': Eine erste Annäherung oder Klärung des Begriffs erfolgt assoziativ. Die Auswertung der Assoziationen bringt u. U. die von Wellershoff angegriffene Vorstellung von normativer oder objektivistischer Abgeschlossenheit oder auch umgekehrt das Subjektivismusproblem in den Blick.
– „Wiederherstellung der Fremdheit": Die Überschrift läßt sich vorweg reflektieren: Was ist Fremdheit? Fremdheit als wünschenswerter Zustand? Warum sollte der Zustand der Fremdheit durch Literatur wiederhergestellt werden? Wie könnte Literatur das leisten?

Der Textanalyse vorausgehen könnte ein Lehrervortrag über Wellershoff und die 'Kölner Schule' in vorstrukturierender Funktion. Erweitert um Wellershoffs subjekt-objekt-dialektischen Schreibansatz, könnte der Lehrervortrag aber auch die Textanalyse ergänzen und vertiefen.

Die Textanalyse selbst bietet sich unter drei Aspekten an:
– Wogegen richtet sich das Konzept des Realismus? Welche negativen Bestimmungen des Begriffs liegen vor?
– Durch welche positiven Kennzeichen ist der Begriff 'Realismus' bestimmt? Was wird dem Begriff zugesprochen?
– Begründet Wellershoff sein Konzept? Nennt er z. B. historische oder gesellschaftliche Faktoren?

Eine Beurteilung oder Bewertung der Position Wellershoffs erscheint zu schwierig – zumal ohne Textbei-

Achtes Kapitel: Zu Text 185, S. 301

spiel. Sinnvoll aber wäre eine Abschlußreflexion: Warum taucht in der Literaturtheorie und im Selbstverständnis von Schriftstellern schon seit dem Sturm und Drang die Forderung nach realistischer Literatur auf? Wie wurde diese Forderung jeweils verstanden? In welchem historischen Kontext stand jeweils das Programm einer realistischen Literatur?

185 Jürgen Becker: Felder (S. 301)

Zum Autor

Jürgen Becker (geb. 1932) stammt aus Köln, wo er seit 1967 auch wieder lebt. Er war in verschiedenen Berufen tätig, seit 1959 freier Mitarbeiter am WDR; 1973 übernahm er die Leitung des Theaterverlags Suhrkamp, 1974 die Leitung der Hörspielredaktion im Deutschlandfunk. Als Schriftsteller wurde er mit den drei experimentellen Studien ‚Felder' (1964), ‚Ränder' (1968) und ‚Umgebungen' (1970) bekannt: 1967 bekam er den (letzten) Preis der ‚Gruppe 47'.

Jürgen Beckers ‚Felder'

1962 erschienen die ersten 33 Texte der ‚Felder' – unter ihnen die vorliegenden Felder 5–8 – in der von Hans Magnus Enzensberger herausgegebenen Anthologie ‚Vorzeichen'. In seiner Einführung zitiert Enzensberger aus einem Brief Jürgen Beckers: „Dieser Text demonstriert nur die Bewegungen eines Bewußtseins durch die Wirklichkeit und deren Verwandlung in Sprache. Bewußtsein: das ist meines in seinen Schichten, Brüchen und Verstörungen; Wirklichkeit: das ist die tägliche, vergangene, imaginierte. Sie lesen nur Mitteilungen aus meinem Erfahrungsbereich; das ist die Stadt hier, mein tägliches Leben, die Straße, die Erinnerung. All das reflektiere ich in einer jeweils veränderten Sprechweise, die aus dem jeweiligen Vorgang kommt. So entstehen Felder; Sprachfelder, Realitätsfelder" (zitiert nach: Heinrich Vormweg: Prosa in der Bundesrepublik seit 1945. In: Dieter Lattmann [Hrsg.]: Die Literatur der Bundesrepublik Deutschland. Kindler, Zürich/München 1973, S. 306).
Der Titel ist zugleich Gattungsbezeichnung. Die Felder präsentieren jeweils unterschiedliche Realitätserfahrungen in einer jeweils diesem spezifischen Erfahrungsfeld entsprechenden Sprache. Sprachtheoretisch ist dieser Ansatz begründet in einem grundsätzlichen Vorbehalt der normierten Syntax gegenüber: Ihre Subjekt-Prädikat-Objekt-Struktur sieht Becker als geronnene Struktur einer konventionellen und zumindest historisch überholten Welterfahrung, falsch also in ihrem Anspruch auf absolute Gültigkeit. Die sprachphilosophische Tradition von Humboldt über Cassirer bis zu Sapir und Whorf, die These vom Weltbild der Sprache, steht deutlich im Hintergrund. Das gezielte, experimentelle Aufbrechen der traditionellen Regelungen ist Beckers erste Konsequenz. Darüber hinaus versucht er, jedes Erfahrungsfeld auf die ihm entsprechende Weise zur Sprache zu bringen, es derart unverstellt als Erfahrung festzuhalten, derart überhaupt zu ermöglichen: Sprache ist Mittel und Bedingung der Möglichkeit von Erfahrung, erst in der Sprache kommt Wirklichkeit zu sich selbst als Erfahrung. Ähnlich wie bei Wellershoff wird der Vermittlungscharakter aller Realität betont, die grundsätzlich unaufhebbare, unhintergehbare subjekt-objekt-dialektische Struktur aller Erfahrung festgehalten.
Die ‚Felder' umfassen, durchnumeriert, 101 Texte: Eine Handlung, ein Thema, eine Idee oder auch nur in Handlungssträngen miteinander verbundene, dargestellte Personen gibt es nicht. Heinrich Böll umreißt das Resultat folgendermaßen: „Die Anordnung der Texte ist musikalisch, deren Qualität poetisch, ihr Gegenstand: Köln. Die Lokalisierung erfolgt deutlich: ‚Sankt Kunibert läutet', ‚Werheits Hund', ‚Werheits Hof', und natürlich, ‚da rasselt unterm Pflaster römisches Gebein'. Dialekt fließt nicht nur ein (‚dies Nacht', ‚ich kucke zu'), ganze Passagen plattkölsch werden ein- und aufgenommen" (Heinrich Böll: Aufsätze, Kritiken, Reden. Kiepenheuer & Witsch, Köln 1967, S. 340). Vgl. zur Lokalisierung im vorliegenden Auszug etwa S. 301, Z. 12 f., 18. Köln ist der den Texten eine äußere thematische Einheit vermittelnde Erfahrungshorizont. Ein zweites Moment kommt hinzu: das erfahrende Subjekt. Während der drei Jahre, die der Autor an diesem Text arbeitete, verändert sich seine Erfahrungsweise; weiterhin gibt es so etwas wie eine Linie durch die persönlichen Erlebnisse während dieser Zeit, die als Erfahrungen in den Text eingegangen sind.
Die Sprache beschreibt Böll: „Jedes Feld wird experimentierend betreten, abgemessen und mit recht unterschiedlichen Frachten belegt oder Truppen besetzt und mit verschiedenen Stilen: Feld 57 ganz mit jenem Schulaufsatzstil, der eine 3+ garantieren würde, auf anderen Feldern werden kolonnenweise Adjektive, auf wieder anderen kolonnenweise Gerundialkonstruktionen abgefertigt und wie Flöße auf die Reise geschickt; einige Felder sind mit verkehrsrichterlichem Amtsdeutsch besetzt, dessen unbeschreiblicher und inhumaner Nonsens erst durch die scheinbar mit Nonsens besetzten Felder deutlich wird" (s. o., S. 340).

Achtes Kapitel: Zu Text 185, S. 301

Zur Interpretation

Zum ersten Text (S. 301, Z. 3–9)
Als strukturelle Bausteine lassen sich identifizieren: eine durchgehende Wahrnehmung (die Einlagerung von Bierfässern im Keller einer Wirtschaft), Gedanken / Assoziationen / Erinnerungen des Beobachters an offizielle Mitteilungen / Nachrichten / Kommentare der Medien zum Braugewerbe, argumentativ verwendete Konjunktionen, die den Anschein eines plausiblen Begründungszusammenhangs erwecken sollen (denn, darum, während; 20 + 1 = 21). Drei Realitätsebenen sind so miteinander verknüpft: der sinnlich wahrnehmbare, konkrete Vorgang, die Verdreifachung des Umsatzes der Brauereiindustrie innerhalb eines Zeitraumes von zehn Jahren wirtschaftlicher Stabilität und die selbstzufriedene Eigendarstellung des Braugewerbes in dieser Situation. Die Art der Verknüpfung stellt ironisch durch den Schein argumentativer Dichte und normativer, ethischer Verbindlichkeit (Z. 4 f.) die Selbstverständlichkeit dieses Zusammenhangs in Frage.

Zum zweiten Text (Z. 10–28)
Der Situationsrahmen ist unverändert, das „Feld" ein anderes: Der Bereich der inneren Wahrnehmung (erinnerte Daten, Zitate) fällt weg. Die Gleichzeitigkeit unterschiedlicher Erfahrungspartikel der Außenwelt, die insgesamt die Situation definieren, ist herausgestellt, ist Erzählgegenstand. Diese Simultaneität wird sprachlich durch die Mischung unterschiedlicher, jeweils ein bestimmtes Realitätspartikel beschreibender Sätze vermittelt. Die Rekonstruktion der Sätze macht das Verfahren deutlich: „das Fenster ist auf" / „es steht" „der Bierwagen unten" / „ich unterbreche das Kauen in der Küche" „und kucke raus" / „Wirt Martin steht da" / „recht kühl" „ist der Morgen" / „das nächste Faß" „fällt auf den Sack" „auf der Straße" / „Wirt Martin zählt mit" / „ich kucke zu" / „der Fahrer rollt" „das Faß" „fort zur Falltür" / „fern bläst ein Kapitän" / „der Kumpel wartet" „im Bierkeller unten" / [...]

Zum dritten Text (Z. 29–36)
Das Feld schließt unmittelbar an: Die Außenwahrnehmung wird abgelöst durch die Beschreibung des eigenen Tuns in unmittelbarer Gegenwärtigkeit: Die Kette von Präsenspartizipien ist die adäquate sprachliche Form. Die kurz zuvor gemachten Beobachtungen wirken sprachlich noch nach: „krümelpickend" (Z. 29), „im Gulli pickt eine Taube ein Korn auf" (Z. 16 f.). Insofern Präsenspartizipien häufig auch stehen für das aktive Tun, entsteht ein gezielter Kontrast zwischen Form und Inhalt: zwischen der sprachlichen Form der Aktion und der Befindlichkeit dessen, der zum aktiven Tun nicht kommt, in der Vorbereitung verharrt. Die sprachliche Form verselbständigt sich am Ende: Die Beschreibung des eigenen Tuns in seiner genauen Folge wird abgelöst durch die Sukzession zunächst gedanklicher, dann rein sprachlicher Assoziationen: „spreizend pferdesattelnd [...]" (Z. 34–36).

Zum vierten Text (Z. 37–46)
Text 8 in den ‚Feldern' ist hier in einem ersten Drittel präsentiert: Der Bereich der Politik wird in den ausgelassenen Zeilen in die Reflexion einbezogen unter den Aspekten „unbewältigte Vergangenheit" und „kalter Krieg"; im Ausblick am Schluß des Textes wird auf den Begriff der Hoffnung ein deutlicher Akzent gesetzt. – Die Situation des schreibenden Ichs bleibt der Erzählgegenstand, allerdings nicht mehr konzentriert nur auf das eigene Tun; die Perspektive ist vielmehr wieder erweitert: Wahrnehmungen vom Schreibtisch aus (der Raum, der Blick nach außen) zunächst (Z. 37–43) und Reflexionen über die Schreibsituation selbst (Z. 43–45), Außen- und Innenwahrnehmungen also. Die sprachliche Form stellt sich dar als der Versuch, diese Wahrnehmungen oder Bewußtseinsinhalte unzensiert, unverstellt, ungeregelt, ganz und gar unmittelbar festzuhalten, einem auf Vollständigkeit aller Details gerichteten Verlaufsprotokoll ähnlich. Dieses Bewußtseinsprotokoll versucht, auch gedankliche Brüche festzuhalten: Den Attributketten (Z. 41–43) fehlen die informativ entscheidenden Substantive (Regale und Zeitschriften?); Versuch eines Bewußtseinsprotokolls, denn gerade an diesen Brüchen zeigt sich vor allem die Differenz zwischen Schreiben und Denken, die Wahrnehmungsfolge eilt ihrer Fixierung davon. Von daher erklären läßt sich möglicherweise das immer wieder eingeschobene „ja": Bestätigungs- oder Versicherungsfloskel, das protokollierende Ich versichert sich jeweils ein partielles Gelingen seines Versuchs.

Zur Behandlung im Unterricht
Vor dem Hintergrund von Wellershoffs Realismuskonzept (Text 184) stellen sich bestimmte Fragen: Läßt sich Jürgen Beckers Text möglicherweise als Umsetzung dieses Konzepts verstehen? Wie geht Jürgen Becker

Achtes Kapitel: Zu Text 186, S. 302ff.

vor: In welcher Weise sind Realität und schreibendes Subjekt in den Texten vermittelt? Was ist Gegenstand der Aussage? Wie läßt sich jeweils der sprachliche Ansatz beschreiben? Nach der genauen Beschreibung sollte in zusammenfassender und vertiefender Funktion der Begriff des „Feldes" (Realitätsfeld, Erfahrungsfeld, Sprachfeld) in seinen unterschiedlichen Aspekten geklärt werden: Auf den Zusammenhang von Sprache und Wirklichkeit läßt sich von hier aus im Unterrichtsgespräch reflektieren; die Intention Jürgen Beckers wird damit im Ansatz verständlich.

Denkbar ist auch ein konsequent intuitives Herangehen: Spontane Wertungen oder vermutlich eher Abwertungen der Schüler, Fragen, Vermutungen leiten das Gespräch ein. Die Fragen nach der Intention und der Struktur, der Komposition der Texte markieren den Problemhorizont. Die beiden ersten Texte erschließen sich durch den Arbeitsauftrag, zusammengehörige Sequenzen herauszulösen, die Texte also neu zu gliedern. Die Untersuchung der einzelnen Sequenzen (Was liegt vor? Welche Art von Wirklichkeit ist thematisiert oder beobachtet?) ermöglicht die Rekonstruktion von Beckers Ansatz (Wie ist Becker offensichtlich kompositorisch vorgegangen? Wie läßt sich dieses Vorgehen erklären?). Die Klärung des „Feld"-Begriffs und eine Reflexion auf das Verhältnis von Sprache und Wirklichkeit vertiefen; die Erläuterung des sprachtheoretischen Hintergrundes folgt. Ein Rückgriff auf die Eingangssituation schließt zunächst ab: Lassen sich die zu Beginn formulierten Wertungen und Vermutungen noch halten? Möglicherweise lohnt ein produktiver Eigenversuch, die eigene Erschließung und sprachliche Fixierung eines Erfahrungsfeldes, am Ansatz Jürgen Beckers orientiert.

186 Peter Weiss: Das Material und die Modelle (S. 302 ff.)

Zum Text

Peter Weiss nennt seine Ausführungen „Notizen": Sie entstanden 1968 bei einem Brecht-Dialog in Ost-Berlin, das Resümee vieler Gespräche also, und zugleich markieren sie einen vorläufigen Endpunkt in der Entwicklung des Dramatikers Peter Weiss, der mit Stücken surrealen und absurd-grotesken Charakters begonnen hatte, einen deutlichen Wendepunkt mit seinem ‚Marat' signalisierte und mit der ‚Ermittlung' 1965 seine Dokumentarstücke begann, erst in den 70er Jahren mit ‚Hölderlin' und der Bearbeitung von Kafkas ‚Prozeß' abgelöst wieder von anderen Formen.

Das dokumentarische Theater von Peter Weiss ist ein gezielt politisches Theater: Seine Voraussetzung ist die nunmehr deutlich ausgeprägte sozialistische Position des Autors. 1965 hat Peter Weiss dies unmißverständlich formuliert in den ‚Zehn Arbeitspunkten eines Autors in der geteilten Welt': „Die Richtlinien des Sozialismus enthalten für mich die gültige Wahrheit. Was auch für Fehler im Namen des Sozialismus begangen worden sind und noch begangen werden, so sollten sie zum Lernen da sein und einer Kritik unterworfen werden, die von den Grundprinzipien der sozialistischen Auffassung ausgeht. Die Selbstkritik, die dialektische Auseinandersetzung, die ständige Offenheit zur Veränderung und Weiterentwicklung sind Bestandteile des Sozialismus. Zwischen den beiden Wahlmöglichkeiten, die mir heute bleiben, sehe ich nur in der sozialistischen Gesellschaftsordnung die Möglichkeit zur Beseitigung der bestehenden Mißverhältnisse in der Welt" (zitiert nach: Materialien zu Peter Weiss' Marat/Sade. Zusammengestellt von K. Braun. es 232. Frankfurt a. M. 1967, S. 118 f.).

Zur Interpretation

Der Text ist klar in seiner Gliederung und Formulierung: Einleitend wird das dokumentarische Theater in den Kontext des „realistischen Zeittheaters" (S. 302, Z. 4) und dessen vielfältige Formen gestellt. Die darauf folgenden Punkte sind programmatisch formuliert, Thesen und knappe Erläuterungen: 1. kritische Auswahl und Montage von Dokumenten, 2. Kritik, 6. Form des Theaters und Kunstprodukt, nicht selbst authentische Realität, 8. Konzentration der Wirklichkeit zu einem Modell, 9. Darstellung nicht von Individuen, sondern von sozialökonomischen Verhaltensweisen, Gruppen, Tendenzen, 10. Parteilichkeit, 11. die Möglichkeiten der Form des Tribunals, 14. eine geschulte Arbeitsgruppe als Voraussetzung.

Wir beschränken uns im folgenden auf Worterklärungen und Erläuterungen zu den Textauslassungen:

– Proletkultbewegung (S. 302, Z. 4): sowjetrussische Bewegung, die eine proletarische Massenkultur entwickeln wollte unter Einsatz neuer Formen und Techniken, unter Stalin 1934 aufgelöst.
– Agitprop (Z. 4): Agitation und Propaganda: Kurzszenen mit Sprechchören, von Laienschauspielern vorgestellt.
– Piscator (Z. 5): vgl. Text 161.
– Auschwitzprozeß (S. 303, Z. 43): Er fand 1963–1965 gegen Mitglieder der Lagermannschaft statt; Weiss nahm als Beobachter an diesem Prozeß teil und verwendete das Material für ‚Die Ermittlung'.

Achtes Kapitel: Zu Text 187, S. 304ff.

– Russell-Tribunal (S. 304, Z. 1): 1966 von Bertrand Russell (1872–1970) erstmalig gegen den Vietnamkrieg einberufen; seither findet es in unregelmäßigen Abständen statt, gerichtet jeweils gegen Verbrechen gegen die Menschlichkeit, die von Staaten oder in ihrem Auftrag begangen wurden.

Im vorliegenden Text ausgelassen sind die Punkte 3–5, 7, 8–10 teilweise, 12–13:

3 Peter Weiss reflektiert den Widerspruch zwischen dem Entwicklungsstand der Kommunikationstechnologie und dem „künstlichen Dunkel", das die Machthabenden erzeugen: Es „bleiben uns [...] die wichtigsten Ereignisse, die unsere Gegenwart und Zukunft prägen, in ihren Anlässen und Zusammenhängen verborgen" (Peter Weiss: Stücke II/2. es 910. Frankfurt a. M. 1977, S. 600). Von dieser Tatsache hat das dokumentarische Theater auszugehen.

4 In dieser Situation bleibt dem dokumentarischen Theater u. U. nur mehr die Möglichkeit des öffentlichen Protests als „Reaktion [...] auf gegenwärtige Zustände, mit der Forderung, diese zu klären" (ebd.).

5 Das dokumentarische Theater versucht zwar, die Aktualität des öffentlichen Protests, „konkreter Aktionen von direkter Wirksamkeit", „in seiner Ausdrucksform beizubehalten" (ebd., S. 600f.), mit der geschlossenen Aufführung zu einem bestimmten Zeitpunkt stellen sich ihm aber völlig andere Bedingungen.

7 Die letzte Aussage des Punkts 6 (S. 303, Z. 12f.) wird begründet: „Denn ein dokumentarisches Theater, das in erster Hand ein politisches Forum sein will und auf künstlerische Leistung verzichtet, stellt sich selbst in Frage. In einem solchen Fall wäre die praktische politische Handlung in der Außenwelt effektiver. Erst wenn es durch seine sondierende, kontrollierende, kritisierende Tätigkeit erfahrenen Wirklichkeitsstoff zum künstlerischen Mittel umfunktioniert hat, kann es volle Gültigkeit in der Auseinandersetzung mit der Realität gewinnen" (ebd.).

8 Der im vorliegenden Text ausgelassene letzte Satz betont den bewußt reflektierenden Ansatz des dokumentarischen Theaters im Unterschied „zur emotionalen Anteilnahme und zur Illusion eines Engagements am Zeitgeschehen" (ebd., S. 602) beim politisch gefärbten Happening.

9/10 Die Auslassung betrifft nur Beispiele.

12 Peter Weiss konkretisiert exemplarisch die Möglichkeiten der formalen Verarbeitung des dokumentarischen Materials. Deutlich wird, in welch starkem Maß durch Anordnung und Komposition, durch sprachliche Eingriffe, die auf das Typische zielen, durch Songs, gestisches Anspielen, Einblendungen von Reflexionen, Träumen etc. eine Bearbeitung vorgenommen wird: Das Gebot der Authentizität wird nicht anerkannt, es entsteht damit nicht die Problematik, die im Bereich dokumentarischer Prosa erörtert wurde, ausgehend meist von Erika Runges ‚Bottroper Protokollen': Authentizität statt künstlerischer Komposition und Form, Authentizität als nur scheinbare Objektivität, hinter der sich die Subjektivität des Interviewpartners in ihrer ganzen Zufälligkeit und Beliebigkeit verbirgt.

13 Gefordert wird die Ausweitung des traditionellen Theaterraumes: „das dokumentarische Theater muß Eingang gewinnen in Fabriken, Schulen, Sportarenen, Versammlungsräume" (ebd., S. 605).

Zur Behandlung im Unterricht

Die Kennzeichen und Aufgaben des dokumentarischen Theaters werden aus dem Text erarbeitet; der für Peter Weiss wichtige Zusammenhang von politischer Intention und Dramenform sollte dabei bewußtgehalten werden. Ein problematisierendes und vertiefendes Gespräch erscheint zu folgenden Fragen sinnvoll:

– Worin liegen die Unterschiede zwischen politischem Ereignis, politischer Demonstration oder öffentlichem Protest, dokumentarischem Theater, fiktionalem Theater?
– Dokumentation oder Fiktion: Wie wirkt sich der Unterschied aus – für den Autor, für die Zuschauer? Ist die Dokumentation authentischer, also wirklicher, objektiver, richtiger als die Fiktion? Gibt es u. U. Themen, Wirklichkeitsbereiche, die nur oder besser dokumentarisch erfaßt werden können? Peter Weiss wollte mit der ‚Ermittlung' u. a. demonstrieren, daß „Erfindung" vor der Wirklichkeit in manchen Situationen nur kapitulieren kann.

Peter Weiss: Die Ermittlung (S. 304 ff.)   187

Zur Entstehung

‚Die Ermittlung' entstand zwischen dem Sommer 1964 und dem Herbst 1965. Im Oktober des gleichen Jahres fand an der Freien Volksbühne Berlin unter Erwin Piscator die Uraufführung statt. Peter Weiss hält als Notiz in diesem Zusammenhang fest: „mein Beitrag zur deutschen Vergangenheits-Bewältigung. Aber

Achtes Kapitel: Zu Text 187, S. 304 ff.

das konnte doch bloß ein Anstoß, ein Anfang sein. Müßte zu einer 'Massenbewegung' werden. Verlangt nach jahrelanger Aufarbeitung. Dieses Stück stellvertretend für etwas, das noch brachliegt – kann ein Volk sich von einem Trauma, einer Psychose befreien?" Unmittelbar zuvor zitierte Weiss aus Drohbriefen an Piscator und ihn selbst: „die jüdischen Hurenböcke, die alles überlebt haben – Du Judensau, du kannst dir deine Knochen am Randstein zusammenlesen" (Peter Weiss: Notizbücher 1960–1971. Erster Band. es 1135. Frankfurt a. M. 1982, S. 389).

Zur Konzeption und Intention

In seiner Analyse des Stückes betont Ernst Schumacher die Schwierigkeiten des Theaters, den Nationalsozialismus in seiner schrecklichsten Seite, die geplante Massenvernichtung von Menschen, zu gestalten. Durch seine Quantität hat der Mord eine unfaßbare Größe bekommen, die sich der unmittelbaren Darstellung entzieht: Das Wesen dieser „Hölle", „das in der multiplen Faktizität von Lebensqualen und Todesarten bestand, ließ sich auf der Bühne nur 'vordergründig' anschaulich machen. [...] Gemessen an der schrecklichen Realität des Lagers, müssen zweitrangige, sich im Zufälligen erschöpfende Vorgänge veranschaulicht werden, weil die 'Fabrik des Todes' nicht in Funktion gezeigt werden kann" (Ernst Schumacher: ‚Die Ermittlung' von Peter Weiss. Über die szenische Darstellbarkeit der Hölle auf Erden. In: Sinn und Form, 1965, Heft 3, S. 930ff. Auch in und zitiert nach Volker Canaris [Hrsg.]: Über Peter Weiss. es 408. Frankfurt a. M. 1976, S. 71). An Dramen von Hedda Zinner (‚Ravensbrücker Ballade'), Rolf Hochhuth (‚Der Stellvertreter') und Rolf Honold (‚... und morgen die ganze Welt') versucht Schumacher seine These zu verdeutlichen. Für gescheitert hält er auch den Versuch der mittelbaren Thematisierung: Bei Christoph Harlaus Weg des Spiels im Spiel (‚Ich selbst und kein Engel') gehe die Dimension des Schreckens verloren; der von Heinar Kipphardt („Joel Brand") und Arthur Miller („Zwischenfall in Vichy") gewählte Ansatz einer unmittelbaren Nachbildung der ‚Vorhölle' (Teilaspekt im unmittelbaren Vorfeld des Holocaust) wie Max Frischs Konzept einer parabolischen Gestaltung (‚Andorra') müssen „in starkem Maß auf das politisch-gesellschaftliche Abstraktions- und Konkretionsvermögen ihrer Zuschauer vertrauen [...], um die Brücke zwischen Vergangenheit, Gegenwart und möglicher Zukunft schlagen zu können", um „uns das 'tua res agitur' der dargestellten Vorgänge zum Bewußtsein zu bringen" (ebd., S. 74). In der Tat: Läßt sich der massenhafte, millionenfache Vorgang der planmäßigen Ermordung von Menschen über Jahre hinweg noch fiktiv gestalten, und zwar angemessen gestalten als Konsequenz eines gesellschaftlichen Systems im 20. Jahrhundert? Ist die Bühne als Medium dazu überhaupt geeignet? Dies ist der Problemhorizont, in dem Peter Weiss' Stück steht, von dem her es auch didaktisch eingegangen werden kann.

„Wenn die Dramatik des Theaters überhaupt eine Möglichkeit hat, diese neue Dimension der Entartung wie der Erhebung des Menschlichen in der Hölle von Auschwitz, als perfektestes Modell aller KZ-Höllen verstanden, zu erfassen und den unheimlichen Mechanismus des Massentodes begreifbar zu machen, dann bleibt auch für das Theater als angemessenstes Medium nur der Bericht übrig" (Ernst Schumacher, s. o., S. 77). Es ist dies zugleich ein Rückgriff auf die historischen Anfänge, den Bericht des Protagonisten und die Fragen und Kommentare des Chors in der griechischen Antike, die dialogische Thematisierung von Begebnissen der Heiligen Schrift im Mittelalter. Es sind dies statische, epische Formen: „Wenn Weiss sein Drama Oratorium nennt, so ist das nicht nur folgerichtig, weil es sich um die Totenklage handelt", um einen allerdings nicht mehr spirituell sakralen, sondern ganz und gar diesseitigen Gesang von Leben und Sterben zwischen Himmel und Hölle, „sondern weil das Oratorium einen statischen, undramatischen, im wesentlichen aktionslosen Charakter hat" (ebd., S. 78). Schumacher nennt als spezifische Möglichkeiten dieser Form die Panoramasicht wie den Blick auf die Besonderheiten, die allgemeine Charakterisierung des Lager-„Lebens" wie die Charakterisierung typischer Details und typischer Individuen. Hinzu kommt folgender Aspekt: ‚Die Ermittlung' als dokumentarischer Prozeßbericht erfaßt den Faschismus auch in seiner Bedeutung für die Gegenwart. Mehrere Zeitebenen werden von der Sache selbst her miteinander vermittelt, vom aktuellen Versuch her, in einem Prozeß die Aufgipfelung des Faschismus in Auschwitz wie die Genese dieser Geschehnisse, ihre Ursachen und Entwicklung zu klären. Mehrere Zeitebenen und mehrere Fragen stehen zur Diskussion: Wie verhalten wir uns heute zum Auschwitz-Prozeß? Wie wurde im Auschwitz-Prozeß der Versuch einer Aufarbeitung des Faschismus bewältigt? Wie sah die Hölle von Auschwitz aus, was macht die alltägliche Unmenschlichkeit aus? Wie läßt sich diese Unmenschlichkeit erklären, wie kam es dazu?

Inhaltlich ermöglicht die Form des dokumentarischen Berichts Peter Weiss die gezielte, konkrete Parteinahme, die er – später – in den ‚Zehn Arbeitspunkten eines Autors in der geteilten Welt' und in den ‚Notizen zum dokumentarischen Theater' (vgl. Text 186) formuliert; die Auseinandersetzung mit dem Faschismus wird Auseinandersetzung mit dem Kapitalismus, mit der gegenwärtigen Gesellschaft. In seinen Notizbüchern

Achtes Kapitel: Zu Text 187, S. 304ff.

hält Peter Weiss fest: „Was ist Faschismus? Nicht nur eine gesellschaftliche Gegebenheit – Folge eines psychologischen Prozesses – Entwicklungskette, der Erziehung tief eingefleischt – in diesem Land zu riesiger Wucherung aufgeblüht, vernichtend, todessüchtig – niedergeschlagen – im Stillen weiterwuchernd – nimmt jede Gelegenheit wahr, sich frech emporzurecken – stößt noch auf Maßnahmen des Selbstschutzes – potentiell aber überall noch vorhanden" (Peter Weiss: Notizbücher 1970–71. Erster Band, s.o., S. 246). Und: „Die kapitalistische Gesellschaft bis zur äußersten Pervertierung getrieben – die Ausbeutung bis auf das Blut, die Knochen, die Asche –" (S. 316). Und: „Ich verstehe gar nicht die Reaktion gegen die Behauptung, daß die Angeklagten im besten Glauben handelten und sich keiner Schuld bewußt waren. Die Lage heute ist dieselbe. Unzählige ehrenwerte Männer arbeiten an der Produktion ungeheurer Zerstörungswaffen, und unzählige andere wären jederzeit bereit, sie im Bedarfsfall explodieren zu lassen. [...] Damals wurde völlig kalt die Vernichtung von Millionen geplant, und heute speichert man ebenso kalt Vernichtungswerkzeuge, die mit ihrer Effektivität die Gaskammern 1000fach übertreffen. Ohne Bedenken sprechen redliche Menschen von der Möglichkeit des Einsatzes dieser Waffen" (S. 343, 345).

Wie hat Peter Weiss diese Intention realisiert? In welchem Maß hat er in die Dokumente (eigene Notizen, Presseberichte vor allem) eingegriffen? Die Zahl der annähernd 400 Zeugen ist auf neun, die der Angeklagten auf 18 reduziert; ferner gibt es nur einen Richter, einen Ankläger, einen Verteidiger. Die Zeugen bleiben anonym, im KZ waren sie auf Nummern reduziert, die Angeklagten tragen ihre Namen, die sie immer hatten, auch im KZ. Es sollen indes – so der Autor – „die Träger dieser Namen nicht noch einmal angeklagt werden. Sie leihen dem Schreiber des Dramas nur ihre Namen, die hier als Symbole stehen für ein System, das viele andere schuldig werden ließ, die vor diesem Gericht nie erscheinen" (Peter Weiss: Stücke I. es 833. Frankfurt a. M. 1976, S. 259). Peter Weiss konzentriert in starkem Maß, die Personenkonfiguration ebenso wie die Sprache: Er verknappt, verdichtet und überträgt authentische Aussagen in freie Rhythmen. Derart soll die emotionale Wirkung gesteigert, die rationale Durchdringung erleichtert werden. Die Erhellung und Vermittlung der Hintergründe des Faschismus erfolgt auf diese Weise bruchlos, authentische Dokumentation und die den Erkenntnishorizont erweiternde Fiktion des Autors sind nicht geschieden. So läßt Weiss einen Zeugen sagen: „Viele von denen die dazu bestimmt wurden / Häftlinge darzustellen / waren aufgewachsen unter denselben Begriffen / wie diejenigen / die in die Rolle der Bewacher gerieten / Sie hatten sich eingesetzt für die gleiche Nation / und für den gleichen Aufschwung und Gewinn / und wären sie nicht zum Häftling ernannt worden / hätten sie auch einen Bewacher abgeben können / Wir müssen die erhabene Haltung fallen lassen / daß uns diese Lagerwelt unverständlich ist / Wir kannten alle die Gesellschaft / aus der das Regime hervorgegangen war / das solche Lager erzeugen konnte / Die Ordnung die hier galt / war uns in ihrer Anlage vertraut / deshalb konnten wir uns auch noch zurechtfinden / in ihrer letzten Konsequenz / in der der Ausbeutende in bisher unbekanntem Grad / seine Herrschaft entwickeln durfte / und der Ausgebeutete / noch sein eigenes Knochenmehl liefern mußte" („Gesang von der Möglichkeit des Überlebens II'. Stücke I, S. 335f.). Der Ankläger formuliert unmißverständlich den Zusammenhang von unbegrenzter Ausbeutung der Häftlinge, Verwertung ihrer Körper und den Gewinnen großer Konzerne und schließt: „Lassen Sie es uns noch einmal bedenken / daß die Nachfolger dieser Konzerne heute / zu glanzvollen Abschlüssen kommen / und daß sie sich wie es heißt / in einer neuen Expansionsphase befinden" („Gesang vom Ende der Lili Tofler II', ebd., S. 352). Derart wird die Distanzierung von den Angeklagten als Unmenschen über die moralische Entrüstung hinaus weitergetrieben zur Stellungnahme zu dem gesellschaftlichen System, das den Faschismus hervorgebracht oder ermöglicht hat. In der Verdichtung des Stoffes geht Weiss noch einen Schritt weiter: Er bildet thematische Komplexe, in ihrer Aufeinanderfolge wird eine Stufung und Steigerung deutlich: Gesang von der Rampe / Gesang vom Lager / Gesang von der Schaukel / Gesang von der Möglichkeit des Überlebens / Gesang vom Ende der Lili Tofler / Gesang vom Unterscharführer Stark / Gesang von der Schwarzen Wand / Gesang vom Phenol / Gesang vom Bunkerblock / Gesang vom Zyklon B / Gesang von den Feueröfen. Jeder „Gesang" wiederum ist dreigeteilt, 33 Gesänge also. Dahinter steht die Rezeption von Dantes ‚Divina Commedia', die aus drei Teilen, dem ‚Inferno', dem ‚Purgatorio' und dem ‚Paradiso', zu je 33 Gesängen (!) besteht. Dantes ‚Inferno' empfand Peter Weiss als Grundmuster für die Dramatisierung der Hölle von Auschwitz. Die ursprüngliche Planung ging noch weiter: Seit 1963 befaßte sich Weiss mit den Plänen zu einem „Theatrum Mundi", orientiert an der ‚Divina Commedia' mit Dante selbst und Beatrice als Figuren; der Auschwitz-Stoff sollte neben dem ‚Gesang vom Lusitanischen Popanz' und dem ‚Viet Nam Diskurs' in dieses Welttheater integriert werden. Die radikale Verweltlichung im Ansatz hat zur Folge eine völlige Umwertung der Vorstellungen von Inferno, Purgatorium und Paradies: Die Notizbücher zeigen, daß Peter Weiss zunächst Auschwitz dem Inferno, die Gegenwart dem Purgatorio und eine Zukunft der Erinnerung an das Leiden dem Paradiso zuordnen wollte; Auschwitz wird von daher Inferno und Paradiso zugleich als der Ort, an dem die

Achtes Kapitel: Zu Text 187, S. 304ff.

Verfolgten, Gepeinigten und Unterdrückten als die Auserwählten zusammengetrieben wurden und von dem sie berichten; erst „das Begreifen der Hölle ist die Voraussetzung dafür, daß die Menschen einen Zustand zu schaffen vermögen, in dem sie Menschen sein können" (Schumacher, S. 81) – das Begreifen der Hölle verweist auf die einzig mögliche Form eines Paradieses auf Erden.
Walter Jens hat über das „konsequent durchgeführte Dante-Zitat" hinaus auf die genaue formale Durcharbeitung des Textes verwiesen, auf „ein reiches Beziehungs- und Entsprechungsspiel, ein Alternieren von Lokalbeschreibung (Rampe, Lager, Bunkerblock, Feueröfen), von Marterdarstellung (Schaukel, Schwarze Wand, Phenol, Zyklon B), von Folterknecht- und Häuptlinggesang: hier Stark, dort [...] Lili Tofler. [...] Man verfolge das Wechselspiel von Klimax und Antiklimax in den drei Gesangspartien, ein vorsichtiges Abschattieren der Zeugen: Die Frauen argumentieren anders als die Männer, Zeuge 1 und 2 bilden die Brücke zwischen den Henkern und Opfern, Zeuge 3 spricht, über die Vorlage hinausgehend, Maximen des Autors" (Walter Jens: ‚Die Ermittlung' in Westberlin. In: Die Zeit, 19.10.1965).

Zur Interpretation
Der Auszug zeigt exemplarisch die Gerichtssituation: Alle beteiligten Gruppen sind hier vertreten, die nach wie vor unterschiedliche Sichtweise von Opfern und Tätern, Zeugen und Angeklagten wird deutlich, die Dimension der Gegenwart ist durch den Verteidiger angesprochen.
Die inhaltlichen Positionen sind klar formuliert; sprachlich legt sich eine genauere Betrachtung nahe:
Es fehlt jede Interpunktion. Peter Weiss möchte schon auf diese Weise signalisieren, daß er keine Emotionalität, keine Emphatik wünscht. Seine Bearbeitung des Dokumentenmaterials verstärkt diese Intention. Zur exemplarischen Konkretion: Der von Peter Weiss intensiv genutzte Bericht Bernd Naumanns enthält einige Passagen, die den Angeklagten Stark betreffen; u. a. heißt es dort über die sowjetischen Kriegsgefangenen, bei denen es sich um Kommissare gehandelt, die laut einem Befehl vom Oberkommando der Wehrmacht sofort zu liquidieren seien. Stark führt dazu aus: „Diese Leute wurden sofort in den Block 11 geführt und an der Schwarzen Wand erschossen. Sie wurden nicht aufgenommen und nicht erfaßt. Sie brachten eine Karteikarte mit, die den Vermerk trug 'Gemäß OKW-Befehl...' und so weiter und ihre Erkennungsmarke. Die habe ich dann abgebrochen, eine Hälfte blieb in der Kartei" (Bernd Naumann: Auschwitz. Bericht über die Strafsache gegen Mulka u. a. vor dem Schwurgericht Frankfurt. Fischer tb 885. Frankfurt a. M. 1968, S. 50f.). Die Zeilen 22–29 auf S. 306, linke Spalte, zeigen das Bearbeitungsresultat: Peter Weiss rhythmisiert durch Zäsuren, klärt („Erschießungsbefehl") und erweitert um typische sprachliche Erscheinungen und Strukturen der Rechtfertigung und Schuldabweisung: „lediglich" (Z. 22), „ich hatte zu..." (Z. 22, 25, 26, 28, 29f.). Naumann führt fort: „Einmal hat er auch selbst die Genickschüsse abgefeuert, im Oktober des gleichen Jahres. ‚Wieso?' – ‚Die Leute waren verlesen und die Erkennungsmarken abgebrochen. Es war ziemlich am Ende, da sagte Grabner: 'Hier macht der Stark weiter.' Vorher hatten Blockführer und der Palitzsch geschossen. Die Blockführer hatten sich schon abgewechselt. Ich mußte den Palitzsch ablösen. Ich weiß nicht, wieviel es waren.' – ‚Mehr als einer?' – ‚Ja!' – ‚Mehr als zwei?' – ‚Vier bis fünf werden es schon gewesen sein.' – Zwei Monate später sitzt der junge Mann, den dünnen Knall des Kleinkalibergewehrs noch in den Ohren, die Hingefällten noch vor Augen, vielleicht aber auch nicht, wieder auf der Schulbank und büffelt fürs Abitur. Die gespenstische Szene dürfte ohne Beispiel sein: Finger am Abzug eines Mordinstrumentes und Finger am Federhalter, pulvergeschwärzter Einschuß und dünnes Rinnsal von Blut vor Augen wie auch arithmetische Formeln und Tinte. Das mag eine Schule fürs Leben gewesen sein, fürs sogenannte, die der Angeklagte noch heute zu tragen hat. Damals war er knapp zwanzig Jahre alt" (Bernd Naumann, S. 54). Die Zeilen 51f. auf S. 306, linke Spalte, und 1–16, 25–33 auf S. 306, rechte Spalte, zeigen die Umarbeitung. Weiss bleibt hier ganz eng an der Vorlage: Er glättet und rhythmisiert („Es war schon ziemlich am Ende", Z. 3), verbessert die Verständlichkeit durch Verallgemeinerung („die Formalitäten waren erledigt", Z. 52), verkürzt insgesamt und nimmt die von Naumann verdeutlichte emphatische Gegenüberstellung von Vernichtungsszenario und Bildung, Vorbereitung des Abiturs als „Reifeprüfung" ganz und gar zurück, er verzichtet auch auf eine denkbare Frage durch den Ankläger, die den Gegensatz hätte problematisieren können. Es bleibt nur das Faktum, sprachlich allenfalls verschärft sichtbar gemacht (Z. 34): Ich „erlegte die Reifeprüfung" (Walter Jens allerdings hält diese Wendung für dialektbedingt [Walter Jens, s.o., S. 93]; Hans Stark stammte aus Darmstadt). Man hat in der Auswertung der sprachlichen Bearbeitung und Gestaltung durch Peter Weiss von „einer Art heiliger Nüchternheit" gesprochen: Den Dialogen werde „etwas eindrücklich Statuarisches" verliehen (Erasmus Schäfer: Hinweise zu einer notwendigen „Ermittlung". In: Wirkendes Wort 16, 1966, S. 59). Insbesondere in der nüchternen, kühl-distanzierten Genauigkeit der Zeugenaussagen habe der Autor ihre Wahrhaftigkeit unterstreichen, Distanz schaffen wollen (z. B. S. 304, S. 305, linke Spalte, Z. 22–50).

Achtes Kapitel: Zu Text 187, S. 304ff.

Wird der Sprache der Zeugen das Pathos, sofern authentisch gegeben, tendenziell genommen, so bleibt in der Sprache der Angeklagten eine bestimmte Begrifflichkeit erhalten, wird von Peter Weiss z.T. noch deutlicher akzentuiert: Sie benutzen nach wie vor das Vokabular des NS-Staates und den Lagerjargon. Menschen werden von ihnen z. B. als „Stück" gezählt (S. 305, rechte Spalte, Z. 34), „verschärfte Vernehmung" bedeutet Folter, „Sonderbehandlung" eine spezielle Form des Tötens, „Abgänge" sind Tote; nicht Menschen, sondern eine Ideologie wurde bekämpft und vernichtet (S. 306, linke Spalte, Z. 36f.). Die Sprache der Angeklagten widerspiegelt die Wirklichkeit ihres Denkens; in der Welt der Gewalt und Unmenschlichkeit leben die Angeklagten ungebrochen weiter, sie haben keinen kritischen Abstand gewonnen: S. 306, linke Spalte, Z. 36–41.

Diese Sprache ist zugleich allgemein die einer verwalteten Welt, die über Menschen wie über Dinge verfügt. Wenn auch der Ankläger von der „Bearbeitung dieser Kontingente spricht" (S. 306, linke Spalte, Z. 15), so wird der Zusammenhang zwischen den Verwaltungsstrukturen des Lagers Auschwitz und den Verwaltungsstrukturen einer jeden Bürokratie deutlich. Die Beziehung zu gegenwärtiger Wirklichkeit wird noch deutlicher hergestellt durch die Aussagen des Verteidigers (S. 306, rechte Spalte, Z. 40 – S. 307, linke Spalte, Z. 19): Die Normalität oder gar vorbildliche Entwicklung (Z. 12) des Angeklagten nach dem Krieg entschuldigt nicht, sie zeigt lediglich, daß möglicherweise jedermann sich eignet zum Henker oder Mitglied der Wachmannschaft in einem Massenvernichtungslager, daß es hierzu keiner fehlgeleiteten Sozialisation oder sadistischen Anomalie bedarf.

Die Haltung der Angeklagten zeigt sich in ihrer unveränderten Terminologie und in den Sprachmustern, mit denen sie eine Schuld oder Mitschuld abweisen: Das war nun einmal so üblich (S. 305, rechte Spalte, Z. 42 f.), „Es war uns gesagt worden" (S. 305, rechte Spalte, Z. 48 ff.: das Argument des Nichtwissens, durch die Anonymität des Passivs noch verstärkt, definitiver formuliert), „laut Befehl" (S. 306, linke Spalte, Z. 4–6; rechte Spalte, Z. 20) und „ich hatte zu..." (S. 306, rechte Spalte, Z. 21).

Weiss ist sehr sparsam mit Regieanweisungen: Sie beziehen sich fast durchgehend auf die Angeklagten: Vor allem „lachen" sie (S. 307, rechte Spalte, Z. 26) brutal, zynisch und drohend.

Zur Behandlung im Unterricht

Der Zusammenhang mit Text 186 ist selbstverständlich, der Ansatz eines dokumentarischen Theaters läßt sich noch zwingender verstehen, wenn man die Thematik reflektiert: Läßt sich die faschistische Vernichtungsmaschinerie überhaupt dramatisch darstellen? Das Problem der Darstellbarkeit leitet das Unterrichtsgespräch ein (vgl. S. 372).

Die Lektüre selbst erfolgt unter drei Aspekten:
- In welchem Maß läßt sich der Text als Umsetzung der Programmatik des dokumentarischen Theaters verstehen? Die sprachliche Bearbeitung wird untersucht, ausgehend von auffallenden Besonderheiten, durch den Vergleich mit der mutmaßlichen Vorlage (s. o.) vertieft.
- Welche Absichten hatte Peter Weiss mit diesem Stück? Die oben zitierten Selbstaussagen des Autors wie die angeführten Textaussagen sind hier hilfreich. Die Intention des Autors läßt sich problematisieren: Reicht die verbale Erörterung der Ursachen des Faschismus im Stück aus, um ein Begreifen zu vermitteln? Hat Peter Weiss recht, wenn er die Beziehung zur Gegenwart verdeutlicht?
- „Auschwitz und wir heute" – dieses Problem lohnt eine vertiefende Erörterung. Ausgangspunkt könnte folgende Erfahrung sein, die Walter Jens in der Piscator-Inszenierung machte: „Zwingt die ‚Ermittlung' uns, auf die Gegenwart zu reflektieren? [...] Entlarvt sie die Gesellschaft, der die Greueltaten zuzuschreiben sind? Macht sie Gründe sichtbar? Weist Prämissen nach? Zeigt Konsequenzen auf? Es war ein normaler Volksbühnenabend; ‚ich habe auf Maigret verzichtet, zum erstenmal', sagte eine Frau hinter mir; ‚ein prima Stück', meinte eine Siebzehnjährige in der Pause, ‚ich hätte nicht gedacht, daß es so spannend sei'; ‚ach, der ist das', flüsterte mein Nachbar, als der Zeuge vortrat, dem Lili Tofler ihren Brief zugeschickt hatte. Die Ausflüchte der Angeklagten wurden belacht, ‚ach nee' und ‚denkste', bei der Erwähnung der Greuel hörte man Anteilnahme, aber das Schluchzen blieb aus. Gelegentlich kam höhnisches Gelächter auf, sehr leise und immer an der richtigen Stelle, die Hauptverachtung [...] galt den Eskapaden des Verteidigers; am Schluß ging man schweigend, sehr nachdenklich und ernst hinaus; kaum jemand sprach" (Walter Jens, s. o., S. 94).

Achtes Kapitel: Zu Text 188, S. 307ff.

188 Alfred Andersch/Hans Magnus Enzensberger: Die Literatur nach dem Tod der Literatur. Ein Gespräch (S. 307 ff.)

Zum Text

Das Gespräch zwischen Andersch und Enzensberger wurde 1979 veröffentlicht: Es handelt sich offenbar um ein Interview zu Anderschs 60. Geburtstag (Februar 1974). Zunächst übernimmt Enzensberger die Rolle des Befragenden mit einem Rückblick auf Anderschs Leben und die politische wie literarische Situation der 50er Jahre. Es werden dann die 60er Jahre unter den Stichworten „Politisierung" und „Studentenbewegung" thematisiert. Hier setzt der vorliegende Auszug ein.

Zur Interpretation

Politisches Engagement oder Kunst, das scheint die Alternative (S. 307, Z. 44f.); sie wird bestätigt durch die folgenden Ausführungen Anderschs: S. 308, Z. 4; 7–9; 13f., 17–20.
Es ist dies allerdings nur auf den ersten Blick die Alternative, das Gespräch ist komplexer, differenzierter strukturiert:
– Enzensberger hatte zuvor zu verdeutlichen versucht, daß Anderschs Biographie generell durch die Fähigkeit zur Distanz, durch ein Schwimmen gegen den Strom, die Fähigkeit des Rückzugs gekennzeichnet sei. So erscheint es konsequent, daß der Linke Alfred Andersch sich zurückhält, wenn – wie Andersch sagt – eine „nouvelle gauche" in intellektuellen Kreisen aufbricht.
– Enzensberger wurde zuvor im Gespräch über die 50er Jahre von Andersch mit seinem ‚Kursbuch'-Aufsatz zitiert; Enzensberger hatte dort geschrieben: „Die westdeutsche Gesellschaft hat dem ‚Kulturleben' überhaupt und der Literatur im Besonderen nach dem Zweiten Weltkrieg eine eigentümliche Rolle zugeschrieben. [...] Je weniger an reale gesellschaftliche Veränderung, an die Umwälzung von Macht- und Besitzverhältnissen zu denken war, desto unentbehrlicher wurde der westdeutschen Gesellschaft ein Alibi im Überbau. [...] Die Literatur sollte eintreten für das, was in der Bundesrepublik nicht vorhanden war, ein genuin politisches Leben. So wurde die Restauration bekämpft, als wäre sie ein literarisches Phänomen, nämlich mit literarischen Mitteln; [...] Umwälzungen in der Poetik sollten einstehen für die ausgebliebene Revolutionierung der sozialen Strukturen [...], und je mehr die westdeutsche Gesellschaft sich stabilisierte, desto dringender verlangte sie nach Gesellschaftskritik in der Literatur; je folgenloser das Engagement der Schriftsteller blieb, desto lauter wurde nach ihm gerufen" (Hans Magnus Enzensberger: Gemeinplätze, die Neueste Literatur betreffend. In: Kursbuch 15, 1968, S. 189f.). Vor diesem spezifischen Hintergrund formulierte Enzensberger im gleichen Aufsatz von 1968 zusammenfassend: „Eine revolutionäre Literatur existiert nicht, es wäre denn in einem völlig phrasenhaften Sinn des Wortes. Das hat objektive Gründe, die aus der Welt zu schaffen nicht in der Macht von Schriftstellern liegt. Für literarische Kunstwerke läßt sich eine wesentliche gesellschaftliche Funktion in unserer Lage [!] nicht angeben. Daraus folgt, daß sich auch keine brauchbaren Kriterien zu ihrer Beurteilung finden lassen [...]. Wer Literatur als Kunst macht, ist damit nicht widerlegt, er kann aber auch nicht mehr gerechtfertigt werden. Wenn ich recht habe, wenn es keinen Schiedsspruch über das Schreiben gibt, dann ist allerdings auch mit einem revolutionären Gefuchtel nichts getan, das in der Liquidierung der Literatur Erleichterung für die eigene Ohnmacht sucht" (ebd., S. 195). In diesem Kontext sind die Ausführungen Enzensbergers im vorliegenden Text (S. 308, Z. 38–46) zu verstehen.
– Andersch versucht im folgenden, die Alternative Kunst oder Politik aufzuheben und zu vermitteln: S. 309, Z. 1–9. Diesem sehr konkret formulierten Standpunkt geht eine grundsätzliche Argumentation voraus: Die Alternative Kunst oder Politik ist für Andersch zu kurz und oberflächlich gedacht, Beweis eines unhistorischen und unmarxistischen Denkens, „das für mich als einen im klassischen marxistischen Denken erzogenen Autor unannehmbar war. Ich konnte also gar nichts tun, als dazusitzen und abzuwarten, ob sich ein Marxismus, der mit ästhetischen Kategorien arbeitet, durchsetzen würde" (W. Martin Lüdke [Hrsg.]: Nach dem Protest. Literatur im Umbruch. es 964. Frankfurt a. M. 1979, S. 95). Das Thema einer marxistischen Ästhetik und Literaturtheorie (als Einführung immer noch geeignet: Fritz J. Raddatz [Hrsg.]: Marxismus und Literatur. 3 Bände. Rowohlt, Reinbek 1969. – Viktor Zmegac [Hrsg.]: Marxistische Literaturkritik. Athenäum, Bad Homburg 1970. – Zu ergänzen noch um die Position Th. W. Adornos) wird in diesem Gespräch nicht vertieft. Andersch wendet es konkret: S. 309, Z. 1ff.
– Die ästhetische Vermittlung von Politik und Kunst, wie Andersch sie sieht, schließt die bewußte politische Intention aus: S. 309, Z. 16f. Andersch bleibt im Bild des Schusters, der gute Schuhe macht, sehr konkret (Z. 24–26, 39f.).
– Enzensberger folgt ihm auf diese Ebene, sein Zweifel an der Tragfähigkeit jenes Bildes ist wohl berechtigt

376

(Z. 33–38); die im vorliegenden ausgelassenen Ausführungen enthalten zusätzlich den Ansatz einer historischen Argumentation: Balzac etwa habe noch einen bestimmten Romanleser voraussetzen können, davon könne heute keine Rede mehr sein. Hier setzt der Text wieder ein: Z. 41–46.
- Der deutliche Dissens am Schluß des Gesprächs (S. 310, Z. 8–11, 12–16) erscheint möglicherweise Resultat beiderseitiger Vereinfachungen: Andersch hat kein „zeitloses Verhältnis zu seiner eigenen Produktionsweise" (Z. 8f.), dagegen stehen sein Vorwurf an die Neue Linke, unhistorisch zu denken, seine Forderung nach einem Marxismus, der mit ästhetischen Kategorien arbeitet (s. o.), und die von ihm angedeutete Dialektik von Produktion und Rezeption des literarischen Werks (S. 309, Z. 5–9). Es erscheint ihm von daher dann auch selbstverständlich, daß ein heute entstehendes Gedicht ein ganz anderes ist als ein vor 2000 Jahren gemachtes (S. 310, Z. 14f.). Andersch vereinfacht seinerseits den Begriff der Produktionsweise, er reduziert ihn auf das Schreiben von Literatur (Gedichte machen); Enzensberger hat vermutlich genau jene Dialektik im Blick, die Andersch zuvor (S. 309, Z. 5–9) angedeutet hatte; der Begriff der „Produktionsweise" ist umfassend zu verstehen, den Autor oder „Literaturproduzenten" in seiner Biographie und seinem historischen und sozialen Umfeld betreffend; reduziert auf den Vorgang oder die Technik des Schreibens, gibt dieser Begriff nichts her.

Zur Behandlung im Unterricht
„Politik oder Kunst: Sollten Schriftsteller Romane schreiben oder besser Flugblätter und Demonstrationen organisieren?" Derart könnte eine Diskussion eingeleitet werden, Vorbereitung des Textes. Die von Enzensberger und von Andersch bezogenen Positionen lassen sich arbeitsteilig herausarbeiten und in der gemeinsamen Auswertung und Erörterung differenzieren und möglicherweise vermitteln.
Sofern in der einleitenden Diskussion oder in der Texterörterung nicht schon geschehen, wäre in einem zweiten, distanzierten Ansatz auf den historischen Kontext des Gesprächs zu reflektieren: Warum stellte sich die Alternative Politik oder Kunst Ende der 60er Jahre? Was hat sich seither geändert? Warum ist diese Alternative heute kein Thema mehr? Und weiter vertiefend: S. 308, Z. 30–33. Unterstellt, Enzensberger habe weitgehend recht mit seiner These: Wie läßt sich der Sachverhalt erklären? Hier sind Enzensbergers Ausführungen aus seinem ‚Kursbuch'-Aufsatz über die Literatur der 50er Jahre (s. o.) hilfreich; sie lassen sich verlängern zum Problem der Kritik der bürgerlichen Gesellschaft – seit ihrer Genese – im Medium von Literatur: Alibi oder mehr?

IV. Die siebziger Jahre: Neue Sensibilität und Bewußtseinskrisen (S. 310ff.)

Die 'Tendenzwende' war ein ebenso literarischer wie politischer Begriff: Politisch hatten die Beendigung des Vietnamkrieges, der Radikalenerlaß, der Terrorismus der RAF und die darauf massiv einsetzenden restriktiven Gesetzesmaßnahmen, der Stellenmangel im öffentlichen Dienst wie in der privaten Wirtschaft, die pragmatische oder auch konservativ motivierte Reduktion der Bildungsexpansion und nicht zuletzt das deutlich erfolgreiche wirtschaftliche Krisenmanagement zur Folge, daß die vorrevolutionäre Ungeduld wie die Reformeuphorie ausgetrieben wurden. Adolf Muschg kommentierte 1976 ironisch: „Vor wenigen Jahren noch hatten die großen Verlage ihre Hinterfragungsliteratur wie heiße Brötchen unter die Leute gebracht. Über Nacht, so schien es, wurde die Nachfrage flau. Hatte in den Buchhandlungen ein Machtwechsel stattgefunden? [...] War dem links betonten Verleger auf einer einsamen Wanderung der Geist Rilkes erschienen und hatte ihn vor dem Weg in den Abgrund gewarnt? [...] Märchenhaft, als wär auch dies ein Werk der Ölkalifen, begann die astrologische Gewalt der 'Konjunktur' auch das bißchen Kulturrevolution zu entkräften, das eben noch die Grenzen des Feuilletons übertreten und sogar die politischen Teile unsicher gemacht hatte. [...] Bewußtsein oder Arbeitsplatz – so brutal lautete auf einmal die Alternative. [...] Die Ware Aufklärung bewies, daß sie wie jede andere dem Gesetz der Sättigung [...] gehorchte. [...] Der linke Verstand, übersplit vom Apparat seiner Veröffentlichung, begann stillzustehn und sich in sich selbst zurückzuziehen, um daselbst Gefühl zu werden. Trauerarbeit unterwanderte die Versuche zur gesellschaftlichen Praxis" (Adolf Muschg: Bericht von einer falschen Front oder: Der Schein trügt nicht. In: Literaturmagazin 5. dnb 72. Rowohlt, Reinbek 1976, S. 25f.).
Das Resultat ist autobiographisches Schreiben (Grass, Frisch, Kempowski, Lenz), sind existentielle Themen wie das Gebären, Liebe und Isolation, zwischenmenschliche Beziehung als Problem, Krankheit, Selbstmord und Tod (Karin Struck, Günter Steffens, Jean Améry, Heinar Kipphardt, oder auch Peter Handke, Nicolas Born und Botho Strauß), sind Schlagworte wie 'neue Subjektivität', 'neue Innerlichkeit'.

Achtes Kapitel: Zu Text 189, S. 310ff.

Fast bei allen in Frage stehenden Autoren ist der Zerfall der Studentenbewegung die Geburtsstunde des neuen Ichgefühls. Handkes Text (189) von 1970 markiert eine historisch sehr frühe Position noch innerhalb der politisch orientierten Literatur: Das Problem der Wahrnehmung von Realität vermittelt den Text thematisch mit Jürgen Beckers ‚Feldern‘ (Text 185) von 1964. Born (Text 190) thematisiert in dem vorliegenden Ausschnitt seines Romans ‚Die erdabgewandte Seite der Geschichte‘ von 1976 noch einmal einen Höhepunkt der Studentenbewegung, das Erlebnis einer wichtigen Demonstration von 1967; dies geschieht aus der Perspektive eines Ich-Erzählers, der sich politisch nicht engagiert hat, dem „Flucht in die Innerlichkeit" vorgeworfen wird. Botho Strauß (Text 191) radikalisiert dieses Thema: Richard Schroubek, Hauptfigur der Erzählung, weigert sich überhaupt, nach der Trennung von seiner Freundin die Realität noch zur Kenntnis zu nehmen, er bricht jeden Bezug zur Außenwelt ab, um sich nur der Erinnerung und Reflexion seines Zustandes zu widmen. In allen drei Texten geht es um die Schwierigkeit des Handelns, um die Differenz zwischen Handeln und Reflexion, um Wahrnehmung und Reflexion als die zentrale Ebene menschlichen Seins. Gemeinsam ist ferner allen drei Texten das Problem der zwischenmenschlichen Beziehung, die Erfahrung des Scheiterns – bei unterschiedlichem Stellenwert dieser Erfahrung: Bei Handke z. B. ist Schwierigkeit der Beziehung zu anderen Menschen ein Moment der Problematik einer mißverstandenen und sich signalhaft aufdrängenden Realität, der Beziehungsverlust die Folge. Bei Strauß resultiert umgekehrt aus dem Abbruch der zwischenmenschlichen Beziehung der allgemeine Realitätsverlust.

Im Unterschied etwa zu Dada oder auch zur konkreten Literatur wird in den 70er Jahren die Frage nach den Bedingungen der Wahrnehmung von Realität als Ansatz literarischer Produktion häufig verknüpft mit der Erfahrung einer Kommunikationskrise oder der Problematik enger zwischenmenschlicher Beziehungen: Die drei Texte stehen für diese Tendenz. Hier liegt vor allem die – gewiß problematische – Berechtigung der Begriffe „neue Innerlichkeit" oder „Rückzug in die Privatsphäre".

189 Peter Handke: [Der Mord] (S. 310 ff.)

Zum Text

Josef Bloch, früher ein bekannter Torwart, jetzt Monteur, glaubt sich eines Morgens entlassen, weil nur der Polier aufschaut, als er die Bauhütte betritt. Er verläßt die Baustelle und schlendert durch die Stadt: Zwischen Naschmarkt, Hotel, Kino, Gaststätten, Bahnhof, Wurstbude, Telefonzellen, Kaffeehaus verbringt er seine Zeit. Am zweiten Abend begleitet er eine Kinokassiererin nach Hause und erwürgt das Mädchen am nächsten Morgen ohne erkennbares Motiv. Er verläßt danach die Stadt und fährt mit dem Bus in den südlichen Teil des Landes und verfolgt von da aus die polizeiliche Fahndung nach ihm. Zunehmend leidet er unter seinen Wahrnehmungen in ihrer Stereotypie und Rätselhaftigkeit; alles wird ihm zum rätselhaften Zeichen. Die Erzählung schließt mit dem Besuch eines Fußballspiels: Entgegen Blochs Prognose vermag hier der Torwart einer der beiden Mannschaften einen Elfmeter zu halten.

Der Blick auf die Handlung betont das Kriminalgeschehen, das im Text deutlich hinter der Beschreibung von Eindrücken und erkenntniskritischen Betrachtungen zurücksteht: Die als gewaltsam und qualvoll empfundene Aufdringlichkeit von Personen und Institutionen, Beobachtungen und Wörtern, die Schwierigkeit oder Unmöglichkeit, Realität ohne vorgängige Rasterung, ohne Vermittlungs- und Interpretationsschemata wahrzunehmen, sind das Thema des Textes.

Noch im Kontext der ausgehenden 60er Jahre erfolgte u. a. auch durch Peter Handke – die Erzählung ist der dritte, längere Prosatext Handkes, 1970 erschienen – die Rückbesinnung auf die Bedingungen des Schreibens in erkenntniskritischer Intention: „Nach dem offenbar gescheiterten Versuch der sechziger und beginnenden siebziger Jahre, in naivem Zugriff Welt beschreiben oder gar verändern zu wollen, sehen sich Autoren der Gegenwart genötigt, in einer quasi transzendental-literarischen Reflexion die Bedingungen der Möglichkeit von Wahrnehmung und Darstellung allererst zu erforschen. Diese Expedition führt [schon] bei Descartes unweigerlich in den Bereich der Subjektivität, die nicht gleichbedeutend mit dem privaten solus ipse ist" (Peter Pütz: Peter Handke. st 854. Suhrkamp, Frankfurt a. M. 1982, S. 8). „Neue Sensibilität" also in den 70er Jahren – und zugleich Wiederaufnahme der zentralen Problematik der Moderne, wie sie in der vorliegenden Textsammlung durch Jürgen Becker (Text 185) zuletzt präsentiert ist: Seit Hofmannsthals Chandos-Brief gelten die Sprachproblematik und Vermittlungskrise als die Themen und zugleich als die analytischen Leitbegriffe, die die Situation der Moderne kennzeichnen.

Zur Interpretation

Der Titel ‚Die Angst des Tormanns beim Elfmeter‘ ist ebenso attraktiv wie irritierend: Vorgegeben wird die Verbindung von anspruchsvoller Literatur und Fußball, angereichert durch das höchst affektgeladene Wort

Achtes Kapitel: Zu Text 189, S. 310ff.

„Angst", ein „Meisterstück werbewirksamer Formulierung [...]: Fußball und Horror werden in einen langen Titel verpackt, dessen Weitschweifigkeit jedoch durch eine strenge Rhythmisierung gebändigt ist. Wie beim Jambus folgt jeder Senkung regelmäßig eine Hebung. Dieser strenge Rhythmus macht den langen Titel des kurzen Romans zu einem einprägsamen Reklamespruch" (Peter Pütz: Peter Handke ‚Die Angst des Tormanns beim Elfmeter'. In: Heinz Ludwig Arnold [Hrsg.]: Deutsche Bestseller – Deutsche Ideologie. Klett, Stuttgart 1975, S. 148 f.). Den Erwartungen des Titels folgt das die Erzählung einleitende Motto: „Der Tormann sah zu, wie der Ball über die Linie rollte [...]." Im Mittelpunkt des bisherigen Erwartungshorizonts steht die Figur eines Tormanns, seine Angst angesichts des Strafstoßes ist das Thema, sein Versagen der Ausgangspunkt des Erzählens, seine Perspektive die Sehweise der Hauptfigur: Der Roman ist personal erzählt. Über den aufreizend werbewirksamen Anschluß an ein modisches Gegenwartsphänomen hinaus geht es um das „angebot, im ‚einblick' durch die linse einer ‚vulgärrhetorik' das in anderen formeln direkter und wohl ‚ernsthafter' zu benennende phänomen des versagens und herausfallens aus der gruppenkommunikation zu rekonstruieren" (Klaus Bohnen: Kommunikationsproblematik und Vermittlungsmethode in Handkes ‚Die Angst des Tormanns beim Elfmeter'. In: Wirkendes Wort 26, 1976, S. 390). Dieses Angebot ist allerdings als Anspielung gestaltet, als Auslegungsmetapher: Das vor allem gegen Ende der Erzählung beschriebene Reagieren Blochs auf die Fahndungsmeldungen verdeutlicht ein Wirklichkeitsverhältnis, das durch Reaktionszwang und Angst gekennzeichnet ist, die Torwartsperspektive des Titels und Mottos. Das im Motto angedeutete Versagen läßt sich wohl auf die Entlassung Blochs beziehen, unter dem Aspekt jener Auslegungsmetapher eine eindeutige und falsche Reaktion auf eine Geste. Das Motiv wird wiederaufgenommen am Schluß: Bloch besucht ein Fußballspiel, kommt ins Gespräch mit einem anderen Zuschauer, fachsimpelt, u. a. über die Verhaltensmöglichkeiten des Torwarts bei einem Elfmeter, da in diesem Spiel ein Strafstoß verhängt wird. Die Parallele zu seinem eigenen Verhalten in der Beobachtung der Fahndung nach ihm ist hier unübersehbar: „Der Tormann überlegt, in welche Ecke der andere schießen wird [...]. Wenn er den Schützen kennt, weiß er, welche Ecke er sich in der Regel aussucht. Möglicherweise rechnet aber auch der Elfmeterschütze damit, daß der Tormann sich das überlegt. Also überlegt der Tormann weiter, daß der Ball heute einmal in die andere Ecke kommt. Wie aber, wenn der Schütze noch immer mit dem Tormann mitdenkt und nun doch in die übliche Ecke schießen will? Und so weiter, und so weiter" (Peter Handke: Die Angst des Tormanns beim Elfmeter. st 27. Suhrkamp, Frankfurt a. M. 1970, S. 112). Deutlich wird hier – vor den Aspekten Reaktion und Angst – das Moment der Reflexivität: Das bewußte Wahrnehmen auch des eigenen Verhaltens, die Selbstbeobachtung, das Reflektieren der Realitätswahrnehmung wie des eigenen Verhaltens ist für Josef Bloch kennzeichnend, z. B. auch S. 310, Z. 29 – S. 311, Z. 5, Z. 14–19, 26–37 im vorliegenden Textausschnitt. Die Erzählung schließt: „Der Schütze lief plötzlich an. Der Tormann, der einen grellgelben Pullover anhatte, blieb völlig unbeweglich stehen, und der Elfmeterschütze schoß ihm den Ball in die Hände" (S. 112). So schließt sich der Rahmen, zugleich bleibt inhaltlich offen, ob oder inwieweit diese Auflösung des Titel- und Rahmenmotivs für das Geschehen, in das Josef Bloch verwickelt ist, eine Aussagefunktion hat.

Das Rahmenmotiv ist als Auslegungsmetapher ein Vermittlungsschema der Erzählung, eine Ebene. Daneben lassen sich andere Schichten unterscheiden:

Anlehnung an Kafka: Der Erzählbeginn zitiert oder zeichnet deutlich nach das Erzählmodell Kafkas: „Dem Monteur Josef Bloch, der früher ein bekannter Tormann gewesen war, wurde, als er sich am Vormittag zur Arbeit meldete, mitgeteilt, daß er entlassen sei. Jedenfalls legte Bloch die Tatsache, daß bei seinem Erscheinen in der Tür der Bauhütte, wo sich die Arbeiter gerade aufhielten, nur der Polier von der Jause aufschaute, als eine solche Mitteilung aus und verließ das Baugelände" (S. 7). Kafkas ‚Verwandlung' beginnt: „Als Gregor Samsa eines Morgens aus unruhigen Träumen erwachte, fand er sich in seinem Bett zu einem ungeheuren Ungeziefer verwandelt." Der ‚Prozeß' setzt ein: „Jemand mußte Josef K. verleumdet haben, denn ohne daß er etwas Böses getan hatte, wurde er eines Morgens verhaftet." U. a. Klaus Bohnen ist diesem Ansatz nachgegangen: „In motiven und erzählsituationen tauchen Kafka-anspielungen auf: so – beispielhaft, ohne vollzähligkeit anzustreben – das motiv der ‚verwandlung' nach dem aufwachen [...], dann das schloss-motiv mit wirtshaus-pächterin und kellnerin, einem pförtner, der ihm das ‚tor' des schlosses aufsperrt [...], schließlich die parallelität einer erzählsituation ‚im dom' [...] mit einer ins einzelne gehenden gemäldeinspektion [...]" (Bohnen, S. 391 f.). Das Vermittlungsschema Kafka wird aufgenommen und verändert, wie Bohnen exemplarisch durch den genauen Vergleich des Erzählbeginns in Handkes Text und in Kafkas ‚Prozeß' verdeutlicht: „Setzt ‚Der Prozeß' ein – dem bewusstsein der figur angepasstes – kausalitätsprinzip als fragehorizont in das erzählen ein [...], so fehlt diese logische begründungshaltung in Handkes text durchweg. Was Kafka noch als existenzfrage problematisiert, ist für Handke nun nicht

Achtes Kapitel: Zu Text 189, S. 310ff.

hinterfragbare faktizität [...]. Kafkas vermittlungsmodell erscheint so in Handkes text als reflektor der eigenen erfahrungswelt" (S. 392).

Anlehnung an Büchner: Ein weiteres Vermittlungsschema ist – so Bohnen – die Erzählwelt und Artikulationsweise von Büchners ‚Lenz': Handke selbst deutet die Verhaltensweise Blochs als Schizophrenie (Text + Kritik 24, Oktober 1969, S. 3); das Krankheitsbild der Schizophrenie wird zum Modell einer Geschichte, „das seinerseits bei Büchner literarisch vormodelliert ist" (S. 392); Bohnen weist deutliche Parallelstellen zwischen Handkes und Büchners Text auf, sie betreffen bestimmte Ereignisse und Verhaltensweisen (Lenz' nächtliche Anfälle und Erlebnisse) und das Sprachverhalten und seine Wahrnehmung, das Stocken im Satz im Blick auf das vorauszudenkende Ende des Satzes, die Angst, dieses Ende zu verlieren.

Kriminalgeschichte: Das Modell des Kriminalromans läßt sich in der Linie dieser Betrachtungsweise als ein weiteres Vermittlungsschema verstehen. Die gattungsspezifischen Motive Mord, Flucht und Verfolgung sind eindeutig und zugleich aufgehoben: Der Mord kann zumindest nicht im üblichen Sinn, d. h. durch Erhellung der Motivation begreifbar, Mord genannt werden, die Flucht wird kaum ernsthaft betrieben, und die Verfolgung bleibt völlig anonym. Hinter den Kriminalmotiven steht etwas anderes: „Mord als kollision mit den dingen der umwelt, flucht als wahrnehmungsangst und verfolgung als zwanghafte aufdringlichkeit der außenwelt" (Bohnen, S. 393).

Klaus Bohnen hält es für belegbar, daß das Vermittlungsschema Kriminalroman sich konkretisieren lasse auf Roy Fullers Roman ‚Der zweite Vorhang'. In diesem Roman wird in einem fiktiven Vortrag des Helden als Zentrum des Genres Kriminalroman der „Kampf mit den Dingen, so wie sie sind", herausgestellt, ein Zitat wiederum aus der Tradition des englischen Kriminalromans. Hintergrund ist die Kritik der Industriegesellschaft, die Konzeption der Entfremdung des Menschen. „Der Kampf mit den Dingen" ist zentral für Handkes Text: Vor allem Peter Pütz betont dies in der Handke-Rezeption insgesamt vorliegende Mißverständnis einer verengten Fixierung der Texte auf Kommunikations- und Sprachkritik; in der ‚Angst des Torwarts beim Elfmeter' sind „nicht nur Wörter und Gesten, sondern alle Eindrücke [...] aufdringlich und irreführend, und jede Wahrnehmung wird zu einem Mißverständnis. [...] Nicht nur die Sprache, sondern das gesamte Wahrnehmungsinstrumentarium ist automatisiert [...]. Alle Dinge, die ins Blickfeld treten, sind bereits genormt. Jeder Wahrnehmung geht ein Vor-Urteil voraus, alles ist a priori schon gedeutet, und die Erfahrungen spulen nur noch mechanisch ab. Da aber die verfließende Zeit veränderte Situationen und Konstellationen bringt, bedeuten die Zeichen im Einzelfalle nicht mehr das, was sie herkömmlicherweise bezeichnen. Um diesen irritierenden Befund bewußt zu machen, wählt Handke das Muster der Kriminalgeschichte, in der es immer um Deutung von Signalen und Indizien geht, die jedoch im vorliegenden Falle allesamt nicht 'stimmen' " (Peter Pütz: Peter Handke. st 854. Suhrkamp, Frankfurt a. M. 1982, S. 44f.).

„Der Kampf mit den Dingen", das Problem ihrer Wahrnehmung und Deutung bestimmen deutlich auch den vorliegenden Textausschnitt: S. 310, Z. 29 – S. 311, Z. 5; S. 311, Z. 10–19. Geradezu ein Schlüsselwort der Erzählung ist „Aufdringlichkeit" (S. 311, Z. 3–5); es durchzieht den Text insgesamt, und es wird in der vorliegenden Situation das 'Motiv' für den Mord: Das Mädchen drängt sich durch die Selbstverständlichkeit ihrer Redeweise Dingen und Menschen auf: S. 311, Z. 26–37. Sie drängt sich Bloch auf, seinem weiteren Tagesverlauf: S. 311, Z. 43–47. Die ihn auch an seine Entlassung erinnernde Frage, ob er zur Arbeit gehe, wird zum auslösenden Moment für den Mord – Zeichen für den Versuch der Abwehr der aufdringlichen Wirklichkeit. Der Abwehrversuch gelingt nicht, im Gegenteil: Nach dem Mord erhält die Realität einen doppelten Boden; neben das grundsätzliche erkenntnistheoretische Problem der Wahrnehmung von Wirklichkeit, die immer schon in einem Bedeutungszusammenhang steht, tritt das Problem der Fahndung, die wahrgenommene Wirklichkeit erhält eine zusätzliche Zeichenhaftigkeit, die Dinge werden zu Signalen der Fahndung; das Erkenntnisproblem verschärft sich existentiell noch einmal. Unmittelbar nach dem Mord setzt diese Verschärfung ein: S. 312, Z. 7–10. Bloch ist zu einer klaren, 'objektiven' Einschätzung der Realität nicht fähig, die Wahrnehmungsmechanismen können täuschen. Die Außenwelt – wirklich oder eingebildet – macht sich von nun an auch noch in einer anderer Weise bemerkbar: Bloch steht auf und wischt alle Gegenstände im Raum mit einem Geschirrtuch ab, er ist fortan nicht nur auf der Flucht vor Gegenständen und Wörtern, sondern auch vor der Polizei; die Fahndung hat begonnen.

Zwischen der Aufdringlichkeit einer zeichenhaften und deutungsbedürftigen Realität und ihrer Mißverständlichkeit besteht ein enger Zusammenhang. Schon der Erzählbeginn steht dafür exemplarisch: Weil nur der Polier aufblickt, als Bloch die Bauhütte betritt, glaubt dieser, er sei entlassen; das Nichtbeachten mißversteht Bloch als verbindliches Zeichen der Zurückweisung. Dies bleibt kennzeichnend für Bloch: „Alle Dinge werden zu rätselhaften Indizien; sie scheinen etwas zu bedeuten, doch es bleibt ein Geheimnis, was sie bedeuten. Am Anfang der Erzählung dominieren noch die ekelerregenden Wirkungen" – z. B. die

Achtes Kapitel: Zu Text 190, S. 312ff.

Wahrnehmung von Ameisen statt Teeblättern im vorliegenden Textausschnitt (S. 311, Z. 10–13) –, „später verstärken sich die angsterregenden. Sämtliche Gegenstände werden zu gespensterhaften Wesen, die den Mörder suchen, jagen, warnen und verstören" (Pütz: Peter Handke, S. 48). Zur Verdeutlichung des zugrunde liegenden Realitäts- und Erkenntnisproblems in existentieller Verschärfung greift Handke auf das Vermittlungsschema des Kriminalromans zurück.
Handkes Ansatz in der ‚Angst des Tormanns beim Elfmeter' ist also die Vermittlung oder Filterung der Aussage durch bestimmte Muster des Aussagens, durch tradierte Modelle; derart entstehen zwei Dimensionen, aufeinander bezogen: Die konkrete Aussage oder Bildwelt wird transzendiert im Blick auf die zweite Ebene der Vermittlungsschemata, das Bezugsfeld verschiedenartiger Vermittlungsebenen wiederum fungiert als Orientierungsraster, als Erzähl- und Verstehensmuster für das thematische Zentrum des Textes: das Problem der Wahrnehmung und sprachlichen Erfahrung von Realität und eigener personaler Identität. Handke versucht dieses Problem gleichsam „im spiegelkabinett literarisch verfügbarer sprachformen sagbar zu machen" (Klaus Bohnen, S. 389).

Die Titelgestalt: Josef Bloch ist als Kunstfigur in diesen Rahmen eingesetzt: Schnittpunkt der verschiedenen literarischen Vermittlungsschemata; sie ist darüber hinaus als Kunstfigur ausdrücklich ausgewiesen durch ihren Namen: Der Vorname bezieht sich auf Kafkas Josef K.; für den Nachnamen hat man Kafkas Rudi Block herangezogen (Horst Dieter Ebert in: Der Spiegel, 1970, Nr. 22, S. 182), von Ernst Bloch ist man ausgegangen (Christa K. Dixon in: Sprachkunst, 3, 1972, H. 1/2, S. 82), Klaus Bohnen vermutet die Orientierung Handkes an den „Realitätenbürobesitzer" Bloch aus Thomas Bernhards ‚Verstörung', einen Mann, für den eine massive Spaltung zwischen Tun und Denken, zwischen praktischen Geschäften und dem fundierten Durchschauen der Welt kennzeichnend ist.

Zur Behandlung im Unterricht
Ausgangspunkt für das Gespräch nach der Lektüre wird der Mord sein, die Frage nach seiner Motivation oder Erklärung. Neben den Versuch einer psychologischen Erklärung, die bei der Frage des Mädchens (S. 311, Z. 47) ansetzt, treten andere Ansätze, da die psychologische Motivation offensichtlich nicht hinreichend verdeutlicht. In Blick kommt auf diesem Weg das Verhältnis Blochs zur Realität: das Wahrnehmungs- und Erkenntnisproblem, das Problem der Kommunikation, die Aufdringlichkeit der Dinge und der Wörter (S. 310, Z. 29 – S. 311, Z. 43), die personale Erzählweise als Vermittlungsmodus. Deutlich wird derart, daß das Schema des Kriminalromans zugrunde liegt, aber in modifizierter Form. Von hier aus erfolgt zunächst ein inhaltlicher Überblick über die Erzählung, und es lassen sich – abhängig von den Vorkenntnissen der Schüler – weitere Vermittlungsschemata ansprechen: Kafka, Büchner, die Welt des Fußballs. Die Reflexion darüber, welche Gründe und welche Funktion eine solche Kompositionsweise insgesamt hat (Zitat und Modifikation literarisch und sprachlich vorliegender Muster, die die zentrale Problemstellung jeweils in spezifischer Weise erhellen), das Nachdenken auch über die unterschiedlichen Rezeptionsmöglichkeiten dieser Erzählung, abhängig z. B. von den jeweils vorhandenen Literaturkenntnissen, Überlegungen dieser Art schließen die Behandlung ab.

Nicolas Born: [Die Demonstration] (S. 312ff.)   190

Zum Text
Borns Roman „handelt, obwohl [er] von der Unmöglichkeit einer wahren Liebesgeschichte erzählt, immer noch von der Liebe" (N. Born: Die Welt der Maschine. Aufsätze und Reden. Reinbek 1980, S. 200). Eine Liebes-„Geschichte", von der allerdings die „erdabgewandte Seite" erzählt wird, diejenigen Momente also, die auf die Möglichkeit eines „anderen Lebens" (ebd., S. 195) und auf den Kampf „für den Zweifel an der Unmöglichkeit einer wahren Geschichte der Liebe" (ebd., S. 200) hindeuten. Trotz dieser Thematik beharrt der Ich-Erzähler des Romans auf der transsubjektiven Bedeutsamkeit der erzählten Geschichte, denn „das gesellschaftliche Leben, dieser atemlose Stillstand in der Bewegung, [vollzog sich] vor dem Hintergrund unserer Geschichte. [...] Die Detonationen öffentlicher Energien, der Überschall der Sprechsignale, die industrielle Vernichtung des Lebens und die industrielle Herstellung einheitlicher Lebensgefühle, die Verwandlung eines jeden Wesens und Gegenstandes in seine eigene Reproduktion, das alles waren Einzelheiten unserer Geschichte. [...] Das ganze Weltmaterial drängte herein" (Die erdabgewandte Seite der Geschichte. Reinbek 1979 [rororo 4370], S. 203f.). Gleichwohl bleibt, trotz des Zweifels auch an der Gewißheit seiner selbst – „Ich hätte mich gern selbst für den wenigstens einzigen gewissen Gegenstand

gehalten, hielt mich aber wie alle anderen für einen ungewissen" (Geschichte, S. 124) –, der Ich-Erzähler notwendiges Medium möglicher neuer Erfahrungen.

Der Ich-Erzähler schildert im Roman die qualvollen Versuche der Trennung von seiner Freundin Maria. Er sieht sich von ihr auf eine Wirklichkeit festgelegt, die er nicht mehr bereit ist anzuerkennen, weil sie seinen individuellen Entwicklungsspielraum verstellt. Hintergrund dieser Erfahrungen bleibt für Born die eine „dynamische" Identität verunmöglichende zeitgenössische Lebenswelt: „Nun ist aber 'Identität' wenn schon kein Bildungsziel, so doch ein Ausbildungsziel geworden, das hieße zum Beispiel auf mich bezogen: Ich bin das, was ich kann und tue, was ich also gelernt habe, ich bin das, was ich dem Bestehenden hinzufüge. Meine Verstellungen und Verkleidungen interessieren die Gesellschaft erst dann, wenn sie zu Störungsquellen oder Profitquellen werden. Die Gesellschaft, effizient, kann nicht berücksichtigen, daß mich diese Identität stört, daß ich mich verstellen und verkleiden, durch viele Personen und Eigenschaften gehen muß, um mir nicht immer nur ähnlich zu sein, identisch, so daß die Gesellschaft sagt: er macht das, er ist das und das, und alles andere ist er nicht" (Welt der Maschine, S. 195f.). Aus soziologischer und sozialpsychologischer Perspektive wären diese Ausführungen kritisch zu beziehen auf die Vorstellung einer zunehmenden Funktionalisierung des Menschen in der rigiden Rollenstruktur von durchmechanisierten und bürokratisch verwalteten Arbeits- und Lebensverhältnissen.

Innerhalb des Romans erfährt die Ausgestaltung von Situationen interpersoneller Wahrnehmungen noch eine Steigerung. Obwohl der Ich-Erzähler von Maria keine „Möglichkeiten" zugestanden bekommt, bleibt er darauf angewiesen, daß Maria als seine nächste Bezugsperson ihre „Möglichkeitsaura" behält. Denn nur an Menschen, die auf ihren Möglichkeiten bestehen, lassen sich die eigenen Möglichkeiten verwirklichen. Gerade so wäre der „Spielraum miteinander umzugehen" (Geschichte, S. 96) erreichbar; Maria aber bleibt diese Dialektik von „Offenheit" und „Geheimnis" fremd: „Ich wollte ihr ja ziemlich undeutlich bleiben, was hätte sie denn sonst von mir gehabt? Aber sie gab um so bedenkenloser ihre Zeichen und Offenbarungen über sich selbst preis, je unverblümter und uninteressierter ich mich zeigte" (Geschichte, S. 84). Sie kann sich nicht mehr offen auf ihren Partner entwerfen, vielmehr erwartet sie von ihm, daß er „weiterhin [ihr] ihre Bedeutungen geben [sollte], ohne die sie verloren war" (ebd., S. 204). Als letzte Konsequenz droht beiden der Verlust ihrer je eigenen Individualität.

Der Ich-Erzähler ist Schriftsteller und setzt sich durch seine Trennung von Maria frei für das Schreiben der „Geschichte", die so den Kampf „für den Zweifel an der Unmöglichkeit einer wahren Geschichte der Liebe" thematisiert. Die „Geschichte" bleibt während des Schreibprozesses nicht mehr die „wahre Geschichte" – „Ich schrieb nur noch, was mal gewesen war, vielleicht so gewesen war, denn es veränderte sich ja immerfort, kein Moment war freizuhalten von Wörtern, kein Moment war unausgesprochen geblieben" (ebd., S. 148). Auch kann der Erzähler seine ursprünglichen Maximen nicht durchhalten: „Das Schreiben selbst sollte kein Thema werden" (ebd., S. 148). Gleichwohl verweist die „erdabgewandte Seite der Geschichte" auf die Möglichkeit einer „anderen Liebe", der auch eine andere Gesellschaft korrespondieren würde. Literatur bleibt so „Medium zwischen unseren Möglichkeiten und uns, zwischen unseren vielen Ichs und dem Ich, das aus uns geworden ist" (Welt der Maschine, S. 54).

Diese kurze Interpretationsskizze verdeutlicht den Kontext, in den die abgedruckte Demonstrationsepisode einzuordnen ist und ohne den der Text untypisch für den Roman wäre.

Zur Interpretation

Erster Abschnitt (S. 312, Z. 15–18): Der politische Aktivismus der Anti-Schah-Demonstration unterbricht den Schreibprozeß des Ich-Erzählers, was allerdings durch die Verwendung des Plurals als kollektiv-generationelles Phänomen deutlich wird: „Als uns die Parolen, ganz in der Nähe abgefeuert, erreichten, war es so, als ließen wir im Nu alles fallen, das unbeschriebene Papier, Kugelschreiber."

Zweiter Abschnitt (S. 312, Z. 19–29): Die Spontaneität der Bewegung und die scheinbare Evidenz ihrer Notwendigkeit enthebt der diskursiven Begründung: „Er [scil. Lasski] holte Luft, um mir etwas zu erklären, winkte aber selber ab mit einer Entschiedenheit, als sei die Zeit der Erklärungen vorbei, als sei schon zu lange alles klar gewesen." Die traditionelle Tätigkeit des Schriftstellers wird in Frage gestellt: „Die Kunst war getan, wir sollten nicht mehr hinzufügen." Allein der operativ-instrumentelle Gebrauch von Kunst hat noch Existenzberechtigung: „Gelernt werden sollte nur noch der vorläufige Umgang damit" – allerdings nur noch so lange, bis Kunst als ästhetischer Vorschein eines besseren Lebens durch die Verwirklichung dieses besseren Lebens sich selbst überflüssig machen würde: „Bis auch diese Kunst sich zu krümmen hatte im Feuer, wenn wir nämlich bewiesen haben würden, daß sie bloß das bessere Leben eines schlechteren Lebens war." Der Prozeß der potentiellen Selbstfindung beim Schreiben wird abgebrochen: „Auf halbem Weg zu uns selbst hieß es umkehren, weg von uns." Die Analyse der je individuellen Befindlichkeit muß zurücktreten hinter der kollektiv veranstalteten Aktion: „Unsere Empfindungen für alles, was uns selbst betraf, legten wir still."

Dritter Abschnitt (S. 312, Z. 30 – S. 313, Z. 25): Der Aufmarsch der Staatsrepräsentanten vor der Oper ist durchsichtig auf seine Falschheit und Künstlichkeit: „Vor der Oper waren die Masken versammelt, Leidenschaften aus den kleinen Kinos." Gleichwohl bleibt „deren Wirklichkeitscharakter aber doch nicht mehr zu bestreiten", eine „zweite Wirklichkeit, [...] gekürzt auf eine komplexe Halluzination" (Welt der Maschine, S. 16). Der Protest ist also durchaus berechtigt und auch für den Ich-Erzähler als notwendig einsehbar: „Ich verstand die Berechtigung." Trotzdem bleibt der „Herrscher" nur ein Element des „Welt-Surrogats" (Welt der Maschine, S. 16), als Individuum so bedeutungslos – „Diese Figur war gleichgültig, nur zufällig in ein Licht geraten" (S. 312, Z. 35 f.) –, daß der Erzähler die polizeilichen Schutzmaßnahmen ironisch verteidigt: „Er duckte sich etwas unter den Sprechchören und sah so harmlos aus, daß ich verstand, warum er vor mir beschützt werden mußte" (Z. 34 f.).

Auch der Demonstrationsanlaß verliert für den Erzähler seinen Wirklichkeitscharakter: „Ich konnte mich aber nicht wehren gegen ein Gefühl von künstlicher Stimmung" (Z. 38 f.). Grund dafür sind die fehlenden „Erfahrungen am eigenen Leib", die ersetzt werden durch „eine Art Rückstau von Informationen" (Z. 39). Ähnlich bewertete Günter Grass schon 1967 in seinem Gedichtband ‚Ausgefragt' den Anti-Vietnam-Protest der Studenten und der APO: „Wir lesen Napalm und stellen Napalm uns vor. / Da wir uns unter Napalm nichts vorstellen können, / lesen wir über Napalm, bis wir uns mehr / unter Napalm vorstellen können. / Jetzt protestieren wir gegen Napalm." Und fast zeitgleich mit Born schrieb Schelsky darüber, „daß das 'geborgte Elend', angelesen und anpubliziert, heute zur emotionellen und heilsgläubigen Mobilisierung so vieler Menschen benutzt werden kann", was nur „deutlich [mache], wie sehr die Wirklichkeit in unserer Gesellschaft bereits aus Papier, Ton und Bild besteht, d.h., wie sehr die im eigenen Leben erfahrene Wirklichkeit der abstrakten Vermittlung als der 'eigentlichen' Wirklichkeit gewichen ist" (H. Schelsky: Die Arbeit tun die anderen. Opladen ²1975, S. 85 f.). Eingedenk der unterschiedlichen Biographien und der verschiedenen politischen Überzeugungen eine frappierende Übereinstimmung, die kritisch zu hinterfragen wäre.

Die Demonstranten geraten in eine Auseinandersetzung mit der Polizei: „Einige wurden schon verprügelt und hingen am Boden, ein Paar Stiefel umarmend" (Z. 39 f.). Dies erscheint als Konsequenz der Aufhebung des Schutzes der Masse: „sie [waren] nämlich herausgequetscht worden aus der Menge" (Z. 41 f.). Die Masse der Demonstrierenden versucht, das je konkrete Individuum zu negieren; selbst das Auslösen eines „größeren öffentlichen Schrei[s]" wird verhindert: „Schnell drückte ihn eine Bewegung des Blocks beiseite, als sei dem Block schon so eine Eigenwilligkeit, so ein Hervortreten peinlich" (S. 313, Z. 6 f.). Der Ich-Erzähler will dagegen auf der Erkenntnis des je einzelnen beharren: „Ich versuchte ein paarmal, mir einzelne Gesichter einzuprägen; das konnte ich nicht, weil sie sofort von anderen Gesichtern wie mit Lappen ausgewischt wurden" (S. 312, Z. 42 f.). Das eskalierende Chaos verschafft eine originäre, eigene Erfahrung, nämlich die Erfahrung der „Angst, die auf einmal ganz ohne Meinung auftauchte und schon wieder weg war" (S. 313, Z. 2 f.). Diese Angst begründet die Vereinzelung des Erzählers innerhalb der Menge und verhindert jede Beziehung zu anderen: „Die Gesichter wurden aufgehoben und wieder verborgen hinter anderen Gesichtern. Nichts war zu halten; ich kam nie auf eine Person zurück" (Z. 3 ff.). Die Angst zerstört die Kontinuität der Wahrnehmung: „In meiner Angst sah ich lauter ganz kleine, gestochen scharfe Momente" (Z. 10 f.). Die körperliche Gestalt löst sich auf; sie wird partialisiert in individuell nicht mehr zuordenbare Einzelheiten: „Es gab nichts Ganzes mehr; Bärte rutschten durch Gesichter, Schultern flogen gegen Ohren" (Z. 19 f.). Auch der Schmerz wirft den einzelnen auf sich zurück: „Ein Knüppel traf mich am Arm [...]. Aber ich merkte, daß hier immer nur ein einzelner erstaunt war, irgendwie getroffen zu werden, vielleicht auch darüber, daß es ihn als einzelnen immer noch gab" (Z. 22, 24 f.).

Vierter Abschnitt (S. 313, Z. 26 – S. 313, Z. 36): Die schon früher konstatierte reale Erfahrungslosigkeit wird vom Erzähler als spezifisch für Intellektuelle und Studenten erkannt; einem „Trupp Arbeiter", der auch bei der Demonstration mitmacht, wird dagegen zugestanden: „Die hatten schon am eigenen Leib Erfahrungen gemacht" (Z. 27 f.). Dies verweist auch auf die latente Funktion des manifesten Protests gegen den persischen Schah, nämlich den Protest gegen die kapitalistischen Arbeits- und Produktionsverhältnisse. Der Erzähler verliert immer mehr die Orientierungsfähigkeiten: „Ich hörte auch immer weniger, [...] sah auch immer weniger" (Z. 29 f.). Seine Bewegungen verlieren die Gegenwärtigkeit und müssen aus der Erinnerung rekonstruiert werden: „Hinterher mischten sich alle Bilder mit den Häuserfassaden im Rücken: Ich hatte mich also auch öfter umgedreht" (Z. 28 f.).

Fünfter Abschnitt (S. 313, Z. 37 – S. 314, Z. 16): Langsam gewinnt der Erzähler seine Situationsmächtigkeit zurück; u.a. wird er wieder fähig, seine gegenwärtige Situation in einem Kontinuum aus erinnerter

Achtes Kapitel: Zu Text 190, S. 312ff.

Vergangenheit („Maria war in Frankfurt", Z. 44) und vorausentworfener Zukunft („Ich konnte heute abend Linda treffen, wenn ich wollte", Z. 44f.) zu verorten. Auch die distanzierende Reflexion gelingt: „Ich fand dieses Gewoge schon komisch [...]." Dabei täuscht der Unwirklichkeitscharakter der Ereignisse („Es war schon Ernst, aber doch kein wirklicher", S. 314, Z. 2) die Vorstellungskraft des Erzählers: „Ich konnte mir auch nicht vorstellen" (S. 313, Z. 47), „daß ein wirklicher Schuß fallen sollte, tödlich, dafür war alles doch immer noch viel zu lustig" (S. 314, Z. 1f.). Das Adjektiv „lustig" verweist dabei auf den vielfach untersuchten „Happening"-Charakter der studentischen Protestformen, der „tödliche Schuß" auf die Erschießung des Studenten Benno Ohnesorg durch einen Polizisten.

Der Erzähler glaubt sich durch die Ereignisse nicht grundlegend verändert: „War ich vielleicht wirklich politisch geworden, bekehrt?" (Z. 3f.) (Der Terminus „bekehrt" wäre zu beziehen z. B. auf die These des Philosophen Lübbe: „Die neue Jugendbewegung [scil. die Studentenrevolte] war von Anfang an eine religiös motivierte Bewegung" [H. Lübbe: Unsere stille Kulturrevolution. Zürich 1976, S. 73.]) „[...] Ich glaube, ich bin überhaupt nicht verändert worden" (Z. 5f.). Allein eine intellektuelle „Bekehrung" wird erwogen, die die letzte Wirklichkeit des Körpers unberührt läßt: „Vielleicht war es eine Bekehrung, nach der mein Körper allerdings wieder gewohnten Beschäftigungen nachging" (Z. 4f.). („Politisch werden" definierte der Erzähler vorher so: „Viele unserer Bekannten wurden schnell immer politischer, das hieß erst einmal, daß sie prinzipiell wurden und gewisse Verständigungen abkapselten gegen jeden Zweifel, andererseits, daß sie immer weniger gelten ließen, auch immer weniger Menschen gelten ließen und nach und nach ihre Eigenschaften aufgaben" [Geschichte, S. 46].) Als Zielvorstellung des Erzählers bleibt immer der Einsatz des Körpers: „Aber ich wollte ja immer, daß mich noch etwas erreichen sollte, für das ich meinen Körper zur Verfügung stellen konnte" (Z. 7ff.). Begriffe stehen zur beliebigen Verfügung: „Gerechtigkeit [...] Freiheit [...], nur wenn man das genauer haben wollte, wurde es schwierig" (Z. 9f.). Die konkrete Realisation dieser Begriffe im praktischen Handeln wird zum Glücksspiel: „Einmal gesetzt und schon verloren, aus" (Z. 10f.). So bleibt für den Erzähler nur das „[A]ufsparen für die Zukunft" (Geschichte, S. 133) und das Aushalten einer Vielzahl von widersprüchlichen Möglichkeiten: „So schnell wollte ich mich aber nicht verspielen, dann lieber mit offenen Augen mich langsam mit Widersprüchen vergiften" (Z. 10ff.). Dieses „niedergedrückte Leben" (Z. 12) verlangt dann aber das „[E]rwachen" (Z. 13), den „fröhlichen Aufstand" des „Körper[s]" und die „Vorstellungen von Gewalttaten [im Kopf]" (Z. 13). Die so erreichte Befriedigung bleibt aber defizitär, da der grundlegende Konflikt ungelöst bleibt und nur kompensiert wird: „So lag der Körper zu Hause und auf Veranstaltungen herum und spielte im Liegen alles Handeln durch, bis sich eine Befriedigung einstellte, die immer nur daran erinnerte, daß sie keine Befriedigung war" (Z. 14ff.). Den begrifflich vorgestellten Zielen fehlt das Erfahrungssubstrat, konkretes praktisches Handeln verengt die Vielzahl der Möglichkeiten auf eine willkürlich gewählte Wirklichkeit: So reduziert sich die Aktivität des Erzählers auf das paradoxe „[Durchspielen] alles Handeln[s] [im Liegen]" (Z. 15).

Sechster Abschnitt (S. 314, Z. 17ff.): Das Gespräch zwischen dem Erzähler und Maria bringt kein Verständnis, die Begriffshülsen einer standardisierten Sprache schieben sich vor das vorgebliche Interesse an „persönlichen Eindrücken" (Z. 19): „Sie sagte auch: ‚Flucht in die Innerlichkeit', und ich sagte auch: ‚Gefangenschaft in der Äußerlichkeit'" (Z. 21f.). Womit ironischerweise auch das Verstehensniveau der bisherigen Rezeption des Romans treffend vorweggenommen wurde!

Zur Behandlung im Unterricht

Die Schwierigkeiten des Textes sind offensichtlich; die Thematisierung dieser Schwierigkeiten durch die Schüler wäre wohl ein geeigneter Einstieg. Nach der Klärung des 'Inhalts' könnte diskutiert werden: Gründe der Protestbewegung der 60er Jahre, sozial-historischer Hintergrund, Auswirkungen. Die Untersuchung der Besonderheiten der Darstellung dieses Protests durch den Erzähler könnte ausgehen von der Etikettierung Innerlichkeit/Äußerlichkeit durch die Romanfiguren selbst; daran anschließend kann die Angemessenheit dieser Begriffe durch genaue Analyse und Deutung geklärt werden. Ansatzpunkte wurden in der Interpretation deutlich: Verhalten innerhalb der Menge, Veränderung der Wahrnehmung, Erfahrungslosigkeit, Wirklichkeit aus zweiter Hand; aber auch Bedeutung und Funktion von Kunst/Literatur etc. Inwieweit der Gesamtroman vorgestellt und die darin eine Rolle spielenden Probleme behandelt werden, muß vom Interesse der jeweiligen Schüler abhängen; Angaben dazu sind oben zur Verfügung gestellt.

Thematische Bezüge in anderen Texten

Andersch/Enzensberger (188): Engagement, Studentenbewegung, Funktion der Kunst; Brinkmann (193): neue Wahrnehmung, 'andere' Sprache.

Achtes Kapitel: Zu Text 191, S. 314ff.

Botho Strauß: [Nach der Trennung] (S. 314ff.)   191

Zum Autor
Botho Strauß, geb. 1944, studierte einige Semester Germanistik, Theatergeschichte und Soziologie in Köln und München. Von 1967 bis 1970 arbeitete er als Kritiker und Redakteur der Zeitschrift ‚Theater heute', seit 1970 war er eine Zeit freier dramaturgischer Mitarbeiter der Berliner ‚Schaubühne'. Im November 1972 wurde sein erstes Stück, ‚Die Hypochonder', in Hamburg uraufgeführt. 1983 war Botho Strauß der meistgespielte lebende deutsche Autor. Er arbeitet als freier Schriftsteller in West-Berlin.

Zum Text
Erzählt wird in der ‚Widmung' der vergebliche Versuch des Buchhändlers Richard Schroubek, zu verstehen, daß seine Freundin Hannah ihn verlassen hat. Ein erster Teil, personal erzählt, leitet ein: Richard arbeitet nicht mehr, verbringt seine Zeit mit alltäglichen Dingen in Berlin, grübelt, wartet. Hauptteil des Textes sind die Aufzeichnungen Richards, in zwölf Abschnitte gegliedert: die „Widmung". Aus diesem Hauptteil stammen die vorliegenden Auszüge, aus dem Anfang und kurz vor dem Ende jener Phase. Dieses Ende ist einmal gesetzt durch die totale Verwahrlosung und finanzielle Mittellosigkeit Richards, der jeglichen Kontakt zur Außenwelt abgebrochen hat, zum zweiten durch die nur widerwillig anerkannte Erfahrung des Endes auch von Trennungsschmerz und Trauer: „Heute: nichts, überhaupt nichts. [...] Ich muß jetzt unbedingt raus hier. In Aussichtslosigkeit mich mehrmals frisiert, die Fuß- und die Fingernägel geschnitten. Merke wohl, wie meine kühne und festliche Trauer zu Ende geht und eine kleinbürgerliche Schrumpfmelancholie übrigbleibt. Vielleicht sollte ich zugeben, daß ich meine Leidensfähigkeit überschätzt habe" (Botho Strauß: Die Widmung. Eine Erzählung. dtv 6300. München 1980, S. 93f.). Es folgt ein dritter Teil, von ähnlich knappem Umfang wie der erste, wieder personal erzählt: Schroubek schreibt nicht mehr weiter; ein Anruf Hannahs reißt ihn hoch, er trifft sie eher zufällig, völlig heruntergekommen und verwahrlost, findet auch sie verändert, ungepflegt und schmuddelig, wenn auch aus anderen Gründen, an ihm völlig desinteressiert: „Aus der würdigen Übergabe der Schrift konnte jetzt nur noch ein unverschämtes Nachschleudern der Schrift in ein abfahrendes Taxi werden. Aber wenigstens das!" (S. 111.) Vergeblich auf eine Reaktion und die Rückkehr Hannahs wartend, beginnt er wieder zu arbeiten. Nach zwei Wochen holt er das Manuskript in der Gaststätte ab, vor der er Hannah getroffen hatte, sie hat es also nicht gelesen. „Zu Hause kam, allmählich, in kleinen Stößen, die Unruhe wieder, die er von früher kannte. Er stellte das Fernsehen an und setzte sich an den Schreibtisch. Nun packte er sein Manuskript aus und bedeckte es mit einem neuen, leeren Bogen. Er begann mit den Worten: ‚Ich bin noch nicht ganz am Ziel...'" (S. 114). Die Erzählung schließt ab.
Im Zentrum steht die „Widmung": der Versuch, tagebuchähnlich Reflexionen festzuhalten, die Trennung durch die Darstellung des Leids zu bewältigen, die eigene Befindlichkeit in Worte zu fassen. Eingezogen sind aber auch andere Passagen: die Wiedergabe von Zeitungsberichten, ein längeres Zitat aus dem Tagebuch Hardenbergs nach dem Tod Sophies von Kühn, Beobachtungen aus dem Fenster, ein Auszug aus Henri-Frédéric Amiels (1821–1881) ‚Journal intime', seiner über 50 Jahre hinweg bis zum Tod geführten Selbstanalyse in der Form von Tagebüchern, dann wieder Passagen personalen Erzählens (der Besuch durch einen Freund Hannahs, der sie sucht, die zunehmende Verwahrlosung Richards, sein handwerkliches Ungeschick), eine Studie über die Putzfrau im Vergleich mit Richard selbst, ein Bericht über einen auf merkwürdige Weise bei handwerklicher Arbeit Behinderten, Leseerfahrungen (Turgenjews ‚Väter und Söhne', Kindheits- und Jugenderinnerungen), Reflexionen über die Rezeption von Literatur und über das eigene Schreiben, fiktive Dialoge, der Entwurf einer satirischen Fernsehszene (Überflußgesellschaft), die Vorstellung von Hannahs Rückkehr – eine Fülle also von Varianten, thematisch wie formal; die Form variiert bis zur genauen Umkehr der Perspektive: „In letzter Zeit, wenn sie die Tür zum Badezimmer öffnete, erblickte sie oftmals ihren verlorenen Freund, wie er unansprechbar fern in seine Leibespflege vertieft war [...]" (S. 86).
Diese Art der Bewältigung der Trennung wird am Ende dieser „Widmung" in einen umfassenden biographischen Kontext gestellt und versuchsweise psychologisch erklärt: „Soviel Vorgang, soviel Lauf der Schrift, nur um sich in einer ausweglosen Lage ein bißchen Bewegung zu verschaffen [...]. Und das war alles? Was ist aus dem Kind geworden, das vor dem ersten Wort, das es selber schrieb, die Flucht ergriff, von seinem Erstgeschriebenen mit Entsetzen abließ und sich nicht bereit fand, es fortzuführen? Meine Güte, ein Buchhändler ist dann aus ihm geworden. Jemand, der anderer Leute Schrift las und verkaufte, mit einer gewissen Gier über den Ladentisch von sich schob; jemand, der ausgerechnet am Buch, dieser besonders undinglichen Ware, sein unwiderstehliches, weil von seiten der Eltern verpöntes Verlangen nach Handels- und Geschäftsbeziehungen zu stillen suchte. Bis ihm eines Tages, mitten im Verkauf, der Triebfaden riß. Bis

Achtes Kapitel: Zu Text 191, S. 314ff.

ihn ein Liebesunglück aus seinem Beruf und dem Umlauf der Bücher herausschleuderte und so weit zurückschickte, daß er sich zuletzt vor seinem erstgeschriebenen und einst aufgegebenen Wort wiederfand und nun, gierig und mühsam, alles versuchte, daran anzuknüpfen, es endlich fortzusetzen" (S. 92 f.).

Zur Interpretation
Der Text läßt sich im Kontext des Lesebuchs verstehen als Gegentext zu Ingeborg Bachmanns Ausschnitt aus dem ‚Guten Gott von Manhattan' (Text 178): Liebe ist hier nicht mehr erlebtes Ereignis, sondern Beziehungsproblem, zu thematisieren existentiell notwendig in der Situation der Trennung; und die dann einsetzende Reflexion vollzieht vollends die Umkehrung des Normalverstehens von Liebe: „Normal" ist das Scheitern, der Fehlversuch, und nicht etwa die Erfüllung (S. 314, Z. 34–42). Diese resignativ pessimistische Sicht ist in der Tat realistisch (Z. 38–40), Ausdruck möglicherweise einer zunehmenden Tendenz unserer Wirklichkeit.

Wenn man den Inhalt über die Thematisierung von Liebe hinaus allgemeiner faßt, handelt es sich im vorliegenden Text mit Sicherheit um den Ausdruck einer Veränderung, einer Tendenz: Gerade für die Generation von Intellektuellen, der Botho Strauß angehört, war nach den enttäuschten politischen Hoffnungen zu Beginn der 70er Jahre kennzeichnend der Rückzug in den Privatraum Zweierbeziehung, Familie, der Rückzug auch in das bewußte Erleben und Wahrnehmen des eigenen Ichs. Botho Strauß thematisiert diese Tendenz und hypostasiert sie zur existentiellen Totalität: Richard bricht mit jeder Normalität, die ihn mit der Außenwelt verknüpft (Beruf, Kontakte nach außen); er lebt nur noch für seine Selbstbeobachtung und ihre Aufzeichnung (S. 315, Z. 1–13; S. 316, Z. 3–19). Sie wird einerseits empfunden als spezifische Lust (S. 315, Z. 14–17; S. 316, Z. 31–47), andererseits wahrgenommen als Unerträglichkeit, als Grenzsituation (S. 315, Z. 29–32).

Zentrales Thema des vorliegenden Ausschnitts ist die Trennung: Sie wird erlebt als totaler Bruch aller bisherigen „Lebensverrichtungen" (S. 315, Z. 18–24), als elementares Scheitern (Z. 25–28), als Isolation (S. 316, Z. 12–14, 33–39) und Entzug (Z. 43 – S. 316, Z. 2). Der Rückzug aus der Außenwelt hat zur Folge einen massiven Fernsehkonsum, ein „TV-Delirium" (S. 316, Z. 30): Schein von Anteilnahme am „öffentlichen Leben" (S. 316, Z. 13 f.), Schein von Kommunikation in totaler Isolation (S. 316, Z. 23–25) und völlige Depolitisierung bis zum Wirklichkeitsverlust (Z. 14–20, 26–31). Es bleibt nur mehr das Schreiben selbst, das diesen Zustand erträglich werden läßt; es erhält eine mehrfache Funktion: Lustgewinn (S. 315, Z. 15), Lebenshalt und existentielles Mittel zu überleben (Z. 21–24; S. 317, Z. 5–13), Fortsetzung eines Dialogs und Aufrechterhaltung der Beziehung zu Hannah (S. 315, Z. 33 – S. 316, Z. 2; S. 317, Z. 14–17), unverstellte existentielle Selbstaussage und professionelle Gestaltung und Formung gleichermaßen (S. 316, Z. 3–11), unstrittig anerkannte, gleichsam handwerkliche Leistung (S. 316, Z. 38–47), letzte reale Verbindung mit Menschen (S. 316, Z. 34–39) und als abstrakt theoretische Fähigkeit der Trost für viele Niederlagen im praktischen Tun (Z. 40–43).

Zur Behandlung im Unterricht
Nach der Klärung des Kontexts, d. h. einem inhaltlichen Überblick über Strauß' ‚Widmung', ausgehend von S. 315, Z. 1–13, und S. 316, Z. 3 f., lassen sich folgende Fragen an den Text stellen:
– Wie wird die selbstgewählte Isolation von Richard empfunden? Warum erfolgt dieser Rückzug?
– Warum schreibt Richard? Welche Bedeutung hat für ihn das Schreiben? In welchem Maße gleicht dieses Schreiben der Arbeit eines Schriftstellers? Botho Strauß entwickelt einen scharfen Gegensatz von Kopf- und Handarbeit (S. 316, Z. 40–47): warum?
– Welche Aussagen macht Richard über die Liebe bzw. die Zweierbeziehung (im Vergleich mit Text 178)? Welche Bedeutung hat offenbar die Beziehung zu Hannah für Richard, wenn er mit dem völligen Rückzug aus der Außenwelt reagiert? Es läßt sich die von Richard im Text bezogene Position u. U. vor dem Hintergrund der gesellschaftlichen Entwicklung der letzten 20 Jahre begreifen (Auflösung traditioneller Wertorientierungen, zunehmende Scheidungsrate, zunehmender Verzicht auf eheliche Bindung, wachsende Bedeutung vielleicht auch des subjektiven Wollens und erlebter Erfüllung in Liebesbeziehungen): Ist dies eine bedauernswerte, schlechte Entwicklung?
– Welche Aussagen macht Richard über die Trennung? Erscheinen sie übertrieben oder realistisch? Welches Ideal wird dabei vorausgesetzt? Wie verhalten sich dazu die Aussagen über die „Normalität" der Zweierbeziehungen (S. 314, Z. 34–42)?
– Der Text beschreibt die Wirkung massiven Fernsehens als des einzigen Kontakts mit der Außenwelt (S. 316, Z. 12–31). Inwieweit trifft diese Überzeichnung die Realität TV-Konsum?

B Auf beiden Seiten: Utopie der beweglichen Ordnung

Im Zentrum dieses Kapitels steht der Text von Adolf Muschg: ‚Vom Gleichgewichtssinn' (194). Die Überschrift des Kapitels „Utopie der beweglichen Ordnung" ist diesem Text entnommen. Er gibt in der literaturhistorischen und geschichtsphilosophischen Gegenüberstellung von ‘Klassik' und ‘Moderne' das Thema an, unter dem die Texte Kaschnitz' und Brinkmanns als Autoren einer bürgerlich-westlichen Literatur einerseits, Brechts und Brauns als Vertreter einer sozialistischen Literatur andererseits gelesen werden sollen. Diese Utopie meint den Entwurf einer Gesellschaft, in der die Freiheit des Bürgers und die gesellschaftliche Ordnung in einer Weise aufeinander bezogen sind, daß sie sich wechselseitig erfüllen. Die Texte sind also unter dem Gesichtspunkt zusammengestellt, wie sie die Stellung des einzelnen in der Gesellschaft, wie sie die Bedeutung der Gesellschaft für das Lebensglück des einzelnen beschreiben. Dabei geht es auch um die Frage des Utopiegehalts der Literaturen „beider Seiten" heute. Inwiefern halten sie an der in der ‘Klassik' entworfenen Utopie fest, inwiefern leben sie aus der Negation dieses utopischen Entwurfs? Die Zusammenstellung von Autoren „beider Seiten" steht deshalb nicht im Zeichen einer einfachen Gegenüberstellung der literarischen und gesellschaftlichen Verhältnisse von West und Ost; es geht auch nicht um einen Systemvergleich, auch nicht um den Versuch, die Theorie der Konvergenz beider deutschen Literaturen (als Folge systemübergreifender Prozesse) in der Gegenwart zu stützen. Vielmehr soll durch den Rückblick, den Muschgs Theorietext ermöglicht, ein gemeinsamer historischer Bezugspunkt für die Untersuchung der Texte „beider Seiten" gegeben werden. Indem die Texte insgesamt der in der Klassik entworfenen „Utopie der beweglichen Ordnung" verpflichtet sind, machen sie trotz ihrer unterschiedlichen Gestalt auf die Defizite aufmerksam, die, an der klassischen Utopie gemessen, „auf beiden Seiten" zu verzeichnen sind. – Dabei gehören Kaschnitz und Brecht einerseits, Brinkmann und Braun andererseits der gleichen Autorengeneration an. Die beiden älteren schreiben noch aus einem Geschichts- und Existenzbewußtsein, das maßgeblich durch vor 1945 liegende geschichtliche und biographische Entwicklungen geprägt ist, selbst wenn Kaschnitz' Texte erst 1970 erschienen sind und unmittelbare Gegenwartserfahrung verarbeiten. Die beiden jüngeren Autoren dagegen können in Biographie und Schreibweise gleichsam als „Söhne" der beiden deutschen Staaten und ihrer spezifischen geschichtlichen Entwicklung betrachtet werden. Muschg als Schweizer Autor steht außerhalb dieser Konstellation. Sein Text gibt den Bezugsrahmen im ganzen ab.

Marie Luise Kaschnitz: Steht noch dahin (S. 317ff.)   192

Zur Autorin

Marie Luise Kaschnitz (1901–1974) gehört zu der Gruppe von Autoren, die zwischen 1900 und 1915 geboren sind, wie Andres (geb. 1906), Eich (geb. 1907) oder auch Koeppen (geb. 1906); Autoren, die zumeist noch vor 1933 debütierten (Kaschnitz 1930), dann, wenn sie in Deutschland blieben, bis 1945 politisch als unverfänglich eingestufte Texte veröffentlichen konnten (Kaschnitz den Roman ‚Elissa', 1937, und Lyrik) und nach dem Krieg, vor allem in den 50er Jahren, mit Prosa, Lyrik und Hörspiel die Entwicklung der Literatur prägten (Kaschnitz z. B. mit ‚Das dicke Kind und andere Erzählungen', 1952; ‚Neue Gedichte', 1957; ‚Wer fürchtet sich vorm schwarzen Mann?', Hörspiel, 1958). Auch die Thematik und Schreibweise, die die existentielle Situation des Menschen, das Dunkle und Hintergründige des Lebens in den Mittelpunkt stellt, hat Marie Luise Kaschnitz im ganzen mit den Schriftstellern dieser Generation gemeinsam. – Das Besondere aber ist, daß Kaschnitz in den 60er Jahren ihrem literarischen Schaffen noch einmal eine neue Wendung gibt. Die nach 1962 veröffentlichten Werke, v. a. die Prosa (‚Wohin denn ich. Aufzeichnungen', 1963; ‚Beschreibung eines Dorfes', 1966; ‚Tage, Tage, Jahre. Aufzeichnungen', 1968; ‚Steht noch dahin', 1970; ‚Orte. Aufzeichnungen', 1973), verknüpfen persönliche, innere Erfahrungen der Autorin – Kaschnitz nannte sich eine „ewige Autobiographin" – auf neue Weise mit Vorgängen und Tendenzen der äußeren, zeitgeschichtlichen Wirklichkeit. Den biographischen Einschnitt für diese neue Entwicklung bildet der Tod ihres Mannes, des klassischen Archäologen Guido von Kaschnitz-Weinberg, 1958. Dieses Ereignis stürzt sie in eine Krise, die sie zu einer neuen Sicht des Ichs als des inneren Zentrums des Schreibens führt. Auch die geschichtliche Wirklichkeit verliert im Spätwerk der Autorin ihre frühere Ordnungsstruktur. Die abendländische Kulturtradition, die früher das Muster der Weltdeutung auch für die Gegenwart bot, erweist sich in den Texten der 60er und 70er Jahre als gebrochen. Die ‚Beschreibung eines Dorfes' (1966) – ihres Heimatdorfes Bollschweil bei Freiburg im Breisgau – endet, unter der Vorstellung der „furchtbaren Beschleunigung" der Geschichte, mit einer Vision des Untergangs nicht nur dieses einen Ortes,

Achtes Kapitel: Zu Text 192, S. 317ff.

sondern der abendländisch-christlichen Kultur überhaupt. Die Erfahrung des Todes schärft zugleich das Bewußtsein für die „Gewalt der Zukunft" – „unsere Gegend ein Rechenzentrum, Denk- und Zählmaschinen in jedem Hochhaus" (in ‚Tage, Tage, Jahre') –, der die Gegenwart erliegt. Schließlich stellt sich auch zwischen dem Prozeß des Alterns, dem die Autorin selbst unterworfen ist, und dem allgemeinen Zustand der Welt eine innere Beziehung her, die sich in den Texten niederschlägt: Gerade als „reduzierter Mensch" kann der Alternde zum Vertreter und Augenzeugen eines „reduzierten Lebens" werden, die „Hoffnungslosigkeit des heutigen Menschen und zugleich auch seine ewige unausrottbare Hoffnung" zum Ausdruck bringen. Es bleibt ihr freilich – gleichsam als romantisches Erbe – die Überzeugung von der die Alltagswirklichkeit überschreitenden Kraft der Poesie: „Denn in der Natur des Menschen ist [...] die Rettung durch die Phantasie vorgesehen. Es gehört zu seinem unveränderbaren Vermögen, Mythen und Religionen zu bilden oder diesen letzten kleinen Freiheitsraum, das Gedicht. In völlig technisierten Epochen kann er noch ein Ohr haben für Stimmen, die nicht von technischen Daten und nicht von Soll und Haben sprechen. Er kann, von aller Rücksichtnahme auf traditionelle Stile befreit, neue Formen bilden und Überraschendes zutage treten lassen. Es wird dann immer sein, wie wenn Wolken aufreißen, ein freierer Atem wird ihm gegönnt werden und ein weiterer Blick." Dies sind die letzten Sätze eines Redemanuskripts aus Kaschnitz' Todesjahr 1974.

Zum Text
Die im Lesebuch abgedruckten Texte entstammen alle dem Band ‚Steht noch dahin. Neue Prosa' (1970). Der Band umfaßt im ganzen 74 kurze Texte: Reflexionen, Kürzestgeschichten, Parabeln, Träume. Der Untertitel ‚Neue Prosa' scheint den Anspruch zu erheben, nicht nur in der zeitlichen Folge, sondern auch qualitativ neuartige Texte zu bieten. In der Tat wirken die durchweg knappen Texte dieses Bandes wie eine Konzentration der tagebuchähnlichen „Aufzeichnungen" von ‚Tage, Tage, Jahre' und ‚Orte'. Der Band ‚Tage...' überschreibt sogar jede einzelne Aufzeichnung mit einem Datum; im späteren Band ‚Orte' findet sich dies zwar nicht mehr, aber in beiden Büchern steht das erzählende, reflektierende, erinnernde oder fingierende Ich des Textes dem biographischen Ich der Autorin sehr nahe. In ‚Steht noch dahin' dagegen scheint es, als trete das persönliche Ich als Instanz, die den Text spürbar durchgestaltet, zurück. Viele Texte benutzen statt der Ichform das kollektive, den Leser einschließende „wir". Auf der einen Seite werden die Texte dadurch unpersönlicher, sind weniger Darstellungen einer individuellen als einer sich gesellschaftlich verstehenden Subjektivität. Andererseits wirken viele Texte in ‚Steht noch dahin' in ihrer sprachlichen Form so, als seien sie weniger einem bewußten und rationalen als einem unbewußten und assoziativen Gestaltungsprozeß unterzogen. Der Satzbau ist oft gebrochen, durch Reihungen und Wiederholungen gekennzeichnet, so als stünde die Schreibende unter starkem emotionalem Druck. Die Texte scheinen dadurch näher an das unbewußt arbeitende, das Schreiben hervorbringende innere Zentrum, die „Phantasie" der Verfasserin, herangerückt. Die „neue Prosa" an ‚Steht noch dahin' gibt sich, als siedele sie gleichsam auf dem Schnittpunkt des Innen und Außen; sie läßt auch durch ihre Kürze anschaulich werden, wie ein erregendes, oft als thematische Überschrift faßbares Moment die „Partizipation" – so Kaschnitz selbst über ihr Verhältnis zur Wirklichkeit – der Innenwelt der Autorin mit den äußeren Vorgängen veranlaßt und den Schreibprozeß anstößt. Die gebrochene – zu einer aktiven Rezeption auffordernde – und zugleich oft vorwärtsdrängende Sprache läßt die einzelne Aussage gegenüber dem Gefühlsausdruck zurücktreten, verleiht dem Text – im Einklang mit der häufigen „wir"-Form – einen appellativen Charakter.

Zur Interpretation
Die Mehrzahl der ausgewählten Texte artikuliert das Gefühl der Bedrohung und Angst; die beiden letzten Texte (v. a. ‚Amselsturm') lassen dagegen die „Utopie der beweglichen Ordnung" aufscheinen, als Erinnerung oder auch Hoffnung für die Zukunft. Im ganzen bringen die Texte das Bewußtsein einer existentiellen Unsicherheit zum Ausdruck (symptomatisch: das häufige „noch"). Vor allem der erste und letzte Text zeigen die Spannweite dieses Bewußtseins. Die geschichtliche Wirklichkeit erscheint primär in den Reflexionen und Bildvorstellungen des Subjekts. Eine Ausnahme bildet der satirische Text ‚Hobbyraum'. Allerdings erwecken die Texte den Eindruck, als ließe sich der Strom der inneren Bilder und Assoziationen doch thematisch gliedern. Das Bewußtsein, das sich in diesen Texten darstellt, zeigt sich noch nicht dissoziiert – im Gegensatz zum Text Brinkmanns (193) –; so kann es sich auch noch in einer Sprache äußern, die den Leser unmittelbar erreicht. ‚Amselsturm' läßt zudem das Fundament dieser Haltung deutlich werden: das Modell des Kreislaufs der Natur; es ist auch für das menschliche Leben und den Lauf der Geschichte als Interpretationshilfe zur Verfügung. Diese übergeordnete Gesetzmäßigkeit läßt dem Menschen keine Möglichkeit zu wirklich eingreifendem Handeln offen.

Achtes Kapitel: Zu Text 192, S. 317ff.

Steht noch dahin (S. 317)
Der erste Text des Bandes ist zugleich namengebend und wohl programmatisch zu verstehen: als Ausdruck der Angst vor einer in der Zukunft liegenden Bedrohung. Die insistierende Sprache zeigt die starke Emotionalität: Man beachte die in drei Halbsätzen wiederholte, zudem innerhalb der einzelnen Halbsätze weiter zerlegte Form des indirekten Fragesatzes („ob..."); der abschließende Hauptsatz wiederholt und bekräftigt („alles") die Überschrift: „Steht alles noch dahin." Diese Wendung bedeutet für sich genommen soviel wie „es ist ungewiß". Auch der Fragesatz, der im 3. Halbsatz sogar als Doppelfrage („ob... oder") formuliert ist, läßt formal offen, ob ein Ereignis eintritt oder nicht. Dennoch vermittelt der Text den Eindruck einer in allen Möglichkeiten für den Menschen („uns") in gleicher Weise bedrohlichen Entwicklung. Bis auf die Verben „davonkommen" und „fortstehlen" gehören alle anderen Wendungen ins Wortfeld „Tod" und „Gefangenschaft". Die beiden Ausnahmeverben als Verben des Lebens aber lassen gerade nicht an ein erfülltes, von Verantwortung geprägtes Leben denken. (Beide Verben stehen als Verben der Bewegung, wie auch „zugrunde gehen", antithetisch zur statischen Formulierung „es steht noch dahin".) Frei von Bedrohungsgefühlen scheint nur die Wendung „ob wir eines natürlichen Todes sterben" (Z. 22). Und schließlich gibt die Formulierung, die die Fragereihe abschließt, als einzige eine Perspektive, wie die Bedrohung, auch wenn sie äußerlich eintritt, überwunden werden kann: „ob wir es fertigbringen, mit einer Hoffnung zu sterben" (Z. 27 f.). Die hier angesprochene innere Kraft des Menschen reicht über den äußeren Tod hinaus – wenn sie ausreicht; wenn nicht, erscheint dies als der entscheidende, größte Verlust. Deshalb die Endstellung dieser Fragevariante. Zugleich erhält von hier aus die „wir"-Form des Textes eine eigene Begründung: Wenn man die „Hoffnung" nicht im engeren Sinne religiös verstehen will, hat sie nur dann Bedeutung, wenn sie über die Grenzen des einzelnen Lebens hinaus gedacht wird: daß auch nach dem Tod des einzelnen, oder auch der gegenwärtigen Generation („Atomblitz"), doch menschenwürdiges Leben weiter/wieder möglich sein wird. – Zeitstruktur: Erste Fragereihe: Die Befürchtung („ob") wird durch die Erinnerung an die Vergangenheit („wieder", „wir haben's gesehen") fast zur Gewißheit. Der Anakoluth (nicht: „haben wir gesehen") verstärkt diesen Eindruck. Zweite Fragereihe: Zum erstenmal das „noch" – hier als Hinweis auf etwas in der Zukunft neu zu Erwartendes; dadurch Steigerung des Bedrohungsgefühls. Dritte Fragereihe: Drei Möglichkeiten des Todes; insofern, in der Gewißheit des Todes überhaupt, weitere Intensivierung der Bedrohung, zugleich aber auch der Hoffnungsaspekt. – Im ganzen das Bewußtsein des Ausgeliefertseins dem Geschichtsprozeß gegenüber; allein innerer Widerstand, aber auch dieser bleibt ungewiß. Zugleich Beibehaltung und Brechung der Tradition der Innerlichkeit. Eine innere Emigration etwa erscheint nicht mehr möglich.

Das Meer nicht mehr (S. 317)
Signalwort „vorstellen": die Vermittlung der erinnerten Vergangenheit (Satz 1) mit einer in der Phantasie vorweggenommenen möglichen Zukunft (Satz 2–4). Wie in ‚Steht noch dahin': Todesbewußtsein, diesmal als bildhafter Vorgang, aber nicht mehr im gesellschaftlichen, sondern im natürlichen Bereich. Steigerung des Bedrohungsgefühls auch für den Leser („wir"): Satz 2 erscheint zunächst (Z. 33) durchaus realistisch, der Leser erinnert, wie in Satz 1, die schönen, so hier die erschreckenden, aber schnell wieder verdrängten Bilder von Tankerunfällen und ihren Folgen. Dieser Keim an Wirklichkeit weitet sich dann zum alptraumartigen Geschehen, mündet schließlich in der abstrakten Metaphorik einer umfassenden Existenzangst (Z. 37 f.): „das Finstere schmatzte [...]". – Wie in ‚Steht noch dahin' eine insistierende Sprache („und"-Reihung, Verzicht auf Satzzeichen); die angsterregende Vorstellung wird gleichsam beschworen. Vom Standpunkt der Autorin aus bedeutet dies, als Vorgang der Umsetzung innerer Spannungen in äußere Sprache, wohl auch eine Befreiung; für den Leser bedeutet dies eher, daß er über die Erinnerung an gesehene Bilder sich auch der damit verbundenen Ängste und Beklemmungen wieder bewußt wird. Ohnmachts- und Angstgefühle zuzulassen – dies wäre die humanisierende Leistung dieses Textes im Sinne der „Rettung durch Phantasie" – was darauf folgt, bleibt freilich offen.

Hobbyraum (S. 318)
Ein satirischer Text: Der äußere Wortsinn steht dem inneren Sinn des Textes genau entgegen. Die sich als Rechtfertigung des eigenen Verhaltens gebende Rede des Sprechers entlarvt gerade die Blindheit dieses Verhaltens: Es trägt selbst die Schuld an der beklagten Entfremdung der Generationen; z. B. Z. 3/4: „ich bin kein Unmensch, es interessiert mich, was die Jugend denkt, schließlich war man selbst einmal jung." Drei Gemeinplätze, die deutlich machen, daß es dem Sprecher gerade nicht darum geht, seine Söhne zu verstehen. Entsprechendes gilt für die Zeilen 9–11 und 12–13. In der dreifachen Reihung von Gemeinplätzen wird deutlich, daß die Söhne gar nicht so „wortkarg" sind, daß aber ihre Äußerungen von den

Achtes Kapitel: Zu Text 192, S. 317ff.

Rechtfertigungsformeln des Vaters zugedeckt werden. In diesen wird gleichsam vorgeführt, was die Vater-Generation „versäumt" hat: eben nicht das Lebensziel in 'Sattheit und Zufriedenheit' („alle Leute"!) zu sehen. Der Schluß (ab Z. 13), in dem der Abbruch der Kommunikation durch die Söhne („und gehen hinunter") wie auch das neue Versäumnis des Vaters („weiß ich nicht") und das Kopf-in-den-Sand-Stecken deutlich werden, treibt die Selbstentlarvung (fast überdeutlich) auf die Spitze. Denn der Leser weiß, obwohl es nicht formuliert wird, was die Söhne im „Hobbyraum" „treiben". – Der Hobbyraum selbst: zunächst Manifestation der 'Sattheit', dann aber auch des hinter allen Rechtfertigungsformeln vorhandenen schlechten Gewissens des Vaters und schließlich einer neuen Fehlreaktion, nämlich die Lösung wieder in der Befriedigung des materiellen Zufriedenheitsdenkens zu suchen und einen wirklichen Verständigungsprozeß gerade dadurch zu verhindern. – Der ganze Text ist wohl als Reaktion auf die beginnenden gewalttätigen Auseinandersetzungen im Rahmen der 'Studentenbewegung' und der 'APO' zu verstehen. Auf die Brandstiftung in einem Frankfurter Kaufhaus durch Andreas Baader und Gudrun Ensslin (2./3. April 1968) nimmt ein anderer Text in ‚Steht noch dahin' mit der Überschrift ‚Brandsatz' direkt Bezug. So thematisiert dieser Text das Problem der Gewalt, wie sie schließlich im Terrorismus der ‚RAF' mündete, als Folge des Generationenkonfliktes, des Nicht-miteinander-reden-Könnens der Väter und Söhne. Dabei wird das eigentliche Thema „Gewalt" nur durch den Euphemismus „Hobbyraum" dargestellt. – Mögliche parabolische Deutung: die Gesellschaft, die sich, den äußeren Schein der Freizeit- und Konsumgesellschaft wahrend, selbst und von innen heraus (aus dem Keller) zerstört. Die technischen Mittel zur Erhaltung des Lebensstandards werden 'umfunktioniert' (so ein Schlagwort der Studentenbewegung). – Die indirekte Darstellung der Gewalt vermittelt dem Leser auch hier ein Gefühl einer ungenannten Bedrohung und Zukunftsangst, das, im Kontext der anderen Texte in ‚Steht noch dahin', der satirischen Darstellungsweise entgegenläuft.

Fragezeichen (S. 318)
Reflexion über Lebensgeschichte. Wiederum den Leser einschließende „wir"-Form. Zunächst ein Gedankenspiel (Z. 18–26). Dann die Begründung (Z. 26f.): scheinbar offene Erwartung (Doppelfrage „ob . . . oder", „warum . . . verschieden"), schließlich aber mit vorweggenommenem negativem Ergebnis: Beide rhetorischen Fragen, scheinbar alternativen Fragen des letzten Satzes, tragen die verneinende Antwort in sich, die insgesamt abschließende Frage („was ist mit uns geschehen") läßt den Text in Ratlosigkeit enden, vermittelt wieder den Eindruck des Ausgeliefertseins, hier allerdings nicht als Bedrohung durch die Zukunft, sondern durch eine erschreckende, nicht zur Klärung zu führende Erkenntnis der Vergangenheit. Die „Fragezeichen" des Titels lassen sich wohl auf den ersten Satz beziehen. Der letzte Satz aber endet, obwohl von der Syntax her als Frage formuliert, als Aussage. Es gibt keine Antwort. – Aus dieser Negativität kann ein positives Ziel erschlossen werden, wenn erkannt wird, daß die durch den Parallelismus mit dem vorhergehenden Satz suggerierte Alternative 'sich nicht entwickeln' / 'warum gleich' gegen 'sich selbst nicht treu bleiben' / 'warum verschieden' in Wahrheit nur einen Scheingegensatz darstellt. Die Lösung würde bedeuten, die wechselseitige Abhängigkeit zu erkennen: daß man dadurch, daß man sich entwickelt, sich treu bleibt, bzw. dadurch, daß man sich treu bleibt, sich erst entwickeln kann.

Wer ist's (S. 318)
Rollenrede. Frage nach den „sie"-Sprecherinnen: Sammelpronomen für das Weibliche, Natürliche, Ruhende, dem Gefühl Zugängliche, Magische – gegen die „Männerumtriebe", gegen die Künstlichkeit der „unangenehmen Materialien" der Technik, gegen das Instrumentell-Rationale („alles schneller") und Aufgeklärte („ernten wir nur Spott"), gegen den Fortschrittsgedanken. – Möglicher Bezug zu den „Müttern" in Goethes ‚Faust' II (1. Akt, V. 6173ff.). – Auch hier skeptische Sicht („jetzt alles anders"). Klage über die Einseitigkeit der modernen Welt, aber auch selbst einseitig und wohl nicht mit dem Standpunkt der Autorin identifizierbar; s. die Ironie (Z. 32f.). Wenn diese „Zeiten" „für immer vorbei" sind, bleibt auch hier die Frage nach den Möglichkeiten der Zukunft offen: Die Sprecherinnen sind ja nach wie vor „lebendig". Es kommt darauf an, ob „sie" eine neue, nicht mehr „dämonische Weise" finden, sich bemerkbar zu machen. – Der Text als Beispiel für 'Frauenliteratur'? Die Sprecherinnen kritisieren das Anpassungsverhalten der heutigen Frauen an die Männerwelt, zeigen aber keine neue Perspektive, wie sich heute spezifisch Weibliches zur Geltung bringen kann. Artikuliert der Text die Ratlosigkeit der 'Zwischengeneration' von Frauen, deren Leben beginnt, als die ersten Vorkämpferinnen der Frauenbewegung schon alt sind, und deren Leben sich dem Ende zuneigt, als die folgende Generation die neue Frauenbewegung begründet? Kaschnitz selbst schreibt in ‚Orte': „Ich gehörte zu denen, die ihre [d. i. der ersten Vorkämpferinnen] Leistung anerkannten, aber ihr Erbe verschenkten" (vgl. R.-E. Boetcher-Joeres in: DU 3, 86). Die Lektüre

von Christa Wolfs Texten (212, 213) kann die Entwicklung und Problematik der neuen Frauenliteratur deutlich machen, die Gefahr des 'Weiblichkeitswahns', der Regression auf eine Stufe, die nach Kaschnitz' Text „für immer vorbei" ist.

Was wir noch können (S. 319)

Formal vergleichbar mit dem Text ‚Das Meer nicht mehr': Eine zukünftige Entwicklungsmöglichkeit wird als „denkbar" vorgestellt, deren Anzeichen sich schon in der Gegenwart finden. Auch hier ist an die Weltdarstellung der Medien und die entsprechende Verhaltensweise der zuschauenden Bevölkerung zu denken, vgl. die Passage: „Neben uns schreit ein Sterbender [...] und wir erschrecken nicht" (Z. 6f.) mit der Darstellung in ‚Tage, Tage, Jahre' über den Vietnamkrieg: „[Die alte Frau] wanderte über die Leinwand einer bundesdeutschen Wohnstube mit Fernsehsessel, Fernsehpantoffeln, Fernsehlämpchen, furchtbar immer dieses Vietnam, aber es lohnt nicht abzudrehen, man kann ja die Augen zumachen, immer und überall kann man das." Anders als in ‚Das Meer nicht mehr' resultiert die Wirkung hier jedoch nicht aus einer sukzessiven Steigerung von der Bilderwelt der Realität in die der Phantasie, sondern umgekehrt: aus der wachsenden realistischen Konkretisierung der Vorstellung; aus der noch irreal anmutenden Anfangsformulierung („denkbar *wäre*...") zu der real denkbaren Schlußwendung vom Kind, das gegen die Mauer geschleudert wird: „und wir erschrecken nicht" (Z. 7). Der Indikativ „wird geschleudert" ist nicht mehr abhängig vom Konjunktiv „wäre", wie der Relativsatz zuvor, sondern er stellt den Modus eines neuen Hauptsatzes dar, der mit dem Anakoluth zwischen „geht" und „neben" beginnt (Z. 6). – Anders auch als ‚Das Meer nicht mehr' stellt hier der Gedankengang am Ende („Demgegenüber") in der Wiederaufnahme der Anfangsformulierungen („und daß wir [...] beklagen") einen ermutigenden Aspekt der Gegenwart heraus, wobei das wiederholten „noch" (s. a. die Überschrift) und der Klimax der Verben bis „lieben" wie eine Beteuerung, ein Niederreden der im Mittelteil lautwerdenden Ängste wirken. Auch die Wendung „scheint [...] der Schimmer eines goldenen Zeitalters zu liegen" (Z. 8f.) unterstützt die Schwebelage des Textes: Einerseits wirkt sie skeptisch, vorsichtig, andererseits vermittelt sie einen – täuschenden oder doch verheißungsvollen – Glanz. Die Antwort auf die Überschrift könnte so eher in einem „immerhin" als „ist das alles?" liegen.

Amselsturm (S. 319)

Gegentext zu den ersten Angst- und Bedrohungstexten der hier abgedruckten Reihe: deutlicher Hoffnungsaspekt; das „noch" (Z. 12) im Gegensatz zu den Texten ‚Steht noch dahin', ‚Fragezeichen'. Aber auch hier werden „Vorstellungen" entwickelt. Die Darstellung der Erfüllung und Harmonie setzt die im Text ‚Was wir noch können', der auch in der Originalausgabe unmittelbar davor steht, begonnene Linie fort. Sie löst sich noch stärker von der Wirklichkeit. Vier Schritte: 1. die Metapher vom plötzlichen, an vielen Orten zu hörenden, sturmartig sich ausbreitenden „Amselsturm" für den melodischen Gesang der Amseln; 2. dieser Ausdruck wird aufs neue metaphorisch mit anderen Naturphänomenen verbunden; zusammenfassend: „ganze Landschaften aus Tönen"; 3. die „Landschaften" werden für sich als Phantasiebilder weiter ausgebaut; 4. diese konkretisieren sich schließlich zu nicht mehr metaphorischen Glücks- und Naturerfahrungen der Schreiberin selbst: Sie erfährt sich als Mensch im lebendigen, wärmenden Kontakt mit der Natur. Wie in ‚Was wir noch können' steht auch hier das realistische, die Phantasietätigkeit und sprachliche Metaphernarbeit anregende Moment in der Mitte des Textes: dort die Passivität des Zuschauers gegenüber der Gewalt der menschlichen Welt, hier die – im Grunde gleiche – Passivität der Wahrnehmung der Natur. – In einem neuen, ausdrücklich als Reflexion („könnte") gekennzeichneten Schritt erfolgt dann die Übertragung („lauter Erfreuliches") auf den zwischenmenschlichen Bereich, in ganz allgemeinen Worten, ohne Beziehung auf die geschichtliche Wirklichkeit. Der Schlußsatz formuliert nochmals metaphorisch: die „Regenschleier" als Bild des „undurchsichtigen Sack[es] Zukunft"; der „Amselsturm" als Metapher des vielleicht („auch") zu erwartenden „Entzücken[s]", auch im geschichtlichen, nicht nur natürlichen Bereich. – Im ganzen: die Passivität der Erwartung wie in ‚Steht noch dahin'. – Man vergleiche dagegen den letzten Text von Volker Braun: ‚Larvenstadium' (aus 197). – Wie in der abgedruckten Auswahl, so bilden auch in der Originalausgabe der Text ‚Steht noch dahin' den ersten, ‚Amselsturm' den letzten Text. Sie zeigen die Spannweite des Unsicherheitsgefühls, das die Grundlage aller Texte bildet. Dabei bleibt die universale Erfüllungsutopie des letzten Textes (als Vorstellung einer „beweglichen Ordnung") nicht weniger eine Leistung der Phantasie der isolierten Subjektivität der Autorin wie die Darstellung der Bedrohung, auch wenn beide durch die Erfahrung der Wirklichkeit angeregt wurden.

Achtes Kapitel: Zu Text 193, S. 319ff.

Zur Behandlung im Unterricht
Die Texte sprechen die Schüler auf unterschiedliche Weise an. Die ersten drei Texte und auch der vorletzte Text wirken unmittelbar und regen die Schüler zu einer spontanen Reaktion auf das in den Texten artikulierte Angst- und Bedrohungsgefühl an. Die Frage nach der literarischen Technik, die Kaschnitz anwendet, läßt sich anschließen und auch auf die anderen Texte ausdehnen. Es lohnt sich sehr, den ersten und letzten Text vergleichend zu behandeln und anschließend Texte der anderen Autoren dieses Unterkapitels heranzuziehen. Es werden dabei nicht nur unterschiedliche literarische Verfahren, sondern auch unterschiedliche Einstellungen der Autoren der Welt gegenüber deutlich. Näheres s. u. „Thematische Bezüge..." – Wenn man informative Paralleltexte heranzieht – zu ‚Das Meer nicht mehr' etwa einen Bericht über die Meeresverschmutzung oder zu ‚Was wir noch können' einen Sachtext über Gewalthandlungen auf offener Straße und die Passivität der Passanten (z. B. aus P. G. Zimbardo: Psychologie, S. 657 f.) –, läßt sich gut die Poetizität der Texte Kaschnitz' aufzeigen („Was leistet ein literarischer Text?").

Thematische Bezüge im Kapitel
Im Unterkapitel „Utopie der beweglichen Ordnung"
Brinkmann (193): Die subjektive, assoziative und reflektierende Schreibweise ist hier weiter gesteigert, der thematische Kristallisationspunkt, an den sich Kaschnitz' Texte anlagern, aufgegeben (Variation *ohne* ein Thema). Das Lebensgefühl, in einer geschichtlich ausweglosen Situation zu leben, ist vergleichbar. Aber Brinkmanns privater Lösungsversuch – sein Weg in die Sinnlichkeit unmittelbarer poetischer Erfahrung – steht zu der Ratlosigkeit, die Kaschnitz' Texte letztlich ausdrücken, im Gegensatz.
Muschg (194): Kaschnitz' Texte belegen insgesamt Muschgs Satz, daß die Literatur der Moderne nicht „zu den Strukturen gehört, sondern mit den Menschen fühlt" (S. 322, Z. 38 f.). Kaschnitz' erster und letzter Text kreisen um das Thema der „Utopie der beweglichen Ordnung", wie Muschg es entfaltet.
Brecht (195): Die Texte 5 und 6 zeigen, trotz subjektiv vergleichbarem Krisenbewußtsein, eine gegensätzliche Haltung zur geschichtlichen Entwicklung: statt Ratlosigkeit oder vager Hoffnung, statt Angstbildern und Assoziationen eine aktive, zum eingreifenden Denken und Handeln auffordernde Haltung und eine klare dialektische Schreibweise.
Braun (196): Man vergleiche hier vor allem ‚Der Halbstarke' mit ‚Hobbyraum' und ‚Larvenstadium' mit ‚Amselsturm', um bei ähnlicher Thematik den gedanklichen und sprachlichen, in unterschiedlicher Welthaltung begründeten Gegensatz deutlich zu machen.
Im Gesamtkapitel „Von 1945 bis zur Gegenwart"
Strauß (191): Wie in Kaschnitz' Texten unmittelbar spürbar, wird hier die Sprache, das Schreiben als einzige Gegenwehr gegen eine zur Isolation und Passivität drängende Wirklichkeit dargestellt. Auch ein Text der 70er Jahre.

193 Rolf Dieter Brinkmann: Variation ohne ein Thema (S. 319 ff.)

Das Gedicht ‚Variation ohne ein Thema' mag wohl zunächst durch seine äußere Fremdheit abschrecken. Gleichwohl lohnt sich die Beschäftigung mit ihm. Zum einen belegt es Muschgs Satz (Text 194), daß ein Autor, dessen Arbeit heute „den Gleichgewichtssinn bewahren möchte", seine Sprache „absetzen" muß „von derjenigen des menschlichen Verschleißes". Brinkmanns Sprache dokumentiert augenfällig, „daß sie nicht zu den Strukturen gehört, sondern mit den Menschen fühlt" (S. 322, Z. 35–39). Das Gedicht ‚Variation ohne ein Thema' zeigt eine extreme, aber auch für Schüler durchaus erkennbare Möglichkeit auf, an der „Utopie der beweglichen Ordnung" in all ihrer 'Hinfälligkeit' festzuhalten.

Zum Autor
Rolf Dieter Brinkmann (1940–1975) gehörte wie Nicolas Born und Günter Herburger ursprünglich zu den Autoren des Kölner 'Neuen Realismus'. Diese veröffentlichten seit der Mitte der 60er Jahre ihre Werke beim Kölner Verlag Kiepenheuer & Witsch, dessen Lektor Dieter Wellershoff (s. Text 184) war. Dessen Konzept einer Literatur, die durch ihre Schreibweise die „Fremdheit" der Wirklichkeit „wiederherstelle" und „neue Erfahrungen" ermögliche, war für diese Autoren zunächst wegweisend. Brinkmann führte diese Suche nach „neuen Erfahrungen" gegen Ende der 60er Jahre zur Literatur der amerikanischen Subkultur. Er übersetzte sie und machte sie auch für die eigene Produktion fruchtbar (‚Die Piloten', 1968; ‚Standphotos', 1969). In der amerikanischen Szene sah er die Alternative zu der abgestorbenen Kulturtradition des „Abendlandes" (s. den Essay ‚Der Film in Worten' in der Anthologie ‚ACID', 1969). Doch der Weg in die Pop-art, die

Achtes Kapitel: Zu Text 193, S. 319 ff.

Affirmation der Konsum-Glanz-Welt und ihrer Trivialmythen erwies sich als Sackgasse. Brinkmann überwarf sich 1972 mit seinem bisherigen Verlag, veröffentlichte kaum noch, hielt sich und seine Familie mit Stipendien (z. B. für die Villa Massimo in Rom 1972) mühsam über Wasser; 1974 wurde ihm ein Gastaufenthalt in Austin, Texas, ermöglicht, d. h. eine Reise ins ehemals gepriesene Land der geschichtslosen Gegenkultur. Die Reise brachte die endgültige Ernüchterung wie auch den Durchbruch zu neuer literarischer Produktion. 1975 erschien der Band ‚Westwärts 1 & 2‘, in dem die Gedichte zwischen 1970 und 1974 gesammelt sind. Sie zeigen Brinkmanns Desillusionierung im Hinblick auf den amerikanischen Weg. Gleichwohl nimmt er die radikale Ablehnung der deutschen Literatur- und Sprachtradition nicht zurück. Brinkmann sucht in den Gedichten dieses Bandes einen Weg aus der doppelten Negation heraus. Zeichen dieses neuen Weges sind die „Flächengedichte", die erstmals in diesem Band auftreten. Auch ‚Thema ohne Variation' ist dafür ein Beispiel.

Zu Brinkmanns Literaturauffassung. Dieser Weg besteht in der Suche nach dem lebendigen Augenblick unmittelbarer, unverstellter Erfahrung; und zwar in dreifachem Sinn: a) im Hinblick auf die persönliche Biographie, die Erinnerung, die die Gegenwartserfahrung sofort überlagert; b) im Hinblick auf das Denken und die Sprache mit ihrer Geschichte, die jede neue Erfahrung, wenn sie bewußtgemacht und mitgeteilt werden soll, in feste Kategorien einzwängt; c) im Hinblick auf die zivilisatorische Wirklichkeit mit ihrer fortschreitenden Tendenz, alles „plan" zu machen. Das, was unverstellte Erfahrung ermöglicht, nennt Brinkmann dagegen „poetisch": „Armut der Erfahrung kennzeichnet die Gesamtszene in Westdeutschland und beim Überfliegen der Landschaft das Grauen der überall abgeteilten Landstücke, Hinterhöfe, ohnehin schon eng, arm, noch einmal aufgeteilt durch Mauern. Nun wieder Tageslicht: sanft zieht es durch den Luftraum, über die Dächer. Ist dieser eine Tag nicht poetisch genug? Dieses eine weiße, helle Fenster? Ein öffentlicher Wahnsinn, nämlich der Glaube an eine Zukunft, hat diesen westlichen Teil des deutschen Sprachgebietes hin und her geschüttelt, kolonisiert seit 1945 durch die anglo-amerikanische Industrie [...]." So Brinkmann in dem Text ‚Ein unkontrolliertes Nachwort zu meinen Gedichten', seinem letzten, erst postum veröffentlichten Text (in: Literaturmagazin 5, 1976, S. 228–248), gleichsam einem Selbstkommentar zu den in ‚Westwärts 1 & 2' veröffentlichten Gedichten. „Poetisch" ist primär kein Begriff der Literatur, sondern der einer Wirklichkeit, die Erfahrung ermöglicht. Diese Wirklichkeit nennt Brinkmann das „Niemandsland", wo die Träume „wortlos" wirklich sind (ebd.). Ein Gedicht nun stellt gleichsam die „Grenze" dar: Einerseits ist es auf Sprache angewiesen, ist also der Denk- und Darstellungstradition der deutschen Kulturgeschichte verhaftet, andererseits vermag es sich wenigstens tendenziell aus dieser Tradition zu befreien: Nach ihm beginnt das „Niemandsland" der Wortlosigkeit. Das Gedicht vermag den Weg zur „poetischen" Erfahrung darzustellen, aber nicht die Erfahrung selbst. – Die Grenzposition des Gedichtes zwischen schematisierender Sprache und poetischer Erfahrung prägt seine Erscheinungsweise. Sein Flächencharakter, d. h. die „springende Form mit den Zwischenräumen", in denen sich „Gedankensprünge, Abbrüche, Risse" (s. das „Unkontrollierte Nachwort") manifestieren, sind Ausdruck des neuen Schreibprozesses selbst. Diese Form stellt so einerseits die äußerst mögliche Versprachlichung einer poetischen Erfahrung dar, andererseits gibt sie dem Autor die Gelegenheit zu „Abflügen" (ebd.), d. h. zu nicht mehr in die äußere Sprache umsetzbaren Gefühls- und Bewußtseinsprozessen. Das Gedicht erscheint als Veranschaulichung eines inneren und äußeren Orientierungsprozesses. Da es keine andere, eigene Wirklichkeit entwirft, kann es auch nicht utopisch sein. Es ist, als Manifestation einer „poetischen" Augenblickserfahrung, „irdischer Rock ’n’ Roll, jetzt, hier" (ebd.). – Entsprechend gibt diese Form dem Leser Raum zu eigenen Assoziations- und inneren Bildfolgen, zu „Abflügen", freilich mit der Maßgabe, im semantischen „Hof" der nächsten, sprachlich ausformulierten Texteinheit zu landen und damit der Spur des Autors zu folgen. Die Zwischenräume des Flächengedichts verweisen den Leser auf sein eigenes Vorstellungsvermögen, geben ihm Möglichkeit zum aktiven Umgang mit dem Text, laden ihn ein, eigene Lebensgeschichte im Lesen zu aktualisieren.

Brinkmanns späte Lyrik nähert sich gleichsam, nach dem Durchgang durch die Moderne, in gewissem Sinne wieder der 'Erlebnislyrik': Die Sprache des Gedichts bleibt auf die Lebenswirklichkeit bezogen. Nur ist die innere Überzeugung jener Lyrik, im lyrischen Augenblick eine Totalität der Welt erfassen und darstellen zu können, zerbrochen. Das moderne Bewußtsein einer zusammenhanglosen, das Subjekt auf sich selbst zurückweisenden Welt kann nicht hintergangen werden. Beide, die Erfahrung des „poetischen" Augenblicks und das Gedicht als seine sprachliche Objektivation, sind nur an den Rändern der Sprache und Gesellschaft möglich. „Die Wildniserlebnisse sind reduzierte Unkrautfelder im Niemandsland der Vorstädte und Stadtränder, mit hingekarrtem Abfall, Brennessel überwuchert, Schrott, umgestürzte alte Maschendrahtzäune, Obstbäume, halb von hohem Gras überwuchert, mit schmalen unregelmäßigen Trampelpfaden, die Poesie ist immer das, was nicht gesagt, nicht formuliert worden ist" (ebd.). – Indem nun Brinkmanns

Achtes Kapitel: Zu Text 193, S. 319ff.

Lyrik den Zusammenhang zwischen Gedicht und Geschichte, Literatur und Lebenswirklichkeit nicht aufgibt, sondern geradezu einfordert, thematisiert sie die „Utopie der beweglichen Ordnung", wie sie, in Muschgs Interpretation (s. Text 194), die 'Klassiker' entworfen haben.

Zur Interpretation
Durch die Numerierung und den durchgezogenen Querstrich Gliederung in drei Teile:
Erster Teil (bis S. 320, Z. 7): Ein poetischer Erfahrungsprozeß, ein „Wildniserlebnis" wird in ein Gedicht als „Grenze" zwischen der schematisierten Sprache und dem „Niemandsland" der lebendigen Erfahrung umgesetzt. Vorwiegende Zeitstufe: Präsens. Verbindung von Gegenwartserfahrung (z. B. der mittlere Block S. 319, Z. 28–34), Erinnerung (z. B. der linke Block S. 319, Z. 35–39) und weiterführenden Assoziationen (z. B. rechter Block S. 319, Z. 35–40); Selbstanrede mit „du" (S. 319, Z. 26, 27; S. 320, Z. 1).
Zweiter Teil (bis S. 321, Z. 29): Im Anschluß an die unmittelbare Erfahrung „im Zimmer" (S. 320, Z. 20) unternommene Reflexion. Zeitstufen: Präteritum als Tempus der Erzählung (z. B. S. 320, Z. 22–25) oder weiter zurückreichender Erinnerung (z. B. S. 320, Z. 27f.; S. 321, Z. 11–15) oder auch der Kommentierung (z. B. S. 320, Z. 36; S. 321, Z. 2–4); Präsens als Tempus der gegenwärtigen Reflexion (z. B. S. 320, Z. 18f.; S. 321, Z. 24).
Dritter Teil (nach dem Querstrich bis zum Schluß, S. 321, Z. 36): Übergang in den sprachlich nicht mehr zu vermittelnden Bereich neuer grenzauflösender Erfahrung, wobei diese hier wohl durch die sprachlichen Assoziationen selbst hervorgerufen wird, im Gegensatz zum ersten Teil, der wohl ein konkretes „Wildniserlebnis" zur Grundlage hat.
In der Analyse können vier Ebenen der Darstellung unterschieden werden:
1. die einzelnen Zeilengruppen in ihrer inhaltlichen Aussage;
2. die visuelle Anordnung, die unterschiedliche Assoziationsmöglichkeiten bietet, je nachdem, wo man weiterliest;
3. die Zwischenräume als wesentlicher Bestandteil des Textes, da sie den Raum für die unterschiedlichen Assoziationen und Bilder schaffen, d. h. die Brücken zwischen den einzelnen Zeilengruppen bilden;
4. der sprachliche Rhythmus als Indikator der Eigendynamik der Sprache wie auch ihrer Brechungen.
Dem Titel entsprechend hat das Gedicht kein „Thema". So wie sich dem Sprecher des Textes bei der Wahrnehmung der Wirklichkeit kein Zusammenhang bietet (s. S. 321, Z. 17), so stellt auch das Gedicht keinen eigenen sprachlichen Zusammenhang her, der als solcher durchgehend verfolgt werden könnte. Vielmehr setzt das Gedicht den komplexen inneren Erfahrungsprozeß selbst in Sprache um. Gleichwohl zeigt es sich bei näherer Betrachtung höchst artifiziell. Dem mehrschichtigen und mehrdeutigen Sprachprozeß des Gedichtes nachzugehen ist spannend, da der Leser eigene Assoziationen und innere Bildfolgen in sich anregt und wahrnimmt. Es geht also nicht um eine vermeintlich schwierige Interpretation, sondern um einen möglichst produktiven offenen Umgang mit dem Text. Auch Schülern kann es nach der ersten Verwunderung Spaß machen, auf die Entdeckungsreise durch den Text zu gehen.

Beispiele einer Analyse
1. Der Anfang des Gedichts (S. 319, Z. 25–40):
Die ersten zwei Zeilen mit programmatischen Charakter lösen drei unterschiedliche Assoziationen aus. 1. links, einzeilig: „Du atmest etwas Wildnis" als mögliche subjektive Reaktion auf die Erfahrung des wortlosen „Niemandslandes" eines poetischen Augenblicks in der Wirklichkeit oder auch des Wortes „Niemandsland" selbst, wie es zuvor niedergeschrieben wurde. – Daß hinter dem Gedicht als „Grenze" das „Niemandsland" liegt, wird dadurch visualisiert, daß die Enden der beiden ersten Zeilen auf einer Höhe abbrechen. – 2. in der Mitte in sechs Zeilen die Beschreibung eines Ortes, der sowohl mit dem darüber plazierten Wort „Niemandsland" als auch mit der „Wildnis" verbunden ist. – 3. der kritische Einwurf des Schreibers an sich selbst (oder an den Leser), zu verstehen als illusionszerstörende Korrektur des im Mittelblock sich entwickelnden Bildes. – Trotz der primär visuellen Darbietung findet sich auch eine verborgene rhythmische Struktur: Die erste Zeile ist anapästisch gehalten (xxx́/x-́/xxx́), die zweite dagegen jambisch (xx́/xx́); Rhythmus und Rhythmuswechsel betonen den thematischen Charakter dieser beiden Zeilen. – Auch das Ende des mittleren Blocks ist wieder rhythmisiert, und zwar gegenläufig zum visuellen Eindruck: „[ein] Fahrradgestell im Brennesselwald" und „Brombeergewucher, für eine Saison" folgen demselben daktylischen Rhythmus x́xx/x́xx/x́xx/-́. Die Zeilengruppe erhält dadurch eine starke innere Dynamik und Geschlossenheit. Diese unterstützt wohl einerseits den „poetischen", einen „Abflug" vorbereitenden Charakter der Zeilen; andererseits widerspricht diese an traditionelle Verfahrensweisen erinnernde Geschlossenheit dem Programm Brinkmannscher Lyrik, der Sprache keine eigene lyrische Welt-Erzeu-

gung zu gestatten. Aus beiden Wirkungen der Rhythmisierung folgt der Abbruch der sprachlichen Darstellung. Dieser wird wiederum visuell – „eine Saison" füllt nur eine Zeile – unterstützt. – Dieses Verfahren der Rhythmisierung hat Brinkmann in diesem Gedicht mehrfach und mit vergleichbarer Funktion angewendet (s. S. 320, Z. 2–5; Z. 9–14; S. 321, Z. 30–36). – Anschließend (ab S. 319, Z. 34) stehen sich zwei Blöcke gegenüber, die das zuvor artikulierte „Wildnis"-Gefühl überlagern. Links: Die „Gegenwart" wird sofort von „Erinnerung" zugedeckt, die sich ihrerseits selbst zitiert – die Anführungszeichen und die „wir"-Form verweisen darauf, wie die Einmaligkeit („1 [!] Erinnerung") des persönlich Erlebten und Erinnerten in generationsspezifischen Erlebnis- und Bewußtseinsmustern aufgeht. Rechts: „Und nach den Wörtern [. . .]" artikuliert das Einengende aller Verbalisierungen und Rhythmisierungen; und was nach ihnen, verstanden als jede Art von geistiger Bestimmung der Welt, „kommt", ist der praktische, in sichtbare Schemata zwängende Zugriff des Menschen auf die Wirklichkeit („Schachtelapartments").

2. Der Schluß des ersten Teils (S. 320, Z. 2–7):
Auch hier stellt sich ein lyrischer Sprachrhythmus, ja sogar ein Reim ein. Zwar wird diese Lyrisierung wiederum durch die visuelle Präsentation verdeckt, aber man lese:
„Hier, wo Kinder nachmittags   x́x/x́x/x́x/x̂/
in bunt gestrichenen Autowracks   x/x́x/x́x/x́x/x̂/
auf dem Spielplatz spielen"   x́x/x́x/—/x̂/
Dies entspricht (wenn man die Verse vertauscht) etwa dem Kinder-/Volkslied:
Alle Vögel sind schon da
Amsel, Drossel, Fink und Star
alle Vögel, alle
Die Augenblickswahrnehmung des Spielplatzes wird wiederum überlagert durch ein sich aktualisierendes Schema des Bewußtseins: Hier ein mit dem Stichwort Kinderspiel verknüpfter Rhythmus der Sprache. – Die weitere Präsentation des Textes macht wiederum sichtbar, wie dieser einen eigenen Zusammenhang erzeugende Prozeß wieder abgebrochen wird: Die zweite Zeile der Gruppe endet früher als die erste mit dem Wort „abgestellt", das sowohl inhaltlich auf die Autowracks als auch – grammatisch korrekter – auf die Kinder bezogen werden kann (als auch assoziativ auf den mit diesem Wort gleichsam abgestellten Sprachrhythmus); die dritte Zeile („und stehengelassen") ist noch kürzer, sie signalisiert das Verebben der Sprache, mündet gleichsam in den Leerraum der nächsten Zeile. Von außen wird diese Gedanken-Gefühls-Sprach-Bewegung noch durch den Einwurf „die Ideen der Pädagogen" konterkariert: Auch die Ideen sind, in den Autowracks verdinglicht, stehengelassen. – Der Leerraum ermöglicht nun eine weitere Verschiebung der Assoziationsebene: Waren die Partizipien „abgestellt" und „stehengelassen" zunächst – in Ergänzung zu „bunt gestrichen" – eher als adjektivische Attribute zur Charakterisierung eines Gegenwartsbildes zu verstehen, so erhalten sie nun ihren verbalen, perfektisch-passivischen Charakter zurück: Die Wiedergabe des Gegenwartsbildes mündet – nach dem Leerraum – in einen Rückblick in die Vergangenheit: „von gestern", wobei die Präposition „von" sprachlich korrekter mit den „Ideen der Pädagogen" – sie sind „von gestern" – verbunden werden kann als mit den unmittelbar darüberstehenden Partizipialausdrücken. Als Schlußzeile fungiert das in die Mitte gerückte „gestern ist lange her". Dies ähnelt der Schlußzeile des ersten Blocks: „eine Saison". Diese beiden parallelen visuellen Abschlußsignale führen auf eine mögliche Binnengliederung des ersten Teils des Gedichts:
a) Z. 1/2 (S. 319, 25 f.) = 2 Zeilen; durch den rechts außen plazierten Fragesatz verbunden mit
b) Z. 4–9 (Z. 28–33) = 6 Zeilen; daran anschließend die doppelte Assoziationskette
c) Z. 10–15 (Z. 34–39) = 6 Zeilen; nach einer Leerzeile
d) Z. 16–20 (Z. 40–S. 320, 1) = 5 Zeilen (einschließlich der Leerzeile vor „Und als ob [. . .]"; nach der Leerzeile
e) Z. 21–25 (Z. 2–6) = 5 Zeilen; nach einer erneuten Leerzeile
f) Z. 26 (Z. 7) = 1 Zeile; die Schlußzeile
Daß sich die zentrale (wieder als Zitat gekennzeichnete) Zeile „gestern ist lange her" sprachlich aus den Partizipien Perfekt Passiv der Zeilen davor ergibt, läßt erkennen, wie stark der ganze erste Teil durch diese Partizipien bestimmt wird, die sowohl einen statischen visuellen Gegenwartsaspekt (gleichsam als Zustandspassiv) aufweisen als auch einen dynamischen, nur erinnerbaren der Vergangenheit (Vorgangspassiv): „eingerissen", „umgekippt", „durchbrochen", „aufgehängt", „umgestürzt". Auch die insgesamt abschließende Zeile ist davon geprägt: „Das ist ein *nachgemachtes* Labyrinth." Dies läßt sich einerseits auf den Inhalt der letzten Zeilengruppe beziehen: den Kinderspielplatz. Andererseits läßt sie sich auch wohl metapoetisch verstehen: als Kennzeichnung des bis jetzt geschriebenen Gedichttextes und zur Fortführung

Achtes Kapitel: Zu Text 193, S. 319 ff.

der programmatischen ersten Aussage: Der Grenzbereich vor dem „Niemandsland", den das Gedicht markiert, erweist sich als Labyrinth – und zwar als ein „nachgemachtes": Es hat keine neue Wirklichkeit erzeugt, sondern den inneren, labyrinthischen Erfahrungsprozeß, in seinen „Abflügen" und sprachlichen Landungen – nachgezeichnet. Dabei zeigen die Versgruppen die immer wieder sich einstellende Spannung zwischen der Manifestation der inneren Assoziations- und Bildfolge einerseits und der (in Lautung, Rhythmus, Semantik, Syntax) geschichtlich gewordenen und geschichtlich verfahrenden Sprach- und Denkstruktur andererseits.

3. Der Beginn des zweiten Teils (S. 320, Z. 9–21):
Zu Beginn (S. 320, 17–21) finden sich Zeilen im Präsens. Sie verweisen auf die Schreibsituation des zweiten Teils („zurück im Zimmer") und bilden die Brücke sowohl zum ersten Teil zurück als auch zum folgenden Text des zweiten Teils, indem sie die „Wildnis"-Erfahrung auf doppelte Weise reflektieren: Zunächst beginnt der zweite Teil mit der Kette der Pflanzennamen: Sie erscheinen jeweils paarweise geordnet und zu Anfang rhythmisch gegliedert ($\acute{x}x/\acute{x}\hat{}/\stackrel{-}{\,}/\grave{x}x$); sie wirken suggestiv. Jedoch wird auch hier (Z. 11, 13 f.) der Versfluß gebrochen, ja der Sprachrhythmus verebbt und bricht auch inhaltlich ab: der Zeilensprung innerhalb des Namens (Nachtschatten/Gewächs, Hunger/Blümchen) wiederholt sich nicht mehr: Von „Schein"/Beere bleibt nur der erste Teil übrig, doppeldeutig, wie die folgende Zeile (nach dem 'Abflug') weiterassoziiert: „fantastische Namen, Traumnamen". Wie die Zeile 22 („Dacht ich nicht") zeigt, ist diese Namengruppe ein reines Sprachspiel im Zimmer: Sie „ziehen" *nun* „leer durch das Gedächtnis". Damit distanziert sich Brinkmann auch von einer literarischen Tradition: dem Programm der magischen Naturlyrik (Loerke, Lehmann), die in der Nachkriegszeit und in den 50er Jahren hochgeschätzt wurde. Poetische Zauberworte bieten keine Zuflucht ins Paradies jenseits der Geschichte (der wieder rechts plazierte Einwurf „Freedom now" ironisiert in gleicher Weise die politischen Beschwörungsformeln der späten 60er Jahre, das Verlangen nach dem Paradies innerhalb der Geschichte). Aber auch ein zweiter, diametral entgegengesetzter Weg, sprachlich mit der Natur umzugehen, die analytische Detailbeobachtung und -beschreibung, wird von Brinkmann ironisch verworfen (Z. 20 f.: „Wer schreibt verrückt [...]"). So bieten die Zeilen 9–21 den auch poetologischen Vorspann zu Brinkmanns eigenem Umgang mit der Natur, sie nämlich unauflöslich mit der eigenen Erfahrung und dem durch sie ausgelösten Orientierungsprozeß zu verbinden. Dieser Prozeß setzt ein mit S. 320, Z. 22 und wird durch die Anfangs- und Schlußzeilen über das Fotografieren („An alles das dachte ich nicht [...]; Und auch daran dachte ich nicht [...]") eingerahmt.

4. Die Rahmenzeilen des zweiten Teils (S. 320, Z. 22–25; S. 321, Z. 25–29):
Diese Rahmenzeilen weisen auf die Bedeutung des Fotografierens überhaupt hin: auf den Versuch, den Augenblick als solchen objektiv festzuhalten, ohne die Sprache mit ihren Schemata gebrauchen zu müssen. Daß dieser Weg, Augenblickswahrnehmung festzuhalten, auf technische Weise wiederum die Welt fixiert, reflektiert die unmittelbar davor stehende Zeile: „Im gegenwärtigen Zustand / heißt Technologie auch 'die Technologie negieren'" (Z. 24) (H. M. E. = Hans Magnus Enzensberger).
Das Gras zwischen den Kopfsteinpflasterfugen, Zäune zu fotografieren bedeutet, das technische Medium nicht im üblichen Sinne der 'Verkabelung' der Welt (im metaphorischen Sinne) einzusetzen, sondern mit einer gegenläufigen ('Technologie negierenden') Absicht: auf das trotz aller Schemata (Kopfsteinpflaster) durchdringende Leben (Gras) bzw. die sonst durch schöne Bilder verdeckten Schemata selbst (Zäune) hinzuweisen. Brinkmann hat auf fotografischem Gebiet und damit auch im Gedicht die Realismuskonzeption weiterentwickelt, die ihn ursprünglich mit D. Wellershoff und der Kölner Gruppe verband: mit dem „Versuch, der Welt die konventionelle Bekanntheit zu nehmen und etwas von ihrer ursprünglichen Fremdheit und Dichte zurückzugewinnen, den Wirklichkeitsdruck wieder zu verstärken, anstatt von ihm zu entlasten" (s. Text 184; S. 300, Z. 22–25). – Den Abschluß des zweiten Teiles bildet wieder – wie die Zeile „gestern ist lange her" am Ende des ersten Teils – eine in die Mitte gerückte und in Anführungszeichen gesetzte Formulierung: Authentizität („an *diesem* [...]") und Zitat, d.h. das zugleich Triviale dieser Morgenerfahrung, sind wiederum miteinander verknüpft. Das Attribut „wild" schlägt die Brücke zum Anfang des ganzen Gedichtes zurück und erinnert den Leser an die Programmatik des Textes (das Gedicht als „Grenze"). So kann der Querstrich wohl als Signal der Grenzüberschreitung ins „Niemandsland" verstanden werden. (Ergänzung: S. 321, Z. 19: L. T. = Ludwig Tieck.)

5. Der dritte Teil (S. 321, Z. 30–36):
Er ist im ganzen zu interpretieren als Übergang in den sprachlich nicht mehr zu vermittelnden Bereich der grenzauflösenden 'poetischen' Erfahrung: hier als zärtliche Liebesbegegnung mit einem „du" (wohl

dasselbe, das schon im zweiten Teil [S. 320, Z. 20] angesprochen war). Das Leben macht schließlich in seiner wirklichen, fühlbaren Erfüllung die Sprache (auch eines Gedichtes) überflüssig. Es geht deshalb auch nicht mehr um die Verarbeitung einer 'poetischen' Stadtrand-Wildnis-Erfahrung. Vielmehr formulieren die Schlußzeilen in einem zeitlosen Präsens (Infinitive!) eine neue, grenzüberschreitende Programmatik. – Die Versgruppe beginnt mit den beiden anaphorisch („nicht die Form") verbundenen Zeilen, die wiederum einem Rhythmus – dieses Mal einem lupenreinen Hexameter – folgen, wobei hier die Anapher und der fließende Dreiertakt einerseits vielleicht die Bewegung des Gehens oder des Wolkenzuges hörbar machen, andererseits wohl die innere Spannung, die Intensität der Verneinung ausdrücken sollen. Der zweite Vers bietet dann die Gelegenheit zum „Abflug": Mit „Wolke", „Fläche", „weiß an den Rändern" verbindet sich assoziativ die „Liebe", wobei zunächst der Dreiertakt weiterläuft, dann aber, wie in den anderen rhythmisch strukturierten Versgruppen, abbricht (schon die Einrückung signalisiert dies): Die Vorstellung der „Liebe" konkretisiert sich, wird selbständig, auch sprachlich. Während „die Zunge" syntaktisch noch als Akkusativobjekt zu „nicht verstehen" gelten kann, sind die nach dem Zwischenraum aufgebauten Bilder und Wahrnehmungen wohl Nominative (eindeutig die Maskulina), die nicht mehr als darstellende Sprachzeichen gelten sollen („nicht verstehen"!), sondern eine sinnliche Empfindung (Geschmack, Geruch) evozieren – gemäß Brinkmanns Wunsch nach „Erfüllung und Verkörperung" der Lebens-„Träume" (so in ‚Rom, Blicke', S. 448). – In den ersten zwei Zeilen verneint Brinkmann den ordnenden Erkenntnisprozeß der Wirklichkeit, bringt danach den nichterkennenden, unmittelbaren Kontakt mit dem Leben zum Ausdruck. In den letzten zwei Zeilen wird nun selbst der poetische Sprachprozeß, das bisherige Gestaltungsmittel, abgelehnt: Was überhaupt „gesagt ist", soll „vergessen" werden. Zugleich personalisiert sich die zuvor nur als sinnliche Empfindung vergegenwärtigte „Liebe" zu einem zärtlichen Vorgang mit einem „Du". Alle damit verbundene Objektivation der Wirklichkeit, die Subjekt-Objekt-Spaltung, löst sich auf. Es wird aber auch deutlich, daß diese Grenzüberschreitung ins „Niemandsland" nicht als egozentrischer Sinnlichkeitstrip erfolgt, sondern in Form einer dialogischen, zugleich zärtlichen und vollkommen offenen („ohne Scheu") Begegnung zwischen dem Ich und dem Du.

Zur Behandlung im Unterricht
Anhand des Gedichtes können die Schüler wahrnehmen, wie und auf welchen Ebenen ein Verstehensprozeß abläuft. Das Gedicht erfordert einen produktiven Rezipienten. Die Theorie der „Leerstellen" und des „impliziten Lesers" (Iser) wird für Schüler, wenn man sie auf Entdeckungsreise durch den Text schickt, unmittelbar zur hermeneutischen Praxis. Methodisch empfiehlt sich ein Vorgehen in zwei Stufen: zuerst ein wirklich offener, die Schüler zum Probieren ermunternder Umgang mit dem Text. Hierfür eignet sich vor allem der erste Teil des Gedichts. Anschließend kann eine Trennung der vier Darstellungsebenen erfolgen, die der Text bietet (s. o., S. 394ff.). Eine genauere Analyse kann exemplarisch vorgehen, wie es auch die hier vorgeführte Interpretation versucht hat. – In einer zweiten Stufe kann Brinkmanns Literaturkonzeption in Ansätzen vermittelt werden. Dies kann zu einem neuen Deutungsprozeß motivieren. Möglicher Ausgangspunkt: Was bedeuten die ersten beiden Zeilen? Eine vollständige, alle Details erfassende Analyse ist auch hier nicht erforderlich, auch nicht wünschenswert, um den produktiven Rezeptionsprozeß nicht abzutöten. – Eine genauere Beschäftigung mit Brinkmanns Lyrik, auch in ihrer Entwicklung, ermöglicht der Band ‚Gedichte. Von den Anfängen bis zur Gegenwart'. Ernst Klett Verlag, Stuttgart 1985, S. 318ff.

Thematische Bezüge im Kapitel
Zu den Texten des Unterkapitels „Utopie der beweglichen Ordnung"
Kaschnitz (192): Ein verwandtes Lebensgefühl. Kaschnitz aber ordnet ihre Angst- und Bedrohungsgefühle noch thematisch. Brinkmann ist radikaler: Die Dissoziation der Wirklichkeit und des Bewußtseins setzt sich unmittelbar in Sprache um.
Muschg (194): Brinkmanns Text als radikaler Text der 'Moderne', wie Muschg sie versteht.
Braun (197): Bei vollkommen anderer Darstellungsweise setzen sich diese Texte z. T. mit derselben Problematik auseinander: s. ‚Die geänderte Welt'.
Im Gesamtkapitel „Von 1945 bis zur Gegenwart"
Bachmann (178): Beziehungsreicher Gegentext: die Bedeutung der sinnlichen Liebe als Erfahrung lebendiger Ganzheit im Gegensatz zur zerstückelten Alltagswirklichkeit. Auch Brinkmann „zerschreibt" die traditionelle Sprache. Beide Autoren sind überzeugt davon, daß die literarische Sprache eine „Grenze" darstellt. Aber Bachmanns schöner und pathetischer Wortreichtum steht gegen Brinkmanns Weg in die Wortlosigkeit.
Wellershoff (184): Die Realismuskonzeption, die den Ausgangspunkt der Produktion Brinkmanns bildet.

Achtes Kapitel: Zu Text 194, S. 322

In anderen Kapiteln
Hofmannsthal (130): Zur Erfassung der Modernität von Brinkmanns Text hilfreich. Der Prozeß, den die literarische Sprache seit Hofmannsthals Krisenerfahrung durchgemacht hat, wird deutlich.
Benn (146): Beschreibung eines Bewußtseinszerfalls. Benn war für den Brinkmann der 70er Jahre ein wichtiger Autor.

194 Adolf Muschg: Vom Gleichgewichtssinn (S. 322)

Dieser Text steht im Zentrum des Teiles B im Kapitel „Von 1945 bis zur Gegenwart". – Die Schwierigkeit für die Schüler liegt vor allem darin, hinter der glänzenden und zugleich anspielungsreichen Sprache den Inhalt des Textes zu erfassen. Für Schüler, die noch keine Texte der 'Klassik' gelesen haben, dürfte dieser Text wohl kaum zu erschließen sein. – Andererseits ist der Text in der Klarheit seiner Gegenüberstellung von 'Klassik' und 'Moderne', auch in der Deutlichkeit seiner Einschätzung der Gegenwart, für den Unterricht sehr gut geeignet. Er gibt den Schülern einen Leitfaden an die Hand, mit dem sie die Aktualität des utopischen Entwurfs der 'Klassik' wie auch die Problematik der 'Moderne', d. h. unserer Gegenwart, erkennen können. Muschgs Text nimmt der Literaturgeschichte alles bloß Antiquarische.

Zum Autor und zum Text insgesamt
Der abgedruckte Textausschnitt entstammt einem zuerst als Taschenbuch (es 1065) veröffentlichten umfangreichen (204 Seiten) Gesamttext, dessen Ursprung die „Poetik"-Vorlesungsreihe darstellt, die Muschg 1980 an der Universität Frankfurt a. M. gehalten hat: „Literatur als Therapie? Ein Exkurs über das Heilsame und das Unheilbare". – Das Buch enthält 66 Abschnitte von zwei bis sechs Seiten Umfang und ist im ganzen in drei Teile gegliedert, die der Autor selbst in der Vorbemerkung charakterisiert: „Der erste Teil bis Ziffer 25 setzt sich mit Therapie-Erwartungen auseinander, die heute bei Schreibern und Lesern in der Luft liegen. Ziffern 26 bis 41 berichten aus der Vorgeschichte meiner eigenen Schreib- und Therapiebedürftigkeit. Der dritte Teil probiert einen historisch-anthropologischen Zugang zum Thema aus [...]" (S. 11). Trotz dieser Grobgliederung wird das Thema „Literatur als Therapie" nicht in einem systematischen Vorgehen behandelt, sondern auf verschiedenen, dem Reflexionsprozeß des Autors entsprechenden Gedankenwegen entfaltet.

Zur Thematik des Textausschnitts: Literatur und Therapie, verstanden als Heilungsversuche des Menschen, gehen beide aus dem Bewußtsein und der inneren Erfahrung des Menschen hervor, daß das eigene Leben unter einem wesentlichen „Mangel" an wahrem „Leben" steht. Andererseits schließen sich Literatur und Therapie als Verfahren, diesen Mangel zu beheben, gegenseitig aus: In der Therapie geht es darum, den bisher „verdrängten Lebenswunsch" doch noch zur Erfüllung zu führen; die Literatur dagegen tritt an die Stelle dieses Lebenswunsches und ersetzt ihn, ohne über ihren „Ersatz-Charakter" ganz zu täuschen. In der Kunst ist der „stärkste Ausdruck eines Mangels nicht zu trennen von der noch tieferen Unfähigkeit – oder: Unwilligkeit –, den Mangel zu beheben; es ist die Verzweiflung an der Hoffnung, die die buntesten und bewegendsten Bilder der Hoffnung erzeugt" (S. 84). Die Ergründung des Mangels weist nun sowohl eine biographisch-private als auch geschichtlich-allgemeine Dimension auf: „Denn der Untergrund privater Konflikte, mit dem der Künstler kommuniziert, ist auch die Wachstumsschicht geschichtlicher Entwicklung" (S. 151). Im privaten Bereich geht Muschg auf seine eigene Lebensgeschichte, die Elterngestalten, die Therapieerfahrungen sowie die literarische Produktion und deren existentielle Verwurzelung ein. Aber diese eigene „Heillosigkeit" sieht Muschg nun in Entsprechung zu dem objektiven Zustand unserer „Zivilisation": Diese „lebt" seit der griechischen Antike „von der Spaltung" des ursprünglichen „Vereinigten" (S. 190); im sozialen Bereich zwischen der sich individuell begreifenden Subjektivität und der gesellschaftlichen Welt, im Bereich der Natur zwischen erkennendem und handelndem Subjekt und erkanntem und bearbeitetem Objekt, im Bereich der Kultur in der Loslösung der eigenständigen fiktionalen Literatur von der Magie, dem Sprachzauber des Priesters und Schamanen (Sophokles' ‚Ödipus' dient als Beispiel). Diese „Spaltung erst hat den Mythos zur Geschichte werden lassen; ihren *Sinn* aber suchen wir im Heilen des Risses, dem unsere Zivilisation entstiegen ist. Wir hoffen, das Paradies durch den richtigen Gebrauch der Zeit wieder erwerben [...] zu können. Von Kepler über Hegel bis Marx bleibt der Wille fühlbar, Harmonie, notfalls mit Gewalt, zu restaurieren; den offen gewordenen Raum der Geschichte durch immer spekulativere Operationen zusammenzuhalten und Geschichte als Heilsgeschichte, also als Selbstheilungsprozeß zu denken" (S. 190 f.). Die Aufklärung und in ihrem Gefolge die Entstehung der modernen

Achtes Kapitel: Zu Text 194, S. 322

Industriegesellschaft bewirken aber nun die „praktische Desillusion" dieser heilsgeschichtlichen „Erwartung". – Mit der literaturgeschichtlichen Bedeutung dieses epochalen Einschnitts beschäftigt sich der abgedruckte Textausschnitt: Die Überwindung der Spaltung erscheint literarisch in der Gestalt der Utopie. – Wie aber in der „Heillosigkeit", so sieht Muschg auch in der lebendig-heilen Ganzheit eine Beziehung zwischen Therapie und Literatur: „Gesundheit ist so wenig statisch wie Kultur. Sie ist, beim Individuum wie im Ganzen, ein Zustand fließenden Gleichgewichts." Und mit Bezug auf das gesellschaftliche Leben: „Bei aller Entgegensetzung bleibt aber ein Drittes greifbar, das Literatur und Therapie an ihrer gemeinsamen magischen Quelle das Erste gewesen sein muß: der Sinn für das Gleichgewicht in einem beweglichen und bewegungsbedürftigen, kurzum: lebendigen Sozialsystem. Es hat Festigkeit nötig, aber auch Grenzüberschreitung; Regeln und Regelverstoß; Geborgenheit und Befreiung. [...] Der Ruhe kann nur die Unruhe weiterhelfen – aber auch umgekehrt" (S. 198 f.).

Zur Interpretation
Der Ausschnitt entstammt dem dritten Teil des Buches, dem vorletzten, 65. Abschnitt. Zentral: die Gegenüberstellung der zwei Teile: S. 322, Z. 3–19; Z. 20–39.

Erster Teil: Darstellung der deutschen ‘Klassik' um 1800 und ihrer „Utopie der beweglichen Ordnung". Historische Einordnung: Die Zeit der Französischen Revolution, der epochalen Durchsetzung der bürgerlichen Gesellschaft wird charakterisiert als eine „Periode tiefgreifenden Systemwechsels" (Z. 5), d. h. der sozialen und wirtschaftlichen Ordnung, aber auch des Wert- und Normensystems der Gesellschaft. Dieser Einschnitt bildet die Voraussetzung für die 50 Jahre später einsetzende „Wende zum Industriezeitalter, in dem das alte Universum endgültig zerbrach" (Z. 8 f.). Unter dem „alten Universum" ist wohl das oben beschriebene ‘heilsgeschichtliche' Konzept, in dem das Leben des einzelnen wie die Entwicklung der Gesamtgesellschaft aufgehoben ist, zu verstehen. Auch Marx' Geschichtsphilosophie als letzter heilsgeschichtlicher Entwurf ist, so kann man schließen, durch die Entwicklung des Industriezeitalters „zerbrochen". Begriff der Klassik: Muschg verwendet die Begriffe „bewegliche Ordnung" und „Gleichgewichtssinn", die er zuvor zur Charakterisierung der „Gesundheit" des einzelnen bzw. der lebendig ganzheitlichen „Kultur" gebraucht hat, nun zur Kennzeichnung des Reflexionshorizontes einer literarischen Epoche, sowohl der Literatur selbst als auch des Selbstverständnisses des Künstlers. Muschg beschreibt den klassischen „Geist" vorrangig nicht nach Kriterien der formalen und sprachlichen Gestaltung (etwa dem Aspekt der geschlossenen Form), auch nicht nach Kriterien des Inhalts (etwa der ‘Helden'-Gestaltung oder der Lösung des dramatischen Konflikts), nicht des Weltbildes (etwa der Frage der Tragik) oder der Rezeptionsgeschichte, sondern nach einem im weitesten Sinne sozialen Aspekt: nach dem Modellcharakter, den die fiktionale Welt der Literatur und die gesellschaftliche Rolle des Künstlers für die soziale Wirklichkeit im ganzen und ihre Bürger im einzelnen erhält. Die dialektischen Formulierungen zur Erläuterung des „Gleichgewichtssinns" („[...] der die Freiheit nicht leer lassen will, sondern bilden lehrt; der umgekehrt den Dienst an der Ordnung zu einem Geschäft freier Menschen machen will", Z. 10–12, s. a. 18 f.) stehen im Zusammenhang mit Schillers unter dem Eindruck der Französischen Revolution entwickelter ästhetischer Theorie (s. ‚Briefe über die ästhetische Erziehung'): Dort erhält die Kunst, wo natürliche („Stofftrieb") und geistige („Formtrieb") Kräfte des Menschen harmonisch zusammenwirken, zunächst eine Brückenfunktion zwischen dem bisherigen „Naturstaat" der feudalen Gesellschaft und dem freien „Vernunftstaat" der Zukunft, der allein der Bestimmung des Menschen angemessen ist; am Ende wird die Kunst sogar selbst zum Vorschein des „ästhetischen Staates" als neuer Stufe der Menschheitsentwicklung erhoben. Die Formulierungen „Erziehung des Menschen" und „Spieltrieb" sind wörtlich aus Schillers ästhetischen Briefen entnommen.
Muschg nennt diesen Geist, der „das Prinzip künstlerischer Gestaltung" – also die „bewegliche Ordnung" – „zur allgemeinen Maxime menschenwürdigen Handelns zu erheben" wagt, grundsätzlich „klassisch". Damit aber das „Prinzip künstlerischer Gestaltung" tatsächlich für das geschichtlich-soziale Selbstverständnis einer Epoche repräsentative Geltung gewinnt, also nicht nur in ihrem wagenden Geist, sondern auch in ihrer gesellschaftlichen Stellung klassisch wird, ist allerdings notwendig, daß auch die Kultur im ganzen diesen Anspruch „durch ihre Normen stützt und bestätigt" (‚Literatur als Therapie', S. 136). Gerade dies aber war nach Muschgs Ansicht bei der „deutschen Klassik" nicht der Fall, deshalb nennt er sie zugleich „romantisch", wenn „Romantik" eben bereits „die Einsicht in eine gespaltene Zivilisation", „den Verlust des Ganzen" (S. 170) bedeutet. Denn Muschg sieht Goethe und Schiller „eben darin repräsentativ", daß sie in ihrer Zeit nicht mehr der Epoche insgesamt, sondern nur noch dem einzelnen „die Repräsentation eines Ganzen", im Sinne des entwickelten „Gleichgewichtssinnes" zutrauen.

Achtes Kapitel: Zu Text 194, S. 322

Wichtig ist, daß Muschg diese Utopie der Weimarer Klassik ihres „romantischen" Charakters, d. h. ihrer Isolation vom realen Geschichtsprozeß wegen, nicht abwertet, auch nicht Partei ergreift, etwa für Hölderlin und gegen Goethe, wie es vom Standpunkt einer kritisch materialistischen Ästhetik aus möglich wäre. Vielmehr kann er von seinem Standpunkt aus Goethe und Hölderlin, die in ihrem geschichtlichen und ästhetischen Selbstverständnis als Antipoden angesehen werden können, in gleicher Weise als zwei Zeugen dieser kulturgeschichtlichen Situation nebeneinanderstellen (s. Z. 5 ff.).

Zweiter Teil: Charakterisierung der 'Moderne'. Der ganze zweite Teil erläutert im Grunde den ersten, dialektisch formulierten Satz: „Was wir in der Kunst die Moderne nennen, ist das Produkt der Hinfälligkeit dieser Utopie; und ist nicht minder das Festhalten an ihr inmitten der Hinfälligkeit"(Z. 20 ff.). Zunächst (bis Z. 25) die Erklärung der „Hinfälligkeit": durch gleichzeitige „Explosion" (in der wirtschaftlich technischen Entwicklung; Z. 24) und „Reduktion" (der Lebensganzheit, z. B. durch die wachsende Arbeitsteilung; Z. 24), d. h. durch das „Aus-den-Fugen-Geraten" der gesellschaftlichen „Ordnung" wie der Lebensordnung des einzelnen, verliert die in der Kunst entworfene „bewegliche Ordnung" grundsätzlich ihren Anspruch auf Realisierung: Sie wird zur „nur"-Kunst-Utopie (Z. 23). Die Position des Künstlers wird „exzentrisch". – Anschließend (bis Z. 39) die Folgen dieser Entwicklung: die „eigenwillige" (Z. 27), d. h. nur noch sprachliche „Ordnungs"-Utopie der Kunst wird zum „Synonym für Realitätsverlust". Die Bildlichkeit der Literatur ist nicht mehr 'symbolisch'-anschauungsbezogen im Sinne Goethes (Z. 23 f.), sondern sie bleibt einem rein innersprachlichen Zusammenhang verhaftet, entwickelt eine absolute Metaphorik und Technik der Chiffrierung. Die Sprache der Kunst hat sich, wenn sie an ihrer Utopie festhält, von der Sprache des „menschlichen Verschleißes" innerhalb einer lebensgefährlich gewordenen Realität absetzen müssen.

Zusammenfassung und Kritik: Muschg formuliert z. T. Gedanken, wie sie auch Adorno in seiner dialektischen Ästhetik entwickelt hatte. An anderer Stelle des Buches nimmt Muschg deren Argumentation auch direkt in seinen Gedankengang auf (s. S. 195). Innerhalb des Kapitels läßt sich sein Begriff der 'Moderne' an Kaschnitz (Text 192) und Brinkmann (Text 193), dann auch an Bachmanns Hörspieltext (178) gut veranschaulichen. Muschg berücksichtigt weniger die gesellschaftsbezogene Literatur der 'Moderne' von Heine bis Brecht oder Volker Braun, deren kritischer „Realismus" sich der Sprache der gesellschaftlichen Wirklichkeit durchaus bedient. Andererseits argumentiert Muschgs Text doch nicht in der Weise der Adornoschen Theorie, denn er trennt geschichtliche Wirklichkeit und Kunst nicht absolut, sondern hält, auch wenn sich die literarische Sprache von der Sprache des Alltags entfernen muß, als Autor den Blick auf diese geschichtliche Wirklichkeit gerichtet, die den „Namen" der Ordnung für ihre „Polizisten reserviert" hat. Muschgs Utopie des „Gleichgewichtssinn" und „beweglicher Ordnung" hält die Verbindung zwischen Individuum und Gesellschaft, als einer änderungsbedürftigen, aufrecht. Und gerade hierin ist dieser Text dem „Geist" der Klassik verpflichtet. – Muschg geht es nicht um die Kunst als absolutes Gebilde, das gegen die Inhumanität der Geschichte das eigentlich Humane in sich aufgehoben habe, es geht ihm auch nicht um die geschichtliche Wirklichkeit selbst, in deren Dienst die Kunst zu treten habe, es geht ihm um den konkreten Menschen in seiner vielfältigen geschichtlichen Existenz. Mit diesem „fühlt" (!) die Kunst. In dieser Intention, Subjektivität und Geschichte zu vermitteln, ist dieser Text auch für die Zeit nach 1968 exemplarisch.

Zur Behandlung im Unterricht
Eine vorläufige Gegenüberstellung der beiden Teile kann wohl nach der ersten Lektüre geleistet werden, auch wenn noch nicht alle Formulierungen inhaltlich verstanden sind. Je nach Kenntnisstand der Schüler müssen dann inhaltliche Einzelfragen geklärt werden, z. B. der Begriff des „Systemwechsels" (vgl. dazu etwa Dieter Borchmeyer: Die Weimarer Klassik, Band 1, AT 2165, S. 1–41); Goethes Haltung zur Französischen Revolution („der Ungerechtigkeit" der bestehenden Gesellschaftsform „den Vorzug" zu geben) (vgl. ebd., Band 2, AT 2166, S. 179–202); Hölderlins Lyrik als „Widerstand" gegen die „unnatürliche Ordnung" der geschichtlichen Gegenwart (s. dazu die Texte 47 und 60, 61 im Lesebuch); Schillers Begriff des „Spieltriebs" (zu seiner ästhetischen Theorie im allgemeinen s. Text 49, 50 im Lesebuch); die Gegenüberstellung von „Explosion" und „Reduktion"; der Begriff des „Schamanen". – Als Einstieg in die genaue Analyse kann man die Schüler selbst darüber nachdenken lassen, was sie unter dem Begriff „bewegliche Ordnung" verstehen; sie werden die diesem Begriff innewohnende Dialektik selbst entdecken. Im Anschluß daran kann man die Schüler auf die Sprache des Textes, die den Satzbau und auch die Wortwahl bestimmende Dialektik des Gedankengangs im ganzen hinweisen. Die Klärung der dialektischen Formulierungen wird auch das inhaltliche Verständnis entscheidend voranbringen. Auch hier kann das Vorverständnis der Schüler, etwa im Hinblick auf das Gegensatzpaar Künstler – Bürger, produktiv eingebracht werden. – Der

„zivilisations"kritische Schlußteil schließlich wird sicherlich leicht von den Schülern mit eigenen, auch dem Text kritisch gegenüberstehenden Vorstellungen gefüllt werden können. – Der Übergang zu Kaschnitz' oder Brinkmanns Texten (oder auch der Rückbezug, falls sie zuvor behandelt wurden) ergibt sich von hier aus fast von selbst.

Thematische Bezüge in anderen Texten
(die bisher noch nicht genannt wurden)
Im Kapitel „Von 1945 bis zur Gegenwart"
Born (190), Strauß (191): Das höchst problematische Verhältnis von literarischer Sprache und Lebenswirklichkeit.
Andersch/Enzensberger (188): Die Krisis der bürgerlichen Gesellschaft und ihrer Literatur; die unterschiedlichen Standpunkte der Gesprächspartner.
Zu anderen Kapiteln
Novalis (72): Die Wendung der Kunst „nach innen". Viele Texte aus dem sechsten Kapitel: Jahrhundertwende – Beginn der Moderne, v. a. aus den Unterkapiteln IV–VII.

Bertolt Brecht: Me-ti. Buch der Wendungen (S. 323 ff.) 195

Zur Textgruppe
Die Entstehungsgeschichte der Aufzeichnungen zu Me-ti läßt sich nicht genau rekonstruieren. Nach den Zeugnissen ist jedoch anzunehmen, daß fast alle Texte in der Zeit des Exils entstanden sind; eine erste große Arbeitsphase ist ab 1935 wahrscheinlich. Die Texte geben eine gute und auch Schülern verständliche Einführung in Brechts Geschichtsphilosophie. – Im Titel verweist Brecht auf zwei Vorlagen:
1. die Schriften des chinesischen Sozialphilosophen Mo Ti (5./4. Jh. v. Chr.), dessen Schriften Brecht in einer 1922 erschienenen deutschen Übersetzung (von Alfred Forke) kennenlernte. Wann Brecht den Band erwarb, ist unbekannt; überliefert ist jedoch, daß er ihn 1935 in Leder binden ließ und ihn als einen seiner bibliophilen Schätze im Exil mitführte. Mo Ti gewinnt für Brecht seine positive Bedeutung durch den Gegensatz zu dem in jener Zeit staatstragenden Konfuzianismus. Mo Tis Philosophie errichtet kein gedankliches System, sondern ist auf die gesellschaftliche Praxis ausgerichtet: Ethik als praktische Verhaltenslehre, die sich auf die Verwirklichung einer gerechten Ordnung bezieht, nicht auf eine individuelle Orientierung an einem abstrakten Sittengesetz. Entgegen der Erwartung lassen sich jedoch, über einzelne Anknüpfungspunkte hinaus, keine tieferen geistigen Zusammenhänge oder Abhängigkeiten Brechts erkennen. Vielmehr verhüllt er durch die chinesische Einkleidung seiner Texte die eigene Verfasserschaft und gibt seinen Ausführungen das Aussehen von ehrwürdigem Alter und den Ausdruck großer Erfahrung.
2. Das I-Ging, zu deutsch ‚Buch der Wandlungen'. Brechts ‚Buch der Wendungen' weist allerdings keine inhaltlichen Bezüge zu diesem Orakelbuch chinesischer Naturphilosophie auf. Auch der Begriff „Wandlungen", im Sinne von Gestaltwandel im Chinesischen, hat mit dem der „Wendungen" bei Brecht, im Sinne eines dialektischen Prozesses, wenig Gemeinsamkeit.
Brechts Vorrede zum Me-ti insgesamt, die die Verbindung zum Chinesischen herstellt, ist pseudowissenschaftlich. Sie suggeriert, Brechts Text stelle lediglich eine Übersetzung eines überlieferten „Buches der Wendungen" dar. Der genannte Übersetzer, Charles Stephen, ist ebenfalls fiktiv. (Vgl. im ganzen: Jan Knopf: Brecht-Handbuch. Lyrik, Prosa, Schriften, S. 447 ff.)
Brecht hat die Me-ti-Texte nicht mehr selbst ediert. Die Ausgaben von Uwe Johnson 1965 (in Prosa, Band 5) und Klaus Völker (in der Werkausgabe, Band 12, 1967) richten sich in ihrer Zusammenstellung der Texte im ganzen nach der unsystematischen Anordnung, wie sie Brechts Nachlaß aufwies und wie sie auch dem inneren Prinzip der Texte entspricht, nämlich keinen textimmanenten Zusammenhang herzustellen, sondern in jedem Text in neuen „Wendungen" auf die historisch-gesellschaftliche Realität Bezug zu nehmen.
Formal kann man die Texte in die weitläufige Tradition der Apophthegmata stellen, der v. a. in der Antike (Plutarch) und im Mittelalter verbreiteten Sammlung sentenzenhafter, scherz- oder rätselhafter Aussprüche berühmter Persönlichkeiten (Alexander, Sokrates). Die häufige Einleitung der Texte mit „Me-ti sagte" ist für diese Textsorte kennzeichnend.
Inhaltlich legen die Texte, ausgehend von den Erfahrungen gesellschaftlicher Praxis (s. den jeweils den Denkanstoß gebenden ersten Satz), zentrale Aspekte von Brechts Geschichtsphilosophie dar, wie sie sich in der Exilzeit weiterentwickelt hat: Unter dem Eindruck der überraschenden Stabilität des „Faschismus" widmet sich Brecht vermehrt der philosophischen Grundlagenreflexion wie auch der Reflexion des eigenen

Achtes Kapitel: Zu Text 195, S. 323 ff.

Standorts im Hinblick auf die Auseinandersetzungen innerhalb des marxistischen Lagers, die Verhältnisse in der Sowjetunion unter Stalin eingeschlossen. (Siehe dazu die Namenliste des ‚Me-ti': Ka-meh = Marx, Eh-fu = Engels, Hü – jeh = Hegel, Mi-en-leh = Lenin, Ni-en = Stalin, To-tsi = Trotzki, Ko = Korsch, Kin, Kin-jeh = Brecht selbst, u. a.) Auf der einen Seite belegen die Texte im ‚Me-ti' Brechts Intention, den Leser durch die dialektische Reflexionsbewegung zu „eingreifendem Denken" hinzuführen. Sprache und Denken erscheinen als „Verhalten", und zwar nicht im Sinne einer „du-sollst"-Maxime, sondern im Hinblick auf die Erfordernisse der gesellschaftlichen Praxis. Es geht nicht darum, ein bestimmtes Verhalten pädagogisch zu fordern, sondern darum, im Verhalten des einzelnen den Bezug zur Wirklichkeit sichtbar zu machen: Verhält sich der Mensch so, daß er sich der Realität stellt, oder geht er ihr aus dem Weg und entwirft autonome geistige Eigenwelten, um sich den herrschenden Widersprüchen entziehen zu können? Gegen dieses letzte, 'bürgerliche' Verhalten schreiben die Texte an. Auf der anderen Seite läuft die chinesische Einkleidung und die aphoristische Form vieler Texte dieser Intention z. T. entgegen. Sie können – wie z. B. der erste abgedruckte Text – bei oberflächlicher Lektüre tendenziell doch als allgemeingültige, realitätsenthobene Apophthegmata der Tradition gelesen werden. Gerade dies kann jedoch für den Unterricht fruchtbar gemacht werden.

Diese Textauswahl des Lesebuchs ist, obwohl im ganzen in der Reihenfolge der Gesamtausgabe dargeboten, nach leitenden Gesichtspunkten zusammengestellt: Die ersten drei Texte entwerfen die für alle Texte gültige philosophische Grundposition des dialektischen Materialismus als 'Verhaltens'lehre, der erste Text in erkenntnistheoretischer, der zweite und dritte in sozialphilosophischer Hinsicht. Der erste und zweite Text können als ideologiekritische Texte bezeichnet werden, der dritte dagegen nennt die Kennzeichen eines ideologie- und herrschaftsfreien Gesellschaftszustandes. – Der vierte Text (‚Der unpolitische Arzt') setzt die knappen, philosophisch reflexiven Aussagen der ersten Texte in eine Beispielgeschichte um. – Die Texte 5 bis 8 sind noch deutlicher als die ersten aus der Zeit des Exils heraus zu verstehen. Text 5 und 6 nehmen beide auf die geschichtliche Wirklichkeit Bezug, Text 5 auf die unerwartete, alle ursprüngliche Hoffnung zerstörende Stabilität des „Faschismus", Text 6 auf die Entwicklung des Sozialismus in der Sowjetunion unter Stalin. – Text 7 und 8 reflektieren die Situation des einzelnen innerhalb der gegenwärtigen Wirklichkeit in nüchterner dialektischer Reflexion (Text 7) und (autobiographisch begründeter) Beispielgeschichte.

Zur Interpretation

Kein Weltbild machen (S. 323)
Die Verknüpfung vieler im einzelnen richtiger Urteile kann zu unrichtigen „Bildern" führen, weil das Ordnungsprinzip, das die Verknüpfung leitet, dazu neigt, Verbindungen herzustellen, die nicht mehr den realen Erfahrungen entsprechen.
Der Text weist eine erkenntnistheoretische und eine ideologiekritische, praktische Dimension auf. Die erkenntnistheoretisch zentrale Einsicht: Es gilt, die Urteile immer wieder an der Erfahrung zu überprüfen. Das heißt nicht, daß die Urteile und ihre Verknüpfung (d. h. die Metasprachen der Wissenschaft) nicht die Wirklichkeit erfassen können, sondern nur, daß sie unvollständig sind, überholbar. Die Wirklichkeit in ihrem geschichtlichen Prozeß – darin besteht ihre 'Ganz'heit, nicht in einer statischen Totalität – erzwingt die Überprüfung jeglicher Vereinigung von Urteilen. Die Aufgabe des Menschen besteht darin, der Wirklichkeit zu folgen, um das Bild revidieren zu können. Die Überschrift des Textes muß deshalb unbedingt mit dem letzten Satz verbunden werden: Es geht nicht um ein resignatives Akzeptieren der Unerkennbarkeit der Welt, sondern um die produktive Erkenntnis der Vorläufigkeit aller „Weltbilder". Nur die „zu vollständigen Weltbilder" werden von Me-ti abgelehnt. – Die Tatsache, daß Brecht überhaupt von Erfahrungen als erster Voraussetzung für die Urteilsbildung ausgeht, wie auch die Begründung, daß es „die ganze Welt [ist], die ein Bild erzeugt, aber das Bild [...] nicht die ganze Welt" erfaßt, stellt nicht zuletzt den Zusammenhang mit der naturwissenschaftlichen Vorgehensweise her: In der induktiven Methode des Francis Bacon, den Brecht an anderer Stelle des ‚Me-ti' direkt zitiert, behält die Natur als das Umfassendere das Primat gegenüber den experimentellen und deshalb notwendig die Phänomene isolierenden Erkenntnisprozessen des Menschen. Insofern verfährt die Naturwissenschaft materialistisch: Die Praxis behauptet den Vorrang vor der Theorie.
Ideologiekritische Dimension: Der Erkenntnisprozeß erfolgt aus dem Interesse, „die Dinge zu beherrschen" (Z. 10). Der Begriff „Dinge" läßt zunächst an den Bereich der Natur denken. Und hier haftet dem Ziel, zu „beherrschen", nichts Negatives an. Auch hierin folgt Brecht Bacon, dem es gerade durch seine induktive, der Natur „gehorchende" Methode darum geht, die Natur zu besiegen: „natura non nisi parendo vincitur". In diesem Sinne muß der Konditionalsatz des Textes – „Es ist besser [...], wenn [...] beherrschen" –

zustimmend gelesen werden: Wenn die Urteile (d. h. naturwissenschaftlichen Erkenntnisse) den Zweck haben sollen, die Dinge zu beherrschen, dann ist es besser, die Urteile an die Erfahrungen zu knüpfen als an andere Urteile. Im anderen Fall gefährdet man das „Beherrschungs"-Ziel. – Nun stellt aber Brecht den unterordnenden Satz des konditionalen Satzgefüges („wenn") hinter den Trägersatz. Damit ergibt sich eine zweite Lesart des Satzes, in der das Ziel, zu „beherrschen", negativ erscheint. Die „Urteile" des „wenn"-Gliedsatzes verbinden sich mit den „anderen Urteilen" des Trägersatzes; wenn man den Artikel „die" Urteile des „wenn"-Satzes als Demonstrativpronomen – im Sinne von „diese" – versteht und betont, wird diese zweite Lesart deutlich: Es ist besser, die Urteile an die Erfahrungen zu knüpfen als an andere Urteile, wenn die (nämlich die anderen) Urteile den Zweck haben (sollen), die Dinge zu beherrschen; d. h., die Urteile, die an Erfahrungen geknüpft werden und revidierbar sind, haben nicht diesen Herrschaftscharakter. Diese Lesart erscheint sinnvoll, wenn man den Text nicht mehr auf den Bereich der Natur, sondern auf den der Gesellschaft bezieht. Statt „die Dinge zu beherrschen" kann man dann „über die Menschen herrschen" lesen. Das Konstruieren „zu vollständiger Weltbilder" kann dann als das Verfertigen von Ideologien, d. h. in sich schlüssiger geistiger Systeme, verstanden werden, die die Herrschenden zur scheinbaren Legitimation ihrer Herrschaft über die Ausgebeuteten verfassen. Hier die „Erfahrungen", d. h. die gesellschaftliche Praxis geltend zu machen und den Wahrheitsanspruch der „Weltbilder" als ideologisch zu entlarven, ist die Forderung, die sich aus dieser zweiten Lesart aus dem Text erschließen läßt.

Im Zusammenhang des Gesamttextes stehen die erkenntnistheoretisch-naturwissenschaftliche und die ideologiekritisch-gesellschaftswissenschaftliche Ebene in einem dialektischen Verhältnis: Me-ti spricht von einem 'allgemeinen' Vorgehen des Menschen, Urteile losgelöst von den Erfahrungen, erst recht von den zu den Erfahrungen führenden Vorgängen, miteinander zu verknüpfen. Innerhalb der Naturwissenschaften hat sich der kritische Erkenntnisprozeß jedoch historisch durchgesetzt, der die Beherrschung der Dinge ermöglicht hat. Die Wissenschaft von der Gesellschaft, der es um die Abschaffung der Herrschaft über den Menschen geht, ist jedoch noch nicht zu ihrem Ziel gelangt. Die ideologiekritische Tätigkeit hat die Aufgabe, diesen Prozeß zu unterstützen. Indem die „zu vollständigen Weltbilder" der Herrschenden in ihrem „trügerischen" (s. Text 196: ‚Über Systeme') Charakter sichtbar gemacht werden, vollzieht sich „eingreifendes Denken".

Das dialektische Verhältnis von Natur- und Gesellschaftswissenschaft wird von Brecht häufig erörtert und dargestellt. Ist doch sein Programm eines „experimentellen Theaters" im „wissenschaftlichen Zeitalter" der Versuch, eben die ideologiekritische Tätigkeit in Analogie zum naturwissenschaftlichen Verfahren zu betreiben (s. dazu besonders Text 198: [Dialoge aus ‚Der Messingkauf']).

Im ganzen spiegelt dieser Text die Grundüberzeugung des Marxismus, Naturwissenschaft – im Sinne eines nicht ausbeutenden Umgangs mit der Natur – und gesellschaftlichen Fortschritt – im Sinne einer Entfaltung der gesellschaftlichen Kräfte gemäß dem dialektischen Prozeß der Geschichte – im Zeichen umfassender Produktivität verbinden zu können.

Über Länder, die besondere Tugenden hervorbringen (S. 323)

Das Land, das keine besonderen Tugenden nötig hat (S. 323)

Zwei *Gegentexte*. Der erste Text kritisiert die herkömmliche bürgerliche Ethik, die eine Besserung der Zustände vom besseren Verhalten des einzelnen erhofft. Mit dem Bild des Schiffes verwendet Brecht die traditionelle Metapher des Staates, formt sie aber um, indem er nicht die herkömmliche Situation des mit den Wellen und dem Sturm kämpfenden, das heißt von äußeren Gefahren bedrohten Schiffes beschreibt, sondern den Blick auf den Zustand des Schiffes selbst lenkt (dreifacher Satzparallelismus). Brecht zerstört die emotionale Funktion der traditionellen Metapher, an den Gemeinschaftsgeist im Interesse des großen Ganzen zu appellieren ('Wir sitzen alle in einem Boot'), er macht gerade dieses scheinbar große Ganze der „eingreifenden" Kritik zugänglich, indem er nach der materiellen Grundlage dieses Ganzen fragt und so die Arbeits- und Herrschaftsbedingungen in Frage stellt.

Der zweite Text kehrt den Gedankengang um. Hier werden die materiellen Lebensbedingungen (wichtig: die Möglichkeitsform) zuerst genannt, nicht die Tugenden. Das Verhalten, als Folge der materiellen Basis, wird dann in der Negation („keine besondere Freiheitsliebe" usw.) beschrieben und so zusammengefaßt: „Sind die Institutionen gut, muß der Mensch nicht besonders gut sein." Im dritten Gedankenschritt zeigt der Text abschließend die positiven Verhaltensmöglichkeiten (wieder das „Können" gegen das „Müssen").

Wie im vorausgehenden Text die traditionelle Metapher des Staatsschiffes, so wird hier die traditionelle Sprache der abstrakten Moral von Brecht kritisiert: Den Adjektivabstrakta und Zusammensetzungen „Freiheitsliebe, Gerechtigkeitssinn, Ungerechtigkeit, Tapferkeit" stellt er die einfachen Adjektive, als

Achtes Kapitel: Zu Text 195, S. 323 ff.

Darstellung von Verhaltensweisen, gegenüber: „frei, gerecht, tapfer". Durch diese Zurückführung der geistig hervorgebrachten Abstrakta auf konkretes Verhalten kritisiert Brecht überhaupt die Bildung abstrakter Systeme (s. ‚Kein Weltbild machen'). Diese zeigen fehlerhafte gesellschaftliche Zustände an, sie sind an das „Leiden" (s. den letzten Satz) des Menschen gebunden. Darin liegt der „besondere" Charakter der „Tugenden" in diesen Ländern, daß sie nicht aus den eigenen produktiven Möglichkeiten des Menschen herauswachsen, sondern aus einem Zwang, der in der „Unterdrückung" begründet ist. Und diese „besonderen Tugenden" sind nicht nur selbst die Folge von Leiden, sondern der Mensch selbst oder andere „haben" auch an ihnen „zu leiden".

Die Sprache des zweiten Textes läßt die dargestellten gesellschaftlichen Verhältnisse der Selbstverwaltung als Gedankenspiel erscheinen (s. die „kann"-Formulierungen). Bis auf die letzten zwei Sätze, die die Schlußfolgerung ziehen, können alle Sätze implizit (Satz 1/2) oder explizit (Satz 3-5) als Konditionalsätze verstanden werden. Als Darstellung der Utopie eines herrschaftsfreien Gesellschaftszustandes stellt der zweite Text einen Kontrast zu dem vorausgehenden Text dar, der von realen Zuständen ausgeht. Allerdings läßt der Gegensatz zwischen Überschrift („Das Land [...]") und Text selbst (zweimal „Ein Land [...]") erkennen, daß Brecht auch im zweiten Text, wenigstens im Ansatz, einen Realitätsbezug signalisieren will: zur Sowjetunion, dem einen Land, in dem die Selbstverwaltung grundsätzlich verwirklicht und die kapitalistische Unterdrückung abgeschafft ist (s. ‚Die Große Ordnung verwirklichen').

Schließlich belegen beide Texte Brechts nicht nur gesellschaftlichen, sondern auch anthropologischen Materialismus, seine Grundüberzeugung von der elementaren „Freundlichkeit" des Menschen, d. h. seiner Fähigkeit, sich in einer Gesellschaft ohne Unterdrückung, wo seine materiell sinnlichen Bedürfnisse erfüllt werden, den humanen Forderungen der überlieferten Tugendlehren gemäß zu verhalten, ohne sie als solche befolgen zu müssen.

Der unpolitische Arzt (S. 323 f.)

Thema („Der Philosoph Me-ti unterhielt sich [...]") und Beispielgeschichte („Der Arzt Schin-fu [...]"). Der Text verzichtet darauf, am Ende den Bezug zum Thema, Me-tis Unterhaltung mit den Ärzten, wiederherzustellen: Aufgabe an den Leser, im Unterricht nutzbar zu machen (vgl. dazu unten den Text ‚Über die Produktivität des Einzelnen', S. 405 f.).

Darlegung eines zweifachen dialektischen Widerspruchs zwischen Theorie und Praxis. 1. Die universalistische Ethik (des Arztes) zeigt nur einen scheinbar universalen („nur beschädigte Menschen", Z. 40 f.), überpolitischen Charakter. In Wirklichkeit ist sie mit politischem Verhalten, der Unterstützung der Herrschenden (des „Kaisers") verbunden: mit der Teilnahme an einem 'Eroberungskrieg', der erst den Notfall, daß „beschädigte Menschen" auftreten, hervorbringt. Exemplarischer Fall der in den beiden vorangegangenen Texten angesprochenen Situation, daß eine besondere Tugend („Vervollkommnung [der] ärztlichen Kunst", Z. 37 f.) sowohl auf einen schlechten Zustand des Landes hinweist als auch selbst, da sie mit dem „Verzicht" (Z. 38) auf alle anderen Interessen verbunden ist, an der Beibehaltung dieses Zustandes beteiligt ist, d. h. selbst „Leiden" schafft. 2. Die individualistische Ethik zwingt den Menschen selbst in den Widerspruch hinein. Darauf deutet das Verhalten des Arztes am Ende der Geschichte hin: Shin-fu entlarvt durch sein Handeln bei dieser „bestimmten Gelegenheit" (S. 324, Z. 6) die „als"-Kategorien seiner „Verzicht"-Haltung als Scheinrechtfertigungen. Gerade die zur Verteidigung vorgebrachte Schlußfrage des Arztes („Wie soll ich als Arzt [...]", Z. 11 f.) zeigt die Scheinhaftigkeit des zuvor vorgebrachten Standpunktes: Gerade die übergeordnete Kategorie „Mensch" hätte eben nicht nur das Verhalten in dieser existentiellen Notsituation bestimmen müssen, sondern bereits das vorhergehende Leben. Das „Mensch"-Sein steht notwendig in materialen Lebenszusammenhängen und erlaubt keine scheinhaft abgehobene 'Ethik', die, materialistisch gesehen, nur als Vorwand dazu dient, das angenehme Leben auf der Seite der Herrschenden führen zu können. Das spezielle Verhalten („als Arzt") steht immer in einem geschichtlich konkreten Kontext menschlicher Herrschaft. Die Schlußfrage des Arztes verweist auf die Lösung der Widersprüche: auf die Erkenntnis, daß die Parteinahme für die Unterdrückten, d. h. die Abschaffung des Eroberungskrieges die Beschädigungen der Menschen beendet und somit die Tätigkeit „als Arzt", künstliche Gliedmaßen herzustellen, überflüssig macht. – Die Ärzte-Gesprächspartner Me-tis müssen erkennen, daß jeder Mensch 'Politiker' ist und aufgerufen, an der Beseitigung der Unterdrückungs-„Zustände" des Staates mitzuarbeiten. Im ganzen steht die Haltung der Ärzte exemplarisch für die, wie Brecht sie sieht, angepaßte Haltung der Intellektuellen innerhalb des kapitalistischen Ausbeutungssystems. Brecht verarbeitet diese Thematik, angesichts des Verhaltens vieler Intellektueller im Nationalsozialismus (als „Faschismus" die extreme Erscheinungsform des Kapitalismus) auch in anderen Texten des ‚Me-ti' und vor allem im Fragment gebliebenen ‚Tui'-Roman.

Achtes Kapitel: Zu Text 195, S. 323 ff.

Innerhalb des ‚Me-ti'-Komplexes s. z. B. den Text *Törichte Verwendung kluger Köpfe:*
Der Schriftsteller Fe-hu-wang [d.i. L. Feuchtwanger] sagte zu Me-ti: Die mit dem Kopf arbeiten, stehen eurem Kampf abseits. Die klügsten Köpfe halten eure Ansichten für falsch. Me-ti antwortete: Die klugen Köpfe können sehr töricht verwendet werden, sowohl von den Machthabern als auch von ihren Eigentümern selbst. Gerade um die allerdümmsten oder unhaltbarsten Behauptungen oder Einrichtungen zu stützen, mietet man kluge Köpfe. Die klügsten Köpfe bemühen sich nicht um die Erkenntnis der Wahrheit, sondern um die Erkenntnis, wie Vorteile zu erlangen sind durch die Unwahrheit. Sie streben nicht nach dem Beifall ihrer selbst, sondern dem ihres Bauches.

Gefahren der Idee vom Fluß der Dinge (S. 324)
Die Große Ordnung verwirklichen (S. 324)
Beide Texte bezeugen die politischen und philosophischen Diskussionen während des Exils: Der erste reflektiert die Enttäuschung der Exilanten über die Stabilität des „Faschismus" („der Anstreicher" ist Hitler; vgl. die ‚Deutsche Kriegsfibel' in den ‚Svendborger Gedichten'). Brecht warnt vor der Resignation, und auch hier argumentiert er dialektisch. Er wendet sich nicht an diejenigen, die unter dem Eindruck der Erfolglosigkeit des Kampfes unmittelbar in die Passivität zurückfallen, sondern an diejenigen, die diesen Rückfall vordergründig mit marxistischer Dialektik rechtfertigen. Ihr Hinweis auf den letztlich doch „vorübergehenden" Charakter des „Faschismus" wird von ihm als Konstruktion eines Weltbildes (s. ‚Kein Weltbild machen') entlarvt – „Der *Gedanke,* daß es vergeht, macht es ihnen unwichtig. [...] und verkürzen in *Gedanken* deren Dauer" (Z. 15f.) –, das die Rolle der Praxis, der Fähigkeit des Menschen zum Eingreifen, vernachlässigt. Auch ursprünglich prozeßhaftes Denken kann seinen dialektischen Prozeßcharakter verlieren. (Vgl. dazu v.a. den Text ‚Dialektik' in den ‚Politischen Schriften'.) Der zweite Text spiegelt die Auseinandersetzung innerhalb der marxistischen Linken (etwa mit Karl Korsch und Walter Benjamin während des dänischen Exils) einerseits und mit skandinavischen Sozialdemokraten andererseits über die Bewertung der Lage in der Sowjetunion unter Stalin (Ka-meh = Marx, En-fu = Engels, Mi-en-leh = Lenin). Die „Große Ordnung" bezeichnet den Aufbau des Sozialismus, der zum Kommunismus führen soll. Brecht betont, daß die Revolution selbst nur die Voraussetzung für die „Große Ordnung" schafft, insofern das Proletariat die Macht übernommen hat. In der dialektischen Gegenüberstellung der Begriffe Ordnung und Unordnung – die gegenwärtige Unordnung ist die Erscheinungsform einer Ordnung – macht Brecht deutlich, daß das Neue nicht das „ganz Andere" ist, sondern die „nächste Stufe" (Z. 27) des Bestehenden, Folge einer „Umwälzung" (Z. 32), die, weil „ihre Gegner gegen sie Gewalt anwenden, [selbst] ein Akt der Gewalt" (Z. 34f.) ist. Unter dieser Perspektive kann Brecht auch Stalins Gewaltherrschaft in der Sowjetunion als vom Kapitalismus/Faschismus aufgezwungenen Kampf für den Aufbau der „Großen Ordnung" verstehen und historisch rechtfertigen. Ein anderer Text aus dem ‚Me-ti'-Komplex trägt die Überschrift: ‚Me-ti für Ni-en [= Stalin]'.
In beiden Texten zeigt sich Brecht als konsequenter Materialist, der den jeweils konkreten historischen Moment des dialektischen Geschichtsprozesses zum Ausgangspunkt der Reflexionsbewegung macht und damit den Leser daran hindert, die gegenwärtige Situation vom philosophisch abstrakten Modell aus zu beurteilen; er zwingt ihn vielmehr dazu, diese Situation in ihrer inneren Widersprüchlichkeit zwischen Realität und Ziel wahrzunehmen und auf das eigene Handeln zu beziehen.

Über die Produktivität der Einzelnen (S. 324)
Das Feuermachen der Lai-tu (S. 325)
Beide Texte nehmen den Standpunkt des einzelnen Menschen ein; sie zeigen die Widersprüchlichkeit der Wirklichkeit und ihres dialektischen Prozesses am Verhalten des Menschen auf als der kleinsten Einheit der geschichtlichen Bewegung und ihres eigentlichen Trägers – bis in den privatesten Bereich.
Der erste Text: Kritik an der Arbeitsteilung in der bürgerlich-kapitalistischen Gesellschaft (sie „herrscht" bei „uns"). Vgl. dazu den in der Gesamtausgabe unmittelbar vorhergehenden Text:

Über die Arbeitsteilung
Me-ti sagte: Die Arbeitsteilung ist gewiß ein Fortschritt. Aber sie ist zu einem Werkzeug der Unterdrückung geworden. Wenn man dem Arbeiter sagt, er solle vor allem ein guter Autobauer sein, sagt man damit, er solle z.B. die Festsetzung seines Lohnes andern überlassen, die darin sich gut auskennen, guten Unternehmern oder guten Politikern. Wenn man dem Arzt sagt, er solle vor allem ein guter Schwindsuchtforscher sein, sagt man damit, er solle sich nicht um den Wohnungsbau kümmern, der die Schwindsucht erzeugt. Man ordnet die Verteilung der Arbeit so an, daß die Ausbeutung und Unterdrückung dazwischen bestehen kann, als wäre sie auch eine Arbeit, die einige zu besorgen hätten.

Achtes Kapitel: Zu Text 195, S. 323 ff.

Von diesem Text aus läßt sich auch die Beispielgeschichte ‚Der unpolitische Arzt' interpretieren. – In dem abgedruckten Text ‚Über die Produktivität [...]' geht Brecht aber weniger auf die „Ordnung" der Gesellschaft ein als auf deren Folgen für den einzelnen in seiner Subjektivität: Ihm wird die Ursprünglichkeit seiner Produktivkraft (das „Unbestimmte, Fruchtbare, Unbeherrschbare") genommen. Da aber die Produktivkräfte vor allem in ihrem subjektiven Faktor grundsätzlich das aktive, revolutionierende Element des Produktionsprozesses darstellen, ist durch die Reduzierung des Menschlichen auf das „Festumrissene" und „Beherrschbare" die Dynamik des Produktionsprozesses im ganzen „gehemmt". – Der Text zeigt aus der Sicht des einzelnen Menschen die Schwierigkeiten auf, die sowohl bei der Bekämpfung des „Faschismus" (er herrscht „noch") als auch beim Aufbau der „Großen Ordnung" („ein langer Prozeß") bestehen. Zugleich begründet er die Aufgabe, die sich Brecht selbst als Autor stellt: dem Menschen dieses „Fruchtbare" zurückzugeben. Vgl. Text 198: [Dialoge aus ‚Der Messingkauf'], S. 330, Z. 28 ff.: „Heute *lähmt* das alles." – Indem Brecht an dieser Stelle von den „Einzelnen" spricht, nicht vom Proletariat als dem im orthodox marxistischen Verständnis „subjektiven Faktor" der Geschichte, zeigt dieser Text im Ansatz eine Argumentation, die später in der neomarxistischen Theorie H. Marcuses eine große Rolle spielt: Die industrielle kapitalistische Gesellschaft nimmt durch ihren Zwang zum „positiven Denken" dem Menschen selbst das Entfremdungsbewußtsein, er paßt sich an, wird zum „eindimensionalen Menschen"; ein klassenbewußtes Proletariat gibt es nicht mehr. Damit ist der Geschichtsprozeß seiner revolutionären Dynamik, wie sie Marx beschrieben hat, beraubt.

Der zweite Text: ‚Das Feuermachen der Lai-tu', beschreibt diese Problematik des einzelnen, der nichts mehr „Unbestimmtes" usw. an sich hat, am Beispiel eines Vorgangs unter zwei Liebenden. Gesellschaftlich Allgemeines und privat Intimes sind bis in scheinbar unbedeutende Abläufe hinein miteinander vermittelt. – In Me-ti spiegelt sich hier – wenn auch nicht ungebrochen (s. u.) – Brecht selbst, Lai-tu ist Ruth Berlau, die seit 1934 Brechts Geliebte war und die ihn auf allen Stationen des Exils bis zur Rückkehr nach Berlin begleitete; dort starb sie 1974. Aus einem Zeugnis Berlaus (s. u.) geht hervor, daß Brecht in diesem Text eine biographisch reale Situation verarbeitet hat. – Me-ti kritisiert an Lai-tu (in der Sprache des vorhergehenden Textes) die Arbeitsteilung (s. die Liste der Tätigkeiten), das Verhalten, die Zeit auszunutzen, welches letztlich die Produktivität hemmt: „Aber von alldem kam nur eben das Feuer zustande" (Z. 8 f.). Darüber geht der Augenblick verloren. Me-ti sieht sich deshalb in die Rolle des „Ausbeuters" gedrängt, Lai-tus Tätigkeit „war nur Sklaverei" (Z. 17). Die Beziehung zwischen beiden erscheint als Herrschafts- und Unterdrückungsverhältnis. Objektiv begründet erscheint es in der Lehrer-Schüler-Beziehung zwischen Me-ti und Lai-tu. Die Tatsache, daß sie *ihrem Lehrer* Feuer macht, und nicht an sich, schafft die innere Voraussetzung für das unproduktive Verhältnis. – Das Gegenstück dazu wäre, daß Lai-tu den *Augenblick* ausnutzte (nicht die Zeit): Gerade wenn etwas „für sich selber" geschieht, ist dies fruchtbar für etwas anderes; das Feuermachen kann produktiv werden, kann Liebe „erzeugen" (Z. 14). Also auch hier argumentiert Me-ti dialektisch: Gerade aus dem Tun der einen Sache geht, wenn man sie ganz tut, die andere hervor. Es gilt, im Augenblick den Prozeß als Moment des Augenblickes selbst offenbar werden zu lassen. Auch die Liebe erscheint in diesem Text als Verhalten, als mit anderen Momenten verknüpftes Moment gesellschaftlicher Praxis, nicht als subjektives Gefühl. Me-ti argumentiert auch hier materialistisch. – Schließlich verbindet Me-ti mit dem Liebe erzeugenden Verhalten auch eine ästhetische Qualität: „die Gastlichkeit ist etwas *Schönes*. Die Bewegungen, mit denen das *schöne* Holz zum Brennen gebracht wird, können *schön* sein" (Z. 12 ff.). Schönheit ist zunächst ein Merkmal des Verhaltens, wenn dieses nicht von Herrschaft geprägt ist, sondern „Spaß" macht. Die „kann"-Formulierungen, die „das Land, das keine besonderen Tugenden nötig hat", kennzeichnen, charakterisieren auch das private Verhältnis, wenn es frei von Unterdrückung ist. Schön sein und gut sein im menschlich natürlichen, nicht „besonderen" Sinne können zusammenfallen. Diesen Fall der verwirklichten Utopie kann ein Maler wohl „malen wollen" (Z. 15); in der Wirklichkeit jedoch muß Kunst dialektisch vorgehen: Dies belegt Brechts Text selbst.

Dialektischer Widerspruch liegt in diesem Text auch in der Figur des Me-ti selbst, und zwar in seinem Lehrersein. Zunächst scheint es zwar, als schiebe der Text, im Einklang mit dem Lehrer-Sprecher Me-ti, die Schuld an dem unproduktiven Feuermachen allein der Schülerin Lai-tu zu. Aber bei näherem Hinsehen entlarvt sich Me-ti in seiner Redeweise selbst tatsächlich als der „Ausbeuter", in den er sich durch Lai-tu gedrängt sieht. Die zentralen Formulierungen, „Es ist eine Sitte darinnen, die Gastlichkeit ist etwas Schönes" (Z. 12 f.), sind solche abstrakten Weltbild-Formulierungen (s. v. a. das Adjektivabstraktum „Gastlichkeit"), die in den anderen Texten über die „besonderen Tugenden" („Tapferkeit") als Merkmale schlechter, zum Leiden führender Zustände erwiesen werden. Me-ti spricht als Tugendlehrer, ohne auf die materialen Bedingungen der Situation Rücksicht zu nehmen, d. h. hier: Er beachtet nicht die Auswirkungen, die das faktische Lehrer-Schüler-Verhältnis auf das Verhalten Lai-tus hat. Es wäre an ihm gelegen, Lai-tu

Achtes Kapitel: Zu Text 195, S. 323ff.

dazu zu bringen, nicht ihrem Lehrer, sondern „für sich [das Feuer] selber" Feuer zu machen. Der Verfasser des Textes, Brecht, ist also nicht mit der Figur des Me-ti identisch. Vielmehr zeigt Brecht an Me-ti die Schwierigkeit, die das Ziel eines nichtunterdrückenden Lehrer-Verhaltens für den Lehrer selbst mit sich bringt. (Vgl. dazu auch andere Texte des ‚Me-ti'-Komplexes: ‚Die Kunst, mit dem Lehren aufzuhören', ‚Me-tis Schüler erkennen ihren Lehren nicht mehr'.)

Ein weiterer, historisierender Schritt der Interpretation ist möglich, wenn man Ruth Berlaus Bericht über die Entstehung des Textes hinzuzieht: „Ich weiß noch genau, wie die erste Lai-tu-Geschichte entstand. Sie heißt ‚Feuermachen der Lai-tu'.

Weil Brecht so ungern in Hotels wohnte – er haßte Portiers –, kaufte ich für unsere Zusammenkünfte ein Haus in Wallensbäck. Das kleine Bauernhaus war primitiv eingerichtet. Im Grunde hatte es nur zwei lange Arbeitstische, einige Stühle und einen schmalen Ofen, der mit Holzscheiten gefüttert wurde. [...]

Als ich das Haus eingerichtet hatte, war es Winter geworden. Und weil ich nicht mehr mit Robert Lund zusammenlebte, hatte ich auch keinen Wagen mehr zur Verfügung, sondern nur ein Motorrad. Aber zu dieser Jahreszeit – bei Schnee und grimmiger Kälte – schien es mir nicht angebracht, mit dem Motorrad dahin zu fahren. Ich mietete ein Hotelzimmer. Doch Brecht wollte unbedingt zu dem Haus. Er setzte sich hinter mich aufs Motorrad, und wir fuhren im Schnee nach Wallensbäck.

Ich beeilte mich mit dem Feuermachen, weil wir durchfroren waren. Es war mühsam, das Holz zum Brennen zu bringen. Der Ofen hatte eine kleine Öffnung, in die man einen Kessel mit Teewasser stellen konnte. Als ich Wasser holen wollte, war die Pumpe vereist. Ich war völlig verzweifelt. Schließlich nahm ich Schnee und schmolz ihn. Brecht saß inzwischen da mit seiner Zigarre, die ihm nie ausging – nicht einmal auf dem Motorrad –, beobachtete alles und sagte kein Wort. [...]

Am nächsten Tag fuhr ich nach Kopenhagen. Brecht hatte bis dahin nicht einen Ton über unsere Fahrt nach Wallensbäck und die Ankunft dort gesagt. Als ich zwei Tage in Kopenhagen war, bekam ich die Geschichte ‚Das Feuermachen der Lai-tu' mit der Post zugeschickt, einfach so, ohne Brief und Gruß. In der Geschichte warf er mir vor, daß ich mich beim Feuermachen zu ungeschickt und zu langwierig angestellt oder dem Hause die Ruhe genommen habe. Das war die Höhe! Ich hatte gegen die Kälte und das Eis gekämpft und wollte das Zimmer schnell warm haben und den Tee aufbrühen, und ich war verzweifelt, daß alles nicht schnell genug ging. Und er hat meine Arbeit als 'Sklaverei' empfunden! Ich hätte ihn durch mein Verhalten als 'Ausbeuter' qualifiziert. Natürlich nahm er nicht mich, sondern sich in Schutz. Ich muß zugeben, daß ich über diese erste Lai-tu-Geschichte nicht gerade begeistert gewesen bin." (Aus: Hans Bunge [Hrsg.]: Brechts Lai-tu. Erinnerungen und Notate von Ruth Berlau. Darmstadt und Neuwied 1985, S. 80, 85. Der im Text erwähnte Ort Wallensbäck liegt bei Kopenhagen. In Kopenhagen war Berlau Schauspielerin. Wenn ‚Das Feuermachen der Lai-tu' im ersten Winter der Liebesbeziehung entstanden ist, ist die Geschichte auf das Jahr 1934 oder 1935 datierbar.)

Berlaus Reaktion macht deutlich, daß sie, weniger vom Standpunkt der Schülerin als der Frau aus, Brecht in dieser Situation tatsächlich als „Ausbeuter" erfahren hat. Aus ihrer Perspektive lag es nicht an ihr, wenn sie aussah wie jemand, „der gezwungen wird, Feuer zu machen", wenn „kein Spaß" darin lag. Brecht erscheint wie ein Herrschender, der sich überdies noch „beleidigt" sieht, wenn ihm die Tatsache seiner Unterdrückung vor Augen geführt wird, bzw. der dieses Herrschaftsbewußtsein noch dadurch verstärkt zum Ausdruck bringt, daß er gnädig über die Beleidigung – „kennte ich ihn nicht" – hinweggeht. Er scheint vom Unterdrückten ein Verhalten zu verlangen, das die Tatsache der Unterdrückung verschleiert. Aus Berlaus Perspektive erscheint diese Geschichte als 'ideologischer' Text, der das konkrete Unterdrückungsverhalten des Mannes Brecht mit moralischen Sprüchen übertüncht. – Sie konnte aufgrund ihrer konkreten Erfahrung zwischen der literarischen Figur Me-ti und Brecht als Autor, der die Figur selbst und durch sie auch das eigene Verhalten dialektisch kritisiert, nicht trennen.

Zur Behandlung im Unterricht

Die Texte können, wie in der Kommentierung vorgestellt, auch im Unterricht gruppiert werden: Text 1 (‚Kein Weltbild machen') als erkenntnistheoretischer und ideologiekritischer Grundlagentext; die Texte 2 und 3 (‚Über Länder, die besondere Tugenden hervorbringen', ‚Das Land, das keine besonderen Tugenden nötig hat') zeigen Brechts Sicht der Ethik, legen seine Verhaltenslehre dar; Text 4 (‚Der unpolitische Arzt') dient als Beispielgeschichte; die Texte 5 und 6 reflektieren die gesellschaftspolitischen Diskussionen der Exilzeit; Text 7 und 8 die Situation des einzelnen auch im Hinblick auf Brechts eigene Person. – Sie sind im ganzen als Einführung in Brechts dialektische Methode und in seine materialistische Geschichtsphilosophie gut geeignet. Die Nachbartexte 196 und 198 können das Thema weiter entfalten. – Im Zusammenhang mit einem Drama (v. a. ‚Der gute Mensch von Sezuan' und ‚Leben des Galilei') können die Texte den Blick auf

Achtes Kapitel: Zu Text 196, S. 325

Brechts philosophisches Denken überhaupt erweitern (z. B. beim ‚Galilei': die Lust zu denken und zu leben als Einheit; unglücklich das Land, das keine Helden hat/Helden nötig hat; Galileis Position „als Mathematiker"). Text 4 ist auch als Grundlage für eine Klassenarbeit geeignet. – Dienen die Texte als Einführung, kann methodisch von Text 4 ausgegangen werden. Die Unterrichtsform sollte möglichst offen sein, um die Schüler selbst in Brechts dialektische Denkbewegung hineinfinden zu lassen.

Thematische Bezüge im Kapitel
Im Unterkapitel „Utopie der beweglichen Ordnung"
Brecht (196): Das Denken in „Entwicklungen": ‚[Über die Entwicklung der großen Städte]' als Gegentext zu ‚Gefahren der Idee vom Fluß der Dinge'. Das Denken in „Systemen": ‚Über Systeme' als weiterführender Text zu ‚Kein Weltbild machen', eine veränderte historische Lage voraussetzend.
Braun (197): Dialektisches Denken in einer gegenüber dem ‚Me-ti'-Komplex doppelt veränderten Lage: Texte eines Jüngeren aus der Gesellschaft des „real existierenden Sozialismus". Vgl. ‚Was Wunder', ‚Über Defätismus', ‚Die geänderte Welt', ‚Von der Wirklichkeit' mit Text 1 aus ‚Me-ti'; vgl. ‚Die Lügen' mit den Texten 2 und 3 aus ‚Me-ti'; vgl. ‚Larvenstadium' mit den Texten 5 und 6 aus ‚Me-ti'.
Kaschnitz (192): Gegensätzliche Reaktionen und Texte aus vergleichbarem Krisenbewußtsein. Vgl. ‚Was wir noch können' mit den Texten 2 und 3 und ‚Steht noch dahin' und ‚Amselsturm' mit den Texten 5 und 6 aus ‚Me-ti'.
Muschg (194): Die ‚Me-ti'-Texte erweitern und differenzieren Muschgs Darstellung: Sie halten auch als Texte der Moderne an der „beweglichen Ordnung" als zu realisierender Ordnung für den einzelnen und die Gesellschaft fest.
Im Gesamtkapitel „Von 1945 bis zur Gegenwart"
Brecht (198): Geschichtsphilosophie und Theatertheorie sind miteinander verbunden.
Kunert (202): z. B. ‚Von anderen Ängsten' im Vergleich mit ‚Über die Produktivität des einzelnen'; ‚Sprache' im Vergleich mit dem ‚Me-ti'-Text 1.
Kunert (210): Wahrheit als geschichtlicher Prozeß in ‚Das Holzscheit' zu vergleichen mit ‚Me-ti'-Text 1, 5; die Rolle des einzelnen in ‚Rennfahrer' vgl. mit ‚Me-ti'-Text 5, 7.
Bachmann (178): Die Gegenzeit beginnt. Die Auffassung der Liebe vgl. mit ‚Me-ti'-Text 8.
In anderen Kapiteln
Keun (170): Bilder aus der Emigration. Die geschichtliche Situation, aus der die ‚Me-ti'-Texte in ihrer subtilen und genauen Dialektik auch zu verstehen sind: das Exil als „provisorische Existenz".
Schiller (49–51): Zeugnisse eines geschichtlichen Krisenbewußtseins und eines dialektischen Entwurfs klassischer Ästhetik.
Marx (86), Engels (87): Grundlagentexte für Brechts materialistische und dialektische Argumentationsweise.

196 Bertolt Brecht: Geschichten vom Herrn Keuner (S. 325)

Zu den „Keunergeschichten"

Brecht hat im Zusammenhang mit dem Fatzer-Fragment 1926/27 die ersten Geschichten geschrieben, die letzte stammt aus seinem Todesjahr 1956. In der Werkausgabe sind insgesamt 87 Geschichten mit „Herrn Keuner" als Titelfigur veröffentlicht. Die beiden abgedruckten Geschichten hat Brecht nicht selbst herausgegeben, sie stammen aus dem Nachlaß. – Der Name „Keuner" wird schon von W. Benjamin als „Keiner" und „Koiné" (gr. Wort für „Umgangssprache, Allgemeinverständlichkeit") gedeutet, beide Versionen sind mit der Figur des „Denkenden" verbunden. Die Bedeutung „Keiner" zitiert nach Benjamin den griechischen Helden Odysseus, der durch die Aussage, er heiße „Niemand", den einäugigen Riesen Polyphem überlisten und sich retten konnte. So verstanden, wird „Herr Keuner" zum listenreichen, vielbewanderten Kämpfer gegen das Ungeheuer „Klassenstaat". Die Deutung „Koiné" nimmt Bezug auf eine nicht mehr, wie in der Tradition, für sich allein nach der Wahrheit strebende, sondern für alle denkende und sich entsprechend verhaltende neue Gestalt des Philosophen, dessen einziges Ziel der neue Staat ist. In der ersten Fassung des Stückes ‚Leben des Galilei' erzählt überdies ein kretischer Philosoph „Keunos" die „Keunergeschichte" von Herrn Egge: ‚Maßnahmen gegen die Gewalt'. – Schließlich scheint der Name Keuner dem Namen K. Kinner verwandt, den Brecht im Exil für sich selbst als Pseudonym verwendete, dann auch den Namensformen Kin-jeh, Ken-jeh, Kien-leh des „Dichters" im ‚Me-ti'-Komplex. – Alle Varianten belegen Brechts zentrale Intention, dialektisches Denken und Verhalten zu vereinen; siehe die programmatische Geschichte ‚Weise am Weisen ist die Haltung'. (Vgl. im ganzen: Jan Knopf: Brecht-Handbuch. Lyrik, Prosa, Schriften, S. 311 ff.)

Zur Interpretation

Über die Entwicklung der großen Städte (S. 325)

Diese Geschichte verarbeitet ein zentrales Thema des Naturalismus und der Moderne seit dem Expressionismus: die immer stärkere Zusammenballung von Menschen in den Großstädten, die Entwicklung zur unübersehbaren anonymen 'Masse Mensch'. An dieser Thematik läßt sich die Problematik der „Utopie der beweglichen Ordnung" besonders gut veranschaulichen.

Schritte der Interpretation:

1. Die Zweiteilung der Geschichte: a) die Situation, das Wachstum der Städte und Fabriken; die Unsicherheit über die Entwicklung und ihre Beurteilung. b) Herrn Keuners Vorschlag und Erläuterung durch den Vergleich mit der Natur. Scheinbare Parallelisierung: Wie in der Natur folgt auch in der Geschichte das Wachstum einem inneren Gesetz. Die Annahme, die Städte könnten am Ende einen „unübersehbaren Umfang" annehmen, scheint unbegründet.

2. Genauere Analyse des Vergleichs: Die Formulierung, durch die Keuner die geschichtliche und natürliche Welt verbindet, lautet: „[...] jedenfalls *lebend* diese Entwicklung beinahe außer acht zu lassen" (Z. 24 f.). Der anschließend in der direkten Rede vorgebrachte Vergleich mit dem Wachstum des Elefanten scheint zunächst auf ein übergeordnetes Prinzip Leben hinzuweisen, als Rechtfertigung für das Außerachtlassen. Die Erläuterung, „sich also nicht so zu *verhalten*, als könnten die Städte und Fabriken außer Maß geraten" (Z. 25 f.), macht jedoch deutlich, daß Keuner/Brecht gerade dieses Prinzip Leben nicht meint und daß der Ratschlag des Außerachtlassens nicht Passivität bedeutet. Denn Verhalten meint bei Brecht aktives und von Interesse geleitetes, in den Geschichtsprozeß eingreifendes Handeln. Das Eingreifende des Verhaltens bedeutet zugleich die Freiheit, sich eben nicht – in „Furcht" oder „Hoffnung" (Z. 23) – einem scheinbar übergeordneten Vorgang unterwerfen zu müssen. Im Text konkretisiert sich diese Freiheit in dem potentialen „als könnten" (Z. 25) auch sprachlich unmittelbar. Wenn man sich „lebend" in diesem Sinne verhält, wird das Problem des äußeren Wachstums der Städte und Fabriken sekundär; man kann es „beinahe" (Z. 25) außer acht lassen. Es geht in den Städten und Fabriken – darauf lenkt der Text indirekt den Gedankengang – primär um andere, sich in Herrschaft und Ausbeutung konkretisierende Prozesse. – Der Vergleich zwischen dem Größenwachstum in Natur und Geschichte kann also nur dialektisch interpretiert werden. Gerade in seiner Widersprüchlichkeit weist er auf das Besondere des menschlichen Lebens als eines geschichtlichen hin.

3. Die religiöse Sprachebene des Textes im ersten Teil: Die Formulierung „*jedenfalls* lebend" (Z. 24) stellt das Lebendigsein unter eine gewisse Bedingung. Diese läßt sich zweifach interpretieren: zum einen qualitativ, im Sinne von aktiv handelnd, zum Eingreifen fähig, wie es im zweiten Interpretationsschritt deutlich wird; zum anderen zeitlich quantitativ im Sinne von „solange ich lebe". Diese zweite Bedeutung wird durch den ersten Satz in Keuners direkter Rede gestützt: „Alles [...] scheint in der Entwicklung mit der Ewigkeit zu rechnen" (Z. 26 f.). Dahinter steckt, wie ja auch der Vergleich mit der Natur nahelegen will, der Ratschlag, solche Ewigkeitsrechnungen nicht anzustellen, sondern aus der gegenwärtigen gesellschaftlichen Situation heraus zu handeln. Denn dieses „Rechnen" stellt, wenn man es wörtlich nimmt, kein „zuverlässiges Mittel" (Z. 23) der Zukunftsforschung dar. Das „Rechnen" mit der Ewigkeit gehört nun, ganz mathematisch verstanden, in die Tradition christlicher Eschatologie, die Erwartung des Weltendes und Jüngsten Gerichtes. Brecht spielt in diesem Text vor allem im ersten Teil, wo er das Verhalten der „Vielen" charakterisiert, noch mit anderen scheinbar nur alltagssprachlichen Wendungen auf das eschatologische Denken an: „Viele leben im Glauben" (Z. 21), die Städte könnten „am Ende" einen unübersehbaren Umfang annehmen. Sie leben in „Furcht" oder „Hoffnung" (Z. 23) wie der gläubige Mensch gegenüber der Apokalypse. Der Text weist durch seine Sprache darauf hin, wie sich in der modernen Kulturkritik die Denk- und Verhaltensweisen religiösen Weltverstehens erhalten haben. Dagegen macht Herr Keuner Front. Es geht wie im ‚Me-ti'-Komplex auch hier darum, das Denken in geschlossenen Weltbildern zu entlarven.

4. Zusammenfassung: die doppelte Dialektik des Textes. Keuners dialektische Argumentation wendet sich also zunächst gegen die spekulative religiöse Weltinterpretation in ihrer säkularisierten Form gegenwärtiger Zeitkritik, indem er auf beobachtbare Naturvorgänge hinweist. Dieser Vergleich ist aber seinerseits dialektisch zu verstehen: Er zeigt, daß Naturabläufe und geschichtliche Prozesse eben nicht parallelisierbar sind. Vielmehr bedeutet eine materialistische, wissenschaftliche Sicht der Geschichte, die ihr eigenen Gesetze zu erkennen und in entsprechendes „Verhalten" umzusetzen.

Historischer Bezug: 1931/32, als Brecht diese Geschichte verfaßte, erregte Jaspers' Schrift ‚Die geistige Situation der Zeit' großes Aufsehen. Sie deutet das moderne „Massendasein" als Zeichen einer umfassenden Krise, die „wahrscheinlich" – „an den Grenzen der Technik" – in „das Ende durch Katastrophen"

Achtes Kapitel: Zu Text 196, S. 325

münden wird. Im Kapitel „Prognosen" stellt Jaspers die Unsicherheit aller Voraussagen fest, allerdings mit einem sehr pessimistischen Unterton:
„Man fragt nach einem dunklen Gesetz unerbittlichen Ablaufs des gesamtmenschlichen Geschehens. Ob nicht eine Substanz aufgezehrt wurde, welche einmal mitgegeben wurde. Ob nicht der Niedergang von Kunst, Dichtung, Philosophie Symptom des bevorstehenden Aufhörens dieser Substanz sei. Ob nicht die Weise, wie heute Menschen im Betrieb sich auflösen, wie sie verkehren, ihren Beruf abarbeitend erfüllen, Politik ohne Gesinnung treiben, sich gehaltlos vergnügen, ein Beweis dafür sei, daß sie schon fast zunichte geworden ist" (^{5}1932, S. 186 f.).
Aus seiner existenzphilosophischen Perspektive heraus argumentiert Jaspers, daß das „Handeln aus Abwehr eines unerwünscht Kommenden [...] nur Kraft haben [wird] aus dem Willen zur gegenwärtigen Verwirklichung eines eigenen Lebens" (S. 190). Es ist durchaus denkbar, daß Brecht mit dieser Keunergeschichte gegen Jaspers' Schicksalspessimismus und existenzphilosophischen Rückzug aus der Geschichte anschreibt. Brecht/Keuner hält an dem Verständnis der Geschichte als eines aktiv zu gestaltenden und veränderbaren Prozesses fest.

Zur Behandlung im Unterricht
Die Analyse des Textes kann den vorgeführten Interpretationsschritten folgen. Allerdings lohnt sich die Behandlung wohl vor allem im Zusammenhang mit anderen Texten Brechts:
1. mit den benachbarten Texten aus dem ‚Me-ti'-Komplex (195). Die Keunergeschichte reflektiert Brechts Kapitalismuskritik in den Berliner Jahren der Endphase der Weimarer Republik.
2. mit den Texten aus dem ‚Messingkauf' (198), vor allem den Darstellungen des Philosophen.
3. außerhalb des Lesebuchs: mit dem Stück ‚Die heilige Johanna der Schlachthöfe' (Bühnenfassung 1931), in dem Brecht seine marxistische Interpretation der „großen Städte und Fabriken"und der Verhaltensmöglichkeiten für den einzelnen in dramatischer Dialektik (Johannas Entwicklung) entfaltet.

Thematische Bezüge im Kapitel
Im Unterkapitel „Utopie der beweglichen Ordnung"
Kaschnitz (192): Vgl. z. B. ‚Das Meer nicht mehr' als Beispiel einer neuen endzeitlichen Sicht der Geschichte.
Brinkmann (193): Ein Protokoll von Reaktionsformen subjektiven Bewußtseins angesichts einer äußerlich zur Erstarrung gelangten geschichtlichen Entwicklung.
Muschg (194): Aus der Perspektive der Keunergeschichte erscheint Muschgs Darstellung der Moderne als Text der „Furcht".
Im Gesamtkapitel
Andres (174): Die existenzphilosophische Sicht, nach 1945 wiederaufgenommen.
Dürrenmatt (179): Der Versuch, die Entwicklung zum modernen unübersehbaren Staat „technisch" wertneutral zu sehen.
In anderen Kapiteln
Rubiner (134), Ball (135): Beide Texte sind expressionistische Zeugnisse der modernen krisenhaften Zivilisations- und Großstadterfahrung.
Hesse (156), Mann (157), Kracauer (160), Döblin (164): Texte aus der Endphase der Republik, die aus unterschiedlicher Perspektive die Krisenerfahrung der Zeit reflektieren und bezeugen.

Über Systeme (S. 325)
Die Geschichte wurde aus drei Gründen ausgewählt:
1. Sie setzt den zentralen Gedanken des ‚Me-ti'-Komplexes „Kein Weltbild machen" fort, erweitert den Horizont ins politisch Praktische.
2. Sie spiegelt in dieser Erweiterung Brechts lebensgeschichtlich veränderte Situation in der DDR. Brecht verwendet die dialektische Methode zur Kritik am sozialistischen deutschen System, das sich selbst auf die Dialektik als geschichtliches Bewegungsgesetz beruft.
3. Die Geschichte reflektiert die „Utopie der beweglichen Ordnung" in einer kritischen Phase gesellschaftlicher Veränderung, die zugleich zur Hoffnung als auch zur Warnung vor neuer Unbeweglichkeit Anlaß gibt.
Schritte der Interpretation:
1. Die durch die Abschnittsgliederung sichtbare Zweiteilung der Geschichte. Sie wird durch die anaphorische Wiederholung „Viele Fehler" bzw. „Viele Ungelegenheiten" hervorgehoben. Der Gegensatz „Fehler" – „Ungelegenheiten" weist auf die unterschiedlichen Ebenen hin, auf denen Keuner jeweils argumentiert: im ersten Abschnitt auf der eher theoretischen Ebene von richtig und falsch; im zweiten Abschnitt auf der

eher praktischen Ebene von nützlich und schädlich. – Eine erste Übersicht über den zweiten Abschnitt zeigt ihrerseits die Teilung in einen diskursiven Real- und einen erläuternden Bildbereich. – Eine Analyse muß zweierlei intendieren: a) den Zusammenhang von Real- und Bildbereich innerhalb des zweiten Teils klären; b) den Zusammenhang beider Teile erläutern. Die Plural-Überschrift ‚Über Systeme' gibt einen ersten Hinweis, daß es in beiden Teilen um unterschiedliche Aspekte des „Weltbild"-/„Ordnungs"-Komplexes geht.

2. Der erste Teil (bis Z. 34): Kritik am Reden (und Denken) in rein sprachlichen Zusammenhängen, die sich als solche zur Ganzheit formen, gleichzeitig aber den Zusammenhang mit der Wirklichkeit verlieren, „trügerisch" (Z. 32) sind. Das Unterbrechen der Redenden erscheint als Merkmal eingreifenden Denkens, das die Widersprüche der Wirklichkeit wieder sichtbar macht. – Die „Fehler" werden hier nicht primär den Redenden zur Last gelegt, sondern den Hörern, d. h. im Kontext des dialektischen Materialismus nicht den Herrschenden, in deren Interesse zunächst die Verschleierung der Widersprüche liegt, sondern den Unterdrückten, die sich damit abfinden. Eine Ursache für dieses Verhalten, das ja dem objektiven Interesse der Unterdrückten widerspricht, wird im ersten Teil nicht genannt.

3. Der zweite Teil, noch ohne den Versuch, den Zusammenhang zum ersten Abschnitt herzustellen. Der zentrale Begriff, der Real- und Bildbereich verbindet, lautet „das Bedürfnis" (Z. 36, 37, 38). Im Realbereich wird das „Bedürfnis" als Folge des Genusses hingestellt. Der Genuß wiederum ist mit einer „Ausmerzung schädlicher Gepflogenheiten" verbunden (Z. 35). Das Problem liegt darin, daß sich das „Bedürfnis" verselbständigt, nachdem/obwohl die „Gepflogenheit" abgeschafft wurde, und daß daraufhin diesem „Bedürfnis" ein „zu dauernder Ersatz" (Z. 37) geboten wird. Warum „schädliche Gepflogenheiten" „Genuß" verschaffen, was zunächst widersprüchlich erscheint, erläutert Keuner im Realteil des Abschnitts nicht. Statt dessen fügt er „im Bild" einen Gegenvorschlag („soll man", Z. 39) an, wie das Problem gelöst werden kann: Jetzt wird das „Bedürfnis" (zu sitzen) mit der „Schwäche" der Leute – nicht mehr mit dem Genuß – begründet („weil", Z. 38). Lösung: Der Genuß (als „Erzeuger" des „Bedürfnisses") ist eine Folge der „Schwäche": Wer stark ist, hat keinen Genuß am Sitzen, also auch nicht das Bedürfnis danach. Das unrealistisch erscheinende Bild der „Schneebänke" steht für einen von vornherein transitorischen Ersatz, der „ohne Maßnahme" (Z. 41) wieder verschwinden kann. Das Bild weitergedacht: In der vor dem Winter liegenden Zeit saßen die Schwachen (die Alternden und die Heranwachsenden) auf den gewöhnlichen Bänken; im Winter können sie auf den „Schneebänken" sitzen. Da im Frühjahr keine Leute mehr leben, die „schwächlich" sind, also niemand mehr Genuß am Sitzen und das „Bedürfnis" danach hat, kann man ganz auf Bänke verzichten. – Der Bildbereich arbeitet mit dem natürlichen Wechsel der Jahreszeiten und Generationen. Stellt man nun den Zusammenhang mit dem Realbereich her, erheben sich im Hinblick auf die gesellschaftliche Wirklichkeit zwei Fragen: Welcher Wechsel kann hier gemeint sein? Welche Formen des „Ersatzes", die „ohne Maßnahmen" wieder verschwinden, sind denkbar? Die Richtung der Übertragung kann ein Zitat aus Mao Tse-tungs Schrift ‚Über den Widerspruch' weisen, mit der sich Brecht in den letzten Jahren seines Lebens viel beschäftigt hat:

„In jeder Erscheinung ist der Widerspruch zwischen dem Neuen und dem Alten enthalten, der einen fortgesetzten und verwickelten Kampf hervorruft. Im Ergebnis dieses Kampfes wächst das Neue und steigt zur beherrschenden Stellung empor, das Alte aber geht zurück und beginnt abzusterben. Sobald aber das Neue die Oberhand über das Alte gewinnt, wandelt sich das Wesen eines alten Sachverhalts in das eines neuen" (zitiert nach Klaus Völker: Bertolt Brecht, S. 413 f.).

Auch Mao verwendet eine Metaphorik aus dem natürlichen Leben („absterben"); andererseits formuliert er abstrakt („Widerspruch zwischen dem Neuen und dem Alten"). Im Blick auf die Keunergeschichte heißt dies: Generationen- und Jahreszeitenwechsel verbildlichen den universalen „Widerspruch" zwischen „Alt" und „Neu", ohne den Bereich der Natur und den der Geschichte direkt zu parallelisieren. Der Winter und die „Bänke aus Schnee" stehen für die Situation des Übergangs, in dem der dialektische Sprung, die „Verwandlung" des Wesens „eines alten Sachverhalts in das eines neuen" vorbereitet wird, aber noch nicht vollzogen ist. Das herausragende Merkmal der „Schneebänke" ist zudem ihre Künstlichkeit: Sie zitieren die gewöhnlichen Bänke der Vergangenheit, ohne eigentlich zum wirklichen Gebrauch einzuladen. Das heißt: Der angemessene, nicht zu dauerhafte Ersatz für „schädliche Gepflogenheiten" ist seine künstliche Zurschaustellung.

4. Die Verbindung des ersten und zweiten Teils: An dieser Stelle kann der Rückgriff auf den ersten Teil die Frage beantworten, um welche „schädlichen Gepflogenheiten" es sich handelt: das passive Zuhören Redenden gegenüber, die ein „trügerisches Ganzes" entstehen lassen. Der zweite Teil erklärt dieses fehlerhafte Verhalten für eigentlich überwunden, und zwar durch einen äußeren Eingriff („ausgemerzt"). Dennoch besteht das Bedürfnis, solche Reden zu hören, weiter als Folge von Schwäche und aus der

Achtes Kapitel: Zu Text 197, S. 326f.

geschichtlichen Übergangssituation heraus; und es wird zu dauernder, d. h. zu wenig seine Künstlichkeit zeigender Ersatz geboten.

5. Historische Einordnung: Der erste Abschnitt gibt eine grundsätzliche, theoretische Darstellung des Verhältnisses zwischen Teil und „trügerischer" Ganzheit, wie es die ‚Me-ti'-Texte aus der Zeit des Exils tun (vgl. ‚Kein Weltbild machen'). Der zweite Teil aber setzt voraus, daß die Zeit der kapitalistischen Klassengesellschaft, die notwendig auf „trügerische" Ganzheiten, d. h. eine Herrschaftsideologie, angewiesen ist, überwunden ist. Das heißt: Der zweite Teil artikuliert Brechts neue geschichtliche Erfahrung in der DDR. Dieser Schluß ist meines Erachtens zwingend, auch wenn die Geschichte äußerlich nicht datierbar ist. Die DDR als Staat auf der Grundlage des Marxismus-Leninismus hat nach ihrem Selbstverständnis ideologische Rechtfertigungssysteme, wie sie zuletzt in extremer Form der „Faschismus" benötigt hat, hinter sich gelassen. Dennoch wird den Menschen, die das passive Hinnehmen der glänzenden Reden der Herrschenden aus Schwäche – d. h. mangelndem Klassenbewußtsein – genossen haben, Ersatz geboten: Auch in der sozialistischen Gegenwart reden die Vertreter des Staates in solchen zur Passivität erziehenden Reden und handeln damit dem Prinzip der Dialektik zuwider, das die Erziehung zum eingreifenden Denken fordert. Das „Alte" ist nur „ausgemerzt". Brecht verwendet den Begriff der NS-Sprache, um das Falsche einer Handlungsweise aufzuzeigen, die, um eine geschichtliche Umwälzung herbeizuführen, mit äußerer Gewalt vorgeht und nicht dialektisch. Die notwendige Bewußtseinsarbeit ist nicht geleistet, man macht die „Jungen", die neue Gesellschaft nicht wirklich „stark". Die Dialektik als ursprünglich dynamische Methode des Denkens und Verhaltens erscheint in den (nur scheinbar neuen) Reden der alten Form notwendig als geschlossenes System. Die Redeweise einer überwundenen Gesellschaftsform wird als scheinbar natürliche weiterverwendet; sie gibt ihre systemstiftende Eigenschaft und den darin implizierten Umgang der Herrschenden mit dem Volk an die neue Gesellschaftsform weiter, wird zu einem „zu dauernden Ersatz". Deshalb der Plural der Überschrift: ‚Über Systeme'. – Keuners Vorschlag der „Bänke aus Schnee" bedeutet demgegenüber: das zitierende, künstliche Behandeln der alten Rede- und Hörweisen, um darin das gegenwärtige Neue – den dialektischen Verkehr zwischen Redner und Hörer – aufscheinen zu lassen. Brecht spricht mit den „Schneebänken" die Aufgabe des Schriftstellers an, der die Texte der Vergangenheit, indem sie alte Verhaltensformen zeigen, auf künstlich-künstlerische Weise verfremdend zur Schau stellt, um an ihnen die Erfordernisse des neuen Verhaltens im Sozialismus erkennbar werden zu lassen, d. h., die Menschen stark zu machen, den umfassenden Aufbau der neuen Gesellschaft zu leisten. So reflektiert diese Geschichte Brechts ernüchternde Erfahrung in der DDR als einer Zeit des geschichtlichen „Winters" und gleichzeitig die in neuer Weise kritische Aufgabe, die er sich als Autor und Theaterleiter des ‚Berliner Ensembles' gesetzt hat.

Zur Behandlung im Unterricht
Die Analyse des Textes kann den vorgeführten Interpretationsschritten folgen. Allerdings lohnt sich die Behandlung wohl vor allem im Zusammenhang mit anderen Texten Brechts und anderer Schriftsteller der DDR (s. „Thematische Bezüge"):
1. mit den benachbarten Texten aus dem ‚Me-ti'-Komplex (195), v. a. dem ersten (‚Kein Weltbild machen').
2. mit den Texten aus dem ‚Messingkauf' (198): Theatertheorie als Anleitung zum Bau von „Bänken aus Schnee".
3. außerhalb des Lesebuchs: mit Brechts später Lyrik (z. B. ‚Das Amt für Literatur', ‚Der Radwechsel', ‚Die Lösung', ‚Große Zeit, vertan', ‚Frage').

Thematische Bezüge im Kapitel
Im Unterkapitel „Utopie der beweglichen Ordnung"
Braun (197): Diese Texte entfalten auf vielfältige Weise die Thematik der Keunergeschichte.
Im Gesamtkapitel
Alle Texte aus dem Unterkapitel „Selbstverständnis des Schriftstellers" (198–202).
Schädlich (209): Dieser Text kann geradezu als Beispielgeschichte zu Brechts Text dienen.

197 Volker Braun: Berichte von Hinze und Kunze (S. 326 f.)

Zum Autor
Volker Braun hat innerhalb der Literatur der DDR eine Sonderstellung inne. Anders als andere profilierte Autoren kann er immer wieder in der DDR Texte veröffentlichen und Dramen zur Aufführung bringen,

obwohl sich diese durchaus kritisch mit der Wirklichkeit des „realen Sozialismus" auseinandersetzen und obwohl er selbst eine wenig parteikonforme Haltung zeigt. So gehörte er zu den Erstunterzeichnern der Biermann-Petition 1976. (Näheres zu seiner Person und seiner Stellung in der DDR-Literatur s. u., S. 460ff.) Diese Sonderstellung belegen auch die ‚Berichte von Hinze und Kunze', die, in einzelnen Teilen schon 1980 (in: GDK Monitor, Nr. 3) und 1981 (in: Das Argument, 128) veröffentlicht, 1983 gleichzeitig im Mitteldeutschen Verlag in Halle/Leipzig und im Frankfurter Suhrkamp-Verlag erscheinen konnten. – Das Paar Hinze und Kunze spielt schon die Hauptrolle im Drama ‚Hinze und Kunze' (1968 in der Erstfassung in Weimar, 1973 in der Neufassung in Karl-Marx-Stadt uraufgeführt) und dann auch in Brauns erstem Roman, dem ‚Hinze-Kunze-Roman', der, ungefähr gleichzeitig mit den ‚Berichten' entstanden, 1985 veröffentlicht wurde, wiederum im Mitteldeutschen Verlag und bei Suhrkamp. – Schon die Namen des Paares sind Programm. Wie die Redensart „Hinz und Kunz" es meint und der Sozialismus es fordert, sind sie grundsätzlich „Gleiche". Aber sie erfüllen unterschiedliche Aufgaben in der Gesellschaft, führen verschiedene Leben. Im Drama ist Hinze Arbeiter, steigt dann zum Betriebsleiter auf, Kunze ist Parteisekretär und ermöglicht Hinzes Karriere. Im Roman ist Hinze Kunzes Fahrer. In den ‚Berichten' wird die soziale Stellung der Figuren nicht eigens beschrieben. Aus dem Inhalt der Geschichten selbst aber wird deutlich, daß auch hier das Grundverhältnis der Beziehung beibehalten ist. Es ist das traditionelle Herr-Knecht-Verhältnis (Brecht: ‚Herr Puntila und sein Knecht Matti'), das sich nun, da solches Ausbeutungsverhältnis abgeschafft ist, als Beziehung zwischen Führendem (Kunze) und Geführtem (Hinze) darstellt. Das Problem der Herrschaft hat sich zu dem der Arbeitsweise gewandelt, das in neuer Weise die Entwicklung einer Gesellschaft der „Gleichen" behindert. Diese neuen Widersprüche sind zwar nicht „klassenantagonistisch", aber sie hemmen die Weiterentwicklung des „realen Sozialismus" zu einer Gesellschaft, in der die Utopie des „unteilbaren" Lebens verwirklichbar ist. Die Erfüllung des Lebens des einzelnen Menschen ist von der gesellschaftlichen Entwicklung nicht zu trennen, aber auch umgekehrt. Die Konflikte, die hierbei entstehen, werden von Brauns Texten aufgedeckt. In dem Essay ‚Büchners Briefe' (1977) schreibt er im Hinblick auf die DDR-Wirklichkeit, man habe historische Wegbereiter wie Thomas Müntzer, Georg Büchner oder Lenin „überholt, ohne sie"– in ihrer revolutionären Produktivität – „einzuholen". So ist es eine wesentliche Aufgabe der Partei, an der Beseitigung der „Trennung von Geistes- und Handlangerarbeit" zu arbeiten. Dieser Utopie der „Unteilbarkeit" und „Gleichheit" ist die dialektische Auseinandersetzung zwischen Hinze und Kunze verpflichtet. Sie zeigen eine produktive Wechselbeziehung, die die Tendenz der bestehenden Verhältnisse, sich zu verfestigen, immer aufs neue aufbricht. – Dementsprechend definiert Volker Braun insgesamt die Aufgabe der Literatur: Sie darf auch innerhalb einer sozialistischen Gesellschaft nicht „affirmativ", sondern muß „operativ" sein; sie muß den revolutionären Prozeß weiterzutreiben bestrebt sein. Dabei ist es nicht die Aufgabe der Literatur, Lösungen für die Widersprüche der Gesellschaft aufzuzeigen, sondern ihre „Lösbarkeit". Sie muß den Leser zum Eingreifen in die Entscheidungsprozesse der Gesellschaft, d. h. für den einfachen Bürger: in die Führungsarbeit der Partei, ermutigen. So soll sich auch die dialektische Bewegung der Texte von Hinze und Kunze in ihnen fortsetzen. Auch diese bieten keine Lösung an. So ist auch nicht Identifikation das Ziel – etwa die Parteinahme des Lesers für eine der beiden Figuren –, sondern die Auseinandersetzung mit den gesellschaftlichen Haltungen, die in dem dialektischen Gegeneinander der Figuren vorgeführt werden. – Mit diesen Texten und dieser Programmatik steht Braun in der Nachfolge Brechts und dessen konsequenter materialistischer Dialektik, auch dort, wo sie gegen Verfestigungen im eigenen sozialistischen Staat angewendet werden muß. Insofern halten auch diese Texte an der Realisierbarkeit der „Utopie der beweglichen Ordnung" (s. Muschg, Text 194) fest. Sprachlich zeigt sich Brauns veränderte geschichtliche Lage, dialektische Texte innerhalb eines dialektisch argumentierenden Systems zu schreiben, darin, daß diese Texte gerade an Beispielen ansetzen, die selbst schon dialektisch strukturiert sind, und daß sie deren Dialektik als vordergründig entlarven. Dabei übernimmt zumeist Hinze den Part des weitertreibenden, Schematisierungen sprengenden Dialektikers (s. ‚Was Wunder', ‚Die geänderte Welt', ‚Von der Wirklichkeit').

Zur Textauswahl

Die ersten beiden Texte zeigen deutlich die beiden dialektisch aufeinander bezogenen Rollen, die Hinze und Kunze in den meisten Texten einnehmen: Kunze ist, obgleich der von der Partei zur „Führung" bestimmte „Kopfarbeiter", der Vertreter der bestehenden Verhältnisse; Hinze dagegen kritisiert vom Standpunkt des Subjekts aus Kunzes Argumentation. Er als der „Handarbeiter"– s. ‚Die Lügen' – erweist sich oft als der Weiterdenkende von beiden. Der dritte Text veranschaulicht dieses Verhältnis an einem Beispiel aus dem Bereich der Familie. Die Texte 4 und 5 thematisieren die zentrale sozialistische Überzeugung von der Änderbarkeit der Wirklichkeit aus heutiger, veränderter Sicht und Erfahrung. Der sechste und siebte Text

Achtes Kapitel: Zu Text 197, S. 326f.

nehmen jeweils kritische Äußerungen aus dem „anderen", „westlichen" Land zum Anlaß, die sozialistische Position zu entfalten. Der letzte Text schließlich artikuliert durch einen Vergleich mit der Natur die grundlegende marxistische Hoffnung auf die Verwirklichung des Kommunismus.

Zur Interpretation

Was Wunder (S. 326)
Kunze unterscheidet zwischen „Vernunft" und „vernünftig". Die „Vernunft" einzusetzen erscheint als wirklichkeitsfremde idealistische Tätigkeit; „vernünftig" zu sein dagegen als angemessene realistische Haltung. Kunze argumentiert scheinbar materialistisch, aber nicht dialektisch. Erst Hinzes Antwort entlarvt Kunzes Standpunkt als vordergründig pragmatisch und stellt die dialektische Beziehung wieder her. Die Formulierung „welch sonderbares Ding [!]" in Hinzes Bemerkung zeigt auch die undialektische ontologische Redeweise Kunzes auf. Die Überschrift ‚Was Wunder' nimmt auf das zweifache Adjektivattribut „sonderbar" Bezug. Wenn einmal in ernsthafter, dann in ironisch zitierender Redeweise der Gesellschaft als ganzer „Sonderbarkeit" attestiert wird, braucht man sich über ihren tatsächlichen Zustand nicht zu „wundern". Vgl. den Text ‚Von der Wirklichkeit'.

Über Defätismus (S. 326)
Dialektische Umkehrung des Begriffs „Defätismus" als einer Haltung der Entmutigung durch Hinze. – Der Begriff (von frz. défaite „Niederlage") wurde ursprünglich im Ersten Weltkrieg für eine Einstellung geprägt, die den Sieg der Alliierten bezweifelte. In der Sprachregelung der kommunistischen Staaten nach 1945 bezeichnet der Begriff eine Haltung, die den Erfolg der wirtschaftlichen Aufbaumaßnahmen der kommunistischen Staaten in Zweifel zieht. Defätisten galten als Staatsfeinde. Insofern bedeutet diese Beschuldigung einen scharfen persönlichen Angriff auf Kunze. Im Dialog klärt sich die neue provokative Verwendung des Begriffs durch Kunzes dreifache Gegenfrage, deren letzter Formulierung – „Habe ich also den Leuten nicht Mut gemacht" – Hinze entgegenhält: „Mich hast du entmutigt [...]. Dann kann ich nur verzweifeln." – In diesem Text wendet sich Braun gegen das 'affirmative', nicht 'operative' Denken und Reden, das sich auf „das bloße Preisen" beschränkt („diese rotgestrichene Hermetik") und den revolutionären Entwicklungsprozeß behindert.

Der Halbstarke (S. 326)
Auch hier, wie in ‚Über Defätismus', argumentiert Hinze durch die Umkehrung der gewöhnlichen Begrifflichkeit; s. schon den Titel: ‚Der Halbstarke'. Der Text thematisiert in Kürze das Verhältnis der jungen Generation zur etablierten sozialen Ordnung, das Mißtrauen und die Angst der Älteren gegenüber aller lebendigen Eigenständigkeit der Jungen. Ausführlich dargestellt wird die Problematik in Brauns Erzählung ‚Unvollendete Geschichte' (1975). – Hinzes Reaktion entlarvt die engen Lebens- und Ordnungsvorstellungen Kunzes. Dabei spielt Hinze nicht etwa den privaten Glücksanspruch der Tochter gegen den gesellschaftlichen Zwang aus – als wäre bürgerlicher Individualismus –, sondern er macht in seiner Antwort deutlich, daß auch die Welt „zu Hause" eine Form der „Gesellschaft" darstellt. Diese entwickelt in der Auseinandersetzung der Generationen spezifische Lebensformen, die im Interesse der gesamtgesellschaftlichen Entwicklung nicht unterdrückt werden dürfen. Hinze vertritt nicht einen individualistischen, sondern einen höheren gesellschaftlichen Standpunkt, wenn er Kunze einen „Asozialen" nennt, er spricht mit Recht „amtsmäßig". – Bemerkenswert ist, daß sich der Erzähler einmischt (Z. 15: „sagen wir"). Diese Parenthese gibt der Wendung „schüttete sein *Herz* aus" besondere Bedeutung. Der Erzähler signalisiert damit, daß gerade Kunze, der die „Staatsmacht" mobilisiert, aus privater Enttäuschung handelt. Insofern spielt in diesem Text der Erzähler denselben Part wie Hinze als seine Figur.

Die geänderte Welt (S. 326)
Kunzes „Lieblingssatz" zitiert zunächst Marx' berühmte 11. These über Feuerbach: „Die Philosophen haben die Welt nur verschieden interpretiert, es kommt darauf an, sie zu verändern." So könnte es scheinen, als kritisiere Hinze, dem es „zuviel" wird, diesen Kernsatz marxistischer Philosophie. Mit dem „Erfinder" (Z. 26) ist doch wohl Marx gemeint. Aber Hinze plädiert nicht für ein Ende des „Änderns" überhaupt, sondern dafür, „daß das Ändern zu ändern ist". Es geht um die Kriterien und Zielvorstellungen des Änderungsprozesses. Hier gilt es umzudenken. Hinzes Kritik richtet sich gegen Kunzes Zusatz: „sie [die Welt] braucht es". Denn dieser „kurze" Satz geht unausgesprochen davon aus, daß Kunze weiß, was „die Welt" braucht. Deshalb formuliert Hinze dagegen: „Ändere die Welt, wie sie es braucht." Er erhebt damit

nicht nur die Frage, wie die Welt es brauche, zum Thema, sondern auch, was überhaupt unter der „Welt" zu verstehen ist. – Auch Hinze geht es nicht darum, daß die „Welt" bleibt, „wie sie ist", sondern vielmehr darum, daß sie „überhaupt" bleibt. Diese Forderung kann geradezu fordern, daß die „Welt" nicht bleibt, wie sie im Augenblick ist. Das „Bleiben" erhält eine neue Bedeutung: nicht mehr im gewöhnlichen negativen Sinne der Bewahrung eines bestimmten Zustandes, sondern im neuen positiven Sinne der umfassenden Existenzsicherung. Dieses „Bleiben" erfordert qualitativ neue „Änderungen" der Behandlung der „Welt", auch innerhalb des sozialistischen Systems. – Entsprechend muß der Begriff „Welt" verändert werden. Hinze nennt als neue, dem „Erfinder" des „Satzes" unbekannte Krisenerscheinungen in einer Reihe natürliche und soziale Krisenphänomene. Dieser neuen Problematik ist die alte Überzeugung marxistischer Philosophie von der naturgemäßen Form sozialistischer Arbeit nicht mehr gewachsen. – Der Schlußsatz stellt darüber hinaus eine neue Änderung („noch anders") der Überlegungen („reden wir") in Aussicht, einer wiederum „geänderten Welt" entsprechend. Es gilt, stets aufs neue auf dialektische Weise die „kurzen Sätze" zu überprüfen.

Die Lügen (S. 326)
Drei Schritte der Reflexion, den drei (kursiv gedruckten) Formeln Hinzes entsprechend:
1. Der Aussagesatz in der Ichform, der die „Wahrheit" über die Arbeitswirklichkeit im Sozialismus verkündet. Hinze wandelt darin Gottes Fluch, den dieser bei der Vertreibung Adams aus dem Paradies ausspricht (1. Mose 3,19; s. u. 2.), so um, als habe er sich erfüllt. Für Kunze ist Hinzes Schild in doppelter Weise eine „Provokation": zum einen durch die inhaltliche Aussage des Satzes. In ihr hat die Arbeit nichts Schöpferisch-Freies, wie es doch der Sozialismus fordert, an sich. Hinzes Schild charakterisiert die Arbeit in einer Weise, wie sie nach sozialistischer Überzeugung für die Klassengesellschaft zutrifft. Zum anderen läßt sich aus dem Zitatcharakter des Satzes schließen, daß sich auch die alte Herrschafts- und Ausbeutungsmoral, wie sie als „Lüge" des „Altertums" in der Bibel formuliert ist, in Hinzes Arbeit erfüllt hat.
2. Das direkte Zitat aus der Bibel: die „Du-sollst"-Form. Hinze bezichtigt Kunze tatsächlich, diese „Lüge" gelten zu lassen. Gleichzeitig aber interpretiert er sie neu, nämlich nicht moralisch, sondern ökonomisch (dreimaliges „Die Lügner sagen"). Diese „Lügen" zitieren zunächst die Argumentationsweise der Vertreter der kapitalistischen Wirtschaftsordnung, die letzte von ihnen („Volle Arbeit für vollen Lohn") kehrt eine Hauptforderung der aus marxistischer Sicht ‚revisionistischen' Sozialdemokratie um. Die Metapher „auf Teufel komm raus" knüpft dialektisch an das Bibelzitat an. Die Befolgung von ‚Gottes Fluch' hat zu zerstörerischen, seine eigene ‚Schöpfung' radikal in Frage stellenden Konsequenzen geführt. Unmetaphorisch ausgedrückt: Die Herrschaftsausübung und die Arbeitsmoral des Kapitalismus vernichten die Lebensgrundlage insgesamt. Wenn nun Kunze bezichtigt wird, die alten „Lügen" als neue „Losungen" gelten zu lassen, deckt Hinze eine Grundtatsache des „realen Sozialismus" auf, trotz der offiziellen Überwindung des kapitalistischen Systems zentrale Merkmale seiner wirtschaftlichen und auch ideologischen Ordnung beibehalten zu haben, d. h. konkret: den Vorrang der wirtschaftlichen Produktion vor der gesellschaftlichen Entwicklung des Sozialismus.
Wie schon der Text ‚Über Defätismus' und auch der Text ‚Larvenstadium' zeigt der Argumentationsgang dieses Textes, daß nach Brauns Überzeugung die eigentliche Revolution auf dem Weg zur kommunistischen Gesellschaft noch bevorsteht. Hinzes „Provokationen" dienen ihrer Vorbereitung.
3. Hinzes neues Schild mit der „Ihr"-Aufforderung „Wollet Brot essen, ohne zu schwitzen" kann deshalb als Ruf zur neuen Revolution aufgefaßt werden. Deshalb die Pluralform der Anrede. Es geht nicht mehr um Fragen der individuellen Moral als Merkmal einer ausbeuterischen Gesellschaft, sondern um die notwendige neue Aktion der revolutionären Massenbewegung zur Verwirklichung der Utopie schöpferischer Freiheit.

Auf Du und Du (S. 327)
Aus der „Ich"-Erzähler-Perspektive und deshalb gleichsam aus der Metaebene gegebene Charakterisierung des Verhältnisses zwischen Hinze und Kunze selbst, unabhängig von einem bestimmten Thema. – Grundsätzliches Merkmal: ihre durch die Vergesellschaftung der Produktionsmittel erreichte Gleichheit, d. h. die Tatsache, daß sie bildlich gesprochen keine „Standesschranken vor der Brust" haben, so daß ihnen die Möglichkeit genommen ist, sich den anderen vom Leib zu halten. Dies bildet die Voraussetzung dafür, daß sie „ihre *Differenzen* zeigen", d. h., wiederum bildlich gesprochen, „auf ihre *ungleichen* Stellen pochen" können, bis sie – in Weiterführung der bildlichen Rede – „Beulen haben". Daß der „Ich"-Erzähler seine Begründung („weil", Z. 4) auf metaphorische Weise gibt, ist festzuhalten, denn die Metapher „auf die ungleichen Stellen pochen" ist in sich widersprüchlich: Zum einen legt der Zusammenhang (Entstehung von

"Beulen") nahe, daß sich Hinze und Kunze gegenseitig kritisieren, wo jeweils der andere den eigenen Vorstellungen von „Gleichheit" nicht entspricht; zum anderen erinnert diese Formulierung an die Wendung „auf sein Recht pochen", d. h. in diesem Kontext, daß jeder auf seiner „Differenz" als einer gerechtfertigten „ungleichen Stelle" besteht. Für beide Verhaltensweisen bedeutet die Entstehung von „Beulen" nun, daß die „Differenzen" äußerlich noch stärker, über das eigentliche Maß hinaus, auftreten und daß sie subjektiv Schmerzen verursachen, und zwar auf beiden Seiten. Auch hierin sind Hinze und Kunze 'auf Du und Du', auf eine neue sozialistische Weise gleich. – Wesentlich ist, daß die Schmerzen, d. h. das individuelle Leiden als Folge der grundlegenden Gleichheit erscheint, aus der das Recht auf „ungleiche Stellen" folgt, nicht als Ergebnis von Herrschaft und Ungerechtigkeit. Deshalb interpretiert der Fragesteller aus dem westlichen „anderen Land" die Erklärungen des „Ich"-Erzählers als bewußte Verschleierung der aus seinem Verständnis totalitären Unterdrückungswirklichkeit: „Tu nicht so unschuldig." Der „Ich"-Sprecher macht demgegenüber die eigene Erfahrung geltend: Auch er ist „wie zerschlagen". Das heißt zunächst, daß auch er den „Mund aufreißt" und seine „Differenzen" zeigt. Darauf verzichten zu können, den eigenen Staat nach außen als harmonische Gesellschaft darzustellen, erscheint als Stärke der sozialistischen Gesellschaft. Zur dialektischen Bewegung gehören notwendig Widersprüche, und zwar auch im Verhalten der Menschen untereinander. Andererseits führt der Schlußsatz des „Ich"-Sprechers auch die metaphorische Redeweise der Schmerzen weiter: Er ist „wie zerschlagen". – „Beulen" zu haben und „wie zerschlagen" zu sein erscheint in diesem Text als nicht weiter erklärungsbedürftige subjektive Folge des dialektischen Geschichtsprozesses. Damit berührt der Text ein Grundproblem der marxistischen Gesellschaftslehre: Inwiefern kann das subjektive Leiden auch im sozialistischen Staat durch die dialektische Gesamtbewegung gerechtfertigt werden? Der Text beantwortet diese Frage insofern, als er die dialektischen Widersprüche in die gesellschaftliche Tätigkeit der Hinze und Kunze selbst hineinverlegt. Nur wenn aus ihnen die Gesamtbewegung erfolgt, sind die „Beulen", ist das subjektive Leiden gerechtfertigt (vgl. dazu auch den Text ‚Larvenstadium'). – Den Vorwurf, daß gerade die sozialistische Gesellschaftsform auf sozialer Ungerechtigkeit basiere, weist der Text zurück. Die Entwicklung des Sozialismus ist auf die „Differenzen", die offen auszutragen dem einzelnen Leiden verursacht, angewiesen; aber nur dann ist das Leiden gerechtfertigt.

Von der Wirklichkeit (S. 327)

Enger Zusammenhang mit dem Text ‚Was Wunder'. Hier aber ist die grundsätzliche Problematik in die Auseinandersetzung mit der Ansicht eines „Sympathisanten" aus dem Westen eingebunden: mit dessen Kritik an der Wirklichkeit des „realen Sozialismus". – Die entscheidende dialektische Bewegung des Textes liegt darin, daß Hinze, obwohl er Kunze durch sein Handeln (er hebt die Zeitung auf) und Reden („Auch [!] Wünsche sind die Wirklichkeit") zu widersprechen scheint, vom Erzähler bescheinigt wird, daß er Kunze „zustimmt". – Für Kunze stellen die Wirklichkeit und das Denken – „gar das Wunschdenken" – Gegensätze dar, wobei der Vorrang auf seiten der Wirklichkeit liegt, verstanden als die äußere gesellschaftliche Realität. Hierin besteht, trotz des äußeren Zitatcharakters seiner Aussage, die Umkehrung der Ansicht des „Sympathisanten". Das Wort „Belastung" erhält eine neue Bedeutung. – Wenn nun Hinze mit seiner Reaktion Kunze zustimmt, kann das nur heißen, daß auch er an diesem Gegensatz grundsätzlich festhält. Zugleich aber interpretiert er ihn wieder auf dialektische Weise um: Die Wirklichkeit wird subjektiv definiert, und als solche „belastet" sie nun das Denken. Wie ist nun die „Belastung" zu verstehen? Wo liegt nun der Vorrang? – Zur Klärung dieser Frage wird Hinzes Handlung, das „Blatt" wieder aufzuheben, wichtig. Denn durch diese Reaktion entlarvt er Kunzes Aktion als Wunschverhalten: Er möchte die Ansicht des Sympathisanten nicht zur Kenntnis nehmen, obwohl sie zum Denken herausfordert. Dieser Wunsch wirkt sich in dem In-die-Ecke-Werfen der Zeitung aus. So stellt Kunzes Wunschverhalten eine „Belastung" des Denkens dar. Die Zeitung aufzuheben bedeutet für Hinze, sie als äußere Wirklichkeit – so wird gedacht – der inneren Wunschwirklichkeit Kunzes – das will ich nicht wissen – entgegenzuhalten. Indem also Hinze Kunze zustimmt, kritisiert er ihn. Die Gewichte werden wieder neu verteilt, zugunsten des Denkens und eines aktiven Umgangs mit der gesamten Wirklichkeit. – Hinze rechtfertigt in seiner Reaktion also nicht die Ansicht des Sympathisanten. Vielmehr bricht er den starren Gegensatz auf, den Kunze erzeugt, und bestimmt das Verhältnis zwischen Denken und Wirklichkeit dialektisch: Es kommt im Hinblick auf die Wirklichkeit darauf an, die persönliche Einstellung zur äußeren Wirklichkeit, die eigenen Wünsche mit zu bedenken, denn sie sind als innere Wirklichkeit an der Produktivität des Denkens und der Gestaltung der äußeren Wirklichkeit beteiligt. Und auch die Rolle des Denkens ist eine dialektische: Sosehr wie Kunze mit seiner Kritik an dem „Wunschdenken" des Sympathisanten recht hat, so sehr muß er Hinzes Kritik an seiner eigenen Wunsch-Abwehr-Haltung dem Denken gegenüber als berechtigt erkennen.

Achtes Kapitel: Zu Text 197, S. 326f.

Larvenstadium (S. 327)
Ausgangspunkt: Hinzes Klage, die das alte Begriffspaar der Klassengesellschaft – Herr und Knecht – zitiert. Kunzes Antwort: zunächst mit dem Hinweis auf einen natürlichen Entwicklungsprozeß. Dieser Hinweis ist sorgfältig dialektisch formuliert: Der Schmetterling *ist,* bevor er sich in die Luft erhebt, die Raupe, die, eingepuppt, von außen als Mumie erscheint, obwohl sie im Innern „dies werdende Flügelwesen" ist; d.h., die Entwicklung besteht nicht aus einander ablösenden, getrennten Phasen, sondern sie stellt einen Gesamtprozeß dar, in dem die letzte Stufe die vorherigen aufhebt. – Zu dieser dialektischen Deutung natürlicher Entwicklung vergleiche man Hegels Darstellung der Folge Knospe – Blüte – Frucht (in der Vorrede zur ‚Phänomenologie des Geistes', III) oder Brechts Text ‚Die Große Methode' aus ‚Me-ti': „So ist dem Denkenden der Begriff der Knospe schon der Begriff von etwas, was sich bestrebt, nicht das zu sein, was es ist." – Dieser natürliche Prozeß wird nun in einer zweifachen Weise wiederum dialektisch auf die Entwicklung der Gesellschaft übertragen: zunächst durch die Parallelisierung mit dem Lenin-Zitat. Hier bildet die jeweils unterschiedliche äußere Erscheinungsform den Vergleichspunkt. Die Gesellschaft des „realen Sozialismus" erscheint unter diesem Aspekt als Stadium der Mumie. Hinzes einleitende Klage wird durch diesen Bezug bestätigt: Die alten Herr-Knecht-Verhältnisse des Kapitalismus – des gefräßigen Raupenstadiums – sind zwar nicht mehr lebendig – die alten Herren sind weg –, aber noch nicht endgültig überwunden. Trotzdem leben die Menschen nach wie vor wie Knechte. Zugleich heißt dies aber auch, daß in der Tatsache, daß sie keine Knechte mehr sind, sondern nur noch scheinen, der entscheidende Unterschied liegt: In ihm zeigt sich „das werdende Flügelwesen" des Kommunismus an. – Die zweite Deutung des Schmetterlingsvergleichs setzt mit einem neuen Redeanlauf Kunzes („Aber [...], sagte Kunze") ein. Mit ihr warnt Kunze davor, den geschichtlichen Ablauf als einen automatischen, dem Naturvorgang wirklich entsprechenden Prozeß anzusehen. Es kommt auf „unser Unbehagen" an, damit der gegenwärtige Zustand der Enge und des Dunkels „gesprengt" werden kann. Von hier aus wird einsichtig, warum Kunze Hinze nicht „beruhigen" – im wörtlichen Sinne: zur Ruhe bringen – will, obwohl das Schmetterlingsbild und das Lenin-Zitat zunächst diese Funktion zu übernehmen scheinen. Der Subjektivität, und zwar in ihrer emotionalen psychischen Qualität, kommt entscheidende Bedeutung im noch ausstehenden revolutionären Prozeß zu. In ihr liegt das Element des „Werdens", das aus der verpuppten Raupe den Schmetterling (der sie schon ist) ans Licht treten läßt. Und hierin verbindet sich Hinze mit Kunze („*unser* Unbehagen"). Ihre „Differenzen" (s. ‚Auf Du und Du') sind Ausdruck des beiderseitigen Unbehagens und erweisen sich für die Entwicklung des Sozialismus zum Kommunismus als notwendig. ‚Larvenstadium' bildet nicht umsonst auch in der Originalausgabe den letzten Text.

Zur Behandlung im Unterricht
Die Texte können im Zusammenhang gelesen werden, und zwar als für Schüler verständliche Einführung in eine Literatur, die sich wesentlich als Literatur innerhalb des sozialistischen Systems der DDR versteht, ohne darüber zur Parteiliteratur zu werden. Sie zeigen die Möglichkeiten dieser Literatur auf, angesichts einer „geänderten Welt" mit systemübergreifenden Problemen in marxistischer Dialektik die „Lösbarkeit" dieser Probleme ins Auge zu fassen. In allen Texten ist Brauns Grundintention erkennbar, die Versöhnung von Individuum und Gesellschaft im sozialistischen Staat auf dialektische Weise einzufordern. Sie halten an der „Utopie der beweglichen Ordnung" als einer geschichtlich zu realisierenden gesellschaftlichen Ordnung fest und überschreiten so die Grenzen der 'Moderne', wie sie Muschg (Text 194) zieht. Da vor allem die Texte 3, 4 und 5 Probleme artikulieren, die auch unsere Schüler und unsere „Welt" betreffen, eignen sich die Texte auch zu einer Diskussion, in der ganz von selbst das Selbstverständnis unserer westlichen Gesellschaft zur Sprache kommt. Vergleiche mit anderen Texten dieses Unterkapitels können sich anschließen.

Thematische Bezüge in anderen Texten
Im Unterkapitel „Utopie der beweglichen Ordnung"
Kaschnitz (192): Direkt vergleichend behandelt werden können: ‚Hobbyraum' (Kaschnitz) und ‚Der Halbstarke' (Braun), ‚Amselsturm' (Kaschnitz, mit dem Namenpaar Hinz und Kunz) und ‚Larvenstadium' (Braun), ‚Das Meer nicht mehr' (Kaschnitz) und ‚Die geänderte Welt' (Braun). Bei vergleichbarer Thematik tritt der Unterschied in der Denkweise und gesellschaftlichen Haltung klar hervor: aus individuellen Angst- und Hoffnungsgefühlen bestimmte passive Sensibilität auf der einen Seite (Kaschnitz), aus der Annahme einer dialektischen Lösbarkeit der Probleme resultierende aktive Haltung (Braun) auf der anderen.
Brinkmann (193): Im Kontrast mit Brauns Text ‚Die geänderte Welt' werden die unterschiedliche Weltsicht beider Autoren, bei vergleichbarem Problembewußtsein, deutlich wie auch Grenzen und Leistungsfähigkeit beider Textsorten.

Achtes Kapitel: Zu Teil C, Einleitung

Muschg (194): Inwiefern können auch Brauns Texte in die skeptische gesellschaftliche Perspektive gerückt werden, die für Muschgs Text gilt? Welches Verhältnis von Literatur und Gesellschaft wird in Brauns Texten (zumindest als Anspruch) deutlich?
Brecht (195): Materialistische Dialektik in einer anderen geschichtlichen und biographischen Situation. Man vgl. etwa ‚Gefahren der Idee vom Fluß der Dinge' (Brecht) mit ‚Über Defätismus' (Braun) oder ‚Kein Weltbild machen' und die beiden Texte über die „Besonderen Tugenden" (Brecht) mit ‚Die Lügen' (Braun). Brechts Text ‚Über die Produktivität der Einzelnen' bereitet die Problematik der Texte Brauns, des Hinze-Kunze-Verhältnisses, unmittelbar vor.
Brecht (196): Der Text ‚Über Systeme' artikuliert direkt das Problem der sozialistischen Gesellschaft als einer Übergangsgesellschaft wie die Texte Brauns, v. a. ‚Die Lügen' und ‚Larvenstadium'.
Im Gesamtkapitel „Von 1945 bis zur Gegenwart"
Volker Braun (207, 208).
Kunert (202): Die Lage des Schriftstellers in der DDR wird in ihrer Problematik ähnlich beschrieben (Verhältnis von „Beteiligtsein und Distanz", die „Sprachregelung"), wie sie auch bei Braun spürbar ist. Kunert gibt eine radikalere Antwort. – Braun hält im Grunde an den Zielen der Aufklärung fest, die Kunert gescheitert sieht.
In einem anderen Kapitel
Marx (86), Engels (87): Grundlagentexte für Brauns materialistische und dialektische Argumentation.

C Literatur in der DDR

Einleitung

Zur Rezeption von DDR-Literatur in der Bundesrepublik
Die Werke von DDR-Autoren sind seit Jahren ein wesentlicher und interessanter Teil des literarischen Lebens in der Bundesrepublik.
Nach zaghaftem Beginn der Rezeption in den 60er Jahren wuchs das Interesse im Zusammenhang mit der Entspannungspolitik der sozialliberalen Regierung und führte Mitte der 70er Jahre zu einer regelrechten Titelflut auf dem westdeutschen Buchmarkt. Abgesehen von zahlreichen Anthologien wurden bis etwa 1980 mehr als 60 Autoren mit weit über hundert Titeln verlegt.
Bei der Rezeption von DDR-Literatur dominierten in der Vergangenheit politische Gesichtspunkte. Vermittlung von DDR-Literatur wurde so zu einem Teil der politisch-ideologischen Auseinandersetzung zwischen West und Ost, wobei das Bemühen um literarische Sachkunde und eine angemessene ästhetische Bewertung allzuoft auf der Strecke blieben.
Aber auch Leser, die sich mit einem betont künstlerischen Anspruch auf die Lektüre einlassen, reagieren aufgrund ihres ausgeprägten 'bürgerlichen' Literaturverständnisses nicht selten mit Ratlosigkeit und Unverständnis. Selbst dort, wo die Rezeption einzelner DDR-Autoren scheinbar problemlos erfolgt, ist zu fragen, ob eine solche Aufnahme nicht auf vorschnellen Gleichsetzungen, auf interpretatorischen Mißverständnissen beruht. Die Vorstellung von der Kunst als eigenständigem, isoliertem Lebensbereich, die Ideen von der schöpferischen Einzelpersönlichkeit, von der ästhetischen Autonomie des Kunstwerks und von den Möglichkeiten einer werkimmanenten Interpretation, die in der Literaturtradition der Bundesrepublik eine bedeutsame Rolle spielen, erschweren die Auseinandersetzung mit einer Literatur, die sich programmatisch auf eigene, marxistisch begründete Normen bezieht. So bezeichnet z. B. Peter Hacks, der 1955 aus der Bundesrepublik in die DDR übersiedelte, die ‚Poetik' des Aristoteles als Dramaturgie eines „klassenstaatserhaltenden Quietismus"; sie sei undialektisch, volksfeindlich und verhindere eine Veränderung der gesellschaftlichen Wirklichkeit, die von einem fortschrittlich realistischen Theaterstück gefordert werden müsse.
Die Tatsache, daß jede Literatur immer auch im Kontext ihrer historisch-gesellschaftlichen Entstehungsbedingungen verstanden werden muß, ist für die Literatur der DDR von besonderer Bedeutung. – Die Auffassung von der Existenz zweier deutscher Literaturen ist in der Fachwissenschaft inzwischen unbestritten, und für eine unvoreingenommene, sachkundige Rezeption der Texte dieses Abschnitts erscheint es notwendig, daß Lehrer und Schüler sich mit den philosophischen Grundgedanken der marxistisch-leninisti-

schen Literaturtheorie und den politisch-poetischen Setzungen des sozialistischen Realismus vertraut machen. Nur vor diesem Hintergrund kann letztlich die Einbindung der DDR-Literatur in die politische Gesamtkonzeption des Staates und die uns fremde Ideologisierung und Funktionalisierung mit all ihren Auswirkungen für das Schaffen der Literaten angemessen erfaßt und reflektiert werden.

Grundgedanken der leninistischen Literaturtheorie
Da bei der Darstellung des sozialistischen Realismus nicht auf eine verbindlich formulierte marxistisch-leninistische Literaturtheorie zurückgegriffen werden kann, orientiert sich die folgende Zusammenfassung an einer Darstellung, die in der DDR als Grundlagenwerk angesehen wird: Einführung in den sozialistischen Realismus. Von einem Autorenkollektiv unter Leitung von Erwin Pracht, Berlin (DDR) 1975. Eine knappe Zusammenfassung findet sich auch als Kapitel ‚V. Kunsttheorie des sozialistischen Realismus: Parteilichkeit und Volksverbundenheit' in: ‚Literarisches Leben in der DDR', ausgewählt und eingeleitet von C. Bunk. Reihe: Editionen für den Literaturunterricht, hrsg. von D. Steinbach. Ernst Klett Verlag, 1984.
Sozialistischer Realismus ist die Bezeichnung für die Kunsttheorie der sozialistisch-kommunistischen Länder, die seit ihrer Proklamation durch Maxim Gorki und deren Annahme auf dem 1. Allunionskongreß der Sowjetschriftsteller 1934 zur maßgeblichen Doktrin für die sozialistische Kunst schlechthin erklärt worden ist. Nach A. Shdanow fordert der sozialistische Realismus vom Künstler „wahrheitsgetreue, historisch konkrete Darstellung der Wirklichkeit in ihrer revolutionären Entwicklung. Die wahrheitsgetreue Darstellung muß mit den Aufgaben der ideologischen Umgestaltung und Erziehung der Werktätigen im Geiste des Sozialismus verbunden werden."
Diese Auffassung von der Wirklichkeit und ihrer Darstellung in der Kunst gründet auf der Philosophie des Marxismus-Leninismus, der „einzigen wissenschaftlichen Weltanschauung", die deshalb auch „Allgemeingültigkeit und Verbindlichkeit" beanspruchen kann.
Entscheidend ist der berühmte Satz von Karl Marx, wonach die „Produktionsweise des materiellen Lebens [...] den sozialen, politischen und geistigen Lebensprozeß" bedingt. „Es ist nicht das Bewußtsein der Menschen, das ihr Sein, sondern umgekehrt ihr gesellschaftliches Sein, das ihr Bewußtsein bestimmt" (1859). In anderen Äußerungen von Marx und Engels wird das Verhältnis der ökonomischen Basis zum geistigen Überbau als „dialektisch" interpretiert. Doch nach der offiziellen Doktrin des Leninismus bleibt die Abhängigkeit des Überbaus von der Basis „in letzter Instanz" bestehen. Lenin hat diese Beziehung 1905 im Sinne einer „Widerspiegelungstheorie" formuliert: „Das Bewußtsein widerspiegelt überhaupt das Sein – das ist eine allgemeine These des gesamten Materialismus." Diese leninistische These bestimmt alle theoretischen Überlegungen zu Kunst und Wissenschaft in den sozialistischen Ländern. Kunst ist danach nur „Widerspiegelung" einer objektiv vorgegebenen Wirklichkeit im Bewußtsein eines Musikers, Malers oder Schriftstellers, der als „Sprachrohr" fungiert; die ökonomisch-gesellschaftliche Realität reproduziert sich in seinem Bewußtsein und wird künstlerisch gestaltet.
Die Tatsache, daß Lenin die Dialektik einseitig auf das Objekt, die Natur und die Geschichte beschränkt, daß er die Erkenntnis als eine bloß passive Widerspiegelung dieses objektiven Seins in dem subjektiven Bewußtsein bezeichnet, spielt unter der Überschrift „subjektiver Faktor im Geschichtsprozeß, Subjektivität" in der literaturtheoretischen Diskussion der DDR eine wesentliche Rolle. Schon Brecht hat gegen den „Naturalismus" und die einseitige, „leere Widerspiegelung" seiner Abbildungen Stellung bezogen (u. a. im ‚Messingkauf', s. den Kommentar zu Text 198), und für viele DDR-Autoren ist die offizielle Anerkennung eines dialektischen Wechselverhältnisses zwischen dem Sein und dem Bewußtsein gleichbedeutend mit der Anerkennung ihrer individuellen Schriftstellerexistenz. Der Autor erscheint dann nicht nur auf die Funktion eines „Sprachrohrs" beschränkt, sondern er ist wirkendes Moment in einem dialektisch gesehenen Prozeß der Bewußtseinsbildung.

Die zentralen Aspekte des sozialistischen Realismus:
Realistische Schreibweise – Parteilichkeit – Volksverbundenheit
Die *realistische Schreibweise* knüpft an den bürgerlichen „kritischen Realismus" der sozialen Dichtung des 19. Jahrhunderts an. Ausgangspunkt der literarischen Gestaltung ist die konkrete Wirklichkeit, nicht die subjektive Phantasie des einzelnen. Dabei geht es weniger um eine naturgetreue Schilderung der Wirklichkeit in allen Einzelheiten als vielmehr um die Darstellung des „Wesentlichen" und der „Wahrheit". Sozialistischer Realismus soll „unter die Oberfläche der Wirklichkeit" dringen, soll „wahrheitsgemäßes Abbild gesellschaftlicher Wirklichkeit" sein, dem „Allgemeingültigkeit" zugesprochen werden kann. Im Zusammenhang mit dieser Forderung wird oft der Begriff des „Typischen" verwendet. – Dabei ist nicht Typisches im Sinne von alltäglich üblichen Situationen, nicht ein statistischer Mittelwert gemeint; es geht

vielmehr darum, die geschichtliche und soziale Wahrheit in einem Einzelfall sichtbar werden zu lassen. An individuell gestalteten Personen und Lebensläufen sollen die „revolutionären Triebkräfte", die „fortschrittlichen Tendenzen eines Zeitalters" transparent werden. Um das Typische aus der Masse des Alltäglichen herauszuheben, sind bewußte Überzeichnung und Zuspitzung häufig Voraussetzung für eine Darstellung in diesem Sinne. Der positive Held kann als Inbegriff des Typischen gelten.

Die Verdichtung der Realität im Wahren und die künstlerische Verallgemeinerung im Typischen dienen dem Ziel, durch Literatur einen „Beitrag zur Erkenntnis und zur Aktivierung der progressiven Kräfte der Menschheit" zu liefern. Die „konstruktive Haltung" des Schriftstellers findet auch im Prinzip des „sozialen Optimismus" ihren Ausdruck. Dieser Begriff bezieht sich auf die Gesamttendenz eines Werkes, das bei allen Widersprüchen und Problemen in ermutigender Weise eine positive Zukunftsprojektion vermitteln soll. Das Prinzip des sozialen Optimismus wird einen Autor daran hindern, eine ausweglose, tragische Situation darzustellen. Denn ein sozialistischer Held, dem von seiner Partei klare Maximen vorgegeben werden, kann nie vor die Frage gestellt werden, sich zwischen zwei gleichwertigen sittlichen Prinzipien entscheiden zu müssen. Trotz subjektiver Spannungen und persönlicher Härten kann der positive Held nicht in Ratlosigkeit verfallen. Er wird sich in jedem Falle für das größere Ganze, für die fortschrittlichen und humanistischen Ziele der Partei entscheiden.

Sozialistische Parteilichkeit heißt nicht, nur allgemein für unterdrückte Gruppen oder Klassen Partei zu ergreifen; sozialistische Parteilichkeit bedeutet vielmehr in qualitativem Unterschied zu allen bisherigen humanistischen Inhalten des Parteiergreifens „die offene und direkte Übereinstimmung mit den Zielen und Aufgaben der marxistisch-leninistischen Partei". Parteilichkeit beinhaltet dabei auch die Forderung eines „unversöhnlichen Standpunktes" allem gegenüber, was sozialistischen Kulturvorstellungen zuwiderläuft oder sich nicht zu ihnen bekennt. Die Kunst soll das „Denken, Fühlen und Handeln der Menschen allseitig mit den Ideen des Sozialismus durchdringen". In allem, was im Kunstwerk geschieht, „muß die Partei als wissenschaftlich steuernde Triebkraft" deutlich werden. – So gilt heute prinzipiell, was Lenin 1905 („Parteiorganisation und Parteiliteratur") für die Parteiliteratur gefordert hat: Der Literat muß Sozialist sein; er muß offen den Klassenstandpunkt der Arbeiterklasse einnehmen und diese Einstellung in seinen Werken entsprechend zum Ausdruck bringen, damit sozialistisches Bewußtsein in den Massen propagiert wird.

Sozialistische Volksverbundenheit ist nicht mit „Volkstümlichkeit" im westlichen Verständnis gleichzusetzen; sie meint auch nicht in erster Linie Verständlichkeit oder leichte Eingängigkeit. Sozialistische Volksverbundenheit bedeutet v. a. Einsatz für die „objektiven Interessen des Volkes", d. h. für die „Interessen der Arbeiter- und Bauernklasse und ihrer Partei". – Die aus dem Kapitalismus bekannte Kluft zwischen Kunst und Volk, zwischen Kunst für die Privilegierten und Unterhaltung für die Massen, soll durch eine „sozialistische Volkskultur" geschlossen werden; kulturelle Spitzenleistungen sollen eine „Massenbasis" erhalten. Daneben meint Volksverbundenheit auch den engen Bezug zum Leben der Werktätigen (Thematik, Stoff) und eine Darstellungsweise (Form), die von den Angehörigen der Arbeiterklasse verstanden werden kann. „Anspruchsvolle Verständlichkeit" darf dabei nicht mit „müheloser Aneignung" gleichgesetzt werden, und künstlerische Niveauunterschiede sollen unterschiedlichen geistigen Bedürfnissen Rechnung tragen.

Die DDR als „Literaturgesellschaft"

Als Überbauphänomen ist die Literatur unmittelbar mit der Entwicklung der Basis verbunden. Ebenso wie der historische Prozeß entwickelt sie sich gesetzmäßig, verändert sich entsprechend dem jeweils erreichten Stadium der gesellschaftlichen Entwicklung und ist in diesem Rahmen planbar. Es erscheint deshalb nur logisch, daß die SED, die Partei der Arbeiterklasse, auf der Grundlage ihres allgemeinen Führungsanspruches auch die maßgeblichen Direktiven für die Literatur erteilt und festlegt, wie im Sinne des sozialistischen Realismus die „wahrheitsgetreue, historisch-konkrete Darstellung der Wirklichkeit in ihrer revolutionären Entwicklung" auszusehen hat. (Zu den einzelnen Phasen der in der DDR veröffentlichten Literatur s. Geschichte der deutschen Literatur [Klett], Band 6, Kap. 14 von G. Ullrich.) Im eigenen Interesse kann der Schriftsteller, der eine gesellschaftliche Aufgabe zu erfüllen hat, nicht auf diese Standortbestimmungen der Partei verzichten, und je mehr er an der Praxis der Entwicklung der sozialistischen Gesellschaft teilnimmt, desto stärker wird seine künstlerische Arbeit befruchtet. Verkennt er aber die historischen Gesetzmäßigkeiten, weicht er von seinem gesellschaftlichen Auftrag ab oder stellt er sich gar in mißverstandener subjektiver Verantwortung gegen die kollektive Bewegung, so muß er notwendigerweise gemaßregelt werden.

Unter dem Leitbegriff „Literaturgesellschaft" (Johannes R. Becher) hat die DDR-Kulturpolitik besondere Formen der ideologischen und praktischen Beeinflussung der Schriftsteller sowie der materiellen Herstellung und Verbreitung von Literatur entwickelt, die eine umfassende Planung, Lenkung und Kontrolle des

Literaturbetriebes ermöglichen sollen. Literatur ist Thema in allen politischen Leitungsgremien. Parteitagsbeschlüsse, Entscheidungen der 'Abteilung Kultur' des ZK der SED und Schriftstellerkongresse erarbeiten die ideologischen Leitlinien für die Kulturschaffenden der DDR, die von der ‚Hauptverwaltung Verlage und Buchhandel' (Ministerium für Kultur) mit ihren Organen in Bezirken, Kreisen und Städten im Sinne der Partei realisiert werden. – Die Hauptverwaltung lizenziert z. B. die als Produktionsgenossenschaften organisierten Verlage, sie sorgt für eine zweckentsprechende Arbeitsteilung unter ihnen, koordiniert und kontrolliert ihre Perspektivplanungen, verteilt die Papierkapazitäten und ist auch für die Druckgenehmigungen der nichtlizenzierten Verlage verantwortlich. Sie organisiert den Vertrieb über den Buchhandel und die Bibliotheken, wobei die Buchverkaufsstellen auf dem Lande und die zahlreichen Betriebsbibliotheken eine wesentliche Rolle spielen. Auch der ‚Schriftstellerverband' und die Ausbildung der jungen Autoren im Leipziger ‚Institut für Literatur Johannes R. Becher' stehen unter dem unmittelbaren Einfluß der Partei. Andere Lenkungsmaßnahmen sind die Förderung einer parteilichen Literaturkritik, Leserdiskussionen in Kulturzeitschriften, öffentliche Lesungen und ein vielfältiges System von Literaturpreisen.
Ziel all dieser kulturpolitischen Aktivitäten ist nach dem Selbstverständnis der Partei die Formung von „neuen Menschen", die von „hohen gesellschaftlichen Idealen durchdrungen sind", ist die „Schließung der Kluft zwischen Kunst und Volk", ist die „gebildete Nation", eine „sozialistische Volkskultur". Im Sinne eines vertieften Verständnisses des Begriffes „Literaturgesellschaft", so wie ihn J. R. Becher verstanden hat, vollzieht sich mit Hilfe der Literatur ein individueller und kollektiver Selbstverständigungsprozeß, der dazu beitragen soll, das gemeinsame Ziel, die Entwicklung einer sozialistisch-kommunistischen Gesellschaft, voranzutreiben.

„Literaturgesellschaft": Divergenz zwischen Ideologie und Wirklichkeit
Vor dem Hintergrund der vorangegangenen Skizze erscheint es eher möglich, das Neue an der DDR-Literatur einsichtig zu machen und die Punkte aufzuzeigen, in denen sich das offizielle Literaturverständnis der DDR von der bisherigen deutschen Tradition unterscheidet. Erst in diesem Rahmen können die hier abgedruckten Texte ein differenzierteres Bild von der literarischen Wirklichkeit der DDR entstehen lassen, und auf diese Weise wird es möglich, die systemimmanenten Widersprüche zu erkennen und angemessen zu beurteilen.
Die extreme Funktionalisierung der DDR-Literatur, ihre Einbindung in das ökonomisch-politische System machen deutlich, daß eine unpolitische, ausschließlich an der Autonomie des sprachlichen Kunstwerks orientierte Betrachtung nicht in Frage kommen kann. Der Terminus „DDR-Autor" wird i. e. S. geradezu dadurch definiert, daß Schriftsteller, die in der DDR leben oder aus der DDR kommen, in ihren Werken, sei es affirmativ oder sei es kritisch, Erfahrungen verarbeiten, die aus den besonderen gesellschaftlichen Verhältnissen der DDR und ihrer „Literaturgesellschaft" erwachsen. In der deutschen Literaturgeschichte ist keine andere Epoche so eng mit dem Staatssystem, ja mit den kulturpolitischen Postulaten einer Partei verbunden wie die Literatur der DDR. – Es wäre andererseits auch völlig verfehlt, DDR-Literatur auf diesen politischen, bestenfalls literatursoziologischen Aspekt zu reduzieren und Literaturgeschichtsschreibung lediglich als ein Problem der ideologischen Periodisierung und Einordnung sehen zu wollen. Ohne Zweifel gibt es in der DDR Autoren, die sich in platter Weise für die Politik in Anspruch nehmen lassen. – Schriftstellerpersönlichkeiten in der DDR akzeptieren jedoch das Interpretationsmonopol der Partei für die gesellschaftliche Wirklichkeit nicht unkritisch und lassen sich in ihrem Selbstverständnis als Schriftsteller und in ihren künstlerischen Ausdrucksformen nicht auf Widerspiegelung und sozialistischen Realismus reduzieren. Es ist oftmals gerade diese Haltung des Widerspruchs, die Autoren dazu herausgefordert hat, alle Möglichkeiten der formalen und sprachkünstlerischen Gestaltung auszuschöpfen, um ihrer subjektiven Auffassung, ihrem persönlichen Anliegen Ausdruck zu verleihen. Die Kulturbürokratie kommt nicht daran vorbei, daß es eine „poetische Generallizenz" (Wolfgang Emmerich: Kleine Literaturgeschichte der DDR, Darmstadt und Neuwied 1981, S. 26) gibt, die sich nicht durch Leitlinien einengen läßt. Auch auf Parteitagen, Schriftstellerkongressen und in westlichen Medien wird dieser Freiraum von den Großen der DDR-Literatur immer wieder eingeklagt. Ganz ohne Zweifel liegt ein Teil des Reizes, der mit der Lektüre von DDR-Literatur verbunden ist, in der Spannung von künstlerischer und politischer Aussage, wobei die Gewichtung immer wieder neu zu bestimmen und die literarische Qualität neu zu bewerten sein wird.
An dieser Stelle muß eindringlich davor gewarnt werden, den Widerspruch und die Kritik, die für einen großen Teil der anspruchsvollen DDR-Literatur kennzeichnend sind, vorschnell als einen antimarxistischen, westlich-bürgerlichen Standpunkt interpretieren zu wollen. Schon Uwe Johnson hat sich Anfang der 60er Jahre gegen „anerfundene politische Absichten" zur Wehr setzen müssen, und nicht wenige auch der Autoren, die in den letzten drei Jahrzehnten in den Westen gegangen sind, bezeichnen sich weiterhin

ausdrücklich als Marxisten. Kritische Schriftsteller innerhalb und außerhalb der DDR messen die Wirklichkeit des „real existierenden Sozialismus" an der revolutionären Forderung von Marx nach Errichtung einer klassenlosen Gesellschaft, „worin die freie Entwicklung eines jeden die Bedingung für die freie Entwicklung aller" (,Kommunistisches Manifest') sein sollte. Doch an die Stelle der von Marx geforderten Revolution von unten trat unter den besonderen Bedingungen der SBZ nach 1945 und unter der Ägide der Sowjetunion eine doktrinäre Administration von oben. Basisdemokratische Initiativen wurden mißachtet, die Produktionsmittel wurden verstaatlicht, und der einzelne wurde zum Objekt einer allwissenden und allmächtigen Staatsbürokratie. Der Literaturbetrieb wurde zum Staatsmonopol.

Die vorliegende Textsammlung macht deutlich, in welch vielfältiger Weise sich Autoren mit dem politischen Anspruch ihres Staates auseinandersetzen. Nicht wenige der engagiertesten Autoren lehnen die Schablone des sozialistischen Realismus ab, ohne sich den Zielen der sozialistischen Gesellschaft zu verweigern. Die Forderung der kritischen Autoren richtet sich auf literarisch-politische Mündigkeit des einzelnen, auf Basisdemokratie, auf gesellschaftliches Eigentum an Produktionsmitteln. Sie nehmen die Forderung Bechers nach individueller und kollektiver Selbstverständigung in der Literaturgesellschaft ernst und fordern die Möglichkeit der Diskussion und die Freiheit der Kritik, die für einen solchen Prozeß der Bewußtwerdung des einzelnen in einer sozialistisch mitbestimmten Gesellschaft Voraussetzung sind.

In der Gegenüberstellung von marxistischen Idealen einerseits und offizieller marxistisch-leninistischer Parteidoktrin andererseits wird auch der zentrale Widerspruch der „Literaturgesellschaft" sichtbar. Die Partei beschwört unermüdlich die Verantwortung der Schriftsteller bei der Entwicklung einer sozialistischen Gesellschaft, sie fordert Wirklichkeitsnähe, Ideenreichtum, Schöpferkraft und hohe künstlerische Qualität; sie ist aber aufgrund ihres kollektivistischen Selbstverständnisses und ihrer eindimensionalen Abbildtheorie nicht bereit und auch nicht in der Lage, die Fülle individueller Leistungen, die aus dem künstlerischen Schaffensprozeß resultieren, zu akzeptieren oder auch nur unkontrolliert diskutieren zu lassen. – DDR-Literatur ist notwendigerweise politische Dichtung, und jeder Autor, der über formale oder gedankliche Belanglosigkeiten hinausstrebt und sich ernsthaft mit der Wirklichkeit des „real existierenden Sozialismus" auseinandersetzt, sieht sich per definitionem in eine Auseinandersetzung mit der Partei verstrickt. Die Folgen der zahlreichen literaturpolitischen Auseinandersetzungen sind sehr weitreichend. Sie beginnen mit einer mehr oder minder bewußten Selbstzensur, umfassen das breite Instrumentarium der Einflußnahmen auf Autor und Publikationsprozeß und gehen bis zur Ausbürgerung.

Aufbau des Abschnitts und Begründung der Textauswahl
Die im Rahmen dieses Lesebuches notwendigerweise sehr knappe Auswahl erhebt nicht den Anspruch, historischen und kulturpolitischen Aspekte der in der DDR veröffentlichten Literatur umfassend und ausgewogen sichtbar werden zu lassen. Sie wendet sich an Lehrer und Schüler in der Bundesrepublik und konzentriert sich bewußt auf solche Texte, die für das besondere Erkenntnisinteresse des westdeutschen Lesers von Bedeutung sind. – Die Auswahl beschränkt sich deshalb auf eine Darstellung des zentralen Widerspruchs der „Literaturgesellschaft" (s. o.), der mit Hilfe verschiedener Schwerpunktsetzungen erfaßt und beschrieben werden soll. Neben dem grundlegenden Konflikt im Selbstverständnis kritischer Schriftsteller (I.) sollen die Problematik des „subjektiven Faktors" im gesellschaftlich geprägten sozialistischen Bewußtsein (II.), die kritische Darstellung der alltäglichen Wirklichkeit (III.) und die Auseinandersetzung um Vergangenheit, Gegenwart und Zukunft der sozialistischen Gesellschaft (IV.) durch Texte verschiedener Autoren repräsentiert werden. – Essayistische Arbeiten stehen dabei neben Auszügen aus dichterischen Werken, und die Auswahl ist so getroffen, daß Vertreter unterschiedlicher Autorengenerationen zu Worte kommen. Während Brecht (1898–1956) und Heym (*1913) den Neubeginn nach 1945 als geprägte Persönlichkeiten erlebten, waren Kant (*1926), Kunert (*1929) und Wolf (*1929) zu diesem Zeitpunkt noch Jugendliche. Sie gehören zur mittleren Generation der DDR-Autoren, die in ihrer Kindheit und Jugend den Nationalsozialismus schon bewußt erlebt hatten, in den Gründungsjahren der DDR aber noch jung genug waren, um sich bewußt für einen neuen, den sozialistischen Weg zu entscheiden. Morgner (*1933), Schädlich (*1935) und Braun (*1939) gehören ebenso wie der früh verstorbene Bräunig (1934–1975) zur jüngeren Schriftstellergeneration, die mehr oder weniger selbstverständlich in die Verhältnisse und Vorstellungen des sozialistischen Deutschland hineingewachsen ist. – Wesentlicher als die altersmäßige Aufgliederung erscheint die Zuordnung zu verschiedenen Autorengruppen, die insgesamt den Charakter der DDR-Literatur bestimmen:

– antifaschistische Literatur (Autoren, die nach dem Exil ihren Wohnsitz in der DDR wählten: Brecht, Heym);

Achtes Kapitel: Zu Teil C, Einleitung

- sozialistische Nationalliteratur (Autoren, die in der DDR offizielle Anerkennung erfuhren: Brecht, Kant, Morgner und Braun; zeitweilig auch Bräunig und Kunert; einigen Autoren, besonders aber Wolf, wurde nicht nur Anerkennung zuteil – sie mußten auch heftige Kritik in Kauf nehmen);
- Oppositionsliteratur (Autoren, gegen die Behörden mit Sanktionen bis hin zum Publikationsverbot vorgehen, die aber ihren Wohnsitz in der DDR behalten wollen und können: Heym);
- DDR-Exilliteratur (Autoren, die im Zusammenhang mit ihrer schriftstellerischen Tätigkeit die DDR verlassen haben: Schädlich; ebenso Kunert, der formal noch die Möglichkeit hat, wieder in die DDR zurückzukehren).

Während die überwiegende Mehrzahl der Texte ausschließlich im Hinblick auf die inhaltliche Aussage im Rahmen der jeweiligen Schwerpunktsetzung ausgewählt wurde, haben einige Texte eine zusätzliche Funktion (z. B. Brecht, Bräunig) oder dienen als Gegentext (z. B. Kant) zur besseren Verdeutlichung einer zentralen Aussage.

Allgemeine didaktisch-methodische Hinweise zur Behandlung von DDR-Literatur im Unterricht
Die Behandlung von DDR-Literatur wird in den Lehrplänen aller Bundesländer für die Sekundarstufe II gefordert oder empfohlen. Darüber hinaus ergibt sich die Beschäftigung mit diesem Thema auch aus dem Beschluß der Kultusministerkonferenz von 1978 zur „deutsche[n] Frage im Unterricht". Darin heißt es u. a.: „Im Deutschunterricht der Mittel- und Oberstufe soll auf die Bedeutung der Literatur für die Entstehung der deutschen Nation in den verschiedenen literarischen Epochen besonders eingegangen werden. Die Beschäftigung mit Werken der Literatur aus der DDR ist besonders für die Oberstufe vorzusehen."
Die Tatsache, daß das durchgehend zugrundeliegende realistische Konzept der überwiegend erzählenden Literatur die Rezeption bei unseren Schülern begünstigt, darf nicht zu einem oberflächlichen Umgang verführen. Soll die Behandlung im Unterricht sachgerecht und vorurteilsfrei erfolgen, so wird es notwendig sein, die Schüler immer wieder auf die erkenntnistheoretischen Voraussetzungen, die kulturpolitische Entstehungssituation und die daraus resultierende Problematik hinzuweisen. Gerade im Zusammenhang mit der DDR-Literatur kann so eine wesentliche Forderung der Lehrpläne, das Erkennen der Zusammenhänge zwischen Autor, Werk, Gesellschaft und historischer Situation, eine Zielsetzung, die im übrigen Literaturunterricht häufig zu kurz kommt, erfolgreich verwirklicht werden.
Die Textauswahl kann über die vorgesehenen Schwerpunkte hinaus zum Anknüpfungspunkt für eine gezielte Wissensvermittlung werden; sie kann Entwicklungen konkret sichtbar werden lassen, Vergleiche anregen und exemplarische Sachverhalte aufzeigen. – Einige mögliche didaktische Anregungen sollen hier formuliert werden:
- Kennenlernen bedeutender DDR-Autoren;
- wichtige Phasen der Kulturpolitik („Bitterfelder Weg" bis 1965 bei Bräunig, Text 199; Literatur ohne „Tabus" bei Wolf, Text 204; gegenwärtige Situation und Ausblick bei Wolf, Text 212/213) und die damit verbundene Entwicklung der DDR-Literatur;
- das Scheitern eines jungen Parteiliteraten unter dem Anpassungsdruck der politisch-literarischen Normen (Bräunig, Text 199);
- der exemplarische Lebensweg des „deutschen" Schriftstellers Stefan Heym und seine Auseinandersetzung mit der Partei: Journalismus und erzählende Literatur im Dienste eines politischen Autors (Text 200/201 und 205);
- die „Zeitgenossenschaft" von Christa Wolf und die innere Entwicklung ihres Werkes (Text 204 und 212/213);
- Vergleich von stofflich verwandten Themenkreisen (z. B. „Produktionsliteratur" der „Bitterfelder Bewegung" und „Literatur der Arbeitswelt" in der Bundesrepublik);
- Besinnung auf die historisch-kritische Methode der Analyse von DDR-Literatur.

In einem politischen System, das mit aller Konsequenz den Schriftsteller in den Dienst seiner Ideologie zu stellen versucht, kommt es zu Maßregelungen der Person und zu Einflußnahmen auf das Werk, die für den Beobachter der literarischen Szene von Bedeutung sind. Dies ist der Grund dafür, warum die Hinweise zu Autor und Werk im Abschnitt „Literatur der DDR" ausführlicher gehalten worden sind, als dies in den übrigen Teilen des Buches der Fall ist. Da es außerdem bei einigen Texten zusätzlich notwendig werden kann, die Auszüge in einen größeren inhaltlichen Zusammenhang einzuordnen, der hier nicht so selbstverständlich vorausgesetzt werden kann wie bei anderen Epochen der deutschen Literaturgeschichte, sind auch diese Informationen in die entsprechenden Kommentare aufgenommen worden.

Achtes Kapitel: Zu Text 198, S. 327ff.

I. Selbstverständnis des Schriftstellers (S. 327 ff.)

Der Konflikt des Schriftstellers in der „Literaturgesellschaft" zwischen kulturpolitischem Auftrag und künstlerischer Selbstverwirklichung ist in der Einleitung ausführlich analysiert worden. – Der einleitende Brecht-Text beschreibt in anschaulicher Weise die Theaterkonzeption des „Stückeschreibers und Verhaltenslehrers" und läßt erkennen, warum die offizielle Literaturkritik der DDR einen ihrer international angesehensten Repräsentanten bisher nicht voll akzeptieren konnte; er macht auch einsichtig, warum sich gerade kritische Schriftsteller in der DDR immer wieder auf Brecht berufen. In diesem Sinne sind die Ideen, die hier entwickelt werden, für das Selbstverständnis vieler Autoren von grundlegender Bedeutung. – Der Aufruf von Bräunig markiert den Beginn des „Bitterfelder Weges" und damit den Anfang einer wichtigen Phase in der DDR-Literaturgeschichte. Er demonstriert außerdem das Selbstverständnis eines jungen Literaten, der sich mit den Forderungen der Partei in voller Übereinstimmung befindet. – Die Texte von Heym und Kunert machen deutlich, in welch unterschiedlicher Weise sich kritische Autoren mit dem kulturellen Führungsanspruch der Partei auseinandersetzen.

198 Bertolt Brecht: [Dialoge aus ‚Der Messingkauf'] (S. 327 ff.)

Zu Leben und Werk Bertolt Brechts
siehe Geschichte der deutschen Literatur [Klett], Band 5 und Band 6; besonders wichtig erscheinen dabei die Abschnitte „Brechts Exilstücke" in Band 5, 2. Kapitel, von U. Staehle und „Brecht in der DDR" in Band 6, 14. Kapitel, von G. Ullrich.

Zur Entstehungsgeschichte des ‚Messingkaufs'
Der ‚Messingkauf' ist die umfassendste theoretische Schrift Brechts zum Theater. Wesentliche Teile der Arbeit entstanden 1939/40 und gingen aus der Beschäftigung mit dem ‚Galilei' hervor, dessen erste Fassung im November 1938 abgeschlossen worden war. Die Form des Dialogs, die weite Teile des ‚Messingkaufs' kennzeichnet, ist unmittelbar von Galileis ‚Dialog über die beiden hauptsächlichen Weltsysteme, das ptolemäische und das kopernikanische' übernommen worden, der 1632 in italienischer Sprache erschienen war. Der ‚Messingkauf', der aus einer Fülle verschiedenartigen Materials besteht (Dialoge, Reden, theoretische Abhandlungen, Gedichte, Übungsstücke für Schauspieler), ist Fragment geblieben. Berücksichtigt man auch die nachträglichen Zuordnungen verschiedener Texte aus den Jahren von 1937–1951 zum ‚Messingkauf', dann ergibt sich eine Entstehungszeit von 15 Jahren. Brecht selber hat nur wenige Teile der geplanten Schrift gesondert publiziert. Erst 1963 wurde das gesamte Material von dem DDR-Literaturwissenschaftler Werner Hecht aus dem Nachlaß ediert und in einer Leseausgabe zusammengestellt, die 1967 in die ‚Gesammelten Werke' (Band 16) übernommen wurde. Die Publikation, die in dieser Form 158 Seiten umfaßt, erfolgte soweit wie möglich nach den Plänen Brechts, doch hat Hecht wiederholt darauf hingewiesen, daß es v. a. hinsichtlich der Anordnung der einzelnen Texte nicht möglich sei, eine endgültige Fassung herzustellen.
1948 erarbeitete Brecht eine „kurze Zusammenfassung", die unter dem Titel ‚Das kleine Organon für das Theater' veröffentlicht wurde und bis heute als seine theoretische Hauptschrift gilt. Sie ist insgesamt wesentlich gekürzt, stellt aber einige wichtige Aspekte, z. B. die geschichtsphilosophische Einordnung seiner Theaterarbeit, deutlicher dar, als dies im ‚Messingkauf' der Fall ist. – Der Dialog über das ‚Theater des wissenschaftlichen Zeitalters' sollte von den Akteuren im Bühnenraum eines Theaters geführt werden und sich über „vier Nächte" erstrecken. Er enthält so bekannte Texte wie Brechts Kritik am ‚Naturalismus', die ‚Straßenszene', den Aufsatz ‚Der V-Effekt' und die Parallelszene zu Schillers ‚Maria Stuart'. (Eine ausführliche Übersicht findet sich im ‚Brecht-Handbuch' von J. Knopf).
Bei den im Lesebuch wiedergegebenen Ausschnitten handelt es sich im einzelnen um folgende Texte:
1. S. 327, Zeile 29 bis S. 328, Zeile 40 – Aus der ‚Rede des [Philosophen] über die Unwissenheit der vielen' vor den Theaterleuten (GW, Bd. 16, S. 524–526)
2. S. 328, Zeile 41 bis S. 329, Zeile 27 – Auszug aus dem Dialog ‚Was den Philosophen auf dem Theater interessiert' (GW, Bd. 16, S. 529–530)
3. S. 329, Zeile 28 bis S. 330, Zeile 24 – Auszüge aus dem Dialog ‚Ausführungen des Philosophen über den Marxismus' (GW, Bd. 16, S. 531–533)
4. S. 330, Zeile 25 bis S. 331, Zeile 12 – Auszug aus dem Dialog über den ‚Abbau der Illusion und der Einfühlung' (GW, Bd. 16, S. 580–582)

Achtes Kapitel: Zu Text 198, S. 327ff.

Zum Text

Der ‚Messingkauf' mit seinen philosophischen Implikationen ist für Schüler ein schwieriger Text. Soll die Interpretation der notwendigerweise sehr knappen Auszüge im Hinblick auf die Gesamtausgabe gelingen, so erscheint es unabdingbar, Anlage und Intention des ‚Messingkaufs' wenigstens in Umrissen darzustellen. Das Interesse Brechts, der sich 1939 im dänischen Exil befand, gilt einem „zeitgemäßen" Theater. Dieses „Theater des wissenschaftlichen Zeitalters" wird historisch hergeleitet und in seinem gesellschaftlichen Anspruch begründet. Dazu entwickelt Brecht in seinem ‚Kleinen Organon' ein Geschichtsmodell, in dem die Epoche der Neuzeit in drei Etappen eingeteilt wird:
– Naturwissenschaftliches Denken ermöglicht in der ersten Etappe die großen Erfindungen und Entdekkungen der frühen Neuzeit, und die Menschheit entwickelt „Kräfte, von deren Ausmaß sie zuvor kaum zu träumen gewagt" hätte. Doch die „Beziehungen der Menschen untereinander bei der Ausbeutung und Unterwerfung der Natur" bleiben noch im dunkeln, und so verkümmert der mögliche „Fortschritt aller" zum „Vorsprung weniger".
– Es sind die Philosophen Marx und Engels, die Jahrhunderte später in der zweiten Etappe das naturwissenschaftliche Denken auf die Analyse der Gesellschaft übertragen und damit eine „neue Ordnung des Zusammenlebens" realisierbar erscheinen lassen, in der der Widerspruch von Herrschenden und Beherrschten aufgehoben ist.
– In der dritten Etappe kommt es nun darauf an, auch den „Überbau" mit wissenschaftlichem Geist zu durchdringen und eine Erneuerung des Theaters in die Wege zu leiten.
„Zeitgemäßes" Theater bedeutet also nicht einfach modernes Theater in irgendeiner Form, sondern „Umbau des Theaters in das Theater des (marxistischen) Philosophen", dessen Interesse letztlich der Gesellschaft und den Gesetzen des menschlichen Zusammenlebens gilt.
Die Form des philosophischen Dialogs enthält dabei selber schon ein Programm. – Es waren Philosophen, die in der frühen Neuzeit die ersten naturwissenschaftlichen Entdeckungen machten, es waren die Philosophen Marx und Engels, die naturwissenschaftliches Denken auf die Analyse der Gesellschaft übertrugen, und es ist demnach natürlicherweise auch ein Philosoph, der im ‚Messingkauf' die Erneuerung des Theaters betreibt. Der Philosoph kommt „mit einem ganz besonderen Interesse" zu den Theaterleuten als ein Mensch [...], der [...] als Messinghändler zu einer Musikkapelle kommt und nicht etwa wie ein Trompeter bloß Messing kaufen möchte. Die Trompete des Trompeters besteht aus Messing, aber er wird sie kaum als Messing verkaufen wollen, nach dem Wert des Messings, als soundso viele Pfund Messing."
Der Philosoph ist also vordergründig am reinen „Materialwert" des Theaters interessiert, und er zögert keinen Moment, offen zuzugeben, daß er die „Künstler für eine unkünstlerische Aufgabe" engagieren will. Als Gesellschaftsforscher ist er an der Wirklichkeit und ihrer Veränderung interessiert, und in diesem Zusammenhang möchte er das Theater mit seinem „Apparat" und seiner „Kunst" für seine „wissenschaftlichen Zwecke" nutzen. Bei den „Nachahmungen" des Theaters „von realen Vorgängen unter den Menschen" handelt es sich für ihn um eine Art Versuchsanordnung, die dazu beitragen soll, den Mangel an Experimentiermöglichkeiten, der die Gesellschaftswissenschaft von den Naturwissenschaften unterscheidet, einigermaßen wettzumachen. Nach seiner Vorstellung kommt es darauf an, daß die Realität bei der Darstellung auf dem Theater nicht nur wiedererkannt, sondern auch hinsichtlich ihrer Bewegungsgesetze durchschaut wird. Dabei weiß der Philosoph, daß die Vertreter des herkömmlichen Theaters sich selbst und ihre Aufgabe völlige anders verstehen, und er ist bereit, sein Denkmodell mit einem Wortspiel als „Thaeter" zu bezeichnen.
Die Dialektik der Auseinandersetzung, die sich nun mit vielen gedanklichen Schleifen, Wiederholungen und scheinbaren Unterbrechungen durch Zusatztexte in „vier Nächten" entwickelt, erscheint in der Konstellation der drei Hauptfiguren vorgezeichnet. Dem Philosophen, der „das Theater rücksichtslos für seine Zwecke zu verwenden" wünscht, steht der Schauspieler gegenüber. Er ist Vertreter der aristotelischen Poetik, vertritt mit Nachdruck die Autonomie der Kunst, „will bewundert werden" und zeigt sich an der Darstellung realer Vorgänge nicht interessiert. Zwischen beiden nimmt der Dramaturg eine vermittelnde Position ein. Er verfügt über theatergeschichtliche Kenntnisse und steht einer Veränderung der Dramatik in das „Theater des Philosophen" durchaus aufgeschlossen gegenüber, ohne dabei die künstlerische Wirkung und den Erfolg beim Publikum aus dem Auge zu verlieren. – In einem langwierigen Denkprozeß, der den Inhalt des ‚Messingkaufs' bildet, werden die unvereinbar erscheinenden Positionen der Kontrahenten zusammengeführt, und dies ist der Rahmen, in dem die vorgelegten Auszüge zu interpretieren sind.

Achtes Kapitel: Zu Text 198, S. 327 ff.

Zur Interpretation
[Über die Unwissenheit] (S. 327 f.)
Aus der ‚Rede des [Philosophen] über die Unwissenheit der vielen' vor den Theaterleuten
Diese „Rede" hat, wie die wiederholte Anknüpfung mit „Der Philosoph: [...]" zeigt, deutlich fragmentarischen Charakter. Es handelt sich hier nicht um einen durchgeformten Gedankengang, sondern um verschiedene Überlegungen und Einsichten, die, z. T. unzusammenhängend, dem Philosophen in den Mund gelegt werden. Mit einigen Umstellungen, die der leichteren Verständlichkeit dienen sollen, läßt sich der Ausgangspunkt der Überlegungen zum ‚Messingkauf', der aus der vorliegenden Textstelle ersichtlich wird, folgendermaßen skizzieren:
Ein zentrales Problem für den Philosophen, den marxistischen Gesellschaftsforscher, liegt darin, daß die große Zahl der Leidenden und Gefährdeten in der Welt die wahren Ursachen ihres Unglücks nicht kennt (S. 327, Z. 31 ff.). Da „die Menschen so wenig über sich selber wissen" (S. 328, Z. 23), werden als „Hauptmotive [...] immer wieder so fragwürdige genannt wie Habsucht, Ehrgeiz, Zorn [...]" (S. 328, Z. 8 f.). Reale Abhängigkeiten sind nur „dumpf fühlbar" (S. 328, Z. 14), und politische Katastrophen erfährt die Menge wie „Naturereignisse" (S. 328, Z. 16). „So werden sie fertig mit den Erdbeben und nicht mit ihresgleichen selber" (S. 328, Z. 26 f.). Der marxistische Philosoph kann sich mit der „Unwissenheit der vielen" nicht abfinden; für ihn sind Wissen und Verändern unmittelbar zusammengehörende Begriffe des Klassenkampfes. Im dialektischen Spannungsverhältnis von Sein und Bewußtsein ist die Bewußtmachung der Gesetze des gesellschaftlichen Zusammenlebens eine notwendige Voraussetzung für eine Veränderung der Wirklichkeit, für die „Beseitigung der Peiniger" (S. 327, Z. 35). „Es kommt also darauf an, möglichst vielen dieses Wissen zu übermitteln" (S. 328, Z. 1 f.). – Und mit den „Leuten vom Theater" möchte der Philosoph darüber sprechen, „was ihr tun könntet" (S. 328, Z. 3 f.).

[Was den Philosophen auf dem Theater interessiert] (S. 328 f.)
[Ausführungen des Philosophen über den Marxismus] (S. 329 f.)
Die Auszüge aus diesen beiden Abschnitten, die im ‚Messingkauf' unmittelbar aufeinanderfolgen und eng zusammengehören, sollen auch hier zusammenhängend betrachtet werden.
Nach den vorangegangenen Ausführungen sind die Hauptgedanken des 2. Abschnitts leicht zu erfassen:
– „Zeitgemäßes" Theater als modellhafte Nachahmung durch Demonstration von Vorfällen „aus dem gesellschaftlichen Zusammenleben der Menschen", um „zu gewissen praktisch verwertbaren Kenntnissen" zu kommen (S. 329, Z. 3 ff.).
– Hinweis auf den spezifischen Ort des Theaters innerhalb des philosophischen Gesamtinteresses („Verhalten der einzelnen untereinander"; S. 329, Z. 15–21).
Schwieriger und entscheidender für das Verständnis der Schüler sind die „Ausführungen des Philosophen über den Marxismus".
Sie beginnen bereits im 2. Abschnitt mit dem berühmten Satz von Karl Marx, wonach „das Bewußtsein der Menschen von ihrem gesellschaftlichen Sein abhängt [...]" (S. 329, Z. 22 f.). – Die Tragweite dieser Aussage für das Verständnis des Marxismus kann gar nicht hoch genug eingeschätzt werden, und es muß an dieser Stelle dem Lehrer überlassen bleiben, diesen fundamentalen Gedanken und die Konsequenz, mit der er verstanden werden muß, den Schülern begreiflich zu machen (s. dazu auch die Kommentare zu den Texten 86, 87). Der Rahmen dieser Kommentierung ist notwendigerweise beschränkt, und sie konzentriert sich auf die Frage, was der vorliegende Auszug über Brechts Marxismusverständnis aussagt.
Der Philosoph stellt den Marxismus dem gegenüber, „was man gemeinhin eine Weltanschauung nennt" (S. 329, Z. 30 f.); er macht eine Aussage darüber, wie man sich den Zusammenhang zwischen Sein und Bewußtsein vorzustellen hat und in welcher Weise das Theater als Instrument der gesellschaftlichen Aufklärung wirksam werden soll. Wenn der Philosoph sagt, der Marxismus lehre „eingreifendes Denken gegenüber der Wirklichkeit" (S. 329, Z. 33 f.), so geht er von einem dialektischen Wirklichkeitsverständnis aus, in dem Sein und Bewußtsein, Praxis und Theorie, Wissen und Veränderung wechselseitig und untrennbar miteinander verbunden sind. Auch die Lehre selber ist nicht sakrosankt, sondern muß in den fortwährenden, alles umfassenden Veränderungsprozeß einbezogen werden (S. 329, Z. 35), und es gibt nichts, was in der Spannung zwischen Theorie und Praxis von der kritischen Betrachtung ausgeschlossen bleiben könnte (S. 329, Z. 38–42). Anders als bei Lenin, der die Dialektik einseitig auf die Basis beschränkte und die Kunst nur als „Widerspiegelung" gelten ließ, kann das Theater nach dem dialektischen Verständnis Brechts unmittelbar wirksam werden: Die Erkenntnis, die das Theater vermittelt, muß nicht in einem zweiten Schritt auf die Wirklichkeit angewendet werden, sondern sie ist durch das Bewußtsein, das ja nur die andere Seite der Wirklichkeit darstellt, unmittelbar mit ihr verbunden. Das heißt in letzter Konsequenz, daß

die Wirklichkeit schon durch ihre kritische Abbildung auf dem Theater tatsächlich verändert werden kann. Nichts anderes bedeutet Brechts Formulierung vom „eingreifenden" Denken. – Selbstverständlich können Stücke des alten oder des neuen Theaters, die ihrerseits als Ausdruck eines bestimmten Bewußtseinsstandes ein Wirklichkeitsfaktor sind, keine künstlerische Autonomie beanspruchen (S. 330, Z. 12f.). Sie sind „Rohmaterial" (S. 330, Z. 9), das die Theaterleute im Sinne ihrer gesellschaftlichen Fragestellung experimentell verändern sollen, selbst wenn sie sich im Augenblick noch dagegen sträuben.

[Abbau der Illusion und der Einfühlung] (S. 330 f.)
Auszug aus dem Dialog der 2. Nacht über ‚Abbau der Illusion und der Einfühlung'
In diesem Auszug wird neben dem Veränderlichen und Prozeßhaften auch die historische Dimension der Dialektik deutlich. So wie Zwang, Unterdrückung und Ausbeutung im ökonomisch-politischen Bereich heute überholt erscheinen (S. 330, Z. 31), so kann auch der Schauspieler auf Illusion und Einfühlung, die als Herrschaftsmittel gebraucht wurden und von der Wirklichkeit ablenken sollten, verzichten. Er kann statt dessen eine „kritische Haltung" (S. 330, Z. 25) einnehmen und seine „Figuren so darstellen, daß man sie auch anders handelnd sich vorstellen kann" (S. 330, Z. 32f.). Die Abkehr von der Illusion muß dabei aber nicht bedeuten, daß man die Figuren „einem kalten Zurkenntnisnehmen" (S. 331, Z. 5) aussetzen muß. Schon an anderer Stelle des ‚Messingkaufs' („Wir haben bereits gefunden [...]", „wir wissen schon [...]") hat die Auseinandersetzung ergeben, daß die Warnung vor Illusion und Einfühlung vom Schauspieler kaum ganz befolgt werden kann, „und so kommt es am ehesten zu jener wirklich zerreißenden Widersprüchlichkeit zwischen Erleben und Darstellen, Einfühlen und Zeigen, Rechtfertigen und Kritisieren, welche gefordert wird. Und darin zu der Führung des Kritischen."
Gegenüber der Theorie der Lehrstücke, in der jede Einfühlung des Schauspielers in seine Rolle apodiktisch abgelehnt worden war, hat Brecht in seinen späteren Schriften (erstmals deutlich 1939 in dem Stockholmer Vortrag ‚Über experimentelles Theater') eine neue Position bezogen. Denken und Fühlen werden dialektisch aufeinander bezogen: „Aus dem Kampf und der Spannung der beiden Gegensätze, wie aus ihrer Tiefe, zieht der Schauspieler seine eigentlichen Wirkungen."
Während sich zu Beginn des ‚Messingkaufs' die Positionen des Philosophen und des Schauspielers antithetisch gegenüberstanden, so daß es notwendig erschien, zwischen „Theater" und „Thaeter" zu unterscheiden, entwickelt sich im Verlaufe des Dialogs eine Synthese, die nach den Notizen zur „vierten Nacht" folgendermaßen skizziert werden kann:
– Der Widerspruch zwischen den Positionen ist aus der historischen Situation zu erklären. Das alte Theater, das die Aufgabe hatte, „die Menschen mit dem Schicksal abzufinden", brauchte die auf Einfühlung und Illusion beruhende Kunstauffassung, die der Schauspieler vertritt. Eine „zeitgemäße" Kunst dagegen, die das „neue Geschäft der Zerstörung der Vorurteile der Menschen über das gesellschaftliche Zusammenleben der Menschen" betreibt, fördert „eingreifendes Denken".
– Kunst in diesem Sinne ist die „Geschicklichkeit, Nachbildungen vom Zusammenleben der Menschen zu verfertigen, welche ein gewisses Fühlen, Denken und Handeln der Menschen erzeugen können, das der Anblick oder die Erfahrung der abgebildeten Wirklichkeit nicht in gleicher Stärke und Art erzeugen".
– Ein wichtiges Unterscheidungskriterium zwischen Wissenschaft und Kunst ist dabei das „Spielerische", die „Leichtigkeit". Das Theater lebt von Phantasie, Fröhlichkeit, Gefühl, Einfallsreichtum und anderen komödiantischen Fähigkeiten, die das alte und das neue Theater durchaus gemeinsam haben.
– Die Kunst ist der Wissenschaft vor allem darin überlegen, daß sie die „Ahnung" kommender Verhältnisse, die ja in der Gegenwart schon angelegt sind, einbeziehen und damit das utopische Moment einer Darstellung zur Geltung bringen kann.
– Dadurch, daß die Kunst als ein wirkendes Prinzip im dialektischen Prozeß der individuellen und gesellschaftlichen Selbstverwirklichung des Menschen gesehen wird, kann die anfangs grundsätzlich in Frage gestellte und vom alten Theater nur behauptete Autonomie der Kunst auf einer höheren Ebene zurückgewonnen werden.
Bei der Analyse des ‚Messingkaufs' sollte nicht vergessen werden, daß all diese Überlegungen auf den Zuschauer zielen. Das dialektische Theater Brechts versteht sich als ein Wirklichkeitsfaktor in der gesellschaftlichen Totalität, und deshalb stellt es den Zuschauer in den Mittelpunkt der Dramatik. Die Veränderung seines Bewußtseins (und damit auch die Veränderung der bestehenden Verhältnisse) bilden den eigentlichen dramatischen Vorgang.
Es erscheint einleuchtend, daß eine solche Realismuskonzeption, die mit ihrem radikalen Dialektikbegriff selbst vor den Klassikern der maxistischen Lehre nicht haltmacht, sich der Verfügbarkeit durch die Kulturbürokratie einer Partei entzieht und vom Standpunkt der offiziellen Parteilinie als „Linksabwei-

Achtes Kapitel: Zu Text 199, S. 331f.

chung" gelten muß. Es wird aber auch verständlich, warum dieses lebendige Konzept, das den Schriftsteller als Individuum ernst nimmt und ihn voll in seine künstlerischen Rechte einsetzt, gerade auf jene Autoren eine starke Attraktivität ausübt, die das sozialistische Ziel zwar akzeptieren, den aus einem manipulierten Dialektikverständnis resultierenden „Lenkungsmaßnahmen" der Partei aber ablehnend gegenüberstehen.

Zur Behandlung im Unterricht
Vor der Besprechung der Auszüge aus dem ‚Messingkauf' erscheint es sinnvoll, das Vorwissen zu aktualisieren, das die Schüler im Zusammenhang mit Brecht bereits erworben haben (Kenntnis einzelner Lehrstücke, Theorie des epischen Theaters, dialektische Lyrik). Die Auswertung der Schülerbeiträge sollte sinngemäß zu der Feststellung führen, daß Literatur für Brecht ein Instrument der Aufklärung und ein Mittel zur Veränderung der Gesellschaft ist. – Dies ist die Position, von der aus die vorliegenden Textauszüge nach entsprechender Einordnung (Bedeutung des Titels ‚Messingkaufs', Figurenkonstellation; s. „Zum Text") sinnvoll erörtert werden können.
Mögliche Erschließungsfragen:
— Warum ist es ein Philosoph, der den „Umbau" des Theaters betreibt?
— Welche Art von „Unwissenheit" beklagt der Philosoph?
— Was versteht er unter „zeitgemäßem Theater", und wie sollen ihm die Theaterleute bei der Erreichung dieses Zieles helfen?
— Welche Rolle spielt in diesem Zusammenhang die marxistische Aussage über das dialektische Verhältnis von Sein und Bewußtsein? – Was bedeutet dabei „eingreifendes Denken"?
— Wie steht der Philosoph zu „Illusion und Einfühlung", die vom Schauspieler gefordert werden?
Sind diese Fragen geklärt worden, so sollte die unterschiedliche Auffassung des Verhältnisses von Sein und Bewußtsein bei Lenin (s. dazu auch „Grundgedanken der leninistischen Literaturtheorie" in der Einleitung) und bei Marx/Brecht erörtert werden. Dabei wird es darauf ankommen, deutlich zu machen, daß dieser Unterschied für die Wesensbestimmung von Literatur und für die Rolle des Schriftstellers in der Gesellschaft von zentraler Bedeutung ist. – Je nach Kenntnisstand der Schüler sind weitere literaturgeschichtliche Anknüpfungen denkbar:
— „Nachahmung" und „Einfühlung" bei Aristoteles und Brecht;
— „Autonomie der Kunst"?
— Goethes ‚Vorspiel auf dem Theater' und die Figurenkonstellation Brechts im ‚Messingkauf';
— politisches Zeittheater in der Weimarer Republik (s. dazu Geschichte der deutschen Literatur [Klett], Band 5, Erster Teil, Kapitel 2: „Das Drama der zwanziger Jahre: Zeitstück, Volksstück, Parabel und Lehrstück" von Th. Buck und D. Steinbach).

Thematische Bezüge in anderen Texten
Moritz (53), Heine (83), Marx (86), Engels (87), George (126), H. Mann (133), Goll (141), Piscator (161), Brecht (168), Weiss (186), Brecht (195).

199 Werner Bräunig: Greif zur Feder, Kumpel! (S. 331f.)

Zum Autor und zum Text
Der Text, der am 24. April 1959 im ‚Neuen Deutschland', dem „Zentralorgan der SED", veröffentlicht wurde, ist der offizielle Aufruf für die 1. Bitterfelder Konferenz. In der gleichen Nummer dieser parteieigenen Tageszeitung wurde auch die „Rede Walter Ulbrichts vor Schriftstellern, Brigaden der sozialistischen Arbeit und Kulturschaffenden in Bitterfeld" abgedruckt (Auszüge als Text I.15. in: ‚Literarisches Leben in der DDR', ausgewählt und eingeleitet von C. Bunk; Reihe: Editionen für den Literaturunterricht, hrsg. von D. Steinbach, Ernst Klett Verlag, Stuttgart 1984). – Es ist kein Zufall, daß der Auftrag zur Formulierung dieses Aufrufs dem 25jährigen Werner Bräunig übertragen wurde. Der junge Schriftsteller war wiederholt in der Öffentlichkeit als vielversprechendes Talent der neuen sozialistischen Nationalliteratur herausgestellt worden, und sein Lebenslauf galt als Musterbeispiel für die Entwicklung eines „schreibenden Arbeiters". Werner Bräunig wurde 1934 als Sohn eines Hilfsarbeiters und einer Näherin in Chemnitz (heute Karl-Marx-Stadt) geboren. Der Krieg, eine zerrüttete Familie, Jugendbanden und der Aufenthalt in Erziehungsheimen bestimmten seine ersten Erfahrungen. Eine Schlosserlehre, die er 1948 in den ungeordneten Verhältnissen der ersten Nachkriegsjahre begann, blieb ohne Abschluß, da er wegen Schmuggelgeschäften mit einem im Westen lebenden Onkel zu drei Jahren Jugendstrafe verurteilt wurde. Nach der Haft wechselte Bräunig in die Bundesrepublik, wo er sich 1951/52 mit Gelegenheitsarbeiten über Wasser hielt, bis er sich dann doch wieder zur Rückkehr in die DDR entschloß. Im Jahre 1954 wurde er Arbeiter in einer Papierfabrik, und in

Achtes Kapitel: Zu Text 199, S. 331f.

dieser Zeit begann er auch mit Schreibversuchen, in denen er ein ganz auf der Linie der Partei liegendes sozialistisches Bewußtsein dokumentierte.
Die ersten Gedichte, bei denen sich Bräunig an dem proletarischen Pathos von Louis Fürnberg (1909–1957) orientierte („Die Partei, die Partei, die hat immer recht, Genossen, es bleibt dabei!"), vermitteln in naiver Weise die Botschaft vom stetigen Fortschritt des Sozialismus und sind fast ausnahmslos der Agitproplyrik zuzurechnen. Als Heizer in der Nickelhütte von Schneeberg wurde Bräunig 1957 zum Arbeiterkorrespondenten der Leipziger ‚Volksstimme' ausgewählt, und 1958, jetzt Kumpel im Uranbergbau der Wismut-AG in einer Grube bei Gera, trat er der SED bei und engagierte sich in der ‚Arbeitsgemeinschaft junger Autoren'. Der Mitteldeutsche Verlag in Halle und renommierte Autoren wie Fürnberg und Marchwitza (1890–1965) unterstützten den talentierten Arbeiter und trugen dazu bei, daß Bräunig noch im gleichen Jahr ein Studium am ‚Literaturinstitut Johannes R. Becher' in Leipzig aufnehmen konnte. – In dieser Situation erreichte den vielversprechenden jungen Arbeiterdichter der Auftrag zur Formulierung des Aufrufs zur 1. Bitterfelder Konferenz.
Der „Bitterfelder Weg", dessen Anfang und Ende durch zwei Konferenzen, 1959 und 1964, markiert wird, ist im Rahmen des „Neuen Kurses" (1953–1965) zu sehen. Diese Phase der Kulturpolitik wird durch eine scharfe Kritik an Fehlentwicklungen der Stalinära gekennzeichnet, die in der Folgezeit durch eine offene Kritik „von unten" und eine stärkere „Aktivierung der Basis" vermieden werden sollten; der Literatur war dabei die Aufgabe zugedacht, als Forum für eine „große Aussprache" zu dienen. Dieses Konzept, das in seiner theoretischen Begründung durchaus kulturrevolutionäre Züge trägt, ist in Etappen realisiert worden:
1955 Kumpel des VEB Braunkohlenkombinats Nachterstedt schreiben einen offenen Brief an die Schriftsteller ihres Landes, in dem sie „mehr Volksverbundenheit der Kunst und Literatur" fordern und an die Schriftsteller die Bitte richten, ihre „Isolation vom Alltag der Produktionsarbeiter" aufzugeben (Ausschnitte aus dem ‚Nachterstedter Brief' sind als Text I.14 in den Editionen bei C. Bunk, s.o., abgedruckt);
1957 im Rahmen des 32. Plenums des ZK der SED üben namhafte Schriftsteller (u. a. Johannes R. Becher und Stephan Hermlin) öffentlich Selbstkritik, in der sie u. a. die wachsende Distanz zu den Werktätigen bedauern;
1958 die ‚Kulturkommission des Politbüros der SED' unter Alfred Kurella (zu dieser Zeit auch Leiter des ‚Literaturinstituts') entwirft ein Programm zur „Einschmelzung der Künstler in den gesellschaftlichen Schaffensprozeß";
1959 dieser Plan wird von Walter Ulbricht im Elektrochemischen Kombinat in Bitterfeld, das wegen seiner Leistungen bei der Erfüllung des großen Siebenjahrplans als vorbildlich galt, verkündet.
Mit dem „Bitterfelder Weg" wird eine doppelte Zielsetzung verfolgt:
– Einerseits sollen die Schriftsteller auf die Thematik der Werktätigen und deren Leistung verpflichtet werden;
– andererseits sollen die Werktätigen selbst zum Schreiben veranlaßt werden und so eine Massenbewegung „schreibender Arbeiter" auslösen – „Greif zur Feder, Kumpel!"

Zur Interpretation
In seinem Aufruf zur Bitterfelder Konferenz stellt sich Werner Bräunig, vor kurzem selbst noch Kumpel und nun als Student des ‚Literaturinstituts' auf dem Wege zum sozialistischen Schriftsteller, ganz in den Dienst der Aufgabe, Werktätige zum Schreiben zu ermuntern. Dreimal wird das offizielle Motto der Konferenz formuliert (S. 331, Z. 13 und Z. 27; S. 332, Z. 18), und mit dem Pathos seiner Sprache (S. 331, Z. 15 ff.) und den anschaulichen Vergleichen aus dem Arbeitsleben (S. 331, Z. 15 ff. und 42 ff.) versteht er es, sich auf die Erwartungen der Partei und die Erfordernisse seiner proletarischen Leserschaft einzustellen. Seine eigenen beispielhaften Erfahrungen als schreibender Arbeiter werden zweimal ausführlich einbezogen, um dem unentschiedenen Werktätigen, der vor den Schwierigkeiten der Aufgabe zurückschrecken könnte, in rhetorisch wirksamer Weise eine Identifikationsmöglichkeit zu bieten: ich – wir – du (S. 331, Z. 29–40 und S. 332, Z. 6–22).
Die starke Orientierung an der Aufgabenstellung der Partei wird v. a. dann deutlich, wenn man den Aufruf Bräunigs mit der Rede Walter Ulbrichts vergleicht, die in derselben Nummer des ‚Neuen Deutschlands' veröffentlicht worden ist (I.15 in den Editionen bei C. Bunk, s.o.). Es sind die gleichen inhaltlichen Versatzstücke (die Ausbeutung des Arbeiters im Kapitalismus, die Verantwortung des Schriftstellers, die schöpferischen Kräfte des Volkes) mit teilweise identischen Formulierungen, die hier wie dort den Gedankengang gliedern.
Die Autorennamen, die bei Bräunig beiläufig eingestreut erscheinen (S. 331, Z. 39 f. und S. 332, Z. 9 f.), sind

Achtes Kapitel: Zu Text 199, S. 331 f.

ohne Zweifel mit Bedacht gewählt und kennzeichnen die gültigen Traditionslinien der DDR-Literatur. Neben Goethe, der als Repräsentant des bürgerlich-humanistischen Erbes genannt wird, sind es der jakobinische Schriftsteller und Revolutionär Georg Forster (1754–1794) und der Sozialist Georg Weerth (1822–1856), der von Engels „als der erste und bedeutendste Dichter des deutschen Proletariats" bezeichnet worden ist. Maxim Gorki (1868–1936) und Wladimir Majakowski (1893–1930) vertreten den sozialistischen Humanismus der Sowjetliteratur, mit Willi Bredel, Otto Gotsche und Bruno Apitz wird an die Tradition der proletarisch-revolutionären Schriftsteller der Weimarer Zeit angeknüpft, Johannes R. Becher und Erich Weinert stehen für die Autoren der Exilliteratur. Bemerkenswert, daß der 1956 verstorbene Brecht in dieser bedeutsamen Aufzählung nicht genannt wird.

Der Text, der mit der wohlüberlegten Verwendung sprachlicher Mittel in den ersten Zeilen (S. 331, Z. 13–21) dichterischen Anspruch und Distanz signalisiert (Reihung, Reim, Alliteration und Rhythmus; Wortwahl und Wortstellung), schließt sehr persönlich in einem Ton kumpelhafter Leichtigkeit, mit dem noch einmal eine Brücke zwischen dem „Kopf-" und dem „Handarbeiter" geschlagen werden soll. – Der Aufruf Bräunigs ist getragen von sozialem Optimismus (S. 331, Z. 23 f. und 40 f.), von Parteilichkeit (bes. S. 332, Z. 2 ff.) und Volksverbundenheit (z. B. S. 331, Z. 15 ff.), und er erfüllt so die Forderungen des sozialistischen Realismus. Er enthält aber auch Formulierungen (bes. S. 332, Z. 20 ff.), die einen engagierten Schriftsteller, der die Wirklichkeit kompromißlos realistisch zu erfassen sucht, schnell an eine Grenze führen, an der er die ideologisch motivierten Schreibvorschriften der Partei als Fesseln empfinden muß.

Weiterführende Gedanken

Die grundsätzliche Bedeutung der „Bitterfelder Bewegung" für die Entwicklung der DDR-Literatur und die exemplarische Biographie Bräunigs lassen es sinnvoll erscheinen, die Entwicklung über den Rahmen des vorliegenden Dokuments weiter zu verfolgen.

In den Jahren bis Ende 1961, einer Zeit also, in der weitreichende politische Entscheidungen durchgesetzt werden sollten (u. a. vollständige Kollektivierung der Landwirtschaft, Inkrafttreten eines neuen Arbeitsgesetzbuches, Bau des „antifaschistischen Schutzwalls"), erschien es der Partei nützlich, die Bitterfelder Linie nachdrücklich zu betonen. Das revolutionäre Defizit, das in der rigorosen Durchsetzung unpopulärer Maßnahmen durch die Partei zum Ausdruck kam, sollte durch Initiativen mit proletarischem Anstrich kompensiert werden. Die „Bewegung schreibender Arbeiter" wurde deshalb in großem Stil organisiert, der kulturrevolutionäre Ansatz aber zugleich bürokratisch gezügelt, indem man die einzelnen „Zirkel" durch einen von der Partei bestimmten „Leiter" kontrollieren ließ. – Auch wenn die „Bitterfelder Bewegung" von seiten der „schreibenden Arbeiter" keine herausragenden Ergebnisse brachte, so wurde durch diese Massenaktion doch eine Entwicklung eingeleitet, die sich in entscheidenden Punkten gegen die Erwartung ihrer Initiatoren richtete und den Beginn des Dauerstreits zwischen Partei und kritischen Schriftstellern in der folgenden Zeit markiert: Die literarische Öffentlichkeit wurde durch Einbeziehung neuer Leserschichten wesentlich erweitert. Es entstanden bescheidene Freiräume, aus denen Werke mit kritisch-realistischen Ansätzen wie Christa Wolfs ‚Der geteilte Himmel' (1963), Erwin Strittmatters ‚Ole Bienkopp' (1963) und Heiner Müllers ‚Der Bau' (1965) hervorgehen konnten: Werke, die aufgrund ihrer Thematik auch das Interesse der neuen werktätigen Leserschaft fanden und so eine breite Diskussion in Gang setzten.

Die Entwicklung wurde der Partei schon bald zu brisant. – Auf der 2. Bitterfelder Konferenz im Jahre 1964 wurde die Darstellung von Widersprüchen im Sozialismus, in dem kein Klassenantagonismus mehr existiere, zu einem Irrweg der Kunst erklärt. In den offiziellen Reden wandten sich die Kulturfunktionäre fast ausnahmslos wieder an die Berufsschriftsteller und legten den „Blickwinkel des Planers und Leiters" als bestimmende Perspektive für die Autoren fest. (Zum „Bitterfelder Weg" s. auch Geschichte der deutschen Literatur [Klett], Band 6, Abschnitt 14.4: „Ankunftsliteratur und Bitterfelder Weg" von G. Ullrich.)

Auf dem 11. Plenum des ZK der SED im Dezember 1965 kam es dann zu einem regelrechten Scherbengericht über kritische Schriftsteller (s. Texte II.1–4 in den Editionen bei C. Bunk, s. o.). Doch nicht nur Wolf Biermann und Stefan Heym wurden gnadenlos abgekanzelt, auch Werner Bräunig, seit 1961 Dozent des Prosaseminars am Literaturinstitut, mußte schwere Vorwürfe von höchster Stelle zur Kenntnis nehmen. – Entsprechend der Aufforderung in seinem Aufruf, „Schöpfe aus der Fülle Deiner Umwelt, Deines Lebens", hatte Bräunig bei der Arbeit an einem Romanprojekt versucht, seine eigene wilde Jugend kritisch aufzuarbeiten. Nach dem Vorbild von Anna Seghers (‚Die Entscheidung', 1959) wollte er in seinem Roman ‚Rummelplatz' (Auszug abgedruckt in: ‚Geschichten aus der Geschichte der DDR 1949–1979', hrsg. von M. Behn, Sammlung Luchterhand 301, Darmstadt und Neuwied 1981) den Weg einer orientierungslosen Generation am Ende des Zweiten Weltkriegs zeigen, für die die Arbeit in der Produktion zum entscheidenden Faktor der sozialistischen Bewußtseinsbildung werden sollte. Doch die Ernsthaftigkeit der Analyse und

Achtes Kapitel: *Zu Text 200/201, S. 332ff.*

die Sorgfalt des Beobachtens und Erzählens waren für den herangereiften Autor nicht mehr mit der propagandistischen Oberflächlichkeit der geltenden Normen zu vereinbaren. Nach einem Vorabdruck in der Zeitschrift ‚Neue Deutsche Literatur' im Oktober 1965 erhob sich ein Sturm der Entrüstung. Die plastische Beschreibung eines Saufgelages, das zweifelhafte Verhältnis der jungen Hauptpersonen zu den Frauen und die respektlose Darstellung von russischen Soldaten in Szenen, die der Schilderung der allmählichen Besinnung und Umkehr vorausgehen sollten, wurden als „Pornographie" und „Diffamierung", als „Naturalismus" und „Verfälschung der historischen Wahrheit" gebrandmarkt. – Es war Christa Wolf, zu dieser Zeit Kandidatin des ZK, die in ihrer Rede auf dem 11. Plenum den jungen Kollegen Werner Bräunig vergeblich zu verteidigen suchte (Auszüge aus der Rede, die sich mit der „Psychologie des Schreibens" befassen, als Text II.4 in den Editionen bei C. Bunk, s. o.).
Im Januar 1966 übte Bräunig Selbstkritik und betonte, daß die Figuren seines Entwicklungsromans am Ende ihres Weges im Sozialismus heimisch werden sollten. Doch die Grundlagen für seine realistische Prosa waren durch die engstirnige Kritik der Partei zerschlagen worden. Der ‚Rummelplatz' blieb ebenso Fragment wie ein zweiter Romanversuch, der den Titel ‚Ein Kranich am Himmel' tragen sollte. – Seit 1967 lebte Bräunig als freier Schriftsteller. Neben dem Essay ‚Prosa schreiben' (1968), mit dem er sich eine poetologische Fundierung zu geben versuchte, wurden bis 1972 nur noch wenige kürzere Arbeiten veröffentlicht. Der vielversprechende, von der Partei so hoch gelobte und so tief gedemütigte Autor fand nicht mehr die Kraft zum Schreiben und war in den letzten Jahren seines Lebens dem Alkohol verfallen. – Er starb im August 1976 im Alter von zweiundvierzig Jahren.

Zur Behandlung im Unterricht
Es erscheint sinnvoll, die Behandlung des Aufrufs von Bräunig durch einen historischen Exkurs (kurzer Lehrervortrag) vorzubereiten, mit dem die politisch-ökonomische Situation der DDR gegen Ende der 50er Jahre sichtbar gemacht werden soll. – Die Art und Weise der Entstehung und Veröffentlichung des Aufrufs kann den Schülern an diesem konkreten Beispiel die unmittelbare Abhängigkeit der Kultur von der Politik vor Augen führen. Der politische Charakter des Textes tritt besonders hervor, wenn man ihn inhaltlich mit der entsprechenden Rede Ulbrichts vergleicht (s. I.15 in den Editionen bei C. Bunk, s.o.); formal wird deutlich, daß wichtige Forderungen des sozialistischen Realismus (sozialer Optimismus, Parteilichkeit, Volksverbundenheit) erfüllt sind. Hinsichtlich der sprachlichen und rhetorischen Gestaltung sollten die Schüler selber prüfen, inwieweit sie diesem kulturpolitischen Dokument auch literarischen Wert zubilligen würden. – Eine Erörterung der sozialistischen Literaturtradition, die sich, ausgehend von Bräunigs Text, anbietet, erscheint nur sinnvoll, wenn mit den genannten Namen auch konkrete Vorstellungen verbunden sind; dies könnte durch Schülerreferate oder eine entsprechende Lehrerinformation erreicht werden. – Der Abschnitt „Weiterführende Gedanken" eröffnet die Möglichkeit, die kulturpolitische und literarische Entwicklung bis zum VIII. Parteitag (1971) weiterzuverfolgen (s. dazu Geschichte der deutschen Literatur [Klett], Band 6, Abschnitt 14.5: „,Konsolidierter Sozialismus' und Selbstreflexion der Autoren" von G. Ullrich). – Es wird vom Lehrer und von der Klasse, die er unterrichtet, abhängen, inwieweit das persönliche Schicksal des jungen Werner Bräunig im Unterricht eine Rolle spielen kann.

Stefan Heym: Leben in Ostdeutschland (S. 332 ff.)   200
Stefan Heym: Es geht um das Wort (S. 335)   201

Es erscheint sinnvoll, die beiden journalistischen Texte von Stefan Heym, die zeitlich und thematisch zusammengehören, auch bei der Kommentierung gemeinsam zu betrachten.

Zu Leben und Werk Stefan Heyms
Die Biographie von Stefan Heym (eigentlich Hellmuth Fliegel), der am 10.4.1913 in Chemnitz (heute Karl-Marx-Stadt) geboren wurde und aus einer wohlhabenden jüdischen Kaufmannsfamilie stammt, ist exemplarisch für den Lebensweg eines Autors im Konflikt von Macht und Geist. In allen Situationen seines Lebens war er ein streitbarer Einzelgänger, der trotz aller taktischen Zurückhaltung im Einzelfall sein Ziel, individuelle Freiheit mit sozialistischen Ideen zu verbinden, niemals aus den Augen verloren hat. – Stefan Heym ist gelernter Journalist und Romancier (s. Text 205), und beide Schaffensformen sind bei ihm Ausdruck seiner politischen Grundhaltung. Sein Leben stellt sich dar als eine ununterbrochene Folge von Zusammenstößen mit der jeweils herrschenden Macht, wobei Heym, der sich als demokratischer Sozialist versteht und niemals einer Partei angehörte, persönliche Konsequenzen nicht gescheut hat.

Achtes Kapitel: Zu Text 200/201, S. 332 ff.

1931	Im Zusammenhang mit der Veröffentlichung eines antimilitaristischen Gedichts in der sozialdemokratischen ‚Volksstimme' muß der Achtzehnjährige nach einer Beschwerde der Nationalsozialisten gegen den marxistischen Geist des jüdischen Schülers das Staatsgymnasium in Chemnitz verlassen; er kann sein Abitur an einer Berliner Schule nachholen.
1933	Der Student der Zeitungswissenschaften, der nach dem Reichstagsbrand verhaftet werden soll, flieht auf abenteuerlichen Wegen in die Tschechoslowakei; zum Schutz der in Deutschland verbliebenen Eltern nimmt er in der Prager Emigration das Pseudonym Stefan Heym an; 1935 geht er in die USA, wo ihm politisches Asyl gewährt wird.
ab 1935	Durch das Stipendium einer amerikanischen jüdischen Studentenverbindung wird Heym das Germanistikstudium ermöglicht, das er mit einer Magisterarbeit über Heinrich Heine abschließt; noch als Student wird er 1937 Chefredakteur der antifaschistischen New Yorker Wochenzeitung ‚Deutsches Volksecho', die im September 1939 eingestellt werden muß; Heym arbeitet als Druckereivertreter; da er die Basis für seine journalistischen Arbeiten gegen den Faschismus verloren hat, versucht er sich als Romancier: Sein erster Roman in der Sprache seiner neuen Heimat (‚Hostages', 1942 – deutsch: ‚Der Fall Glasenapp') macht den Emigranten zu einem amerikanischen Erfolgsautor.
1943	Heym erwirbt die amerikanische Staatsbürgerschaft und heiratet eine amerikanische Journalistin; er tritt in die Armee ein und wird Sergeant mit journalistischen Aufgaben in einer Einheit für psychologische Kriegführung; er ist bei der Invasion in der Normandie dabei und macht den Feldzug durch Frankreich und Deutschland bis zum Ende mit (‚The Crusaders', 1948 – deutsch: ‚Der bittere Lorbeer').
ab 1945	Nach dem Zusammenbruch wird Heym Redakteur der Münchner ‚Neuen Zeitung', des Hauptorgans der amerikanischen Besatzungsmacht für die deutsche Bevölkerung; als er Ende 1945 einen Leitartikel gegen die Sowjetunion schreiben soll (Beginn des 'kalten Krieges'), weigert er sich und wird wegen „prokommunistischer Haltung" in die USA zurückgeschickt; er quittiert den Militärdienst und wird freier Schriftsteller; Reisen nach Prag (1949) und zum Weltfriedenskongreß nach Warschau (1950).
1950	Heym nimmt an einer Kampagne zur Unterstützung streikender Bergarbeiter in Pennsylvania teil (‚Goldsborough', 1953 – deutsche Fassung unter dem gleichen Titel); um der Kommunistenverfolgung durch McCarthy zu entgehen, verläßt er Amerika, so wie es Thomas Mann und Bertolt Brecht vor ihm getan hatten; von Prag aus bemüht sich der ehemalige amerikanische Offizier deutscher Herkunft um politisches Asyl in der DDR.
1951/52	Übersiedlung in die DDR, wo sich der weiterhin englisch schreibende Autor aus der Politik herauszuhalten versucht; aus Protest gegen den Koreakrieg gibt Heym seine amerikanischen Militärorden zurück und verzichtet auf seine amerikanische Staatsbürgerschaft.
1953–1956	Die Ereignisse vom 17. Juni 1953 zwingen Heym, seine Zurückhaltung aufzugeben; der zurückgekehrte Emigrant, der mit dem Heinrich-Mann-Preis hofiert wird, übernimmt die Kolumne ‚Offen gesagt' in der ‚Berliner Zeitung'; seine unverblümte, am amerikanischen Journalismus geschulte Art und Weise, gesellschaftliche Mißstände aufzugreifen, führt zu Konflikten mit der Partei und 1956 zur Beendigung seiner Mitarbeit an der ‚Berliner Zeitung'. Reisen in die Sowjetunion; der XX. Parteitag der KPdSU, auf dem mit dem Personenkult und dem Dogmatismus Stalins abgerechnet wird, veranlaßt Heym, taktische Zurückhaltungen aufzugeben und sich konsequent mit grundlegenden Widersprüchen im Sozialismus auseinanderzusetzen.
1959	Die erste Fassung eines Romans über den 17. Juni 1953 (‚Der Tag X') darf nicht erscheinen; Heym rettet sich in die Historie und beschreibt in seinem ‚Lenz'-Roman den gescheiterten Aufstand von 1849.
1963	‚Lenz oder die Freiheit, ein Roman um Deutschland', so der beziehungsvolle Titel, ist das letzte Buch von Heym, das als Erstausgabe in der DDR erscheinen darf.
1965	Nach der Behinderung seiner publizistischen und schriftstellerischen Arbeit soll Heym auf dem 11. Plenum des ZK mundtot gemacht werden; da in der DDR und in den sozialistischen Ländern nichts Neues mehr von ihm erscheinen kann, entschließt sich Heym, seine Arbeiten im Westen zu veröffentlichen.
1969–1972	‚Lassalle', ‚Die Schmähschrift oder Königin gegen Defoe' und ‚Der König-David-Bericht', historische Werke mit aktueller politischer Aussage, erscheinen in München bzw. Zürich; nach dem Erscheinen des ‚Lassalle'-Romans wird Heym mit einer Geldstrafe belegt, weil er

Achtes Kapitel: Zu Text 200/201, S. 332ff.

	ohne Erlaubnis des Büros für Urheberrechte in Ost-Berlin sein Werk in der Bundesrepublik publiziert hat.
1973/74	Nach dem VIII. Parteitag der SED im Jahre 1971, der auch für die Literatur eine Liberalisierung einleitete („Kunst und Literatur ohne Tabus"), dürfen die kritisierten Bücher, wenn auch in begrenzter Auflage, in der DDR erscheinen; doch der Roman ‚5 Tage im Juni', eine Neubearbeitung von ‚Der Tag X', fällt der Zensur zum Opfer und erscheint in der Bundesrepublik.
1976	Die Ausbürgerung Biermanns beendet die Phase des Tauwetters; Stefan Heym gehört zu den Erstunterzeichnern der Petition für Wolf Biermann.
1979	‚Collin', der Roman über das Schicksal eines erfolgreichen DDR-Schriftstellers, der psychisch und physisch an den Mißständen des Systems erkrankt, erscheint im Westen und fordert eine starke Reaktion der DDR-Führung heraus; Heym wird nach § 219, der neu in das Strafgesetzbuch eingefügt wurde und unter kritischen Schriftstellern die Bezeichnung „Lex Heym" trägt, wegen Verstoßes gegen die Devisengesetze zu einer hohen Geldstrafe verurteilt; Ausschluß aus dem DDR-Schriftstellerverband.
ab 1980	Trotz der rigorosen Maßregelung durch Justiz und Kulturfunktionäre der DDR werden weitere Werke Heyms in der Bundesrepublik veröffentlicht (u.a. die Romane ‚Ahasver', 1981, und ‚Schwarzenberg', 1984); seit 1981 erscheint im Wilhelm Goldmann Verlag eine Heym-Werkausgabe.

Als Stefan Heym 1979 gefragt wurde, ob er die Absicht habe, seine Autobiographie zu schreiben, erklärte er, dazu verspüre er noch keine Lust. Außerdem könne man markante Erlebnisse, Begegnungen und Erfahrungen seinem schriftstellerischen Werk entnehmen. Ohne Zweifel enthalten die Romane eine Fülle von mehr oder weniger verklausulierten biographischen Bezügen. Doch noch deutlicher, umfassend und unverstellt, erscheint die Heymsche Biographie in seinem publizistischen Werk, das unter dem Titel ‚Wege und Umwege. Streitbare Schriften aus fünf Jahrzehnten' 1980 von Peter Mallwitz herausgegeben worden ist.

Zu den Texten
Auch Presse, Rundfunk und Fernsehen der DDR unterliegen der Verpflichtung zu einer interessenbedingten Sicht der gesellschaftlichen Wirklichkeit im Sinne des Marxismus-Leninismus. Als „kollektiver Propagandist, Agitator und Organisator" soll der Journalist so informieren und argumentieren, wie Parteilichkeit, Wissenschaftlichkeit, Wahrheit und Massenverbundenheit als verpflichtende Prinzipien des sozialistischen Journalismus es verlangen. Die parteiliche Auswahl und Gewichtung der Informationen, die ständige Wiederholung bestimmter Begründungszusammenhänge und die formelhafte Verwendung eines verbindlichen Parteivokabulars sollen dabei die Aufgabe erfüllen, der „Herausbildung und Festigung des sozialistischen Bewußtseins" zu dienen. Unter solchen Voraussetzungen müssen das alltägliche, außerparteiliche Informationsbedürfnis und der Wunsch, allgemeine Mißstände und menschliche Konflikte zu benennen und Alternativen zu diskutieren, weitgehend unbefriedigt bleiben. Besonders nach dem VIII. Parteitag 1971, der den Schriftstellern einen relativen Freiraum eröffnete, begann die Dichtung dieses Vakuum zu füllen. Die 'schöne Literatur' übernahm außerliterarische, journalistische Funktionen, wobei vor allem der Roman zu einer besonderen Form kritischer Öffentlichkeit wurde und zusätzliche Aufmerksamkeit auf sich zog.
Vor diesem Hintergrund muß die journalistische Arbeit Stefan Heyms (Essays, Leitartikel, Berichte, Reportagen, Reden, Interviews, Gespräche, Porträts, Funkmanuskripte, Flugblätter u.a., aber auch die zentralen Aussagen seiner Romane) gesehen werden. – Nach der Einstellung seiner wöchentlichen Kolumne in der ‚Berliner Zeitung' (1956) und dem Verbot seines Romans zum 17. Juni (1959) vertrat Stefan Heym seine von der Parteilinie abweichenden Auffassungen zunächst in Reden auf Schriftstellerkongressen in der DDR und in Interviews und Zeitungsartikeln im sozialistischen Ausland. Als ihm aber nach der Pauschalverurteilung von 1965 auch diese Wege versperrt blieben, entschloß er sich zur Veröffentlichung seiner journalistischen Arbeiten und seiner Romane im Westen, wobei er seine Bücher zu einem Forum im Kampf um das freie Wort machte. In der ‚Schmähschrift' verteidigt sich der Schriftsteller Defoe, der zur Strafe für seine unbotmäßigen Äußerungen an den Pranger gestellt wird, mit den Worten:
„‚Kann Euer Lordship denn nicht verstehen', sagt er verzweifelt, ‚daß der freie Gedanke des Menschen nicht wie ein Stock ist, den der Hund auf seines Meisters Befehl apportiert? Oder ist Eure Lordship so festgefahren auf den Wegen der Orthodoxie, daß Ihnen jede nicht amtlich gebilligte Idee notwendig als Teil eines aufrührerischen Komplotts erscheint?'" (in: Gesammelte Erzählungen, Werkausgabe, S. 240).
Im ‚König-David-Bericht' wird der Schriftgelehrte Ethan, der unbequeme Wahrheiten über König David

ans Tageslicht gebracht hat, von König Salomon in einer Weise mundtot gemacht, die an die Ausschaltung Heyms nach 1965 erinnert. – Das Salomonische Urteil lautet:
„Da der leibliche Tod des Angeklagten Ethan ben Hoshaja dem König jedoch nicht angebracht erscheint, indem er nämlich übelmeinenden Menschen Anlaß geben könnte zu der Behauptung, der weiseste König, Salomo, unterdrücke Gedanken, verfolge Schriftgelehrte, und so fort,
Und da es aus dem genannten Grund gleich ungünstig erscheint, den Angeklagten Ethan ben Hoshaja in unsere Gruben oder Steinbrüche zu verschicken, oder ihn bei den Priestern von Beth-shan oder in einer ähnlichen Einrichtung unterzubringen,
Darum nun soll er zu Tode geschwiegen werden; keines seiner Worte soll das Ohr des Volkes erreichen, weder durch mündliche Übertragung, noch auf Tontäfelchen, noch auf Leder; auf daß sein Name vergessen sei, so als wäre er nie geboren worden und hätte nie eine Zeile geschrieben; [...]" (Werkausgabe, S. 275).
Publizistisches und erzählerisches Werk müssen bei Stefan Heym in engem Zusammenhang gesehen werden: Mit seinen Interviews und Reden unterstützt Heym die Aufnahme seiner Bücher in der Öffentlichkeit, und in seinen Romanen vertritt er politische Anliegen, die auch in seinen Artikeln und Essays ihren Niederschlag finden. Um mit seinen Gedanken weiterhin auf die Bürger der DDR einwirken zu können, hat Heym in den letzten Jahren den Schwerpunkt seiner publizistischen Arbeit verlagert: Er schreibt weniger Artikel und wendet sich öfter an die elektronischen Medien im Westen, da dies der einzige Weg ist, auf dem er seine Landsleute in der DDR erreichen kann.

Leben in Ostdeutschland
Diese Stellungnahme für das ‚New York Times Magazine' erschien in englischer Sprache; sie liegt hier in einer Übersetzung von Stefan Heym vor. Der Auszug umfaßt etwa ein Drittel des Textes und konzentriert sich auf grundlegende Gedanken des Einleitungs- und Schlußteils. In dem breiten Mittelteil, der hier nicht abgedruckt wurde, illustriert Heym seine ambivalente Einschätzung des Lebens in der DDR nach Reportermanier mit anschaulichen Beispielen.

Es geht um das Wort
Diese knappe Erklärung wurde am 12. Mai 1979 in der Nachrichtensendung ‚heute' des ZDF veröffentlicht und ist in der Presse der Bundesrepublik verschiedentlich kommentiert worden.

Zur Interpretation
Der Terminus 'Interpretation' erscheint im Zusammenhang mit Texten des Journalisten Stefan Heym, für den die Kriterien der Verständlichkeit und Wirksamkeit im Vordergrund stehen, weniger angebracht. – Bei der folgenden Kommentierung soll es in unmittelbarem Bezug zu den Texten darum gehen,
– die tagespolitischen und biographischen Bezüge aufzuhellen,
– die Auszüge in den größeren Zusammenhang der publizistischen Arbeiten Heyms zu stellen und zu fragen, inwieweit sie als exemplarisch gelten können,
– auf inhaltliche und sprachliche Besonderheiten hinzuweisen, die nur dann faßbar werden, wenn man das Gegenbild des offiziellen DDR-Journalismus, das unseren Schülern nicht bekannt sein kann, vor Augen hat.

‚Leben in Ostdeutschland'
fällt in die Zeit der Liberalisierung nach 1971. Heym gilt zwar weiterhin wie Havemann und Biermann als „Dissident", aber die Regierung hält sich mit Repressalien zurück.
Der polemisch-ironische Auftakt, mit dem Heym seinen Essay beginnt, wirkt distanzierend, und mit dieser Eröffnung werden gleichermaßen seine amerikanischen Auftraggeber (S. 332, Z. 38 f. und S. 333, Z. 1 ff.) wie auch die Regierung des Landes, über das er berichten soll, aufs Korn genommen (S. 332, Z. 34: „schöpferisch, wenn möglich").
In der folgenden episch breiten Darstellung kommen wichtige Themen zur Sprache, die den Journalisten Heym immer wieder beschäftigen:
– die Situation der Menschen im geteilten Deutschland (S. 333, Z. 28 ff.) und, damit verbunden, die Frage nach Einheit und nach nationaler Identität (S. 333, Z. 10 ff.);
– die Arbeiterbewegung und ihre Geschichte (S. 333, Z. 8 ff. und S. 334, Z. 29 ff.);
– die Irrtümer in der Geschichte der DDR (S. 333, Z. 44 f.) und die Widersprüche im Sozialismus (S. 334, Z. 35 ff.), wobei bewußt Tabuthemen aufgegriffen werden (Mauer, S. 334, Z. 5 und 23 ff. – Teilung Deutschlands, S. 333, Z. 16 ff.);
– die prinzipielle Überlegenheit des Sozialismus über das kapitalistische System (S. 333, Z. 38 ff.; S. 334, Z. 16 ff.);

Achtes Kapitel: Zu Text 200/201, S. 332ff.

– die Rolle des Schriftstellers im sozialistischen System der DDR (S. 334, Z. 20 f. und 33: „Visionär"), die Schreibvorschriften der Partei (S. 334, Z. 21 ff., 35 ff. und S. 334, Z. 45 – S. 335, Z. 4), der Konflikt von Macht und Geist (S. 335, Z. 5 ff.) und die Veränderung des Menschen durch Ideen (S. 334, Z. 9 f.);
– das freie Wort und die Wahrheit (S. 335, Z. 9 f.).

Neben dieser bevorzugten Thematik fallen Stilelemente ins Auge, die als typisch für Heyms Schreibweise gelten können:
– die Originalität der Sichtweise, die vermeintlich hinlänglich bekannte Sachverhalte in einem neuen Licht erscheinen läßt (z. B. Vorteile der deutschen Teilung, S. 333, Z. 28 ff., und positive Unterstreichung des Lebensstandards in der DDR, S. 333, Z. 31 ff.), und damit verbunden
– die pointierten Formulierungen (DDR im Wettlauf der Systeme: „Zweitbester [. . .] bis jetzt wenigstens", S. 333, Z. 40 f., und Vermietung der Mauer an die Regierung in Bonn, S. 334, Z. 18 f.), die einen deutlich provokativen Charakter haben;
– die Verbindung von Privatem und Politischem (Fahrt an der Mauer, S. 333, Z. 22 ff., und Klagen eines jüngeren Kollegen, S. 334, Z. 47 – S. 335, Z. 4);
– das Verhaftetsein in der Tagesaktualität mit teilweise gewagten politischen Spekulationen (Rolle der Ölscheichs, S. 334, Z. 11 f.);
– die Fähigkeit zur Selbstkritik („Blindheit" wird auch auf die eigene Person bezogen, S. 333, Z. 27) und die Ehrlichkeit der Analyse (realistische Einschätzung der Funktion der Mauer, S. 334, Z. 1–19; „Experiment Sozialismus", S. 334, Z. 4);
– utopische Perspektiven (DDR als Sieger im Wettlauf der Systeme, S. 333, Z. 40 ff.; Umkehrung der Fluchttendenz, S. 334, Z. 18 f.) – im festen Bewußtsein von der Überlegenheit des Sozialismus gegründet.

Die stark reportagehaften Elemente, die ebenfalls für Heyms Artikel kennzeichnend sind, werden in den vorliegenden Ausschnitten nur ansatzweise sichtbar (S. 333, Z. 22 ff. und S. 334, Z. 47 – S. 335, Z. 4).
Sie bestimmen den Mittelteil der Stellungnahme, der hier nicht abgedruckt werden konnte.
Fast alle Beiträge Heyms schließen mit einer prägnanten Schlußpointe, mit der ein Kernbegriff oder ein zentrales Anliegen der besonderen Aufmerksamkeit des Lesers empfohlen wird. So endet der vorliegende Beitrag mit einem Appell an den „Schriftsteller im Sozialismus", kompromißlos „die Wahrheit" auszusprechen. Und wer der Bedeutung dieses Wortes bei Heym nachgeht, der erkennt, daß dieser Begriff nicht parteilich, mit taktischen Einschränkungen und dialektisch ausdeutbar verstanden wird, sondern daß es sich hier um die offene und ehrliche Beschreibung der Differenz von Sein und Schein, von ideologischem Anspruch und unvollkommener Wirklichkeit handelt. Mit einer solchen Wahrheitsdefinition unterscheidet Heym sich in seinem Selbstverständnis nicht von dem Berufsethos, das auch ein westlicher Schriftsteller für sich in Anspruch nehmen würde.
Im journalistischen Alltagskampf hat der DDR-Autor Heym meist einen literarischen Zweifrontenkrieg geführt. Besonders seitdem er nur noch im Westen veröffentlichen kann, ist er sich der Gefahr bewußt, daß seine Kritik an der DDR von den falschen Leuten mißbraucht werden könnte; er ist deshalb bemüht, es nach beiden Seiten nicht an Klarheit fehlen zu lassen. Im folgenden soll diese Gratwanderung zwischen Ost und West am Beispiel der scheinbar unbekümmerten Verwendung des Begriffes „Ostdeutschland" erläutert werden. Sicherlich ist diese Wortwahl durch den angelsächsischen Sprachgebrauch nahegelegt worden, doch es bleibt bemerkenswert, daß eine Bezeichnung, die von bundesrepublikanischer Seite als politischer Kampfbegriff eingeführt worden ist, hier Verwendung findet. Heym wendet sich mit dieser keineswegs zufälligen Begriffsübernahme gegen die offizielle Zwei-Nationen-These der DDR. Er setzt zugleich aber Gegenzeichen, indem er sofort anschließend und an anderen Stellen die Staatsbezeichnung „Deutsche Demokratische Republik" oder „DDR" nachdrücklich verwendet. Mißdeutungen, unter welchem Vorzeichen er die Einheit Deutschlands erwartet, die in seinem Denken eine wichtige Rolle spielt, sollen so ausgeschlossen werden. Genauso selbstverständlich und mit kritischem Unterton spricht Heym von der „Mauer" (S. 333, Z. 4 und S. 334, Z. 1). Er widerspricht damit zwar der ideologischen Deutung, die in der offiziellen Propagandaformel vom „antifaschistischen Schutzwall" zum Ausdruck kommt, macht zugleich aber auch klar, daß die Errichtung dieses ungeliebten Bauwerks für ihn nicht nur ein „Verzweiflungsakt", sondern auch ein „Neuanfang" war (S. 334, Z. 1 ff.). – „Sozialismus" ist einer der wenigen Begriffe aus dem Grundvokabular des Marxismus-Leninismus, der von Heym verwendet wird. Er will ihn im Sinne von Marx verstanden wissen und verbindet ihn immer wieder mit der Forderung nach Weiterführung der Revolution und nach persönlicher Freiheit. Indem Heym auch die anderen ihm bekannten Schriftsteller als überzeugte Sozialisten bezeichnet (S. 334, Z. 38), will er dem Versuch von westlicher Seite begegnen, kritische Autoren in einen Widerspruch zu ihrem Staat zu setzen. (Bei der Anthologie, von der Heym S. 334, Z. 40 spricht, handelt es sich um ‚Auskunft. Neue Prosa aus der DDR', hrsg. von Stefan Heym, München 1974;

Achtes Kapitel: Zu Text 202, S. 335 ff.

Taschenbuchausgabe bei Rowohlt, 4046.) – Der typische Parteijargon („Arbeiter-und-Bauern-Staat", „sozialistischer Friedensdienst") und v. a. das ideologische Kampfvokabular („Bonner Ultras", „Revanchisten", „imperialistische BRD") fehlen in diesem Artikel völlig. Statt dessen: In krassem Gegensatz zu den beschönigenden Formeln, mit denen in Parteiveröffentlichungen das Leben in der DDR beschrieben wird, verwendet Heym für seine offene Analyse die interpretationsbedürftigen, keinesfalls positiven Formulierungen „surrealistische Züge" (S. 333, Z. 6) und „surrealistischer Charakter" (S. 333, Z. 27).

Es geht um das Wort
Bei dieser Erklärung Stefan Heyms für das ZDF handelt es sich um ein sehr persönliches Dokument, das eine erneute Zuspitzung der Situation des sozialistischen Schriftstellers in der Auseinandersetzung mit seinem Staat signalisiert. – Die Ausbürgerung Biermanns (1976) hatte die kulturpolitische Situation in der DDR völlig verändert, und nach dem Erscheinen von ‚Collin' in der Bundesrepublik stand der „Dissident" Heym neben Robert Havemann im Zentrum des Interesses von Partei und Staatsorganen. Beide wurden mit Überwachungen und Abhöraktionen unter Druck gesetzt und sollten offensichtlich dazu veranlaßt werden, die DDR freiwillig zu verlassen. Als der Staatsanwalt die Presse von der Eröffnung eines Devisenverfahrens gegen Heym und Havemann informierte, wandte sich der Autor mit der hier abgedruckten Erklärung an das westliche Fernsehen. – Die Verurteilung Heyms erfolgte Ende Mai 1979; Anfang Juni wurde er zusammen mit Schriftstellerkollegen, die in einem Brief an Erich Honecker gegen das Verfahren protestiert hatten, aus dem Schriftstellerverband ausgeschlossen.
Der Anfang des knappen Textes ist rhetorisch wirkungsvoll formuliert (S. 335, Z. 12–17). Mit wenigen Worten veranschaulicht Heym den Druck, dem er und seine Frau ausgesetzt waren, und durch die vierfache Betonung seines bisherigen Schweigens wird die Bedeutung der vorliegenden Erklärung hervorgehoben. Von dieser Position geht der Journalist Heym zum Angriff über (Z. 18–24), indem er den Zensurcharakter des Devisengesetzes hervorhebt und die zwangsläufige Folgen für mißliebige Autoren beschreibt. Heym zeigt, daß er den unausgesprochenen Grund für das Verfahren gegen ihn kennt (Z. 25 f.) und daß er sich als Leitfigur einer Gruppe von Autoren begreift, die aus durchsichtigen Gründen kriminalisiert werden sollen (Z. 29). Mit den folgenden Identifikationsformulierungen („unsere Presse [...] unser Fernsehen [...] unser Rundfunk") und dem prägnanten Schlußsatz macht er deutlich, wo er seinen Platz sieht und daß die Staatsorgane ihr verdecktes politisches Ziel nicht erreichen werden. Seit Oktober 1976 besitzt Heym ein Langzeitvisum, das ihm das Verlassen der DDR jederzeit möglich machen würde.

Zur Behandlung im Unterricht
Die Biographie von Stefan Heym kann mit dem allgemeinen historischen Ablauf der deutschen Geschichte vom Ende der Weimarer Zeit bis heute unmittelbar in Beziehung gesetzt werden. Sein literarisches Werk ist eine Widerspiegelung unserer Epoche und eine kritische Auseinandersetzung mit ihr. – Dieser exemplarische Lebenslauf eröffnet die Möglichkeit, in einer fächerübergreifenden Unterrichtsgestaltung historische, politische und literaturgeschichtliche Faktoren der Entwicklung in ihrem Zusammenhang deutlich zu machen, wobei die personenbezogene Perspektive dieser Betrachtung dazu beitragen kann, das Interesse der Schüler an einer solchen verbundenen Arbeitsweise zu fördern. – Die genaue Analyse des Textes ‚Leben in Ostdeutschland' kann als Einstieg am Anfang der Behandlung stehen, wobei die eigenwilligen Aussagen und Formulierungen Heyms (s. o.), die sich jeder politischen Schematisierung entziehen, Anlaß sein könnten, die Erklärung für diese persönliche Weltsicht in den bewegten Lebens- und Zeitumständen des Autors zu suchen. Dabei kann die Erörterung des tabellarischen Lebenslaufes (s. o.) durch entsprechende Auszüge aus dem journalistischen Werk von Stefan Heym illustriert werden (‚Wege und Umwege. Streitbare Schriften aus fünf Jahrzehnten', s. o., Lehrervortrag). Die Analyse des zweiten Textes ‚Es geht um das Wort', steht dann am Ende dieser kleinen Einheit.

Thematische Bezüge in anderen Texten
Logau (8), Kant (19), Knigge (36), Deutscher Bundestag (88), Heine (92), Hoffmann v. Fallersleben (93), Tucholsky (155), Kracauer (160), Keun (170), Braun (197).

202 Günter Kunert: Verspätete Monologe (S. 335 ff.)

Zu Leben und Werk Günter Kunerts
Günter Kunert, geboren am 6. März 1929 in Berlin, Sohn eines kleinen Fabrikanten und einer jüdischen Mutter, gehört wie Christa Wolf (ebenfalls 1929 geboren) zur Generation jener Autoren, deren Kindheit und

Achtes Kapitel: Zu Text 202, S. 335 ff.

Jugend durch die Erfahrungen der nationalsozialistischen Diktatur und des Zweiten Weltkriegs geprägt worden ist. Nach dem Besuch der Volksschule wurde er entsprechend den faschistischen Rassegesetzen vom Besuch der höheren Schule ausgeschlossen und für „wehrunwürdig" erklärt. – Schon bald nach Kriegsende erhielt Kunert die Möglichkeit, fünf Semester lang die ‚Hochschule für angewandte Kunst' in Ost-Berlin zu besuchen, und 1950 nahm er am ersten Lehrgang des ‚Deutschen Schriftstellerverbandes' teil. Von 1947 an veröffentlichte er erste Gedichte, Kurzgeschichten und Zeichnungen in der satirischen Zeitschrift ‚Ulenspiegel', studierte die Schriften von Marx und trat der SED bei. Kunert war der Überzeugung, daß mit der Gründung eines sozialistischen deutschen Staates die Chance gegeben sei, den Faschismus endgültig zu überwinden. In seinem ersten Gedichtband, ‚Wegschilder und Mauerinschriften', der 1950 erschien, steht die Aufarbeitung der faschistischen Vergangenheit im Vordergrund; er formuliert Appelle an die Gegenwart und zeigt Perspektiven für eine humanere Zukunft. Die Förderung durch J. R. Becher und die persönliche Bekanntschaft mit Brecht waren mitbestimmend dafür, daß Kunert sich für eine Existenz als freier Schriftsteller entschied. – Seither entstand ein umfangreiches literarisches Werk, das Erzählungen, Kurzgeschichten, Satiren, Essays, Märchen, Reisejournale und Tagebücher, Kinderbücher und vor allem Gedichte und besondere Formen der Kurzprosa umfaßt. Epische Großformen wie der Roman ‚Im Namen der Hüte' (1967) und die umfangreiche Erzählung ‚Gast aus England' (1973) sind ebenso Ausnahmen geblieben wie das Theaterstück ‚Futuronauten', das 1981 in Hannover uraufgeführt wurde. Der ehemalige Grafikstudent, der verschiedene seiner Gedicht- und Prosabände mit eigenen Zeichnungen ausgestattet hat, verfaßte aber auch Drehbücher für Film und Fernsehen und besprach Schallplatten.
Bei der Betrachtung des Gesamtwerkes von Kunert sind inhaltlich und formal zwei Abschnitte zu unterscheiden.
In der ersten Periode, die etwa bis ins Jahr 1963 reicht, standen Gedichte im Vordergrund seines Schaffens, bei denen der weltanschauliche und künstlerische Einfluß Brechts unübersehbar ist. Mit den Anthologien ‚Tagwerke. Gedichte und Balladen' (1960) und ‚Das kreuzbrave Liederbuch' (1961) knüpft Kunert mit einfachen lyrischen Formen und eingängigen Bildern an die Lieder und Balladen Brechts an, und das dialektische Gestaltungsprinzip wird in seinen Gedichten, die er selber als „Reflexionsmodelle" bezeichnete, zum wichtigsten Mittel der Kritik und der Aufklärung. In der Auseinandersetzung mit der faschistischen Vergangenheit und bei der Erörterung von Problemen des sozialistischen Aufbaus zeigt Kunert dem Leser, der aus der Geschichte lernen soll, positive Handlungsmöglichkeiten und Wege in eine bessere Zukunft. Obwohl Kunert schon 1956 auf dem II. Kongreß Junger Künstler für eine größere Freiheit des Wortes und der Kunst eingetreten war (s. Text I.12 in: Literarisches Leben in der DDR, ausgewählt und eingeleitet von C. Bunk; Reihe: Editionen für den Literaturunterricht, hrsg. von D. Steinbach, Ernst Klett Verlag, Stuttgart 1984) und die Einengungen des sozialistischen Realismus zu keiner Zeit akzeptiert hatte, wurde er 1962 in „Anerkennung seines literarischen Beitrags zum Aufbau der sozialistischen Gesellschaft" mit dem Heinrich-Mann-Preis der Deutschen Akademie der Künste in Ost-Berlin ausgezeichnet. – Doch schon 1963, nach der Fertigstellung eines Filmdrehbuchs ‚Monolog für einen Taxifahrer' und der Veröffentlichung kritischer Epigramme in der ‚Weltbühne', wurde Kunert durch Alexander Abusch, den ehemaligen Minister für Kultur, in der Wochenzeitung ‚Sonntag' öffentlich gerügt, wobei ihm „Nachahmung primitivistischer Erscheinungen der westdeutschen dekadenten Literatur" vorgeworfen wurde. Abusch stellte fest: „Wie anders kann es in einer Reihe der neueren Gedichte Kunerts zu einer Rückentwicklung vom Wir, das in seinen Anfangsgedichten besonders stark vorhanden war, zu einem superindividualistischen Ich kommen, in einer Zeit, in der bei uns die Entwicklung der menschlichen Persönlichkeit mehr und mehr vom Ich zum Wir geht" (‚Sonntag', 1963, Nr. 6).
Mit dem Erscheinen des Gedichtbandes ‚Der ungebetene Gast' im Jahre 1965 wurde die Wende in der persönlichen und literarischen Entwicklung des Autors endgültig deutlich. Diese Sammlung markiert den Beginn der zweiten Schaffensperiode Kunerts und zeigt einen Dichter, in dessen schonungsloser Analyse der Gegenwart die negativen Befunde überwiegen. Themen dieser Sammlung sind die Widersprüche von Subjekt und Gesellschaft und die damit verbundenen Deformationen des Ichs, die Skepsis gegenüber teleologischen Geschichtskonzeptionen und der grundsätzliche Zweifel an der humanen Qualität des technologischen Fortschritts, der zu Anonymität und Angst, zu Entfremdung und Verdinglichung führt. – Neben das Gedicht, das in der ersten Phase im Vordergrund stand, traten jetzt vielfältige Formen der Kurzprosa (‚Kramen in Fächern. Geschichten, Parabeln, Merkmale', Weimar 1968; ‚Tagträume in Berlin und andernorts', München 1972). – Die Auseinandersetzung mit der Kulturbürokratie verschärfte sich, und auf dem 11. Plenum des Zentralkomitees der SED im Jahre 1965, auf dem Hermlin, Huchel, Biermann, Bräunig, Heym und Christa Wolf abgekanzelt wurden (s. in diesem Zusammenhang die biographischen

Achtes Kapitel: Zu Text 202, S. 335ff.

Notizen zu den Texten 199, 200/201, 204), traf die Kritik erneut Günter Kunert, dem erkenntnistheoretisch eine mechanische Materialismusauffassung und eine bürgerliche Mystifizierung des Geschichtsprozesses vorgeworfen wurden. – Die kulturpolitische Beruhigung nach dem Amtsantritt von Erich Honecker 1971 brachte auch für Kunert eine vorläufige Entspannung. Er machte verschiedene Reisen, deren poetischer Ertrag in Lyrik und Prosa festgehalten wurde und in beiden Deutschlands erscheinen konnte: ‚Der andere Planet. Ansichten von Amerika' (Weimar 1974, München 1975); ‚Ein englisches Tagebuch' (Weimar 1978, München 1980); ‚Verlangen nach Bomarzo. Reisegedichte' (Leipzig 1978, München 1978). – Trotz weiterbestehenden Spannungen erhielt der inzwischen international renommierte Lyriker (zusammen mit Wilhelm Tkaczyk) 1973 den bedeutenden ‚Johannes-R.-Becher-Preis'. Kunert bewahrte seine persönliche und literarische Unabhängigkeit. Im November 1976 gehörte er zu den Unterzeichnern des offenen Briefes gegen die Ausbürgerung von Wolf Biermann (s. Text IV.2 in den Editionen bei C. Bunk, s. o.), und als er sich weigerte, diesen Protest öffentlich als Fehler einzugestehen, wurde er Anfang 1977 aus der Mitgliederliste der SED gestrichen; er hatte in der Folgezeit Schikanen zu erdulden und wurde systematisch in die Isolation gedrängt. Im Oktober 1979 verließ Kunert mit Genehmigung der zuständigen Behörden und unter Beibehaltung seiner Staatsbürgerschaft die DDR. In einem Artikel, der unter der Überschrift ‚Jetzt ist es endgültig genug!' am 2. November 1979 in der Hamburger Wochenzeitung ‚Die Zeit' erschien, stellte er fest, er habe zuletzt keine Zeile geschrieben, weil er nicht mehr die Kraft für eine schöpferische Tätigkeit gefunden habe (abgedruckt in: Günter Kunert – Literatur im Widerspruch. Auswahl der Texte und Materialien von D. Jonsson. Reihe: Editionen für den Literaturunterricht, hrsg. von D. Steinbach, Ernst Klett Verlag, Stuttgart 1980, S. 122ff.; s. auch den Text ‚Von anderen Ängsten'). Kunert wohnt heute in der Nähe des holsteinischen Itzehoe; sein Visum für das „kapitalistische Ausland" ist im Dezember 1983 verlängert worden. Die Gedichte und der größte Teil seiner Prosa aus den Jahren seit 1977 (u. a. ‚Abtötungsverfahren. Gedichte', 1980, und ‚Verspätete Monologe. Prosa', 1981) konnten nur noch in der Bundesrepublik erscheinen. Kunert, der in der DDR seit 1950 23 Bücher veröffentlicht hat und dort zu den meistgelesenen Autoren gehört, ist auch in der Bundesrepublik vielfach geehrt worden: 1980 erhielt er die ‚Ehrengabe des Kulturpreises im Bundesverband der Deutschen Industrie'; 1981 wurde ihm im Rahmen der Stiftungsdozentur für Poetik an der Frankfurter J.-W.-Goethe-Universität die Poetik-Vorlesung übertragen (,Vor der Sintflut. Das Gedicht als Arche Noah'); 1982 wurde er als Mitglied in die Deutsche Akademie für Sprache und Dichtung in Darmstadt aufgenommen; 1983 übernahm er für ein Jahr das Amt des „Stadtschreibers von Bergen" (bei Frankfurt a. M.); 1985 erhielt er den ‚Heine-Preis' der Landeshauptstadt Düsseldorf. Seine Bücher erscheinen seit 1963 im Hanser-Verlag in München und in zahlreichen Lizenzausgaben. In der bibliographischen Handreichung von R. Schlepper: ‚Was ist wo interpretiert?' (Schöningh-Verlag, 7. Auflage, Paderborn 1986) ist Kunert unter allen DDR-Autoren mit den meisten Texten vertreten, von denen einzelne noch dazu in verschiedenen Lesebüchern und Textsammlungen erschienen und auf diese Weise mehrfach interpretiert worden sind. Überblickt man diese Deutungsversuche, so erscheinen die Bedenken, die in der Einleitung hinsichtlich eines sachgerechten Umgangs mit DDR-Literatur geäußert wurden, in vielen Fällen gerechtfertigt. Pauschale Kennzeichnungen wie „Flucht ins Private", „Absage an den Sozialismus", „Existentialismus", „Umkehr von Brecht zu Benn", „Anti-Aufklärer", „Lyrik der Hoffnungslosigkeit", „Prophet der Apokalypse" und ähnliche Deutungsversuche erinnern auch dann, wenn sie positiv verstanden werden, in bedenklicher Weise an die Vorwürfe, mit denen Kunert sich z. T. schon in der DDR auseinandersetzen mußte. Solche formelhaft verkürzten Urteile, die häufig aus der isolierten Interpretation von Einzeltexten hervorgehen, können auch dann, wenn sie in Teilaspekten berechtigt erscheinen, der anspruchsvollen und widersprüchlichen Denk- und Werkstruktur Kunerts insgesamt nicht gerecht werden.

Zu den Texten
Grundlegende Aussagen zur Weltanschauung Günter Kunerts und zu seinem Selbstverständnis als Schriftsteller können verschiedenen Essays entnommen werden, in denen sich der Autor explizit zu den theoretischen Grundlagen seiner Arbeit geäußert hat: ‚Selbstporträt im Gegenlicht', ‚Paradoxie als Prinzip', ‚Das Bewußtsein des Gedichts', ‚Warum schreiben' (alle veröffentlicht in: ‚Tagträume in Berlin und andernorts'; im folgenden zitiert nach dem Fischer-Taschenbuch 1437). Für eine umfassendere und differenziertere Analyse erscheint es darüber hinaus notwendig, auch solche literarischen Texte, Gedichte und vor allem Kurzprosa, heranzuziehen, in denen zentrale politisch-didaktische Vorstellungen dieses marxistischen Denkers und Dichters in gleichnishafter Form vermittelt werden (s. dazu Dieter Jonsson [Hrsg.]: Günter Kunert – Literatur im Widerspruch. Reihe: Editionen für den Literaturunterricht, hrsg. von D. Steinbach. Ernst Klett Verlag, Stuttgart 1980). Kunert selbst versteht sich als sozialistischer Schriftsteller und fühlt sich dialektisch-materialistischen Prinzipien verpflichtet, wobei sich sein Verständnis von Marxismus allerdings

in wesentlichen Punkten von der offiziellen DDR-Doktrin unterscheidet. Dies hatte, wie seine Biographie zeigt, harte Auseinandersetzungen mit der Partei- und Staatsführung zur Folge, die bis an den Rand seiner Schriftstellerexistenz führten und ihn 1979 zum Verlassen seiner Heimat veranlaßten. – Im Sinne dieser konfliktreichen Auseinandersetzung unter den besonderen Verhältnissen der „Literaturgesellschaft" ist Kunert ein „DDR-Autor" (s. Einleitung – „Literaturgesellschaft": Divergenz zwischen Ideologie und Wirklichkeit, S. 421 f.), auch wenn er selber diese Kennzeichnung als „nichtssagend" empfindet und eine mögliche Einschränkung, die damit verbunden sein könnte, entschieden ablehnt. Nach seinem eigenen Selbstverständnis sieht er sich als „einen kosmopolitischen, internationalen, meinetwegen 'internationalistischen', gar weltbürgerlichen Autor" (‚Ein Dialog', zitiert nach Jonsson, s. o., S. 112). Zwar hat er in der DDR die „Konflikte, die sein Material sind, frei Haus" (s. o.) erhalten, doch die entscheidenden Übel unserer Zeit sind nach seiner Auffassung weder alleine dem Sozialismus noch dem Kapitalismus zuzuschreiben: „Das, was wir uns angewöhnt haben, ‚moderne Zivilisation' zu nennen, wobei übrigens das kennzeichnende politische Adjektiv nebensächlich erscheint und das in zunehmendem Maße utilitaristisch ausgerichtet ist, reduziert den einzelnen zum Zweckdiener; dieser Akt der Reduktion ist einer der Zerstörung. Er ist in unserem Jahrhundert ganz besonders in deutschen Landen wirksam und wirksam gewesen" (s. o., S. 114).
Die gedankliche Struktur des Werkes von Kunert, die sich aus einer intensiven, unorthodoxen Marxismus-Interpretation heraus entwickelt hat, soll im folgenden wenigstens in Grundzügen umrissen werden.
Auch Kunert kritisiert die leninistische Widerspiegelungstheorie (s. Einleitung – Grundgedanken der leninistischen Literaturtheorie, S. 419). Nach seinem Verständnis ergibt sich die Gesellschaftsbezogenheit von Literatur sowohl durch eine vertikale Vermittlung zwischen Basis und Überbau als auch durch epochenübergreifende horizontale Vermittlungen zwischen unterschiedlichen historischen Bewußtseinsstufen, wodurch v. a. die Formenvielfalt der literarischen Tradition für den Schriftsteller fruchtbar wird. Kunst wird von Kunert als eine spezifische, „relativ autonome" (‚Das Bewußtsein des Gedichts', in: ‚Tagträume in Berlin und andernorts', S. 205) Bewußtseinsform verstanden, die neben anderen Überbaubereichen besteht. So unterscheidet sich z. B. die Exaktheit wissenschaftlicher Begriffe von der „Gleichnishaftigkeit" der Literatur (‚Paradoxie als Prinzip', s. o., S. 200), wobei diese „Allgemeingültigkeit" (S. 201) sowohl Voraussetzung für eine fortdauernde Gültigkeit poetischer Gebilde wie auch für deren intersubjektive Vermittlung ist. Von der idealistischen Position eines überzeitlichen Kunstwerks, das es nach Kunert nicht geben kann, unterscheidet sich diese Auffassung dadurch, daß Literatur grundsätzlich an die jeweiligen Bedingungen der Basis gebunden bleibt. Jedes literarische Werk ist nach Kunert eine Objektivation individuellen Bewußtseins, wobei der Schriftsteller in einem Geflecht historischer und sozialer Koordinaten steht. Seine Motive zu schreiben sind zwar primär persönlich-biographisch bedingt, doch zugleich erweist er sich als „Seismograph" (‚Ein Dialog', zitiert nach Jonsson, Editionen, S. 110), „dem alles Biographische nur als gesellschaftliches Paradigma denkbar ist und widerfährt" (‚Selbstporträt im Gegenlicht', in: ‚Tagträume in Berlin und andernorts', S. 180): „Das Gedicht, so subjektiv es scheinen mag, kann ein Beleg des objektiv gewordenen Bewußtseins sein. Unsere Mühe, es zu entschlüsseln, ist der Preis, den wir zu entrichten haben, wenn wir wissen wollen, wohin wir gelangt sind, innerlich wie äußerlich, als Einzelne und als Gattung" (‚Vor der Sintflut', München 1985, S. 9 f.).
Der Schriftsteller geht dem Leser bei dieser Suche nach Identität voran, wobei Kunert dem Individuum im Rahmen der Gesetzmäßigkeiten der geschichtlichen Entwicklung durchaus Entscheidungsfreiheit zuspricht. Der einzelne ist nicht auf eine einzige „nackte Notwendigkeit" (‚Exkursion in die Geschichte', in: ‚Tagträume in Berlin und andernorts', S. 100) fixiert, sondern das Vorhandensein unterschiedlicher Möglichkeiten, die in ihrer Gesamtheit durchaus gesetzmäßig sind, führt den Menschen aus seiner „Objekthaftigkeit" heraus, befreit ihn vom „Schreckbild ewiger Sklaverei" und macht ihn zum „Subjekt der Geschichte" (S. 99). Doch neben der Individualität ist es die Sozialität, die das Wesen des Menschen ausmacht: Subjektive Identität kann nur im Rahmen sozialer Beziehungen gefunden werden, oder der Selbstverwirklichungsprozeß ist zum Scheitern verurteilt. – Durch diese Prämisse von der herausragenden Rolle des menschlichen Subjekts, bei der er sich ausdrücklich auf Marx beruft (S. 99), unterscheidet Kunert sich am deutlichsten von der offiziellen Parteidoktrin. Ähnlich gravierend sind die Abweichungen in der Auffassung vom Wesen des Widerspruchs, den Kunert auch im Sozialismus als entscheidendes Moment jeder gesellschaftlichen Entwicklung ansieht (s. Kommentar zu Text 210), seine Beurteilung der Gegenwart und seine Vorstellung von der Geschichte (s. Kommentar zu Text 211).
Die vier Texte dieses Abschnitts stammen aus dem 1981 nur in der Bundesrepublik erschienenen Prosaband ‚Verspätete Monologe' (im Hanser-Verlag und als dtv-Taschenbuch 10224; bei Heranziehung zusätzlicher Texte wird im folgenden aus der Taschenbuchausgabe zitiert); in der Sammlung sind mehr als einhundertfünfzig Notate aus den Jahren 1978–1980 vereinigt. Mit dem ersten Stück, ‚In Buch umzingelt' (S. 11 f.),

Achtes Kapitel: Zu Text 202, S. 335 ff.

wird das Thema, das alle Texte dieses Prosabandes mehr oder weniger stark bestimmt, angeschlagen: die unmittelbare Betroffenheit Kunerts durch die schikanösen Observierungen des Staatssicherheitsdienstes im Ostberliner Stadtteil Buch in den letzten Monaten vor der amtlich gebilligten Ausreise in den Westen. Die Niederschriften reichen bis über die Ankunft in der Bundesrepublik hinaus (‚Die ersten drei Nächte in Itzehoe', S. 127 f.; ‚Bei Itzehoe', S. 152) und werden mit einem Notat abgeschlossen, in dem Kunert den Titel der Sammlung, ‚Verspätete Monologe', aus der Situation dieser Monate heraus begründet: Jedes Stück „ist ein Selbstgespräch, und alle entstanden gründlich verspätet, fast wäre ich geneigt zu sagen: zu spät. [...] Ich habe mit mir selber geredet, jeden Tag, und auch nachts, ach, oft genug, und lange Zeit gebraucht, bis ich mich wirklich selber verstanden habe" (S. 153 f.).

Aus der fundamentalen Verunsicherung dieser Zeit heraus ist auch die künstlerische Eigenart vieler Texte zu verstehen, die, verglichen mit Prosaarbeiten aus früheren oder späteren Jahren (s. u. a. auch Text 210/211), in ihrem Tagebuchcharakter mehr direkte, unmittelbar persönliche Betroffenheit und weniger „Allgemeingültigkeit" erkennen lassen. – Mit den hier ausgewählten Abschnitten werden zentrale Fragen des dichterischen und politischen Selbstverständnisses Kunerts in einer existenzbedrohenden Lebenskrise angesprochen.

Die ausgewählten Stücke, die jeweils vollständig abgedruckt wurden, sind unter den ersten Texten der Sammlung zu finden und alle vor der Übersiedlung Kunerts in den Westen geschrieben worden. Der Text ‚Aufklärung I', der durch seine Ordnungszahl eine Fortsetzung des Themas anzudeuten scheint, hat in diesem Band keine direkte Entsprechung.

Zur Interpretation

Von anderen Ängsten (S. 335 f.)
In diesem bedeutsamen, in einer Ausnahmesituation entstandenen Text, in dem „die Angst, nicht mehr schreiben zu können" (S. 336, Z. 1 f.) analysiert wird, werden wesentliche Elemente der weltanschaulichen und literarischen Position Kunerts deutlich. – Schon die Erweiterung der Überschrift durch „anderen" läßt den Leser aufmerken. Mag diese Überschrift für den monologisierenden Autor auch einsichtig sein, für den Leser wirkt sie 'verfremdend' und erweist sich damit als auf den Dialog angelegt. Der Leser wird von Anfang an zu einer nachdenklichen, kritischen Rezeption veranlaßt und entwickelt dabei jene Haltung, die Kunert als entscheidende Voraussetzung für seine Schriftstellerexistenz in den Mittelpunkt gestellt hat: die „Distanz" (S. 336, Z. 4 und 7). Das Nachfragen des Lesers, das Kunert entsprechend seiner Rezeptionstheorie und in der Nachfolge Brechts (s. auch Kommentar zu Text 210) in seinem gesamten Werk immer wieder provoziert, führt zu der Beobachtung, daß in den Abschnitten, die diesem Text vorangehen, tatsächlich von „anderen" angstmachenden Bedrohungen die Rede ist: quantitativ und qualitativ. – Während es sich bei ‚In Buch umzingelt' (S. 11 f.) und bei der Entfernung seiner Bücher aus öffentlichen Bibliotheken (‚Entwertet', S. 12 f.) um äußere Bedrohungen handelt, ist die Angst, nicht mehr schreiben zu können, von qualitativ anderer Art. Sie steht in Zusammenhang mit den „Ängsten" (S. 335, Z. 39), die bei einer geistigen „Selbstmusterung" (Z. 41) zum Vorschein kommen und die auch dann, wenn sie durch „Objektivierung und Aufdecken ihrer Gründe" (Z. 39 f.) erklärbar erscheinen, deshalb so schwer „einzugestehen" (Z. 39) sind, weil ihr Aufdecken letztlich „Gebrechen" (S. 336, Z. 1) bewußtmacht, die man selber verschuldet hat. In einer der folgenden Reflexionen, die er „Scham" überschreibt, werden sie von Kunert benannt: „unsere Schwäche, Fehlen von Widerstand, letztlich Feigheit, da wir die Erniedrigung, indem wir sie erdulden statt gegen sie zu revoltieren, selbst um den Preis unseres Unterganges, mittelbar akzeptieren" (‚Verspätete Monologe', s.o., S. 34). – Der Begriff der Distanz (S. 336, Z. 5), der einem bürgerlichen Leser als Voraussetzung für die Beurteilung und Darstellung eines Sachverhaltes unabdingbar erscheinen mag, ist in einem marxistischen Literaturkonzept, in dem davon ausgegangen wird, daß die objektiv vorgegebene Wirklichkeit im Bewußtsein eines Schriftstellers unvermittelt reproduziert und künstlerisch gestaltet wird, keineswegs selbstverständlich. Eine solche passive Widerspiegelung, wie sie in der offiziellen leninistischen Theorie vertreten wird, hat einen entsprechend beschränkten Realismusbegriff zur Folge und führt dazu, daß Kulturfunktionäre allzuoft glauben, Literatur ihren alltäglichen Zwecken unmittelbar dienstbar machen zu dürfen. Gegen eine solche eingeengte Auffassung von Literatur stellt Kunert das „unauflöslich" (S. 336, Z. 6) verbundene Begriffspaar „Beteiligtsein und Distanziertheit" (Z. 6): In dem Begriff „Beteiligtsein" wird die Abhängigkeit von der materiellen Basis deutlich („äußere Wirklichkeit", Z. 7), und in dem Begriff „Distanziertheit" kommt der „Spielraum" im Bewußtsein des erkennenden Subjekts („innere" Wirklichkeit, Z. 8) zum Ausdruck. „Kreativität" (Z. 6), Phantasie und Utopie entstammen zum einen dieser freien Imagination des Autors, sie müssen zum andern aber auch durch eine fortlaufende Analyse der realen

Verhältnisse an die Wirklichkeit rückgebunden und weiterentwickelt werden, wenn sie nicht zu idealistischen Phantasmagorien verkommen sollen. (Diese Interpretation, die aus dem vorliegenden Text nicht in allen Einzelheiten zu belegen ist, ergibt sich aus der Konzeption des Gesamtwerkes; s. z.B. ‚Ziemlich biblische Geschichte' und ‚Dornröschen', beide in: ‚Tagträume in Berlin und andernorts', S. 39 und S. 49 f.) Im Unterschied zu orthodox-marxistischen Literaten, die sich lediglich als „Sprachrohr" verstehen, ist es für Kunert eine Frage des geistigen „Überleben[s]" (Z. 10), sich von der äußeren Wirklichkeit nicht überwältigen zu lassen. Um die Fruchtlosigkeit einer Haltung ausschließlicher Betroffenheit zu zeigen, wählt Kunert das Bild der „Tränen" (Z. 10). Sie sind bloßer Reflex auf eine als schmerzhaft empfundene Wirklichkeit, und deshalb „stellen [sie] nichts dar" (Z. 10 f.). Sie können auch für den Schriftsteller Kunert nicht „die Quelle [sein], aus welcher der Fluß der Wörter entspringt, in dem die Welt sich spiegelt" (Z. 11 f.). Vielmehr bezeichnen sie den „Schwund des Abstandes" (Z. 12) und „auch den Schwund von Erkenntnismöglichkeiten" (Z. 12 f.), die den Autor fürchten lassen, „nicht mehr schreiben zu können, nie wieder" (Z. 1 f.).

Der Kompromiß (S. 336)
Die Reflexion dieses Textes steht in unmittelbarem Zusammenhang mit der vorangegangenen Analyse. Sie ist Teil der geistigen „Selbstmusterung", in der auch die Kompromisse, die „jahrelang" (S. 336, Z. 16) positiv gesehen wurden („Basis allen Miteinanders", Z. 16 f.; „Ausgleich", Z. 17), als „Balanceakte" (Z. 20 f.) erkannt werden. In Wahrheit haben sie sich als „Disziplinierung" durch die Staatsmacht und als „Anpassung" (Z. 27) von seiten des Autors erwiesen, der mit dem Verzicht auf „entschiedene[n] Dissens" (Z. 20) wenigstens einen Teil seiner Ansprüche durchzusetzen hoffte (Z. 19 f.). – Auffallend an diesem Text, den Kunert ohne Frage auf seine persönliche Situation bezogen hat, ist die Tatsache, daß der Autor als grammatisches Subjekt in diesen Zeilen nicht in Erscheinung tritt. Einleitend ist von „man" (Z. 16) die Rede, und im zweiten Abschnitt werden das „Bewußtsein" (Z. 22) und das unpersönliche „es" (Z. 23, 26, 28) als Subjekt gewählt. – Ein Zitat aus dem abschließenden, als Nachwort gedachten Text der ‚Verspäteten Monologe' macht deutlich, daß Kunert seine Situation hier konsequent von einer materialistischen Position aus beurteilt. Er stellt sich selber die Frage, ob und warum er sich den entscheidenden Einsichten so lange verweigert hat, und kommt nachträglich zu der Feststellung: „Zwischen Erkennen und Vernehmen der Wahrheit (was immer das ist) bis zu ihrem Aussprechen führt manchmal ein verschlungener Weg durch die Gehirnwindungen, dessen Länge der Betroffene häufig nicht selber bestimmen kann" (S. 154). – Das „Ich" des Autors, der unter dem Druck der Verhältnisse seine Identität verloren hat, erscheint dem „Es" dialektisch gegenübergestellt. Diese Entzweiung macht das Subjekt vorübergehend handlungsunfähig und begünstigt die „eingeübte Zurückhaltung" (Z. 29), bis dann das Bewußtsein „eines Tages" (Z. 22) und vielleicht der Streichung „eines einzigen Wortes" wegen (Z. 24 f.) seine „Kompromißbereitschaft" (Z. 22) verweigert. Was nach dieser Entscheidung bleibt, ist Angst (Z. 31 f.).

Sprache (S. 336)
Das vorliegende knappe Notat ist eine von zahlreichen Äußerungen, in denen Kunert sich in unterschiedlicher Form (Essays, Parabeln, Gedichte) mit der Sprache auseinandersetzt. – In einem altmodisch klingenden Satz, durch dessen besondere Konstruktion die Worte „Die Unmöglichkeit [...]" und „[...] grundsätzliche" am Anfang und Ende deutlich hervorgehoben werden, steht das Thema „Sprachregelung" im Zentrum der Aussage (S. 336, Z. 34 f.). Unter einem „klar abgegrenzten Gebiet der Sprachregelung" (Z. 34) versteht Kunert den offiziellen Sprachgebrauch, der von den Parteiideologen für alle Bürger in der DDR vorgeschrieben wird: „Es gibt keinen Bereich öffentlich werdenden Lebens, wo nicht ein barbarisch verhunzter Marxismus als Glaubensdogma verpflichtend wäre. Von der Germanistik bis zu den Tagesnachrichten im Rundfunk, von populärwissenschaftlichen Sachbüchern bis zu den Kreuzworträtseln der Zeitschriften unterliegt jede öffentliche Bekundung dem Zwang, in eine offizielle Bekundung verwandelt zu werden" (‚Diesseits des Erinnerns', München 1982; hier zitiert nach der dtv-Taschenbuchausgabe, Band 10438, S. 185). Diese „geregelte Sprache", die „alles Individuelle ausgeschieden hat" (Z. 36 f.), besteht aus bürokratisch klingenden Wendungen, aus Klischees und Codewörtern, die formelhaft wiederholt werden. – Ein erfundenes, aber keineswegs untypisches Beispiel für eine Tagesnachricht könnte etwa folgendermaßen lauten: Der Generalsekretär des Zentralkomitees der SED, Erich Honecker, informierte über die schöpferische Arbeit, die das werktätige Volk in der DDR für Frieden und Sozialismus leistet, um die Beschlüsse des x-ten Parteitags der SED noch erfolgreicher in die Tat umzusetzen. – Diese Sprache ist nicht „objektiv" (Z. 37); sie beschreibt nicht die realen Verhältnisse der Basis, wie sie ein ideologiefreies Bewußtsein wahrnehmen würde, sondern diese „geregelte Sprache" will „Realität vortäuschen" (Z. 39 f.). Sie ist auf „eine einzige Funktion herabgebracht oder vereinfacht" (Z. 37 f.): Die Wirklichkeit soll im Sinne der von

Achtes Kapitel: Zu Text 202, S. 335 ff.

der Partei als Wahrheit gesetzten Ideologie interpretiert und auf dem Wege der Allgemeinverbindlichkeit des Redens soll eine Gleichartigkeit des Denkens erzeugt werden. Unter solchen Umständen gerät der kritische Schriftsteller, für den „seine Sprache [...] die abstrakte Ausprägung seiner Individualität" (Z. 35 f.) ist, in einen Konflikt. Kunert sieht die Freiheit der Sprache als Voraussetzung für seine literarische und persönliche Selbstverwirklichung. Für ihn kann es in dieser Situation nur einen Weg geben, „und der führt auf und davon" (Z. 40 f.).

Aufklärung I (S. 336 f.)
Die Aufklärung als geistige Strömung, die im Abendland schon mit dem Namen Sokrates verbunden ist und mit ihren unerfüllten Forderungen bis in die Gegenwart hineinreicht, hat Kunert in seinen Reflexionen immer wieder beschäftigt. – Die Gedichte und Balladen seiner ersten Schaffensperiode sind von einer unübersehbaren aufklärerischen Haltung gekennzeichnet, die 1956 nach dem XX. Parteitag der KPdSU, auf dem die Inhumanität der Stalin-Ära aufgedeckt wurde, zum erstenmal ins Wanken geriet. Von diesem Zeitpunkt an wurde in Kunerts Werk immer häufiger die Frage gestellt, ob der Fortschritt der Gesellschaft, der vornehmlich auf das Anwachsen der Produktivkräfte, auf technologische Entwicklung und wirtschaftliches Wachstum zielt, mit humanitärem Fortschritt unmittelbar gleichgesetzt werden kann. Etwa seit 1965 überwiegen die skeptischen Äußerungen gegenüber einer naturwissenschaftlich geprägten Vernunft, die auch im Sozialismus, wo das Privateigentum an Produktionsmitteln abgeschafft ist, nicht zur Aufhebung der Entfremdung des Menschen geführt hat. – Rigorose Urteile über die Aufklärung (im vorliegenden Text s. S. 336, Z. 44 ff.), die mit Aussagen über irrationale Strukturen des Menschen verbunden werden (s. S. 337, Z. 10, 13 f. und 18), haben dazu geführt, daß Kunert immer wieder als Anti-Aufklärer apostrophiert und daß sein Denken als Rückkehr zu einem neuen Irrationalismus interpretiert wird. Für den Leser, der von einem idealistischen Verständnis ausgeht und die Aufklärung des Individuums als positive Alternative zum Irrationalismus begreift, ist die dialektisch-materialistische Denkstruktur Kunerts schwer zu erfassen.
Während die Aufklärung mit dem Licht einer naturwissenschaftlich geprägten Vernunft jeden Winkel des menschlichen Geistes erleuchten und auch den letzten Rest von „Un-vernunft" vertreiben möchte, geht Kunert davon aus, daß irrationale Elemente, die aus der stammesgeschichtlichen Abkunft des Gattungswesens Mensch resultieren (s. besonders ‚Zum allerneuesten Bewußtsein', in: ‚Diesseits des Erinnerns', s. o., S. 200 f.), unabdingbar mit der Natur des Menschen verbunden sind. Diese irrationale Seite des menschlichen Geistes, die zur Vernunftschicht in einem dialektischen Spannungsverhältnis steht, ist ihrerseits ambivalent strukturiert: Sie ist die Ursache für menschenvernichtenden Aberglauben, und sie ist zugleich auch der Ausgangspunkt für die Träume und Visionen von einer humaneren Zukunft.
In dem vorliegenden Text wird das „Scheitern" der Aufklärung als „Binsenweisheit" (S. 336, Z. 45) angenommen und in paradoxer Wendung mit ihrem „Erfolg" (S. 337, Z. 2) erklärt. Die Aufklärung war in der Weise erfolgreich, daß sie die Menschen von falschen Autoritäten befreit und die Welt umfassend naturwissenschaftlich erklärbar gemacht hat; aber indem sie „die Spielfläche von Illusionen, Fantasmen, Aberglauben, Irrtümern und Unvernünften" (Z. 6 f.) frei machte, bewirkte sie gleichzeitig eine Zerstörung der „Glaubensbilder, der ahnungsvollen Deutungen, der Visionen und Träume" (Z. 9 f.). Das weiterbestehende „metaphysische Bedürfnis, das den Schwund seiner Objekte immer überlebt", blieb „sich selbst überlassen" (Z. 10 f.), und die „Aufklärung, stolz über ihr Vernichtungswerk" (Z. 16), wäre auch dann, wenn sie dieses „Versagen" erkennen könnte, „nicht fähig, die abgeräumten Podeste mit ‚besseren' Göttern zu versehen: Das ist ihr sui generis nicht gegeben" (Z. 20 f.). In diesem Sinne ist sie „ihr eigenes Opfer" (Z. 3). Die „destruktive Arbeit" (Z. 23 f.) der Aufklärung, die von Kunert ausdrücklich als „berechtigt und wohl auch unvermeidlich" (Z. 23) bezeichnet wird, hat zu einem Sinnverlust geführt, der im „Sinken der Tötungshemmung" und im „Schwund der Gewissen" (Z. 27 f.) seinen Ausdruck findet, und es steht zu erwarten, daß „aus den Krämpfen der Sinnlosigkeit und Langeweile etwas geboren" (Z. 25 f.) wird, „das eine ferne zweite Aufklärung [...] kaum mehr beseitigen könnte" (Z. 26 f.). Die zuletzt angedeutete Perspektive („ferne zweite Aufklärung") und eine Reihe von Formulierungen („Opfer", Z. 3; „nicht gewachsen", Z. 18; „berechtigt und wohl auch unvermeidlich", Z. 23), die zwar ein Ungenügen der Aufklärung, nicht aber eine grundsätzliche und umfassende Gegnerschaft zu ihr erkennen lassen, machen deutlich, daß Kunert nicht pauschal und „ein-deutig" als Anti-Aufklärer bezeichnet werden kann. Und jene „ferne zweite Aufklärung", über die der Materialist Kunert in seinem Essay ‚Zum allerneuesten Bewußtsein' reflektiert (in: ‚Diesseits des Erinnerns', s. o., S. 192 ff.), soll v. a. eine Aufklärung über die wahre Natur des Menschen leisten und neben der Vernunft eine ethisch fundierte „zweite Kontrollinstanz" (s. o., S. 201) entwickeln. – Diese „zweite Aufklärung" könnte dazu beitragen, daß auch der Vorwurf des „Irrationalismus" in diesem Zusammenhang als „ein-seitig" erkannt wird.

Zur Behandlung im Unterricht
Ohne Frage gehört Kunert zu den interessantesten Autoren der DDR-Literatur. Er ist aber auch ein marxistischer Dichter, der an das Vorwissen (gerade des westlichen Lesers) besonders hohe Ansprüche stellt, und eine sachgerechte Besprechung der vorliegenden Texte wird nur unter der behutsamen und kundigen Anleitung des Lehrers gelingen können. – Für eine inhaltliche und sprachliche Analyse der Texte dieses Abschnitts erscheinen notwendig:
1. die Grundgedanken der leninistischen Literaturtheorie (s. Einleitung);
2. die Kenntnis zentraler Denkstrukturen Kunerts (die Gesellschaftsbezogenheit von Literatur; das literarische Werk als Objektivation individuellen Bewußtseins; die Fruchtbarkeit des Widerspruchs und die Produktivität des Lesers im Erkenntnisprozeß – s. o.: „Zu den Texten", S. 439 f.);
3. Informationen zur Biographie des Autors (hier besonders zu den Jahren 1978–1980, s. o.: „Zum Leben und zum Werk Günter Kunerts", S. 437 f.).
Für eine intensivere Vorbereitung soll hier noch einmal auf eine unterrichtspraktisch orientierte Analyse des Werkes von Günter Kunert hingewiesen werden: Günter Kunert: Literatur im Widerspruch, Auswahl der Texte und der Materialien von D. Jonsson. Reihe: Editionen für den Literaturunterricht, hrsg. von D. Steinbach. Ernst Klett Verlag, Stuttgart 1980. Bei der Besprechung, die von einer Erklärung des Titels ‚Verspätete Monologe' ausgehen sollte, erscheint es sinnvoll, die Texte in zwei Gruppen zusammenzufassen. – ‚Von anderen Ängsten' und ‚Der Kompromiß' behandeln persönlich-biographische Aspekte der Schriftstellerexistenz in einer Lebenskrise; in den Notaten ‚Sprache' und ‚Aufklärung I' werden Grundfragen des dichterischen und politisch-weltanschaulichen Selbstverständnisses erörtert. – Bei allen Interpretationen sollte die Aufmerksamkeit der Schüler auch auf die Besonderheiten der sprachlichen Gestaltung gelenkt werden (s. o.: „Zur Interpretation").

Thematische Bezüge in anderen Texten
Unbekannter Verfasser (10), Sacer (12), Kant (19 und 20), Herder (21), Goethe (32), Büchner (84), Marx (86), Engels (87), Büchner (102), Kafka (151).

II. Sozialistisches Bewußtsein (S. 337 ff.)

Im Sinne der materialistischen Vorentscheidung des Marxismus-Leninismus nimmt die offizielle DDR-Definition den Begriff „Bewußt-Sein" beim Wort und erklärt ihn mit einem Zitat von Marx als „das Bewußtsein, [das] nie etwas Andres sein kann als das bewußte Sein, und das Sein der Menschen ist ihr wirklicher Lebensprozeß" (K. Marx, F. Engels: Werke, Band 3, Berlin [DDR] 1969, S. 26). – Bewußtsein als „Widerspiegelung" objektiver Verhältnisse ist demnach ein gesellschaftliches Produkt, das die Gesamtheit der geistigen Inhalte (philosophische, wissenschaftliche, rechtliche, politische, ästhetische, moralische Anschauungen) umfaßt und überindividuellen, intersubjektiven Charakter hat. – Die Tatsache, daß Marx und Engels das Verhältnis der ökonomischen Basis zum geistigen Überbau letztlich als „dialektisch", als ein Wechselverhältnis interpretieren (s. Einleitung, S. 419 ff.), wird bei der Ausformung der offiziellen Doktrin ignoriert. Eine subjektive Meinung, die nicht mit dem offiziellen Verständnis der Partei- und Staatsführung übereinstimmt, muß als „falsches Bewußtsein" korrigiert oder als „subversive Äußerung" verfolgt werden. Um das „relativ einheitliche" sozialistische Bewußtsein der Bürger des „Arbeiter-und-Bauern-Staates" konkreter zu bezeichnen, wird in letzter Zeit mit Bezug auf die Widerspiegelung der objektiven ökonomischen Bedingungen auch vom „ökonomischen Bewußtsein" (J. Knopf in: ‚Kulturpolitisches Wörterbuch', hrsg. von W. R. Langenbucher u. a., Stuttgart 1983, S. 92) gesprochen. – Auch in sozialistischen Gesellschaften entsteht das sozialistische Bewußtsein nicht spontan, sondern muß durch politisch-ideologische Schulung der Werktätigen, besonders in Jugendorganisationen und Schulen, weiterentwickelt werden. Propagandisten, in der Regel hauptamtlich tätige Funktionäre der SED und des FDGB, vermitteln die gültigen Erkenntnisse des Marxismus-Leninismus, geben „Losungen" aus und interpretieren aktuelle politische Fragen. Sozialistisches Bewußtsein bedeutet nicht nur theoretische Erkenntnismöglichkeit, sondern es impliziert auch die Aufforderung zum praktischen Handeln im Sinne der Partei und im Interesse der sozialistischen Gesellschaft.
Bewußtsein konkretisiert sich in Sprache. Der westliche Beobachter, der den ständig wiederholten politischen Parolen, den Phrasen des Klassenkampfes, den Klischees und Beschwörungsformeln (s. u. a. bei Heym, Text 200) in der öffentlichen Sprache der DDR ratlos und ablehnend gegenübersteht, sollte diesen

Achtes Kapitel: Zu Text 203, S. 337f.

Befund nicht als intellektuelles oder sprachliches Unvermögen mißdeuten. Es handelt sich dabei vielmehr um ein bewußt eingesetztes Agitationsmittel, mit dem das gewünschte, offizielle Bewußtsein sprachlich zementiert werden soll.

In dem vorliegenden Abschnitt, der nur aus zwei Texten besteht, geht es um das dialektische Verhältnis von Bewußtsein und Sprache, wobei der Schwerpunkt der Erörterung eindeutig bei ‚Nachdenken über Christa T.' liegt. – Christa Wolf war mit diesem Roman, der 1967 in der endgültigen Fassung vorlag, aber erst 1973 in einer nennenswerten Auflage in der DDR erscheinen und frei verkauft werden konnte, ihrer Zeit voraus. – Im Widerspruch zur offiziellen Doktrin hat sie mit der sprachlich-formalen Gestaltung („subjektive Authentizität", „epische Prosa") ihres „subjektiven" Buches das sozialistische Bewußtsein in der DDR beeinflußt. Im Prozeß des „Nachdenkens" ist es ihr gelungen, das utopische Ziel, den Menschen zum Subjekt der Geschichte zu machen, „aus der Zukunft in die Gegenwart hinein vorzuschieben" (Wolf).

Der Text von Hermann Kant ist vor allem ein ‚Gegentext' zu ‚Nachdenken über Christa T.', der kollektives Bewußtsein und öffentliche Sprache dokumentiert. Entsprechend dieser eingeschränkten Funktion wird er knapper interpretiert.

203 Hermann Kant: Vier Daten (S. 337f.)

Zu Leben und Werk Hermann Kants

Geboren am 14.6.1926 in Hamburg als Sohn eines Gärtners, der „1933 aus der Arbeit gejagt [wurde] und zur Müllabfuhr [...] gekommen" ist (Hermann Kant: ‚Zu den Unterlagen', in: ‚Unterlagen. Zu Literatur und Politik', Darmstadt und Neuwied 1982, S. 12); erlernt das Elektrikerhandwerk und wird noch vier Wochen vor Kriegsende Soldat; von 1945 bis 1949 in polnischer Gefangenschaft, wo er im „ehemalige[n] jüdische[n] Ghetto im ehemaligen Warschau" (ebd., S. 14) zum Kommunismus findet und Mitbegründer eines Antifaschismus-Komitees wird (Thema des autobiographischen Romans ‚Der Aufenthalt', 1977, der die erfolgreiche ideologische Umerziehung des 1945 in polnische Gefangenschaft geratenen achtzehnjährigen Soldaten Mark Niebuhr schildert); nach dem Krieg Erwerb der Hochschulreife an der ‚Arbeiter-und-Bauern-Fakultät' (ABF) in Greifswald (autobiographischer Bezug zur Person des Iswall in dem Roman ‚Die Aula', 1965); ab 1956 Studium der Germanistik in Berlin, Tätigkeit als wissenschaftlicher Assistent; Redakteur der Studentenzeitschrift ‚Tua res', in der er satirische Beiträge publiziert; freier Mitarbeiter beim ‚Neuen Deutschland', wo er literaturkritische Feuilletons veröffentlicht; lebt als freier Schriftsteller in Ost-Berlin. – Kant ist seit 1969 Mitglied der Akademie der Künste der DDR und wurde 1978 als Nachfolger von Anna Seghers Präsident des Schriftstellerverbandes – eine der wichtigsten kulturpolitischen Positionen, die in der DDR zu vergeben sind. – Der überreich ausgezeichnete Autor (u.a. Heinrich-Heine-Preis, Kunstpreis des FDGB 1963; Heinrich-Mann-Preis, 1967; Nationalpreis der DDR, 1973; Vaterländischer Verdienstorden in Silber, 1976; Ehrendoktorwürde der Ernst-Moritz-Arndt-Universität Greifswald, 1980; Nationalpreis 1. Klasse, 1983) hat die offizielle SED-Kulturpolitik stets vehement und engagiert vertreten. Er befürwortete die Ausweisung Biermanns 1976 (s. in diesem Zusammenhang Dokument IV.7 in: ‚Literarisches Leben in der DDR', hrsg. von C. Bunk, (Reihe: Editionen für den Literaturunterricht, hrsg. von D. Steinbach, Ernst Klett Verlag, Stuttgart 1984), und der Ausschluß prominenter Autoren aus dem Schriftstellerverband 1979 (u.a. Bartsch, Schlesinger, Heym und Seyppel – Erich Loest kam dem Ausschluß zuvor, indem er den Verband freiwillig verließ) ist nicht zuletzt auf seine Initiative zurückzuführen.

Hermann Kant gehört aber auch ohne Zweifel zu den bemerkenswertesten Prosaautoren in der DDR, vielleicht sogar im deutschen Sprachraum. ‚Die Aula' (1965 in der DDR, 1966 in der Bundesrepublik erschienen) war eines der ersten Werke der DDR-Literatur, das auch im Westen größere Beachtung fand; ‚Die Aula' gehört hier mittlerweile, ähnlich wie Christa Wolfs ‚Der geteilte Himmel', zum Lektürekanon der Schule. Hermann Kant ist es mit der ‚Aula' gelungen, „ein so kritisches wie parteiliches, ein so lesbares wie pädagogisches, ein so unterhaltendes wie ernsthaftes Buch zu verfassen" (M. Jäger: ‚Hermann Kant', in: ‚Kritisches Lexikon zur deutschsprachigen Gegenwartsliteratur' [KLG], Kant-Artikel, S. 2). Der souveräne Erzähler hat mit dem inneren Monolog, mit Rückblenden, Zeitsprüngen und ironisch-parodistischen Subjektivierungen zum erstenmal Darstellungsmittel verwandt, die bis dahin nach den Maßstäben des sozialistischen Realismus als bürgerlicher Formalismus abgelehnt worden waren. – Manfred Jäger, einer der besten Kenner der kulturellen Szene der DDR, für den der politische Aspekt der ostdeutschen Literatur immer von besonderer Bedeutung gewesen ist (‚Kultur und Politik in der DDR', Köln 1982), hat die Methode des „politischen und sprachlichen Jongleurs Kant" (‚Hermann Kant', in: KLG, S. 5), zugleich affirmativ und kritisch zu schreiben, eingehend analysiert. Bei Kant, einem der führenden Funktionäre in der Kulturhierarchie, wird man ein festes sozialistisches Bewußtsein und Übereinstimmung mit den Beschlüssen der Partei voraussetzen können. Doch anders als viele furchtsame und fachlich beschränkte Bürokraten, die jede „Fehlerdiskussion" vermeiden wollen, geht Kant davon aus, daß die Entschärfung von Problemen dann am besten gelingt, „wenn man von ihnen auf eine bestimmte kontrollierte Art und Weise spricht, nicht aber wenn man sie vollständig verdrängt" (ebd., S. 4). Der unerschütterliche Optimismus, der Grundtenor der Übereinstimmung mit den offiziellen Maximen der Partei, von dem alle seine Werke getragen sind, läßt es zu, daß Mängel und Fehler von Institutionen, daß Dummheit und Borniertheit einzelner Menschen, ja selbst von Parteimitgliedern, in „frohgemute[m] Ton" (ebd., S. 4) heruntergespielt werden. Auch da, wo kritisierenswerte Erscheinungen ironisch oder satirisch behandelt werden, mündet die Darstellung in das „Große Ja" (ebd., S. 4). Literarisches Talent und politisches Geschick ermöglichen eine plaudernde Relativierung von Widersprüchen, ohne daß negative Rückschlüsse auf die Qualität der sozialistischen Gesellschaftsordnung nahegelegt werden. – „Kant aber hat das politische und literarische Risiko immer ganz bewußt kalkuliert und ist ein wirkliches Risiko dadurch gerade nicht eingegangen. Das unterscheidet ihn von den meisten prominenten Autoren, die der DDR-Literatur Ansehen eingebracht haben" (ebd., S. 5). – Es muß aber auch festgehalten werden, daß Kant sein überragendes Erzählertalent auch dazu genutzt hat, die Literatur der DDR von den gröbsten Vereinfachungen des sozialistischen Realismus zu befreien. Im Rahmen der politischen Möglichkeiten hat er die Grenzen für künstlerische Schreibweisen auch in seinen eigenen Werken immer weiter hinausgeschoben. Er hat sich für manchen schikanierten Kollegen eingesetzt (s. dazu H. Kleinschmid: ‚Tapferkeit und Vorsicht', in: ‚Deutschland Archiv', 18 [1985], S. 118), und viele junge DDR-Autoren sind von ihm zu persönlichen Ausdrucksformen ermutigt worden.

Zum Text
Die vorliegende Rede hat Kant, 1970 einer der fünf Vizepräsidenten des Schriftstellerverbandes, am Abend (S. 338, Z. 26) des 27. April zur Feier des 100. Geburtstages von Lenin vor großem Publikum gehalten. Die Rede ist im ‚Neuen Deutschland', dem offiziellen Organ der Partei, und in der Zeitschrift ‚Neue Deutsche Literatur', dem Organ des Schriftstellerverbandes, veröffentlicht worden. – Auf dem vorangegangenen VI. Deutschen Schriftstellerkongreß (1969) war Christa Wolfs Roman ‚Nachdenken über Christa T.', der in der Partei eine breite Diskussion über den „subjektiven Faktor" in Gang gebracht hatte, Hauptziel der Kritik gewesen. Die Leitung des Mitteldeutschen Verlages in Halle mußte unter dem Druck der Führung „entscheidende Versäumnisse des Verlages und in der Zusammenarbeit mit der Autorin Christa Wolf" einräumen und öffentlich Selbstkritik üben (‚Neues Deutschland', 14.5.1969). Die offizielle Literaturkritik reagierte heftig, und die Angriffe gegen Wolf zogen sich über Monate hin (s. dazu M. Behn: Wirkungsgeschichte von Christa Wolfs ‚Nachdenken über Christa T.', Königstein 1978).

Zur Interpretation
Obwohl er sich zu Anfang als Schriftsteller einführt (S. 337, Z. 36 und 38), lernen wir hier den Kulturfunktionär Hermann Kant kennen. Nicht die Erinnerung an Lenin steht im Mittelpunkt seiner Rede, sondern das Bewußtmachen der politischen Generallinie der Partei. Aus diesem Grunde wird, anknüpfend an Lenins Geburtstag, eine etwas künstlich wirkende Verbindung zu benachbarten Kalendertagen hergestellt (S. 337, Z. 37 und S. 338, Z. 1 und 25), und diese „Spanne Zeit" (S. 337, Z. 36), die Kant mit einer bedeutungsvoll klingenden Formulierung als „knappe Doppeldekade" (S. 338, Z. 15) bezeichnet, wird mit einer Vielzahl von sozialistischen Beschwörungsformeln interpretiert: „[...] Periode der sozialistischen Erschütterungen, der Welterschütterungen zum Sozialismus hin [...]" (S. 337, Z. 38f.); „[...] die zwingende Kraft der sozialistischen Bewegung, der unaufhaltsame Einzug der marxistischen Idee, der unaufhaltsame Zug der aufgestandenen Klassen, [...], die materielle Gewalt der gewaltigen Gedanken, die Unbesiegbarkeit unserer Sache [...]" (S. 338, Z. 17ff.). – Kant verwendet hier zwar nicht die üblichen Parteiphrasen, doch abgesehen davon, daß es schwerfallen würde, den wirklichen Sinn solcher Leerformeln zu erfassen, fragt man sich, wie ein renommierter Schriftsteller solche Ergüsse in anderen Zusammenhängen beurteilen würde. – Der Agitator weiß um den Sinn solcher bombastischen Formulierungen, wenn er sagt, daß das „Wirkliche [...] bei seinem richtigen Namen genannt sein [will], wenn es erkennbar werden soll" (S. 338, Z. 10f.). – Befestigung sozialistischen Bewußtseins mit den Mitteln der öffentlichen Propagandasprache ist also seine erklärte Absicht, und diesem Ziel dienen die stilistischen Verstärkungen wie Wiederholung (z. B. S. 337, Z. 39; S. 338, Z. 12ff. und 27f.), durch antithetische Stellung (z. B. S. 338, Z. 8f.) und Reihung (z. B. S. 338, Z. 17ff.). Die „Freiheit", die der Sozialismus verheißt (S. 338, Z. 1, 20 und 26f.), kommt „vom richtigen Denken" (S. 338, Z. 20) und vom bedachten Handeln, wobei „Lenins Logik" (S. 338, Z. 19 –

Achtes Kapitel: Zu Text 204, S. 338f.

Lehre des Leninismus) und „Lenins Disziplin" (S. 338, Z. 20 – Anerkennung der „führenden Rolle der Partei der Arbeiterklasse") als notwendige Voraussetzungen genannt werden. – Kant läßt seine Mobilisierung sozialistischen Bewußtseins, bei der auch das Feindbild nicht vergessen wird (S. 338, Z. 8f. und 12ff.), in einen Aufruf zu praktischem Handeln münden (S. 338, Z. 29).

In einem Interview im Zusammenhang mit den Friedensgesprächen zwischen Schriftstellern aus Ost und West (Berlin 1981; Scheveningen und Köln 1982) sagte Günter Grass zu der Möglichkeit, mit ostdeutschen Kollegen offen zu diskutieren: „Voraussetzung bei Schriftstellertreffen ist, daß die Leute in erster Linie eben Schriftsteller sind. In dem Augenblick, wo sie Parteilinien glauben vertreten zu müssen, geben sie ein bedeutendes Stück von sich auf, sind sie als Gesprächspartner nur noch begrenzt zurechnungsfähig. Ich muß dann immer einkalkulieren – und tue es ja auch, wenn ich mit Kant spreche –, was darf er sagen, was nicht. Ich kann mir zwar einen anderen Kant wünschen, aber es ist kein anderer da" (Stuttgarter Zeitung, 6.9.1982).

Zur Behandlung im Unterricht
Dieser Text ist in erster Linie dazu gedacht, den inhaltlichen und sprachlichen Hintergrund anzudeuten, vor dem Christa Wolfs ‚Nachdenken über Christa T.' erfaßt werden sollte (s.d., Text 204). – Er kann aber auch für sich allein betrachtet werden, wobei die Eigenart der öffentlichen Rede in der DDR analysiert und ihre Funktion für die Formung eines kollektiven sozialistischen Bewußtseins (s. Vorbemerkung zu diesem Abschnitt) erörtert werden könnte. – Die Problematik des politischen Schriftstellers, die Aufspaltung seiner Persönlichkeit, seines Bewußtseins, die in der Person Kants greifbar wird, ist ebenfalls ein mögliches Diskussionsthema. Das abschließende Zitat von Grass kann dabei den Einstieg für eine entsprechende Fragestellung eröffnen. – Ein Vergleich mit dem Schicksal von Werner Bräunig (Text 199 – Warum scheiterte der eine, was begünstigte den anderen?) könnte angeregt, sollte aber mit Rücksicht auf die begrenzte Aussagekraft des vorliegenden Materials nicht zu weit geführt werden. – Auf keinen Fall sollte der Lehrer aber darauf verzichten, dem vorliegenden Redetext Auszüge aus der ‚Aula' gegenüberzustellen (Fischer-Taschenbuch 931 – unterrichtspraktische Analysen u.a. in: ‚Der Deutschunterricht', Fachzeitschrift bei Friedrich in Velber in Zusammenarbeit mit dem Klett Verlag, 5/1969, 4/1974, 6/1980), um auf diese Weise auch den berühmten Prosaautor, seine Fabulierkunst und die Leichtigkeit seines Stils, sichtbar werden zu lassen.

204 Christa Wolf: Nachdenken über Christa T. (S. 338f.)

Zu Leben und Werk Christa Wolfs
Christa Wolf wurde 1929 als Tochter des Kaufmanns Otto Ihlenfeld in Landsberg a.d. Warthe (heute Gorzów Wielkopolski in Polen) geboren. Sie gehört wie Günter Kunert, ebenfalls Jahrgang 1929 (Text 202), zur mittleren Generation der DDR-Autoren.
In einem Gespräch mit dem DDR-Literaturwissenschaftler Hans Kaufmann, das 1974 geführt und in der Zeitschrift ‚Weimarer Beiträge' veröffentlicht wurde (‚Die Dimension des Autors', 6/1974; auch in Christa Wolf: ‚Lesen und Schreiben. Neue Sammlung. Essays, Aufsätze, Reden', Darmstadt und Neuwied ⁶1985, Sammlung Luchterhand 295, S. 68ff.), hat Wolf selber den Interpretationsrahmen vorgegeben, in den sie die Daten ihres Lebens und die Entwicklung ihres Werkes eingeordnet wissen möchte: „Was unsere Generation erlebt hat, wird nie wieder eine Generation erleben: in der einen Gesellschaft aufzuwachsen, erzogen, geprägt zu werden und in der anderen – in unserer – die Möglichkeit zu einer an die gesellschaftlichen Wurzeln gehenden Kritik und Selbstkritik zu haben, zum Denken, Verstehen, Handeln zu kommen, dabei in neue, gewiß nicht einfache Widersprüche und Konflikte gestellt zu sein, mehr: diese Widersprüche selbst mit herzustellen und an ihrer Überwindung mitzuarbeiten, und dabei doch Verhaltensmuster nicht verleugnen zu können, die Kindheit und Jugend bestimmten. Wenn das kein widersprüchliches Kontinuum ist! Aber eben doch ein Kontinuum, denn es ist ein und derselbe Mensch, der das alles erfahren hat – aber ist er es noch? Die Stunde Null jedenfalls, die ihn zu einem anderen machte, hat es nie gegeben [...]" (S. 86).
Nach ihrer Flucht nach Mecklenburg besuchte Christa Wolf die Oberschule in Schwerin und Bad Frankenhausen (Kyffhäuser), wo sie 1949, im Gründungsjahr der DDR, das Abitur machte und in die SED eintrat.
Von 1949 bis 1953, also in der finstersten Zeit des kalten Krieges und der unbestrittenen Gültigkeit der Shdanowschen Vorstellungen vom sozialistischen Realismus, studierte sie Germanistik in Leipzig und Jena. Danach arbeitete sie bis 1959 in Berlin als wissenschaftliche Mitarbeiterin beim Deutschen Schriftstellerver-

Achtes Kapitel: Zu Text 204, S. 338f.

band und als Lektorin, Redakteurin und Literaturkritikerin der Zeitschrift ‚Neue Deutsche Literatur'. Von 1959 bis 1962 war sie freischaffende Lektorin beim Mitteldeutschen Verlag in Halle, bei dem auch 1961 ihre erste Erzählung, ‚Moskauer Novelle', erschien. – Noch während des Studiums hatte sie 1951 den Germanisten und Essayisten Gerhard Wolf geheiratet. Das Ehepaar hat zwei Töchter und lebt seit 1962 in Berlin. Christa Wolf ist seither als freie Schriftstellerin tätig. Sie hat mehrere Reisen in die Sowjetunion (erstmals 1955), in die Bundesrepublik (erstmals 1960) und in andere Staaten des östlichen und westlichen Auslands unternommen. Sie gehört zu den wenigen lebenden DDR-Schriftstellern, deren Werke in beiden deutschen Staaten erscheinen konnten, und der 'gesamtdeutsche' Status der inzwischen international renommierten Autorin wird auch darin deutlich, daß sie in Ost- und Westdeutschland gleichermaßen geehrt worden ist.
Die Kritiken von Christa Wolf aus den 50er Jahren (s. dazu Heinrich Mohr: ‚Die zeitgemäße Autorin', in: ‚Erinnerte Zukunft. 11 Studien zum Werk Christa Wolfs', hrsg. von Wolfram Mauser, Würzburg 1985) zeigen, daß die Autorin in dieser Zeit gutgläubig, aber ohne opportunistisch zu sein, die literaturpolitischen Vorstellungen der Partei vertreten und dazu beigetragen hat, eine sozialistische Literatur der Arbeitswelt vorzubereiten. – Auch die beiden ersten veröffentlichten Prosatexte sind typisch für die kulturpolitische Situation ihrer Entstehungszeit. Die ‚Moskauer Novelle' (1961) schildert das Scheitern einer deutsch-russischen Liebesbeziehung, und vieles liest sich wie ein „Lehrtext zum sozialistischen Realismus, wie ein in Prosa umgesetzter Essay über die Aufgaben und Möglichkeiten der marxistischen Belletristik" (Alexander Stephan: ‚Christa Wolf', München 1979, S. 14). – Die 1963 erschienene Erzählung ‚Der geteilte Himmel', eines der erfolgreichsten Bücher der DDR-Literatur, wurde durch die Bewegung des „Bitterfelder Weges" (Text 199) angeregt. Aufbauend auf den Erfahrungen, die Christa Wolf bei einem Praktikum im VEB Waggonbau Ammendorf machen konnte, entstand vor dem Hintergrund des Mauerbaus im geteilten Deutschland eine „Parabel sozialistischer Bewußtseinsbildung" (Manfred Durzak: ‚Rollenzwang und Individuation – Die Romane von Christa Wolf', in: ‚Der deutsche Roman der Gegenwart', Stuttgart 1979, S. 190). Doch wenn auch vieles den Schablonen des „Bitterfelder Weges" entspricht, so geht dieses Werk in seiner Analyse der Entfremdung des Individuums in einer industrialisierten und bürokratischen Gesellschaft sowie in der Verwendung erzählerischer Mittel weit über das Niveau der üblichen Industriereportagen hinaus. Die Erzählung, die in der DDR kontrovers diskutiert wurde, machte Christa Wolf berühmt und brachte ihr künstlerische und gesellschaftliche Ehrungen ein: Zum VI. Parteitag der SED 1963 erschien ihr Name auf der Kandidatenliste des ZK; sie wurde Mitglied des PEN-Zentrums, und sie erhielt den Heinrich-Mann-Preis und den Nationalpreis III. Klasse der Akademie der Künste der DDR. In dieser Situation, auf dem Höhepunkt ihrer schriftstellerischen Laufbahn, vollzog Christa Wolf die Abkehr von der offiziellen kulturpolitischen Linie der SED. Die „Zeitgenossenschaft"(Wolf), die bis dahin in einer selbstverständlichen, weitgehend unkritischen Einordnung in das Konzept der Partei bestanden hatte, gewann nun zunehmend kritischen Charakter; nachdem sie auf dem 11. Plenum des ZK der SED im Dezember 1965 ihren jungen Schriftstellerkollegen Werner Bräunig verteidigt hatte, wurde ihr Name von der Kandidatenliste gestrichen.
Ab Mitte der 60er Jahre, angeregt durch die Arbeit an ‚Nachdenken über Christa T.', unternahm Wolf den ersten Versuch einer eigenen Poetik (‚Lesen und Schreiben', veröffentlicht in dem gleichnamigen Essayband, s. o., S. 9–48), in der „subjektive Authentizität" (s. u.) zur zentralen Forderung wurde. – Unter „Zeitgenossenschaft" verstand die überzeugte Sozialistin von nun an, in ihren Werken „Widersprüche selbst mit herzustellen und an ihrer Überwindung mitzuarbeiten". – In den folgenden Prosatexten – ‚Nachdenken...' (1986), ‚Unter den Linden' (1969), ‚Neue Lebensansichten eines Katers' (1970), ‚Selbstversuch' (1972) und ‚Kindheitsmuster' (1976) – dient Schreiben dem Ziel, „dem Menschen zu seiner Selbstverwirklichung zu verhelfen" (‚Selbstinterview', in: ‚Lesen und Schreiben', s. o., S. 53), wobei die Aufarbeitung der faschistischen Vergangenheit, die Kritik bestehender Verhältnisse und utopische Konzepte thematisiert werden. – Die Ausbürgerung Biermanns im November 1976, gegen die auch Christa Wolf protestiert hatte, führte zu einer weiteren Entfremdung der Schriftstellerin von der Partei. – Die innere Entwicklung des Werkes von Christa Wolf ging weiter. Der Gedanke der Selbstverwirklichung im Sinne einer Emanzipation der Frau, der bereits in ‚Nachdenken...', ‚Unter den Linden' und ‚Selbstversuch' eine wesentliche Rolle gespielt hatte, wurde in den Essays über die romantischen Autorinnen Karoline von Günderode und Bettine von Arnim weitergeführt und fand in der Erzählung ‚Kein Ort. Nirgends' (1979) seine poetische Umsetzung. – Diese für Christa Wolf kennzeichnende Verbindung von essayistischen und prosaistischen Arbeiten bestimmte Anfang der 80er Jahre auch die Gestaltung des Kassandra-Stoffes (‚Voraussetzungen einer Erzählung: Kassandra. Frankfurter Poetik-Vorlesungen'; ‚Kassandra. Erzählung', beide 1983). Das ästhetische Konzept, das der Erzählung zugrunde liegt, wurde von Wolf selber als „weibliches Schreiben" (Text 212/213) gekennzeichnet.

Achtes Kapitel: Zu Text 204, S. 338f.

Zum Text

Kunst und Literatur ohne „Tabus"? Mit dem Jahr 1971, dem Zeitpunkt der Ablösung Walter Ulbrichts durch Erich Honecker und im Jahr des VIII. Parteitags, auf dem die DDR-Künstler offiziell aufgefordert wurden, „die ganze Breite und Vielfalt der neuen Lebensäußerungen" zu erfassen und „mit dem ganzen Reichtum ihrer Handschriften und Ausdrucksweisen" zu beschreiben (s. dazu „III. Kunst und Literatur ohne 'Tabus'?", in: Literarisches Leben in der DDR, hrsg. von C. Bunk, Reihe: Editionen für den Literaturunterricht, hrsg. von D. Steinbach, Ernst Klett Verlag, Stuttgart 1984, S. 56 ff.), wurde eine neue kulturelle Liberalisierungsphase eingeleitet. Sie führte im Zusammenhang mit der neuen Ostpolitik zu einer umfassenden Rezeption der DDR-Literatur in der Bundesrepublik und brachte den Autoren darüber hinaus auch internationales Ansehen. – Autoren und Leser erwarteten eine offenere Auslegung der Prinzipien des sozialistischen Realismus, wobei vor allem die bis dahin umstrittenen Begriffe „Subjektivität" und „Phantasie" eine größere Rolle spielen sollten.
Die stärkere Wirklichkeitsbindung der Literatur wurde zuerst in Texten deutlich, die mit dokumentarischen Mitteln arbeiten, ohne daß damit die Vorstellung verbunden gewesen wäre, durch parteiliche Auswahl und Vorbildlichkeit positiv auf den Leser einwirken zu müssen (Karl-Heinz Jakobs: ‚Die Interviewer', 1973; Sarah Kirsch: ‚Die Pantherfrau', 1973). – Neben dieser „objektiven Authentizität" wurde eine Tendenz zu einer größeren Freiheit der Phantasie deutlich, die von Autoren wie Irmtraud Morgner (‚Hochzeit in Konstantinopel', 1967; ‚Leben und Abenteuer der Trobadora Beatriz', 1974) als Mittel der Kritik einer spielerisch verfremdeten Wirklichkeit (Text 206) gebraucht wurde. – „Subjektive Authentizität" und „epische Prosa" sind weitere Konzepte der neuen Wirklichkeitserfassung, mit denen Christa Wolf bereits in den 60er Jahren eine weniger ideologisch gebundene Vorstellung von Realismus vorbereitet hatte (Essay ‚Leben und Schreiben', ‚Nachdenken über Christa T.', ‚Selbstinterview', alle 1968).

„Subjektive Authentizität". Realistische Literatur kann nach Auffassung von Wolf nur dann Zeugnis für die Überlegenheit des Sozialismus ablegen, wenn der Autor uneingeschränkt und redlich auch von seinen persönlichen Erfahrungen sprechen kann: „Lassen wir Spiegel das Ihre tun: Spiegeln. Sie können nichts anderes. Literatur und Wirklichkeit stehen sich nicht gegenüber wie Spiegel und das, was gespiegelt wird. Sie sind ineinander verschmolzen im Bewußtsein des Autors. Der Autor nämlich ist ein wichtiger Mensch" (‚Lesen und Schreiben', s. o., S. 41).
Hinter dem von Christa Wolf geprägten Begriff der „subjektiven Authentizität" verbirgt sich eine Erzählweise, die nach Feststellung der Autorin keineswegs neu ist. – Büchners ‚Lenz'-Novelle wurde dadurch zum „Anfang" und zu „eine[m] Höhepunkte der modernen deutschen Prosa", daß der Dichter „sich selbst dazugetan [hat], seinen unlösbaren Lebenskonflikt, die eigene Gefährdung, [...]". Die Entdeckung Büchners lag nach Wolf darin, „daß der erzählerische Raum vier Dimensionen hat; die drei fiktiven Koordinaten der erfundenen Figuren und die vierte, 'wirkliche' des Erzählers. Das ist die Koordinate der Tiefe, der Zeitgenossenschaft, des unvermeidlichen Engagements, [...]" (ebd., S. 32). Wolf fordert, „daß man durch die 'literarische Fiktion' eines Kunstwerks die Stimme des Autors hört und sein Gesicht sieht. [...] Der Autor muß sich stellen. Er darf sich nicht hinter seiner Fiktion vor dem Leser verbergen; der Leser soll ihn mit sehen" (Chr. Wolf in einem Gespräch mit Joachim Walter, in: ‚Meinetwegen Schmetterlinge. Gespräche mit Schriftstellern', hrsg. von J. Walter, Berlin [DDR] 1973, S. 128). – Auf den Vorwurf von Hans Kaufmann in einem späteren Gespräch, daß mit der Einbeziehung von „privater Erfahrung" ein „schrankenloser Subjektivismus" an die Stelle der Objektivität gesellschaftlicher Beziehungen treten könnte, antwortete Wolf, daß „subjektive Authentizität die Existenz der objektiven Realität nicht nur nicht" bestreite, „sondern gerade eine Bemühung" darstelle, „sich mit ihr produktiv auseinanderzusetzen" (‚Die Dimension des Autors', s. o., S. 75).

„Epische Prosa". Christa Wolf geht in ihrem Essay ‚Lesen und Schreiben' von der Mündigkeit des Lesers in einer sozialistischen Gesellschaft aus, die sich nach Becher als „Literaturgesellschaft" (s. Einleitung, S. 421 f.) versteht, und sie fordert in Anlehnung an Brecht eine „epische Prosa". – Prosa in diesem Sinne ist für sie „Instrument" zur Veränderung des Lesers, wenn es gelingt, „auf noch ungebahnten Wegen in das Innere [...] des Prosalesers einzudringen [...], dorthin, wo der Kern der Persönlichkeit sich bildet und festigt". Wolf betont dabei, daß eine solche Prosa sich nicht der Menschen „bemächtigen", sondern „seelische Kräfte freisetzen" soll; sie ist ein Mittel, „Zukunft in die Gegenwart hinein vorzuschieben" (S. 35 f.). Um eine aktive Leserbeteiligung durch Reflexion und Deutung des Materials zu erreichen, muß „epische Prosa" eine dialektische Gestaltung anstreben, in der Fragen aufgeworfen und mögliche Antworten diskutiert werden, die eigentliche Entscheidung aber über das, was richtig und zukunftweisend ist, dem Leser überlassen bleibt. – Das letzte Kapitel des Essays trägt die Überschrift „Erinnerte Zukunft" und schließt mit Überlegungen, die nicht

Achtes Kapitel: Zu Text 204, S. 338f.

zufällig an das ‚Prinzip Hoffnung' von Ernst Bloch (Frankfurt a. M. 1959) erinnern: „[...] Prosa soll versuchen, den Kontakt der Menschen mit ihren Wurzeln zu erhalten, das Selbstbewußtsein zu festigen, das so labil geworden ist, [...] – Prosa schafft Menschen, im doppelten Sinn. Sie baut tödliche Vereinfachungen ab, indem sie die Möglichkeiten vorführt, auf menschliche Weise zu existieren. Sie dient als Erfahrungsspeicher und beurteilt die Strukturen menschlichen Zusammenlebens unter dem Gesichtspunkt der Produktivität. Sie kann Zeit raffen und Zeit sparen, indem sie die Experimente, vor denen die Menschheit steht, auf dem Papier durchspielt: da trifft sie sich mit den Maßstäben der sozialistischen Gesellschaft. Die Zukunft wird wissen, wie wichtig es ist, den Spiel-Raum für die Menschen zu vergrößern. Prosa kann die Grenzen unseres Wissens über uns selbst weiter hinausschieben. Sie hält die Erinnerung an eine Zukunft in uns wach, von der wir uns bei Strafe unseres Untergangs nicht lossagen dürfen.
Sie unterstützt das Subjektwerden des Menschen.
Sie ist revolutionär und realistisch: sie verführt und ermutigt zum Unmöglichen" (S. 47f.).

‚*Nachdenken über Christa T.*'. In ‚Nachdenken...' wird der frühe Tod einer Freundin für die Erzählerin zum Anlaß, über Leben und Persönlichkeit Christa T.s nachzudenken: Christa T. wird 1927 in einem Ort im heutigen Polen geboren und schließt während der Schulzeit Freundschaft mit der jüngeren Erzählerin. Der Krieg trennt beide. – Nach der Flucht arbeitet Christa T. als Neulehrerin auf dem Lande, und als sie 1952 in Leipzig Germanistik studiert, trifft sie die Erzählerin wieder. Das gemeinsame Studium und die Begeisterung für den sozialistischen Aufbau und für den „neuen Menschen" verbindet beide und führt zu einer Vertiefung ihrer Freundschaft. Nach einer persönlichen Krise zieht sich Christa T. eine Zeitlang zu ihrer Familie aufs Dorf zurück, schließt 1954 ihr Studium mit einer Arbeit über Storm ab und arbeitet dann als Lehrerin. – Christa T. wünscht sich, Dichterin zu werden. Sie beginnt zu schreiben, kommt aber über Skizzen nicht hinaus. Den Selbstzweifeln, die sich in vieler Hinsicht einstellen, versucht sie dadurch zu entgehen, daß sie heiratet; sie gibt ihren Beruf auf und zieht mit ihrem Mann aufs Land. Im Laufe einer siebenjährigen Ehe, die ihr zeitweilig persönliche Geborgenheit bietet, erzieht sie drei Töchter. Eine kurze Liebschaft mit dem Freund ihres Mannes, der Plan, ein Haus zu bauen, und neue schriftstellerische Bemühungen sind letzte Stationen auf der Suche nach sich selbst. – Im Frühjahr 1963 stirbt sie an Leukämie.
Eine solche inhaltliche Zusammenfassung kann über die Eigenart des Buches nichts aussagen. – Erst wenn man die literaturtheoretischen Vorstellungen von „subjektiver Authentizität" und „epischer Prosa", die sich nach Auskunft Wolfs im Zusammenhang mit der Arbeit an ‚Nachdenken...' allmählich herausgebildet haben (‚Die Dimension des Autors', in: ‚Lesen und Schreiben', s.o., S. 69), in die Betrachtung mit einbezieht, kann die Aussage des Buches, der besondere Rang dieses 'Romans' (Wolf hat bewußt auf eine Genrebezeichnung verzichtet, s. S. 72) und seine Bedeutung für die DDR-Literatur erfaßt werden.
In einer kurzen Vorbemerkung erklärt „C.W." dem Leser, daß Christa T. eine „literarische Figur" sei; „authentisch" seien jedoch „manche Zitate aus Tagebüchern, Skizzen und Briefen" (S. 7 – die Seitenzahlen beziehen sich hier und im folgenden auf die Ausgabe in der Sammlung Luchterhand, Band 31, 22. Aufl., März 1984). Aber: Um wessen Zitate handelt es sich? Hat es Christa T. gegeben, und in welchem Verhältnis stand sie zur Autorin? Können Christa Wolf und die Ich-Erzählerin als identisch angesehen werden? – In einem fiktiven ‚Selbstinterview', das 1968 entstanden und noch vor Erscheinen des Buches veröffentlicht worden ist, gibt Wolf eine Antwort auf diese Fragen: „Zu einem ganz subjektiven Antrieb muß ich mich bekennen: Ein Mensch, der mir nahe war, starb, zu früh. Ich wehre mich gegen diesen Tod. Ich suche nach einem Mittel, mich wirksam wehren zu können. Ich schreibe, suchend. Es ergibt sich, daß ich eben diese Suche festhalten muß, so ehrlich wie möglich, so genau wie möglich. [...] Ich stütze mich nicht nur auf die trügerische Erinnerung, sondern auf Material: Tagebücher, Briefe, Skizzen der Christa T., die mir nach ihrem Tod zugänglich gemacht wurden" (‚Selbstinterview', in: ‚Lesen und Schreiben', s.o., S. 51). Mit diesen Aussagen scheint der autobiographische Bezug bewiesen, doch auf die provokatorische Feststellung des Interviewers, immerhin habe sie „nun zugegeben, daß zwei authentische Figuren auftreten: Christa T. und ein Ich", antwortet die Befragte: „Habe ich das zugegeben? Sie hätten recht, wenn nicht beide Figuren letzten Endes doch erfunden wären [...]", und sie fügt hinzu, daß sie das vorhandene Material „souverän behandelt" habe: „Die Erinnerungen habe ich durch Erfindungen ergänzt. Auf dokumentarische Treue habe ich keinen Wert gelegt" (‚Selbstinterview', S. 52). – Welchen Grad von Authentizität der Roman auch immer haben mag: Es bleibt die Tatsache, daß Christa Wolf im Sinne der subjektiven Authentizität „sich selbst dazugetan" hat, und die kunstvolle Verschmelzung von Realität und Fiktion führt zu einem eigentümlichen Schwebezustand im Bewußtsein des Lesers, durch den Betroffenheit, Glaubwürdigkeit und Übertragbarkeit gleichermaßen gewährleistet werden.
Die Wahrnehmung des Lesers, der jedes Geschehen und Erleben gleichzeitig als Lebens- und als Literatur-

Achtes Kapitel: Zu Text 204, S. 338f.

vorgang erfaßt, wird durch die komplizierte Zeitstruktur und Erzähltechnik zusätzlich in vielfacher Weise gebrochen. Nicht die konkreten Ereignisse, sondern der Strom der Gedanken im Prozeß der Erinnerung bestimmt die Struktur des Romans. Die rückblickende Ich-Erzählerin, die das ganze Leben ihrer verstorbenen Freundin vor Augen hat, berichtet nicht gradlinig oder chronologisch, sondern sie analysiert einzelne Geschehnisse, um von dort aus weiter in die Vergangenheit zurückzugehen oder auch um spätere Ereignisse anzusprechen; sie knüpft Assoziationsketten, dehnt Zeiträume und komprimiert Handlungsabläufe. Der ständige Wechsel von Vor- und Rückblenden, der oft nur aus kleinen Hinweisen ersichtlich ist, beansprucht die ganze Aufmerksamkeit des Lesers, der vor allem auch durch eine Überfülle von unbeantworteten Fragen und „nachdenklich" machenden Einwürfen (z. B.: „Wie soll man es nur erklären?" – „Das sollte uns nicht erstaunen." – „Davon reden wir noch." – „Heute kann man ja fragen." – „Wie aber könnte man das mit Gewißheit sagen?") an der Suche beteiligt wird. Die Erzählerin bietet keine fertigen Ergebnisse an, sondern sie vermutet, deutet, behauptet, widerlegt, beobachtet, zweifelt, fragt. – Sie fragt sich selbst, und sie fragt den Leser, der auf diesem Wege durch Reflexion und Deutung aktiv in den Erinnerungsprozeß und in die Suche einbezogen wird.

Ausgangspunkt und Ziel der Suche wird mit einem Satz aus dem Tagebuch von Johannes R. Becher beschrieben, den Christa Wolf als Motto ihrem Buch vorangestellt hat: „Was ist das, dieses Zu-sich-selber-Kommen des Menschen?" – Der Versuch der Selbstfindung Christa T.s, die „eine Vision von sich selbst" (S. 117) hat, scheitert. Ihre Vorstellung vom „neuen Menschen" paßt nicht in die Schablonen, welche eine rein ökonomisch orientierte, bürokratisch erstarrte Gesellschaft anzubieten hat. Der Forderung nach Anpassung, auf die sie im Verlaufe ihres Lebens immer wieder stößt, setzt Christa T. Aufrichtigkeit, Zweifel, Phantasie und ihre Sehnsucht nach Selbstverwirklichung entgegen: „Man selbst, ganz stark man selbst werden" (S. 147). Ihr Leben endet mit der Hoffnung, daß „an dieser Krankheit" nicht mehr lange gestorben werde (S. 180).

Doch Christa T.s Tod ist nicht nur ein Ende. So, wie der Versuch Christa Wolfs, sich schreibend gegen den Tod eines lieben Menschen zu wehren, dazu führte, daß sie sich „auf einmal [...] selbst gegenüber [stand]" (‚Selbstinterview', S. 51), so wird auch der mündige Leser auf sich selbst zurückverwiesen, wenn die Autorin, die sich darauf beschränkt hat, Sachverhalte zu erörtern und Fragen zu formulieren, in den letzten Sätzen fordert, daß man Christa T. noch einmal „hervorzubringen" habe, um zu erfahren, wer sie wirklich war: „Daß die Zweifel verstummen und man sie sieht" (S. 183). – Dieses erneute „Hervorbringen", das „Ausgraben", wie Bloch es nennt (‚Das Prinzip Hoffnung', Frankfurt a. M. 1959, S. 149), die „Neuerschaffung der Vergangenheit"(Wolf in ‚Lesen und Schreiben', S. 57), bedeutet für den Leser den Anfang einer selbständigen, weiterführenden Reflexion. Vergangenheit ist für einen Marxisten niemals nur verlorene Zeit, sondern sie veranlaßt ihn auch zum „Nachdenken" über das, was in einem zurückliegenden Zeitabschnitt als „Noch-Nicht-Gewordenes" (Bloch) für Gegenwart und Zukunft von Bedeutung bleibt. – Das, was der Leser rückblickend erkennt, ist bei Christa T. als Vorausahnung bewußt. Deutlich fühlt sie, „wie die Zukunft für sie arbeitet, und muß sich doch sagen: Ich bin zu früh geboren" (S. 180). – Unter dem Aspekt des in der Lebenszeit der Christa T. Noch-nicht-Gewordenen verstummen die Zweifel des nachdenkenden Lesers; er sieht, wer sie wirklich war, und ihr Scheitern erscheint in einem anderen Licht. Solange Aufrichtigkeit, Wissensdurst, Phantasie und Gewissen, Eigenschaften also, die Christa T. vornehmlich auszeichneten, in einer Gesellschaft als Lebensschwäche gedeutet werden und zur Selbstentfremdung führen, ist ihr Versagen nicht persönlicher Natur, sondern hat soziale und politische Ursachen. – Im Bewußtsein des Lesers wird ‚Nachdenken über Christa T.' auf diese Weise zu einem politischen Buch über Entfremdung in der sozialistischen Gesellschaft der DDR, über den Konflikt zwischen Individuum und Kollektiv und über die Unmöglichkeit, unter den Bedingungen des realen Sozialismus individuelle Selbstfindung zum Nutzen der Gesellschaft zu verwirklichen. – Im Unterschied zur Kulturbürokratie, die ‚Nachdenken...' heftig befehdete und mit „Maßnahmen" überzog, sieht Christa Wolf ihr Buch im Einklang mit den revolutionären Zielen der sozialistischen Gesellschaft: „Es ist ein großer Gedanke, daß der Mensch nicht zur Ruhe kommt, ehe er zu sich selber gefunden hat. Die tiefe Wurzel der Übereinstimmung zwischen echter Literatur und der sozialistischen Gesellschaft sehe ich eben darin: Beide haben das Ziel, dem Menschen zu seiner Selbstverwirklichung zu verhelfen" (‚Selbstinterview', S. 77 – ‚Wann, wenn nicht jetzt?', S. 183).

Bei dem abgedruckten Text handelt es sich um einen Ausschnitt aus dem 4. Kapitel, das Christa T. am Ende ihres Studiums zeigt (Inhaltsangabe zur Einordnung in den Handlungsverlauf, s. o.). – In der Luchterhand-Ausgabe, nach der auch weiterführende Textstellen zitiert werden, findet sich der vorliegende Auszug auf den Seiten 39ff. Bei den kursiv gedruckten Zeilen handelt es sich um Zitate aus den 'authentischen' Materialien der Christa T., die die Erzählerin in ihre Darstellung eingefügt hat.

Achtes Kapitel: Zu Text 204, S. 338f.

Zur Interpretation

Die Schreibweise von ‚Nachdenken...' gehört nach Einschätzung des Verfassers dieser Zeilen zur subtilsten Prosa, die heute im deutschen Sprachraum zu lesen ist. Sie kann im Rahmen einer solchen Kurzinterpretation kaum befriedigend ausgeschöpft werden, und es besteht die Gefahr, daß interpretierende Eingriffe das feine Netz der inhaltlichen und sprachlichen Bezüge nicht sichtbar machen, sondern zerstören.
Der Text beginnt mit einer persönlichen Feststellung der Erzählerin („Mir fällt ein [...]"; S. 338, Z. 32), die im ganzen Buch eigentümlich konturenlos bleibt und sich entweder mit einem solidarisierenden „wir" oder dem unpersönlichen „man" (Belegstellen durch den ganzen Text durchlaufend) zu Worte meldet. An einigen Stellen bleibt völlig offen, aus welcher Perspektive das Geschehen berichtet wird (z. B. S. 339, Z. 5 – „Sie konnte es wirklich nicht wissen"), und nicht selten wechselt eine medial vermittelte Darstellung ('Ich-/Er-Roman') unversehens mit einer Erzählweise, die an den 'inneren Monolog' (z. B. die authentischen Zitate) oder an die 'erlebte Rede' (z. B. S. 339, Z. 34ff.) erinnert. – So, 'von allen Seiten' gezeigt, lernt der Leser eine Studentin kennen, die sich offenbar nur schwer in ihre soziale Umwelt einfügen kann. Zwar tut sie, „was alle tun" (S. 338, Z. 39f.), aber dann kommt (immer wieder!) der Punkt, wo sie ihre Freunde, von denen sie offenbar viele hat (s. S. 338, Z. 37; S. 339, Z. 27f.), in Verlegenheit bringt („[...] Bewegung, die man nicht gesehen haben will [...]"; S. 338, Z. 41f.), ratlos („Sie verschwand für Tage"; S. 339, Z. 19f.) oder gar verzweifelt macht (s. S. 339, Z. 24ff.). – Dabei handelt es sich eigentlich um alltägliche Situationen („[...] warum soll man sie nicht fragen dürfen, es wäre ja gelacht: Was willst du werden, Krischan?"; S. 338, Z. 40f.) oder selbstverständliche Pflichten (Lernen für das Examen; S. 339, Z. 19ff.). – Die offenbare Lebensuntüchtigkeit der Christa T., die der Leser auf der Handlungsebene registriert, erweist sich schnell als ein 'Oberflächenbefund', bei dem er nicht stehenbleiben kann. – Einmal in die Lektüre verwickelt, wird der Leser durch eine Vielzahl von sprachlich-stilistischen Mitteln (Perspektivewechsel, s. o. – Fragen an Christa T., z. B. S. 338, Z. 32 und S. 339, Z. 30 – rhetorische Fragen, die sich als Fragen an den Leser erweisen; z. B. S. 338, Z. 38 und S. 339, Z. 2 – Einwürfe, z. B. S. 338, Z. 32 – Kommentare, z. B. S. 339, Z. 4 – Zitate, z. B. S. 339, Z. 16f. und Z. 44) 'unmittelbar' in das „Nachdenken" der Erzählerin einbezogen. Die anfangs beiläufig wirkende, wiederholt gestellte Frage „Was willst du werden?" (S. 338, Z. 32 und Z. 40; S. 339, Z. 18) findet ihre Beantwortung im ersten Zitat (S. 339, Z. 16f.) und erweist sich als das zentrale Thema dieses Ausschnittes, ja des ganzen Buches; sie korrespondiert mit dem von Johannes R. Becher entlehnten Motto, das Christa Wolf ihrem Roman vorangestellt hat: „Was ist das: Dieses Zu-sich-selber-Kommen des Menschen?" – Es geht Christa T. nicht allein darum, einen Platz in der Gesellschaft zu finden („Ich? Lehrerin doch wohl?", S. 339, Z. 3f.), sondern sie, die „eine Vision von sich selbst" hat (S. 117), möchte sich vor allem als „Mensch" (S. 339, Z. 16f.) verwirklichen. – Darüber hinaus ist ihre Vision noch unbestimmt („Sie bereitet sich vor – worauf?", S. 338, Z. 38; „Was sah sie denn?", S. 339, Z. 2; „Griff die Unruhe um sich?", S. 339, Z. 43) und wird in den zahlreichen Rezensionen und Interpretationen zu diesem Roman (Nachweis im ‚Kritischen Lexikon zur deutschsprachigen Gegenwartsliteratur', hrsg. von H. L. Arnold, C. Wolf-Artikel, München 1978) sehr unterschiedlich gedeutet. Klar erscheint dagegen die Ausgangssituation, die im Text eindeutig mit den Lebensverhältnissen der DDR in den 50er Jahren beschrieben wird; Lebensumstände, die von Christa T. bei allem guten Willen (s. S. 339, Z. 6f.) als entfremdend empfunden werden (s. die Beschreibung der Prüfungssituation, S. 339, Z. 19ff.). In diese Spannung von realen Verhältnissen, die als unbefriedigend empfunden werden, und künftigen Möglichkeiten, die noch unbestimmt sind, wird der Leser hineingestellt. Mit Christa T. (S. 339, Z. 42ff.) hofft auch die Erzählerin, daß der Leser zu den wachen, unruhigen Leuten gehört, für die sie ihr Buch geschrieben hat.
An dieser Stelle der Interpretation, bei der noch manches offengeblieben ist (z. B. die 'Wirklichkeit von Namen'; die Bedeutung der Dostojewski-Lektüre für Christa T.; Metaphern und Symbole), sollte der Lehrer die zusammenfassende Deutung anschließen, die auf Seite 448 ff. versucht worden ist.

Zur Behandlung im Unterricht

Bei der Behandlung im Unterricht wird der Lehrer davon ausgehen müssen, daß die Schüler die Bedeutsamkeit dieser 'beiläufigen' Schilderung der Person und des Verhaltens von Christa T. allein aus dem Text heraus nicht erfassen können. – Eine Annäherung an den Text ist auf verschiedenen Wegen denkbar:
- Vorwegnahme der literaturtheoretischen Vorstellungen von Christa Wolf („subjektive Authentizität", „epische Prosa");
- bewußtes Aufgreifen der Verständnisschwierigkeiten der Schüler und exemplarische Analyse von auffallenden sprachlichen Formen;
- Erörterung des Titels ‚Nachdenken über Christa T.' (an sie zurückdenken – über sie denken – ihr nachfolgen im Denken);

Achtes Kapitel: Zu Abschnitt III, S. 340ff.

- interpretierendes Vorlesen des Textes durch den Lehrer (langsam, jedes einzelne Wort wägend; mit kürzeren Pausen, die auf den vielfältigen Perspektivwechsel und die gedanklichen Sprünge hinweisen – mit deutlichem Einhalten nach Fragen, die an den Leser gerichtet scheinen; Hervorhebung der Zitate);
- Einordnung des Textes in die historische Situation der DDR und unmittelbare inhaltlich-sprachliche Konfrontation mit der Kant-Rede (Text 203).

Die eigentliche Interpretation müßte 'doppelbödig' bleiben: sie sollte den Text unseren Schülern zugänglich machen und sollte doch nie vergessen lassen, daß der erste und eigentliche Adressat für Christa Wolf der DDR-Leser der 60er Jahre ist. Im Zusammenhang mit Wolfs Dichtungstheorie sollte deutlich werden, was „epische Prosa" für eine Gesellschaft bedeutet, in der die Partei mit Hinweis auf die „objektiven Verhältnisse" den Anspruch erhebt, die Wirklichkeit allein richtig interpretieren zu können und die Richtung des Denkens für ihre Bürger vorgeben zu müssen (Problem des kollektiven Bewußtseins und der individuellen Selbstverwirklichung, Vergleich mit Text 203).

Darüber hinaus ergeben sich verschiedene Einzelaspekte für eine weiterführende Behandlung:
- der Wechsel der Erzählperspektive bei Christa Wolf;
- die Frage der Authentizität von Autorin, Erzählerin, Christa T.;
- Vergleich 'episches Theater' – 'epische Prosa' (mit Diskussion des entsprechenden Wolf-Zitates);
- „epische Prosa" bei Wolf – „eingreifendes Denken" bei Brecht (Text 198) – „operative Literatur" bei Braun (Text 207/208);
- Hinweis auf andere Romane, in denen das Thema „Identitätssuche" im Vordergrund steht (z. B. Uwe Johnson: ‚Mutmaßungen über Jakob'; Max Frisch: ‚Mein Name sei Gantenbein'; Heinrich Böll: ‚Ansichten eines Clowns' u. a.).

Thematische Bezüge in anderen Texten
Rollenhagen und de Passe (1), Grimmelshausen (16), Goethe (32), Hölderlin (61), Eichendorff (68), Arnim (79), Büchner (102), Hofmannsthal (128), Kafka (151), Frisch (173), Brecht (198), Kant (203).

III. DDR-Alltag wird erzählt (S. 340 ff.)

Die folgenden Ausführungen über die Darstellung des DDR-Alltags in der Literatur knüpfen unmittelbar an die Überlegungen an, die im Abschnitt „II. Sozialistisches Bewußtsein" entwickelt worden sind. – Das Bemühen von Partei- und Staatsführung, die Herausbildung eines kollektiven sozialistischen Bewußtseins zu fördern, erstreckt sich konsequenterweise auch auf die Bereiche des alltäglichen Lebens. Ob Menschen in der DDR arbeiten, wohnen, lieben, Kinder erziehen, sich erholen oder weiterbilden – in allen Fällen nimmt die Führung das Recht für sich in Anspruch, für ihre Bürger zu denken und zu planen. – Die Folge ist eine weitgehende Vereinheitlichung der „sozialistischen Lebensweise", die auf der einen Seite von Fürsorge und Betreuung gekennzeichnet ist, auf der anderen Seite aber auch Monotonie, Enge, Immobilität und Verantwortungsscheu erkennen läßt. Gerade aus dem kollektiven, anonymen Charakter des Systems erwachsen Probleme, die der DDR-Bürger als größere oder kleinere Mißhelligkeiten im Alltag zu spüren bekommt, wobei es bis jetzt keine institutionalisierte Möglichkeit gibt, darüber Öffentlichkeit herzustellen und solche Verhältnisse auf dem Wege der Kritik zu verändern.
Auf die Einbindung von Presse, Rundfunk und Fernsehen in die Zielsetzungen der Partei, die in diesem Zusammenhang eine entscheidende Rolle spielt, ist oben (s. zu Text 200/201) schon hingewiesen worden. – Dadurch, daß Journalisten zu einer parteilichen, grundsätzlich positiven Auslegung der sozialistischen Wirklichkeit verpflichtet sind, entsteht eine breite Informationslücke, die in der Weise geschlossen wird, daß die „schöne Literatur" Funktionen übernimmt, die in westlichen Ländern von den Massenmedien wahrgenommen werden. – Eine solche Berücksichtigung des alltäglichen Bedürfnisses nach Information, Kommunikation und Kritik in der Literatur der DDR ist keineswegs nur Beiwerk; sie entspricht sowohl der expliziten Erwartung des Lesepublikums als auch dem ästhetischen und politischen Selbstverständnis der Schriftsteller. – (S. dazu auch Text IV.13: ‚Günter Kunert: Literatur in der DDR – 'Ersatz von Information'", in: ‚Literarisches Leben in der DDR', hrsg. von C. Bunk. Reihe: Editionen für den Literaturunterricht, hrsg. von D. Steinbach. Ernst Klett Verlag, Stuttgart 1984.)
Der fiktionale Dokumentarstil des Romans von Heym, die poetisch verfremdete Wirklichkeit in der Satire von Morgner und die dialektisch strukturierten Anekdoten von Braun sind dafür Beispiele. – Auch Texte, die an anderer Stelle dieser Sammlung eingeordnet worden sind, können in der angesprochenen Weise durchaus auch 'journalistisch' gelesen werden (z. B. 197, 202, 204, 209, 210).

Stefan Heym: [Untergang eines Bildes] (S. 340ff.)

Zu Leben und Werk Stefan Heyms
(Siehe den Kommentar zu den Texten 200/201.)

Zum Text
Auf den engen Zusammenhang zwischen den publizistischen Arbeiten Heyms und seinen Romanen ist oben schon hingewiesen worden (Text 200/201).
Heym selber versteht sein erzählerisches Werk, seine Romane und Kurzgeschichten, als „Diskussionsliteratur" und betont, daß der dargestellte Inhalt für ihn wichtiger sei als Feinheiten der künstlerischen Gestaltung. Es erscheint deshalb wenig sinnvoll, die Beurteilung seiner Romane allein von der ästhetischen Einordnung abhängig zu machen und sie mit Werken von Hermann Kant oder gar Christa Wolf vergleichen zu wollen. Mit Ausnahme von ‚5 Tage im Juni‘ und ‚Collin‘ sind alle Romane, die bis 1980 erschienen sind, zuerst in englischer Sprache geschrieben und dann vom Autor ins Deutsche übertragen worden. – Von ‚Glasenapp‘ (1942) bis zu ‚Schwarzenberg‘ (1984) weisen die Romane erstaunliche Gemeinsamkeiten auf, die aus der umfassenden Wirkungsabsicht Heyms zu verstehen sind. Reale Vorgänge mit politischem Charakter, von Heym sorgfältig recherchiert, werden in den Rahmen einer fiktiven Geschichte eingebettet, in die an entscheidenden Punkten des Handlungsverlaufes dokumentarisches Material eingefügt wird. Dabei soll in realistischer Einschätzung kulturpolitischer Grenzen und tatsächlicher Machtverhältnisse eine mögliche Zensur dadurch unterlaufen werden, daß die Gestalten der meisten seiner DDR-Romane in historische Gewänder gesteckt und auf einem sorgfältig rekonstruierten Zeithintergrund dargestellt werden.
Für Heym, der seine ersten Romanerfahrungen in Amerika mit einem spannenden Politkrimi gemacht hatte, steht das Prinzip der Spannung, das Publikumswirksamkeit garantiert, im Zentrum seiner Überlegungen. Spannung entwickelt sich bei ihm aber nicht aus den kolportagehaften Klischees der Unterhaltungsliteratur, sondern es sind geistige Strömungen, feindliche Ideologien und politische Lager, die in seinen Büchern aufeinanderstoßen. Heym personifiziert diese gegensätzlichen Kräfte in gegensätzlichen Charakteren, wobei die Protagonisten der beiden Lager einander unmittelbar gegenübergestellt werden und ihre Meinungsverschiedenheiten ausdiskutieren sollen – eine antithetische Grundstruktur, die in allen seinen Romanen und in den meisten seiner Erzählungen zu beobachten ist.
Zu den Gemeinsamkeiten in Heyms erzählerischem Werk gehört auch das Vorhandensein einer Schriftstellergestalt. Sie erscheint in den frühen Romanen als Randfigur und rückt in den späteren Werken immer mehr in den Mittelpunkt. Die Zitate aus der ‚Schmähschrift‘ und aus dem ‚König-David-Bericht‘ (s. Kommentar zu Text 200/201) lassen die zentrale Bedeutung dieser Figur erkennen. Die literarische Schriftstellergestalt Hans Collin wird schließlich zur Zentralfigur eines Romans, der nach ihm benannt ist. Sein Leben erscheint so bedeutsam, daß nicht er die Gesellschaft analysiert, sondern daß umgekehrt die Menschen seiner Umgebung ihn und seine Vergangenheit untersuchen. So forscht die Ärztin Christine in Collins Memoiren, hat aber Deutungsschwierigkeiten, da Collin klug genug war, seine wahre Biographie hinter dem Leben eines erfundenen Schriftstellers Wieland zu verbergen. – Anders als in der bürgerlichen Literatur, in der in ihrem Selbstverständnis verunsicherte Schriftsteller über ihre Entfremdungsprobleme reflektieren und die Schwierigkeiten des Schreibens beklagen, erscheinen die meisten dieser Figuren bei Heym überaus aktiv: Sie analysieren die Gesellschaft, leisten aktiv Widerstand und werden zum Verkünder neuer Ideen.
Aus verschiedenen Quellen wissen wir, daß Heym schon 1953 mit der Arbeit zu einem Roman begann, der sich mit den Ereignissen vom 17. Juni auseinandersetzen sollte. Das Buch, das in der Erstfassung unter dem Titel ‚Der Tag X‘ konzipiert wurde und 1959 in der DDR nicht erscheinen durfte, ist 1974 in einer Neufassung unter dem Titel ‚5 Tage im Juni‘ in der Bundesrepublik veröffentlicht worden. – Die Umbenennung des Buches ist dabei durchaus von Bedeutung. Als „Tag X" wird in der DDR-Geschichtsschreibung der Zeitpunkt bezeichnet, zu dem die konterrevolutionären Kräfte des Westens nach intensiver Vorbereitung das sozialistische System stürzen wollten. Aus publizistischen Beiträgen der 50er Jahre (Aufsatzsammlung ‚Im Kopf – sauber‘, 1954) und aus der Erzählungssammlung ‚Schatten und Licht‘ (1960) kann man schließen, daß Heym sich in der Urfassung des Romans die offizielle Verschwörungstheorie zu eigen gemacht hat. In der Endfassung ‚5 Tage im Juni‘ sind die Akzente deutlich anders gesetzt worden. Im Vordergrund der Beschreibung stehen jetzt eine verfehlte Entwicklung in der DDR und falsche Entscheidungen der Partei, die dann von Agenten der westlichen Seite ausgenutzt werden. – Wieder einmal sitzt Heym mit dieser Deutung zwischen den Stühlen: Mit der Betonung der Fehlentwicklungen in der DDR stößt er auf die Kritik der östlichen Machthaber, und mit der Berücksichtigung der Agententheorie

Achtes Kapitel: Zu Text 205, S. 340 ff.

widerspricht er der westlichen Auffassung, wonach die Erhebung vom 17. Juni ein spontaner Arbeiteraufstand gewesen sein soll. – (Eine Gegenüberstellung der unterschiedlichen Sichtweisen zu den Ereignissen des 17. Juni findet sich als Text 1.1 und 1.2 in: ‚Geschichten aus der DDR', zusammengestellt von Stephan Lehle; Reihe: Lesehefte für den Literaturunterricht, in neuer Folge hrsg. von R. Siegle und J. Wolff. Ernst Klett Verlag, Stuttgart 1985.)

Der Roman ‚5 Tage im Juni' versucht im Stile eines journalistischen Berichts den Eindruck einer sorgfältigen Rekonstruktion zu vermitteln, wozu die genauen Zeitangaben, mit denen die einzelnen Kapitel eröffnet werden, die authentischen Zitate aus Zeitungen und die abgedruckten Dokumente beitragen. Sie bilden den historischen Rahmen, in den die fiktive Geschichte des Gewerkschaftsführers Witte und seines Gegenspielers, des Arbeiters August Kallmann, eingebettet ist. Der Roman, dem als Motto ein Auszug aus dem Statut der SED von 1954 vorangestellt ist, schildert in 63 Kapiteln die Ereignisse von Sonnabend, dem 13. Juni 1953, 19.00 Uhr, bis Mittwoch, dem 17. Juni 1953, 18.00 Uhr. – Ein „Vorspiel" und ein „Nachspiel" heben den Gewerkschaftsführer Witte besonders heraus. Bei dem vorliegenden Text handelt es sich um den vollständigen Abdruck des 57. Kapitels. (Statt aus der Erstveröffentlichung wird bei ergänzenden Zitaten aus dem Roman die Seitenzahl aus der leichter zugänglichen Taschenbuchausgabe angegeben: Fischer-Taschenbuch 1813, Frankfurt a. M. 1977.)

Zur Interpretation

Im 57. Kapitel, das in der Mittagszeit des für den Aufstand entscheidenden 17. Juni spielt (S. 340, Z. 7), sehen wir den Arbeiter August Kallmann, der ein lädiertes Bild von Karl Marx mit sich herumträgt. In den vorangegangenen Tagen hatte er sich in dem Bewußtsein, ein guter Sozialist zu sein und die Interessen der Arbeiter zu vertreten, an den Diskussionen gegen die Normerhöhung beteiligt. Er ist dabei von den als Arbeitern getarnten Agenten Gadebusch und Quelle in die Rolle eines Wortführers gedrängt und an die Spitze des Protestmarsches seiner Fabrik gestellt worden. – Beim Herannahen der russischen Panzer steht er dann plötzlich allein da, und als letzte Aktion versucht er, aus dem Schaufenster einer HO-Geschäftsstelle, die von Westschlägern zerstört worden ist, ein großformatiges Marxporträt vor dem Zugriff von Plünderern zu retten.

Jetzt läßt er sich vom Menschenstrom durch die Straßen treiben und beginnt, über sich nachzudenken. – Die Monologform, die hier gebraucht und die von Heym auch in anderen Romanen und Erzählungen als bevorzugtes Mittel der Personenanalyse eingesetzt wird, ermöglicht dem Leser die Einsicht, daß der Sozialist August Kallmann lediglich über ein unterentwickeltes sozialistisches Bewußtsein verfügt.

Kallmann hält sich für einen guten Arbeiter (S. 340, Z. 19 ff.) und Sozialisten (S. 340, Z. 40 ff.). – In einer der entscheidenden Auseinandersetzungen mit dem Gewerkschaftssekretär Witte sagt Kallmann: „Ich will nicht behaupten, wir Deutsche wären besser als die anderen. Aber eines sind wir: geduldig und fleißig. Wir arbeiten. Wir haben unter dem Kaiser gearbeitet, unter der Republik, unter Hitler. Wir werden sogar unter Ulbricht arbeiten, nur dürft ihr uns nicht so ausquetschen. Es muß was rausspringen bei der Arbeit und auch für den deutschen Arbeiter"(S. 39).

Und Witte macht sich seine Gedanken: „Was da vor ihm saß, gesund, kräftig, mit fähiger Hand, das hatte tatsächlich unter dem Kaiser gearbeitet, unter der Republik, und unter Hitler – statt die Gesellschaftsordnung zu beseitigen, deren Ausdruck alle drei gewesen waren" (S. 39).

Das ist gemeint, wenn Kallmann sagt: „[...] aber den Kopf in die Schlinge stecken, freiwillig, das habe ich nie getan, [...]" (S. 340, Z. 22 f.). Erst die westlichen Agenten haben es geschafft, ihn in eine hoffnungslose Situation hineinzumanövrieren (S. 340, Z. 25 ff. und S. 341, Z. 10). Auch der Gedanke an den Vater, der an die Wirkung von Arbeitergroschen und Arbeiterstimmen geglaubt hatte (S. 340, Z. 33 f.), hat eine Vorgeschichte: „Sein Vater vor ihm schon hatte den Sozialismus gewollt und hatte dafür gearbeitet, als Gewerkschaftskassierer in seinem Betrieb. Und wenn Wahlen kamen, hatte er die Stimmen zusammengezählt, so wie er die Arbeitergroschen zusammenzählte; und wenn eines Tages genug Arbeitergroschen und Arbeiterstimmen zusammen waren, hatte der Vater gesagt, würde der Sozialismus kommen. Manchmal an Sonntagnachmittagen, nachdem er mit der Abrechnung fertig war, sprach der Alte von diesem Sozialismus, und ein Echo klang nach in seiner Stimme von der ruhmreichen Bewegung Marx' und Bebels" (S. 45).

Kallmann erwartet den Sozialismus wie ein Naturereignis; er lehnt die Gewalt revolutionärer Aktionen entschieden ab (S. 340, Z. 43 ff.) und formuliert ein gänzlich unpolitisches Harmoniebedürfnis (S. 341, Z. 1 ff.). Auch mit der Vorstellung vom sozialistischen Volkseigentum kann er nichts anfangen (S. 340, Z. 37 ff.; S. 341, Z. 35 f.), und der Begriff der „Freiheit" verbindet sich in seinen Gedanken zuallererst mit der Vorstellung „was kaufen können für sein Geld, [...]" (S. 341, Z. 7 f.).
Er ist keiner, „der Programme aufstellt"(S. 341, Z. 8 f.), und er kann mit utopischen Ideen nichts anfangen. –

Achtes Kapitel: Zu Text 205, S. 340ff.

Kallmann ist für Heym der typische Arbeiter der frühen 50er Jahre, der einer sozialdemokratischen Kleinbürgerideologie anhängt und einen unreflektierten, unpolitischen Sozialismus vertritt.
Der Arbeiter August Kallmann, der seine naive Vorstellung von Sozialismus vergeblich vor sich selber zu rechtfertigen sucht, fühlt sich von allen verlassen (S. 341, Z. 15f.). Verzweiflung und das Gefühl der Nutzlosigkeit machen sich in ihm breit, und er ist fast enttäuscht, daß ein sowjetischer Panzerkommandant, statt auf ihn zu schießen, ihn wie „ein müdes Kind" auf den Gehsteig führt (S. 341, Z. 14 – S. 342, Z. 2). Geradezu trotzig klammert er sich an das Bild von Karl Marx (S. 341, Z. 12f., Z. 40 und Z. 42), um wenigstens dieses äußere Symbol seines zerstörten Glaubens an den Sozialismus zu retten. Kallmann wird mit dem Menschenstrom nach Westen getrieben. Die Leere, die er empfunden hat, verwandelt sich in ein Gefühl der Entlastung, der Freiheit (S. 342, Z. 14ff.). Und als er den Landwehrkanal, die Grenze zum amerikanischen Sektor, überschritten hat, begrüßt ihn eine altjüngferliche Dame mit den Worten „Willkommen in der Freiheit" (S. 342, Z. 23) und bietet ihm einen Kaffee an: „das Zeug schmeckte fade" (S. 342, Z. 29f.). Ahnungslos bewundert sie den „schönen Mann" auf dem Bild, das Kallmann immer noch mit sich herumträgt, und ihr Lob (S. 342, Z. 41f.) muß in seiner ungewollten Hintergründigkeit für ihn (und den Leser!) wie blanker Hohn klingen. Kallmann erkennt, daß das Porträt „des Begründers des wissenschaftlichen Sozialismus und genialen Führers des internationalen Proletariats" (S. 340, Z. 9f.) im freien Westen jeder Bedeutsamkeit entkleidet ist, und er wirft das Bild von Karl Marx in den Landwehrkanal, wo es an diesem Tage für ihn zum zweitenmal untergeht. – Die Figur des August Kallmann, der bis zum 57. Kapitel als Gegenspieler des Gewerkschaftssekretärs Witte fortlaufend in die Handlung eingebunden war, spielt auf den folgenden Seiten des Romans keine Rolle mehr. Sein Schicksal bleibt ungewiß.
Angesichts dieser Darstellung liegt die Vermutung nahe, daß für seinen Widerpart Witte, der an vielen Stellen in einer Weise als Überheld dargestellt wird, die an die Schablone des sozialistischen Realismus erinnert, ein positiver Weg in die sozialistische Zukunft vorgezeichnet sein müßte. – Doch Heym wählt eine andere Fassung, die durch die formale Gestaltung noch besonders betont wird. Witte, der im „Vorspiel" zwar die Normerhöhung kritisiert und sich gegen den Parteibeschluß stellt, bezieht während der Ereignisse jedoch gegen die streikenden Arbeiter Stellung. Zugleich bemüht er sich aber auch um eine gewerkschaftliche Interessenvertretung der Arbeiter, und er dringt darauf, die Kritik von unten und die furchtlose Aufdeckung von Mängeln zu fördern. Im „Nachspiel" soll Witte, der auf der ganzen Linie recht behalten hat, wegen Verstoßes gegen den Parteibeschluß zur Normerhöhung als Gewerkschaftssekretär abgesetzt und an eine Parteischule abgeschoben werden. Witte fügt sich und geht mit den Worten: „Aber die gleichen Widersprüche bestehen noch" (S. 264). – Die Forderungen, die von Witte vertreten werden, sind 1954 im „Statut der SED" festgeschrieben worden, und den entsprechenden Absatz hat Heym seinem Buch als Motto vorangestellt.

Zur Behandlung im Unterricht
Nach einer entsprechenden inhaltlichen Einordnung des Ausschnitts ist der Text für die Schüler unmittelbar zugänglich. – Bei der Besprechung sollte zu Anfang auf den Kontrast zwischen der ‚dokumentarischen' Zeitangabe (S. 340, Z. 7) und dem noch im selben Satz (!) verwendeten Erzählton hingewiesen werden; die für Heym typische Monologform (S. 340, Z. 13 ff. u. a.) verdient besondere Beachtung.
Der Auszug enthält, wie bei Heym nicht anders zu erwarten, eine ganze Reihe von politischen Implikationen, die in einem fächerübergreifenden Unterricht zur Sprache gebracht werden könnten:
– die „Agententheorie" (S. 340, Z. 26f. – beachte dazu auch den Quellenhinweis oben „Zum Text");
– die Beschreibung einer Haltung, die „Sozialdemokratismus" genannt und die bei dem „Sozialisten" (S. 341, Z. 32) Kallmann deutlich wird („S." ist die Bezeichnung für die Haltung jener aus der SPD kommenden SED-Mitglieder, die der Umwandlung der SED – 1946 aus dem Zusammenschluß von SPD und KPD hervorgegangen – in eine „Partei neuen Typus" ablehnend gegenüberstanden);
– die Art und Weise, wie Heym, der sich selber als „Demokratischer Sozialist" versteht, den „Mann aus dem Osten" (S. 342, Z. 46f.) die „Freiheit" im Westen (S. 342, Z. 23) erleben läßt.
Selbstverständlich ist auch das Ringen Heyms um die Veröffentlichung seines Buches ein (literatur)politisches Faktum, das hier erörtert werden könnte (s. dazu auch den Kommentar zu Text 200/201: „Zu Leben und Werk Stefan Heyms"). – Von diesem Punkt ausgehend, könnte auch die bei Text 200/201 für den Unterricht angeregte Betrachtung des exemplarischen Lebenslaufs von Heym angeschlossen werden.

Thematische Bezüge in anderen Texten
(Siehe die Hinweise bei Text 200/201.)

Achtes Kapitel: Zu Text 206, S. 343 ff.

206 Irmtraud Morgner: Das Duell (S. 343 ff.)

Zu Leben und Werk Irmtraud Morgners

Irmtraud Morgner, am 22. August 1933 als Tochter eines Lokomotivführers in Chemnitz (heute Karl-Marx-Stadt) geboren, wuchs in einer Familie auf, in der es keine Bücher gab. „Bis zu meinem 12. Jahr dachte ich, die Geheimnisse der Welt könnten gar nicht mit Sprache ausgedrückt werden, sondern würden vielleicht durch Töne ausgedrückt." Als sie 1945 auf dem Boden des Hauses einen Koffer mit Reclam-Heften klassischer Literatur fand, war dies für das junge Mädchen ein „unerhörtes Erlebnis, vor allen Dingen, weil wir ja zu Hause wenig sprachen. Wir kamen mit wenigen Worten aus. Ich war überaus erstaunt, was Sprache sein kann" („Die Perlen des Phantastischen', Klara Obermüller im Gespräch mit Irmtraud Morgner. Die Weltwoche, Zürich, 30. 3. 1977). Morgner setzte durch, daß sie das Abitur machen konnte. Sie studierte 1952 bis 1956 in Leipzig Germanistik, arbeitete dann zwei Jahre als Redaktionsassistentin der Zeitschrift ‚Neue Deutsche Literatur' und versuchte es ab 1958 als freie Schriftstellerin. Sie ist mit dem DDR-Lyriker Paul Wiens verheiratet und hat eine Tochter. – Für ihr Werk ist ihr 1975 der Heinrich-Mann-Preis der Akademie der Künste der DDR zugesprochen worden.

In ihren ersten beiden Büchern (‚Das Signal steht auf Fahrt', 1959; ‚Ein Haus am Rand der Stadt', 1962) orientiert sich Irmtraud Morgner ohne Einschränkung an den literaturpolitischen Direktiven der Partei. Im Stil des sozialistischen Realismus schreibt sie nach dem Motto „Vom Ich zum Wir" und stellt vorbildliche Wandlungsprozesse von Menschen dar, die durch die Agitation überzeugter Sozialisten zu einem höheren Bewußtsein finden. – Erst wenn man diese Ausgangslage im Auge hat, ist die Veränderung zu ermessen, die Morgner von ihrem Frühwerk über ‚Hochzeit in Konstantinopel' (Berlin/Weimar 1968; München 1969) und ‚Die wundersamen Reisen Gustav des Weltfahrers. Lügenhafter Roman mit Kommentaren' (Berlin/Weimar 1972; München 1973) bis zu ‚Leben und Abenteuer der Trobadora Beatriz nach Zeugnissen ihrer Spielfrau Laura. Roman in dreizehn Büchern und sieben Intermezzos' (Berlin/Weimar 1974; Darmstadt/Neuwied 1976) und ‚Amanda. Ein Hexenroman' (Berlin/Weimar 1983; Darmstadt/Neuwied 1983) in ihrem Denken und Schreiben vollzogen hat. – Das Prosabuch ‚Hochzeit in Konstantinopel', das unten näher betrachtet wird, zeigt schon wichtige Strukturelemente ihrer Phantasiewerke, die die Erzählerin in Ost und West berühmt gemacht haben:

- Der Gesamttext ist in viele kleine Einheiten untergliedert, die häufig noch in sich selber vielschichtig strukturiert sind;
- bei relativer inhaltlicher Selbständigkeit und erzählerischer Geschlossenheit haben die einzelnen Elemente doch eine Funktion im Gesamttext und sind für dessen Deutung unentbehrlich;
- durch Voranstellen eines Mottos, durch Vorwort, Kommentare und Nachwort wird für den Gesamttext ein zusätzlicher Rahmen geschaffen, der die Perspektive für eine Zusammenschau der Textteile andeutet oder gar den 'Fluchtpunkt' erkennen läßt, in dem sich die disparat erscheinenden Elemente zu einer interpretierbaren Ganzheit fügen.

Am charakteristischsten für Morgners Erzählweise ist die Verwendung von komischen und phantastischen Gestaltungsmitteln und eine unbefangene, unerschöpfliche Fabulierlust, die alle Regeln der konventionellen Poetik hinter sich läßt. So sind die Übergänge zwischen dem, was im Erzählzusammenhang 'real' oder 'irreal' erscheint, fließend, und nicht immer ist zu erkennen, ob Aussagen den Figuren oder der Autorin-Erzählerin zuzuordnen sind; die Erzählperspektive wird unvermittelt gewechselt, oder die Autorin legt es auf andere Weise darauf an, die Lesererwartung zu enttäuschen. Offensichtlicher Nonsens steht neben Witz, Ironie und sinnreicher Komik, wobei diese humorvollen Elemente unmittelbar mit historischen Exkursen, philosophischen Reflexionen und persönlichen Stellungnahmen verknüpft werden. Ein närrischer, eulenspiegelhafter Grundgestus, hinter dem der aufmerksame Leser auch Schmerz, Zorn und Trauer erkennen kann. – Diese komplizierte, unernst-bedeutungsvolle Fabulierweise verwirrt den Leser, weil er selbst bestimmen muß, welchen Details er tiefere Bedeutung zumessen soll und welchen nicht. – Unsinn, der doch keiner ist. – Irmtraud Morgner versteht sich als Frau in einer sozialistischen Gesellschaft, und beim Schreiben geht es ihr um eine dialektische Haltung, „die den Prozeß der Wahrheitsfindung" befördert (‚Apropos Eisenbahn', in: ‚Eröffnungen. Schriftsteller über ihr Erstlingswerk', Berlin/Weimar 1974, S. 209). Die phantastische Verfremdung der Wirklichkeit dient dazu, erstarrte Denkinhalte und -formen aufzubrechen und die Welt dem Leser als veränderungsbedürftig und veränderungswürdig bewußtzumachen.

Auf die Frage, welches ihr zentrales Thema sei, hatte Irmtraud Morgner 1972 kurz und bündig geantwortet: „Der Eintritt der Frau in die Historie" (J. Walter: Interview mit Irmtraud Morgner, in: Weltbühne, 32/1972, S. 1010). – In allen Werken der 'Phantasiephase' nach 1968 wird dieses Thema vielfältig variiert: Die

Forderung nach Gleichberechtigung der Frau, verstanden als Anerkennung ihrer 'Ganzheitlichkeit' (‚Konstantinopel'); das Verhältnis der Frau zum Mann, wobei neue Beziehungen nur unter 'Gleichen' (‚Trobadora', S. 655) denkbar sind; die Sehnsucht nach Liebe als einer außerordentlich humanen „Produktion" (‚Konstantinopel', S. 62 – die Hauptfigur Bele greift hier eine Formulierung von Brecht auf); die Reintegration alles dessen, was die bisher ‚männlich' bestimmte Geschichte als 'weiblich' mißachtet und unterdrückt hat (zentrales Thema in ‚Amanda'). – In einem Gespräch mit Klara Obermüller (s. o.) hat Morgner die Eigenart ihrer Denk- und Schreibweise erläutert: „Wenn jemand sich mit Frauenproblemen beschäftigt, so beschäftigt er sich ja mit der ganzen Gesellschaft. [...] Es interessiert ihn der Umbruch der ganzen Gesellschaft, weil ja das Frauenproblem ein Menschheitsproblem ist. Das utopische und phantastische Element gründet sicher auf der Tatsache, daß Frauen in der Vergangenheit fast nur schwarze Kapitel, was ihre überlieferte Geschichte betrifft, finden. Was für sie interessant ist, ist die Geschichte ihrer Zukunft, das, was schon, jedenfalls in der DDR, etwas in unseren Alltag ragt, was aber noch viel Arbeit verlangt. Und ich glaube, aus diesem Grunde neigen Frauen zu einer utopischen Denkungsart. Wie die meisten Dichter."
Dem Versuch der Frauenbewegung, sie für radikal feministische Positionen in Anspruch zu nehmen, hat Irmtraud Morgner in dem Sinne widersprochen, wie es ihre Beatriz zum Ausdruck bringt: „weder patriarchalisch [...], noch matriarchalisch, sondern menschlich" (‚Trobadora', S. 40).
Irmtraud Morgner weiß um die existentiellen Bedrohungen unserer Welt und hat sie in ‚Amanda' nachdrücklich bewußtgemacht. – Doch sie resigniert nicht und glaubt allen bösen Ahnungen zum Trotz an eine Rettung des Planeten: „Wir haben noch eine Reserve für den Kampf um Frieden und Zukunft. Eine Reserve noch, die ist riesig, und weil sie so riesig ist, wird sie leicht übersehen: die Hälfte der Menschheit. Die weibliche Hälfte, die sich bisher als politische Kraft noch gar nicht wesentlich geben konnte" (Eva Kaufmann: Interview mit Irmtraud Morgner, in: Weimarer Beiträge, 30 [1984], 9, S. 1497). Mit ihren phantastischen Büchern will sie den Lesern Mut machen, den Schwierigkeiten entschieden und kritisch, aber auch lachend (s. die Interpretation von ‚Das Duell') zu begegnen. Sie möchte ihnen die rebellische Kraft der Laura aus ihrem Hexenroman vermitteln, angesichts der Hölle die Zunge rauszustrecken und zu schreien: „Dreimal nein durch Sturm und Donner und das Geheul der Dämonen" (‚Amanda', S. 108).

Zum Text
In ihrem Roman ‚Hochzeit in Konstantinopel' (weiterführende Textstellen werden im folgenden nach der 1979 bei Luchterhand erschienenen Taschenbuchausgabe, Sammlung Luchterhand 267, zitiert) liebt eine Frau aus einfachen Verhältnissen namens Bele den strebsamen und erfolgreichen Atomphysiker Paul. Auf einer vorgezogenen Hochzeitsreise in ein jugoslawisches Adriastädtchen, das Bele ihr „Konstantinopel" nennt, versucht sie, ihren arbeitsbesessenen Liebhaber, der auch auf dieser Reise unermüdlich mit seinem Beruf beschäftigt ist, dadurch für sich zu gewinnen, daß sie ihm nach dem Vorbild der Scheherazade phantastische Geschichten erzählt. „Er glaubte, daß sie ihn liebte, weil er ein begabter Wissenschaftler war." Aber sie liebte ihn, „weil er ein begabter Liebhaber war. Gedanken hatte sie notfalls selbst" (S. 113f.). – In einer Rahmenhandlung, die aus 22 fortlaufenden Tagebucheintragungen besteht, sind 21 meist kürzere Geschichten eingebettet, wobei eine sinnvolle Verknüpfungsmöglichkeit während der Lektüre kaum zu erkennen ist. Erst die Schlußpointe auf der allerletzten Seite macht es dem Leser möglich, aus dem Rückblick sinnvolle Fragen an das Ganze zu stellen. – Der Roman endet folgendermaßen: Im letzten Moment, unmittelbar vor der 'richtigen' Hochzeit, die eilig angesetzt werden mußte, weil Paul schon am gleichen Tage wieder auf dem Wege zu einem Kongreß ist, steigt Bele buchstäblich aus:
„Dimitroffstraße, Ecke Leninallee bat sie den Chauffeur anzuhalten, verabschiedete sich von den Herren und stieg aus. ‚Was hast du vor?' fragte Paul. ‚Das absolute Experiment', antwortete Bele und winkte einer Taxe mit dem Rosenbukett.
Eigentlich hatten sie nach Prag reisen wollen" (S. 190).
Erst von diesem Ende her entdeckt der Leser, daß sich hinter der heiteren Erzählung vom vorweggenommenen Flitterwochenglück eine ernste Geschichte verbirgt. Bele, die sich nicht nur als Geliebte versteht, möchte als ganzer Mensch wahrgenommen werden; sie versucht das Verständnis des Mannes für ihre Gedanken, Wünsche und Träume zu wecken. Doch Paul ist so einseitig in seine 'männliche' Berufswelt verstrickt, daß er die Botschaft, die in den Geschichten verborgen ist, nicht erkennt. Auch der unbefangene Leser wird sie erst nachträglich deuten können, und im nachhinein wird ihm auch manche Anspielung im Tagebuch, die er vorher nicht verstehen konnte, verständlich werden.
Das Buch beginnt mit einem lateinischen Motto aus den ‚Carmina burana', das am Schluß übersetzt wird. – Der erste und der letzte Satz des Romans lauten gleich: „Eigentlich hatten sie nach Prag reisen wollen" (S. 5 und S. 190). – In einer „Nachbemerkung der Verfasserin" stellt Bele H. fest, daß Änderungen, die der Verlag

Achtes Kapitel: Zu Text 206, S. 343 ff.

zur Bedingung gemacht hatte, „zu einem Wechsel von der ersten in die dritte Person singularis" führten und daß die Geschichten „teilweise neu gelogen" wurden.

Bei dem im Lesebuch abgedruckten Text ‚Das Duell' handelt es sich um die Geschichte der ersten Nacht (S. 9–13).

Zur Interpretation

Der unbefangene Leser, der nicht weiß, daß der Text aus einem größeren Zusammenhang herausgelöst worden ist, wird ‚Das Duell' als eigenständige Satire erfassen und interpretieren. Die konstitutiven Merkmale dieser vielfältig schillernden Dichtungsform – Demonstration einer verkehrten Welt; Bloßstellung der Wirklichkeit mit den Mitteln der Komik; Wirkungsabsicht; Übertreibung, Typisierung, Pointe – fallen deutlich ins Auge. Auch wenn die kritisierten Verhältnisse nicht ausdrücklich lokalisiert werden, so verweisen doch eine Vielzahl von Formulierungen und Beschreibungen auf die Alltagswirklichkeit der DDR, z. B.: „Fensterware erst nach Dekorationswechsel" (S. 343, Z. 12 f.); „Wir stellten Einstimmigkeit fest" (S. 343, Z. 28 f.); das Ordnungsdenken, das durch das „ordnungsgemäße" Herausklappen des Winkers betont wird (S. 343, Z. 38); das absolut konforme Verhalten des Personals (S. 343, Z. 44 – S. 344, Z. 1); das Bestreben, um keinen Preis aufzufallen (S. 344, Z. 8 f.); der Hinweis auf die soziale Nützlichkeit von Handlungen (S. 344, Z. 27 f.); die demonstrative Verwendung der Begriffe „Provokation", „Verächtlichmachung", „Loyalität" (S. 345, Z. 4 f.). – Durch die teils komische, teils ironische Art und Weise, mit der solche Eigentümlichkeiten zur Sprache gebracht werden, gelingt der Erzählerin die Bloßstellung der Wirklichkeit. – In dieser Gesellschaft, die von der Partei bis in die privatesten Lebensbereiche hinein reglementiert wird und sich durch Gleichförmigkeit des Verhaltens ihrer Mitglieder auszeichnet, kommt ein erwachsener Mensch auf die ‚verrückte' Idee, sich einen Kinderroller anzuschaffen. Der extreme Individualismus, der in diesem Vorhaben zum Ausdruck kommt, erregt Aufsehen (Menschenansammlungen, s. S. 343, Z. 40 f.; S. 344, Z. 14 f. und Z. 46) und führt zu vielfältigen Reaktionen normaler Bürger: Der Ladenmeister hält die Kaufabsicht für einen Vorwand und fürchtet um seine Kasse (S. 343, Z. 18 f. und S. 345, Z. 14); das Kollektiv in Form einer anonymen Menschenmenge fordert Rechenschaft und erwartet Selbstkritik (S. 344, Z. 46 – S. 345, Z. 3); ein ebenso anonymer Herr protestiert in einem nichtgenannten Namen (S. 345, Z. 3 f.), und schließlich weist der Betriebsarzt die Erzählerin in die psychiatrische Abteilung der Charité ein. Die Kinder sind die einzigen, die mit Lachen (S. 344, Z. 43 f.), mit Freundlichkeit reagieren. – Die Rollerfahrerin versucht, ihre persönliche Entscheidung gegen das Kollektiv zu behaupten. Sie bleibt hartnäckig („Ich wechselte das Standbein", S. 343, Z. 26), wehrt sich mit systemkonformen Mitteln („Ich machte ihn auf die Gesetzwidrigkeit seiner vorzeitigen Handlung aufmerksam, [...]", S. 343, Z. 30 f.), versucht ihre Auffassung zu begründen (S. 345, Z. 1 f.) und ist darüber hinaus bemüht, notwendige Vorschriften besonders sorgfältig zu beachten (S. 343, Z. 38 f.). – Vergebens. Die Gesellschaft ist nicht bereit, ihr einen individuellen ‚Spielraum' zuzubilligen, und als sie wegen einer Reparatur zum zweitenmal das Geschäft besucht, werden ihre Personalien aufgenommen, und der Roller wird eingezogen.

Mit der grotesken Übertreibung des Schlußsatzes wird der Titel der Satire verständlich: Kurz vor der Mittagspause betritt die Erzählerin zum drittenmal den Laden. Sie fordert den Ladenmeister zu einem Duell, und ihre Enttäuschung entlädt sich in einem Lachen, das ihren Gegner tötet. – Mit der Pointe werden vielfältige Assoziationen geweckt: Die Angabe „kurz vor der Mittagspause" (S. 345, Z. 23 f.) erinnert an die Eingangssituation (S. 343, Z. 7 f.), läßt aber auch an ‚High noon' denken. Die Formulierung „lachte ihn tot" erscheint als bedeutungsvolle Umkehrung der Wendung ‚sich totlachen', wobei sie ebenso dem Prinzip der ‚verkehrten Welt' entspricht wie die Tatsache, daß der dargestellte Konflikt in einer sozialistischen Gesellschaft ausgerechnet durch ein „Duell", ein spätbürgerliches Relikt individualistischer Moral, entschieden wird. Grundlegender für das Verständnis des Schlußsatzes erscheint aber die Bedeutung, die Irmtraud Morgner dem Lachen in ihrem Werk zuweist: „Es ist eine kreatürliche Reaktion, [...]. Humor ist bei mir Auflehnung des Lebenstriebs gegen Depression, Melancholie. [...] In diesen Weltzuständen ist Humor für mich eine Widerstandskraft gegen Lähmung durch Angst. [...] Sehr ernste Gegenstände oder Weltzustände lassen sich nur mit Humor bereden. Weil sie überfordern. Und gegen Überforderung wehrt sich der Selbsterhaltungstrieb des Menschen. Entweder mit Verdrängen: defensiv, oder mit Gelächter: offensiv. Meine Sympathie gehört der offensiven Menschenart zumal in diesen bitterernsten Zeiten" (Eva Kaufmann, Interview, s. o.).

Der Einwand, daß bei der vorangegangenen Interpretation viele Aspekte des Textes unberücksichtigt geblieben sind, ist berechtigt. – Der Zugang zu diesen Aussagen wird eröffnet, wenn man sich daran erinnert, daß ‚Das Duell' in den oben skizzierten Zusammenhang des Romans ‚Konstantinopel' gehört. Es ist die Geschichte der ersten Nacht, mit der Bele beginnt, bei Paul um Verständnis für die Ganzheit ihrer

Person zu werben. – Aus dieser Perspektive betrachtet, sind im ‚Duell' auch parabelhafte Züge zu entdecken, und der Text kann als Versuch einer Beschreibung der erstrebten Selbstverwirklichung Beles gelesen werden. Diese Deutung, die in den Zusammenhang der Romanlektüre gehört, soll hier wenigstens skizziert werden:
– die Lebendigkeit eines Mädchentraumes (S. 344, Z. 10 ff.);
– die Schwierigkeit des Entschlusses, diesen Traum in die Wirklichkeit umzusetzen (S. 343, Z. 7);
– die Entschiedenheit, mit der der einmal gefaßte Entschluß in die Tat umgesetzt wird (S. 343, Z. 16 und Z. 33 f.);
– der hohe Anspruch an das Leben (S. 344, Z. 3 ff.) und der hohe Preis, der dafür gezahlt werden muß (S. 343, Z. 22 f.);
– die Momente des Wohlgefühls (S. 344, Z. 25); Harmonie („Harmonie zwischen Moral und Lust", S. 344, Z. 29 f.); Lebensfreude (S. 344, Z. 35 f.);
– das Wachsen des Selbstbewußtseins („größer als sonst", S. 344, Z. 30);
– die Eroberung neuer Lebensbereiche (S. 344, Z. 39);
– Zorn und Aggression, als der Traum zerstört wird (S. 345, Z. 23 ff.).
Auch der Titel der Geschichte bekommt in einem solchen Interpretationszusammenhang eine neue Bedeutung. – Mit dieser Erzählung der ersten Nacht beginnt das „Duell" zwischen zwei Menschen, die durch sehr unterschiedliche Lebensauffassungen getrennt sind. Anders als Scheherazade, die nicht nur ihr Leben rettet, sondern auch die Liebe des Mannes gewinnt, verliert Bele diese Auseinandersetzung.

Zur Behandlung im Unterricht
Die oben angedeuteten Möglichkeiten der Interpretation sollten dem Lehrer nicht den Blick dafür verstellen, daß es sich bei diesem Text um eine heitere, phantasievoll erzählte Geschichte handelt, die für die Schüler zu einem Lesevergnügen werden kann. Nur aufmerksames Lesen kann die vielen sprachlichen Feinheiten bewußtmachen, durch die sich dieser kleine Prosatext auszeichnet. (Siehe dazu ‚Leseprozesse im Unterricht', Themenheft der Zeitschrift ‚Der Deutschunterricht', 33 [1981], 2, hrsg. bei Friedrich in Velber in Zusammenarbeit mit Klett.)
Entsprechend der Einordnung in den Abschnitt „DDR-Alltag wird erzählt", wird bei der Deutung des Textes die Satire im Vordergrund stehen. Sollte der Lehrer beide möglichen Interpretationen anregen, so könnte die Spannung des Textes zwischen Satire und/oder Parabel zu interessanten dichtungstheoretischen Einsichten führen.
Der bedeutsame Gestus des Lachens, mit dem der Text schließt, kann auch Ansatzpunkt für ernsthaftere Überlegungen werden. – Die Gestaltung der menschlichen Zukunft ist eine Frage, von der sich viele junge Menschen existentiell betroffen fühlen. Die positive Grundhaltung Morgners, die der Lehrer im Zusammenhang mit der Erörterung des Lachens hervorheben sollte, könnte zu einem Vergleich mit der differenzierten, oft als pessimistisch bezeichneten Position Kunerts anregen (s. besonders ‚Aufklärung I' in Text 202 und Text 211).

Thematische Bezüge in anderen Texten
Hamann (25), Brentano (67), Schlegel (70), Arnim (78), Bahr (123), Edschmid (136), Koeppen (180), Walser (181), Grass (182), Kaschnitz (192), Wolf (204), Kunert (202 und 211).

Volker Braun: Anekdote aus den sechziger Jahren (S. 345 f.)   207
Volker Braun: Keine Anekdote (S. 346)   208

Zu Leben und Werk Volker Brauns
Volker Braun, am 7. Mai 1939 in Dresden-Rochwitz geboren, gehört zur jüngeren Generation von DDR-Autoren. Er ist in den Jahren der Entstehung der sozialistischen Gesellschaft aufgewachsen und aus einer „idealistischen Jugendentscheidung" heraus (Braun) Kommunist geworden. Trotz harter Kritik am System des real existierenden Sozialismus (Braun zählte 1976 zu den Erstunterzeichnern der Petition gegen die Ausbürgerung Biermanns) und trotz zahlreicher Beeinträchtigungen seiner Arbeit durch „kulturbetriebliche Maßnahmen" (ein wesentlicher Teil seines dramatischen Werkes wurde in der DDR bisher nicht einmal veröffentlicht) ist der Marxist Volker Braun seinem Staat bis heute in kritischer Solidarität verbunden geblieben. Er hat die Entwicklung der DDR seit 1959 mit Gedichten, Erzähltexten und Schauspielen begleitet und gilt als einer der wichtigsten Schriftsteller seiner Generation.

Achtes Kapitel: Zu Text 207/208, S. 345f.

Da Braun nach dem Abitur im Jahre 1957 keinen Studienplatz erhielt, arbeitete er zunächst in einer Druckerei in Dresden, wurde dann Tiefbauarbeiter in einem Kombinat und erhielt 1959/60 eine Ausbildung als Maschinist für Tagebau-Großgeräte. Von 1960 bis 1964 studierte er Marxismus-Leninismus an der Karl-Marx-Universität in Leipzig. Nach dem Studium, das er mit einem Diplom abschloß, zog Braun nach Berlin, wo der inzwischen bekannte Autor („Der Schlamm', Erzählung, 1959; ‚Die Kipper', Schauspiel, 1962, uraufgeführt 1972; ‚Provokation für mich', Gedichte, 1965; ‚Der Hörsaal', Erzählung, 1965) auf Einladung von Helene Weigel 1965/66 Dramaturg beim Berliner Ensemble wurde. In den 70er Jahren war Braun Mitarbeiter an den Städtischen Theatern Leipzig (1971/72) und am Deutschen Theater Berlin (1972/77). In dieser Zeit entstanden Gedichte (‚Wir und nicht sie', 1970; ‚Gegen die symmetrische Welt', 1974; ‚Training des aufrechten Gangs', 1979), Erzählungen (‚Die Bühne', 1968; ‚Unvollendete Geschichte', 1975) und Schauspiele (‚Hinze und Kunze', uraufgeführt 1968; ‚Tinka', uraufgeführt 1976; ‚Große Freiheit', uraufgeführt 1979 – die Schauspiele ‚Schmitten', ‚Lenins Tod' und ‚Guevara oder Der Sonnenstaat' sind in der DDR weder gedruckt noch aufgeführt worden). – Seine literaturtheoretischen Überlegungen und zeitkritischen Äußerungen hat Braun in loser Form in „Notaten" niedergelegt und unter dem Titel ‚Es genügt nicht die einfache Wahrheit' 1976 veröffentlicht. – Volker Braun, der seine Situation selber als „widersprüchlich" bezeichnet, lebt als freier Schriftsteller in Ost-Berlin. Der überzeugte Marxist und vielfach ausgezeichnete Autor (u. a. Heinrich-Heine-Preis, Heinrich-Mann-Preis, Lessing-Preis in der DDR; Literaturpreis der Freien Hansestadt Bremen in der Bundesrepublik) hat nach Unterzeichnung der Biermann-Petition seine Position im Vorstand des Schriftstellerverbandes verloren, konnte aber seine Mitgliedschaft im Verband und in der Partei, wo er mit einer „einfachen Rüge" davonkam, beibehalten. Die letzten Veröffentlichungen des enttäuschten Dramatikers, dessen Werke in der DDR kaum noch gespielt werden, sind das Geschichtenbuch ‚Berichte von Hinze und Kunze' (1983) (s. Text 197) und der ‚Hinze-Kunze-Roman' (1985).

Volker Braun bereiste Sibirien (1964), Kuba und Peru (1976); Lesereisen führten ihn in die Bundesrepublik (erstmals 1968), nach Frankreich (1971), Italien (1976) und England (1980).

Wie eng autobiographisches Erleben und historische Entwicklung mit dem Werk des Schriftstellers verbunden sind, zeigt die Erzählung ‚Das ungezwungene Leben Kasts – Drei Berichte: Entstanden im jugendlichen Jahrzehnt unserer Gesellschaft' (erstmals erschienen 1972 – der Band faßt früher veröffentlichte Erzählungen zusammen und ist 1979 um einen weiteren Bericht ergänzt worden). Die persönliche Entwicklung Kasts, dessen Leben als kritische Auseinandersetzung mit der Gesellschaft geschildert wird, vollzieht sich in vier Etappen, die mit den ökonomisch-politischen Phasen der DDR und wichtigen Stationen im Leben Brauns parallel verlaufen. – In der ersten Erzählung zeigt Braun, wie der Rohrleger Kast mit vollem Einsatz für den Aufbau des Sozialismus im „Schlamm" arbeitet. Doch der Bericht ist keine Verklärung der Arbeit im Sinne des 'Bitterfelder Weges' (s. Text 199); der Autor arbeitet bewußt die negativen Erfahrungen Kasts heraus und zeigt, daß persönliche Selbstverwirklichung und emotionale Bindungen durch die Härte des körperlichen Einsatzes verhindert oder zerstört werden. Die Produktionsbedingungen müssen verändert werden, und um dazu beitragen zu können, muß Kast studieren. – In der zweiten Erzählung, ‚Der Hörsaal', geht es in den Diskussionen mit Kulturfunktionären um philosophisch-ästhetische Grundfragen der künstlerischen Darstellung von Wirklichkeit, wobei Kast sich gegen den Schematismus des sozialistischen Realismus wendet und das Stagnieren der Revolution kritisiert. Die Trennung von Kunst und Leben, die Kast zu überwinden sucht, wird zum Thema der dritten Geschichte. – In der Erzählung ‚Die Bretter' wird Theaterspielen als ein Versuch gezeigt, gesellschaftliche Praxis auf der Bühne vorwegzunehmen und durch Literatur auf die alltägliche Wirklichkeit einzuwirken. – Nach der Arbeit im „Schlamm", dem Lernen und Diskutieren im „Hörsaal" und den Erfahrungen auf den „Brettern" des Theaters wird Kast Funktionär. Doch statt sich um die Menschen kümmern zu können, muß er die Produktion vorantreiben und auf Normerfüllung achten. Vom Kollektiv entfremdet, findet er sich thronend auf der „Tribüne" wieder. Seine Versuche, diesen Zustand zu verändern, scheitern und tragen Kast ein Parteiverfahren ein. Der unbequeme Parteigenosse stirbt bei einem Autounfall.

Die Kast-Erzählung, die in jeder Hinsicht als exemplarisch bezeichnet werden kann, veranschaulicht, von welchem Marxismusverständnis Braun ausgeht, und sie läßt erkennen, welche literaturtheoretischen Überlegungen seiner Arbeit zugrunde liegen. – Volker Braun setzt sich entsprechend seiner vielfältigen persönlichen Erfahrung mit konkreten individuellen und gesellschaftlichen Existenzweisen auseinander, wobei er in den tatsächlich zu beobachtenden Widersprüchen ein produktives, die historische Entwicklung vorwärtstreibendes Element sieht. Widersprüche sind für ihn „die Speichen im Rad der Geschichte" (‚Es genügt nicht die einfache Wahrheit', Frankfurt a. M. 1975, edition suhrkamp 799, S. 85), wobei er in seinen Werken die gegensätzlichen Pole pointiert darstellt und Selbstverständliches radikalisiert, um die „Uner-

träglichkeit einer halbherzigen und defensiven Umgestaltung der sozialistischen Gesellschaft" (ebd.) herausstellen zu können. – Zwar sind durch die Vergesellschaftung der Produktionsmittel die Klassengegensätze aufgehoben worden, aber das bedeutet nach Brauns Feststellung noch nicht, daß die antagonistischen Widersprüche an sich verschwunden sind. Es bleibt das Ziel der Herstellung von Gleichheit und damit der Überwindung der Entfremdung: „Der aufwühlendste Widerspruch zwischen den Leuten, die in die sozialistischen Revolutionen verwickelt sind, ist der neuartige zwischen den politisch Führenden (die bewußt die Umgestaltung der Gesellschaft organisieren oder bewußt oder unbewußt hemmen) und den Geführten (die bewußt oder unbewußt die Pläne realisieren oder kritisieren). [...] Es unterscheidet sie nicht der Charakter, kaum der Besitz, aber sehr die Mittel der Macht" (ebd., S. 19f.). – Will die sozialistische Gesellschaft ihrem revolutionären Anspruch genügen, so muß jeder einzelne an den sozialen, politischen und ökonomischen Entscheidungsprozessen beteiligt werden; eine Forderung des orthodoxen Marxisten Braun, die auf weite Sicht eine Aufhebung der „führenden Rolle der Partei" zur Folge haben würde. – Revolution, „diese menschliche Befreiung" (ebd., S. 19), ist für Volker Braun ein langer, immer wieder neu zu konstituierender Prozeß, der mit weitgehenden Umwälzungen der ökonomischen Strukturen und tiefgreifenden Veränderungen der sozialen Beziehungen verbunden ist. – Der Literatur stellt Braun die Aufgabe, sich in diesen Prozeß, der nach seiner Überzeugung erst begonnen hat, einzumischen.
Die Literatur, die einen sozialen, revolutionären Auftrag hat, soll das Handeln der Menschen nicht ersetzen; sie „kann ja nur aufregen zu Veränderungen" (ebd., S. 105), sie hat das „Voraussetzungsfeld der Entscheidungen" (ebd., S. 59) zu stimulieren. Sie ist „auf ihre besondere Weise wirklichkeitsmächtig" und kann „die Sinne der Zeitgenossen treffen" (ebd., S. 112). Das Sinnlich-Anschaubare des literarischen Werkes eröffnet die Möglichkeit, über den bereits erreichten Stand gesellschaftlicher und individueller Entwicklung hinauszuschauen, dem „realen Gang einen ideellen Vorlauf aus Erkenntnis, Bereitschaft, Lust" (ebd., S. 26) zu verschaffen. Dieser „Vorlauf" kann jedoch nur dann produktiv wirken, wenn er nicht das Ergebnis einer bloßen Wunschvorstellung ist, sondern wenn er sich aus den „wirklichen", also den bestehenden ökonomischen und gesellschaftlichen Verhältnissen heraus entwickelt. Der Schriftsteller muß sich deshalb offen mit der gegebenen Realität auseinandersetzen; er muß sie analysieren und die in dieser Wirklichkeit verborgenen, aber dennoch angelegten und in die Zukunft weisenden Entwicklungslinien aufnehmen. – Die Poesie schafft eine „neue Wirklichkeit": „In ihr können wir andre sein und doch wir selber, wir können Möglichkeiten durchspielen und mit uns umgehn, Ungewohntes erproben und andere Bedürfnisse mitleben, also: wir können uns verhalten" (ebd., S. 76).
Eine solche Literatur, die Widersprüche aufgreift und experimentierend vorführt, nennt Braun „operativ" (ebd., S. 26).
Dabei geht es „nicht schlechthin darum, die Lösung der Widersprüche vorzuführen (das könnte in vielen Fällen nur die fantastische Literatur), sondern ihre Lösbarkeit" (ebd., S. 44). Operative Literatur erzeugt Kreativität, die in gesellschaftlicher Praxis münden soll.
Literatur, die diesen kritischen, auf revolutionäre Veränderung der Praxis zielenden Impuls nicht hat, wird von Braun als „affirmativ" bezeichnet, und er konkretisiert am Beispiel von Gedichten, was er darunter versteht: „Ich meine die ungezählten alles- und nichtssagenden Verse, die alles benennen und nicht erkennen, das bloße Preisen, diese rotgestrichene Hermetik. [...] Von der Betätigung bleibt nur Bestätigung. Dasselbe könnte gut ein Stempel erledigen" (ebd., S. 95).

Zu den Texten
Die ‚Anekdote aus den sechziger Jahren', die 1969 geschrieben wurde und mit ihrem Titel auf das 1963 auf dem VI. Parteitag der SED beschlossene 'Neue ökonomische System der Planung und Leitung' hinweist, ist 1978 in der DDR erstmals veröffentlicht worden. Sie erschien zusammen mit dem Text ‚Keine Anekdote' in dem Band ‚Volker Braun: Im Querschnitt. Gedichte, Prosa, Stücke, Aufsätze', hrsg. von H.J. Schubert. Halle/Leipzig 1978. Die ‚Anekdote...' ist auch in die Notate-Sammlung ‚Es genügt nicht die einfache Wahrheit' (s.o.) aufgenommen worden. – Beide Texte sind mit den ‚Berichte[n] von Hinze und Kunze' eng verwandt und zeigen den Dialektiker Braun, der sich mit diesen Arbeiten, ebenso wie mit einigen Dramen (z. B. ‚Großer Frieden'), bewußt an Brecht orientiert. (Über das Verhältnis von Volker Braun zu Brecht s. Text 197: ‚Berichte von Hinze und Kunze'.)

Zur Interpretation
Vergleicht man die beiden Texte, so werden schon in den Einleitungssätzen wesentliche Unterschiede deutlich. – Die ‚Anekdote...' beginnt mit unbestimmten, auf eine übliche Situation zielenden Formulierungen, um vor diesem Hintergrund das erstaunliche, die Normalität sprengende Ereignis um so deutlicher

hervortreten zu lassen. Demgegenüber hat der einleitende Satz von ‚Keine Anekdote' fast dokumentarischen Charakter. Es werden Stand, Familienname und Ort genannt, und durch den Einschub in Klammern wird die Geschichte unmittelbar an die Gegenwart des Erzählers angebunden.
In der ‚Anekdote...' wird Bemerkenswertes gleich in der zweiten Zeile sichtbar, denn ohne Frage ist es nicht selbstverständlich, daß eine „Delegation aus dem kapitalistischen Ausland" (S. 345, Z. 30) zur Besichtigung anreist. Im weiteren Verlauf der ‚Anekdote...' wird eine klare dialektische Struktur sichtbar. – Um die Produktivität zu fördern, hat die Partei als neue Technologie die Fließbandarbeit eingeführt, bei der der einzelne Arbeiter nur noch „die ihm zugeteilten Handgriffe" (S. 345, Z. 35) zu verrichten hat (These). Doch zu seinem Entsetzen muß der „leitende Ingenieur" (S. 345, Z. 29) beobachten, daß die Burschen neben dem Band herlaufen und im Widerspruch (Antithese) zu seinen Anordnungen den technischen Fortschritt „buchstäblich *laufend*" zurücknehmen, indem sie „wie zuvor, vieles statt des einen" (S. 345, Z. 36) machen. Dabei handelt es sich um „ein mehrfach ausgezeichnetes Kollektiv" (S. 345, Z. 39), das, zur Rede gestellt, erklärt, sie seien Facharbeiter und keine „Flachköpfe" (S. 345, Z. 42). – In diesem Moment, in dem der „Leitende" die Besucher beschämt aus der Halle führt, ereignet sich die nächste Besonderheit. Unter den Besuchern ist ein „Genosse" (S. 346, Z. 1) (Gewerkschaftler?), der dem irritierten Ingenieur einen Trost, einen Ausweg aus seiner Ratlosigkeit anbietet (Synthese). Der westliche Genosse hat (anders als der leitende Ingenieur, der, ohne zu überlegen, die Direktiven der Partei durchzusetzen versucht) erkannt, daß Fließbandarbeit entfremdete Arbeit bedeutet. Er hält das unter den gegebenen Umständen aber für unvermeidbar (begrenztes Potential, Wettbewerb; noch kann „nicht der Mensch Maßstab aller Maßnahmen sein", S. 346, Z. 4) und weist, was das „Schöpferische der Tätigkeit" anbelangt (S. 346, Z. 7f.), darauf hin, daß es in Zukunft („Knopfdrücken", S. 346, Z. 9) sogar noch schlimmer kommen könne. – Das, was der Ingenieur hört, entspricht in keiner Weise der Sprachregelung der Partei, der er dient, und deshalb weiß er „nichts Offizielles" (S. 346, Z. 13) zu erwidern. Das folgende Wörtchen „aber" (Z. 13), mit dem der Satz weitergeführt wird, ist von zentraler Bedeutung, da es eine dialektische Entwicklung im Bewußtsein des Ingenieurs signalisiert. – Die persönliche Betroffenheit im Zusammenhang mit dem Widerspruch zwischen der Anordnung der Partei und der Reaktion der Arbeiter hätte für ihn Grund sein können, die vermittelnde Position des „Genossen" für sich zu übernehmen. Angesichts seiner Blamage hätte dieser Erklärungsversuch für ihn eine persönliche Entlastung bedeutet. Doch die demonstrativen Solidarisierungsbemühungen des kapitalistischen Genossen, der sich zudem von „Ultralinken in den westlichen Ländern, die da von Technizismus maulen" (Z. 9f.), abgrenzt, lassen den Ingenieur stutzig werden. Der Widerspruch, daß ein „Klassenfeind" einen Konflikt im Sozialismus zu erklären und zu entschuldigen versucht („[...] wegen wem denn [...]", Z. 11), löst bei ihm Nachdenklichkeit aus. – Der innere Widerspruch zwischen der marxistischen Forderung nach schöpferischer Tätigkeit und der Entfremdung durch Fließbandarbeit („Affen", „Flachköpfe"; S. 345, Z. 40 und 42), vorher vielleicht 'latent' vorhanden, wird jetzt für ihn 'offenbar' und verändert sein Bewußtsein. Die Ausführungen des „Genossen" haben das Gegenteil von dem bewirkt, was sie bezwecken sollten; aus einer Synthese, die nur der persönlichen Beruhigung des Ingenieurs gedient hätte, wird eine neue These, die ein zentrales gesellschaftliches Problem in den Vordergrund rückt. Deshalb „tauchte er wieder in der Halle auf und sprach mit bei ihm ungewohnter Geduld und in ungewohnten Zusammenhängen mit der verdutzten Brigade" (S. 346, Z. 14f.).
Ein Ingenieur lernt denken; hinter dem Funktionär wird der bewußt handelnde Marxist sichtbar. – Ist diese positive Entwicklung das 'Außergewöhnliche', 'Bemerkenswerte' dieser Anekdote? – Und was hat der Ingenieur „mit ungewohnter Geduld und in ungewohnten Zusammenhängen" tatsächlich gesagt? – Braun demonstriert 'operatives Schreiben': Er zeigt die Probleme und provoziert das Mit- und Nachdenken des Lesers, aber er gibt selber keine endgültigen Antworten.

In diesem Sinne sollte auch der nächste Text gelesen werden. – Gerade die Tatsache, daß Braun ihn mit ‚Keine Anekdote' überschreibt und nicht irgend einen anderen Titel wählt, führt auf dialektische Weise dazu, daß der Leser diesen Begriff bei der Lektüre im Bewußtsein behält. – Er fragt sich, ob die Einstellung von Herrn Winkler, „alles, was der Staat bietet, muß man nicht kassieren" (S. 346, Z. 31f.), nicht doch als 'außergewöhnlich' bezeichnet werden muß. – Und ist es nicht 'bemerkenswert', daß sich eine Bürokratie, die im Gegensatz zu dem Arbeiter Winkler von Braun anonym dargestellt wird („einige Beamte", Z. 19; „man", Z. 20 und 22; „einer", Z. 24), so prompt und persönlich („plaudernd", Z. 22; „Babywäsche", Z. 23) um die konkreten Belange der Arbeiter kümmert? – Ist es wirklich alltäglich, daß ein hart arbeitender Familienvater (acht Kinder, „Lärm", Z. 20f.) „am Abend die Beschlüsse des letzten Parteitags" hervorkramt und mit seiner Frau „[durch]ackert" (Z. 27f.)? – Alles ganz selbstverständlich und nur „Illustration zur Statistik" (Z. 34)? – Wie, wenn die Feststellung von Braun, daß all dies nur „in Gefilden westlich der Elbe für eine

erstaunliche Anekdote gelten" würde (Z. 33), als Provokation für DDR-Leser gedacht wäre? – Müßte die Geschichte nicht heißen: 'Dies sollte im Sozialismus eigentlich keine Anekdote sein!'? – Liegt der Schlüssel zur Lösung des poetologischen Problems (und damit auch zum 'richtigen' Verständnis des Textes!) vielleicht in den kunsttheoretischen Anmerkungen der letzten Zeilen, mit denen Braun anstelle einer Pointe, denn es ist ja „keine" Anekdote, den Text schließt? – Oder ist dies die Pointe?
Es ist kennzeichnend für die Arbeiten von Braun, daß neben der Kritik immer auch Hoffnung deutlich wird. Bei der ‚Anekdote ...' zeigt sie sich in der Lernfähigkeit des leitenden Ingenieurs, die dann in seinem Verhalten zum Ausdruck kommt. Beim zweiten Text birgt die Formulierung der Überschrift die Hoffnung, daß die dargestellten Vorgänge eines schönen Tages tatsächlich „keine Anekdote" mehr sein werden.

Zur Behandlung im Unterricht
Bei einer Erörterung der Texte von Braun sollte der Lehrer darauf achten, daß die marxistische Kategorie des dialektischen Widerspruchs nicht vereinfachend mit Vorstellungen gleichgesetzt wird, die der Schüler im Zusammenhang mit dem 'dialektischen Problemaufsatz' kennengelernt hat. – Für das Verständnis der ‚Anekdote ...' kann es hilfreich sein, wenn der Besprechung eine marxistische Beschreibung von „Arbeit" (Aufhebung der Entfremdung in schöpferischer Tätigkeit, „Kopf- und Handarbeit", ...) vorangestellt wird. Während der erste Text vor dem Hintergrund einer üblichen Anekdotendefinition analysiert werden sollte, erscheint es beim zweiten sinnvoll, die Provokation, die in der Überschrift liegt, durch Fragen (s. „Zur Interpretation") auf die Schüler zu übertragen. Die inhaltliche Erörterung der Texte kann durch einen Hinweis auf Brecht (Text 195, bes. ‚Über die Produktivität des Einzelnen' und ‚Das Land, das keine besonderen Tugenden nötig hat') vertieft werden. Die „Widerspruchskunst des Volker Braun" (Rolf Nemitz in: ‚Aktualisierung Brechts', Argument-Sonderband 50, S. 43 ff.) und das unmittelbare Nebeneinander von Kritik an verkrusteten Verhältnissen und grundsätzlicher Bejahung des sozialistischen Staates zeigt sich vor allem auch in seiner Lyrik. Mit den Gedichten ‚Anspruch' und ‚Fragen eines regierenden Arbeiters' (beide in: ‚Gedichte. Von den Anfängen bis zur Gegenwart', bearbeitet von U. Heise u. a. Ernst Klett Verlag, Stuttgart 1985, Text 474 und 477 – Interpretationshinweise in dem dazugehörigen Lehrerheft), die inhaltliche Beziehungen zu den ‚Anekdoten' aufweisen, kann die dichterische Konzeption Brauns – „operatives Schreiben", solidarische Kritik an konkreten Zuständen, Aufzeigen von Momenten der Hoffnung – weiter verdeutlicht werden.

Thematische Bezüge in anderen Texten
Kant (19), Marx (86), Brecht (195), Braun (197).

IV. Geschichtsschreibung (S. 347 ff.)

Geschichtsbewußtsein auf der Grundlage des offiziellen marxistisch-leninistischen Geschichtsbildes ist nach Auffassung der Partei ein wesentlicher Bestandteil des allgemeinen sozialistischen Bewußtseins. Faschismus und Zweiter Weltkrieg waren in der Anfangsphase wichtige Themen der DDR-Literatur, und Autoren des Exils wie Anna Seghers, Friedrich Wolf und Bruno Apitz stellten in ihren Werken auch die Frage nach der Mitschuld ihrer Generation. Doch sehr bald schon wurde dieser Versuch zur Aufarbeitung der Vergangenheit auf die Analyse der antikommunistischen Elemente des Nationalsozialismus beschränkt. Der neue sozialistische Staat erklärte sich zum „Sieger der Geschichte", und der Faschismus in der DDR wurde offiziell für bewältigt erklärt. Die Konzentration der Kräfte für die „neue Produktion", der die kulturpolitische Forderung nach „Aufbauliteratur" entsprach, trug zusätzlich dazu bei, daß die Frage nach faschistischen Relikten in der eigenen Gesellschaft aus dem Bewußtsein verdrängt wurde.
Doch Autoren wie Franz Fühmann (‚Das Judenauto', Novellen, 1962), Günter Kunert (‚Tagträume in Berlin und andernorts', u. a. Parabeln, Denkbilder, Märchen, Mythen, 1972), Stefan Heym (‚Der König-David-Bericht', Roman, 1972), Christa Wolf (‚Kindheitsmuster', Roman, 1976), Hans Joachim Schädlich (‚Versuchte Nähe', Prosa, 1977) und Volker Braun (‚Simplex Deutsch', Drama, 1980) machen in ihren Werken deutlich, daß auch im sozialistischen Alltag deutliche Spuren der vermeintlich bewältigten Vergangenheit zu finden sind. Mit ihrer „Geschichtsschreibung", die vom historisch verfremdeten Zeitroman (Heym) bis zu Märchen und Mythen alle denkbaren literarischen Formen umfaßt, kritisieren sie Konformitätsdenken, autoritäres Verhalten, Personenkult, Aggression gegen Andersdenkende, Feigheit, Grausamkeit und den Versuch, eine unbequeme Vergangenheit zu verdrängen.

Achtes Kapitel: Zu Text 209, S. 347f.

Von Anfang an hat auch die Rezeption der Antike und die Neuausdeutung von Mythen in der Literatur der DDR eine besondere Rolle gespielt. – Während bei Heiner Müller („Ödipus Tyrann', 1966) der antike Mythos in die Vergangenheit weist und zur distanzierten Reflexion über die eigene Geschichte beitragen soll, geht es Peter Hacks („Amphitryon', 1967) um Modelle für die Vermenschlichung einer zukünftigen Welt. Bei Kunert dient der Mythos dazu, die allgemein-menschliche und überzeitliche Dimension von Gegenwartsproblemen bewußtzumachen (s. Text 211); der Mythos von Sisyphus, der bei Kunert als Metapher der Vergeblichkeit steht, hat viele Maler und Dichter der DDR beschäftigt. – Bei den Autorinnen Anna Seghers („Das Argonautenschiff', 1949), Christa Wolf („Kassandra', 1983) und Irmtraud Morgner („Amanda', 1983) gewinnt die Auseinandersetzung mit antiken Mythen den Charakter einer positiven Utopie: Die Einheit von Mensch und Natur, die Aufhebung des Gegensatzes von Individuum und Gesellschaft, der Verzicht auf kriegerische Bewältigung von Konflikten, die Überwindung von Machtgier und Vernichtungswahn des Patriarchats werden im geschichtslosen Raum des Mythos gestaltet und als subjektive Vorwegnahme menschlicher Möglichkeiten im Medium der Literatur verstanden.
Bei der folgenden Textauswahl ist sowohl der antifaschistisch-zeitkritische als auch der utopische Aspekt der literarischen „Geschichtsschreibung" berücksichtigt worden.
Während Schädlich in einem anschaulichen 'Modell' (Text 209: „Rede und Antwort') deutsche Traditionen vorführt, setzt sich Kunert in seinen Parabeln intensiv mit dem marxistisch-leninistischen Geschichtsverständnis auseinander (Text 210: „Kramen in Fächern') und kritisiert die offizielle Haltung der DDR zum Faschismus (Text 211: „Tagträume in Berlin und andernorts'). – Christa Wolfs „Kassandra' verweist auf den Zusammenhang von Männergesellschaft und Krieg (212) und begründet die Notwendigkeit „weiblichen Schreibens" (213).

209 Hans Joachim Schädlich: Rede und Antwort (S. 347 f.)

Zu Leben und Werk Hans Joachim Schädlichs

‚Versuchte Nähe' ist der Titel eines kleinen Bandes mit Erzählungen von einem bis dahin unbekannten Schriftsteller aus der DDR, der 1977 in der Bundesrepublik erhebliches literarisches Aufsehen erregte. Die Sammlung, die von der Kritik einhellig gelobt wurde, enthält 25 kurze „Berichte" vom Leben „in mittlerem Land", die in einer vielfältigen, dem Alltagsdeutsch entrückten Prosa geschrieben sind. – Der Autor, Hans Joachim Schädlich, stand plötzlich im Mittelpunkt des literarischen (und politischen) Interesses: Geboren am 8. Oktober 1935 in Reichenbach im Vogtland; Studium der Germanistik in Berlin und Leipzig, Abschluß 1960 mit einer Promotion über seinen heimatlichen Dialekt; von 1959 bis 1976 Arbeit als Linguist an der Ostberliner Akademie der Wissenschaften und Tätigkeit als freier Übersetzer für die Sprachen Englisch und Niederländisch.
Der Erfolg des Prosabandes ‚Versuchte Nähe' (Reinbek 1977; Taschenbuchausgabe Reinbek 1980, rororo 4565) war in jeder Hinsicht außergewöhnlich. – Da Schädlich im Herbst 1977 noch in Berlin-Köpenick lebte und nicht ausreisen durfte, übernahm Günter Grass die Vorstellung in der Bundesrepublik. Auf einer Lesereise trug er im Anschluß an seine eigenen Werke auch Texte aus dem Buch von Schädlich vor, für das er die graphische Gestaltung des Umschlags übernommen hatte. Im November 1977 erhielt Schädlich den österreichischen ‚Rauriser Literaturpreis' für die beste deutschsprachige Erstveröffentlichung eines Autors. 27 Juroren setzten bis Dezember 1977 ‚Versuchte Nähe' viermal an die Spitze einer Bestenliste des Südwestfunk-Literaturmagazins. – Der Vermutung in einigen Feuilletons, daß ein Jahr nach der Ausbürgerung Biermanns auch außerliterarische Ursachen für einen solchen außergewöhnlichen Erfolg verantwortlich sein könnten (s. dazu Hans-Peter Klausenitzer: „Der Erfolg hat viele Väter', in: ‚Deutschland Archiv', 7/1978, S. 746 ff.), widersprachen renommierte Autoren und Kritiker der Bundesrepublik:

– Günter Grass: „Ich bin von der hohen Qualität der vorliegenden Texte überzeugt. Seit Uwe Johnsons Buch sind nicht mehr so eindringlich, aus der Sache heraus, die Wirklichkeiten der DDR angenommen und auf literarisches Niveau umgesetzt worden."
– Jurek Becker: „Schädlichs Prosa ist schön und auf erstaunliche Weise zutreffend, ich wage, das zu sagen, ich halte mich für einen Kenner der Zustände, die sie im Auge hat."
– Nicolas Born: „Schädlich ist einer der wichtigsten Autoren deutscher Sprache. Die von ihm beschriebenen Machtstrukturen, die Willkür, die Entfremdung, wir kennen und erkennen das auch. Wir sollten dieses Buch genau lesen."
– Marcel Reich-Ranicki: „Dank einer außergewöhnlichen sprachlichen Reizbarkeit und Empfänglichkeit gelingt es Schädlich, nicht nur die Rituale der Macht bloßzustellen, sondern auch den Stil der offiziellen

Berichterstattung [...]. Virtuos auch einige düstere Genrebilder aus dem Alltag der DDR, in denen Schädlich die Umgangssprache, zumal den Slang der Jugendlichen, fixiert. Er zeigt Frustration und Brutalität, Opportunismus und Heuchelei, Verrohung und Entfremdung, den Lebensstil der Halbwüchsigen, der Kleinbürger [...]" (Zitate nach der letzten Umschlagsseite der Taschenbuchausgabe).
Angesichts dieser Stellungnahmen sei hier angemerkt, daß Schädlich in seinen Texten jede direkte Aussage vermeidet; marxistische Termini werden nicht verwendet, und die DDR wird nicht ein einziges Mal erwähnt. – Der Ausreiseantrag, den Schädlich im September 1977 gestellt hatte, war zunächst abgelehnt worden; aber nachdem der Erfolg seines Buches ihn zu einer bekannten Persönlichkeit gemacht hatte, wurden er und seine Familie noch im Dezember desselben Jahres aus der Staatsbürgerschaft der DDR entlassen. Nach seiner Übersiedlung lebte der Schriftsteller zunächst in Hamburg; er zog dann nach West-Berlin, wo er heute noch zu Hause ist. – Nach Lesungen im Jahre 1978 in Göttingen, München und Darmstadt wurde es um den neuen Autor wieder still. Sicherlich hat Schädlich auf seine Weise zu dieser Entwicklung beigetragen. Der von Natur aus zurückhaltende Autor nahm für sich das Recht in Anspruch, gelegentlich auch Interviews zu verweigern, und er vermied es, „sich auf dem Jahrmarkt zu produzieren". In einem Gespräch mit Nicolas Born erklärte Schädlich, er sei zu bestimmten Aktionen in der Öffentlichkeit nicht bereit, weil „auf Grund der Konstellationen in beiden deutschen Staaten das Interesse an den persönlichen Umständen der Autoren, die aus der DDR in die Bundesrepublik gekommen sind, [überwiegt...]. Es kommt noch hinzu, daß ich nicht dazu neige, die Lebens- und Arbeitsumstände in der DDR oder die Umstände der Ausreise in die Bundesrepublik [...] auf dem Markte wohlfeil anzubieten [...]" („Ich bin mit den Un-Mächtigen', in: ‚Die Zeit', 17.3.1978).
Verschiedene kleine Erzählungen, die Schädlich in den folgenden Jahren vor allem in literarischen Zeitschriften veröffentlichte, wurden von der Kritik als enttäuschend bezeichnet (s. dazu Theo Mechtenberg: ‚Vorbote eines neuen Anfangs', in: ‚Deutschland Archiv', 8/1985, S. 857f.); das Kinderbuch ‚Der Sprachabschneider' (Reinbek 1980), in dem er die entmenschlichende Wirkung einer als Ware behandelten Sprache beschreibt, ist bei erwachsenen Lesern kaum bekannt geworden.
Erst der 1984 in einem kleinen Verlag erschienene Band ‚Irgend etwas irgendwie. Zehn Texte' (Assenheim, Verlag Brennglas) brachte Schädlich bei der literarisch interessierten Öffentlichkeit wieder ins Gespräch. Ein offensichtlicher Bezug zur DDR-Wirklichkeit ist in dieser Sammlung nur noch in einer Erzählung zu erkennen. Im übrigen beschreibt Schädlich Randexistenzen der Gesellschaft – Kranke, alte Menschen, Obdachlose, Stadtstreicher –, die in extremen Situationen ihre menschliche Würde bewahren. In der Titelgeschichte, die den schmalen Band beschließt, steht der Satz: „Es steht ihm frei, heißt es, beliebige Worte zu benutzen. Niemand fragt danach. Gänzlich frei von den Gesetzen der gebundenen Rede. Oder der Zensur [...]" – Die veränderte, auf neue Weise bezeichnende Thematik und die weniger artifiziell ausgeformte Sprache wurden von der Literaturkritik als Indiz dafür gewertet, daß der Übergang von Ost nach West für Schädlich ein schwieriger Prozeß gewesen sein müsse und daß er wohl in der Bundesrepublik nicht heimisch geworden sei (dazu Mechtenberg, s.o.). – In einem Artikel der Wochenzeitung ‚Die Zeit', der die Überschrift ‚Ich bin nicht im Exil' trägt, bestätigt Schädlich das anfängliche Gefühl der Fremdheit, betont zugleich aber auch nachdrücklich seine Zugehörigkeit zur Bundesrepublik: „Ich neige zu der Annahme, daß der Wechsel von dem einen Gesellschaftssystem in das andere in der Regel die gleichen subjektiven Wirkungen zeitigt wie der Wechsel von einem Sprach- und Kulturraum in einen anderen. Vielleicht gar stärkere (ganz zu schweigen von einem Wechsel beider) [...]. Zwar fühlte ich mich lange Zeit fremd [...]. Aber ich kam in das politische System der Bundesrepublik", und das „bedeutet objektiv – um vom Wichtigsten des Berufes zu reden, den ich ausübe – das Recht, meine Meinung frei zu äußern und mich ungehindert zu unterrichten [...]". Ich fühle mich nicht als Emigrant. Ich bin zu Hause" (30.3.1984).
1986 erschien im Rowohlt Verlag der Roman ‚Tallhover'. Schädlich beschreibt darin die fiktive Geschichte eines über die Zeitläufte hinweg lebenden Beamten der politischen Polizei namens Tallhover, der während der realen historischen Ereignisse zwischen 1840 und 1953 (Kölner Kommunistenprozeß mit dem Skandal des gefälschten Londoner Protokollbuchs der Anhänger von Marx; die Zeit des Sozialistengesetzes; die Reise Lenins und seiner Genossen, die Freilassung des Bolschewikenführers Radek; Kampf gegen die Kirchen; Judenverfolgung; 17. Juni 1953) unbeirrt seine Pflicht erfüllt. Auch wenn Regierungen und Ideologien wechseln: Tallhovers Aufgabe, die Überwachung und Verfolgung der Aufsässigen, bleibt gleich. „Die Politik", so sagt Tallhover, „die müssen sie schon selber machen." Doch er muß erkennen, daß Unterdrückung nie vollkommen gelingen kann, und in Erkenntnis der Unzulänglichkeit seiner Bemühungen verurteilt er sich selber zum Tode. – Es erscheint bemerkenswert, daß die Verhältnisse in der DDR nach dem 17. Juni 1953 in dieser fiktiven Geschichtsdarstellung nicht mehr erfaßt werden.
Schädlich versteht sich nicht als ‚politischer' Autor. – Schon 1978 erklärte er: „Ich habe nie in politischer

Absicht geschrieben, sondern um mich schreibend der Wirklichkeit zu nähern, die mich umgibt" („Süddeutsche Zeitung', 25.1.1978). Auch in dem oben zitierten ‚Zeit'-Artikel aus dem Jahre 1984 betont er nachdrücklich, daß er Schriftsteller sei, der als Staatsbürger der Bundesrepublik das für ihn wichtige Recht der freien Meinungsäußerung in Anspruch nehme. Im gleichen Aufsatz reflektiert er, was eigentlich unter der Bezeichnung „DDR-Autor" zu verstehen sei: „An Autoren, die aus der DDR hergekommen sind, ist auch die Frage gerichtet, wie sie sich benennen oder wie sie benannt werden wollen. Ihre Antwort wird vielleicht nicht ohne Einfluß darauf sein, wie sie benannt werden. – Autoren, die als DDR-Staatsbürger ein Visum besitzen, das ihnen den Aufenthalt im Westen erlaubt, werden auf der Bezeichnung 'DDR-Autor' bestehen müssen – auch gegen kolloquiale Wendungen wie 'zeitweilig in der Bundesrepublik Deutschland stationiert' oder 'Trans-Westit'. – Andere, die aus der Staatsbürgerschaft der DDR entlassen sind, sehen sich häufiger auch als 'DDR-Autoren' bezeichnet, eher aber als 'ehemalige DDR-Autoren'. Nach gewisser Zeit jedoch – und in günstigem Fall – fallen die Schmuckworte 'DDR' und 'ehemalig', weil sie nichts Sonderliches mehr bedeuten, endlich ab. – Ich wünsche mir, ein deutscher Autor genannt zu werden – ohne falschen Staatswimpel."

Zum Text

Der Text ‚Rede und Antwort' gehört zu den 25 Prosastücken des Bandes ‚Versuchte Nähe', die zwischen 1969 und 1977 entstanden sind. Schädlich hatte seine Geschichten dreimal DDR-Verlagen angeboten, bevor er sich entschloß, die Texte in der Bundesrepublik erscheinen zu lassen.

In der Erzählung, die dem Band den Namen gab (S. 7 ff. – Textstellen, die nicht aus ‚Rede und Antwort' stammen, werden nach der Taschenbuchausgabe zitiert), geht es um die Distanz zwischen Regierung und Volk. – Der prominente Teilnehmer einer Großkundgebung mit Reden und „Zug der Werktätigen" (S. 11), Regierungsmitglied und von seiner Volkstümlichkeit überzeugt, ist um leutselige „Nähe" zu „Mitarbeitern" und „Tätigen" bemüht. Doch Umrandungen, Blumen, Seile, Podeste, Uniformierte („auch wie Schmuck", S. 9) und „verläßliche Männer des Personals" (S. 9) stehen zwischen ihm und den „Feiertagsgästen". Er versucht, wenigstens „Gesichter zu erkennen, und, er hat ein gutes Auge" (S. 11); doch aus „der Entfernung der Loge" (S. 13) bleibt es bei Lachen und Winken.

Zögernd, konsequent abstrahierend und Detail um Detail erfassend, entsteht eine prägnante Skizze, mit der sich Schädlich seiner Alltagswirklichkeit zu nähern versucht:

– „Ich schreibe nicht einfach, was ich sehe, sondern ich versuche es umzusetzen in ein Modell" (zitiert nach: Catarina Carsten, ‚Schädlich für die DDR?', in: ‚Neue Deutsche Hefte', 2/1978, S. 428);
– „Annäherung, um deutlich erkennbar zu machen, was erkennbar zu sein scheint, aber im Grunde genommen verstellt ist" (zitiert nach: Theo Buck, in: ‚Kritisches Lexikon zur deutschsprachigen Gegenwartsliteratur', hrsg. von H. L. Arnold, München 1978).

Der Titel ‚Versuchte Nähe' beschreibt so nicht nur die Unmöglichkeit einer Begegnung zwischen Regierung und Volk; als Titel des Buches kennzeichnet er, positiv verstanden, die Position Schädlichs als Schreiber der Texte, wobei gleichzeitig Nähe und Distanz signalisiert werden. – Die Themen, die Schädlich behandelt, sind vielfältig:

– Unterschiede zwischen volksdemokratischem Anspruch und volksdemokratischer Wirklichkeit (u. a. ‚Nachlaß', ‚Oktoberhimmel', ‚Satzsuchung');
– Bilder einer entfremdeten Alltagswelt voller Banalität und Brutalität (z. B. ‚Nirgends ein Ort');
– Polizeistaat, Mauer, Grenze und vergebliche Ausreiseversuche (‚Unter den achtzehn Türmen [. . .]', ‚Tibaos', ‚Schwer leserlicher Brief');
– Funktion der Kunst und des Künstlers (u. a. ‚Kleine Schule der Poesie');
– Fortleben bedauerlicher Traditionen (u. a. ‚Rede und Antwort'). (Aufzählung nach Buck, s. o.)

Die Texte Schädlichs leben in besonderem Maße von der sprachlichen Gestaltung. – Der Genauigkeit der Beobachtung entspricht die Treffsicherheit seiner ungewöhnlichen Formulierungen: Transparente von Marx und Engels, die im „Zug der Tätigen" mitgeführt werden, erscheinen als „Porträts bärtiger Männer" (S. 11), die Sowjetunion wird „Morgen-Land" genannt (S. 80), unerwünschte künstlerische Stellungnahmen sind „Verstöße gegen behördlichen Schönheitssinn", Staatssicherheitsbeamte werden hinter den Formulierungen „Beauftragte der hauptstädtischen Auftragsbehörde" oder „das Personal auf den Dächern" versteckt. – Aus Sprachbildern werden Denkbilder, wobei auch der Satzbau in diese Aufmerksamkeit heischende Schreibweise einbezogen wird. Die Titelerzählung schließt mit dem Satz: „Sehr kurze Zeit will er denken, das eigene Personal, bewaffnet, starre ihn an: aus der Menge, die verschwunden ist, von Hausdächern herab und aus geöffneten Fenstern, die leichten, entsicherten Waffen auf *ihn* richtend; ein Bild, das er, lächelnd, winkend noch einmal, sogleich abweist" (S. 15).

Achtes Kapitel: Zu Text 209, S. 347f.

Darüber hinaus hat jede Erzählung entsprechend ihrer Thematik einen eigenen Stil. Die Geschichte ‚Komm, mein Geliebter, [...]' wurde im schnoddrigen Ton der Jugendlichen geschrieben: „Am Sonnabendvormittag, gleich nach dem Aufstehen, mir war nicht besonders, dachte ich, rufst Janko an: Ich hab dir 'n Vorschlag zu machen, hör mal zu: die geben mir kein Scheckheft, aber ich kann überweisen, sobald mein Geld da ist, du gibst mir 'n Scheck, damit ich zu Geld komm, wir wollen Ostern nach Prag, und wenn meine Piepen da sind, mach ich dir 'ne Überweisung, einverstanden?" (S. 40).
Ganz anders der Chronikton in dem ‚Bericht vom Todfall des Nikodemus Frischlin'. Frischlin wird einem strengen Verhör unterzogen: „Ihr seid ein Poet, sagte der Verhörer, gut, so habt Ihr Euch nicht in fremde Dinge zu mischen, sondern Euch in den Grenzen Eurer Vokation zu halten. Einen gewissen Stand zu rügen, ist nicht Sache der Poeten. Bekennet rund, Ihr habt übel getan, so kann Euch geholfen werden. – Das ist ja der Poeten Amt, erwiderte der Arretierte, daß sie das Üble mit Bitterkeit verfolgen. Das soll keiner an mir vermögen, daß ich bekenne, in dieser Sache unrecht zu haben, rief er und lief gegen die Tür zu, die aber war doch verschlossen" (S. 172f.).
Frischlin kann hier als Identifikationsfigur des Autors gesehen werden, und auch in dem Text ‚Tibaos', der als Legende geschrieben ist, kann ein persönlicher Bezug vermutet werden. Die Legende beginnt und endet: „Es war ein Mann mit Namen Tibaos, aus einer Stadt in mittlerem Land, der wollte fortziehen. – Das Land war aber begrenzt von Wasser im Norden und Osten, im Süden und Westen von Bergen. Tibaos zog hin, und sein Hündlein lief mit ihm" (S. 59). „Ein Jahr wartete er. Dann trat er vor den Rat und forderte Antwort. Wohl wisse man von seinem Ansinnen, sagten sie ihm. Aber auch er wisse, daß es nichts zu fordern gebe. Es ist dem Menschen nur zu eigen, daß er die Vorteile der Gegenwart verkennt, setzte der Amtmann hinzu. Der, welcher im Vaterland ein Auskommen genieße, setze viel aufs Spiel, beharre er darauf, die Bande der Gewohnheit sichtbar für alle zu zerreißen. Ihm wisse man nichts besser zu raten als: Bleib Er! – Tibaos wandte sich um. Das Hündlein, das mit ihm war, lief voran, sprang in die Höhe und stellte sich fröhlich" (S. 62f.).

Zur Interpretation
Im vorliegenden Text, in dem es Schädlich darum geht, das Fortleben schlechter Traditionen bewußtzumachen, werden die künstlerischen Gestaltungsmittel, die oben beschrieben worden sind, umfassend eingesetzt. Ein Leser, der den Text zur Kenntnis nimmt, möchte sich in der fiktiven Welt des Autors orientieren und fragt nach Ort und Zeit des Geschehens. Während er für den Ort einige Angaben findet („Linkesche Maschinenbauanstalt" (S. 347, Z. 6; „deutsch", S. 348, Z. 25), bleibt die Frage nach der Zeit völlig offen. – Die Bezeichnung „Maschinenbauanstalt" und das Erscheinen einer „Majestät" (S. 348, Z. 21), dem die Arbeiter „unentwegte Treue"geloben und für den sie zu „Gott" bitten (Z. 31), scheint auf die Zeit der Industrialisierung im Deutschen Reich hinzudeuten. Mit der „Gesetzgebung", von der auf S. 347, Z. 26 die Rede ist, wäre dann die Sozialgesetzgebung Bismarcks gemeint, und tatsächlich erinnert die Verbindung von „Wohl" (S. 347, Z. 28) und „Mahnung" (Z. 30f.) an die Formulierung des Eisernen Kanzlers von „Zuckerbrot und Peitsche", mit der er die vaterlandslosen Gesellen der Sozialdemokratie („es sei Euer Vaterland nicht der Platz [...]", Z. 32f.) zur Räson bringen wollte. – Doch wie verträgt sich diese Einordnung mit den „Automobilen" (S. 348, Z. 2), mit denen „Irregeführte" Mißbrauch treiben? Begriffe wie Ehre, Treue, Vaterland, die vielfach verwendet werden, könnten auch an das Dritte Reich denken lassen. – Allerdings: Der breite Raum, den die Ausführungen über Verletzung der Grenzen einnehmen (S. 347, Z. 44 bis S. 348, Z. 10), weist eher auf die „Sicherung unserer Staatsgrenze", die für die DDR-Machthaber eine so große Rolle spielt.
Offensichtlich zielt Schädlich darauf ab, eine überzeitliche Haltung bewußtzumachen, die sich als schlechte deutsche Tradition in der DDR fortgesetzt hat. Betrachtet man den Text unter diesem Gesichtspunkt, so wird deutlich, wie viele Details tatsächlich in unterschiedliche Epochen der deutschen Vergangenheit einzuordnen sind: Die obligaten Fähnchen können schwarzweißrot sein, sie können ein Hakenkreuz tragen oder mit Hammer, Zirkel und Ährenkranz verziert sein. Ebenso gehören die zentralen Begriffe des Textes (Ehre, Vaterland, Arbeit, Ordnung, Wohl des Volkes, Idee) zum verbindlichen Vokabular von Wilhelm II. bis zu Honecker. Auch das Zeremoniell der Festtagsrede, das Schädlich hier in allen Einzelheiten vorführt, ist nach Form und Inhalt ein fester Bestandteil deutscher Feierstunden, wobei der schematische Aufbau der Rede mit allen propagandistischen Versatzstücken – huldvoller Dank, Hinweis auf die Sorge der Regierung für das Wohl des Volkes, Lob für Wohlverhalten, Beschwörung der gemeinsamen Idee, Einschüchterung der „Irregeführten" – in Ansprachen des Kaisers ebenso wiederzufinden ist wie in Reden des Führers oder in Grundsatzerklärungen der SED. Ein besonderes Interesse verdient dabei die Betrachtung des Verhältnisses von Volk und Führung, das sprachlich von Schädlich besonders intensiv behandelt wird. Zwar werden beide

Achtes Kapitel: Zu Text 209, S. 347f.

Seiten immer im Zusammenhang gesehen, doch in den allermeisten Fällen (und wenn nicht, dann hat das auch seinen Grund!) wird die Person des Redners, werden seine Interessen und Wünsche an erster Stelle genannt (s. u. a. S. 347, Z. 16 ff., 20 f., 30 f.). Einige Formulierungen sind dabei besonders verräterisch und lassen den wahren Charakter der Beziehung zwischen Redner und Volk erkennen:
- „Ich habe eine Gesetzgebung entwickelt [...]" (Z. 26) steht im Widerspruch zu der nachgeschobenen Floskel „Gesetzgebung mit dem Volk" (Z. 28); tatsächlich bestätigt Meister Clammt dann auch: „jetzt, da Eure Majestät unsere Gesetze selbst bestimmen" (S. 348, Z. 27).
- Statt von „der Idee Eurer und meiner gemeinsamen Sache" (S. 347, Z. 39 f.) zu sprechen, würde man normalerweise „unsere gemeinsame Sache" sagen.
- „Auf meine braven Soldaten, die Euer Haus hüten, lassen wir nichts kommen" (S. 348, Z. 9 f.).
- Das Volk wird „aufs beste gehalten" und kann „in Ruhe vor Verwirrungen leben" (S. 347, Z. 33).

Angesichts dieser Beziehungen verwundert es nicht, wenn sich der Titel des Textes als irreführend erweist. Von der „Antwort" des Meisters Clammt, der sich sehr geehrt fühlt, ist die eine Hälfte Einleitung, und die andere besteht aus Bekräftigungen und einem Treuegelöbnis.

Aus der Vielzahl von sprachlichen Denkanstößen soll nur noch auf zwei besonders auffällige Formen hingewiesen werden: den Stabreim (Z. 9 f.), mit dem die Feierlichkeit der Atmosphäre sprachlich gespiegelt wird, und den grammatisch auffällig gestalteten Einsatz des Redners (Z. 14 f.), der den rücksichtslosen Zugriff auf die Zuhörerschaft symbolisieren könnte. Der herzliche Dank für das „patriotische Schreiben [...] aus Eurer Mitte" (Z. 19) erweist sich aus dieser Sicht als Erschleichung eines verlogenen Einverständnisses. – Bei der Frage nach der dichtungstheoretischen Einordnung, die hier nicht beantwortet werden kann, fällt auf, daß die ersten und letzten Zeilen wie Regieanweisungen aus einem Drehbuch klingen – ein stilistisches Mittel, mit dem Schädlich seinen Text in den richtigen Rahmen gestellt hat.

Zur Behandlung im Unterricht

Der Einstieg in das Gefüge des Textes sollte in Einzelarbeit (stilles Lesen) und mit der Aufforderung erfolgen, das Geschehen zeitlich einzuordnen. Auf diese Weise ist zu erwarten, daß bei der Auswertung im anschließenden Unterrichtsgespräch unterschiedliche Lösungen angeboten werden, die dann ganz im Sinne der Intention Schädlichs diskutiert werden könnten. – In dem Interpretationsrahmen, der oben als Vorschlag skizziert wurde, können die Schüler in inhaltlicher wie in sprachlicher Hinsicht weitere Entdeckungen machen und neue Assoziationen knüpfen. Mehrmaliges, genaues Lesen ist dafür Voraussetzung. – Auch bei der poetologischen Einordnung des Textes sind verschiedenartige Auffassungen denkbar, die von den Schülern möglichst genau mit Bezug auf den Text begründet werden sollten.

Werden Leben und Werk des Autors in die Betrachtung einbezogen, so ergibt sich die Frage, ob Schädlich entgegen seinem eigenen Selbstverständnis als 'politischer' Dichter verstanden und interpretiert werden kann. Das Problem wird dann besonders anschaulich, wenn man den Aussagen Schädlichs die Interpretationen von Grass bis Reich-Ranicki (s. S. 464 f.) gegenüberstellt. Selbstverständlich wird die Erfahrung der Schüler mit dem Text ‚Rede und Antwort' bei diesen Überlegungen eine wichtige Rolle spielen. Weitere Arbeitsmöglichkeiten:
- Erörterung der Bezeichnung „DDR-Autor" (s. Zitat auf S. 465 f.);
- Vergleich der in dem Titel ‚Versuchte Nähe' enthaltenen Vorstellungen Schädlichs mit den Aussagen Kunerts über „Beteiligtsein und Distanziertheit" (vgl. Text 202: ‚Von anderen Ängsten');
- Brechts Keuner-Geschichte ‚Über Systeme' (s. Text 196) als 'Antithese' zu Schädlichs ‚Rede und Antwort';
- konkreter Vergleich der Passage über die Sicherung der Grenzen im Schädlich-Text (S. 347, Z. 44 bis S. 348, Z. 10) mit einer offiziellen Rede oder Verlautbarung der DDR im Zusammenhang mit dem 13. August 1961.
- Diskrepanz zwischen der Überschrift ‚Rede und Antwort' und dem üblichen Verständnis in der Umgangssprache von 'Rede und Antwort stehen'.

Günter Kunert: Kramen in Fächern (S. 348 ff.)

Zu Leben und Werk Günter Kunerts
(Siehe den Kommentar zu Text 202.)

Zu den Texten
Im Zusammenhang mit den Parabeln dieses Abschnitts scheint es notwendig, die erkenntnistheoretischen Voraussetzungen für Kunerts Rezeptionstheorie mitzuteilen und auf die Bedeutung des Widerspruchs hinzuweisen, der in seinem gesamten Werk eine zentrale Rolle spielt. In seinen theoretischen und literarischen Texten betont Kunert immer wieder den gesellschaftlichen Charakter des Widerspruchs, der von ihm als ein Widerspruch zwischen Klassen und sozialen Gruppen (s. ‚Das Bild der Schlacht am Isonzo'), aber auch als Differenz zwischen den Interessen des Individuums und denen der Gesamtgesellschaft gesehen wird (s. z. B. ‚Die Waage', in: ‚Die Beerdigung findet in aller Stille statt. Erzählungen'. München 1968, S. 15–23). Vor allem die kurzen Prosatexte seiner zweiten Schaffensperiode sind eine kritische Aufarbeitung der vom Autor subjektiv erlebten gesellschaftlichen Wirklichkeit, deren Probleme in vielfältiger dichterischer Form (Parabeln, Denkbilder, „Tagträume", Notate) dialektisch entfaltet werden. Diese Objektivation des Schriftstellers im literarischen Werk (s. dazu den Kommentar zu Text 202) ist für Kunert ein Akt der Selbstverwirklichung, „weil der Umwandlungsprozeß, bei dem ich Text werde, ein dialektischer Regenerationsprozeß ist: ich verliere und gewinne zugleich. Der Vorgang schafft gesteigerte Spannung, wie jedes Suchen und Finden; gesucht und gefunden aber wird das Unvorhergesehene. Man zieht in die Fremde, die man selber ist; zur Entdeckung des unpersönlich Allgemeinen, das man höchst persönlich innehat" (‚Warum schreiben', in: ‚Tagträume in Berlin und andernorts'. München 1972; zitiert nach Fischer-Taschenbuch 1437, S. 210). Neben diesem Zustand einer inneren Paradoxie beim Schreiben besteht eine äußere Spannung im Verhältnis des Textes zu seinem Leser, der, „indem er sich mit dem Gedicht befaßt, sich mit sich selber zu befassen genötigt wird: in einem dialektischen Prozeß: im gleichen, den ihm das Gedicht ‘vorschreibt' und vorexerziert" (‚Paradoxie als Prinzip', in: ‚Tagträume in Berlin [...]', s. o., S. 203). Erst durch die intensive Auseinandersetzung des Lesers mit der gezeigten fiktiven Wirklichkeit des Textes entsteht eine Totalität, die auf Bewußtseinsveränderung zielt und ein entsprechendes praktisches Verhalten zur Folge haben sollte. Auf diese Weise „geschieht Identifikation", und „Form und Formulierung des Gedichts formen und formulieren den diffusen mentalen Inhalt des Lesers, der auf diese Weise, durch das Bewußtsein des Gedichts, zum Selbstbewußtsein, durch das Selbstbewußtsein zum Weltbewußtsein gelangt" (‚Das Bewußtsein des Gedichts', in: ‚Tagträume in Berlin [...]', s. o., S. 204). Ähnlich wie Brecht, der von Kunert als der „letzte Heilige des Zweifels" (‚Erinnerung an Bertolt B.', in: ‚Tagträume in Berlin [...]', s. o., S. 54) bezeichnet wird, entwickelt Kunert eine Rezeptionstheorie, die auf der Spannung zwischen Identifikation und Distanz basiert: Aus dem Unterschied zwischen dem, was der Text zeigt, und dem, was der Leser selber zu wissen oder zu verstehen glaubt, soll die Produktivität des Rezipienten erwachsen. In seiner ‚Stockholmer Rede' von 1978 betont Kunert den Aspekt, der ihn v. a. von Brecht unterscheidet: „Ich rede nicht der Parabel Brechtscher Machart das Wort, deren Erfolg aus dem Umstand resultiert, daß sie Gewußtes bestätigt, aber nicht das bis dato Ungesagte, Unsagbare, Unsägliche durch sprachliche Einkleidung überhaupt erst sichtbar werden läßt, sondern vielmehr ‘komplexe' Tatbestände in Vereinfachungen übersetzte, wodurch sie scheinbar verständlicher wurden" (in: ‚Diesseits des Erinnerns', München 1982; zitiert nach dtv-Taschenbuch 10438, S. 79).
Mit der Einschränkung „scheinbar" verweist Kunert auf einen weiteren Punkt in seiner Welt- und Dichtungsauffassung, in dem er nach seinem eigenen Verständnis über Brecht hinausgeht: Er sieht Grenzen des Verstehens, die durch die „Irrationalität, in der wir und unsere Mitmenschen objektiv gefangen sind" und die wir „nicht restlos zu erklären vermögen" (S. 80), gegeben sind. (Zum Thema „Irrationalität" s. den Kommentar zu Text 202, ‚Aufklärung I'.) Um die Produktivität des Lesers im Erkenntnisprozeß zu fördern, verwendet Kunert eine Vielzahl von gedanklichen und sprachlichen Mitteln: Dialektischer Aufbau, Paradoxien, Anspielungen und Ironie, kühne Bilder und groteske Zuspitzungen, Verunsicherung des Lesers und Provokation von Widerspruch gehören zu den dominanten Merkmalen seiner parabolischen Prosa. Nicht zuletzt ist es die Kürze, die Kurzform selber, die die erkennende Aktivität des Lesers auslösen soll. In einer Art ‘Momentaufnahme' (‚Paradoxie als Prinzip', in: ‚Tagträume in Berlin [...]', s. o., S. 198), in der ein Ausschnitt der Wirklichkeit sichtbar wird, läßt der Autor die dialektischen Vorgänge der Realität in einer Weise eng „nebeneinanderrücken" (S. 200), wie es tatsächlich niemals der Fall ist. Die „Extreme, die sich da berühren, unvereinbare Pole" (S. 200), schaffen einen „Spannungszustand, der aus dem scheinbar Widersinnigen, Unzuvereinbarenden herrührt: aus der Paradoxie" (S. 198). In diesem „Schnappschuß eines

Achtes Kapitel: Zu Text 210, S. 348 ff.

dialektischen Vorganges" (S. 198) ist die Widersprüchlichkeit der Wirklichkeitsentwicklung auf engstem Raum zusammengeführt und für einen Augenblick fixiert worden, damit Erkennen möglich werden kann. Kunert, der im Zusammenhang mit seinen Gedichten vom „elitäre[n] Charakter" der Lyrik (S. 201) spricht, ist sich des Widerstandes, den auch seine anspruchsvolle Kurzprosa dem Erkennen des Lesers entgegenstellt, durchaus bewußt. Er nimmt die Beunruhigung, die mit einer unabgeschlossenen Interpretation verbunden ist, bewußt in Kauf: „Parabel, Allegorie, Symbol – wo wir sie hundertprozentig erschließen, stellt sich zugleich Zufriedenheit über die Leistung unseres Intellektes ein, so daß wir darüber vergessen, was wir denn eigentlich entschlüsselt haben. Der gänzlich bekanntgewordene Gegenstand verschwindet in uns auf Nimmerwiederdenken. Wo etwas vom Rätsel anhält, das, weil es eben eines ist, sich nicht definieren läßt, aber in osmotischer Verbindung zur erwähnten Irrationalität steht, da hält auch unser Interesse an, unsere Neugier, unser Aufgestörtsein" (‚Stockholmer Rede', in: ‚Diesseits des Erinnerns', s. o., S. 80).
Die Parabeln dieser Textgruppe sind dem 1968 nur in der DDR erschienenen Prosaband ‚Kramen in Fächern. Geschichten, Parabeln, Merkmale' entnommen. Ein Notat aus dem Jahre 1972 macht deutlich, wie Kunert den Titel verstanden wissen will. Er verweist auf die Situation, in der manche Leute „in gewissen Stunden, da keine Kraft zu einer nützlichen oder erholsamen Beschäftigung aufgebracht wird", in Fächern und Schubladen zu kramen beginnen, „sich einbildend, eine lange geduldete Unordnung beenden zu müssen". Ihr Eifer während dieses scheinbar sinnlosen Tuns „läßt vermuten, sie versuchten aufzustöbern, was sie verloren wissen: die Vergangenheit" (erschienen in: ‚Tagträume in Berlin [...]', s. o., S. 19 f.).

Zur Interpretation

Das Holzscheit (S. 348 f.)
Im Mittelpunkt der Parabel, die mit einem Topos der Ort- und Zeitlosigkeit beginnt (S. 348, Z. 41 f.), steht der legendäre „greise Baalschem", der durch seinen Namen als Wundertäter ausgewiesen wird. – Die historische Person, der jüdische Schriftgelehrte Israel Ben Elieser, lebte im 18. Jahrhundert in Polen. Durch seine Lehren, in denen er anstelle von Askese einen freudigen Dienst an Gott mit Gebet und Tanz forderte, bewirkte er einen schöpferisch-religiösen Aufbruch im osteuropäischen Judentum, der als „Chassidismus" bezeichnet wird. – Als die armen Leute erfahren, wem ihre Gastfreundschaft gilt, erbitten sie als Gegenleistung Antwort auf die Frage, „was Wahrheit sei" (S. 349, Z. 3). Am Beispiel eines Holzscheites (Z. 5) macht der Baalschem deutlich, daß es „eine einzige ewige allgemeingültige Wahrheit" (so Kunert in: ‚Das Bewußtsein des Gedichts', in: ‚Tagträume in Berlin [...]', s. o., S. 205) nicht gibt. Wahrheit ist vielmehr wandelbar und erscheint zu verschiedenen Zeiten in unterschiedlicher Gestalt. – Hinter der anschaulichen Vermittlung dieser grundlegenden Einsicht materialistischer Erkenntnistheorie steht die Feststellung, daß es sich bei den dem Sozialismus vorangehenden Epochen (Urgemeinschaft, Sklavenhaltergesellschaft, Feudalismus und Kapitalismus/Imperialismus) nicht um „Irrtümer" der geschichtlich-gesellschaftlichen Entwicklung, sondern um jeweils historisch-konkrete Formen der „Wahrheit" handelte. – Die Frage der Provinzbewohner nach der „Wahrheit" scheint, soweit es im Rahmen dieses Gespräches möglich war, beantwortet. Doch Baalschem – Kunert läßt es dabei nicht bewenden. Er hält dem Frager „bereits erkaltete Asche" (Z. 7 f.) vor, die er als „die Wahrheit von gestern" (Z. 10) bezeichnet, und er verbindet diese Demonstration mit zwei Anmerkungen:
– „keiner kann was damit anfangen, und jeder fürchtet, sich daran zu beschmutzen" (Z. 10 f.), und
– „eine Lüge ist, wenn ich behaupte, die Asche sei gutes Holz und brauchbar" (Z. 11 f.).
Mit diesen weiterführenden Aussagen macht Kunert den Schritt von einer allgemeinen Feststellung zur Kritik der konkreten politischen Verhältnisse seiner Zeit. – Die erste Bemerkung wird im Zusammenhang mit dem vorliegenden Text nicht näher erörtert. Doch ein Blick in das Gesamtwerk zeigt, daß „Asche" für Kunert ein häufig gebrauchtes „Bild verbrannter Vergangenheit" (‚Paradoxie als Prinzip', in: ‚Tagträume in Berlin [...]', s. o., S. 199) ist, das besonders in Texten Verwendung findet, in denen der Autor sich mit der nationalsozialistischen Vergangenheit auseinandersetzt (s. z. B. ‚Notizen in Kreide', in: ‚Tagträume in Berlin [...]', s. o., S. 197 f.). In der Asche der Opfer des Faschismus bleibt die Vergangenheit lebendig und reicht in die Gegenwart hinein, weil durch die „Ascheflocken", die immer wieder aufwirbeln, bewußtgemacht wird, daß die „fleißigen Töter" (‚Notizen in Kreide', s. o.) noch unter uns leben. Aber: „keiner kann was damit anfangen, und jeder fürchtet, sich daran zu beschmutzen" (Z. 10 f.). Das Aschemotiv spielt auch in Text 211 eine wichtige Rolle, und in diesem Zusammenhang soll die Kritik an der offiziellen Geschichtsauffassung der DDR und an ihrer Haltung zum Faschismus, die hierin ihren Ausdruck findet, näher erläutert werden.
Mit der zweiten Anmerkung wendet sich Kunert in der Person des Baalschem gegen den dogmatischen Charakter eines statisch verstandenen Materialismusbegriffes. – Im Unterschied zu Marx, der die perma-

Achtes Kapitel: Zu Text 210, S. 348ff.

nente Revolution anstrebte, tendieren Parteiideologen dazu, Entwicklungen, die nicht von ihnen in die Wege geleitet wurden, zu behindern und einen einmal erreichten Entwicklungsstand festzuschreiben. Auf diese Weise wollen sie die Menschen dazu veranlassen, das, was durch den Fortgang der Geschichte schon zu „Asche" geworden ist, als „gutes Holz und brauchbar" zu akzeptieren; das aber, so der Baalschem, ist „eine Lüge" (Z. 9). Auch das marxistische Kriterium der Praxis, das die Provinzbewohner anwenden wollen („Man merkt doch die Lüge, wenn man die Asche erneut in den Herd legt. Sie brennt ja nicht mehr", Z. 13 f.), wird von den Ideologen nicht akzeptiert. Ihr Interesse besteht darin, gestrige Wahrheiten unter falschem Etikett als „gutes Holz" auszugeben, und wenn Konflikte auftreten, dann suchen sie die Ursachen dafür nicht in ihrer falschen Einschätzung der objektiven Gegebenheiten, sondern die Schwierigkeiten werden als subjektives Versagen dem einzelnen in die Schuhe geschoben. – Kunert hat bei diesen Überlegungen, die er dem Baalschem in parabelhafter Verkleidung in den Mund legt, sicherlich auch die offizielle DDR-Kulturpolitik der 60er Jahre im Auge gehabt. Der sozialistische Realismus, schon längst die „Wahrheit von gestern" und „Asche", wird von den Parteifunktionären für „gutes Holz und brauchbar" erklärt, und wenn ein Schriftsteller mit dieser ideologisch fixierten Schreibschablone nichts anzufangen weiß, dann kann es nicht an den Normen des sozialistischen Realismus liegen, sondern die Schuld ist beim einzelnen Autor zu suchen: „der Fehler liegt bei dir: Du kannst (die Asche) nur nicht entzünden!" (Z. 15 f.). Mit der spontanen Antwort „Aber das kann keiner" (Z. 17) bringt Kunert die Gewißheit zum Ausdruck, daß sich das Bewußtsein der Unmöglichkeit, Asche zu entzünden oder mit den ideologischen Vorgaben des sozialistischen Realismus künstlerisch zu arbeiten, eines Tages allgemein durchsetzen wird. Und wenn dann auch die Kulturfunktionäre mit der üblichen Verspätung auf die Fortentwicklung der gesellschaftlichen Verhältnisse und den Wandel der damit verbundenen künstlerischen Auffassungen reagieren, so der „jetzt und milde lächelnde Baalschem", dann ist das auch „die Wahrheit von morgen" (Z. 18 f.).

Das Bild der Schlacht am Isonzo (S. 349)
Günter Kunert, dem in der DDR vorgeworfen wurde, er verkenne den historisch-gesellschaftlichen Charakter des Widerspruchs, indem er entscheidende Konflikte in das Individuum verlege und den Widerspruch damit zu einer unveränderlichen anthropologischen Tatsache erhebe, macht mit dem vorliegenden Text deutlich, daß sein Realitäts- und Geschichtsverständnis umfassender ist und den gesellschaftlichen Widerspruch zwischen Klassen und sozialen Gruppen einschließt.
Kunert knüpft bei seiner Darstellung an die blutigen Isonzoschlachten an, in denen sich zwischen 1915 und 1917 die Italiener und die mit Deutschland verbündeten Österreicher gegenüberstanden. – Der Maler, der selbst „in der Schlacht gewesen" war, verfertigt ein Gemälde, auf dem dargestellt ist, „was er gesehen hatte" (S. 349, Z. 21 f.). Das „Bild der Schlacht am Isonzo" ist aber weder dekorative Historienmalerei, noch erhebt es den Anspruch, in allgemeingültiger Weise die Realität an sich wiederzugeben, sondern die Darstellung bleibt bewußt subjektiv auf das beschränkt, „was *er* gesehen hatte": Der Vordergrund zeigt das Leid, das „die Soldaten der gegnerischen Heere" (Z. 25) sich zufügen, und im Hintergrund sind „Offiziere" zu sehen, die zur gleichen Zeit in ausschweifender Weise das Leben genießen und das grausame Sterben der Soldaten noch dadurch fördern, daß sie „die Ausrüstung ganzer Kompanien für gutes Geld" (Z. 26 ff.) verhökern. – Der Maler, der selbst betroffen war und dem Gemetzel entkommen konnte, macht durch die gleichzeitige Darstellung von Vordergrund und Hintergrund deutlich, daß er die historische Dimension des Krieges und den gesellschaftlichen Charakter des Widerspruchs, der ihm zugrunde liegt, erkannt hat. Kunert betont diese Aussage auch dadurch, daß er in seinem Text nur von „Offizieren" (Z. 27) spricht, während bei den kämpfenden Soldaten ausdrücklich von „gegnerischen Heeren" (Z. 25) die Rede ist. – Das fortschrittliche Bewußtsein, das Kunert dem Maler zuschreibt, wird besonders im Vergleich zu einem Besucher deutlich, der einige Zeit später das Atelier betritt und sich „durch Wesen und Benehmen [...] als alter General zu erkennen" gibt: „Er erschrak vor dem Bild. So sei die Schlacht nie gewesen, rief er, das Bild lüge!" (Z. 30 ff.). Er beginnt, das Bild abzusuchen, und entdeckt in der mörderischen Szenerie „eine kleine Gestalt, die trommelnd und singend und mit kühn verschobenem Helm aufs Schlachtfeld" (Z. 34 f.) läuft. Für den General, der durch seine Interessen und seine Klassenzugehörigkeit in seinem Bewußtsein eingeengt ist, stellt das gekaufte „Detail" (Z. 35) die ganze Wahrheit des Krieges dar, und er läßt es „aus dem Gemälde schneiden und einrahmen: „Damit künftige Generationen sich ein Bild machen könnten von der großen Schlacht am Isonzo" (Z. 36 f.). Im Bewußtsein des Generals, der unreflektiert die Haltung seiner Klasse zum Ausdruck bringt, ersetzt das ideologische und idealistische Detail der „großen" Schlacht die Einsicht in die Totalität der Wirklichkeit.
Auch für Kunert ist der kühne Trommler ein Element der Realität. Doch durch seine Einordnung auf dem Schlachtfeld („hinter dem zerschmetterten Schädel eines Toten", Z. 33 f.) und im Kontrast zu den Vorgän-

471

Achtes Kapitel: Zu Text 210, S. 348 ff.

gen im Hintergrund wird seine Begeisterung als Ideologie entlarvt, die lediglich dazu beiträgt, die Profite der herrschenden Klasse zu sichern. Nicht „das Bild lüg[t]" (Z. 32), wie der General behauptet, sondern die Tapferkeitsideologie des kleinen Trommlers erweist sich im Zusammenhang mit den anderen Kompositionselementen des Bildes als Lüge, und sie wird auch dadurch nicht zur Wahrheit, daß man dieses Detail durch Herausschneiden aus der Totalität der Wirklichkeit zu isolieren versucht. – Literatur, die der Kunertschen Realismus-Definition entsprechen soll (s. ‚Paradoxie als Prinzip', in: ‚Tagträume in Berlin [...]', s. o., bes. S. 199 f.), muß die Wirklichkeit in ihrer Ambivalenz sichtbar werden lassen und darf auch Details, die eine Interpretation im Sinne der Parteilinie stören könnten, nicht aussparen. Wer das trotzdem tut und entsprechend der Doktrin des sozialistischen Realismus unangenehme Sachverhalte ausklammert, der handelt im Prinzip nicht anders als der alte General, der sich die Wirklichkeit nach seinen Bedürfnissen zurechtschneidet.

Einsicht in die volle Realität stellt sich dabei auch nicht von selber ein. Sie setzt die Aktivität des betroffenen Subjektes voraus (der Maler „war in der Schlacht gewesen" und stellt dar, „was er gesehen hatte"; Z. 21 f.), das in der Auseinandersetzung mit den Widersprüchen der Wirklichkeit einen höheren Grad von „Selbstbewußtsein" und „Weltbewußtsein" erreicht (s. „Zu den Texten").

Daß nicht jede Art von Aktivität zu einer fruchtbaren Auseinandersetzung mit der Realität führt, zeigt Kunert in der folgenden Parabel.

Rennfahrer (S. 349 f.)

Das Geschehen der Parabel ‚Rennfahrer' scheint erfüllt von Aktivität: ein Wagen, der „anrollt, aufheult, über die Straßen herfällt, sie unter sich zu zwingen, sie zu verschlingen [...]", „[...] schneller und schneller", „[...] der Fahrer rast", „[...] die Landschaft rauscht vorbei", „[...] Menschen fliegen vorüber [...]". – Doch bei näherem Hinsehen erweist sich diese Bewegung als leere, ziellose Dynamik, und der „Rennfahrer" erscheint nicht als bestimmendes Subjekt des Geschehens, sondern er ist nur ein „Körper hinter der Maschine" (S. 349, Z. 42 f.). Inhaltliches (und im ersten Satz auch grammatisches) Subjekt des Textes ist „der Wagen" (Z. 39); „den Fahrer" (Z. 41), inhaltliches und grammatisches Objekt, erfüllt ein „Rausch, der den Körper hinter der Maschine zittern macht" (Z. 42 f.). Doch der Rausch hat nichts Euphorisches, Dionysisches, er ist vielmehr kalt, nüchtern und scharf (Z. 42); und die „Lust", die darin zum Ausdruck kommt, enthält als stimulierendes „Gift" nur einen „Tropfen Angst" (Z. 43). Sie ist nicht auf ein Gegenüber gerichtet, sondern zielt „auf nichts weiter [...] als sich selber und sonst nichts, nichts mehr" (Z. 45 f.). – Auch der Fahrer „fährt nur, um zu fahren" (S. 350, Z. 2). Die Eindrücke, die er aufnimmt, überschlagen sich, aber in Wirklichkeit nimmt er nichts wahr: weder die Natur noch Ruhepunkte, noch Menschen (Z. 3–10). – Das Bild der Ruhelosigkeit, des Getriebenwerdens und der ziellosen Dynamik, das Kunert bis zu diesem Punkt vor dem Auge des Lesers entstehen läßt, wird in den Schlußsätzen des Textes inhaltlich und sprachlich noch weiter verdichtet. – Der letzte Absatz beginnt mit einer Aussage, deren dialektischer Charakter durch die Stellung am Anfang und am Ende des Satzes („Wo die Fahrt endet, [...] die kleine Lüge: *Ziel*", Z. 11 f.) zusätzlich betont wird. Beim Anhalten nennt Kunert den „Wagen" vor dem „Fahrer", und der Hinweis auf die „hinter den Augäpfeln [...] sich überdeckenden Bilder der Fahrt" (Z. 13) verweist nachdrücklich auf die Oberflächlichkeit des Gesehenen, das sich in verwirrender Form auf der Netzhaut widerspiegelt, ohne in das Bewußtsein zu dringen. Bewußtlosigkeit und Ohnmacht klingen auch an, wenn der Fahrer „von Helfern aus dem Wagen gehoben" wird und „schwankend" fortgeht (Z. 13 f.).

Während der rasenden Fahrt im Wagen war der „Körper hinter der Maschine von den blitzschnell wechselnden Eindrücken völlig in Anspruch genommen, aber jetzt, im Moment des Stillstandes, („Nirgendwo angekommen, [...]", Z. 14 f.), beginnt der Mensch, die Sinnlosigkeit seines Verhaltens zu erahnen („betäubt von [...]", Z. 15): Er bleibt „sich selber unverständlich und sein Tun ihm unbegreiflich" (Z. 15 f.). – Die Aussage, die Kunert mit dieser Parabel veranschaulicht, ist mehrschichtig, und auf einer ersten Ebene kann sie als Auseinandersetzung mit einer doktrinär verstandenen Widerspiegelungstheorie verstanden werden. Der „Rennfahrer", der nach Kunert eigentlich das Subjekt des Geschehens sein sollte, hat es versäumt, sich während der rasenden Fahrt mit den objektiven Gegebenheiten seiner Umwelt in Beziehung zu setzen und nach dem Ziel zu fragen, auf das die Verhältnisse zusteuern, in die er hineingesetzt ist. Er verhält sich wie ein Funktionär, der sich, ohne zu fragen, von den wechselnden, vermeintlich objektiven Direktiven der Partei leiten läßt und nur darauf bedacht ist, den jeweils vorgegebenen Kurs einzuhalten. Aber auch auf einer zweiten Ebene, im Zusammenhang mit der für Ost und West gleichermaßen zutreffenden Technologiegläubigkeit, die die Menschen wie ein „Rausch" erfaßt hat, erscheint eine sinnvolle Interpretation möglich. Der moderne Mensch hat sich im Rahmen eines von außen geleiteten, unreflektier-

ten und sinnentleerten Lebens (s. Kommentar zu Text 202, ‚Aufklärung I') von den Errungenschaften der Technik so vereinnahmen lassen, daß er in hektischer Eile von Ort zu Ort (z. B. moderne Verkehrsmittel) und von Eindruck zu Eindruck (z. B. moderne Medien) getrieben wird, ohne daß er die Muße findet, nach dem Sinn seines Tuns zu fragen und die Folgen seines blinden Aktionismus zur Kenntnis zu nehmen.
Die beiden Interpretationen, die hier angedeutet wurden, stimmen darin überein, daß sie einen Zustand beschreiben, der nach dem Verständnis des Autors negativ beurteilt werden muß, und der Leser bleibt im Sinne der Kunertschen Rezeptionstheorie (s. „Zu den Texten") aufgefordert, selber einen positiven Gegenentwurf zu entwickeln. – Das Individuum darf sich nicht von Ideologien oder Strömungen des Zeitgeistes mitreißen lassen (‚Rennfahrer'). Eine produktive Bewältigung der Gegenwart kann vielmehr nur dann gelingen, wenn das Subjekt sich aktiv den politischen, wirtschaftlichen und gesellschaftlichen Verhältnissen zuwendet und wenn es dem Individuum gelingt, die „Wahrheit von heute" (‚Das Holzscheit') und die Realität in ihrer Widersprüchlichkeit zu erfassen (‚Das Bild der Schlacht am Isonzo'). Jede Art von „Lüge" steht dieser Zielsetzung entgegen (‚Das Holzscheit', S. 349, Z. 11; ‚Das Bild der Schlacht am Isonzo', Z. 32; ‚Rennfahrer', S. 350, Z. 12).

Zur Behandlung im Unterricht
Auch im Zusammenhang mit den hier vorliegenden Parabeln soll noch einmal auf die Voraussetzungen hingewiesen werden, die für das Verständnis der Texte notwendig sind (s. zu Text 202). – Die Ausführungen zum Selbstverständnis des Autors und zu seinen dichtungstheoretischen Vorstellungen sind in diesem Abschnitt weitergeführt worden (s. „Zum Text"). Sie sollten entweder im Lehrervortrag der Betrachtung der Texte vorangestellt oder im Zusammenhang mit der Interpretation beim Auftreten von Verständnisschwierigkeiten eingebracht werden. Der übergeordnete Gesichtspunkt ist Kunerts Auffassung vom Widerspruch, wobei auf folgende Punkte eingegangen werden sollte:
– „Objektivation des Schriftstellers im literarischen Werk" (s. auch zu Text 202),
– Rezeptionstheorie (Identifikation und Distanz),
– Kurzprosa als 'Schnappschuß eines dialektischen Vorgangs'.
Die Vorstellung von der Notwendigkeit eines dialektischen Spannungsverhältnisses von 'Identifikation und Distanz' findet sich in ähnlicher Weise auch bei Brecht (Text 198, „eingreifendes Denken"), Wolf (Text 204, „Epische Prosa"), Morgner (Text 206, phantastische Verfremdung) und Braun (Text 207, „operatives Schreiben"). – Bei der Interpretation könnte geprüft werden, ob auch eine rein werkimmanente Betrachtung zu einer sinnvollen Deutung der Parabeln führt. Das Zitat auf Seite 469 kann als Impuls genutzt werden, einen Vergleich von Parabeln bei Kunert und Brecht (evtl. auch Braun) anzuregen. – Kunert hat das Thema „Rolle des Individuums und Bedrohung der Humanität durch einen blinden Technizismus", das in ‚Rennfahrer' im Vordergrund steht, auch in anderen, z. T. außerordentlich anschaulichen Texten gestaltet: ‚Bericht', ‚Eine Ente', ‚Die Maschine' (in: ‚Günter Kunert: Literatur im Widerspruch', hrsg. von D. Jonsson. Reihe: Editionen für den Literaturunterricht, hrsg. von D. Steinbach. Ernst Klett Verlag, Stuttgart 1980, S. 41 ff.).

Thematische Bezüge in anderen Texten
Siehe Hinweise zu Text 202; dazu: Brecht (195), (196), (198), Braun (197), Büchner (103), R. Walser (148), (149), Kafka (150), (152).

Günter Kunert: Tagträume in Berlin und andernorts (S. 350f.) 211

Herein ohne anzuklopfen

Zu Leben und Werk Günter Kunerts
(Siehe den Kommentar zu Text 202.)

Zum Text
Vergangenheit, Gegenwart und Zukunft sind nach den geschichtstheoretischen Vorstellungen von Günter Kunert eng aufeinander bezogen. Dies macht auch der Text ‚Herein ohne anzuklopfen' deutlich, der gattungsmäßig den „Tagträumen" zuzuordnen ist (vgl. auch den Titel der Sammlung ‚Tagträume in Berlin und andernorts').
Gegenwart ist für Kunert kein eigenständiger Zeitabschnitt. Sie hat vielmehr Übergangscharakter und erscheint eingespannt zwischen die Pole von Vergangenheit und Zukunft. Folgt man den Analysen Kunerts

Achtes Kapitel: Zu Text 211, S. 350f.

und versteht man sein dichterisches Werk als „Beleg des objektiv gewordenen Bewußtseins" (s. Kommentar zu Text 202), so ist es um die Zukunft schlecht bestellt: Die nationalsozialistische Vergangenheit reicht in vielfältigen Erscheinungsformen in die Gegenwart hinein, und diese Gegenwart ist außerdem von einer blinden Technikgläubigkeit erfüllt, die an den wahren Bedürfnissen des menschlichen Subjekts vorbeigeht und statt dessen Inhumanität und Katastrophen produziert (s. z. B. ‚Bericht' und ‚Eine Ente', beide in: ‚Tagträume in Berlin [...]', s. o., S. 18 f. und S. 164 ff. – außerdem ‚Rückblick', in: ‚Diesseits des Erinnerns. Aufsätze', München 1982; hier zitiert nach dtv-Taschenbuch 10438, S. 240 ff.). Beide Aspekte sind von Kunert häufig beschrieben worden und haben ihm von verschiedenen Seiten den Vorwurf eingetragen, er pflege mit seiner ‘Untergangs-Lyrik' einen Pessimismus, mit dem die Wirklichkeit bewußt einseitig interpretiert werde. Doch ebenso wie die Behauptung einseitig ist, er wolle die Ideen der Aufklärung durch einen neuen Irrationalismus ersetzen (s. Kommentar zu Text 202: ‚Aufklärung I'), so greift auch dieser Vorwurf zu kurz. – Kunerts Zukunftsvorstellungen basieren auf einem Weltbild, das sich dem historischen Materialismus verpflichtet weiß, und in diesem Sinne geht er von der Gewißheit aus, daß die geschichtliche Entwicklung einer besseren Zukunft zustrebt (s. ‚Friedfertiger Kampf', in: ‚Tagträume in Berlin [...]', s. o., S. 25). Allerdings: In ‚Ende einer Welt' (in: ‚Tagträume in Berlin [...]', s. o., S. 32) und auch in dem hier vorliegenden Text macht Kunert deutlich, daß dieser Optimismus eine wahrhaft universale Perspektive hat und daß das Fortschreiten zu einem heute noch nicht endgültig konkretisierbaren Ziel auch dann nicht abgeschlossen ist, wenn unsere Erde zugrunde gegangen sein sollte.

Den Begriff „Tagtraum" hat Kunert von Ernst Bloch übernommen, verwendet ihn aber als Denkfigur in eigener Weise. – Bei Bloch wird „Tagtraum" synonym für „konkrete Utopie" gebraucht (‚Das Prinzip Hoffnung', Band 1, Frankfurt a. M. 1973), und er meint damit eine auf dem Stand der Basisentwicklung beruhende und durch Vernunft kontrollierte Phantasie, mit der in der Gegenwart vorhandene positive Faktoren mit antizipierendem Bewußtsein in eine tendenziell mögliche Zukunft verlängert werden. – Kunert geht bei seinen „Tagträumen" von negativen Tendenzen in der konkreten gesellschaftlichen Praxis aus, deren Folgen in die Zukunft projiziert, konsequent bis zu einem irrealen Ende getrieben und symbolisch-allegorisch gestaltet werden. In der dichterischen Phantasie des Tagträumers verbindet sich dabei analysierende Vernunft mit Resten eines auf gesellschaftliche Veränderung drängenden „subversiven Bewußtseins" (Bloch) und mit unerledigten Wünschen oder Befürchtungen. Im Unterschied zu Bloch werden in den meisten „Tagträumen" Kunerts Situationen der Hoffnungslosigkeit (z. B. ‚Tagträume', ‚Die kleinen grünen Männer', ‚Ein Tag' u. a., alle in: ‚Tagträume in Berlin [...]', s. o.) gestaltet „eine leise Warnung an jene, die ohnehin auf keine hören wollen" (S. 351, Z. 14 f.). Vielleicht auch – und eine solche Erwartung scheint durch die Kunertsche Rezeptionstheorie durchaus begründet – soll der Leser in der Auseinandersetzung mit den negativen Visionen des Autors dazu veranlaßt werden, die positiven Umrisse einer konkreten Utopie selber hervorzubringen.

Die bewußte Bewältigung der Vergangenheit gehört zu den zentralen Themen Kunerts, und alle Texte, in denen Schreckensorte der nationalsozialistischen Vergangenheit im Mittelpunkt stehen, sind als Mahnung gegen das Vergessen namentlich identifizierbar (s. auch ‚Schöne Gegend mit Vätern', ‚Adresse: Spielberg, Brünn', ‚Reise durch Kakanien-Gedenkstätte' – alle in: ‚Tagträume in Berlin [...]', s. o., S. 101, 115 und 118). – Der Text ‚Herein ohne anzuklopfen' ist zusätzlich mit einer Widmung für Hans Günther Adler (S. 350, Z. 20) versehen. – Der jüdische Privatgelehrte (Philosophie, Geschichte, Literaturwissenschaft), 1910 in Prag geboren, war während des Zweiten Weltkriegs Häftling in den Lagern Theresienstadt und Auschwitz; seit 1947 lebt er als freier Schriftsteller in London. In dokumentarischen Studien (‚Theresienstadt 1941–1945', Tübingen 1955; ‚Die verheimlichte Wahrheit. Theresienstädter Dokumente', Tübingen 1958) und in literarischen Texten (‚Blicke. Gedichte 1947–1951', Berlin 1979; ‚Ereignisse. Kleine Erzählungen und Novellen', Olten 1969) hat er sich mit seinen eigenen Erlebnissen und mit dem Schicksal der deutschen Juden seit der Aufklärung auseinandergesetzt. – Welche Bedeutung der Widmung für Adler zukommt, wird bei der Interpretation des Textes deutlich. Im Zentrum dieses Tagtraumes steht das ‘Vorzugslager' Theresienstadt, und eine genaue Analyse macht deutlich, daß Kunert unmittelbar an Erfahrungen und Überlegungen anknüpft, die Adler in seinen Büchern über diesen „Ort der verheimlichten Wahrheit" (Adler) dargelegt hat.

Theresienstadt wurde von der Zivilbevölkerung geräumt und ab 1942 von der SS als Musterlager unter jüdischer ‚Selbstverwaltung' geführt; es sollte der Weltöffentlichkeit gegenüber als propagandistischer Beweis gegen die Gerüchte vom Massenmord an Juden dienen. In der nordböhmischen Kleinstadt, die ursprünglich etwa 3000 Einwohner gehabt hatte, waren zeitweise bis zu 60 000 Juden ‘konzentriert'. Insgesamt haben etwa 150 000 Personen das Lager durchlaufen; rund 33 000 starben in Theresienstadt, und etwa 88 000 Häftlinge wurden von hier aus in Vernichtungslager deportiert (Angaben nach R. Iltis:

‚Theresienstadt', Wien 1968). Auf dem Gelände des ehemaligen Konzentrationslagers befindet sich heute eine Gedenkstätte für die Opfer des Nationalsozialismus. „Wohl hatte man (bei der 'Endlösung der Judenfrage') den Staat und alle seine Machtmittel in der Hand und man zögerte nicht, sie mit kaum gehemmter Lust für seine Absichten zu verwenden [...]. Dennoch, und das muß die nationalsozialistischen Größen hart angekommen sein, man mußte auch seine Rücksichten üben und konnte nicht darauf verzichten, hinter das Licht zu führen" (H. G. Adler: Die verheimlichte Wahrheit, s. o., S. 3).

Zur Interpretation
Der Text ‚Herein ohne anzuklopfen' wird entsprechend der Eigenart eines Tagtraumes durch die Aufeinanderfolge von Vision und Reflexion bestimmt, wobei ein Tempuswechsel den Übergang signalisiert und die Verknüpfung der Gedanken in Vergangenheit, Gegenwart und Zukunft herstellt. „Wenn diese Erde einmal ausgegraben wird [...]" (S. 350, Z. 21) – mit diesen Worten weist der Visionär in eine weit entfernte Zukunft, in der „Wißbegierige" in der „Schicht, die das zwanzigste Jahrhundert bildet" (Z. 22), auf die Trümmermassen von New York und Moskau stoßen werden. Doch für die „Kenntnis der Epoche" wird nicht der Gegensatz politischer Systeme, für den die Metropolen stehen, entscheidend sein; wesentlicher ist nach Kunerts Überzeugung das Wissen um den Faschismus in dieser Zeit, der durch „eine winzige Ortschaft [...], halben Wegs zwischen Aussig und Prag" (Z. 24f.), symbolisiert wird: Theresienstadt. – Für den Leser, der diesen inhaltsreichen und dichten Text zu erfassen versucht, ist in diesem Zusammenhang zweierlei bedeutsam:
1. Kunert betrachtet die weiterhin bestehende Tendenz zum Faschismus als eine allgemein menschliche Möglichkeit, und er hält die Gefahr einer solchen Entwicklung für wesentlicher als den Gegensatz zwischen Kapitalismus und Sozialismus. – Diese Auffassung hat Kunert in der DDR den Vorwurf eingetragen, daß er den Antifaschismus der sozialistischen Gesellschaft bewußt negiere und beide deutschen Staaten auf eine Stufe stelle. In Wirklichkeit beurteilt Kunert die Sachlage differenzierter, und er schätzt die Möglichkeit einer faschistischen Entwicklung in Ost und West durchaus unterschiedlich ein: Im Sozialismus sind der faschistischen Ideologie zwar die objektiven, ökonomisch-gesellschaftlichen Grundlagen entzogen worden, doch im Bewußtsein und in den Verhaltensweisen der Subjekte lebt der Ungeist genauso weiter wie in der Bundesrepublik. In Westdeutschland kommt allerdings hinzu, daß die Basis für ein erneutes Erwachen des Faschismus erhalten geblieben ist und daß „die einstmals fleißigen Kameraden Charons unberührt und ungerührt ihr Frühstück genießen, das man ihnen bezahlt" (S. 350, Z. 41 ff.).
2. Es mag erstaunen, daß Kunert als symbolische Stätte für die Unmenschlichkeit des Nationalsozialismus nicht Auschwitz oder ein anderes Vernichtungslager nennt, sondern daß hier, und dazu noch in verklausulierter Form, das 'Musterlager' Theresienstadt herausgestellt wird. – Kunert folgt hier der Auffassung Adlers, der in seinen Theresienstadt-Büchern betont, daß derjenige, der das volle Ausmaß der nationalsozialistischen Inhumanität erfassen will, nicht ausschließlich auf die Extreme des Grauens starren dürfe. Zum „Modell der Vernichtung" (S. 351, Z. 11) gehört Theresienstadt ebenso wie das Arbeitslager Auschwitz-Monowitz der IG-Farben und das Vernichtungslager Auschwitz-Birkenau. Es muß sogar angenommen werden, daß die vielfach geglückte Täuschung und Verharmlosung, die in Theresienstadt ihren Höhepunkt erreichte, dazu beigetragen hat, daß ein so gigantisches Vernichtungssystem entstehen konnte. – In diesem Sinne wird der an sich unbedeutende Ort Theresienstadt („wechselnde, nichtssagende Himmel", S. 350, Z. 26) zum symbolischen „Eingang ins Nichts" (Z. 27).
Mit der Reflexion der folgenden Zeilen (28-33) wird das Problem in die Gegenwart („ist und bleibt", Z. 28) zurückgeholt, die sich mit der Vergangenheit als verbunden erweist („gestoßen wurden", „war darunter", Z. 29). In einer sprachlich kunstvollen Verschränkung („Dein [...] mein [...] jener [...] dessen" – „Enkel [...] Großvater [...] Schwestern [...] Brüder", Z. 29f.) beschwört er das Bild einer ungewiß großen Zahl von Menschen, „die durch dieses Tor aus ihrem unwiederholbaren Dasein" (Z. 28 f.) ins „Nichts" (Z. 27) gestoßen wurden. – Den Ausgräbern, die das Wesentliche der menschlichen Existenz mit ihren Spaten nicht erfassen können („Gedanken, Ideen, ungestaltete Schöpfungen [...]", Z. 31 f.), „wird sich die Pforte", „gemauert im Stil von Kasernen" (Z. 34 f.), kaum verändert zeigen. – Tagtraum und bewußte Reflexion, die nicht immer klar zu trennen sind, gehen auch an dieser Stelle ineinander über. Kunert verweist auf den Irrtum, zu meinen, etwas sei deshalb schon Vergangenheit, weil es mit „musealen Zügen versehen" (Z. 38 f.) worden ist. Ein vergeblicher Versuch, wie durch das fünfmalige „nicht" in den folgenden Zeilen betont wird.
– Zwei Symbole, die von Kunert häufig gebraucht werden, unterstreichen die Befürchtungen des Autors: Zum einen ist es die „zarte Asche, eine Art Mehltau", die, aus der Vergangenheit kommend, „in unsere Gegenwart" stäubt (S. 351, Z. 6f. – s. auch Kommentar zu Text 210: ‚Das Holzscheit'); zum anderen ist es die „Menschenschleuse" (Z. 4), „das Tor" (Z. 6), das als steinernes Symbol des Verderbens in die Zukunft

Achtes Kapitel: Zu Text 212/213, S. 351 ff.

hinein fast unverändert erhalten bleibt. – Mit den letzten Zeilen (10 ff.) tritt der Tagtraum wieder in den Vordergrund. Vielleicht werden die wißbegierigen Ausgräber die „Nachricht [...], verfaßt in der Sprache, in der Steine reden" (Z. 13 f.), verstehen und erkennen, daß die Vernichtung der Erde hier, „dieserorts" (Z. 11) ihren Anfang genommen hat.

Zur Behandlung im Unterricht
Eine Deutung der Überschrift, die für sich allein Assoziationen weckt, aus dem Text heraus aber zusätzlich Sinn gewinnt, könnte am Anfang der Interpretation stehen und sollte am Ende noch einmal aufgenommen werden. Mit dem Titel ‚Herein ohne anzuklopfen' verbindet sich anfangs für den Leser die Vorstellung von Überraschung, Störung der Ruhe, Ärger über die Frechheit des Eindringlings; im Zusammenhang mit dem Text verweist er auf die „wißbegierigen" Ausgräber (S. 350, Z. 22), auf die Lebenssituation der Juden in Theresienstadt, auf die Schatten der ermordeten Juden („Asche", „Mehltau"), die aus dem Nichts in unsere Gegenwart treten. Formal wird der Text vor allem durch einen bedeutsamen Tempuswechsel strukturiert, der zum Gliederungsprinzip für die Erschließung werden kann. Der inhaltlich bestimmte Begriff des „Tagtraums" ist in der Poetik bisher nicht näher definiert worden. – Ohne Frage kommt der Beobachtung von Entwicklungen der literarischen Form in der Literaturgeschichte große Bedeutung zu. Im vorliegenden Falle sollte der Lehrer allerdings überlegen, ob er diesen Text von Kunert zum Gegenstand dichtungstheoretischer Reflexionen machen will. – Eine Vorgabe von Informationen zu „Charon" (S. 350, Z. 42) und „Nessusgewand" (S. 351, Z. 9) ist möglich, erscheint aber nicht zwingend: durch eine Erläuterung in unmittelbarem Zusammenhang mit der Textstelle kann deutlicher bewußt werden, in welcher Weise das Verständnis durch diese Metonymien vertieft wird.
Charon: Der Fährmann, der die Toten über den Grenzfluß Styx ins Reich des Hades brachte. Er wurde als schmutziger, übelgelaunter, böser alter Mann dargestellt. Charon verlangte von den Fahrgästen einen Obolus, und es war Sitte bei den Griechen, ihre Toten mit dieser Münze im Mund zu begraben.
Nessus: Name eines Kentauren (ein Geschlecht von Lebewesen mit Pferdekörpern und -läufen, aber dem Kopf und den Armen eines Menschen), der lange nach seinem eigenen Tod die Ermordung des Herakles bewirkte. – Als Nessus Deianeira über einen Hochwasser führenden Fluß trug, versuchte er sie dabei zu vergewaltigen; Herakles erschoß ihn mit einem vergifteten Pfeil. Während er sein Leben aushauchte, gebot er Deianeira mit erheuchelter Reue, das Gewand des Herakles mit seinem Blut zu tränken; dieser mächtige Zauber, so ließ er sie wissen, werde ihr die Liebe des Herakles zurückgewinnen, wann immer sie schwinden sollte. – Als Deianeira viele Jahre später diesen Moment gekommen sah, sandte sie ihm das in Nessusblut getauchte Gewand, und durch das in ihm enthaltene Gift (seines eigenen Pfeiles) starb Herakles unter Qualen. – Nessus hatte seine späte Rache.
Das Thema Bewältigung der Vergangenheit und Faschismus in der Gegenwart nimmt im Werk Kunerts einen breiten Raum ein. Siehe dazu die Texte ‚Unbegrabbar', ‚Schöne Gegend mit Vätern', ‚Erschreckenswürdigkeit' (in: ‚Günter Kunert: Literatur im Widerspruch', hrsg. von D. Jonsson. Reihe: Editionen für den Literaturunterricht, hrsg. von D. Steinbach. Ernst Klett Verlag, Stuttgart 1980, S. 19 ff.).

Thematische Bezüge in anderen Texten
Siehe die Anmerkungen zu Text 202; dazu: Eich (177), Weiss (187).

212 Christa Wolf: [Achill das Vieh] (S. 351 ff.)
213 Christa Wolf: Voraussetzungen einer Erzählung: Kassandra (S. 354 f.)

Zu Leben und Werk Christa Wolfs
(Siehe den Kommentar zu Text 204.)
Im Mai 1982 hielt Christa Wolf im Rahmen der Stiftungsdozentur für Poetik an der Universität Frankfurt a. M. eine Reihe von fünf Vorlesungen unter dem Titel: ‚Voraussetzungen einer Erzählung: Kassandra'. Die beiden ersten Vorlesungen sind „Reiseberichte" über Wolfs Griechenlandreise im Frühjahr 1980, in denen über „das zufällige Auftauchen [...] einer Gestalt" und „die Verfolgung einer Spur" berichtet wird; in der dritten Vorlesung, als „Arbeitstagebuch" bezeichnet, verbinden sich Reflexionen über Kassandra mit Wolfs Kritik an aktuellen Zeiterscheinungen, und in der vierten Vorlesung, einem Brief an eine schreibende Frau, sucht die Autorin nach den historischen Wurzeln der Kassandra-Figur. In der fünften Vorlesung schließlich stellt Christa Wolf die Erzählung ‚Kassandra' in einer Arbeitsfassung vor. – Die berichtend-reflektierende

Achtes Kapitel: Zu Text 212/213, S. 351ff.

Annäherung an den Kassandrastoff in den vier ersten Vorlesungen ist 1983 unter dem Titel ‚Voraussetzungen einer Erzählung: Kassandra – Frankfurter Poetik-Vorlesungen' erschienen. Im selben Jahr wurde der poetisch-fiktionale Text, ‚Kassandra. Erzählung', gesondert und in erweiterter, leicht veränderter Form veröffentlicht.
Die beiden vorliegenden Texte sind nach dem Verständnis von Wolf eng aufeinander bezogen und sollen deshalb auch hier zusammen kommentiert werden. Weiterführende Textstellen werden nach den im Lesebuch ausgewiesenen Luchterhand-Ausgaben zitiert.
‚Kassandra' und die ‚Voraussetzungen' sind 1984 in einem Band auch in der DDR erschienen. In den ‚Voraussetzungen' fehlen Passagen, in denen Wolf eine einseitige atomare Abrüstung der Sowjetunion vorschlägt. Die Autorin hat aber durchgesetzt, daß diese Auslassungen durch Punkte markiert worden sind, so daß dem Leser das Eingreifen der Zensur bewußt wird.

Zu den Texten
„Nachdenken", „erinnern", „erkennen" und „ausgraben" sind Schlüsselwörter für das Verständnis aller Werke von Christa Wolf, die seit ‚Nachdenken über Christa T.' erschienen sind. Das von Johannes R. Becher übernommene Motto dieses Romans, „Was ist das: Dieses Zu-sich-selber-Kommen des Menschen?", erweist sich dabei auch für die Folgezeit als das Grundthema ihres Schaffens. – Nach dem Literatur- und Geschichtsverständnis Wolfs kann die erstrebte Selbstverwirklichung im Erkennen der Wurzeln gegenwärtiger Verhältnisse liegen; so wird das, was aus der Vergangenheit als „Noch-Nicht-Gewordenes" (Bloch) bedeutsam erscheint, für die Gegenwart und Zukunft fruchtbar. (Siehe dazu den Kommentar zu Text 204.)
In dem Roman ‚Kindheitsmuster' (Berlin, Weimar 1976; Darmstadt 1977), der nach einer Reise Wolfs in ihre heute polnische Heimat geschrieben wurde und in dem von der Kindheit und Jugend des Mädchens Nelly in einer Kleinstadt im Osten während der Zeit des Nationalsozialismus erzählt wird, stellt die Autorin die Frage: „Wie sind wir so geworden, wie wir heute sind?" (Sammlung Luchterhand 277, [10]1983, S. 196) – eine Frage, die Wolfs Standort in der Gegenwart bezeichnet und ihr Erkenntnisinteresse andeutet, das darin besteht, als destruktiv erkannte Verhaltensweisen aus der Vergangenheit heraus zu verstehen, sie zu meiden und nach produktiven Alternativen zu suchen.
Nach der Ausbürgerung Biermanns 1976 und der damit verbundenen kulturpolitischen Zäsur, in einer für viele Schriftsteller in der DDR krisenhaften Situation, „in der es absolut keine Wirkungsmöglichkeit mehr zu geben schien" (‚Kultur ist, was gelebt wird', Gespräch mit Frauke Meyer-Gosau; abgedruckt in: ‚Christa Wolf – Materialienbuch', hrsg. von K. Sauer, Sammlung Luchterhand 265, Neue Ausgabe November 1983, S. 68), beschäftigte sich Christa Wolf mit Karoline von Günderode und Bettine von Arnim. „Dieses ins Extrem getriebene Zum-Außenseiter-gemacht-Werden, das, was ich an mir existentiell erfuhr: das wollte ich befragen, natürlich auch, um mich davon etwas distanzieren zu können. Wo hat es angefangen? Wann?" (ebd., S. 69). Wolf schreibt Essays über die Günderode und Bettine von Arnim, die 1979 in der DDR und 1982/84 in der Bundesrepublik veröffentlicht wurden; eine poetische Gestaltung der Außenseiterthematik unter dem Titel ‚Kein Ort. Nirgends' erschien 1979 in beiden deutschen Staaten. – In ihrer Erzählung läßt Wolf die historischen Gestalten Karoline von Günderode und Heinrich von Kleist im Frühjahr des Jahres 1804 in Winkel am Rhein zusammentreffen. Am Rande einer Teegesellschaft kommt es zu einem fiktiven Dialog, in dem die beiden Dichter-Außenseiter übereinstimmend erkennen, daß ihr dichterisches Sprechen von den Menschen ihrer Zeit nicht verstanden wird. Anpassung ist nicht möglich, und als Preis für die verweigerte Anpassung erscheint der Tod unvermeidlich: „Unlebbares Leben. Kein Ort, nirgends" (Ausgabe Sammlung Luchterhand 325, S. 108). – Kleist und Günderode stehen am Anfang des bürgerlichen Zeitalters, dessen „aufklärungsferner Fortschrittsbegriff" zu Arbeitsteilung, Entfremdung und einer immer größer werdenden Kluft zwischen Individuum und Gesellschaft führt. Anders als die offizielle marxistische Literaturgeschichtsschreibung, die von einem Gegensatz zwischen Aufklärung und Romantik ausgeht und vom Umschlag der Ideen der Französischen Revolution in die Reaktion der Romantik spricht, versteht Christa Wolf die Werke dieser Außenseiter als „romantischen Protest" gegen eine Zeit, welche die Ideale der Aufklärung verraten hat und den Begriff der Vernunft in immer stärkerem Maße auf puren Zweckrationalismus beschränkt. „Das ‚weibliche Element' ist in den Industriegesellschaften so wenig vorhanden wie das ‚geistige Element': auf die lebenswichtigen Prozesse haben weder Frauen noch Intellektuelle Einfluß" (‚Kultur ist, [...], s. o., S. 69). Doch Wolf erkennt bei den Dichterinnen der Romantik und bei Kleist, Hölderlin, Büchner und anderen Autoren aus dieser Zeit des Umbruchs nicht nur Entfremdung und Verlorenheit, sondern sie entdeckt auch Ansätze von Alternativen zu diesem „Irrweg der menschlichen Vernunft". So sieht sie in dem Briefdialog zwischen der Günderode und der Bettine von Arnim das Ideal der

Achtes Kapitel: Zu Text 212/213, S. 351ff.

menschlichen Ganzheit bewahrt und begreift das „weibliches Schreiben" dieser Dichterinnen als Teil eines Widerstandes, durch den das Bewußtsein für das uneingelöste Versprechen der Geschichte, den Menschen zum Subjekt zu machen, wachgehalten wird. (S. dazu: ‚Nun ja! Das nächste Leben geht aber heute an. Ein Brief über die Bettine', Nachwort zu: Bettina von Arnim, ‚Die Günderode', Leipzig 1980; abgedruckt in: ‚Lesen und Schreiben. Neue Sammlung', Sammlung Luchterhand 295, [6]1985, S. 311ff.)

Im Zusammenhang mit der Griechenlandreise von 1980 weitete sich die Perspektive der kritischen Betrachterin Christa Wolf, und die Ursprünge der abendländischen Kultur gerieten unter den radikal fragenden „Frauen-Blick" (Wolf) der Autorin. – In den ‚Voraussetzungen' ist die Entstehungsgeschichte der Kassandra-Erzählung ausführlich dokumentiert worden. Ausgangspunkt war die mehr zufällige Lektüre der ‚Orestie' des Aischylos und damit verbunden die Begegnung mit der Figur der Kassandra, die für Christa Wolf schließlich zum Brennpunkt ihres eigenen Zeit- und Selbstverständnisses wurde. In dem ‚Brief' der vierten Vorlesung heißt es: „Liebe A., es ist verhext: Seit ich begonnen habe – den Namen 'Kassandra' vor mir hertragend als eine Art Legitimations- und Losungswort –, mich auf jene Bereiche einzulassen, in die er mich führt, scheint alles, was mir sonst begegnet, 'damit' zusammenzuhängen, bisher Getrenntes hat sich hinter meinem Rücken zusammengeschlossen, in vorher dunkle, unbewußte Räume fällt ein wenig Licht, darunter, davor (Orts- und Zeitbestimmungen fließen zusammen) sind, im Dämmer, weitere Räume zu ahnen, die Zeit, die uns bewußt ist, nur ein hauchschmaler heller Streif auf einem ungeheuren, größtenteils finsteren Körper. Mit der Erweiterung des Blickwinkels, der Neueinstellung der Tiefenschärfe hat mein Seh-Raster, durch den ich unsere Zeit, uns alle, dich, mich selber wahrnehme, sich entschieden verändert, vergleichbar jener frühen entschiedenen Veränderung, die mein Denken, meine Sicht und mein Selbst-Gefühl und Selbst-Anspruch vor mehr als dreißig Jahren durch die erste befreiende und erhellende Bekanntschaft mit der marxistischen Theorie und Sehweise erfuhren" (‚Voraussetzungen', S. 130f.).

Die Griechenlandreise wurde für Christa Wolf zu einer Spurensicherung. Der Begegnung mit den Zeugnissen der matriarchalischen Kultur in den minoischen Palästen auf Kreta, die Wolf durch ihre Lebensfülle und Sinnenhaftigkeit faszinierten, stand der Eindruck der Burg von Mykenae gegenüber. Wolf betrachtet sie in den ‚Voraussetzungen' mit den Augen der Kassandra, auf dem Beutewagen des Agamemnon vor dem Löwentor sitzend: Ein „Urbild der Burg – das sieht man auch den Trümmern noch an – [...] Ein Mannesschlachthaus und der Boden blutbespritzt. [...] Jetzt steht sie zwischen den kyklopischen Mauern. Vom Tor her starren die Löwen sie an, die jetzt kopflos sind. Sie muß hinein. Mauern, Mauern, auch im innern Kreis der Burg. Die versteinte Lebensangst und Fremdenfurcht der Bewohner – kein Wunder das böse Vorahnung, die die Fremde befällt" (S. 76). – Für Wolf, die sich zwar intensiv mit Mythos und Geschichte beschäftigt hat, aber keinen wissenschaftlichen Anspruch erhebt, wird in dieser Gegenüberstellung von Kreta und Mykenae der Übergang vom Matriarchat zum Patriarchat deutlich, und an der Nahtstelle dieser abendländischen Zeitenwende, in der noch 'gemischten' Gesellschaft von Troja, steht nach ihrem dichterischen Verständnis die Figur der Kassandra.

So wie in der ‚Orestie' des Aischylos geschildert, begegnet auch der Leser in der Erzählung von Christa Wolf der Priesterin und Seherin Kassandra, die nach dem Fall von Troja Beutegut des Agamemnon geworden ist, unmittelbar vor dem Löwentor von Mykenae. In den wenigen Stunden bis zu ihrem gewaltsamen Tod überdenkt sie ihr eigenes Leben und weissagt die bevorstehende Ermordung des Agamemnon. Doch der innere Monolog ihrer Lebensrückschau erfolgt nicht in biographischer Geradlinigkeit, sondern die Erinnerungen tauchen bruchstückhaft auf und springen fast unmerklich und scheinbar ungeordnet von Personen zu Ereignissen und von Ereignissen zu Personen, wobei eine Vielzahl von Themen, ineinander verschränkt, reflektiert wird:

- das „männliche" Realitätsprinzip der Griechen, das nur Sieg oder Niederlage, Freund oder Feind, Leben oder Tod kennt („Achill das Vieh");
- die trojanische Stadtgemeinde, die sich unter dem Druck des Krieges mit den Griechen immer stärker zu einer von Krieg und Kriegslogik bestimmten Männergesellschaft vereinheitlicht;
- Prestigedenken und Illusionen als Voraussetzung für eine entstehende Kriegsbereitschaft;
- Verdrängung, Verfälschung, Verrat – Erzeugen von Opferbereitschaft und Glauben an die Überlegenheit der eigenen „guten" Sache als Mittel der inneren Vorbereitung eines Krieges;
- die hervorragende Bedeutung der Sprache als Herrschaftsinstrument;
- die Rolle der Frauen in einer Männergesellschaft, deren Schicksal dadurch bestimmt ist, daß sie zum Objekt gemacht werden;
- der untaugliche Versuch, der Zerstörung, die in dem Realitätsprinzip der Griechen beschlossen liegt, dadurch zu begegnen, daß der „Männlichkeitswahn" durch einen „Weiblichkeitswahn" ersetzt wird (Figur der Penthesilea);

– Solidarität, Anteilnahme, Glückssehnsucht, Sinnenhaftigkeit, Sinnlichkeit und Liebe als bestimmende Elemente einer „weiblichen Gegengesellschaft" (Bewohner der Höhlen am Steilufer des Flusses Skamandros).

Christa Wolf hat die Welt der Kassandra in ihrer Erzählung mit dichterischer Freiheit gestaltet, z.B. Kassandras Liebe zu Aineias und ihre Begegnung mit Penthesilea. Der Kassandra-Mythos wird auch dadurch unterhöhlt, daß Wolf sich einer ägyptischen Überlieferung anschließt, die den Kernbestand des mythischen Geschehens verändert: Paris, einem Bruder der Kassandra, der die schöne Helena geraubt hat, ist es nicht gelungen, die Gemahlin des spartanischen Königs Menelaos nach Troja zu bringen, da sie ihm vorher vom ägyptischen König abgejagt worden war. Trotzdem wird der Trojanische Krieg in der Erzählung von Wolf keineswegs wegen einer Wahnidee geführt. Kassandra kennt die wirtschaftlichen Ursachen des Krieges („Kassandra', S. 48), und mit diesem Wissen erweist sie sich als 'moderner' Mensch, der dem Leser auch sonst mit dem Bewußtsein des 20. Jahrhunderts entgegentritt.

Zur Interpretation

[Achill das Vieh] (S. 351 ff.)
Kassandra, deren innere Geschichte von Christa Wolf als „Ringen um Autonomie" („Voraussetzungen', S. 118) verstanden wird, ist Priesterin geworden, um sich von den Zwängen zu befreien, denen sie als Frau und Königstochter sonst unterworfen wäre. Ihre Fähigkeit als Seherin, die Apoll ihr verliehen hat, besteht in einer scharfen Beobachtungsgabe und einem untrüglichen Wirklichkeitssinn, die es ihr erlauben, hinter die „glanzvolle Fassade" („Kassandra', S. 43) zu schauen und die Zukunft als ein Ergebnis der Verhältnisse in der Gegenwart zu erkennen. Doch diese sinnliche Erkenntnislust (ebd., S. 6) bringt sie in Konflikt mit den Herrschenden von Troja, wo das als Wirklichkeit gilt, was nach unausgesprochener Übereinkunft am Königshof als solche erklärt wird. Die Wahrheitssucht Kassandras ist aber nur die eine Seite ihres Wesens; denn gleichzeitig möchte sie auch ihrem Bedürfnis nach Zugehörigkeit und nach Anerkennung entsprechen. Als sie erfährt, daß Helena, um deren Raub der Krieg zu entbrennen droht, nie in Troja war, weiß sie, daß dieser Krieg verlorengehen wird. Doch gegen bessere Einsicht verspricht sie dem Vater, der um die Ehre des Königshauses fürchtet, ihr Wissen geheimzuhalten (ebd., S. 80 f.). Kassandra, zwischen ihrem „Hang zur Übereinstimmung mit den Herrschenden" und ihrer „Gier nach Erkenntnis" (ebd., S. 72), braucht lange, bis sie sich zu der Einsicht durchgerungen hat: „Laßt euch nicht von den Eigenen täuschen" (ebd., S. 77).

An vielen Stellen des vorliegenden Textes wird deutlich, daß auch diese Erzählung vom Beginn des Krieges um Troja ein Teil des Erinnerungsmonologs ist, mit dem Kassandra sich Rechenschaft über ihr Leben zu geben versucht. In dieser Situation des Unglücks sagt sie „seit vielen Jahren wieder 'wir'" (S. 351, Z. 23 f.), und wenn die Erinnerung sie überwältigt, dann wechselt die Zeitform ihrer Darstellung unwillkürlich von der Vergangenheit in die Gegenwart (S. 352, Z. 24; S. 353, Z. 3; S. 353, Z. 17). Die Seherin Kassandra analysiert die Ursachen für die Niederlage Trojas mit unerbittlicher Schärfe. Obwohl der Krieg zu erwarten ist (S. 351, Z. 20), beschränken sich die Verantwortlichen auf „Sprachregelungen" (Z. 21) und verlassen sich auf die Opferbereitschaft der jungen Männer (Z. 26 f.). In illusionärer und selbstgerechter Überschätzung der eigenen Lage halten es die Vertreter des noch jungen Patriarchats von Troja nicht für nötig, die Stärke und Kampfesweise der Griechen, die sie leichtfertig herausgefordert haben, „wirklich zu ergründen" (Z. 23); ja sie gehen davon aus, die Regeln der Auseinandersetzung selber bestimmen zu können (S. 352, Z. 11 f.). – Welche Bedeutung die Seherin Kassandra, deren Bestimmung es ist, die tiefere Wahrheit der Dinge zu erfassen, der folgenden Beschreibung des Kampfes beimißt, geht aus der wiederholten Formulierung „Ich stand und sah" (S. 351, Z. 34, 37, 41, 42) hervor. Die Ungeheuerlichkeit der Beobachtung, die auf diese Weise bekräftigt wird, führt bei Kassandra zu einer Beurteilung der Griechen, die sich radikal von der gewohnten positiven Einschätzung unterscheidet. Aus Homers berühmter Heldenschar wird eine anonyme menschliche Kriegsmaschine (S. 352, Z. 1 f.), aus deren Kern sich das feige (Z. 7 ff.), geile (Z. 44) und mordlüsterne Vieh Achill (S. 353, Z. 4 ff.) herausschält. – Die Griechen sind für Kassandra nicht nur Sieger in einem Kampf; sie erscheinen vielmehr als Boten und Begründer einer neuen, machtorientierten und menschenfeindlichen Lebensform: „Für die Griechen gibt es nur entweder Wahrheit oder Lüge, richtig oder falsch, Sieg oder Niederlage, Freund oder Feind, Leben oder Tod. Sie denken anders. Was nicht sichtbar, riechbar, hörbar, tastbar ist, ist nicht vorhanden. Es ist das andere, das sie zwischen ihren scharfen Unterscheidungen zerquetschen, das Dritte, das es nach ihrer Meinung überhaupt nicht gibt, das lächelnde Lebendige, das imstande ist, sich immer wieder aus sich selbst hervorzubringen, das Ungetrennte, Geist im Leben, Leben im Geist" („Kassandra', S. 121 f.). – Und zu Aineias sagt Kassandra: „Es war ja klar: Allen, die überlebten, würden die neuen Herren ihre Gesetze diktieren. Die Erde war nicht groß genug, ihnen zu

Achtes Kapitel: Zu Text 212/213, S. 351 ff.

entgehn" (ebd., S. 156). – Aineias ist das Gegenbild zu Achill, und nach der Begegnung mit den griechischen Kriegern ist Kassandra ganz von dem Wunsch erfüllt, daß dieser zärtliche (S. 353, Z. 9f.), keineswegs heldenhafte Mann (Z. 15) mit ihr zusammen die Wirklichkeit gestalten möge (Z. 12). Doch das Gespräch, von dem hier die Rede ist (Z. 19), bringt für Kassandra eine Enttäuschung. Aineias hat sich entschlossen, die Stadt zu verlassen und zusammen mit andern ein neues Troja zu gründen; er erwartet, daß Kassandra ihn begleiten wird. Doch Kassandra schlägt die Möglichkeit zur Flucht aus. Sie hat Angst vor neuen Kämpfen und Siegen, vor neuen Heldentaten: „Einen Helden kann ich nicht lieben. Deine Verwandlung in ein Standbild will ich nicht erleben [...]. Gegen eine Zeit, die Helden braucht, richten wir nichts aus, das wußtest du so gut wie ich [...]. Ich bleibe zurück" („Kassandra', S. 156).
Bei Aischylos und Christa Wolf die gleiche Szene: Kassandra, die trojanische Königstochter, sitzt in Erwartung ihres Todes auf dem Beutewagen des Agamemnon vor dem Löwentor der Burg von Mykene. Doch die Kassandra der Tragödie, sich selbst entfremdet und Sprachrohr machthungriger Götter, wird in Wolfs Erzählung zu einem sprechenden Subjekt, zu einer Frau, die, über ihr Leben reflektierend, die Möglichkeiten und Grenzen ihrer weiblichen Existenz auslotet. Angst (S. 353, Z. 36), Wahnsinn und Schmerz stehen im Mittelpunkt ihrer Erinnerung. „Besteht ihre Zeitgenossenschaft in der Art und Weise, wie sie mit Schmerz umgehen lernt?" (,Voraussetzungen', S. 89.)

Voraussetzungen einer Erzählung: Kassandra (S. 354)
Die Hinweise zur Interpretation dieses Textes sind in den nächsten Abschnitt übernommen worden.

Zur Behandlung im Unterricht
Bei der Anordnung der Texte im Lesebuch ist davon ausgegangen worden, daß die Schüler zunächst möglichst unbeeinflußt den Ausschnitt aus der Erzählung kennenlernen sollten, um sich dann im Zusammenhang mit der Interpretation auch den ‚Voraussetzungen' zuzuwenden. In diesen Notizen aus dem „Arbeitstagebuch" werden grundlegende Vorstellungen des Literatur- und Geschichtsverständnisses von Christa Wolf formuliert, die durchaus als Kommentierung verstanden werden können.
– Kassandras Angst, Widersprüchen ausgesetzt zu sein, führt im Falle des Helena-Raubes dazu, daß sie ihr Wissen für sich behält und durch diesen Verzicht auf öffentliche Kritik (S. 354, Z. 1 ff.) zum Ausbruch des Krieges beiträgt. Als sie nach der Ermordung des Troilos fordert, die Wahrheit über Helena publik zu machen und den Krieg notfalls auch durch einseitige Opfer zu beenden, ist es zu spät.
– „Über Realität" (S. 354, Z. 8 ff.): vgl. „Achill", S. 351, Z. 21 f.
– „Das Objektmachen" (S. 354, Z. 14 ff.): Kassandra ist Priesterin geworden, um dem Schicksal der Frauen, „daß sie zum Objekt gemacht werden" (,Voraussetzungen', S. 86), zu entgehen, aber auch ihr bleibt dieses Schicksal nicht erspart. Als Polyxena, Kassandras Schwester, zum Objekt des Tausches mit dem Feind gemacht werden soll, protestiert sie und wird von den eigenen Leuten gefangengesetzt; kurze Zeit später muß auch sie aus bündnispolitischen Gründen einen Mann heiraten, der anderntags fällt. Kassandra kann sich der sexuellen Ansprüche des Apollonpriesters nicht erwehren, und am Ende ihres Lebens wird sie zur Beute des Agamemnon. – Daß auch die Männer zu Objekten werden, zeigt das Kampfverhalten der Griechen (S. 352, Z. 1 ff.); „alle für einen" (Z. 7), damit das Vieh Achill an günstiger Stelle in den Kampf geworfen werden kann.
– „Inwieweit gibt es wirklich ‘weibliches' Schreiben?" (S. 354, Z. 17 ff.): Die ausführlichen Darlegungen dieser Notiz könnten zum Anlaß genommen werden, Notwendigkeit und Eigenart weiblichen Schreibens in der gegenwärtigen Zeitsituation zu erörtern; der Auszug aus der Kassandra-Erzählung kann dabei als fruchtbare Provokation verstanden werden. Die anschließenden Ausführungen Wolfs über ‘Frauenliteratur' (S. 354, Z. 34 ff.) sollten deutlich machen, daß die Autorin der ‚Kassandra' nicht als ‘Feministin' gesehen werden darf („Autonomie ist eine Aufgabe für jedermann [...]", S. 355, Z. 7 f.) und warum sie den antiken Mythos in der Weise verfremdet hat, wie es oben dargestellt wurde.

Thematische Bezüge in anderen Texten
Siehe die Hinweise bei Text 204; dazu: Lavater (33), Wagner (39), de Stael (45), Kleist (59), Schlegel (70), alle Texte aus der Gruppe „Frauenbilder" (77–82), Keun (170), Bachmann (178), Kaschnitz (192), Morgner (206).